由浅入深学习SAP财务

高林旭 ⊙编著

人民邮电出版社
北京

图书在版编目（CIP）数据

由浅入深学习SAP财务 / 高林旭编著. -- 北京 : 人民邮电出版社, 2020.1
ISBN 978-7-115-47075-1

Ⅰ. ①由… Ⅱ. ①高… Ⅲ. ①财务软件－应用－财务管理 Ⅳ. ①F275-39

中国版本图书馆CIP数据核字(2017)第283669号

内 容 提 要

本书融入了作者十多年的 SAP 财务实施经验，全面详细地介绍了 SAP 原理、操作、配置、设计理念、业务实践等内容。全书共 11 章，分别介绍了 SAP 基础知识、总账模块、应收模块、应付模块、资产模块、成本中心会计模块、产品成本控制模块、获利分析模块、内部订单模块和合并模块等专业内容，以及作者对 SAP 财务应用的一些深入思考。终章中的内容主要是跨模块的或者综合性的知识，希望对读者能有所启发。

本书阐述全面又细致入微，实用性强。可以作为 SAP 财务顾问的“备查宝典”，也可以作为企业财务工作人员的操作指导用书。对于相关的财务研究人员而言，本书也有一定的参考价值。

◆ 编　　著　高林旭
　责任编辑　马雪伶
　责任印制　马振武
◆ 人民邮电出版社出版发行　　北京市丰台区成寿寺路 11 号
　邮编　100164　　电子邮件　315@ptpress.com.cn
　网址　http://www.ptpress.com.cn
　固安县铭成印刷有限公司印刷
◆ 开本：787×1092　1/16
　印张：34.25　　　　　　2020 年 1 月第 1 版
　字数：947 千字　　　　　2025 年 4 月河北第 27 次印刷

定价：118.00 元

读者服务热线：(010)81055410　印装质量热线：(010)81055316
反盗版热线：(010)81055315

前言

多年以来，我就一直希望写一本书，详尽介绍 SAP 的原理、操作、配置、设计理念、业务实践、实施注意点等内容，以便让大家在 SAP 实施或应用过程中，不至于走弯路。但由于工作关系，一直没有得以实现。现在，终于如愿以偿了！

SAP 产品是博大精深的，业界通常的话是“入门容易而精通很难”。如果会输入凭证和各种业务单据，只能说刚刚入门，略懂皮毛。要将系统弄懂，不要求百分之百地弄懂，至少做到将“需要用到的知识”弄懂，这样，我们才会将好的系统应用好，使其发挥最大作用。对初学者或应用者而言，需要循序渐进、由表及里地学习，逐步掌握系统真正的设计思想，才能吃透 SAP。可惜的是，目前市场上这方面的书比较少，包括 SAP 原厂商编写的出版物也比较少，而且，即便有这样的书，要么专门针对配置，要么专门针对浅层次的概念，很少有将概念、功能、操作、配置、应用几个方面结合起来介绍的。这对 SAP 初学者或者应用者来说是个缺憾，因为难以融会贯通：看了配置，不知道如何与实际业务相结合；看了概念介绍，不知道如何去实现。

因此，希望本书能在这方面填补空白。在每一个章节编写的过程中，都按照人的理解思维习惯逐步展开。例如，在说到外币评估的知识时，先介绍财政部的会计制度，接着介绍外币评估的原理，再介绍系统相关的配置，最后介绍系统的操作步骤。这是因为我们的思维是循着“制度—原理—基础—执行”这样的线索发展。制度是我们操作的规范性要求，有了这样的制度，我们怎样实现呢？这就要谈系统的实现原理。理解了原理，我们就能理解为什么系统有 KDB 和 KDF 两种事务的配置屏幕。等我们看到了配置屏幕中配置的具体科目，就能理解在前台的操作中产生的结果了。多年以前，某企业的财务总监在听完项目初期的一堂培训课后，说了一句话，让我记忆犹新。他说，“我们学习 SAP 系统，首先要听原理。原理弄懂了，后面的事情就是顺理成章的了”。的确，原理就是系统的精髓，它应该放在更重要的地位来阐述。

本书共 11 章，其中：第 1 章为 SAP 基础知识介绍；第 2 ~ 5 章为 FI（财务会计）各模块介绍；第 6 ~ 9 章为控制（CO）模块介绍；第 10 章为合并（EC-CS）模块介绍；第 11 章是 SAP 财务“专题”性的介绍，收录了一些跨模块的或者较为综合性的知识，希望对读者也有些启迪。

本书中的示例，主要基于 SAP 全球的培训系统，即互联网演示和评估系统（Internet Demonstration and Evaluation System，IDES）进行截图介绍。涉及中国的特有设置或操作，我们部分地使用了中国本地的测试系统。

SAP 的新一代产品 SAP S/4 HANA 已经推出数年，但目前在中国企业使用广泛的仍是 ECC 6.0 版本，因此本书在编写时仍然以 ECC 6.0 版本为基础。虽然各版本在部分界面和数据库表上有所不同，但是基本原理和操作思路是一样的，因此读者可以不必拘泥于版本。

由于 SAP 在中国有较多的版本，各个版本的中文翻译不尽相同，因此，本书中截图所体现的中文词语，可能和读者所使用的系统中的中文词语不一样，但这并不影响意思的表达和理解。希望读者能够理解。

本书在写作过程中，虽然主要是利用业余的时间，但不可避免地占用了一些工作时间。在此，谨对我所在的公司——上海汉得信息技术股份有限公司领导和同事的宽容表示感谢。同时，也感谢我的家人，家人的鼓励、支持及包容，是我背后最大的动力。

书中若有疏漏或不妥之处，恳请读者批评指正，本书责任编辑的电子邮箱：maxueling@ptpress.com.cn。

高林旭

写在前面的话

这是一本实用的书。它的预期读者包括 SAP 从业者、企业财务人员（SAP 应用者）以及高等学校的企业信息化研究人员（SAP 研究者）等。

在为什么要学习这本书的问题上，前言中已经讲过，SAP 入门容易但精通很难。如果缺乏对 SAP 的深刻理解，有可能在企业的实践中，采用了错误的方案，或者过分强调美好的期望而忽略现实基础；或者不能透彻理解 SAP 所能实现的程度，而采取了简单草率的方案。

遗憾的是，这样的问题在业界时有发生。

我曾拜访过一个企业，该企业的首席信息官（CIO）在 SAP 系统实施一年后，抱怨当时的实施公司将产成品的价格控制设计为“移动平均价”。他不无后悔地说，“这是我们系统实施过程中最大的失误”。

我曾经帮一个企业实施二期项目，结果在实施过程中，发现一期的一些设置不尽合理，例如，客户组的划分中除了常规有交易的“国内客户”和“国外客户”外，还设置了一个“国内潜在客户”和“国外潜在客户”。这就带来一个问题，如果有一天，某潜在客户变成了真实的客户，是否要新建一个客户呢？到了二期项目时，已经发现了这些配置的不合理，但由于这些配置属于系统的基础性配置，难以更改，于是，只能在“夹缝中”艰难地适应与微调。

我曾经多次帮助企业解决资产超过两年没有正常结算的情况。可能大家都认为，资产年终结算不是每年都要执行的程序吗？但事实上就存在这样的不规范操作：年终结算时系统报了错误，但没有人真正彻底地予以解决。如果一年没有成功结算，似乎没有问题；两年不执行，似乎也没有问题，但到了第三年初，问题就暴露了：前年的资产年终结算未完成，导致当前年度的财年无法打开；而如果回头处理前年的资产年终结算，可能会产生前年的折旧记账（前年的账务早就关闭了！）。但往往在操作层面，用户运行年终结算时，碰到问题，不知道如何解决，也没有足够重视此问题，认为不能成功结算就放置在一边，最终问题到了无法解决的时候被暴露出来，可惜为时已晚。

还有多个企业的 IT 负责人在新年后的第一个工作日打电话、发邮件寻求支持，告知由于新的年度的凭证编号没有及时维护，导致有些凭证进入了 9999 年度的编号范围，而发现此问题后，再维护当年度的凭证编号范围，结果又引发系统的“快件”（express，系统发送的通知消息）。

…………

凡此种种，都是由于 SAP 的设计者将系统设置得非常精细，而我们在实施或者操作时，没有充分地领会它的精细设计，更没有领会它背后的思想，于是做出了错误的决策或者没有及时正确地对待系统。

因此，我希望，每一个从业者或应用者都能拥有“扎实的知识”（solid knowledge），不仅仅限于表面。这也是我撰写这本书的初衷，也是希望读者能从这本书中领会到的。

为了将知识完整地呈现出来，书中除了介绍系统原理外，还安排了以下板块。

【业务操作】详细介绍每个业务操作的步骤，对屏幕上出现的关键字段予以解释。涉及后台配置的，也顺便介绍一下后台的知识。

由一个主干线知识引起的支线疑问。例如，介绍了冲销凭证时使用“反记账”，那么，“反记账”有何效果？如何查看该效果？

业务实践 企业在某一业务操作上的惯常做法。它可以作为其他企业的参考。例如，讲到成本中心计划的“编制助手”时，介绍企业在什么情况下会用到该功能。

设计参考

在 SAP 咨询顾问设计系统或者设计方案时，怎样设置才是较为合理的？例如，对客户账户组、供应商账户组的设置，应该怎样设计才使其有长远的可用性。

那么，各类阅读者应如何使用本书呢？

作为 SAP 从业者，尤其是咨询顾问，应首先从体系上了解 SAP 的知识架构，然后逐一了解在中国的企业实践中应掌握的知识。而对企业实践中应掌握的知识，首先要熟悉系统，包括原理、配置、操作方法，其次要了解在中国应该如何设计系统、如何应用系统，有哪些注意点。单纯掌握了配置或操作，并不能使自己成为一名好的咨询顾问。有很多咨询行业的入门者，希望一开始就配置一个全新的公司代码，然后用自己的公司代码来做练习。但是到头来他会发现，自己配置的公司代码什么都做不了，做凭证时处处碰壁，涉及后勤的业务也做不通。这就是方向上弄错了。

作为咨询顾问，最终的确要熟悉系统的配置，以便针对企业的业务需求，搭配出一套合理的系统，但是在此之前，要想快速学习系统，还是需要一些“逆向工程”的思维，即先熟悉现有的系统、现有的配置，然后在此基础上通过操作查看产生的效果，最后再去想，如果是我自己设计这样的系统，应该怎样取长补短。这就好比设计一种发动机，我们可以先拿已有的发动机进行试验，观察它的运作原理是怎样的，然后再对它进行拆解，分析它的构成，各机体怎样配合产生作用，最后我们自己设计时，就有了设计的思路或者改进的建议。也正因为如此，我认为，SAP 公司的 IDES 是一个很好的学习系统。初学者可以借助 IDES 中的样本公司，开展学习。因为 IDES 中预装了很多的公司代码以及很多的交易数据，可以供我们走完企业基本的业务流程，而无须重新配置系统。在学习时，可以借助 SAP Library 4.6C（只有在这个版本中，才有关于 IDES 的详细介绍，包括可用的数据、可以测试的业务操作引导）的参考资料进行学习。本书提供了从原理到配置再到实际操作的合理的学习路线，可以帮助初学者结合 IDES，一点一滴地积累起对 SAP 的认识，打下坚实的知识基础。

作为咨询顾问，除了需要熟练掌握 SAP，还需要善于设计妥善的方案。考虑到企业应用 SAP，可能是长达几年甚至数十年的事情，因此，方案必须经得起时间的考验，并且能够被企业用户代代传承下去。在本书若干章节的后面，还增加了一些有关中国企业设计参考和业务实践的篇幅，供咨询顾问参考。

作为 SAP 应用者，广大的企业用户可能没有太多的学习负担，不需要了解配置的细节，但是对业务原理的了解和掌握是必需的，对操作的细节也是应该熟悉的。在学习本书时，可以结合自身的日常操作，来理解该操作的作用、原理和注意点，这样，可以更有效地利用 SAP 系统。例如，使用某事务代码执行一个报表，理解了原理和不理解原理的效果是不一样的。前者可以更好地分析报表的结果是否正确，或者结果对我们有何指示意义，而后者只是看到“报表有数据产生”，无法判断，无法分析。在不了解原理的情况下，就很容易出现前面提到的“两年没有完成资产的年终结算”这种情况。

SAP 是一个集成运转的、高度自动化的处理系统。这就要求处在该系统链条各环节的人员（企业各部门用户）能够自动集成为一个整体，干好各自的本职工作，不要出纰漏，或者出了纰漏能及时对症下药加以解决，这样，系统才会运转得顺利；否则，SAP 成了带病的肌体，最终会给企业带来痛苦。

作为 SAP 研究者，我们既不要将 SAP 想得非常完美，也不要将它看得过于简单。SAP 作为依靠软件技术建立起来的信息系统，必须遵从一定的数据结构和逻辑规则。离开了数据结构，任何天马行空的需求，只能是空中楼阁。例如，我经常听到这样的需求：能不能分析每一个采购订单从下单到收货、到收发票、到付款全过程的执行情况。某企业甚至为此提出了一个新名称，即“采购合同台账”，但结果四五年过去，证实这是个不可能实现的东西。为什么？因为这是一个在逻辑上存在缺陷的问题：针对采购订单的每一个行项目，收没收货是可以跟踪的，收没收发票也是可以跟踪的，但是如果多个采购订单的多个行项目合计开了一张发票，而且这张发票还只付了一部分的款项，那么，谁能知道付的这一部分款项是针对哪一个采购订单的哪一个行项目支付的呢？没人能知道。因为，到了付款环节，它的关联对象是发票了，不再是采购订单的行项目，如下图所示。除非这张发票的所有金额全部付清，我们可以说，它所关联的采购订单的行项目被全部付清了。而在只支付部分款项（下图所示的“付款 1”）时，“采购合同台账”是不可能做出来的。

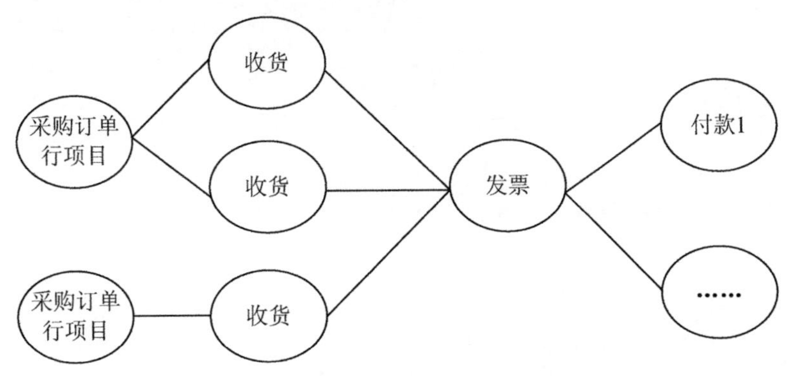

采购订单与收货、发票、付款的关联图

在理论研究上，我们听到很多类似的需求，如“费用科目直接区分制造费用、销售费用和管理费用”“在制品的盘点”“收发存报表”等，似乎只要是理论上说得通的，就一定能实现。但放之于 SAP 系统，由于系统本身的集成逻辑，并不一定能实现，或者是通过变通方式才能实现。因此，作为理论研究人员，必须熟悉 SAP 本身的原理甚至数据结构，才能使理论有厚实的基础。在 SAP 的应用上，我们更关注“终极需求”，即到底给企业带来什么样的好处，而不要过分追求在细节上保留传统的习惯。

本书最后专门增设的第 11 章“SAP 财务应用方面深入思考的专题”，其中部分专题就是对国内企业常见的问题进行理论探讨，希望企业的信息化应用能轻松地走在正确的道路上。

希望本书有更广泛的读者，大家可以开展讨论、完善本书的内容，总之，愿本书使中国的企业在应用 SAP 的过程中，少走弯路，应用得更顺利、更有效。若能如此，本书将对中国企业信息化尽一份绵薄之力。

目录

第 8 章 获利分析模块

第 9 章 内部订单模块

第 10 章 合并模块

第 11 章 SAP财务应用方面深入思考的专题

第1章 SAP基础知识

本章主要介绍SAP的基本概念、SAP界面的基本操作以及SAP财务模块的基本功能。目的是在引导用户具体学习SAP财务各模块的具体知识前，先有大概的知识铺垫。

1.1 SAP概述

本节介绍SAP公司和SAP应用产品，以及SAP给企业带来的价值。

1.1.1 SAP公司与SAP应用产品

SAP全称为System Applications and Products in Data Processing，即数据处理的系统应用和产品。它既是公司名称也是产品名称。

SAP公司成立于1972年，总部位于德国沃尔多夫市。作为国际领先的企业应用软件，SAP在全球拥有20多万家客户，其中包括《财富》世界500强80%的企业及85%最有价值的品牌。

SAP公司提供的产品在不断演化中。从最早的R/2、R/3到后来的ECC以及现在的S/4，SAP的产品一直在不断更新完善。各版本的介绍如下。

R/2：1972年推出的版本。

R/3：1992年推出的版本，R代表“实时”，3表示三层的客户端/服务器架构（数据库层、应用层和解释层），中国企业早期应用的4.6B、4.6C属于R/3时代的几个版本。

ECC：ERP Central Components，2004年推出的版本，历经了ECC 5.0、ECC 6.0、ECC 7.0多个版本，各个版本间还有一些增强包（Enhancement Package，EhP），如ECC 6.05表明在ECC 6.0的基础上使用了EhP5。

S/4：SAP于2015年推出的版本，全称为S/4 HANA，是SAP的第4代产品。它只能运行在SAP HANA数据库上，它是SAP全新一代的商务套件。

不管SAP产品如何演进，SAP的核心产品都是ERP（Enterprise Resource Planning，企业资源计划），包括财务（financials）、后勤（logistics），它构成了企业内部的主要业务框架。它的主要模块如表1-1所示。

表1-1 SAP主要模块

一级板块	模块简称	模块中文全称	英文全称	备注
财务	FI	财务会计	Financial Accounting	含总账、应收、应付、资产等子模块
	CO	控制	Controlling	含成本中心会计、产品成本控制、获利分析等子模块
	EC	企业控制	Enterprise Controlling	含合并等子模块
后勤	MM	物料管理	Materials Management	含库存、采购等子模块
	SD	销售与分销	Sales and Distribution	
	PP	生产计划与控制	Production Planning and Control	含计划、车间控制等子模块
	PS	项目系统	Project System	既含财务内容，也含后勤内容
	PM	设备管理	Plant Maintenance	
	QM	质量管理	Quality Management	

除 ERP 产品外，SAP 还提供以下套件。

① 供应商关系管理（SRM）。

② 客户关系管理（CRM）。

③ 企业战略管理（SEM）。

④ 供应链管理（SCM）。

⑤ 产品生命周期管理（PLM）等。

1.1.2 SAP 可以给企业带来的价值

SAP 的应用，对于企业而言，意味着一笔不小的投入。那么，如何评估该投入所带来的收益呢？也就是说，它会给企业带来哪些价值？

个人认为，SAP 可以给企业带来的价值包括效率提升、数据准确和辅助决策。

（1）效率提升。SAP 作为集成的信息化系统，将企业的主干业务都容纳其中，并且互相关联。这就形成数据上的连续性和一致性，避免重复录入和错误传递，从而使业务操作效率得到提升。例如，对供应商的付款必须是基于采购发票的，而采购发票必须和采购订单的收货相关联，并且进行校验，以核查是否有差异、差异是否合理。校验的依据就是收货的数量、采购订单的价格。而采购订单的价格在下单时就已经确认，收货的数量在仓库收货时已经录入。这一切的数据操作，就像在一个“数据工厂”中完成，各个相关部门的人员，就是“数据工厂”的一个工序操作员。采购部门的采购员录入了订单，明确了采购的数量和价格；原材料仓库的管理员录入了收货的数量和入库的地点；采购员或财务人员录入了发票。各部门紧密协作，有序地完成了整个业务链的操作，效率上极大地得到提升。

（2）数据准确。因为是集成的系统，所以数据与数据之间存在着校验。例如，原材料仓库中如果不及时或不准确录入入库数据，后续的发货可能就无法执行，因为系统一般会设置成“不允许负库存”。这就要求相联系的各部门，一定得按照业务发生的先后顺序，及时而准确地将数据录入系统。一旦数据错误，则总会在某个环节显露出来。再比如，如果采购订单上的价格录入错误，将 30 元/t 写成了 30 元/kg，就会造成价格扩大 1000 倍，在将来收货时必然会形成畸形的差异，财务在月结时能从材料成本差异科目的发生金额上看出问题。如果进一步在系统中配置了采购订单的价格容差，则早在下采购订单时就能收到提醒并得以修正。因此，一个集成而设计精细的系统，可以帮助用户提高数据的准确性。数据准确意味着企业的经营状况能得到真实的反映，而不至于误导企业的管理层。

（3）辅助决策。数据准确，给企业决策提供了有效的依据。但这些数据如果能够以企业所需要的维度来展现，提供一些分析数据，则可以有助于企业更好地决策。例如，SAP 财务模块中的获利分析功能，可以按照多个维度（客户、产品、销售员等）分析企业的盈利情况。这些维度可以根据企业的需要进行设置，一般情况下可以设置二三十项，将各个维度的值进行各种分类，如将客户按地域分、按客户类型分。一家生产和销售热水器的企业，在积累 1 ~ 3 年的数据后，可以利用获利分析来查看全国各地哪些地方的销量比较好，哪些地方的销量比较差，从而决定广告资源应该向哪些地方倾斜。这就是利用大数据进行分析的作用。

也许有人会说，只要是一个 ERP 软件，都能起到以上所讲的几个作用。但是，在各类管理信息化软件中，SAP 是世界上排名数一数二的，它无论是在系统的严谨性，还是在系统的功能上，都是比较优秀的。

1.2 SAP 界面介绍

本节介绍 SAP 登录的方法以及前台和后台的界面设计。

1.2.1 SAP 的登录

SAP 的登录需要有以下 3 个前提条件。

（1）在个人计算机上安装了 SAP GUI——SAP 客户端程序。

（2）在 SAP GUI 中配置了系统连接参数，如图 1-1 所示。

（3）拥有登录系统的用户名和密码。

企业一般会将 SAP 安装在多台服务器上，分别用于测试、验证和生产。在一台服务器上，可能安装了多个客户端（client），如 100- 配置环境、200- 测试环境、300- 开发环境。各个 client 存放的主数据和交易数据是不同的（少量跨 client 的共通事项除外）。这就相当于在一个服务器上，建立了多个实例（instance），各个 instance 互不干扰。

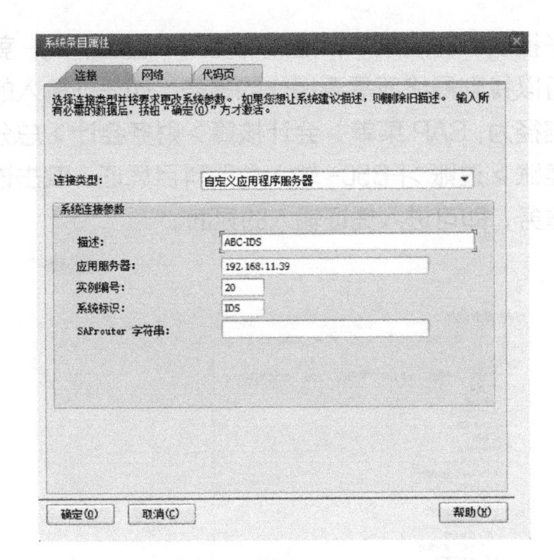

图1-1

> 提示
>
> 同一个服务器的不同client中，共通的事项有数据库对象结构[如表（table）的结构]、程序（不管是标准程序还是二次开发程序）、少量特定的跨client的配置（如货币中小数点的位置）。这些项在一个client中做过改动，同一服务器中的其他client也会随即变动。

表1-2所示为某企业安装的SAP环境示例。该企业有3台服务器，安装了5个client。

在明确服务器的client后，就可以连接到系统中了，进入登录的界面，如图1-2所示。

表 1-2　某企业安装的 SAP 环境

服务器	机器编号	系统标识	client	作用	要求
开发机	Saptst	DEV	100	配置环境	配置都要记录在请求中
			200	测试环境	不可更改跨 client 的配置
			600	培训环境	不可更改跨 client 的配置
验证机	Sapqas	QAS	800	验证环境	定期从生产环境复制数据
生产机	Sapprd	PRD	800	生产环境	不可直接更改配置

图1-2

客户端（client）：登录到哪一套数据环境。

用户：登录系统的用户名。一般由企业的系统管理员授权。

口令：用户登录该client的密码。初始密码由系统管理员设定，首次登录时，系统会提示修改密码，以后就可以用新设定的密码登录了。

> 提示
>
> 密码的设置必须遵循系统的规范。它必须是3～8个字符，可以是数字、字母或符号，也可以是它们的组合。开头不能是问号（?）、感叹号（!）、空格、3个相同字符（如bbbat）或用户名中的3个连续字符（如用户名是Friedman，密码开头不能是man）。不要使用pass或init作为密码，在设置新密码时也不要使用前5次用过的密码。

语言：登录的系统显示的语言。ZH表示简体中文；EN表示英文；DE表示德文。一个系统能登录哪些语言，是由BASIS人员预先安装的。只有已经安装好的语言，才能在前台登录时选择并登录成功，否则，即使输入了，也不能登录成功，系统会提示：请输入一种安装的语言。

> 提示
>
> 在跨国企业，系统往往必须安装多种语言，以方便不同国家的用户使用。选择的语言，决定了登录的系统界面上的文字以何种语言显示。但对于业务数据，如物料的描述，如果希望看到当前语言下的描述（中文描述或英文描述），必须在定义物料时，分不同语种维护其描述，如图1-3所示。

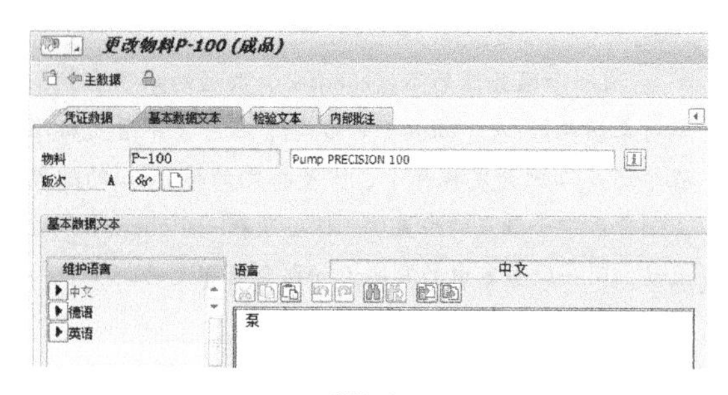

图1-3

在登录界面输入 client、用户名、密码、语言后，就可以登录到 SAP 的主菜单了。

原则上，SAP 不允许同一个用户在已有一次登录（不管是在同一台计算机上还是在其他计算机上）后，再一次登录系统。这是 SAP 许可证（SAP License）协议中所要求的。因此，如果前一次登录尚未退出，再次登录系统时，系统会出现图 1-4 所示的提示。

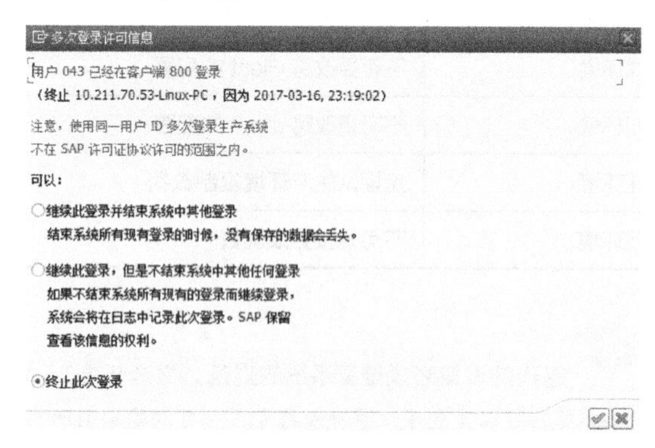

图1-4

如果选中“继续此登录并结束系统中其他登录”单选项，则系统在继续此次登录的同时，将先前的登录关闭。这样，系统只保留当前最新的一次登录。

如果选中“继续此登录，但是不结束系统中其他任何登录”单选项，则系统会同时保留两次登录。该信息会被记录在日志中。SAP 有权查看该信息。

如果选中“终止此次登录”单选项，则系统放弃再次登录的尝试，仍然显示早先的登录。

1.2.2 SAP 前台操作

SAP 的主菜单如图 1-5 所示。

这个界面也就是通常所说的“前台”。它按照 SAP 的业务逻辑列示了 SAP 所提供的模块、子模块、功能菜单。通过功能菜单层层扩展，就可以找到最终所需要操作的事务。如凭证输入的路径为：SAP 菜单 > 会计核算 > 财务会计 > 总分类账 > 过账 >FB50- 输入总账科目凭证。双击该事务，即可进入凭证输入的界面。

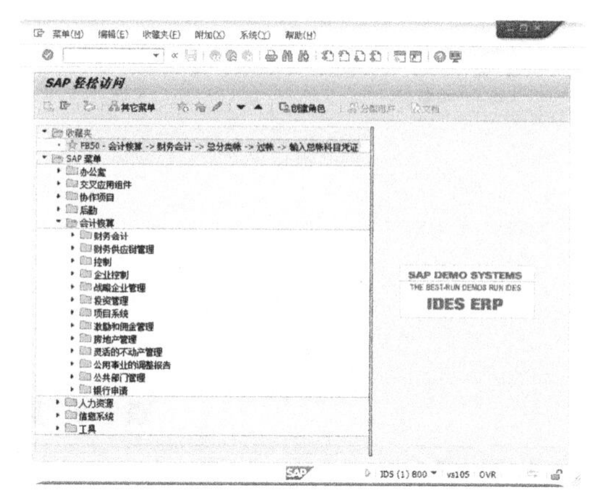

图1-5

同时，还可以看到这里的“FB50”，就是该事务的事务代码（transaction code）。事务代码是可以直接在 OK_CODE 框（命令框）中输入的，它提供了一种更便捷的进入事务的方式，如图 1-6 所示。输入完毕后，按回车键或者单击左侧的“确认”按钮，即可进入事务。

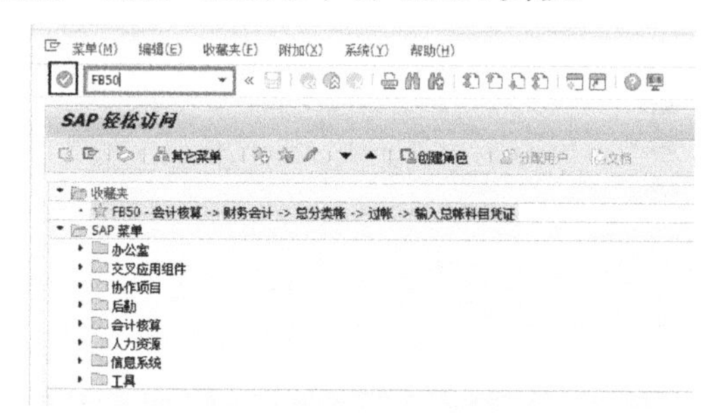

图1-6

> 提示
>
> 虽然SAP提供了通过输入事务代码进入事务这一比较快捷的方式，但是作为初学者，个人强烈建议不要去记忆或背诵事务代码，而要从SAP菜单的路径层层展开，进入事务。这样，有助于理解SAP产品的逻辑层次。

SAP 菜单还提供了“收藏夹”功能。用户可以将常用的事务放在“收藏夹”中，下次进入时，可以方便地从“收藏夹”直接进入。它的设置方式如图 1-7 所示（在对应的事务上单击右键，选择快捷菜单中的“添加到收藏夹”命令即可）。

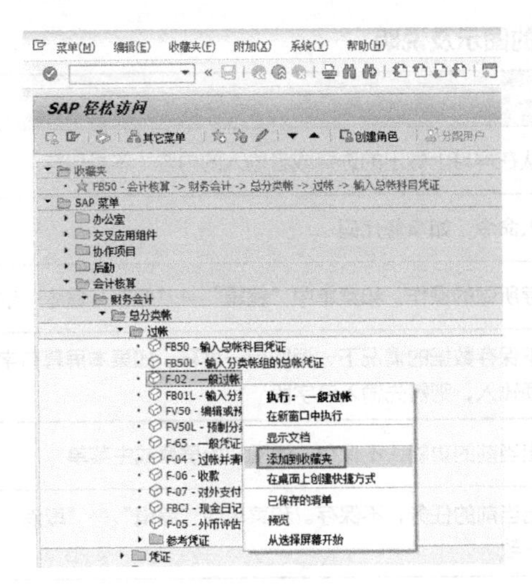

图1-7

收藏夹创建后，可以修改（修改显示的名称）及删除。

SAP 的菜单中显示的事务代码有成千上万个，但作为企业某个特定岗位的用户，往往其使用的事务代码非常有限，有的甚至不到 5 个。在这种情况下，他可以使用收藏夹，将这几个事务代码放在收藏夹中，以方便使用；也可以通过单击按钮直接显示“用户菜单”。如果要切换回标准菜单，则单击“SAP 菜单”按钮。

进入具体的事务操作界面后，用户可以在界面中输入数据，并通过“保存”按钮或“执行”按钮来完成操作。图 1-8 显示了利用事务代码 FB50 进入的凭证输入界面。

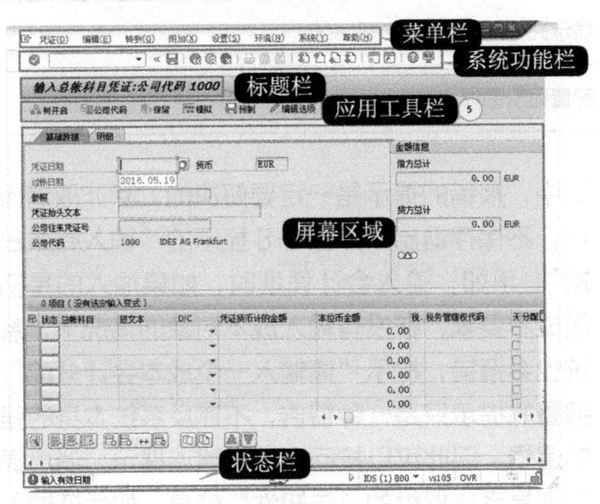

图1-8

一般操作界面包括 6 个区域。以图 1-8 所示的屏幕为示例，对这 6 个区域分别解释如下。

（1）菜单栏。图 1-8 所示的各种业务操作指令都集中在菜单栏中，在屏幕顶层横向排列。

表 1-3 所示的菜单在所有 SAP 屏幕上都有显示。

表 1-3　所有 SAP 屏幕显示的菜单

菜单	描述
系统	包含“创建会话”“结束会话”“用户参数文件”“退出登录”等通用的功能
帮助	提供多种形式的在线帮助

在多数 SAP 屏幕上会显示表 1-4 所示的菜单。

表 1-4　多数 SAP 屏幕显示的菜单

菜单	描述
对象	通常显示为当前工作的对象的名称。例如，在MM01界面，“物料”下包含功能“显示”“创建”“更改”等
编辑	允许对当前操作对象的具体字段进行编辑。通常的功能包括“新条目”“选择”“复制为”。“取消”选项可以在不保存当前输入的情况下退出操作
转到	允许用户直接跳转到其他记录或其他屏幕。通常的功能有“下一条目”“前一条目”“后退”等，在执行时，系统如果检测到有问题，会先报错

在某些屏幕上可能显示表 1-5 所示的菜单。

表 1-5　某些 SAP 屏幕显示的菜单

菜单	描述
附加	包含一些附加的功能。例如，在客户主数据显示时，显示“冻结数据”“删除标记”及“管理数据”（账户组、创建日志）
环境	针对当前对象的额外信息。例如，客户主数据显示时，显示“字段更改”的记录
视图	用户可以以多种形式查看当前的对象，如单行模式或多行列表模式
设置	用户可在此菜单下设置自定义的事务参数
实用程序	允许用户基于当前的操作对象进行处理，如删除、复制、打印等

（2）系统功能栏。SAP 通用的系统功能，如保存、退出、返回等功能均显示在此栏中。表 1-6 列出了这些功能按钮的图示和说明。

表 1-6　系统功能按钮的图示及说明

按钮	名称	快捷方式	功能
	确认	回车	确认在屏幕上做出的选择或者输入的内容（不是保存）
	命令框	（无）	输入命令，如事务代码
	保存	Ctrl+S	保存所做的操作。和菜单中“编辑”→“保存”命令一致
	返回	F3	在不保存数据的情况下，返回前一屏幕。如果本屏幕有字段必须输入，则需先输入该字段
	退出	Shift+F3	退出当前的功能，不保存。返回初始屏幕或主菜单
	取消	F12	退出当前的任务，不保存。和菜单中“编辑”→“取消”命令一致
	打印	Ctrl+P	从当前屏幕打印
	查找	Ctrl+F	在当前的屏幕中查找数据
	查找下一个	Ctrl+G	在当前屏幕中查找下一个指定的数据
	第一页	Ctrl+PgUp	滚动到第一页
	前一页	PgUp	滚动到前一页
	下一页	PgDn	滚动到下一页
	最后一页	Ctrl+PgDn	滚动到最后一页
	新建会话	（无）	创建一个新的 SAP 会话。和菜单中“系统”→“新建会话”命令一致
	创建快捷方式	（无）	允许给任何 SAP 报表、事务或任务创建桌面快捷方式
	帮助	F1	显示光标所在字段的帮助文件
	定制本地布局	Alt+F12	配置显示选项

（3）标题栏。屏幕标题在此显示。

（4）应用工具栏。针对本操作界面，专有的操作工具以按钮形式在此显示，如凭证输入时的“模拟”“切换公司代码”，这些按钮所代表的功能在菜单栏中也可以找到。

（5）屏幕区域。用户完成操作的主要区域，如输入、修改和查看等。

（6）状态栏。在屏幕下方，提供 SAP 当前运行事务的有关状态。

在用户操作过程中，状态栏的左侧显示报错（红色）、报警（黄色）或消息（绿色）的提示。其中，报错的提示是一定要解决的，除非取消操作，不保存退出，如图 1-8 显示的“输入有效日期”。再如，输入会计凭证时，如果输入的是初级成本要素，在没有输入成本对象的情况下，系统也会报错，提示“请输入一个成本会计分配”；报警的提示只是一种警告，不违反系统本身的强制逻辑，因此可以按回车键忽略该提示；消息提示则是系统提供的“告知性”信息，如凭证输入完毕，过账后，系统提示“凭证编号 XXXX 已经记账到公司代码 XXXX 中”。

提示

报警的提示虽然只是警告，不违反系统程序本身的强制逻辑，但是可能违反业务的规则。例如，采购订单上的价格如果超过了容限，根据后台的配置可能会出现报警提示，这时用户应该注意，看看是否价格输入有问题。

提示

报错信息的细节对于解决问题比较有帮助。SAP在状态栏给出报错的信息时，双击该信息，可以看到消息号、系统的诊断、系统的响应以及系统建议采取的解决问题的步骤。用户可以通过该详细信息自行解决问题，也可以将此详细信息发送给相关的支持顾问，寻求帮助。

状态栏的右侧包含 3 个字段，分别显示服务器信息和状态信息。右侧的 3 个字段中，第 1 个字段（可以单击“右三角形”按钮）显示系统 ID、client 编号、用户 ID、程序、事务代码、响应时间等信息；第 2 个字段显示连接的服务器；第 3 个字段显示数据输入模式的状态是插入式（INS）还是覆盖式（OVR）。

提示

由于在企业中SAP往往安装有多套环境，特定的某个操作界面在不同的环境中是一模一样的，因此，用户需要知道当前的操作是在哪个环境中，不要进错环境。例如，不能在生产环境做任何测试性的操作。这时，可以通过状态栏右侧第1个字段中的系统ID和client编号来确认操作是在哪个环境中进行的。

1.2.3 SAP 后台配置

SAP 的配置事项放在“后台”，可通过以下两种方式进入。

（1）路径：SAP 菜单 > 工具 > 定制 >IMG>Edit Project。

（2）事务代码：SPRO。

进入后台，系统首先显示“定制：执行项目”界面，如图 1-9 所示。

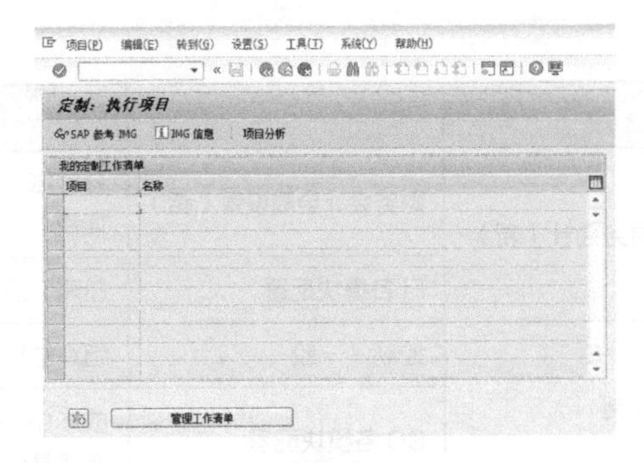

图1-9

在此界面，单击 SAP 参考 IMG 按钮，可以进入完整的系统配置界面，如图 1-10 所示。

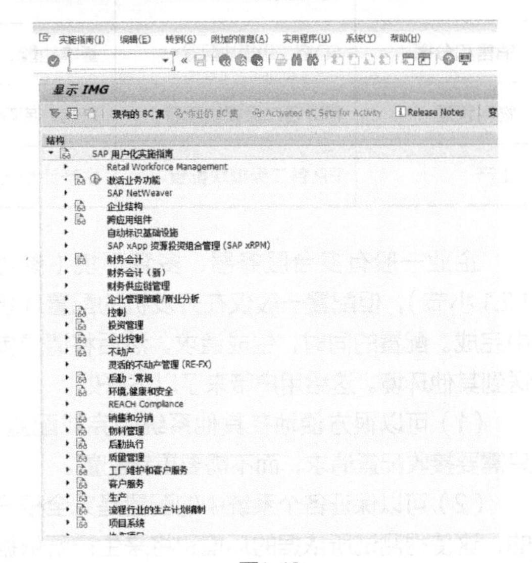

图1-10

后台配置是按照特定的结构和顺序安排的。熟悉这一结构和顺序，对掌握后台相关的知识非常有帮助。

虽然后台有成千上万的配置事项，但是就一个企业而言，如果实施常规的后勤和财务模块，牵涉的配置应该在 300 项左右。一个企业常用的配置，以结构化的形式体现，如表 1-7 所示。

表 1-7 配置的结构简表

一级	二级	配置事项	备注
SAP Netweaver	General Settings	国家 / 地区、货币、计量单位、日历	适用于全系统的基础配置
企业结构	定义	定义各模块的组织结构	
	分配	将各模块的组织结构的分配关系建立起来	如销售组织分配给公司代码

续表

一级	二级	配置事项	备注
财务会计（新）	财务会计全局设置（新）	分类账、公司代码全局参数、凭证、销项税 / 进项税	适用于 FI 各模块的配置
	FI 各模块配置	总账、应收、应付、资产各模块基础配置	
控制	控制 - 一般	组织结构、多种评估方法	适用于 CO 的“基本”配置
	CO 各模块配置	成本中心会计、内部订单、产品成本控制等各模块基础配置	
后勤 - 常规	物料主数据		适用于后勤各模块的基本配置
	变式配置		
销售和分销	SD 各二级模块配置	基本功能、主数据、销售凭证等基础配置	
物料管理	MM 各二级模块配置	采购、库存等模块基本配置	
生产	PP 各二级模块配置	生产计划与车间控制基本配置	

企业一般有多台服务器、多套环境（参见1.2.1 小节），但配置一般仅在开发机的配置环境中完成。配置的同时，生成请求，然后将请求传送到其他环境。这给用户带来了以下好处。

（1）可以很方便地在其他系统中完成配置：只需要接收配置请求，而不需要重新配置。

（2）可以保证各个系统中的配置是完全相同的，这使得测试所依据的环境和将来生产所依据的环境是相同的。

所以，生产环境一般是不允许用户直接在系统中进行配置的。它的配置只能从开发机（DEV）的配置环境中“辗转”传送而来。通常的做法是：将开发环境的配置传送到测试环境，经过全面的测试，确认没有问题。然后再传送到验证机（QAS）的验证环境，再次带数据验证，确认没有问题。然后再从验证环境传送到生产机（PRD）的生产环境。

提示

个别的配置有特殊的要求或特殊的处理，并不一定都是从DEV传到QAS，再传送到PRD。有些是有道理的，有些仅是SAP程序上的缺陷所致。这就要求咨询顾问熟知SAP中的种种“琐碎事项”。

——（有道理的）如编号范围配置。在PRD投入使用前，传送一次请求到PRD，但在生产环境投入使用，有了第一笔凭证后，就不要再从其他环境传送关于编号范围的配置了。因为，此时，生产环境编号范围的当前编号已经发生了更新，如果再接收关于编号范围的配置，系统会将当前编号更新为源环境中的值“0”。正因为如此，要求编号范围的配置一定要单独作为一个请求，且只往生产环境传送一次，此后永远不再传送。

——（有道理的）如经营范围的特征字段和值字段定义后，传送到PRD，需要在PRD手工将经营范围激活。

——（SAP缺陷）如税务代码中税率的百分数，是传送不到目的环境中的。虽然税务代码的基本过程能传送过去，但税率的百分数（如“17”）还是需要到目的环境中手工添加。

关于 PRD 能不能修改配置，是在 client 属性维护的界面（事务代码：SCC4）定义的，如图 1-11 所示。

从图 1-11 中可以看到，生产环境 client 800，在该 client 的配置（特定集团对象）方面是“不允许更改”的，跨 client 的对象（与集团无关的对象），也是不允许在该 client 中更改的（没有对资源库和跨集团定制的更改）。同时，该 client 的类型为“P 生产”。

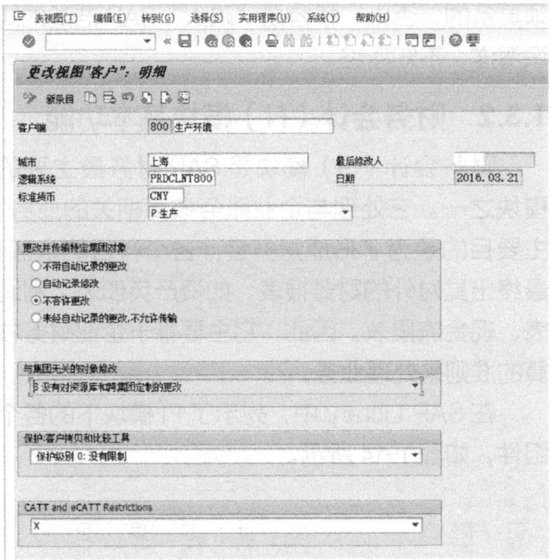

图1-11

> **提示**
> 有些配置作为“当前设置”（current settings），既可以在后台配置，也可以在前台相应的路径下进行操作。例如，汇率的设置、开关会计期、分配/分摊循环的定义、间接费用的费率设置等。如果当前的环境为“P 生产”类型，则这些配置可以直接在前台或后台设置，不受“不容许更改”的约束。

1.3 SAP财务主要模块介绍

本节简要介绍SAP财务模块的体系以及FI和CO两大模块的基本功能。

1.3.1 SAP财务相关模块的体系

SAP财务相关的模块涵盖了财务的核算、管理和决策多个层面。如果将它们分别看作财务的初级、中级、高级，可以将相关模块显示为图1-12所示。

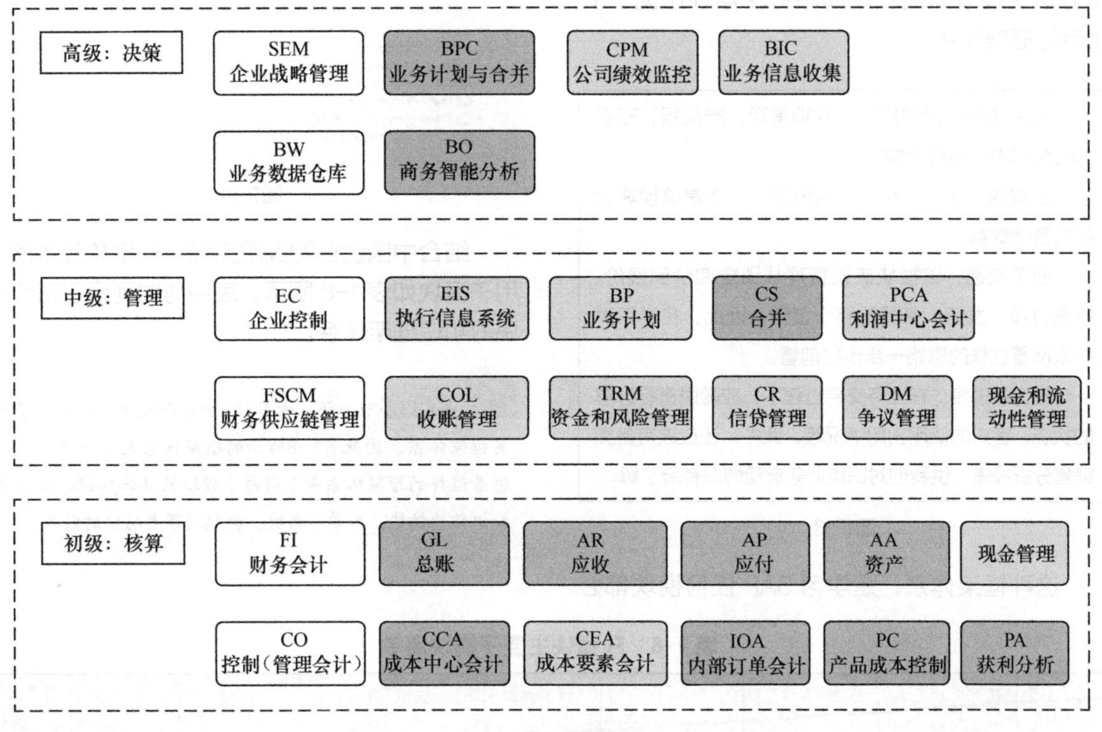

图1-12

其中，深色背景、白色字体的模块为常用的模块。从图1-12中可以看出，SAP用于核算的模块主要有FI模块下的总账、应收、应付、资产模块，CO模块下的成本中心会计、内部订单会计、产品成本控制和获利分析模块；较高层次的合并模块放在企业控制（EC）模块下；而在高端的决策方面，SAP将预算和合并又整合到一起，形成基于业务数据仓库（BW）应用的业务计划与合并（BPC）模块，放在企业战略管理（SEM）模块下。

了解SAP财务相关模块的体系是有必要的，这让我们清楚我们的需求可以在哪个模块中实现。例如，合并，如果仅是做财务报表的合并，则使用 EC-CS 就足够了；但是如果希望实现任意维度的合并，甚至管理数据的合并，则需要借助基于业务数据仓库的 SEM-BPC 了。再比如，如果企业想实现现金流的预测，既可以在 FI 中使用“现金管理”模块来编制现金流量预测表，也可以在更为复杂的 FSCM（Financial Supply Chain Management，财务供应链管理）下的“现金和流动性管理”中实现。当然，各个模块实现的层次是不一样的，实现的复杂程度也是不一样的。

而在每个具体的子模块内部，学习的框架体系应该包括组织结构、主数据、业务交易、查询和报表。这应该是一个自我学习时“无师自通”的体系，因为 SAP 各个模块正是按照这样的思路来搭建其软件体系的。例如，学习 SD（销售与分销）模块，我们脑海中应该浮现出图 1-13 所示的框架体系。

> 组织结构：销售组织、分销渠道、产品组，三者的组合称为“销售范围”。
>
> 主数据：客户、定价、信用管理三者是该模块运行的基础数据。
>
> 业务交易：该模块应该管理从销售询价到报价、销售订单、发运、开票的整个过程。因此，在学习时应该循着这样的思路一步步往前看。
>
> 查询和报表：在业务交易过程中，应随时查看订单的状态、客户的信用占用情况等。此外，还应该有各类销售分析报表，供我们对销售业务宏观情况有所了解。

图1-13

这种框架体系，是学习 SAP 任何模块都必须具备的，否则，很容易“陷入”SAP 浩瀚的知识海洋，不知所终。

1.3.2 财务会计（FI）模块基本功能

财务会计（FI）模块是 SAP 财务最主要的模块之一。它处理与企业账务核算相关的业务，主要目的是为了形成财务会计各个科目的余额，最终出具对外的财务报表，如资产负债表、利润表、现金流量表。因此，它主要基于企业财务核算的准则来处理业务。

在 SAP Library 中，列示了 FI 模块下的各个组件，如图 1-14 所示。

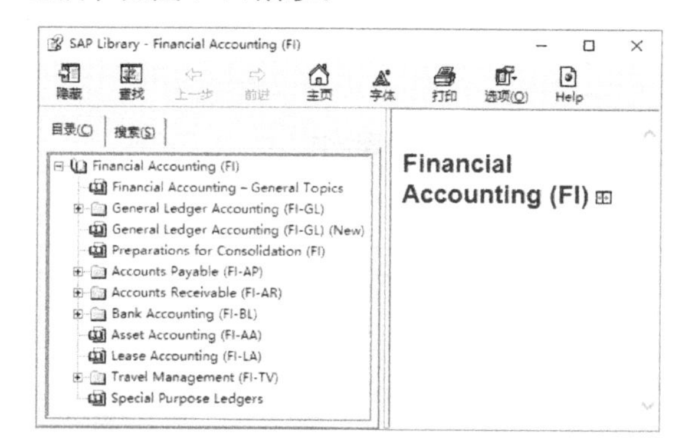

图1-14

结合中国企业的应用实践，FI 模块包含的常用子模块如表 1-8 所示。表中同时列示了每个模块的知识框架体系。

> **提示**
>
> 如1.3.1小节所讲，学习SAP的每个模块，都要先了解其框架体系。因此表1-8所示的框架体系尤为重要，可以循着这样的框架体系来了解每个模块的具体知识。以业务知识作为铺垫，再学习系统，会起到事半功倍的效果。

表 1-8　FI 模块主要子模块清单

子模块简称	全称（英文）	全称（中文）	组织结构	主数据	业务交易	查询和报表
GL	General Ledger Accounting	总分类账会计	公司代码	会计科目	日常凭证处理；定期处理	科目余额；财务报表
AR	Accounts Receivable	应收会计	公司代码	客户	客户发票；收款	客户余额；客户业务报表
AP	Accounts Payable	应付会计	公司代码	供应商	供应商发票；付款	供应商余额；供应商业务报表
AA	Asset Accounting	资产会计	公司代码	资产	资产新增、转移、报废、折旧	资产数据查询；资产业务报表

总分类账会计是所有模块（甚至包括后勤模块）会计凭证的汇集地。从这个意义上说，其他模块相当于“子分类账”，而“总分类账”则是它们的汇总。因此，如果要查询各个科目的余额以及最终的财务报表，如资产负债表、利润表，则必须在总分类账会计中执行。总分类账会计模块中不仅接收来自其他模块的凭证（称为“自动集成”），在本模块内部也要处理一些日常的手工凭证，如费用报销、银行转账等，在月末、年末也有一些定期处理的事项，如外币评估、GR/IR重组等。

应收会计是处理和客户有关业务的模块。它可以直接输入客户的发票（正向发票、负向发票——称为“贷方凭证”），也可以输入收款。当然，在一个集成应用的系统中，发票主要来自于SD（销售与分销）模块，因此，真正在应收会计中输入的发票变得少之又少。例如，企业卖废品，形成其他应收款，不通过销售与分销模块实现，而直接在应收模块输入凭证。收款时，既可能收现金、银行存款，也可能收取应收票据，因此，系统中还有相应的应收票据处理功能。在应收会计中，可以查看客户的余额。同时，收款和发票要形成清账关系，以便查看客户的账龄情况。

应付会计是处理和供应商有关业务的模块。它可以直接输入供应商的发票（发票、贷方凭证），也可以处理对供应商的付款（支付现金、银行存款、承兑汇票）。在集成的应用环境中，供应商的发票是在MM（物料管理）模块中操作的，称为“发票校验”。发票校验完成后过账，即成为应付模块中的应付项。对发票付款后，应该及时清账，以便查看应付发票的账龄。

资产会计是处理和固定资产、在建工程、无形资产、低值易耗品有关业务的模块。凡是需要长期跟踪资产价值的形成或者按规则摊销的业务，都可以借助该模块来实现。例如，在建工程的成本逐步归集，直至竣工，可以在资产会计模块中完整体现；低值易耗品如果采用五五摊销法，也可以借助资产会计模块来实现。资产会计模块管理的业务涵盖资产的“生老病死”，包括新增、转移、报废、折旧。而每一种业务都可能有细的分支，如资产的新增，可能是购置新增，也可能是在建工程竣工结算形成固定资产；转移，既有可能是在公司内转移，也有可能是跨公司转移；报废，既有可能是销售报废（有收入），也可能是无收入的报废。这些在资产会计模块中都有相应的实现功能。

1.3.3 控制（CO）模块基本功能

控制（CO）模块是SAP财务最主要的模块之一。它主要管理企业的成本开支、成本流动、成本结算、收益分析等业务。它最终的目的是节约开支、增加盈利。它遵循企业内部的管理手段和管理规则，但没有法定的统一规则，因此，控制模块在实施时较灵活。

在SAP Library中，列示了控制模块下的各个组件，如图1-15所示。

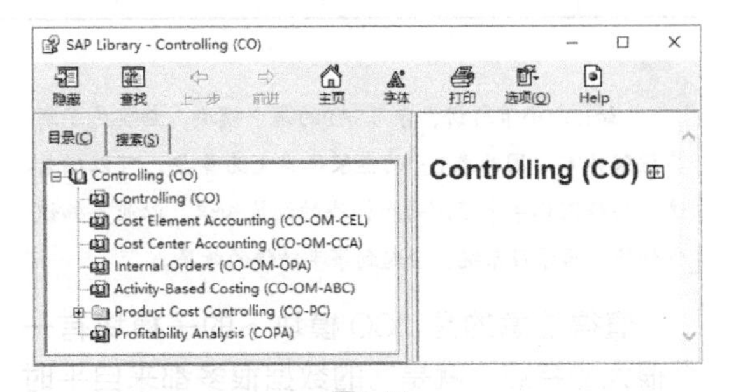

图1-15

结合中国企业应用的实践，CO模块包含的常用子模块主要如表1-9所示。表中同时列示了每个模块的知识框架体系。

> 提示
>
> CO模块下还有一个模块为成本要素会计（CEA），由于其功能绝大部分与成本中心会计（CCA）模块功能是重合的或者相仿的，只是变换了成本的视角（从成本对象转换为成本要素），因此不做重点介绍。

> 提示
>
> 以上的子模块是按照SAP前台菜单列示的，但在SAP Library中，将CO-CCA、CO-OPA分别称为CO-OM-CCA、CO-OM-OPA，相当于将它们归入“二级子模块”OM（间接费用管理）之下，使之变为三级子模块。但本书中，仍旧按照前台菜单路径，将它们当作二级子模块来介绍。

表 1-9　CO 模块主要子模块清单

子模块简称	全称（英文）	全称（中文）	组织结构	主数据	业务交易	查询和报表
CCA	Cost Center Accounting	成本中心会计	控制范围	成本中心、成本要素作业类型、统计指标	成本中心计划；成本归集；成本中心转账；费用分配 / 分摊	成本中心报表（费用、作业、统计指标）；成本中心作业价格报表
IOA	Internal Order Accounting	内部订单会计	控制范围	内部订单	内部订单计划；预算；成本归集；结算	内部订单报表（计划与实际成本）；内部订单预算与实际对比报表
PC	Product Cost Controlling	产品成本控制	控制范围		产品成本计划（滚算）；订单成本归集；订单成本结算；实际成本计算	产品成本报表；订单成本报表
PA	Profitability Analysis	获利分析	控制范围、经营范围		成本中心费用分摊到获利段；自上而下的分配；实际成本传输	获利分析报表

提示

如1.3.1小节所讲，学习SAP的每个模块，都要先了解其框架体系。因此表1-9的框架体系尤为重要，可以循着这样的框架体系来了解每个模块的细节知识。以业务知识作铺垫，再学习系统，会起到事半功倍的效果。

值得注意的是，CO 模块下的子模块有一个很大的特点，就是它的数据很多都来自平时各个模块的自动积累。例如，成本中心会计（CCA）模块和内部订单会计（IOA）模块中的“成本归集”，不需要操作这两个模块，用其他模块操作业务，成本会自然而然地归集到成本中心或内部订单上。例如，在 FI 模块输入费用类的会计凭证或对资产计提折旧，用 MM 模块对成本中心或内部订单发料等操作。因此，CO 模块的很多工作都集中在月末，处理成本上的结算等。这就充分发挥了系统的集成性，使成本会计人员平时的精力得到合理分配，不再着重于核算，而是着重于成本的分析与过程控制。

CO 模块下最主要的子模块是成本中心会计（CCA）模块和产品成本控制（PC）模块。可以这样理解这两个模块：企业的成本绝大部分发生在各个部门（即成本中心）和生产订单上。发生在管理类和销售类成本中心的费用直接计入当期的损益，体现在利润表中；而发生在制造类成本中心的费用最终会通过各种途径进入到生产订单，被生产订单吸收，从而在生产订单上可以归集到完整的料、工、费。这些料、工、费价值最终被订单所生产的产品所承担。产品实现销售，则将结转的销售成本反映到利润表中；产品留存在仓库，则以存货形式反映到资产负债表中，如图 1-16 所示。

成本中心会计（CCA）模块除了归集来自 FI、MM 模块的费用外，还可以在内部进行成本的转移，如成本中心重过账、分配 / 分摊，使成本在进入产品成本核算前归集到正确的受益方。同时，为了体现“控制”的概念，成本中心在实际业务发生前还可以编制计划。对成本中心发生的费用（细化到成本要素）、作业量、作业的价格做出计划，在月底可以以计划和实际进行对比分析。成本中心也有预算的功能，但其预算是针对整个成本中心维护的，不符合中国企业的习惯和需求，因此，这个功能只是个“鸡肋”。

提示

在SAP CO模块中，计划和预算是两个概念。前者的目的是为了与实际进行对比分析，不起控制作用；而后者则在业务发生时可以进行实时控制，超过预算则会报警或报错。

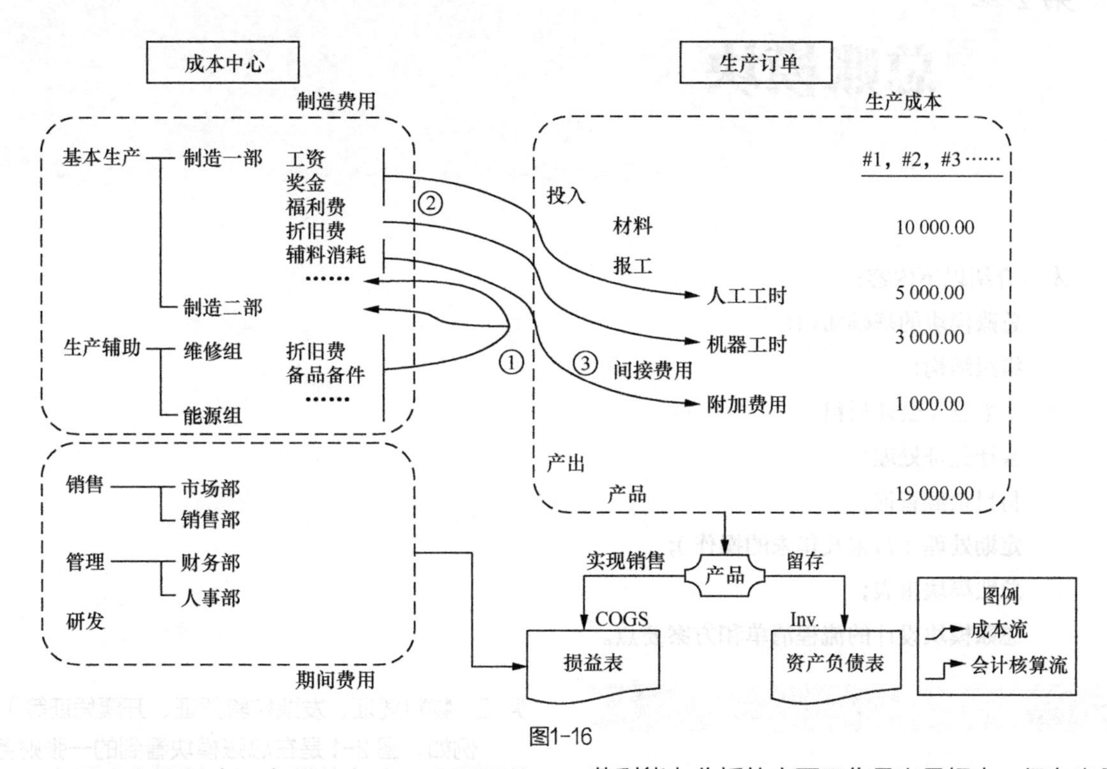

图1-16

产品成本控制（PC）模块包含3个重要的部分，即产品成本计划（Product Cost Planning，PCP）、成本对象控制（Cost Object Controlling，OBJ）和实际成本/物料分类账（Actual Costing/Material Ledger，ACT）。这3个部分有机地构成了产品成本从标准到实际的核算过程。产品成本计划是对产品的标准成本进行滚算，形成事前的标准成本，该成本是后续核算的基础；成本对象控制则是以生产订单为对象，对生产过程中的成本进行逐步归集和转出（主要操作依赖于MM模块的发料、收货和PP模块的报工），并在月末对订单结果进行计算，形成在制品或差异，相当于事中的核算和事后的结算；而实际成本/物料分类账模块则将成本对象控制中结算出的差异进行还原，以计算出产品的实际成本。

获利分析（PA）模块主要用于对企业的盈利进行分析。它基于不同维度（产品、客户、销售员、企业组织分层等）对销售盈利进行分析，包括收入、成本、毛利、销售费用、管理费用、净利等。如果说成本中心会计和产品成本控制主要是看企业“花了”多少钱，那么，获利能力分析主要是看企业“赚了”多少钱。这相当于财务管理的更高层次。因为，了解企业的盈利点，有助于对企业的发展方向做出决策。从这个角度看，获利能力分析的主要工作是出具报表。但在出具最终报表前，还需要做一些准备工作：为了将成本体现为实际成本，必须将实际成本/物料分类账模块计算出的实际成本传输到获利分析模块；为了将原本记录在成本中心的销售费用、管理费用传送到获利分析的各个维度，必须对这些期间费用进行分摊；为了将不能分配的各项收入、成本“硬性分配”到各个地区，还得进行“自上而下”的分配。

内部订单会计（OPA）模块是一个相对独立的模块，它围绕着内部订单进行处理，包括成本的计划、预算、实际归集、期末结算。内部订单不是产品生产的订单，而是企业的一项活动或为了归集某种事项的成本而设立的一种“订单”，如研发项目、企业团队建设活动、市场展销会、某辆汽车的日常支出等。内部订单的计划和预算都是事先做出的费用开支的安排，前者在实际发生后可以进行计划与实际的对比，后者则在实际发生的过程中可以对超支事项发出报警或者报错的信息提示。内部订单成本的实际归集是在FI模块或MM模块业务过程中自动归集的，无须在内部订单会计模块内操作。内部订单如果设定了结算规则，则在月末结算到相应的对象（如成本中心、固定资产或总账科目）。

第 2 章

总账模块

本章介绍以下内容：

- **总账模块的基础知识；**
- **组织结构；**
- **主数据（会计科目）；**
- **会计凭证处理；**
- **科目余额查询；**
- **定期处理（月末及年末的操作）；**
- **总账模块报表；**
- **总账模块设计的流程清单和方案要点。**

2.1 基础知识

本节介绍总账模块的基本功能以及该模块与其他模块的关联关系。

2.1.1 总账模块的基本功能

总账模块（General Ledger，GL）是“总分类账会计模块”的中文简称，它是财务会计（FI）模块的一个子模块，它是一切会计事务处理的核心模块。

它的基本功能有会计科目设置、凭证处理、会计科目余额查询、定期事务处理等。这些功能中，会计科目设置属于基础数据（也称“主数据”）设置；凭证处理和会计科目余额查询属于日常操作；定期事务处理则主要是月末和年末的操作。

2.1.2 总账模块与其他模块的集成

SAP 是一个庞大而复杂的体系。各个模块紧密集成，在处理各自模块本身业务的同时，也会产生相应的财务会计凭证。总账模块是一切财务会计凭证汇聚的中心。所有模块产生的财务会计凭证都能够在总账模块查询到，并在过账后影响到会计科目的发生额和余额。基于这些余额，企业可以出具资产负债表、损益表等其他对内对外的报表。

通过总账模块的查询功能，可以查询到来自子模块的凭证，并能进一步追溯到子模块的原始凭证（物料凭证、发票校验凭证、开票凭证等）。

例如，图 2-1 是在总账模块看到的一张财务会计凭证 5100000007，它体现了凭证的头信息和借贷方的行项目信息。

路径：SAP 菜单 > 会计核算 > 财务会计 > 总分类账 > 过账 > 输入总账科目凭证

事务代码：FB50

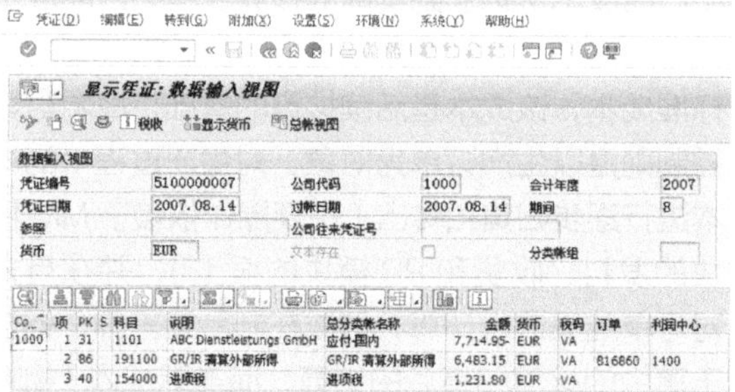

图2-1

这张凭证其实是由后勤业务集成而来的，在此界面可以直接追溯到其业务最初的发票凭证 5105608752（通过顶层菜单：环境 > 凭证环境 > 原始凭证），如图 2-2 所示。

同时，在图 2-1 所示界面，还可以直接跳转到与这张财务会计凭证相关的其他凭证（或者叫“单据”，document），如采购申请、采购订单等（通过顶层菜单：环境 > 凭证环境 > 关系浏览器），如图 2-3 所示。

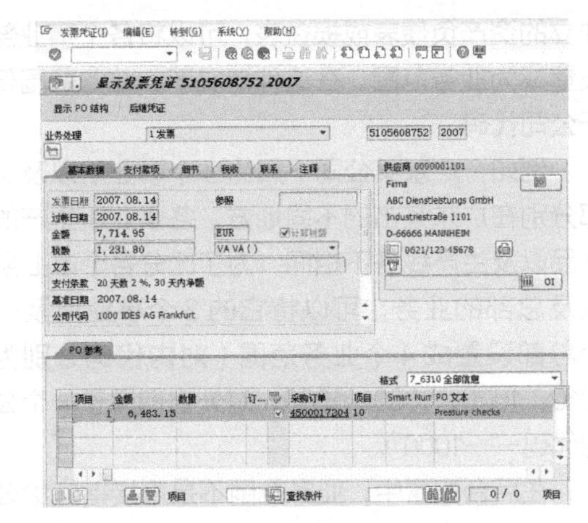

图2-2

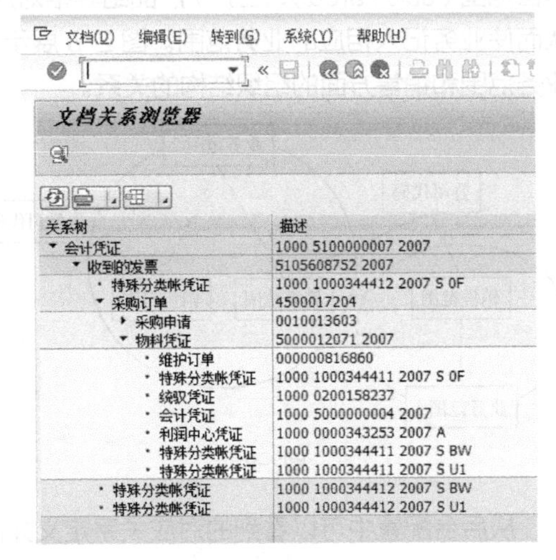

图2-3

2.2 组织结构

在 SAP 的 FI 模块，主要的组织结构有公司代码（一定会用）、公司（只在做合并业务时用）、业务范围（可能使用）、段（较少使用）、利润中心（可能使用）。

2.2.1 公司代码

公司代码（company code）是总账模块中最重要的组织结构。可以说，一个公司代码下的会计业务代表一套账，它可以出具独立的资产负债表和损益表。每一张财务会计凭证都属于特定的公司代码。输入会计凭证时，首先要明确是在哪一个公司代码中输入凭证，如图 2-4 所示。

路径：SAP 菜单 > 会计核算 > 财务会计 > 总分类账 > 过账 > 输入总账科目凭证

事务代码：FB50

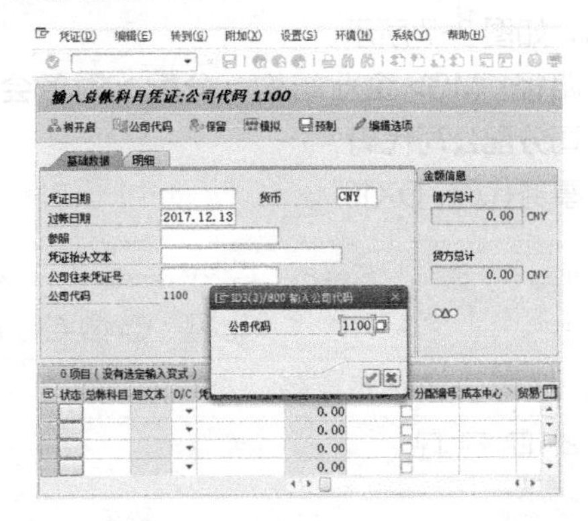

图2-4

查询科目余额时，也需要明确是哪个公司代码的余额，如图 2-5 所示。

路径：SAP 菜单 > 会计核算 > 财务会计 > 总分类账 > 账户 > 显示余额（新）

事务代码：FAGLB03

图2-5

出具资产负债表等会计报表时，也需要明确公司代码。

> 提示
>
> 一般情况下，应为每一个独立法人创建一个公司代码，因为每一个独立法人需要独立出具资产负债表。
>
> 在特殊情况下，如果一个独立法人下有多个相对独立的纳税主体（如事业部、分公司），出于独立出具报表的目的，也可以为每个纳税主体设置一个公司代码。

2.2.2 公司

公司（company）是公司代码之上的概念。一个公司下可以包含一个或多个公司代码，如图 2-6 所示。

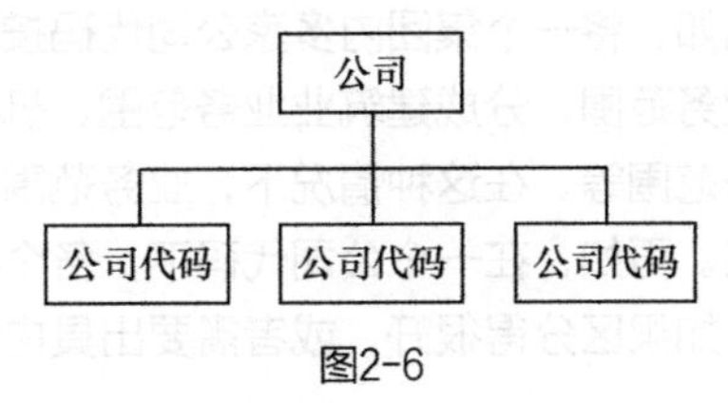

图2-6

公司代码与公司的对应关系，是通过后台定义的，如图 2-7 所示。

路径：IMG> 企业结构 > 分配 > 财务会计 > 给公司分配公司代码

事务代码：OX16

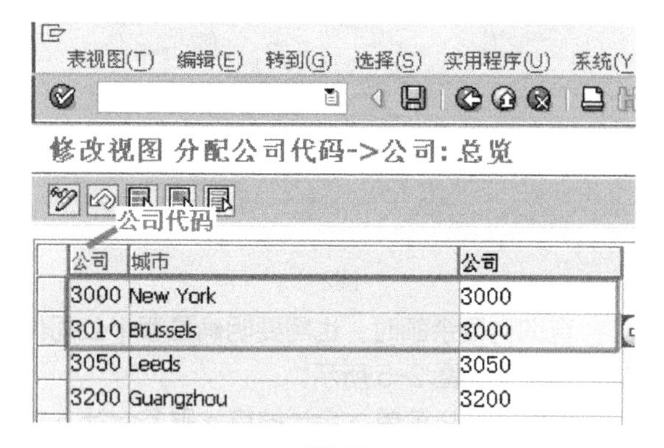

公司	城市	公司
3000	New York	3000
3010	Brussels	3000
3050	Leeds	3050
3200	Guangzhou	3200

图2-7

一个公司下的多个公司代码必须使用同一个会计科目表和相同的会计年度变式，但是本位币可以不同。

公司这一组织层次是为了合并业务而存在的。SAP 的合并可以针对公司合并、针对利润中心合并，也可以针对业务范围合并。目前使用最多的是针对公司合并。当公司作为“合并单元”（consolidation unit）时，它就代表了下属公司代码的集合。

在目前的业务实践中，更多的情况是一个公司对应一个公司代码。因为在一个集团下，有多个公司代码存在，一般都有内部关联交易，这就必然要处理各个公司代码之间的合并与抵销。在这种情况下，合并单元、公司、公司代码之间就是 1 ∶ 1 ∶ 1 的关系。

2.2.3 业务范围

业务范围（business area，SAP 中有时译为“部门”）是组织结构内部对从事某一类业务的单位进行归类的层次。它可以是公司代码之上的一个概念，也可以是公司代码之下的一个概念。例如，将一个集团内多家公司代码按照行业划分业务范围，分成建筑业业务范围、机械加工业业务范围等。在这种情况下，业务范围高于公司代码。再如，在一个公司代码下，各个事业部的业务如果区分得很开，或者需要出具内部相对独立的资产负债表或损益表，可以将各个事业部设置成为业务范围。在这种情况下，业务范围低于公司代码。

例如，广东某公司下属的 3 个事业所以及总部分别在广东某市的不同地方，各事业所生产的产品以及生产线各不相同，为了区分各个事业所以及总部的业务，可以将它的 3 个事业所及一个总部设置成 4 个业务范围（对内代码分别为 1010、1020、1030、1080，对外它们属于一个公司代码——1000）。

在后台配置中，业务范围不是直接指定给公司代码的。它是一个“额外的”组织结构，它与销售范围（sales area）、工厂 / 产品组等相对应，从而使业务记入相应的业务范围。图 2-8 展示了业务范围和销售方面的组织结构的关系。

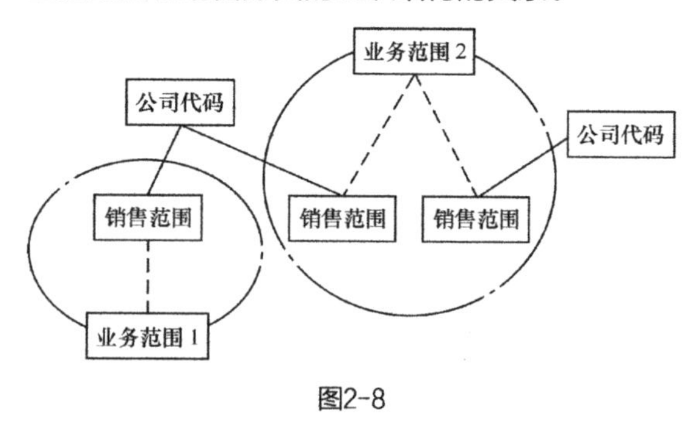

图2-8

从后台配置中可以看到的对应关系定义如图 2-9 所示。

路径：IMG> 企业结构 > 分配 > 销售和分销 > 业务区银行账户分配（business area account assignment，应译为“业务范围账号分配”）> 按销售范围分配业务范围

事务代码：OVF1

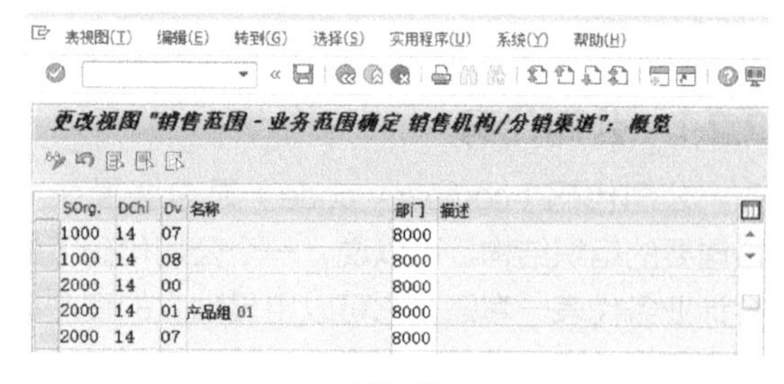

SOrg.	DChl	Dv	名称	部门	描述
1000	14	07		8000	
1000	14	08		8000	
2000	14	00		8000	
2000	14	01	产品组 01	8000	
2000	14	07		8000	

图2-9

业务范围也可以与“工厂 + 产品组（division）”相对应，如图 2-10 所示。

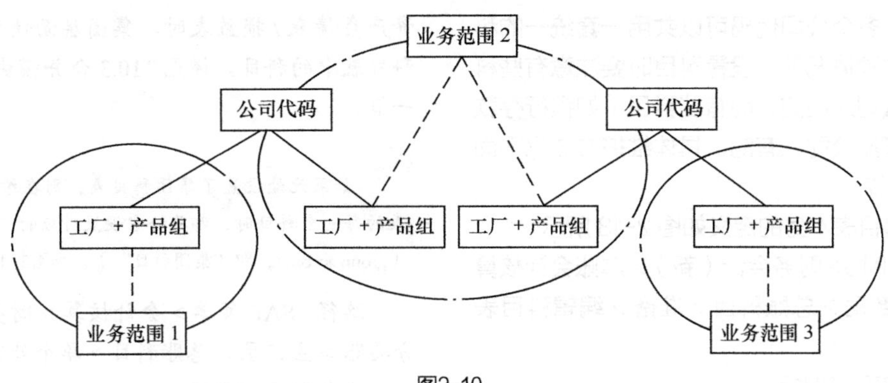

图2-10

在后台配置中可以清晰地看到，一个工厂下不同的产品组可以被指定给不同的业务范围，如图 2-11 所示。当然，也可以一个工厂下的所有产品组都对应到一个业务范围。

路径：IMG> 企业结构 > 分配 > 销售和分销 > 业务区银行账户分配（business area account assignment，应译为“业务范围账号分配”）> 为工厂和部门分配业务区

事务代码：OVF0

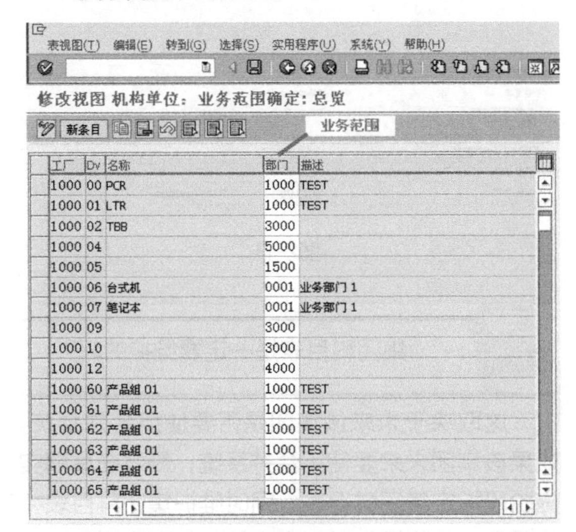

工厂	Dv	名称	部门	描述
1000	00	PCR	1000	TEST
1000	01	LTR	1000	TEST
1000	02	TBB	3000	
1000	04		5000	
1000	05		1500	
1000	06	台式机	0001	业务部门 1
1000	07	笔记本	0001	业务部门 1
1000	09		3000	
1000	10		3000	
1000	12		4000	
1000	60	产品组 01	1000	TEST
1000	61	产品组 01	1000	TEST
1000	62	产品组 01	1000	TEST
1000	63	产品组 01	1000	TEST
1000	64	产品组 01	1000	TEST
1000	65	产品组 01	1000	TEST

图2-11

从上面的介绍可以发现，业务范围既可以是在公司代码之下，也可以是“凌驾于”公司代码之上的一个概念，关键看它被分配到哪些销售范围、工厂＋产品组或其他组织结构上。

2.3 主数据维护：会计科目

本节首先了解会计科目表的基本概念，然后介绍会计科目增加、冻结和删除的具体操作。

2.3.1 会计科目表

会计科目表（Chart Of Accounts，COA，SAP 中有时译为“账目表”）是会计处理的基础。凭证的借贷方要输入的科目，必须事先在科目表中设置。

好的科目表，能够清晰地管理企业的业务，不至于造成账目混乱。而缺乏审慎思考和细致规划的科目表，将会使应用者产生极大的困惑。因此，科目表的编制和维护应该交给那些对 SAP 系统和财务业务有深刻理解的人。

在 SAP 中，每个公司代码都要指定科目表。例如，在 IDES 环境中，公司代码 1000 使用的科目表是 INT，如图 2-12 所示。

路径：IMG> 财务会计（新）> 财务会计全局设置（新）> 公司代码的全局参数 > 输入全局参数

事务代码：OBY6

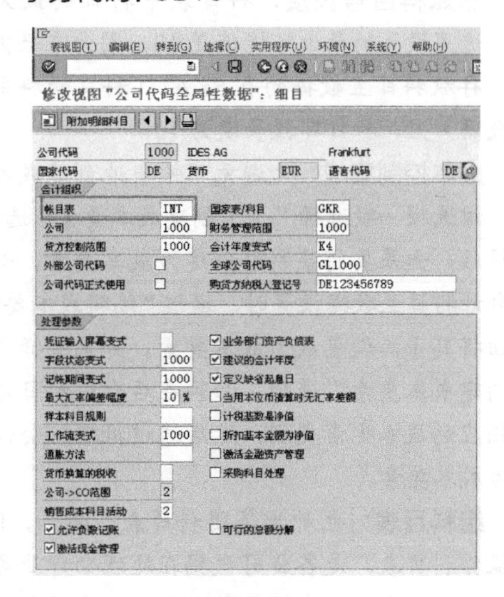

图2-12

当然，多个公司代码可以共用一套统一的科目表。在这种情况下，设置科目时要注意有些科目是多家公司通用的，而有些科目（如银行存款科目）是某家公司独有的。具体维护方法见下面的 2.3.2 小节。

会计科目表本身的定义如图 2-13 所示。

路径：IMG> 财务会计（新）> 总账会计核算（新）> 主数据 > 总账科目 > 准备 > 编辑科目表清单

事务代码：OB13

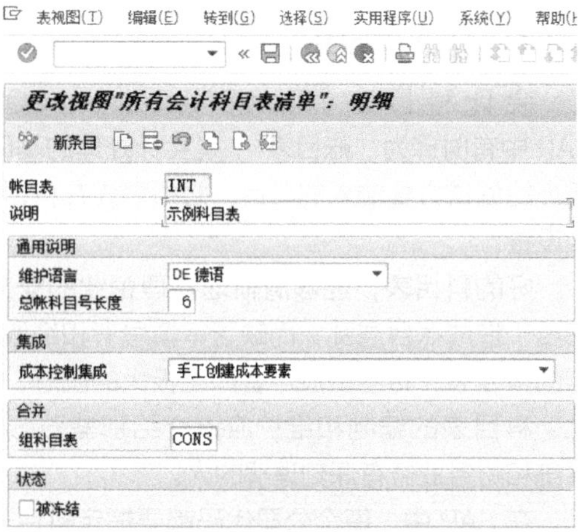

更改视图"所有会计科目表清单"：明细
新条目
帐目表 INT
说明 示例科目表
通用说明
维护语言 DE 德语
总帐科目号长度 6
集成
成本控制集成 手工创建成本要素
合并
组科目表 CONS
状态
被冻结

图2-13

维护语言：该科目表下的科目使用哪种语言维护。在科目主数据界面，“类型 / 描述”选项卡显示的科目描述（包括短文本和长文本）就是“维护语言”下的描述，而不是“登录语言”下的描述。

总账科目号长度：科目表中科目的最大长度。这里设置的最大可能值是 10，因为在数据库中，存放科目主数据的表 SKA1（科目的科目表层数据）里，科目字段长度为 10。

成本控制集成：为避免不恰当地创建成本要素，该选项一般选择“手工创建成本要素”选项。选择后，如果要将某科目创建为成本要素，必须在会计科目主数据设置时，通过“编辑成本要素”按钮将其手工设置成为成本要素。如果选择“自动创建成本要素”选项，必须在后台给科目定义好相应的成本要素类别，然后通过批输入会话创建为成本要素。

组科目表：也称为集团科目表。例如，INT 为操作科目表，是各公司代码在处理会计业务时使用的科目表，但在做合并业务或者出具集团的资产负债表 / 损益表时，集团层面使用的是集团科目表中的科目。详见“10.3 合并模块的主数据”一节。

> 提示
> 如果此处设置了集团科目表，则在维护操作科目表的每一个科目时，都要给它设置对应的“组科目号”（group account，即“集团科目”），如图2-14所示。

路径：SAP 菜单 > 会计核算 > 财务会计 > 总分类账 > 主记录 > 总账科目 > 单个处理 > 集中地

事务代码：FS00

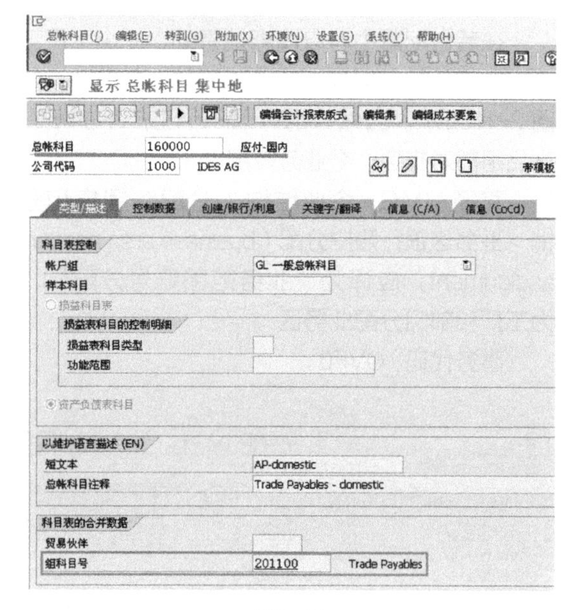

图2-14

延伸思考

集团科目表是一定要维护的吗？

这取决于未来该集团是否要使用合并系统。如果该集团未来要使用合并系统，最好在早期实施阶段指定集团科目表，同时维护集团科目表中的科目，并将操作科目表中的科目和集团科目表中的科目建立对应关系。

这样，可以尽早适应未来合并的要求，规范操作科目的编制。例如，从集团合并的要求看，应收账款、应付账款要区分关联方和非关联方。如果集团科目表中做了这样的细分，那么，“倒逼”着操作科目表上至少也应该有这样的细分。

2.3.2 会计科目的增加

会计科目的设置分为两个层次，即科目表层

和公司代码层。科目表层主要设置该科目的通用属性；公司代码层则设置该科目在某个特定的公司代码下的属性。

一个科目在一个公司代码内要能够使用，就必须同时设置科目表层和公司代码层的内容。

2.3.1 小节中曾提到，多家公司代码可以共用一套统一的科目表，这并不妨碍有些科目为某个公司代码所独有。如果该科目表中的某些科目仅在一家公司代码 A 使用，而在另一家公司代码 B 是不使用的（如银行存款 - 工行 -XXXX 户），则除了科目表层的属性需要设置外，其公司代码层属性就只需设置 A 公司代码下的属性，而不必设置 B 公司代码下的属性。

多家公司代码在使用同一套科目表时，同一科目在各公司代码下的属性可以不同。例如，存货科目在一家生产型的公司代码中可能是“只能自动记账”的，而在另一家未实施 MM 模块的公司代码中有可能是手工记账的（即撤选“只能自动记账”复选框）。

下面介绍会计科目维护界面。

路径：SAP 菜单 > 会计核算 > 财务会计 > 总分类账 > 主记录 > 总账科目 > 单个处理 > 集中地

事务代码：FS00

“集中地”意味着可以将科目表层属性和公司代码层属性集中在一个界面中设置。因此，进入该界面后，可以看到有 6 个选项卡，如图 2-15 所示。

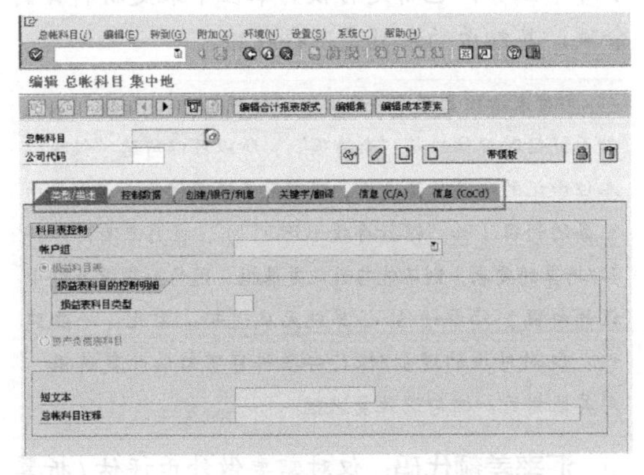

图2-15

科目表层的属性体现在两个选项卡中，即类型 / 描述、关键字 / 翻译。

公司代码层的属性体现在两个选项卡中，即控制数据、创建 / 银行 / 利息。

另外，有两个选项卡：“信息（C/A）”选项卡记录了该科目在科目表层的审计线索（可追溯的历史修改记录）；“信息（CoCd）”选项卡记录了该科目在特定公司代码层的审计线索。

如果仅设置科目表层的属性，可以通过以下路径设置。

路径：SAP 菜单 > 会计核算 > 财务会计 > 总分类账 > 主记录 > 总账科目 > 单个处理 > 在科目表中

事务代码：FSP0

如果仅维护公司代码层的属性，可以通过以下路径设置。

路径：SAP 菜单 > 会计核算 > 财务会计 > 总分类账 > 主记录 > 总账科目 > 单个处理 > 在公司代码中

事务代码：FSS0

例如，在设置集团科目表时，由于它不是一个操作层的科目表，不需要在任何公司代码中使用，因此，无须设置公司代码层的属性，只需要设置科目表层的属性即可。这时就可以使用 FSP0 来设置。再如，如果已经通过 FS00 设置了科目在科目表层和公司代码 BP01 下的属性，且该科目还要给 BP02 公司代码使用，则可以通过 FSS0 来设置它在公司代码 BP02 下的属性。

【业务操作】以下以“集中地”设置两层属性为例，详细介绍如何创建一个新科目。

路径：SAP 菜单 > 会计核算 > 财务会计 > 总分类账 > 主记录 > 总账科目 > 单个处理 > 集中地

事务代码：FS00

STEP 1 在“编辑 总账科目 集中地”界面输入要创建的“总账科目”及“公司代码”，如图 2-16 所示。

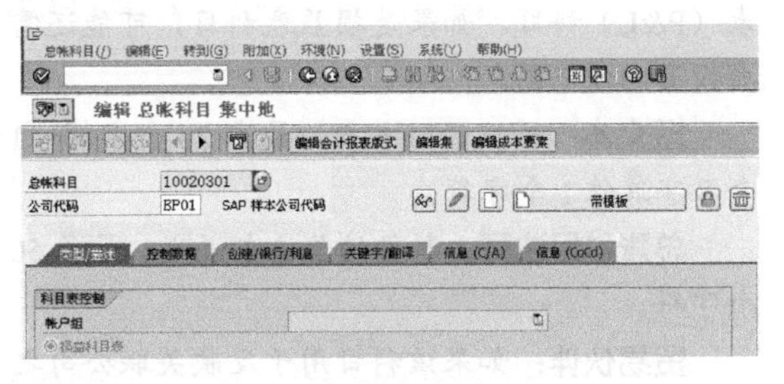

图2-16

STEP 2 单击“创建”按钮，此时，界面上部的科目和公司代码变为灰色，只能显示，不能修改，同时，界面下部的字段由灰色变为白色，表明可以输入相关的信息了，如图 2-17 所示。

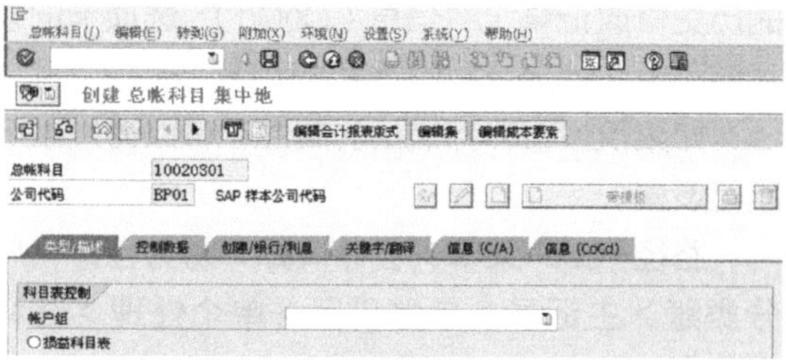

总帐科目(/) 编辑(E) 转到(G) 附加(X) 环境(N) 设置(S) 系统(Y) 帮助(H)
创建 总帐科目 集中地
编辑会计报表版式 编辑集 编辑成本要素
总帐科目 10020301
公司代码 BP01 SAP 样本公司代码
类型/描述 控制数据 创建/银行/利息 关键字/翻译 信息 (C/A) 信息 (CoCd)
科目表控制
帐户组
○损益科目表

图2-17

STEP 3 在“类型 / 描述”选项卡（该选项卡为科目表层）下，输入科目表的控制属性和描述等字段，如图 2-18 所示。

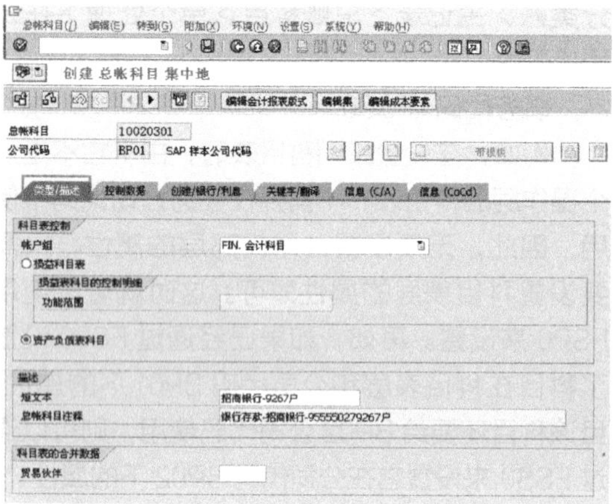

总帐科目(/) 编辑(E) 转到(G) 附加(X) 环境(N) 设置(S) 系统(Y) 帮助(H)
创建 总帐科目 集中地
编辑会计报表版式 编辑集 编辑成本要素
总帐科目 10020301
公司代码 BP01 SAP 样本公司代码
类型/描述 控制数据 创建/银行/利息 关键字/翻译 信息 (C/A) 信息 (CoCd)
科目表控制
帐户组 FIN. 会计科目
○损益科目表
损益表科目的控制明细
功能范围
◉资产负债表科目
描述
短文本 招商银行-9267户
总帐科目注释 银行存款-招商银行-955550279267户
科目表的合并数据
贸易伙伴

图2-18

账户组：事先在后台设置好，在此处选择。它决定：①该科目的编号范围；②科目主数据公司代码层选项卡中的字段状态（可选 / 必输 / 隐藏）。详见本节的【延伸思考 2】。

损益科目表 / 资产负债表科目：单选钮，决定该科目属于资产负债表（B/S）科目还是损益表（P&L）科目。如果是损益表科目，可能还需要设置功能范围。

短文本：科目的短文本，最多 20 个字符（1 个汉字算作 1 个字符）。

总账科目注释：科目的长文本说明，最多 50 个字符。

贸易伙伴：如果该科目用于反映关联公司之间的往来业务（如“应收账款 - 关联方 -× 公司”），可能还需要输入相应的贸易伙伴。贸易伙伴的可选值为公司的值列表。在多数 SAP 实施企业，因为关联方往来业务的科目不会具体到哪家客户公司，因此该字段不会用到。

STEP 4 切换到“控制数据”选项卡，输入在 BP01 公司代码下的控制数据，如图 2-19 所示。

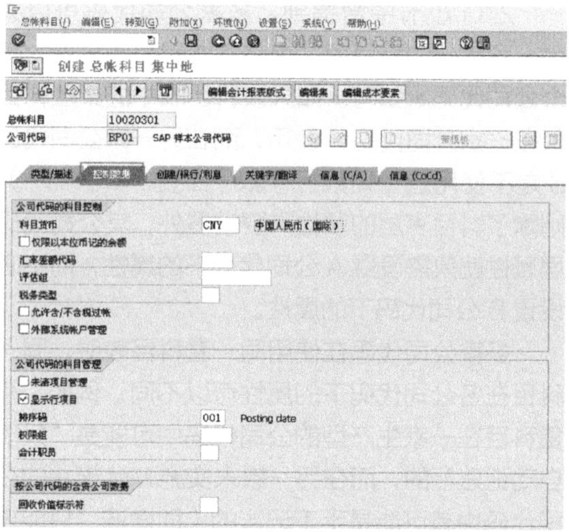

总帐科目(/) 编辑(E) 转到(G) 附加(X) 环境(N) 设置(S) 系统(Y) 帮助(H)
创建 总帐科目 集中地
编辑会计报表版式 编辑集 编辑成本要素
总帐科目 10020301
公司代码 BP01 SAP 样本公司代码
类型/描述 控制数据 创建/银行/利息 关键字/翻译 信息 (C/A) 信息 (CoCd)
公司代码的科目控制
科目货币 CNY 中国人民币（国际）
☐仅限以本位币记的余额
汇率差额代码
评估组
税务类型
☐允许含/不含税过帐
☐外部系统帐户管理
公司代码的科目管理
☐未清项目管理
☑显示行项目
排序码 001 Posting date
权限组
会计职员
按公司代码的合资公司数据
回收价值标示符

图2-19

科目货币：对仅发生外币业务的科目，如中国企业使用的“银行存款 - 招商银行 - 美元 9182 户”，此处输入相应的外币；对仅发生本位币业务的科目，需输入公司代码的本位币；对两种币种都有可能发生业务的科目，输入本位币。

仅限以本位币记的余额：如果勾选此复选框，表明该科目只能有本位币的余额。即使发生了外币业务，也都是转换为本位币来更新科目的余额，其外币的余额是不存在的。

> **注意** 对未清项管理的科目（如“材料采购–GR/IR”），外币评估时评估的是“未清项”，所以可以勾选“仅限以本位币记的余额”复选框。对不做未清项管理，但有外币业务的科目（如“银行存款–USD”），在月末有外币评估/折算的要求，则不能勾选此复选框。因为如果没有外币记的余额，外币评估/折算就无从谈起。因此，一般建议：仅对外币的现金/银行存款科目不勾选此复选框，对其他科目一概勾选此复选框。

汇率差额代码：仅对需要做外币评估 / 折算的，并且不是未清项管理（包括 GR/IR 科目、客户 / 供应商统驭科目等）的科目设置汇率差额代码。如“银行存款 - 招商银行 - 美元 9182 户”，它对月末外币评估 / 折算起决定科目的作用，详见本节的【延伸思考3】。

税务类型：该选项设置是否与税相关，是否税务科目，是否仅与进项税、销项税相关，或者仅与某一种税码相关。

允许含/不含税过账：和上一选项“税务类型”配合使用。如果税务类型设置的是该科目与税无关，则此选项意为“允许含税过账”；如果税务类型表明该科目与税有关，则此选项意为“允许不含税过账”。

未清项目管理：表明该科目是否作为未清项目管理。如果作为未清项目管理，则可以在FAGLB03中看到该科目已清和未清的记录。例如，某企业为银行存款下的每个账户设置一个清账科目，如“银行存款-招商银行-××××户-clearing”，当会计决定对某些款项支付时，贷记此科目；当出纳真正付出这些款项，并取得银行回单时，借记此科目，贷记“银行存款-招商银行-××××户”。在这种情况下，月末就有必要知道该clearing科目哪些是已清的、哪些是未清的。当然，要做到这一点，必须保证在月末前及时地清账。也就是说，未清项目管理科目是与清账业务相伴随的。如果设置了未清项目管理，而不做清账，则始终不知道哪些是已清的，哪些是未清的。

> 提示
> 应收账款、应付账款等科目，是在子模块中管理其未清项的，因此针对这些科目，就不必再勾选“未清项目管理”复选框。

> 提示
> GR/IR科目（相当于我国会计中的“材料采购”科目）是“典型的”未清项目管理的科目。因此，月末要对此科目进行清账。

显示行项目：在查询科目余额时，可以看到科目的借贷方发生额和余额。如果希望进一步追溯查询明细行项目，则必须对科目勾选“显示行项目”复选框。根据中国客户的习惯，一般对所有科目都勾选此复选框。

> 提示
> 如果以前设置时没有选中该选项，但是希望在余额查询时看到以前凭证的行项目，即让该选项对以前的凭证也起作用，可以参照以下方法解决。

① FS00冻结该科目（暂时不让用户使用该科目），勾选“显示行项目”复选框。

② SE38运行程序RFSEPA01。

③ 解除冻结（用户此时可以使用该科目）。

排序码：选择Posting date或其他选项。这项选项将决定该科目在用于会计凭证时，会计行项目上的分配字段将体现为什么值。例如，如果选择Posting date，则分配字段将体现为凭证的过账日期，如20080228。分配字段用于标识该凭证的附加信息。例如，由销售订单集成产生的销售收入科目上，分配字段体现出交货单编号；发票检验产生的GR/IR科目上，分配字段体现出“采购凭证+行项目号”。

> 提示
> 在应收模块的客户设置、应付模块的供应商设置中，也有排序码字段。如果会计凭证行项目输入的是客户/供应商，分配字段的取值由客户/供应商主数据中的排序码来决定。

> 提示
> 在SD模块集成的业务中，如果在后台配置了更为复杂的复制控制规则，则分配字段将以SD的复制控制规则为准。

STEP 5 切换到“创建/银行/利息”选项卡，明确该科目在公司代码BP01下创建凭证时有哪些控制要求，用于银行会计业务时有哪些属性（启用银行会计模块或Cash and Liquidity Management模块时会用到），以及计算利息时的属性，如图2-20所示。后两项属性并不常用。

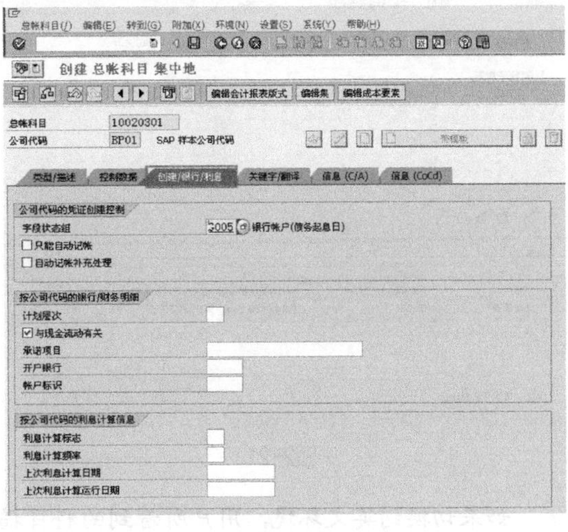

图2-20

字段状态组：决定使用该科目做会计凭证时，行项目哪些字段可选、哪些字段必须输入、哪些字段隐藏。例如，如果是银行存款科目，会计凭证行中是不需要用到成本中心、采购订单号等字段的（这些字段隐去），但是，可能需要标记现金流量代码（该字段必输），以便用于日后出具现金流量表。字段状态组是在后台专门设置的，在 2.4.3 小节有详细介绍。

只能自动记账：该会计科目只能用于集成业务，由系统自动记账，而不能手工输入凭证。如原材料、半成品、产成品等存货类的科目、销售收入科目等。这样，可以保证总账模块的科目余额和子模块查询到的信息一致。

自动记账补充处理：如果一个科目能由系统自动计算出来，是否允许后续手工更改。如由系统自动计算的银行手续费，在凭证行项目创建后，手工更改金额（该字段在中国很少用到）。

统驭科目的科目类型：针对统驭科目，需要设置它的统驭对象是客户、供应商还是资产。在图 2-20 显示的界面中没有该选项，是因为该科目的账户组“FIN. 会计科目”决定了该字段隐藏。而如果是统驭科目的账户组，则需要设置该选项。

STEP 6 如果该科目需要设置为在多语种下描述，则在“关键字 / 翻译”选项卡中输入其他语言下的短文本、长文本描述，如图 2-21 所示。

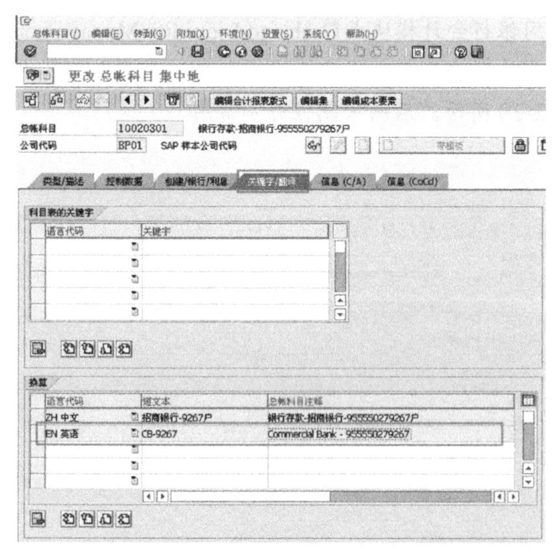

图2-21

如果切换到英文环境，用户所看到的科目描述就是英文的了。

STEP 7 保存该科目。注意系统可能出现的提示（警告或错误），如果是错误，必须修正错误，然后才能保存。

STEP 8（可选）如果想查看科目的创建信息和更改信息，可以通过“信息（C/A）”和“信息（CoCd）”两个选项卡查看，如图 2-22 所示。

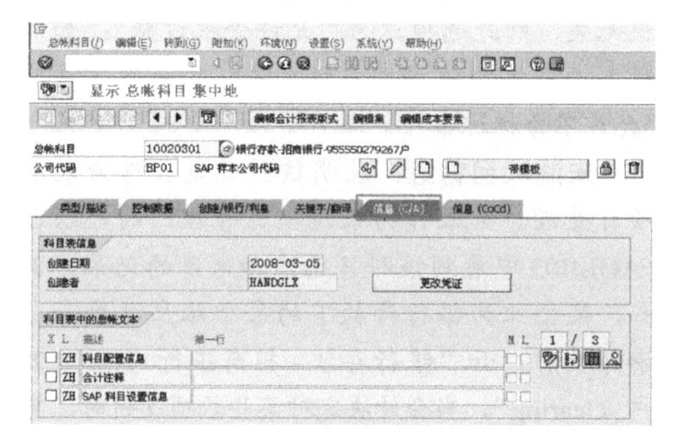

图2-22

单击“更改凭证”按钮可以看到该科目历次修改的详细信息。

创建科目的过程中输入的字段太多，有没有简单一些的方法？

如果要创建的科目在系统中已经有一个类似的科目，可以使用“带模板创建”的方法。例如，在 1000 公司代码下已经创建了科目 474230，现在需要创建类似的科目 474239，就可以在“编辑 总账科目 集中地”界面输入要创建的总账科目 474239、公司代码 1000 后，单击“带模板”按钮，在弹出的对话框中输入要参考的“总账科目”为 474230 和“公司代码”为 1000，然后单击“确认”按钮执行，如图 2-23 所示。

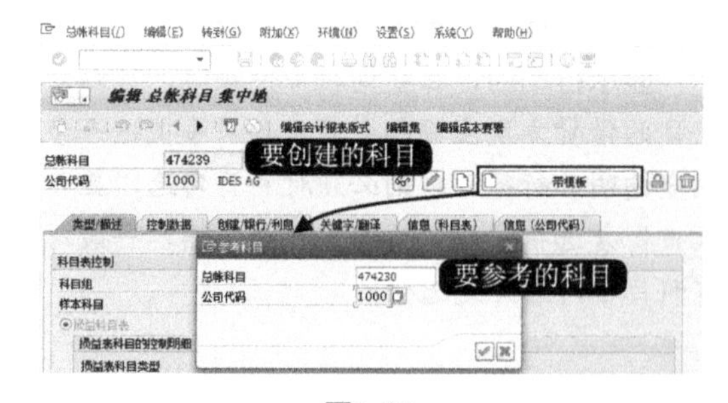

图2-23

被参考科目的属性就会自动代到新科目中，这时，只需要对某些字段略作修改就可以创建成功了，这样可以达到简化创建的目的。

科目的账户组是非常重要的，它是如何配置的？

在每一个科目的科目表层数据中需要指定账户组。账户组决定了：①该科目的编号范围；②科目主数据公司代码层选项卡中选项的状态（可选 / 必输 / 隐藏）。它的属性是在后台配置的。

路径：IMG> 财务会计（新）> 总账会计核算（新）> 主数据 > 总账科目 > 准备 > 定义科目组

事务代码：OBD4

关于①，如图 2-24 所示，“FIN.”账户组决定科目的编号为 10000000 ~ 99999999。

修改视图“总帐科目组”：概览

帐目表	帐户组	名称	起始帐户	终止帐户
CAZH	ANL.	资产科目	10000000	99999999
CAZH	ERG.	利润表科目	10000000	99999999
CAZH	FIN.	会计科目	10000000	99999999
CAZH	MAT.	物料	10000000	99999999
CAZH	SAKO	总分类帐科目	10000000	99999999

图2-24

关于②，在图 2-24 中，单击 字段状态 按钮，即可进入图 2-25 所示的“维护字段状态组：概况”界面。

维护字段状态组：概况

通用数据
会计科目表 CAZH 组 FIN.
会计科目

选择组
科目控制
帐户管理
凭证输入
银行/财务明细帐
利息计算
合资企业

图2-25

选择一个组并双击，即可显示具体的字段属性。例如，双击“凭证输入”，可以显示将科目用于凭证输入时相关控制属性的选项状态（隐去、必须输入项、可选输入项还是仅显示）。如图 2-26 所示，针对“FIN.”账户组下的科目，“统驭科目可以输入”选项是隐去的，而“字段状态组”则是必须输入的。

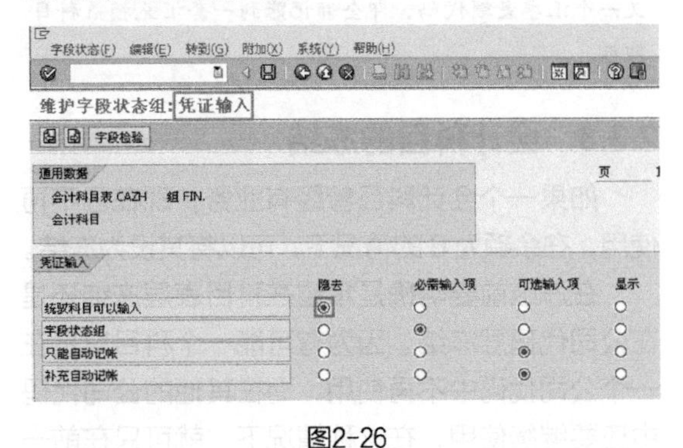

图2-26

延伸
思考 3

汇率差额代码是怎样决定汇兑损益科目的？

在外币现金、外币银行存款的科目上，指定汇率差额代码，未来在月底做外币评估时，会基于汇率差额代码寻找它们对应的汇兑损益科目。汇兑损益科目是在后台设置的，如图 2-27 所示。

路径：IMG> 财务会计（新）> 总账会计核算（新）> 定期处理 > 评估 > 外币估值 > 准备外币评估的自动过账

事务代码：OBA1

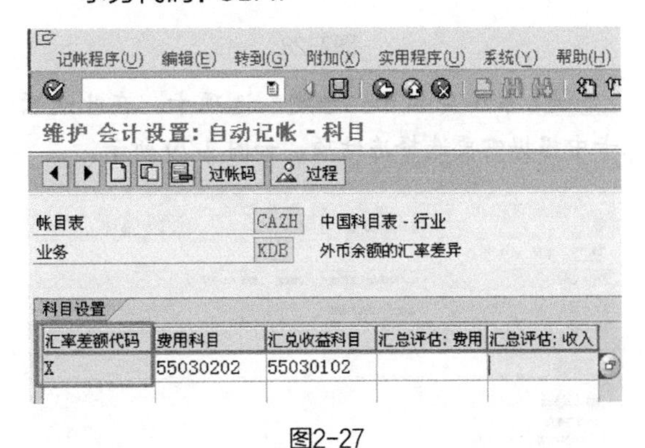

图2-27

图 2-27 中，针对汇率差额代码 X，设置了费用科目（汇兑损失科目）和汇兑收益科目。那么，对那些指定了汇率差额代码 X 的外币现金和外币银行存款科目，在月末外币评估时就会使用该条设置中的科目。

提示

虽然SAP中，可以定义不同的汇率差额代码，以便在外币评估过账时可以记账到不同的汇兑损益科目，但国内企业一般只需要针对外币现金和外币银行存款科目定义一个汇率差额代码，即全部记账到一套汇兑损益科目即可。

2.3.3 会计科目的冻结

如果一个会计科目曾经有业务，现在已不再使用，在余额为 0 的情况下，可以将其设为冻结。

在冻结前要明确是希望在科目表层冻结还是在公司代码层冻结。因为有可能一个科目只是在一个公司代码中不再使用，而在其他的公司代码中还要继续使用，在这种情况下，就可只在前一个公司代码中冻结。

【业务操作】操作方法详细介绍如下。此操作仍然在科目设置的界面进行。

路径：SAP 菜单 > 会计核算 > 财务会计 > 总分类账 > 主记录 > 总账科目 > 单个处理 > 集中地

事务代码：FS00

STEP 1 在“编辑 总账科目 集中地”界面输入“总账科目”号和“公司代码”，单击“冻结”按钮，如图 2-28 所示。

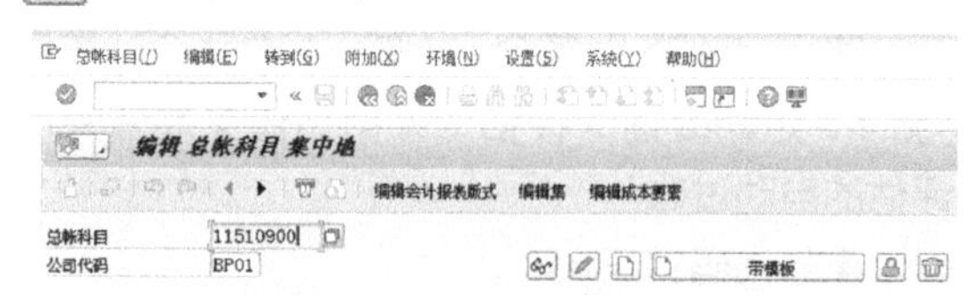

图2-28

STEP 2 系统会显示“锁定”选项卡，在此选项卡中根据需要选择冻结项，如图 2-29 所示。

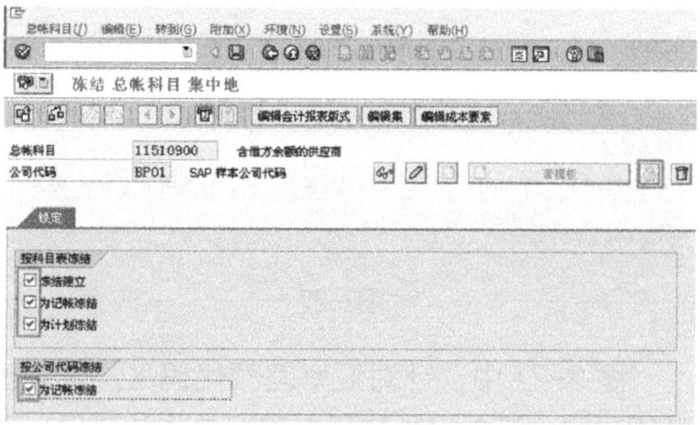

图2-29

按科目表冻结中的冻结建立：不能在新的公司代码下创建该科目。

按科目表冻结中的为记账冻结：该科目不能用于记账（在所有公司代码中都不能记账）。

按科目表冻结中的为计划冻结：该科目不能用于计划业务（总账模块中对科目也有计划功能）。

按公司代码冻结中的为记账冻结：该科目在该公司代码下不能用于记账。

提示

如果一个科目已经有过业务发生，是不能将其删除的，因为删除后原有业务将无法查询。因此，只能将其冻结，而且冻结前应将其余额结转出去，使其余额为0。

2.3.4 会计科目的删除

如果一个科目被误创建了，应该删除。删除和冻结是不一样的：冻结只是锁定该科目不再被用于某些业务，该科目仍然是存在的；而删除则是将该科目完全从数据库中删除。因此，删除应该是对那些没有任何业务发生的科目而言的。

在删除前也要明确是在科目表层删除还是在公司代码层删除。如果是前者，意味着该科目在所有公司代码中不再使用，在这种情况下，必须确保在各公司代码层已经删除或者即将删除。如果一个科目至少在一个公司代码中存在主数据或者业务数据，那么是无法在科目表层删除的。

在执行操作时，为谨慎起见，可以先将科目打上删除标志，然后再在“后台”进行删除。如果在后台直接删除，有可能错误地删除了不该删除的科目。

【业务操作】以下以公司代码 BP01 的科目 45100101 为例，详细介绍删除科目的步骤。

路径：SAP 菜单 > 会计核算 > 财务会计 > 总分类账 > 主记录 > 总账科目 > 单个处理 > 集中地

事务代码：FS00

STEP 1 在“编辑 总账科目 集中地”界面将科目打上删除标志。输入“总账科目”和“公司代码”，单击“删除”按钮，如图 2-30 所示。

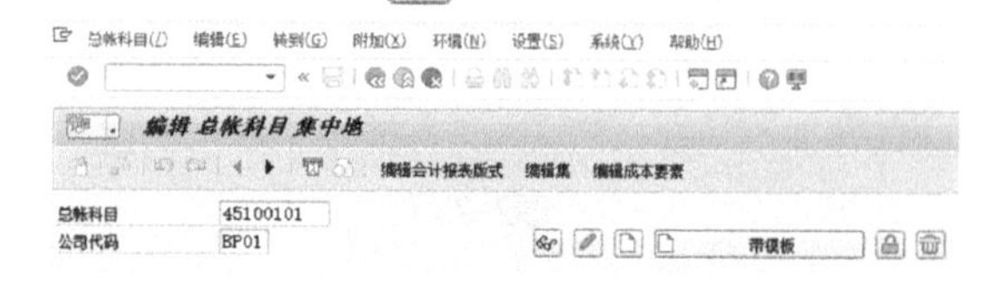

图2-30

STEP 2 系统显示“删除标志”选项卡，在此选项卡中，根据需要选择是在科目表层还是在公司代码层打上删除标志，如图 2-31 所示。

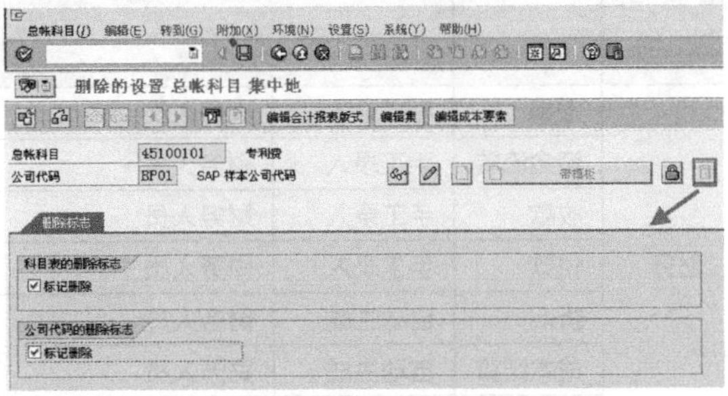

图2-31

STEP 3 单击“保存”按钮，保存操作。

STEP 4 利用事务代码 SPRO 进入后台。

STEP 5 进入以下路径：IMG> 财务会计（新）> 总账会计核算（新）> 生产开始的准备 > 初始机构 > 测试数据删除 > 删除主数据 > 删除总账科目（事务代码：OBR2），系统显示“删除主数据”界面，如图 2-32 所示。

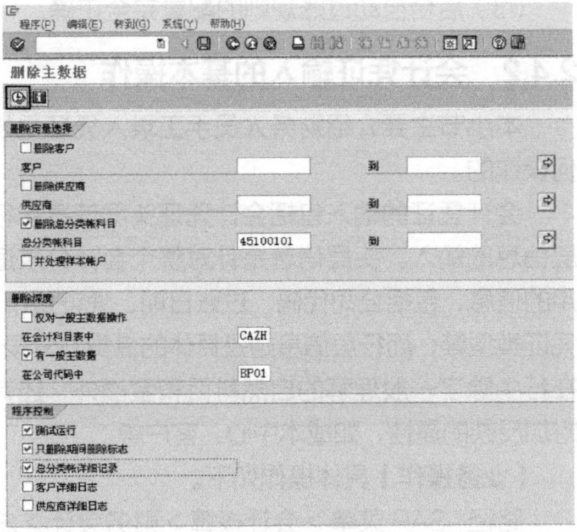

图2-32

STEP 6 输入相应的参数，勾选“测试运行”复选框，并单击“执行”按钮。

为谨慎起见，选择“只删除期间删除标志”（这里翻译错误，原为 delete per deletion flag only，表示仅删除带删除标志的科目）复选框，以免误删除了其他科目。

> **注意** 要明确是在科目表层还是公司代码层删除。图2-32所示的选择是针对两个层次（科目表CAZH层和公司代码BP01层）进行删除。

STEP 7 系统会显示测试运行的结果：表中有多少条记录被读取到，多少条记录将会被删除，是否有影响删除的记录存在，如图 2-33 所示。复核测试运行的结果。

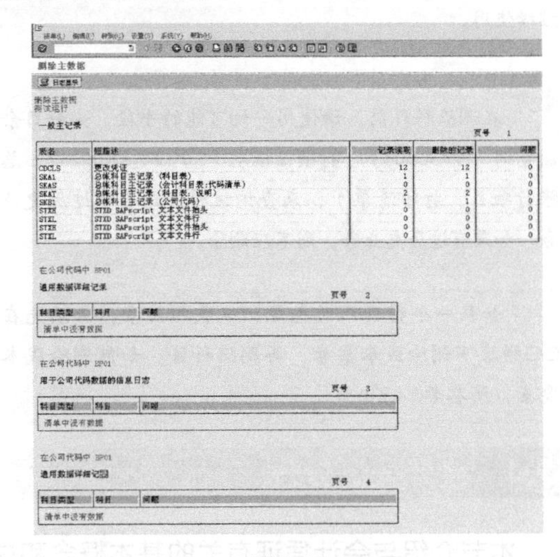

图2-33

STEP 8 复核无误后，撤选“测试运行”复选框，正式执行，系统会出现图 2-34 所示的提示，单击“是”按钮。

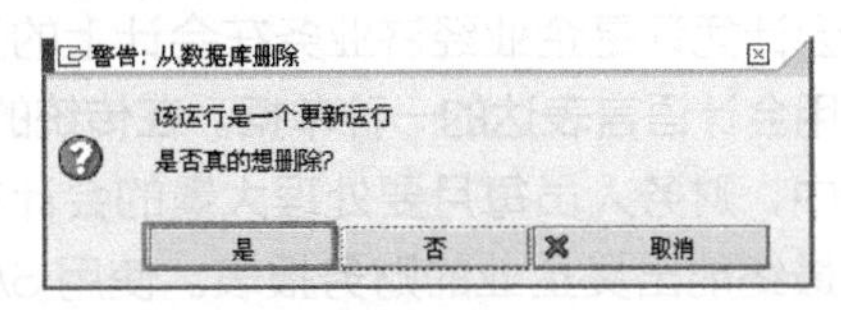

图2-34

STEP 9 复核运行结果，如图 2-35 所示。

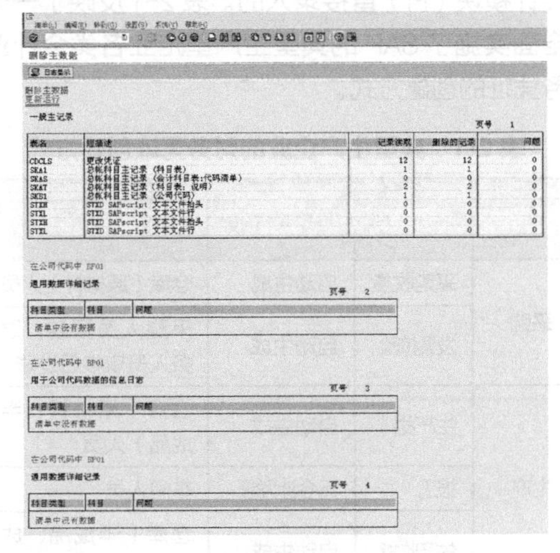

图2-35

STEP 10 利用 FS00/FSP0/FSS0 查询该科目，确认该科目已经在科目表层和公司代码层两个层次被删除。

> **提示**
> 如果一个科目被删除，其空余的科目编号还可以被继续使用。

> **提示**
> 在删除科目前，请使用一切可能的手段，如科目余额查询（FAGLB03）、行项目报表（S_ALR_87012282 – 总账行项目，打印清单），来查询该科目是否有过历史业务。如果有过历史业务，则不应删除。

> **注意**
> 如果一个科目同时也是初级成本要素，必须先在CO模块下删除成本要素，再删除科目。如何删除成本要素，请参考6.4.3小节。

2.4 会计凭证处理

本节介绍与会计凭证有关的基本概念和操作，具体操作包括会计凭证的创建、预制、过账、冲销以及外币凭证的处理。

2.4.1 会计凭证处理的基本概念

会计凭证是企业经济业务在会计上的反映，它是用会计语言表达的一种单据。在传统的会计业务中，财务人员每月要处理大量的会计凭证，以便最终能出具企业的财务报表。使用 SAP 系统后，大约 80% 的会计凭证可以由后勤业务自动集成，而 20% 的会计凭证是依靠手工在财务会计模块（FI）直接录入的。表 2-1 反映了一个全面实施了 SAP 的典型生产型企业各类会计业务凭证的创建方式。

表 2-1 典型生产企业的财务凭证创建方式

业务线	业务类型	凭证创建方式	操作人员
采购	采购收货	自动生成	仓库（原材料）人员
	发票校验	自动生成	采购人员预制，财务人员审核后过账
生产	生产发料	自动生成	仓库（原材料、半成品）人员
	报工	无会计凭证	车间人员
	生产收货	自动生成	仓库（半成品、成品）人员
销售	销售发货	自动生成	仓库（成品）人员
	销售开票	自动生成	销售人员开票，财务人员批准生成凭证

续表

业务线	业务类型	凭证创建方式	操作人员
财务	报销	手工录入	财务人员
	资金流转	手工录入	财务人员
	收款	手工录入	财务人员
	付款	手工录入	财务人员
	折旧	自动生成	财务人员
	成本结算	自动生成	财务人员
	利润分配	手工录入	财务人员

因此，企业在实施 SAP 的过程中，大部分凭证都是自动生成的。要保证这些凭证能准确地生成，必须要满足以下几个条件。

（1）基础数据准确。尤其是涉及影响过账的数据，如物料的评估类、标准成本。

（2）前台业务操作准确。例如，选择的业务类型要正确，输入的价格、计量单位不能错误。

（3）后台自动过账规则的配置完全正确。

2.4.2 会计凭证输入的基本操作

本小节主要介绍财务人员手工录入凭证是如何操作的。

会计凭证的输入包括会计凭证头层信息和行层信息的输入。头层信息是针对整个会计分录适用的信息，包括公司代码、过账日期、凭证货币、凭证类型等；而行层信息则是具体的借贷方分录，在行中除了一般理解的自然科目和金额外，还有附加反映的属性，如成本中心、客户等。

【业务操作】具体操作如下。

路径：SAP 菜单 > 会计核算 > 财务会计 > 总分类账 > 过账 > 输入总账科目凭证

事务代码：FB50

STEP 1 输入公司代码，单击“确认”按钮，如图 2-36 所示。

图2-36

此处的公司代码，决定了接下来输入的凭证进入哪个“账套”。

STEP 2 系统进入“输入总账科目凭证：公司代码 1000”界面，在此界面先输入头层信息，包括

“凭证日期”“过账日期”等字段，如图 2-37 所示。

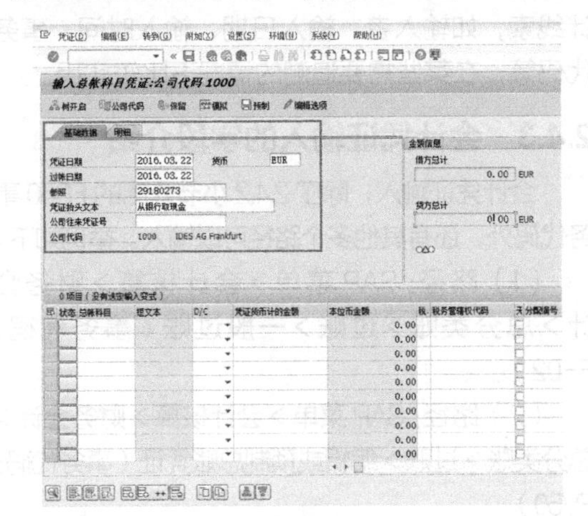

图2-37

凭证日期：业务发生的日期。

过账日期：凭证过账（相当于传统的“登账”）的日期，决定该凭证记入哪个会计期。该日期所处的会计期必须是已经打开的。如何打开会计期，请参看 2.4.4 小节。

参照：业务单据上的参考号。

凭证抬头文本：凭证头层的摘要，对整个凭证记录事项的说明。

STEP 3 在“输入总账科目凭证：公司代码 1000”界面的下部区域，输入行层信息，如总账科目等，并按回车键，系统会验证输入的内容是否符合该科目的规范，如果符合则系统会将科目的描述（“短文本”）带出，如图 2-38 所示。

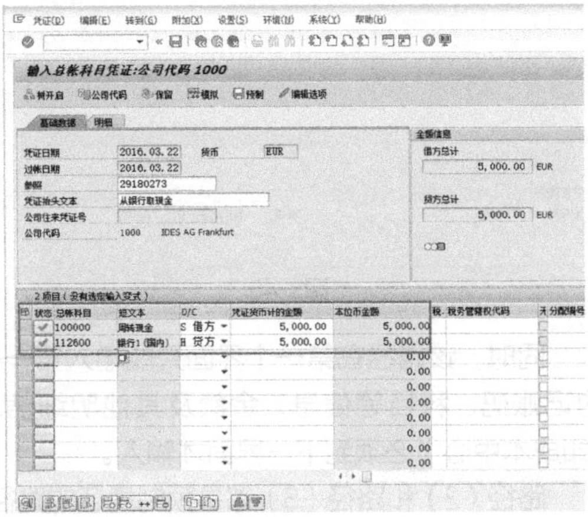

图2-38

总账科目：借贷方使用的会计科目。注意，在此不能输入“只能自动记账”的科目，且不能输入统驭科目，这些属性是在科目主数据上设置的。

D/C：Debit/Credit 的简写，分录的借贷方。

凭证货币计的金额：借贷方的金额。这里只能输入正数；如果输入负数，系统会报错；如果输入 0，系统会认为这一行是无效的行，在凭证保存后会自动删除这一行。

STEP 4（可选）如果要针对某个行项目输入明细信息，则双击该行，进入“改正 总账科目项”界面，输入明细信息，如图 2-39 所示。

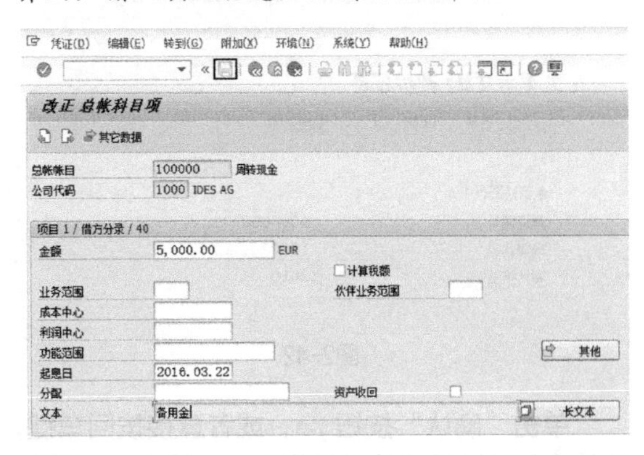

图2-39

在图 2-39 中，给凭证的第 1 行项目输入了“文本”字段，相当于行摘要。

STEP 5 单击“过账”按钮，系统会在下方提示“凭证 ××××× 记账到公司代码 ×××× 中”，如图 2-40 所示。

凭证 100000000 记帐到公司代码1000中

图2-40

如果要复核刚才输入的凭证，可以通过以下两种方法。

（1）直接在 FB50 界面，选择菜单中的“凭证”→“显示”命令，使系统显示当前用户刚刚创建的一张凭证，如图 2-41 所示。

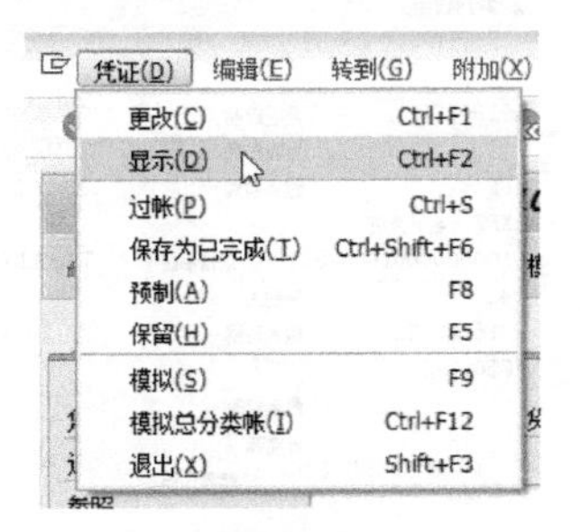

图2-41

（2）通过专门的事务路径进入查询。

路径：SAP 菜单 > 会计核算 > 财务会计 > 总分类账 > 凭证 > 显示

事务代码：FB03

系统会进入“显示凭证：初始屏幕”界面。在此界面，系统会自动填入当前用户刚刚创建的凭证编号、公司代码和所属会计年度，如图 2-42 所示。

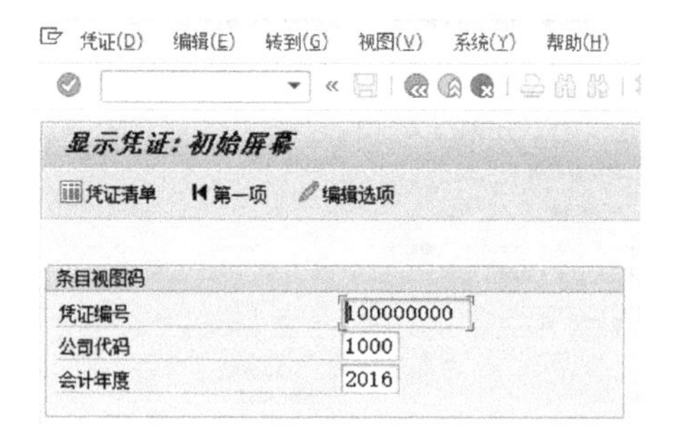

图2-42

单击“确认”按钮，或者直接按回车键，系统会显示该凭证的详细信息，如图 2-43 所示。

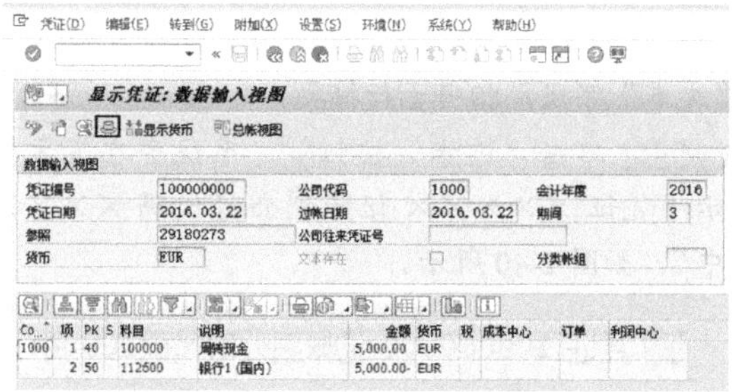

凭证(D) 编辑(E) 转到(G) 附加(X) 设置(S) 环境(N) 系统(Y) 帮助(H)

显示凭证：数据输入视图

显示货币 总帐视图

数据输入视图

凭证编号 100000000 公司代码 1000 会计年度 2016

凭证日期 2016.03.22 过帐日期 2016.03.22 期间 3

参照 29180273 公司往来凭证号

货币 EUR 文本存在 分类帐组

Co...	项	PK	S	科目	说明	金额	货币	税	成本中心	订单	利润中心
1000	1	40		100000	周转现金	5,000.00	EUR				
	2	50		112600	银行1（国内）	5,000.00-	EUR				

图2-43

如果想看到凭证头层的更多信息，如凭证类型等，则可以单击“显示凭证抬头”按钮来查看，如图 2-44 所示。

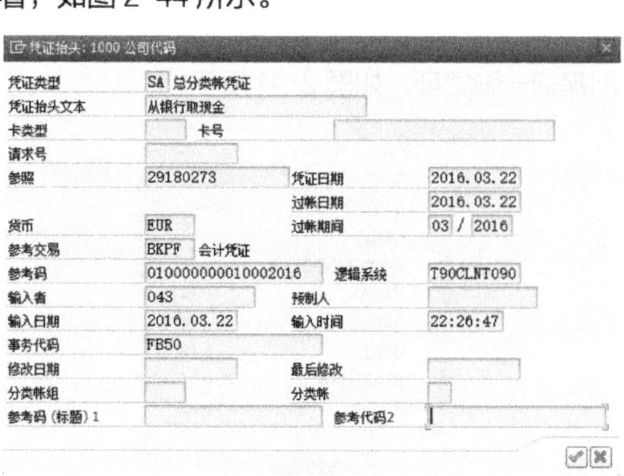

凭证抬头：1000 公司代码

凭证类型 SA 总分类帐凭证

凭证抬头文本 从银行取现金

卡类型 卡号

请求号

参照 29180273 凭证日期 2016.03.22

过帐日期 2016.03.22

货币 EUR 过帐期间 03 / 2016

参考交易 BKPF 会计凭证

参考码 010000000010002016 逻辑系统 T90CLNT090

输入者 043 预制人

输入日期 2016.03.22 输入时间 22:26:47

事务代码 FB50

修改日期 最后修改

分类帐组 分类帐

参考码（标题）1 参考代码2

图2-44

凭证抬头的明细信息给用户提供了较好的审计线索，如输入者、输入日期、输入时间、事务代码等，在某些需要追溯的情况下比较实用。

2.4.3 会计凭证输入的字段介绍

会计凭证输入，除了 2.4.2 小节介绍的 FB50 事务代码外，还有其他多个路径可以输入。举例如下。

（1）路径：SAP 菜单 > 会计核算 > 财务会计 > 总分类账 > 过账 > 一般过账（事务代码：F-02）

（2）路径：SAP 菜单 > 会计核算 > 财务会计 > 总分类账 > 过账 > 编辑或预制总账凭证（事务代码：FV50）

（3）路径：SAP 菜单 > 会计核算 > 财务会计 > 总分类账 > 过账 > 一般凭证预制（事务代码：F-65）

这些路径，无非是凭证输入的不同方式。在不同路径下，用户操作的灵活度不同，其可以达到的结果不同。例如，路径（1）进入的界面允许用户在输入凭证时修改头层默认的凭证类型和行层默认的记账码，如图 2-45 所示。

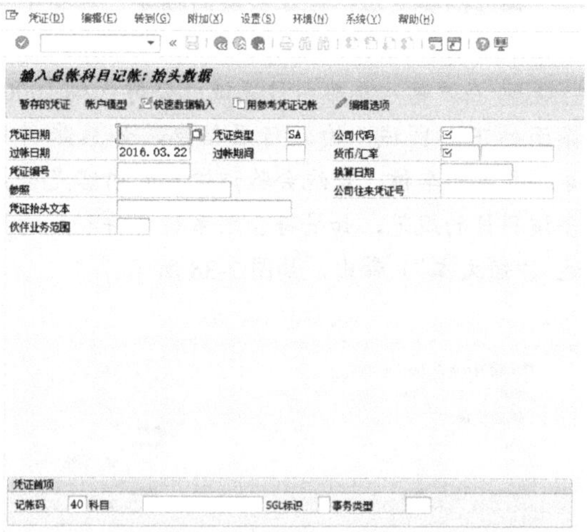

凭证(D) 编辑(E) 转到(G) 附加(X) 设置(S) 环境(N) 系统(Y) 帮助(H)

输入总帐科目记帐：抬头数据

暂存的凭证 帐户模型 快速数据输入 用参考凭证记帐 编辑选项

凭证日期 凭证类型 SA 公司代码

过帐日期 2016.03.22 过帐期间 货币/汇率

凭证编号 换算日期

参照 公司往来凭证号

凭证抬头文本

伙伴业务范围

凭证首项

记帐码 40 科目 SGL标识 事务类型

图2-45

同时，该路径在第一个界面只能输入第一行的记账码、科目等信息，金额及其他明细信息（如成本中心）必须到下一界面才输入。

路径（2）和路径（3）都是预制凭证的路径，在相应的界面中，可以将凭证制作为“预制”的凭证，事后等具有过账权限的人审核后再予以过账。路径（2）（FV50）是 FB50 对应的预制界面；路径（3）（FV65）是路径（1）（F-02）对应的预制界面。

当凭证录入比较复杂时，就牵涉较多的概念。以下分别详细介绍相关的概念。

（1）记账码（Posting Key，又称“PK 码”或“过账码”）。由两位阿拉伯数字组成，它用来区分各类记账事项，同时控制着行项目记账的账户类型、借方还是贷方记账以及行项目输入时的界面布局（字段状态组）等。系统预设了 50 余种记账码，如图 2-46 所示。

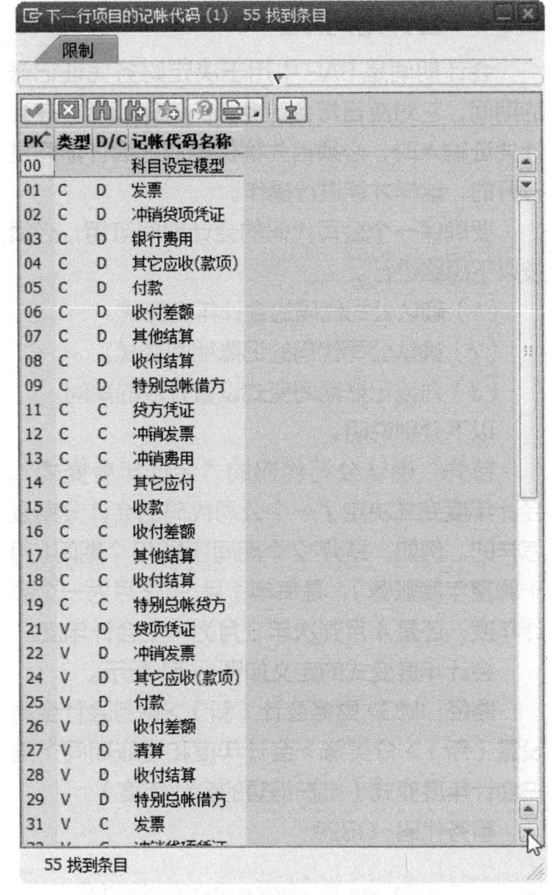

图2-46

账户类型有 5 种，如表 2-2 所示。

表 2-2 账户类型

账户类型	英文说明	中文说明
C	Customer	客户
V	Vendor	供应商
G	General Ledger	总账科目
A	Asset	资产
M	Material	物料

从图 2-47 中可以看出记账码是如何控制行项目账户类型和借贷方规则的。

路径：IMG> 财务会计（新）> 财务会计全局设置（新）> 凭证 > 定义过账码

事务代码：OB41

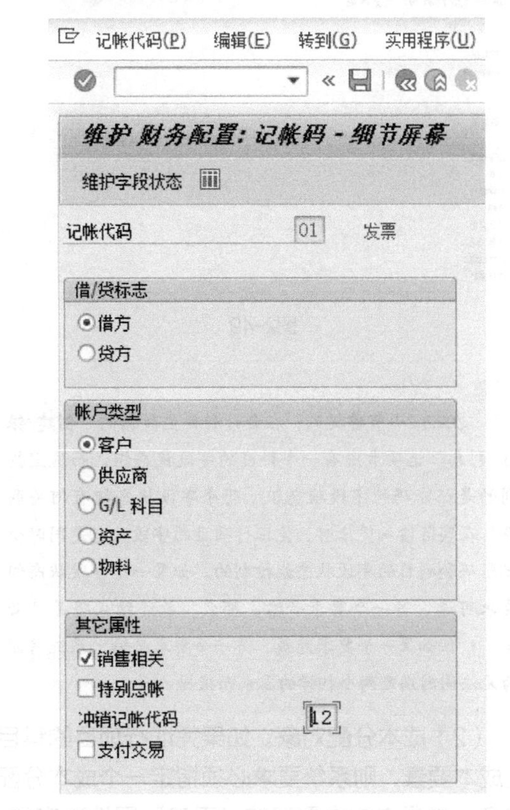

图2-47

在图 2-47 所示的界面中单击 维护字段状态 按钮，可以进入图 2-48 所示的界面。

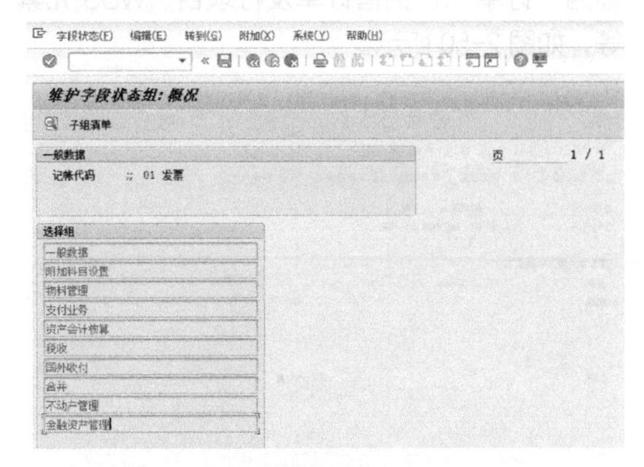

图2-48

双击“选择组”块下的任何一组，即可以看到该字段组下字段的状态设置。图 2-49 就是双击字段组“一般数据”后显示的字段的详细状态，它决定了使用 01 记账码时，凭证行项目中的某些字段是可选输入的，而某些字段是隐藏的。

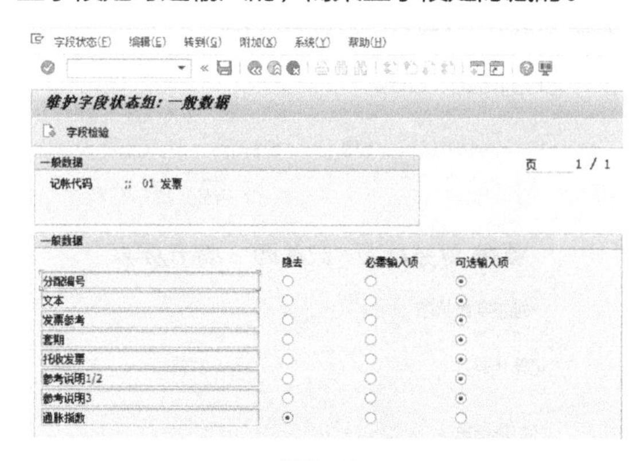

图2-49

> **提示**
> 在2.3.2小节曾提到，在会计科目主数据的“创建/银行/利息”选项卡中有一个科目的字段状态组，而这里提到的是记账码的字段状态组。两个字段状态组有何关联呢？在实际输入凭证时，凭证行项目的字段状态是同时受记账码和科目的字段状态组控制的。如果一个字段状态组要求可选、另一个要求必输，那么，最终结果将是“必输”；但如果一个要求隐藏、另一个要求必输，系统将因为无法同时满足两个相悖的需求而报错。

（2）成本分配对象。如果凭证行项目的科目是成本要素，则系统要求必须指定一个成本分配对象。这是由成本要素的“天然”属性决定的。成本分配对象可以是成本中心、订单（内部订单、生产订单、维护订单、网络订单等在系统中均统称为“订单”）、销售订单及行项目、WBS 元素等，如图 2-50 所示。

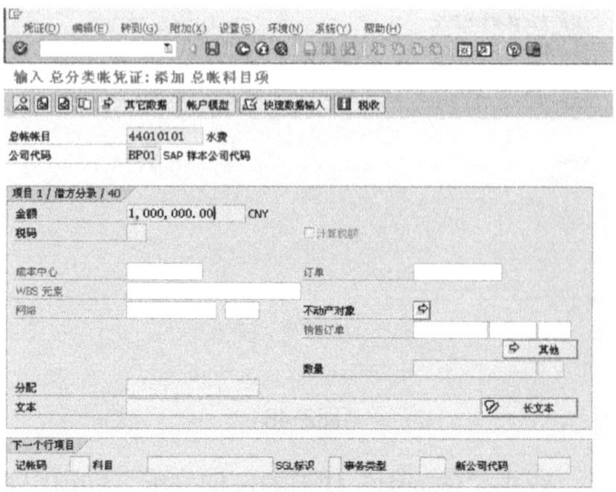

图2-50

用户在凭证行项目上输入作为成本要素的科目时，只要选择任何一个实际的成本分配对象，系统就可以接受。注意，是“实际”的成本分配对象，而不是“统计”的成本分配对象。例如，如果行项目中只输入了统计性的内部订单，系统仍无法接受，会报错，此时，还需要输入一个实际的成本分配对象（如成本中心），系统就可以接受了。

2.4.4 会计期间维护

会计期间是 SAP 中用于决定财务凭证记账的期间，它对应日常会计业务的记账周期。在会计凭证输入时，必须首先确保相应的会计期间是打开的，这样才能进行操作。

要确保一个公司代码的会计期间可用，必须按以下思路进行。

（1）确认公司代码的会计年度变式。

（2）确认公司代码的记账期间变式。

（3）对该记账期间变式设置开放的期间。

以下分别说明。

首先，确认公司代码的“会计年度变式”。会计年度变式决定了一个公司代码的会计分期是怎样的。例如，是分 12 个期间还是 13 个期间（用于调整年度账务），是每年 1 月～ 12 月为一个会计年度，还是 4 月到次年 3 月为一个会计年度。

会计年度变式的定义如图 2-51 所示。

路径：IMG> 财务会计（新）> 财务会计全局设置（新）> 分类账 > 会计年度和过账期间 > 维护会计年度变式（维护缩短的会计年度）

事务代码：OB29

图2-51

以最典型的会计年度变式 K4 为例，它是按“日历年度”来定义会计期间的：每年的 1 月 1 日至 12 月 31 日就是一个完整的会计年度，它包含 12 个自然记账期间和 4 个特殊记账期间（13 ～ 16 期间）。系统中还预设了K1~K3几个会计年度变式，分别表示含有1~3个特殊记账期间。如果要输入13 ~ 16期间的凭证，过账日期必须是12月1日至12月31日之间的日期。一般情况下，用户会选择12月31日作为过账日期。

除了按自然年度定义会计期间以外，还可以定义按日、按周、按半月或者是特殊的起始日和终止日的记账期间。例如，图2-51中的FV（会计年度变式）中的V9就是一个特殊会计年度变式，它是以每年10月至次年9月为一个会计年度。选中它，双击左侧列表中的“期间”，系统就会显示该变式的定义信息，如图2-52所示。

图2-52

会计年度变式是在后台配置中被赋予公司代码的。如图2-53所示，公司代码1000使用的会计年度变式是K4。

更改视图 "分配公司代码->会计年度变式": 概览

公司	公司名称	会计年度变式	描述
0001	SAP A.G.	K4	公历年，4个特别期间
0005	IDES AG NEW GL	K4	公历年，4个特别期间
0006	IDES US INC New GL	K4	公历年，4个特别期间
0007	IDES AG NEW GL 7	K4	公历年，4个特别期间
0008	IDES US INC New GL 8	K4	公历年，4个特别期间
0100	IDES Japan 0100		
0110	IDES Japan 0110	K4	公历年，4个特别期间
1000	IDES AG	K4	公历年，4个特别期间
1002	Singapore Company		
2000	IDES UK	K4	公历年，4个特别期间
2100	IDES Portugal	K4	公历年，4个特别期间
2200	IDES France	K4	公历年，4个特别期间
2201	IDES France affiliate	K4	公历年，4个特别期间
2300	IDES España	K4	公历年，4个特别期间

图2-53

路径：IMG> 财务会计（新）> 财务会计全局设置（新）> 分类账 > 会计年度和过账期间 > 向一个会计年度变式分配公司代码（应翻译为“将一个会计年度变式分配给公司代码”）

事务代码：OB37

接下来确认公司代码的“记账期间变式”。在一个集团，多家公司代码的会计期间可以一起控制，即同时开同时关，也可以由每家公司代码分别控制。在这里，就可以使用“记账期间变式”。如果是同时开同时关，则将这些公司代码放在一个记账期间变式里；如果是分别控制，则针对每家公司代码单独设置一个记账期间变式。图2-54显示，公司代码0007、1000、2400、2500、2600是同时赋予记账期间变式1000的，这意味着这些公司代码的会计期间是同时开同时关的。

路径：IMG> 财务会计（新）> 财务会计全局设置（新）> 分类账 > 会计年度和过账期间 > 记账期间 > 将变式分配给公司代码

事务代码：OBBP

更改视图 "分配公司代码->记帐期间变式": 概览

公司	公司名称	城市	变式
0001	SAP A.G.	Walldorf	0001
0005	IDES AG NEW GL	Frankfurt	0005
0006	IDES US INC New GL	New York	3000
0007	IDES AG NEW GL 7	Frankfurt	1000
0008	IDES US INC New GL 8	New York	3000
0100	IDES Japan 0100	Tokyo	
0110	IDES Japan 0110	Tokyo	
1000	IDES AG	Frankfurt	1000
1002	Singapore Company	Singapore	
2000	IDES UK	London	2000
2100	IDES Portugal	Lisbon	2100
2200	IDES France	Paris	2200
2201	IDES France affiliate	Paris	2200
2300	IDES España	Barcelona	2300
2400	IDES Filale 1 IT Ko.1000		1000
2500	IDES Netherlands	Rotterdam	1000
2600	IDES IDES Italia	Milano	1000

图2-54

最后，对记账期间变式设置开放的期间。会计期间的控制界面如图2-55所示。将某段期间输入图中的区间1或区间2，即相当于打开了该期间，用户就可在该期间创建凭证。

路径1：SAP菜单 > 会计核算 > 财务会计 > 总分类账 > 环境 > 当前设置 > 未清过账期间和已结过账期间

路径 2：IMG> 财务会计（新）> 财务会计全局设置（新）> 分类账 > 会计年度和过账期间 > 记账期间 > 未清和关账过账期间

事务代码：S_ALR_87003642 或 OB52

表视图(T) 编辑(E) 转到(G) 选择(S) 实用程序(U) 系统(Y) 帮助(H)

更改视图 "记帐期间：指定时间间隔"：概览

新条目

变式	A	起始科目	终止帐户	区间 1 起始期间	年度	终止期间1	年度	区间 2 起始期间	年度	终止期间	年度	AuGr
1000	+			3	2016	3	2016	13	2015	16	2015	
1000	A		ZZZZZZZZZZ	3	2016	3	2016	13	2015	16	2015	
1000	D		ZZZZZZZZZZ	3	2016	3	2016	13	2015	16	2015	
1000	K		ZZZZZZZZZZ	3	2016	3	2016	13	2015	16	2015	
1000	M		ZZZZZZZZZZ	3	2016	3	2016	13	2015	16	2015	
1000	S		ZZZZZZZZZZ	3	2016	3	2016	13	2015	16	2015	

图2-55

会计期间的控制既可以在前台进行也可以在后台进行。

提示

这种既能在前台操作又能在后台配置的事项，系统称为“当前设置”（current setting）。与之类似的还有2.4.5小节提到的汇率设置。当当前的client为生产（production）环境时，即使系统控制不能更改配置，但这类“当前设置”的设置，仍然是可以修改的，并且不用记录到请求号中。

在一个会计年度变式中，可以分别对各种科目类型（+/A/D/K/M/S）和科目范围设置可以记账的期间。“+”表示对所有类型的科目打开账期；A 表示资产；D 表示客户；K 表示供应商；M 表示物料；S 表示总账科目。要打开任意一种类型的账期，都必须先打开“+”的账期。换句话说，“+”的账期必须是 A、D、K、M、S 账期的“并集”。

提示

会计凭证有借有贷，借贷方可能分别属于不同的科目类型，这时需要将两个科目类型的会计期都打开。例如，MM模块在对生产订单发料时，将会产生借记“生产成本”（S科目类型）、贷记“原材料”（M科目类型）的会计凭证。这就要求将S和M的期间都打开，同时再打开“+”的期间。如果其中任意一个期间没有打开，系统在发料时都会报错。

对每一个科目类型和科目范围的组合，可以定义两个区间的会计期，表明在这两个区间内，可以针对这一个科目类型和科目范围进行记账。每个区间，明确了会计期的起始期间和终止期间（年度、期间）。图 2-55 表示记账期间变式为 1000 的公司代码目前可创建凭证的期间是 2016 年 3 月和 2015 年 13 ~ 16 期间。

对这两个区间，SAP 设计的本意是结合字段 AuGr（权限组）的使用，使所有用户可以在区间 2 创建会计凭证，而只有那些有权限的用户才可以使用区间 1 创建会计凭证。

但在应用实践中，多数企业不会做得这么复杂，不会使用 AuGr（权限组），而是将两个区间都开放给所有用户使用。这在需要同时开放两个不连续的期间段时显得特别有用。例如，一方面要处理今年 3 月份的业务，另一方面又要处理去年 13 期间的审计调整，那就需要同时开放今年 3 月份和去年 13 期间两个期间段，类似图 2-55 所示的设置。

如果企业只需要开放一个期间段，可以任意在区间 1 或区间 2 选择一个区间维护，而将另一个区间留为空白。

提示

企业在针对不同的账户类型打开或关闭会计期间时，不一定要将所有账户类型在同一会计期间同时开或同时关，而是可以根据实际情况将相应的账户类型单独关闭或单独打开。例如，在某月计提完资产的折旧后，可以将该月A（资产）的期间予以关闭，这样，可以避免用户在该月又对资产进行了不恰当的处理。事实上，这一点相当重要，因为多年的经验提醒我们，很多企业会存在这样的问题，而这种问题导致的“遗漏的”折旧，往往在年末甚至次年末才被发现，导致账务处理极其麻烦。

2.4.5 汇率维护

每个公司代码都有本位币，但也会使用到本位币以外的货币，即外币。汇率维护是外币业务处理如输入外币凭证、外币汇率重估等的前提。

要想弄清楚汇率的维护方法，首先要理解汇率类型。SAP 系统预设了不同的汇率类型，用于不同业务。例如，M 汇率类型在 FI 模块用于日常外币凭证处理；P 汇率类型在 CO 模块用于外币的业务计划（如内部订单的外币计划或外币预算）。图 2-56 所示为汇率类型。

路径：IMG>SAP NetWeaver>General Setting>货币>检查交换率类型

事务代码：OB07

更改视图 "货币兑换汇率类型"：概览

汇率	用途	参考货币	买入汇率	销售汇率	Inv	EMU	固定的
2001	当前兑换率						
2002	平均兑换率						
2003	历史兑换率						
2004	解年的当前兑换率						
EURO	EMU 规则，固定兑换率	EUR				✓	✓
EURX	EMU 规则，变化的兑换率	EUR				✓	
M	在平均比率下的标准兑换				✓		
P	对成本计划的标准换算						

图2-56

M 汇率类型是系统标准的平均汇率，企业一般在每月第一天上班时设置 M 汇率类型下的汇率，用于全月的外币业务。

如果使用欧元处理会计凭证，日常的使用汇率一般不用 M，而是使用 EURX。

提示 在标准的SAP中，月末外币重估时使用的汇率类型也是M（评估范围EVR中的定义），但这样就和平时的汇率类型一致了，不容易区分平时记账的汇率是多少，月末重估时的汇率是多少。于是，创造了一种新的汇率类型，称为PEND（Period END，期末外币重估汇率），专门用来维护每个期间最后一天下班时的汇率，用于外币重估。目前，这已经成为我国企业通常使用的一种做法。

在弄清楚汇率类型后，还要知道汇率类型下相关外币的换算比例。汇率定义不是直接设置多少外币对应 1 个单位的本位币，而是要通过换算比例转换。一般情况下，是 1 个单位的外币与 1 个单位的本位币进行换算，但对于币值较小的货币，换算成其他货币时，往往要用 100 个单位与 1 个单位的本位币进行换算，如日元换算成欧元，往往说 100 日元对应几欧元。在这种情况下，日元比欧元的换算比例就定义为 100 ：1，如图 2-57 所示。

路 径：IMG>SAP NetWeaver>General Setting>货币>定义货币换算的换算率

事务代码：OBBS

更改视图 "货币:折算率"：概览

汇率	从	到	有效日从	比率（从）	比率（到）	Alt. ERT
M	JPY	EUR	1800.01.01	100	1	EURX
M	JPY	HRK	1800.01.01	100	1	
M	JPY	HUF	1800.01.01	100	1	
M	JPY	JPY	1800.01.01	1	1	
M	JPY	KRW	1999.01.01	1	1	
M	JPY	MXN	1999.01.01	1	1	
M	JPY	PEN	1800.01.01	100	1	
M	JPY	PLN	1800.01.01	100	1	

图2-57

从图 2-57 中还可以发现，对于 M 汇率下的其他货币与 ERU 的互换，一般在 Alt. ERT（Alternative Exchange Rate Type，备选汇率类型）中标注 EURX，表示接下来在设置这一货币与 EUR 的汇率时，不是在 M 汇率类型下设置，而是在 EURX 汇率类型下设置。

接下来，才真正设置所需的汇率了。图 2-58 显示了已经设置好的汇率。

更改视图 "货币汇率"：概览

汇率	有效从	间接报价		比率（从）	从	直接报价		比率（到）	到
M	2016-09-01		X	1	USD	= 6.67070	X	1	CNY
M	1999-01-01		X	1	USD	= 1,548.00000	X	1	COP
M	1999-01-01		X	1	USD	= 29.78800	X	1	CZK

图2-58

汇率设置既可以在前台操作也可以在后台操作。

路径 1：SAP 菜单>会计核算>财务会计>总分类账>环境>当前设置>输入兑换比率

路 径 2：IMG>SAP NetWeaver>General Setting>货币>输入汇率

事务代码：S_BCE_68000174 或 OB08

【业务操作】下面介绍设置汇率的操作方法。

STEP 1 在“更改视图‘货币汇率’：概览”界面，单击 新条目 按钮，系统显示空白的输入界面，如图 2-59 所示。

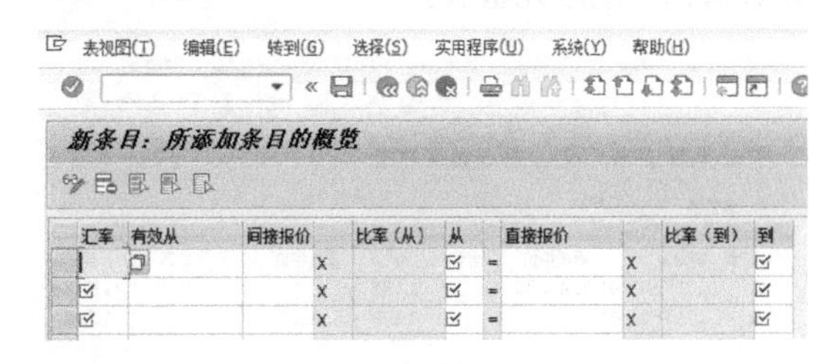

新条目：所添加条目的概览

汇率	有效从	间接报价		比率（从）	从	直接报价		比率（到）	到
			X			=	X		
			X			=	X		
			X			=	X		

图2-59

STEP 2 在第一条记录中输入“汇率”字段（实际上是“汇率类型”），如M。

STEP 3 输入“有效从”字段，表明该条记录从哪一天开始生效。

按照国内企业惯例，一般将本位币设为CNY，在每月月初设置M类型汇率或EURX类型汇率（针对欧元与人民币的换算），因此M和EURX的汇率有效期均从每月第一天开始；而在每月末设置PEND类型的汇率，因此，PEND的有效期起始日均是每月最后一天。

STEP 4 输入“直接报价”或“间接报价”以及“从”货币和“到”货币。

STEP 5 单击“保存”按钮，保存所做的操作。最终的设置如图2-58所示。

直接报价和间接报价是什么意思？应怎样使用？

直接报价是指将1个单位的外币换算成多少本位币。与之相反，间接报价是指将1个单位的本位币换算成多少外币。如果本位币为人民币，输入1欧元=7.4445元或7.4445元=1欧元就是直接报价；输入1元=0.1343欧元或0.1343欧元=1元就是间接报价。在输入凭证时，直接报价的汇率可以使用乘法来计算折合的本位币金额。例如，输入1000，系统就可以根据7.4445×1000=7444.50计算出它折合7444.50元。而如果使用间接报价，系统要使用除法来计算：1000÷0.1343 = 7446.02，这样计算出它折合为7446.02元。两者计算的结果略有差异。

图2-60所示为IDES中输入的两条汇率记录。IDES以欧元为本位币。对本位币欧元而言，这两条汇率本质上都是间接汇率，虽然第二条记录是将报价数放在“直接报价”栏。如果输入人民币结算的凭证，系统会使用“CNY金额÷7.4235”来计算折合的欧元金额。

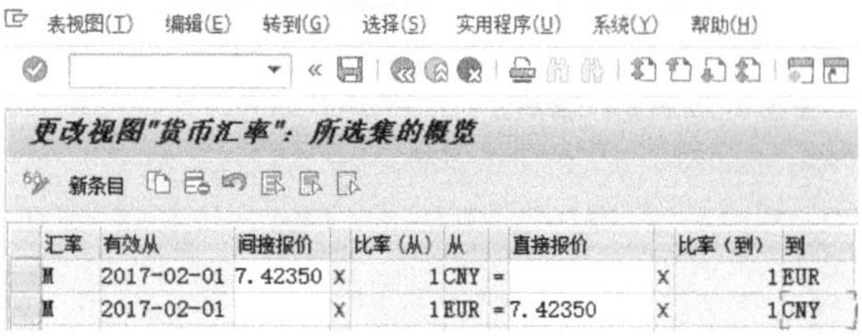

表视图(T) 编辑(E) 转到(G) 选择(S) 实用程序(U) 系统(Y) 帮助(H)

更改视图"货币汇率"：所选集的概览

新条目

汇率	有效从	间接报价		比率（从）	从		直接报价		比率（到）	到
M	2017-02-01	7.42350	X	1	CNY	=		X	1	EUR
M	2017-02-01		X	1	EUR	=	7.42350	X	1	CNY

图2-60

在系统中，一般只输入一条记录（从外币到本位币）即可，不用输入相反的汇率记录。

一般情况下，输入直接报价比较方便。但如果后台定义了“标准汇率报价”，则必须遵循它的要求来设置，如图2-61所示。标准汇率报价规定了将一种货币换算成另一种货币时，必须使用间接报价还是直接报价。

路径：IMG>SAP NetWeaver>General Setting>货币>定义标准汇率报价

事务代码：ONOT

图2-61

在图2-61中，自2005-01-01起，从外币转换到本位币EUR，必须设置间接报价。

如果一定要在汇率设置界面输入直接报价，系统也能保存，但会以红色字体显示报价数，如图2-62所示。

图2-62

如果“到”货币在汇率类型定义时被当作“参考货币”，则在汇率表中必须设置间接报价。图2-63显示，汇率类型EURX中，EUR被作为“参考货币”。

路径：IMG>SAP NetWeaver>General Setting>货币>检查交换率类型

事务代码：OB07

图2-63

那么，在设置 EURX 的汇率时，必须针对 EUR 设置间接报价，即设置 1 欧元折合多少外币，而不是 1 个单位外币折合多少欧元，如图 2-64 所示。

图2-64

2.4.6 对预制会计凭证的过账 / 删除

在 2.4.3 小节曾介绍了会计凭证的预制功能。预制凭证是一种暂存状态的凭证，它不影响科目余额。

有了预制的功能，就可以将会计凭证预制和过账的职责分开。例如，普通会计只能预制，而主管会计可以审核过账。这两种角色分别被授予不同的事务代码的操作权限。

假设普通会计已经在系统中预制了一张凭证，则此时可以由主管会计进入系统，查到该凭证，并根据相应的系统外附件进行校核，检查凭证是否正确，然后决定过账还是退回修改。

【业务操作】具体操作介绍如下。

路径：SAP 菜单 > 会计核算 > 财务会计 > 总分类账 > 凭证 > 预制凭证 > 记账 / 删除

事务代码：FBV0

STEP 1 设置“公司代码”“凭证编号”“会计年度”后，按回车键或单击“确认”按钮，如图 2-65 所示。

图2-65

提示

如果不知道凭证号，或者有一批预制凭证需要过账，可以单击 凭证清单 按钮，进入查询界面，然后输入查询条件，即可看到预制凭证的清单（此处从略）。

STEP 2 系统进入“过账预制凭证：概览”界面，如图 2-66 所示。在此界面复核凭证。

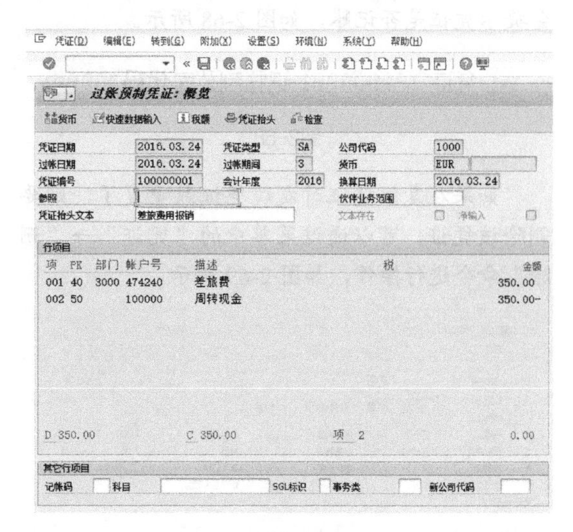

图2-66

复核凭证时，界面本身显示的内容可能有限，需要查看明细。如果需要查看凭证抬头的明细，则单击 凭证抬头 按钮；如果需要查看凭证行的明细，则双击相应的行。双击图 2-66 显示的凭证的第一行后，可以复核其明细，如图 2-67 所示。在明细界面，可以复核成本中心等数据是否正确。

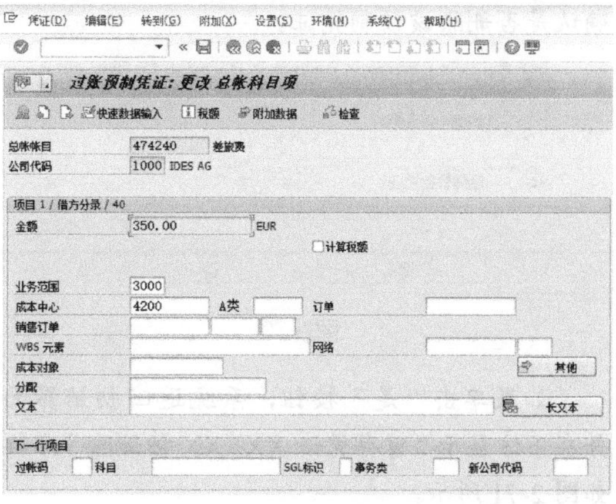

图2-67

> 提示
>
> 在进入凭证明细行项目后，如果要返回凭证的概览界面，可以通过单击“概览”按钮或“后退”按钮来实现。

STEP 3 如果凭证确认无误，可以单击上方的“凭证记账”按钮，对凭证进行记账。此时，系统会提示凭证是否记账，如图 2-68 所示。

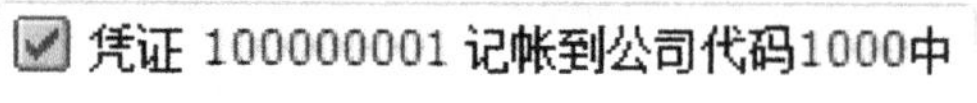

凭证 100000001 记帐到公司代码1000中

图2-68

如果在复核凭证时发现凭证做重复了，则要删除该凭证，可以通过菜单中的“凭证”→“删除”命令进行操作，如图 2-69 所示。

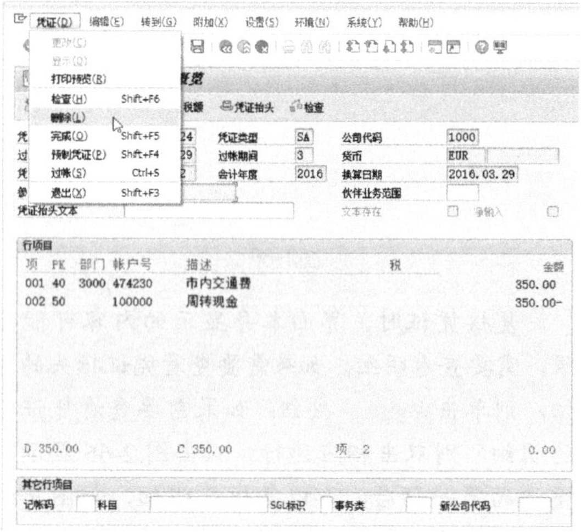

图2-69

系统会出现图 2-70 所示的提示，要求用户确认是否删除该预制凭证。

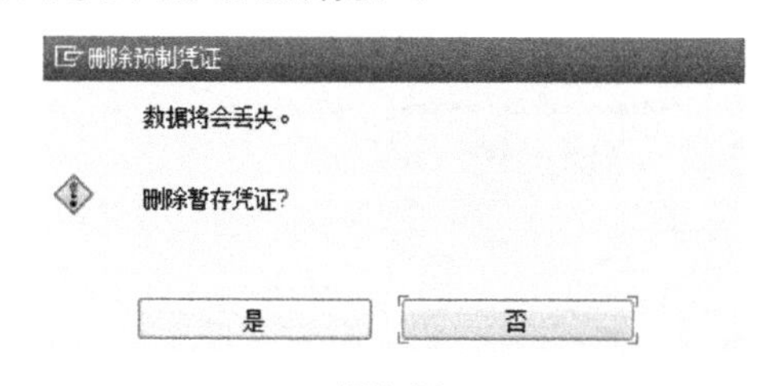

图2-70

如果单击“是”按钮，系统退回初始界面，并在下方显示“暂存凭证 XXXXX 被删除”字样，如图 2-71 所示。

暂存凭证 100000002 1000 2016 被删除

图2-71

> 提示
>
> 预制凭证一旦被保存，系统就自动分配一个凭证编号，该号码和正常凭证的号码使用同一个号码段。如果删除了预制凭证，其凭证编号仍然会被占用，在下一个凭证被创建时，系统会继续调用下一个凭证编号，于是会造成“断号”的情况。因此，在删除凭证时，要注意这一不利影响，可以考虑借用原凭证的“壳”补入一张新的凭证。

> 提示
>
> 对预制凭证的行项目，如果发现会计科目做错了，不能直接修改，但可以通过将行项目金额修改为0的方法，使这一行被“重置”（重置的行在凭证记账时将会被系统删除），然后再输入新的一行即可。

预制凭证和已记账凭证的头信息和行项目，不是所有字段都能修改的。表 2-3 列出了可修改的字段。

表 2-3 预制凭证和已记账凭证可修改的字段

字段	预制凭证	已记账凭证
凭证头	参照、凭证抬头文本等	参照、凭证抬头文本等
凭证行	金额、收付条件、付款基准日、分配、文本等（记账码、科目的修改依靠将行金额改为 0 后再补输入一行来实现）	收付条件、付款基准日、分配、文本等

2.4.7 外币凭证及附加本位币

每一个公司代码都有自己的本位币。例如，SAP 的 IDES 中，1000 公司代码的本位币是 EUR（欧元）。这是在公司代码的组织参数中定义的，如图 2-72 所示。

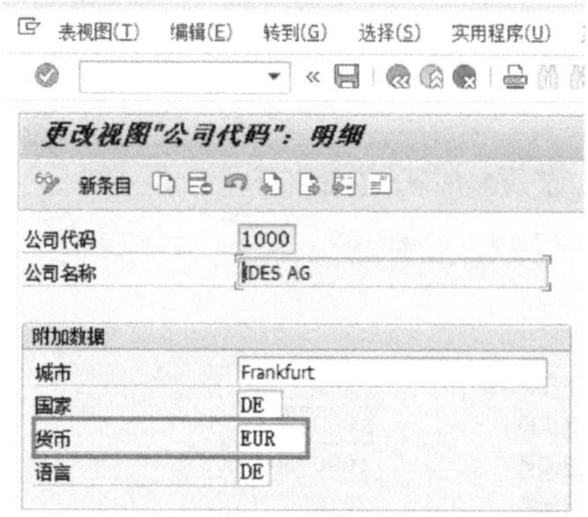

图2-72

路径：IMG> 企业结构 > 定义 > 财务会计 > 编辑，复制，删除，检查公司代码 - 编辑公司代码数据

事务代码：OX02

每一个会计凭证都有自己的凭证货币，又称“交易货币”，体现在凭证抬头上。如果凭证货币和本位币不同，则该凭证为外币凭证。

【业务操作】外币凭证录入的操作细节如下。

STEP 1 使用任意可以输入凭证的事务代码（如 F-02）进入凭证界面，在凭证抬头的“货币”字段输入外币“USD”，如图 2-73 所示。

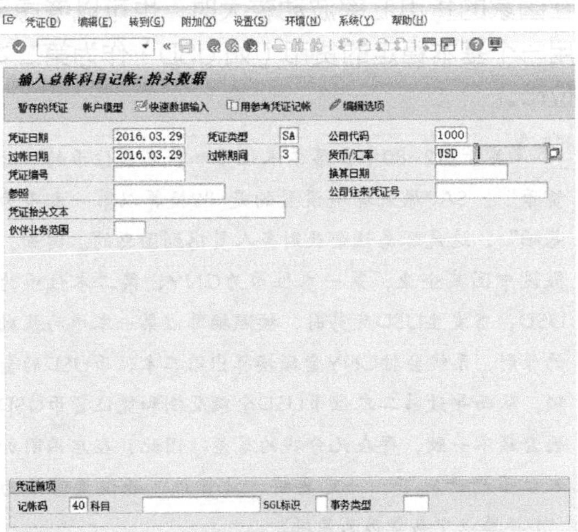

图2-73

STEP 2 确定外币对本位币的汇率。汇率的确定有以下 3 种方法。

（1）在凭证抬头的“汇率”字段，手工输入汇率。

（2）不用手工输入，由系统自动默认（自动默认的汇率可以通过凭证抬头“汇率”字段后的“搜索”按钮进入，可在“输入汇率”界面单击 获取汇率 按钮查看到，如图 2-74 所示）。

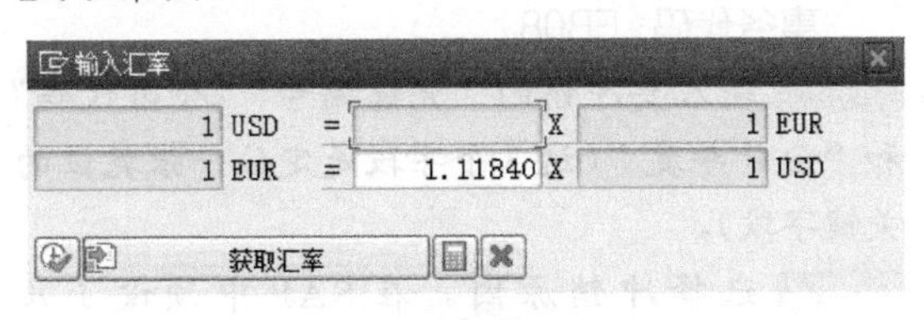

图2-74

该汇率就是事先设置在系统中的汇率（参见 2.4.5 小节）。

（3）在行项目中直接输入外币和本位币金额。

对于（1）和（2），在凭证行输入外币金额后，系统会自动计算出本位币金额，如图 2-75 所示，输入 360 美元后，系统自动换算出 321.89 欧元。

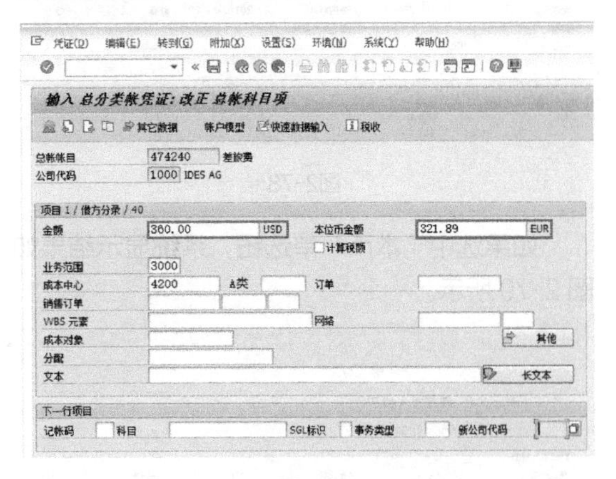

图2-75

对于（3），虽然可以手工直接输入外币金额和本位币金额，但各行凭证在外币金额和本位币金额上，都必须遵循“有借必有贷，借贷必相等”的会计规则。而且，手工输入的本位币金额和根据系统汇率换算出的本位币金额不能偏差过大；否则系统会提示警告或错误，如图 2-76 所示。

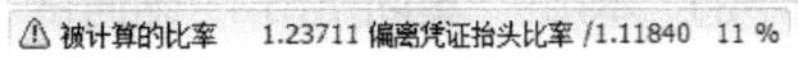

被计算的比率　1.23711 偏离凭证抬头比率 /1.11840　11 %

图2-76

STEP 3 依次输入凭证各行，并将凭证过账。

外币凭证输入完毕，在查看凭证时，可以通过 显示货币 按钮来切换显示外币金额和本位币金额，如图 2-77 所示。

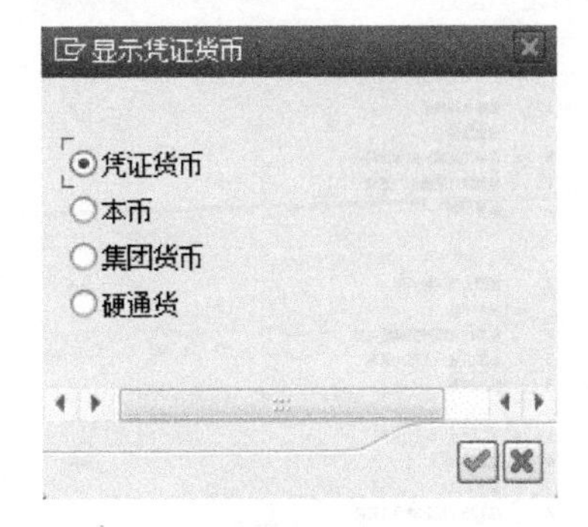

图2-77

如果选中“凭证货币”单选钮，系统显示结

果如图 2-78 所示。

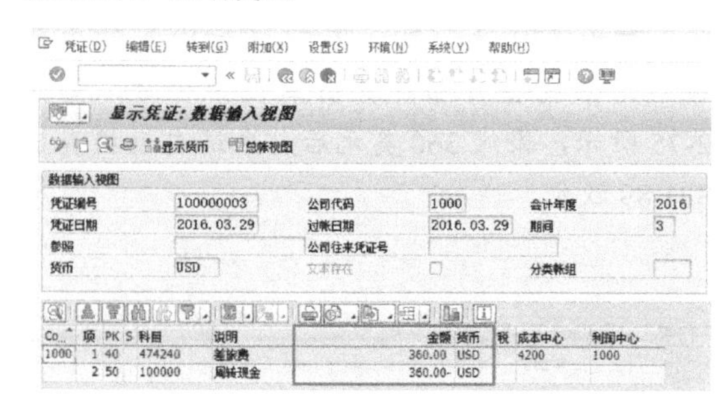

图2-78

如果选中“本币”单选钮，系统显示结果如图 2-79 所示。

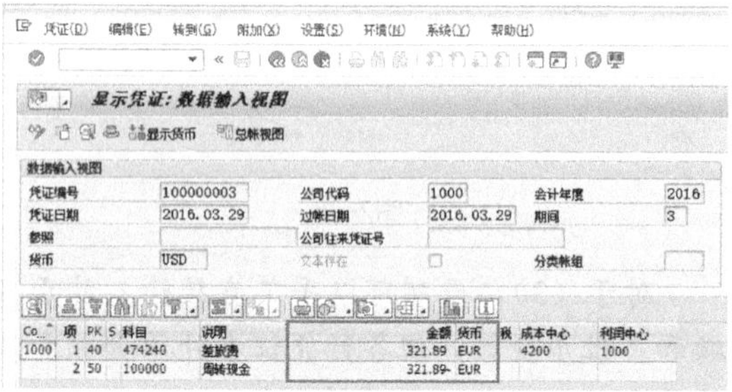

凭证(D) 编辑(E) 转到(G) 附加(X) 设置(S) 环境(N) 系统(Y) 帮助(H)
显示凭证：数据输入视图
显示货币 总帐视图
数据输入视图
凭证编号 100000003 公司代码 1000 会计年度 2016
凭证日期 2016.03.29 过帐日期 2016.03.29 期间 3
参照 公司往来凭证号
货币 USD 文本存在 分类帐组

Co...	项	PK	S	科目	说明	金额	货币	税	成本中心	利润中心
1000	1	40		474240	差旅费	321.89	EUR		4200	1000
	2	50		100000	周转现金	321.89-	EUR			

图2-79

从图 2-77 中可以看到，除了凭证货币和本位币外，还有“集团货币”和“硬通货”两种选择，这是因为，一个公司代码可以有 3 个本位币，图中的“本币”“集团货币”“硬通货”分别被称为“第一本位币”“第二本位币”和“第三本位币”（后两者也被称为“附加本位币”）。这是在后台配置的，如图 2-80 所示。

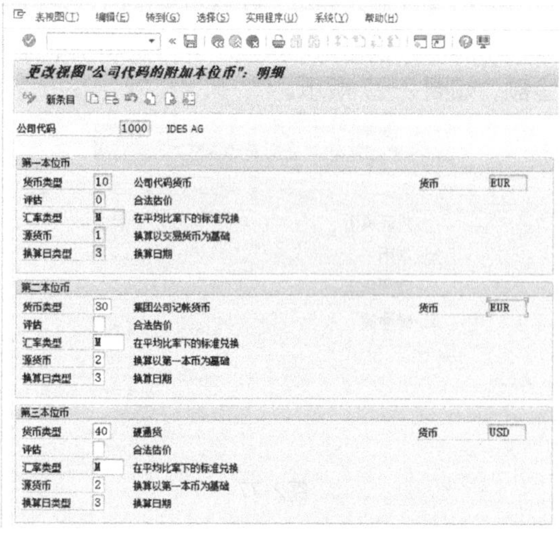

表视图(T) 编辑(E) 转到(G) 选择(S) 实用程序(U) 系统(Y) 帮助(H)
更改视图"公司代码的附加本位币"：明细
新条目
公司代码 1000 IDES AG

第一本位币
货币类型 10 公司代码货币 货币 EUR
评估 0 合法估价
汇率类型 M 在平均比率下的标准兑换
源货币 1 换算以交易货币为基础
换算日类型 3 换算日期

第二本位币
货币类型 30 集团公司记帐货币 货币 EUR
评估 合法估价
汇率类型 M 在平均比率下的标准兑换
源货币 2 换算以第一本币为基础
换算日类型 3 换算日期

第三本位币
货币类型 40 硬通货 货币 USD
评估 合法估价
汇率类型 M 在平均比率下的标准兑换
源货币 2 换算以第一本币为基础
换算日类型 3 换算日期

图2-80

路径：IMG> 财务会计（新）> 财务会计全局设置（新）> 分类账 > 定义主要分类账的货币

事务代码：SM30（表 / 视图：V_T001A）

多个本位币的作用是，在产生任何一笔凭证时，能同时看到多个本位币的发生额，从而可以在任何时点查看相关科目多个本位币下的金额，出具多个本位币的财务报表。当然，并不是所有公司代码都需要多个本位币。一般地，跨国公司出于同步汇报不同币种财务数据的需要，可以启用 2 个或 3 个本位币；某些企业所在国家的货币汇率波动较大时，也可以考虑采用一个基本稳定的货币（如 USD）作为第二本位币。

注意 关于图2-80中，第二本位币和第三本位币的“源货币”，SAP原装环境设置的是“2换算以第一本币为基础”，这是容易让企业财务人员感到困惑的。例如，假设中国某企业，第一本位币为CNY，第二本位币为USD，当发生USD交易时，按照换算以第一本币为基础的原则，系统会按CNY金额换算出第二本位币USD的金额，从而导致第二本位币USD金额反倒和凭证货币USD的金额不一致，存在几分钱的尾差。因此，在启用附加本位币的情况下，一定要将“源货币”的设置修改为“1 换算以交易货币为基础”。

2.4.8 凭证的冲销

如果凭证做错了或者做重复了，可以使用 SAP 提供的凭证冲销功能。既可以冲销一张凭证（单一冲销），也可以冲销一批凭证（批量冲销）。

【业务操作】以下详细介绍单一冲销的操作。

路径：SAP 菜单 > 会计核算 > 财务会计 > 总分类账 > 凭证 > 冲销 > 单一冲销

事务代码：FB08

STEP 1 输入要冲销的“凭证编号”“公司代码”和“会计年度”（这 3 个字段是定位一张凭证的关键字段）。

STEP 2 选择冲销原因。在 SAP 中预设了几种冲销原因，如图 2-81 所示。在国内，只会用到 01 ～ 04，较为常用的是 03 和 04。此处选择 04。

图2-81

冲销原因：冲销凭证的方式。04“关闭期间实际回转”表示：红字冲销，不记账在先前的日期。

STEP 3（可选）在冲销前，可以单击“冲销前显示”按钮，预先查看、确认该凭证是否是自己所要冲销的凭证。

STEP 4 因为“冲销原因”选择了04，因此需要输入“过账日期”，表明冲销凭证记账在哪一天，如图2-82所示。（如果冲销原因选择03，则表明冲销在原记账日期，这样就可以不输入“过账日期”，但必须确保原凭证的记账期间是打开的）

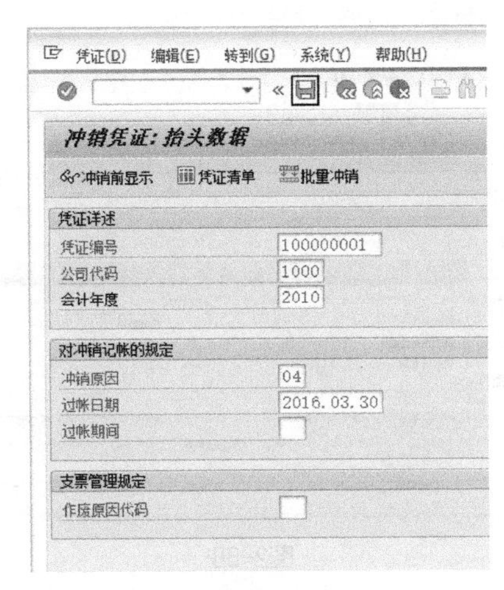

图2-82

STEP 5 单击“记账”按钮，生成冲销凭证。系统提示“凭证XXXXX记账到公司代码XXXX中”。此例中，对1000公司代码2010年的凭证100000001冲销后产生的凭证是2016年的凭证10000004。

> **注意** 凭证冲销是有限制的，并不是所有凭证都能通过FB08来冲销。有两类凭证不能通过FB08冲销：①带有清账信息的凭证，必须先重置清账关系，然后才能冲销；②来自后勤业务的凭证，只能从后勤源头进行冲销，不能直接在FI层面进行冲销。

冲销原因应如何理解？如何选择？

冲销原因是在后台配置的，它实质上是“冲销方式”，决定了是否启用反记账以及冲销产生凭证的记账日期是否和原凭证相同。后台配置如图2-83所示。

路径：IMG>财务会计（新）>总账会计核算（新）>业务交易>调整过账/冲销>定义冲销原因

事务代码：SM30（表/视图：T041C）

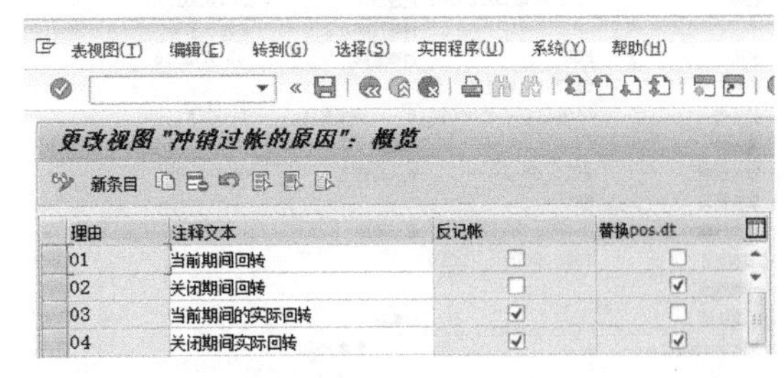

图2-83

反记账：冲销生成的凭证将保持原凭证的借贷方，还是采用红字冲销的方式（负借负贷）。如果是后者，则勾选“反记账”复选框。在国内，红字冲销是比较符合企业习惯的，因此，用户更愿意选择03或04。

替换pos.dt：其他的记账日期。如果勾选此复选框，表明生成的冲销凭证的记账日期可以和原凭证记账日期不同；如果不勾选，则冲销凭证只能使用原凭证的记账日期。因此，如果是将过去某期间的记账凭证在本月冲销，只能选择02或04；而如果选择01和03，则生成的冲销凭证的记账日期只能是原凭证的记账日期。

综合以上情况，中国企业用户使用冲销原因04更合适，更具有普遍性。

冲销凭证有哪些特点？

冲销凭证有以下几个特点。

（1）凭证显示时，出现"撤回凭证"按钮，如图 2-84 所示，它可以实现冲销凭证与原凭证来回切换显示。

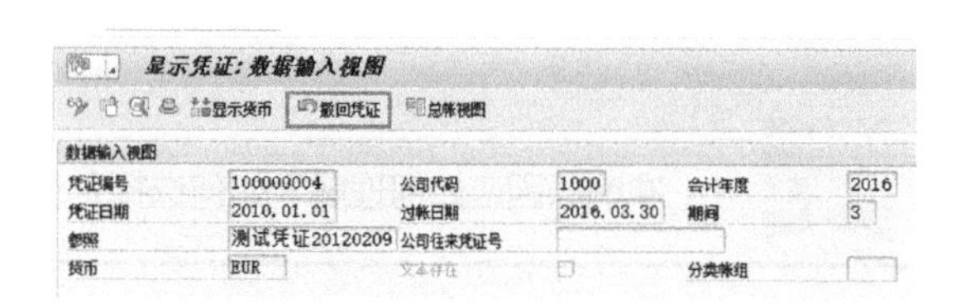

图2-84

（2）凭证抬头信息中，显示了被冲销凭证的凭证号，如图 2-85 所示。

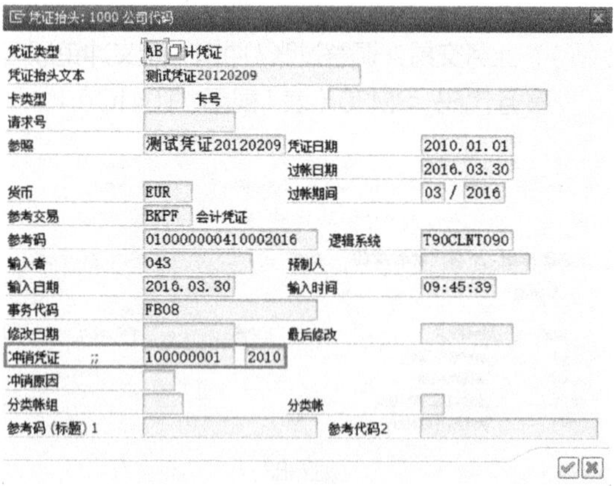

图2-85

而在查看原凭证时，抬头信息中显示了"冲销由"信息，即原凭证被哪张凭证所冲销，如图 2-86 所示。

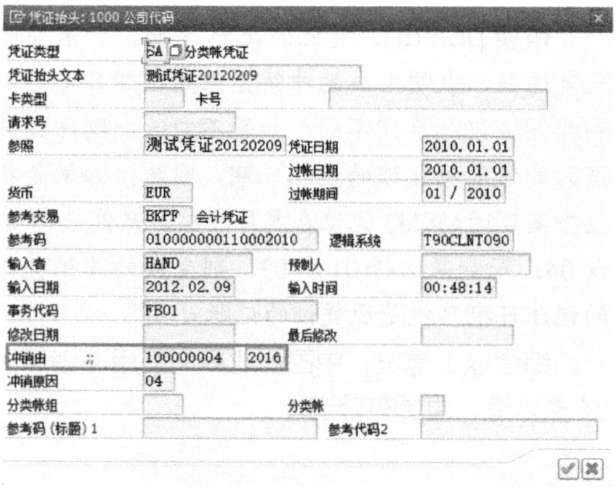

图2-86

（3）冲销凭证的"凭证类型"一般是 AB，从图 2-85 中可以看出。这是由 SAP 预设在后台配置中的，如图 2-87 所示。

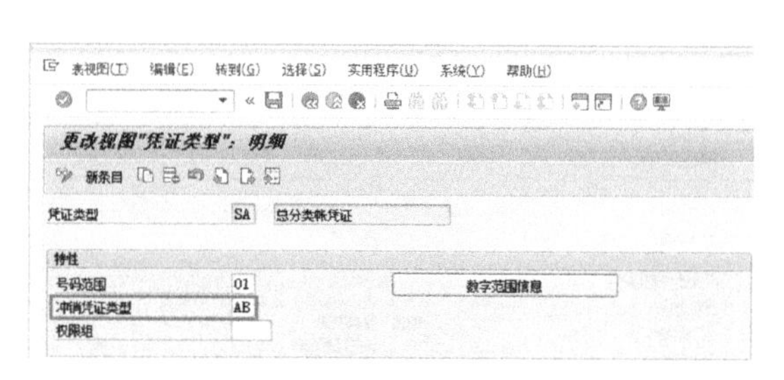

图2-87

注意 SAP系统中预设了几十种凭证类型，这些凭证类型的"冲销凭证类型"多数被预设为AB（如给客户开票产生的RV凭证、从客户收款的DZ凭证），这是不合理的。按中国传统习惯，一个凭证被冲销了，冲销凭证和原凭证应该归为一类并装订在一起，这比较合理。而SAP这种做法，是将各类凭证的冲销凭证作为一类。因此，在实施时，建议对SAP预设的凭证类型全面梳理一次，将冲销凭证类型全部设置成和原凭证类型一样。

（4）如果采用了冲销原因 03 或 04，冲销凭证的行项目中，"反记账"字段是被勾选的，如图 2-88 所示。

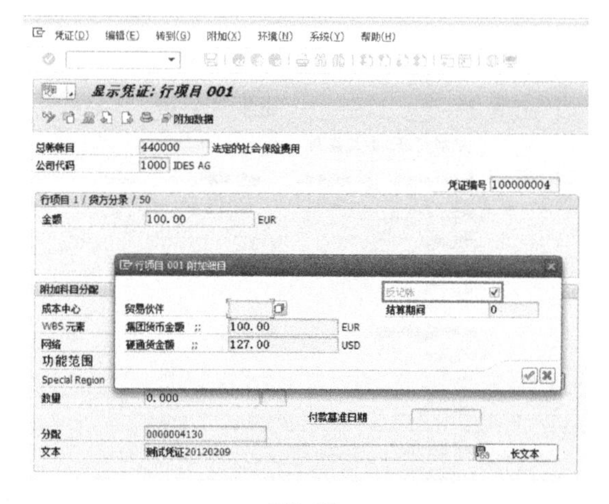

图2-88

反记账有什么效果？

反记账的效果，就是虽然从记账码上看是贷方，但是实际上是借方的负数；记账码上是借方，实际上是贷方的负数。可以通过科目发生额的查询发现这一效果，如图 2-89 所示，科目 440000 在冲销凭证中显示为贷方，但是在科目余额查询时，体现为借方的负数。

路径：SAP 菜单 > 会计核算 > 财务会计 > 总分类账 > 账户 > 显示余额（新）

事务代码：FAGLB03

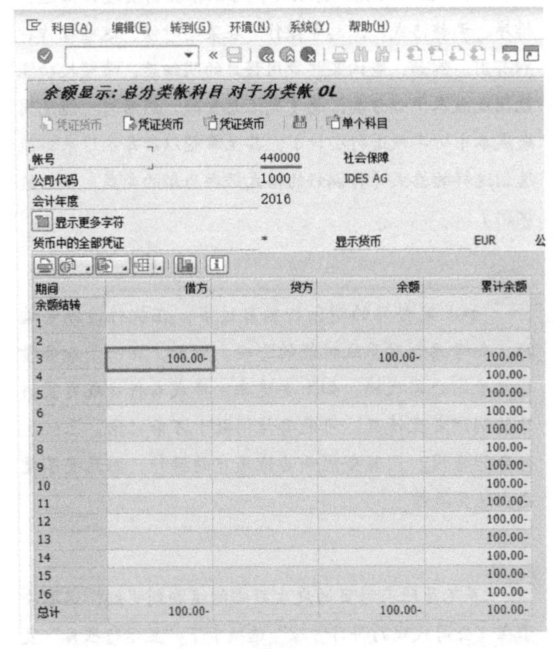

期间	借方	贷方	余额	累计余额
余额结转				
1				
2				
3	100.00-		100.00-	100.00-
4				100.00-
5				100.00-
6				100.00-
7				100.00-
8				100.00-
9				100.00-
10				100.00-
11				100.00-
12				100.00-
13				100.00-
14				100.00-
15				100.00-
16				100.00-
总计	100.00-		100.00-	100.00-

图2-89

科目余额查询的具体操作方法，将在 2.5 节中介绍。

批量冲销如何使用?

批量冲销凭证是将一批凭证同时选中，进行冲销。它应用的情况比较少，一般是针对批量导入形成的凭证进行冲销。例如，期初切换系统时，导入了一批凭证，结果发现有错误，需要批量冲销。

路径：SAP 菜单 > 会计核算 > 财务会计 > 总分类账 > 凭证 > 冲销 > 批量冲销

事务代码：F.80

操作界面如图 2-90 所示（具体操作从略）。

注意 批量冲销凭证因为处理的凭证量比较大，因此一定要慎重。建议先测试运行，确认无误后再正式运行。

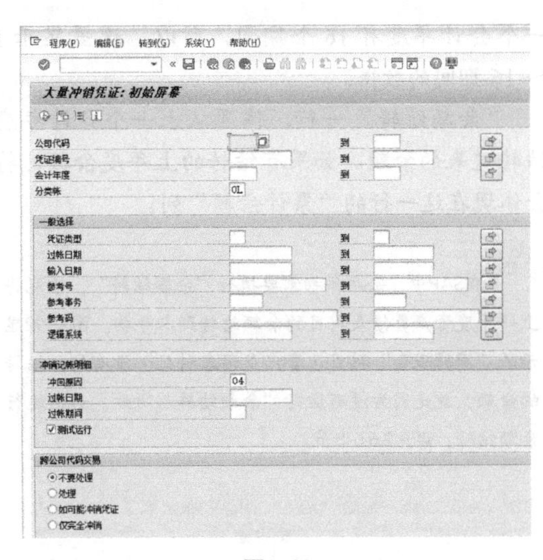

图2-90

2.5 科目余额查询

SAP 提供了强大的科目余额查询功能，可以查询科目的借贷方及余额，同时，也可以追溯到明细凭证。在凭证记账后，科目的余额就会同步得到更新。预制凭证是不更新科目余额的。

【业务操作 1】下面详细介绍科目余额查询及追溯的操作步骤。

路径：SAP 菜单 > 会计核算 > 财务会计 > 总分类账 > 账户 > 显示余额（新）

事务代码：FAGLB03

STEP 1 在“总账科目余额显示”界面输入科目编号（或范围）、公司代码（或范围）、会计年度、分类账（系统默认为 0L），如图 2-91 所示。

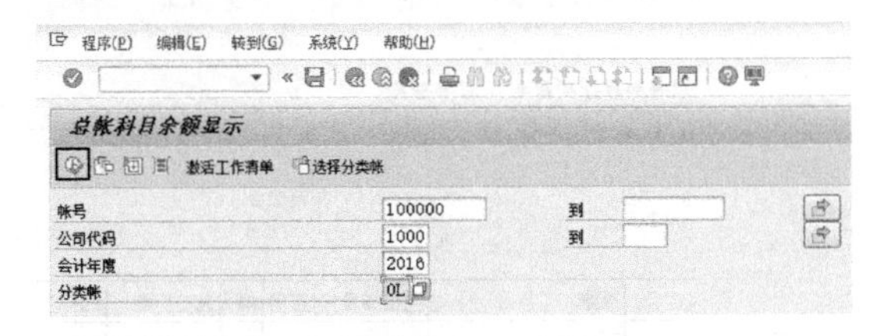

图2-91

STEP 2 单击“执行”按钮，进入“余额显示：总分类账科目 对于分类账 0L”界面，系统显示如图 2-92 所示。

纵向列表示所查询的科目在每个月的借方发生额、贷方发生额、当期余额以及历史以来的累计余额。横向行表示每一个期间的数据，因为 IDES 环境 1000 公司代码的记账期间变式为 K4，一个会计年度有 16 个期间，所以，这里显示 1～16 期间的数据。

“余额结转”一行，体现从上一个会计年度结转过来的余额。如果有结转的上年度余额，将会体现在这一行的“累计余额”列。

提示

在SAP中，每年年初需要执行“余额结转”，才能将上一年度资产负债表科目的余额结转到本年初。图2-92显示的“周转现金”科目（资产负债表科目）没有期初结转的余额，就是因为没有运行“余额结转”所致。如何运行余额结转，详见2.6.6小节。

科目(A) 编辑(E) 转到(G) 环境(N) 系统(Y) 帮助(H)

余额显示：总分类帐科目 对于分类帐 0L

凭证货币 凭证货币 凭证货币 单个科目

帐号 100000 周转现金
公司代码 1000 IDES AG
会计年度 2016
显示更多字符
货币中的全部凭证 * 显示货币 EUR

期间	借方	贷方	余额	累计余额
余额结转				
1				
2				
3	5,054.55	671.89	4,382.66	4,382.66
4				4,382.66
5				4,382.66
6				4,382.66
7				4,382.66
8				4,382.66
9				4,382.66
10				4,382.66
11				4,382.66
12				4,382.66
13				4,382.66
14				4,382.66
15				4,382.66
16				4,382.66
总计	5,054.55	671.89	4,382.66	4,382.66

图2-92

STEP 3 如果希望知道某个数字的明细构成，可以直接双击该数字进行追溯。如双击 2016 年 3 月份的借方发生额 5 054.55，系统会进入“总账科目行项目显示：总账视图”界面，显示 5 054.55 是由哪些凭证行项目组成，如图 2-93 所示。

提示

对于显示的凭证行项目，可以根据需要进行筛选、排序、调整格式、汇总等操作。在某些时候，这些操作特别有用。例如，查询某些费用科目的明细后，希望按功能范围或成本中心分类汇总（先汇总金额，然后对功能范围或成本中心字段进行小计），甚至希望以后每次进来都能选到这样的格式（将调好的格式保存为新的变式，供后续调用）。

提示

如果某科目的明细行项目过多，在执行追溯查询时，要考虑到对系统性能的影响。例如，在一个业务量非常多的公司代码，如果要追溯生产成本科目或存货科目的明细发生情况，可能要访问数十万条记录，系统运行会非常慢，同时会影响其他用户的操作，因此要尽量减少这类操作。

提示

并不是所有科目的发生额都能追溯到明细，这取决于在“公司代码的科目管理”选项卡下“显示行项目”复选框是否被勾选（参见图2-19）。只有勾选该复选框，才可以追溯行项目，参见2.3.2小节。

清单(L) 编辑(E) 转到(G) 附加(X) 环境(N) 设置(S) 系统(Y) 帮助(H)

总帐科目行项目显示 总帐视图

总帐科目 100000 周转现金
公司代码 1000
分类帐 0L

>	分配	凭证编号	部门	类>	凭证日期	PK	本币金额	本币	以本币 2 计的金额	本币2	以本币 3 计的金额	本币3
	20160322	100000000		SA	2016.03.22	40	5,000.00	EUR	5,000.00	EUR	6,350.00	USD
	20160330	1400000006		DZ	2016.03.30	40	53.55	EUR	53.55	EUR	59.89	USD
	20160330	1400000009		DZ	2016.03.30	40	1.00	EUR	1.00	EUR	1.12	USD
*							5,054.55	EUR				
** 科目 100000							5,054.55	EUR				

总帐科目 * *
公司代码 *
分类帐 0L

>	分配	凭证编号	部门	类>	凭证日期	PK	本币金额	本币	以本币 2 计的金额	本币2	以本币 3 计的金额	本币3
***							5,054.55	EUR				

图2-93

STEP 4 如果希望继续追溯某个行项目的详细情况，则将光标置于该行，单击“显示凭证”按钮，系统会显示该行项目的概况，如图2-94所示。

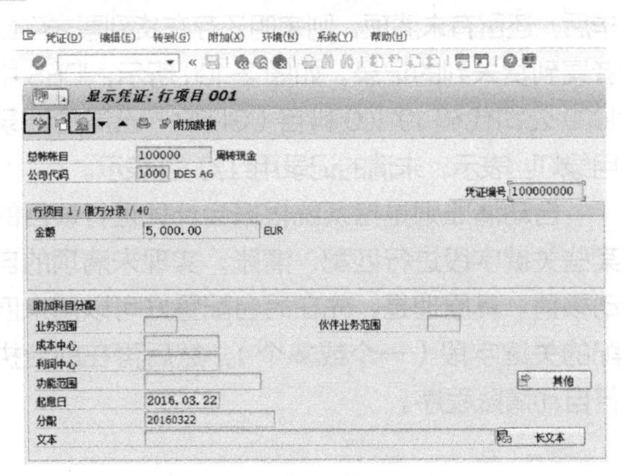

图2-94

如果要看到凭证的所有行，则在此界面单击“调用凭证概览”按钮，显示凭证概况。

业务实践 科目余额查询是业务核查常用的手段。例如，在月底，财务人员经常会对表外科目进行核查，看是否平衡（余额是否为0）。表外科目包括以下几项。

（1）GR/IR科目及其调整科目。

（2）生产成本及制造费用科目等。

操作上，在图2-91所示的界面中选择科目时，通过科目右侧的“多项选择”按钮选择相应的科目范围，将表外科目包含在内。图2-95显示了某企业核查生产成本（5001字头的科目）及制造费用（8字头的科目）之和是否平衡时选择的科目范围。

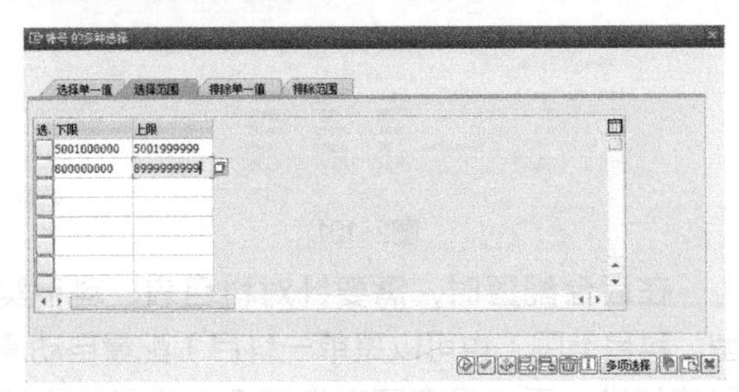

图2-95

这里，还可以灵活利用“选择单一值”“排除单一值”及“排除范围”选项卡来实现自己的查询需要。

有时候，用户希望将某些参数的选择永久性地保存下来，以免将来重复输入，可以采取“保存变式”的方式。

【业务操作2】有关保存变式的详细操作如下。

STEP 1 用事务代码FAGLB03进入“总账科目余额显示”界面后，输入相应的参数，并单击“另存为变式”按钮，如图2-96所示。

图2-96

STEP 2 系统进入“变式属性”界面，在此界面输入“变式名称”和“含义”，并单击“保存”按钮，如图2-97所示。

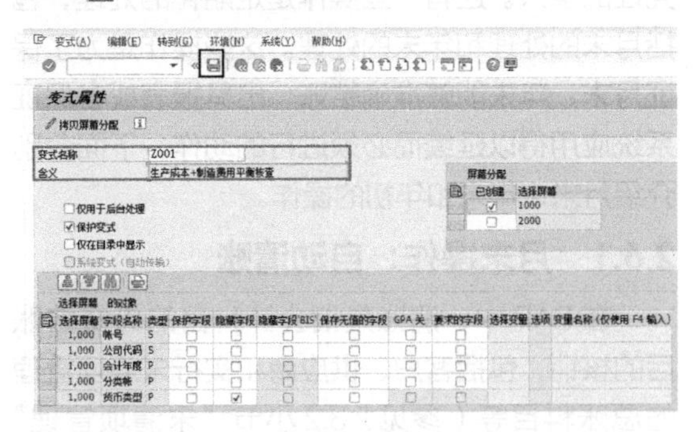

图2-97

保存后，系统下方会提示“变式××××被保留”。

STEP 3 下次运行同样的查询时，只需要在进入“总账科目余额显示”界面后单击“获取变式”按钮，在弹出的对话框中选择相应的变式，并单击“确认”按钮即可，如图2-98所示。

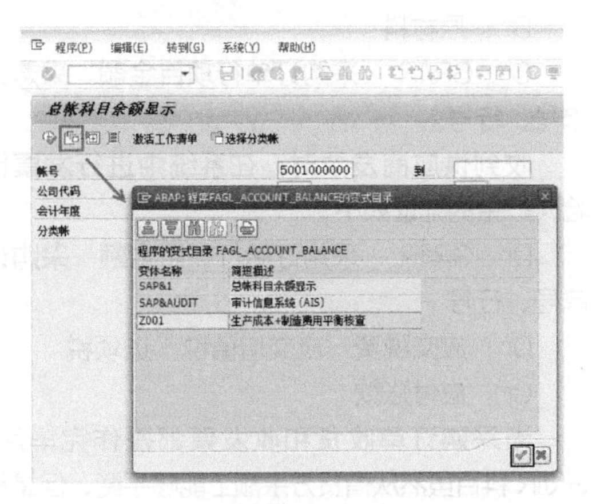

图2-98

STEP 4 系统会按照选择，将事先保存的参数自动填入相应的字段，如图 2-99 所示。

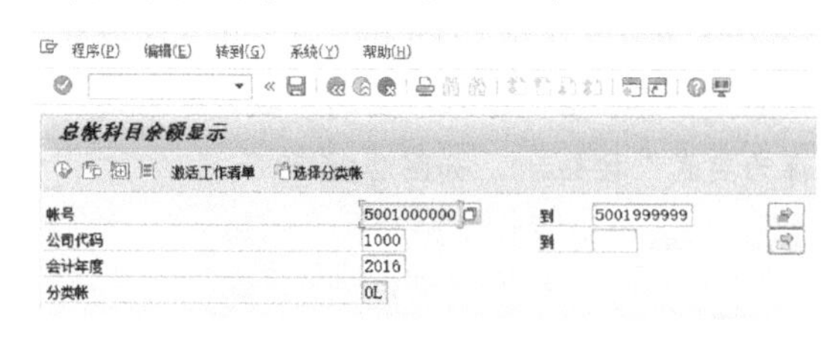

图2-99

STEP 5 用户可以根据需要适当调整默认的参数，然后执行查询操作。

2.6 定期处理

在 SAP 中，FI-GL 模块的日常操作主要是凭证的录入。还有一些操作是定期化的处理，包括月末的处理和年末的处理。这些操作是为了保证月末、年末能够准确结账、出具报表或者保证系统应用得以延续而必须进行的动作。下面分别介绍月末、年末和年初的操作。

2.6.1 月末操作：自动清账

在 SAP 中，清账是指会计科目的借贷挂账后的核销，包括客户、供应商和实行未清项管理的总账科目等（参见 2.3.2 小节“未清项管理”选项的解释）。

总账模块实行未清项管理的科目有 GR/IR（Goods Receipt/Invoice Receipt）、银行存款－清账（较少使用）等。其中，GR/IR 科目是采购订单收货和发票校验时使用的过渡科目，它相当于国内会计中的“材料采购”科目。

采购订单收货时，系统产生的凭证如下。

Dr：原材料

Cr：GR/IR　采购订单行项目金额　采购订单号、行号

收到供应商发票时，在系统中进行发票校验，产生的凭证如下。

Dr：GR/IR　采购订单行项目金额　采购订单号、行号

Dr：应交税费－应交增值税－进项税

Cr：应付账款

当采购订单收货和收发票都操作完毕后，GR/IR 科目虽然从借贷方余额上能够平衡，但是从业务清理角度看，还需要按照“采购订单号＋行号”维度进行“核销”，这就是“清账”。清账完毕后，该“采购订单号＋行号”的业务就已经结束，GR/IR 科目的这些行项目变成已清项。如果清账完毕后，还留有未清项，则表明还存在货到票未到或者票到货未到的记录。如图 2-100 所示，IDES 中 1000 公司代码 191100 科目（GR/IR）已清的记录用绿灯表示，未清的记录用红灯表示。

自动清账则是指系统根据会计凭证行项目的某些关键字段进行匹配、清账，实现未清项的自动核销。其原理是，先在后台配置好可以用来匹配的关键字段（一个或多个），然后再在前台执行自动清账程序。

总帐科目行项目显示 总帐视图

总帐科目　191100　GR/IR-清算-外部所得
公司代码　1000
分类帐　0L

	分配	凭证编号	部门	类	凭证日期	PK	本币金额	本币
	550000003400010	5000004576	3000	WE	1997.07.25	96	83,884.41-	EUR
	550000003400010	5000004729	3000	WE	1997.09.02	96	33,438.66-	EUR
	550000003400010	5000004864	3000	WE	1997.12.11	96	5,971.19-	EUR
	ZIDSDATA	5100004579	3000	RE	1997.09.01	86	10,234.02	EUR
*							275,978,385.41-	EUR
	450000458900020	5100004738	3000	RE	1998.03.04	86	4,527,441.55	EUR
	450000458900020	5100004739	3000	RE	1997.12.30	96	4,527,441.55-	EUR
	450000458900030	5100004738	3000	RE	1998.03.04	86	1,131,860.64	EUR
	450000458900030	5100004739	3000	RE	1997.12.30	96	1,131,860.64-	EUR
*							0.00	EUR
** 科目 191100							275,978,385.41-	EUR

图2-100

后台配置如图 2-101 所示。

路径：IMG>财务会计（新）>总账会计核算（新）>业务交易>未结清项目的结清>准备自动结清

事务代码：OB74

更改视图“自动结算的附加规则”：概览

科目表	类型	起始科目	至科目	标准 1	标准 2	标准 3	标准 4	标准5
	D	A	Z	ZUONR	GSBER	VBUND		
	K	A	Z	ZUONR	GSBER	VBUND		
	S	0	9999999999	ZUONR	GSBER	VBUND		
INT	S	191100		ZUONR	GSBER	VBUND		

图2-101

在后台配置时，需要针对科目表、科目类型、科目范围（也可以是单一科目）配置自动清账的标准，系统最多可以指定 5 个字段作为清账时匹配的字段。如图 2-101 所示，针对科目表 INT、科目类型 S（总账科目）、科目 191100（GR/IR 清账）配置了 3 个标准：ZUONR（分配）、GSBER（业务范围）、VBUND（贸易伙伴）。这意味着，在 GR/IR 科目的凭证行项目中，如果存在这 3 个关键字段完全一致，而且金额相加正好

为0的记录，则可以被系统自动清掉。

> 提示
> 在国内企业实施项目时，一般会使用两个字段，即EBELN（采购凭证）+ EBELP（项目），作为GR/IR科目自动清账的关键字段，比较直接且足够。SAP预装的系统中将ZUONR（分配）字段作为关键字，是考虑到用户会将重要的信息放在“分配”字段中。例如，GR/IR科目的行项目“分配”字段放入“采购订单+行项目”——这需要在GR/IR科目的属性中将“排序码”字段配置为014（采购订单+行项目）。（参见2.3.2小节关于“排序码”的解释）

客户和供应商的清账通常在收款和付款的同时完成（可以称为“边收边清”或“边付边清”），或者在事后专门用手工方式清账。

- 客户的事后清账，事务代码为F-32。
- 供应商的事后清账，事务代码为F-44。

考虑到应收应付业务的挂账及核销与外部单位的资金收付相关，故处理时应慎重，因此，客户和供应商的未清项一般不进行自动清账。而总账科目中的GR/IR科目属于企业自身对于收货和收发票之间的匹配核对，因此，一般采用自动清账。

【业务操作】下面介绍GR/IR清账的前台具体操作。

路径：SAP菜单 > 会计核算 > 财务会计 > 总分类账 > 期间处理 > 自动清账 > 无清算货币说明

事务代码：F.13

STEP 1 进入“自动清账”界面，在“一般选择”区域输入清账的选择范围，如“公司代码”“会计年度”范围等，甚至可以单独选择某些会计凭证。同时，勾选“选择总分类账科目”复选框，并在“总账科目”字段输入GR/IR科目的编码，如图2-102（1）所示。

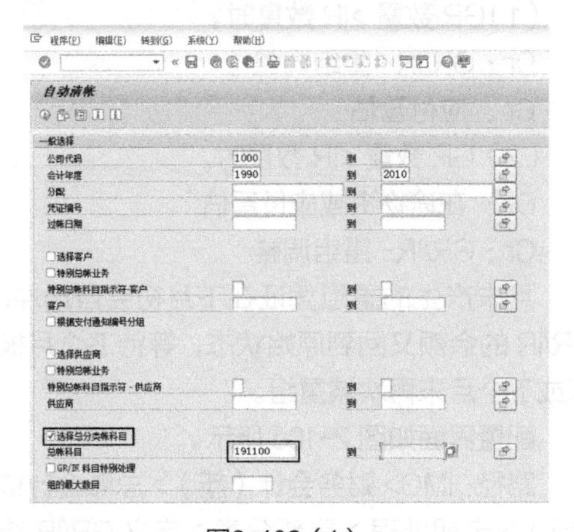

图2-102（1）

> 提示
> 由于历史上的未清项可能跨多个会计年度，今年的采购发票产生的凭证行清去年收货产生的凭证行是很正常的事情，因此，在选择会计年度范围时，最好不要只选择当年，而是选择“（空）~当年”，即会计年度起始年份字段留空，终止年份写为当年。

STEP 2 在“过账参数”区域输入清算日期（将默认为清算凭证的记账日期）、期间（过账期间，如果不输入，则根据清算日期自动确认过账期间）。首次运行时，建议勾选“测试运行”复选框，如图2-102（2）所示。

图2-102（2）

STEP 3 在“输出控制”区域选择系统运行的结果清单中，可以看到哪些记录被显示出来，如是否需要显示可清算的凭证、不能清算的凭证、错误消息，如图2-102（3）所示。

图2-102（3）

STEP 4 单击“执行”按钮，运行程序，系统会根据后台配置的匹配规则，输出自动清账的结果，如图2-103所示。

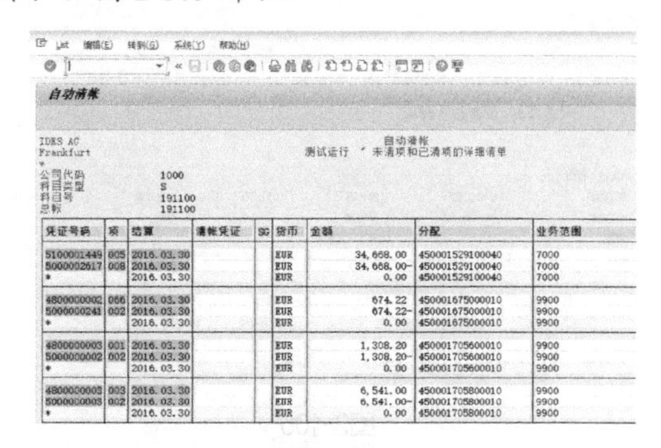

图2-103

图2-103显示的是“可清算的凭证”。它们按照“分配”“业务范围”“贸易伙伴”3个字段组合，只要金额相加等于0，就被系统归为一组，并被

写入结算日期，标以绿色背景，表示可以被清算。

STEP 5 返回参数选择的界面，不勾选“测试运行”复选框，再次执行（正式执行），系统会再次输出自动清账的结果，不同的是，界面下方出现“凭证 XXXXX 记账到公司代码 XXXX 中”的信息提示，如图 2-104 所示。

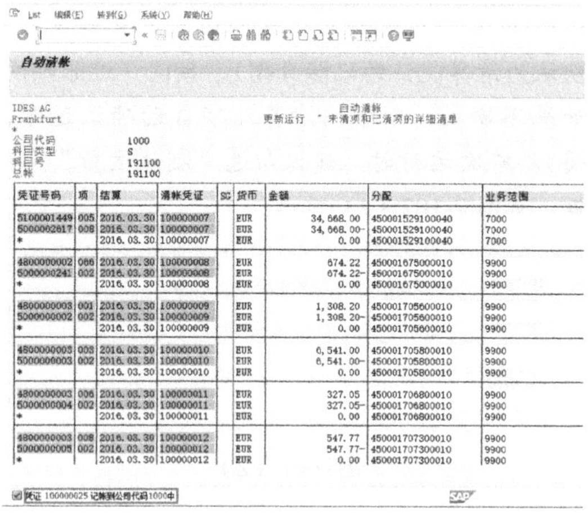

List 编辑(E) 转到(G) 系统(Y) 帮助(H)

自动清帐

IDES AG　　　　　　自动清帐
Frankfurt　　　　　更新运行 " 未清项和已清项的详细清单
*
公司代码 1000
科目类型 S
科目号 191100
总帐 191100

凭证号码	项	结算	清帐凭证	SC	货币	金额	分配	业务范围
5100001449	005	2016.03.30	100000007		EUR	34,668.00	450001529100040	7000
5000002617	008	2016.03.30	100000007		EUR	34,668.00-	450001529100040	7000
*		2016.03.30	100000007		EUR	0.00	450001529100040	7000
4800000002	066	2016.03.30	100000008		EUR	674.22	450001675000010	9900
5000000241	002	2016.03.30	100000008		EUR	674.22-	450001675000010	9900
*		2016.03.30	100000008		EUR	0.00	450001675000010	9900
4800000003	001	2016.03.30	100000009		EUR	1,308.20	450001705600010	9900
5000000002	002	2016.03.30	100000009		EUR	1,308.20-	450001705600010	9900
*		2016.03.30	100000009		EUR	0.00	450001705600010	9900
4800000003	003	2016.03.30	100000010		EUR	6,541.00	450001705800010	9900
5000000003	002	2016.03.30	100000010		EUR	6,541.00-	450001705800010	9900
*		2016.03.30	100000010		EUR	0.00	450001705800010	9900
4800000003	006	2016.03.30	100000011		EUR	327.05	450001706800010	9900
5000000004	002	2016.03.30	100000011		EUR	327.05-	450001706800010	9900
*		2016.03.30	100000011		EUR	0.00	450001706800010	9900
4800000003	008	2016.03.30	100000012		EUR	547.77	450001707300010	9900
5000000005	002	2016.03.30	100000012		EUR	547.77-	450001707300010	9900
*		2016.03.30	100000012		EUR	0.00	450001707300010	9900

凭证 100000025 记帐到公司代码1000中

图2-104

STEP 6（可选）利用事务代码 FB03，复核清账产生的凭证。

多数情况下，清账凭证为“有头无行”的凭证，如图 2-105 所示。此时，在凭证下方会出现 清算无行项目的凭证 的消息提示，表明该凭证是没有行项目的。这是因为清账时只是将 GR/IR 科目的正负两行进行对调，没有实质的会计要素变化。如果清账时，被清掉的借贷两方利润中心、段或其他在会计上有影响的要素彼此不同，则系统还是会产生行项目的。

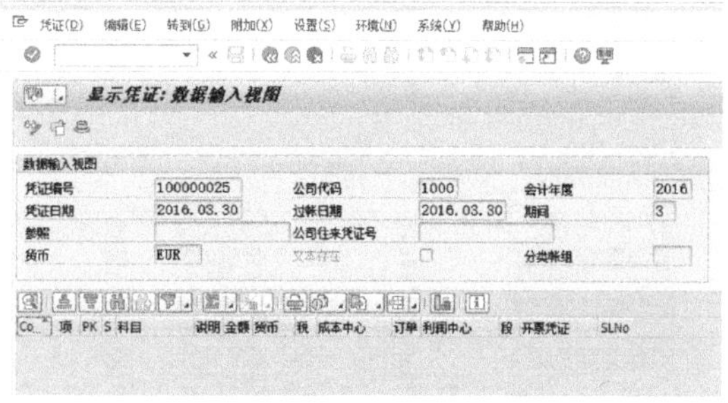

凭证(D) 编辑(E) 转到(G) 附加(X) 设置(S) 环境(H) 系统(Y) 帮助(H)

显示凭证：数据输入视图

数据输入视图

凭证编号	100000025	公司代码	1000	会计年度	2016
凭证日期	2016.03.30	过帐日期	2016.03.30	期间	3
参照		公司往来凭证号			
货币	EUR	文本存在		分类帐组	

Co...	项	PK	S	科目	说明	金额	货币	税	成本中心	订单	利润中心	段	开票凭证	SLNo

图2-105

每月末执行一下 GR/IR 清账是很有必要的，它可以使系统中的未清项目减少，这样，在查询 GR/IR 科目的发生额时，只需查询未清项目，这样会加快查询速度；同样，在执行 GR/IR 重组（详见 2.6.2 小节）时，系统要处理的记录数也会大为减少，加快重组的速度。

2.6.2 月末操作：GR/IR 重组

SAP 在采购订单收货和发票校验时分别产生凭证，中间采用 GR/IR 过渡（参见 2.6.1 小节）。GR 即为收货，IR 即为收票。月末，GR/IR 的余额根据收货和收票的情况进行判断，转入“应付暂估”或“在途物资”，次月自动冲回。如果货到票未到（goods delivered but not invoiced）或者收货数量大于收票数量，则余额转入“应付暂估”；如果票到货未到（goods invoiced but not delivered）或者收货数量小于收票数量，则余额转入“在途物资”。后一种情况在国内较少出现，如果出现，很可能是这样的一种业务场景：已经从供应商处收货 100EA，也收到 100EA 的发票，但后来发生退货 2EA，这样，就造成了事实上的“收货数量（98）<收票数量（100）”。正因为如此，有些企业认为，票到货未到只不过是对“应付暂估”的冲减，因此不适用“在途物资”科目。

SAP 提供自动结转的功能，称为“重组”（regroup），每月月末执行。它将历史以来收货和收票不同步引起的余额转入应付暂估或者在途物资，中间通过一个调整科目过渡（一般需要设置一个科目，即 GR/IR- 重组调整，该科目为 GR/IR 科目的子科目）。全部转完后，GR/IR 一级科目的余额应该为零。

月末，运行“GR/IR 重组”时，产生重组凭证如下。

（1）GR 数量 >IR 数量时。

Dr：GR/IR- 重组调整

Cr：应付暂估

（2）GR 数量 <IR 数量时。

Dr：在途物资或应付暂估

Cr：GR/IR- 重组调整

月末产生的重组凭证在下月初会自动冲回，GR/IR 的余额又回到原始状态，等待下个月被清账或下个月末再次被重组。

配置界面如图 2-106 所示。

路径：IMG> 财务会计（新）> 总账会计核算（新）> 定期处理 > 重新分类 > 定义 GR/IR 结清

的调整科目

事务代码：OBYP

双击图 2-106 中的两行事务 BNG（已开发票尚未交货）或者 GNB（已交货但未开发票），就可以进入详细配置界面，如图 2-107 所示。

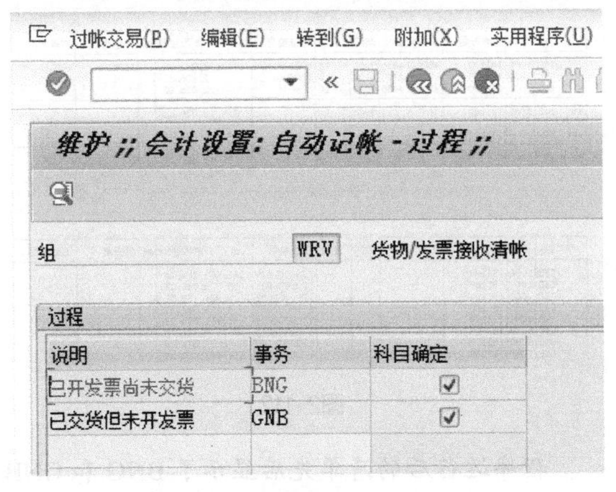

图2-106

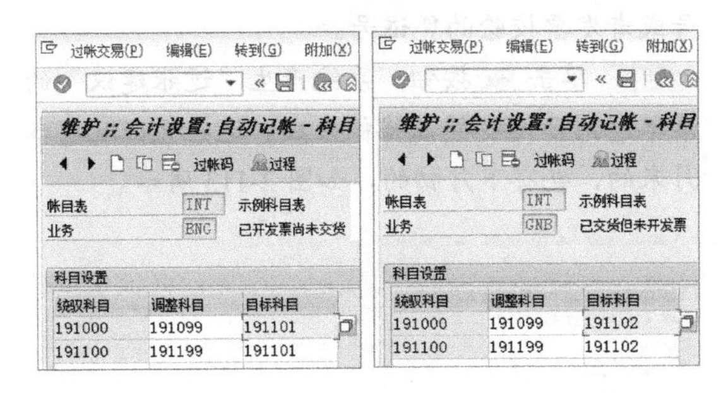

图2-107

在图 2-107 中，“统驭科目”指的就是要调整的对象，即 GR/IR 科目；“目标科目”就是将 GR/IR 科目的余额调往什么科目，如应付暂估或者在途物资；“调整科目”就是将 GR/IR 科目调往目标科目时中间用什么科目过渡，如“GR/IR-重组调整”。

【业务操作】下面介绍前台的详细操作步骤。

路径：SAP 菜单 > 会计核算 > 财务会计 > 总分类账 > 期间处理 > 清算（closing，实际上应译为“关账”）> 重新分类 >GR/IR 清算（意为对“GR/IR 清算”科目作重组）

事务代码：F.19

STEP 1 在“货物 / 已收发票结算科目分析和购置税显示”（应译为“GR/IR 科目分析和进项税显示”）界面的“总分类账选择”区域，输入“总账科目”“公司代码”，如图 2-108 所示。

总账科目：应输入要重组的 GR/IR 科目。

公司代码：应输入要重组的公司代码。

STEP 2 在“参数”选项卡，输入“关键日期”，勾选“GR/IR 清账”复选框，如图 2-108 所示。

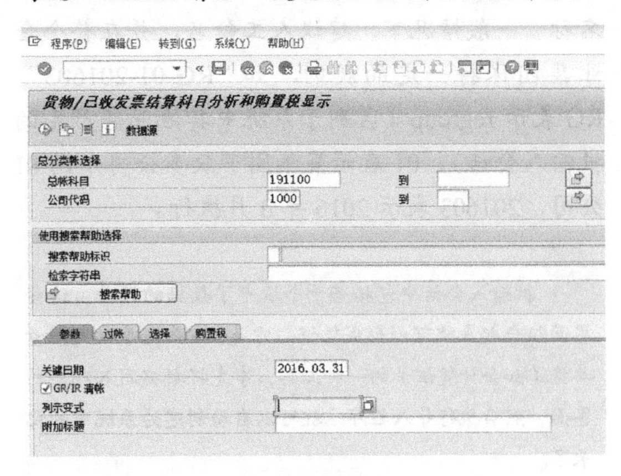

图2-108

关键日期：确定被考虑在重组范围内的记录以哪一天为准。在图 2-108 中输入 2016.03.31，表明在这一天前还没有被清账的记录和已清账但清账日期晚于这一天的记录将会被考虑在内。

GR/IR 清账：勾选此复选框，表明在执行重组时，系统同时会进行 GR/IR 清账的操作，相当于附带运行了 F.13（GR/IR 清账，参见 2.6.1 小节）。

STEP 3 在“过账”选项卡，输入“批输入会话名”“凭证日期”“过账日期”等字段，如图 2-109 所示。

参数 过帐 选择 购置税
创建过帐
批输入会话名 RG-01-201603
分类帐组
凭证日期 2016.03.31
凭证类型
过帐日期 2016.03.31
月份
冲销记帐期间 2016.04.01
冲销期间
过帐抬头文本
进项税记帐
进项税码 0%

图2-109

创建过账：勾选此复选框，表明在执行重组时系统会直接产生凭证；如果不勾选此复选框，系统只是列出一个清单，并不产生过账，相当于测试运行。在多数情况下，用户先不勾选此复选框，测试运行一次；结果无误后，再勾选此复选框，正式执行。

批输入会话名：系统在执行程序时，会生成一个批输入会话（batch-input session），每一个批输入会话都有一个名称。在此处输入自己能够识别的名称；如果不输入，系统会自动赋予一个名称。一般情况下，建议人工命名，并在整个企业集团保持一定的规则，如“RG-01-201603”，RG 表示 regroup（区别于系统中其他业务产生的批输入会话），01 表示某集团下众多公司中的 01 公司，201603 表示 2016 年 3 月执行。

提示 批输入会话中包括若干个填充了数据的界面，这些界面组合起来就可以形成凭证。它是SAP系统导入大批量单据（如会计凭证）的一种工具，事先将数据写入相应的界面，然后执行导入程序，就可以自动创建为系统中的记录了。

凭证日期：产生凭证的凭证日期，一般填写月结的日期（月末最后一天）。

凭证类型：产生凭证的凭证类型，如果不填入，系统会自动默认为 SA。

过账日期：产生凭证的过账日期，一般填写月结的日期（月末最后一天）。

冲销记账期间：GR/IR 重组产生的凭证会自动冲回在下个月初，这里一般填写下个月的 1 日。

进项税记账：是否将进项税也纳入应付暂估的范畴，国内企业一般不勾选此复选框。

STEP 4 “选择”选项卡如图 2-110 所示，直接跳过，不用输入参数。如果要对某些记录单独选择（如限定某供应商），运行 GR/IR 重组，才需要使用此选项卡输入参数。国内企业一般不会这样考虑。

参数 | 过帐 | 选择 | 购置税

□仅读取未清项目
购买订单货币 到
税务代码 到
业务伙伴 到
统驭科目 到
供应商 到
收货/发货交换成本 到

图2-110

STEP 5 “购置税”选项卡如图 2-111 所示，直接跳过，不用输入参数。只有在将进项税记入应付暂估时，才会在此选项卡中输入参数。

参数 | 过帐 | 选择 | 购置税

□显示购置税
购置税码 到
递税国
购置税结算日期 2016.02.29

图2-111

STEP 6 单击“执行”按钮，运行 GR/IR 重组，系统显示运行结果，如图 2-112 所示。

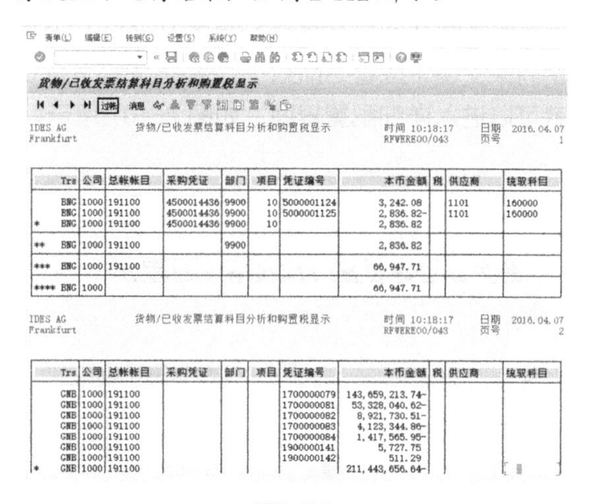

货物/已收发票结算科目分析和购置税显示

IDES AG　　货物/已收发票结算科目分析和购置税显示　　时间 10:18:17　　日期 2016.04.07
Frankfurt　　RFWERE00/043　　页号 1

Trs	公司	总帐帐目	采购凭证	部门	项目	凭证编号	本币金额	税	供应商	统驭科目
BNG	1000	191100	4500014436	9900	10	5000001124	3,242.08		1101	160000
BNG	1000	191100	4500014436	9900	10	5000001125	2,836.82-		1101	160000
* BNG	1000	191100	4500014436	9900	10		2,836.82			
** BNG	1000	191100		9900			2,836.82			
*** BNG	1000	191100					66,947.71			
**** BNG	1000						66,947.71			

IDES AG　　货物/已收发票结算科目分析和购置税显示　　时间 10:18:17　　日期 2016.04.07
Frankfurt　　RFWERE00/043　　页号 2

Trs	公司	总帐帐目	采购凭证	部门	项目	凭证编号	本币金额	税	供应商	统驭科目
GNB	1000	191100				1700000079	143,659,213.74-			
GNB	1000	191100				1700000081	53,328,040.62-			
GNB	1000	191100				1700000082	8,921,730.51-			
GNB	1000	191100				1700000083	4,123,344.86-			
GNB	1000	191100				1700000084	1,417,565.95-			
GNB	1000	191100				1900000141	5,727.75			
GNB	1000	191100				1900000142	511.29			
* GNB	1000	191100					211,443,656.64-			

图2-112

程序运行后的清单先后显示了 BNG 和 GNB 的记录。每一部分的记录明细到采购收货的凭证号或者发票校验的凭证号。

STEP 7 单击 过帐 按钮，系统产生“过账建议”的清单，列示哪些凭证将被生成。这些凭证既有本月末的，也有下月初的，如图 2-113 所示。

货物/已收发票结算科目分析和购置税显示

IDES-ALE: Central FI Syst　　货物/已收发票结算科目分析和购置税显示　　时间 10:38:03　　日期 2016.04.07
Frankfurt - Deutschland　　RFWERE00/043　　页号 1
过帐建议

公司 / 项	凭证编号 / PK	凭证抬头文本 / 总帐帐目	本位币金额	税	文本	过帐日期	本币	文本	部门
	40	191199	2.40		GNB				
	50	191102	2.40		GNB				
1000		RFWERE00				2016.03.31	EUR		
	40	191199	60.00		GNB				
	50	191102	60.00		GNB				
1000		RFWERE00				2016.03.31	EUR		
	40	191199	131,562.03		GNB				3000
	50	191102	131,562.03		GNB				3000
1000		批输入				2016.04.01	EUR		
	50	191199	211,452,266.83		GNB				
	40	191102	211,452,266.83		GNB				
1000		批输入				2016.04.01	EUR		
	50	191199	489,741.87		GNB				
	40	191102	489,741.87		GNB				
1000		批输入				2016.04.01	EUR		
	50	191199	8,461.88		GNB				6000
	40	191102	8,461.88		GNB				6000
1000		批输入				2016.04.01	EUR		
	40	191199	1,436.89		BNG				

图2-113

这里使用的科目就是在图 2-106 和图 2-107 中所定义的科目。

STEP 8 返回输入参数的界面，在“过账”选项卡勾选“创建过账”复选框，并输入“凭证类型”为 SA（总分类账凭证），如图 2-114 所示。

注意 勾选“创建过账”复选框表明正式运行，即将创建过账凭证。此时“凭证类型”是必须输入的。

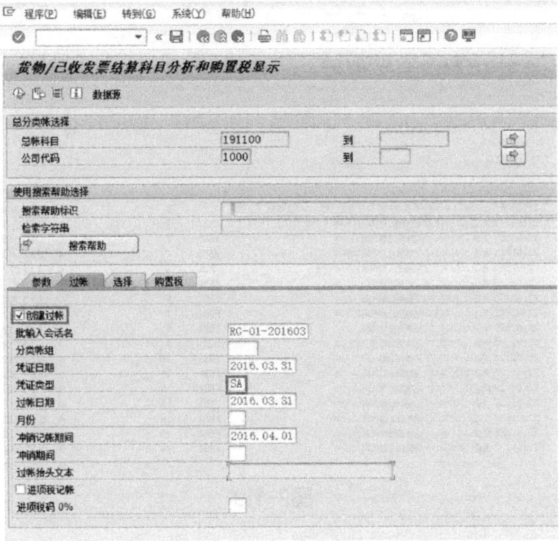

图2-114

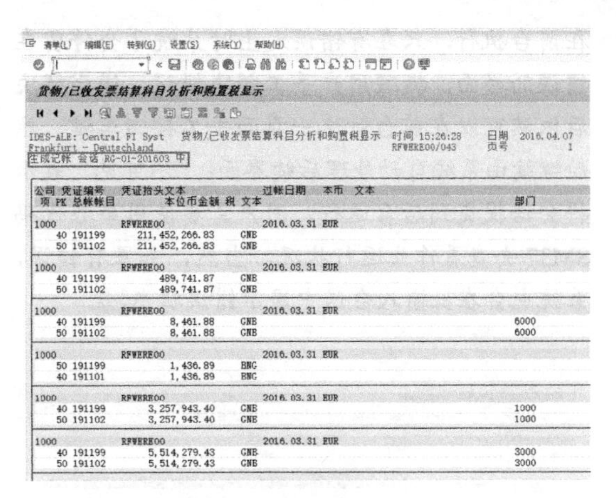

图2-115

STEP 9 单击“执行”按钮，系统会再次显示图2-112所示的结果清单。在此清单界面，如同步骤7，单击 过帐 按钮，系统会出现图2-115所示的过账清单。

此时，在表头部分不再是“过账建议”，而是“生成记账 会话 ×××× 中”。这表明，系统已经生成了会话（batch-input session），会话名就是在图2-114中所输入的“批输入会话名”，即RG-01-201603。

STEP 10 利用事务代码SM35进入批输入会话处理的界面，如图2-116所示。

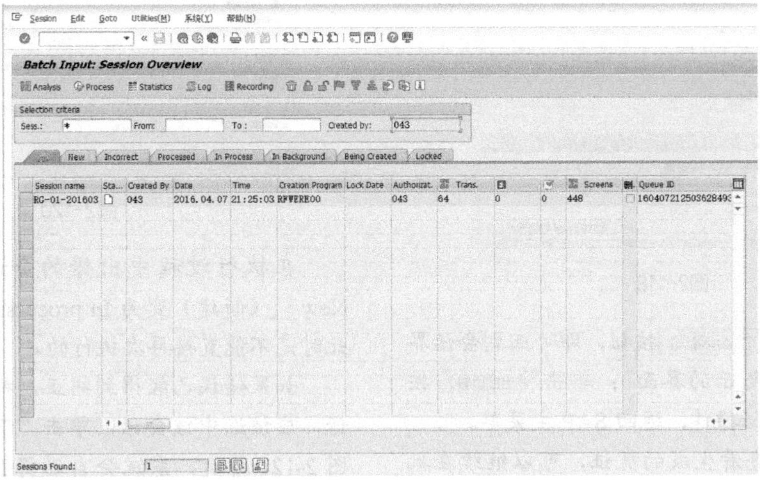

图2-116

系统会默认将最近的session放在最前面。如果系统中会话较多，可以通过Sess.（Session名）、From(从哪一天开始)、To(到哪一天结束)、Created by（由谁创建）这些关键字筛选。

从批输入会话界面可以看到，这个会话将产生多少张凭证（Trans.列）。在图2-116中可看到，会话将产生64张凭证。

如果要了解详细情况，可以双击该会话行，查看会话的明细信息。

STEP 11 选中要处理的会话，单击 Process 按钮，系统出现“Process Session ×××××”对话框，在该对话框中，选中“仅显示错误”单选钮，并按回车键，或者单击 Process 按钮，如图2-117所示。

Processing Mode：处理模式。“处理/前台”表示前台运行，系统按照顺序先显示第一个界面，需要用户按回车键确认后再显示第二个界面，依次逐步走完所有界面，需要花费较长时间；“仅显示错误”表示系统将自动按照屏幕顺序在前台执行，只在有错误发生时系统才会停留在错误的界面，提醒用户手工解决错误，错误解决后依然可以在前台对这一界面手工按回车键，然后继续由系统自动处理后续界面；“不可见”表示将会话提交到后台运行，用户需要使用事务代码 SM37 去查看作业运行状况。当然，如果有错误，系统也会在批输入会话中显示错误状态。

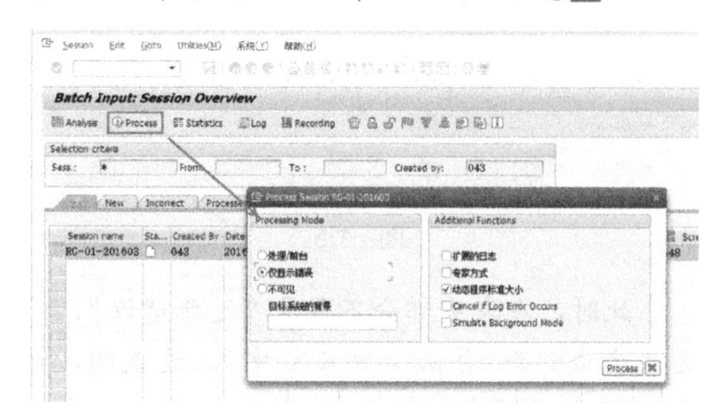

图2-117

STEP 12 系统会运行程序，将会话创建为凭证。如果一切无误，最终会出现提示：“批输入会话的处理已完成”，如图 2-118 所示。

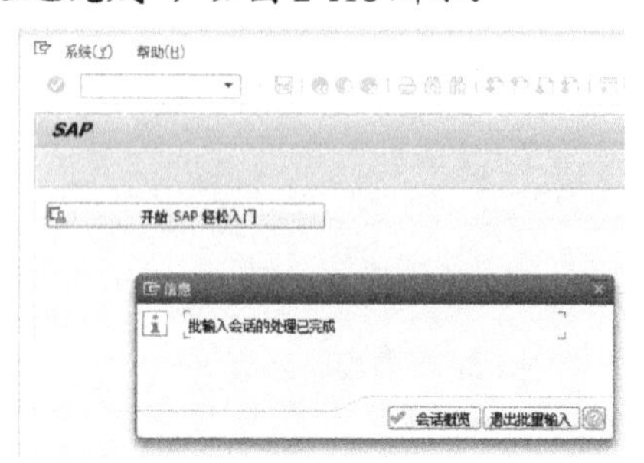

图2-118

此时，单击“会话概览”按钮，即可回到会话界面（如图 2-116 所示的界面）；单击“退出批量输入”按钮，即可退出会话操作，返回 SAP 主菜单。

STEP 13 如果想查看生成的凭证，可以继续在批输入会话界面（事务代码 SM35）查看会话的日志文件，获知生成的凭证号，如图 2-119 所示。然后通过事务代码 FB03 查看凭证（图略）。

> **提示**
>
> 批输入会话的执行并不总是一帆风顺，在某些情况下，可能会在界面下方出现报错提示。此时，如果想要完全退出以修正错误，可以在OK_CODE字段输入“/nex”，即可强行退出SAP登录界面。图2-120所示为另一个批输入会话在执行中报错后利用“/nex”退出的情况。

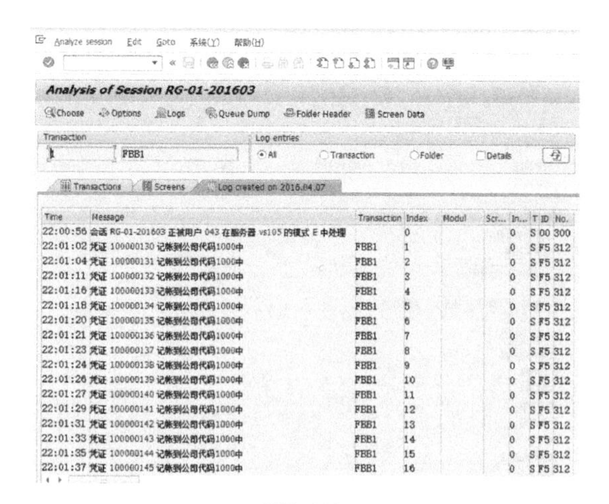

图2-119

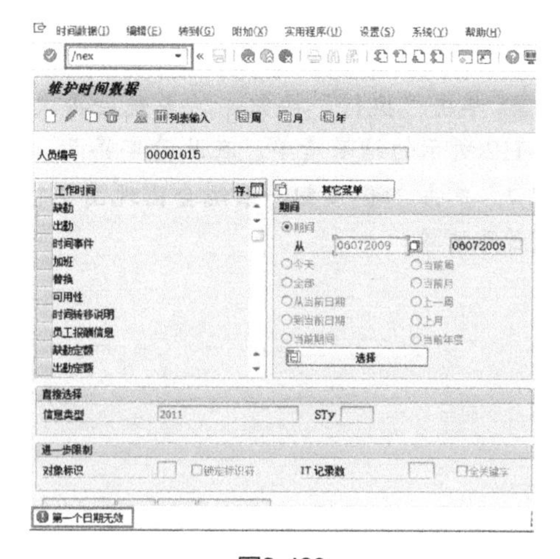

图2-120

在执行过程中出错的会话，其状态会由 New（新建）变为 In processing（处理中），此时是不能直接再次执行的。

如果错误已经得到纠正，希望继续执行该会话，应该选中该会话，单击“下达”按钮，如图 2-121 所示。系统会自动将 In processing 状态变回 New 状态。

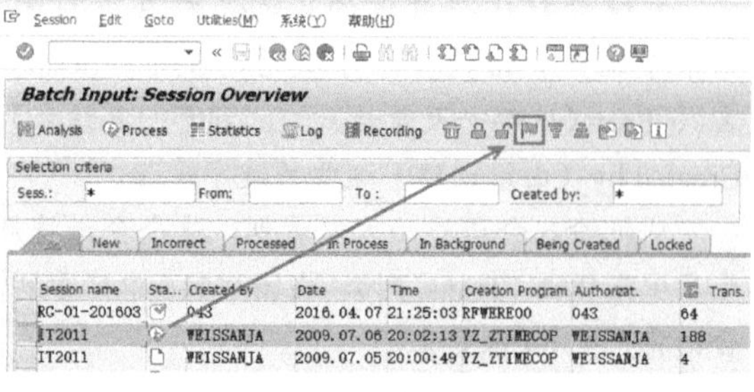

图2-121

待会话正常执行完毕后，其状态会变为 Processed（已处理），图 2-121 中的会话 “RG-01-201603” 就是 Processed 状态。

2.6.3 月末操作：外币评估

本小节先介绍外币评估的政策依据，接着介绍 SAP 中外币评估的原理、后台配置和前台操作。

企业的外币业务在记账时一般使用期初的汇率或者即时汇率，但在月末，需要按照月末汇率对外币的余额或者未清项进行重估（revaluation）。

企业在资产负债表日，应当按照下列规定对外币货币性项目和外币非货币性项目进行处理。

（1）外币货币性项目，采用资产负债表日即期汇率折算。因资产负债表日即期汇率与初始确认时或者前一资产负债表日即期汇率不同而产生的汇兑差额，记入当期损益。

（2）以历史成本计量的外币非货币性项目，仍采用交易发生日的即期汇率折算，不改变其记账本位币金额。

货币性项目是指企业持有的货币资金和将以固定或可确定的金额收取的资产或者偿付的负债。

非货币性项目是指货币性项目以外的项目。

——《企业会计准则第 19 号——外币折算》第十一条

企业会计准则中所提及的“货币性项目”的外币折算（其实应称为“外币评估”比较好，以区别于跨国企业的资产负债表按母公司货币进行折算的业务），在国内企业，可以具体化为以下两类情况，两类情况的处理各不相同。

（1）企业持有的货币资金，即外币类的现金、银行存款科目。对于这类科目，应针对其累计的外币余额进行重估。计算公式如下。

汇兑损益 = 累计外币余额 × 月末汇率 – 本位币余额

表 2-4 所列为某国内企业“银行存款 -USD”科目的月末重估汇兑损益的计算方式。

根据表 2-4 的计算结果，月末重估形成的凭证如下。

表 2-4 货币资金类外币科目的余额重估

记账日期	业务摘要	借 / 贷	外币金额（USD）	使用的汇率	本位币金额（CNY）	外币余额（USD）	本位币余额（CNY）
2016/03/01	从客户处收款	借	30 000.00	6.5280	195 840.00	30 000.00	195 840.00
2016/03/15	支付供应商款项	贷	12 000.00	6.5280	78 336.00	18 000.00	117 504.00
2016/03/27	**外币报销**	**贷**	**4 000.00**	**6.4924**	**25 969.60**	**14 000.00**	**91 534.40**
2016/03/31 外币重估							
	按月末汇率对外币余额计算			**6.4733**		**14 000.00**	**90 626.20**
	本位币余额重估差异						-908.20

Dr：财务费用 - 汇兑损益　USD 0　CNY 908.20

Cr：银行存款 -USD　USD 0　CNY 908.20

货币资金类的月末评估结果相当于“既成事实”，成为“已实现的汇兑损益”，因此，此凭证在下月初不应冲回。

（2）将以固定或可确定的金额收取的资产或者偿付的负债，是指以外币记录的应收账款、应付账款等。对于这类科目，应针对其未清项发生金额（而不是累计余额）进行重估。计算公式如下。

汇兑损益 = Σ（外币金额 × 月末汇率 – 未清项的本位币金额）

表 2-5 所列为某国内企业“应收账款 -USD”科目的月末重估汇兑损益的计算方式。

根据表 2-5 的计算结果，月末重估形成的凭证如下。

Dr：财务费用 - 汇兑损益　USD 0　CNY 38 350.80

Cr：应收账款 -USD- 外币评估调整　USD 0　CNY 38 350.80

未清项的月末评估是企业对与外部往来单位之间的债权、债务的评估。在债权、债务被清掉之前，不算是“既成事实”，应称为“未实现的汇兑损益”，因此，此凭证在下月初一般应冲回。等到将来收款或付款清掉债权债务时，再按当时的汇率计算“已实现的汇兑损益”。

表 2-5　应收账款科目的未清项重估

记账日期	业务摘要	借 / 贷	外币金额（USD）	使用的汇率	本位币金额（CNY）	月末汇率	按新汇率的本位币金额（CNY）	差额（CNY）
2016/02/06	销售发票	借	240 000.00	6.5319	1 567 656.00	6.4733	1 553 592.00	-14 064.00
2016/03/10	销售发票	借	130 000.00	6.5280	848 640.00	6.4733	841 529.00	-7 111.00
2016/03/21	销售发票	借	314 000.00	6.5280	2 049 792.00	6.4733	2 032 616.20	-17 175.80
2016/03/31 外币重估								
	应收账款未清项重估差异							-38 350.80

在 SAP 中，有关外币评估的配置包括以下内容。

① 定义评估方法。

② 定义评估范围。

③ 定义自动记账规则。

评估方法包含评估过程、评估时使用的汇率类型、产生的凭证类型等，如图 2-122 所示。

路径：IMG> 财务会计（新）> 总账会计核算（新）> 定期处理 > 评估 > 定义评估方法

事务代码：OB59

图2-122

“评估过程”区域的“总是评估”是指，不管期末汇率与业务发生时使用的汇率孰高孰低，都是要参与评估的。

“凭证类型”决定了将来生成的外币评估凭证是哪一种类型。在某些企业，为了单独区分这类业务，或者出于建立替代规则（例如，针对外币评估的凭证，外币类现金、银行存款科目的行中记录现金流量代码的“原因代码”字段自动赋予“D00”）、验证规则的需要（例如，针对非外币评估的凭证，外币类现金、银行存款科目的行中的“原因代码”字段不能为空），单独为外币评估凭证设置一个类型，如 ZX。参见 11.5“验证和替代的应用”一节。

借方余额汇率类型和贷方余额汇率类型采用期末专用的汇率类型 PEND，参见 2.4.5“汇率维护”小节。

评估范围是评估方法、货币类型等几个变量的组合。它明确了要对哪一个或哪几个货币类型的值进行评估，如图 2-123 所示。

路径：IMG> 财务会计（新）> 总账会计核算（新）> 定期处理 > 评估 > 确定评估范围

事务代码：SM30（表 / 视图：V_FAGL_T033）

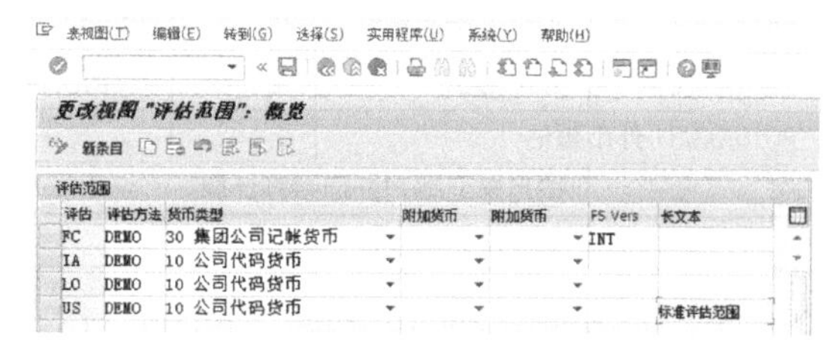

图2-123

在 IDES 中，较常用的评估范围是 US，它使用 DEMO 评估方法，针对公司代码货币（第一本位币）的值进行评估。用户在前台执行外币评估时，需要选择评估范围。

自动记账规则分别针对两类外币评估业务进行配置。如图 2-124 所示，KDB 是用于第一类（货币资金类）业务的科目配置；KDF 是用于第二类（未清项类）业务的科目配置。

路径：IMG> 财务会计（新）> 总账会计核算（新）> 定期处理 > 评估 > 外币估值 > 准备外币评估的自动过账

事务代码：OBA1

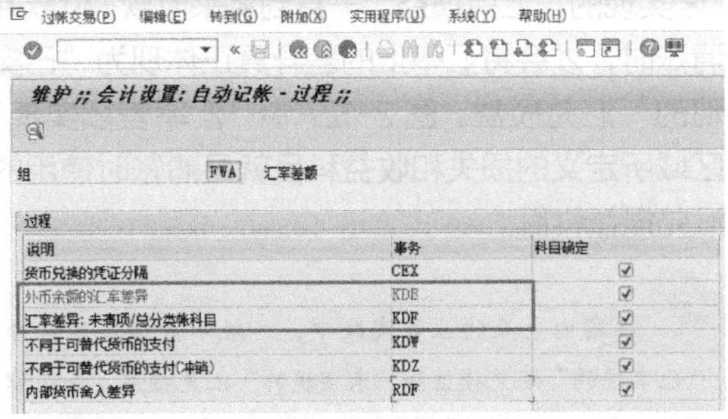

过帐交易(P) 编辑(E) 转到(G) 附加(X) 实用程序(U) 系统(Y) 帮助(H)

维护 ;; 会计设置：自动记帐 - 过程 ;;

组 FWA 汇率差额

过程

说明	事务	科目确定
货币兑换的凭证分隔	CEX	☑
外币余额的汇率差异	KDB	☑
汇率差异：未清项/总分类帐科目	KDF	☑
不再于可替代货币的支付	KDW	☑
不再于可替代货币的支付(冲销)	KDZ	☑
内部货币舍入差异	RDF	☑

图2-124

KDB 的科目配置如图 2-125 所示。

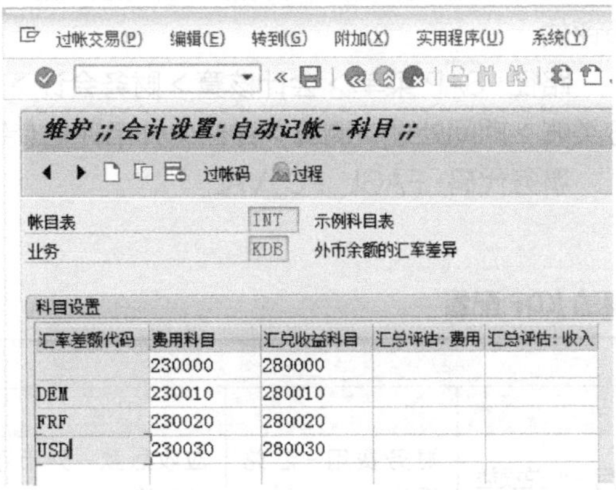

过帐交易(P) 编辑(E) 转到(G) 附加(X) 实用程序(U) 系统(Y)

维护 ;; 会计设置：自动记帐 - 科目 ;;

过帐码 过程

帐目表 INT 示例科目表
业务 KDB 外币余额的汇率差异

科目设置

汇率差额代码	费用科目	汇兑收益科目	汇总评估：费用	汇总评估：收入
	230000	280000		
DEM	230010	280010		
FRF	230020	280020		
USD	230030	280030		

图2-125

“费用科目”和“汇兑收益科目”分别对应外币评估的损失和收益科目。不同的“汇率差额代码”定义的科目可以不同。“汇率差额代码”是科目主数据上的字段，它用来对外币重估产生的汇兑损益科目进行划分（参见 2.3.2 小节）。

提示

在国内的业务实践中，为简化核算，一般只设置一行，汇率差额代码为“×”，如表2-6所示。然后，将汇率差额代码“×”赋予非本位币的现金、银行存款科目，如表2-7所示。这样，这些科目在外币评估时就适用这一行的配置，这也给前台执行外币评估带来便利。在前台执行外币评估时，选择了汇率差额代码，也就选择了这些科目。

表 2-6 国内习惯的 KDB 配置

汇率差额代码	费用科目	汇兑收益科目	汇总评估：费用	汇总评估：收入
X	财务费用－汇兑损益	财务费用－汇兑损益	（空）	（空）

表 2-7 为非本位币的货币资金科目指定汇率差额代码

科目代码	科目描述	汇率差额代码
10010102	现金 _ 日元	X
10010103	现金 _ 港币	X
10010104	现金 _ 美元	X
10010201	现金 _ 欧元	X
10020201	银行存款 _ 日元 _ 工行国际业务部	X
10020301	银行存款 _ 港币 _ 工行国际业务部	X
10020302	银行存款 _ 港币 _ 中行广东分行	X
10020401	银行存款 _ 美元 _ 工行营业部	X
10020402	银行存款 _ 美元 _ 工行陈塘湖支行	X
10020403	银行存款 _ 美元 _ 中行中山支行	X

KDF 是对未清项科目配置外币评估科目。这些未清项科目包括两种：一是在科目主数据（事务代码 FS00）中勾选了“未清项管理”选项的科目；二是客户和供应商的统驭科目。

KDF 的科目配置如图 2-126 所示，先要明确对哪些未清项科目进行配置。

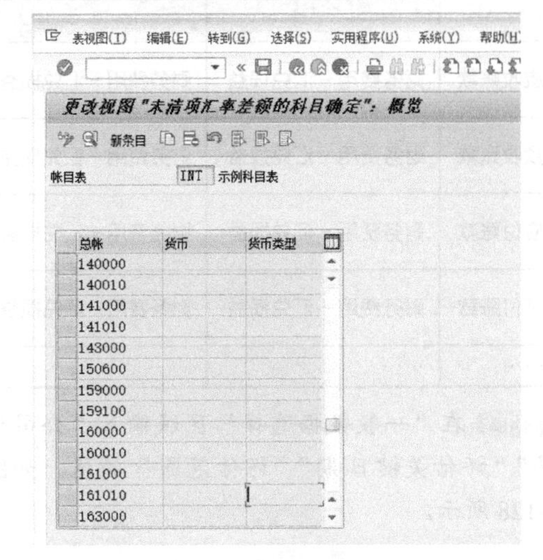

图2-126

在此界面输入未清项科目。针对具体某个科目，双击进入下一界面，详细设置外币重估相关的科目，以 140000（应收账款）科目为例，如图 2-127 所示。

该界面中“评估”区域就是与外币重估相关的科目设置。评估时有可能带来亏损，有可能带来收益，“评估亏损 1”和“评估收益 1”字段设置相应的损益科目。在国内，一般都设置为“财

务费用 - 汇兑损益”。“资产负债表调整 1”则设置损益科目的对方科目，即未清项科目对应的调整科目。对于统驭类的未清项科目，系统在做外币重估时不可能重估到它本身上，因此应设置对应的调整科目，如应收账款 - 外币评估调整、应付账款 - 外币评估调整。

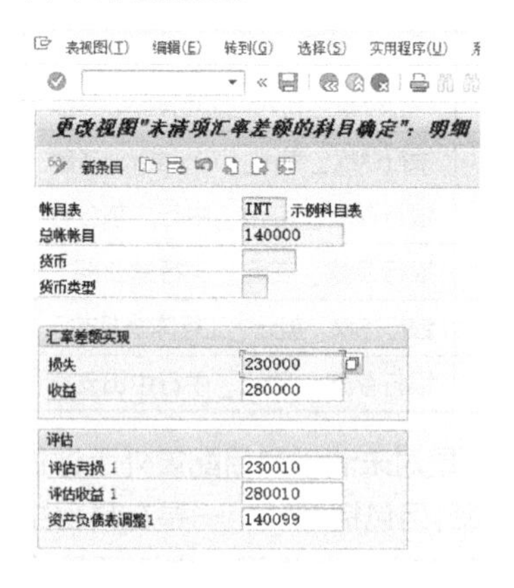

图2-127

对未清项科目不管怎样评估，其实都属于“未实现的”汇兑损益，一直到将来收款 / 付款并清账时，才会将汇率上的差异真正体现为“已实现的”汇兑损益。图 2-127 中“汇率差额实现”区域所定义的损失和收益科目就是清账时使用的汇兑损益科目。

> **提示** 在国内企业的业务实践中，一般不会烦琐地区分“已实现的”汇兑损益和“未实现的”汇兑损益，而是都使用一个科目，即财务费用-汇兑损益。表2-8是国内企业典型的配置。

【业务操作】接下来看看如何在前台操作外币评估。

路径：SAP 菜单 > 会计核算 > 财务会计 > 总分类账 > 期间处理 > 清算 > 评估 > 外币评估（新）

事务代码：FAGL_FC_VAL

表 2-8　国内企业习惯的 KDF 配置

总账科目	汇率差额实现		评估		
	损失	收益	评估亏损 1	评估收益 1	资产负债表调整 1
应收账款	财务费用 - 汇兑损益	财务费用 - 汇兑损益	财务费用 - 汇兑损益	财务费用 - 汇兑损益	应收账款 - 外币评估调整
预收账款	财务费用 - 汇兑损益	财务费用 - 汇兑损益	财务费用 - 汇兑损益	财务费用 - 汇兑损益	预收账款 - 外币评估调整
应付账款	财务费用 - 汇兑损益	财务费用 - 汇兑损益	财务费用 - 汇兑损益	财务费用 - 汇兑损益	应付账款 - 外币评估调整
预付账款	财务费用 - 汇兑损益	财务费用 - 汇兑损益	财务费用 - 汇兑损益	财务费用 - 汇兑损益	预付账款 - 外币评估调整
……	……	……	……	……	……

STEP 1 在“一般数据选择”区域输入“公司代码”“评估关键日期”“评估范围”的值，如图 2-128 所示。

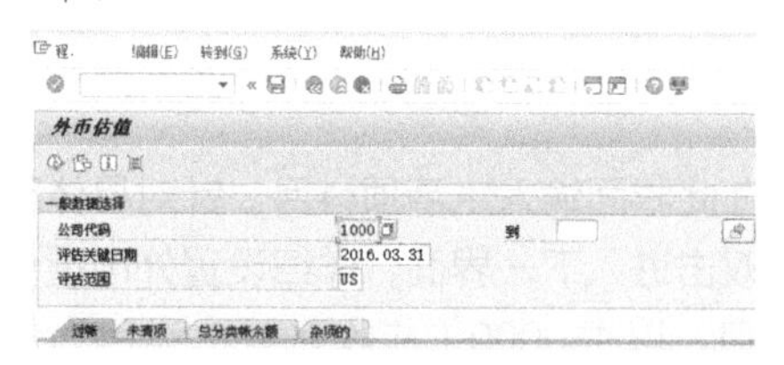

图2-128

评估关键日期： 系统根据“评估关键日期”确定以什么记录作为评估的对象。对于未清项的评估，它评估的对象是在此日期前（含此日期）的未清项或者清账日期在此日期之后的已清项；对于总账余额评估，它评估的对象是这里输入的日期所在期间的余额。例如，输入 2016 年 3 月 1 日至 3 月 31 日之间的任何日期，都表示评估 2016 年 3 月的外币余额。

> **提示** 对于总账余额评估而言，如果输入12月的任一日期，那么它也会考虑特殊期间，如13～16期间，即它会评估12月～“16月”中最后一个月的外币余额。

评估范围： 后台配置的评估范围，决定了评估时的参数，如使用什么汇率类型进行评估、评估产生的凭证使用什么凭证类型等。如评估范围 US，根据图 2-123 和图 2-122 所示的配置，它采用 PEND 汇率类型，生成的凭证将是 SA 类型。

STEP 2 在“过账”选项卡输入批输入会话（batch-input session）名称、凭证日期、记账日期等，如图 2-129 所示。

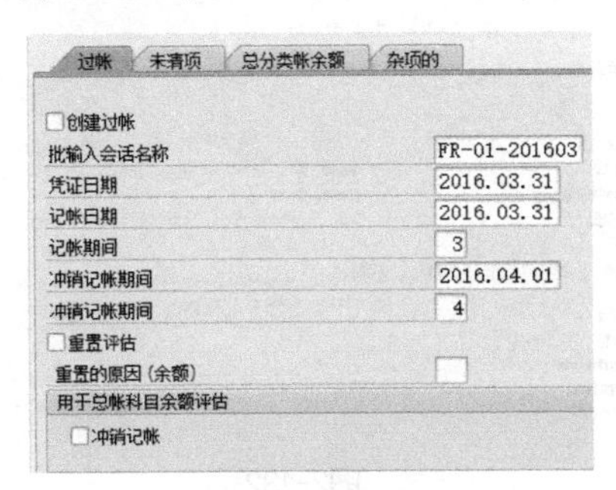

图2-129

创建过账：勾选该复选框表示正式运行，不勾选该复选框表示测试运行。一般情况下，建议先不勾选，先测试运行，验证结果无误后，再勾选该复选框，正式运行。此处操作示例先不勾选。

批输入会话名称：输入自己企业容易辨识、方便后续查找的名称，如 FR-01-201603 表示某公司代码 2016 年 3 月执行的外币评估业务。如果有多家公司代码分别执行，可以用 01、02 来区分不同的公司代码。这里的名称将来会出现在批输入会话执行（事务代码 SM35）的界面中。如果此处不输入名称，系统会在生成批输入会话时自动赋予一个名称。建议自定义名称，而不使用系统默认的名称。

凭证日期、记账日期、记账期间：决定将来生成的会计凭证上的属性。凭证日期和记账日期一般是运行外币评估月份的最后一天。

冲销记账日期（图中误翻译为“冲销记账期间”）、**冲销记账期间：**因为对于未清项的评估产生的凭证，会自动在次月冲销，因此，这里输入次月冲销的凭证的记账日期和期间，一般地，冲销记账日期为次月第一天。

重置评估：如果前次运行有误，可以通过勾选“重置评估”复选框来冲销前次评估的结果。此处操作示例不勾选。

重置的原因（余额）：如果重置评估，选择冲销的原因代码。只有在“重置评估”复选框被勾选时才输入。此处操作示例不勾选。

用于总账科目余额评估－冲销记账：一般情况下，系统不会对总账科目余额评估产生的凭证在次月冲销，但是系统仍然开放特例，允许用户冲销。国内企业一般不使用此选项。此处操作示例不勾选。

STEP 3 在“未清项”选项卡选择要评估哪些对象的未清项：总账科目、客户、供应商，如图 2-130 所示。

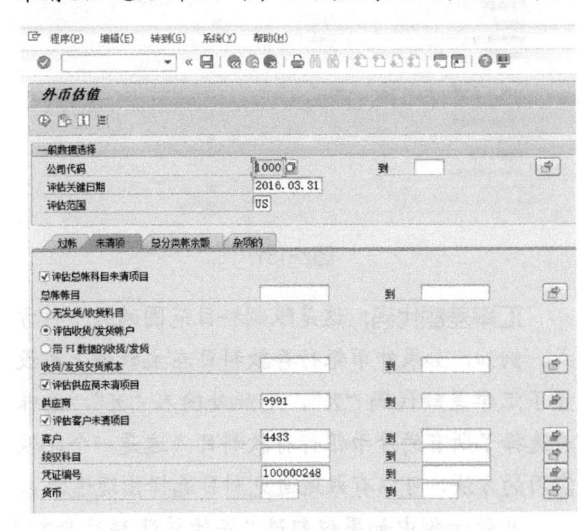

图2-130

评估总账科目未清项目：针对总账科目作“未清项管理”的科目进行评估，如“银行存款－未清项”（国内企业较少使用）、GR/IR 科目（国内企业都会使用）。如果国内企业仅希望对总账科目中的 GR/IR 进行评估，则在“总账科目”字段输入 GR/IR 科目，并选中“评估收货/发货账户”单选钮（即评估 GR/IR 科目）。

评估供应商未清项目：选中该复选框即对所有供应商未清项目进行评估。

评估客户未清项目：选中该复选框即对所有客户未清项目进行评估。

如果专门针对某些特定的未清项进行评估，也可以选择具体的客户、供应商甚至某一个凭证号，也可以排除掉某些凭证号。

此处示例为了更简洁地演示评估效果，仅选择部分会计凭证、部分客户和部分供应商进行评估。

STEP 4 在“总分类账余额”选项卡中选择要评估余额的总账科目范围，如图 2-131 所示。

评估总账科目余额：针对总账科目余额进行评估。如果勾选此复选框，则总账科目字段可以输入科目的范围；如果不勾选此复选框，则总账科目字段输入的科目范围不起作用。

总账账目：输入要评估的科目范围，如 1002020000~1002069999。如果科目不连续，可以单击后面的“多项选择”按钮，来输入多个科目。

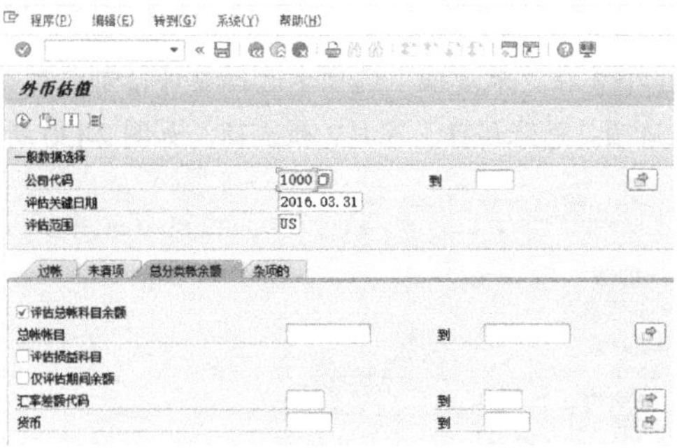

图2-131

汇率差额代码：这是限制科目范围的另一种方式。例如，如果外币银行存款科目在主数据上都设置了汇率差额代码“X”，则此处输入“X”，意味着选择了所有的外币银行存款科目（这是一个比较实用的方法，可以有效地避免科目选择出现遗漏）。

此处示例中如果仅勾选“评估总账科目余额”复选框，其他字段不作选择，系统会针对所有有外币余额的科目进行评估。一般建议同时选择科目或汇率差额代码。

STEP 5 在“杂项的”选项卡中输入相应参数，如图 2-132 所示。

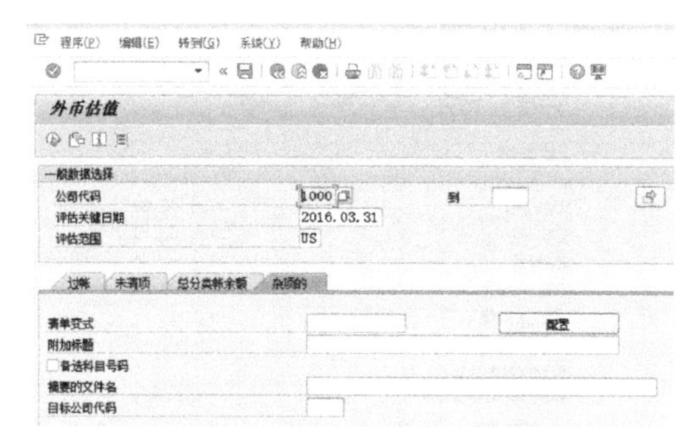

图2-132

一般情况下，此选项卡不需要输入参数。

STEP 6 单击“执行”按钮，运行程序。系统会显示评估结果，如图 2-133 所示。

在界面上方显示了 8 过帐 ，表明将会产生 8 笔凭证（含次月冲销凭证）。单击该按钮，系统会显示未来的 8 个凭证，如图 2-134 所示。

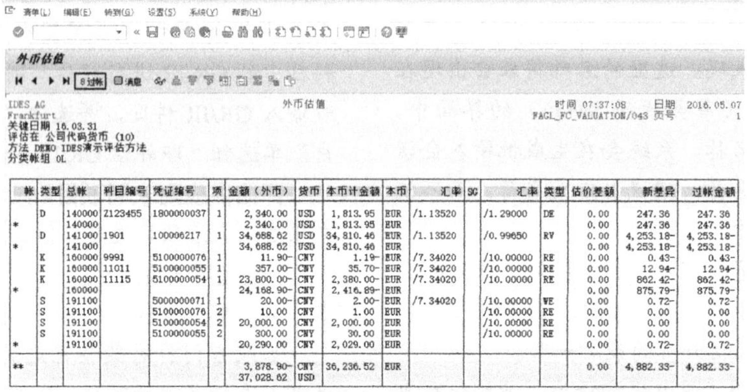

外币估值

IDES AG　　外币估值　　时间 07:37:08　日期 2016.05.07
Frankfurt　　FAGL_FC_VALUATION/043 页号 1
关键日期 16.03.31
评估在 公司代码货币 (10)
方法 DEMO IDES演示评估方法
分类帐组 0L

帐	类型	总帐	科目编号	凭证编号	项	金额（外币）	货币	本币计金额	本币	汇率	SG	汇率	类型	估价差额	新差异	过帐金额
	D	140000	Z123455	1800000037	1	2,340.00	USD	1,813.95	EUR	/1.13520		/1.29000	DE	0.00	247.36	247.36
*		140000				2,340.00	USD	1,813.95	EUR					0.00	247.36	247.36
	D	141000	1901	100006217	1	34,688.62	USD	34,810.46	EUR	/1.13520		/0.99650	RV	0.00	4,253.18-	4,253.18-
*		141000				34,688.62	USD	34,810.46	EUR					0.00	4,253.18-	4,253.18-
	K	160000	9991	5100000076	1	11.90-	CNY	1.19-	EUR	/7.34020		/10.00000	RE	0.00	0.43-	0.43-
	K	160000	11011	5100000055	1	357.00-	CNY	35.70-	EUR	/7.34020		/10.00000	RE	0.00	12.94-	12.94-
	K	160000	11115	5100000054	1	23,800.00-	CNY	2,380.00-	EUR	/7.34020		/10.00000	RE	0.00	862.42-	862.42-
*		160000				24,168.90-	CNY	2,416.89-	EUR					0.00	875.79-	875.79-
	S	191100		5000000071	1	20.00-	CNY	2.00-	EUR	/7.34020		/10.00000	WE	0.00	0.72-	0.72-
	S	191100		5100000076	2	10.00	CNY	1.00	EUR			/10.00000	RE	0.00	0.00	0.00
	S	191100		5100000054	2	20,000.00	CNY	2,000.00	EUR			/10.00000	RE	0.00	0.00	0.00
	S	191100		5100000055	2	300.00	CNY	30.00	EUR			/10.00000	RE	0.00	0.00	0.00
*		191100				20,290.00	CNY	2,029.00	EUR					0.00	0.72-	0.72-
**						3,878.90- 37,028.62	CNY USD	36,236.52	EUR					0.00	4,882.33-	4,882.33-

图2-133

外币估值

```
IDES AG          IDES AG                        外币估值        时间 07:37:44    日期 2016.05.07
Frankfurt                  Frankfurt                   FAGL_FC_VALUATION/043 页号          1
分类帐组 0L 过帐建议

分类> 公司 凭证编号  凭证抬头文本            类> 过帐日期   货币  本币  本币2 本币3 文本
 项 PK 总帐帐目      本位币金额      本位币2金额      本位币3金额 文本

0L    1000          外币评估                2016.03.31 USD   EUR   EUR   USD
 1 50 280010             247.36           247.36           280.80  140000 - 20160331 上评估
 2 40 140099             247.36           247.36           280.80  140000 - 20160331 上评估

0L    1000          外币评估                2016.03.31 USD   EUR   EUR   USD
 1 40 230010           4,253.18         4,253.18         4,828.21  141000 - 20160331 上评估
 2 50 141099           4,253.18         4,253.18         4,828.21  141000 - 20160331 上评估

0L    1000          外币评估                2016.03.31 CNY   EUR   EUR   USD
 1 40 230010             875.79           875.79           994.20  160000 - 20160331 上评估
 2 50 161099             875.79           875.79           994.20  160000 - 20160331 上评估

0L    1000          外币评估                2016.03.31 CNY   EUR   EUR   USD
 1 40 230010               0.72             0.72             0.82  191100 - 20160331 上评估
 2 50 191199               0.72             0.72             0.82  191100 - 20160331 上评估

0L    1000          冲销记帐                2016.04.01 USD   EUR   EUR   USD
 1 40 280010             247.36           247.36           280.80  140000 - 20160331 上评估
 2 50 140099             247.36           247.36           280.80  140000 - 20160331 上评估

0L    1000          冲销记帐                2016.04.01 USD   EUR   EUR   USD
 1 50 230010           4,253.18         4,253.18         4,828.21  141000 - 20160331 上评估
 2 40 141099           4,253.18         4,253.18         4,828.21  141000 - 20160331 上评估
```

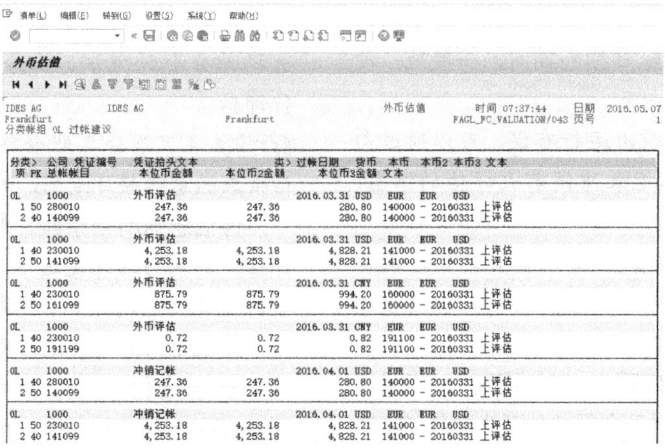

图2-134

> **提示**
> 如果运行中有潜在的错误，系统会以红色标记显示“消息”，如 10消息 。可能的错误有：系统找不到月末的汇率；后台配置时，没有配置相应的外币评估科目；虽然配置了外币评估科目，但是科目在前台没有被设置到公司代码下等。还有一些潜在的问题在此时未被暴露，但是在最终运行SM35事务代码，生成会计凭证时会显现出来，如凭证所使用的科目有特别的字段状态要求（如外币银行存款科目可能要求“原因代码”字段必输）。所有这些问题，都必须在运行SM35前先行解决，避免后续的麻烦。

STEP 7 如果图 2-133 显示的结果无错误，则返回图 2-129 所示的“过账”选项卡，勾选“创建过账”复选框，然后单击“执行”按钮，运行程序。系统会再次显示评估结果，如图 2-133 所示。

此时，除了 8过帐 外，系统还会显示 3消息 ，表明有 3 条说明性的消息。单击 3消息 按钮，系统会显示消息的内容，如图 2-135 所示。

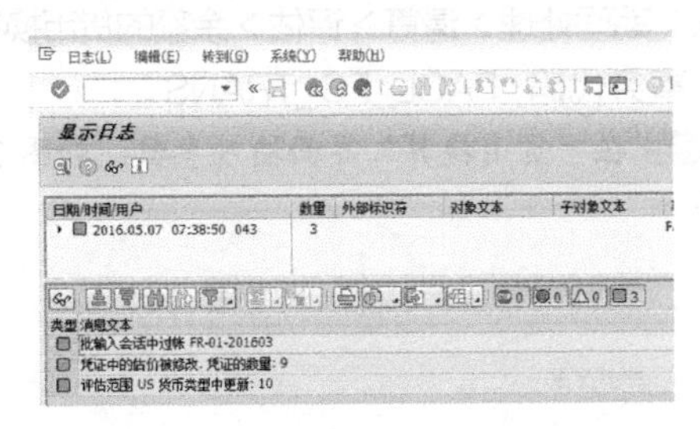

图2-135

STEP 8 以事务代码 SM35 进入批输入会话界面，如图 2-136 所示。

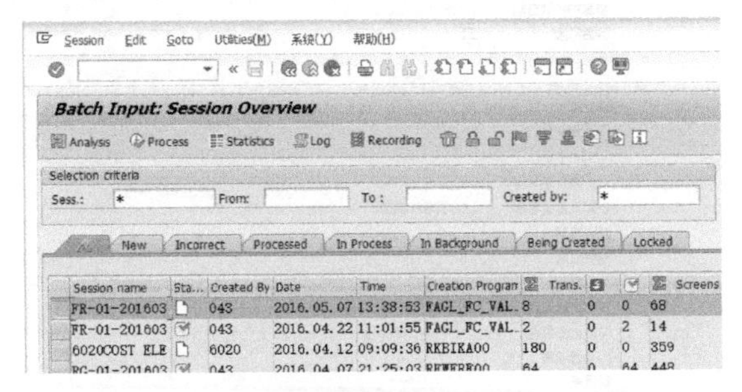

图2-136

STEP 9 选中要处理的会话，单击 Process 按钮，系统出现“Process Session ×××××”对话框，在该对话框中选中“仅显示错误”单选钮，并按回车键，或者单击 Process 按钮，如图 2-137 所示。

STEP 10 系统会运行程序，将会话创建为凭证。如果一切无误，最终会出现提示“批输入会话的处理已完成”，如图 2-138 所示。

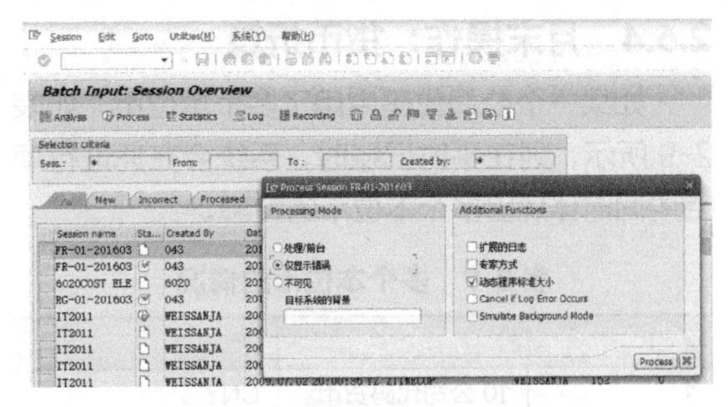

图2-137

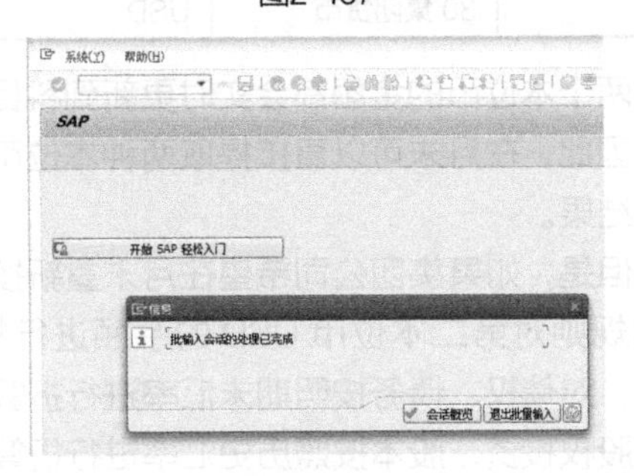

图2-138

此时，单击 会话概览 按钮，即可回到会话界面（见图 2-136 所示的界面）；单击 退出批量输入 按钮，即可退出会话操作，返回 SAP 主菜单。

STEP 11 如果想查看生成的凭证，可以继续在批输入会话界面（事务代码 SM35）查看会话的日志文件，获知生成的凭证号，如图 2-139 所示。然后通过事务代码 FB03 查看凭证（图略）。

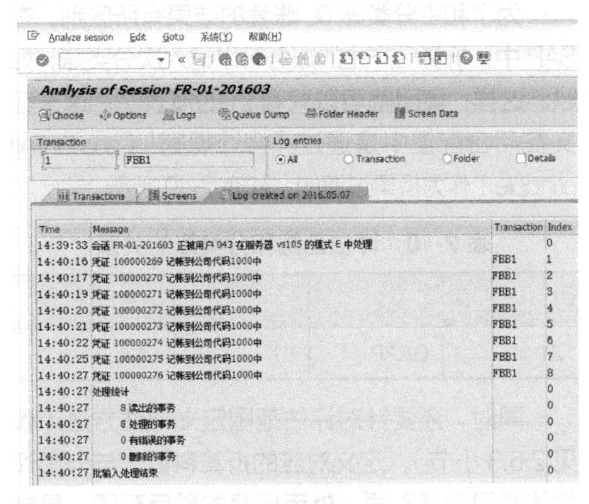

图2-139

> **提示**
> 批输入会话的执行并不总是一帆风顺的，在某些情况下可能会在界面下方出现报错提示。此时，如果想要完全退出以修正错误，可以在OK_CODE字段输入“/nex”，即可强行退出SAP登录界面。

2.6.4 月末操作：货币折算

如果一个公司代码启用了多个本位币，如表2-9 所示，则在平时记账时，系统会在凭证行项目中同时体现出多个本位币的金额。

表 2-9 多个本位币的情况

本位币顺序	货币类型	货币
1	10 公司代码货币	CNY
2	30 集团货币	USD

两个本位币的金额都会实时更新到科目余额中。因此，在月末可以直接提取两种本位币下的报表结果。

但是，如果集团公司希望在月末重新按照特定的规则对第二本位币 USD 的余额进行折算，例如，对债权、债务按照期末汇率进行折算，对长期股权投资、股本按照历史汇率进行折算，对固定资产、存货按照平均汇率进行折算，则需要使用专门的“货币折算”功能。

由于折算是对一个本已平衡的资产负债表项按照不同的汇率类型进行折算，因此，最终折算完成后的资产负债表结果是不平衡的，差额会记入损益（一般记入“财务费用－汇兑损益”），最终，该损益记入企业的“未分配利润”，从而实现资产负债表的平衡。

为了和主分类账 0L 账套的结果有所区别，在 SAP 中，折算后产生的账务可以记入次分类账，如 L1。这样，集团就可以只看 L1 的报表了。这一定义在后台配置中是通过“会计规则”（accounting principle）作为桥梁过渡的，如表 2-10 所示。

表 2-10 评估范围和分类账的关系

评估范围	会计规则	分类账组	分类账
Z1	GAAP	L1	L1

同时，还要针对评估范围定义评估方法（参见 2.6.3 小节），定义对应的折算科目。与外币评估的科目配置不同，外币折算的科目配置，是针对会计报表版本下的会计报表项定义的，即不同的报表项，对应到不同的资产负债表调整科目和损益科目，如图 2-140 所示。

路径：IMG> 财务会计（新）> 总账会计核算（新）> 定期处理 > 评估 > 外币估值 > 定义货币兑换的科目确定

事务代码：SM30（表 / 视图：V_FAGL_T030TR）

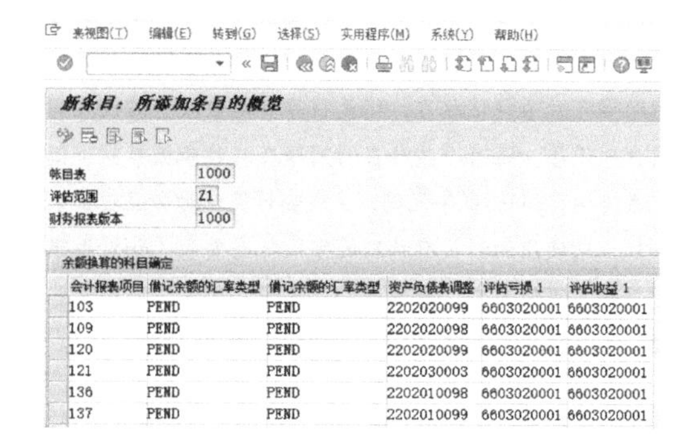

图2-140

注意 图2-140下部第3列“借记余额的汇率类型”为中文软件翻译错误，应为“贷记余额的汇率类型”。

【业务操作】接下来介绍前台的操作方法。

路径：SAP 菜单 > 会计核算 > 财务会计 > 总分类账 > 期间处理 > 清算 > 评估 > 余额的货币换算

事务代码：FAGL_FC_TRANS

STEP 1 在“货币换算”界面输入参数，如图 2-141 所示。

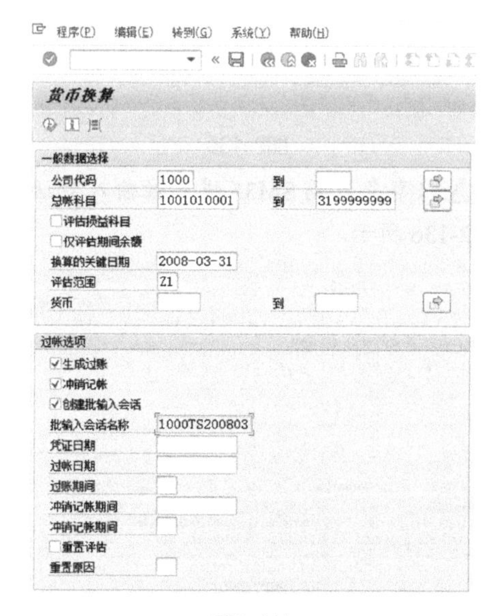

图2-141

公司代码： 选择需要进行货币换算的公司代码。

总账科目： 指定需要做货币折算的科目。后台（见图 2-140）没有配置“余额换算的科目确定”的科目不能选入；否则会产生错误的凭证。

换算的关键日期： 指定换算的日期，系统根据该日期确定折算汇率。

评估范围：选择需要折算的范围，与外币评估的评估范围一样定义。

生成过账：选中该复选框表示正式过账；否则为测试运行。

冲销记账：表示折算凭证是否需要冲回，一般勾选本复选框。

创建批输入会话：系统自动生成批输入会话，然后可以在 SM35 中执行，生成凭证。如果勾选了“创建批输入会话”复选框，可以在“批输入会话名称”字段输入一个容易识别的会话名。

STEP 2 单击“执行”按钮，运行程序。系统会显示评估结果，如图 2-142 所示。

货币换算

货币换算　时间 19:18:48　日期 2008.03.13
FAGL_FC_TRANSLATION　页号 1

关键日期 08.03.31
评估在 集团公司记帐货币 (30)
方法 EVR 总是评估

帐	总帐帐目	外币金额	货币	组货币的金额	本币	已估算金额	汇率	新差异
L1	1002010101	600,800.00-	CNY	79,083.31-	USD	79,083.30-	0.13163	0.01
L1	1221020201	1,580.00-	CNY	207.98-	USD	207.98-	0.13163	0.00
L1	1221020201	602,380.00	CNY	79,291.29	USD	79,291.28	0.13163	0.01-
L1	1221020900	1,580.00-	CNY	207.98-	USD	207.98-	0.13163	0.00
L1	1221020900	1,580.00	CNY	207.98	USD	207.98	0.13163	0.00
L1	1403010001	3,579.60	CNY	471.18	USD	471.18	0.13163	0.00
L1	1401010001	2,096.87-	CNY	276.01-	USD	276.01-	0.13163	0.00
*				195.17	USD	195.17		0.00

图2-142

单击“过账”按钮可查看正式运行后将要产生的凭证，如图 2-143 所示。

货币换算

时间 19:19:39　日期 2008.03.13
FAGL_FC_TRANSLATION　页号 1

批输入会话中过帐

公司 凭证编号	凭证抬头文本	类> 过帐日期	货币	本币	本币2 本币3 文本
项 PK 总帐帐目	本位币金额	本位币2金额		本位币3金额	文本
7124	FC 评估 SAPF100	2008.03.31	CNY	CNY	USD
1 50 6603020001	0.00	0.01			1002010101 - 20080331 上>
2 40 1002010101	0.00	0.01			1002010101 - 20080331 上>
7124	冲销过帐 SAPF100	2008.04.01	CNY	CNY	USD
1 40 6603020001	0.00	0.01			1002010101 - 20080331 上>
2 50 1002010101	0.00	0.01			1002010101 - 20080331 上>
7124	FC 评估 SAPF100	2008.03.31	CNY	CNY	USD
1 40 6603020001	0.00	0.01			1221020201 - 20080331 上>
2 50 1221020299	0.00	0.01			1221020201 - 20080331 上>
7124	冲销过帐 SAPF100	2008.04.01	CNY	CNY	USD
1 50 6603020001	0.00	0.01			1221020201 - 20080331 上>
2 40 1221020299	0.00	0.01			1221020201 - 20080331 上>

图2-143

STEP 3 返回参数输入界面，勾选“生成过账”复选框，单击“执行”按钮，再次运行程序。系统会生成批输入会话（图略）。

STEP 4 针对会话进行处理，生成会计凭证。步骤与“2.6.3 月末操作：外币评估”小节中的操作步骤 8 ～ 11 相同。

货币折算在国内的企业中应用较少，一般适用于跨国企业，母公司有折算要求时可以使用。在 SAP 的合并模块中，也有折算功能。如果折算是为了集团出具合并报表，也可以使用合并模块的折算功能。

2.6.5 年末操作：维护新财政年度会计凭证编号范围

财务系统的维护者要在每年年末预先设置好下一年度的会计凭证编号范围（number range），以便下一年度会计凭证能够顺利生成。这一操作一定要在下一年度 1 月 1 日以前预先完成。

会计凭证编号范围可以一次设置多个年度。在设置前，可以先行检查凭证编号设置到哪一年度。

【业务操作 1】下面介绍如何查看当前系统中凭证编号范围设置的情况。

路径：IMG> 财务会计（新）> 财务会计全局设置（新）> 凭证 > 凭证号范围 > 条目视图中的凭证 > 定义条目视图的凭证编号范围

事务代码：FBN1

STEP 1 在“会计凭证号码范围”界面输入要查看的公司代码，并单击 间隔 按钮，如图 2-144 所示。

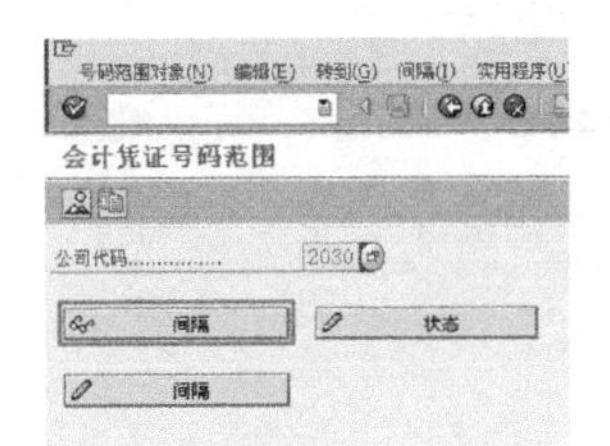

图2-144

STEP 2 在打开的“显示号码范围间隔”界面，即可以看到该公司代码每个会计年度编号范围的设置情况以及当前的最后编号，如图 2-145 所示。

号码范围对象(N) 编辑(E) 转到(G) 间隔(I) 系统(Y) 帮助(H)

显示号码范围间隔

NR 对象　会计凭证

间隔

号	年	起始号	终止号	当前编号	外部
00	2009	0090000000	0099999999		☑
00	2010	0090000000	0099999999		☑
01	2009	0100000000	0199999999	100000001	☐
01	2010	0100000000	0199999999	0	☐
02	2009	0200000000	0299999999	0	☐
02	2010	0200000000	0299999999	0	☐
03	2009	0300000000	0399999999	0	☐
03	2010	0300000000	0399999999	0	☐
04	2009	0400000000	0499999999	0	☐

图2-145

从图 2-145 中可以看到，2030 公司代码在“2009 年”“2010 年”的编号范围已经设置好了。这里的“年”表示会计凭证的年度从上一条有记录的年度开始“截至……年”。例如，“2010 年”

表示 2009 年以后（不含 2009 年），到 2010 年年底产生的凭证，将适用“2010 年”的编号范围；而“2009 年”以前由于没有其他年份的记录，因此如果存在 2009 年以前的会计凭证，将会被纳入“2009 年”的编号范围。

如果新年度的编号范围没有设置好，可以单击 间隔 按钮进行设置，但这种操作比较复杂，一般通过从现有年度或者预先配置的“9999 年”复制的方法来完成。

【业务操作 2】下面假设系统中已经存在 1000 公司代码 2016 年的编号范围，以此为例来说明如何按年度复制。

路径：IMG> 财务会计（新）> 财务会计全局设置（新）> 凭证 > 凭证号范围 > 条目视图中的凭证 > 复制到会计年度

事务代码：OBH2

STEP 1 在“凭证编号范围：复制到会计年度”界面输入相关参数，如图 2-146 所示。

图2-146

公司代码：要对哪一个公司代码或哪几个公司代码进行复制。

号码范围编号：要复制的编号范围的代码，如 01~ZX。如果要复制所有编号范围，则将该字段留空，不选择，表明选择所有的编号范围。

源会计年度细节—到会计年度：从哪一个会计年度复制编号范围。在此字段输入已经存在编号范围的某一会计年度。

目标会计年度细节—到会计年度：复制到哪一个会计年度。在此字段输入新的会计年度。

图 2-146 所示的示例表明，将公司代码 1000 在 2016 年的所有编号范围复制到 2018 年。

STEP 2 单击“执行”按钮，复制号码范围。系统弹出对话框提示，单击“是”按钮确认，如图 2-147 所示。

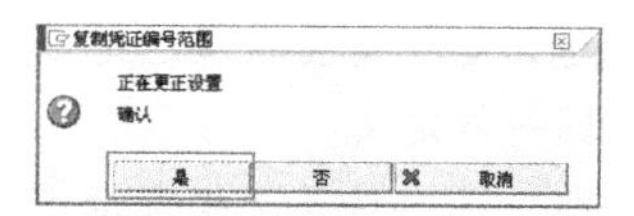

图2-147

STEP 3 在对话框中单击“是”按钮或者按回车键后，系统显示“凭证编号范围：复制到会计年度”界面，列出了复制编号范围的结果，如图 2-148 所示。

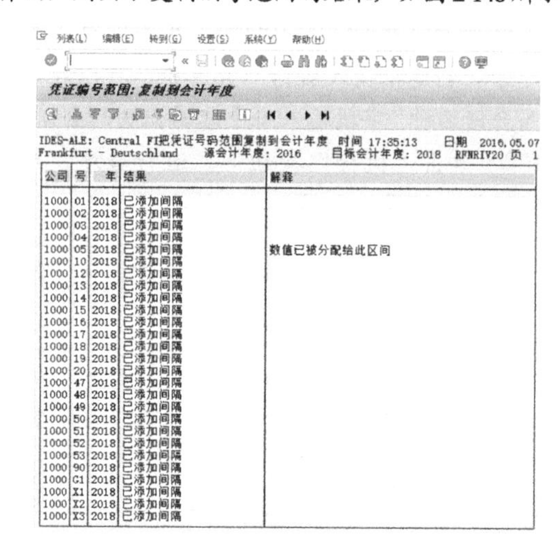

凭证编号范围：复制到会计年度

IDES-ALE: Central FI把凭证号码范围复制到会计年度 时间 17:35:13 日期 2016.05.07
Frankfurt - Deutschland 源会计年度：2016 目标会计年度：2018 RFNRIV20 页 1

公司	号	年	结果	解释
1000	01	2018	已添加间隔	
1000	02	2018	已添加间隔	
1000	03	2018	已添加间隔	
1000	04	2018	已添加间隔	
1000	05	2018	已添加间隔	数值已被分配给此区间
1000	10	2018	已添加间隔	
1000	12	2018	已添加间隔	
1000	13	2018	已添加间隔	
1000	14	2018	已添加间隔	
1000	15	2018	已添加间隔	
1000	16	2018	已添加间隔	
1000	17	2018	已添加间隔	
1000	18	2018	已添加间隔	
1000	19	2018	已添加间隔	
1000	20	2018	已添加间隔	
1000	47	2018	已添加间隔	
1000	48	2018	已添加间隔	
1000	49	2018	已添加间隔	
1000	50	2018	已添加间隔	
1000	51	2018	已添加间隔	
1000	52	2018	已添加间隔	
1000	53	2018	已添加间隔	
1000	90	2018	已添加间隔	
1000	C1	2018	已添加间隔	
1000	X1	2018	已添加间隔	
1000	X2	2018	已添加间隔	
1000	X3	2018	已添加间隔	

图2-148

从图 2-148 中可以看到，01~X3 的编号范围都已经添加到 2018 年了。

编号范围是否成功复制，系统有多种不同结果。

① 结果显示“已添加间隔”，且无解释信息，表明编号范围添加无问题，如图 2-148 中的 01、02 等编号范围。

② 结果显示“已添加间隔”，且有解释“数值已被分配给此区间”，如图 2-149 中的 05 编号范围，表明已有凭证应纳入“截至 2018 年底”的这段区间，这是因为当前系统中，2016 年凭证编号在当时没有及时维护，导致凭证号 500000000 ～ 500000113 落入了“9999 年”编号范围（见图 2-149），现在添加了 2018 年的 05 编号范围，于是系统发出警告性提示。

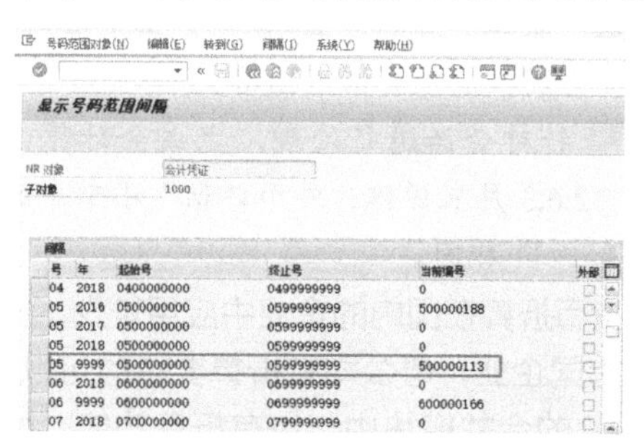

显示号码范围间隔

NR 对象 会计凭证
子对象 1000

号	年	起始号	结止号	当前编号
04	2018	0400000000	0499999999	0
05	2016	0500000000	0599999999	500000188
05	2017	0500000000	0599999999	0
05	2018	0500000000	0599999999	0
05	9999	0500000000	0599999999	500000113
06	2018	0600000000	0699999999	0
06	9999	0600000000	0699999999	600000166
07	2018	0700000000	0799999999	0

图2-149

③ 结果显示“不能添加间隔”，解释信息为“间隔已存在”，表明间隔已经存在了，不能重复添加。

系统还提供将编号范围从公司代码复制到公司代码的功能，这在推广项目中比较实用。例如，原先已经实施了1000公司代码，现在要实施2100、2200公司代码，则将编号范围从1000公司代码复制给2100～2200公司代码，如图2-150所示。

路径：IMG> 财务会计（新）> 财务会计全局设置（新）> 凭证 > 凭证号范围 > 条目视图中的凭证 > 复制到公司代码

事务代码：OBH1

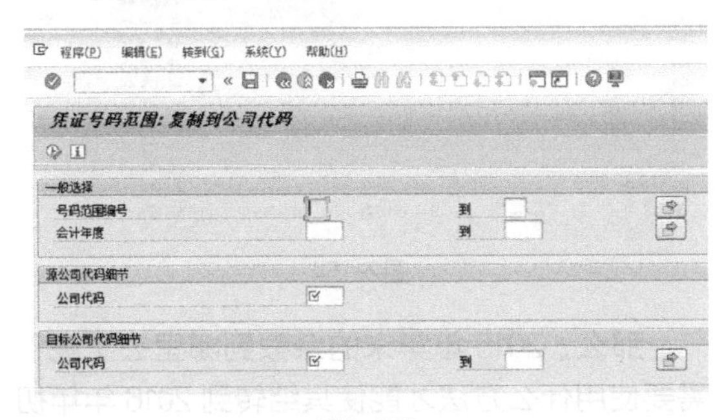

图2-150

操作比较简单，在此不再赘述。

9999年的编号范围有什么作用？应该保留吗？

SAP在初始安装时，对每个编号范围都有预先配置的“9999年”记录，如图2-151所示。

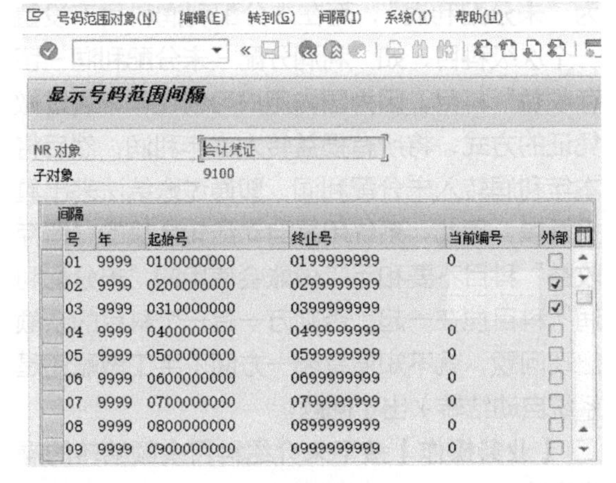

号	年	起始号	终止号	当前编号	外部
01	9999	0100000000	0199999999	0	☐
02	9999	0200000000	0299999999		☑
03	9999	0310000000	0399999999		☑
04	9999	0400000000	0499999999	0	☐
05	9999	0500000000	0599999999	0	☐
06	9999	0600000000	0699999999	0	☐
07	9999	0700000000	0799999999	0	☐
08	9999	0800000000	0899999999	0	☐
09	9999	0900000000	0999999999	0	☐

图2-151

这里的“年”9999是指适用“到9999年”。换句话说，假设当前为2017年，如果没有提前设置2017年的编号范围（也没有设置2018～9998年的编号范围），那么当前年度的会计凭证也能生成编号，但是很“不幸”，会编入到“9999年”的编号范围中，这就造成了编号的混乱。因此，SAP的预先配置会带来潜在的风险，为了彻底消除这一风险，可以将“9999年”的编号范围全部删掉，这样，如果没有及时设置新年度的编号范围，系统可以通过报错（缺少编号范围）来提醒用户去进行设置。

虽然前面提到可以将“9999年”的编号范围全部删掉，但在系统刚开始配置编号范围时，可以借助系统预设的“9999年”编号范围，将其复制到当前要使用的年度，如从9999年复制到2017年。复制完毕后，再删除“9999年”编号范围，相当于“过河拆桥”。这样，既方便于首次设置编号范围，也避免了后续可能存在的风险。

编号范围的配置需要传送请求吗？

企业的SAP生产环境一般是不允许直接修改后台配置的，后台配置的修改一般是在配置环境中设置好，生成“请求”（request），然后将“请求”传送到生产环境的。但是，关于编号范围的后台配置，一般是在实施期间（系统上线前）设置好后，从配置环境通过“请求”传送到生产环境；一旦上线后，再有牵涉编号范围的配置变动，一律不再通过“请求”传送的方式，而是直接在生产环境设置。

之所以上线后不再传送请求，是因为上线后如果再次传送该请求，会将配置环境中的编号范围的状态（当前编号均为0）也一并传入到生产环境，从而将生产环境中已经不断发生变化的编号范围的状态也更改为0。例如，生产环境中01编号范围的当前编号可能已经从100000000走到了100000035，如果将配置环境的记录传送过来，当前编号会被覆盖为0。接下来如果再过账一张会计凭证，有可能又会从100000000开始编号，而事实上100000000早已存在！因此，这会导致用户在过账凭证时报错（发出快件，提示“编号已经存在”），解决该麻烦将会十分烦琐。

解决的方法是：先通过表 BKPF 查看该公司代码、该会计年度每个凭证编号范围的实际编号最大值是多少，然后通过事务代码 FBN1 将最大值分别写在对应编号范围的"当前编号"字段上，如图 2-152 所示。

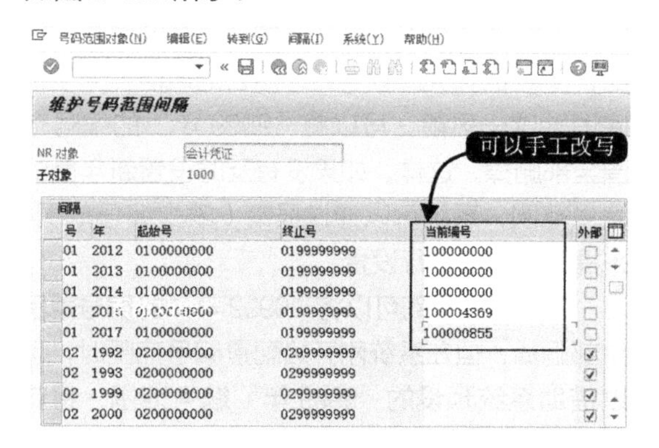

维护号码范围间隔

NR 对象：会计凭证
子对象：1000

号	年	起始号	终止号	当前编号	外部
01	2012	0100000000	0199999999	100000000	☐
01	2013	0100000000	0199999999	100000000	☐
01	2014	0100000000	0199999999	100000000	☐
01	2015	0100000000	0199999999	100004369	☐
01	2017	0100000000	0199999999	100000855	☐
02	1992	0200000000	0299999999		☑
02	1993	0200000000	0299999999		☑
02	1999	0200000000	0299999999		☑
02	2000	0200000000	0299999999		☑

图2-152

2.6.6 年初操作：科目余额结转

在使用事务代码 FAGLB03 查询科目余额时，可以看到按期间的发生额清单。其中，第一行称为"余额结转"，该行的累计余额代表上年度遗留下来的余额，也就是年初余额。对于资产负债表科目而言，本年初余额应该等于上年末余额，但是在未执行科目余额结转时，本年初余额可能显示为 0。

例如，图 2-153 显示，1000 公司代码的"周转现金"科目 100000 在 2015 年末的余额为 22 015.14 欧元。

余额显示：总分类帐科目 对于分类帐 0L

帐号 100000 周转现金
公司代码 1000 IDES AG
会计年度 2015
货币中的全部凭证 * 显示货币 EUR 公司代码货币

期间	借方	贷方	余额	累计余额
余额结转				22,015.14
1				22,015.14
2				22,015.14
3				22,015.14
4				22,015.14
5				22,015.14
6				22,015.14
7				22,015.14
8				22,015.14
9				22,015.14
10				22,015.14
11				22,015.14
12				22,015.14
13				22,015.14
14				22,015.14
15				22,015.14
16				22,015.14
总计				22,015.14

图2-153

但到了 2016 年年初，余额结转一行显示为空，即值为 0，如图 2-154 所示。由此，导致每个月的累计余额都只是本年的累计，而不是历史累计的余额。

余额显示：总分类帐科目 对于分类帐 0L

帐号 100000 周转现金
公司代码 1000 IDES AG
会计年度 2016
货币中的全部凭证 * 显示货币 EUR 公司代码货币

期间	借方	贷方	余额	累计余额
余额结转				
1	2.00		2.00	2.00
2				2.00
3	6,875.25	671.89	6,203.36	6,205.36
4	365,984.99	421,269.81	55,284.82-	49,079.46-
5				49,079.46-
6				49,079.46-
7				49,079.46-
8				49,079.46-
9				49,079.46-
10				49,079.46-
11				49,079.46-
12				49,079.46-
13				49,079.46-
14				49,079.46-
15				49,079.46-
16				49,079.46-
总计	372,862.24	421,941.70	49,079.46-	49,079.46-

图2-154

那么，2015 年年末的余额到哪里去了呢？需要使用什么方法才能使其结转到 2016 年年初呢？SAP 提供了"科目余额结转"功能，它的作用正是将上一年度资产负债表科目的余额结转到下一年度初，损益表的余额结转到留存收益科目（retained earning account）。

留存收益科目是在后台配置的。在某些企业，留存收益科目直接设为"未分配利润"，这对那些习惯在年末使用表结法出具损益表的企业是适用的。但对于国内客户，建议不要直接设置为"未分配利润"，而在未分配利润科目下设置一个次级科目，如"利润分配－未分配利润－留存收益"科目。因为国内用户习惯在年末通过做凭证的方式，将所有损益转入本年利润，然后将本年利润转入未分配利润，即通过账结法来出具损益表，因此，系统用来自动结转余额的"留存收益"科目不要和手工做账会使用的"未分配利润"科目搅在一起；否则万一有一个科目的余额出现问题，就不知道是哪一方面（手工做账还是系统自动结转）出了问题。

【业务操作】接下来介绍科目余额结转的操作方法。

路径：SAP 菜单 > 会计核算 > 财务会计 > 总

分类账 > 期间处理 > 清算 > 结转 > 余额结转（新）

事务代码：FAGLGVTR

STEP 1 在“余额结转”界面输入相应的参数，如图 2-155 所示。

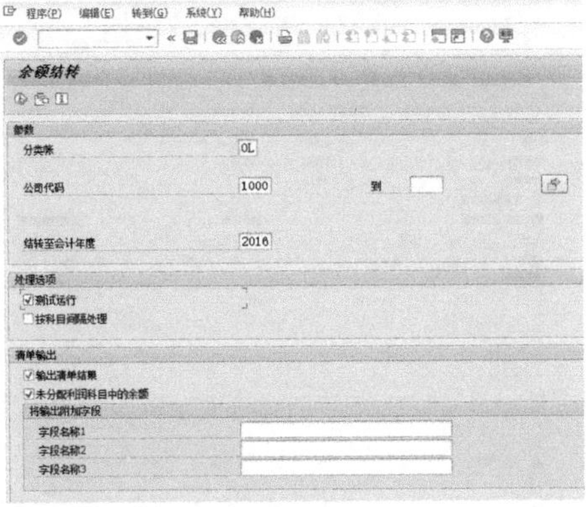

图2-155

分类账：要结转科目余额的分类账。如果只有一套分类账，则此处输入 0L（0 为阿拉伯数字）；如果有多套分类账，则要对多套分类账逐一运行余额结转程序。此处示例输入 0L。

公司代码：要结转科目余额的公司代码，输入公司代码或公司代码的范围。此处示例输入 1000。

结转至会计年度：要将科目余额结转到哪一个会计年度。此处示例输入 2016。

测试运行：勾选本复选框表示测试运行，不勾选本复选框表示正式运行。一般情况下，先测试运行，确认结果无误后再正式运行。此处示例先测试运行。

清单输出：同时勾选“输出清单结果”“未分配利润科目中的余额”复选框，系统会将最全的运行结果列示出来。

STEP 2 单击“执行”按钮，系统测试运行，在新的界面中显示运行的日志，如图 2-156 所示。

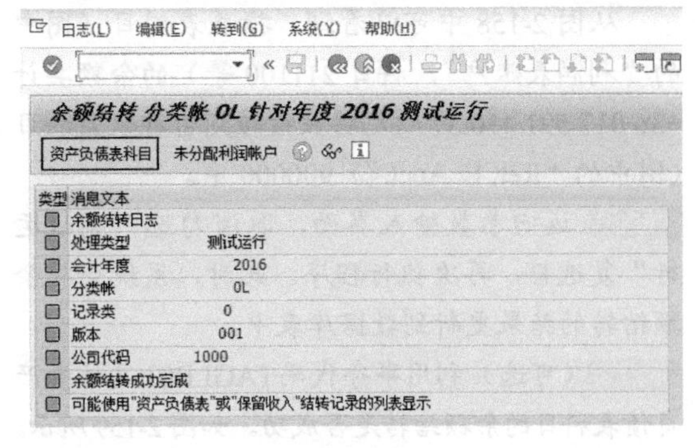

图2-156

STEP 3 单击 资产负债表科目 按钮，查看有哪些资产负债表科目的余额被结转到下一年度初，如图 2-157 所示。

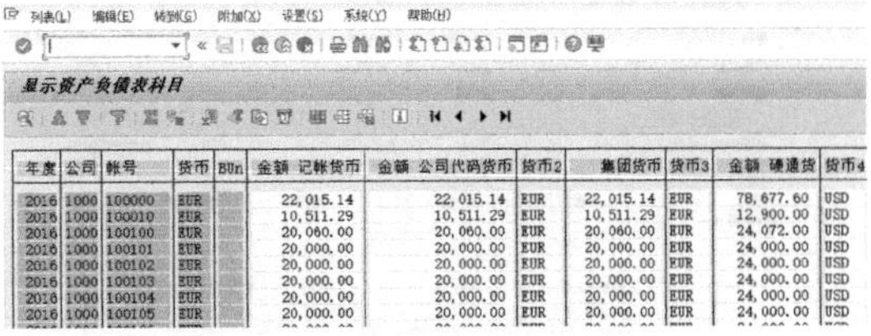

显示资产负债表科目

年度	公司	帐号	货币	BUn	金额 记帐货币	金额 公司代码货币	货币2	集团货币	货币3	金额 硬通货	货币4
2016	1000	100000	EUR		22,015.14	22,015.14	EUR	22,015.14	EUR	78,677.60	USD
2016	1000	100010	EUR		10,511.29	10,511.29	EUR	10,511.29	EUR	12,900.00	USD
2016	1000	100100	EUR		20,060.00	20,060.00	EUR	20,060.00	EUR	24,072.00	USD
2016	1000	100101	EUR		20,000.00	20,000.00	EUR	20,000.00	EUR	24,000.00	USD
2016	1000	100102	EUR		20,000.00	20,000.00	EUR	20,000.00	EUR	24,000.00	USD
2016	1000	100103	EUR		20,000.00	20,000.00	EUR	20,000.00	EUR	24,000.00	USD
2016	1000	100104	EUR		20,000.00	20,000.00	EUR	20,000.00	EUR	24,000.00	USD
2016	1000	100105	EUR		20,000.00	20,000.00	EUR	20,000.00	EUR	24,000.00	USD

图2-157

从图 2-157 中可以看到，科目 100000 在 2015 年年底的余额为 22 015.14 欧元，将被结转到 2016 年年初。它的第 2 本位币集团货币 EUR 下的余额和第 3 本位币硬通货 USD 下的余额也将被同时结转到 2016 年年初。（再加上科目的记账货币，一共有 4 种货币类型，因此图 2-157 中显示了 4 种货币类型，但其中只有货币 2 至货币 4 是公司代码的本位币）

STEP 4 单击 未分配利润帐户 按钮，查看有哪些损益表科目的余额被结转到“留存收益”科目（系统称其为“未分配利润账户”），如图 2-158 所示。

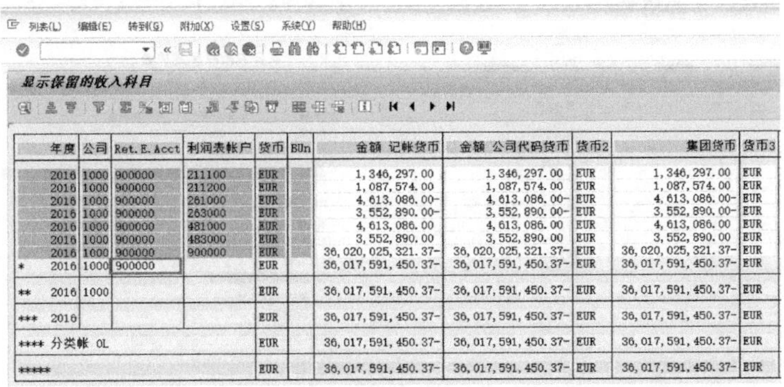

显示保留的收入科目

年度	公司	Ret.E.Acct	利润表帐户	货币	BUn	金额 记帐货币	金额 公司代码货币	货币2	集团货币	货币3
2016	1000	900000	211100	EUR		1,346,297.00	1,346,297.00	EUR	1,346,297.00	EUR
2016	1000	900000	211200	EUR		1,087,574.00	1,087,574.00	EUR	1,087,574.00	EUR
2016	1000	900000	261000	EUR		4,613,086.00-	4,613,086.00-	EUR	4,613,086.00-	EUR
2016	1000	900000	263000	EUR		3,552,890.00-	3,552,890.00-	EUR	3,552,890.00-	EUR
2016	1000	900000	481000	EUR		4,613,086.00	4,613,086.00	EUR	4,613,086.00	EUR
2016	1000	900000	483000	EUR		3,552,890.00	3,552,890.00	EUR	3,552,890.00	EUR
2016	1000	900000	900000	EUR		36,020,025,321.37-	36,020,025,321.37-	EUR	36,020,025,321.37-	EUR
* 2016	1000	900000		EUR		36,017,591,450.37-	36,017,591,450.37-	EUR	36,017,591,450.37-	EUR
** 2016	1000			EUR		36,017,591,450.37-	36,017,591,450.37-	EUR	36,017,591,450.37-	EUR
*** 2016				EUR		36,017,591,450.37-	36,017,591,450.37-	EUR	36,017,591,450.37-	EUR
**** 分类帐 0L				EUR		36,017,591,450.37-	36,017,591,450.37-	EUR	36,017,591,450.37-	EUR
*****				EUR		36,017,591,450.37-	36,017,591,450.37-	EUR	36,017,591,450.37-	EUR

图2-158

从图 2-158 中可以看到，损益表科目（图中的“利润表账户”，科目 211100 等）的余额共计 −36 017 591 450.37 欧元将被结转到留存收益科目（图中的“Ret. E. Acct.”）900000 中。

STEP 5 返回参数输入界面，取消勾选“测试运行”复选框，再次执行程序。此时，系统会将余额结转的结果更新到数据库表中。

STEP 6（可选）利用事务代码 FAGLB03 复核资产负债表科目的余额结转是否成功。如图 2-159 所示，资产负债表科目 100000 在 2015 年年底的余额 22 015.14 欧元已经被成功结转到 2016 年年初了。

余额显示：总分类帐科目 对于分类帐 0L

帐号 100000 周转现金
公司代码 1000 IDES AG
会计年度 2016
货币中的全部凭证 * 显示货币 EUR 公司代码货币

期间	借方	贷方	余额	累计余额
余额结转				22,015.14
1	2.00		2.00	22,017.14
2				22,017.14
3	6,875.25	671.89	6,203.36	28,220.50
4	365,984.99	421,269.81	55,284.82-	27,064.32-
5				27,064.32-
6				27,064.32-
7				27,064.32-
8				27,064.32-
9				27,064.32-
10				27,064.32-
11				27,064.32-
12				27,064.32-
13				27,064.32-
14				27,064.32-
15				27,064.32-
16				27,064.32-
总计	372,862.24	421,941.70	49,079.46-	27,064.32-

图2-159

STEP 7（可选）利用事务代码 FAGLB03 复核损益表科目的余额结转是否正常。如图 2-160 所示，损益表科目 211100 在 2015 年年底的余额 1 346 297.00 欧元不会被结转到 2016 年年初，也就是说，该科目 2016 年的余额又从零开始累积。

余额显示：总分类帐科目 对于分类帐 0L

帐号 211100 折旧费-普通折旧
公司代码 1000 IDES AG
会计年度 2016
货币中的全部凭证 * 显示货币 EUR 公司代码货币

期间	借方	贷方	余额	累计余额
余额结转				
1	112,192.00		112,192.00	112,192.00
2	104,298.00		104,298.00	216,490.00
3				216,490.00
4				216,490.00
5				216,490.00
6				216,490.00
7				216,490.00
8				216,490.00
9				216,490.00
10				216,490.00
11				216,490.00
12				216,490.00
13				216,490.00
14				216,490.00
15				216,490.00
16				216,490.00
总计	216,490.00		216,490.00	216,490.00

图2-160

STEP 8（可选）利用事务代码 FAGLB03 复核“留存收益”科目的余额结转是否正常。如图 2-161 所示，系统定义的“留存收益”科目 900000 在 2016 年年初的余额为 −36 017 591 450.37 欧元。

余额显示：总分类帐科目 对于分类帐 0L

帐号 900000 Unap.ret.earnings py
公司代码 1000 IDES AG
会计年度 2016
货币中的全部凭证 * 显示货币 EUR 公司代码货币

期间	借方	贷方	余额	累计余额
余额结转				36,017,591,450.37-
1				36,017,591,450.37-
2				36,017,591,450.37-
3				36,017,591,450.37-
4				36,017,591,450.37-
5				36,017,591,450.37-
6				36,017,591,450.37-
7				36,017,591,450.37-
8				36,017,591,450.37-
9				36,017,591,450.37-
10				36,017,591,450.37-
11				36,017,591,450.37-
12				36,017,591,450.37-
13				36,017,591,450.37-
14				36,017,591,450.37-
15				36,017,591,450.37-
16				36,017,591,450.37-
总计				36,017,591,450.37-

图2-161

它在 2016 年年初的余额既延续了自身在 2015 年年末的余额（参见图 2-158），也承接了其他损益表科目在 2015 年年末的余额。这一步是没有凭证生成的，也就是说，它的余额在年初的变化是“静悄悄”地发生的。

系统是怎样区分资产负债表和损益表科目的?

从上面的操作看，资产负债表科目和损益表科目在余额结转时的表现是完全不一样的。那么，系统如何判断一个科目是资产负债表科目还是损益表科目呢？这取决于科目主数据（事务代码 FS00）中的定义。如图 2-162 所示，科目 100000 是资产负债表科目。

图2-162

如图 2-163 所示，科目 211100 是损益表科目，并且定义了“损益表科目类型”为“X”。

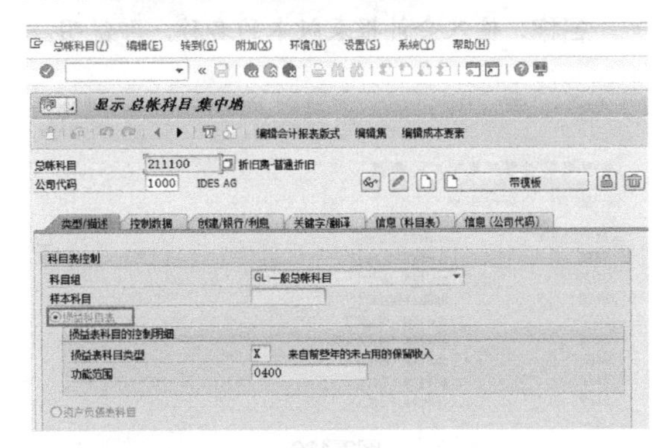

图2-163

损益表科目的余额应该结转到哪一个留存收益科目？

在后台配置中，可以看到留存收益科目的配置如图 2-164 所示。

路径：IMG> 财务会计（新）> 总账会计核算（新）> 定期处理 > 结转 > 定义留存收益科目

事务代码：OB53

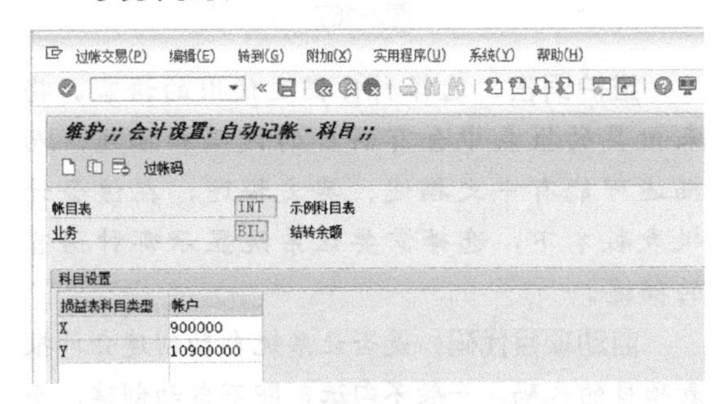

图2-164

从图 2-164 中可以看到，系统对不同的损益表科目类型配置不同的留存收益科目。其本意是想将损益分为不同的类别，如主营业务的损益、其他业务的损益、营业外的损益等，不同的损益分别进入不同的留存收益科目。但在国内企业的实践中，一般不会去分设不同的损益表科目类型，于是配置变为简单的一行，如表 2-11 所示。

表 2-11　留存收益科目的最合适配置

损益表科目类型	账户
（空）	利润分配 - 未分配利润 - 留存收益

由于只有唯一的选择项，用户在前台维护损益类科目的主数据时，系统也就不会要求用户选择“损益表科目类型”了，如图 2-165 所示。

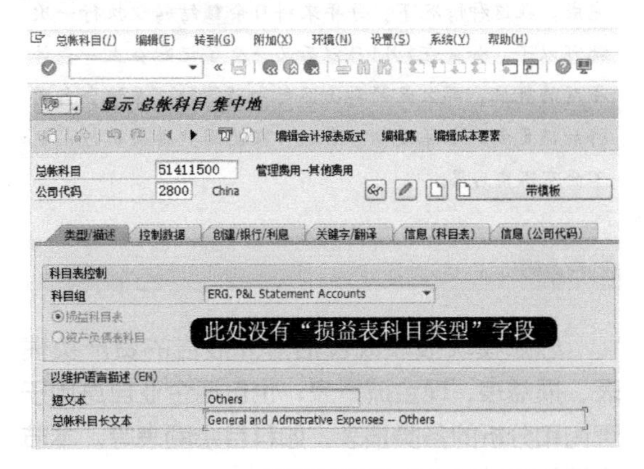

图2-165

按照表 2-11 所列的配置方案，单独设置一个“利润分配 - 未分配利润 - 留存收益”科目，它在下年初的余额将会是多少呢？

“损益表科目”其实应称为“损益类”科目更合适，它包括表内损益科目和表外损益科目。下面对这两项科目进行分析。

（1）表内损益是指损益表中的如销售收入、销售成本、销售费用等项目。财务人员一般会在年末对这些科目做账，将它们的全年累计余额结转到本年利润（通常使用若干个综合的结转科目，如销售收入 - 损益结转、销售成本 - 损益结转、销售费用 - 损益结转等），因此最终从余额来说，年末应该总和为零。

（2）表外损益科目指损益表中所不包含的损益类科目，如生产成本、制造费用。由于每月底生产成本和制造费用科目要平衡，因此其余额在年末也为零。这样一来，所有的“损益类”科目结转到留存收益的金额合计应为零。

因此，在每年初运行完余额结转后，单独设置的留存收益科目余额在下一年初应该为零。

用户只要检查单独的“留存收益”科目在年初余额是否为零，即可验证前一年度的损益是否处理无误。辨识度越高，越有利于财务的检查。

提示

科目余额结转一般在新一年度的第一天（1月1日）完成。在这种情况下，每年末科目余额结转仅执行一次就可以了。如果在1月1日以后又产生了记账在上一会计年度的凭证，那么无须再次运行余额结转，系统会自动将余额更新到本年度初。当然，即使用户再次执行，也不会有不良后果。

2.7 总账模块报表

总账模块报表既包括对外报告的资产负债表、损益表、现金流量表，也包括企业自身用于查询和分析的各类报表，如科目余额表等。本节介绍总账模块主要报表的应用。

2.7.1 对外报表：资产负债表及利润表

在 SAP 中，出具资产负债表和利润表的标准方法是先在后台建立一套“会计报表版本”（financial statement version，又称为“财务报表版本”），将报表项和科目范围对应起来，然后执行报表，提取数据。

会计报表版本是用户根据需求自己定义报表项目分配相关会计科目的树状报表结构，它同时包含了资产负债表和损益表的定义（将利润表项“净利润”作为资产负债表项“未分配利润”的一个子项）。用户可定义多个会计报表版本进行报表查询，以满足不同的报告需要。例如，某跨国企业，对国内报告的资产负债表和对美国报告的资产负债表结构不完全相同，可以定义两个会计报表版本。

【业务操作 1】会计报表版本的建立方式如下。

路径：IMG> 财务会计（新）> 总账会计核算（新）主数据 > 总账科目 > 定义会计报表版本

事务代码：OB58

STEP 1 在“更改视图‘会计报表版本’：概览”界面单击 新条目 按钮，如图 2-166 所示。

STEP 2 在弹出的“更改视图‘会计报表版本’：所选集的明细”界面依次输入新的会计报表版本的参数，如代码、名称、科目表等，如图 2-167 所示。

财务报表版本：输入会计报表版本的代码，为 4 位字符。

名称：输入会计报表版本的名称，即说明。

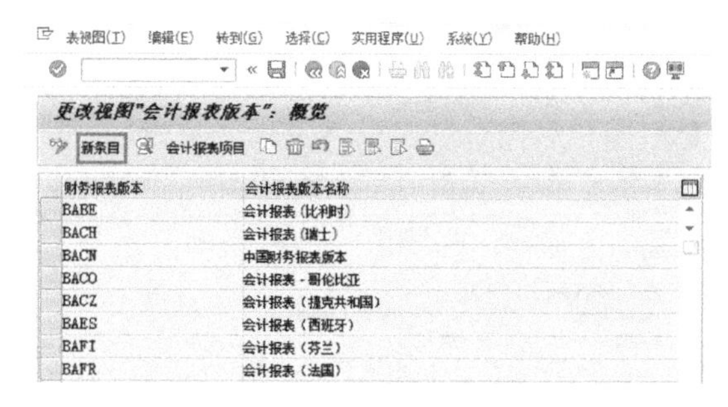

图2-166

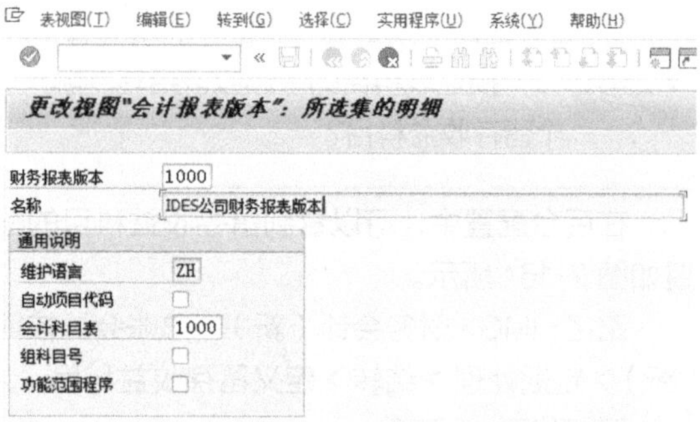

表视图(T) 编辑(E) 转到(G) 选择(C) 实用程序(U) 系统(Y) 帮助(H)

更改视图"会计报表版本": 所选集的明细

财务报表版本 1000

名称 IDES公司财务报表版本

通用说明

维护语言 ZH

自动项目代码

会计科目表 1000

组科目号

功能范围程序

图2-167

维护语言：选择科目描述使用的语言。将来出具的报表中含有科目的代码和描述，而描述可能有中文描述、英文描述，在该会计报表版本下，选择需要让系统显示哪种语言的描述。

自动项目代码：是否让系统自动创建会计报表项目的代码。一般不勾选，即不自动创建，而是按照国内用户自己的习惯手工创建代码。

会计科目表：基于哪个会计科目表建立会计报表版本。这里选择的应该是操作科目表。

组科目号：在按科目提取余额时，系统会同时显示科目的代码和描述。如果勾选“组科目号”复选框，则系统显示集团（group）科目号而不是操作科目号。这里一般不会勾选。

功能范围程序：针对费用科目，如果只靠功能范围就能判断属于制造费用、销售费用还是管理费用，可以勾选“功能范围程序”复选框。如果勾选，则在定义这些费用项时，可以按功能范围来定义项目的取值，如图 2-168 所示。

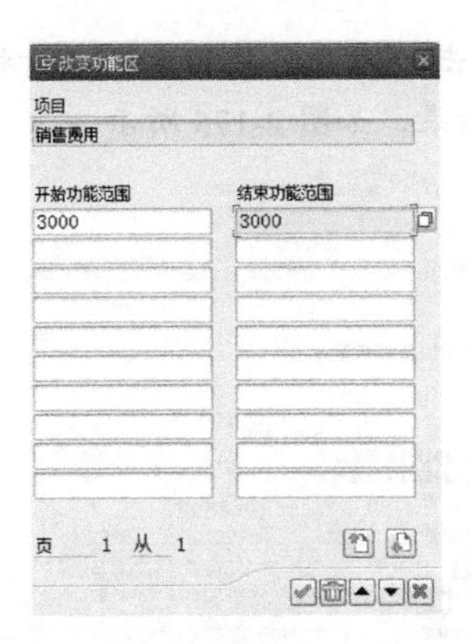

图2-168

注意 如果一个报表项完全靠功能范围就可确定项目的发生额或余额，则可以勾选“功能范围程序”复选框。如果希望按照“科目+功能范围”组合来确定项目的发生额或余额，则不应该勾选“功能范围程序”复选框，应考虑仅按科目的方法来取值。因为，SAP在这里是有缺陷的，它做不到按照“科目+功能范围”组合取值。

此步骤说明中，不勾选“功能范围程序”复选框。

STEP 3 单击“保存”按钮，保存对会计报表版本参数的定义。

STEP 4 单击 会计报表项目 按钮，建立会计报表项目的树形结构，如图2-169所示。

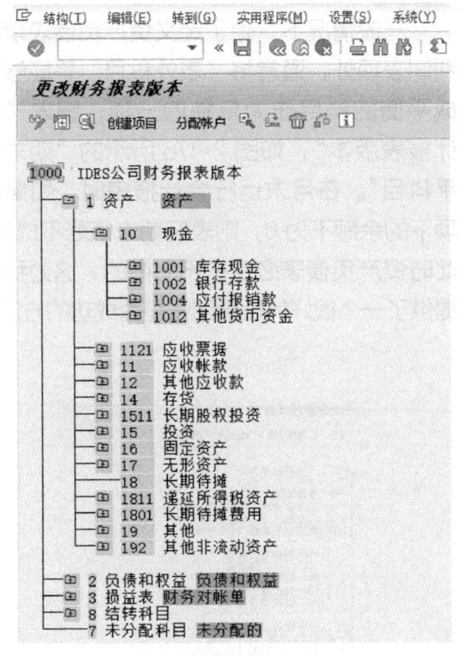

图2-169

STEP 5 单击 分配帐户 按钮，给每一个最末级的子节点分配相应的科目或科目范围，如图2-170所示。

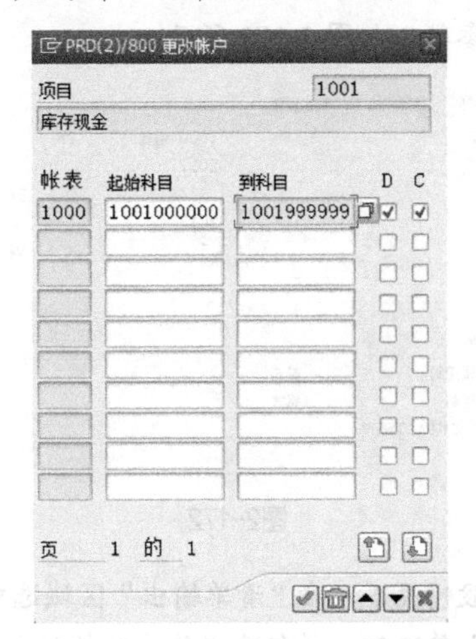

图2-170

D、C列分别表示Debit（借方）、Credit（贷方），勾选二者，表明不管该科目范围的余额在借方还是在贷方，都要将其余额显示出来。这对所有科目都是应该勾选的。

STEP 6 当所有节点的定义完成后，单击“保存”按钮，保存所有的操作。会计报表版本的定义即告完成。

【业务操作2】定义好会计报表版本后，用户就可以在前台运行标准的财务报表了。

路径：财务会计＞总分类账＞信息系统＞总账报表（新）＞财务报表/现金流＞常规＞实际/实际比较＞财务报表

事务代码：S_ALR_87012284或F.01

STEP 1 在“会计报表”界面的“总分类账选择”区域中输入“科目表”和“公司代码”，在“业务额选择”区域输入“分类账”，如图2-171所示。

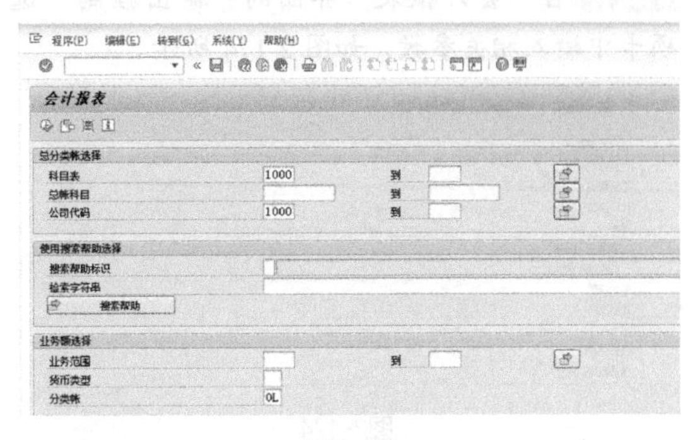

图2-171

STEP 2 在“会计报表”界面切换到“进一步选择”选项卡，输入“财务报表版本”“报表年度”“报表期间”“比较年度”“比较期间”以及清单输出形式等参数，如图 2-172 所示。

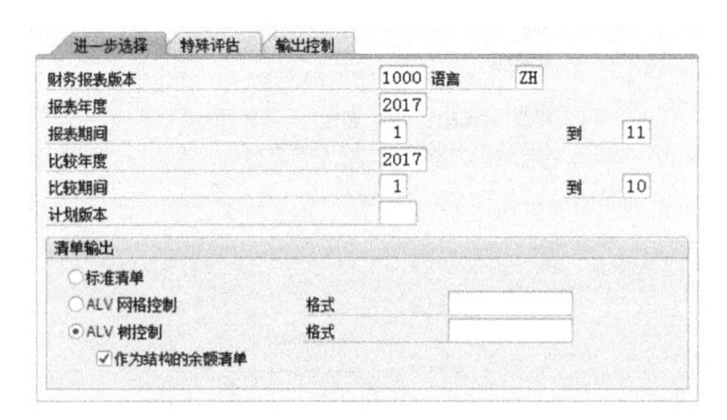

图2-172

一般情况下，在“清单输出”区域选中“ALV 树控制”单选钮，并勾选“作为结构的余额清单”复选框，这样可以得到树形结构的报表数据；如果希望导出到 Excel 表格，则选中“ALV 网格控制”单选钮；“标准清单”比较难看，一般不使用。

STEP 3 在“会计报表”界面的“特殊评估”选项卡中输入相关参数，如图 2-173 所示。

进一步选择 特殊评估 输出控制
产负债表类型 1
可选科目编号
推算损益值
余额为零的科目
删除标志
显示货币
换算的指定日期 2017-11-30
用于换算的汇率类型 M
备选期间选择
报表日历期间 到
比较日历期间 到
合并摘录
选取SAP－EIS
通货膨胀调整比较期间

图2-173

一般情况下，该选项卡不需要修改默认值。

STEP 4 在“会计报表”界面的“输出控制”选项卡中输入相关参数，如图 2-174 所示。

进一步选择 特殊评估 输出控制
公司代码汇总 3
业务部门汇总 3
汇总报表
比较类型 (1-2) 1
定标 0/0
清单分列请求
打印缩微胶片行
附加标题
起始页号
该格式打印
普通打印机

图2-174

一般情况下，该选项卡不需要修改，采用默认值即可。

STEP 5 单击“执行”按钮，运行程序，系统显示报表结果，如图 2-175 所示。

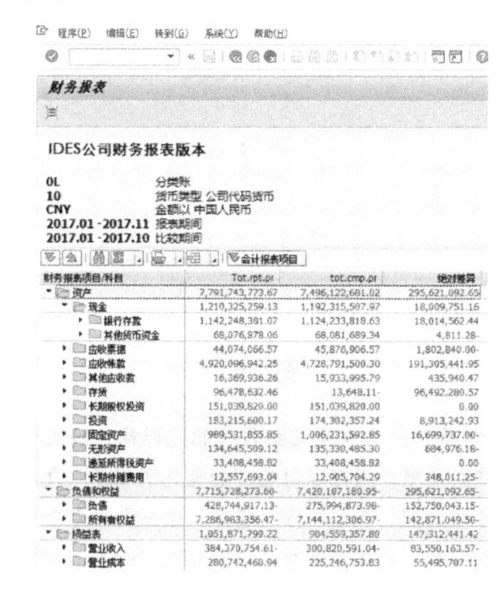

财务报表项目/科目	Tot.rpt.pr	tot.cmp.pr	绝对差异
资产	7,791,743,773.67	7,496,122,681.02	295,621,092.65
现金	1,210,325,259.13	1,192,315,507.97	18,009,751.16
银行存款	1,142,248,381.07	1,124,233,818.63	18,014,562.44
其他货币资金	68,076,878.06	68,081,689.34	4,811.28-
应收票据	44,074,066.57	45,876,906.57	1,802,840.00-
应收帐款	4,920,096,942.25	4,728,791,500.30	191,305,441.95
其他应收款	16,369,936.26	15,933,995.79	435,940.47
存货	96,478,632.46	13,648.11-	96,492,280.57
长期股权投资	151,039,820.00	151,039,820.00	0.00
投资	183,215,600.17	174,302,357.24	8,913,242.93
固定资产	989,531,855.85	1,006,231,592.85	16,699,737.00-
无形资产	134,645,509.12	135,330,485.30	684,976.18-
递延所得税资产	33,408,458.82	33,408,458.82	0.00
长期待摊费用	12,557,693.04	12,905,704.29	348,011.25-
负债和权益	7,715,728,273.60-	7,420,107,180.95-	295,621,092.65-
负债	428,744,917.13-	275,994,873.98-	152,750,043.15-
所有者权益	7,286,983,356.47-	7,144,112,306.97-	142,871,049.50-
损益表	1,051,871,799.22	904,559,357.80	147,312,441.42
营业收入	384,370,754.61-	300,820,591.04-	83,550,163.57-
营业成本	280,742,460.94	225,246,753.83	55,495,707.11

图2-175

在这个树形结构报表中，各报表项分别对应了资产负债表和利润表的数据。

Tot. rpt. pr 表示 Total in Reporting Periods，即报表期间的总值；tot. cmp. pr 表示 Total in Comparision Periods，即比较期间的总值。二者之间的“绝对差异”则可以视为两段期间之间的“净发生额”。

设计参考

一般情况下，除了定义资产负债表项和利润表项外，通常将“表外科目”等能够自成平衡的科目作为单独的一项，编入“会计报表版本”，如图 2-176 所示的“期末结平科目”。在月末运行会计报表时，如果该项下的余额不为 0，则表明期末结账不成功，此时资产负债表必定是不平衡的。这为我们提供了一个很好的检查结账是否成功的方法。

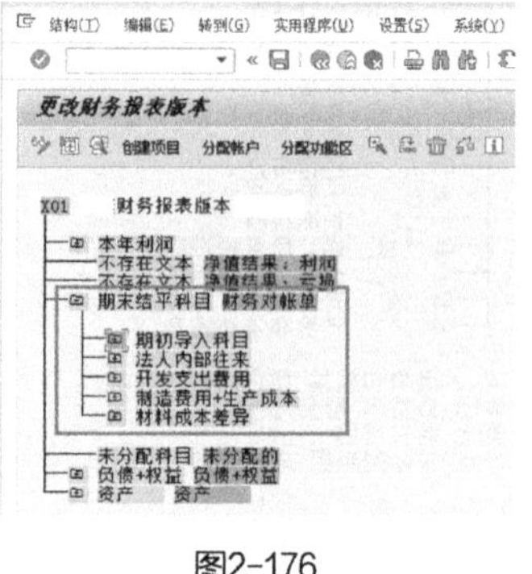

图2-176

业务实践 在中国企业的实际实践中，由于企业习惯了财政部给定的资产负债表（左右两边分别显示资产、负债及所有者权益）和利润表格式，因此有些企业采取了二次开发的方式，来出具资产负债表和利润表。二次开发的原理和系统标准的会计报表原理相同，也是先指定各个会计报表项对应的科目范围（需要有一个二次开发的“配置屏幕”供用户设置），然后再开发报表，将各个报表项的值提取出来，按照财政部要求的格式显示数值。这样做的好处：一是可以完全按照财政部的格式显示报表；二是在定义科目取值规则时可以灵活定义，如可以按照“科目+功能范围”组合取值。

当然，SAP 近年来也推出了中国本地化的功能，可以按照中国的格式出具资产负债表和损益表。它的基本原理是结合会计报表版本的定义，将各个节点的值取到资产负债表和损益表的会计报表项上。

使用中国本地化的报表，需要在服务器端额外安装 ADS（Adobe Document Services）软件。只有这样，系统才能输出 PDF 格式的报表。

2.7.2 对外报表：现金流量表

现金流量表包括直接法和间接法。使用 SAP 出具现金流量表，一般只能出具直接法报表。间接法是指按照净利润倒推出现金流量的发生额，由于其中存在人为“分析”的因素，很难直接通过科目的加加减减得出所需要的数，因此，一般不在系统中出具间接法的现金流量表。

关于直接法的现金流量表，较为常用的实现方式是，在使用货币资金类科目录入凭证行项目时，同时输入一个“现金流量代码”，用于判别现金流动的原因。然后，根据货币资金科目以及现金流量代码，开发提取现金流量表所需要的发生额，以形成报表。

现金流量代码的输入，既可以借用凭证行项目的“原因代码”（reason code）字段，也可以使用新增的客户化字段来予以专门的反映。图 2-177 就是使用新增的客户化字段输入现金流量代码的示例。

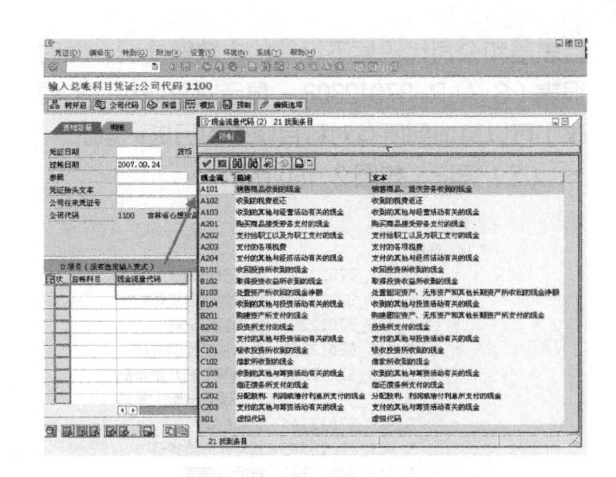

图2-177

这里，现金流量代码的选项就是按照中国习惯的现金流量表的结构来设计的，并且在客户化字段“现金流量代码”的 search help 中予以事先定义，才能使用。

2.7.3 对内报表介绍

企业除了需要对外提供报表，同时也存在大量的内部分析需求。SAP 提供了相应的标准报表，放在“信息系统”中，用户可根据自己的需求使用。

路径：SAP 菜单 > 会计核算 > 财务会计 > 总分类账 > 信息系统 > 总账报表（新）

按照数据形成的逻辑顺序，标准财务报表可以依次分为几种类型，即主数据、凭证、行项目、科目余额、报表等，如图 2-178 所示。

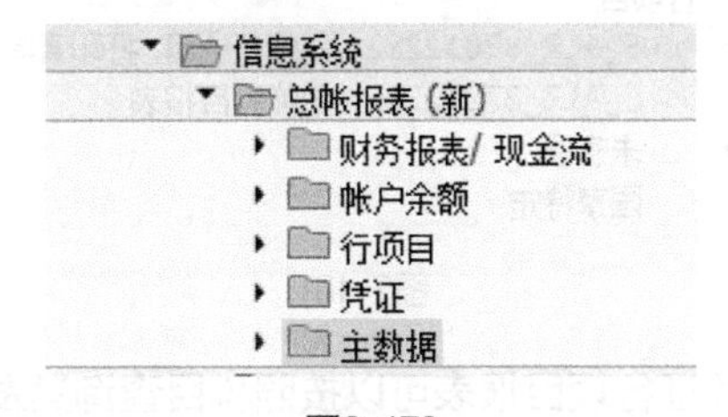

图2-178

下面就各种类型的报表做一个简单介绍。

（1）主数据报表，如图 2-179 所示。

图2-179

在科目主数据报表下，可以查看到科目在科

目表层和公司代码层下设置的主数据情况，同时报表（S_ALR_87012308 – 显示对总账科目的更改）可以查询到所有对科目修改的历史记录。

（2）凭证，如图 2-180 所示。

- 凭证
  - 常规
    - S_ALR_87012287 - 凭证日记帐
    - S_ALR_87012289 - 简要凭证日记帐
    - S_ALR_87012291 - 行项目日记帐
    - S_ALR_87012293 - 显示已更改的凭证
    - S_ALR_87012341 - 分配两次的发票号码
    - S_ALR_87012342 - 凭证编号分配的差异
    - S_ALR_87012344 - 记帐总额
    - S_ALR_87012346 - 周期性分录凭证
    - S_ALR_87012347 - 行项目摘要

图2-180

在“凭证”路径下可以查询到所有的过账凭证、预制凭证、周期性凭证等信息，如 S_ALR_87012287- 凭证日记账、S_ALR_87012289 - 简要凭证日记账、S_ALR_87012291- 行项目日记账、S_ALR_87012346 - 周期性分录凭证、S_ALR_87012347 – 行项目摘要。报表 S_ALR_87012293 – 显示已更改的凭证能查询所有有修改记录的凭证信息，包括修改时间、修改人、修改内容等。

报表 S_ALR_87012342 – 凭证编号分配的间隙能查询系统所有凭证编码的跳号情况。

（3）行项目，如图 2-181 所示。

- 行项目
  - S_ALR_87012282 - 总帐行项目，打印清单
  - S_ALR_87012332 - 总帐科目报表
  - 未清项
  - 国家特定

图2-181

凭证行项目报表可以按照科目查询其发生交易的明细记录，相当于国内的“三栏式明细账”。

（4）账户余额，如图 2-182 所示。

- 帐户余额
  - 常规
    - 总账科目余额
      - S_ALR_87012277 - 总账科目余额
      - S_PL0_86000030 - 总帐科目余额（新）
      - S_PL0_86000031 - 业务额：科目余额
    - 总计和余额
      - S_ALR_87012301 - 总计和余额
    - 结构化的科目余额
      - S_PL0_86000032 - 结构化的科目余额

图2-182

在“账户余额”路径下，可按不同条件查询总账科目的余额情况，功能类似于 FS10N – 显示余额或 FAGLB03 – 显示余额（新）。

提示

关于科目余额的部分报表中有对科目“分层”的功能，如“总账科目余额”（S_ALR_87012277）和“总计和余额”（S_ALR_87012301）报表中可以按照科目长度4位—6位—8位3个级次显示科目余额，如图2-183所示。这在一定程度上可以解决国内企业所习惯的科目分层查看余额的需求。

输出控制	
层次子合计	4
层次子合计	6
层次子合计	8

图2-183

（5）财务报表，如图 2-184 所示。

- 财务报表/ 现金流
  - 常规
    - 实际/实际比较
      - S_PL0_86000028 - 财务报表：实际/实际比较
      - S_ALR_87012284 - 财务报表
    - 计划/实际比较
      - S_PL0_86000029 - 财务报表：计划/实际比较
    - 现金流
      - S_ALR_87012271 - 现金流（直接方法）
      - S_ALR_87012272 - 现金流（间接方法）变式 1
      - S_ALR_87012273 - 现金流（间接方法）变式 2

图2-184

在“财务报表”路径下，除了 2.7.1 小节所介绍的“财务报表”外，还提供了其他的财务报表查看方式等。

2.8 总账模块设计的流程和方案要点

本节列举总账模块在实施过程中，通常设计的流程和流程中应包含的方案要点（不涉及具体的方案），仅供参考。在企业实施过程中，可能因实际业务不同有所差别。

表 2-12 是总账模块设计的流程清单和方案要点。

值得注意的是，总账模块是财务最基础的模块，在设计流程和方案时，除了总账模块本身的流程和方案外，还应体现 SAP 最基础的设计架构，如公司、公司代码的组织结构设计。

表 2-12 总账模块设计的流程清单和方案要点

流程编码	流程名称	流程中应包含的方案要点
FI-GL-010	科目主数据维护流程	公司、公司代码组织结构；科目表（操作科目表、集团科目表等）；科目体系（编码及层级划分）；特殊科目的设计（费用科目、生产成本科目、差异科目、外币重估科目等）
FI-GL-110	总账凭证处理流程	凭证类型；凭证生成的方式（哪些自动集成、哪些使用批处理方式生成、哪些手工输入）；凭证审批方式等
FI-GL-210	月末结账流程	外币评估的范围；GR/IR 重组、外币评估的凭证设计；月末结账的时间要求等
FI-GL-220	年末关账流程	新财年凭证编号范围的定义时间；科目余额结转的时间等

第3章 应收模块

本章介绍以下内容：

- **应收模块的基础知识；**
- **组织结构；**
- **主数据维护（客户）；**
- **发票处理；**
- **收款及清账；**
- **预收款处理；**
- **应收票据；**
- **其他特别总账业务；**
- **客户余额查询；**
- **定期处理（月末及年末年初的操作）；**
- **应收模块报表；**
- **应收模块设计的流程和方案要点。**

3.1 基础知识

本节介绍应收模块的基本功能以及该模块与其他模块的关联关系。

3.1.1 应收模块的基本功能

应收（AR）模块是“应收会计模块”的中文简称，它是财务会计（FI）模块的一个子模块，是主要处理与客户相关业务的模块。

它的基本功能有客户主数据维护、发票处理、收款处理、杂项业务（预收款、应收票据、其他应收款）处理、客户余额查询、定期事务处理等。在这些功能中，客户主数据维护属基础数据维护；发票处理、收款处理、杂项业务处理和客户余额查询属于日常操作；定期事务处理则主要是月末和年末年初的操作。

3.1.2 应收模块与其他模块的集成

与应收模块集成的模块主要有总账模块和销售与分销模块（以下简称“销售模块”）。

应收模块录入凭证时，使用的科目是在总账模块中定义的；凭证过账后，可以在总账模块查询到，而它对相关科目余额的影响，也体现在总账模块中。月末，对客户的外币业务进行重估时，重估产生的凭证也直接形成总账凭证。

应收模块与销售模块的集成，应从整个销售业务流程来认识。销售业务流程如图3-1所示。销售业务流程包括创建订单、创建交货单、发货过账、出具发票、发票“批准至会计”形成应收款，直至最后收款。

从图3-1中可以看出，应收业务是销售模块业务的延续，它的发票主要来自销售模块的开票动作。销售模块的发票“批准至会计”后，即可在应收模块查询到客户的未清项和发生额。因此，在应收模块内部，虽然也有发票处理功能，但那不过是针对少量不通过SD集成业务产生的发票所做的处理。

除了开票，应收模块与销售模块集成的另一个方面体现在信用管理方面。

销售模块管理着客户的信用额度，并实时计算客户信用额度的占用金额和余额。信用余额 = 客户的信用额度 – 客户的未清应收款 – 已发货未开票的应收金额 – 已下单未发货的应收金额。这里的未清应收款就来自应收模块。如果发票没有被清账，即形成“未清应收款”；如果收款没有被清账，也形成“未清应收款”，只是体现为负数项。

除总账模块和销售模块外，凡是牵涉与客户相关的业务，也都会与应收模块有关联。例如，固定资产在报废时，如果是以销售的形式报废，则会牵涉对客户记入应收账。这就是应收模块与资产模块的集成。

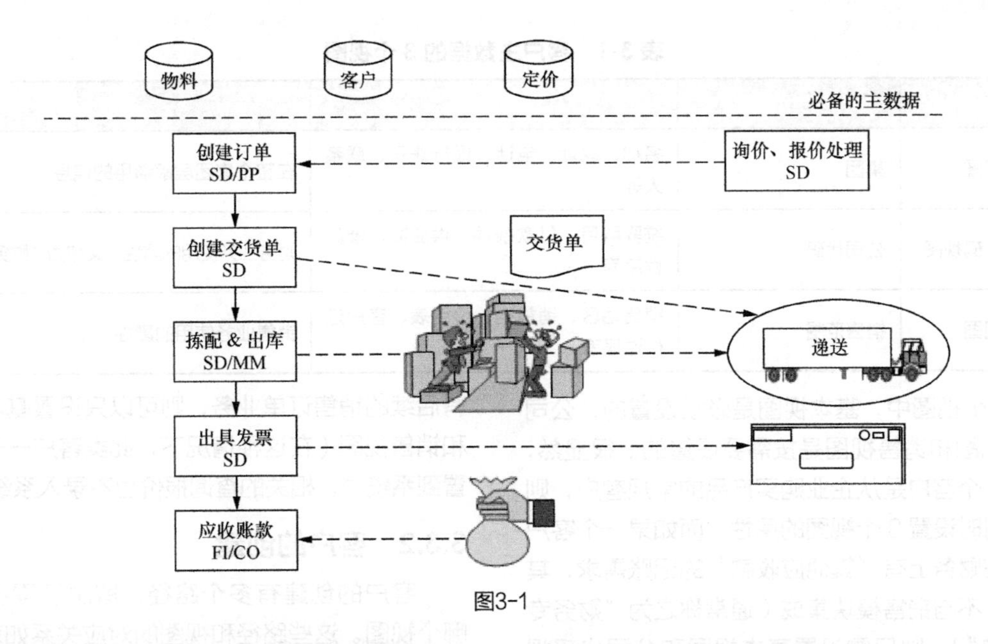

图3-1

3.2 组织结构

应收模块与总账模块同样作为 FI 模块的子模块，其组织结构和总账模块的组织结构相同，也要使用公司代码来处理业务。也就是说，一个客户如果和企业集团中的多个公司代码有交易发生，一定要区分是在哪个公司代码下进行；将来查询客户余额时，也要明确是在哪个公司代码下发生的余额。

如果有细分事业部的要求，可能还会使用到业务范围、利润中心甚至“段”。

除了了解应收模块自身的组织结构外，还有必要了解与其关联模块的组织结构。与应收模块关联较密切的销售模块，其组织结构为销售组织（sales organization）、分销渠道（distribution channel）、产品组（division）。三者的组合，称为销售范围（sales area）。销售范围是销售模块处理业务的基础，在下达每一个销售订单时，都必须明确属于哪个销售范围。销售范围与 FI 中的公司代码是多对一的关系，如图 3-2 所示。

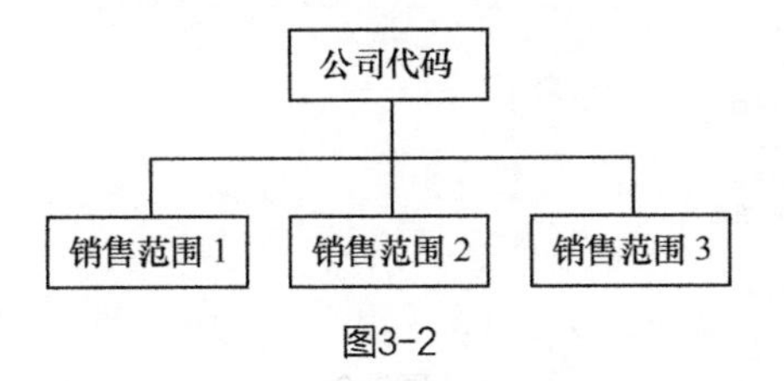

图3-2

这意味着，在一个销售范围内处理的销售业务，在将来开票时，能够很明确地将应收款和收入反映到对应的公司代码中。

3.3 主数据维护：客户

本节首先了解客户的基本概念，然后介绍客户的增加、更改、显示、冻结和删除的具体操作。

3.3.1 客户的概念

客户是应收业务处理的基础。处理发票和收款时，要明确是针对哪个客户开出的发票或对哪个客户的收款。

客户，有狭义和广义之分。狭义的客户是指从企业购买产品的对方单位；广义的客户是指对企业有债务关系（不管是否因购买产品而形成的）的对方单位或个人。在 SAP 的应收模块，处理的客户是指广义的客户。因此，它既包括从企业购买产品的常规客户，也包括对企业有欠款的各种单位或个人。例如，企业向纯净水供应商租用纯净水桶，缴纳的押金形成了“其他应收款”，在水桶无损坏的情况下，纯净水供应商将来应该偿还这一笔押金（对企业形成欠款）。因此，纯净水供应商也相当于企业的客户。再例如，企业的员工出差时，向企业财务部门借款，形成“其他应收款”，这笔欠款也应持续跟踪，直至收回，因此，借款的员工也应作为企业的“客户”定义。

在 SAP 中定义客户时，客户的属性分为 3 个视图，即基本视图、公司代码视图、销售视图。3 个视图维护的内容如表 3-1 所示。

表 3-1　客户主数据的 3 个视图

视图	维护的组织层次	维护内容	备注
基本视图	集团	名称、地址、电话、银行账号、联系人等	在整个集团层都通用的信息
公司代码视图	公司代码	统驭科目、付款条件、供应商、催款程序等	财务业务使用的属性，又称为“财务视图”
销售视图	销售范围	销售地区、销售组、价目表、客户定价过程等	销售业务使用的属性

3 个视图中，基本视图是必须设置的，公司代码视图和销售视图是按需要设置的。很显然，如果一个客户是从企业购买产品的常规客户，则必须同时设置 3 个视图的属性；而如果一个客户仅是在财务上有“其他应收款”的记账需求，其业务并不与销售模块集成（通常称之为“财务专用客户”），则只需设置基本视图和公司代码视图；如果一个客户仅需处理查询报价业务，并没有后续的销售订单业务，则可以只设置基本视图和销售视图（在这种情况下，此类客户一般不设置到系统中，相关的查询报价也不录入系统）。

3.3.2　客户的创建

客户的创建有多个路径，取决于需要创建哪个视图。这些路径和视图的对应关系如表 3-2 所示。

表 3-2　客户主数据创建的路径和事务代码

路径	事务代码	视图		
		基本视图	公司代码视图	销售视图
SAP 菜单 > 会计核算 > 财务会计 > 应收账款 > 主记录 > 创建	FD01	√	√	
SAP 菜单 > 后勤 > 销售和分销 > 主数据 > 业务合作伙伴 > 客户 > 创建 > 销售和分销	VD01	√		√
SAP 菜单 > 后勤 > 销售和分销 > 主数据 > 业务合作伙伴 > 客户 > 创建 > 完成（完整地）	XD01	√	√	√

例如，对于财务专用客户，只需要基本视图和公司代码视图信息，因此在事务代码 FD01 中设置即可。

【业务操作】以下以常规的客户（需要创建 3 个视图，使用事务代码 XD01）为例，介绍客户主数据创建的详细步骤。

STEP 1 在“创建 客户：初始屏幕”界面输入基本的信息，选择“科目组”以及要创建的主数据所在的组织结构，如图 3-3 所示。

如果已经有类似的客户存在于系统中，可以用“参照”的方式创建。用“参照”的方式创建时，要输入被参照的对象（客户及所处的组织）。创建后，原有客户的相关属性会被自动复制到新的客户属性中。

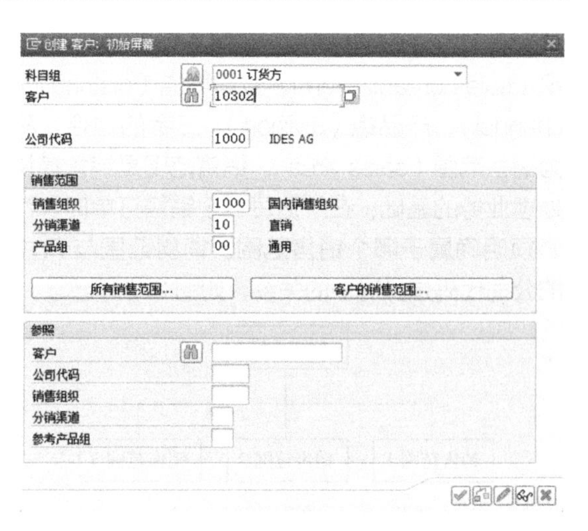

图3-3

科目组：译为“账户组”更合适。它事先在后台配置好，在此处选择。图 3-3 所示的示例选择科目组“0001 订货方”。它决定：①该客户的编号方式（人工编号还是自动编号）及编号范围；②是否属于一次性客户；③客户主数据上字段的状态（可选 / 必输 / 隐藏）。详见本节的【延伸思考 1】。

STEP 2 单击“确认”按钮或按回车键，进入“创建客户：常规数据”界面，逐一输入基本视图中各个选项卡的数据，如图 3-4（1）～图 3-4（7）所示。

图3-4（1）

名称：客户的法定名称。注意必须使用全称。名称共有 4 个字段，通过字段右侧的按钮可以展开全部 4 个字段，分别为名称 1~4。这 4 个字段的用法有两种：①当客户名称较长时，可以分多行设置；②当需要给客户设置多语种的名称时，可以分别用不同的栏位来设置，如名称 1 设置中文名称，名称 2 设置英文名称。

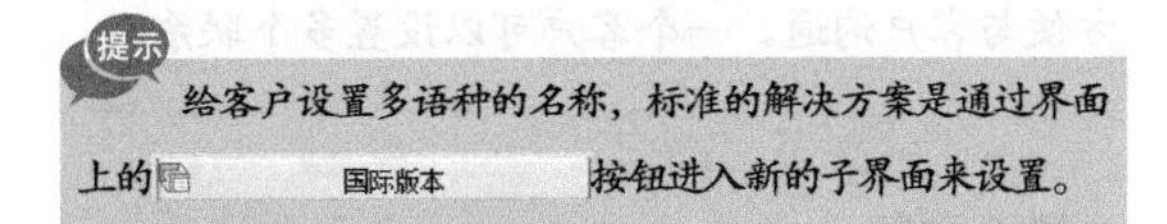

提示　给客户设置多语种的名称，标准的解决方案是通过界面上的 国际版本 按钮进入新的子界面来设置。

搜索项 1/2：快速搜索客户时使用的名称，一般输入客户的简称。标准的字段有两个搜索项，图中受账户组的字段状态所限，只显示了一个，因此是“1/2”。

提示　在某些标准报表中，系统并不显示客户的名称，而只显示编码和“搜索项”，如“以本币计的客户余额”报表。因此，搜索项的正确输入是很有必要的。如果没有搜索项或不正确设置，该报表的阅读者将难以从编码上识别客户。

“街道地址”信息：设置客户的国家、地区、邮政编码、城市、街道、门牌号等。SAP 在“国家”字段预定义了世界上所有的国家和地区，在“地区”字段针对部分国家定义了一级行政区划，如中国的各个省、自治区、直辖市。

提示　在SAP中，不同国家对于街道地址信息的输入要求是不同的。例如，有些国家要求输入邮政编码，有些国家的邮政编码、银行账号、增值税登记号有特定的长度要求。这些要求是在后台Netweaver下基础设置中“设置国家特定的检查”中明确的。因此，如果输入时系统报错或报警，不妨到后台了解一下。

图3-4（2）

供应商：适用于一家单位“既是客户也是供应商”的情况。如果当前定义的客户在 SAP 系统中也被定义为供应商，则将供应商的编号填写在此字段。例如，如果西门子控制设备有限公司在系统中也被定义为供应商，供应商编号为 10432，则在此处填写 10432。这样，将来在给客户和供应商“对冲”债权债务时，系统可以识别到客户 10302 和供应商 10432 是同一家单位。

提示　如果要使用此“对冲”功能，除了设置常规视图的“供应商”字段外，还要在公司代码视图“支付交易”选项卡中勾选“具有供应商的清算”复选框，参见图3-5（2）。同样地，也要在供应商主数据上做相应的设置。

注意　图3-5（2）中“具有供应商的清算”字段不是天然出现的，而是在图3-4（2）中输入了供应商字段，并且按回车键后才出现的。

贸易伙伴：当客户是集团内的成员单位时，各成员单位应该在系统中被定义为公司，此处字段选择相应的“公司”的编码。这样，将来在发生针对该客户的应收款时，系统可以知道应收款是和哪个“贸易伙伴”发生的——在应收款以及收入科目的凭证行项目上会体现出“贸易伙伴”字段。这为日后的合并抵销提供了方便。

注意 强烈建议将集团内的客户单独设置为一个账户组，并且将贸易伙伴设置为必输。同时，为了便于识别集团内的客户和供应商，建议将其编码设置为“前缀号+公司的编码”。例如，公司2300，在系统中设置客户时，客户的编码为802300；在系统中设置为供应商时，供应商的编码也为802300。

“支付交易”选项卡用于定义客户的银行信息。银行代码是事先作为主数据设置在系统中的，此处只是选用。

一个客户可以设置多条银行账户信息。

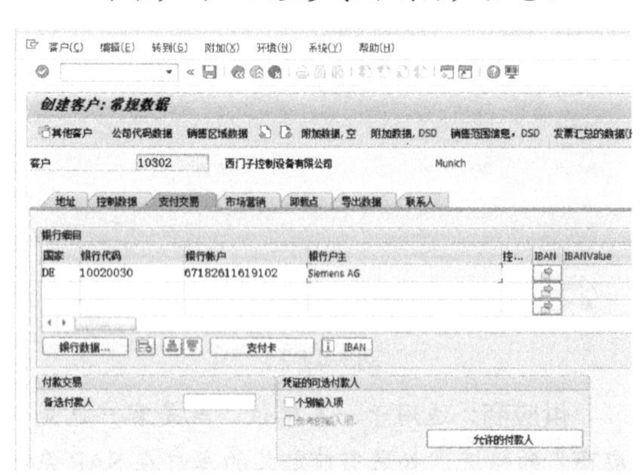

图3-4（3）

“市场营销”选项卡，用于设置客户的相关属性。一般不用设置。

客户(C) 编辑(E) 转到(G) 附加(X) 环境(N) 系统(Y) 帮助(H)

创建客户：常规数据

其他客户 公司代码数据 销售区域数据 附加数据, 空 附加数据, DSD 销售范围信息，DSD 发票汇总

客户 10302 西门子控制设备有限公司 Munich

地址 控制数据 支付交易 市场营销 卸载点 导出数据 联系人

分类

尼尔森指示符 地区市场

客户分类 层次分配

行业 ELCO

行业代码1

关键指标

年销售额 在

员工 在

会计年度变式

销售预测

合法状态

图3-4（4）

“卸载点”选项卡用于设置客户的卸货点信息。一般不用设置。

客户(C) 编辑(E) 转到(G) 附加(X) 环境(N) 系统(Y) 帮助(H)

创建客户：常规数据

其他客户 公司代码数据 销售区域数据 附加数据, 空 附加数据, DSD 销售范围信息，DSD 发票汇总的数

客户 10302 西门子控制设备有限公司 Munich

地址 控制数据 支付交易 市场营销 卸载点 导出数据 联系人

卸货点

卸货点	缺省值	日历码	客户日历	收货时间

收货点 部门 收货时间

图3-4（5）

“导出数据”选项卡用于设置客户的出口数据信息（误译为“导出数据”）。一般不用设置。

客户(C) 编辑(E) 转到(G) 附加(X) 环境(N) 系统(Y) 帮助(H)

创建客户：常规数据

其他客户 公司代码数据 销售区域数据 附加数据, 空 附加数据, DSD 销售范围信息，DSD 发票汇总

客户 10302 西门子控制设备有限公司 Munich

地址 控制数据 支付交易 市场营销 卸载点 导出数据 联系人

导出数据

国家	TDO日期	TDO	SDN日期	SDN	抵制日期	抵制

用途

主要民用

主要军用

分类

生化武器

核武器不扩散

国家安全

图3-4（6）

“联系人”选项卡用于设置客户的联系人信息，方便与客户沟通。一个客户可以设置多个联系人。

客户(C) 编辑(E) 转到(G) 附加(X) 环境(N) 系统(Y) 帮助(H)

创建客户：常规数据

其他客户 公司代码数据 销售区域数据 附加数据, 空 附加数据, DSD 销售范围信息，DSD 发票汇总的数据(日本)

客户 10302 西门子控制设备有限公司 Munich

地址 控制数据 支付交易 市场营销 卸载点 导出数据 联系人

联系人

称谓	名称	名	电话1	部门	描述
	Oliver	Miller			

位置: 名称 部门

家庭地址 访问时数 合伙人功能 更多数据

图3-4（7）

STEP 3 单击 公司代码数据 按钮，进入“创建客户：公司代码数据”界面，逐一输入公司代码视图

各个选项卡的数据，如图 3-5（1）～图 3-5（4）所示。

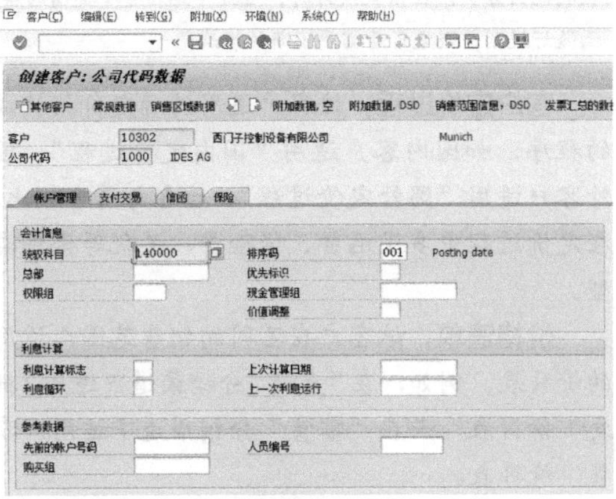

图3-5（1）

统驭科目：当给该客户记账时，系统记入到应收的某个科目。此处定义的科目必须是在科目主数据中设置为“对客户统驭的科目”（统驭科目，统驭对象为 D，即客户，参见 2.3.2 小节）。

排序码：决定将来该客户在记账时，行项目的分配字段的显示内容。系统在查询行项目报表时，以此字段排序。

总部：如果该客户是某集团公司的分支机构，并且该集团的总部也作为客户定义在系统中，则在此字段输入总部的客户编号。这样，将来该客户的应收款会被自动归入到总部客户的名下。

提示

总部与分支机构的功能有助于企业针对外部客户分层次地管理其业务及余额。当录入分支机构客户的应收款时，系统会自动将客户字段替换为“总部客户”，并且将该分支机构客户放入“分支机构”字段。将来可以同时按总部和分支机构两个层次查询客户的交易和余额。

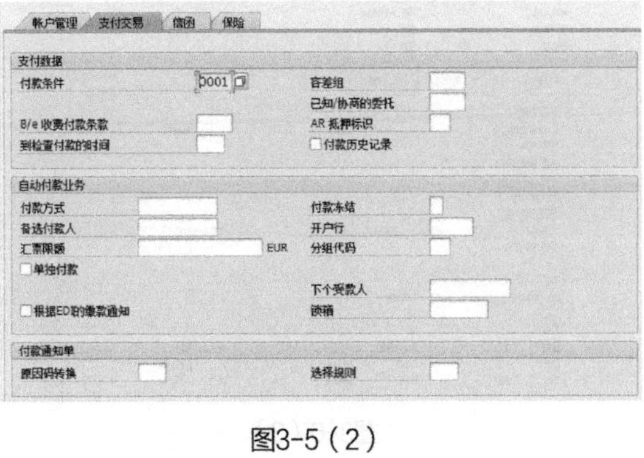

图3-5（2）

付款条件：客户应收款适用的付款条件，决定计算到期日时的收付基准日、账期天数以及折扣等。例如，付款条件 0001 表示“立即到期，无折扣”，0002 表示“14 天内付款可以取得 3% 的折扣，30 天内付款可以取得 2% 的折扣，45 天到期无折扣”，NT30 表示“30 天到期，无折扣”。在国内企业的实践中，几乎不使用带折扣的付款条件。

付款方式：该客户付款时使用的付款方式，如 A 表示银行转账、E 表示电汇、S 表示支票。该字段可以同时选择多种付款方式。在国内的业务实践中，一般不提前约定客户的付款方式。

具有供应商的清算：（图中没有显示。如果显示，将位于“单独付款”项的下方）如果该客户同时是供应商，在基本视图中输入供应商编号后，按回车键，此字段自动显示，供用户勾选。如果属于这种情况，应予以勾选。

“信函”选项卡用于设置向客户催款和发送信函的有关参数。在国内的业务实践中，一般不用设置。

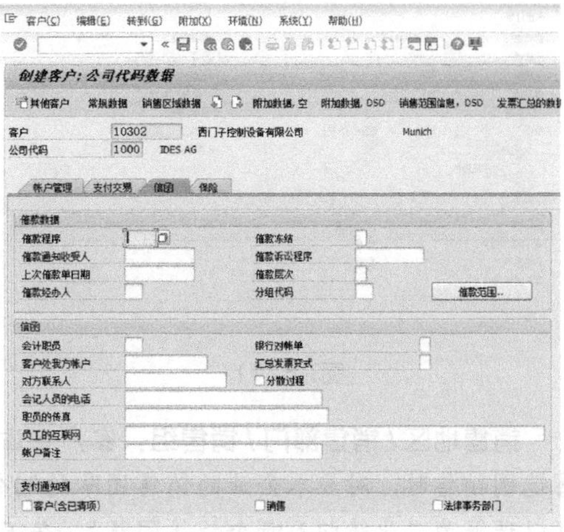

图3-5（3）

“保险”选项卡用于设置与出口信贷保险相关的参数。当向国外客户的销售购买了保险时，可以填写“保险单编号”“保险金额”等信息。这些信息在给客户进行信用检查时起作用。在国内的业务实践中，一般不使用。

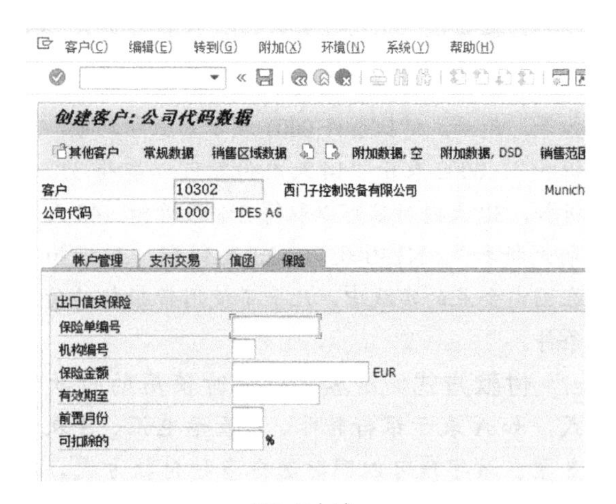

图3-5（4）

STEP 4 单击 销售区域数据 按钮，进入“创建客户：销售区域数据”界面，逐一输入销售视图各个选项卡的数据，如图 3-6（1）~ 图 3-6（4）所示。

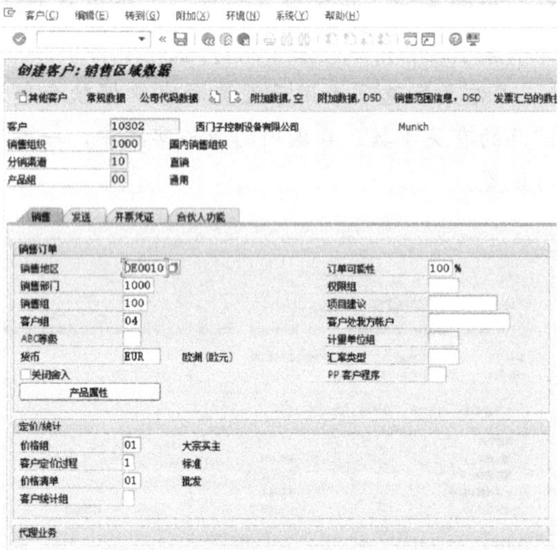

图3-6（1）

销售地区 / 销售部门 / 销售组：客户在该销售范围销售时，对应本企业的销售团队的划分，可以理解为“业绩归入哪个销售团队”。在下销售订单时，确定销售范围和客户后，此处的属性会自动代入到销售订单上（可以在销售订单上修改）。同时，这些字段也将会参与到 CO - PA（获利能力分析）的盈利分析中，成为分析的维度（特征字段）。

客户组（customer group）：客户的一种分类属性，用于对客户的销售情况进行分析。它和“客户账户组”（account group）是不同的概念。

> 提示
> 销售地区/销售部门/销售组/客户组字段都可以用于获利能力分析。在系统设计时，应提早站在整个集团的层面做好规划，避免日后需要不断的修改。

客户定价过程：该客户适用的确定价格构成的程序，如国内客户适用“国内定价过程”、国外客户适用“国外定价过程”。后者与前者相比，在定价过程中多了运费、保险费、关税等条件类型。

价格清单：该客户在不同的销售范围内适用的价目表。例如，在“直销”分销渠道下适用“批发”价目表，而在“零售”分销渠道下适用“零售”价目表。

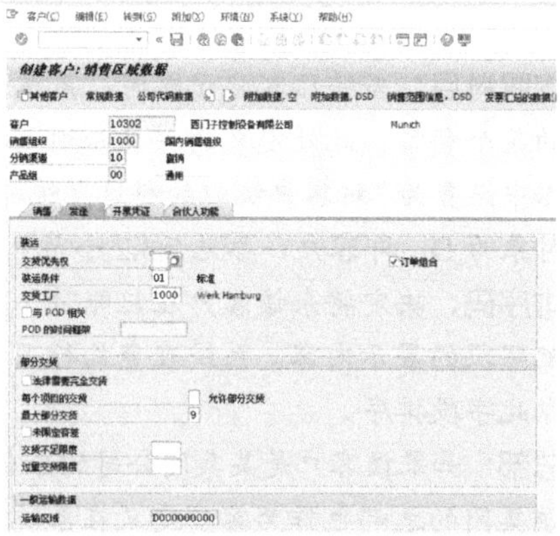

图3-6（2）

交货工厂：决定将来销售订单发货时从哪个工厂发货。它会传送到销售订单中，决定存货从哪个工厂发出，从而决定会计凭证记入哪家公司代码（工厂从属于公司代码）。

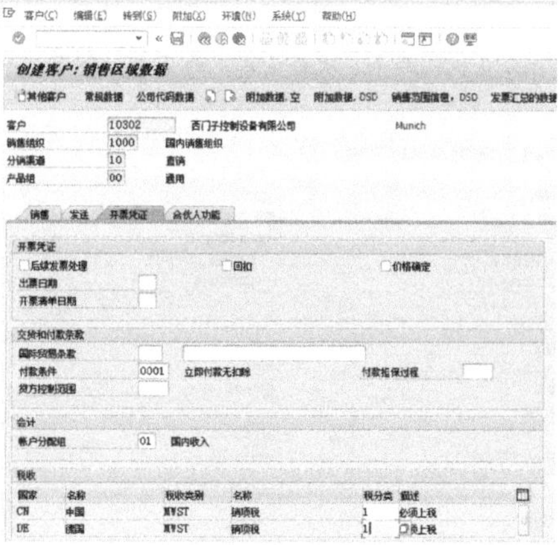

图3-6（3）

付款条件：从概念上看，与公司代码视图中的付款条件一样，参见图 3-5（2）。但此处的付款条件会首先代到销售订单上，并在后续通过 SD 与 AR 的集成关系传送到应收发票中，而公司代码视图中的付款条件主要适用于直接在 FI 模块录入应收款的凭证。

账户分配组（Account Assignment Group，AAG）：在确定销售收入科目时，可以按客户的“账户分配组”区分为国内收入、国外收入。客户销售视图中的账户分配组和物料销售视图中的账户分配组同属于收入科目确定的依据，共同决定收入科目的取值。参见事务代码 VKOA——收入账户的确定。

> 提示
> 如果企业在销售收入科目上不用细分，直接使用“销售收入”一级科目，则客户的账户分配组不用细分，只用一个，表示“常规”即可；如果企业在销售收入科目上要细分出“集团外-国内”“集团外-国外”“集团内”3个二级科目，则应设置3个账户分配组。

图3-6（4）

合伙人功能即“合作伙伴功能”，用来定义该客户在发生销售业务时相关的业务合作方。这在一笔业务多个合作方的情况下比较实用。例如，销售订单下给 A 客户（售达方），而发货给 B 客户（送达方），最终开票又开给了 C 客户（付款方），而发票是送到 D 客户处签收的（收票方）。

> 注意
> 很多人被SAP的“收票方”（bill to party）字面意思所迷惑，误以为收票方就是开票的对象，也就是应收款记入的对象，然而事实并非如此。付款方（payer）才是真正的应收款对象。收票方本身在SAP中并无实际作用。

STEP 5 3 个视图定义完毕后，单击“保存”按钮，即可完成创建。系统提示客户在哪个公司代码、哪个销售范围被创建，如图 3-7 所示。

客户 0000010302 对于公司代码 1000 销售区域 1000 10 00 已创建

图3-7

延伸思考1　客户的账户组有何作用？

同会计科目有“科目组”一样，客户的账户也有账户组。它是对客户从某些属性上所做的一种划分，这种划分决定了：①该客户的编号方式（人工编号还是自动编号）及编号范围；②是否属于一次性客户；③客户主数据上字段的状态（可选 / 必输 / 隐藏）。以下逐一说明。

关于①，如图 3-8 所示，0001 账户组决定客户的号码范围为 01。

路径：IMG> 财务会计（新）> 应收账目和应付账目 > 客户账户 > 主数据 > 创建客户主记录的准备 > 对客户账户组分配编号范围

事务代码：OBAR

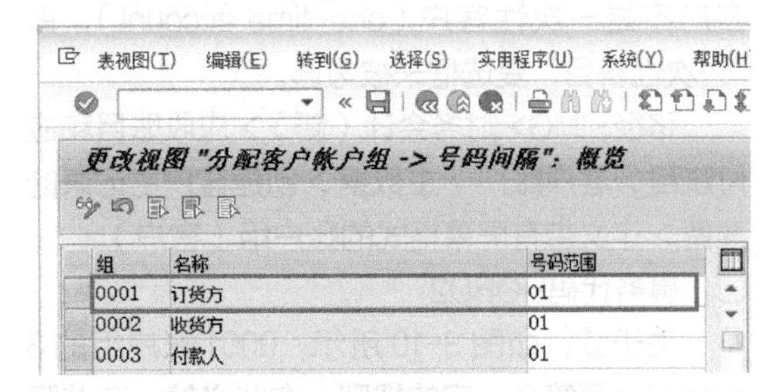
更改视图 "分配客户帐户组 -> 号码间隔"：概览

组	名称	号码范围
0001	订货方	01
0002	收货方	01
0003	付款人	01

图3-8

号码范围 01 的赋值范围为 1~99999 之间的任何值，而且是外部编号（external numbering）——“Ext”复选框被勾选，即由人工编号，而不是系统自动产生编号，如图 3-9 所示。

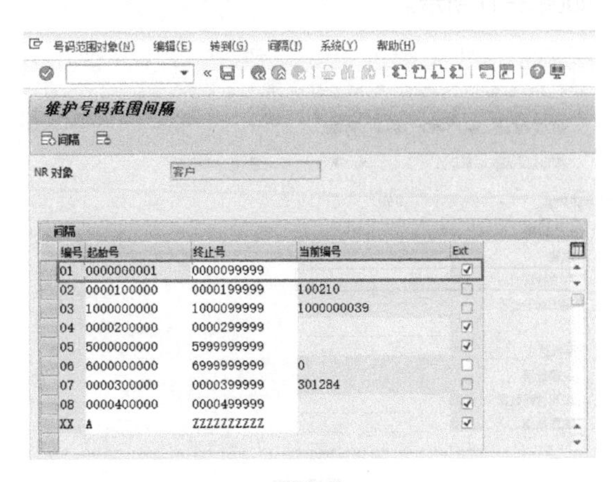
维护号码范围间隔

NR 对象　客户

编号	起始号	终止号	当前编号	Ext
01	0000000001	0000099999		☑
02	0000100000	0000199999	100210	☐
03	1000000000	1000099999	1000000039	☐
04	0000200000	0000299999		☑
05	5000000000	5999999999		☑
06	6000000000	6999999999	0	☐
07	0000300000	0000399999	301284	☐
08	0000400000	0000499999		☑
XX	A	ZZZZZZZZZZ		☑

图3-9

路径：IMG> 财务会计（新）> 应收账目和应付账目 > 客户账户 > 主数据 > 创建客户主记录的准备 > 创建客户账户编号范围

事务代码：XDN1

因为是人工编号，所以在创建客户主数据时，必须人工指定一个符合范围的编号。如果是自动编号（又称为“内部编号”，即“Ext”复选框不被勾选），则不需要在“客户”字段输入编号，系统会在创建成功时自动按照既定的编号范围和当前编号赋予下一个编号值。

提示

在创建客户主数据时，必须先熟悉账户组的划分以及编号方面的要求，然后再根据情况决定是手工赋予编号还是由系统自动生成编号。如果是手工赋予编号，还必须使其符合编号范围。

关于②，如图 3-10 所示，0001 账户组下的客户不是一次性客户（one-time account），即“一次性科目”复选框未被勾选。

路径：IMG> 财务会计（新）> 应收账目和应付账目 > 客户账户 > 主数据 > 创建客户主记录的准备 > 定义带有屏幕格式的账户组（客户）

事务代码：OBD2

关于③，如图 3-10 所示，0001 账户组的 3 层数据必须符合一定的规则，有些必输，有些隐藏，有些可选输入。具体规则在双击图 3-10 中的“一般数据”“公司代码数据”“销售数据”后可以逐步看到。如双击“一般数据”（即“基本数据”）后，可以看到“一般数据”中的字段分组，如图 3-11 所示。

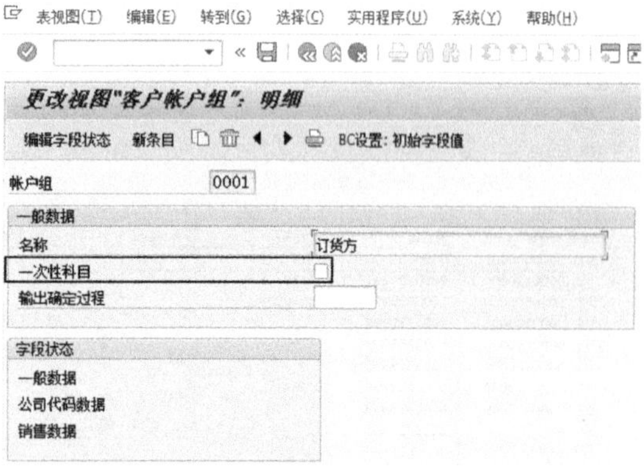

图3-10

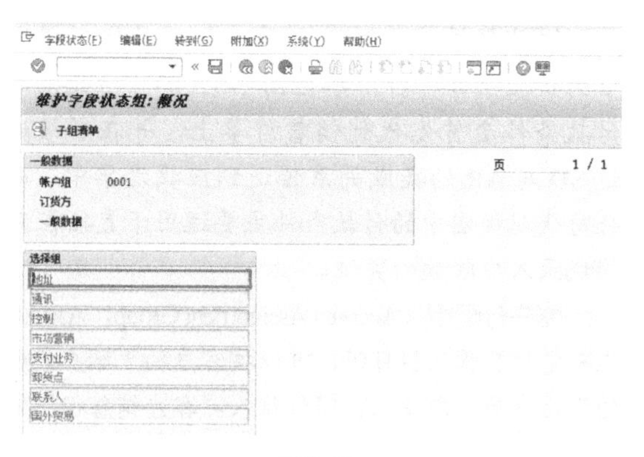

图3-11

再进一步双击其中某个字段分组，如“地址”，则可以看到该组中约 50 个具体字段的设置状态，如图 3-12 所示。

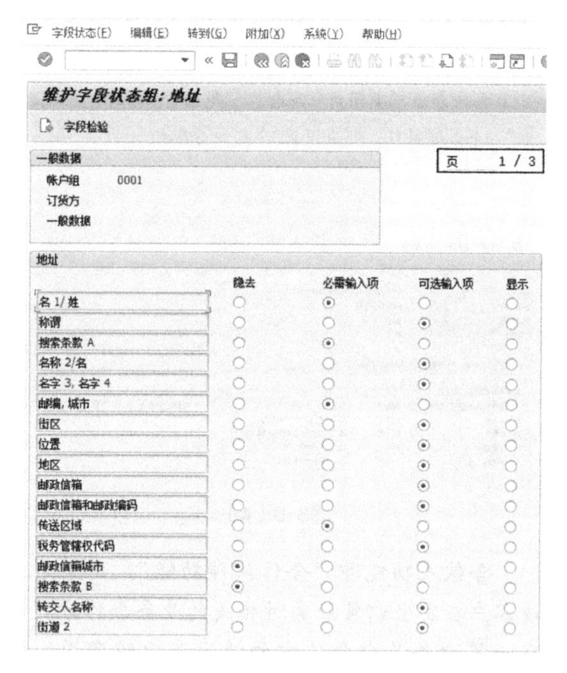

图3-12

提示

有些字段组下的字段非常多，系统只能分页显示，每页显示17项。此时，要关注右上角的“页 *n*/*m*”，了解共有几页，并通过键盘上的PgUp、PgDn键进行翻页，逐页设置。如地址字段组有3页，图3-12仅显示了第1页。

一次性客户如何使用？

在客户账户组中，提到了一次性客户。一次

性客户一般具有以下特点：业务不稳定，可能只是一次性交易；交易金额不大；应收挂账在短期内能够收回。针对这样的客户，如果每个客户都建立一个主数据，势必造成系统数据的冗余，因此只需建立一个客户编号，循环使用即可。为此，要专设一个账户组（一次性客户账户组），赋予专门的客户编号。该客户在定义时应该有以下特点：①名称无须固定，直接写为“一次性客户”即可；②地址、电话、增值税登记号、银行账号、联系人等属性可以不设置，因此可以直接从账户组层面将这些字段隐藏。

图3-13（1）~图3-13（3）依次显示了IDES中创建的一次性客户的3个视图。

图3-13（1）

图3-13（2）

在使用一次性客户操作业务时，系统会弹出新的子界面，提示用户输入明确的客户名称、地址、电话等信息。例如，在IDES使用客户10009输入销售订单时，系统弹出“来自主数据的地址为 售达方（凭证抬头）”界面，要求进一步输入客户明细信息，如图3-14所示。

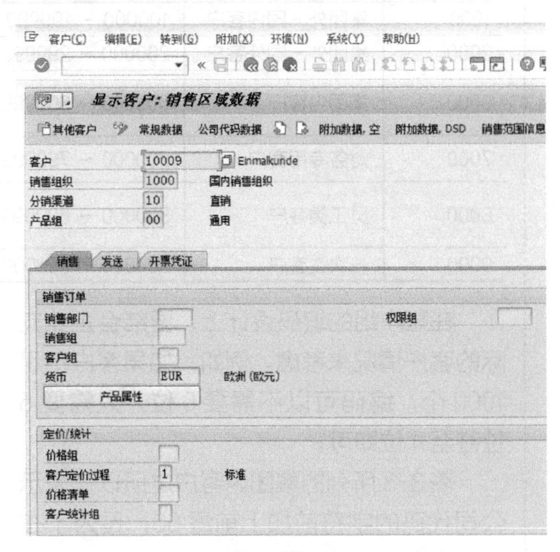

图3-13（3）

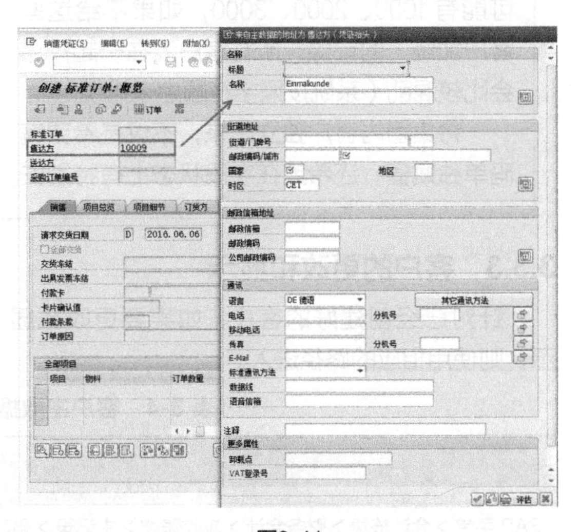

图3-14

在应收模块给一次性客户直接输入发票或输入收款时，系统也会出现这样的子界面。

设计参考

客户账户组的设计示范。

客户账户组是客户主数据最基础的划分，它对未来的客户设定有深远的影响。设计规范合理的账户组，对企业SAP的应用很有帮助。表3-3是客户账户组设计的示例。

表 3-3 客户账户组的设计示例

账户组	账户组描述	编码范围	编码方法	备注
1000	集团外－国内客户	100000 ~ 199999	内部编码	对应统驭科目：应收账款－集团外－国内
2000	集团外－国外客户	200000 ~ 299999	内部编码	对应统驭科目：应收账款－集团外－国外
6000	集团内客户	600000 ~ 609999	外部编码	对应统驭科目：应收账款－集团内；编号后 4 位与公司代码相同
7000	财务专用客户	700000 ~ 799999	内部编码	
8000	员工类客户	800000 ~ 899999	外部编码	后 5 位使用员工工号（方便查询），可酌情扩位
9000	一次性客户	900000 ~ 900000	外部编码	只需定义 1 个

在账户组的编码设计上，要结合企业实际的客户情况来考虑。例如，如果客户不足 1000 个，编码可以不需要 6 位，只需要 5 位甚至 4 位即可。

表 3-3 所列的集团内客户之所以在表示公司代码的字符前加上前缀 60，是为了在客户查询时使排序更加有序。因为公司代码可能有 1000、2000、3000，如果不给这些客户加统一的前缀，所有客户混在一起排序会比较混乱（系统按照字符顺序来排）。

将集团内客户独立出来，不仅是希望编码单独赋值，还希望在字段状态上有特别安排，如贸易伙伴字段要求必输。

将国内客户和国外客户区分开来，是为了在设定统驭科目时能够统一，以免违反规范规定。

对于员工类客户，将员工工号体现在客户编号中，将来查询员工欠款时，根据客户号和工号的对应关系，查询起来就比较方便了。

一次性客户在地址上，虽然要指定国家，但是一般地，对于国外的客户，其业务交易必须谨慎处理，因此，较少对国外的客户使用一次性客户，一次性客户仅用于国内的某些客户。这样看来，仅设定一个一次性客户就够了。

3.3.3 客户的更改和显示

针对已经创建好的客户，如果要更改或显示，则使用相应的路径进入。

表 3-4 列出了更改客户的路径和事务代码。

表 3-5 列出了显示客户的路径和事务代码。

表 3-4 客户主数据更改的路径和事务代码

路径	事务代码	视图		
		基本视图	公司代码视图	销售视图
SAP 菜单 > 会计核算 > 财务会计 > 应收账款 > 主记录 > 更改	FD02	√	√	
SAP 菜单 > 后勤 > 销售和分销 > 主数据 > 业务合作伙伴 > 客户 > 更改 > 销售和分销	VD02	√		√
SAP 菜单 > 后勤 > 销售和分销 > 主数据 > 业务合作伙伴 > 客户 > 更改 > 完成（完整地）	XD02	√	√	√

表 3-5 客户主数据显示的路径和事务代码

路径	事务代码	视图		
		基本视图	公司代码视图	销售视图
SAP 菜单 > 会计核算 > 财务会计 > 应收账款 > 主记录 > 显示	FD03	√	√	
SAP 菜单 > 后勤 > 销售和分销 > 主数据 > 业务合作伙伴 > 客户 > 显示 > 销售和分销	VD03	√		√
SAP 菜单 > 后勤 > 销售和分销 > 主数据 > 业务合作伙伴 > 客户 > 显示 > 完成（完整地）	XD03	√	√	√

客户创建后，客户的账户组信息和创建的信息被放在“管理数据”中。如果要显示这些信息，则在显示模式下，通过菜单中的“附加”→“管理数据”命令（见图3-15）可以看到这些数据。

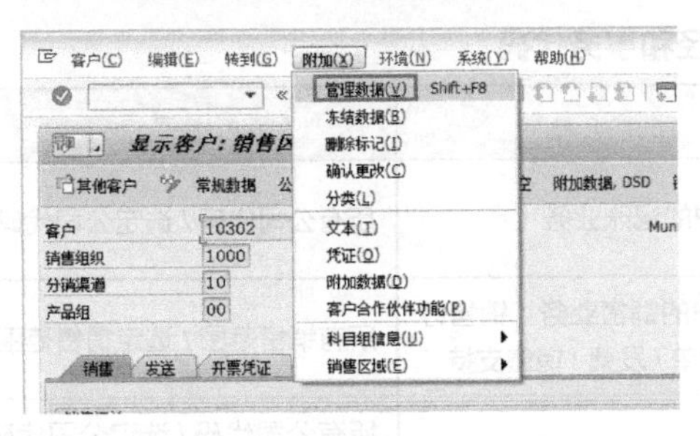

图3-15

管理数据显示了客户的账户组、是否为一次性客户、各个视图的创建者和创建日期，如图3-16所示。

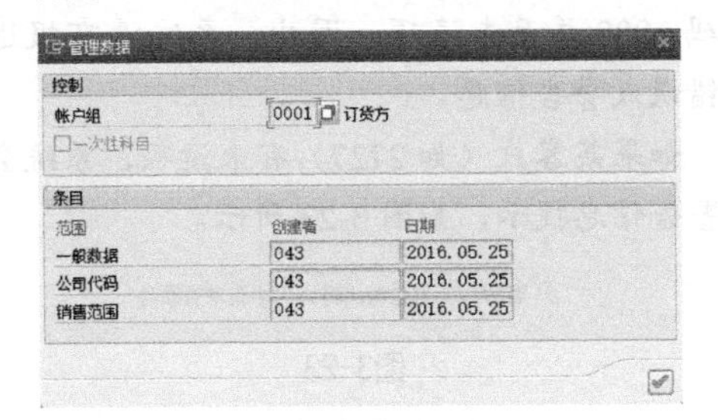

图3-16

如果客户主数据经过了修改，怎样查到这些修改的信息呢？系统忠实地记录了这些修改的过程。在显示模式下，通过菜单中的“环境”→“字段更改”命令或“环境”→“科目更改”→“所有字段”或“环境”→“科目更改”→“敏感字段”命令可以查看更改信息。

【业务操作】下面以客户1000为例，查询其更改信息。

STEP 1 在显示客户的模式下，将光标置于客户字段，使用菜单中的“环境”→“字段更改”命令，如图3-17所示。

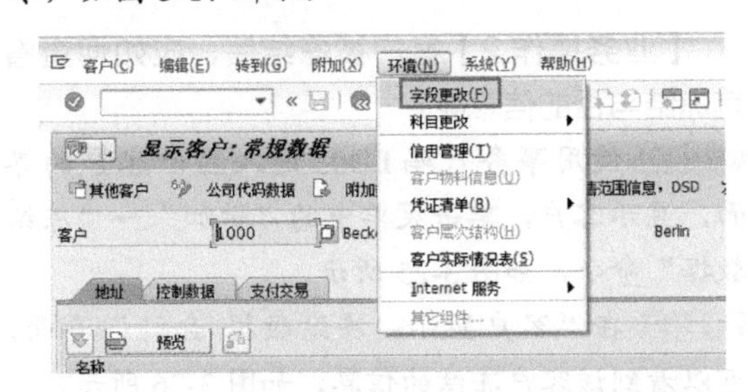

图3-17

STEP 2 在“客户变化：更改的字段”界面可以查询到所有更改过的字段，如图3-18所示。

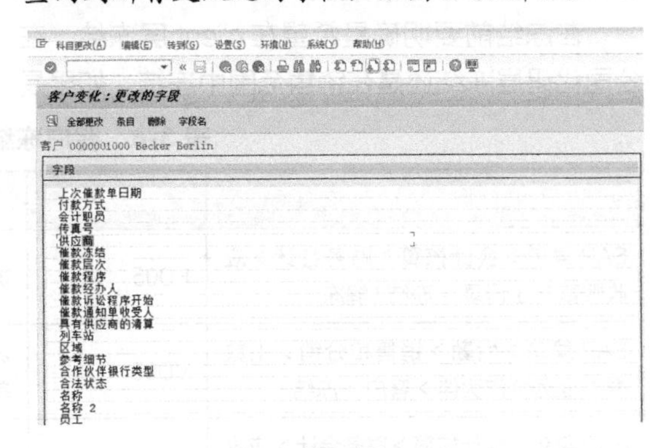

图3-18

如果在步骤1中将光标置于某个具体的字段上，如“付款方式”，然后选择菜单中的“环境”→“字段更改”命令，则绕过此步骤，直接进入步骤3。

STEP 3 如果想细查某个字段，如“付款方式”到底是如何修改的，则双击该字段，在“客户变化：总览”界面可以看到该字段的修改历史，共有3次修改，如图3-19所示。

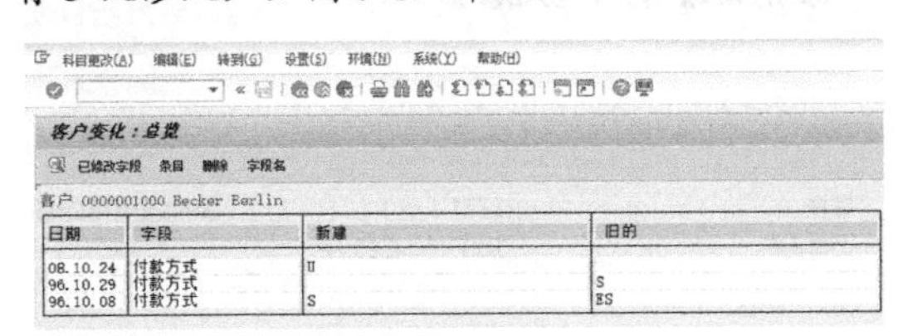

图3-19

STEP 4 如果想细查某次修改的详细情况，则继续双击该次修改。例如，对最近的一次修改（修改于08.10.24的记录）双击，结果如图3-20所示。

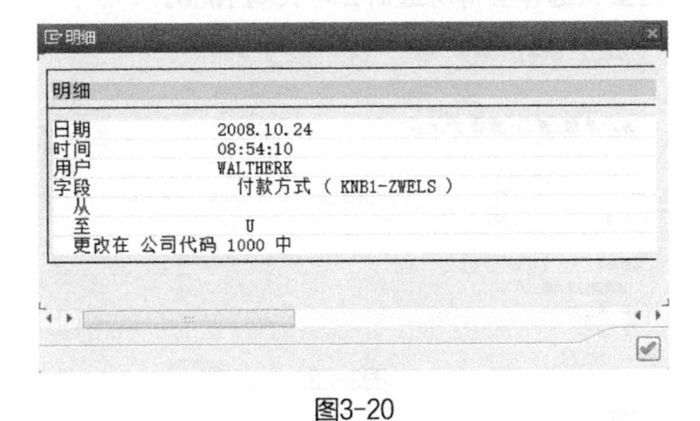

图3-20

3.3.4 客户的冻结与解冻

如果一个客户曾经有业务发生，现在不再使

用，那么是无法删除的，但可以将其冻结。冻结后的客户也可以随时解冻。

在冻结前要明确是希望在 client 层冻结、在公司代码层冻结还是在销售范围中冻结。如果是在销售范围中冻结，还可以按业务（销售订单、交货单、发票、销售支持）冻结。

根据冻结的业务不同，冻结操作的路径有 3 种，如表 3-6 所示。

表 3-6　客户冻结的路径和事务代码

路径	事务代码	冻结的业务选项	冻结的组织结构选项
SAP 菜单 > 会计核算 > 财务会计 > 应收账款 > 主记录 > 冻结 / 解冻	FD05	冻结客户的记账业务	所有公司代码 / 选定公司代码
SAP 菜单 > 后勤 > 销售和分销 > 主数据 > 业务合作伙伴 > 客户 > 冻结	VD05	冻结客户的销售业务：销售订单 / 交货单 / 发票 / 销售支持	所有销售范围 / 选定销售范围
SAP 菜单 > 会计核算 > 财务会计 > 应收账款 > 主记录 > 集中维护 > 冻结 / 解冻	XD05	冻结客户的记账业务或销售业务	所有公司代码 / 选定公司代码；所有销售范围 / 选定销售范围

【业务操作 1】以下以事务代码 FD05 为例，介绍如何冻结客户的记账业务（即从财务上冻结）。

STEP 1 在“冻结 / 解冻 客户：初始屏幕”界面输入客户编号和公司代码，并按回车键，如图 3-21 所示。

图3-21

STEP 2 系统进入“客户冻结 / 解冻：明细 会计”界面，选择记账冻结针对哪个层次，即所有公司代码还是所选的公司代码 1000，如图 3-22 所示，这里仅选择当前所选的公司代码 1000。

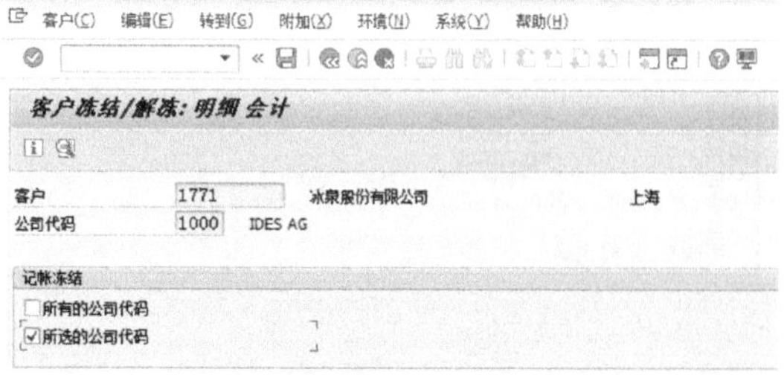

图3-22

> **提示**
> 因为有可能一个客户只是在一个公司代码中不再使用，而在其他的公司代码中还要继续使用。在这种情况下，就是只在这一个公司代码中冻结。

STEP 3 按回车键，让系统自动确认一下是否可以冻结。由于在当前系统中，客户 1771 在公司代码 1000 并无未清项，因此，系统没有报送任何错误或警告信息。

如果某客户（如 2727）有未清项，系统会发送警告信息提示，如图 3-23 所示。

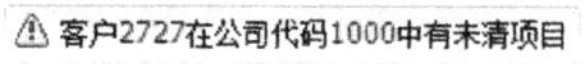

客户2727在公司代码1000中有未清项目

图3-23

> **提示**
> 如果一个客户有未清项，从系统功能的角度，即使提示警告信息，仍然可以将其冻结。不过从业务角度看，不应该将其冻结。如果的确要冻结，应该将其余额转走，并完成未清项的清账，然后再冻结。这种处理方式，适用于一个客户在某公司代码被重复创建了两个且两个编码上都有余额的情况。

STEP 4 单击“保存”按钮保存所做的操作。系统出现信息提示，如图 3-24 所示。

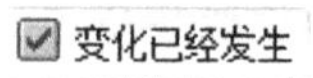

变化已经发生

图3-24

【业务操作 2】客户被冻结后，应如何查看其冻结与否的信息呢？

STEP 1 使用事务代码 FD03 进入显示客户的界面，显示客户，单击菜单中的“附加”→“冻结数据”命令，如图 3-25 所示。

STEP 2 在“客户显示：冻结数据 会计”界面，可以看到该客户冻结的信息，如图 3-26 所示。

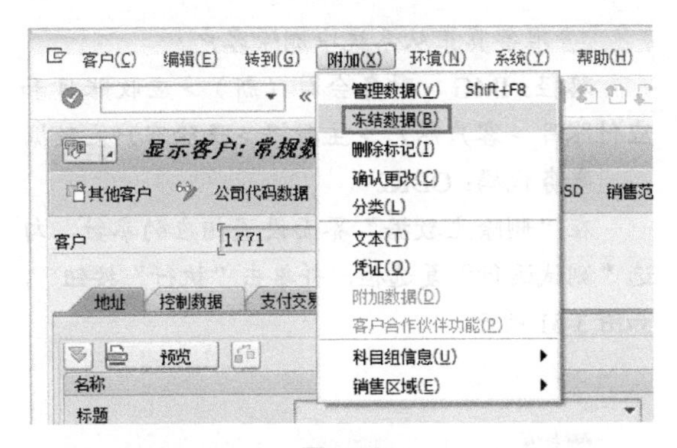

图3-25

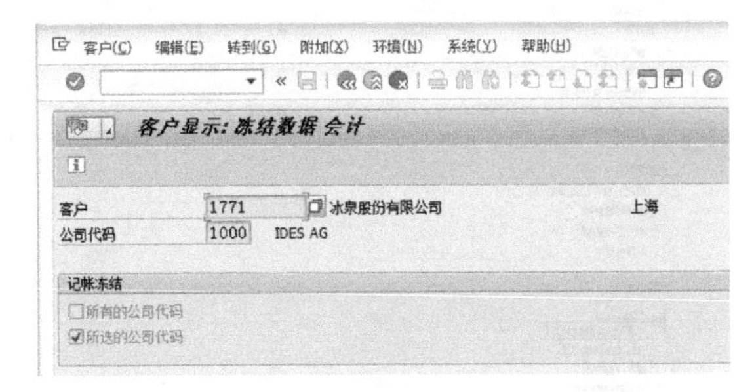

图3-26

当客户被冻结后系统会有何影响?

客户被冻结，不影响查询其余额，不影响行项目显示报表，但如果试图用该客户记账，系统会出现报错，提示账户 ××× 因记账操作而冻结，如图 3-27 所示。

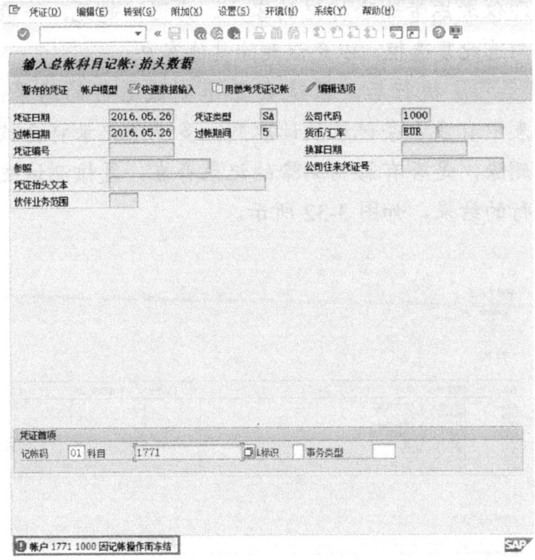

图3-27

如果要将已经冻结的客户解冻，则仍然在冻结的界面中操作，去掉相关冻结的勾选即可。

3.3.5 客户的删除标记与删除

如果一个客户被误创建了，并且没有任何业务发生，则要删除。删除和冻结是不一样的：冻结只是锁定该客户不再被使用于某些业务，该客户仍然是存在的，而删除则是将该客户完全从数据库中去除。因此，删除应该是对那些没有任何业务发生的客户而言的。

在删除前也要明确是在 client 层删除（删除基本视图的数据）还是在公司代码层删除（删除公司代码视图的数据）。如果是前者，意味着该客户在所有公司代码中不再使用，在这种情况下，必须确保在各公司代码层已经删除或者即将删除。如果一个客户至少在一个公司代码中存在主数据或业务数据，它是无法在 client 层删除的。

在执行操作时，为谨慎起见，可以先将客户打上删除标记，然后再在“后台”进行删除。如果在后台直接删除，则有可能错误地删除了不该删除的客户。

【业务操作】以下以公司代码 1000 的客户 54321 为例，详细介绍删除客户的步骤。

STEP 1 先给客户打上删除标记。

路径：SAP 菜单 > 会计核算 > 财务会计 > 应收账款 > 主记录 > 设置删除标识符

事务代码：FD06

进入“删除标记 客户：初始屏幕”界面，输入客户和公司代码，如图 3-28 所示。

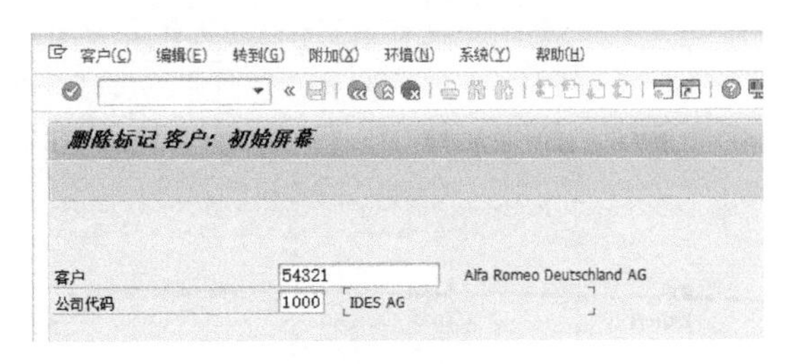

图3-28

STEP 2 按回车键，系统进入“客户删除标记：明细 会计”界面，选择要打上删除标记的选项，如图 3-29 所示。

删除标记－所有范围：针对该客户的所有公司代码打上删除标记。

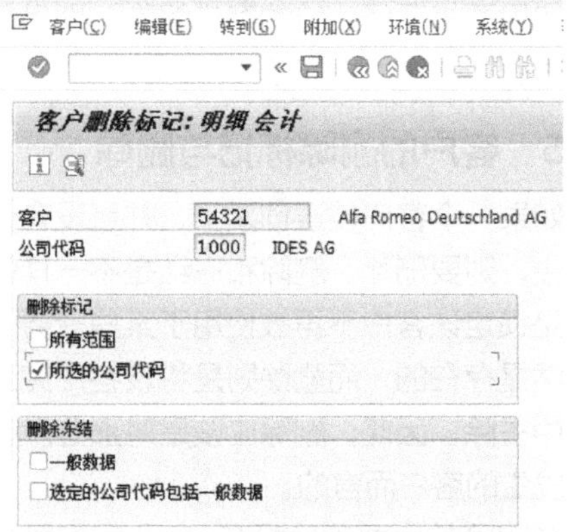

客户(C) 编辑(E) 转到(G) 附加(X) 环境(N) 系统(Y)

客户删除标记：明细 会计

客户	54321	Alfa Romeo Deutschland AG
公司代码	1000	IDES AG

删除标记
- [ ] 所有范围
- [x] 所选的公司代码

删除冻结
- [ ] 一般数据
- [ ] 选定的公司代码包括一般数据

图3-29

删除标记－所选的公司代码：针对该客户在当前公司代码下的主数据打上删除标记。图中示例仅选择此项。

删除冻结－一般数据：控制该客户的常规数据（基本视图）不能被删除。

删除冻结－选定的公司代码包括一般数据：控制该客户选定的公司代码数据不能被删除，既然公司代码数据不能被删除，那么，常规数据也不能被删除。

一般情况下，要给某客户打上删除标记，只需在“删除标记”选项组中勾选复选框，而“删除冻结”选项组不用勾选复选框。

图中的示例，只给客户 54321 在 1000 公司代码下打上删除标记，因此，其常规数据（基本视图）仍然有效。

STEP 3 单击“保存”按钮，如无异常情况，系统提示“变化已经发生”，如图 3-30 所示。

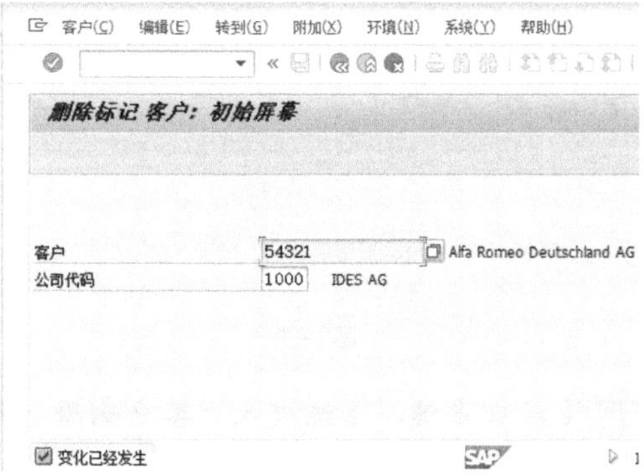

客户(C) 编辑(E) 转到(G) 附加(X) 环境(N) 系统(Y) 帮助(H)

删除标记 客户：初始屏幕

客户	54321	Alfa Romeo Deutschland AG
公司代码	1000	IDES AG

变化已经发生

图3-30

此时，删除标记已经成功打上。

STEP 4 利用事务代码 SPRO 进入后台。

STEP 5 准备真正从系统中删除客户。

路径：IMG＞财务会计（新）＞应收账目和应付账目＞客户账户＞主数据＞删除客户主数据

事务代码：OBR2

在“删除主数据”界面设置相应的参数，勾选“测试运行”复选框，并单击“执行”按钮，如图 3-31 所示。

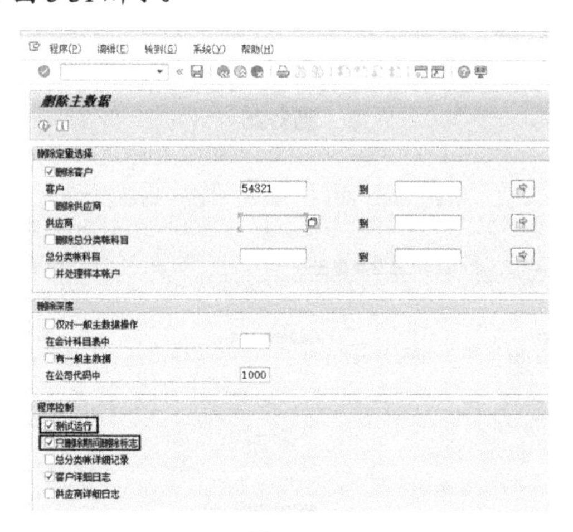

图3-31

有一般主数据：删除常规视图。

> **注意** 要明确是在基本视图层还是公司代码层删除。图 3-31所示的选择是针对客户在1000公司代码下的数据进行删除。

只删除期间删除标志：翻译错误，原为 delete per deletion flag only，仅按“删除标记”来删除，即仅考虑带删除标记的客户。为谨慎起见，一般勾选此复选框，以免误删除其他客户。

STEP 6 执行后，系统会显示测试运行的结果：表中有多少条记录被读取到，多少条记录将会被删除，是否有影响删除的记录存在，复核测试运行的结果，如图 3-32 所示。

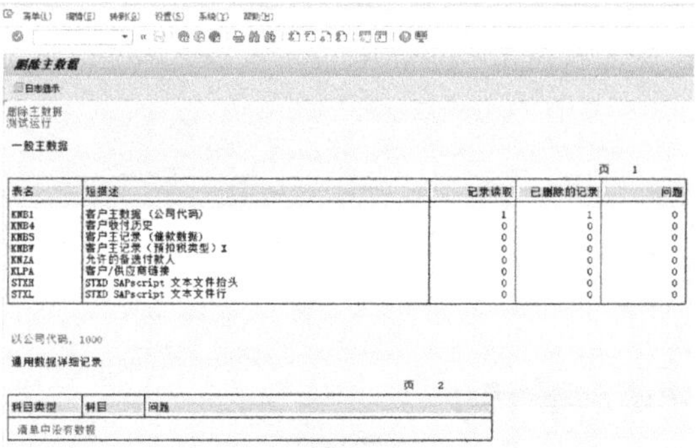

删除主数据

删除主数据
测试运行

一般主数据

页 1

表名	短描述	记录读取	已删除的记录	问题
KNB1	客户主数据（公司代码）	1	1	0
KNB4	客户收付历史	0	0	0
KNB5	客户主记录（催款数据）	0	0	0
KNBW	客户主记录（预扣税类型）X	0	0	0
KNZA	允许的备选付款人	0	0	0
KLPA	客户/供应商链接	0	0	0
STXH	STXD SAPscript 文本文件抬头	0	0	0
STXL	STXD SAPscript 文本文件行	0	0	0

以公司代码，1000

通用数据详细记录

页 2

科目类型	科目	问题
清单中没有数据		

图3-32

STEP 7 复核无误后，去掉“测试运行”复选框的勾选，正式运行，如图3-33所示。

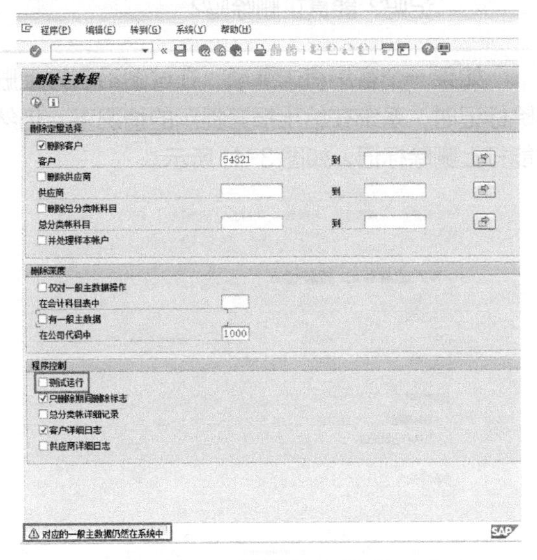

图3-33

由于只选择了删除公司代码层的数据，因此系统提示“对应的一般主数据仍然在系统中”。

STEP 8 按回车键可忽略报警信息，正式运行，系统会出现图3-34所示的提示，单击“是”按钮。

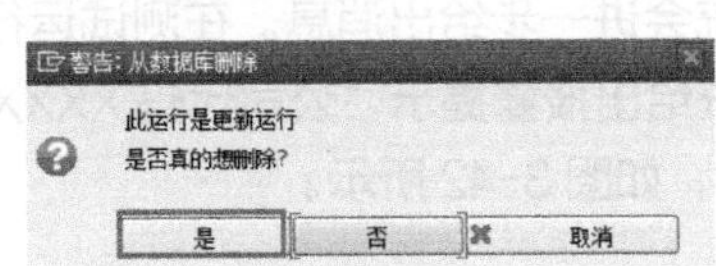

图3-34

此时的确认是正式删除前的最后一次确认，请慎重操作。

STEP 9 复核正式执行的结果，如图3-35所示。

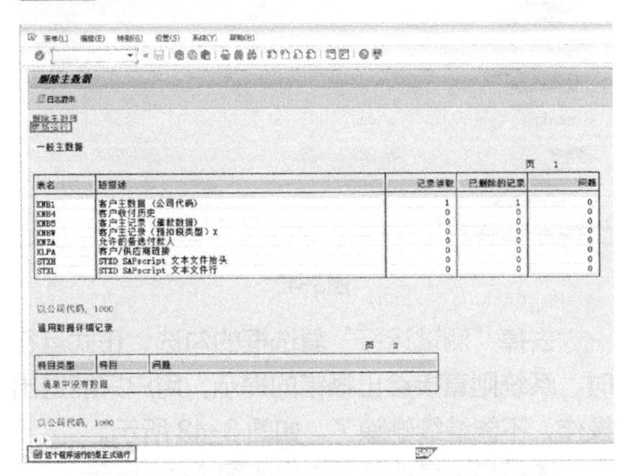

图3-35

此时，删除客户的操作已完成。

延伸思考1 如果一个客户被打上了删除标记，系统有何表现呢？可以在哪些地方查到其被打上了删除标记呢？

首先，在查询客户时，系统会提示“客户XXXX在公司代码XXXX中已做删除标记”，如图3-36所示。

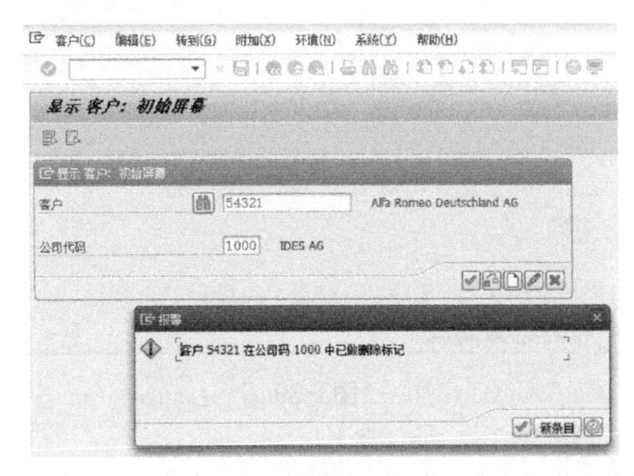

图3-36

其次，在显示客户主数据的界面，可通过菜单中的“附加”→“删除标记”命令（见图3-37）查看其删除标记的具体情况，如图3-38所示。

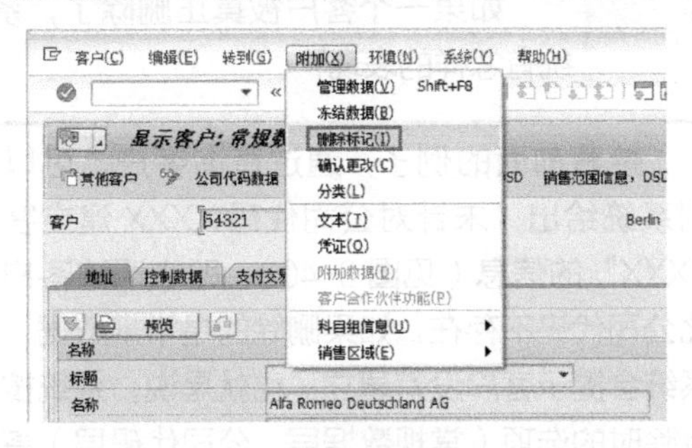

图3-37

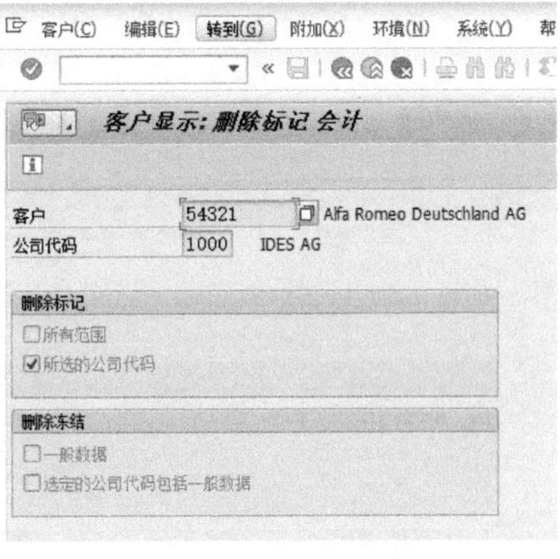

图3-38

如果试图使用有删除标记的客户记账，系统会提示警告信息，如图 3-39 所示。

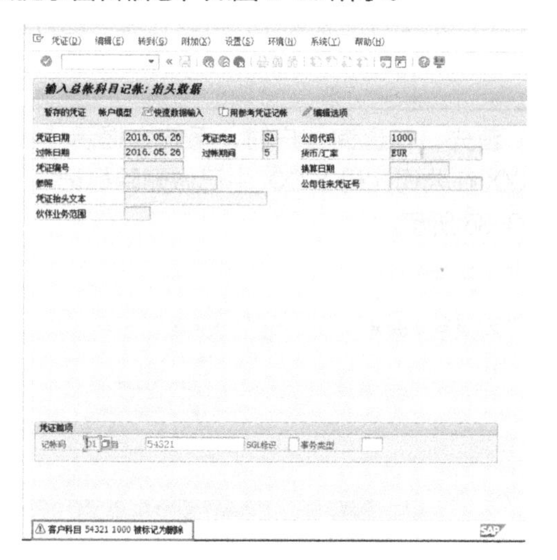

图3-39

注意 值得注意的是，一个客户即使被打上删除标记，仍可以记账。因此，如果希望删除一个客户，一定不要止步于打删除标记，还要进一步真正删除。

延伸思考 2 如果一个客户被真正删除了，系统有怎样的表现？

接着前面的例子，通过查询客户，可以看到系统给出“未针对公司代码 XXXX 建立客户 XXXX”的信息（见图 3-40），即表明该客户在此公司代码不存在。如果删除的是常规数据，则系统会提示客户没有建立。也就是说，系统按照删除时的选项（常规数据层、公司代码层）将客户的主数据从数据库层面删除了。

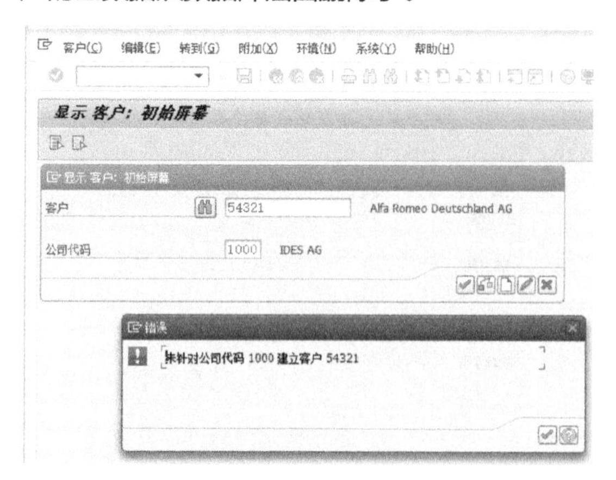

图3-40

延伸思考 3 如果客户有未清项，能打删除标记吗？能真正删除吗？

如果一个客户有未清项，在试图给它打上删除标记时，系统在给出报警提示的情况下，仍然能打上删除标记，如图 3-41 所示。

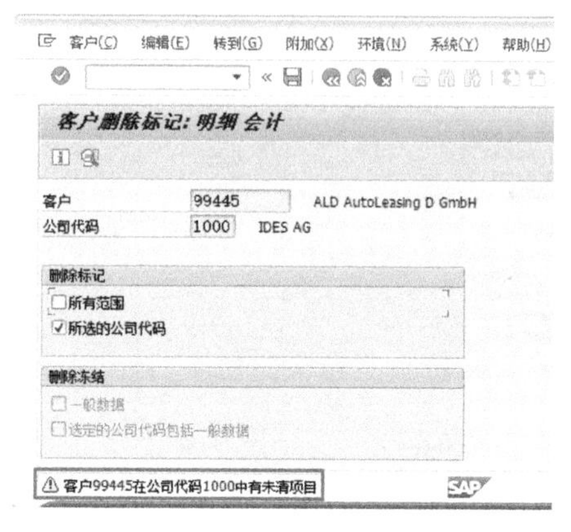

图3-41

此时，仍然能够保存所做的操作，将删除标记打上。

但是，当准备真正从公司代码层删除客户时，系统会进一步给出消息。在测试运行的模式下，系统给出报警提示“公司代码 XXXX 包含交易数据”，如图 3-42 所示。

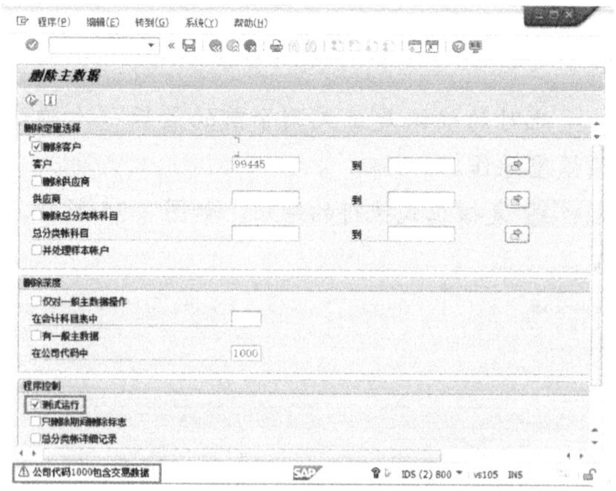

图3-42

去掉“测试运行”复选框的勾选，正式运行时，系统则直接给出报错的提示，用户只能退出操作，不能继续删除了，如图 3-43 所示。

该报错消息的具体内容如图 3-44 所示。

因此，结论是：如果客户有未清项、有交易，仍然能打上删除标记；但如果要真正删除，只能针对没有业务发生的客户进行；如果有交易发生，只能采取冻结的操作。按企业的业务规则，在冻结前应将余额先转移走，变为0。

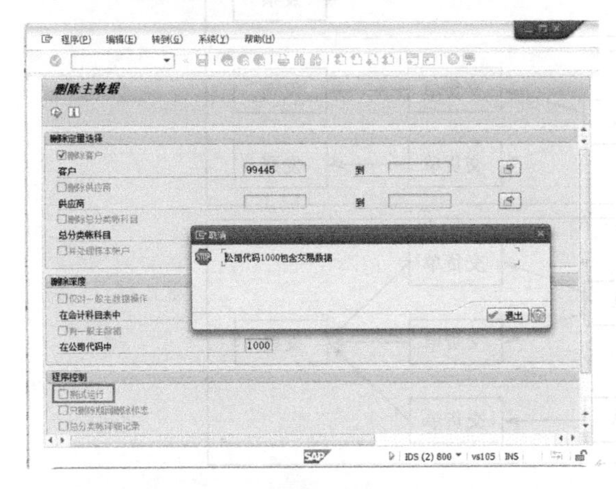

图3-43

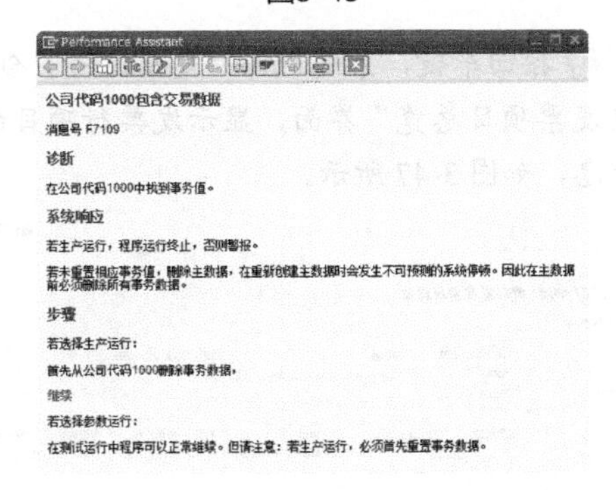

图3-44

3.4 客户发票的处理

应收模块的发票，既有可能来自于SD模块的集成，也有可能是手工输入的。前者是销售业务形成的，后者是零星的非主营业务形成的。本节介绍两种发票操作的方式。

3.4.1 来自销售模块的发票

销售业务流程一般包括销售订单、创建交货单、发货过账、出具发票、发票“批准至会计”形成应收款。因此，发票一般是在交货单发货过账后才形成的，也就是说，对客户的发票是基于交货单开具的。

事实上，也存在“基于销售订单的发票”，即不通过发货而直接开具发票，如对客户返利的发票（通常称为“贷项通知单”，credit memo），再比如针对服务类型的销售订单开出的发票。

本书主要介绍“基于交货单的发票”。通常情况下，交货单发货过账时，系统产生的会计凭证如下。

Dr：销售成本

Cr：产成品

过账日期为交货单上的“实际发货日期”（actual goods issue date），金额取自产成品的标准成品。

开具的发票“批准至会计”时，系统产生的会计凭证如下。

Dr：应收账款（客户）

Cr：销售收入

Cr：应交税金－应交增值税（销项税）

过账日期为发票上的“出具发票日期”（billing date），应收金额取自发票上的含税总金额。根据会计的“匹配原则”，销售收入和销售成本必须在同一会计期确认，SAP会将“出具发票日期”默认为“实际发货日期”。

在某些特殊的行业，如大型设备制造行业、工程施工行业，发货和开票不一定在同一会计期，为了实现“匹配原则”，往往需要通过“发出商品”科目过渡。

在这种情况下，发货时产生的凭证如下。

Dr：发出商品

Cr：产成品

发出商品的金额为产成品的标准成本。此时，产品的所有权还属于企业自身，“发出商品”作为存货体现在资产负债表中。待数个月后，大型设备或工程施工得到客户的验收确认，再开具发票，发票“批准至会计”时，系统产生的会计凭证如下。

Dr：应收账款（客户）

Cr：销售收入

Cr：应交税金－应交增值税（销项税）

Dr：销售成本

Cr：发出商品

即同时确认销售收入、结转销售成本。

> 提示
>
> 通过“发出商品”过渡的业务，需要在SD模块进行特殊的配置，将定价过程中的成本作为“应计项”（accrual item），待开具发票时调出来，结转销售成本。

在SAP中，发票和交货单的对应关系可以有多种情况，如图3-45所示。

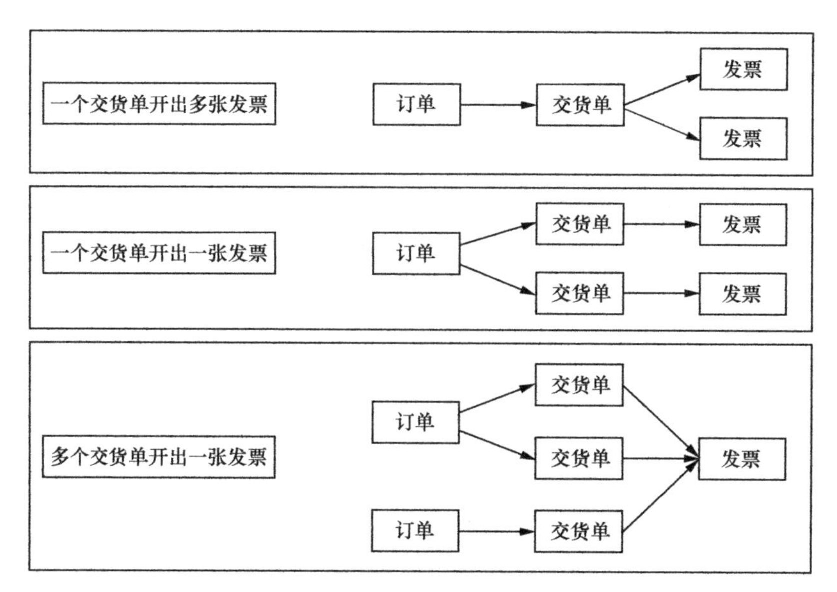

图3-45

【业务操作 1】接下来介绍开具发票的操作方法。假设系统中已经存在一张交货单 80016399，等待开具发票。

路径：SAP 菜单 > 后勤 > 销售和分销 > 出具发票 > 开票凭证 > 创建

事务代码：VF01

STEP 1 在“创建出具发票凭证”界面的“凭证”栏中输入交货单号，如图 3-46 所示。

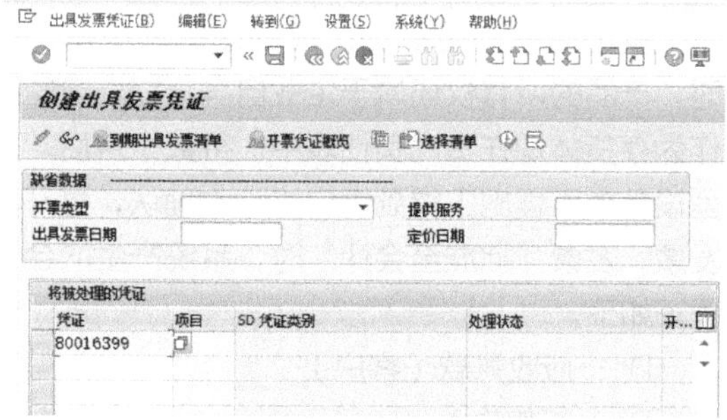

图3-46

这里，“开票类型”（发票类型）、“出具发票日期”都不用填写，系统会自动默认。其中，“出具发票日期”将会自动默认为交货日期。由于出具发票日期决定着会计凭证的记账日期，如果不希望使用默认的出具发票日期（如开票和交货不在同一个会计期），可以在此处手工指定日期。

如果想要同时将多张交货单集中在一起开一张发票，则可以将多个交货单号依次写入图 3-46 所示的行中。

STEP 2 按回车键，系统进入“发票（F2）创建：出具发票项目总览”界面，显示发票行项目的总览信息，如图 3-47 所示。

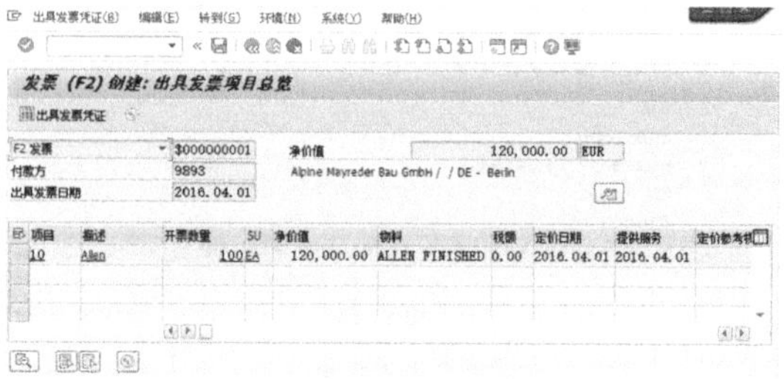

图3-47

从图 3-47 中可以看到，发票类型自动默认为“F2 发票”，出具发票日期默认为 2016.04.01，这是交货单的实际发货日期。

如果需要看到行项目的明细（如价格条件等），可以双击该行项目。

STEP 3 单击“保存”按钮，系统提示“凭证 9××××× 已保存”，表明发票已经保存。

STEP 4（如果步骤 3 没有直接生成会计凭证）使用事务代码 VF02 进入更改发票的界面，单击“批准至会计”按钮，系统会生成会计凭证。

【业务操作 2】如果希望查看发票生成的会计凭证，可以按以下操作进行。

路径：SAP 菜单 > 后勤 > 销售和分销 > 出具发票 > 开票凭证 > 显示

事务代码：VF03

STEP 1 在“显示 出具发票”界面的“出具发票凭证”字段输入刚才产生的发票号，如图 3-48 所示。

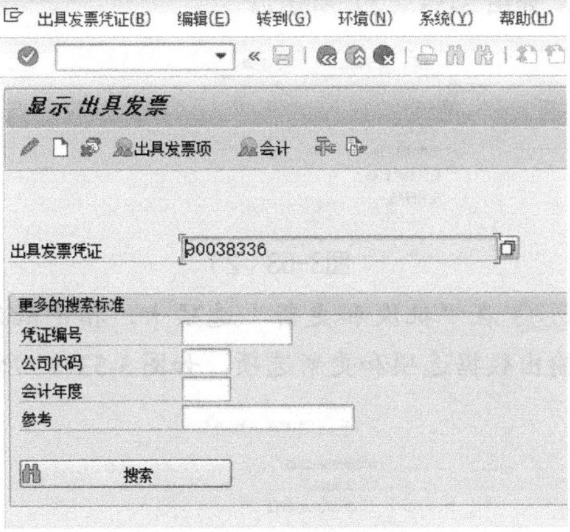

显示 出具发票

出具发票凭证 90038336

更多的搜索标准

凭证编号

公司代码

会计年度

参考

搜索

图3-48

STEP 2 单击“会计”按钮，系统显示与此发票关联的会计方面的各类凭证，如图 3-49 所示。

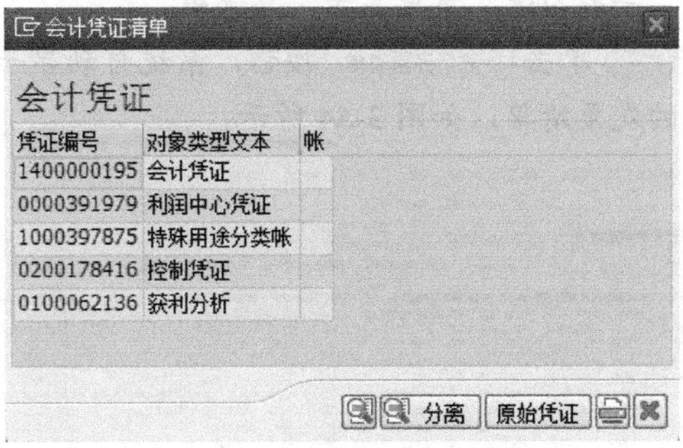

会计凭证清单

会计凭证

凭证编号	对象类型文本	帐
1400000195	会计凭证	
0000391979	利润中心凭证	
1000397875	特殊用途分类帐	
0200178416	控制凭证	
0100062136	获利分析	

分离 原始凭证

图3-49

STEP 3 如果要单独查看某种凭证的详细信息，则双击该凭证，进入该凭证的详细信息界面进行查看。

财务会计凭证编号为 1400000195，如图 3-50 所示。

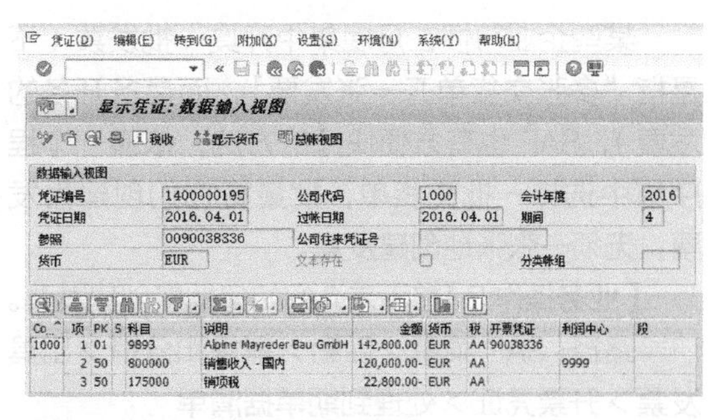

图3-50

> **提示**
>
> 销售发票生成的会计凭证的特征有：“凭证类型”默认为RV（发票转储记账），“参考交易”为VBRK（开票凭证），“事务代码”为VF01，参照和参考码显示对应的发票编号，如图3-51所示。在事后查询凭证时，可以以这些特征作为关键字来查询。

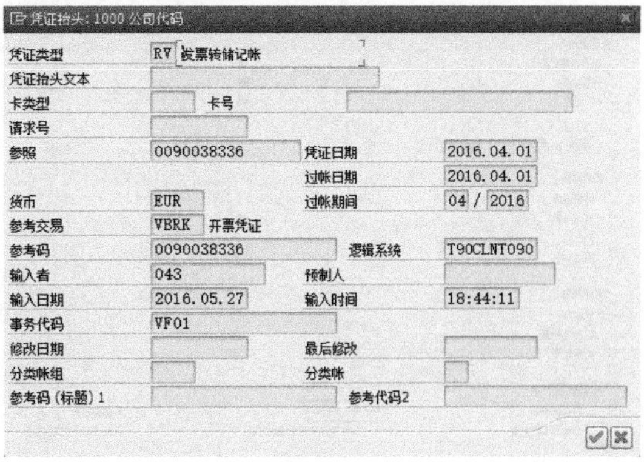

凭证抬头：1000 公司代码

凭证类型	RV 发票转储记帐		
凭证抬头文本			
卡类型		卡号	
请求号			
参照	0090038336	凭证日期	2016.04.01
		过帐日期	2016.04.01
货币	EUR	过帐期间	04 / 2016
参考交易	VBRK 开票凭证		
参考码	0090038336	逻辑系统	T90CLNT090
输入者	043	预制人	
输入日期	2016.05.27	输入时间	18:44:11
事务代码	VF01		
修改日期		最后修改	
分类帐组		分类帐	
参考码（标题）1		参考代码2	

图3-51

> **提示**
>
> 销售发票生成的会计凭证的行项目上，也存放了很多与销售订单、发票有关的信息，如收入行项目显示了获利能力段的详细信息，如图3-52所示。这些信息对获利分析很有帮助。

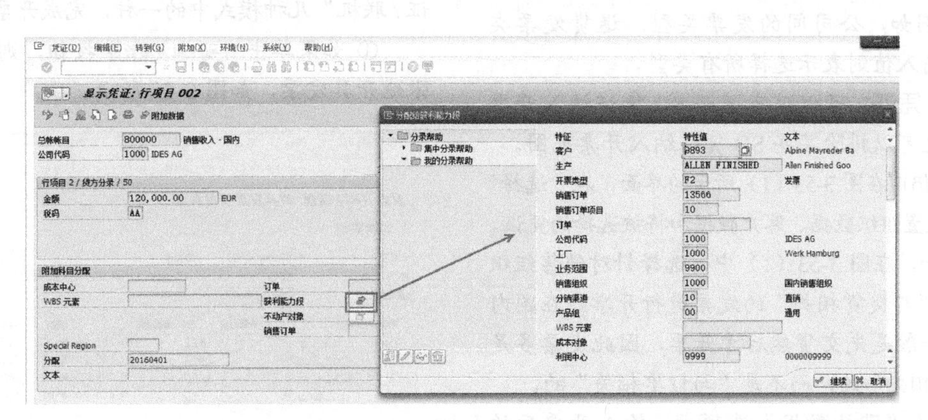

图3-52

某些企业习惯在月底集中开具一批发票（不是指“多张交货单开一张发票”，而是各开各的发票），SAP 也有方便快捷的方法，依靠一个程序集中选择一批交货单，批量将它们创建为发票，无须一张张地创建发票。

【业务操作 3】接下来介绍如何批量创建发票。

路径：SAP 菜单 > 后勤 > 销售和分销 > 出具发票 > 开票凭证 > 处理到期单据清单

事务代码：VF04

STEP 1 在“维护发票到期清单”界面的“开票数据”区域，选择出具发票日期的范围、开票类型、SD 凭证等，如图 3-53（1）所示。

图3-53（1）

出具发票日期：一般地，集中开具发票是将到指定日期为止的发票全部开出来，因此，“从”字段一般不输入，“到”字段输入为程序运行当天或月末最后一天。

开票类型：指定哪种类型的发票走集中开票程序。例如，公司间的发票类型，退货发票类型，不输入值则表示选择所有类型。

SD 凭证：可以限定某些 SD 凭证纳入开票范围，也可以排除某些 SD 凭证纳入开票范围。

STEP 2 仍旧在图 3-53（1）所示的界面，在“选择”选项卡设置组织数据、客户数据和将被选择的凭证。

例如，在图 3-53（1）中，选择针对销售组织 1000 的“与交货相关”的发票进行开票。在国内企业，一般是先交货然后才开票，因此发票多是“与交货相关”的，而不是“与订单相关”的。

STEP 3 在“默认数据”选项卡，输入开票后的默认数据，如开具发票日期是否要统一为本月的某一天，如果不输入，则由系统自动默认开票日期，如图 3-53（2）所示。

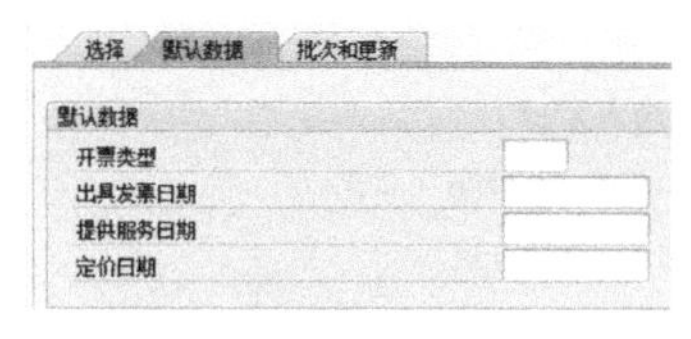

图3-53（2）

STEP 4 在“批次和更新”选项卡，指定批处理的输出数据选项和更新选项，如图 3-53(3) 所示。

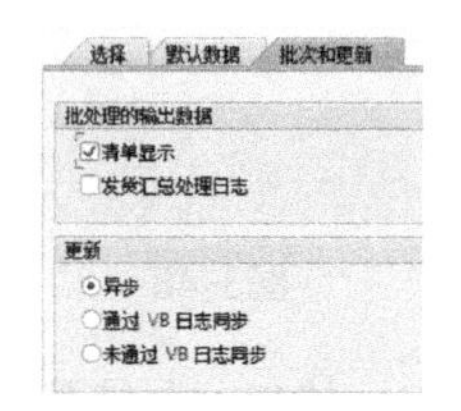

图3-53（3）

一般勾选“清单显示”复选框。

STEP 5 单击“显示开票清单”按钮，系统自动显示到期的发票清单，如图 3-54 所示。

图3-54

STEP 6 在“维护发票到期清单”界面选择要开票的记录（默认是全选的，也可以取消全选，自由选择），然后通过顶层的按钮，单击“个别出具发票凭证”“集中出具发票凭证”“集中出具发票凭证 / 联机”几种模式中的一种，完成开票操作。

① 如果单击“个别出具发票凭证”按钮，则系统一张张地开具发票，如图 3-55 所示。

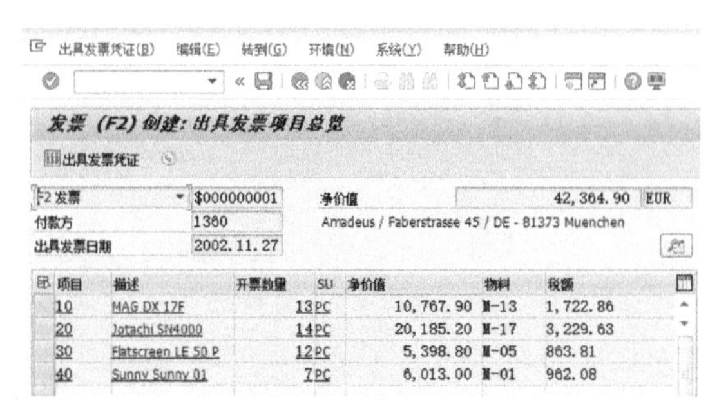

图3-55

每次保存一张发票后，系统会跳转到下一张发票，等待用户继续操作，直至所有选中的交货单都被开票。

② 如果单击 集中出具发票凭证 按钮，则系统集中对这一批交货单直接开出相应的发票（多张），并且更新交货单运行的状态，如图 3-56（1）、图 3-56（2）所示。

图3-56（1）

图3-56（2）

由于这一切仅是通过一个按钮完成，系统并不在此界面显示明细信息，因此如果要查询开出的发票明细，必须通过交货单的单据流来查看发票，如图 3-57 所示（事务代码：VL03N）。

图3-57

③ 如果单击 集中出具发票凭证/联机 按钮，则系统在处理发票时，弹出发票明细界面，供用户一边复核，一边开票，也就是“联机”，如图 3-58(1)、图 3-58（2）所示。

在此概览界面复核发票（两张独立的发票，不是合并为一张），然后单击“保存”按钮，系统将成功创建发票。

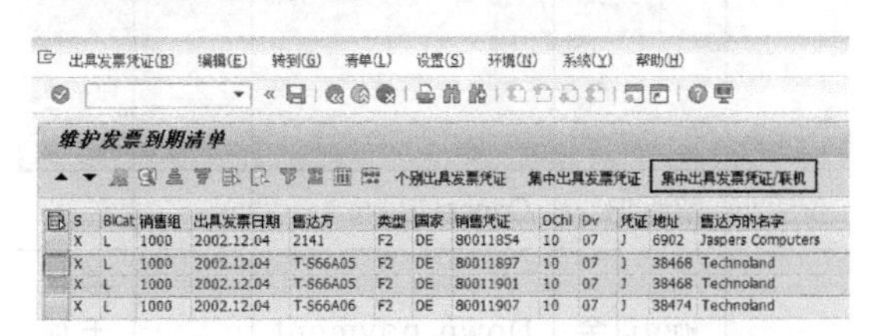

图3-58（1）

图3-58（2）

提示

发票开具过程中，可能会因为各种原因导致错误，如“交货类型 LB 不能以出具发票类型 F2 做发票”等。在这种情况下，有可能需要检查后台配置。

业务实践 作为财务人员或财务顾问，有必要知道几种常用的发票类型。

在 SAP 中，系统在后台预设了一系列的发票类型，分别应用于不同业务，如表 3-7 所示。

表 3-7 常用的发票类型

发票类型	中文描述	英文描述	取消发票的类型	备注
F2	发票	nvoice (F2)	S1	
L2	借项凭单	Debit Memo	S1	
G2	贷项凭单	Credit Memo	S2	
S1	取消发票	Invoice Cancellation	—	
S2	取消贷项凭证	Cancel Credit Memo	—	
IV	公司间出具发票	Intercompany billing	IG	
IG	内部贷项凭证	Internal Credit Memo	—	

续表

发票类型	中文描述	英文描述	取消发票的类型	备注
IVS	取消 IB	Cancel IB	—	
FAZ	预付订金请求	Down payment request	FAS	常用于项目业务
FAS	取消预付订金请求	Canc.down pymnt req.	—	常用于项目业务

3.4.2 手工输入的发票

本小节主要介绍财务人员如何手工输入发票。

手工输入的发票主要由零星的非主营业务形成。例如，销售废品给固定的客户，暂时挂账，记入“其他业务收入”，而废品不作物料管理（不作物料管理，意味着不需要通过销售订单，不需要走库存发货）。

在总账模块，常规的凭证输入有 FB50 和 F-02 两种模式（参见第 2 章）；同样，在应收模块，常规的发票输入也有 FB70 和 F-22 两种。

【业务操作】下面以 FB70 为例，介绍应收发票的输入。

路径：SAP 菜单 > 会计核算 > 财务会计 > 应收账款 > 凭证输入 > 发票

事务代码：FB70

STEP 1 系统进入“输入客户发票：公司代码 1000”界面。界面的上半部分为抬头信息，下半部分为行信息。先输入抬头层信息，在“基础数据”选项卡中输入客户、发票日期、过账日期等字段，如图 3-59 所示。

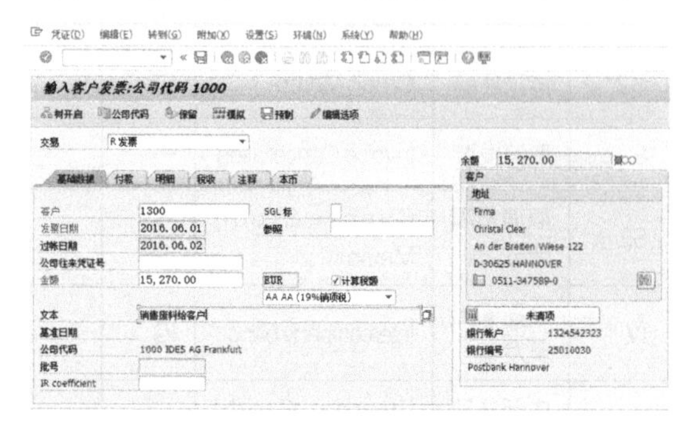

图3-59

客户：发票上的对方单位编码，系统会根据客户自动带出其统驭科目（按照客户主数据的公司代码视图中维护的统驭科目）。

发票日期：发票原始单据上的日期，是业务日期，它一般用来确定发票账龄起算的日期。

过账日期：系统准备将这张凭证记账到哪一天，它决定了凭证所属的会计期。在收到跨月发票时，一定要注意区分发票日期和过账日期。

金额：发票含税总金额。

税码：发票上记载的税码，图中示例输入的税码是 AA，表示德国的销项税是 19%。

计算税额：如果勾选此复选框，表示该发票会根据总额自动计算出增值税。

文本：输入发票的摘要。它会显示在凭证的抬头信息中。

STEP 2 在抬头信息的“付款”选项卡，复核基准日期、付款条件等字段，如果为空白，需要手工设置，如图 3-60 所示。

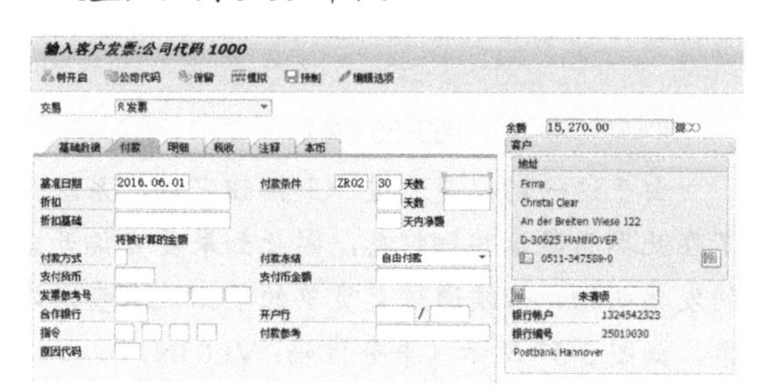

图3-60

付款条件：决定发票何时到期、是否有折扣。在客户主数据的公司代码视图中定义，此处保持默认，但可以手工修改。如果客户主数据中未设定，此处必须手工指定。

基准日期：根据付款条件中的定义自动带出，是计算账龄的基准日期。图中所示的基准日期，在后台配置为默认取自发票日期。结合图中的付款条件和基准日期，可以知道，该发票的到期日是“2016.06.01+30”天，即 2016.07.01。这一天过后开始计算账龄。

STEP 3 在“输入客户发票：公司代码 1000”界面的下部，输入行层信息（除了应收款以外的其他行项目）。此处输入总账科目、金额等字段，并按回车键，系统会验证输入的内容是否符合该科目的规范，如果符合，则系统会将科目的描述

（短文本）带出，如图 3-61 所示。

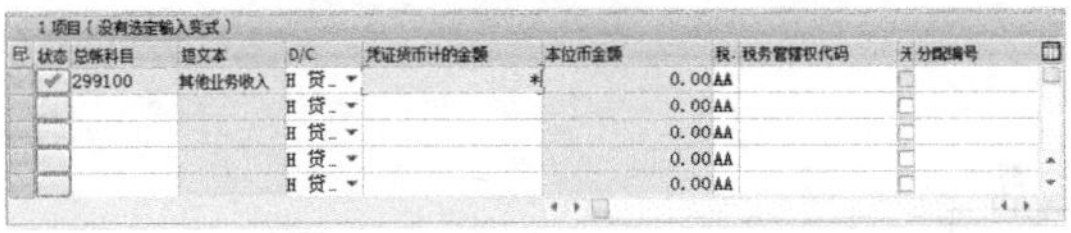

图3-61

总账科目：应收款的对方科目，如图中所示的“其他业务收入”（主营业务收入更多地通过与 SD 集成产生）。注意，在此界面不能输入那些“只能自动记账”的科目（此属性是在科目主数据上设定的）。

D/C：Debit/Credit 的简写，分录的借贷方。图中，收入应记入贷方。

凭证货币计的金额：借贷方的金额。这里只能输入正数。如果输入负数，系统会报错；如果输入 0，系统会认为这一行是无效的行，在凭证保存后会自动删除这一行。图中示例输入“星号”（*）表示和抬头金额保持一致，相当于输入了 15270。

> **提示**
> 虽然在有增值税的情况下，收入=应收款–增值税，但是“收入”行中输入发票金额后，系统会结合抬头层的“计算税额”选项和行层的税码，自动计算出不含税收入和税金额。

税码：系统自动将抬头层的税码默认到行项目层。

STEP 4（可选）可以通过“模拟凭证过账”按钮 模拟 或菜单中的“凭证”→“模拟”命令，模拟显示系统即将生成的会计凭证，如图 3-62 所示。

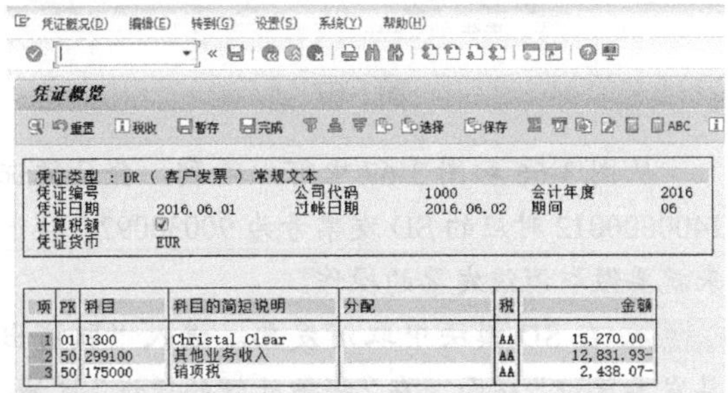

图3-62

从图 3-62 中可以看到，系统自动将输入的收入行拆分为收入和税两个行项目。

从图 3-62 中还可以看到，客户的借方，系统使用记账码 01（发票）；收入和税科目（总账科目）的贷方，系统使用记账码 50（贷方分录）。

STEP 5 单击“过账”按钮，系统会在下方提示“凭证 XXXXX 记账到公司代码 XXXX 中”，如图 3-63 所示。

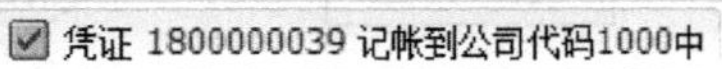

凭证 1800000039 记帐到公司代码1000中

图3-63

STEP 6（可选）利用菜单中的“凭证”→“显示”命令，可以查看刚刚生成的凭证。凭证显示与图 3-62 基本相同（图略）。

在 SAP 中，广义的发票有多种，即发票、借项凭证、贷项凭证。借项凭证表示对应收的增加，如附加的运费、增补金额等；贷项凭证表示对应收的减少，如返利、冲减金额等。

手工输入借项凭证，同手工输入发票是一样的，既可以在 FB70 中输入（见图 3-59，“交易”字段仍选择“发票”），也可以在 F-22 中输入。

手工输入贷项凭证，可以直接在 FB70 的界面输入（见图 3-59，“交易”字段选择为“贷方凭证”），也可以从专用的事务代码 FB75 或 F-27 中进行操作。

> **注意**
> 对于贷方凭证而言，因为将客户记入贷方，所以，对方科目自然就应记入借方。请注意借贷方的选择。

3.4.3 发票业务的冲销

如果发票业务做错了，需要冲销，首先要看其对应的会计凭证是否已经被清账（有关清账的操作，请见 3.5 节）。只有在没有被清账的情况下，才可对原发票进行“取消”（适用于来自 SD 模块的发票）或者对会计凭证进行“冲销”（适用于手工输入的发票）。如果已经清账，则必须先重置清账的结果，然后再对发票凭证进行取消或对会计凭证进行冲销。图 3-64 完整地反映了冲销发票所需要的考虑和操作。

> **提示**
> 对于来自SD开票产生的会计凭证，如果试图在总账模块使用FB08冲销，系统会提示“财务中不能冲销的凭证”（见图3-65），即该凭证不能在FI模块中直接冲销，需要回到原始模块SD模块取消发票，这时系统会自动生成反向的会计凭证。

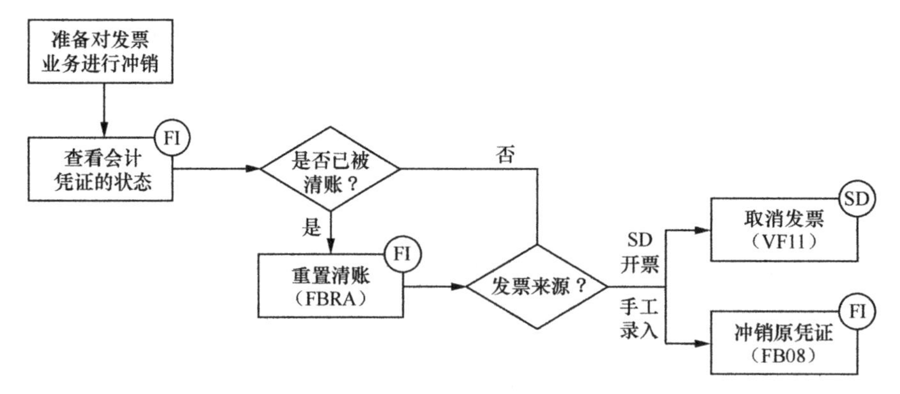

图3-64

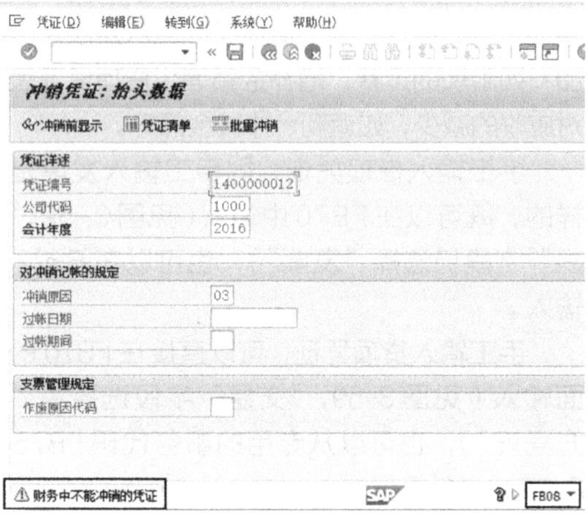

图3-65

总之，**在源头出现的错误，必须从源头开始纠正；在末端如果做了动作产生了影响，必须先在末端消除影响。**

重置清账的操作将在应收模块 3.5.3 小节讲述。

在 FI 模块冲销原凭证，使用事务代码 FB08，其操作方法在总账模块 2.4.8 小节已经介绍过，此处不再赘述。

这里重点介绍在 SD 模块中如何取消发票。

【业务操作】以图 3-65 所示的会计凭证 1400000012 为例，如果需要冲销，应该如何操作？

背景：该会计凭证来自 SD 模块的开票，该凭证尚未被清账。

STEP 1 使用各种手段查找到与该会计凭证对应的 SD 发票。方法①：事务代码 FB03 显示该凭证后，查看其抬头信息中的“参照”字段，如图 3-66 所示。方法②：事务代码 FB03 显示该凭证后，通过菜单中的“环境”→“凭证环境”→“原始凭证”命令可以查看到原始的发票，如图 3-67 所示。

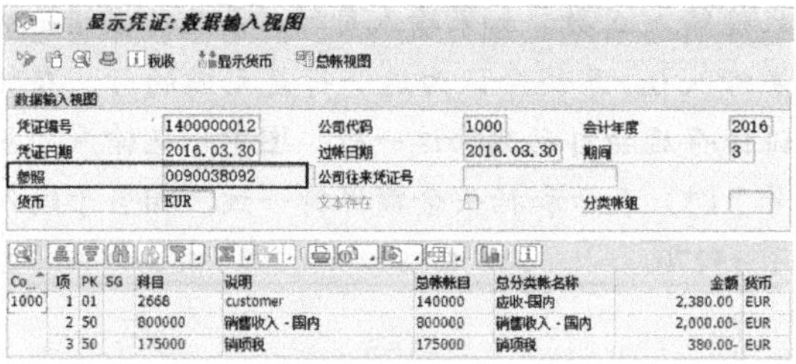

图3-66

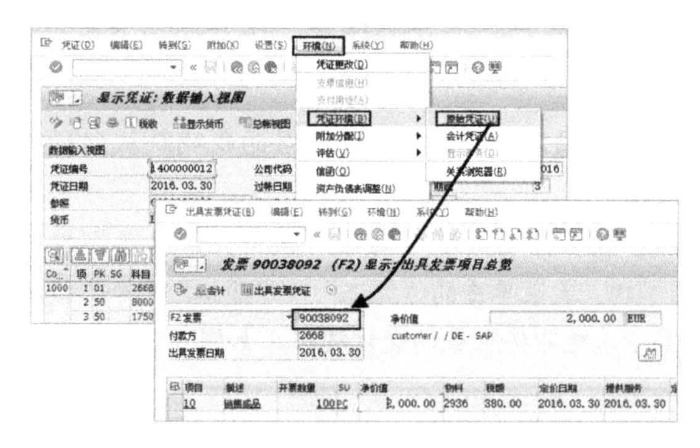

图3-67

从图 3-66 和图 3-67 中可以看到，会计凭证 1400000012 对应的 SD 发票号为 90038092。接下来就要做取消该发票的操作。

STEP 2 在 SD 模块中取消发票。进入“取消出具发票凭证”界面，在“将被处理的凭证”区域，在“凭证”栏输入要取消的发票号，如图 3-68 所示。

路径：SAP 菜单＞后勤＞销售和分销＞出具发票＞开票凭证＞取消

事务代码：VF11

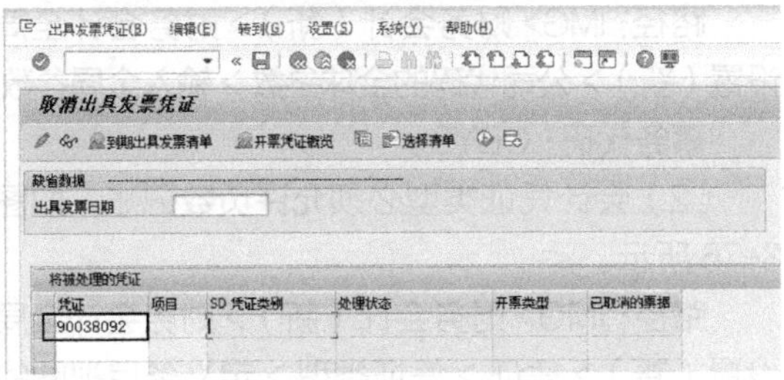

图3-68

STEP 3 按回车键或单击“执行”按钮，系统显示被取消的发票条目和将要产生的发票条目的概览。每个条目显示其发票类型、客户名称、净价值等信息，可用于复核，如图3-69所示。

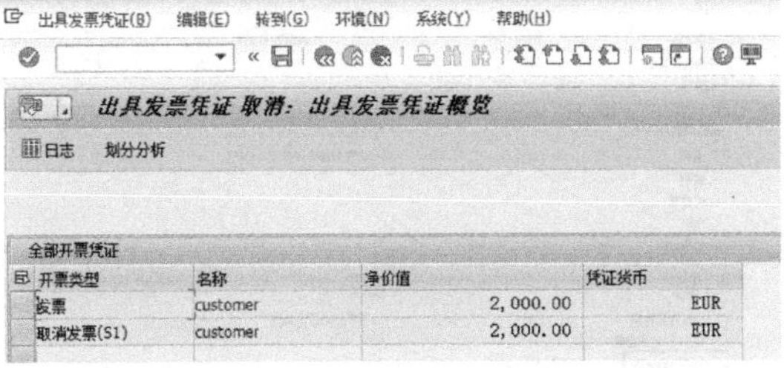

开票类型	名称	净价值	凭证货币
发票	customer	2,000.00	EUR
取消发票(S1)	customer	2,000.00	EUR

图3-69

从图3-69中可以看出，原发票的开票类型为“发票”，被取消后产生发票的开票类型将为“取消发票（S1）”。

双击条目，即可进入发票的详细界面，进行复核。

STEP 4 单击“保存”按钮，系统自动返回“取消出具发票凭证”初始界面，并在下方显示新产生的发票编号，如图3-70所示。

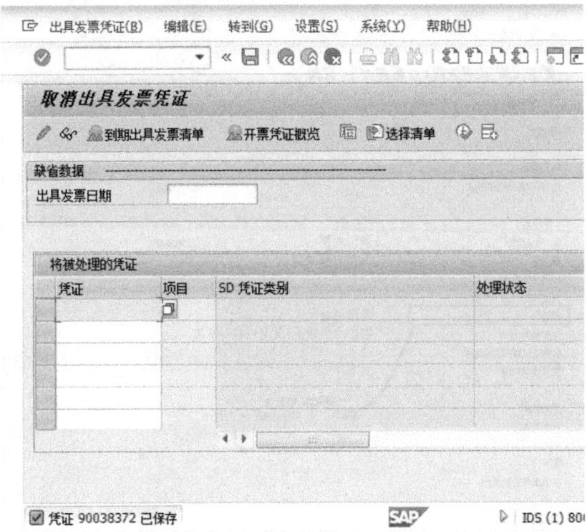

图3-70

“取消发票”相当于对原发票做了一张反向的发票，它也是一张发票。

STEP 5（可选）如果要复核新产生的发票，可以在此界面直接通过菜单中的“出具发票凭证”→“显示”进入“显示 出具发票”界面，也可以使用专门的路径（SAP菜单＞后勤＞销售和分销＞出具发票＞开票凭证＞显示）或事务代码（VF03）进入“显示出具发票”界面，如图3-71所示。

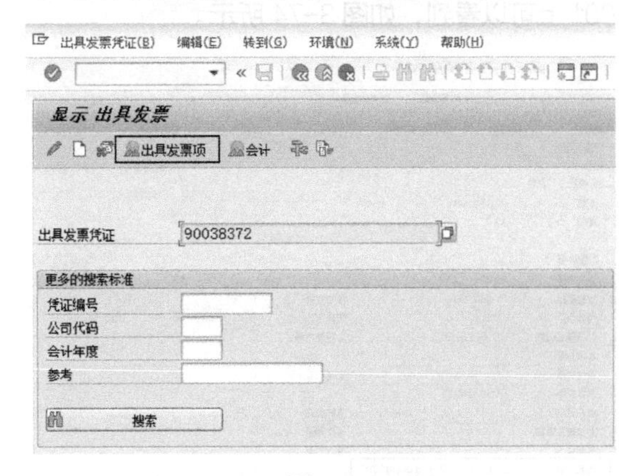

图3-71

按回车键或单击 出具发票项 按钮，可以查看取消发票的明细行项目，如图3-72所示。

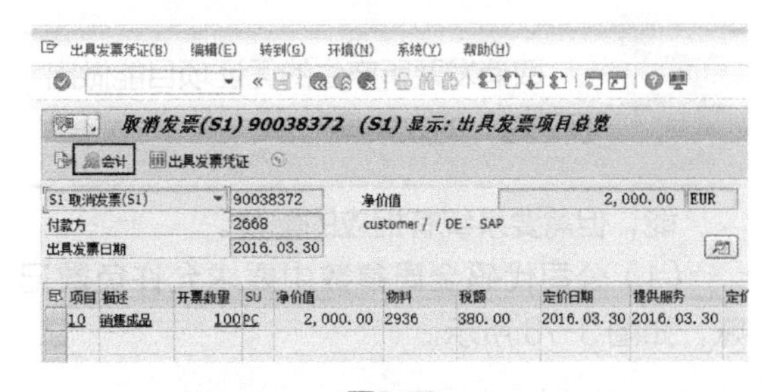

图3-72

如果要查看该发票产生的会计凭证，可以单击 会计 按钮查看会计凭证清单，如图3-73所示。

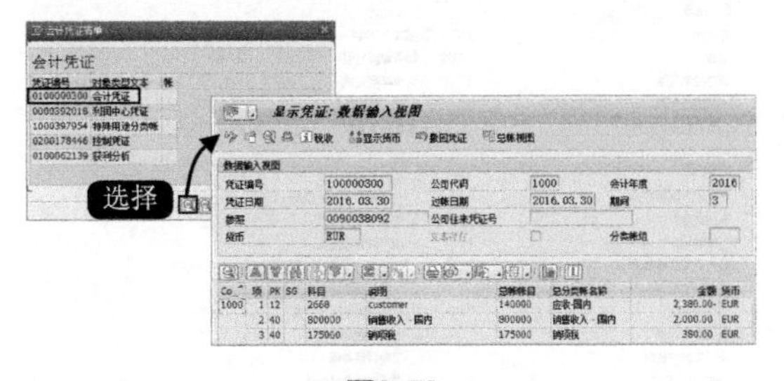

图3-73

从图3-73所示的会计凭证来看，原正向发票对应凭证的借贷方都被反向记账了：贷记客户，借记收入和销项税。

取消发票所产生的应收行项目要和原发票所产生的应收行项目做清账吗？

取消发票所产生的应收行项目和原发票所产生的应收行项目是自动对清的，无须再做手工清账。这一点，从原会计凭证 140000012 的行项目 001 上可以看到，如图 3-74 所示。

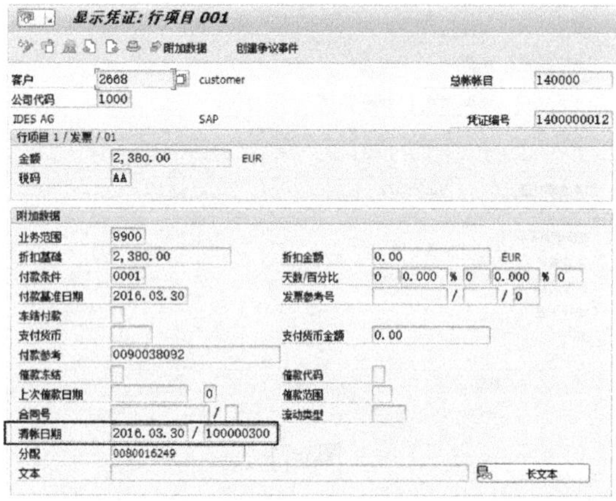

显示凭证：行项目 001
附加数据 创建争议事件
客户 2668 customer 总帐帐目 140000
公司代码 1000
IDES AG SAP 凭证编号 1400000012
行项目 1 / 发票 / 01
金额 2,380.00 EUR
税码 AA
附加数据
业务范围 9900
折扣基础 2,380.00 折扣金额 0.00 EUR
付款条件 0001 天数/百分比 0 0.000 % 0 0.000 % 0
付款基准日期 2016.03.30 发票参考号 / / 0
冻结付款
支付货币 支付货币金额 0.00
付款参考 0090038092
催款冻结 催款代码
上次催款日期 0 催款范围
合同号 / 流动类型
清帐日期 2016.03.30 / 100000300
分配 0080016249
文本 长文本

图3-74

取消发票所产生的凭证项目能做出“反记账”的效果吗？

能，但需要系统有相应的配置。

（1）公司代码全局参数中要求允许负数记账，如图 3-75 所示。

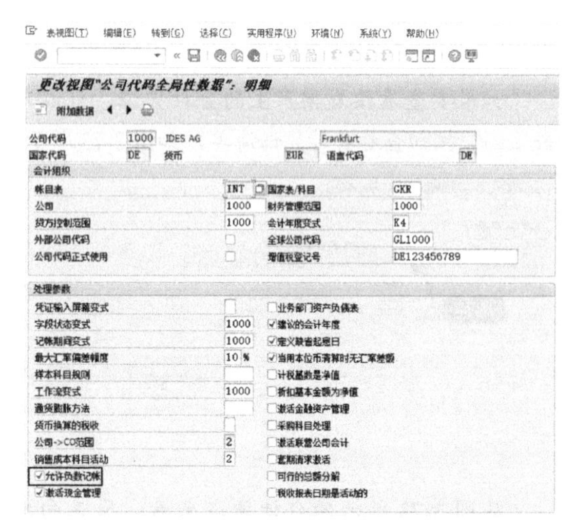

图3-75

路径：IMG> 财务会计（新）> 财务会计全局设置（新）> 公司代码的全球参数 > 输入全局参数

事务代码：OBY6

（2）会计凭证类型必须允许负数记账，如图 3-76 所示。

路径：IMG> 财务会计（新）> 财务会计全局设置（新）> 凭证 > 凭证类型 > 定义条目视图的凭证类型

事务代码：OBA7

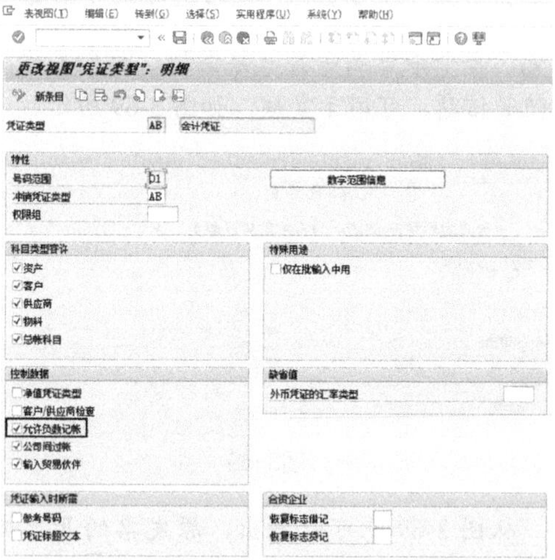

表视图(T) 编辑(E) 转到(G) 选择(S) 实用程序(U) 系统(Y) 帮助(H)
更改视图"凭证类型"：明细
新条目
凭证类型 AB 会计凭证
特性
号码范围 01 数字范围信息
冲销凭证类型 AB
权限组
科目类型容许
资产
客户
供应商
物料
总帐科目
特殊用途
仅在批输入中用
控制数据
净值凭证类型
客户/供应商检查
允许负数记帐
公司间过帐
输入贸易伙伴
缺省值
外币凭证的汇率类型
凭证输入时所需
参考号码
凭证标题文本
合资企业
恢复标志借记
恢复标志贷记

图3-76

（3）发票类型设置反记账的属性，如图 3-77 所示。

路径：IMG> 销售和分销 > 出具发票 > 开票凭证 > 定义出具发票类型

事务代码：VOFA

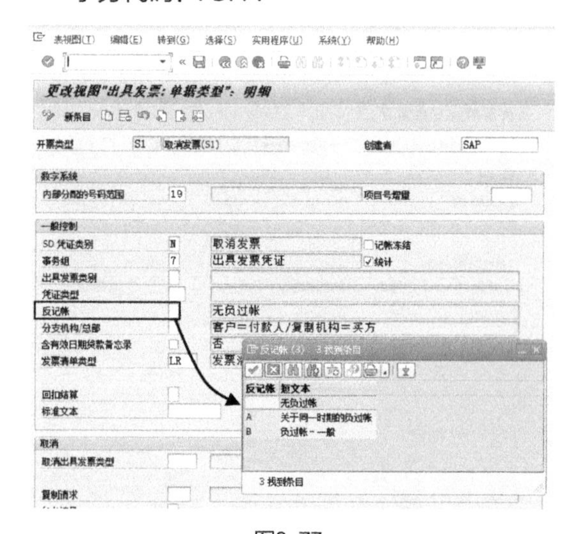

图3-77

当发票类型上的“反记账”字段设置为A或B时，才会达到反记账（负借负贷）的效果。

> 提示
> 根据以上图片可以发现，前面取消发票后生成的会计凭证100000300/1000/2016，是不会产生反记账效果的，因为在发票类型S1上设置的为“无负过账”。

3.5 收款及清账

在SAP中，处理收款要达到两个效果：一要实现会计凭证的处理；二要实现清账，即将收款与应收款对应核销。可以在收款的同时清账（俗称“边收边清”），也可以先做收款事后清账。本节分别介绍这两种方式。

3.5.1 收款同时清账

企业的收款有现金收款、银行存款收款、承兑汇票（银行承兑或商业承兑）收款等多种方式。收款的会计处理一般为借记相应科目（现金、银行存款、应收票据等），贷记应收账款。

【业务操作】下面以收到现金或银行存款为例介绍系统的操作。

路径：SAP菜单 > 会计核算 > 财务会计 > 应收账款 > 凭证输入 > 发票

事务代码：F-28

STEP 1 在“收款记账：抬头数据”界面输入收款的基本信息，如图3-78所示。

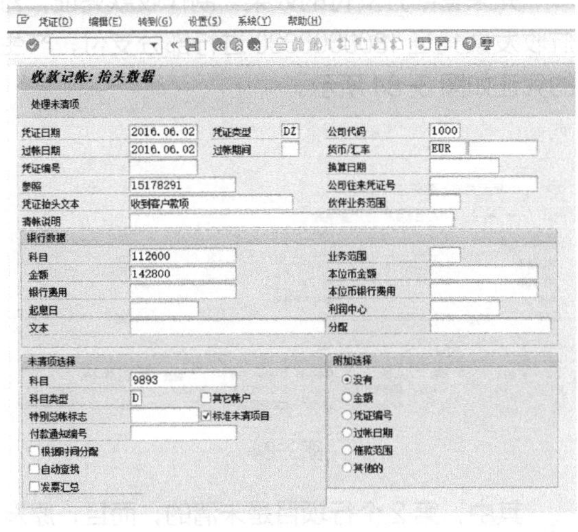

图3-78

凭证日期：收款记录的日期，可以填写收款原始单据上的日期。

过账日期：凭证记账的会计日期，决定凭证记入哪个会计期。

凭证类型：收款默认凭证类型为DZ。

参照：收款原始单据上的编号，用于审计线索。

凭证抬头文本：凭证头摘要。

银行数据－科目：收到的款项进入哪个会计科目，如现金科目、银行存款科目。系统会自动根据这里的输入，借记该科目。如果是收承兑汇票，则不在此界面操作，请参见3.7节。

未清项选择－科目：输入付款的客户。系统会自动根据这里的客户，贷记其统驭科目。

未清项选择－科目类型：系统默认为D（客户），即核销客户的未清项。

STEP 2 按回车键，进入“收款记账 输入部分支付”界面，可以看到系统当前未清项的记录，系统自动将“支付金额”填写为发票的净值金额，如图3-79所示。

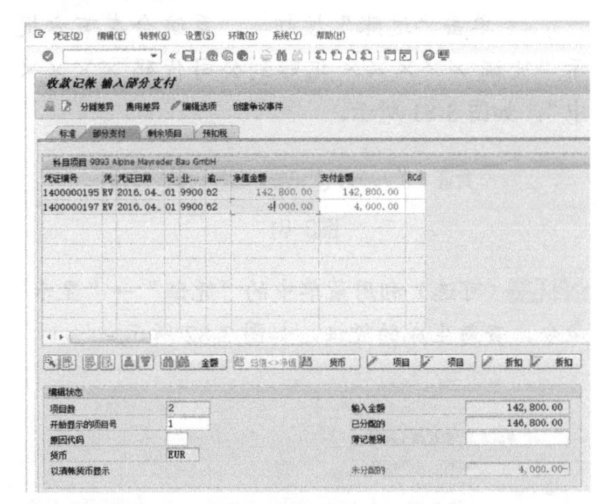

图3-79

该界面有4个选项卡，即标准、部分支付、剩余项目、预扣税。在国内，“标准”选项卡和“预扣税”选项卡一般不使用，只使用“部分支付”选项卡或“剩余项目”选项卡进行操作。

STEP 3 在“部分支付”选项卡，灵活运用下方的按钮，选择要核销的未清项，进行清账，具体操作按图3-80标记的顺序所示。❶ 全选，❷ 取消激活项目（取消对所有未清项的收款），❸ 将光标置于准备支付的项目上，❹ 激活项目。操作后，系统显示结果如图3-80所示。

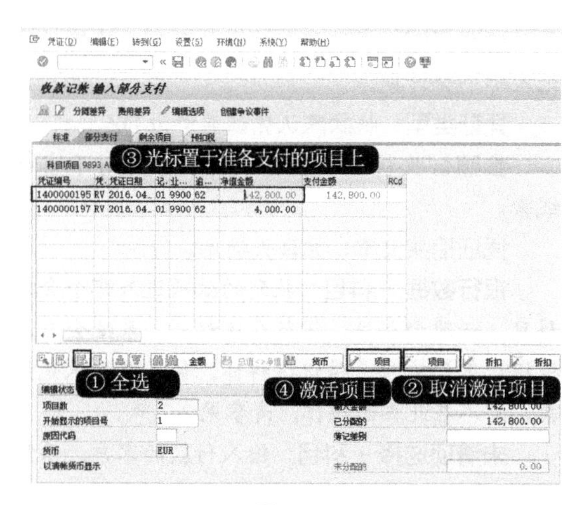

图3-80

从图 3-80 中可以看到，选中并激活项目后，如果收款金额（“输入金额”）等于被清账的（已分配的）发票金额，“未分配的”金额会自动变为 0。一般情况下，只有在未分配的金额变为 0 的时候，凭证才能过账。

STEP 4 单击“过账”按钮，系统会在下方提示“凭证 ××××× 记账到公司代码 ×××× 中”，如图 3-81 所示。

☑ 凭证 1400000198 记帐到公司代码1000中

图3-81

STEP 5（可选）利用菜单中的“凭证”→“显示”命令，查看生成的凭证，如图 3-82 所示。

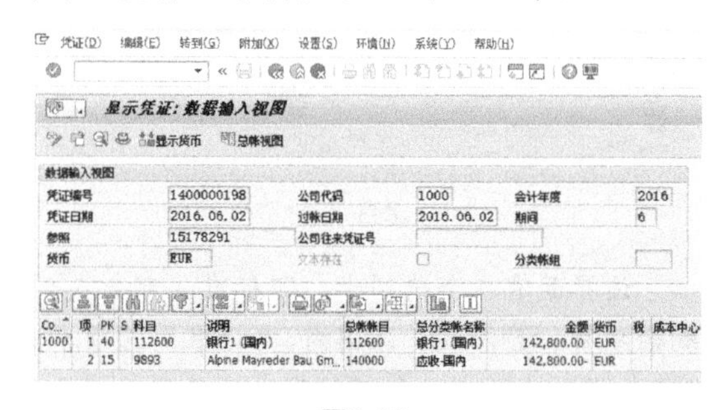

图3-82

从图 3-82 中可以看到，客户收款形成的贷方（应收账款），系统使用记账码 15（收款）；银行科目，系统使用记账码 40（借方分录）。

部分清账与剩余清账有什么不同?

在步骤 2 中提到了两种清账方法，即部分清账和剩余清账。部分清账是输入要支付的金额；而剩余清账是输入“针对未清项付款后还剩余的”金额。例如，收款金额为 3 500 欧元，而要清账的发票是 4 000 欧元，如果是部分清账，则“支付金额”输入 3 500，如图 3-83（1）所示；如果是剩余清账，则“剩余项目”输入 500，如图 3-83（2）所示。

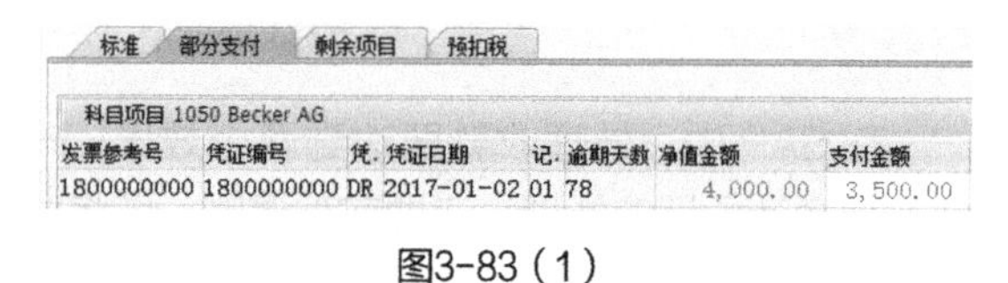

图3-83（1）

图3-83（2）

如果收款金额和发票金额一致（假设为 4 000 欧元），即全额收到款项，在此情况下，不管使用“部分支付”选项卡操作（输入支付金额 4 000 欧元）还是使用“剩余项目”选项卡操作（输入剩余金额 0 欧元），最终效果都是一样的：发票和收款形成的应收项都被清账。

但如果收款金额不等于发票金额，采用两种方式操作，在生成的凭证上是不一致的。仍以前面的图 3-83（1）和图 3-83（2）为例，来分析两种方式的区别。

先来看部分支付的效果。制作收款凭证，对应收发票凭证 1800000000 进行部分支付，产生的凭证如图 3-84 所示。

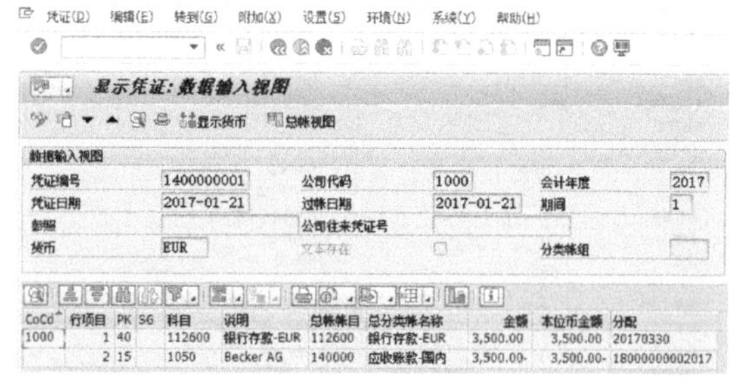

图3-84

其中，第 2 个行项目是未清的，而且，原发票的应收 4 000 也是未清的。这一点可以从客户行项目显示清单中看到。如图 3-85 所示，原发票记录的应收项（借方）1800000000 和现在收款产生的应收项（贷方）1400000001 都以红灯形式显示，表示未清账。

路径：SAP 菜单 > 会计核算 > 财务会计 > 应收账款 > 账户 > 显示余额（查询到结果后双击余额）

事务代码：FD10N

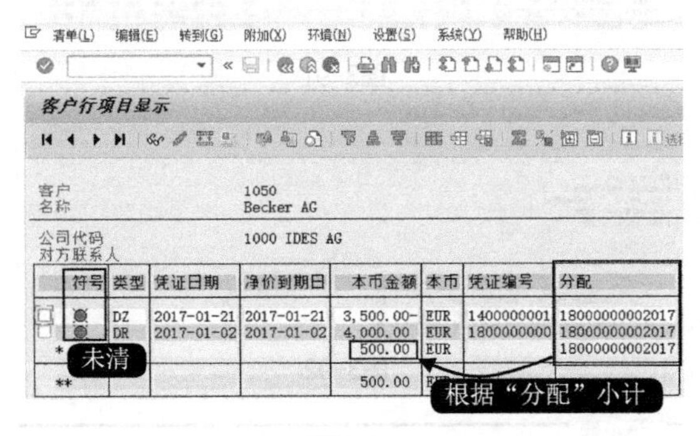

图3-85

虽然都未清账，但是仍然可以从“分配”字段看到收款和发票的关联：在收款凭证的应收行项目上，分配字段体现为“对应发票的凭证号 + 会计年度”。由于发票凭证和收款凭证的分配字段都相同，因此可以针对分配字段进行金额小计，这样可以查看每张发票最终余额剩多少。

同时，在凭证行项目中可以看到支付对象的信息（光标置于收款凭证的应收行项目，单击“显示凭证”按钮，即可看到），如图 3-86 所示。

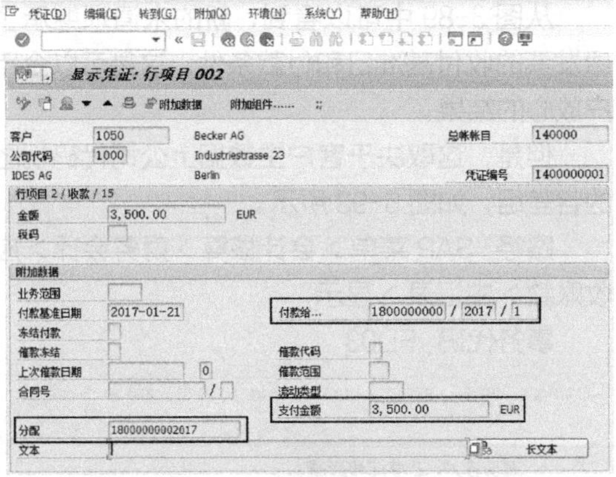

图3-86

这些都为日后理清发票的支付历史提供了“蛛丝马迹”。

再来看剩余清账的效果。制作收款凭证，对应收发票凭证 1800000001 进行剩余支付，产生的凭证如图 3-87 所示。

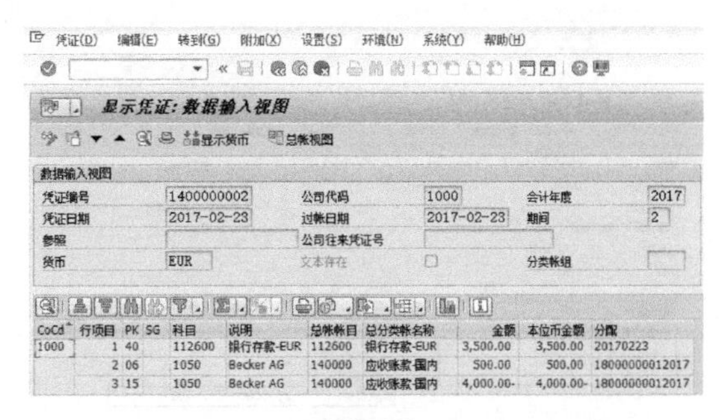

图3-87

从该凭证看，系统是将原发票凭证上的应收 4 000 冲掉（即“贷记”），然后针对剩余项 500 记入应收款（即“借记”）。因此，图中凭证的第 3 个行项目（-4000）是已清的，同时，新出来的 500 是未清的。这意味着，以后将根据这一笔未清项来追索客户的债务。

从客户行项目显示清单中可以看到，原发票记录的应收项（借方）1800000001 和现在收款产生的应收项（贷方）1400000002 的第 3 行（-4 000）都以绿灯形式显示，表示已清账；而新产生的应收项（借方）1400000002 的第 2 行（500）体现为红灯，表示未清项，如图 3-88 所示。

路径：SAP 菜单 > 会计核算 > 财务会计 > 应收账款 > 账户 > 显示余额（查询到结果后双击余额）

事务代码：FD10N

图3-88

从“清账凭证”字段可以看到收款和发票的关联：在原发票凭证的应收行项目上，记录了收款凭证号 1400000002，表明它是被 1400000002 清掉的。

新的未清项，继承了原应收款行的相关属性，包括付款条件、收付基准日等（其具体实现详见【延伸思考 2】），同时，“剩余项”字段体现了它是 1800000001/2017/1（凭证编号 / 会计年度 / 行项目）遗留下来的剩余项，如图 3-89 所示。

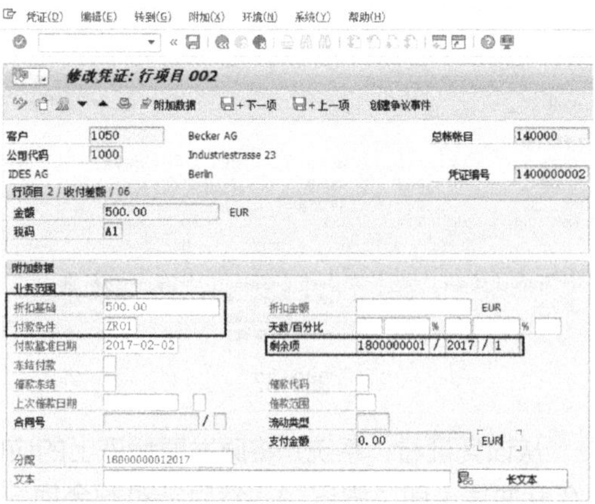

修改凭证：行项目 002

客户	1050	Becker AG	总帐帐目	140000
公司代码	1000	Industriestrasse 23		
IDES AG		Berlin	凭证编号	1400000002

行项目 2 / 收付款凭证 / 06

金额 500.00 EUR
税码 A1

附加数据

折扣基础 500.00　折扣金额 EUR
付款条件 ZR01　天数/百分比
付款基准日期 2017-02-02　剩余项 1800000001 / 2017 / 1
支付金额 0.00 EUR
分配 18000000012017

图3-89

综上所述，部分清账与剩余清账还是有较大差别的，主要体现在操作方法、产生的凭证和清账效果 3 个方面。两种方法各有优缺点，没有哪一种方法是完美的。当一笔发票被多次支付一部分金额后，清账关系将会很难理清。其实，对于企业而言，最朴素的需求就是希望知道一张发票被支付了一笔款项后，原金额是多少，还剩多少钱未付。但在 SAP 中，如果发生了多次支付，无论是哪种方法，都难以直观地实现这个简单需求。不管怎样，企业必须在两种方法中选择一种相对能接受的方法。

提示

SAP有一个比较生僻的报表“托收管理”，事务代码为FDM_COLL01。该报表可以按照发票分析其原始金额、已付金额和剩余金额。其选择界面如图3-90所示，运行结果如图3-91所示。如果选中某一张发票，单击“Invoice History”按钮，则可以看到它历次被清账的情况，如图3-92所示。

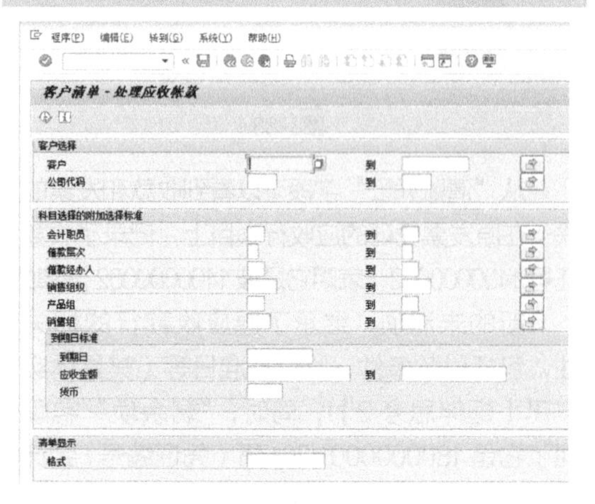

图3-90

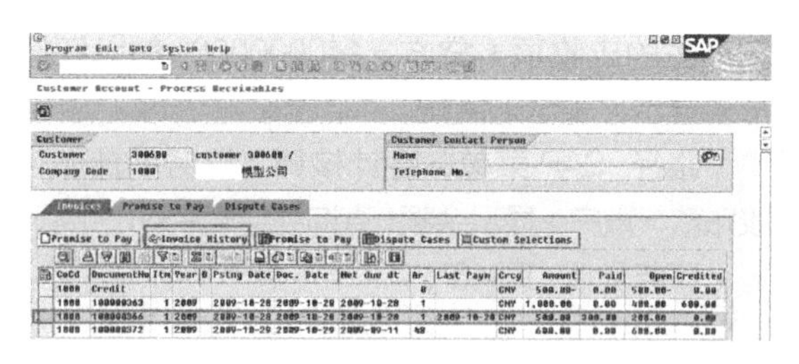

图3-91

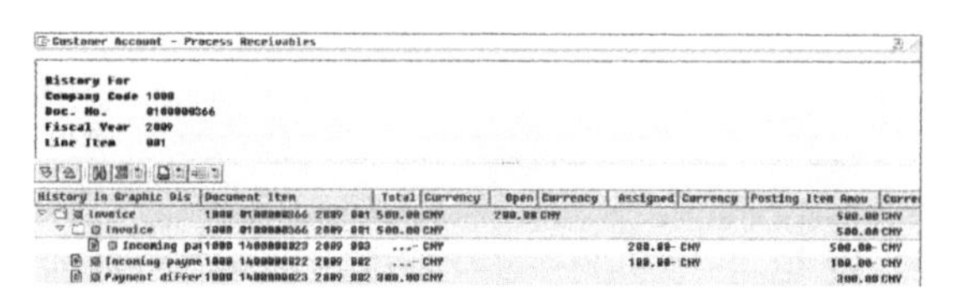

图3-92

剩余清账产生的未清项是否会改变原发票的欠款天数?

例如，原发票是 2 月 2 日到期（付款条件为即期付款，收付基准日为 2 月 2 日），在 2 月 23 日收到部分款项后，做剩余清账产生新的未清项，该未清项的付款条件是沿用先前发票的付款条件还是新的付款条件，收付基准日是以 2 月 2 日为准还是以 2 月 23 日为准呢？如果都是前者，就是合理的；如果都是后者，就是不合理的，因为它会改变原发票的欠款天数。

从图 3-89 中可以看到，新的未清项继承了原发票的收付基准日和付款条件。这是可以令用户放心的结果。

但是，这取决于客户主数据上公司代码视图的容差组，如图 3-93 所示。

路径：SAP 菜单 > 会计核算 > 财务会计 > 应收账款 > 主记录 > 显示

事务代码：FD03

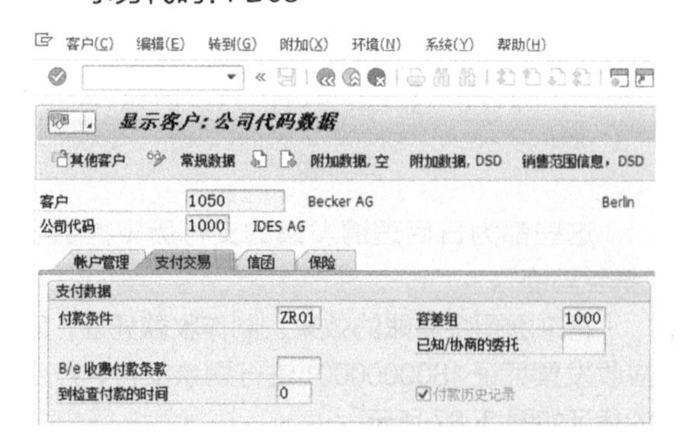

图3-93

容差组是在后台配置其规则的。针对公司代码1000的容差组1000，其配置如图3-94所示。

路径：IMG> 财务会计（新）> 应收账目和应付账目 > 业务交易 > 未结清项目的结清 > 清算差额 > 定义客户 / 供应商的容差

事务代码：OBA3

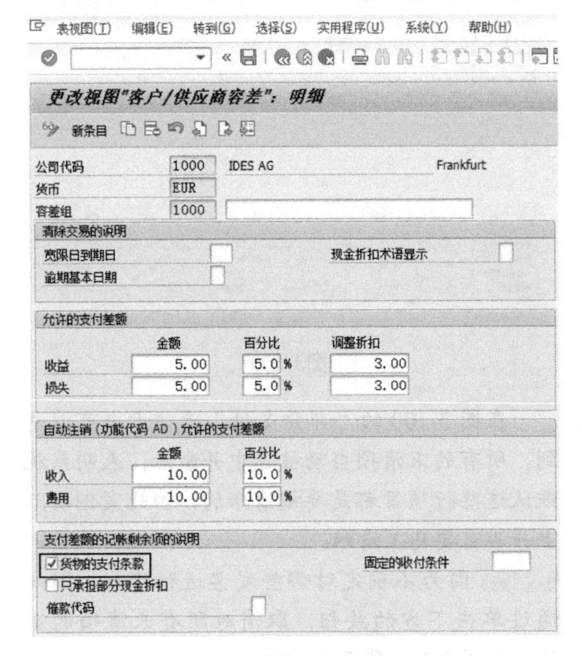

图3-94

在图3-94中，勾选“货物的支付条款”复选框，表示剩余项将沿用原发票凭证行项目的付款条件、收付基准日等信息。

延伸思考3 清账时是否允许小额尾差的存在？

前面业务操作曾经提到，“一般情况下，只有在未分配的金额变为0的时候，凭证才能过账”。但是，在有的情况下，企业会在客户付款时将零头予以抹掉。例如，发票金额100 000.25元，但收款时，客户支付100 000.00元。在系统中输入收款并清账时，输入金额 = 收款金额 =100 000.00元，已分配金额有以下两种情况。

（1）只支付发票的100 000.00元，剩余的0.25元作为未付的欠款。

（2）支付发票的100 000.25元，差额的0.25元被当作零头抹掉。

在第（2）种情况下，已分配金额 =100 000.25元，未分配金额 =-0.25元，如图3-95所示。

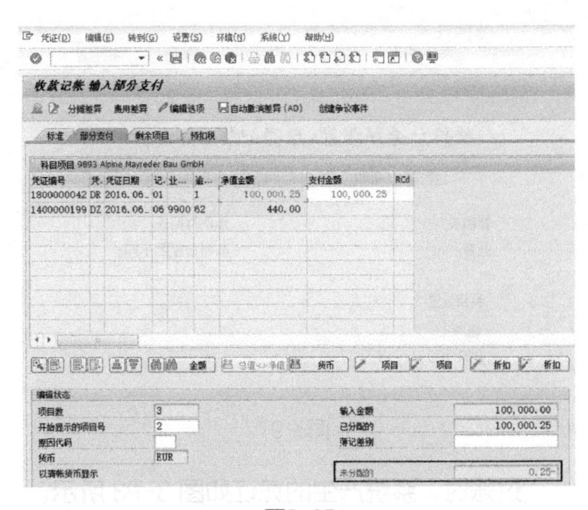

图3-95

如果后台已经做了与“小额尾差”相关的配置（容差、过账科目），则系统会将原发票清掉，并将0.25的差额记入相应的科目（一般配成“财务费用”科目）。

容差的配置如图3-96所示。

路径：IMG> 财务会计（新）> 应收账目和应付账目 > 业务交易 > 未结清项目的结清 > 清算差额 > 定义客户 / 供应商的容差

事务代码：OBA3

更改视图"客户/供应商容差"：明细

新条目

公司代码 1000 IDES AG Frankfurt

货币 EUR

容差组

清除交易的说明

宽限日到期日　　现金折扣术语显示 0

逾期基本日期

允许的支付差额

	金额	百分比	调整折扣
收益	5.11	1.0 %	
损失	5.11	1.0 %	

自动注销（功能代码 AD）允许的支付差额

	金额	百分比
收入	3.00	5.0 %
费用	3.00	5.0 %

图3-96

只有符合该容差的差额，才会被系统所接受。

系统产生的容差会记入差异科目。该差异科目的配置如图3-97所示。

路径：IMG> 财务会计（新）> 应收账目和应付账目 > 业务交易 > 未结清项目的结清 > 清算差额 > 定义清算差异的账户

事务代码：OBXL

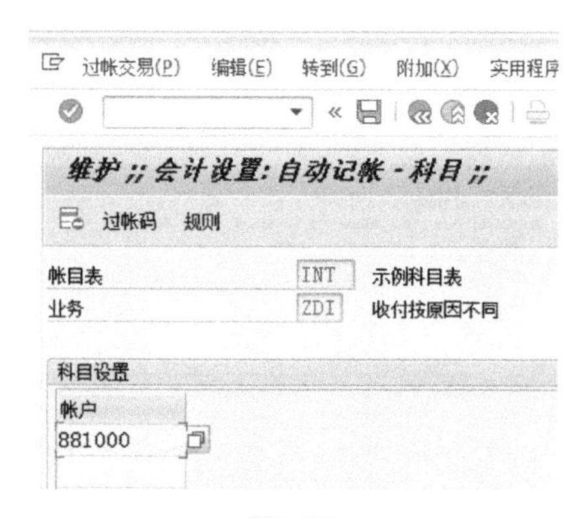

图3-97

过账时，系统产生的凭证如图 3-98 所示。

项	PK	S	科目	说明	总帐科目	总分类帐名称	金额	货币
1	40		112600	银行1 (国内)		银行1 (国内)	100,000.00	EUR
2	40		881000	财务费用-客户付款尾差		财务费用-客户付款尾差	0.25	EUR
3	15		9893	Alpine Mayreder Bau Gm..	140000	应收-国内	100,000.25-	EUR

图3-98

3.5.2 收款时不清账事后清账

企业并不总是在收款的时候就能找到对应核销的发票，而是要等到销售人员确认，然后才知道核销哪张（些）发票。在这种情况下，收款的录入，有多个事务代码可以操作，只要最终能实现凭证的记账就行。例如，F-02（输入普通凭证，但要手工修改记账码）、F-27（输入客户的贷项凭证，也要修改记账码），还可以在 F-28 中变化操作模式。

【业务操作 1】以下介绍使用事务代码 F-28 输入收款凭证但不同时清账的操作方法。

STEP 1 在“收款记账：抬头数据”界面输入收款的信息，如图 3-99 所示。

图3-99

STEP 2 按回车键，或单击“处理未清项”按钮，进入“收款记账 输入部分支付”界面，如图 3-100 所示。

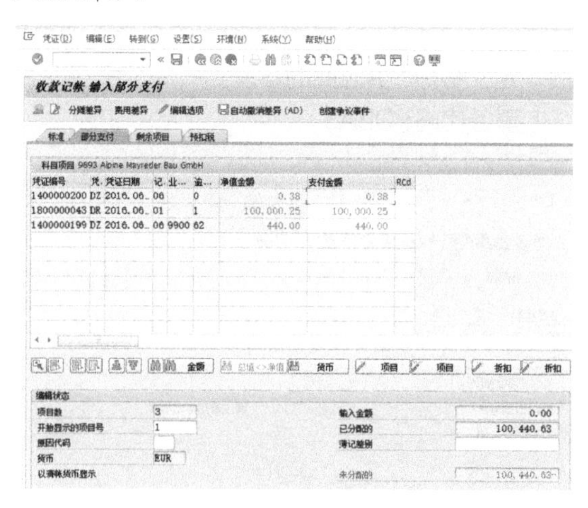

图3-100

在图 3-100 的“部分支付”选项卡中可以看到，所有的未清项自动被选中并激活，表明系统默认这些行项目都是要被清账的，但此案例实际上并不需要马上清账。

STEP 3 因为不确定对哪些发票进行清账，因此通过单击下方的按钮，取消对所有未清项的激活，如图 3-101 所示。

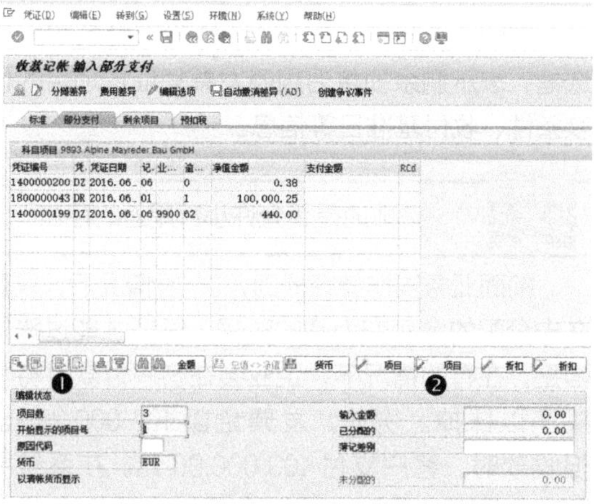

图3-101

❶ 全选，❷ 取消激活。

STEP 4 在图 3-101 中单击“后退”按钮，进入“收款记账 显示概览”界面，如图 3-102 所示。

在图 3-102 中可以看到，系统已经根据收款的信息创建了第 1 个行项目。后续的行项目等待用户继续输入。

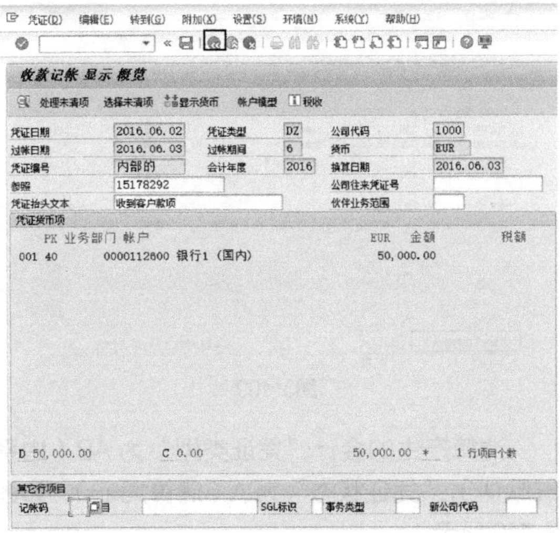

图3-102

STEP 5 在界面下方“其他行项目”区域，继续输入凭证第2行，如图3-103所示。

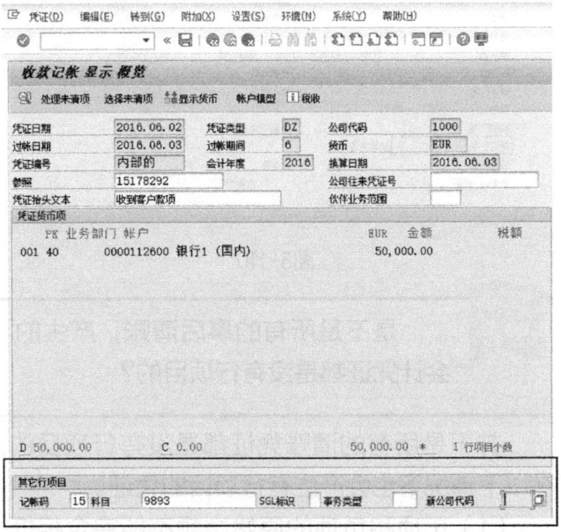

图3-103

收款时，应收账款的贷方使用记账码15(“收款”科目)。

STEP 6 按回车键，进入“收款记账 添加 客户项目”界面，在该界面输入第2行项目的金额等信息，如图3-104所示。

STEP 7 单击“过账”按钮，系统会在下方提示“凭证×××××记账到公司代码××××中”，如图3-105所示。

通过这种方式输入的凭证，就产生了未清账的行项目，即未清项。

接下来，待销售人员确认收款和发票的对应核销关系，就可以在专门的清账界面进行清账处理了。

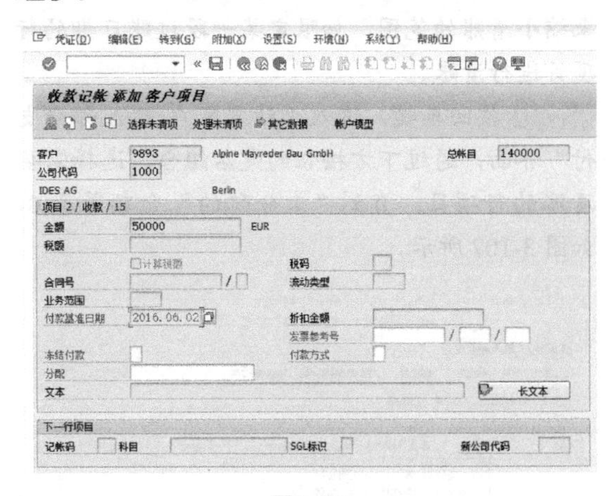

图3-104

凭证 1400000203 记帐到公司代码1000中

图3-105

【业务操作2】接下来进行事后清账。

路径：SAP菜单 > 会计核算 > 财务会计 > 应收账款 > 账户 > 清账

事务代码：F-32

STEP 1 在“结算客户：抬头数据”界面输入科目、公司代码、清账日期等信息，如图3-106所示。

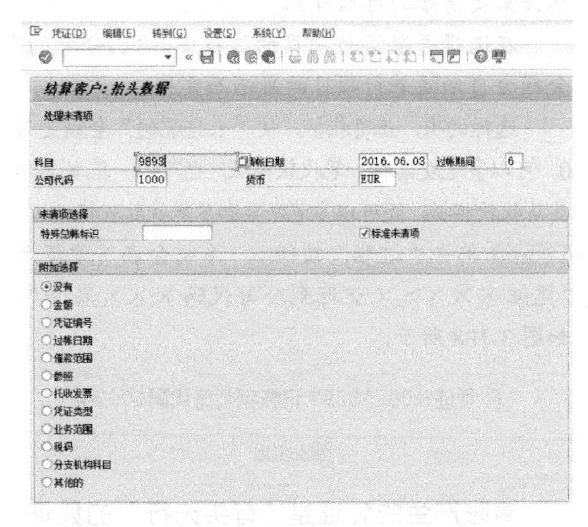

图3-106

在“未清项选择”区域，“标准未清项”指直接记入客户统驭科目（不带任何特别总账标志）的未清项，此复选项框一般勾选。“特别总账标识”是指预付款、应收票据、其他应收款等，此处暂不输入。

在此界面，“附加选择”区域有多种选择，是假设客户的未清项有很多，通过选定某些参数来缩小清账的范围，如限定某一段过账日期的行项目进行清账。

STEP 2 按回车键，进入“结算客户 输入部分支付”界面，通过下方按钮的灵活组合，选择需要清账的行项目，直到“未分配的”金额等于 0，如图 3-107 所示。

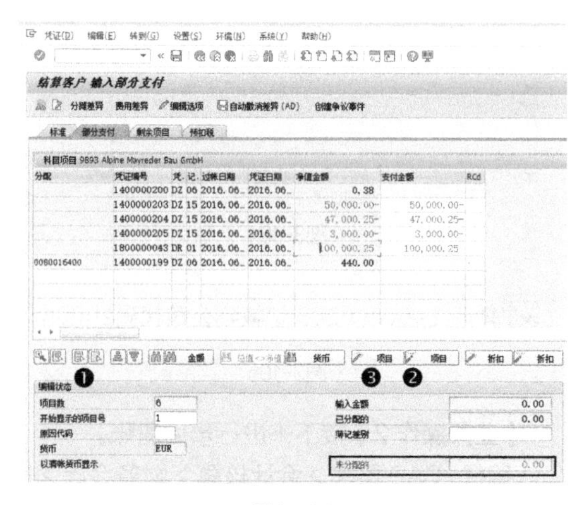

图3-107

❶ 全选，❷ 取消激活，❸（光标置于需要清账的行项目，然后单击）激活项目（也可以直接双击需要清账的行项目）。

在选择并激活行项目的过程中，“已分配的”金额会自动随着行项目的激活而变化。

选择的项，正负相抵，使“未分配的”金额变为0。可以多笔发票和一笔收款相抵，也可以一笔发票和多笔收款相抵，还可以多笔发票和多笔收款相抵。

STEP 3 单击“过账”按钮，系统会在下方提示“凭证 ××××× 记账到公司代码 ×××× 中”，如图 3-108 所示。

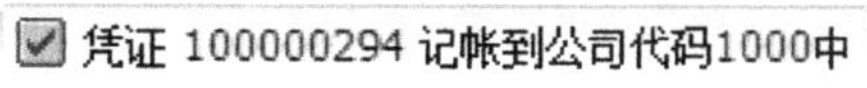

凭证 100000294 记帐到公司代码1000中

图3-108

清账产生的凭证是“有头无行”的凭证，凭证下方显示“清算无行项目的凭证”，如图 3-109 所示。这是因为清账实质上是应收的正项与应收的负项相抵，借记“应收账款”，贷记“应收账款”。当借贷方的科目、分配属性（利润中心、业务范围）都完全相同的情况下，借贷方就完全抵掉了，不必再出现行项目了。

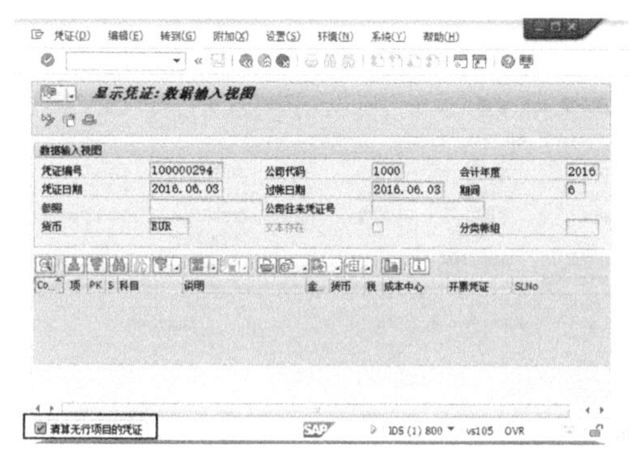

图3-109

清算产生的会计“凭证类型”为 AB（由系统默认），“凭证状态”为 A（清算凭证），如图 3-110 所示。

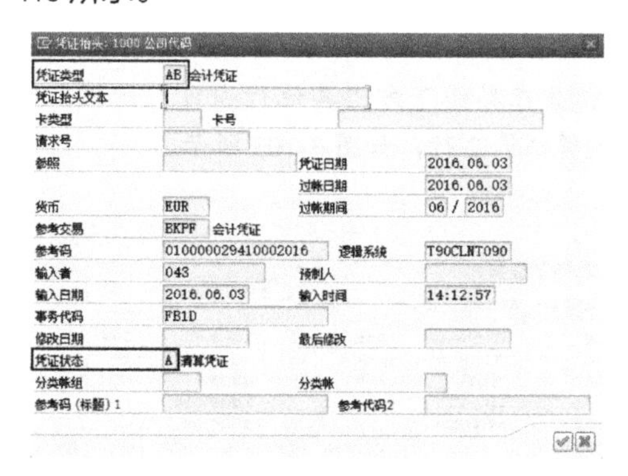

图3-110

延伸思考

是不是所有的事后清账，产生的会计凭证都是没有行项目的？

并不是所有的清账凭证都是没有行项目的。在以下情况下也会产生有行项目的凭证。

（1）正项和负项的原始净额不能完全相抵，只能抵掉一部分金额（如正项 1 000 元，负项 980 元，只能抵掉正项 1 000 元中的 980 元）。

（2）正项和负项有不同的分配属性。例如，一方有业务范围，而另一方没有业务范围，或两方有不同的业务范围。

（3）正项和负项相抵，交易货币可以抵平，但由于历次交易汇率不同，本位币产生了汇兑损益。

（4）正项和负项相抵，第一本位币金额可以抵平，而第二本位币金额或第三本位币金额不能完全抵平，产生了汇兑损益。

（5）行项目中包含有特别总账标志的清账（参考 3.6 节）等。

3.5.3 收款的冲销与清账的重置

如果收款输入错误，在冲销时，需要考虑其是否清账。如果清账了，不能直接使用总账模块介绍的FB08事务代码冲销，系统会提示“凭证含有已结算的项目 - 不可冲销”（消息号：F5308），如图3-111所示。

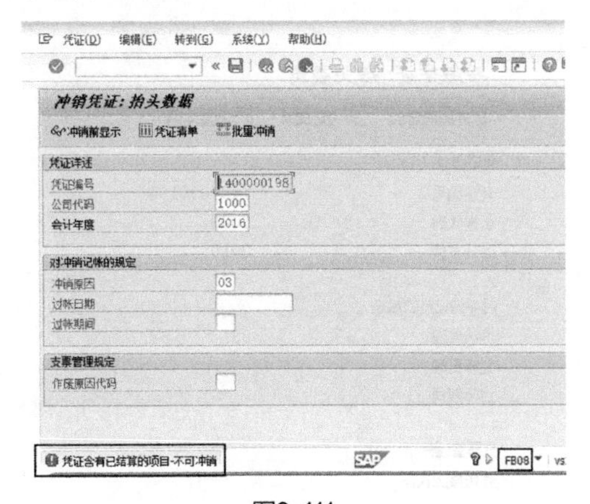

图3-111

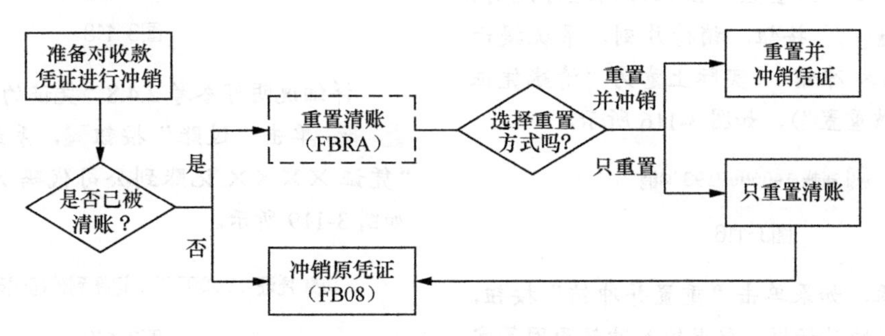

图3-112

在这种情况下，必须先重置清账，然后才能冲销收款，或者在重置清账的时候选择“重置并冲销”。如果没有清账，则可以直接用FB08事务代码冲销。图3-112完整地显示了收款凭证冲销的处理过程。

没有清账的收款，其冲销方式比较简单，直接使用事务代码FB08就可以操作，详见2.4.8小节，此处不再赘述。

【业务操作】 此处以系统中的凭证14000198/1000/2016为例，介绍如何对已经清账的凭证进行冲销。

路径：SAP菜单 > 会计核算 > 财务会计 > 应收账款 > 凭证 > 重置已结清项目

事务代码：FBRA

STEP 1 在“重置已结清项目”界面输入“清账凭证”号、“公司代码”和“会计年度”，如图3-113所示。

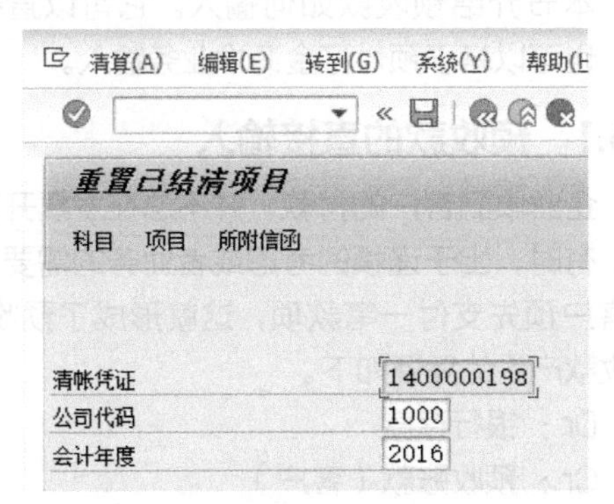

图3-113

STEP 2（可选）在正式重置前，可以单击项目按钮，进入“重置已清项”界面，从中查看与该清账凭证相关的行项目有哪些，如图3-114所示。

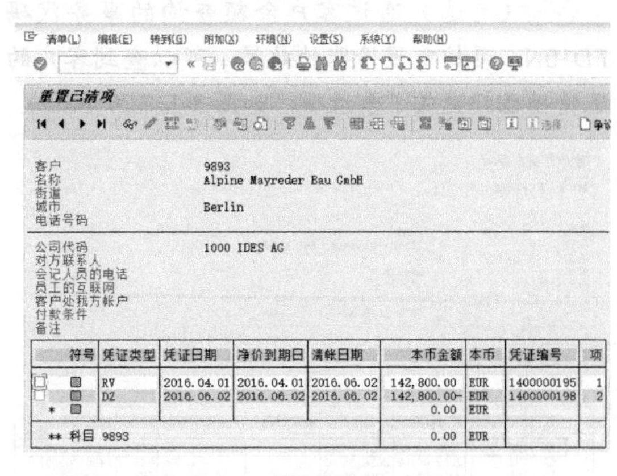

符号	凭证类型	凭证日期	净价到期日	清帐日期	本币金额	本币	凭证编号	项
	RV	2016.04.01	2016.04.01	2016.06.02	142,800.00	EUR	1400000195	1
	DZ	2016.06.02	2016.06.02	2016.06.02	142,800.00-	EUR	1400000198	2
*					0.00	EUR		
** 科目 9893					0.00	EUR		

图3-114

从图3-114中可以看到，与清账凭证1400000198相关的行项目除了它本身的第2行项目外，还有1400000195的第1行项目。两者一正一负，金额正好对清。绿灯表示已清项。因此，所谓“重置已清项”就是要解除这两个行项目的对清关系。

STEP 3 单击“返回”按钮，退回“重置已结清项目”界面，单击“重置已清项”按钮，系统弹出“清账凭证的冲销”对话框，如图 3-115 所示。

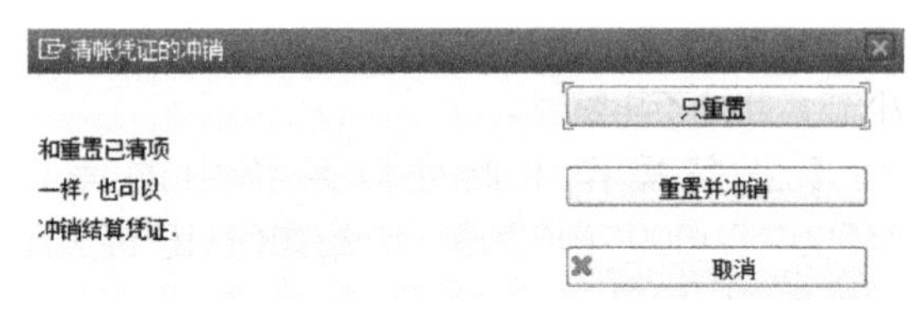

图3-115

在该对话框中，“只重置”是指仅解除两个已清行项目的对清关系；而“重置并冲销”是指在重置已清项的同时冲销原凭证，操作后就不用再使用事务代码 FB08 冲销了（直接跳过步骤 4~6）。

STEP 4（以单击“只重置”按钮为例进行说明）单击 只重置 按钮，稍待片刻，系统提示“清账 ×××× 冲销”（实际上意为“清账凭证 ×××× 已被重置”），如图 3-116 所示。

清帐 1400000198 冲销

图3-116

在此步骤，如果单击“重置并冲销”按钮，系统会弹出新的对话框，要求输入冲销原因等字段，以达到一步冲销的目的。

STEP 5（可选）通过客户余额查询的事务代码 FD10N，复核重置清账的效果，可以查到客户的已清项已经变成了未清项，如图 3-117 所示。

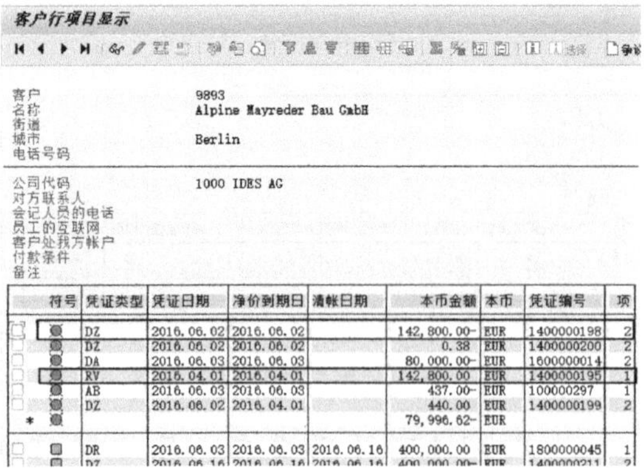

客户行项目显示

客户 9893
名称 Alpine Mayreder Bau GmbH
街道
城市 Berlin
电话号码

公司代码 1000 IDES AG
对方联系人
会记人员的电话
员工的互联网
客户处我方帐户
付款条件
备注

符号	凭证类型	凭证日期	净价到期日	清帐日期	本币金额	本币	凭证编号	项
	DZ	2016.06.02	2016.06.02		142,800.00-	EUR	1400000198	2
	DZ	2016.06.02	2016.06.02		0.38	EUR	1400000200	2
	DA	2016.06.03	2016.06.03		80,000.00-	EUR	1600000014	2
	RV	2016.04.01	2016.04.01		142,800.00	EUR	1400000195	1
	AB	2016.06.03	2016.06.03		437.00-	EUR	100000297	1
	DZ	2016.06.02	2016.04.01		440.00	EUR	1400000199	2
*					79,996.62-	EUR		
	DR	2016.06.03	2016.06.03	2016.06.16	400,000.00	EUR	1800000045	1

图3-117

凭证项 1400000198/2 和 1400000195/1 都已显示红灯，表示为未清项，这表明清账关系已经得到了重置。

STEP 6 使用事务代码 FB08 冲销凭证 1400000198，如图 3-118 所示。

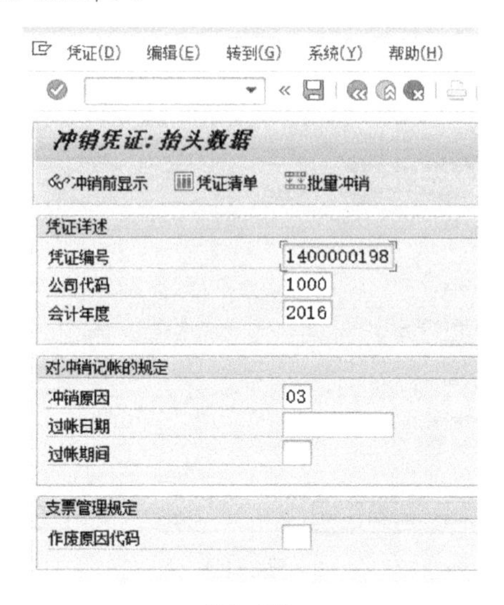

图3-118

详细说明可参考 2.4.8“凭证的冲销”小节。

STEP 7 单击“过账”按钮，系统运行后提示“凭证 ×××× 记账到公司代码 ×××× 中”，如图 3-119 所示。

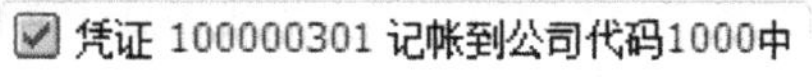

凭证 100000301 记帐到公司代码1000中

图3-119

3.6 预收款的处理

本节介绍预收款如何输入。它可以直接输入，也可以基于预付订金请求业务输入。

3.6.1 预收款的直接输入

企业收到客户的付款，并不总在发票开出之后。有时，出于谨慎的考虑或者业务的需要，要求客户预先支付一笔款项，这就形成了预收款。预收款产生的凭证如下。

Dr：银行存款

Cr：预收账款（客户）

其中，贷方要反映到客户头上。但我们知道，在客户主数据上，统驭科目已经设成了应收账款（140000），因此这里需要使用“特别总账标志”A，使其转换出另一个“统驭科目”：预收账款（170000）。这是在后台配置中定义的。如图 3-120 所示，针对科目类型 D（客户）、特别总账标志（Special G/L indicator，简称 SGL 标识）A（表示预付款，即预付订金）这一条目。单击“选择”按钮，可以看到，当统驭科目是 140000 的时候，转换出的特别总账科目为 170000。

路径：IMG> 财务会计（新）> 应收账目和应付账目 > 业务交易 > 收到的预付款 > 定义客户预付款的统驭科目

事务代码：OBXR

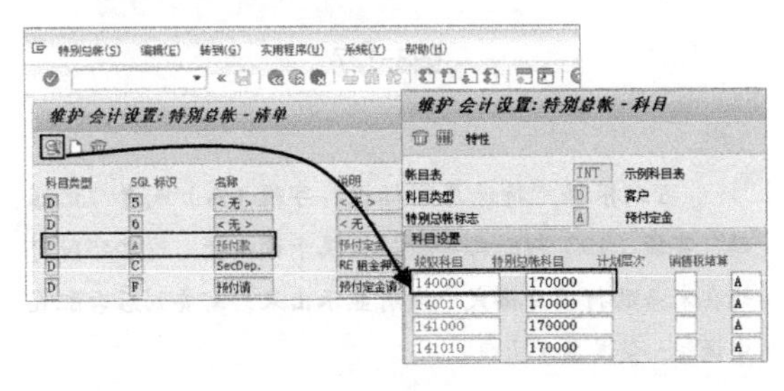

图3-120

提示 由特别总账标志转换出的特别总账科目也是统驭科目。在科目主数据设定时必须注意。

【业务操作 1】接下来介绍预收款的系统操作。

路径：SAP 菜单 > 会计核算 > 财务会计 > 应收账款 > 凭证输入 > 预付订金 > 预付订金

事务代码：F-29

STEP 1 在“客户预付订金记账：抬头数据”界面输入“凭证日期”“过账日期”“参照”“科目”“金额”等信息，如图 3-121 所示。

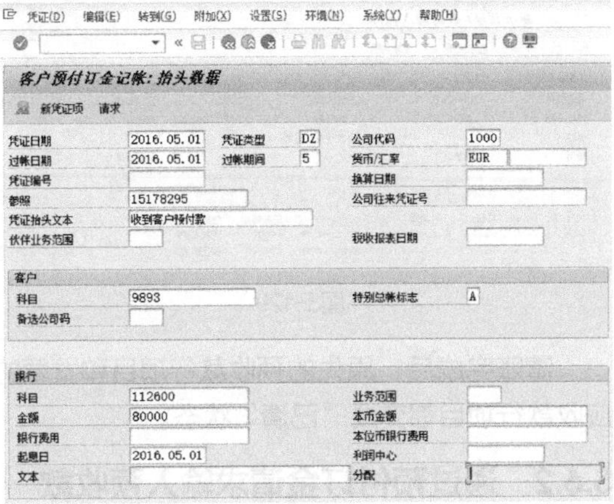

图3-121

注意 “特别总账标志”字段输入A（预付订金）。

STEP 2 按回车键，进入“客户预付订金记账 添加 客户项目”界面，输入预付订金的金额等信息，如图 3-122 所示。

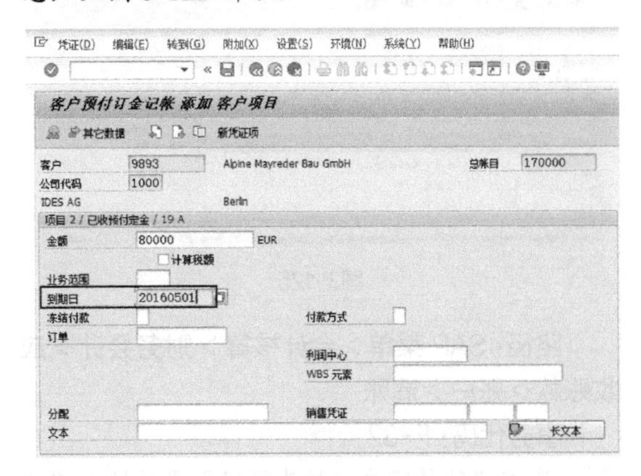

图3-122

提示 在此业务中，对于预收款行项目，系统要求必输“到期日”字段。这是因为系统认为预收款对客户也是有到期日要求的。一般情况下，直接输入为凭证日期即可。

STEP 3 单击“过账”按钮，系统会在下方提示“凭证 ××××× 记账到公司代码 ×××× 中”，如图 3-123 所示。

凭证 1400000208 记帐到公司代码1000中

图3-123

预收款产生的凭证如图 3-124 所示。

项	PK	SG	科目	说明	总帐科目	总分类帐名称	金额	货币
1	40		112600	银行1 (国内)	112600	银行1 (国内)	80,000.00	EUR
2	19	A	9893	Alpine Mayreder Bau GmbH	170000	预收账款	80,000.00-	EUR

图3-124

凭证类型为 DZ（客户付款）。

凭证行项目借方记账码为 40（借方项目）；贷方记账码为 19（特别总账贷方）。

预收款业务过账后，将来给客户输入发票时，系统会提示该客户有预付订金存在，如图 3-125 所示。

发票过账后，必须将预收账款和客户发票形成的应收账款进行清账。清账仍使用事务代码 F-32 进行清账，但必须将“特别总账标识”字段选择 A。

【业务操作 2】接下来介绍如何将应收账款

和预收账款进行清账。

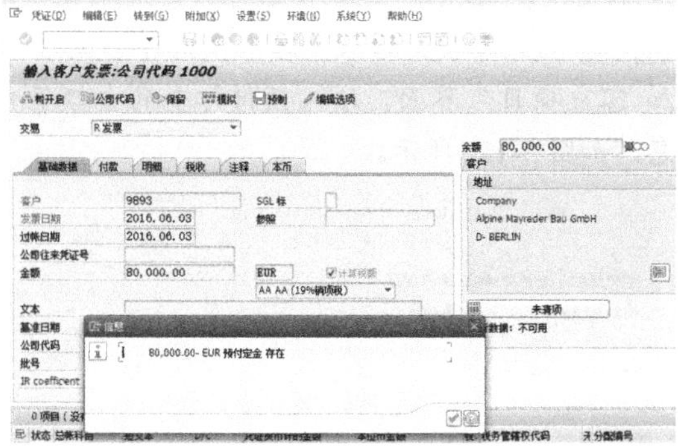

图3-125

路径：SAP 菜单 > 会计核算 > 财务会计 > 应收账款 > 账户 > 清账

事务代码：F-32

STEP 1 在"结算客户：抬头数据"界面输入"公司代码""清账日期""特别总账标识"等信息，如图 3-126 所示。

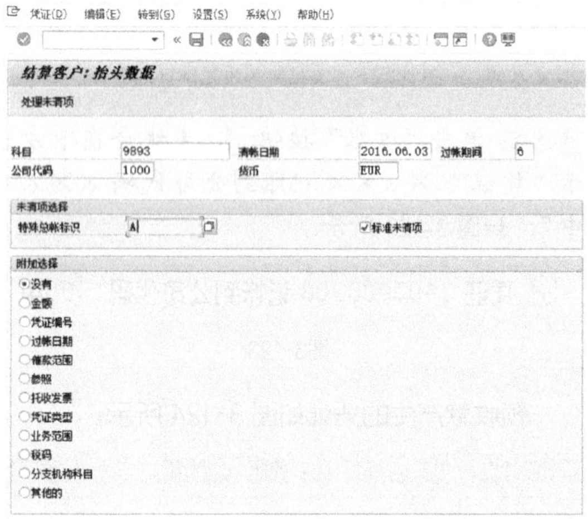

图3-126

此处，因为希望将预收款和发票进行清账，因此，既要选中"标准未清项"复选框，也要将"特殊总账标识"设置为 A。

STEP 2 按回车键，进入"结算客户 输入部分支付"界面，通过设置下方的选项，选择预收款记录和发票记录进行清账，如图 3-127 所示。

❶ 全选，❷ 取消激活，❸（光标置于需要清账的行项目，然后单击）激活项目（也可以直接双击需要清账的行项目）。

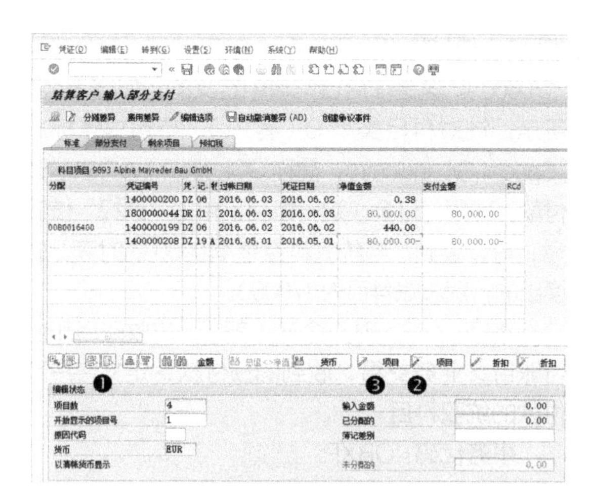

图3-127

> **提示**
> 可以根据"特殊总账标识"字段（A）或者"记账码"字段（19）判断哪些行项目属于预收款。这些字段可能在本来的行项目格式中没有显示出来，需要到后台配置中调整，使其显示出来。

STEP 3 单击"过账"按钮，系统会在下方提示"凭证 ××××× 记账到公司代码 ×××× 中"，如图 3-128 所示。

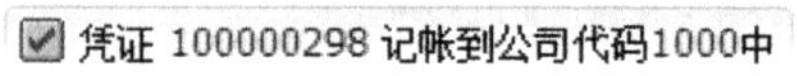

凭证 100000298 记帐到公司代码1000中

图3-128

清账产生的会计凭证如图 3-129 所示。因为凭证的借、贷方分别为预收账款和应收账款，因此，不会再是"有头无行"的凭证，它有两个行项目。

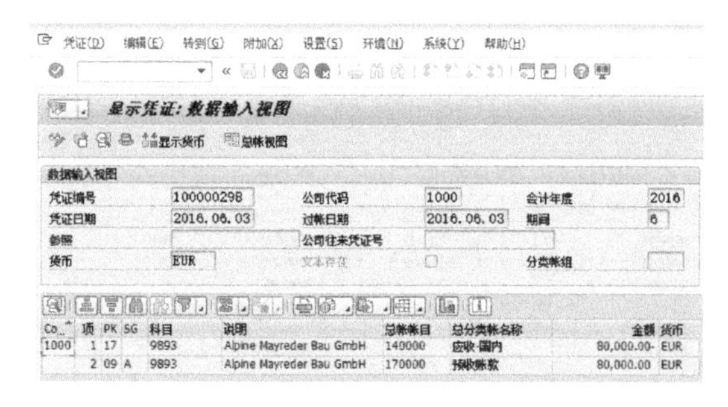

图3-129

清账完成后，原先的预收款行项目和发票的应收款行项目都变成"已清"状态。

3.6.2 通过预付订金请求输入预收款

在 SAP 中，还有一种功能称为"预付订金请求”。它是由企业向客户发出的一种通知或要求。例如，在企业与客户签订的合同中，约定了“合同签订10日内由客户支付订金”，那么就可以向客户开出一张“预付订金请求”的通知，到期日为10天之后。等客户支付了这笔款项后，可以在输入预收款业务时，选中先前的“预付订金请求”，快速输入。

预付订金请求也需要反映到客户头上，并输入“特别总账标志”为“预付订金请求”（F）。在后台也必须定义预付订金请求对应的科目，只不过并不生成常规的会计凭证。如图3-130所示，针对统驭科目为140000（应收账款）的客户，如果应用特别总账标志F，可以带出196000（预收款请求）的科目。

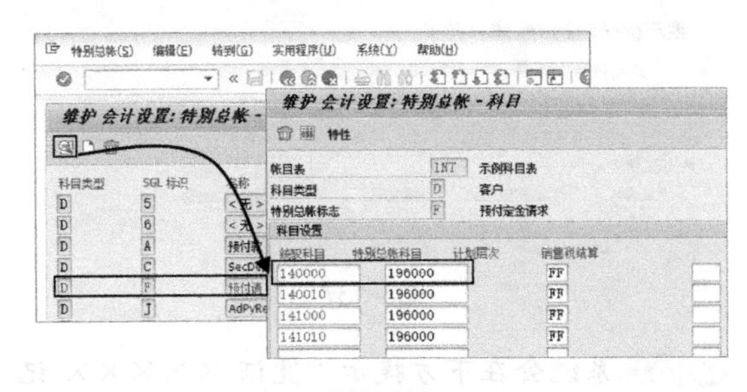

图3-130

路径：IMG> 财务会计（新）> 应收账目和应付账目 > 业务交易 > 收到的预付款 > 定义客户预付款的统驭科目

事务代码：OBXR

> 提示
> 由特别总账标志转换出的科目也是统驭科目。在科目主数据设定时必须注意。

【业务操作1】以下介绍预付订金请求的输入。

路径：SAP菜单 > 会计核算 > 财务会计 > 应收账款 > 凭证输入 > 预付订金 > 请求

事务代码：F-37

STEP 1 在“客户预付订金请求：抬头数据”界面输入“凭证日期”“过账日期”“参照”“凭证抬头文本”及“科目”等信息，如图3-131所示。

> 注意
> “特别总账标志”字段输入A（预付订金）而不是F（预付订金请求）。系统会自动寻找与A对应的预付订金请求的标志，在下一界面中显示。

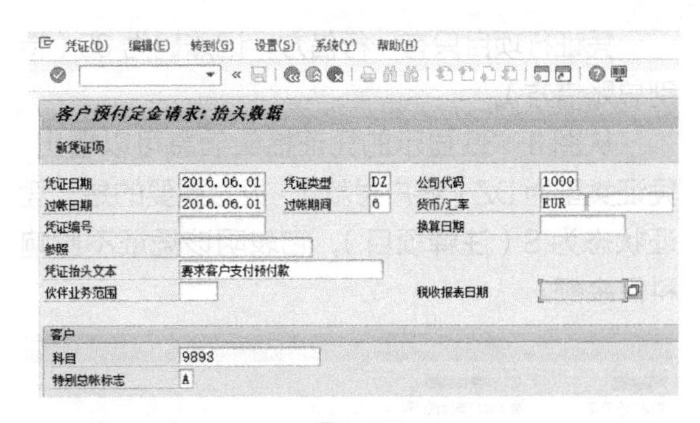

图3-131

STEP 2 按回车键，进入“客户预付订金请求 添加 客户项目”界面，输入预付订金的金额等信息，如图3-132所示。

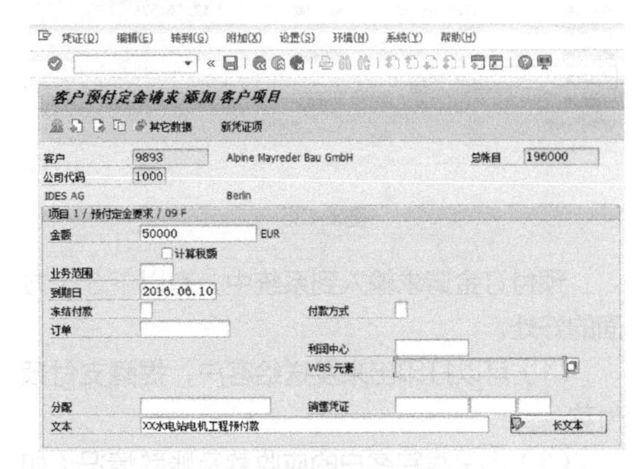

图3-132

> 提示
> 在此业务中，对于预付订金请求行项目，系统要求“到期日”字段为必输。这是因为系统认为预收款对客户也是有到期日要求的。

STEP 3 单击“过账”按钮，系统会在下方提示“凭证×××××记账到公司代码××××中”，如图3-133所示。

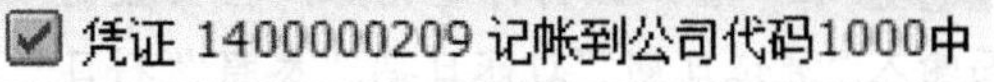

凭证 1400000209 记帐到公司代码1000中

图3-133

预收款产生的凭证如图3-134所示。

图3-134

凭证行项目只有一行借方，记账码为 09（特别总账借方）。

从图 3-135 显示的凭证抬头信息可以看出，凭证类型为 DZ（客户付款），更为重要的是，凭证状态为 S（注释项目），它表明该凭证不影响科目余额。

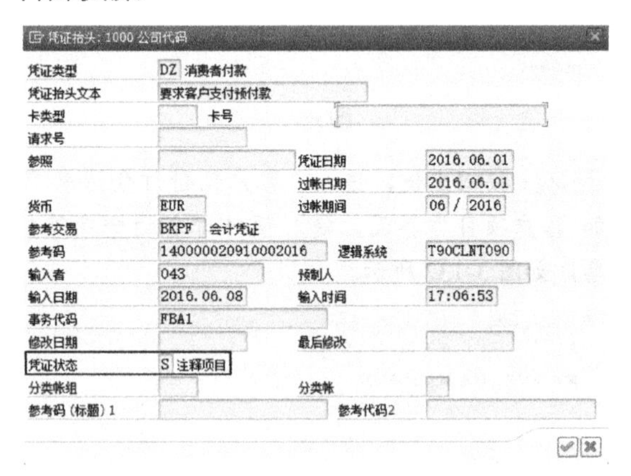

图3-135

预付订金请求输入到系统中，有以下 3 个方面的好处。

（1）可以打印出来发送给客户，提醒支付预付款。

（2）尽早跟踪客户的应收款及账龄情况（如果不输入，就无法跟踪了）。

（3）可以在后续收到款项时，采用关联“预付订金请求”的方式输入预收款，以简化操作。

【业务操作 2】如何用关联预付订金请求的方式来输入预收款?

路径：SAP 菜单 > 会计核算 > 财务会计 > 应收账款 > 凭证输入 > 预付订金 > 预付订金

事务代码：F-29

STEP 1 在“客户预付订金记账：抬头数据”界面输入“凭证日期”“过账日期”“参照”“科目”“金额”等信息，如图 3-136 所示。

注意 “特别总账标志”字段输入A（预付订金）。

STEP 2 单击 请求 按钮，进入“客户预付订金记账选择请求”界面，系统会自动将该客户已经存在的预付订金请求列出来，选中所需要关联的预付订金请求，并单击“过账”按钮，如图 3-137 所示。

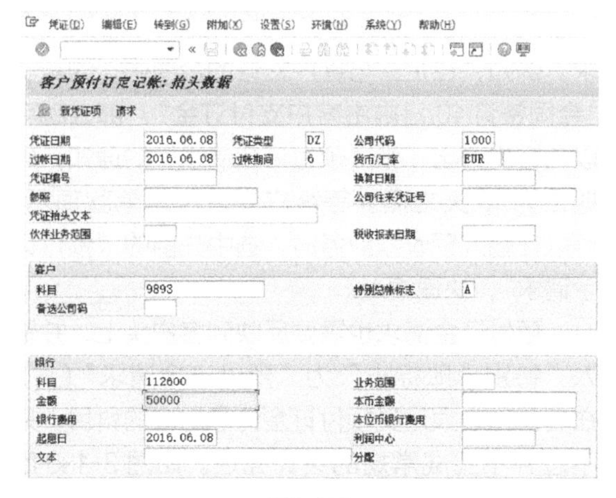

图3-136

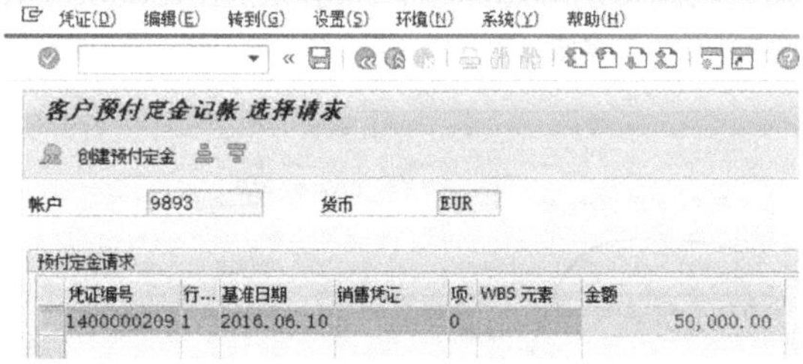

客户预付定金记帐 选择请求

帐户 9893 货币 EUR

预付定金请求

凭证编号	行...	基准日期	销售凭证	项.	WBS 元素	金额
1400000209	1	2016.06.10		0		50,000.00

图3-137

STEP 3 系统会在下方提示“凭证 ××××× 记账到公司代码 ×××× 中”，如图 3-138 所示。

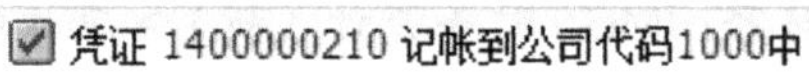

凭证 1400000210 记帐到公司代码1000中

图3-138

针对预付订金请求输入的预收款，产生的会计凭证和普通方式输入的预收款是一样的，只是在预收款行项目中自动代入了先前预付订金请求的信息（如“到期日”“文本”），如图 3-139 所示。

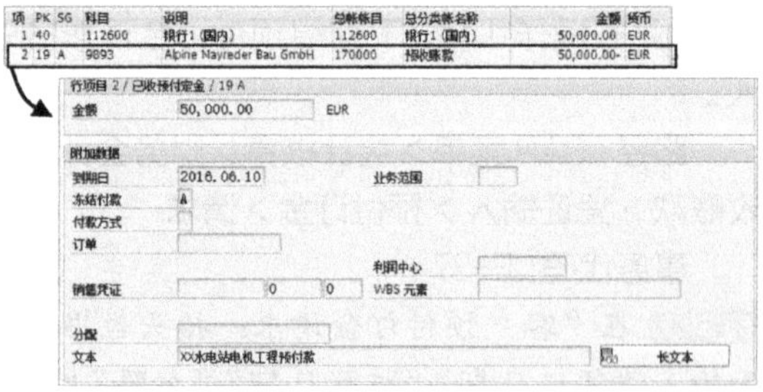

项	PK	SG	科目	说明	总帐科目	总分类帐名称	金额	货币
1	40		112600	银行1（国内）	112600	银行1（国内）	50,000.00	EUR
2	19	A	9893	Alpine Nayreder Bau GmbH	170000	预收账款	50,000.00-	EUR

行项目 2 / 已收预付定金 / 19 A

金额 50,000.00 EUR

附加数据：到期日 2016.06.10；业务范围；冻结付款 A；付款方式；订单；利润中心；销售凭证 0 0；WBS 元素；分配；文本 XX水电站电机工程预付款 长文本

图3-139

提示 在应用了SD模块的情况下，预付订金请求还可以由销售订单开票生成，前提是销售订单上附带有“分期开票”的条款，且有预付订金请求的开票类型。参见3.4.1小节。

3.7 应收票据的处理

企业收到客户的付款，有可能是银行承兑汇票或商业承兑汇票，在财务核算上统称为“应收票据”。它一般约定有到期日（如6个月后到期）。企业在收到票据后，可能在到期日承兑，也可能在到期日前贴现或者背书转让，用于支付供应商的应付款。

按照应收票据的先后业务，本节分别介绍应收票据的接收与清账、应收票据的承兑、应收票据的贴现和应收票据的背书转让。

3.7.1 应收票据的接收与清账

企业收到应收票据时，编制的会计凭证如下。

Dr：应收票据（客户）

Cr：应收账款（客户）

借方和贷方都要反映到客户头上。贷方可以取自客户主数据上的统驭科目，借方则必须借助特别总账标志W（“承兑汇票”）。

如图3-140所示，客户统驭科目为140000（应收账款）时，如果输入特别总账标志W的业务，系统会带出特别总账科目125000（应收票据）。

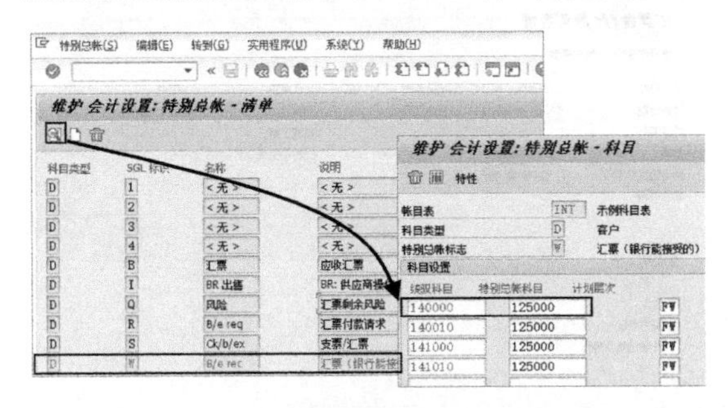

图3-140

路径：IMG>财务会计（新）>银行会计核算>业务交易>汇票业务>应收汇票>请求应收汇票>定义应收汇票的备选统驭科目

事务代码：OBYN

> 提示
> 由特别总账标志转换出的特别总账科目也是统驭科目。在科目主数据设定时必须注意。

【业务操作】接下来介绍收到应收票据时系统的操作。

路径：SAP菜单>会计核算>财务会计>应收账款>凭证输入>汇票>付款

事务代码：F-36

STEP 1 在“汇票收付：抬头数据”界面输入“凭证日期”“过账日期”“参照”“凭证抬头文本”等信息，在“要处理的业务”区域选中“收款”单选钮，并在下方输入客户信息，如图3-141所示。

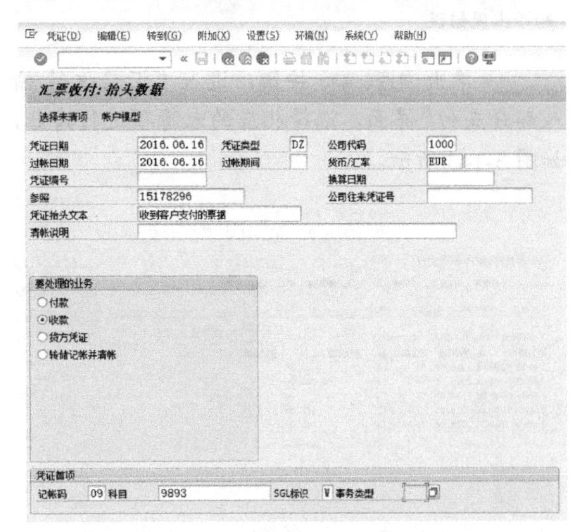

图3-141

系统会自动在抬头层凭证类型处写入DZ（向客户收款），在“凭证首项”（第一行）自动写入“记账码”为09，SGL标识为W。

STEP 2 按回车键，进入“汇票收付 改正 客户项目”界面，继续为第一行输入“金额”“到期日”“出票人”“受票人”等信息，如图3-142所示。

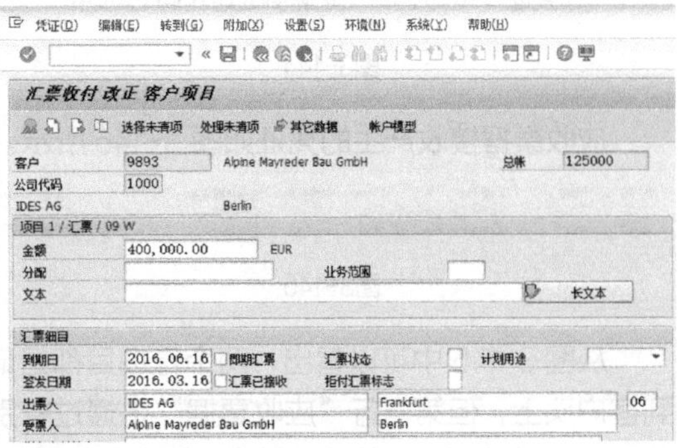

图3-142

> 提示
> 承兑汇票，不管是银行承兑汇票还是商业承兑汇票，都是有签发日期和到期日的。这里写上签发日期和到期日，可以用于后续的报表统计。

注意 图3-142中的“出票人”和“受票人”由系统自动带出，前者带出公司代码的名称，后者带出客户的名称。但实际上，前者“出票人”在英文环境中为Drawer（受票人），后者“受票人”在英文环境中为Drawee（出票人），SAP英文版环境是正确的表达，SAP中文版翻译出现错误。

STEP 3 单击 处理未清项 按钮，进入“汇票收付 输入部分支付”界面，选择相应的未清项进行清账，如图 3-143 所示。

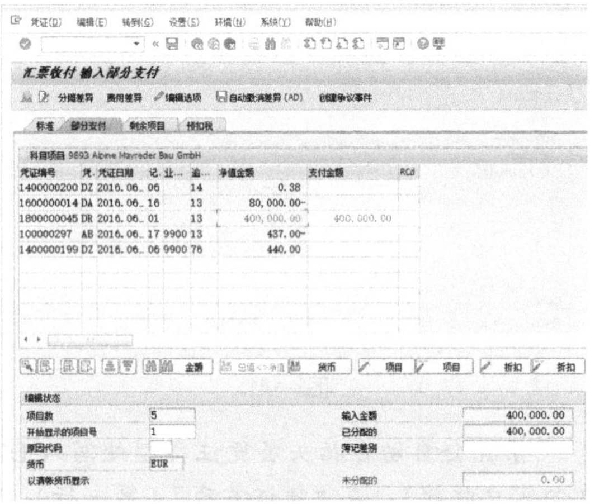

图3-143

STEP 4 单击“过账”按钮，系统会在下方提示“凭证 ××××× 记账到公司代码 ×××× 中”，如图 3-144 所示。

凭证 1400000211 记帐到公司代码1000中

图3-144

应收票据接收产生的凭证如图 3-145 所示。

项	PK	SG	科目	说明	总帐帐目	总分类帐名称	金额	货币
1	09	W	9893	Alpine Mayreder Bau GmbH	125000	应收票据	400,000.00	EUR
2	15		9893	Alpine Mayreder Bau GmbH	140000	应收-国内	400,000.00-	EUR

图3-145

从图 3-145 中可以看出，两个行项目都是记到客户头上，但第一行“应收票据”是通过特别总账（SG）标志 W 转换出来的特别总账科目，科目编码为 125000；第二行“应收－国内”是客户主数据上的统驭科目，科目编码为 140000。

用收到的客户的应收票据清客户的应收账款后，应收账款项可能被清掉，但应收票据又形成了新的未清项，将在后续的承兑、贴现或背书转让过程中再进行清账。

3.7.2 应收票据的承兑

企业收到的承兑汇票到期时，可以提交给银行，要求兑现，企业由此获得银行存款入账。此时，企业编制的会计凭证如下。

Dr：银行存款

Cr：应收票据（客户）

其中，贷方要记到客户头上，并通过特别总账标志 W 实现“应收票据”科目的记账。同时，还应对先前收到应收票据时形成的未清项进行清账。

【业务操作】接下来介绍应收票据承兑时系统的操作。

路径：SAP 菜单 > 会计核算 > 财务会计 > 应收账款 > 凭证输入 > 汇票 > 付款

事务代码：F-36

STEP 1 在“汇票收付：抬头数据”界面输入“凭证日期”“过账日期”“参照”“凭证抬头文本”等信息，在“要处理的业务”区域选中“转储记账并清账”单选钮，并在下方“凭证首项”输入银行存款，如图 3-146 所示。

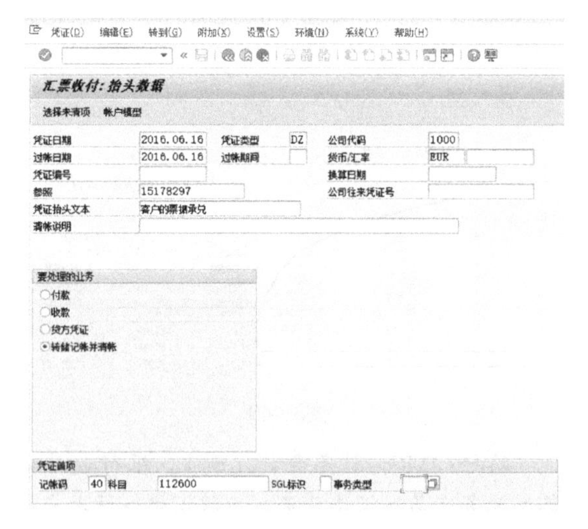

图3-146

系统会自动在抬头层凭证类型处写入 DZ（向客户收款）——接受系统默认；系统仍会在凭证首项（第一行）自动写入记账码 09、SGL 标识 W——此时，需要修改系统的默认值，将记账码修改为 40（总账借方），将“SGL 标识”复选框的勾选去掉，并在科目字段输入银行存款的科目。

STEP 2 按回车键，进入“汇票收付 添加 总账科目项”界面，继续为第一行输入“金额”等信息，如图 3-147 所示。

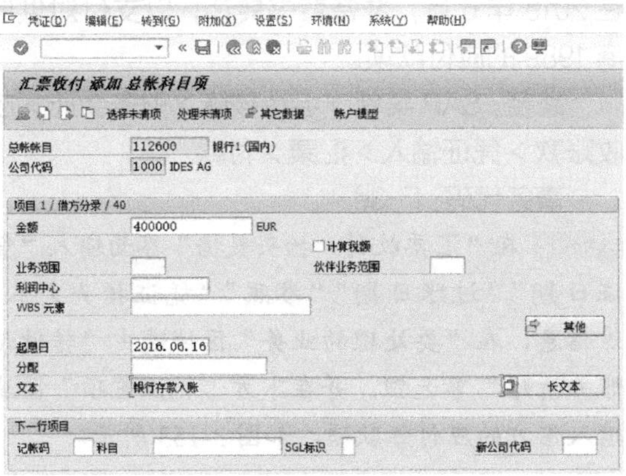

凭证(D) 编辑(E) 转到(G) 附加(X) 设置(S) 环境(N) 系统(Y) 帮助(H)
汇票收付 添加 总帐科目项
选择未清项 处理未清项 其它数据 帐户模型
总帐帐目 112600 银行1 (国内)
公司代码 1000 IDES AG
项目 1 / 借方分录 / 40
金额 400000 EUR
计算税额
业务范围 伙伴业务范围
利润中心
WBS 元素
其他
起息日 2016.06.16
分配
文本 银行存款入账 长文本
下一行项目
记帐码 科目 SGL标识 新公司代码

图3-147

提示
由于在前一界面将记账码改成了40，因此该界面中的详细字段也随之改变，不再有先前应收票据所需的签发日、到期日、出票人、受票人等字段。

STEP 3 单击 选择未清项 按钮，进入“汇票收付 选择未清项目”界面，选择相应的客户和特别总账标志，如图 3-148 所示。

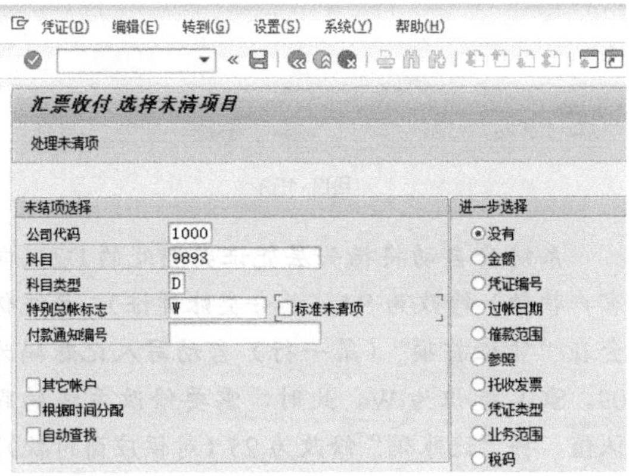

凭证(D) 编辑(E) 转到(G) 设置(S) 系统(Y) 帮助(H)
汇票收付 选择未清项目
处理未清项
未结项选择
公司代码 1000
科目 9893
科目类型 D
特别总帐标志 W 标准未清项
付款通知编号
其它帐户
根据时间分配
自动查找
进一步选择
没有
金额
凭证编号
过帐日期
催款范围
参照
托收发票
凭证类型
业务范围
税码

图3-148

特别总账标志：此处要输入 W，以便让系统将应收票据的未清项带出来。

标准未清项：如果此时仅对应收票据的未清项进行清账，则可以取消“标准未清项”复选框的勾选。

STEP 4 按回车键，或单击 处理未清项 按钮，进入“汇票收付 输入部分支付”界面，在“部分支付”选项卡，选择相应的未清项进行清账，如图 3-149 所示。

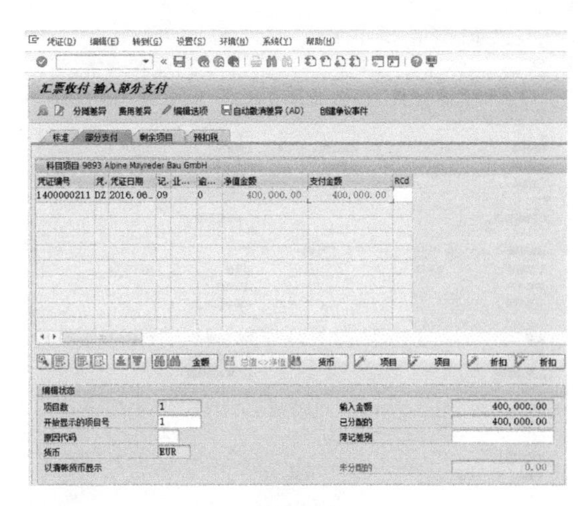

图3-149

STEP 5 单击“过账”按钮，系统会在下方提示“凭证 ××××× 记账到公司代码 ×××× 中”，如图 3-150 所示。

凭证 1400000212 记帐到公司代码1000中

图3-150

应收票据承兑所产生的凭证如图 3-151 所示。

项	PK	SG	科目	说明	总帐帐目	总分类帐名称	金额	货币
1	40		112600	银行1 (国内)	112600	银行1 (国内)	400,000.00	EUR
2	19	W	9893	Alpine Mayreder Bau GmbH	125000	应收票据	400,000.00-	EUR

图3-151

此时，应收票据已被清掉。

3.7.3 应收票据的贴现

应收票据在到期日前，企业出于资金周转的需要，可能会将持有的票据送交银行，提前贴现，获得银行存款，同时支付相应的贴利现息。

应收票据贴现时，企业编制的会计凭证如下。

Dr：银行存款

Dr：财务费用（反映贴现利息）

Cr：应收票据

在 SAP 中，应收票据的贴现可以使用专门的菜单和事务代码。

路径：SAP 菜单 > 会计核算 > 财务会计 > 应收账款 > 凭证输入 > 汇票 > 贴现

事务代码：F-33

系统操作的界面如图 3-152 所示。

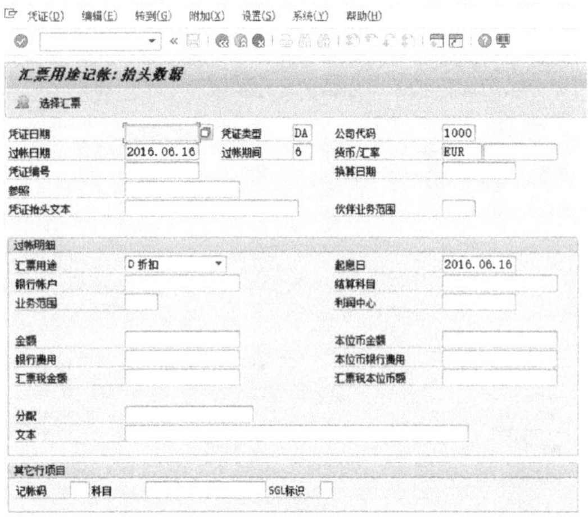

图3-152

在图 3-152 中，汇票用途“折扣”(discounting)就是贴现。

由于系统中的贴现操作不太灵活，需要在后台配置较多的事项，因此，在国内企业，一般不采用上述标准的贴现功能，而是借用应收票据到期承兑时的操作方式来简化操作。操作时，只是比应收票据承兑多输入一行财务费用。操作较简单，此处从略，读者可以参考 3.7.2 小节“应收票据的承兑”的操作步骤来学习。

3.7.4 应收票据的背书转让

企业如果一方面存在对供应商的应付账款，另一方面又持有客户送来的承兑汇票，出于提高自己资金流动性的考虑，可以与供应商协商，将持有的汇票背书转让给供应商，由此清掉对供应商的应付账款。此时，企业编制的会计凭证如下。

Dr：应付账款（供应商）

Cr：应收票据（客户）

其中，贷方要记到客户头上，并通过特别总账标志 W 实现“应收票据”科目的记账；借方要记到供应商头上，并对供应商的未清项进行清账。

【业务操作】接下来介绍应收票据背书转让时系统的操作。应收票据的背书转让，仍然使用应收票据接收、承兑和贴现的路径（事务）进行操作。

假设 2016 年 2 月 17 日从客户 9893 处收到承兑汇票 50 万欧元，到期日为 2016 年 8 月 17 日。票据接收已经入账，凭证号 1400000213。在 2016 年 6 月，准备背书转让，以支付对供应商 1989 的应付款项。

路径：SAP 菜单 > 会计核算 > 财务会计 > 应收账款 > 凭证输入 > 汇票 > 付款

事务代码：F-36

STEP 1 在“汇票收付：抬头数据”界面输入“凭证日期”“过账日期”“参照”“凭证抬头文本”等信息，在“要处理的业务”区域选中“转储记账并清账”单选钮，并在下方“凭证首项”区域输入借方的应付账款项，如图 3-153 所示。

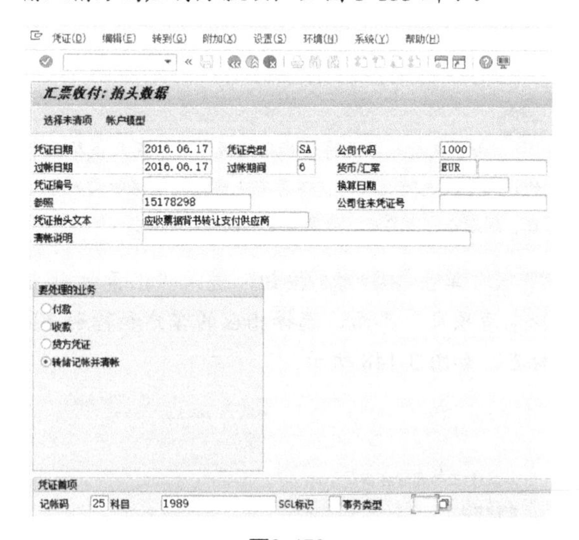

图3-153

系统会自动将抬头层凭证类型处的 DZ（向客户收款）修改为 SA（总分类账凭证）；系统仍会在“凭证首项”（第一行）自动写入记账码为 09，SGL 标识为 W。此时，需要修改系统的默认值，将“记账码”修改为 25（对供应商付款），将“SGL 标识”复选框的勾选去掉，并在“科目”（账户）字段输入供应商的编号。

> 提示
>
> 如果凭证类型使用默认的DZ，在行项目输入记账码25（账户类别K，即供应商，借方）后，系统会提示“凭证类型DZ不允许对账户类别K记账”，因此，要手工将凭证类型修改为较为通用的凭证类型，如SA。

因为贷方对客户应收票据的清账可以通过接下来的步骤自动生成，因此，此处要输入的是借方，借记供应商的应付账款。

STEP 2 按回车键，进入“汇票收付 添加 供应商项目”界面，继续为第一行输入“金额”等信息，如图 3-154 所示。

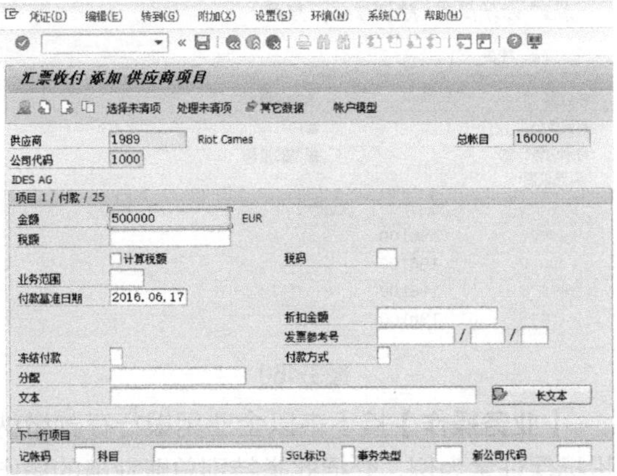

图3-154

> **提示**
>
> 由于在前一屏幕将“记账码”改成了25，因此该界面中的详细字段也随之改变，不再有先前应收票据所需的签发日、到期日、出票人、受票人等字段。

STEP 3 单击 选择未清项 按钮，进入“汇票收付 选择未清项目”界面，输入相应的客户和特别总账标志，如图 3-155 所示。

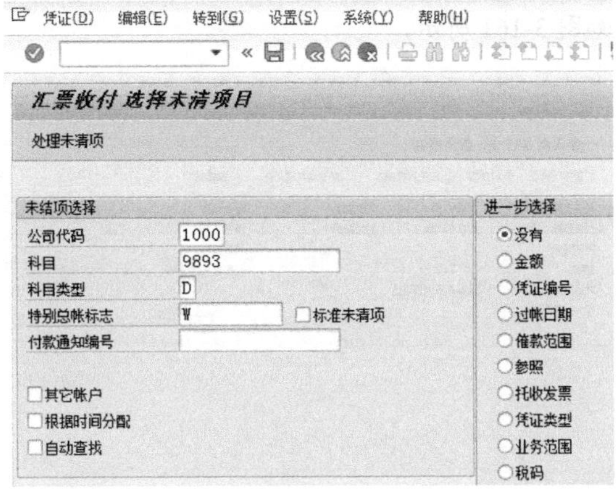

图3-155

因为在此凭证中，要清账的是客户的应收票据，因此“未结项选择”处都是围绕着如何查找到客户的应收票据而进行的输入。

科目（账户）：输入客户的编号。

特别总账标志：此处要输入 W，以便让系统将应收票据的未清项带出来。

标准未清项：如果此时仅对应收票据的未清项进行清账，则应取消勾选“标准未清项”复选框。

STEP 4 按回车键，或单击 处理未清项 按钮，进入“汇票收付 输入部分支付”界面，在“部分支付”选项卡，选择相应的未清项进行清账，如图 3-156 所示。

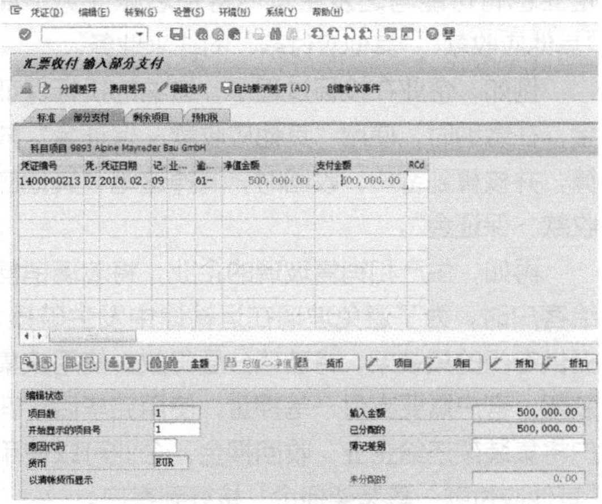

图3-156

STEP 5 单击“过账”按钮，系统会在下方提示“凭证 XXXXX 记账到公司代码 XXXX 中”，如图 3-157 所示。

凭证 100000299 记帐到公司代码1000中

图3-157

应收票据背书转让所产生的凭证如图 3-158 所示。

项	PK	SG	科目	说明	总帐帐目	总分类帐名称	金额	货币
1	25		1989	Riot Camos	160000	应付-国内	500,000.00	EUR
2	19	W	9893	Alpine Mayreder Bau GmbH	125000	应收票据	500,000.00-	EUR

图3-158

此时，应收票据已被清掉。对供应商的应付账款虽然已被付掉，但是并没有清掉，需要在应付模块执行专门的清账操作。此操作参见 4.5.2 小节。

【小结】

针对应收票据的接收、承兑、贴现和背书转让，都是在同一个路径（事务）中完成。虽然 SAP 在应收票据方面还开发了其他的事务代码，但是只要最终的操作目的达到了即可。最终的操作目的有两个：一是实现账务上的借贷处理；二是实现相应未清项的清账。有心的读者还可以想想使用其他的事务代码来操作，如总账模块下的 F-04（过账并清账）、应收模块下的 F-30（清算转账），不妨尝试一下。

3.8 客户的其他特别总账业务

对于平时发生“应收账款”交易的客户，其主数据上，定义的统驭科目为“应收账款”，但企业也有可能与之发生其他特别总账业务，如“其他应收款”“其他应付款”的往来业务。

例如，企业在投标过程中，缴纳的投标保证金，在缴纳时，使用“其他应收款－保证金”核算，并核算到客户；收回时，清掉这笔“其他应收款－保证金”。

再如，生产和销售玻璃的企业，将玻璃销售给客户时，为了避免玻璃在运输途中发生破损，提供专门的集装架，将玻璃分层码放。使用该集装架，客户需要支付一笔押金；使用完毕后，客户将集装架还给企业，收回押金。企业可以使用“其他应付款－集装架押金”核算到客户。

由于客户主数据上已经定义了“应收账款”作为其统驭科目，因此，对于此类业务，需要使用特别总账标志（特别总账的事务类型为“其他的”，区别于“订金／订金请求”和“汇票／汇票请求”），以转换出所需要的特别总账科目。在 SAP 中，预定义了“其他的”特别总账标志 G-保证金、H- 安全押金，如图 3-159 所示。当然，用户还可以根据需要自定义特别总账标志，以转换出不同的特别总账科目。

路径：IMG> 财务会计（新）> 应收账目和应付账目 > 业务交易 > 带有备选统驭科目的过账 > 其他特殊总账事务 > 为客户定义备选统驭科目

事务代码：OBXY

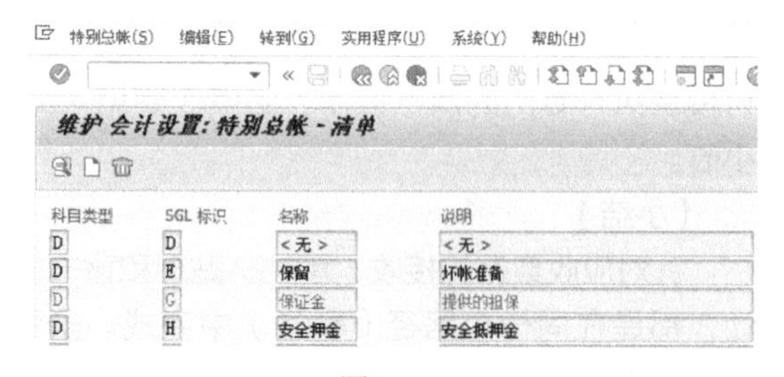

图3-159

如果双击图 3-159 中的 D（客户）-G（保证金）组合条目，可以看到，当客户统驭科目为 140000（应收账款）时，转换出的特别总账科目为 196100（其他应收款－保证金），如图 3-160 所示。

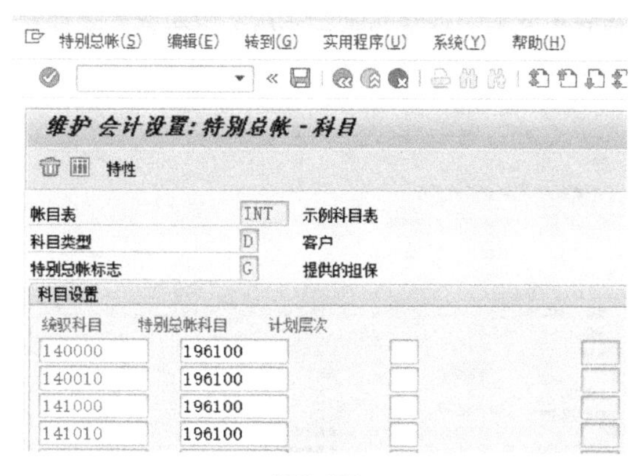

图3-160

【业务操作】接下来以企业用银行存款缴纳投标保证金为例，介绍此类特别总账业务的操作方法。企业的账务处理是借记“其他应收款－保证金”，贷记“银行存款”。贷方记入银行存款，但借方应记入客户，并使用特别总账标志 G。

路径：SAP 菜单 > 会计核算 > 财务会计 > 应收账款 > 凭证输入 > 其他 > 不清算转账

事务代码：F-21

STEP 1 在“输入结转过账：抬头数据”界面输入头层的“凭证日期”“过账日期”“参照”等信息，以及“凭证首项”区域的“记账码”等信息，如图 3-161 所示。

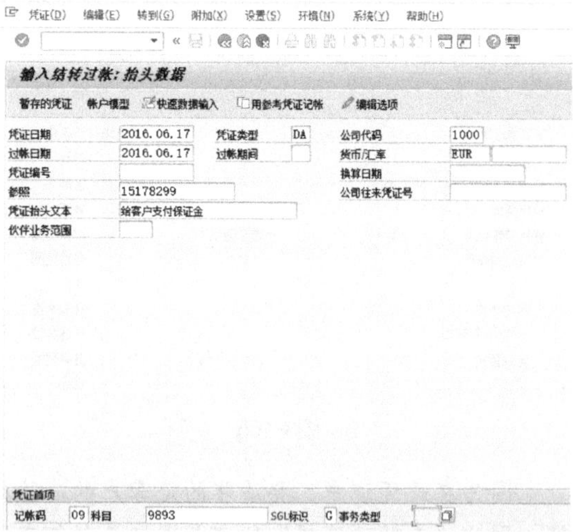

凭证(D) 编辑(E) 转到(G) 附加(X) 设置(S) 环境(N) 系统(Y) 帮助(H)

输入结转过账：抬头数据

暂存的凭证 帐户模型 快速数据输入 用参考凭证记帐 编辑选项

凭证日期	2016.06.17	凭证类型	DA	公司代码	1000
过帐日期	2016.06.17	过帐期间		货币/汇率	EUR
凭证编号				换算日期	
参照	15178299			公司往来凭证号	
凭证抬头文本	给客户支付保证金				
伙伴业务范围					

凭证首项

记帐码 09 科目 9893 SGL标识 G 事务类型

图3-161

注意 在“凭证首项”区域，“记账码”输入09（客户的特别总账借方），“科目”（账户）字段输入客户的编码，“SGL标识”（特别总账标志）输入G（预付订金）。

STEP 2 按回车键，进入“输入客户凭证：添加客户项目”界面，输入首行的“金额”等信息和第二行的“记账码”及“科目”信息，如图 3-162 所示。

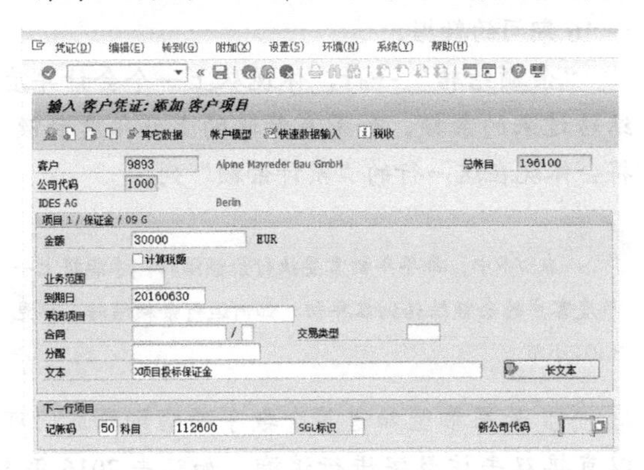

图3-162

凭证第二行贷记银行存款（总账科目），因此，“记账码”使用 50（总账科目贷方）。

STEP 3 按回车键，进入“输入 客户凭证：添加 总账科目项”界面，输入“金额”，如图 3-163 所示。

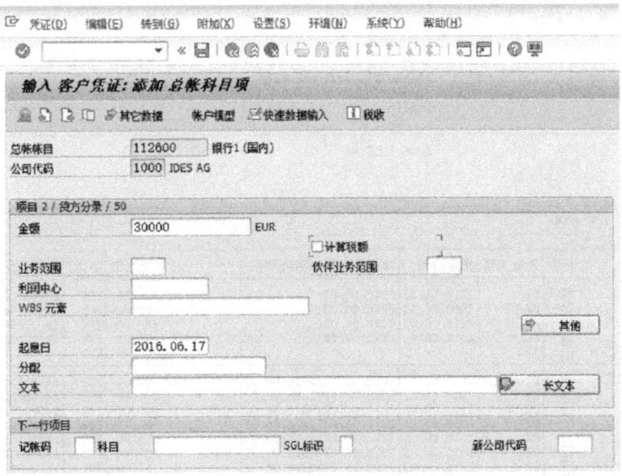

图3-163

STEP 4 单击“过账”按钮，系统会在下方提示“凭证 XXXXX 记账到公司代码 XXXX 中”，如图 3-164 所示。

凭证 1600000015 记帐到公司代码1000中

图3-164

其他应收款产生的凭证如图 3-165 所示。

项	PK	SG	科目	说明	总帐帐目	总分类帐名称	全额	货币
1	09	G	9893	Alpine Mayreder Bau GmbH	196100	其他应收款-保证金	30,000.00	EUR
2	50		112600	银行1（国内）	112600	银行1（国内）	30,000.00-	EUR

图3-165

从图 3-165 中可以看到，第一行由于使用了特别总账标志 G，就自动记账到特别总账科目 196100（其他应收款 - 保证金）上了。

记入客户的其他应收款，也成为客户的未清项，也有待于后续的清账。

【小结】

经过 3.6~3.8 节的介绍，我们已经接触到 3 种类型的特别总账业务，都需要使用特别总账标志来过渡，以带出特别总账科目（系统有时又称为“备选统驭科目”）。这几种特别总账业务，归纳总结在表 3-8 中。

它们的共性特征如下。

（1）客户的特别总账业务必须使用记账码 09（借方）或 19（贷方）。

（2）特别总账科目（备选统驭科目）在科目主数据中也必须设置为“统驭科目”。

（3）特别总账业务形成的未清项也必须清账。

表 3-8 特别总账事务总结

特别总账事务类型	系统预设的特别总账标志	后台配置路径	备注
订金 / 订金请求	A（订金）/F（订金请求）	应收模块下	订金请求较少使用
汇票 / 汇票请求	W（汇票）/R（汇票请求）	银行会计模块下	汇票请求从不使用
其他的	G（保证金）、H（押金）	应收模块下	企业可根据需要设置特别总账标志

提示

如果一个客户（如向公司借款的员工、财务专用的客户）只与企业发生“其他应收款”业务，不发生“应收账款”业务，可以在它的客户主数据上直接将统驭科目设置为“其他应收款”，这样，就无须通过特别总账事务来进行处理了。记账时直接使用记账码01（借方）或11（贷方）即可。

3.9 客户余额查询

SAP 提供了强大的客户余额查询功能，可以查询客户的借贷方、余额，同时，也可以追溯到明细凭证。在凭证记账后，客户的余额就会同步得到更新。预制凭证是不更新客户余额的。

【业务操作】下面详细介绍客户余额查询及追溯的操作步骤。

路径：SAP 菜单 > 会计核算 > 财务会计 > 应收账款 > 账户 > 显示余额

事务代码：FD10N

STEP 1 在“客户余额显示”界面输入客户编号（或范围）、公司代码（或范围）、会计年度，如图 3-166 所示。

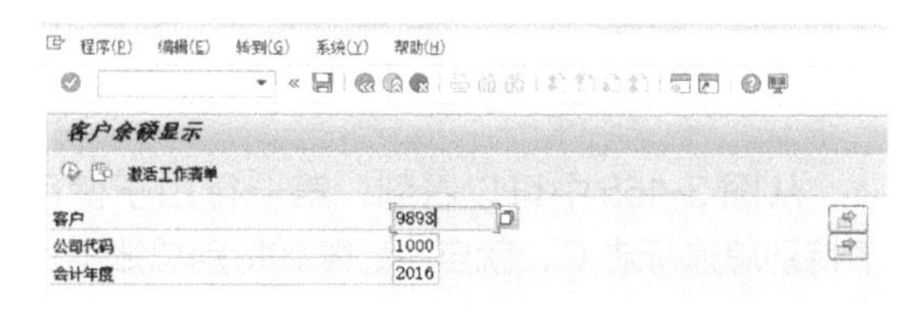

图3-166

STEP 2 单击“执行”按钮，进入“客户余额显示”界面，系统有两个选项卡，即“余额”和“特别总分类账”。“余额”选项卡显示客户的标准余额，即不包含各类特别总账业务的余额，如图 3-167 所示。

帐户(A) 编辑(E) 转到(G) 环境(N) 系统(Y) 帮助(H)

客户余额显示

客户	9893	Alpine Mayreder Bau GmbH
公司代码	1000	IDES AG
会计年度	2016	
显示货币	EUR	

余额 | 特别总分类帐

期间	借方	贷方	余额	累计余额	购销
余额结转					
1	500,000.00		500,000.00	500,000.00	500,000.00
2		500,000.00	500,000.00-		
3	41.00	41.00			19.00-
4	148,140.00	1,340.00	146,800.00	146,800.00	148,120.00
5				146,800.00	
6	880,858.13	1,107,654.75	226,796.62-	79,996.62-	880,001.13
7				79,996.62-	
8				79,996.62-	
9				79,996.62-	
10				79,996.62-	
11				79,996.62-	
12				79,996.62-	
13				79,996.62-	
14				79,996.62-	
15				79,996.62-	
16				79,996.62-	
总计	1,529,039.13	1,609,035.75	79,996.62-	79,996.62-	1,528,102.13

图3-167

纵向的列表示所查询的客户每个月的借方发生额、贷方发生额、当期余额以及每一期的累计余额。横向的行表示每一个期间的数据，因为 IDES 环境 1000 公司代码的记账期间变式为 K4，一个会计年度有 16 个期间，所以，这里显示 1 ~ 16 期间的数据。

“余额结转”一行，体现从上一个会计年度结转过来的余额。如果有结转的上一年度余额，将会体现在这一行的“累计余额”列。

提示

在SAP中，每年年初需要执行余额结转，才能将上一年度客户的余额结转到本年初。如何运行余额结转，详见3.10.2小节。

STEP 3 如果希望知道某个数字的明细构成，可以直接双击该数字进行追溯。如双击 2016 年 6 月的贷方发生额 1 107 654.75，系统会进入“客户行项目显示”界面，显示这个发生额是由哪些凭证行项目组成的，如图 3-168 所示。

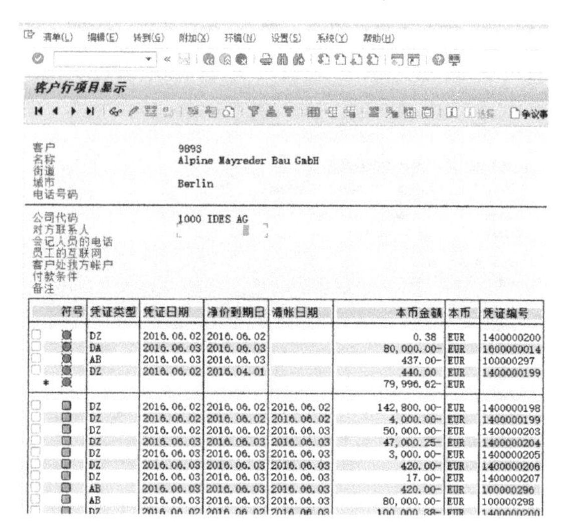

图3-168

在客户明细行项目显示时，左侧的“符号”列显示红灯或绿灯，分别表示未清项和已清项。对于未清项，将来可以继续清账。

STEP 4 如果希望继续追溯某个行项目的详细情况，则将光标置于该行，单击“显示凭证”按钮，系统会显示该行项目的概况，如图 3-169 所示。

如果想要看到凭证的所有行，则在此界面单击“调用凭证概览”按钮，可显示凭证概况。

STEP 5 前面介绍的都是针对标准余额的查询，如果希望看到特别总账业务的余额，则单击“后退”按钮，返回“客户余额显示”界面，查看“特别总分类账”选项卡。图 3-170 显示了客户

9893 各种特别总账业务下的借贷方发生额（不按期间显示）。

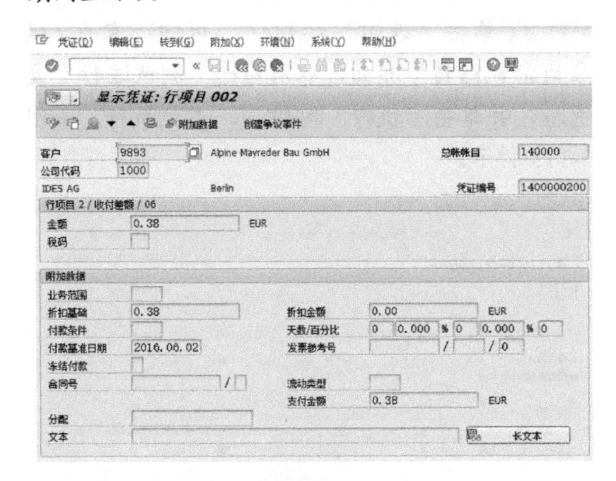

图3-169

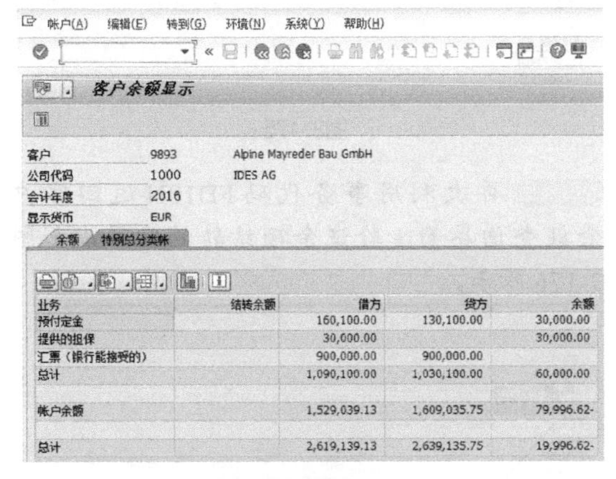

图3-170

在此选项卡，“账户余额”一行取自“余额”选项卡的数据，即客户的标准余额。因此，最后的“总计”一行包含了客户的标准业务和特别总账业务的总计。

3.10 定期处理

应收的业务是承接销售末端的，因此，在每个会计期末，业务上要确保当月应该开票的业务都要开完票，形成相应的应收款和收入。此外，应收模块中月末需要操作的是对外币的客户未清项进行重估。

每年年初，则需要对客户的余额进行结转，将上一年末余额结转到本年初。

3.10.1 月末操作：外币评估

月末对客户外币余额的重估，和总账模块的操作在同一个事务中。此处不再详述，详见总账模块（2.6.3 小节）。

3.10.2 年初操作：客户余额结转

在查询客户余额时，可以看到按期间列示的条目，第一行称为“余额结转”（参见 3.9 节）。该行的累计余额代表上一年度遗留下来的余额，也就是年初余额。对于客户余额，需要执行余额结转，才能将上一年度遗留下来的余额结转到本年初；否则，本年初是看不到来自上一年度余额的。

例如，客户 1300 在公司代码 1000 中 2011 年末的余额为 -854.94 欧元，但在查询其 2012 年年初的余额时，系统显示“无以前在财政年度 2012 中读取的数据”（在财政年度 2012 年没有读取到以前年度的数据），如图 3-171、图 3-172 所示。

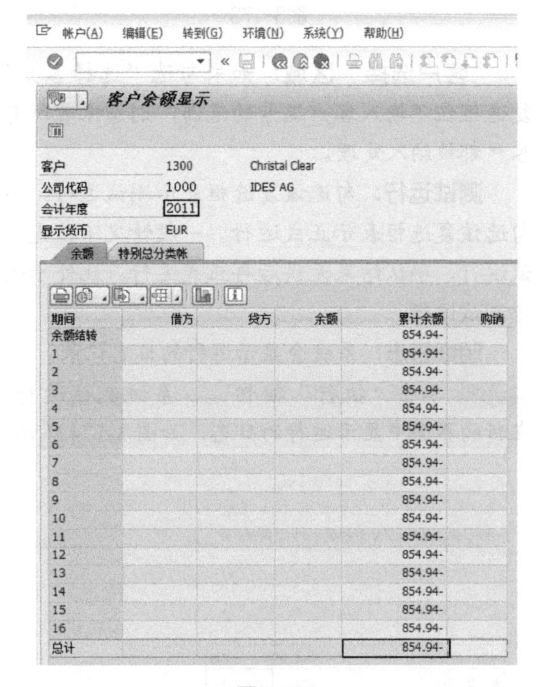

图3-171

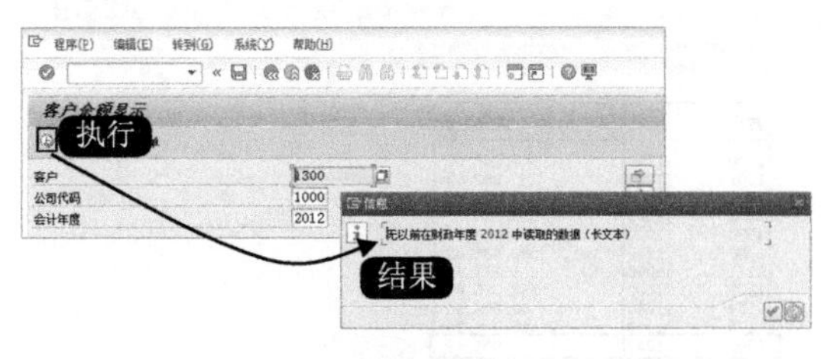

图3-172

【业务操作】接下来就以 2011 年度的余额结

转到 2012 年度为例，学习如何执行余额结转。

路径：SAP 菜单 > 会计核算 > 财务会计 > 应收账款 > 定期处理 > 结算 > 结转 > 余额结转

事务代码：F.07

STEP 1 在“客户 / 供应商余额结转”界面，输入相应的参数，如图 3-173 所示。

程序(P) 编辑(E) 转到(G) 系统(Y) 帮助(H)

客户/供应商余额结转

公司代码 1000 到

余额结转到的会计年度 2012

客户选择

☑选择客户

客户 到

供应商选择

☐选择供应商

供应商 到

处理参数

☑测试运行

☑明细日志

图3-173

“客户选择”区域：如果勾选“选择客户”复选框但不输入客户编号的范围，则意味着所有客户都被纳入处理。

测试运行：勾选该复选框表示测试运行，不勾选该复选框表示正式运行。一般情况下，先测试运行，确认结果无误后再正式运行。此处示例先测试运行。

明细日志：系统会显示运行的日志记录。

STEP 2 单击“执行”按钮，系统测试运行，在新的界面中显示运行的日志，如图 3-174 所示。

列表(L) 编辑(E) 转到(G) 系统(Y) 帮助(H)

客户/供应商余额结转 针对年度 2012 测试运行

IDES-ALE: Central FI Syst　　客户/供应商余额结转　　日期 2016.06.17
Frankfurt - Deutschland　　页号 1
客户/供应商余额结转 针对年度 2012 测试运行
统计

成功	公司	SG	记录数
客户总分类帐	1000		63
客户特殊总帐	1000	J	13
客户特殊总帐	1000	K	14

IDES-ALE: Central FI Syst　　客户/供应商余额结转　　日期 2016.06.17
Frankfurt - Deutschland　　页号 2
客户/供应商余额结转 针对年度 2012 测试运行
客户总分类帐

客户	公司	结转余额
1000	1000	5,200.00-
1001	1000	352.89-
1002	1000	2,034.89-
1032	1000	158,628.70
1033	1000	273,256.30-
1050	1000	887,636.88
1171	1000	1,171.48-
1172	1000	198,375.43-
1174	1000	41,074.86
1175	1000	2,665,006.36-
1300	1000	854.94-
1360	1000	284,056.11-

图3-174

在图 3-174 中，可以看到客户 1300 在 2011 年底的余额，将会被结转到 2012 年年初。

STEP 3 单击“返回”按钮，返回“客户 / 供应商余额结转”界面，取消勾选“测试运行”复选框，并单击“执行”按钮，正式执行，如图 3-175 所示。

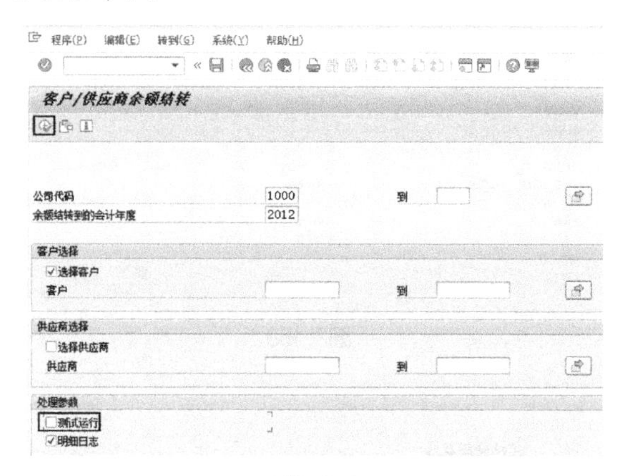

图3-175

STEP 4 再次利用事务代码 FD10N 返回客户余额查询界面，验证余额结转的结果，如图 3-176 所示。

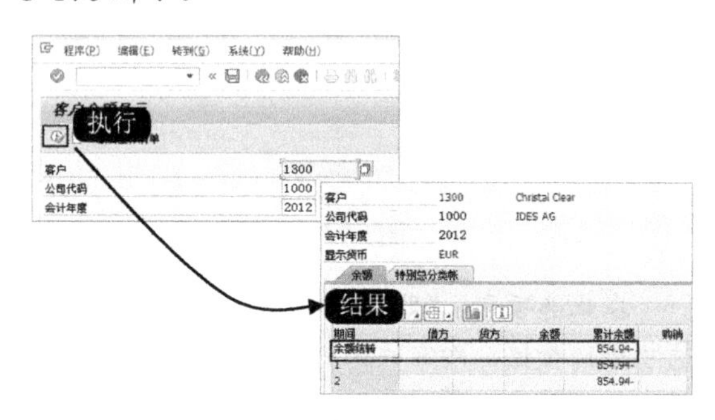

图3-176

从图 3-176 中可以看到，客户 1300 在公司代码 1000、会计年度 2012 年年初的余额（“余额结转”行）已经承接了其 2011 年年底的余额，余额结转成功。

> **提示**
> 客户余额结转一般在新年度第一天（1月1日）完成。在这种情况下，每年末客户余额结转仅执行一次就可以了。如果在1月1日以后又发生了记账在上一会计年度的凭证，无须再次运行余额结转，系统会自动将余额更新到本年度初。当然，即使用户再次执行，也不会有不良后果。这一点和总账模块对科目余额的结转是类似的。

3.11 应收模块报表

SAP 应收模块提供了一些标准报表，放在“信息系统”中，用户可根据自己的需求使用。

路径：SAP 菜单 > 会计核算 > 财务会计 > 应收账款 > 信息系统 > 应收科目会计核算报表

按照数据形成的逻辑顺序，标准财务报表可以依次分为主数据、客户行项目、客户余额等类型，如图 3-177 所示。

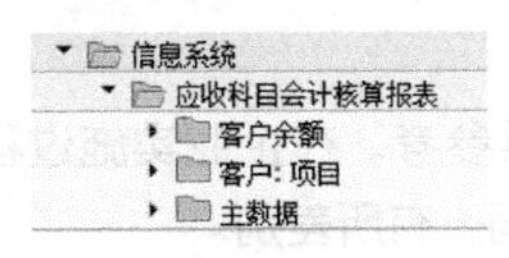

图3-177

下面就各类型报表做一个简单介绍。

（1）主数据报表，如图 3-178 所示。

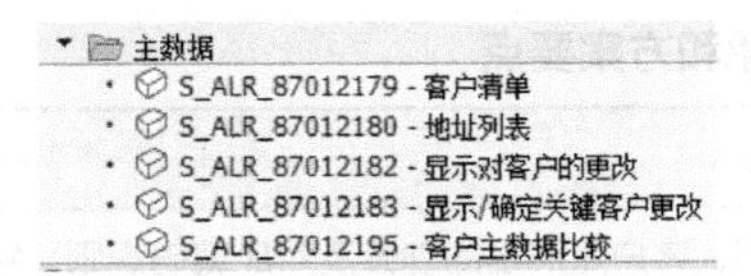

图3-178

客户的主数据报表主要围绕客户主数据信息提供相应报表，如客户的清单、客户主数据的修改记录、客户的主数据比较。

“客户主数据比较”报表将客户的销售视图和公司代码视图进行对应比较，针对在销售范围中创建但未在公司代码视图中创建，或者在公司代码中创建但未在销售范围中创建的客户列出清单，提醒用户注意数据维护的完整性。

（2）客户行项目报表，如图 3-179 所示。

客户：项目
- S_ALR_87012168 - 未清项的到期日分析
- S_ALR_87012197 - 客户行项目清单
- S_ALR_87012173 - 要打印的客户未清项目清单
- S_ALR_87012174 - 客户未清项目清单
- S_ALR_87012175 - 未清项 - 客户到期日预测
- S_ALR_87012176 - 带有未清项分类表的客户汇编
- S_ALR_87012177 - 客户收付历史
- S_ALR_87012178 - 由延迟项的余额分析的客户未清项
- S_ALR_87012198 - 要打印的已清客户项目清单
- S_ALR_87012199 - 在结算日期未清的预付定金清单 - 客户

图3-179

客户行项目报表着眼于提取客户行项目的信息，用于分析客户欠款项的到期日、账龄等。

在分析账龄时，报表选择参数中，可以自定义账龄时段，如 S_ALR_87012175 未清项 - 客户到期日预测报表的“I 列到期日”和“II 列到期日”，如图 3-180 所示。

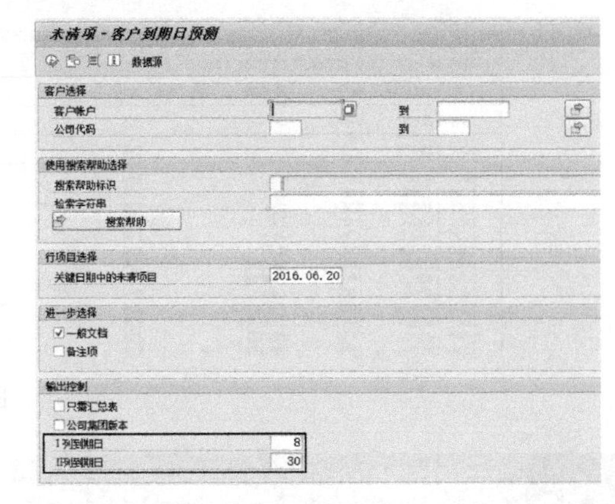

图3-180

再如，S_ALR_87012176 带有未清项分类表的客户汇编报表中有“到期日排序清单”，可以定义 5 个按天数的分隔区间，如图 3-181 所示。

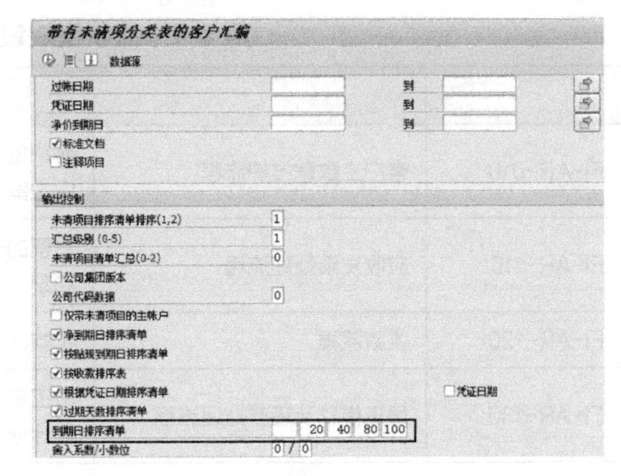

图3-181

S_ALR_87012178 由延迟项的余额分析的客户未清项报表也有同样的到期日排序清单。

（3）客户余额报表，如图 3-182 所示。

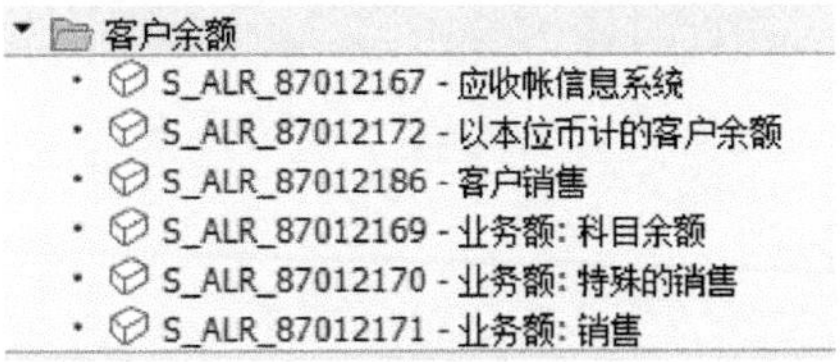

客户余额
- S_ALR_87012167 - 应收帐信息系统
- S_ALR_87012172 - 以本位币计的客户余额
- S_ALR_87012186 - 客户销售
- S_ALR_87012169 - 业务额：科目余额
- S_ALR_87012170 - 业务额：特殊的销售
- S_ALR_87012171 - 业务额：销售

图3-182

客户余额报表主要是针对客户在一段时间内的借方发生额、贷方发生额、余额进行分析。比较典型的报表 S_ALR_87012172 以本币计的客户余额结果显示如图 3-183 所示。

以本币计的客户余额

IDES AG　　以本币计的客户余额　　时间 16:52:13　　日期 2016.06.20
Frankfurt　　RFDSLD00/043　　页 1
结转期间 00 - 00 2016 报表期间 01 - 16 2016

	公司	统驭科目	客户	检索项	SGL 标识	货币	余额结转	在制表期间的借方余额	报表期间的贷方余额	累计余额
	1000	125000	97779	1		EUR	0.00	595.00	0.00	595.00
*	1000	125000				EUR	0.00	595.00	0.00	595.00
	1000	140000	18	18		EUR	0.00	1,309.00	0.00	1,309.00
	1000	140000	120	132		EUR	0.00	2,142.00	952.00	1,190.00
	1000	140000	234	234		EUR	0.00	1,428.00	0.00	1,428.00
	1000	140000	345	243		EUR	0.00	1,142.40	571.20	571.20
	1000	140000	456	456		EUR	0.00	1,190.00	1,309.00	119.00-
	1000	140000	535	A		EUR	0.00	1,874.25	1,785.00	89.25
	1000	140000	1000	BECKER		EUR	5,200.00-	100.00	100.00	5,200.00-
	1000	140000	1001	LAMPEN		EUR	352.89-	0.00	0.00	352.89-
	1000	140000	1002	OMEGA		EUR	2,034.89-	0.00	0.00	2,034.89-
	1000	140000	1032	FORSCHUNG		EUR	158,628.70	0.00	0.00	158,628.70
	1000	140000	1033	KARSSON		EUR	273,256.30-	0.00	0.00	273,256.30-
	1000	140000	1050	BECKER		EUR	887,636.88	31,800.00	12,000.00	907,436.88
	1000	140000	1050	BECKER	W	EUR	0.00	6,000.00	6,000.00	0.00

图3-183

3.12 应收模块设计的流程和方案要点

本节列举应收模块在实施过程中，通常设计的流程和流程中应包含的方案要点（不涉及具体方案），仅供参考。在企业实施过程中，可能因实际业务不同，有所差别。

表 3-9 介绍了应收模块设计的流程和方案要点。

表 3-9 应收模块设计的流程清单和方案要点

流程编码	流程名称	流程中应包含的方案要点
FI-AR-010	客户主数据维护流程	客户的定义及数据范围；客户账户组的划分及对应编码规则；特殊的客户方案（总部与分支机构、集团内部客户等）
FI-AR-110	应收发票处理流程	发票的形成方式；发票对应的凭证（如是否使用发出商品）；付款条件的约定
FI-AR-120	收款流程	收款的清账方式、如何与发票对应；预收款的处理
FI-AR-130	员工借款及还款处理流程	员工客户的维护属性（如统驭科目维护成什么）；借款及还款制度规定；会计处理
FI-AR-140	应收票据处理流程	特别总账标志的使用；票据的跟踪方法

第4章

应付模块

本章介绍以下内容：

- ◆ **应付模块的基础知识；**
- ◆ **主数据维护（供应商）；**
- ◆ **发票处理；**
- ◆ **付款及清账；**
- ◆ **预付款处理；**
- ◆ **应付票据处理；**
- ◆ **其他特别总账业务；**
- ◆ **供应商余额查询；**
- ◆ **定期处理（月末及年末年初的操作）；**
- ◆ **应付模块报表；**
- ◆ **应付模块设计的流程清单和方案要点。**

由于应付模块和应收模块在很多方面存在相似性，因此对于相似度较高的内容，将简略描述。读者可以参考第3章“应收模块”内容。

4.1 基础知识

本节介绍应付模块的基本功能以及该模块与其他模块的关联关系。

4.1.1 应付模块的基本功能

应付（AP）模块是“应付会计模块”的中文简称，它是财务会计（FI）模块的一个子模块，是主要处理与供应商相关业务的模块。

它的基本功能有供应商主数据维护、发票处理、付款处理、杂项业务（预付款、应付票据、其他应付款）处理、供应商余额查询、定期事务处理等。这些功能中，供应商主数据维护属于基础数据维护；发票处理、付款处理、杂项业务处理和供应商余额查询属于日常操作；定期事务处理则主要是月末和年末年初的操作。

4.1.2 应付模块与其他模块的集成

与应付模块集成的模块主要有总账模块和物料管理（MM）模块。

应付模块输入凭证时，使用的科目是在总账模块中设定的；凭证过账后，可以在总账模块查询到，而它对相关科目余额的影响，也体现在总账模块中。月末，对供应商的外币业务进行重估时，重估产生的凭证也直接形成总账凭证。

应付模块与物料管理模块的集成，主要体现在与采购模块的集成。可以从整个采购业务流程来认识这种集成关系。采购业务流程包括决定采购需求（采购申请）、比较采购货源、选择供应商、采购订单处理、采购订单跟踪、收货/库存管理、发票校验，直至最后付款（财务业务），如图4-1所示。

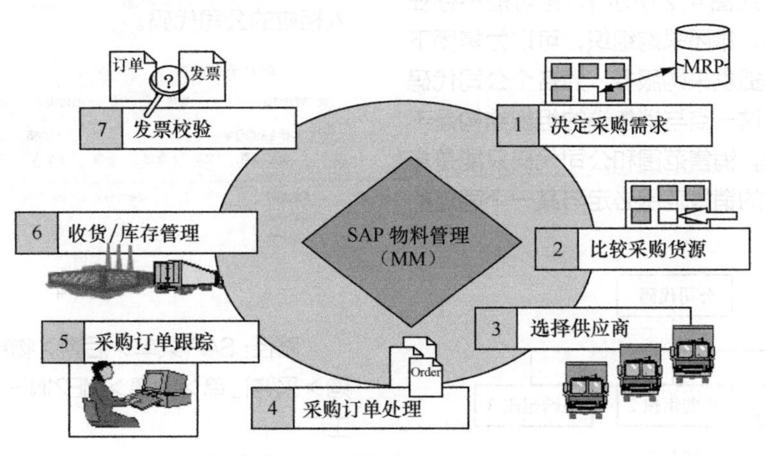

图4-1

应付业务是采购模块业务的延续，它的发票主要来自采购模块的发票校验。采购模块的发票校验完成后，即可在应付模块查询到供应商的未清项和发生额。因此，在应付模块内部，虽然也有发票处理功能，但那不过是针对少量不通过采购模块集成的业务所输入的发票。

除总账模块和采购模块外，凡是牵涉与供应商相关的业务，也都会与应付模块有关联。例如，固定资产的采购，既牵涉采购模块和应付模块，也牵涉资产模块。再如，采购发票的入账，牵涉材料成本的核算，因此，控制模块也和应付模块有一定联系。

4.2 组织结构

应付模块与总账模块同样作为 FI 模块的子模块，其组织结构和总账模块的组织结构相同，也要使用公司代码来处理业务。也就是说，一个供应商如果和企业集团中的多个公司代码有交易发生，一定要区分是在哪个公司代码下进行；将来查询供应商余额时，也要明确是在哪个公司代码下发生的余额。

如果有细分事业部的要求，可能还会用到业务范围、利润中心甚至“段”。

除了了解应付模块自身的组织结构外，还有必要了解其关联模块的组织结构。与应付模块关联较密切的采购模块，其组织结构为采购组织。采购组织是采购模块处理业务的基础，每一个采购订单在下达时，都必须明确属于哪个采购组织。采购组织与 FI 中的公司代码可能存在对应关系（多对一，如图 4-2 所示），也可能不存在对应关系。例如，集团采购组织，可以为集团下的各个公司代码提供采购服务，为各个公司代码创建采购订单。这一点与销售端的组织结构是不同的：在销售端，销售范围和公司代码只能是多对一的，即特定的销售范围必定与某一个固定的公司代码相关联。

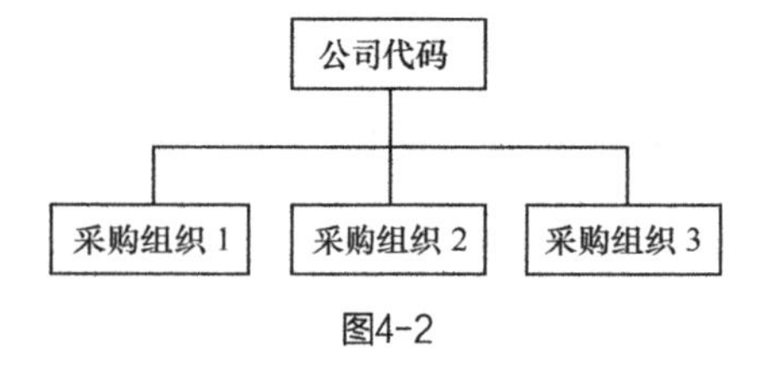

图4-2

采购组织与公司代码可以不对应，这一点可以从后台配置界面看出。如图 4-3 所示，采购组织 0008、1000、2000、2100、2200、2300 都隶属于特定的公司代码（SAP 界面中错误地翻译为“公司”）；而采购组织 1 和采购组织 2 则不与任何公司代码相对应（“公司代码不存在”），意味着它们可以为系统中的任何公司代码下采购订单。

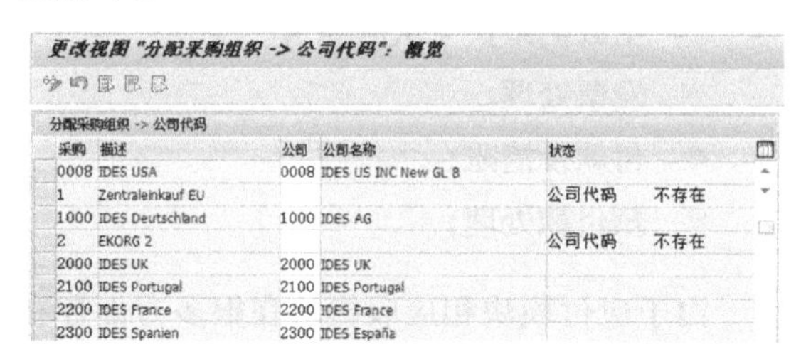

更改视图 "分配采购组织 -> 公司代码"：概览

分配采购组织 -> 公司代码

采购	描述	公司	公司名称	状态	
0008	IDES USA	0008	IDES US INC New GL 8		
1	Zentraleinkauf EU			公司代码	不存在
1000	IDES Deutschland	1000	IDES AG		
2	EKORG 2			公司代码	不存在
2000	IDES UK	2000	IDES UK		
2100	IDES Portugal	2100	IDES Portugal		
2200	IDES France	2200	IDES France		
2300	IDES Spanien	2300	IDES España		

图4-3

路径：IMG> 企业结构 > 分配 > 物料管理 > 采购 > 给公司代码分配采购组织

事务代码：OX01

如果采购组织和公司代码不存在对应关系，如何确保采购组织在创建采购订单时，将账务记入到相应的公司代码中？

在创建采购订单时，在采购订单的头层输入采购组织后，还需要输入公司代码，如图 4-4 所示，输入了采购组织 1 后，公司代码仍然留空，有待用户输入。如果输入采购组织 1000，公司代码会根据后台的配置自动输入 1000。明确了公司代码，采购订单后续的“应付账款”就会记入相应的公司代码。

图4-4

路径：SAP 菜单 > 后勤 > 物料管理 > 采购 > 采购 > 采购订单 > 创建 > ME21N - 已知供应商 / 供应工厂

事务代码：ME21N

而在创建销售订单时，只需要输入销售组织、分销渠道和产品组即可确定对应的公司代码，不需要再手工输入公司代码。

4.3 主数据维护：供应商

本节首先了解供应商的基本概念，然后介绍增加、冻结和删除供应商的具体操作。

4.3.1 供应商的概念

供应商是应付业务处理的基础。处理发票和付款时，要明确是针对哪个供应商开出的发票或对哪个供应商的付款。

供应商，有狭义和广义之分。狭义的供应商是指从企业购买物品（材料、备件、劳保用品、办公用品等）的对方单位；广义的供应商是指对企业有债务关系（不管是否因购买物品而形成）的对方单位或个人。在SAP的应付模块，处理的供应商是指广义的供应商。因此，它既包括从企业购买物品的常规供应商，也包括企业对其有欠款的各种单位或个人。例如，企业向供电局应缴纳的电费、向自来水公司应缴纳的水费，如果暂时挂账，则形成了“其他应付款”。因此，供电局、自来水公司也相当于企业的供应商。

在SAP中维护供应商时，供应商的属性分为3个视图，即基本视图、公司代码视图和采购视图。3个视图维护的内容如表4-1所示。

表4-1 供应商主数据的3个视图

视图	维护的组织层次	维护内容	备注
基本视图	client	名称、地址、电话、银行账号、联系人等	在整个client层都通用的信息
公司代码视图	公司代码	统驭科目、付款条件、客户等	财务业务使用的属性，又称“财务视图”
采购视图	采购组织	订单货币、（对方）销售员、电话、采购订单创建时的控制参数等	采购业务使用的属性

这3个视图中，基本视图是必须设定的，公司代码视图和采购视图是按需要设定的。很显然，如果一个供应商是向本企业提供材料的常规供应商，它必须同时设定3个视图的属性；而如果一个供应商仅在财务上有“其他应付款”的记账需求，其业务并不与采购模块集成（通常称为“财务专用供应商”），则只需设定基本视图和公司代码视图；如果一个供应商仅需处理询报价业务，并没有后续的采购订单业务，则可以只设定基本视图和采购视图（在这种情况下，此类供应商一般不输入到系统中，相关的询报价也不输入系统）。

4.3.2 供应商的创建

供应商的创建有多个路径，取决于需要创建哪个视图。这些路径和视图的对应关系如表4-2所示。

表4-2 供应商主数据创建的路径和事务代码

路径	事务代码	视图		
		基本视图	公司代码视图	采购视图
SAP菜单 > 会计核算 > 财务会计 > 应付账款 > 主记录 > 创建	FK01	√	√	
SAP菜单 > 后勤 > 物料管理 > 采购 > 主数据 > 供应商 > 采购 > 创建	MK01	√		√
SAP菜单 > 后勤 > 物料管理 > 采购 > 主数据 > 供应商 > 中央的 > 创建	XK01	√	√	√

例如，对于财务专用供应商，只需要基本视图和公司代码视图信息，因此在事务代码FK01中设置即可。

【业务操作】下面以常规的供应商（需要创建3个视图，使用事务代码XK01）为例，介绍供应商主数据创建的详细步骤。

STEP 1 在“创建 供应商：初始屏幕”界面输入基本的信息，设置“账户组”（SAP 中文版误翻译为“账户组”）以及要创建的主数据所在的组织结构，如图 4-5 所示。

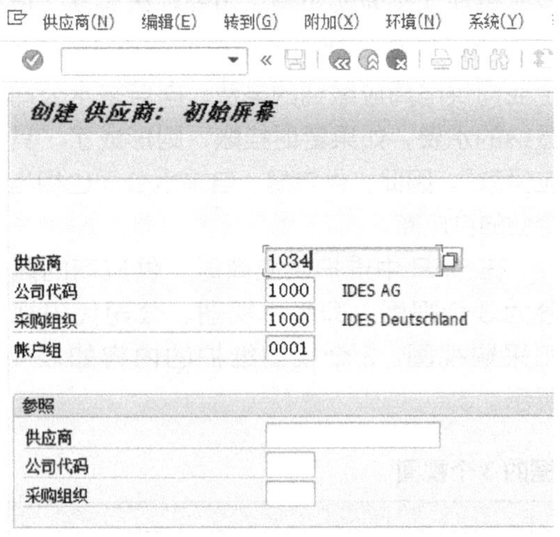

图4-5

如果已经有类似的供应商存在于系统中，可以用“参照”的方式创建。在“参照”区域，要输入被参照的对象（供应商及所处的组织）。通过“参照”方式创建后，原有供应商的相关属性会被自动地复制到新的供应商属性中。

账户组（customer account）：事先在后台设置好，在此处选择。图 4-5 所示的示例中选择账户组 0001“供应商”。它决定：①该供应商的编号方式（是人工编号还是自动编号）及编号范围；②是否属于一次性供应商；③供应商主数据上字段的状态（可选 / 必输 / 隐藏）。详见本节的【延伸思考 1】。

STEP 2 单击“确认”按钮或按回车键，进入“创建 供应商：地址”界面，输入名称、地址、电话等信息，如图 4-6 所示。

名称：供应商的法定名称。注意必须使用全称。名称共有 4 个字段，通过字段右侧的按钮可以展开全部 4 个字段，分别为名称 1~4。这 4 个字段的用法有两种：①当供应商名称较长时，可分多行设置；②当需要给供应商设置多语种的名称时，可以分别用不同的栏位来设置，如名称 1 设置中文名称、名称 2 设置英文名称。

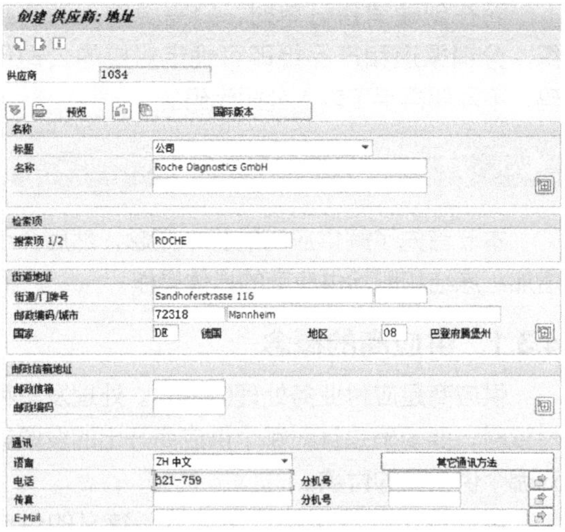

图4-6

> 提示
>
> 给供应商设置多语种的名称，标准的解决方案是单击界面上的 国际版本 按钮进入新的界面来设置。

搜索项 1/2：快速搜索供应商时使用的名称，一般输入供应商的简称。标准的字段有两个搜索项，图中受账户组的字段状态所限，只显示了一个，因此是“1/2”。

> 提示
>
> 在某些标准报表中，系统并不显示供应商的名称，而只显示编码和搜索项，如以本币计的供应商余额报表。因此，搜索项的正确输入是很重要的。如果没有搜索项或设置不正确，该报表的阅读者将难以从编码上识别供应商。

“街道地址”信息：设置供应商的国家、地区、邮政编码、城市、街道、门牌号等。SAP 在“国家”字段预定义了世界上几乎所有的国家和地区，在“地区”字段针对部分国家设置了一级行政区划，如中国的各个省、自治区、直辖市。

> 提示
>
> 在SAP中，不同国家对于街道地址信息的输入要求是不同的。例如，有些国家要求输入邮政编码，有些国家的邮政编码、银行账号、增值税登记号有特定的长度要求（德国的邮政编码是5位）。这些要求是在后台Netweaver下基础设置中“设置国家特定的检查”中明确的。因此，如果输入时系统报错或报警，不妨到后台了解一下。

STEP 3 单击“下一个屏幕”按钮，进入“创建 供应商：控制”界面，输入供应商的控制性信息，如对应的客户编号、贸易伙伴、增值税登记号等，如图 4-7 所示。

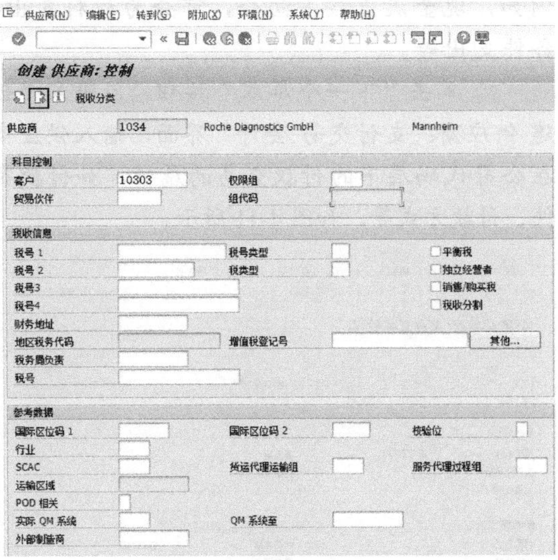

图4-7

客户：适用于一家单位既是客户也是供应商的情况。如果当前设置的供应商在 SAP 中也被设置为客户，则将客户的编号填写在此字段。例如，如果供应商 1034（Roche Diagnostics GmbH）在系统中也设置为客户，其编号为 10303，这里就填写 10303。这样，将来在给客户和供应商对冲债权债务时，系统可以识别到供应商 1034 和客户 10303 是一家单位。

提示 如果要使用此对冲功能，除了设置常规视图的“客户”字段外，还要在公司代码视图支付交易界面中勾选“结算客户”复选框，参见图4-11。同样地，也要在客户的主数据上做相应的设置。

注意 在图4-11中，“结算客户”字段不是天然出现的，而是在图4-7中输入了客户字段，并且按回车键后才出现的。

贸易伙伴：当供应商是集团内的成员单位时，各成员单位应该在系统中被设置为公司，此处字段选择相应的“公司”的编码。这样，将来在发生针对该供应商的应付款时，系统可以知道应付款是和哪个贸易伙伴发生的——在应付款以及收入科目的凭证行项目上会体现出“贸易伙伴”字段。这为日后的合并抵销提供了方便。

注意 强烈建议将集团内的供应商单独设置为一个账户组，并且将贸易伙伴设置为必输。同时，为了便于识别集团内的供应商和客户，建议将其编码设置为“前缀号+公司编码”。例如，公司2300，在系统中设置为供应商时，供应商的编码为802300；在系统中设置为客户时，客户的编码也为802300。

STEP 4 单击“下一个屏幕”按钮，进入“创建 供应商：支付交易”界面，输入对供应商付款所使用的信息，如银行代码、银行账户等，如图 4-8 所示。

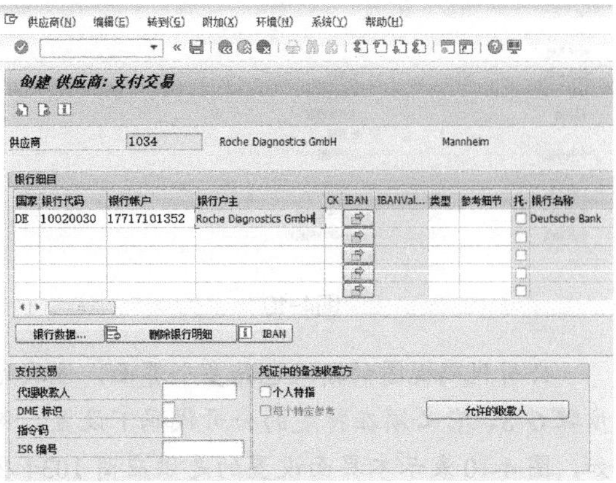

图4-8

银行代码是事先作为主数据设置在系统中的，此处只是选用。

一个供应商可以设置多条银行账户信息。

STEP 5 单击“下一个屏幕”按钮，进入“创建 供应商：联系人”界面，输入供应商的联系人信息，如姓名、电话和部门等，如图 4-9 所示。

图4-9

在图 4-9 中，要想添加联系人的详细信息，可以双击条目，进入“合作伙伴细节”界面进行创建和编辑，如称谓和电话就是在详细界面中输入的。

图 4-9 中的“名”是指联系人的名，“名称”

是指联系人的姓。

STEP 6 单击“下一个屏幕”按钮，进入“创建 供应商：会计信息 会计”界面（界面标题尾部的“会计”表示该视图属于“会计视图”，即财务视图，一般称为公司代码视图，下同），输入供应商在公司代码层下的会计属性，如统驭科目、排序码、现金管理组等，如图 4-10 所示。

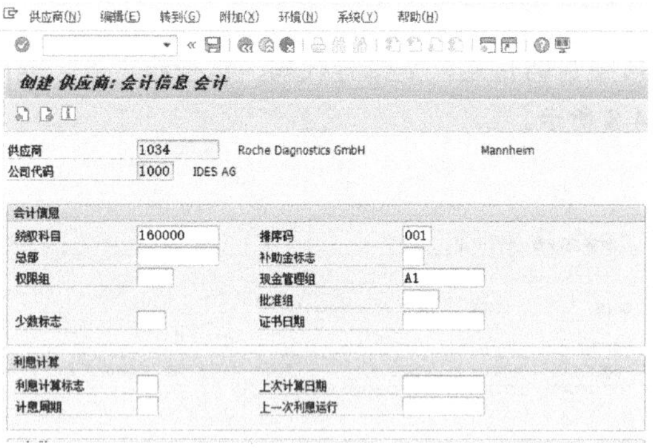

图4-10

公司代码视图的输入包括多个界面，依次见步骤 6~8。它必须在特定的公司代码下设置，例如，图 4-10 表示本界面设置的是供应商 1034 在公司代码 1000 中的属性。

统驭科目：当给该供应商记账时，系统记入到应付的什么科目。此处设置的科目必须是在科目主数据中设置为“对供应商统驭的科目”（统驭科目，统驭对象为 K，即供应商，参见 2.3.2 小节）。

排序码：决定将来该供应商在记账时，行项目分配字段的显示内容。系统在查询行项目报表时，以此字段排序。

总部：如果该供应商是某集团公司的分支机构，并且该集团的总部也作为供应商设置在系统中，则在此字段输入总部的供应商编号。这样，将来该供应商的应付款会被自动归入总部供应商的名下。

提示

总部与分支机构的功能有助于企业针对外部供应商分层次地管理其业务及余额。当输入分支机构供应商的应付款时，系统会自动将供应商字段替换为“总部供应商”，并且将该分支机构供应商放入“分支机构”字段。将来可以同时按总部和分支机构两个层次查询供应商的交易和余额。

现金管理组：用于现金预测。在现金预测功能中，将未来的现金流入、流出按款项来源或用途（去向）的不同分成不同的组。例如，现金流出按去向分，可分为材料支出、备件支出等。

STEP 7 单击“下一个屏幕”按钮，进入“创建 供应商：支付交易 会计”界面，输入供应商在公司代码层下的付款交易的属性，如付款条件、付款方式等，如图 4-11 所示。

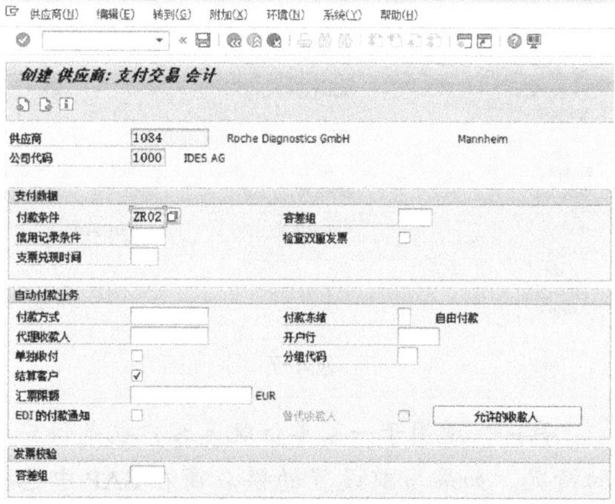

图4-11

付款条件：供应商应付款适用的付款条件，决定计算到期日时的收付基准日、账期天数及折扣等。例如，付款条件 0001 表示“立即到期，无折扣”，0002 表示“14 天内付款可以取得 3% 的折扣，30 天内付款可以取得 2% 的折扣，45 天到期无折扣”，图 4-13 中输入的 ZR02 表示“30 天到期”。在国内企业的实践中，几乎不使用带折扣的付款条件。

付款方式：对该供应商付款时使用的付款方式，如 A 表示银行转账、E 表示电汇、S 表示支票。该字段可以同时选择多种付款方式。在国内的业务实践中，一般不提前约定对供应商的付款方式。

结算客户：如果该供应商同时是客户，在基本视图中输入了供应商编号后，按回车键，此字段自动显示，供用户勾选。如果属于这种情况，应勾选该复选框（见图 4-11）。

STEP 8 单击“下一个屏幕”按钮，进入“创建 供应商：信函 会计”界面，输入和供应商约定的催款信息和信函信息，如图 4-12 所示。在国内的业务实践中，该界面一般不用设置。

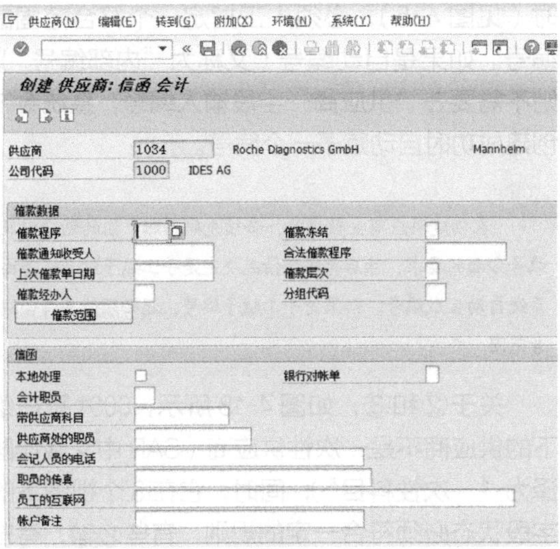

图4-12

STEP 9 单击“下一个屏幕”按钮，进入“创建供应商：采购数据”界面，输入与采购业务相关的参数，如图4-13所示。

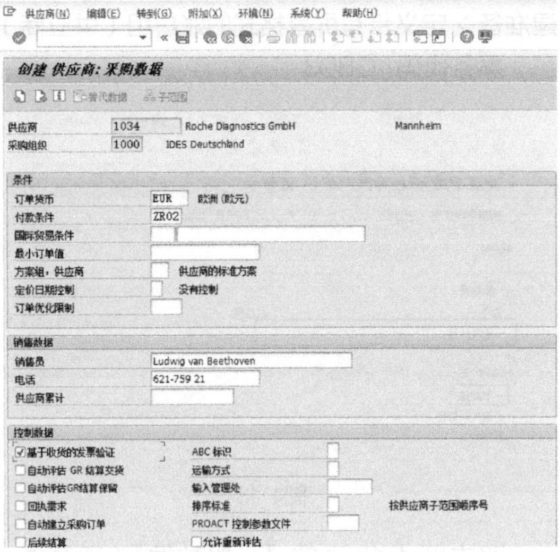

图4-13

采购视图必须是在相应的采购组织下设置的。例如，图4-13中设置的是供应商1034在采购组织1000下的采购属性。

采购视图有两个界面，体现在步骤9（采购数据）和步骤10（合伙人功能）中。

订单货币：在该采购组织创建该供应商的采购订单时，使用什么货币。

付款条件：在创建采购订单时，明确将来形成的应付账款的欠款天数及付款折扣条款，如“30天付款、无折扣”（又称“净额30天”）。

> 提示
> 在公司代码视图的“支付交易”界面也设置有付款条件，这里采购视图也有付款条件。二者有何区别呢？前者应用于直接在FI中创建的应付发票，而后者应用于MM模块创建的采购订单，并在其后延续应用到发票校验操作中。

基于收货的发票验证（校验）：发票校验操作时，是否要求一定要收货才能做发票校验？如果是，则勾选此复选框。如果不是，则不勾选，表明没有收货也可以做发票校验，那就是“基于采购订单的发票校验”了。

> 提示
> 如果是基于收货的发票校验，则是“三维匹配”：发票、采购订单、收货单；如果是基于采购订单的发票校验，则是“二维匹配”：发票、采购订单。还有更严格的“四维匹配”：发票、采购订单、收货单、质检合格单。在启用QM（质量管理）模块后，质检通过才能入库，并要求基于收货的发票校验，这样就实现了四维匹配。

STEP 10 单击“下一个屏幕”按钮，进入“创建供应商：合伙人功能”界面，输入与该供应商相关的合作伙伴，如图4-14所示。

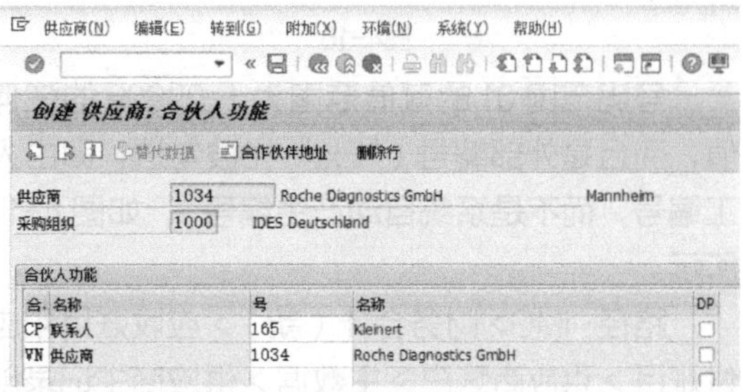

图4-14

合伙人功能即合作伙伴功能，用来设置该供应商在发生采购业务时，相关的业务合作方，如联系人（CP）、订货地址（OA）、联系地址（CA）等。系统会默认将供应商本身作为自己的合伙人，合伙人功能：供应商（VN）。

STEP 11 3个视图设置完毕后，单击“保存”按钮，即可完成创建。系统会提示供应商在哪个公司代码、哪个采购组织被创建，如图4-15所示。

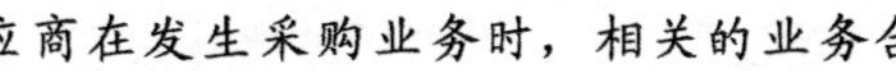

图4-15

延伸思考1　供应商的账户组有何作用？

与客户的账户组类似，供应商的账户组是对供应商从某些属性上所做的一种划分，这种划分决定了：①该供应商的编号方式（是人工编号还是自动编号）及编号范围；②供应商是否属于一次性客户；③供应商主数据上字段的状态（可选/必输/隐藏）。以下逐一进行说明。

关于①，如图 4-16 所示，0001 账户组决定供应商的号码范围为 01。

路径：IMG> 财务会计（新）> 应收账目和应付账目 > 供应商账户 > 主数据 > 供应商主记录创建准备 > 对供应商账户组分配编号范围

事务代码：OBAS

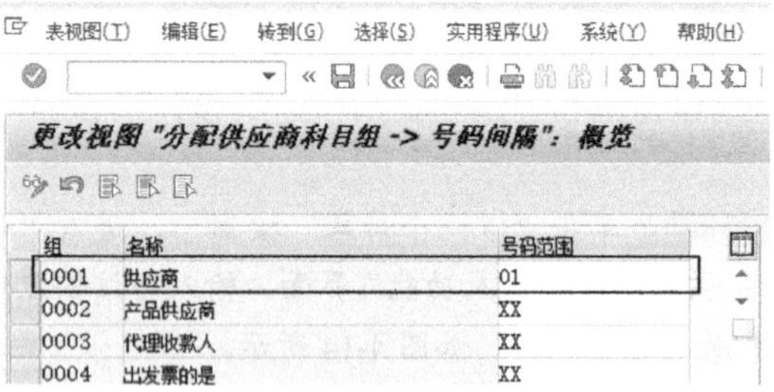

更改视图 "分配供应商科目组 -> 号码间隔"：概览

组	名称	号码范围
0001	供应商	01
0002	产品供应商	XX
0003	代理收款人	XX
0004	出发票的是	XX

图4-16

号码范围 01 的赋值范围为 1~99999 的任何值，而且是外部编号（"Ext" 栏被勾选，即由人工编号，而不是系统自动产生编号），如图 4-17 所示。

路径：IMG> 财务会计（新）> 应收账目和应付账目 > 供应商账户 > 主数据 > 供应商主记录创建准备 > 创建供应商账户编号范围

事务代码：XKN1

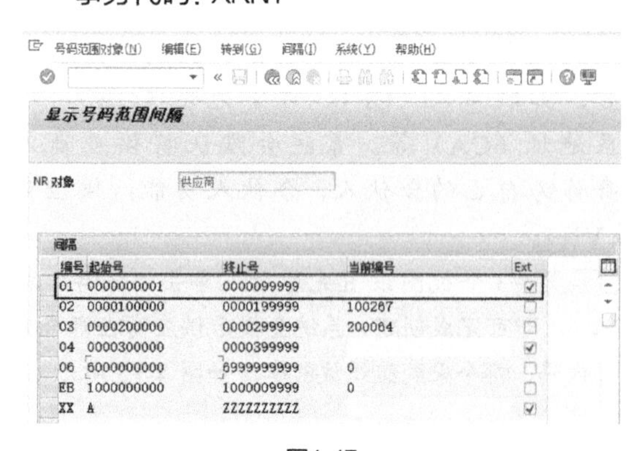

显示号码范围间隔

NR 对象　供应商

间隔

编号	起始号	终止号	当前编号	Ext
01	0000000001	0000099999		☑
02	0000100000	0000199999	100267	☐
03	0000200000	0000299999	200064	☐
04	0000300000	0000399999		☑
06	6000000000	6999999999	0	☐
EB	1000000000	1000009999	0	☐
XX	A	ZZZZZZZZZZ		☑

图4-17

因为是人工编号，所以在创建供应商主数据时（见图 4-5），必须人工指定一个符合范围的编号。如果是自动编号（又称为"内部编号"），则不需要在"供应商"字段输入编号，系统会在创建成功时自动赋予一个编号。

> **提示**
>
> 在创建供应商主数据时，必须先熟悉账户组的划分以及编号方面的要求，然后再根据情况决定是手工赋予编号还是由系统自动生成编号。如果是手工赋予编号，还必须使其符合编号范围。

关于②和③，如图 4-18 所示，0001 账户组下的供应商不是一次性供应商（SAP 中文版误翻译为"一次性科目"）；同时，它在 3 个视图下的字段状态必须符合一定的规则，有些必输，有些隐藏，有些可选输入。具体的字段规则在双击图 4-18 中的"一般数据""公司代码数据""采购数据"后可以逐步看到。

路径：IMG> 财务会计（新）> 应收账目和应付账目 > 供应商账户 > 主数据 > 供应商主记录创建准备 > 定义带有屏幕格式的账户组（供应商）

事务代码：OBD3

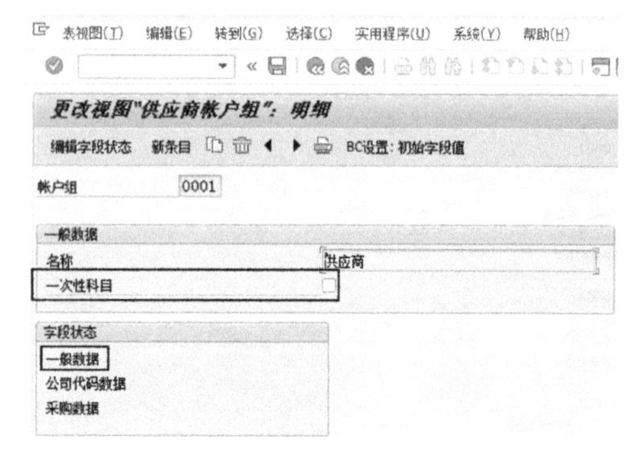

图4-18

双击图 4-18 中的"一般数据"（即基本数据）后，可以看到一般数据中的字段分组，如图 4-19 所示。

再进一步双击其中某个字段分组，如"地址"，则可以看到该组中约有 50 个具体字段，如图 4-20 所示。

> **提示**
>
> 有些字段组下的字段非常多，系统只能分页显示，每页显示17项。此时，要关注右上角的"页 n/m"，了解共有几页，并通过键盘上的PgUp、PgDn键进行翻页，逐页设置。例如，地址字段组有两页，图4-20显示了第1页。

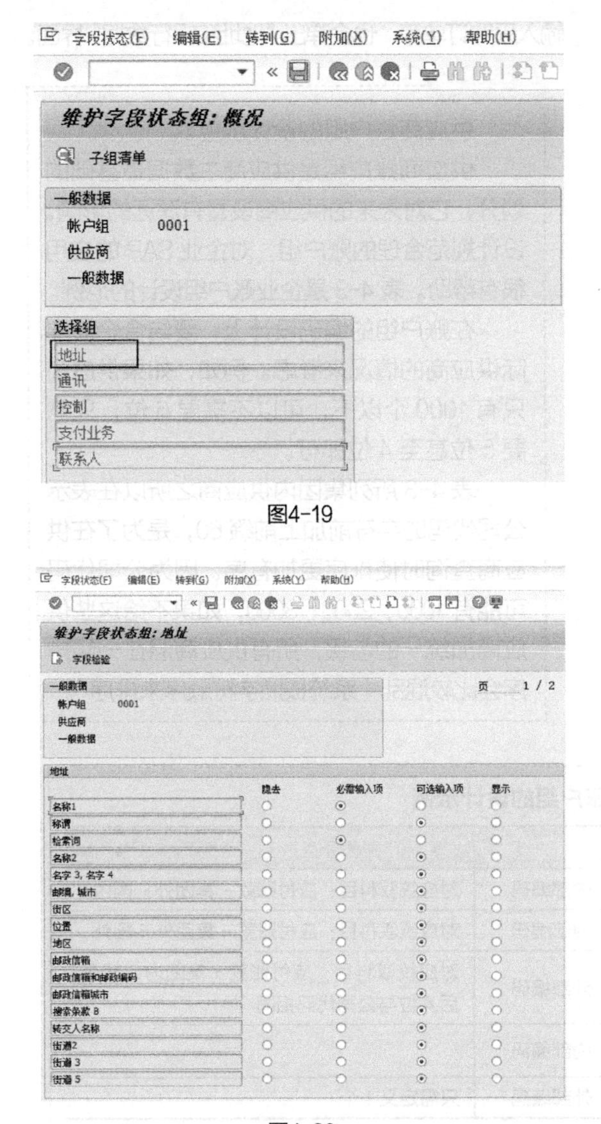

图4-19

图4-20

延伸思考2 如何使用一次性供应商?

在供应商账户组中，提到了一次性供应商。一次性供应商一般具有以下特点：业务不稳定，可能只是一次性交易；交易金额不大；应付挂账在短期内能够付清。针对这样的供应商，如果每个供应商都建立一个主数据，势必造成系统数据的冗余，因此只需建立一个供应商编号，循环使用即可。为此，要专设一个账户组（一次性供应商账户组），赋予其专门的供应商编号。该供应商在设置时，应该有以下特点：①名称无须固定，直接写为一次性供应商即可；②地址、电话、增值税登记号、银行账号、联系人等属性可以不设置，因此可以直接从账户组层面将这些字段隐藏。

图4-21（1）~图4-21（3）依次显示了IDES中创建的一个一次性供应商的3个界面。

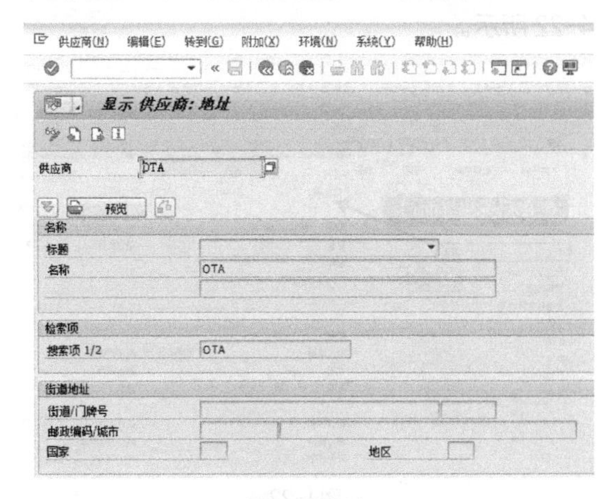

图4-21（1）

图4-21（2）

图4-21（3）

在使用一次性供应商操作业务时，系统会弹

出新的子界面，提示用户输入明确的供应商名称、地址、电话等信息。例如，在 IDES 使用供应商 OTA 输入一张发票时，系统弹出“地址和银行数据”界面，要求进一步输入供应商的明细信息，包括名称、地址、银行账户等，如图 4-22 所示。

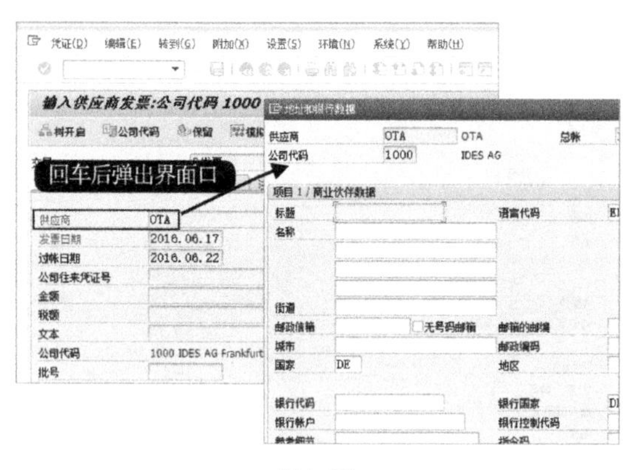

图4-22

在其他涉及一次性供应商的操作中，如收款、输入采购订单等，也会弹出“地址和银行数据”界面。

设计参考

供应商账户组的设计示范。

供应商账户组是供应商主数据最基础的划分，它对未来的供应商设置有深远的影响。设计规范合理的账户组，对企业 SAP 的应用很有帮助。表 4-3 是企业账户组设计的范例。

在账户组的编码设计上，要结合企业实际供应商的情况来考虑。例如，如果供应商只有 1000 个以下，可以不需要 6 位，只需要 5 位甚至 4 位即可。

表 4-3 所列集团内供应商之所以在表示公司代码的字符前加上前缀 60，是为了在供应商查询时使排序更加有序。因为公司代码可能有 1000、2000、3000，如果不给这些供应商加统一的前缀，所有供应商混在一起排序会比较混乱（系统按照字符顺序来排序）。

表 4-3 供应商账户组的设计示例

账户组	账户组描述	编码范围	编码方法	备注
1000	集团外 - 国内供应商	100000 ~ 199999	内部编码	对应统驭科目：应付账款 - 集团外 - 国内
2000	集团外 - 国外供应商	200000 ~ 299999	内部编码	对应统驭科目：应付账款 - 集团外 - 国外
6000	集团内供应商	600000 ~ 609999	外部编码	对应统驭科目：应付账款 - 集团内；编号后 4 位与公司代码相同
7000	财务专用供应商	700000 ~ 799999	内部编码	
9000	一次性供应商	900000 ~ 900000	外部编码	只需定义 1 个

将集团内供应商独立出来，不仅是希望编码单独赋值，还希望在字段状态上有特别安排，如贸易伙伴字段要求必输。

将国内供应商和国外供应商区分开来，是为了在设置统驭科目时能够统一，以免不符合规范。

一次性供应商在地址上，虽然要指定国家，但是一般地，对于国外的供应商，其业务交易必须谨慎处理，因此，较少对国外的供应商适用一次性供应商，一次性供应商仅用于本国的某些供应商。这样看来，仅设置一个一次性供应商就够了。

4.3.3 供应商的更改和显示

针对已经创建好的供应商，如果要更改或显示，则使用相应的更改或显示的路径进入。

表 4-4 列出了更改供应商的路径和事务代码。

表4-5列出了显示供应商数据的路径和事务代码。

与应收模块中对客户主数据的操作不同，在应付模块中，对供应商主数据进行更改或显示时，需要勾选相应的“数据块”，即想更改或显示什么数据，就必须勾选什么数据。而且，勾选项属于哪个层级的数据，必须在相应层级输入组织结构。例如，勾选了“采购数据”复选框，就要输入采购组织；勾选了“会计信息”复选框，就必须输入公司代码，如图 4-23 所示。

表 4-4　供应商主数据更改的路径和事务代码

路径	事务代码	视图		
		基本视图	公司代码视图	采购视图
SAP 菜单 > 会计核算 > 财务会计 > 应付账款 > 主记录 > 更改	FK02	√	√	
SAP 菜单 > 后勤 > 物料管理 > 采购 > 主数据 > 供应商 > 采购 > 修改（当前的）	MK02	√		√
SAP 菜单 > 后勤 > 物料管理 > 采购 > 主数据 > 供应商 > 中央的（实为“集中地”）> 更改	XK02	√	√	√

表 4-5　供应商主数据显示的路径和事务代码

路径	事务代码	视图		
		基本视图	公司代码视图	采购视图
SAP 菜单 > 会计核算 > 财务会计 > 应付账款 > 主记录 > 显示	FK03	√	√	
SAP 菜单 > 后勤 > 物料管理 > 采购 > 主数据 > 供应商 > 采购 > 显示（当前）	MK03	√		√
SAP 菜单 > 后勤 > 物料管理 > 采购 > 主数据 > 供应商 > 中央的（实为“集中地”）> 显示	XK03	√	√	√

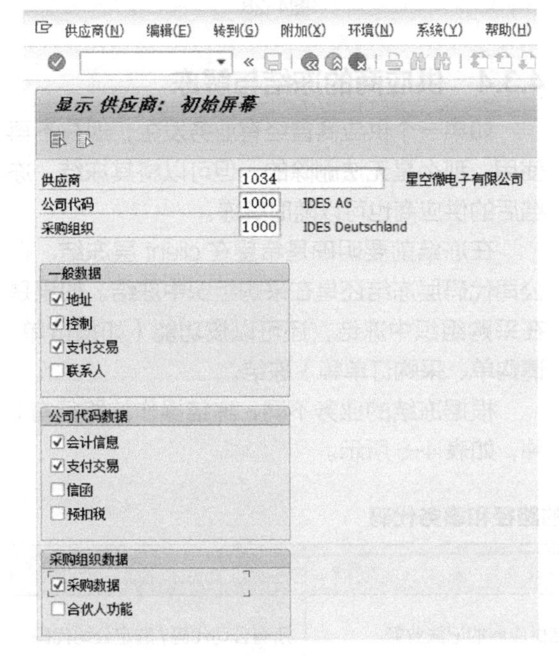

图4-23

创建供应商后，供应商的账户组信息和创建的信息被放在“管理数据”中。如果要显示这些信息，则在显示模式下，通过菜单中的“附加”→“管理数据”命令可以看到这些数据，如图 4-24 所示。

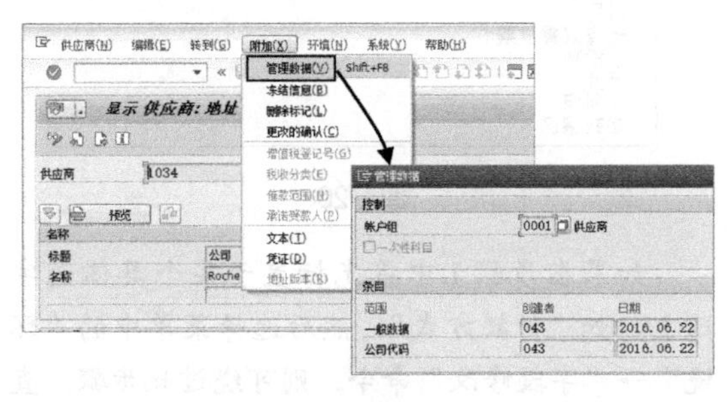

图4-24

如果供应商主数据经过了修改，怎样查到这些修改的信息呢？

系统忠实地记录了供应商主数据的修改过程。在显式模式下，通过菜单中的“环境”→“字段修改”命令或“环境”→“账户修改”→“所有字段”命令或“环境”→“账户修改”→“敏感字段”命令可以查看更改信息。

【业务操作】下面以供应商 1006 为例，查询其更改信息。

STEP 1 在显示供应商的模式下，将光标置于供应商字段，选择菜单中的“环境”→“字段修改”命令，如图 4-25 所示。

图4-25

STEP 2 在“供应商变化：更改的字段”界面可以查询到所有做过更改的字段，如图 4-26 所示。

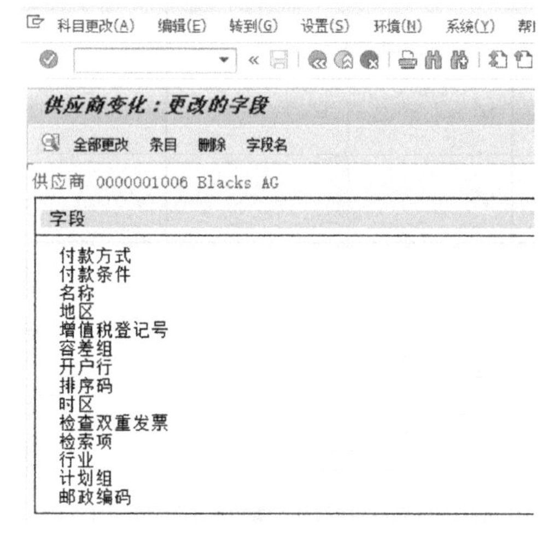

图4-26

如果在步骤 1 中将光标置于某个具体的字段上，如“付款方式”，然后选择菜单中的“环境”→“字段修改”命令，则可绕过此步骤，直接进入步骤 3。

STEP 3 如果想细查某个字段，如“付款方式”到底是如何修改的，则双击该字段，在“供应商变化：总览”界面可以看到该字段的修改历史，共有两次修改，如图 4-27 所示。

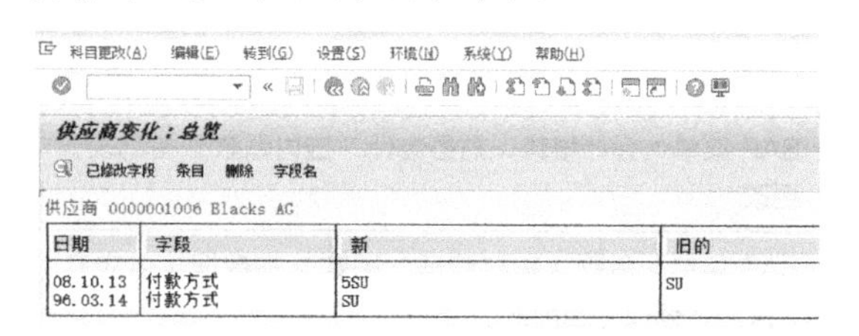

图4-27

STEP 4 如果想细查某次修改的详细情况，则双击该次修改。例如，双击最近的一次修改（修改于 2008.10.13 的记录），结果如图 4-28 所示。

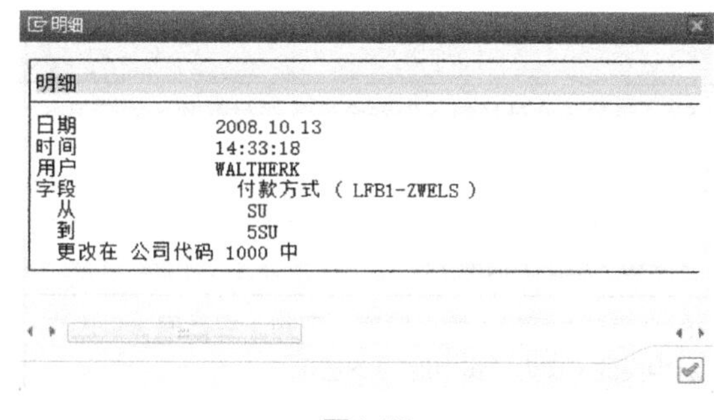

图4-28

4.3.4 供应商的冻结与解冻

如果一个供应商曾经有业务发生，现在不再使用，那么是无法删除的，但可以将其冻结。冻结后的供应商也可以随时解冻。

在冻结前要明确是希望在 client 层冻结、在公司代码层冻结还是在采购组织中冻结。如果是在采购组织中冻结，还可以按功能（如报价单、请购单、采购订单等）冻结。

根据冻结的业务不同，冻结操作的路径有 3 种，如表 4-6 所示。

表 4-6 供应商冻结的路径和事务代码

路径	事务代码	冻结的业务选项	冻结的组织结构选项
SAP 菜单 > 会计核算 > 财务会计 > 应付账款 > 主记录 > 冻结 / 解冻	FK05	冻结供应商的记账业务	所有公司代码 / 选定公司代码
SAP 菜单 > 后勤 > 物料管理 > 采购 > 主数据 > 供应商 > 采购 > 冻结	MK05	冻结供应商的采购业务：报价单 / 请购单 / 供应源确定 / 采购订单 / 收货	所有采购组织 / 选定采购组织
SAP 菜单 > 后勤 > 物料管理 > 采购 > 主数据 > 供应商 > 中央的（应译为“集中地”）> 冻结	XK05	冻结供应商的记账业务或采购业务	所有公司代码 / 选定公司代码；所有采购组织 / 选定采购组织

【业务操作1】下面以事务代码FK05为例，介绍如何冻结供应商的记账业务（从财务上冻结）。

STEP 1 在“冻结/解冻 供应商：初始屏幕”界面输入供应商编号和公司代码，并按回车键，如图4-29所示。

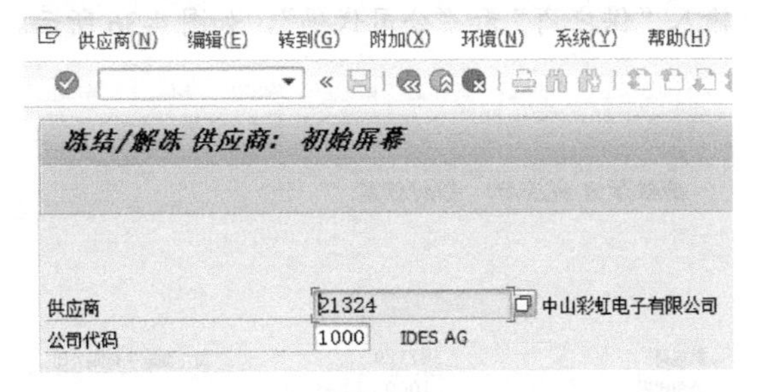

图4-29

STEP 2 系统进入“冻结/解冻 供应商：明细 会计”界面，选择记账冻结针对哪个层次，是所有公司代码还是所选的公司代码1000。如图4-30所示，仅选择当前所选的公司代码1000。

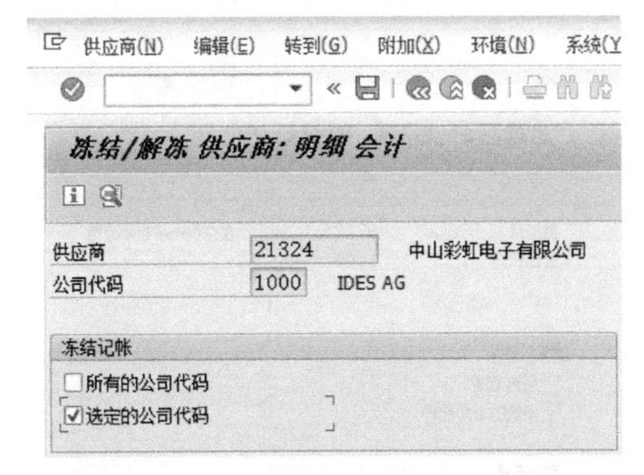

图4-30

> 提示
>
> 因为有可能一个供应商只是在一个公司代码中不再使用，而在其他的公司代码中还要继续使用。在这种情况下，就是只在这一个公司代码中冻结。

STEP 3 按回车键，系统自动确认是否可以冻结。由于在当前系统中，供应商1771在公司代码1000并无未清项，因此，系统没有报送任何错误或警告信息。

如果某供应商（如1006）有未清项，系统会发送警告信息提示，如图4-31所示。

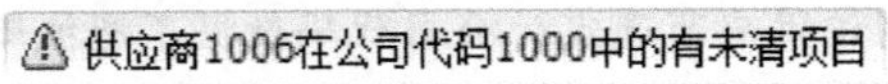

⚠ 供应商1006在公司代码1000中的有未清项目

图4-31

> 提示
>
> 如果一个供应商有未清项，从系统功能的角度，即使提示警告信息，仍然可以将其冻结。不过从业务角度看，不应该将其冻结。如果的确要冻结，应该将其余额转走，并完成未清项的清账，然后再冻结。这种处理方式，适用于一个供应商在某公司代码被重复创建了两个，且两个编码上都有余额的情况。

STEP 4 单击“保存”按钮保存所做的操作。系统出现信息提示，如图4-32所示。

☑ 变化已经发生

图4-32

【业务操作2】供应商被冻结后，应如何查看其冻结与否的信息呢?

STEP 1 使用事务代码FK03进入显示供应商的界面，显示供应商，单击菜单中的“附加”→“冻结信息”命令，如图4-33所示。

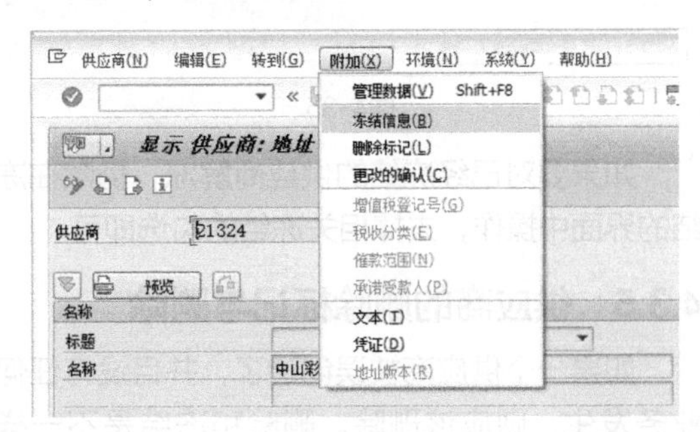

图4-33

STEP 2 在“显示 供应商：冻结信息 会计”界面可以看到该供应商冻结的信息，如图4-34所示。

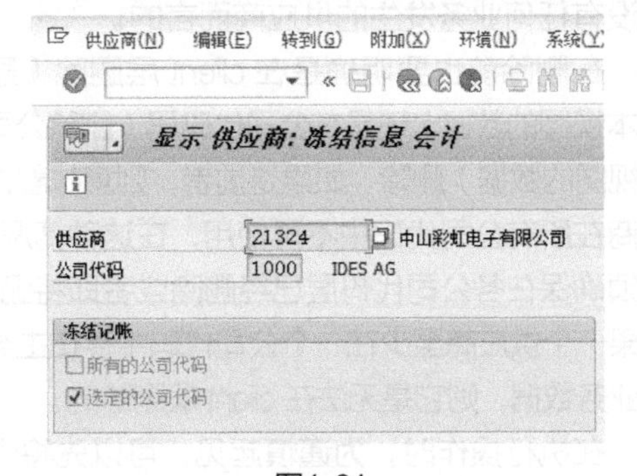

图4-34

当供应商被冻结后，系统会有何影响呢?

供应商被冻结，不影响查询其余额，也不影响行项目显示报表，但如果试图用该供应商记账，系统会出现报错提示：该供应商因记账操作而冻结，如图 4-35 所示。

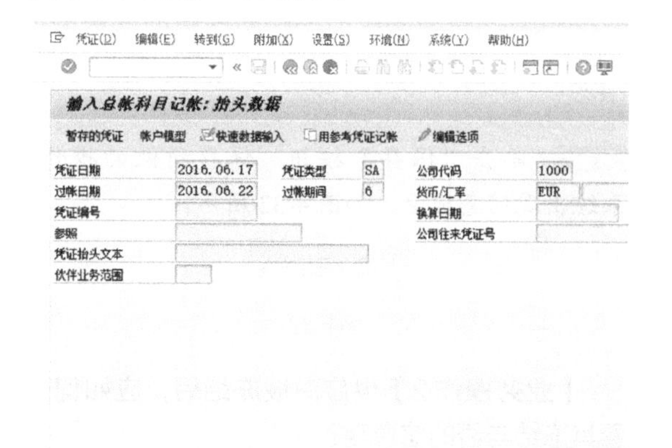

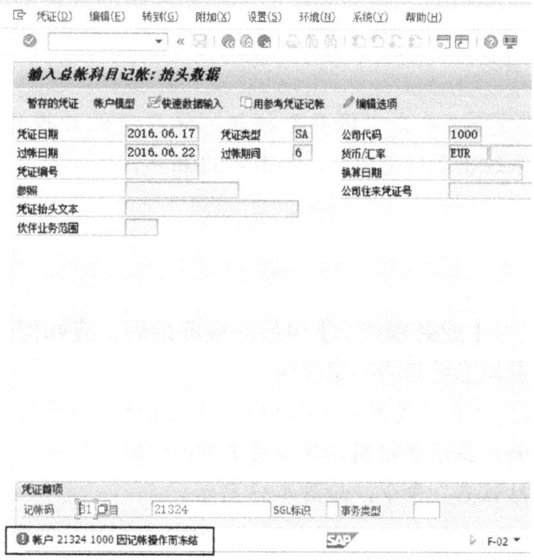

图4-35

如果要对已经冻结的供应商解冻，仍然在冻结的界面中操作，去掉相关冻结的勾选即可。

4.3.5 供应商的删除标记与删除

如果一个供应商被误创建了，并且没有任何业务发生，则应该删除。删除和冻结是不一样的：冻结只是锁定该供应商不再被使用于某些业务，该供应商仍然是存在的，而删除则将该供应商完全从数据库中删除。因此，删除应该是对那些没有任何业务发生的供应商而言的。

在删除前也要明确是在 client 层删除（删除基本视图的数据）还是在公司代码层（删除公司代码视图的数据）删除。如果是前者，则意味着该供应商在所有公司代码中不再使用，在这种情况下，必须确保在各公司代码层已经删除或者即将删除。如果一个供应商至少在一个公司代码中存在主数据或业务数据，则它是无法在 client 层删除的。

在执行操作时，为谨慎起见，可以先将供应商打上删除标记，然后再在后台进行删除。如果在后台直接删除，则有可能错误地删除了不该删除的供应商。

【业务操作】下面以公司代码 1000 的供应商 97126 为例，详细介绍删除供应商的步骤。

STEP 1 先给供应商打上删除标记。

路径：SAP 菜单 > 会计核算 > 财务会计 > 应付账款 > 主记录 > 设置删除标识符

事务代码：FK06

进入“删除标记 供应商：初始屏幕”界面，输入“供应商”和“公司代码”，如图 4-36 所示。

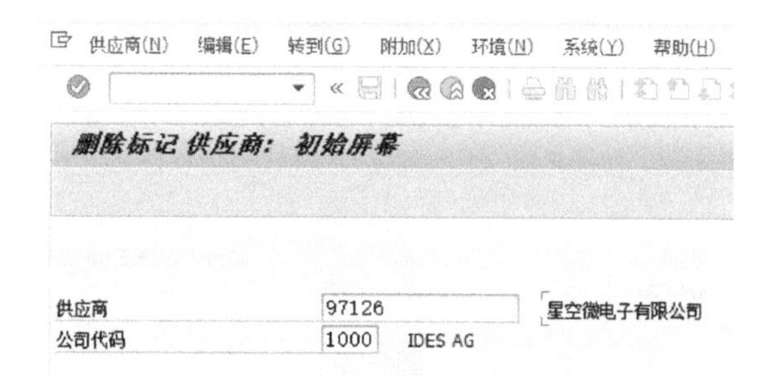

图4-36

STEP 2 按回车键，系统进入“删除标记 供应商：明细 会计”界面，选择要打上删除标记的选项，如图 4-37 所示。

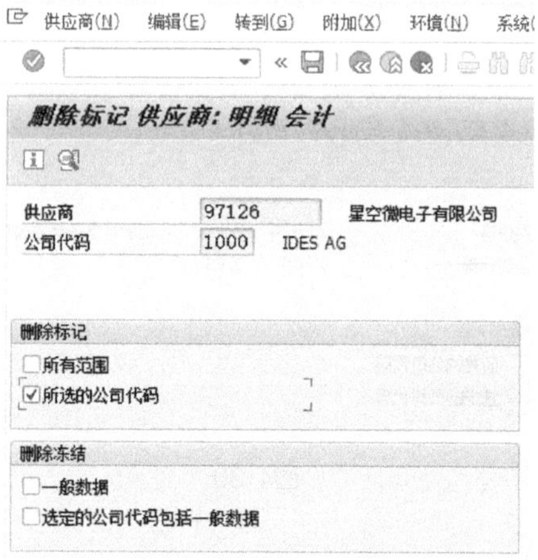

图4-37

删除标记—所有范围：针对该供应商的所有公司代码打上删除标记。

删除标记—所选的公司代码：针对该供应商在当前公司代码下的主数据打上删除标记。图中示例仅选择此项。

删除冻结——般数据：控制该供应商的一般数据（基本视图）不能被删除。

删除冻结—选定的公司代码包括—般数据：控制该供应商选定的公司代码数据不能被删除，既然公司代码数据不能被删除，那么，一般数据也不能被删除。

一般情况下，要给某供应商打上删除标记，只需要在“删除标记”区域中勾选选项，“删除冻结”区域中的选项不用勾选。

图中的示例，只给供应商 97126 在 1000 公司代码下打上删除标记，因此，其一般数据（基本视图）仍然有效。

STEP 3 单击“保存”按钮，保存操作，如无异常情况，系统提示“变化已经发生”，如图 4-38 所示。

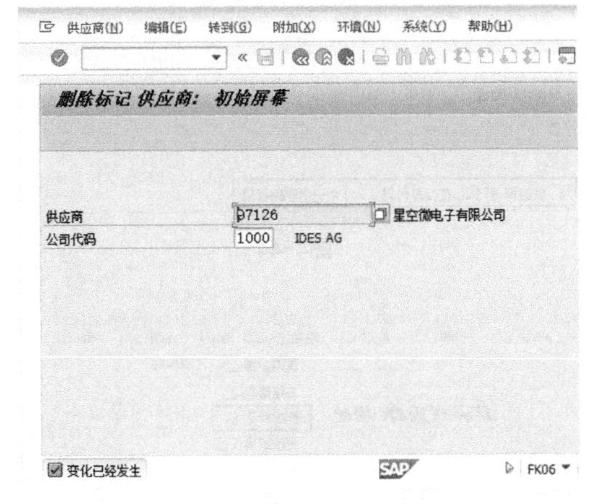

图4-38

此时，已经成功打上删除标记。

STEP 4 利用事务代码 SPRO 进入后台。

STEP 5 在后台执行删除程序。

路径：IMG> 财务会计（新）> 应收账目和应付账目 > 供应商账户 > 主数据 > 删除供应商主数据

事务代码：OBR2

系统显示“删除主数据”界面，输入相应的参数，勾选“测试运行”复选框，并单击“执行”按钮，如图 4-39 所示。

有一般主数据：删除基本视图。

> **注意** 要明确是在基本视图层还是公司代码层删除。图 4-39所示的选择是只对供应商在1000公司代码下的数据进行删除。

只删除期间删除标志：翻译错误，原为 delete per deletion flag only，表示仅按删除标记来删除，即仅考虑带删除标记的供应商。为谨慎起见，一般勾选此复选框，以免误删除其他供应商。

STEP 6 执行后，系统会显示测试运行的结果：表中有多少条记录被读取到，有多少条记录将会被删除，是否有影响删除的记录存在，复核测试运行的结果，如图 4-40 所示。

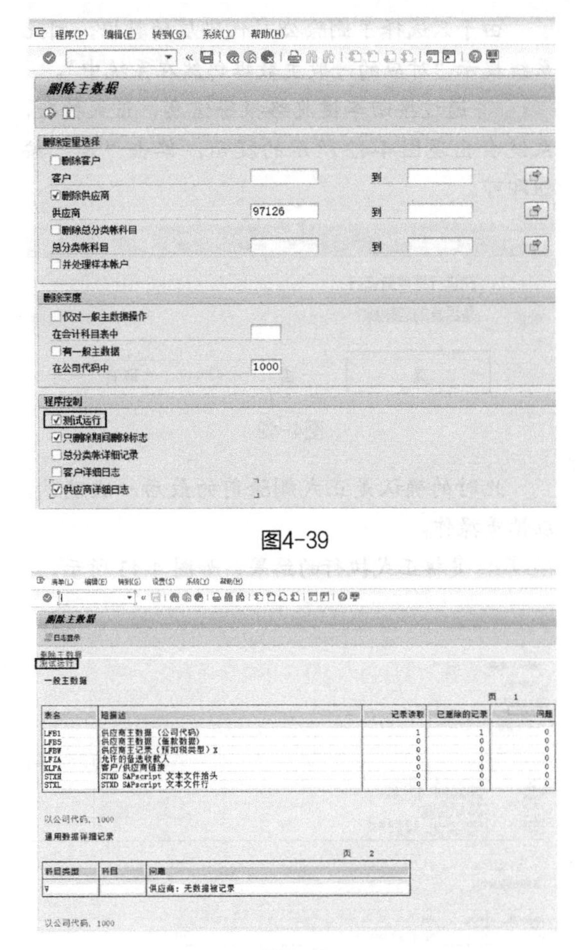

图4-39

图4-40

STEP 7 复核无误后，去掉“测试运行”复选框的勾选，正式执行，如图 4-41 所示。

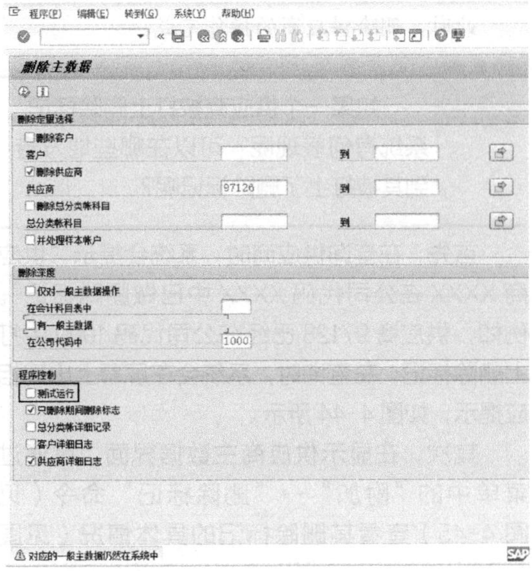

图4-41

由于只选择了删除公司代码层的数据，因此系统提示“对应的一般主数据仍然在系统中”。

STEP 8 通过按回车键忽略报警信息，正式执行，系统会出现图 4-42 所示的提示，单击“是”按钮即可。

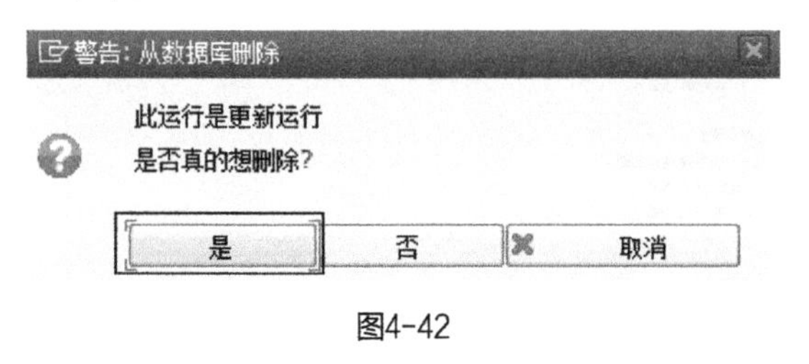

图4-42

此时的确认是正式删除前的最后一次确认，应慎重操作。

STEP 9 复核正式执行的结果，如图 4-43 所示。

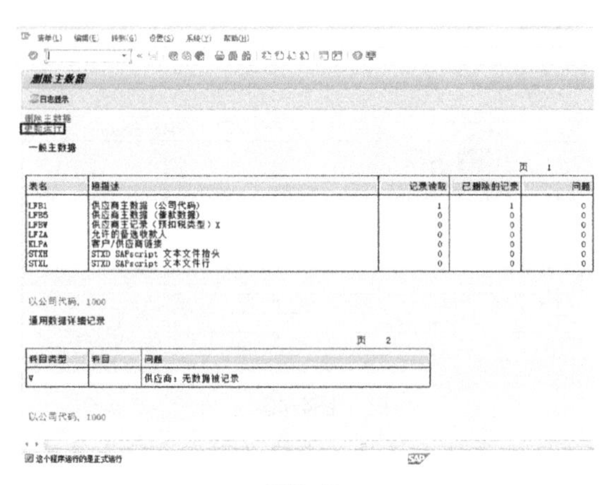

图4-43

此时，删除供应商的操作完成。

如果一个供应商被打上删除标记，系统有何表现呢？可以在哪些地方查到其被打上了删除标记呢？

首先，在查询供应商时，系统会提示“供应商 XXXX 在公司代码 XXXX 中已做删除标记”。例如，供应商 97128 已经在公司代码 1000 中打上删除标记，在查询时，系统会在屏幕上出现相应提示，如图 4-44 所示。

其次，在显示供应商主数据界面，可通过菜单中的“附加”→“删除标记”命令（见图 4-45）查看其删除标记的具体情况（见图 4-46）。

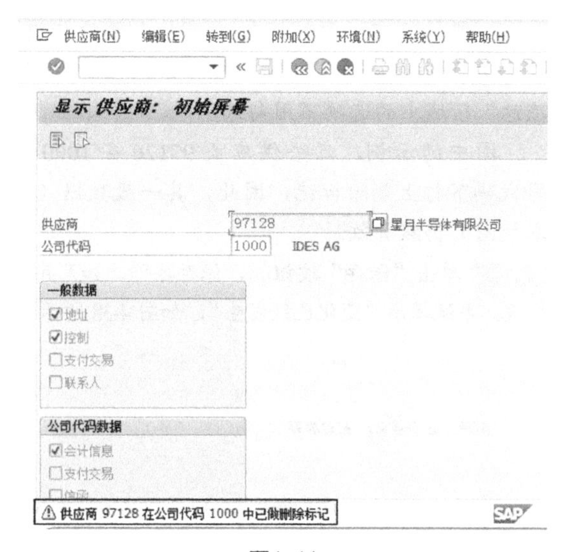

图4-44

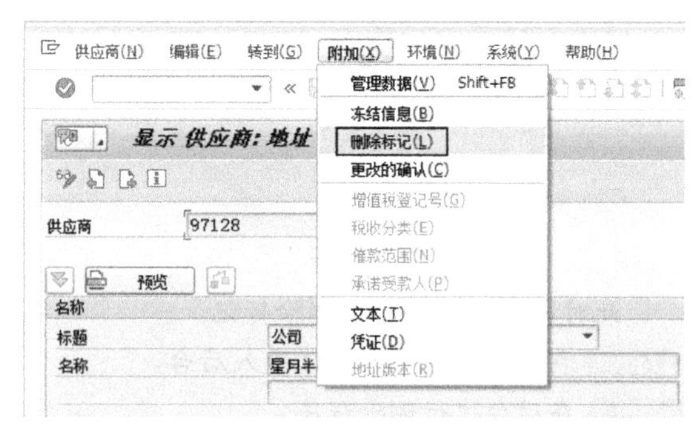

图4-45

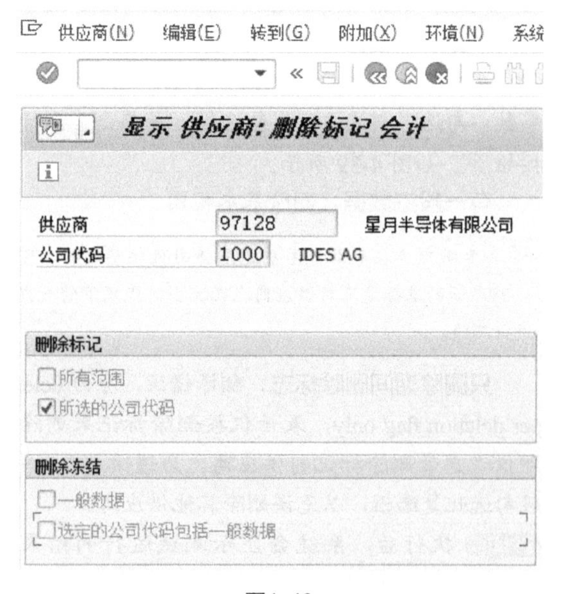

图4-46

如果试图使用有删除标记的供应商记账，系

统会提示警告信息，如图4-47所示。

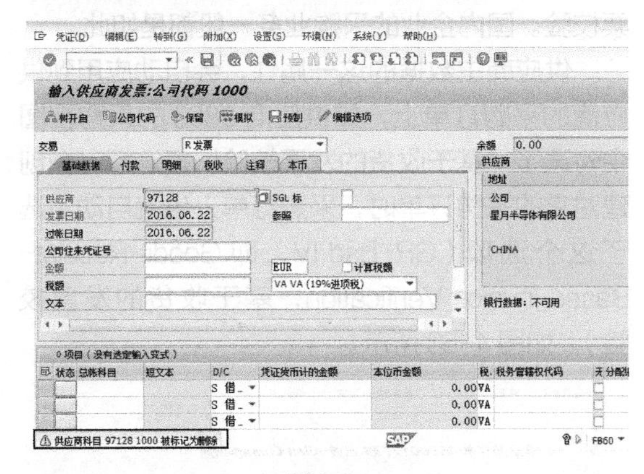

图4-47

注意 值得注意的是，一个供应商即使被打上删除标记，仍然可以记账。因此，如果希望删除一个供应商，一定不要止步于打上删除标记，要进一步操作将其真正删除。

延伸思考2 如果一个供应商被真正删除了，系统有怎样的表现呢？

例如，供应商97126在公司代码1000中已经被删除了，通过查询供应商，可以看到系统给出“未针对公司代码1000建立供应商97126”的提示信息（见图4-48），即表明该供应商在此公司代码不存在。如果删除的是常规数据，则系统会提示供应商没有建立。也就是说，系统按照删除时的选项（常规数据层、公司代码层）将供应商的主数据从数据库层面删除了。

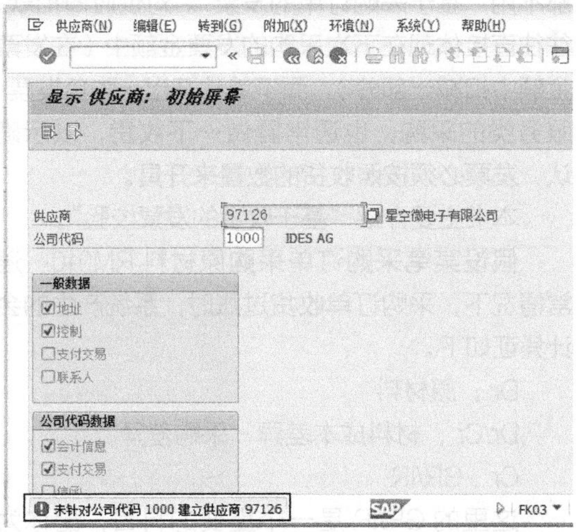

图4-48

延伸思考3 如果供应商有未清项，能打删除标记吗？能真正删除吗？

如果一个供应商有未清项，在试图给它打上删除标记时，系统在给出报警提示的情况下，仍然能打上删除标记，如图4-49所示。

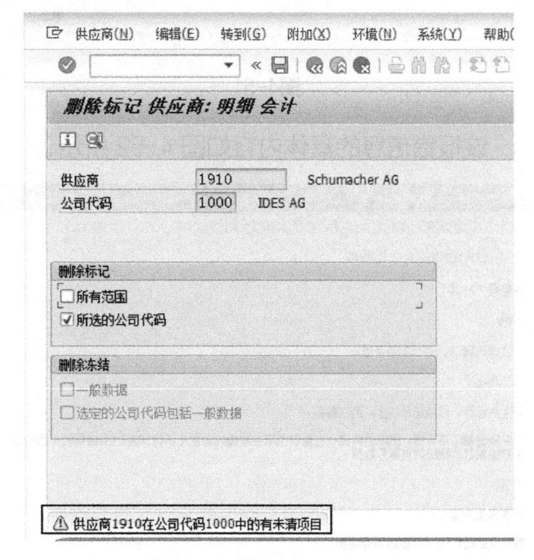

图4-49

此时，仍然能够保存所做的操作，将删除标记打上。

但是，当准备真正从公司代码层删除供应商时，系统会进一步给出消息。在测试运行的模式下，系统给出报警提示信息“公司代码XXXX包含交易数据”，如图4-50所示。

图4-50

去掉“测试运行”复选框的勾选，正式运行时，系统则直接给出报错的提示，用户只能退出操作，不能继续删除了，如图 4-51 所示。

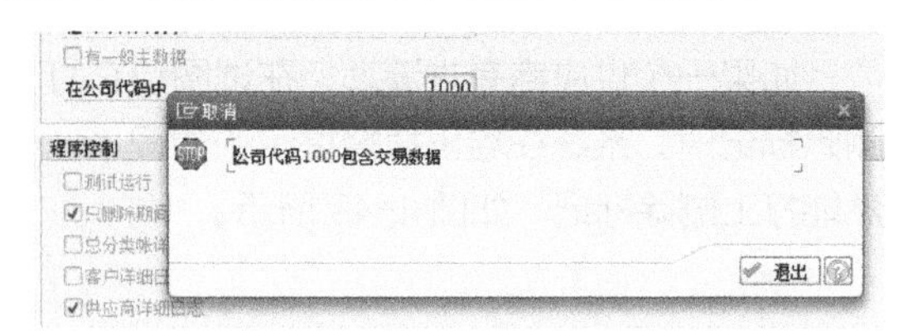

图4-51

该报错信息的具体内容如图 4-52 所示。

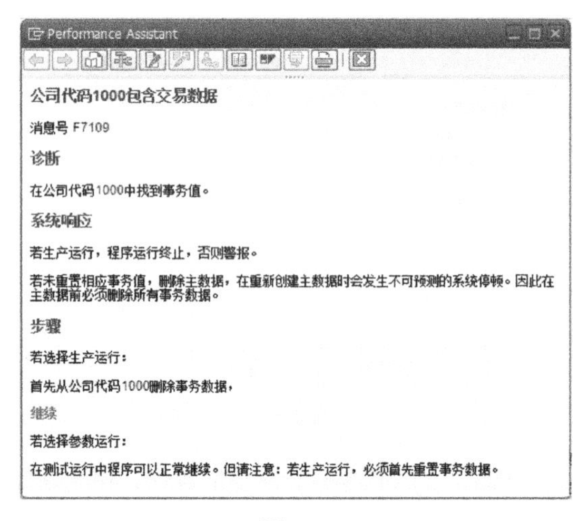

图4-52

因此，结论是：如果供应商有未清项、有交易，仍然能打上删除标记；但如果要真正删除，只能针对没有业务发生的供应商进行；如果有交易发生，只能采取冻结的操作。按企业的业务规则，在冻结前应将余额先转移走，变为 0。

4.4 供应商发票的处理

应付模块的发票，既有可能来自于 MM 模块的集成，也有可能是手工输入的。前者是采购业务形成的，后者是零星的非主营业务形成的。本节介绍两种发票操作的方式。

4.4.1 来自于采购模块的发票

采购业务的主要流程包括采购订单、收货、发票校验（又称“收票”，此时形成应付款）。这可以称为采购业务的“三部曲”。在供应商主数据的采购视图上，有一个选项“基于收货的发票校验”（参见 3.3.2 小节），如果勾选，则意味着发票校验是建立在收货基础上的，先收货后做发票校验。国内企业的采购业务一般都是如此。

供应商主数据的这一属性，会自动应用到供应商的采购订单上，如供应商 9893 的采购视图中勾选了“基于收货的发票校验”复选框，在创建对它的采购订单时，采购订单上也就自动勾选了这个选项（GR-Bsd IV，即 Goods Receipt-Based Invoice Verification，基于收货的发票校验），如图 4-53 所示。

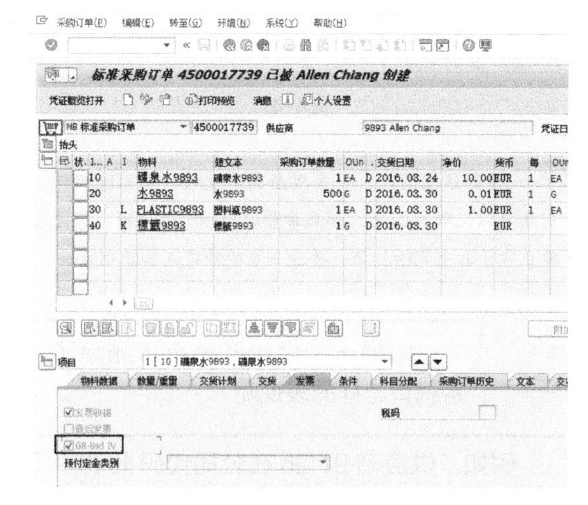

图4-53

事实上，也存在“基于采购订单的发票”，即不通过收货而直接开具发票，如对供应商扣款形成的发票（通常称为“贷项通知单”，credit memo）。再比如针对服务类型的采购订单开出的发票。在国内的业务实践中，这两种情况一般都不用“基于采购订单的发票”。对供应商扣款，往往直接体现在下次采购的发票金额中（在发票金额中扣减一部分），而不单独开出一张负发票。服务类的采购，也通常要做一下收货，以示确认，发票必须按照收货的数量来开具。

本书主要介绍“基于收货的发票校验”。

假设某笔采购订单采购原材料 RM010，通常情况下，采购订单收货过账时，系统产生的会计凭证如下。

Dr：原材料

Dr/Cr：材料成本差异 - 采购差异

Cr：GR/IR

这里的 GR/IR 是一个重要的科目，全称为 Goods Receipt/Invoice Receipt（收货 / 收票），

顾名思义，它是收货和收票之间平衡、过渡的科目。它相当于国内会计科目中的“材料采购”。

> 提示
> 对于该科目，SAP的要求是：①在科目主数据中必须设置为“未清项管理”；②必须设置“仅限以本位币记的余额”；③必须在MM模块自动过账规则中，将WRX事务设置为该科目。

收货过账产生的会计凭证，过账日期为物料凭证上的过账日期。在金额上，借方原材料金额取决于物料主数据上的价格控制参数——选择S，表示标准价格；选择V，表示移动平均价。两种价格控制对于凭证的金额影响如表4-7所示。

表4-7　价格控制对于收货凭证金额的影响

科目	S（标准价格）	V（移动平均价）
原材料	收货数量×物料主数据上的标准成本	收货数量×采购订单上的价格
材料成本差异-采购差异	收货数量×（采购订单价格-标准成本）	（不适用）
GR/IR	收货数量×采购订单价格	（同左）收货数量×采购订单价格

注：采购订单价格是指不含税价。

收到供应商的发票时，在系统中做发票校验，形成“发票凭证”，发票凭证过账后，自动生成对应的会计凭证。凭证如下。

Dr：GR/IR

Dr/Cr：材料成本差异-采购差异 或 原材料

Dr：应交税金-应交增值税（进项税）

Cr：应付账款（供应商）

过账日期为发票凭证上的过账日期。同样，根据物料主数据上的价格控制，发票产生的会计凭证的借、贷方金额可能不同，如表4-8所示。

表4-8　价格控制对于发票的凭证金额的影响

续表

科目	S（标准价格）	V（移动平均价）
GR/IR	发票数量×采购订单价格	（同左）发票数量×采购订单价格
原材料	（不适用）	（适用于发票价格≠采购订单价格的情况）（发票数量和库存数量中的较低值）×（发票价格-采购订单价格）
材料成本差异-采购差异	发票数量×（发票价格-采购订单价格）	（适用于发票价格≠采购订单价格，且发票数量≥当前库存数量的情况）（发票数量-库存数量）×（发票价格-采购订单价格）
应交税金-应交增值税	发票上记录的税额	（同左）发票上记录的税额
应付账款	发票上的总金额	（同左）发票上的总金额

注：发票价格和采购订单价格都是指不含税价。

综合来说，在物料采用标准价的情况下，物料入库使用标准成本，采购订单价格和标准成本之间的差异（称为PPV，采购价格差异）、发票价格和采购订单价格之间的差异（称为IPV，发票价格差异）都直接记入“材料成本差异”→“采购差异”，分别在收货和收票时入账。而在采用移动平均价的情况下，物料入库使用采购订单价格，如果发票价格和采购订单价格有差异，库存数量可以承担的部分记入原材料价值；库存数量不能承担的部分记入“材料成本差异”→“采购差异”（极端情况：如果发票送达时间较晚，该原材料已经全部用完，则差异全部记入材料成本差异）。

采购订单收货和收票产生的凭证可以从采购订单行项目中“采购订单历史”选项卡中看到，如图4-54所示。收货的凭证是“物料凭证”，收票的凭证是“发票凭证”，二者都是MM模块中的单据。

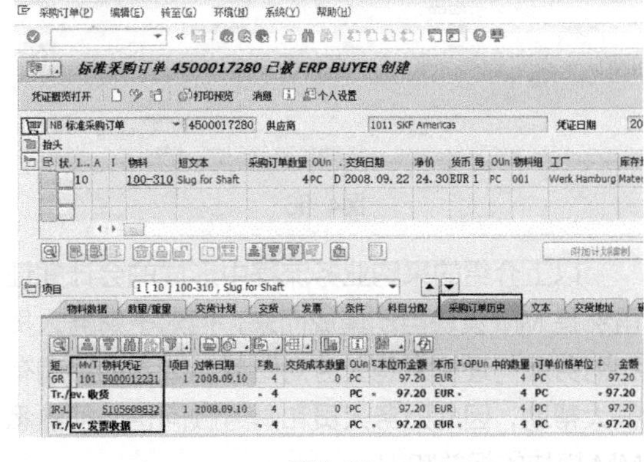

图4-54

单击相应的凭证后，可以链接到对应的会计凭证。例如，单击收货产生的物料凭证

5000012231，系统显示物料凭证，然后在“文件信息”选项卡单击 FI 凭证 按钮可以查看到对应的会计凭证 5000000014（凭证类型为 WE），如图 4-55 所示。

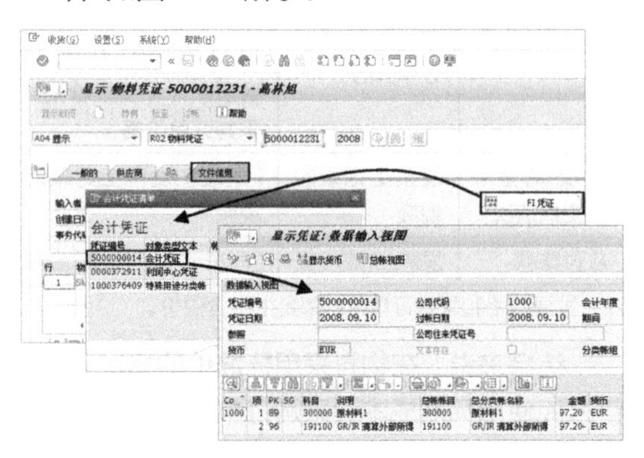

图4-55

在图 4-54 所示的“采购订单历史”选项卡中，单击收票产生的“发票收据”5105608832，系统显示发票校验产生的发票凭证。在发票凭证界面单击 后继凭证 按钮，即可查看对应的会计凭证 5100000007（凭证类型为 RE），如图 4-56 所示。

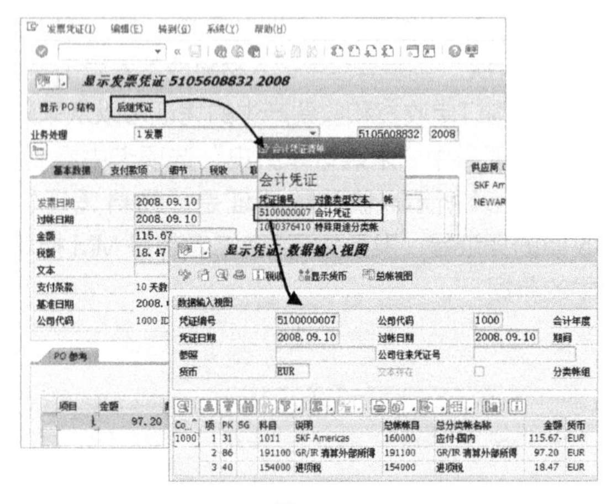

图4-56

以上介绍的采购业务流程中形成的会计凭证虽然是 MM 模块自动集成而来，但对于财务人员和财务顾问理解采购业务对财务、成本的影响有很大帮助，因此财务人员和财务顾问也必须熟悉 MM 模块的相关知识。

【业务操作 1】如果采购订单已经经过收货，现在收到发票，发票校验应该如何操作呢？

背景介绍：采购订单 4500014652 有 3 个行项目，其中行项目 10 为采购物料 40-210，数量 594 360PC，已经全部收货，物料凭证为 5000006962。采购订单上的价格为每 PC 0.03 欧元，收货的金额为 17 830.80 欧元。现在等待发票校验，如图 4-57 所示。

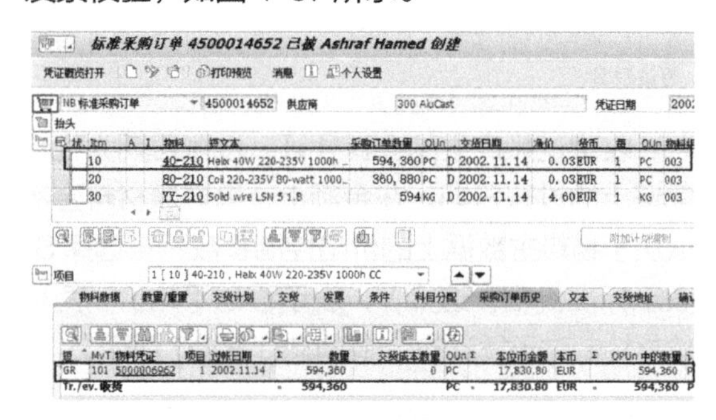

图4-57

物料采用标准价格控制，标准成本为每 PC 0.0256 欧元。收货产生的会计凭证如图 4-58 所示。

项	PK	SG	科目	说明	采购凭证	项目	金额	货币
1	89		300000	原材料	4500014652	10	15,215.62	EUR
2	96		191100	GR/IR-清算	4500014652	10	17,830.80-	EUR
3	83		231000	材料成本差异	4500014652	10	2,615.18	EUR
4	89		300000	原材料	4500014652	20	9,238.53	EUR
5	96		191100	GR/IR-清算	4500014652	20	10,826.40-	EUR
6	83		231000	材料成本差异	4500014652	20	1,587.87	EUR
7	89		300000	原材料	4500014652	30	2,732.40	EUR
8	96		191100	GR/IR-清算	4500014652	30	2,732.40-	EUR

图4-58

假设发票送达时，供应商只针对行项目 10 的全部数量开票，但发票上的价格为每 PC 0.029 欧元（比先前采购订单上的单价低 0.001 欧元），则发票不含税金额：

594 360 × 0.029 = 17 236.44（欧元）

如果加上增值税（IDES 为该供应商设置了 19%），则发票金额：

17 236.44 × (1+19%) = 20 511.36（欧元）

现在开始输入发票。

路径：SAP 菜单 > 后勤 > 物料管理 > 后勤发票校验 > 凭证输入 > 输入发票

事务代码：MIRO

STEP 1 在“输入接收的发票：公司代码 1000”界面的“基本数据”选项卡输入发票头层信息，包括发票日期、过账日期、金额等，如图 4-59 所示。

发票日期：发票原始单据上的日期。该日期一般用来作为应付账款账龄计算的基准日。

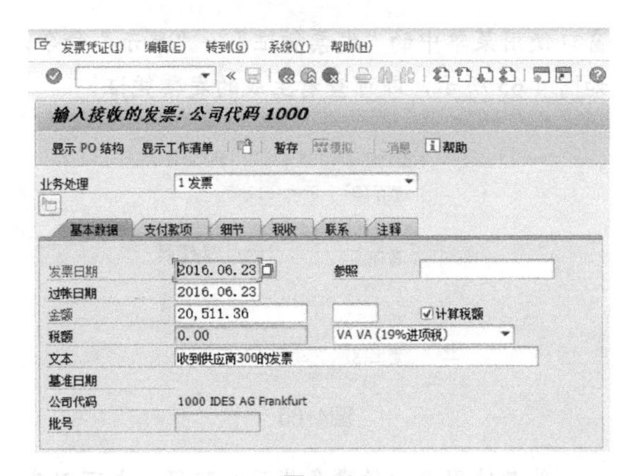

图4-59

过账日期：该发票将过账到哪一天，它决定了凭证隶属的会计期。

金额：输入发票的总金额。

计算税额：勾选此复选框，表明该发票是含税的，并且要求系统自动根据行项目的金额计算税额。

税码：选择在系统中设置的税码，要求与发票上的税率相匹配。它会自动默认到接下来的行项目中，用于计算发票的税额。

税额：勾选“计算税额”复选框后，系统会自动计算。图中为0.00，是因为行项目还未输入，没有计税基础。

文本：发票的摘要。

STEP 2 在发票的行层“PO参考”选项卡，输入要校验的采购订单号和行号，并按回车键，系统会自动带出该行的收货记录及相关金额，如图4-60所示。

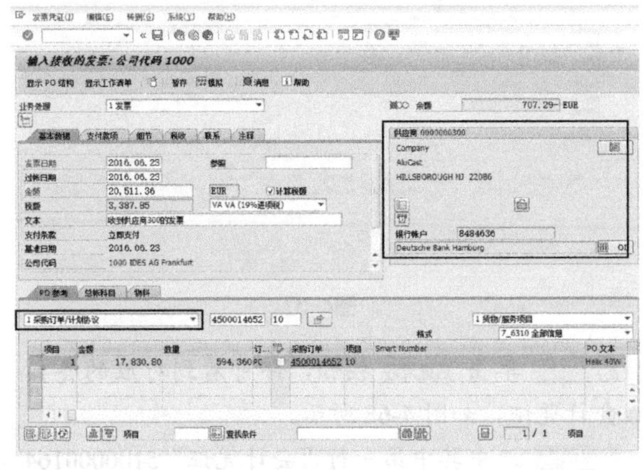

图4-60

在图4-60中，在“PO参考”选项卡标题下方，有一个选项，选择“采购订单/计划协议”，表明该发票是按照采购订单/计划协议作为筛选条件进行校验的，在其后的空白处应该输入采购订单信息。其他的选项还有交货单、提单、服务条目表、供应商、运输服务代理商等。这些选项都是为找到采购订单及行项目服务的。例如，如果选择供应商，并在其后的空白字段输入特定的供应商，则系统会将该供应商的所有采购订单行项目罗列出来。

同时，在图4-60中可以发现，由于输入了采购订单号，该采购订单上的供应商300的信息会自动代入到头层的右侧。

下方行项目中，数量及金额直接默认为自采购订单行项目收货时的数量和金额（不含税），并据此自动计算出税额，在头层输入“税额”字段。

还可以发现，由于“头层的发票总金额≠行层的不含税金额+税额”，该发票的余额是不平衡的，在图中右上方以红灯显示。

> **提示**
>
> 用户可以在行项目修改校验的数量和金额（不含税）。例如，针对所有收货，如果只开一部分数量的发票，则必须修改数量和金额；发票价格如果和采购订单上的价格不一致，则需要修改金额（见步骤3）。

STEP 3（视情况需要）修改行项目的数量或金额，使其与发票上记载的一致，如图4-61所示。

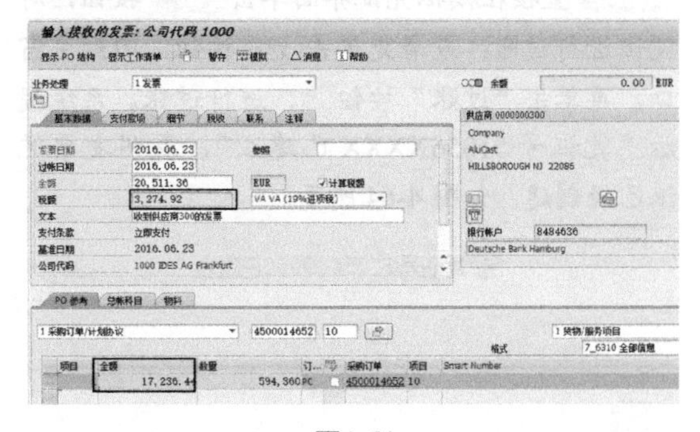

图4-61

由于供应商发票比采购订单价格更优惠（参见“背景介绍”），因此，这里的金额（不含税）由默认的17 830.80修改为17 236.44。

修改后，头层的税额、发票的总余额都会发生变化。此时，由于“头层的发票总金额=行层的不含税金额+税额”，该发票的余额为0，在图中右上方以绿灯显示。

STEP 4（视情况需要）如果发票头层有△消息按钮或◎消息按钮出现，请单击该按钮，系统提示相应的日志信息（见图4-62），请根据此提示修改任何可能的错误。

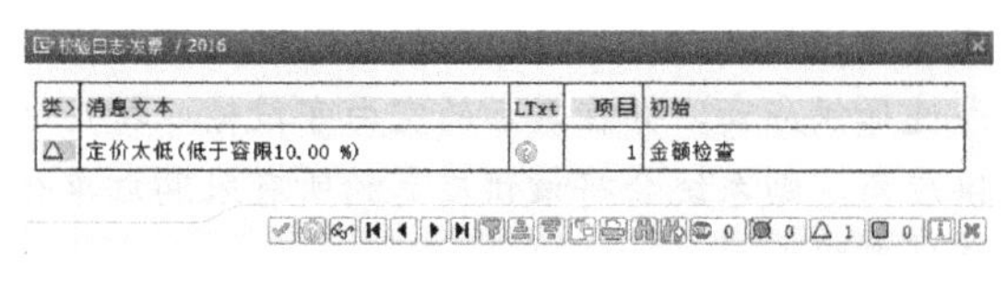

图4-62

注意 如果是警告消息，可以在确认无误的情况下忽略；如果是错误消息，一定要先解决才能过账。

STEP 5（可选）单击模拟按钮，系统弹出新窗口，显示模拟出的凭证，如图4-63所示。

图4-63

模拟凭证可以列出那些由系统自动生成的行项目，如材料成本差异、进项税等。

该凭证下方有借方总计、贷方总计及余额。只有在余额为零的情况下才能过账成功。

STEP 6 直接在模拟凭证界面单击过帐按钮，对凭证进行过账；或者先单击返回按钮，回到主窗口，再单击“过账”按钮，进行过账。系统提示“凭证号51056XXXX已建立”，表明发票凭证已经创建，如图4-64所示。

凭证号5105609050已建立

图4-64

提示 注意，这里所看到的“凭证”是指“发票凭证”，它相当于将系统外的供应商发票按照校验的要求输入到系统中，在系统中创建了一张发票单据，它是MM模块的一张单据，一般地，发票凭证编号以51056开头。

【业务操作2】如果要查看发票凭证对应的会计凭证，可以从MM模块进入，先查看发票凭证，然后查看会计凭证。

STEP 1 发票校验完成后，直接在发票校验的主窗口使用菜单中的“发票凭证”→“显示”命令，如图4-65所示，即可查看生成的发票凭证。

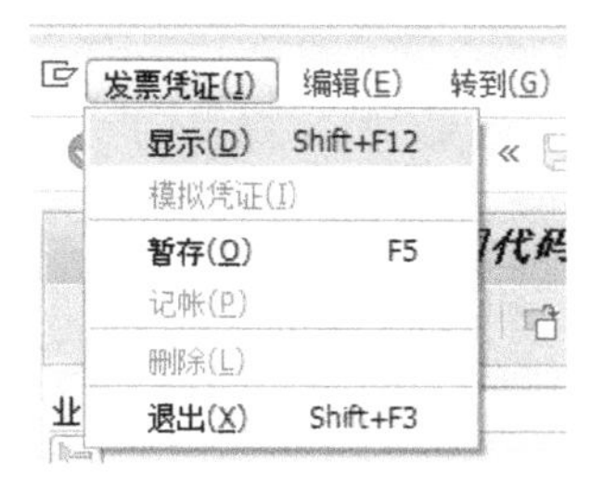

图4-65

或者使用专门的事务代码和路径，也可以查看到发票凭证。

路径：SAP 菜单 > 后勤 > 物料管理 > 后勤发票校验 > 进一步处理 > 显示发票凭证

事务代码：MIR4

进入“显示发票单据”界面，直接输入发票凭证的编号和会计年度（见图4-66），并按回车键，即可查看刚创建的发票凭证（见图4-67）。

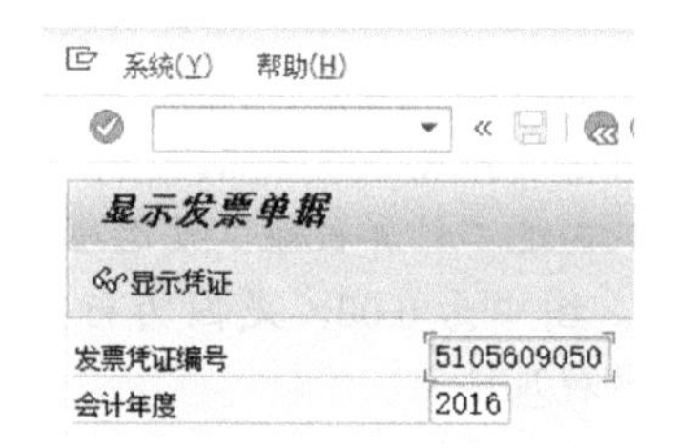

图4-66

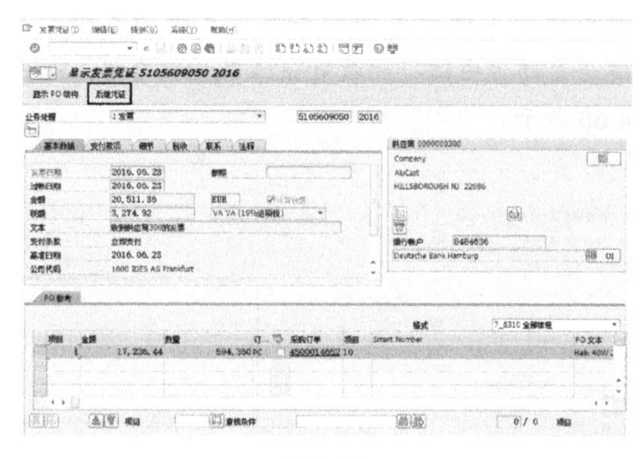

图4-67

STEP 2 单击后继凭证按钮，即可看到对应的各类会计凭证，如图4-68所示。

STEP 3 选中其中第一行“会计凭证”5100000164并双击，或者单击“选择”按钮，即可看到财务意义上的会计凭证的详细情况，如图4-69所示。

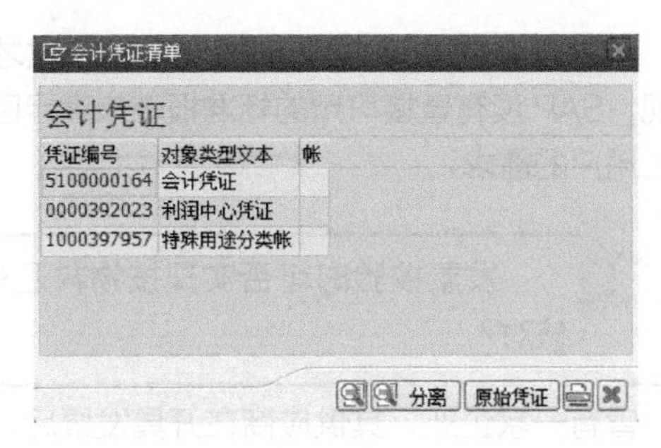

会计凭证清单

会计凭证

凭证编号	对象类型文本	帐
5100000164	会计凭证	
0000392023	利润中心凭证	
1000397957	特殊用途分类帐	

图4-68

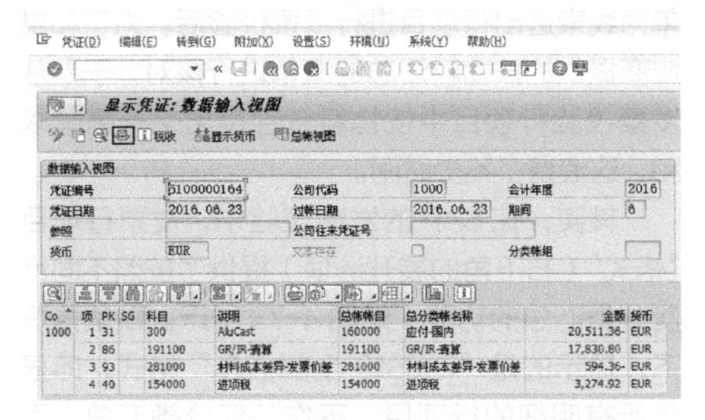

显示凭证：数据输入视图

凭证编号	5100000164	公司代码	1000	会计年度	2016
凭证日期	2016.06.23	过帐日期	2016.06.23	期间	6
参照		公司往来凭证号			
货币	EUR	文本存在		分类帐组	

Co	项	PK	SG	科目	说明	总帐帐目	总分类帐名称	金额	货币
1000	1	31		300	AluCast	160000	应付-国内	20,511.36-	EUR
	2	86		191100	GR/IR-清算	191100	GR/IR-清算	17,830.80	EUR
	3	93		281000	材料成本差异-发票价差	281000	材料成本差异-发票价差	594.36-	EUR
	4	40		154000	进项税	154000	进项税	3,274.92	EUR

图4-69

提示

其实查看会计凭证的方法有很多种。如果不从MM模块进入，而是直接在FI模块查询，则可以通过事务代码FB03查询特定日期范围、凭证类型为RE（英文为Gross invoice receipt，SAP中文系统译为“发票－总额”）的凭证。

提示

凭证类型可以从会计凭证的抬头信息中看到。在图4-69所示的界面中，单击“显示凭证抬头”按钮，即可查看抬头信息，如图4-70所示。

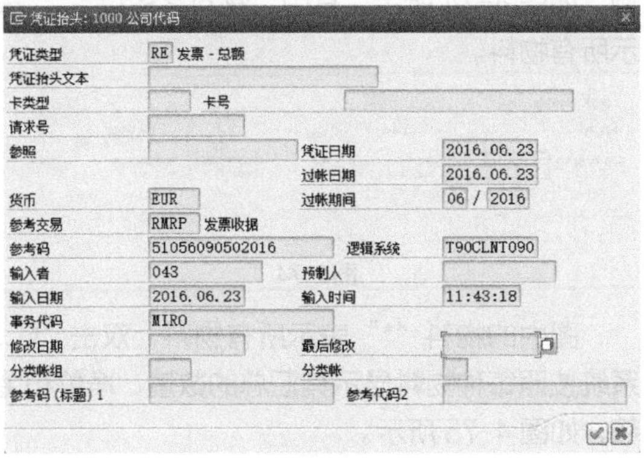

凭证抬头：1000 公司代码

凭证类型	RE 发票 - 总额		
凭证抬头文本			
卡类型		卡号	
请求号			
参照		凭证日期	2016.06.23
		过帐日期	2016.06.23
货币	EUR	过帐期间	06 / 2016
参考交易	RMRP 发票收据		
参考码	51056090502016	逻辑系统	T90CLNT090
输入者	043	预制人	
输入日期	2016.06.23	输入时间	11:43:18
事务代码	MIRO		
修改日期		最后修改	
分类帐组		分类帐	
参考码（标题）1		参考代码2	

图4-70

发票校验可以预制吗？

在FI模块财务凭证的制作中，可以先预制然后再正式过账。那么发票校验是否也可以先预制再正式过账？答案是肯定的。

SAP提供专门的路径和事务代码，用于预制采购发票。

路径：SAP菜单 > 后勤 > 物料管理 > 后勤发票校验 > 凭证输入 > 预制发票

事务代码：MIR7

操作界面如图4-71所示。

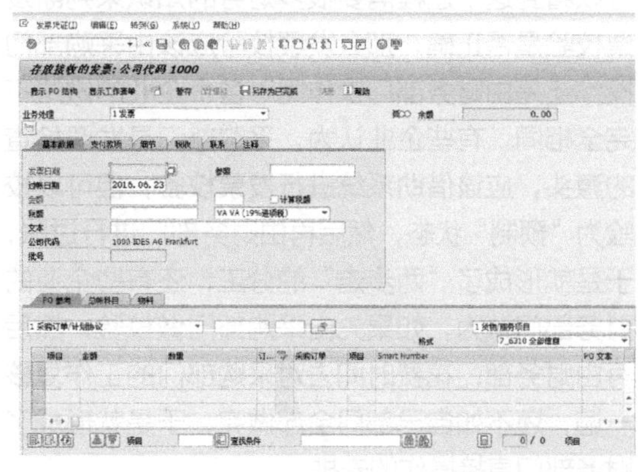

图4-71

在这个事务（MIR7）中的操作和在MIRO中的操作几乎是一样的，只不过前者的界面中，最后的按钮代表“保存预制凭证”；而后者的界面中，最后的按钮代表“过账”。

预制的发票凭证经过复核后，最终还是要过账的。过账则在MIRO中操作：先选出预制的发票（见图4-72），复核后单击“过账”按钮。

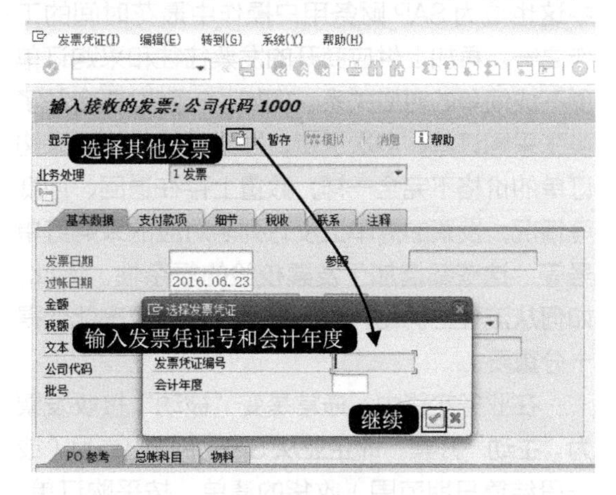

图4-72

预制的发票能不能像SD模块“集中出具发票”那样，批量过账呢？一般来讲，预制发票的复核是需要拿着发票和原始单据（收货单、采购订单）一一对应校核的，应该是校核一单过账一单。因此，不存在对预制发票批量过账的说法。

在业务实践中，发票校验应该由哪个部门操作？

从前面的业务操作看，发票校验是属于 MM 模块下采购子模块的功能，但在实际的操作中，可以看到这个过程需要很多财务的知识来判断发票校验是否正确，那么发票校验应该由采购部门操作还是由财务部门操作呢？各个企业的做法不完全相同。有些企业认为，采购部门是发票检查的源头，应该借助系统进行发票校验，但可以校验为“预制”状态，然后再由财务部门进行过账，于是就形成了“两步走”的分工；还有些企业的财务部门认为，如果先由采购部门做校验，然后再由财务部门花费时间去对采购部门的工作复核一遍，还不如自己部门全部做完，于是就形成了财务部门直接操作的安排。

所以，在 SAP 中只是提供了相应的功能，具体工作的分工（业务方案），还需要结合企业的实际情况予以考虑。

如何提高发票校验的效率？

从发票校验的操作看，它需要操作用户花费较多的精力在数量、金额的核对上，在实际业务中这也成为 SAP 财务用户操作中最花时间的工作之一。再加上供应商开的发票往往和采购订单形不成简单的对应关系。例如，一张发票合并了多张采购订单、多次送货；发票上的价格和采购订单的价格不完全一样；数量上存在退回、冲抵等情况；发票的清单上没有列明对应的采购订单号等。这些都增加了发票校验的复杂性。因此，如何从流程上优化，提高发票校验的效率就变得十分重要。

在业务实践中，通常是变“被动”接收发票为“主动”开票，即企业从 SAP 中拉出当月（或一段结算日期范围）收货的清单，按采购订单、行项目列示，然后发送给供应商，通知供应商严格按此清单开票，不得多开、不得少开，这样就为校验提供了方便。

这种方案需要对 SAP 进行一定的开发才能实现，SAP 没有直接可用的标准报表来满足国内企业用户的需求。

发票校验时可否实现按物料汇总核对？

曾有一家企业，其供应商在开具发票后，会提供一张按物料汇总的清单。财务用户以采购订单为线索选出行项目进行发票校验后，为了和供应商提供的按物料汇总的清单进行核对，于是从发票校验行项目中按物料分别挑出来一笔笔求和。这浪费了不少时间。

其实，在 SAP 的发票校验中，发票行项目“格式”（右下角的展开选项）提供了按照不同维度分类汇总的功能，如图 4-73 所示。默认情况下，显示的是“7_6310 全部信息”格式，即显示所有明细的行项目，不作任何分类汇总。而“2_6350 集合：物料”选项，则表示将行项目按照物料进行分类汇总。

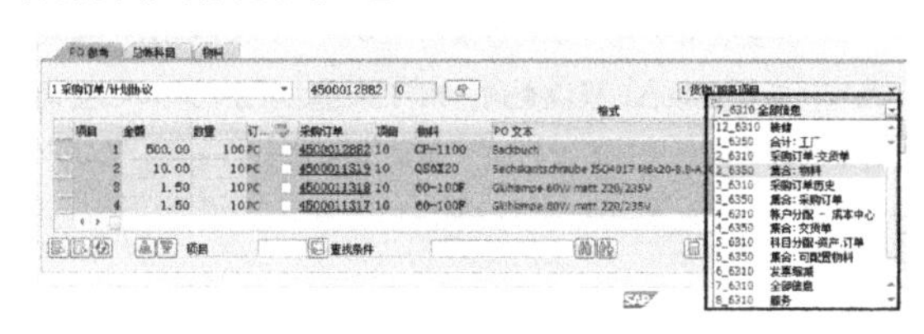

图4-73

具体操作方法为：选择 2_6350 项后，系统以物料为关键字，展现所有物料汇总的数量和金额，如图 4-74 所示。其中，物料字段以“*”表示所有物料。

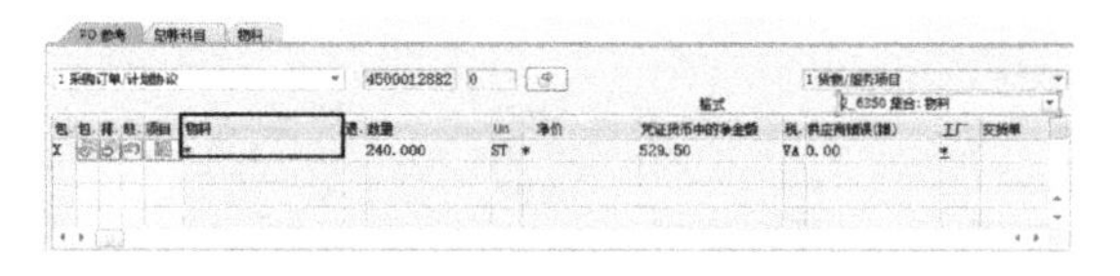

图4-74

图中的物料“*”表示所有物料，双击“*”，系统按照每种物料显示其汇总的数量、净价和金额，如图 4-75 所示。

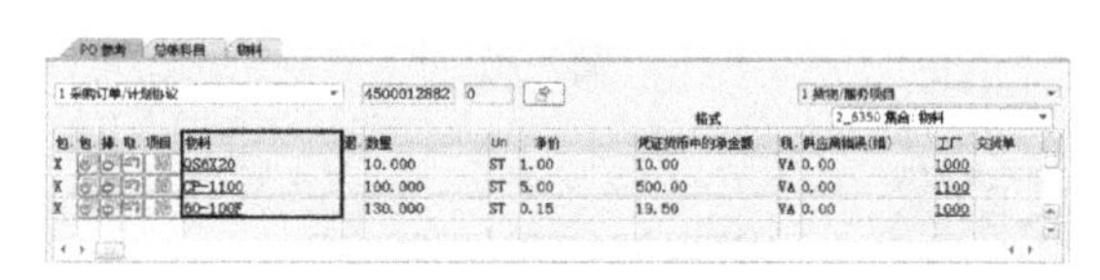

图4-75

用户以此结果和供应商提供的按物料汇总清单进行核对，可节省不少时间。

对采购订单的收货做发票校验，在不考虑税及差异的情况下，一定是借记 GR/IR 科目吗？

不一定。这取决于采购订单上的“未估价的收货”复选框是否被勾选。如图 4-76 所示，采购订单 4500041643 是资产采购订单（行项目中的“科目分配类别”字段选择为 A，即资产），在行项目的“交货”选项卡下，“未估价的收货”复选框是被勾选的。

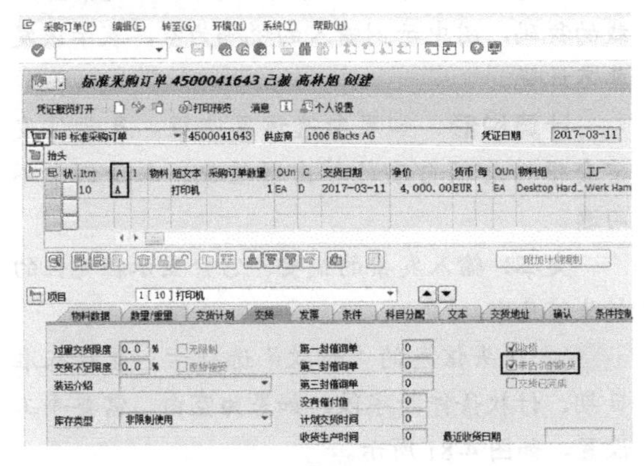

图4-76

“未估价的收货”意思是：收货的时候不做评估，即不在财务上记账。因此，该采购订单收货时产生的物料凭证下方提示“在会计中未发现任何后继凭证”，如图 4-77 所示。

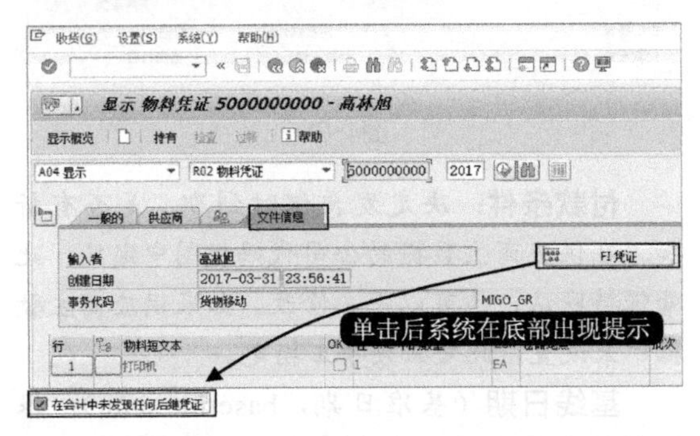

图4-77

等到发票送达时，系统才产生会计凭证，此时，就不需要借助 GR/IR 科目过渡了。该采购订单是采购固定资产，因此，发票送达时，直接借记“固定资产”和进项税，贷记“应付账款”，如图 4-78 所示。

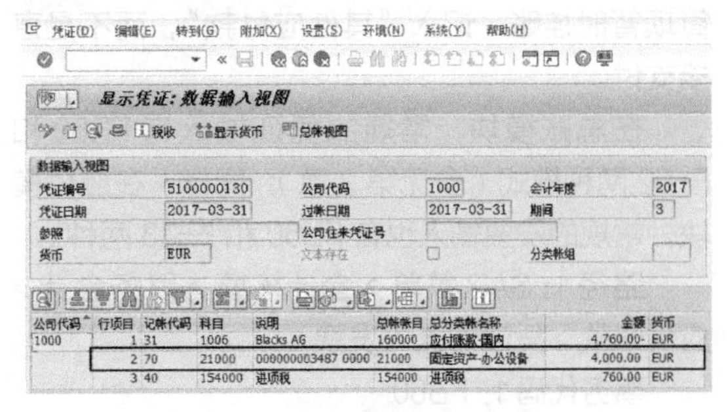

图4-78

从图 4-78 中可以看到，收发票时，借方科目是固定资产科目而不是 GR/IR 科目。

此类情况多出现在费用采购或资产采购业务上。某些企业为简化核算或者合理核算，在发票未送达时，暂不记账。例如，对于固定资产采购，收货时，由于尚不能达到可使用状态，于是暂时不记账，从而不计提折旧，等发票送达时才视为可使用，发票送达的下月开始计提折旧。

“未估价的收货”选项可以在后台定义到科目分配类别上（见图 4-79），作为前台创建采购订单时的默认值。

路径：IMG> 物料管理 > 采购 > 科目分配 > 维护科目分配类别

事务代码：OME9

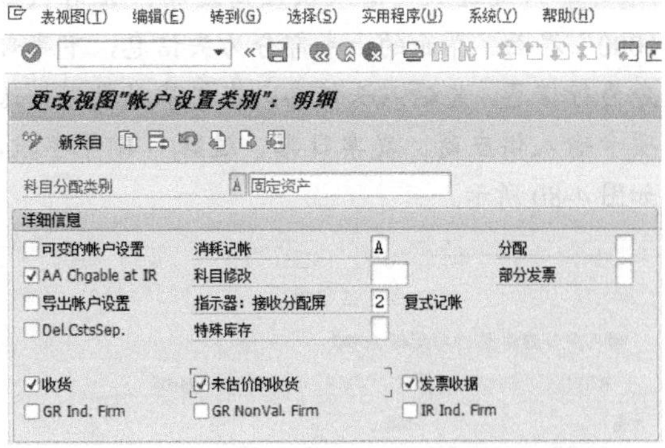

图4-79

针对固定资产采购、费用采购，企业需要评估在收货的时候是否记账，从而确定后台配置的选项如何勾选。

4.4.2 手工输入的发票

本小节主要介绍财务人员如何手工输入发票。手工输入的发票主要由零星的非主营业务形成。例如，企业向票务公司订购机票，往来的结算项暂时挂账，记入“其他应付款”，而不是直接支付。

在总账模块，常规的凭证输入有 FB50 和 F-02 两种模式（参见第 2 章）；同样，在应付模块，常规的发票输入也有 FB60 和 F-43 两种。

路径 1：SAP 菜单 > 会计核算 > 财务会计 > 应付账款 > 凭证输入 > 发票

事务代码 1：FB60

路径 2：SAP 菜单 > 会计核算 > 财务会计 > 应付账款 > 凭证输入 > 发票 - 一般

事务代码 1：F-43

第一种操作方法是在一个界面中完成借贷方的输入，分头层和行层。头层表示供应商的记账，行层表示对方科目的记账。

第二种操作方法是逐步在多个界面中完成借贷方的输入。例如，第一个界面输入头层和第一行项目的记账码、账户，按回车键后进入第二个界面，继续输入第一行项目的金额和账户附加属性以及第二行项目的记账码、账户，按回车键后进入第三个界面，继续输入第二行项目的金额和账户附加属性，依此类推，最终完成凭证的输入。

【业务操作】下面以事务代码 FB60 为例，介绍应付发票如何输入。

STEP 1 系统进入“输入供应商发票：公司代码 1000”界面。界面的上半部分为头信息，下半部分为行信息。先输入头信息，在“基础数据”选项卡输入供应商、发票日期、过账日期等字段，如图 4-80 所示。

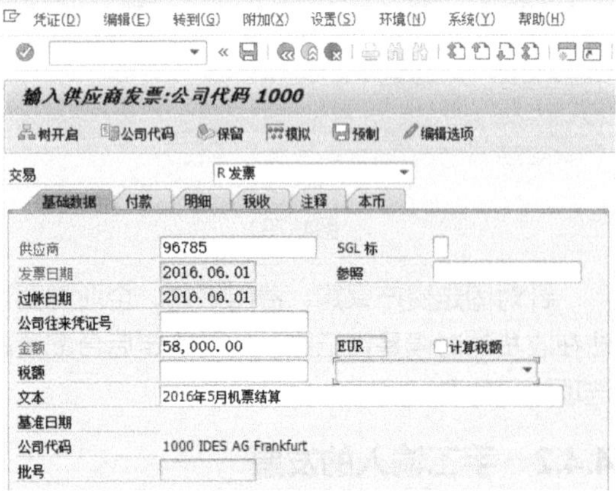

图4-80

交易：该交易的性质是发票还是贷方凭证。此事务代码中，默认为“发票”，表明是记入对供应商的负债。

供应商：发票上的对方单位编码，系统会根据供应商自动带出其统驭科目（按照供应商主数据的公司代码视图中设置的统驭科目）。

发票日期：发票原始单据上的日期，是业务日期，它一般用来确定发票账龄起算的日期。

过账日期：系统准备将这张凭证记账到哪一天，它决定了凭证所属的会计期。在收到跨月发票时，一定要注意区分发票日期和过账日期。

金额：发票含税总金额。

税码（税额字段后的选项字段）：发票上记载的税码，图中示例输入的税码为空，表示该发票不计税。

计算税额：如果勾选该复选框，表示该发票会根据总额自动计算出增值税。本示例中不勾选。

文本：输入发票的摘要。它会显示在凭证的抬头信息中。

STEP 2 在头信息的“付款”选项卡，复核基准日期、付款条件等字段，如果为空白，需要手工设置，如图 4-81 所示。

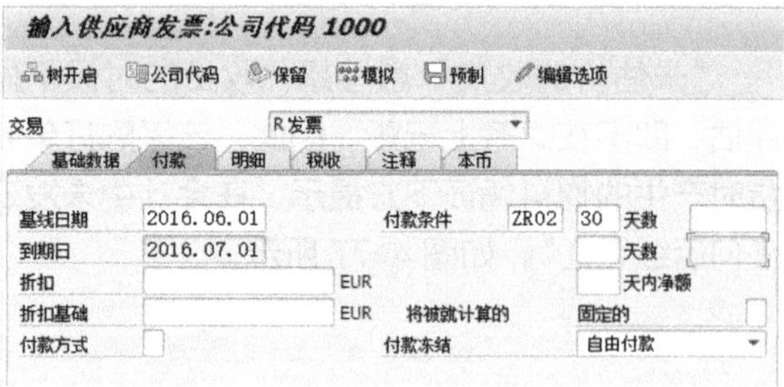

图4-81

付款条件：决定发票何时到期、是否有折扣。在供应商主数据的公司代码视图中定义，此处保持默认，但可以手工修改。如果供应商主数据中未设置，此处必须手工指定。

基线日期（基准日期，baseline date）：根据付款条件中的定义自动带出，它是计算账龄的参照日。图中所示的基准日期，在后台配置为默认取自发票日期。结合图中的付款条件和基准日期可以知道，该发票的到期日是 2016.06.01+30 天，即 2016.07.01。这一天过后开始计算账龄。

STEP 3 在“输入供应商发票：公司代码 1000”界面的下部，输入行层信息（除了应付款以外的其他行项目）。此处输入总账科目、金额等字段，并按回车键，系统会验证输入的内容是否符合该科目的规范，如果符合，系统会将科目的描述（短文本）带出，如图 4-82 所示。

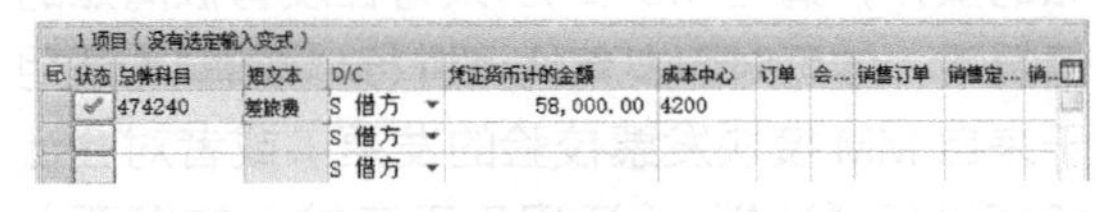

图4-82

总账科目：应付款的对方科目，如图 4-82 所示的 474240“差旅费”。注意，在此界面不能输入“只能自动记账”的科目，即必须是允许手工记账的科目，这个属性是在科目主数据上设定的。

D/C：Debit/Credit 的简写，凭证的借贷方。图中，费用应记入借方。

凭证货币计的金额：借贷方的金额。这里只能输入正数。如果输入负数，系统会报错；如果输入 0，系统会认为这一行是无效的行，在凭证保存后会自动删除这一行。图中示例输入 58 000.00，以确保和头层金额一致。

> **提示**
> 如果该发票有增值税（如劳保用品的发票），虽然行项目中输入的是费用科目，但仍应该输入金额，而不是应付款—增值税，系统会结合头层的“计算税额”选项和行层的税码，自动计算出不含税的费用金额和税金额。

税码：系统自动将头层的税码默认到行中，用户也可以修改税码。

STEP 4（可选）可以单击“模拟”按钮或选择菜单栏中的“凭证”→“模拟”命令，模拟显示系统即将生成会计凭证，如图 4-83 所示。

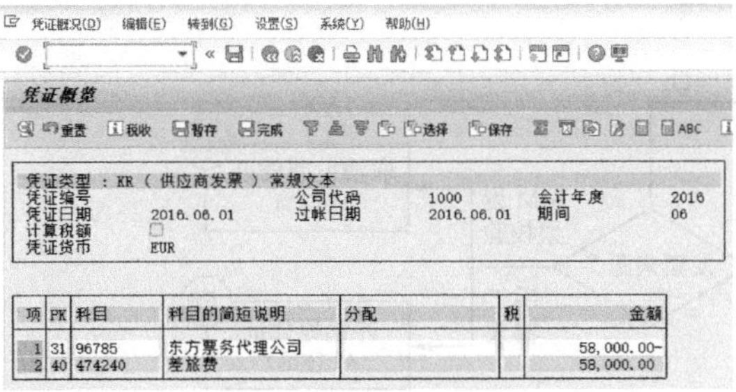

凭证概况(D) 编辑(E) 转到(G) 设置(S) 系统(Y) 帮助(H)

凭证概览

重置 税收 暂存 完成 选择 保存

凭证类型 ：KR（供应商发票）常规文本
凭证编号　　　　　　公司代码　1000　　　会计年度　2016
凭证日期　2016.06.01　过帐日期　2016.06.01　期间　06
计算税额
凭证货币　EUR

项	PK	科目	科目的简短说明	分配	税	金额
1	31	96785	东方票务代理公司			58,000.00-
2	40	474240	差旅费			58,000.00

图4-83

从图中还可以看到，费用科目（总账科目）的借方，系统使用记账码 40（总账借方分录）；供应商的贷方，系统使用记账码 31（发票）。

STEP 5 单击“过账”按钮，系统会在下方提示“凭证 ××××× 记账到公司代码 ×××× 中”，如图 4-84 所示。

凭证 1900000062 记帐到公司代码1000中

图4-84

STEP 6（可选）利用菜单栏中的“凭证”→“显示”命令，可以查看刚刚生成的凭证。凭证显示与图 4-78 基本相同，图略。

如果使用事务代码 F-43 输入供应商发票，第一个界面如图 4-85 所示。

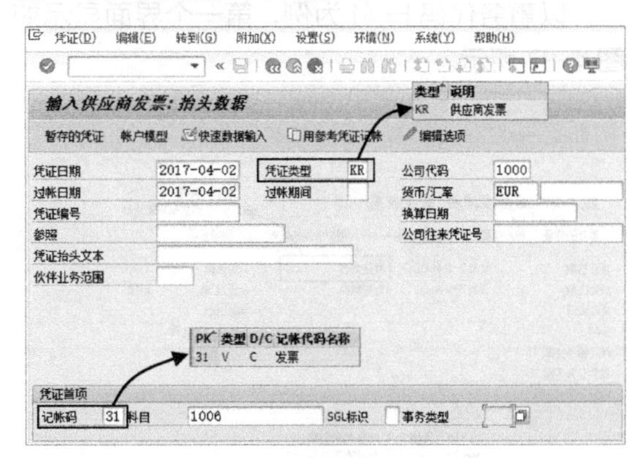

图4-85

从图 4-85 中可以看出，供应商发票的默认凭证类型为 KR，记账到供应商行项目的“记账码”为 31（记入供应商贷方）。

在 SAP 的应付模块中，广义的发票包括发票、贷项凭证。发票反映的负债是贷记供应商（增加负债）；而贷项凭证表示借记供应商（减少负债），如返利、冲减原发票金额等。

手工输入贷项凭证，有专用的路径和事务代码。和发票类似，也有两种方法操作。

路径 1：SAP 菜单 > 会计核算 > 财务会计 > 应付账款 > 凭证输入 > 贷方凭证

事务代码 1：FB65

路径 2：SAP 菜单 > 会计核算 > 财务会计 > 应付账款 > 凭证输入 > 贷方凭证 – 一般

事务代码 1：F-41

贷方凭证和发票的输入类似，只是将供应商

记入借方，对方科目自然记入贷方。

以事务代码 FB65 为例，显示如图 4-86 所示。

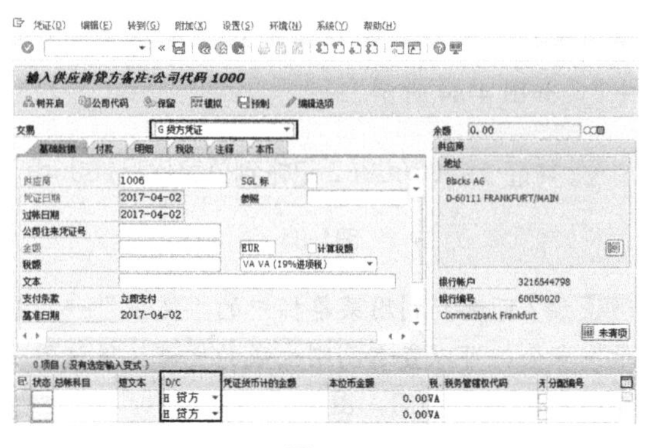

图4-86

以事务代码 F-41 为例，第一个界面显示如图 4-87 所示。

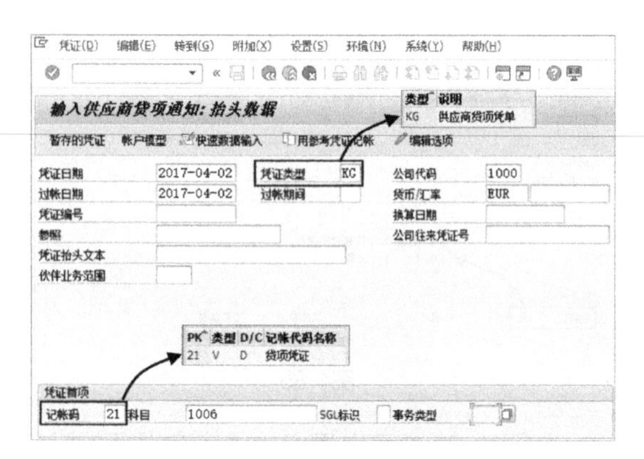

图4-87

从图 4-87 中可以看出，供应商贷方凭证的默认“凭证类型”为 KG，记账到供应商行项目的“记账码”为 21（记入供应商借方）。

4.4.3 发票业务的冲销

如果发票业务做错了，需要冲销，首先要看其对应的会计凭证是否已经被清账（有关清账的操作，请见 4.5 节）。只有在没有被清账的情况下，才可对原发票凭证进行“取消”（适用于来自 MM 模块发票校验的发票）或者对会计凭证进行“冲销”（适用于手工输入的发票）。如果已经清账，则必须先重置清账的结果，然后再对发票凭证取消或对会计凭证进行冲销。图 4-88 完整地反映了冲销发票所需要的考虑和操作。

> **提示**
>
> 对于来自MM模块发票校验产生的会计凭证，如果试图在总账模块使用FB08冲销，系统会提示“财务中不能冲销的凭证”（应译为“不能在FI中冲销”，消息号F5673），如图4-89所示，需要回到原始模块MM取消发票，系统会自动生成反向的会计凭证。

> **提示**
>
> 对于MM模块的发票凭证，如果其会计凭证已经清账，也不能直接在MM模块对发票进行取消，系统会报错“凭证××××已含有已结算的项目-不可冲销”，如图4-90所示。因此，必须先对会计凭证的清账关系（结算）进行重置，才能取消。

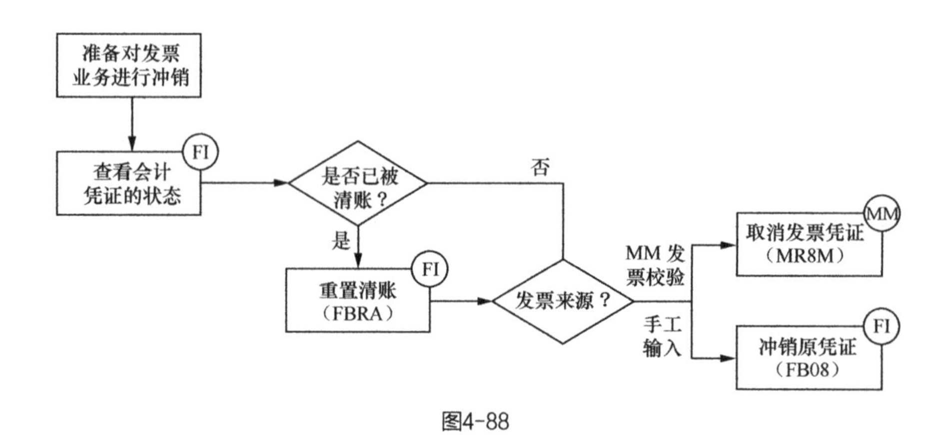

图4-88

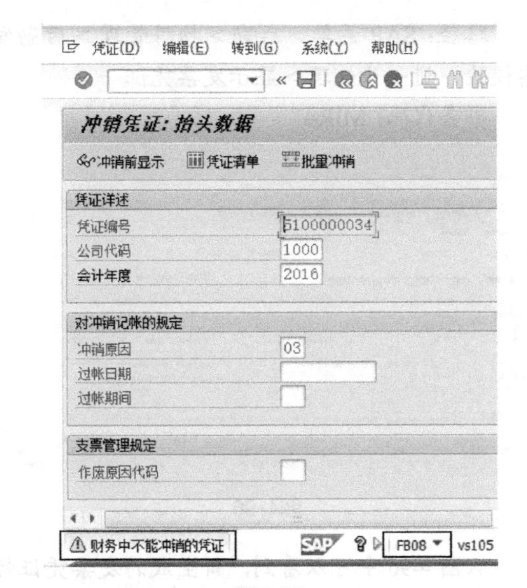

图4-89

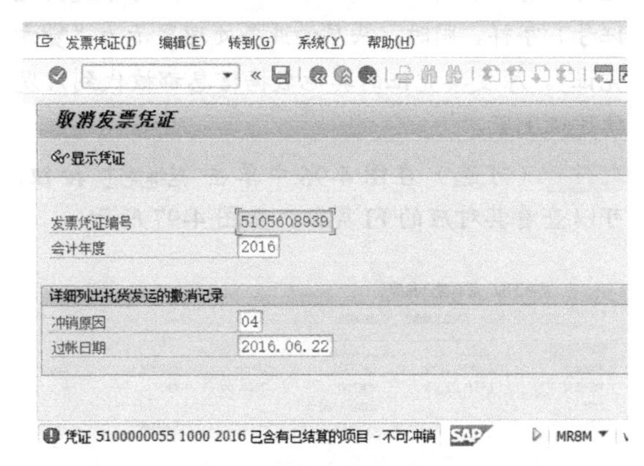

图4-90

总之，**在源头出现的错误，必须从源头开始纠正；在末端如果做了动作产生了影响，必须先在末端消除影响。**

重置清账的操作将在应付模块 4.5.3 小节讲述。

在 FI 模块冲销原凭证，使用事务代码 FB08，其操作方法在总账模块 2.4.8 小节中已经介绍过，此处不再赘述。

这里重点介绍在 MM 模块如何取消发票。

【业务操作】假设某次发票校验，产生了会计凭证 5100000034，现在需要冲销，应该如何操作？

背景：该会计凭证来自 MM 模块的发票校验，该凭证尚未被清账。

STEP 1 使用各种手段查找到该会计凭证对应的“发票凭证”（MM 模块中的概念）。方法①：事务代码 FB03 显示该凭证后，查看其头信息中的“参考码”字段，如图 4-91 所示。方法②：事务代码 FB03 显示该凭证后，通过菜单栏中的“环境”→“凭证环境”→“原始凭证”命令可以查看到原始的发票，如图 4-92 所示。

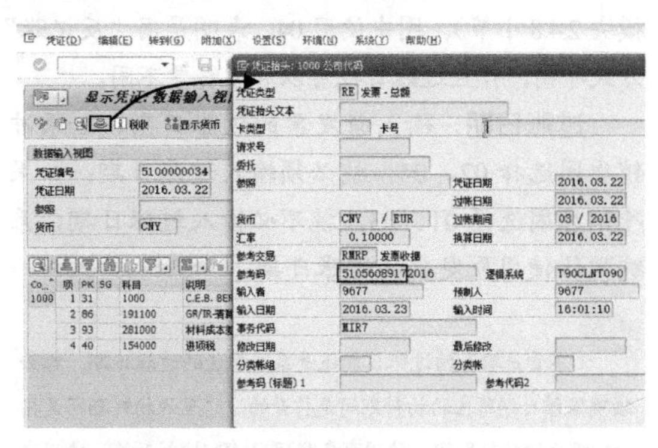

图4-91

图4-92

从图 4-91 和图 4-92 中都可以看到，会计凭证 5100000034 对应的 MM 发票凭证为 5105608917。接下来就要做取消该发票的操作。

STEP 2 在 MM 模块取消发票凭证。进入“取消发票凭证”界面，输入“发票凭证编号”“会计年度”及“冲销原因”等，如图 4-93 所示。

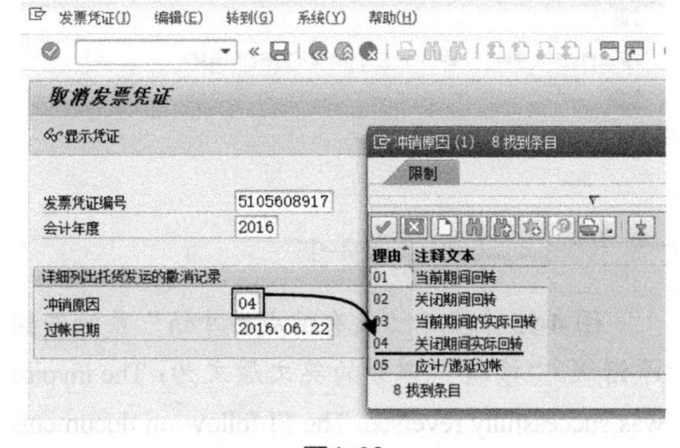

图4-93

路径：SAP 菜单 > 后勤 > 物料管理 > 后勤发票校验 > 进一步处理 > 取消发票凭证

事务代码：MR8M

冲销原因：含义和用法与总账模块冲销会计凭证时使用的“冲销原因”相同，它决定是否反记账、是否允许使用和原凭证不同的记账日期（参见总账模块 2.4.8 小节）。图中使用 04，表明是用“反记账”方式冲销，并且过账日期可以和原发票不同。

过账日期：输入新发票的过账日期。如果冲销原因选择 02、04，就必须输入过账日期；如果冲销原因选择 01、03，就不必输入过账日期，系统默认使用原发票的过账日期。

> 提示
> 不管是输入的过账日期还是系统默认的过账日期，都必须确保该日期所在的物料期间是打开的。这里的物料期间是指MM模块的物料期间，使用事务代码MMPV控制开关，使用事务代码MMRV可以查看并控制是否“允许前期记账”。

> 提示
> 在取消前，还可以单击 显示凭证 按钮，再复核、确认一下原发票凭证。

STEP 3 单击“冲销”按钮，系统显示生成新的发票凭证号，并提醒事后要手工对原 FI 凭证（供应商应付款）进行清账，如图 4-94 所示。

用编号5105609051冲销凭证：请手工清除FI凭证

图4-94

由于该信息不太详细，可以双击该信息，查看其明细，结果如图 4-95 所示。

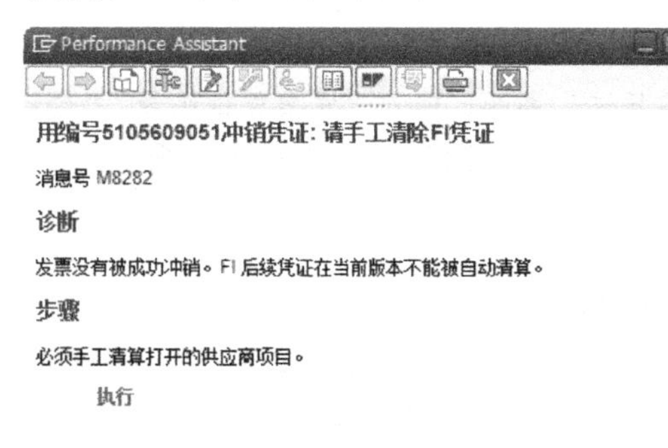

图4-95

图 4-95 中显示“没有被成功冲销”系软件翻译错误。“诊断”部分的英文原文为：The invoice was successfully reversed. The FI follow-on documents cannot be cleared automatically in the present release.（发票被成功冲销。原发票的 FI 后继凭证在当前版本不能自动被清账，需要手动清账）

STEP 4（可选）查看生成的发票凭证，如图 4-96 所示。

路径：SAP 菜单 > 后勤 > 物料管理 > 后勤发票校验 > 进一步处理 > 显示发票凭证

事务代码：MIR4

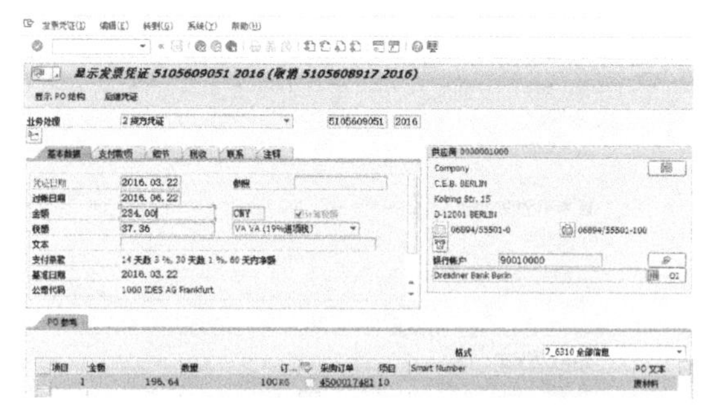

图4-96

从图 4-96 中可以看到，新生成的发票凭证标题行注有“取消 ××××”（×××× 为原发票凭证号）字样。同时，头层的业务处理显示为“贷方凭证”。原发票凭证的其他数据信息都被代到该发票凭证上了。

STEP 5（可选）在图 4-96 中单击 后继凭证 按钮，可以查看其对应的 FI 凭证，如图 4-97 所示。

显示凭证：数据输入视图

税收　显示货币　总帐视图

数据输入视图

凭证编号	5100000165	公司代码	1000	会计年度	2016
凭证日期	2016. 03. 22	过帐日期	2016. 06. 22	期间	6
参照		公司往来凭证号			
货币	CNY	文本存在		分类帐组	

Co...	项	PK	SG	科目	说明	总帐帐目	总分类帐名称	金额	货币
1000	1	21		1000	C.E.B. BERLIN	160000	应付-国内	234.00	CNY
	2	96		191100	GR/IR-清算	191100	GR/IR-清算	200.00-	CNY
	3	83		231000	材料成本差异	231000	材料成本差异	3.36	CNY
	4	50		154000	进项税	154000	进项税	37.36-	CNY

图4-97

该会计凭证的类别仍为“RE 发票 - 总额”，可以从凭证的头信息中查看到。

双击该凭证的第 1 行，还可以看到行项目中标注了“贷项凭证在”5100000034/2016/1，“分配”字段也自动写入了原 51000000342016，以表明该凭证和原会计凭证的关联，如图 4-98 所示。这里的“贷项凭证”(credit memo) 可以理解为凭证的反向凭证。

> 提示
> 新的FI凭证供应商行项目中，“分配”字段写入了“51000000342016”，它表示“原会计凭证号+会计年度”，这一点很重要，因为原会计凭证的供应商行项目中也写上了“51000000342016”，这就为清账提供了方便，甚至可以借此字段做自动清账。

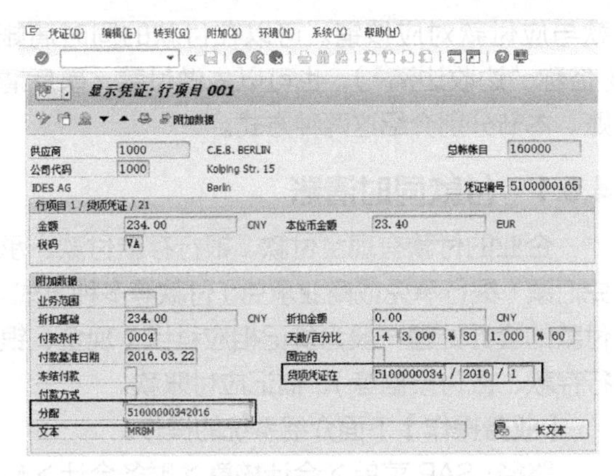

图4-98

STEP 6 通过单击图 4-95 中的“执行”链接进入“结算供应商：抬头数据”界面，准备对供应商进行清账。如果图 4-95 所示的提示窗口已经关闭，也可以使用专门的路径和事务代码进入该界面。

路径：SAP 菜单 > 会计核算 > 财务会计 > 应付账款 > 账户 > 清账

事务代码：F-44

由于要清账的两张会计凭证交易货币均为 CNY，因此，在清账界面，“货币”选择 CNY。

由于两张会计凭证的供应商行项目“分配”字段都是相同的信息，即“51000000342016”，因此，可以使用此字段方便地查找这两个行项目，如图 4-99 所示。

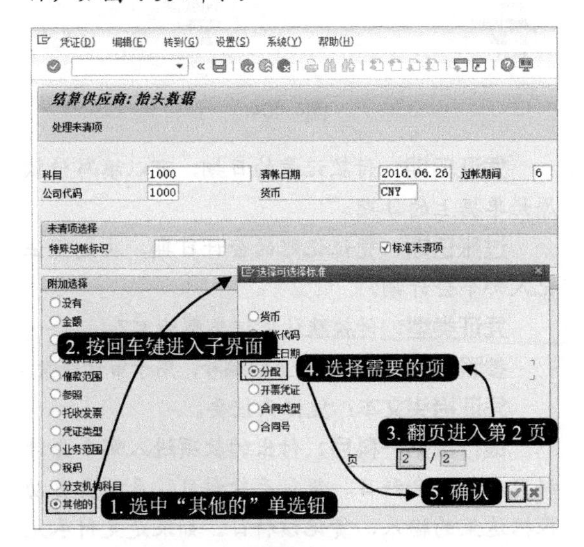

图4-99

STEP 7 在图 4-99 所示的子界面中单击“确认”按钮，进入“结算供应商 输入选择标准”界面，在“从”字段输入选择的标准“51000000342016”，如图 4-100 所示。

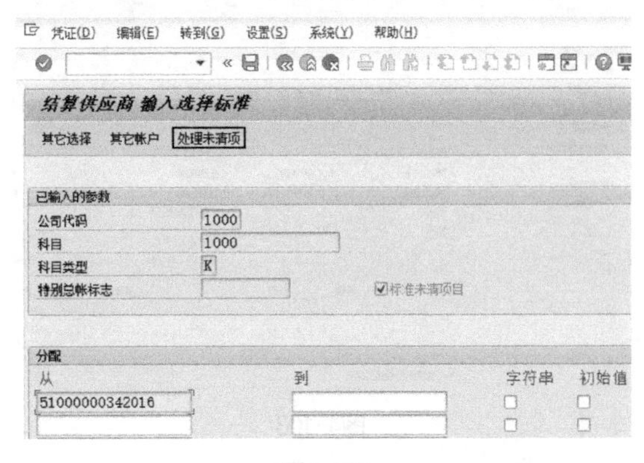

图4-100

STEP 8 单击图 4-100 中的 处理未清项 按钮，进入“结算供应商：输入部分支付”界面，可以看到系统自动选择了两条“分配 =51000000342016”的行项目，并激活，如图 4-101 所示。

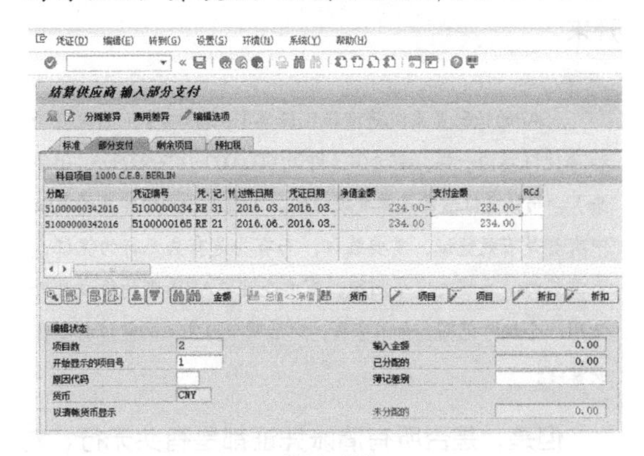

图4-101

STEP 9 单击图 4-101 中的“过账”按钮，系统在下方提示“凭证 ×××× 记账到公司代码 ×××× 中”，表明清账凭证已经生成，如图 4-102 所示。

☑ 凭证 100000302 记帐到公司代码1000中

图4-102

STEP 10（可选）在清账的主界面直接通过菜单栏中的“凭证”→“显示”命令查看生成的会计凭证，可以看到，系统生成的凭证为“有头无行”的凭证，如图 4-103 所示。

清账凭证是否要打印并装订成册？

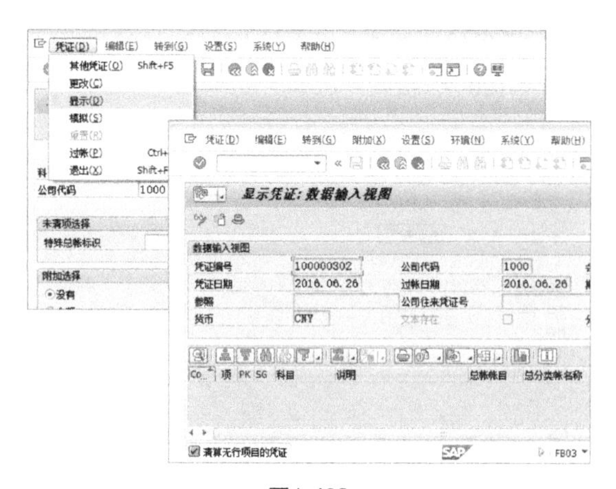

图4-103

这要视情况而定。由于多数清账凭证为有头无行的凭证，因此，企业通常认为，在凭证装订过程中不必打印、装订。

如果要实现这一点，甚至可以将清账凭证类型的凭证编号单独定义，以便与正常的凭证区别开来。

> 提示
>
> SAP的预配置系统将清账凭证类型AB的编号范围设置为和SA凭证类型一样，都为01（即0100000000-0199999999，01字头），而SA凭证通常是需要装订的，这就会造成01字头的凭证中有些是有效凭证，需要装订，而有些是有头无行的凭证，无需装订。为解决这个问题，有些企业将AB类型的凭证另外使用一个编号范围，如91字头，然后明确91字头的凭证都不需要装订。

但是，是否所有清账凭证都是有头无行、对科目发生额不产生影响的呢？其实不然。例如，预付账款和应付账款的清账、应收账款和应付账款的清账（既是客户又是供应商的单位的往来债权债务轧抵）、应收票据和应付账款的清账（应收票据背书转让支付给供应商）等。很难单独将这些业务从一般的清账业务中剥离出来。因此，如果对所有清账凭证都不打印，似乎也并不合理。

因此，建议仍然打印所有清账凭证，但是必须知道，在这其中有头无行是正常情况。

4.5 付款及清账

在 SAP 中，处理付款要达到两个效果：一要实现会计凭证的处理；二要实现清账，即将付款与应付款对应核销。可以在付款的同时清账（俗称“边收边清”），也可以先做付款，事后清账。本节分别介绍这两种方式。

4.5.1 付款同时清账

企业的付款有现金付款、银行存款付款、承兑汇票（银行承兑或商业承兑）付款等多种方式。付款的会计处理一般为贷记相应科目（现金、银行存款、应付票据等），借记应付账款。

【业务操作】下面介绍系统的操作。

路径：SAP 菜单 > 会计核算 > 财务会计 > 应付账款 > 凭证输入 > 付款 > 过账

事务代码：F-53

STEP 1 在“付款记账：抬头数据”界面输入付款的基本信息，如图 4-104 所示。

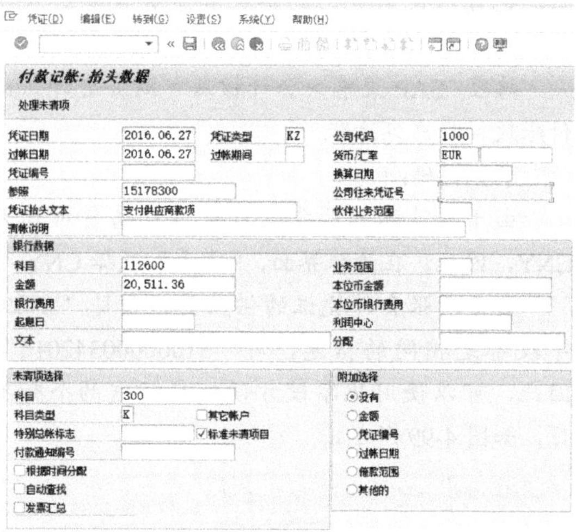

图4-104

凭证日期：付款记录的日期，可以填写付款原始单据上的日期。

过账日期：凭证记账的会计日期，决定凭证记入哪个会计期。

凭证类型：付款默认凭证类型为 KZ。

参照：付款原始单据上的编号，用于审计线索。

凭证抬头文本：凭证头摘要。

银行数据—科目：付出的款项进入哪个会计科目，如现金科目、银行存款科目。系统会自动根据这里的输入，贷记该科目。如果是支付承兑汇票，不在此界面操作，请参见 4.7 节。

未清项选择—科目：输入付款的供应商。系统会自动根据这里的供应商，借记其统驭科目。

未清项选择—科目类型：系统默认为K（供应商），即核销供应商的未清项。

STEP 2 按回车键，进入“付款记账：处理未清项”界面，可以看到系统当前未清项的记录，切换到“部分支付”选项卡（此时屏幕名称变为“付款记账：输入部分支付”），系统自动将“支付金额”填写为每张发票的净值金额，如图4-105所示。

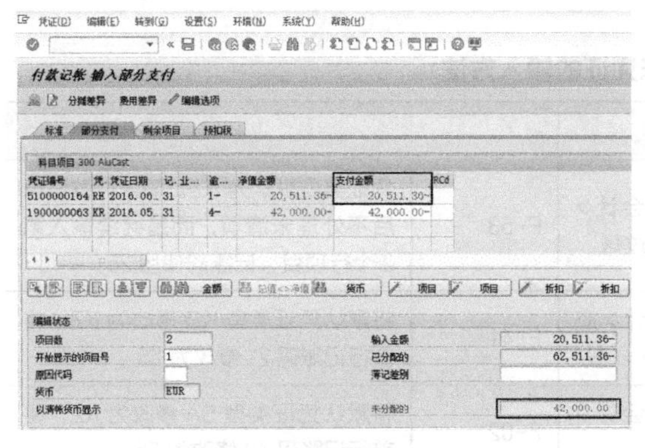

图4-105

该界面有4个选项卡，即标准、部分支付、剩余项目、预扣税。在国内，“标准”选项卡和“预扣税”选项卡一般不使用，只使用“部分支付”选项卡或“剩余项目”选项卡进行操作。

很显然，输入的付款金额20 511.36小于两张发票的合计金额62 511.36，相当于超额分配了发票，需要人为调整付款的对象和金额。

STEP 3 在“部分支付”选项卡，灵活运用下方的按钮，选择要核销的未清项进行清账，具体操作如图4-106标记的顺序所示。❶全选，❷取消激活项目（取消对所有未清项的支付），❸将光标置于需要核销的未清项上，❹激活指定的项目。操作后，系统显示结果如图4-106所示。

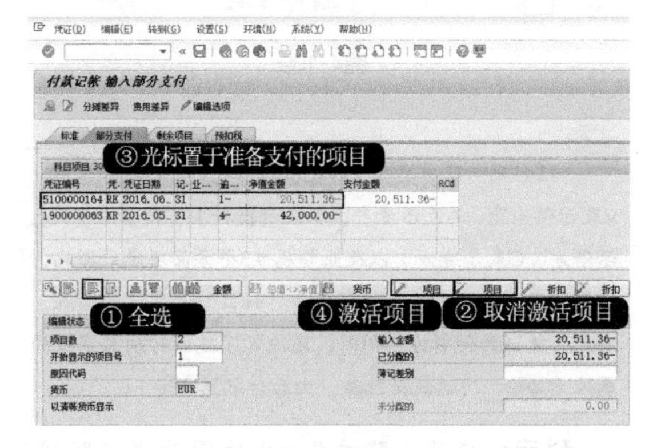

图4-106

从图4-106中可以看到，选中并激活第一个行项目后，付款金额（输入金额）等于被清账的（已分配的）发票金额，“未分配的”金额自动变为0。一般情况下，只有在未分配的金额变为0的时候，凭证才能过账。

如果输入金额小于激活项目的净值金额。例如，发票10 000元，而付款只有8 000元，则必须手工修改“支付金额”为8 000元，或者双击“支付金额”字段，使系统自动填入8 000元。

STEP 4 单击“过账”按钮，系统会在下方提示“凭证×××××记账到公司代码××××中”，如图4-107所示。

凭证 1500000097 记帐到公司代码1000中

图4-107

STEP 5 （可选）利用菜单中的“凭证”→“显示”命令，查看生成的凭证，如图4-108所示。

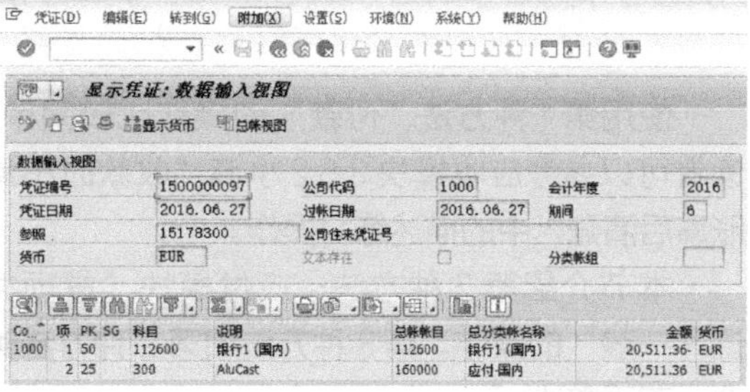

图4-108

从图4-108中可以看到，供应商付款形成的借方（第2行），系统使用记账码25（付款）；银行科目，系统使用记账码50（贷方分录）。

在第3章应收模块，提到了两种清账方法，即部分清账和剩余清账。这两种清账的概念、操作方式和影响同样适用于应付模块中的付款清账，在此不再重复。请读者参考第3章。

在第3章应收模块中，提到了清账时的小额尾差处理，其概念、操作方式和影响也同样适用于应付模块的付款，在此不再重复。请读者参考第3章。

4.5.2 付款时不清账事后清账

企业在付款时，针对供应商发票的金额，可能并不是一次性百分之百地支付，而是先支付大部分，其后再支付尾款。等到将来，两笔付款要与一张发票进行核销。在这种情况下，付款时可以暂时不做清账处理，只需实现凭证的借、贷记账就行。待两笔款项都支付完毕后，再进行专门的清账（事后清账）。

要实现付款凭证的借贷记账，有多种变通的输入方法，常用的如表 4-9 所示。

从表 4-9 中可以看出，不管使用哪种方法，都要使凭证类型为 KZ（对供应商付款），而不能是 KG（供应商贷项凭单）或 SA（总分类账凭证）；否则会引起凭证编号的混乱。同时，要使供应商行项目的记账码为 25（供应商的付款），使其符合业务本来面目，而不能是 21（供应商的贷项凭证）或 40（总账科目的借方项目）。

表 4-9　付款不清账凭证的输入方法

模块	操作事务	路径	事务代码	操作
应付模块	付款	SAP 菜单 > 会计核算 > 财务会计 > 应付账款 > 凭证输入 > 付款 > 过账	F-53	凭证类型默认为 KZ。输入付款信息后不处理未清项，而是继续输入第 2 个行项目，记账码使用 25
应付模块	贷项凭证 - 一般	SAP 菜单 > 会计核算 > 财务会计 > 应付账款 > 凭证输入 > 贷项凭证 - 一般	F-41	将默认凭证类型 KG 修改为 KZ，将首行记账码 21 修改为 25
总账模块	一般过账	SAP 菜单 > 会计核算 > 财务会计 > 总分类账 > 过账 > 一般过账	F-02	将默认凭证类型 SA 修改为 KZ，将首行记账码 40 修改为 25

使用第 1 种方法“付款”的操作比较简单，读者可以参考应收模块 3.5.2 小节“收款时不清账事后清账”中的描述练习操作。

本节介绍第 2 种方法：应付模块“贷项凭证 - 一般”的操作。第 3 种方法和第 2 种方法类似，不再赘述。

【业务操作 1】使用应付模块“贷项凭证 - 一般”事务输入付款，但不清账。

路径：SAP 菜单 > 会计核算 > 财务会计 > 应付账款 > 凭证输入 > 贷项凭证 - 一般

事务代码：F-41

STEP 1 在“输入供应商贷项通知：抬头数据”界面输入凭证抬头的信息和凭证首行的信息，如图 4-109 所示。

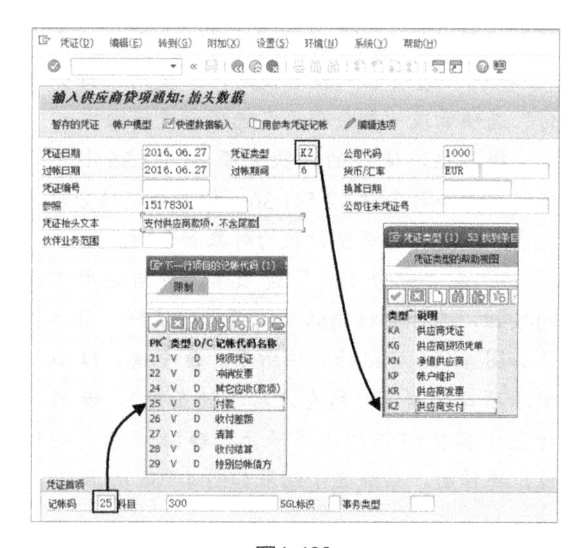

图4-109

提示 记账码由账户类型（G表示总账科目、C表示客户、V表示供应商、A表示资产、M表示物料）、借贷方（D表示借方、C表示贷方）以及业务属性3个方面决定。因此，它影响了随后账户（系统误译为“科目”）字段的输入、决定了凭证的借贷方，同时，还决定了凭证行项目字段的属性（必输、可选还是隐藏，由后台配置决定）。

凭证类型：原默认为 KG（供应商贷项凭单），修改为 KZ（供应商支付，即对供应商付款）。

凭证首项—记账码：供应商记入借方的记账码，系统原默认为 21（贷项凭证）。从图中可以看到供应商（V）记入借方（D）有多种记账码可选，此处修改为最符合当前业务的记账码 25（付款）。

科目：应为“账户”，此处因为“记账码”

选择25，所以账户应该输入供应商编码。示例中输入供应商300。

STEP 2 按回车键，进入“输入 供应商支付：添加供应商项目”界面，补充完首行的信息，并输入第2行的记账码和科目，如图4-110所示。

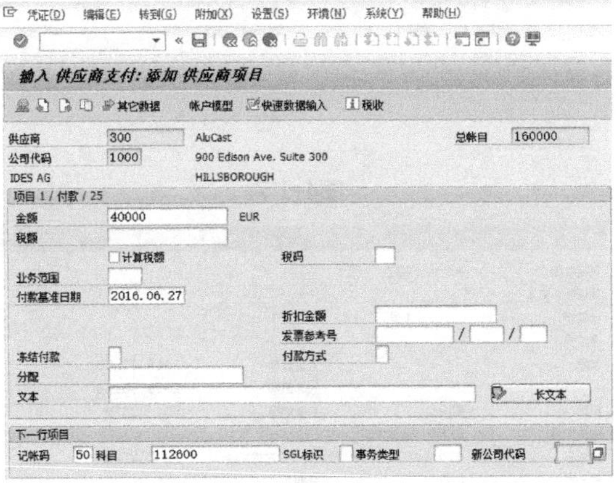

凭证(D) 编辑(E) 转到(G) 附加(X) 设置(S) 环境(N) 系统(Y) 帮助(H)

输入 供应商支付: 添加 供应商项目

其它数据 帐户模型 快速数据输入 税收

供应商 300 AluCast 总帐目 160000
公司代码 1000 900 Edison Ave. Suite 300
IDES AG HILLSBOROUGH

项目 1 / 付款 / 25
金额 40000 EUR
税额
计算税额 税码
业务范围
付款基准日期 2016.06.27
折扣金额
发票参考号 / /
冻结付款 付款方式
分配
文本 长文本

下一行项目
记帐码 50 科目 112600 SGL标识 事务类型 新公司代码

图4-110

因为首行为供应商的借方（借记“应付账款”），因此第2行应该输入银行存款的贷方，使用记账码50（总账科目的贷方），同时在随后的科目字段输入银行存款科目112600。

STEP 3 按回车键，进入“输入 供应商支付：添加总账科目项”界面，补充完第2行的信息，如图4-111所示。

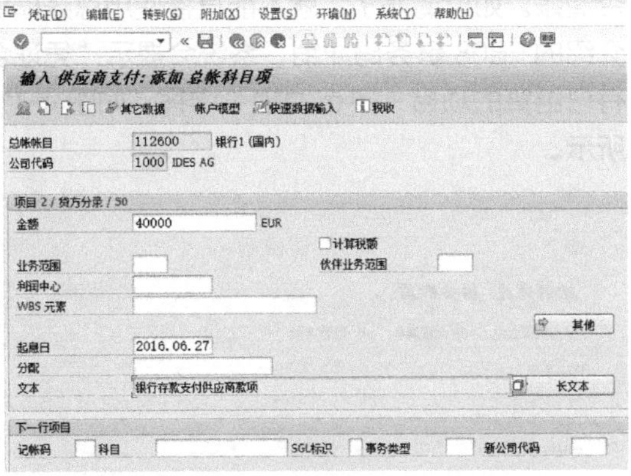

凭证(D) 编辑(E) 转到(G) 附加(X) 设置(S) 环境(N) 系统(Y) 帮助(H)

输入 供应商支付: 添加 总帐科目项

其它数据 帐户模型 快速数据输入 税收

总帐帐目 112600 银行1 (国内)
公司代码 1000 IDES AG

项目 2 / 贷方分录 / 50
金额 40000 EUR
计算税额
业务范围 伙伴业务范围
利润中心
WBS 元素
其他
起息日 2016.06.27
分配
文本 银行存款支付供应商款项 长文本

下一行项目
记帐码 科目 SGL标识 事务类型 新公司代码

图4-111

STEP 4 单击“过账”按钮，系统会在下方提示“凭证 ××××× 记账到公司代码 ×××× 中”，如图4-112所示。

凭证 1500000098 记帐到公司代码1000中

图4-112

STEP 5（可选）通过菜单中的“凭证”→“显示”命令，可以显示刚刚生成的会计凭证，如图4-113所示。

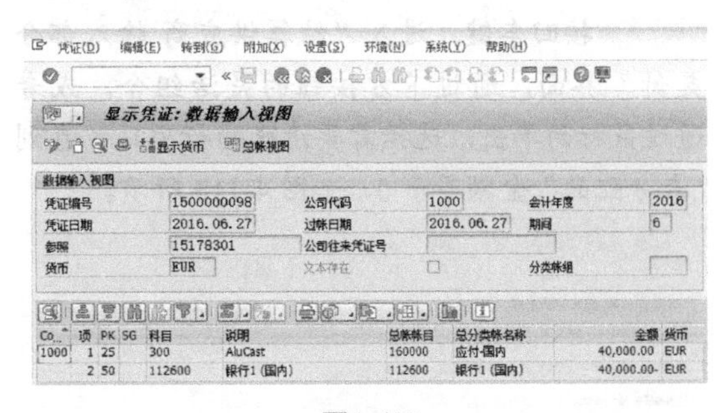

图4-113

通过这种方式输入的凭证，借方项目由于没有做过清账，因此成为未清项。

【业务操作2】接下来，待发票全部付清后，就可以在专门的清账界面进行清账处理了。

背景：供应商300有一张应付发票，金额为42 000欧元，前面已经付过40 000欧元，后面又针对尾款2 000欧元做过类似的一笔支付，现在准备用两张付款清一张发票。

路径：SAP菜单 > 会计核算 > 财务会计 > 应付账款 > 账户 > 清账

事务代码：F-44

STEP 1 在“结算供应商：抬头数据”界面，输入科目、公司代码、清账日期等信息，如图4-114所示。

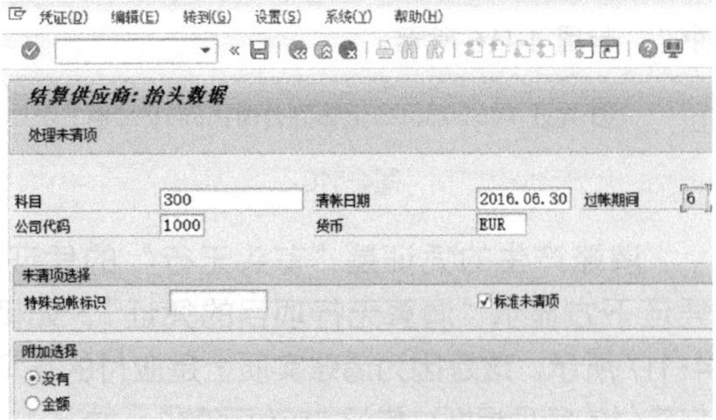

凭证(D) 编辑(E) 转到(G) 设置(S) 系统(Y) 帮助(H)

结算供应商: 抬头数据

处理未清项

科目 300 清帐日期 2016.06.30 过帐期间 6
公司代码 1000 货币 EUR

未清项选择
特殊总帐标识 标准未清项

附加选择
没有
金额

图4-114

“未清项选择”区域的“标准未清项”，指直接记入供应商统驭科目（不带任何特别总账标志）的未清项，一般勾选此复选框。“特殊总账标识”是指预付款、应付票据、其他应付款等，此处暂不选。

在此界面，“附加选择”区域有多种选择，

是假设供应商的未清项有很多，需要通过选定某些参数来缩小清账的范围，如限定某一段过账日期的行项目来进行清账。

STEP 2 按回车键，进入“结算供应商 输入部分支付”界面，通过下方按钮的灵活组合，或者通过鼠标的单击，选择需要清账的行项目，直到“未分配的”金额等于 0，如图 4-115 所示。

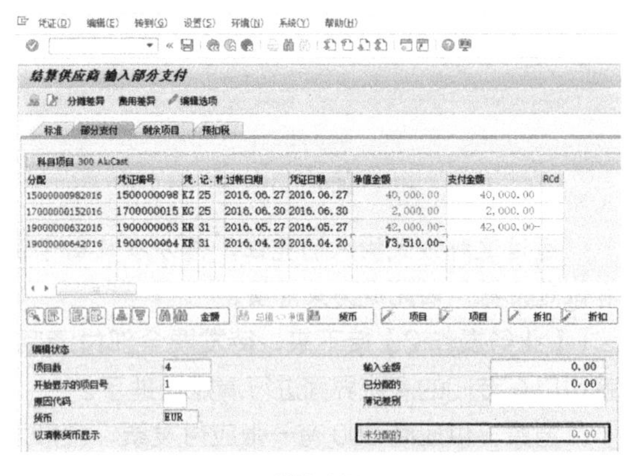

图4-115

在选择并激活行项目的过程中，“已分配的”金额会自动随着行项目的激活而变化。

选择的项，正负相抵，使“未分配的”金额变为 0。可以多笔发票和一笔付款相抵，也可以一笔发票和多笔付款相抵，还可以多笔发票和多笔付款相抵。

STEP 3 单击“过账”按钮，系统会在下方提示“凭证 ××××× 记账到公司代码 ×××× 中”，如图 4-116 所示。

凭证 100000303 记帐到公司代码1000中

图4-116

清账产生的凭证是“有头无行”的凭证，凭证下方显示“清算无行项目的凭证”，如图 4-117 所示。这是因为清账实质上是应付的正项与应付的负项相抵，借记“应付账款”，贷记“应付账款”。在借贷方的科目、分配属性（利润中心、业务范围）都完全相同的情况下，借贷方就完全抵掉了，不会再出现行项目。

清算产生的会计凭证类型为 AB（由系统默认），凭证状态为 A（清算凭证），如图 4-118 所示。

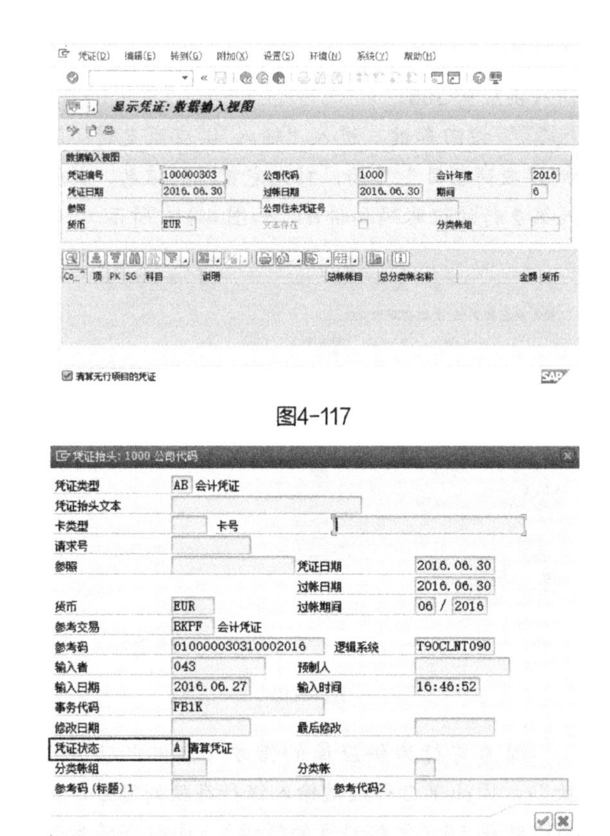

图4-117

图4-118

4.5.3 付款的冲销与清账的重置

如果付款输入错误，在冲销时需要考虑其是否清账。如果清账了，就不能直接使用总账模块介绍的 FB08 事务码冲销，系统会提示“凭证含有已结算的项目 - 不可冲销”字样，如图 4-119 所示。

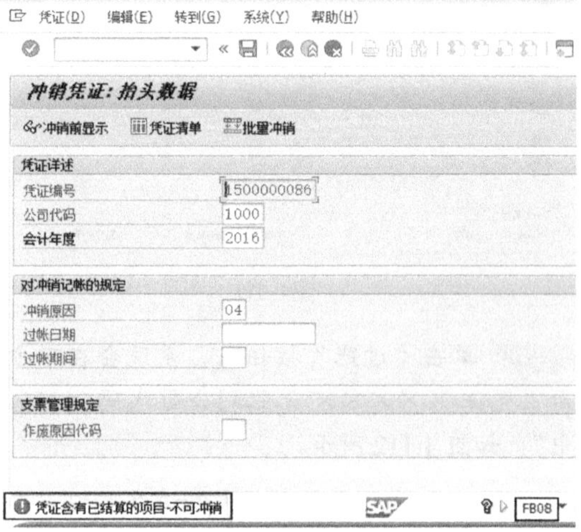

冲销凭证：抬头数据
凭证详述
凭证编号 1500000086
公司代码 1000
会计年度 2016
对冲销记帐的规定
冲销原因 04
过帐日期
过帐期间
支票管理规定
作废原因代码
凭证含有已结算的项目-不可冲销

图4-119

在这种情况下，必须先重置清账，然后再冲销付款，或者在重置清账的时候选择“重置并冲销”。如果没有清账，则可以直接用 FB08 事务码冲销。图 4-120 完整地显示了付款凭证冲销的处理过程。

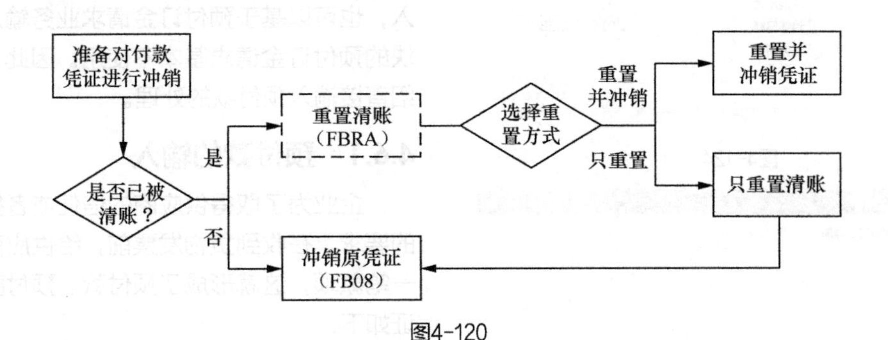

图4-120

【业务操作】没有清账的付款，其冲销方式比较简单，直接使用事务代码 FB08 就可以操作，详见 2.4.8 小节，此处不再赘述。此处以图 4-119 中的凭证 1500000086/1000/2016 为例，介绍已经清账的凭证如何对其冲销。

路径：SAP 菜单 > 会计核算 > 财务会计 > 应付账款 > 凭证 > 重置已结清项目

事务代码：FBRA

STEP 1 在“重置已结清项目”界面输入清账凭证号、公司代码、会计年度，如图 4-121 所示。

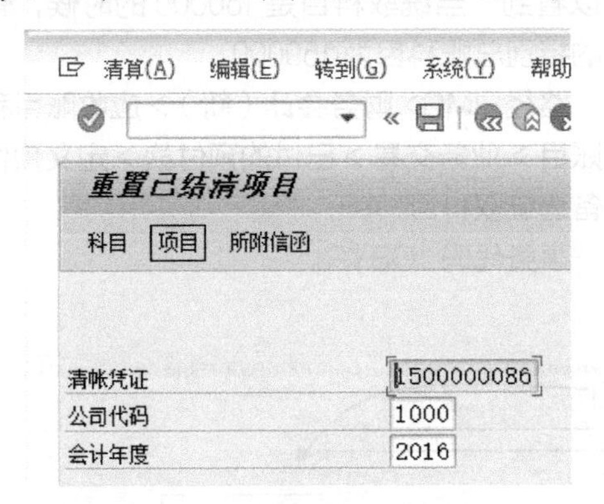

图4-121

STEP 2（可选）在正式重置前，可以单击 项目 按钮，进入“重置已清项”界面，查看与该清账凭证相关的行项目有哪些，如图 4-122 所示。

从图 4-122 中可以看到，与清账凭证 1500000086 相关的行项目除了它本身的第 2 行项目外，还有 100000264 的第 2 行项目。两个行项目正负相抵，金额正好对清。绿灯▇表示已清项。因此，所谓“重置已清项”就是要解除这两个行项目的对清关系。

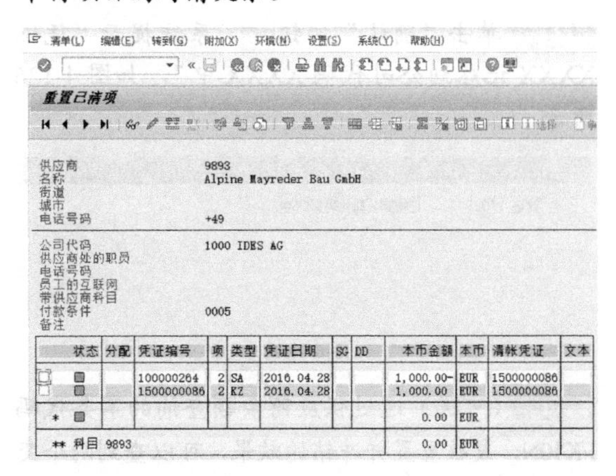

状态	分配	凭证编号	项	类型	凭证日期	SG	DD	本币金额	本币	清帐凭证	文本
▇		100000264	2	SA	2016.04.28			1,000.00-	EUR	1500000086	
▇		1500000086	2	KZ	2016.04.28			1,000.00	EUR	1500000086	
* ▇								0.00	EUR		
** 科目 9893								0.00	EUR		

图4-122

STEP 3 单击“返回”按钮，退回“重置已结清项目”界面，单击“重置已清项”按钮，系统弹出“清账凭证的冲销”对话框，出现 3 个按钮，如图 4-123 所示。

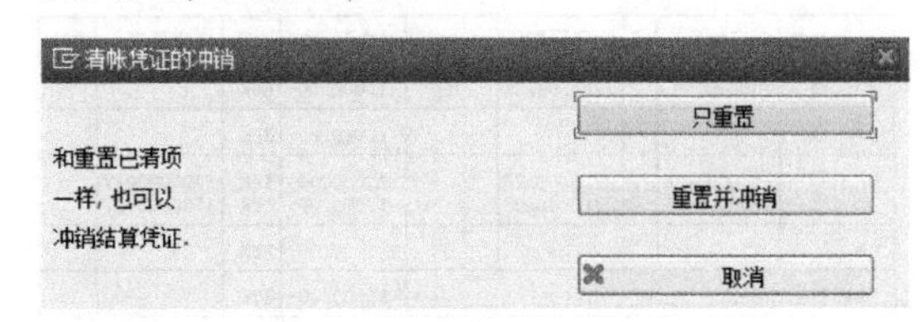

图4-123

STEP 4（这里以“重置并冲销”模式操作为例）单击“重置并冲销”按钮，系统提示输入“冲销数据”有关参数，如图 4-124 所示。

STEP 5 单击“确认”按钮，系统提示“清账 ×××× 冲销”，即原清账凭证已被冲销，如图 4-125 所示。

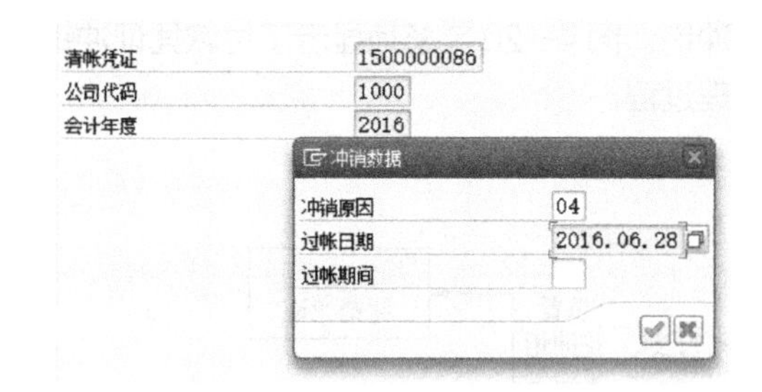

图4-124

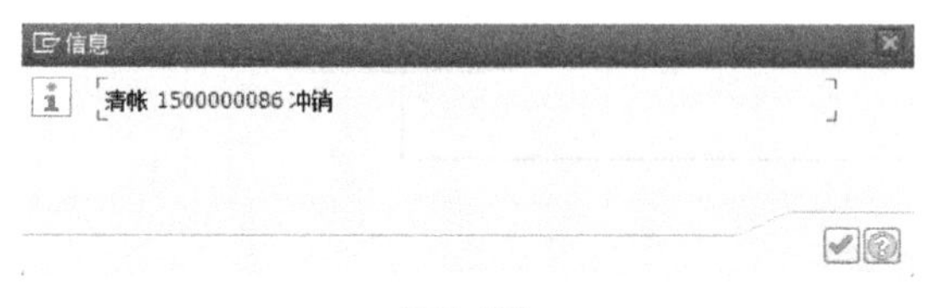

图4-125

STEP 6 单击“确认”按钮，系统提示“凭证 XXXX 记账到公司代码 XXXX 中”，如图 4-126 所示。

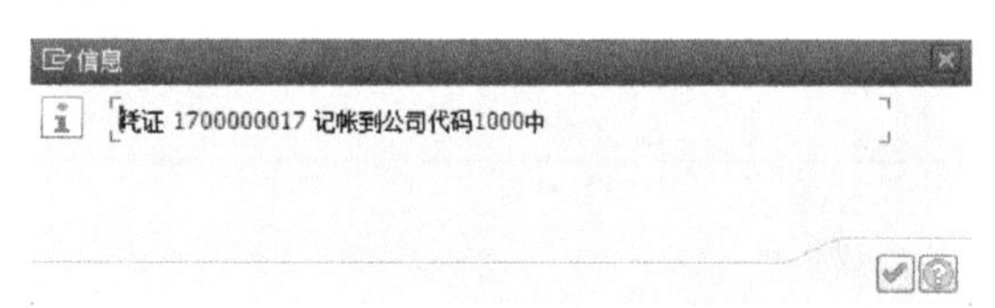

图4-126

STEP 7（可选）通过供应商余额查询的事务代码 FK10N，复核重置并冲销的效果，可以查到两个变化：原供应商的已清项（100000264/2）已经变成了未清项，显示红灯；原付款（1500000086/2）和现在的付款冲销行项目（1700000017/2）形成了冲销关系，自动被清账，均为已清项，显示绿灯，如图 4-127 所示。

	状态	凭证编号	项	凭证日期	SG	DD	本币金额	本币	清帐凭证	文本
		100000264	2	2016.04.28			1,000.00-	EUR		
*							1,000.00-	EUR		
		1500000086	2	2016.04.28			1,000.00	EUR	1700000017	
		1700000017	2	2016.04.28			1,000.00-	EUR	1700000017	
*							0.00	EUR		
**	科目 9893						1,000.00-	EUR		

图4-127

这表明，重置并冲销成功。

提示

在第3章应收模块中介绍收款的冲销时，采取的是先重置后冲销的做法。这里为了让读者了解另一种选项的做法，特地采用了“重置并冲销”。有兴趣的读者可以分别用两种方法做一下练习，比较它们的异同。

4.6 预付款的处理

本节介绍预付款如何输入。它可以直接输入，也可以基于预付订金请求业务输入。应付模块的预付订金请求基本不使用。因此，本节仅介绍直接输入预付款的处理。

4.6.1 预付款的输入

企业为了取得供应商的信任或者按照供应商的要求，在收到货物发票前，给供应商预先支付一笔款项，这就形成了预付款。预付款产生的凭证如下。

Dr：预付账款（供应商）

Cr：银行存款

其中，借方要反映到供应商头上。但我们知道，在供应商主数据上，统驭科目已经设成了应付账款（160000），因此这里需要使用特别总账标识 A，使其转换出另外一个“统驭科目”：预付账款（180000）。这是在后台配置中定义的。如图 4-128 所示，针对科目类型 K（供应商）、特别总账标识（SGL 标识）A（表示“预付款”，即预付订金）这一条目，单击“选择”按钮，可以看到，当统驭科目是 160000 的时候，转换出的特别总账科目为 159000。

路径：IMG> 财务会计（新）> 应收账目和应付账目 > 业务交易 > 已付的预付款 > 定义预付款的备选统驭科目

事务代码：OBYR

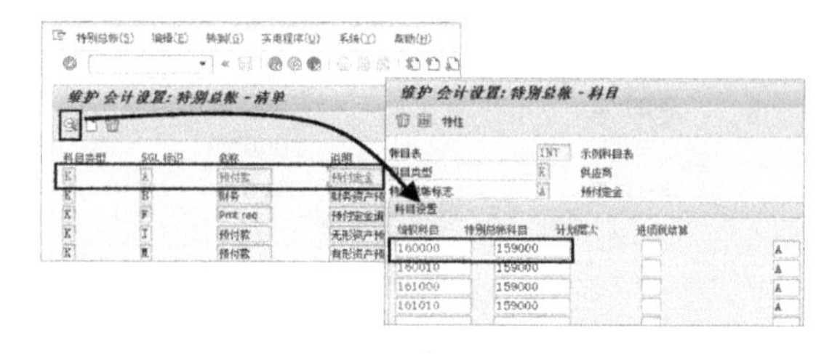

图4-128

提示

由特别总账标志转换出的特别总账科目也是统驭科目。在科目主数据设定时必须注意。它也称为“备选统驭科目”。

【业务操作】接下来介绍预付款的系统操作。

路径：SAP 菜单 > 会计核算 > 财务会计 > 应付账款 > 凭证输入 > 预付订金 > 预付订金

事务代码：F-48

STEP 1 在“供应商预付订金记账：抬头数据”界面输入凭证日期、过账日期、参照、供应商、付款科目、金额等信息，如图 4-129 所示。

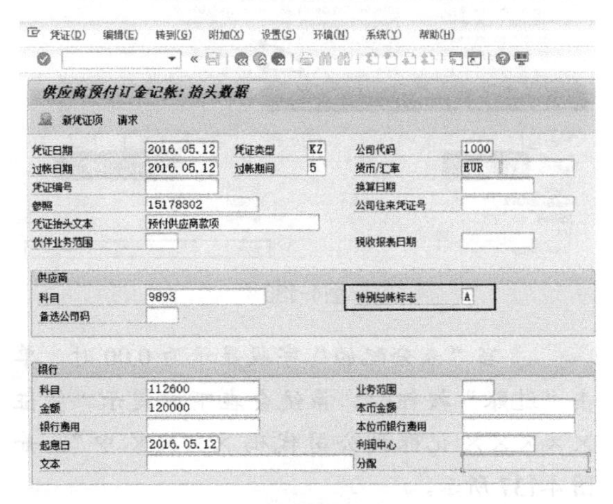

图4-129

注意 “特别总账标志”字段输入A（预付订金）。

STEP 2 按回车键，进入“供应商预付订金记账 添加 供应商项目”界面，输入预付订金的金额等信息，如图 4-130 所示。

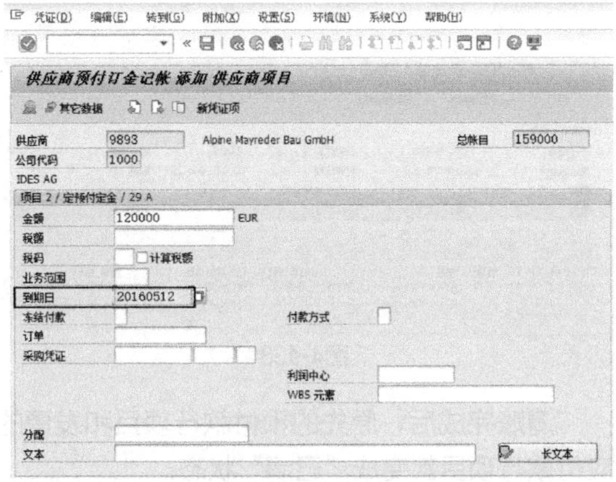

图4-130

提示 在此业务中，对于预付款行项目，“到期日”字段系统要求必输。这是因为系统认为预付款在供应商看来也是有到期日要求的。一般情况下，直接输为凭证日期即可。

STEP 3 单击“过账”按钮，系统会在下方提示“凭证 ××××× 记账到公司代码 ×××× 中”，如图 4-131 所示。

凭证 1500000099 记帐到公司代码1000中

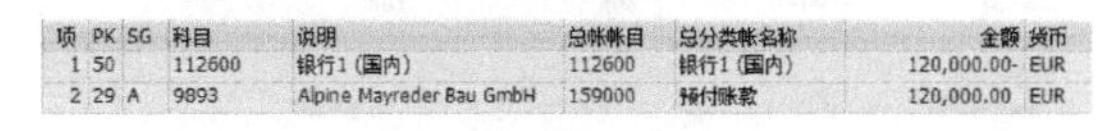

图4-131

预付款产生的凭证如图 4-132 所示。

项	PK	SG	科目	说明	总帐科目	总分类帐名称	金额	货币
1	50		112600	银行1（国内）	112600	银行1（国内）	120,000.00-	EUR
2	29	A	9893	Alpine Mayreder Bau GmbH	159000	预付账款	120,000.00	EUR

图4-132

凭证类型为 KZ（供应商付款）。

凭证行项目贷方记账码为 50（总账科目的贷方项目）；借方记账码为 29（供应商的特别总账借方）。

预付款业务过账后，将来给供应商输入发票时，系统会提示该供应商有预付订金存在，如图 4-133 所示。

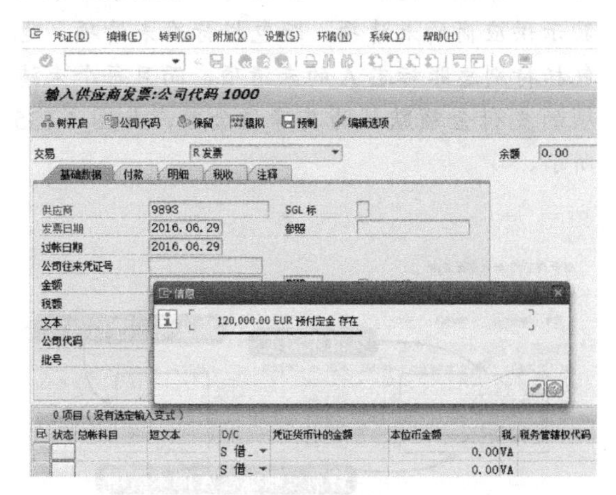

图4-133

4.6.2 预付款和应付发票的清账

如果供应商存在预付款，事后发票送达并过账后，必须将预付款和应付发票进行清账。清账仍使用 F-44 进行清账，但必须在“特别总账标志”字段选择 A 的前提下。

【业务操作】接下来介绍如何将预付款和应付发票进行清账。

路径：SAP 菜单 > 会计核算 > 财务会计 > 应付账款 > 账户 > 清账

事务代码：F-44

STEP 1 在“结算供应商：抬头数据”界面输入供应商、公司代码、清账日期、特殊总账标识等信息，如图 4-134 所示。

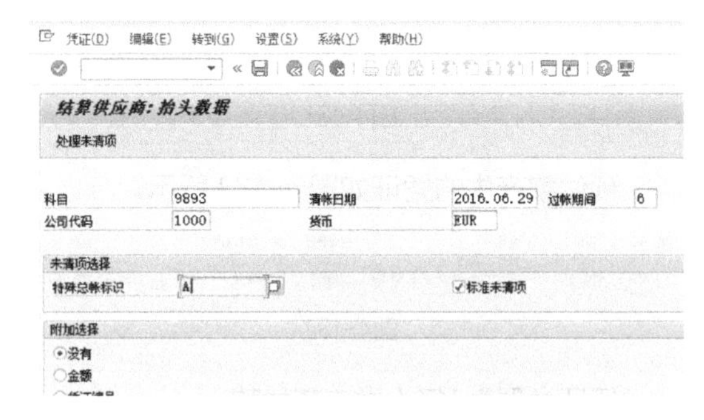

图4-134

此处，因为希望将预付款和发票进行清账，因此，既要选中“标准未清项”复选框，也要输入特殊总账标识 A。

STEP 2 按回车键，进入“结算供应商 输入部分支付”界面，选择“部分支付”选项卡，系统显示供应商的未清项，既包括标准未清项，也包括特别总账标志 A 的未清项，而且每个未清项的支付金额默认为其净值金额，如图 4-135 所示。

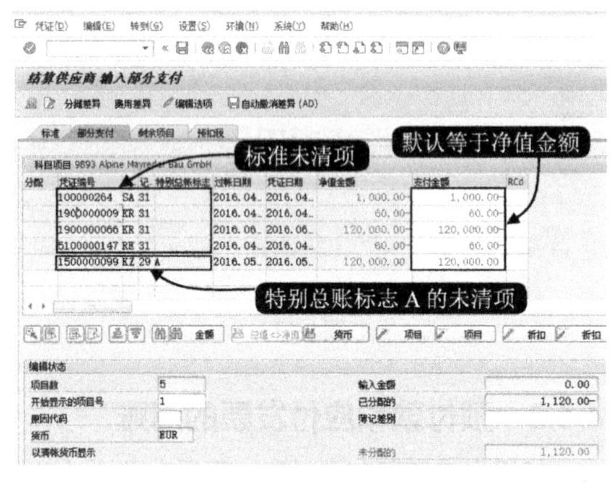

图4-135

STEP 3 由于系统默认为选中所有的未清项，因此，需要通过按钮的灵活组合，来激活特定的行项目，使其刚好被清掉，如图 4-136 所示。

❶ 全选，❷ 取消激活，❸ 双击需要激活的行项目的“净值金额”，也可以将光标置于需要清账的行项目，然后单击 项目 按钮。

> **提示**
>
> 可以根据“特别总账标志”字段（A）或者“记账码”字段（29）判断哪些行项目属于预付款。这些字段可能在本来的行项目格式中没有显示出来，那就需要到后台配置中进行调整，使其显示出来。

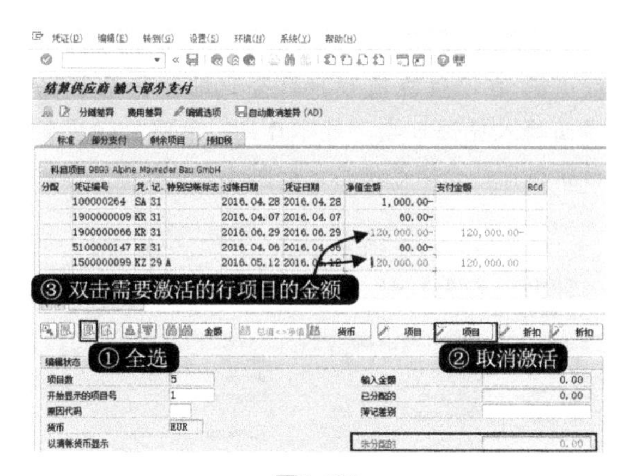

图4-136

STEP 4 当“未分配的”字段显示为 0.00 时，单击“过账”按钮，系统会在下方提示“凭证 ××××× 记账到公司代码 ×××× 中”，如图 4-137 所示。

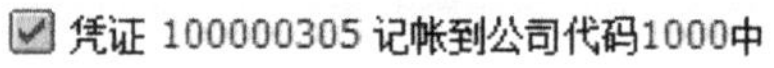

凭证 100000305 记帐到公司代码1000中

图4-137

清账产生的凭证如图 4-138 所示。因为凭证的借、贷方分别为应付账款和预付账款，因此，不会再是“有头无行”的凭证，它有两个行项目。

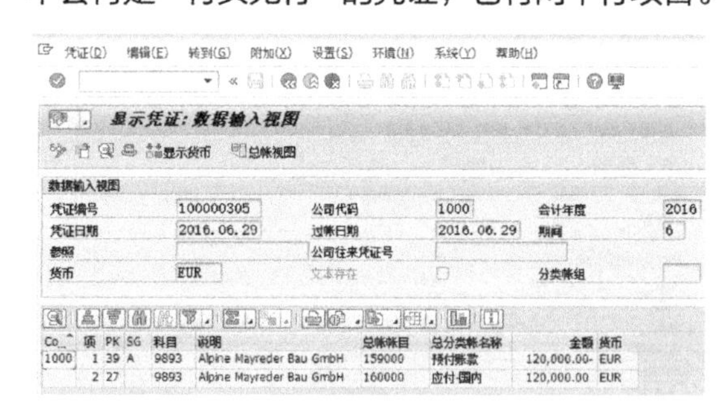

图4-138

清账完成后，原先的预付款行项目和发票的应付款行项目都变成“已清”状态。

4.7 应付票据的处理

企业对供应商的付款，除了使用支票等手段外，还可以使用票据，在会计科目上称为“应付票据”。这种票据，既有可能是自己开立的银行承兑汇票或商业承兑汇票，也有可能是来自客户的承兑汇票（应收票据），经过背书，转让给供应商。它一般约定有到期日（如 6 个月后到期）。票据到期后，企业自己开立的，必须由企业或企业的银行承兑，从企业的银行存款中兑付；来自于客户的，由客户或者客户的银行承兑。

按照应付票据的先后业务，本节分别介绍应付票据的开立与兑付。以应收票据背书转让给供应商的业务在3.7.4小节中已经介绍过，此处不再赘述。

4.7.1 应付票据的开立

企业开立应付票据时，编制的会计凭证如下。

Dr：应付账款（供应商）

Cr：应付票据（供应商）

借方和贷方都要反映到供应商头上。借方可以取自供应商主数据上的统驭科目，贷方则必须借助“特别总账标志”W（承兑汇票）。

如图4-139所示，供应商统驭科目为160000（应付账款）时，如果输入特别总账标志W的业务，系统会带出特别总账科目180000(应付票据)。

路径：IMG>财务会计（新）>银行会计核算>业务交易>汇票业务>应付汇票>创建应付汇票>定义应付汇票的备选统驭科目

事务代码：OBYM

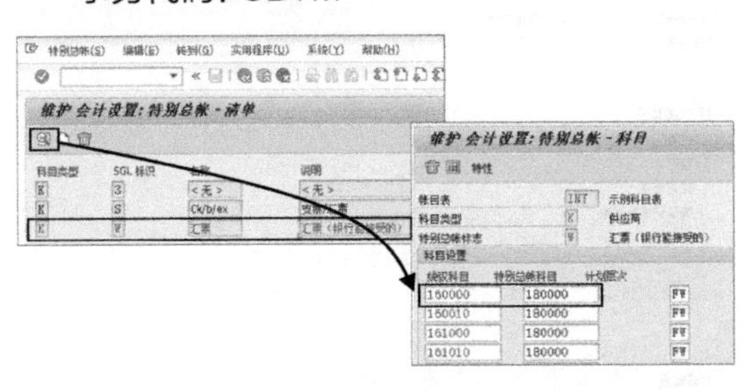

图4-139

> **提示** 由特别总账标志转换出的特别总账科目也是统驭科目。这在科目主数据设定时必须注意。这种科目称为“备选统驭科目”。

【业务操作】接下来介绍开立应付票据时系统的操作。

路径：SAP菜单>会计核算>财务会计>应付账款>凭证输入>汇票>付款

事务代码：F-40

STEP 1 在“汇票收付：抬头数据”界面输入凭证日期、过账日期、参照、凭证抬头文本等信息，在“要处理的业务”区域选中“付款”单选钮，并在下方输入供应商，如图4-140所示。

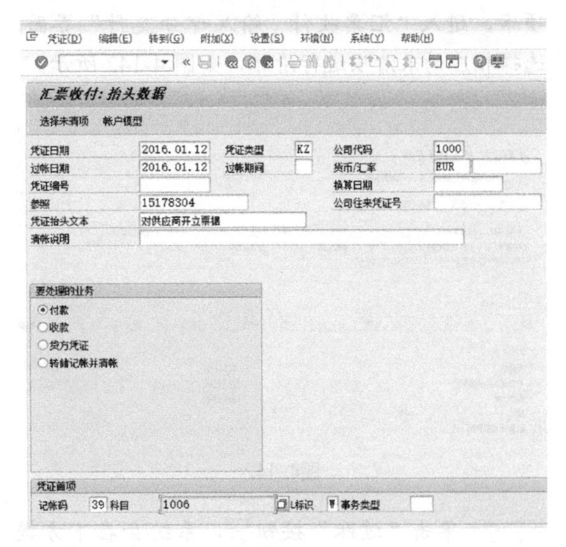

图4-140

系统会自动在抬头层凭证类型处写入KZ（向供应商付款），在凭证首项（第一行）自动写入“记账码”为39，“SGL标识”为W。

STEP 2 按回车键，进入“汇票收付 改正 供应商项目”界面，继续为第一行输入金额、到期日、出票人、受票人等信息，如图4-141所示。

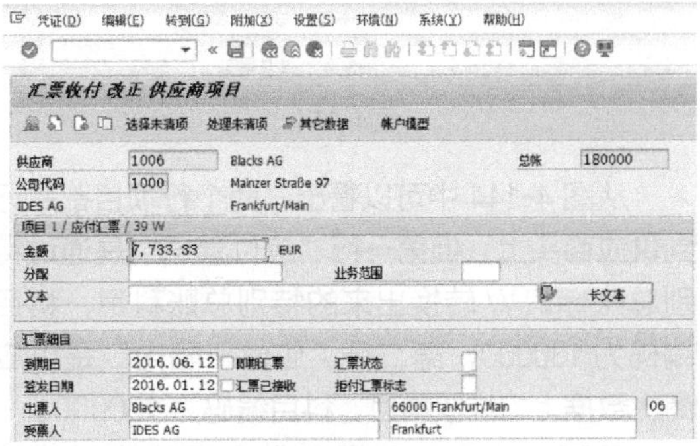

图4-141

> **提示** 承兑汇票，不管是银行承兑汇票还是商业承兑汇票，都是有签发日期和到期日的。这里写上签发日期和到期日，可以用于后续的报表统计。

> **注意** 图4-141中的“出票人”和“受票人”由系统自动带出，前者带出公司代码的名称，后者带出供应商的名称。但实际上，前者“出票人”在英文环境中为drawer（受票人），后者“受票人”在英文环境中为drawee（出票人），SAP英文环境是正确的表达，但SAP中文版翻译上出现严重错误，将二者弄反了。

STEP 3 单击 处理未清项 按钮，选中“部分支付”选项卡，进入“汇票收付 输入部分支付”界面，选择相应的未清项进行清账，如图 4-142 所示。

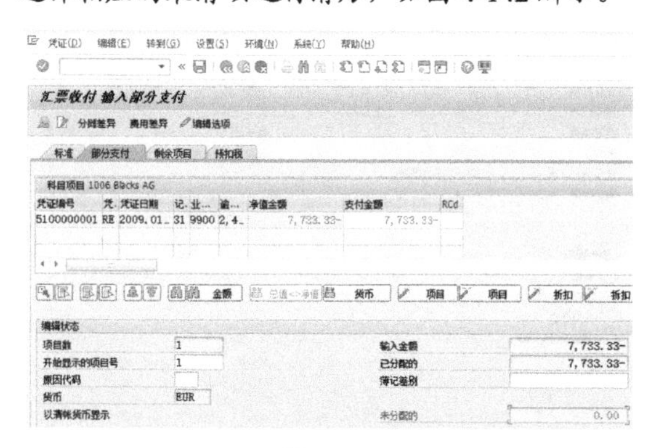

图4-142

STEP 4 单击“过账”按钮，系统会在下方提示“凭证 ××××× 记账到公司代码 ×××× 中”，如图 4-143 所示。

凭证 1500000100 记帐到公司代码1000中

图4-143

开出应付票据，产生的凭证如图 4-144 所示。

项	PK	SG	科目	说明	总帐帐目	总分类帐名称	金额	货币
1	39	W	1006	Blacks AG	180000	应付票据	7,733.33-	EUR
2	25		1006	Blacks AG	160000	应付-国内	7,733.33	EUR

图4-144

从图 4-144 中可以看出，两个行项目都是记到供应商头上，但第一行“应付票据”是通过特别总账标识 W 转换出来的特别总账科目，科目编码为 180000；第二行“应付 - 国内”是供应商主数据上的统驭科目，科目编码为 160000。

用开出的应付票据清供应商的应付账款后，应付账款项可能被清掉，但应付票据又形成了新的未清项，将在后续的兑付过程中再进行清账。

4.7.2 应付票据的兑付

企业开出的承兑汇票到期时，必须通过银行兑付给供应商。此时，企业编制的会计凭证如下。

Dr：应付票据（供应商）

Cr：银行存款

其中，借方要记到供应商头上，并通过特别总账标志 W 实现“应付票据”科目的记账。同时，还应对先前开出应付票据时形成的未清项进行清账。

【业务操作】接下来介绍应付票据兑付时系统的操作。

业务背景：2016.06.12，前面输入的凭证 1500000010 记录的汇票已经到期，提请银行兑付给供应商 1006。

路径：SAP 菜单 > 会计核算 > 财务会计 > 应付账款 > 凭证输入 > 汇票 > 付款

事务代码：F-40

STEP 1 在“汇票收付：抬头数据”界面输入凭证日期、过账日期、参照、凭证抬头文本等信息，在“要处理的业务”区域选中“转储记账并清账”单选钮，并在下方凭证首行输入银行存款，如图 4-145 所示。

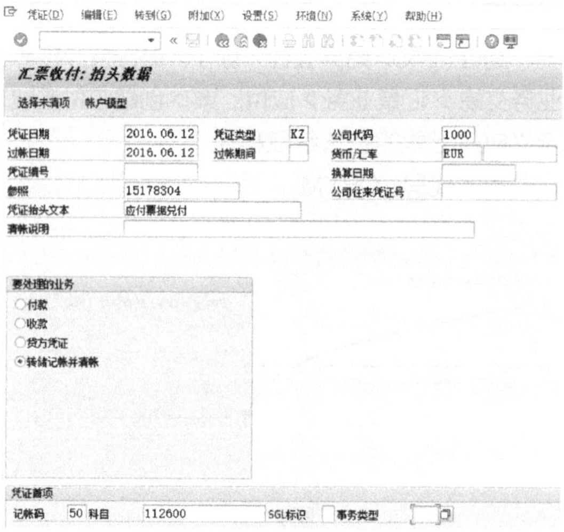

图4-145

系统会自动在抬头层“凭证类型”处写入 KZ（对供应商付款）——接受系统默认；系统仍会在凭证首项（第一行）自动写入记账码 39，SGL 标识为 W。此时，需要修改系统的默认值，将“记账码”修改为 50（总账借方），将“SGL 标识”去掉勾选，并在“科目”字段输入银行存款的科目。

STEP 2 按回车键，进入“汇票收付 添加 总账科目项”界面，继续为第一行输入金额、起息日等信息，如图 4-146 所示。

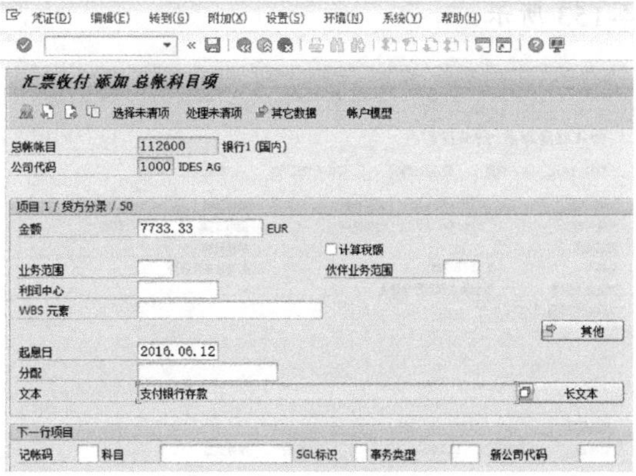

图4-146

> **提示**
> 由于在图4-145所示界面将“记账码”改成了50，因此图4-146中的详细字段也随之改变，不再有先前应付票据所需的签发日、到期日、出票人、受票人等字段。

STEP 3 单击 选择未清项 按钮，进入“汇票收付 选择未清项目”界面，选择相应的供应商和特别总账标志，如图 4-147 所示。

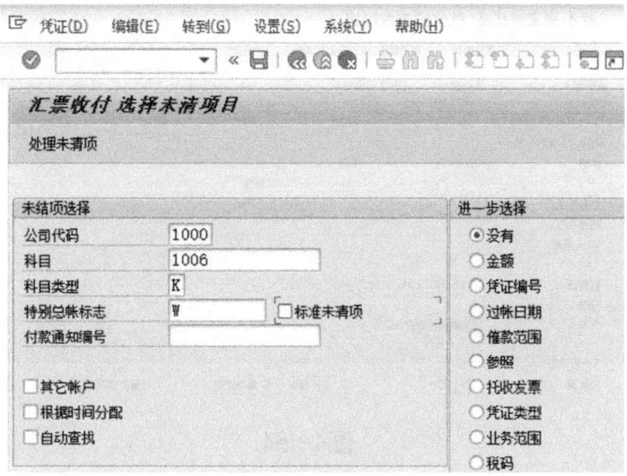

图4-147

特别总账标志：此处要输入 W，以便让系统将应付票据的未清项带出来。

标准未清项：如果此时仅对应付票据的未清项进行清账，则可以将“标准未清项”的勾选去掉。

STEP 4 按回车键，或单击 处理未清项 按钮，进入“汇票收付 输入部分支付”界面，单击“部分支付”选项卡，在“部分支付”选项卡选择相应的未清项进行清账，如图 4-148 所示。

STEP 5 单击“过账”按钮，系统会在下方提示“凭证 ××××× 记账到公司代码 ×××× 中”，如图 4-149 所示。

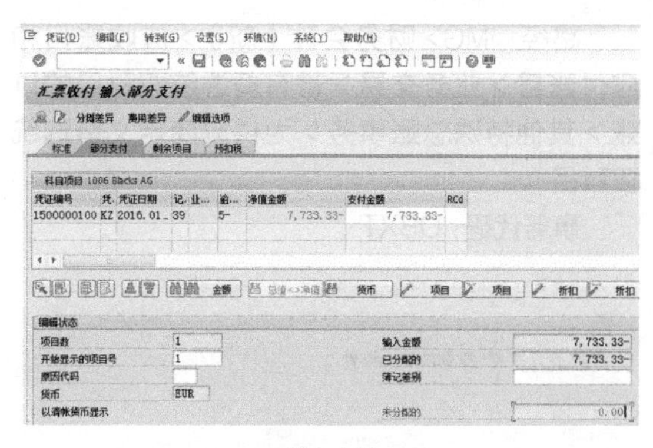

图4-148

凭证 1500000101 记帐到公司代码1000中

图4-149

应付票据承兑所产生的凭证如图 4-150 所示。

项	PK	SG	科目	说明	总帐科目	总分类帐名称	金额	货币
1	50		112600	银行1 (国内)	112600	银行1 (国内)	7,733.33-	EUR
2	29	W	1006	Blacks AG	180000	应付票据	7,733.33	EUR

图4-150

此时，应付票据已被清掉。

4.8 供应商的其他特别总账业务

对于平时发生“应付账款”交易的供应商，其主数据上，定义的统驭科目为“应付账款”，但企业也有可能与之发生其他的特别总账业务，如“其他应付款”的往来业务。

例如，企业通常从某供应商处采购材料，发生的往来称为“应付账款”，但某一次如果发生了采购设备的业务，企业会将债务往来记入“其他应付款”。

再如，企业向供应商额外收取的押金，用于保证材料的质量。如果质量合格，则业务结束后退回押金；如果质量出现问题，则以押金冲抵赔偿。此笔款项也称为“其他应付款”。

由于供应商主数据上已经定义了“应付账款”作为其统驭科目，因此，对于此类业务，需要使用特别总账标志（特别总账的事务类型为“其他的”，区别于“订金 / 订金请求”和“汇票 / 汇票请求”），以转换出所需要的特别总账科目。在 SAP 中，预定义了“其他的”特别总账标志，即 G- 担保、H- 安全，如图 4-151 所示。当然，用户还可以根据需要自定义特别总账标志，以转换出不同的特别总账科目。

路径：IMG> 财务会计（新）> 应收账目和应付账目 > 业务交易 > 带有备选统驭科目的过账 > 其他特殊总账事务 > 为供应商定义备选统驭科目

事务代码：OBXT

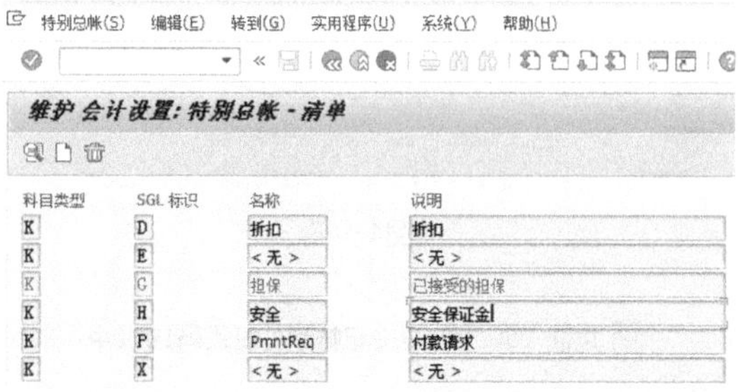

图4-151

如果双击图 4-151 中的 K（供应商）-G（担保）组合条目，可以看到当供应商统驭科目为 160000（应付账款）时，转换出的特别总账科目为 196400（其他应付款 - 保证金），如图 4-152 所示。

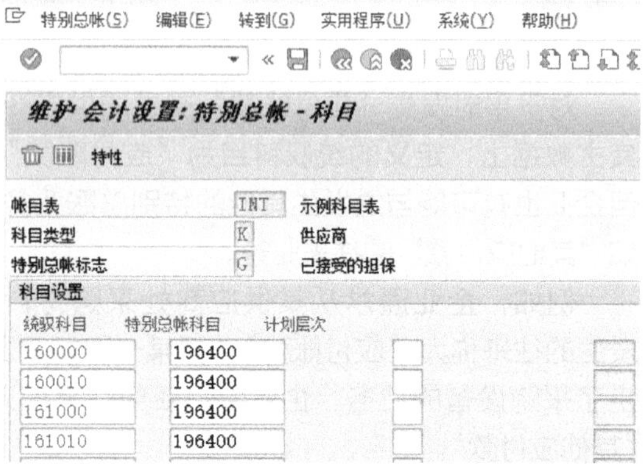

图4-152

【业务操作】接下来以企业收到供应商缴纳保证金为例，介绍此类特别总账业务的操作方法。企业的账务处理是借记“银行存款”，贷记“其他应付款 - 保证金”，并记入供应商，使用特别总账标志 G。

路径：SAP 菜单 > 会计核算 > 财务会计 > 应付账款 > 凭证输入 > 其他 > 不带清账

事务代码：F-42

STEP 1 在“输入结转过账：抬头数据”界面输入头层的凭证日期、过账日期、参照等信息，以及首行的记账码、供应商等信息，如图 4-153 所示。

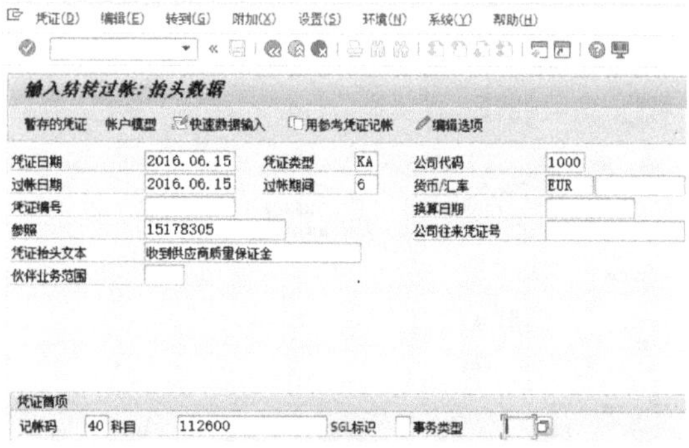

图4-153

注意，首行中，“记账码”输入 40（总账科目的借方），“科目”字段输入银行存款科目。

STEP 2 按回车键，进入“输入 供应商凭证：添加 总账科目项”界面，输入首行的金额等信息和第二行的记账码、账户、SGL 标识等，如图 4-154 所示。

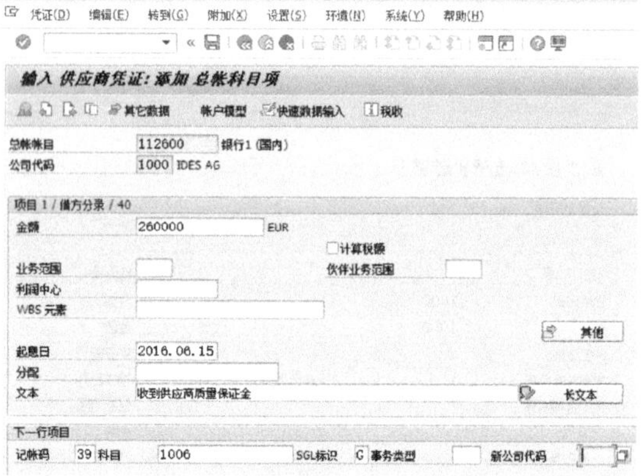

图4-154

凭证第二行贷记供应商的“其他应付款”，因此，选择“供应商特别总账贷方”对应的记账码 39，“科目”即账户输入供应商 1006，SGL（特别总账）标识输入 G，表示“担保”（理解为质量保证金）。

STEP 3 按回车键，进入“输入供应商凭证：添加供应商项目”界面，输入第 2 行的金额，如图 4-155 所示。

STEP 4 单击“过账”按钮，系统会在下方提示“凭证 ××××× 记账到公司代码 ×××× 中”，如图 4-156 所示。

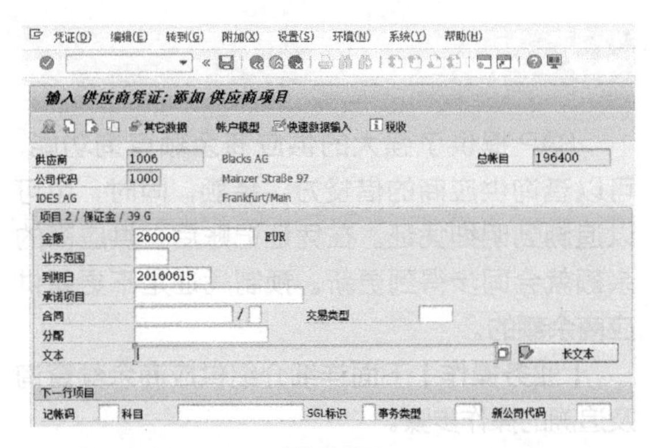

图4-155

☑ 凭证 1700000018 记帐到公司代码1000中

图4-156

其他应付款产生的凭证如图 4-157 所示。

项	PK	SG	科目	说明	总帐帐目	总分类帐名称	金额	货币
1	40		112600	银行1（国内）	112600	银行1（国内）	260,000.00	EUR
2	39	G	1006	Blacks AG	196400	其他应付款-保证金	260,000.00-	EUR

图4-157

从图 4-157 中可以看到，第 2 行由于使用了特别总账标志 G，所以自动记账到特别总账科目 196400（其他应付款 - 保证金）上了。

记入供应商的其他应付款，也成为供应商的未清项，也有待于后续的清账。

【小结】

经过 4.6~4.8 节的介绍，已经接触到 3 种类型的特别总账业务，它们都需要使用特别总账标志过渡，以带出特别总账科目（系统有时又称为“备选统驭科目”）。这几种关于供应商的特别总账业务，归纳总结如表 4-10 所示。

表 4-10 特别总账事务总结

特别总账事务类型	系统预设的特别总账标志	后台配置路径	备注
订金 / 定金请求	A（订金）/F（订金请求）	应付模块下	订金请求从不使用
汇票 / 汇票请求	W（汇票）/R（汇票请求）	银行会计模块下	汇票请求从不使用
其他的	G（保证金）、H（押金）	应付模块下	企业可根据需要设置特别总账标志

它们的共性特征如下。

（1）供应商的特别总账业务必须使用记账码 29（借方）或 39（贷方）。

（2）特别总账科目（备选统驭科目）在科目主数据中也必须设置为“统驭科目”。

（3）特别总账业务形成的未清项也必须清账。

如果一个供应商（如供电局、自来水公司）只与企业发生“其他应付款”业务，不发生“应付账款”业务，可以在它的供应商主数据上直接将统驭科目设置为“其他应付款”，这样，就无须通过特别总账事务来进行处理了。记账时直接使用记账码01（借方）或11（贷方）就行了。

延伸思考

如何判断应该使用什么记账码？

学到这里，读者可能很困惑：系统中有那么多记账码，是否要死记硬背？怎样才能输入正确的记账码？

在 SAP 中，系统预设了 54 个可实际记账的记账码。这些记账码由账户类型、借贷方和业务类型共同决定。

例如，对供应商在借方的业务，系统分为 8 种记账码（PK）；而对供应商在贷方的业务，系统也分为 8 种记账码，如图 4-158 所示。这些记账码，多数在做业务时，会自动形成，无须人工选择输入；而且，少数人工选择输入的记账码，其编号也是有规律可循的，如特别总账业务的记账码为 29 或 39。

PK	类型	D/C	记帐代码名称
21	V	D	贷项凭证
22	V	D	冲销发票
24	V	D	其它应收(款项)
25	V	D	付款
26	V	D	收付差额
27	V	D	清算
28	V	D	收付结算
29	V	D	特别总帐借方

PK	类型	D/C	记帐代码名称
31	V	C	发票
32	V	C	冲销贷项凭证
34	V	C	其它应付
35	V	C	收款
36	V	C	收付差额
37	V	C	其他结算
38	V	C	收付结算
39	V	C	特别总帐贷方

图4-158

客户在借贷方的业务，也有 16 种记账码，与供应商的类似，如图 4-159 所示。需要手工选择输入的也就是 09（特别总账借方）和 19（特别总账贷方）。偶尔也会手工输入涉及 01（发票）的业务。

PK	类型	D/C	记帐代码名称
01	C	D	发票
02	C	D	冲销贷项凭证
03	C	D	银行费用
04	C	D	其它应收(款项)
05	C	D	付款
06	C	D	收付差额
07	C	D	其他结算
08	C	D	收付结算
09	C	D	特别总帐借方

PK	类型	D/C	记帐代码名称
11	C	C	贷方凭证
12	C	C	冲销发票
13	C	C	冲销费用
14	C	C	其它应付
15	C	C	收款
16	C	C	收付差额
17	C	C	其他结算
18	C	C	收付结算
19	C	C	特别总帐贷方

图4-159

对总账的账户发生在借、贷方的业务，系统共分为 16 种记账码，如图 4-160 所示。其中，需要记住的也只有 40- 借方分录、50- 贷方分录，其他的均由后台操作自动形成。

PK	类型	D/C	记帐代码名称
40	G	D	借方分录
80	G	D	库存初始输入
81	G	D	成本
82	G	D	库存差异
83	G	D	价格差额
84	G	D	消耗
85	G	D	存货变动
86	G	D	GR/IR 借方

PK	类型	D/C	记帐代码名称
50	G	C	贷方分录
90	G	C	库存初始输入
91	G	C	成本
92	G	C	库存差异
93	G	C	价格差额
94	G	C	消耗
95	G	C	存货变动
96	G	C	GR/IR 贷方

图4-160

对资产发生在借贷方的业务，系统只有两种记账码，即 70- 借方、75- 贷方，如图 4-161 所示。一般输入凭证时，只会输入记账码 70 的业务，记账码 75 则由报废、计提折旧等业务自动生成。

PK	类型	D/C	记帐代码名称
70	A	D	借方资产

PK	类型	D/C	记帐代码名称
75	A	C	贷方资产

图4-161

物料发生在借贷方的业务，系统也只有两种记账码，即 89- 入库、99- 出库，如图 4-162 所示。由于涉及库存的业务都在库存模块输入，并自动集成到财务形成凭证，因此，也无须手工输入。

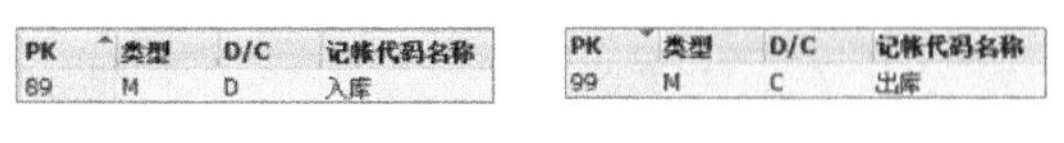

PK	类型	D/C	记帐代码名称
89	M	D	入库

PK	类型	D/C	记帐代码名称
99	M	C	出库

图4-162

因此，根据以上的分析，操作系统时需要手工输入的记账码只有几个，而且也不需要死记硬背，基于对业务的理解和分析即可选择正确的记账码。

4.9 供应商余额查询

SAP 提供了强大的供应商余额查询功能，可以查询供应商的借贷方、余额，同时，也可以追溯到明细凭证。在凭证记账后，供应商的余额就会同步得到更新。预制凭证是不更新供应商余额的。

【业务操作】下面详细介绍供应商余额查询及追溯的操作步骤。

路径：SAP 菜单 > 会计核算 > 财务会计 > 应付账款 > 账户 > 显示余额

事务代码：FK10N

STEP 1 在“供应商余额显示”界面输入供应商编号（或范围）、公司代码（或范围）、会计年度，如图 4-163 所示。

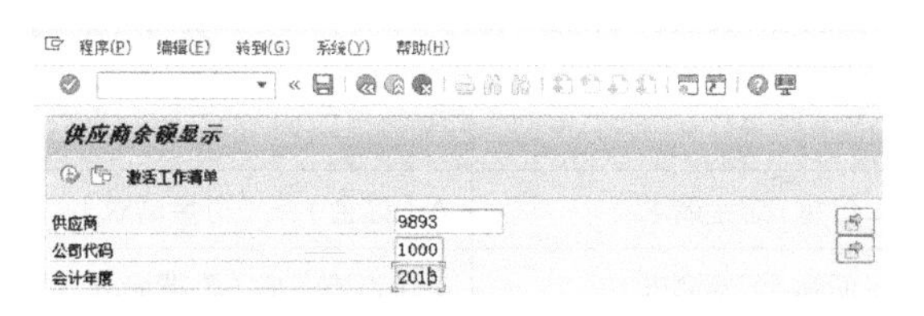

图4-163

STEP 2 单击“执行”按钮，进入“供应商余额显示”界面，系统有两个选项卡，即“余额”和“特别总账”。“余额”选项卡显示供应商的标准余额，即不包含各类特别总账业务的余额，如图 4-164 所示。

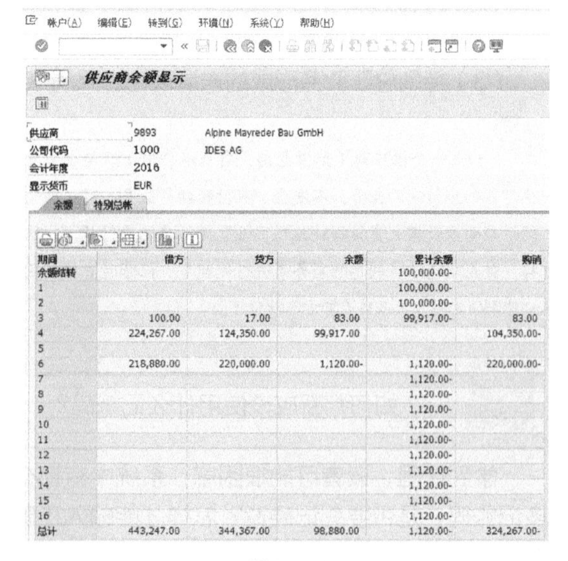

期间	借方	贷方	余额	累计余额	购销
余额结转				100,000.00-	
1				100,000.00-	
2				100,000.00-	
3	100.00	17.00	83.00	99,917.00-	83.00
4	224,267.00	124,350.00	99,917.00		104,350.00-
5					
6	218,880.00	220,000.00	1,120.00-	1,120.00-	220,000.00-
7				1,120.00-	
8				1,120.00-	
9				1,120.00-	
10				1,120.00-	
11				1,120.00-	
12				1,120.00-	
13				1,120.00-	
14				1,120.00-	
15				1,120.00-	
16				1,120.00-	
总计	443,247.00	344,367.00	98,880.00	1,120.00-	324,267.00-

图4-164

纵向的列表示所查询的供应商在每个月的借方发生额、贷方发生额、当期余额以及历史以来的累计余额。横向的行表示的是每一个期间的数据，因为IDES环境1000公司代码的记账期间变式为K4，一个会计年度有16个期间，所以，这里显示1～16期间的数据。

“余额结转”一行，体现从上一个会计年度结转过来的余额。如果有结转的上年度余额，将会体现在这一行的“累计余额”列。

提示

在SAP中，每年年初需要执行余额结转，才能将上一年度供应商的余额结转到本年初。如何运行余额结转，详见4.10.2小节。

STEP 3 如果希望知道某个数字的明细构成，可以直接双击该数字进行追溯。如双击2016年4月的“余额”（净发生额）99 917.00，系统会进入“供应商行项目显示”界面，显示这个余额是由哪些凭证行项目组成的，如图4-165所示。

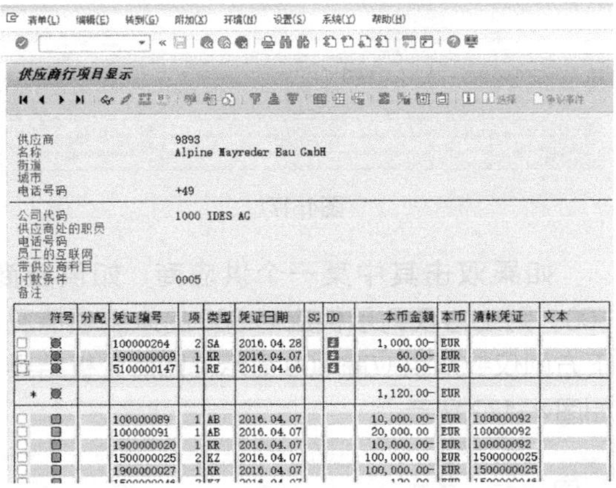

图4-165

在供应商明细行项目显示时，左侧的列“符号”显示红灯和绿灯，分别表示未清项和已清项。对于未清项，将来可以继续清账。

STEP 4 如果希望继续追溯某个行项目（如100000089/1）的详细情况，则将光标置于该行，单击“显示凭证”按钮，系统会显示该行项目的概况，如图4-166所示。

如果要看到凭证的所有行，则在此界面单击“调用凭证概览”按钮，显示凭证概况。

STEP 5 前面介绍的都是针对标准余额的查询，如果希望看到特别总账业务的余额，可以通过“后退”按钮，返回“供应商余额显示”界面，查看“特别总账”选项卡。图4-167显示了供应商9893各种特别总账业务下的借贷方发生额（不按期间显示）。

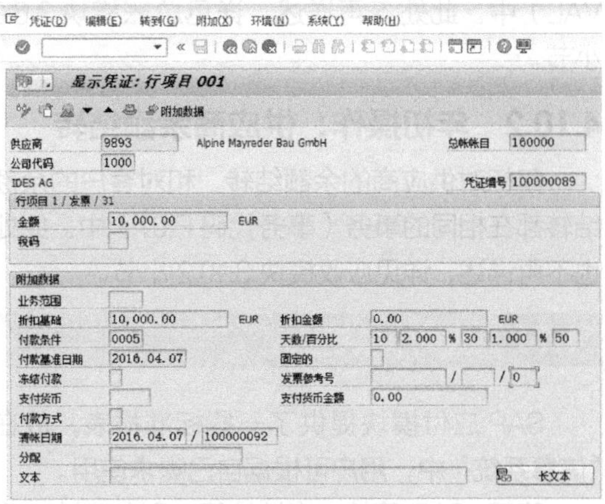

图4-166

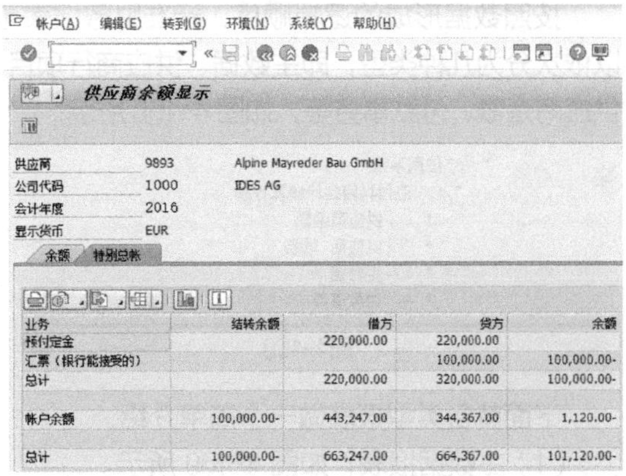

图4-167

在此选项卡，“账户余额”一行是取自“余额”选项卡的数据，即供应商的标准余额。因此，最后的“总计”一行包含了供应商的标准业务和特别总账业务的总计。

4.10 定期处理

应付的业务是承接采购末端的，因此，在每个会计期末，业务上要确保当月收到的采购发票（应付发票）都要做完发票校验，形成相应的应付款。此外，应付模块中月末需要操作的是对外币的供应商未清项进行重估。

每年年初，则需要对供应商的余额进行结转，将上年末余额结转到本年初。

4.10.1 月末操作：外币评估

月末对供应商外币余额的重估，和总账模块的操作在同一个事务（事务代码 FAGL_FC_VAL）中。此处不再详述，详见总账模块 2.6.3 小节。

4.10.2 年初操作：供应商余额结转

年初对供应商的余额结转，和对客户的余额结转都在相同的事务（事务代码 F.07）中。此处也不再详述，详见应收模块 3.10.2 小节。

4.11 应付模块报表

SAP 应付模块提供了一些标准报表，放在“信息系统”中，用户可根据自己需求使用。

路径：SAP 菜单 > 会计核算 > 财务会计 > 应付账款 > 信息系统 > 应付科目会计核算报表

按照数据形成的逻辑顺序，标准财务报表可以依次分为几种类型，即主数据、供应商行项目、供应商余额、付款事务等，如图 4-168 所示。

- 信息系统
  - 应付科目会计核算报表
    - 供应商余额
    - 供应商：项目
    - 主数据
    - 付款事务

图4-168

下面就各类型报表做一个简单介绍。

（1）主数据报表，如图 4-169 所示。

- 主数据
  - S_ALR_87012086 - 供应商列表
  - S_ALR_87012087 - 地址列表
  - S_ALR_87012089 - 显示供应商变动
  - S_ALR_87012090 - 显示/确认关键供应商更改

图4-169

供应商的主数据报表主要围绕供应商主数据信息提供相应报表，如供应商的清单、供应商主数据的修改记录。

（2）供应商行项目报表，如图 4-170 所示。

- 供应商：项目
  - S_ALR_87012078 - 未清项的到期日分析
  - S_ALR_87012103 - 供应商行项目清单
  - S_ALR_87012083 - 要打印的供应商未清项目清单
  - S_ALR_87012084 - 未清项 - 供应商到期日预测
  - S_ALR_87012085 - 带未清项目清单的供应商收付历史
  - S_ALR_87012104 - 要打印的已清供应商项目清单
  - S_ALR_87012105 - 在结算日期未清的预付定金清单 - 供应商

图4-170

供应商行项目报表着眼于提取供应商行项目的信息，用于分析供应商欠款项的到期日、账龄等。

这些报表中，S_ALR_87012084 未清项 - 供应商到期日预测报表、S_ALR_87012085 带未清项目清单的供应商收付历史等报表可以用来分析供应商应付账款的账龄情况。

S_ALR_87012078 未清项的到期日分析报表是一种更灵活的未清项分析报表。上方是按照各种维度显示的未清项分析（分到期、未到期、总计），下方则按照账龄分段显示相应的欠款金额，如图 4-171 所示。

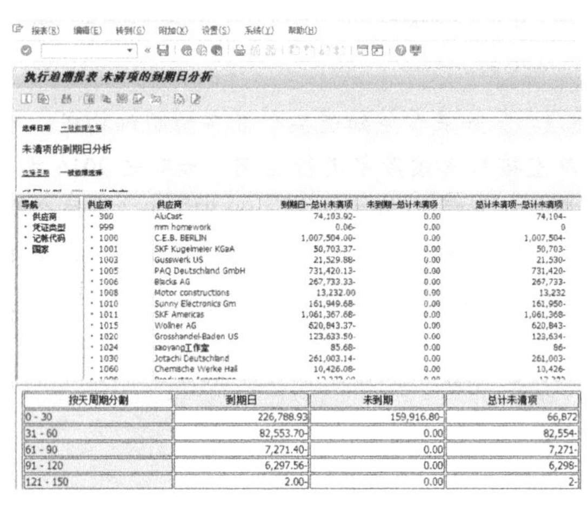

执行追溯报表 未清项的到期日分析

未清项的到期日分析

供应商	供应商	到期日-总计未清项	未到期-总计未清项	总计未清项-总计未清项
300	AluCast	74,103.92-	0.00	74,104-
999	mm homework	0.06-	0.00	0
1000	C.E.B. BERLIN	1,007,504.00-	0.00	1,007,504-
1001	SKF Kugelmeier KGaA	50,703.37-	0.00	50,703-
1003	Gusswerk US	21,529.88-	0.00	21,530-
1005	PAQ Deutschland GmbH	731,420.13-	0.00	731,420-
1006	Blacks AG	267,733.33-	0.00	267,733-
1008	Motor constructions	13,232.00	0.00	13,232
1010	Sunny Electronics Gm	161,949.68-	0.00	161,950-
1011	SKF Americas	1,061,367.68-	0.00	1,061,368-
1015	Wollner AG	620,843.37-	0.00	620,843-
1020	Grosshandel-Baden US	123,633.50-	0.00	123,634-
1024	saoyang工作室	85.68-	0.00	86-
1030	Jotachi Deutschland	261,003.14-	0.00	261,003-
1060	Chemische Werke Hall	10,426.08-	0.00	10,426-

按天周期分割	到期日	未到期	总计未清项
0 - 30	226,788.93	159,916.80-	66,872
31 - 60	82,553.70-	0.00	82,554-
61 - 90	7,271.40-	0.00	7,271-
91 - 120	6,297.56-	0.00	6,298-
121 - 150	2.00-	0.00	2-

图4-171

如果双击其中某一个供应商，如供应商 300，则上方仅列示供应商 300 的未清项情况，下方则仅针对供应商 300 显示其账龄分析结果，如图 4-172 所示。

凭证类型	凭证类型	到期日-总计...	未到期-总计...	总计未清项-...
KR	供应商发票	73,510.00-	0.00	73,510-
RE	发票 - 总额	593.92-	0.00	594-
结果		74,103.92-	0.00	74,104-

按天周期分割	到期日	未到期	总计未清项
0 - 30	0.00	0.00	0
31 - 60	73,510.00-	0.00	73,510-
61 - 90	0.00	0.00	0
91 - 120	0.00	0.00	0
121 - 150	0.00	0.00	0
151 - 180	0.00	0.00	0
181 - 210	0.00	0.00	0
211 - 99999	593.92-	0.00	594-
----------	----------	----------	----------
总计未清项	74,103.92-	0.00	74,104-

图4-172

如果想按供应商所在的国家分析欠款情况，则在图 4-172 中，双击上方左侧“导航”区域的供应商 300，使其恢复为显示所有供应商余额，然后再双击“导航”区域的“国家”维度，则系统重新显示按国家的未清项分析，如图 4-173 所示。

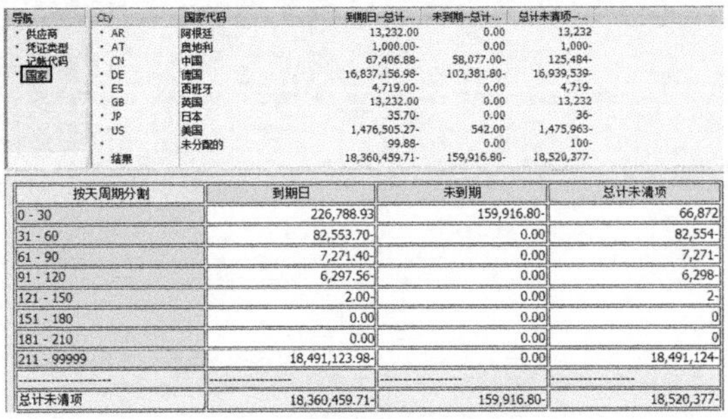

图4-173

总之，使用这种图形用户界面可以灵活地提取分析数据，满足各种需要。

（3）供应商余额报表，如图 4-174 所示。

供应商余额
- S_ALR_87012077 - 供应商信息系统
- S_ALR_87012082 - 以本币计的供应商余额
- S_ALR_87012093 - 供应商业务
- S_ALR_87012079 - 业务额：科目余额
- S_ALR_87012080 - 业务额：特殊的销售
- S_ALR_87012081 - 业务额：销售

图4-174

供应商余额报表主要是针对供应商在一段时间内的借方发生额、贷方发生额、余额进行分析。比较典型的报表 S_ALR_87012082“以本位币计的供应商余额”结果显示如图 4-175 所示。

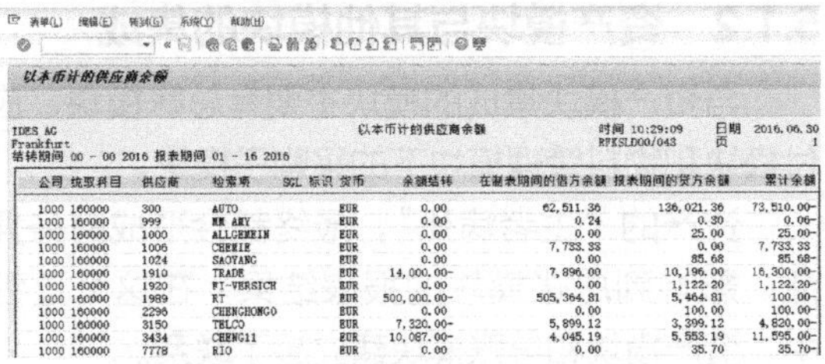

图4-175

（4）付款事务报表，如图 4-176 所示。

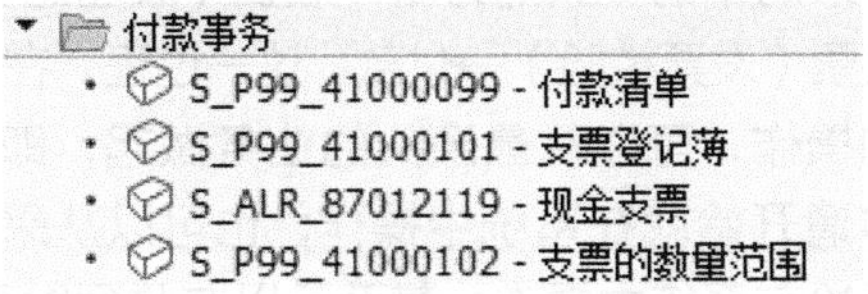

付款事务
- S_P99_41000099 - 付款清单
- S_P99_41000101 - 支票登记薄
- S_ALR_87012119 - 现金支票
- S_P99_41000102 - 支票的数量范围

图4-176

付款事务报表是基于自动付款功能开发的报表。如果在系统中运行了付款建议，系统将付款建议中的有关行项目列示在付款清单报表中。如果进一步将付款建议发送到银行，形成付款指令，则可以使用支票登记簿、现金支票查看支票的开具情况。

4.12 应付模块设计的流程和方案要点

本节列举应付模块在实施过程中，通常设计的流程和流程中应包含的方案要点（不涉及具体的方案），仅供参考。在企业实施过程中，可能因实际业务不同有所差别。

表 4-11 介绍了应付模块设计的流程和方案要点。

表 4-11　应付模块设计的流程清单和方案要点

流程编码	流程名称	流程中应包含的方案要点
FI-AP-010	供应商主数据维护流程	供应商的定义及数据范围；供应商账户组的划分及对应编码规则；特殊的供应商方案（总部与分支机构、集团内部供应商等）
FI-AP-110	应付发票处理流程	发票的形成方式；运费等杂项发票的处理（是否要将费用计入原材料成本）；付款条件的约定
FI-AP-120	付款流程	付款的清账方式、如何与发票对应；预付款的处理
FI-AP-140	应付票据处理流程	特别总账标志的使用

第 5 章

资产模块

本章介绍以下内容：

- **资产模块的基础知识；**
- **资产的组织结构；**
- **资产数据的维护；**
- **资产的购置；**
- **资产的转移；**
- **资产的折旧；**
- **资产的报废；**
- **在建工程的成本归集与转固；**
- **资产的年度处理；**
- **资产模块的初始化；**
- **资产模块报表；**
- **资产模块设计的流程清单和方案要点。**

5.1 基础知识

本节介绍资产模块的基本功能以及该模块与其他模块的关联关系。

5.1.1 资产模块的基本功能

资产（AA）模块是资产会计模块的简称，它是财务会计（FI）模块的一个子模块，是主要处理与各类长期资产相关业务的模块。

这里的资产，既不是单指固定资产，也不是泛指资产负债表中的资产，而是指一切可以长期跟踪、管理其成本归集或成本摊销的资产，如固定资产、在建工程、无形资产、低值易耗品等。由于资产模块可以对一个资产逐步归集成本，也可以对一个资产按照设定的规则逐期摊销其价值，因此，以上资产的业务都可以在资产模块中处理。如无特别说明，本章所说的“资产”都是指这类较为长期的资产。

资产模块的基本功能有资产主数据维护、资产的购置、资产的转移、资产的折旧、资产的报废、在建工程的成本归集与转固、年终处理等。简而言之，就是管理资产的“生老病死”。

5.1.2 资产模块与其他模块的集成

与资产模块集成的模块主要有总账模块、应付模块和物料管理模块下的采购子模块。

资产的“生老病死”，最终都会形成财务凭证，影响到总账模块的报表结果。在这个过程中，资产模块和总账模块建立起了联系。

资产模块和应付模块、采购子模块的联系则要从资产的购置新增说起。资产购置的完整流程为：采购申请→采购订单→收货（收固定资产）→收票（发票校验）→付款。这一过程，在 SAP 中的操作，可以从最源头的业务做起，即从采购申请开始就在系统中操作；也可以从采购订单开始在系统中操作；甚至可以在收到发票后，才开始在应付模块中直接处理资产的应付发票（不使用采购子模块中的发票校验功能），如图 5-1 所示。

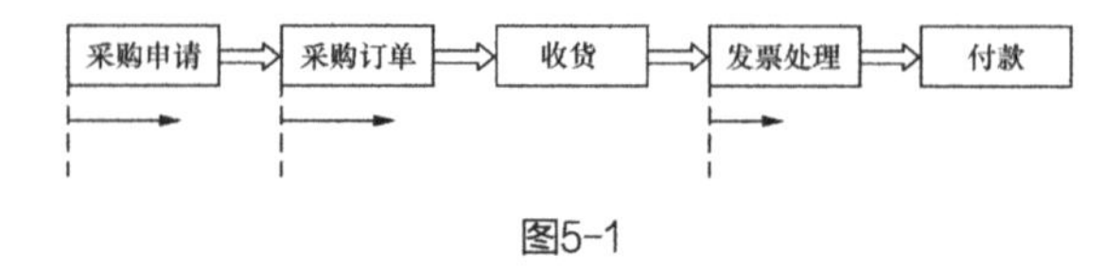

图5-1

所以，资产的购置业务中，资产与其他模块的关联度取决于系统应用的深度。到底应该如何决断，从哪个节点开始在系统中操作？可以在学习资产的购置业务后再回过头来思考这一问题。

除前面介绍的关联模块外，还有其他模块也会与资产模块发生关系。例如，资产折旧时折旧费记入的成本对象为成本中心、内部订单，这些都是控制模块中的概念，因此，资产与控制模块也是有关联的。还有，资产报废的形式之一是卖给客户（称为“有收入的报废”），它会借记客户，形成应收款项，与应收模块有一定关联。

5.2 组织结构

财务会计（FI）模块下，所有的子模块都会使用公司代码这一组织结构，资产模块作为FI下的子模块，也以公司代码为组织结构。所有的资产主数据，都要建立在公司代码之下。

此外，资产模块还使用折旧范围、折旧表和资产分类这些“组织结构”。严格来说，这些概念并不是真正意义上的组织性的结构，而是系统为了核算或者为了归类分析而做的一种划分，并在后台将它们归入了资产模块“组织结构”的配置之下，故此被称为“组织结构”，如图5-2所示。

路径：IMG> 财务会计（新）> 资产会计核算 > 组织结构 >……

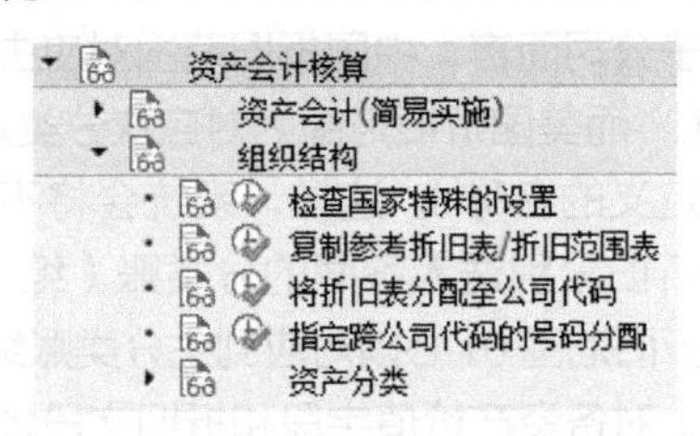

图5-2

下面分别介绍这几种“组织结构”。

5.2.1 折旧范围

折旧范围（depreciation area）是为了使一个资产适应不同的折旧规则而定义的概念，资产在特定的折旧范围中维护了相应的折旧规则，包括折旧码（系统界面中有时简称为Dkey，它定义资产如何折旧——直线法还是加速折旧法，以及资产何时开始折旧等）、折旧年限、残值率等，依据这些信息，可以计算出每期的折旧额。如图5-3所示，资产FN2000000000-0在公司代码7124中有5个折旧范围：01、11、20、30、31。这5个折旧范围的折旧规则不完全相同，因而在不同折旧范围的折旧金额也会不同。

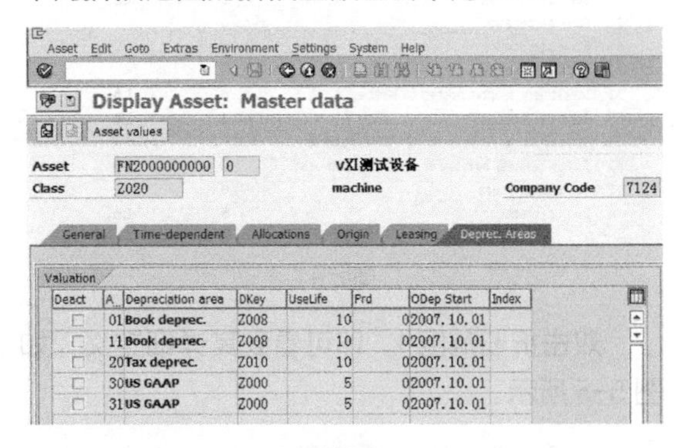

图5-3

如果一个固定资产在一个公司代码只有一种折旧规则，则只需要定义一个折旧范围，一般称为“账面折旧范围”。但如果需要按照会计法和税法分别计算出不一样的折旧，则可以设置（至少）两个折旧范围，即会计法折旧范围和税法折旧范围。如果一个公司代码是美国公司在中国设立的子公司，其下的固定资产既要按中国的习惯计提折旧，用于中国本地报表，也要按照美国总部的习惯计提折旧，用于美国总部的报表，那么，也有必要设置（至少）两个折旧范围，即中国折旧范围（可以写为CN GAAP）、美国折旧范围（可以写为US GAAP）。图5-3所示的公司代码设置了5个折旧范围，综合体现了这两种情况。

折旧范围是在后台定义的概念。

路径1：IMG> 财务会计（新）> 资产会计核算 > 组织结构 > 复制参考折旧表 / 折旧范围表 - 复制 / 删除折旧范围

路径2：IMG> 财务会计（新）> 资产会计核算 > 评估 > 折旧范围 > 定义折旧范围 - 定义折旧范围

事务代码：SM30（表 / 视图：V_T093_00N）

在IDES中，在折旧表（将在5.2.2小节中介绍）1DE下，有10个折旧范围，如图5-4所示。

Ar.	折旧范围的名称	实际	总帐	目标组
1	Book depreciation	☑	1	0L
2	Book depreciation	☑	0	
3	Book depreciation	☑	0	
20	Cost-accounting depreciation	☑	3	
51	Investment support posted to liabilities	☑	6	L6
60	Book depreciation	☑	3	L6
61	Special tax depreciation for APC in fin.statement	☑	0	
62	Special reserves because of special tax depreciat.	☐	2	L6
63	Tax balance sheet	☑	0	
64	Book depreciation	☐	5	L6

图5-4

双击折旧范围1，即可看到其详细定义，如图5-5所示。

图5-5

折旧范围的配置中，主要明确的事项包括以下内容。

（1）折旧范围的编号和描述。其中编号为两位数字或字母编号，折旧范围01（后台显示为1）必须存在，其他编号可以自由设定。

（2）是否为“实际折旧范围”，即真实的折旧范围（real depreciation area）。如果该折旧范围是通过其他一个或数个折旧范围加减计算得到的，则不是真实的折旧范围，而是衍生的折旧范围（derived depreciation area）。折旧范围01必须是真实的折旧范围。

（3）“过入到总账”的属性，即和总账集成的方式。它有7种选项可供选择，如图5-6所示。

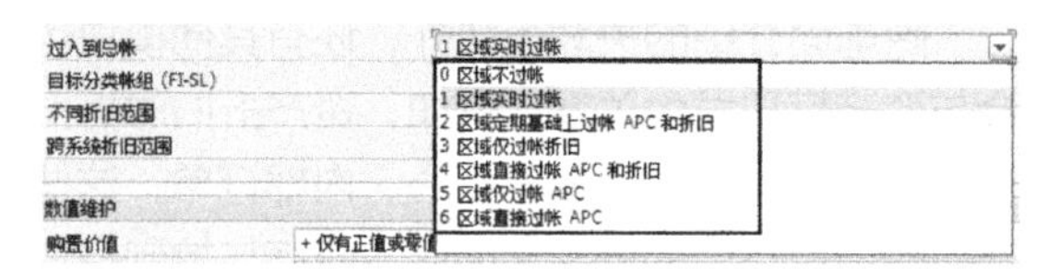

图5-6

“实时过账”的含义是每一笔过账到资产会计的凭证都会实时地产生财务会计凭证，并更新总账科目的金额，折旧范围01只能选择此项；而“定期”过账，则是指在月末或年末时运行更新程序，对本期发生的所有资产业务产生对应的财务会计凭证，这一选项可以应用于折旧范围01之外的其他折旧范围；“不过账”是指该折旧范围的金额不会反映到财务会计中，只在资产模块中可以进行查询和比较。

从图5-6中也可以发现，有些折旧范围可以只过账APC价值，有些折旧范围可以只过账折旧，有些折旧范围则可以两者都过账。例如，对美国在华子公司而言，中国折旧范围可以两者都过账，但美国折旧范围下，只过账折旧。这样，两个折旧范围在各自的账套中反映的折旧费就不同，但APC价值体现了同步和一致。

（4）目标分类账组。在平行会计下可以选择每个折旧范围对应的总账分类账组。例如，对美国在华子公司而言，中国折旧范围对应主分类账（组）0L，而美国折旧范围则对应次分类账（组）L1（自定义的名称）。这样，系统会将不同折旧范围的折旧分别送入不同的分类账（组）。系统约定，折旧范围01必须对应到主分类账组0L。

（5）对各资产价值字段和折旧字段金额正负数的限制。在折旧范围中可以对资产购置价格、账面净值，以及各类折旧金额的方向进行界定，是否在这些字段中允许正值、负值和0。

（6）衍生折旧范围的控制参数。如果是衍生折旧范围，则需要定义是由其他哪几个折旧范围且如何计算得到，并且确定这个折旧范围的金额是否要生成对应的财务会计凭证。一般来说，衍生折旧范围用来自动计算两个实际折旧范围下折旧的差值，常用于分析，不需要直接产生财务会计凭证。图5-7显示了IDES中折旧范围62的折旧计算方法，计算方法如下。

62折旧范围的折旧 = 61折旧范围的折旧 –60折旧范围的折旧

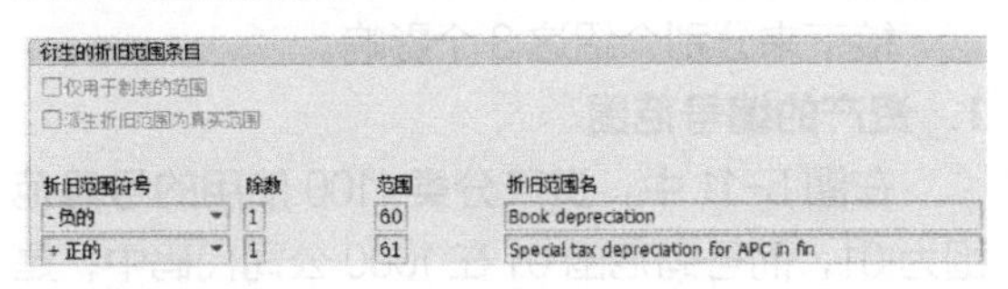

图5-7

设计参考

如果没有特别的需要，只设置一个折旧范围“01”即可。目前应用SAP的国内企业90%以上都只设置一个折旧范围。使用多个折旧范围的案例，一般是以下情况。

（1）既要按会计法计提折旧，又要按税法计提折旧，但税法折旧不用于过账，只用于计算纳税。

（2）跨国企业，本地折旧方法和母公司折旧方法不同，需要分别计算，并分别过入不同账套。

不管是哪种情况，除了定义两个真实的折旧范围外，一般都要再定义一个衍生的折旧范围，以方便看到两个折旧范围的差额。

5.2.2 折旧表

折旧表（chart of depreciation）是若干折旧范围的组合。例如，在IDES中，折旧表1DE下有10个折旧范围（见图5-4）。这个折旧表会分配给不同的公司代码，那么这些公司代码就同样地拥有了这10个折旧范围，并受折旧范围下各种规则的约束。如同总账模块的科目表，它下面包含若干会计科目，将会计科目表分配给公司代码后，这些公司代码就可以拥有这些科目（如果这些科目建立了公司代码层数据）。这一关系如图5-8所示。

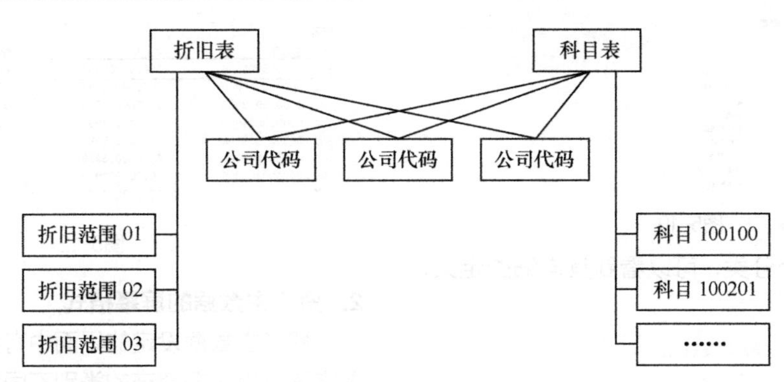

图5-8

在资产模块的所有配置和前台操作中，必须首先指明折旧表，然后才能进行后续的操作。

折旧表是在后台维护的。

路径：IMG> 财务会计（新）> 资产会计核算 > 组织结构 > 复制参考折旧表 / 折旧范围 – 复制参考折旧表 和 指定折旧表的说明

事务代码：EC08 和 SM30（表 / 视图：V_T096_00）

注：前者用来新建折旧表；后者用来维护折旧表的描述。

IDES中定义的折旧表如图5-9所示。

在这个示例中，折旧表是按照国家来定义的，如1DE是德国的折旧表。如果将这个折旧表分配给几个德国的公司代码，那么这几个德国公司代码全部都受折旧表1DE的控制：1DE下有几个折旧范围，则这些公司代码也默认有几个折旧范围。

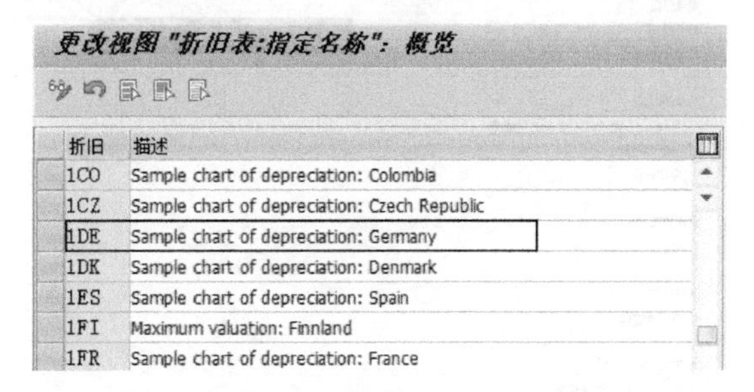

更改视图 "折旧表:指定名称": 概览

折旧	描述
1CO	Sample chart of depreciation: Colombia
1CZ	Sample chart of depreciation: Czech Republic
1DE	Sample chart of depreciation: Germany
1DK	Sample chart of depreciation: Denmark
1ES	Sample chart of depreciation: Spain
1FI	Maximum valuation: Finnland
1FR	Sample chart of depreciation: France

图5-9

设计参考

如果一个集团中，多个公司的折旧规则一样，则可以纳入到一个折旧表下。如果一部分公司需要 3 个折旧范围，而另外一部分公司只需要1个折旧范围，那么可以设置两个折旧表，分别有 3 个折旧范围和 1 个折旧范围。

5.2.3 资产分类

资产分类（asset class）并不是严格意义上的“组织结构”，它是对资产模块所管理的非流动资产所做的一种分类，如固定资产 - 房屋建筑物、固定资产 - 机器设备、无形资产、在建工程等。它在后台定义，在前台创建固定资产时使用。IDES 中定义的折旧分类如图 5-10 所示。

路径：IMG> 财务会计（新）> 资产会计核算 > 组织结构 > 资产分类 > 定义资产分类

事务代码：OAOA

更改视图 "资产级别"：概览

分类	短文本	资产分类描述
1000	不动产	不动产和相似权利
1100	建筑物	建筑物
2000	机械	机械
3000	设备和装置	设备和装置
3100	交通工具	交通工具
3200	DP / 硬件	DP / 硬件
4000	在建工程资产	在建工程资产
5000	低值易耗品	低值易耗品

图5-10

双击某一个分类，可以看到其详细的定义，如图 5-11 所示。

决定记账到总账的科目

决定资产主数据的屏幕格式

决定资产的编号范围

图5-11

从图 5-11 所示的详细定义看，资产分类不仅是一个类别的划分，它还对资产主数据在系统中的创建有决定性的影响。这些影响主要表现在以下几个方面：资产的编号范围；资产主数据的屏幕格式；资产记账到总账使用的科目。

接下来分别介绍这 3 个影响。

1. 资产的编号范围

在图 5-11 中，资产分类 1100 使用的号码范围为 01，而号码范围 01 在 1000 公司代码中，是指在 1000 ~ 1999 范围中编号，且自动编号，如图 5-12 所示。

路径：IMG> 财务会计（新）> 资产会计核算 > 组织结构 > 资产分类 > 定义号码范围间隔

事务代码：AS08

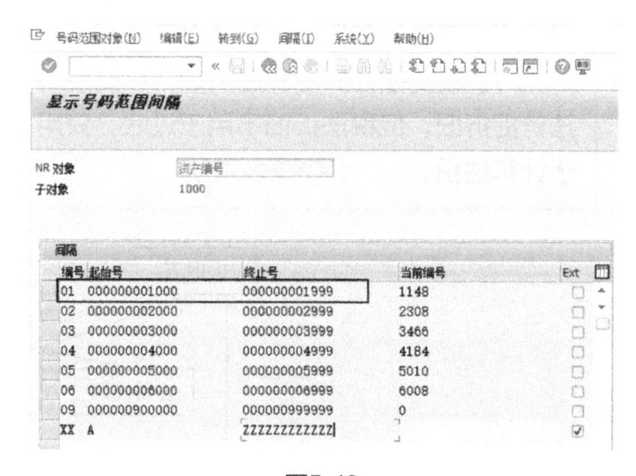

图5-12

2. 资产主数据的屏幕格式

资产主数据设定的界面中有很多字段，但这些字段可以根据资产的类别不同而不同，有些可以显示、有些可以隐藏、有些可以设置成必输。这是由屏幕格式（即屏幕设置规则）决定的。在图 5-11 中，资产分类 1100 的“屏幕设置规则”为 1100。图 5-13 所示为“屏幕格式”1100 的逻辑字段组 1（一般数据）下的字段的格式。

路径：IMG> 财务会计（新）> 资产会计核算 > 主数据 > 屏幕格式 > 定义资产主数据的屏幕格式 - 定义资产主数据的屏幕格式

事务代码：SM34（视图簇：VC_T082G_10）

要求： 该字段必须输入。

可选： 该字段可以输入。

否： 该字段不用输入，隐藏。

显示： 该字段不用输入，但是显示在界面中，根据一定的规则显示默认值。

图5-13

分类：勾选表示在资产分类中可以设置（即图 5-11 中设置），不勾选表示在此层次不可设置。

主号：勾选表示在资产主号上可以设置，不勾选表示在此层次不可设置。

子号：勾选表示在资产子号（即子资产）上可以设置，不勾选表示在此层次不可设置。

复制：勾选表示根据"分类 - 主号 - 子号"的顺序，后者继承前者的属性值。例如，资产主号上"描述 1"字段为"个人电脑"，则该资产下的子号"描述 1"字段也都默认为"个人电脑"。可以修改。

3. 资产记账到总账使用的科目

资产记账到总账的科目有原值科目、折旧费科目、累计折旧科目等。不同类别进入的科目不完全相同。例如，国内企业习惯上将固定资产的原值科目按其类别细分为"固定资产 - 房屋建筑物""固定资产 - 机器设备"等，而不是统一使用一个科目"固定资产"。

在 SAP 中，资产分类与总账科目并不是直接对应的，而是由科目分配码，又称科目确定码（account determination key）来决定的。例如，图 5-11 所示的资产分类 1100 对应的科目分配为 10000。而"科目分配"则在另外的界面中定义，如图 5-14 所示。

路径：IMG> 财务会计（新）> 资产会计核算 > 总账集成 > 分配总账科目

事务代码：AO90

购置：购置和生产成本（Acquistion and Production Costs，APC），是维护资产的原值科目。在中国，习惯按照资产分类分别设置原值科目。

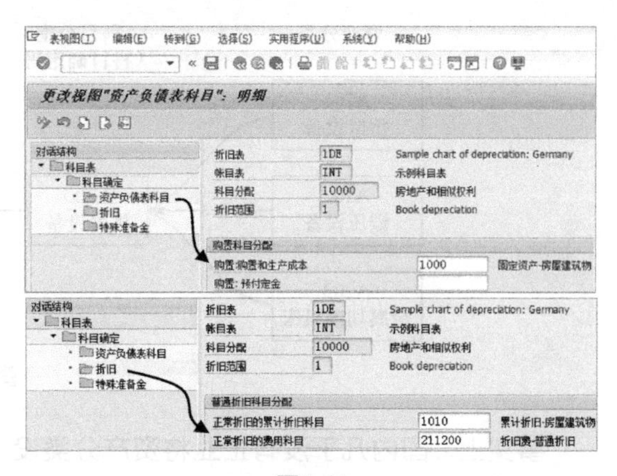

图5-14

正常折旧的累计折旧科目：维护资产计提普通折旧时的累计折旧科目。普通折旧是区别于特殊折旧、计划外折旧的概念。在中国，习惯按照资产分类分别设置累计折旧科目。

正常折旧的费用科目：维护资产计提普通折旧时的折旧费科目。在中国，一般不按照资产分类分别设置折旧费科目，而是按照折旧费的属性分为"管理费用 - 折旧费""销售费用 - 折旧费""制造费用 - 折旧费"，但在 SAP 应用过程中，如果也坚持强调这一点，则会牵涉资产类别上也要细分"管理费用类""销售费用类""制造费用类"，造成类别过多及后续资产转移操作上的麻烦，因此不建议分设这些折旧费科目，而采取一个科目，即折旧费。

为什么 SAP 不直接针对资产分类定义其原值科目，而是要通过"科目分配"（科目确定码）作为桥梁进行过渡？

可以设想一下企业对资产类别分得比较细的情况。例如，对"固定资产 - 机器设备"还进一步细分为铸造设备、锻压设备、金属切削机床等。如果直接针对资产分类定义科目，那么就得针对每一个细类别都要维护一套科目，维护工作量相当大。而事实上，这些机器设备在资产过账的科目上没有什么不同。例如，原值科目都进入"固定资产 - 机器设备"，折旧费科目都进入"折旧费"，累计折旧科目都进入"累计折旧 - 机器设备"，在后台配置科目时，"科目分配"这个桥梁就起到简化的作用了。只需要将这些类别全部对应到一个"科目分配"上，然后针对这个"科目分配"定义科目就好了，如图 5-15 所示。

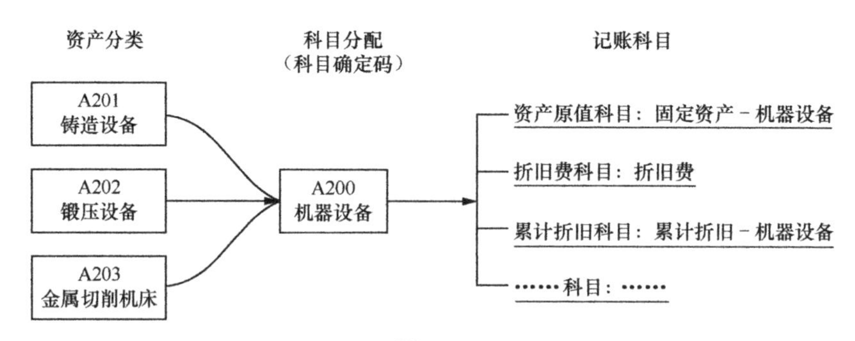

图5-15

事实上，国内几乎没有企业将资产分类设置得这么细。除非启用了 PM 模块（设备管理模块），在设备模块中对设备类别做了较细的划分，并且设备模块的设备（称为“技术对象”）和资产模块中的“机器设备”类资产采取一对一的同步创建，于是，资产分类就会比较细。在这种情况下，“桥梁”就发挥其简化配置的作用了。

多数企业的资产分类、科目分配是一对一的。

延伸思考 2 资产分类对如何计提折旧有决定作用吗？

资产的设定除了主数据的设定外，还有折旧范围属性（即如何计提折旧）的设定。资产分类除了对资产主数据创建有影响外，对资产折旧范围的属性也有影响。这一影响主要由后台资产分类的折旧范围属性来决定，如图 5-16 所示。后台的配置给前台的数据创建提供了默认值。

路径：IMG> 财务会计（新）> 资产会计核算 > 评估 > 定义资产分类中的折旧范围

事务代码：OAYZ

表视图(T) 编辑(E) 转到(G) 选择(S) 实用程序(U) 系统(Y) 帮助(H)

更改视图 "折旧范围"：概览

对话结构
资产类
折旧范围

资产分类 1100 建筑物
折旧表 1DE Sample chart of deprecation: German

Ar. 折旧范围	关闭	折码	用	月	指数	格式
01会计折旧	☐	GD50	50			1000
02会计折旧	☐	GD50	50	0		1000
03会计折旧	☐	GD50	50	0		1000
20成本会计折旧	☐	LINA	50		00030	1000
51投资支持折旧	☐	GD50	50	0		1000
60会计折旧	☐	GD50	50			1000
61特别税折旧	☐	GD50	50			1000
62特别预留折旧	☐					
63税余额折旧	☐	GD50	50			1000
64会计折旧	☐					

图5-16

“资产分类中的折旧范围”属性，设置的是在某个折旧表下，资产分类在每一个折旧范围中应该如何折旧、屏幕格式应该如何。

关闭：不选择意味着启用，选择意味着关闭。一个折旧表下如果有 10 个折旧范围，并不是每个资产分类都一定要使用 10 个折旧范围，可以单独对某个资产分类不启用某些折旧范围。

“折码”：折旧码，depreciation key，决定资产的折旧方法，例如是直线折旧还是加速折旧等，每一种折旧码还有更详细的定义。

“用”：计划使用年限，planned useful life in years。中国企业一般在会计上对每一种固定资产都有规定的使用年限。

“月”：计划使用月份，planned useful life in periods。它是指计划使用期限中除去整年后剩余的月份数。例如，如果某类资产的计划使用期限是 7 年 6 个月，则在计划使用年限栏里输入 7，在计划使用月份栏里输入 6。

格式：折旧范围的屏幕格式。资产折旧范围也有专门的屏幕，其中有折旧码、使用年限、折旧计算开始日期、残值、残值 %（残值率）等字段。这些字段也可以定义其状态：必输 / 可选 / 隐藏等，在图 5-16 中，资产分类 1100 在某些折旧范围使用的格式 1000 的具体定义如图 5-17 所示。

路径：IMG> 财务会计（新）> 资产会计核算 > 主数据 > 屏幕格式 > 定义资产折旧范围的屏幕格式

事务代码：AO21

这里关于各个参数字段的含义，与资产主数据屏幕格式的参数字段含义是一样的，参见图 5-13 的注释。

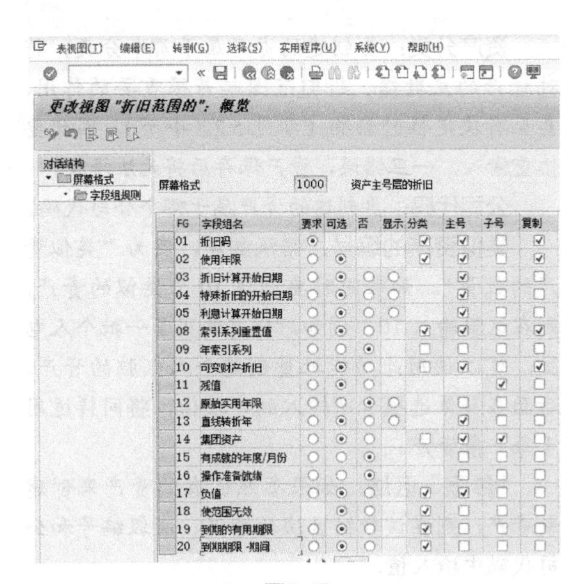

图5-17

设计参考

资产分类的设计示范

对资产分类的设计应该综合考虑会计核算和数据管理的要求。表 5-1 是比较典型的资产分类设计。

提示

这种设计示范，牵涉较广泛的知识。读者可以在学习5.3节“资产数据的维护”和CO模块的相关知识后再回过头进行理解。有关“验证规则”的使用可参见11.5.1小节“验证的应用”。

表 5-1 资产分类的设计示范

资产分类代码	资产分类名称	主数据要求	折旧范围要求	备注
1100	固定资产 - 房屋建筑物	成本中心必输①	按需设定默认的折旧码、年限和残值	
1200	固定资产 - 机器设备	成本中心必输		
1300	固定资产 - 运输设备	成本中心必输		
1400	固定资产 - 电子设备	成本中心必输		
1XXX	固定资产 -XXXX	成本中心必输		
2000	在建工程	成本分配对象字段隐藏	折旧码必须为 0000（不提折旧）	避免不小心计提折旧
3100	无形资产 - 土地使用权	成本中心必输	按需设定默认的折旧码和年限，残值和残值率字段隐藏，无残值	
3200	无形资产 - 软件使用权	成本中心必输		

① 某些房屋建筑物可能多个成本中心公用，其折旧需要在多个成本中心中分摊，可以先将折旧记入某个内部订单，然后在月末分配到各成本中心。采用这种方案的情况下，该资产分类的成本中心不必设置成必输。成本中心和内部订单字段只要有一个输入了就行，因此，这两个字段都只能设成可选。那如何防止用户对这两个字段都没有输入呢？可以使用验证规则来实现对用户输入的检验。

5.3 资产数据的维护

本节介绍资产数据的结构、如何创建资产数据以及子资产如何创建。

5.3.1 资产数据的结构

资产数据包括两部分，即主数据和折旧范围。在 SAP 中，它们被放在同一界面的不同选项卡中。通过显示系统中现有的资产数据可以发现，资产数据包括 7 个选项卡，其中前面 6 个选项卡分别为“一般的”“与时间相关”“分配”“源”“净值税”“保险”，属主数据选项卡；最后一个为“折旧范围”选项卡，如图 5-18 所示。

有时也笼统地将这两部分数据合起来，称为

资产的主数据。这便是广义的主数据了。正如图 5-18 所示的界面标题。

路径：SAP 菜单 > 会计核算 > 财务会计 > 固定资产 > 资产 > 显示 > 资产

事务代码：AS03

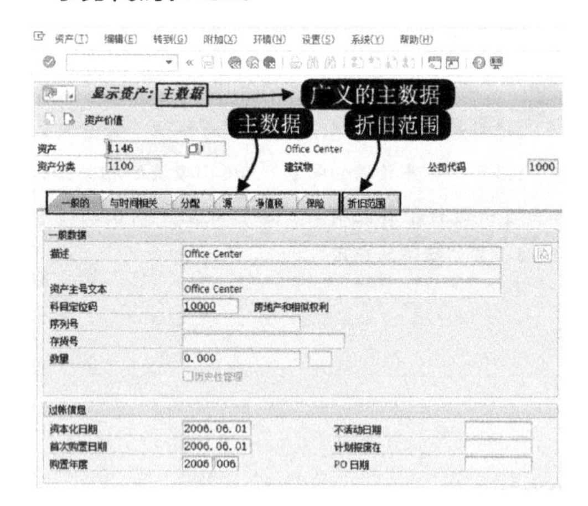

图5-18

资产的 6 个主数据选项卡存放了资产的通用属性，包括描述、资本化日期、折旧记入的成本中心、资产的细分类等；而“折旧范围”选项卡则存放资产在不同折旧范围下的折旧要素，这些要素将用于计算每一期间的折旧金额。

5.3.2 资产数据的创建

资产数据的两个部分可以一起创建。

【业务操作】以下详细介绍如何在系统中创建资产数据。

路径：SAP 菜单 > 会计核算 > 财务会计 > 固定资产 > 资产 > 创建 > 资产

事务代码：AS01

STEP 1 在“创建资产：初始屏幕”界面输入资产分类、公司代码等字段，如图 5-19 所示。

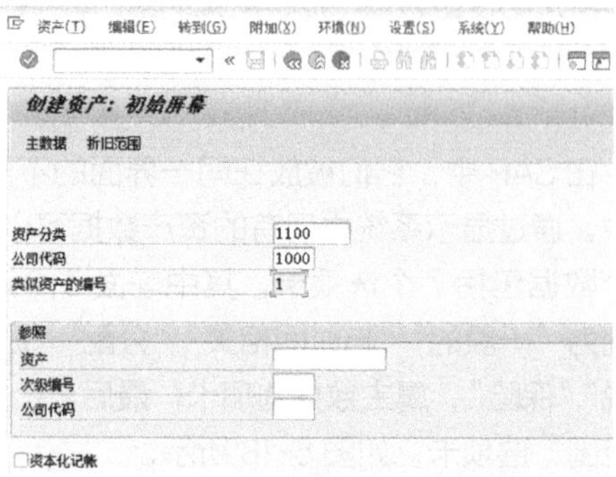

资产(T) 编辑(E) 转到(G) 附加(X) 环境(N) 设置(S) 系统(Y) 帮助(H)
创建资产：初始屏幕
主数据 折旧范围
资产分类 1100
公司代码 1000
类似资产的编号 1
参照
资产
次级编号
公司代码
资本化记帐

图5-19

资产分类：要创建的资产属于哪个分类，将对资产的主数据、折旧范围起着很重要的作用，甚至有决定性的影响（参见 5.2.3 小节）。因此要慎重输入，一旦错误，资产保存后将无法修改。

公司代码：要创建的资产属于哪个公司代码。

类似资产的编号：错误翻译，实为“类似资产的数量”。如果同时要创建 10 个类似的资产，则在这里输入 10。例如，公司购买了一批个人电脑，可以使用此功能批量创建个人电脑的资产。后面在具体选项卡所输入的字段值，将同样适用于每一条资产。

“参照”区域：如果参照已有的资产来创建新资产，则在该数据区域的资产、次级编号和公司代码中输入值。

资本化记账：post-capitalization，实际应译为“后资本化”。勾选该复选框，表明是创建一个后资本化的资产，即该资产是以前年度已经使用的，历史上早就应该计提折旧的，现在才为它创建主数据。如果勾选该复选框，则在接下来的界面中，“资本化日期”和“首次购置日期”是必须输入的，“资本化日期”输入以前年度的某个日期，“首次购置日期”自动默认为“资本化日期”。

STEP 2 按回车键，进入“创建资产：主数据”界面，在“一般的”选项卡中输入资产描述等字段，如图 5-20 所示。

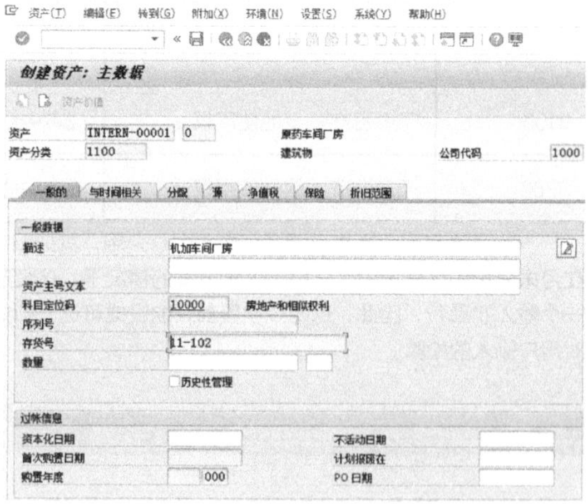

资产(T) 编辑(E) 转到(G) 附加(X) 环境(N) 设置(S) 系统(Y) 帮助(H)
创建资产：主数据
资产价值
资产 INTERN-00001 0
磨药车间厂房
资产分类 1100
建筑物
公司代码 1000
一般的 与时间相关 分配 源 净值税 保险 折旧范围
一般数据
描述 机加车间厂房
资产主号文本
科目定位码 10000 房地产和相似权利
序列号
存货号 11-102
数量
历史性管理
过帐信息
资本化日期
首次购置日期
购置年度 000
不活动日期
计划报废在
PO 日期

图5-20

描述：输入资产的描述，包括资产的名称及型号规格。描述有两行可以填写，如果两行还不够，可以使用右侧的“创建长文本”按钮，来输入更多的描述信息。

资产主号文本：如果当前创建的是子资产，则可以将主资产的描述写在这里，例如，子资产描述为“个人电脑 Lenovo X240s”，主资产文本为“个人电脑”。如果当前是创建主资产，可以不填写，按回车键后，系统自动将“描述”字段的值填入该字段。

科目定位码：科目确定码，在后台称为“科目分配”。系统自动根据后台定义的资产分类对应的科目确定码来填写此字段。参见 5.2.3“资产分类”小节。

序列号：资产出厂时供应商赋予的序列号。

存货号：企业在资产实物上贴的标签号。在企业从旧系统（如用友、金蝶）切换到 SAP 的实践中，一般用来存放资产在旧系统中的编号。

数量 / 单位：资产的数量和单位。如果后续通过资产采购订单来购置资产，则此处会根据采购订单收货的数量和单位自动填写。如果是直接在 FI 中手工输入凭证，购置资产，则此处不会自动填写。但是否需要有值，取决于后台对于该资产类别的主数据界面字段格式的配置。

历史性管理：该复选框一般不勾选。

资本化日期：如果图 5-19 中没有选择“资本化记账”(后资本化)，则该字段不必填写，将来做购置时，无论是从采购订单购置还是直接在 FI 模块中购置，系统都会自动根据凭证行项目上的“资产价值日”填写“资本化日期”。如果图 5-19 中勾选了“资本化记账”(后资本化)，则此处会要求必输，用户只能在此处输入以前年度（已经关闭的年度）的日期。

首次购置日期 / 购置年度：不必填写。

STEP 3 进入“与时间相关”选项卡，输入资产在特定时间范围内有效的属性字段，如图 5-21 所示。

该选项卡设置的主要是资产原值记账或折旧记账时的归属，如折旧记入哪个成本中心。此外，还有资产的位置信息。

因为归属和位置在未来都是可能会发生变化的。例如，2005.01.01—2015.12.31 归属于 A 成本中心，而 2016.01.01—未来，归属于 B 成本中心，因此，这些字段称为“与时间相关”的字段。

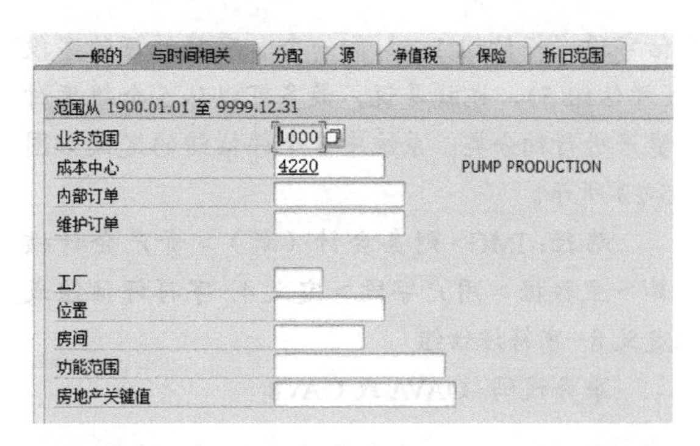

图5-21

提示

可以想象，将来如果资产的归属或位置发生变化，必须告诉系统，从哪一天开始变化，这样，系统就可以存放：在这一天以前归属于哪里，这一天以后又归属于哪里。未来查询时，可以按照时间段来显示其归属。

提示

固定资产每月计提的折旧、无形资产每月的摊销，都要记入相应的成本对象。成本对象可以是成本中心，也可以是实际过账（非统计性）的内部订单，还可以是维护订单（几乎不使用）。在维护固定资产和无形资产主数据时，这些成本对象至少要填写一个。

提示

在建工程不存在计提折旧，因此成本对象无须填写——为避免用户的错误操作，最好对“在建工程”资产分类隐藏掉这些成本对象字段。

STEP 4 进入“分配”选项卡，输入资产细化的分类信息，如图 5-22 所示。

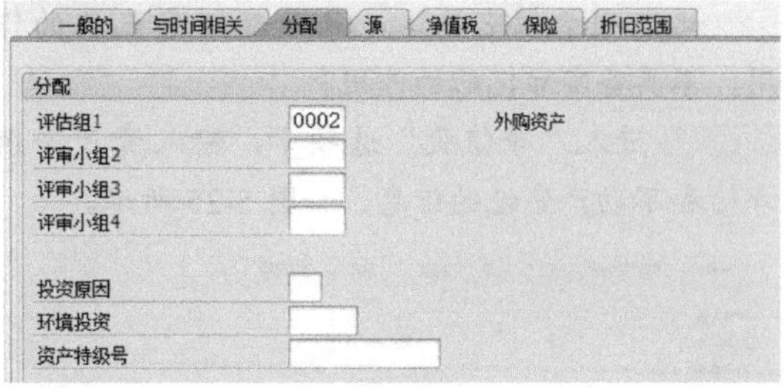

一般的 | 与时间相关 | 分配 | 源 | 净值税 | 保险 | 折旧范围

分配

评估组1 0002 外购资产

评审小组2

评审小组3

评审小组4

投资原因

环境投资

资产特级号

图5-22

“评估组”：evaluation group，系统有时译作“评审小组”，是针对资产从不同角度进行的细分类。例如，有企业将资产分为“自制”和“外购”、“环保”和“非环保”以及“进口”和“国产”。它可以在后台按需自定义。为了满足企业多方面的分类需求，系统提供了 4 个 4 字符的评估字段（评估组 1~4）和一个 8 字符的评估字段（评估组 5），也就是说，最多可以从 5 个维度对资产进行细分类。系统中 5 个评估组的定义如图 5-23 所示。

路径：IMG> 财务会计（新）> 资产会计核算 > 主数据 > 用户字段 > 定义 4- 字符评估组或定义 8- 字符评估组

事务代码：OAVA 或 OAV8

图5-23

STEP 5 进入“源”选项卡，输入资产的来源信息，包括供应商、制造商等，如图 5-24 所示。

一般的 | 与时间相关 | 分配 | 源 | 净值税 | 保险 | 折旧范围

源
供应商
制造商
新采购的资产
采购使用的
贸易伙伴
原产地国家
类型名
原始资产 购置在
原始值 EUR
厂内产品百分比

图5-24

此选项卡按需输入，只是起信息记录的作用，不具备实际记账的作用。

STEP 6 进入“净值税”选项卡，输入资产净值评估和不动产登记的信息，如图 5-25 所示。

一般的 | 与时间相关 | 分配 | 源 | 净值税 | 保险 | 折旧范围

净值评估
财产分类码
财产标志
EUR

不动产和类似权利
税务局
估价通知控制号
估价通知
市政府
土地登记的 输入者
卷/页/序列号 运输在
土地登记地图/方案 范围

图5-25

此选项卡按需输入，只是起信息记录的作用，不具备实际记账的作用。

STEP 7 进入“保险”选项卡，输入资产投保的信息，如图 5-26 所示。

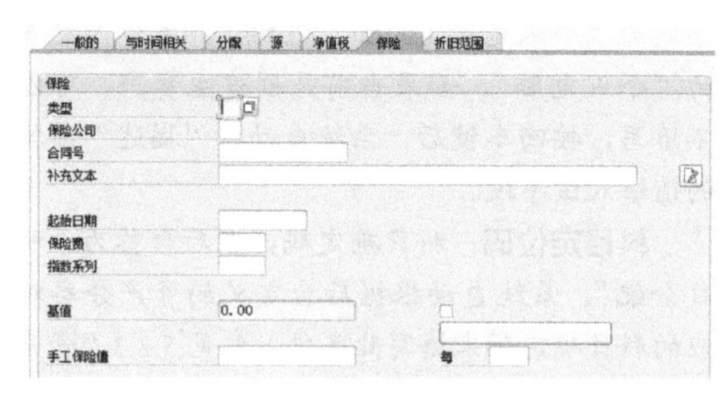

图5-26

此选项卡按需输入，只是起信息记录的作用，不具备实际记账的作用。

STEP 8 进入“折旧范围”选项卡，复核或修改资产在不同折旧范围内的折旧属性。

系统自动根据后台“资产分类的折旧范围”的配置（参考 5.2.3“资产分类”小节），带出资产在各个折旧范围默认的折旧方法、折旧年限等属性，如图 5-27 所示。

一般的 | 与时间相关 | 分配 | 源 | 净值税 | 保险 | 折旧范围

评估

Deact	区. 折旧范围	DKey	UseLife	Prd	ODep Start	指数	组
☐	01会计折旧	GD50	50				☐
☐	02会计折旧	GD50	50	0			☐
☐	03会计折旧	GD50	50	0			☐
☐	20成本会计折旧	LINA	50			00030	
☐	60会计折旧	GD50	50				☐
☐	61特别税折旧	GD50	50				☐
☐	63税余额折旧	GD50	50				☐

图5-27

当然，用户可以手工修改这些默认值。例如，将 01 折旧范围的 Dkey（折旧码）修改为 LINE（直线法），并按回车键确认。由于折旧范围 02 和 03 的折旧条款是跟随折旧范围 01 的（在后台定义：IMG> 财务会计（新）> 资产会计核算 > 评估 > 折旧范围 > 指定折旧术语的传输），因此，改变了 01 的折旧码，02 和 03 的也会随之变化。结果如图 5-28 所示。

一般的 | 与时间相关 | 分配 | 源 | 净值税 | 保险 | 折旧范围

评估

Deact	区. 折旧范围	DKey	UseLife	Prd	ODep Start	指数	组
☐	01会计折旧	LINE	50				☐
☐	02会计折旧	LINE	50	0			☐
☐	03会计折旧	LINE	50	0			☐
☐	20成本会计折旧	LINA	50			00030	
☐	60会计折旧	GD50	50				☐
☐	61特别税折旧	GD50	50				☐
☐	63税余额折旧	GD50	50				☐

图5-28

在图5-28中，ODep Start为折旧开始日期。在采购业务或FI模块针对资产购置的凭证入账后，系统会自动根据资本化日期计算出折旧开始日期。因此，这里可以不必填写。

在“折旧范围”选项卡中，只看到了折旧码、折旧年限、折旧开始日期，还需要确认残值或残值率。这需要双击折旧范围，进入“创建资产：折旧范围 会计折旧”界面才能看到细节。

在图5-29中，可以手工输入残值或残值率——一般使用残值率，因为如果固定资产的原值发生变化，残值也应该发生变化，使用残值率可以“一劳永逸”。

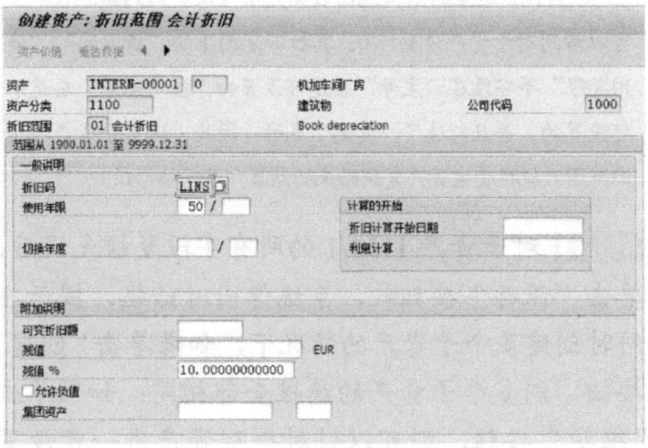

图5-29

提示

双击图5-28所示的折旧范围条目，进入图5-29所示的界面时，系统显示的“残值%”为空。尽管后台已经配置了资产分类在折旧范围内默认的残值率，但是系统存在“显示上的”问题：没有自动将后台定义的残值率默认到这个界面中。奇怪的是，这并不影响系统使用残值率计算折旧。在这种情况下，如果一定要让这里的残值率显示出来，可以借助FI后台配置的“替代”功能，将资产分类的默认残值率写入到前台。即使不使用替代，也不会造成折旧计算的错误。

STEP 9 单击“保存”按钮，系统自动赋予资产编号，提示资产创建成功的信息，如图5-30所示。

资产 1149 0 创建了

图5-30

在图5-30中，1149是资产的主号，0是资产的子号。如果在初始界面（见图5-19）“类似资产的编号（数量）”字段输入了大于1的值，即同时创建多项资产，则此处将提示新建资产的起始编号和终止编号，如“资产1151 0至1153 0已创建”。

这里介绍的只是资产主数据和折旧范围数据的创建。资产的原值是在资产记账时产生的。例如，资产采购订单的接收入库、直接在FI模块中输入资产发票的过账，都会导致资产价值的增加。这些内容将在5.4节“资产的购置”中介绍。

5.3.3 子资产的创建

如果企业希望将一系列的“小”资产合在一起当作一个“大”资产来管理，但同时又想知道“大”资产和单个“小”资产的原值和折旧情况，那么，可以使用“子资产”的概念。子资产就是一个“大”资产的各个组成部分。例如，成套设备的各个功能组件、一个需要长期建设的设施分批投入运营的各个部分、一批电脑中的每一单台等。

将一个资产拆成若干子资产，有以下好处。

（1）子资产的原始价值可以拆分开。

（2）每个子资产可以有独立不同的成本对象或分配。例如，一批电脑中，每台电脑使用的部门（成本中心）或者存放位置不同。

（3）每个子资产和PM模块（设备管理模块）的设备相对应。

（4）每个子资产的原值和折旧独立分开，不影响到整体资产。例如，一个大型设施，3年后新增的部分拥有自己的折旧开始日期、折旧年限、残值，独立的计提折旧，可作为一个子资产单独管理。

子资产的创建，也需要先创建主资产。主资产的创建方法与5.3.2小节中介绍的完全一样。

【业务操作】接下来介绍如何创建子资产。

业务背景：某公司的生产基地包括东区、西区，两区先后建设，先后投入运营。公司希望用子资产来管理这两个区。主资产已经创建，资产分类为1100，主资产号为1154-0。

路径：SAP菜单 > 会计核算 > 财务会计 > 固定资产 > 资产 > 创建 > 子编号 > 资产

事务代码：AS11

STEP 1 在“创建子编号：初始屏幕”界面输入已经创建好的资产编号、公司代码，并输入“类似子编号的编号”字段，如图5-31所示。

资产(T) 编辑(E) 转到(G) 附加(X) 环境(N) 设置(S)
创建子编号：初始屏幕
主数据 折旧范围
资产 1154
公司代码 1000
类似子编号的编号 2
资本化记帐

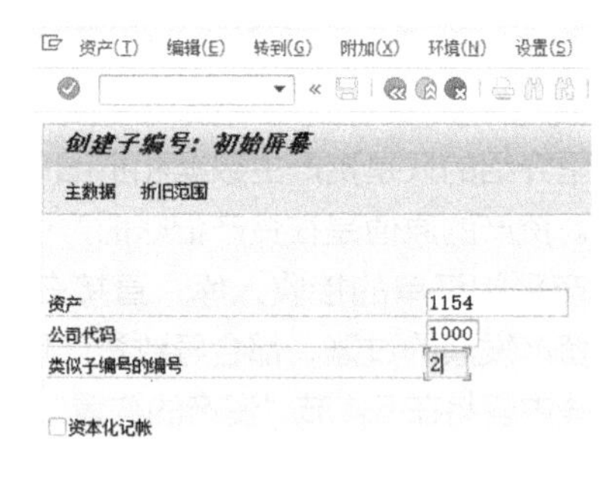

图5-31

类似子编号的编号：number of similar subnumber，应译为“相似子资产号的个数”。如果输入 2，则系统会同时创建两个子资产。

STEP 2 按回车键，系统进入“创建资产：主数据”界面，首先创建的子资产是 1154-1。此时，系统自动将主资产 1154-0 的属性全部代入到新的子资产上。用户可以按需修改每一个子资产的属性。如图 5-32 所示，将子资产 1154-1 的“描述”改为“生产基地 - 东区”。

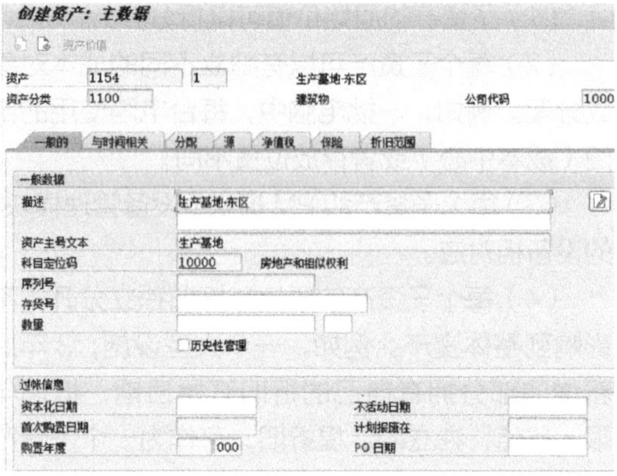

创建资产：主数据
资产 1154 1 生产基地-东区
资产分类 1100 建筑物 公司代码 1000
一般的 与时间相关 分配 源 净值税 保险 折旧范围
一般数据
描述 生产基地-东区
资产主号文本 生产基地
科目定位码 10000 房地产和相似权利
序列号
存货号
数量
历史性管理
过帐信息
资本化日期 不活动日期
首次购置日期 计划报废在
购置年度 000 PO 日期

图5-32

STEP 3 同样地，复核并修改子资产其他选项卡的数据。如图 5-33 所示，确认子资产 1154-1 的成本中心和主资产处默认的值保持一致，为 4220。

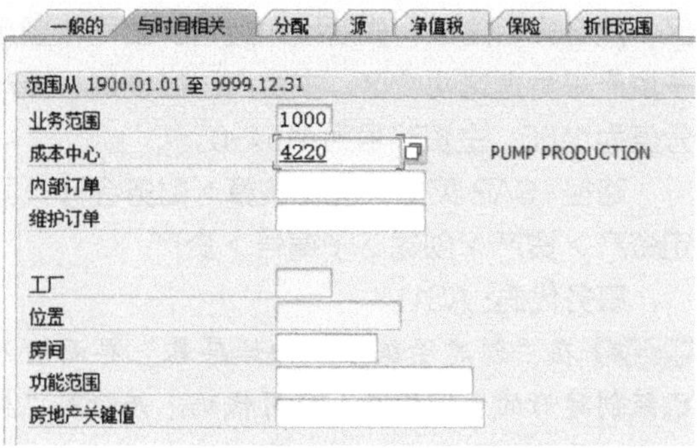

一般的 与时间相关 分配 源 净值税 保险 折旧范围
范围从 1900.01.01 至 9999.12.31
业务范围 1000
成本中心 4220 PUMP PRODUCTION
内部订单
维护订单
工厂
位置
房间
功能范围
房地产关键值

图5-33

STEP 4 复核“折旧范围”选项卡的数据，发现子资产的折旧范围数据是无法修改的（全是灰色的）。如果没有错误，接受系统的结果，如图 5-34 所示。

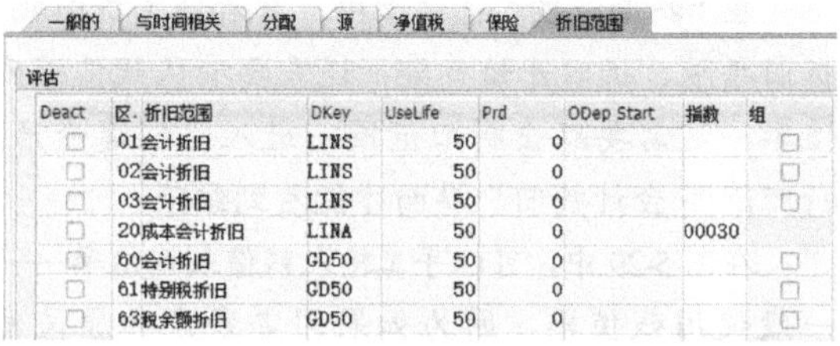

一般的 与时间相关 分配 源 净值税 保险 折旧范围
评估
Deact 区. 折旧范围 DKey UseLife Prd ODep Start 指数 组
01会计折旧 LINS 50 0
02会计折旧 LINS 50 0
03会计折旧 LINS 50 0
20成本会计折旧 LINA 50 0 00030
60会计折旧 GD50 50 0
61特别税折旧 GD50 50 0
63税余额折旧 GD50 50 0

图5-34

提示

为什么这里的折旧范围数据无法修改？回到图5–17中，可以看到对于资产分类1100，其折旧范围下的“折旧码”“使用年限”等字段在“主号”层是可设置的，在“子号”层是不可设置的，并且勾选了“复制”属性，因此，现在子资产的折旧范围只能接受主资产复制而来的结果，且无法修改。

STEP 5 对子资产 1154-1 的所有字段复核无误后，单击“保存”按钮，系统弹出对话框，提示在同时创建多个子资产的情况下，如果单击“创建”按钮，则多个子资产的属性全部相同；如果单击“维护”按钮，则可以针对个别资产进一步设置字段属性，如图 5-35 所示。

创建多个资产
您正在创建 2 个相似资产子编号主记录.
您可以选择保持全部资产相同,除了它们的资产子编号;或者可以选择维护
在某些字段里您自己的整个条目. 如果您选择 ' 创建' 您的资产全部相同.
如果您选择 ' 维护', 您可以某些字段里制作个体条目.
您是否想创建资产?
创建 维护 取消

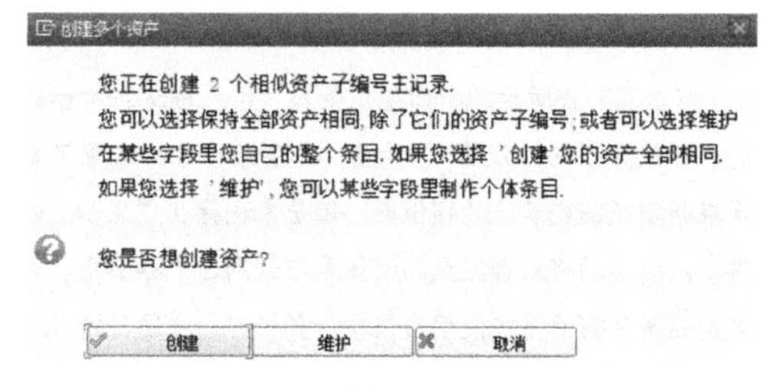

图5-35

STEP 6（假设子资产 1154-2 的部分字段还需要修改）单击 维护 按钮，系统弹出“维护类似资产中应该不同的字段”对话框，在其中修改相应字段，如图 5-36 所示。

维护类似资产中应该不同的字段
原数据：两个子资产全部一致
否 描述 库存号
1 生产基地-东区 4220
2 生产基地-东区 4220
编号
修改为……
修改后的数据
否 描述 库存号 成本中心 Ev.3 小组
1 生产基地-东区 4220
2 生产基地-西区 4230

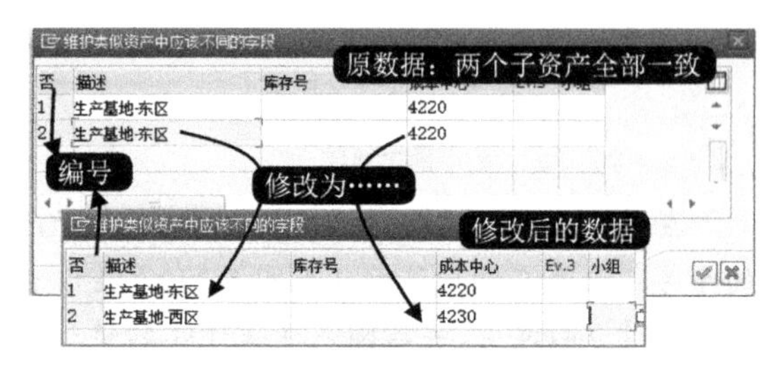

图5-36

修改后，两个子资产的描述和成本中心就各不相同了。

STEP 7 修改完毕后，在对话框中单击☑按钮，系统再次弹出图5-35所示的提示信息，单击 创建 按钮，系统提示两条子资产已经创建，如图5-37所示。

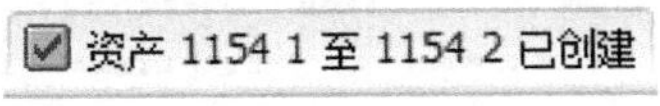

☑ 资产 1154 1 至 1154 2 已创建

图5-37

创建的子资产的主号为1154，子号分别为1和2。通常写为1154-1、1154-2。

有了子资产后，系统如何应用子资产的功能呢？

此时，系统中存在3个资产，即1154-0、1154-1、1154-2。其中，第一个是主资产，后两个是子资产。在具体做购置、转移、报废等操作时，使用子资产来做业务，主资产不使用，相当于只把它当作一个“空壳”。

在未来运行资产报表时，在报表的资产选择参数上，可以输入主号1154，而不输入子号0、1或2，可以实现将几个资产同时“打包”进行查询，如图5-38所示。

图5-38

5.4 资产的购置

资产的原值又称为APC价值。APC全称为Acquistion and Production Costs，意为购置及生产的成本。因为有的资产是购置而得，有的是自制形成，因此，两种方式形成的成本就是资产的原值。资产的购置是资产价值形成的主要方式。

正如5.1.2小节中所言，系统中资产的购置可以从采购业务开始，也可以等发票收到后直接在FI中处理发票的输入。本节分别介绍两种方式的系统操作。

5.4.1 在FI中直接输入的购置

当企业收到来自于资产供应商提供的发票后，企业的账务处理如下。

Dr：固定资产 / 无形资产 / 在建工程（资产）

Cr：应付账款（供应商）

借方要记入相应的资产，贷方要记入相应的供应商。因此，借、贷双方使用的科目在系统中都必须设置为统驭科目，前者对资产统驭，后者对供应商统驭。参见总账模块2.3.2小节。

输入资产的购置业务，必须先创建资产的主数据，然后再做购置。

【业务操作】接下来介绍如何在FI中直接输入资产的购置。

业务背景：已经在系统中创建了资产1149-0。现在为其输入购置发票。

路径：SAP菜单 > 会计核算 > 财务会计 > 固定资产 > 过账 > 购置 > 外部购置 > 有供应商

事务代码：F-90

STEP 1 在“从供应商处的购货：抬头数据”界面输入凭证头和首行项目，如图5-39所示。

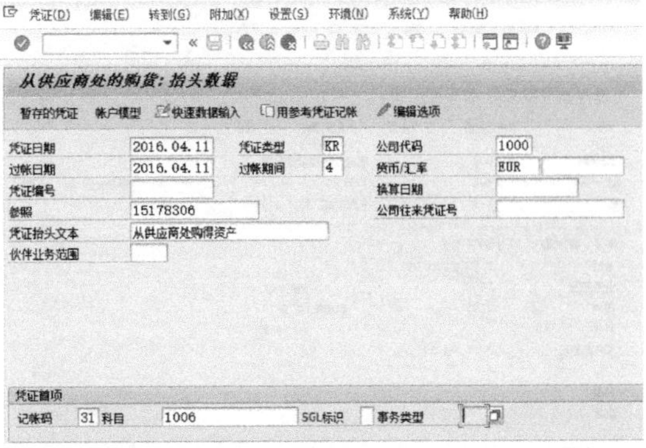

图5-39

系统默认“凭证类型”为KR（供应商发票），并自动将首行项目的记账码默认为31，意即首先输入供应商的发票应付款行，因此，其后的“科目”字段输入供应商编号。

STEP 2 按回车键，进入“输入 供应商发票：添加 供应商项目”界面，输入首行项目的金额，并输入第2行项目的记账码、科目（资产）和事务类型，如图5-40所示。

因为首行输入的是应付款行，因此，下一行项目应该输入资产的借方。

记账码：因为是资产的增加业务，因此要输入70（资产借方）。

科目：账户。因为“记账码”为70，因此账户输入资产主数据的编号。

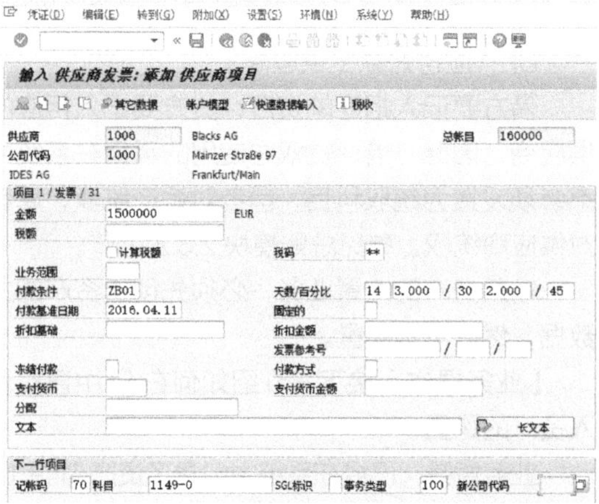

图5-40

事务类型：资产业务的类型，输入100，表示"外部资产的购置"（资产的外购）。该字段在SAP的凭证行项目中，只在资产增减业务中使用。

STEP 3 按回车键，进入"输入供应商发票：改正资产项"界面，输入资产行项目的金额，如图5-41所示。

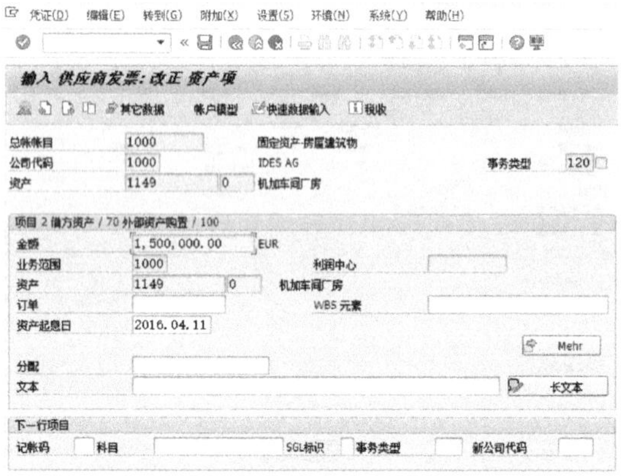

图5-41

资产起息日：asset value date，资产价值日。这是资产业务中独有的字段，它是指资产真正发生购置、转移、报废的日期，因此，对折旧的计算有着直接的影响。它由前面输入的过账日期默认而来，可以手工改写。资产价值日的默认规则，是在后台配置的。

路径：IMG> 财务会计（新）> 资产会计核算 > 业务 > 指定确定默认资产值起息日方式

> **提示**
> 可以假设，一张资产购置凭证的过账日期是2016.04.11，但资产价值日填写为2016.02.09，那么系统会根据资产价值日2016.02.09来决定何时开始计提折旧，而不是根据过账日期2016.04.11来决定。资产的转移和报废，也遵循这样的规则——以资产价值日为依据决定折旧的计提或终止计提时间。

STEP 4 单击"过账"按钮，系统提示凭证已记账，如图5-42所示。

凭证 1900000067 记帐到公司代码1000中

图5-42

以上操作形成的会计凭证如图5-43所示。

项	PK	SG	科目	说明	总帐帐目	总分类帐名称	金额	货币
1	31		1006	Blacks AG	160000	应付-国内	1,500,000.00-	EUR
2	70		1000	000000001149 0000	1000	固定资产-房屋建筑物	1,500,000.00	EUR

图5-43

资产购置后，再来看看哪些地方发生了变化。

首先，资产主数据中，资本化日期、首次购置日期、购置年度都被写入了值，如图5-44所示。资本化日期、首次购置日期都是取自购置凭证中的"资产价值日"。

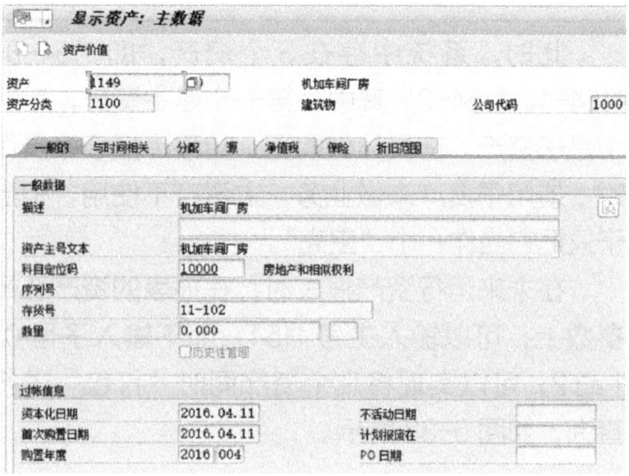

图5-44

而在资产主数据的"折旧范围"选项卡，ODep Start（Ordinary Depreciation Start，普通折旧开始日期）被自动地写入2016.05.01或2016.04.01，如图5-45所示。这也是根据资本化日期和折旧码中所定义的"期间控制"来决定的。例如，折旧码LINE中定义的期间控制为"下月初"折旧，而资本化日期是2016.04.11，因此，对于01、02、03这3个折旧范围，折旧开始日期是2016.05.01。

Deact	区. 折旧范围	DKey	UseLife	Prd	ODep Start	指数	组
☐	01会计折旧	LINE	50	0	2016.05.01		☐
☐	02会计折旧	LINE	50	0	2016.05.01		☐
☐	03会计折旧	LINE	50	0	2016.05.01		☐
☐	20成本会计折旧	LINA	50	0	2016.04.01	00030	
☐	60会计折旧	GD50	50	0	2016.01.01		☐
☐	61特别税折旧	GD50	50	0	2016.01.01		☐
☐	63税余额折旧	GD50	50	0	2016.01.01		☐

图5-45

如果想查看输入的资产价值，有以下两种方法。

（1）直接在“显示资产：主数据”界面，单击 资产价值 按钮。

（2）路径：SAP 菜单 > 会计核算 > 财务会计 > 固定资产 > 资产 > 显示 > 资产浏览器。

事务代码：AW01N

图 5-46 显示了刚购置的资产 1149-0 的价值情况。左侧是各个折旧范围的清单。双击不同的折旧范围，右侧就会出现该折旧范围对应的数据。

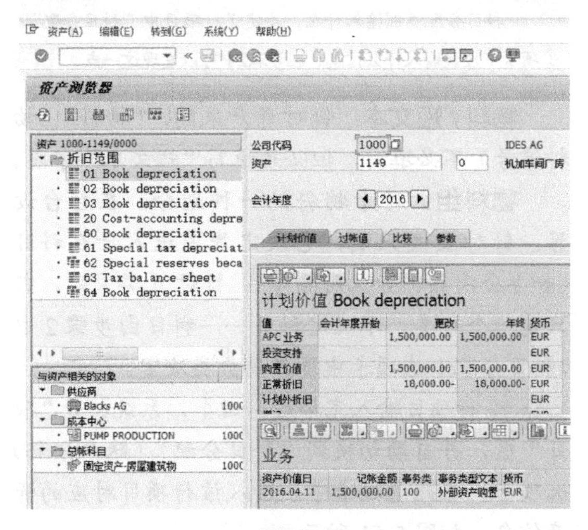

图5-46

在“资产浏览器”界面，“计划价值”选项卡显示的是资产在某个会计年度的总体价值（APC、折旧）情况，其下方则显示了资产价值的变动，如购置、报废等，如图 5-46 所示。

“过账值”选项卡，显示了资产在某个会计年度分月的折旧情况。这是一个较常用的功能。资产购置增加后，立即就可以看到当前会计年度每个月计划的折旧额。借此，可以检验资产的折旧属性设置是否正确。图 5-47 显示的是资产 1149-0 在折旧范围 01 中，在 2016 年度，从 5 月份开始每个月的计划折旧额。月底运行折旧时，系统将以此金额过账。

正常折旧 TBP：将要过账（to-be posted）的普通折旧。

> **提示**
> 如果某个月实际运行折旧过账了，“状态”一栏会显示为“已过账的”。

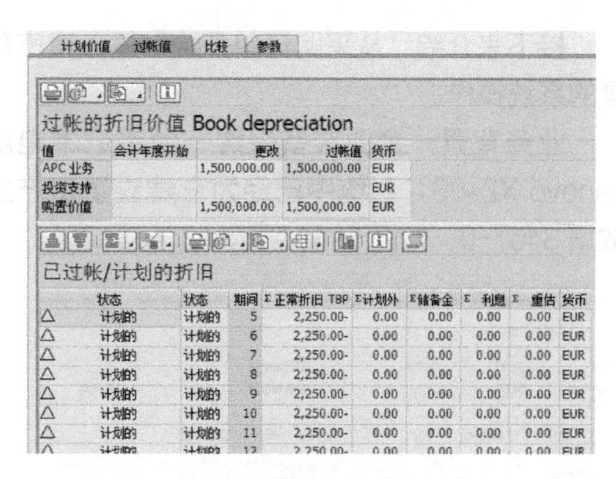

图5-47

5.4.2 来自于采购业务的购置

资产的购置业务也可以从采购环节开始输入，可以从采购申请开始操作，也可以从采购订单开始操作。但前提都是需要创建资产主数据。

> **提示**
> 这也是某些企业不选择“从采购环节开始”输入资产购置的原因。因为，有些企业在购买的资产未到货前或者提出采购申请时，尚不清楚资产的具体型号规格，因此，宁愿在资产到货后，才创建详细的主数据，待收到供应商的发票后，再直接在FI中输入资产购置。

在给资产建立采购订单时，重要的选项是收货时是否记入价值，系统称为“未估价的收货”（GR Non-Valuated，收货时不记入价值）选项，如图 5-48 所示。它在采购订单行项目的“Delivery”（交货）选项卡中。如果勾选此复选框，表示收货时不记入价值，那就等收到发票（IR）时再记入价值；不勾选此复选框，则表明收货时就记入价值。详见 4.4.1 小节“来自于采购模块的发票”的【延伸思考 5】。

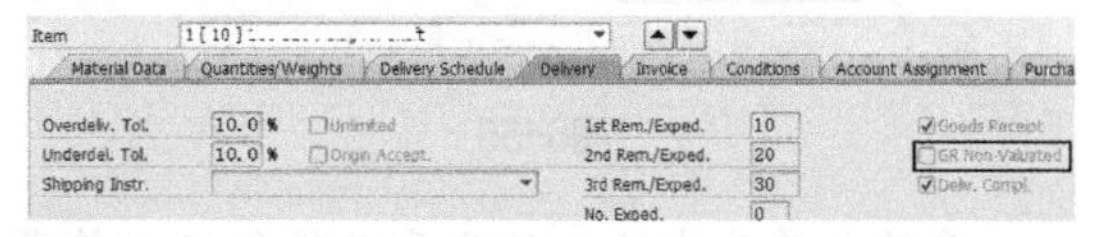

图5-48

> **提示**
> 资产何时记入价值，对资产从什么时候开始计提折旧是有决定作用的。如果等发票送达时再记入价值，可能会因为发票送达太晚，导致资产已经使用数月，还没有开始计提折旧。而如果资产送达（入库）时即记入价值，也有可能因为此时只是一个暂估的采购价，而导致只能按暂估的采购价计提折旧，发票送达时，还可能牵涉资产价值的调整，从而带来资产已计提折旧的重新追溯调整。总之，各有利弊。企业应当根据资产采购的实际情况来决定是否勾选“未估价的收货”复选框。

接下来介绍“从采购订单开始”输入资产购置的系统操作。

业务背景：企业准备采购一台笔记本电脑 Lenovo X240S，系统中已经为它建立了资产主数据 3467-0，如图 5-49 所示。

图5-49

【业务操作 1】首先为其创建采购订单。

路径：SAP 菜单 > 后勤 > 物料管理 > 采购 > 采购订单 > 创建 > 已知供应商 / 供应工厂

事务代码：ME21N

STEP 1 在“创建采购订单”界面输入采购凭证头信息和行项目，如图 5-50 所示。

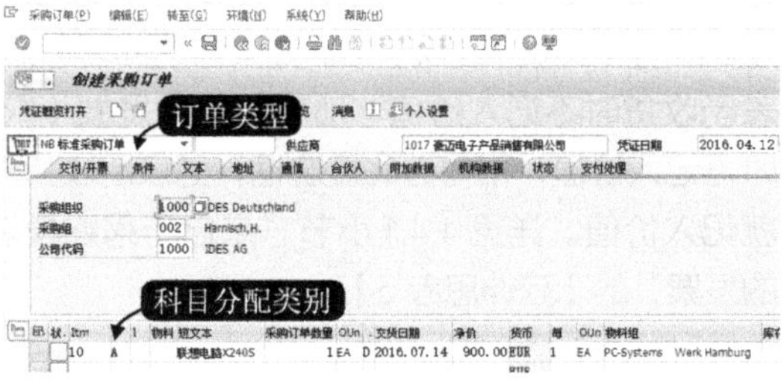

图5-50

采购订单头中输入的主要字段包括订单类型、供应商、凭证日期、采购组织、采购组和公司代码。

订单类型：输入资产采购使用的订单类型。某些企业会为固定资产的采购专门设置一种订单类型，如“固定资产采购订单”。图中示例输入 NB- 标准采购订单。

采购订单行中输入的主要字段包括科目分配类别（A）、短文本、数量、价格、物料组、工厂等。

A：科目分配类别，它是对行项目账户类别的重要划分。例如，“空”代表物料采购；输入“A”代表采购资产；输入“K”代表为成本中心采购（办公用品、劳保用品采购，多使用科目分配类别 K）；输入“F”代表为“订单”（生产订单、内部订单、项目网络订单、设备维修订单等）采购（订单上的工序外协，多使用科目分配类别 F）。这里，因为是资产采购，因此输入 A。

> **提示**
> 科目分配类别输入什么，决定了行项目中“科目分配”选项卡中应该输入什么信息。在步骤2中可以发现这一点。

物料 / 短文本：针对资产采购，“物料”（物料编号）不必填写，但必须填写“短文本”字段。

物料组：对于物料的一种划分，在后台设置。针对 K 类采购，它决定费用进入什么科目（如办公用品、劳保用品等）；针对 A 类采购，它只是一个分类，不决定科目——科目由步骤 2 中“科目分配”选项卡中资产的分类决定。

STEP 2 行项目输入完毕后，回车，系统打开“项目”区，并自动切换到“科目分配”（账户分配）选项卡。在此选项卡中，输入该行项目对应的资产信息，如图 5-51 所示。

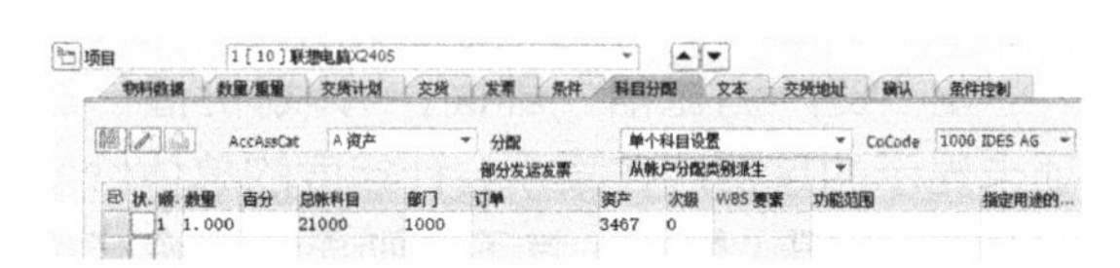

图5-51

输入资产的编号后按回车键，系统会自动带出该资产主数据上“科目定位码”对应的原值科目以及资产主数据上的“部门”（业务范围）。

STEP 3 切换到“交货”选项卡，复核“未估价的收货”（GR 非估价）选项，如图 5-52 所示。

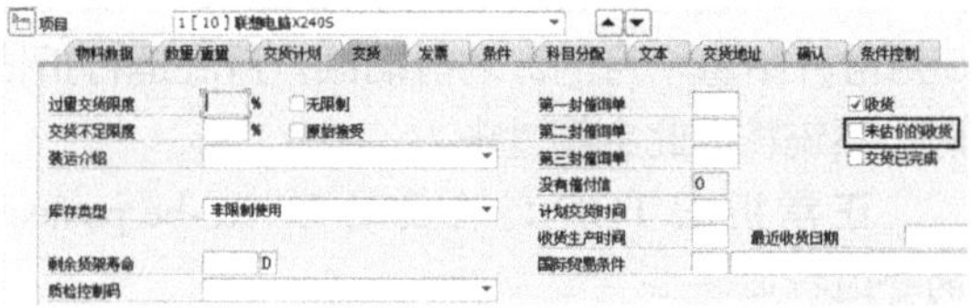

图5-52

如果希望在收货时不估价，则勾选该复选框；如果希望在收货时估价，则不勾选。图 5-52

中使用系统的默认值——不勾选，意味着收货时估价。

STEP 4 单击“保存”按钮，系统界面下方提示采购订单创建成功，如图 5-53 所示。

☑ 标准采购订单在号4500018041下被创建

图5-53

【业务操作 2】接下来针对该采购订单做收货的操作。

路径：SAP 菜单 > 后勤 > 物料管理 > 库存管理 > 货物移动 > 收货 > 对采购订单 > 采购订单的收货

事务代码：MIGO_GR 或 MIGO

STEP 1 在“收货采购订单 -XXX”界面输入采购订单编号，如图 5-54 所示。

图5-54

在此界面，“交易 / 事件”默认为“A01 收货”，“参考凭证”默认为“R01 采购订单”，GR 收货处对应的移动类型默认为 101。用户只需要输入采购订单号。

STEP 2 按回车键，系统自动将采购订单的行项目内容带出来。在头层确认凭证日期（即收货日期）、过账日期等字段，在行项目层确认物料等信息，如图 5-55 所示。

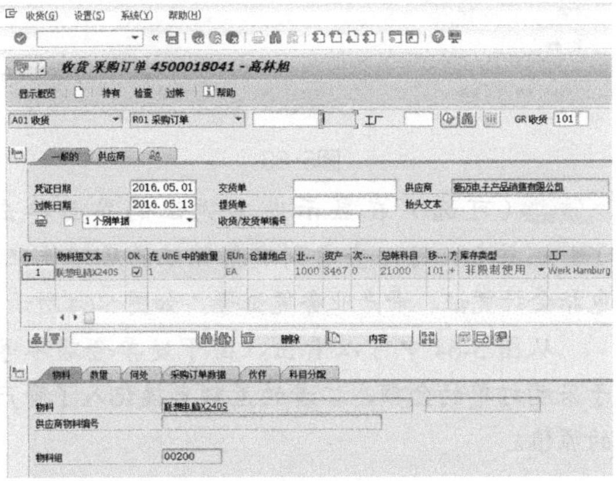

图5-55

STEP 3 在界面下方，切换到“数量”选项卡，勾选“项目确定”复选框，如图 5-56 所示。

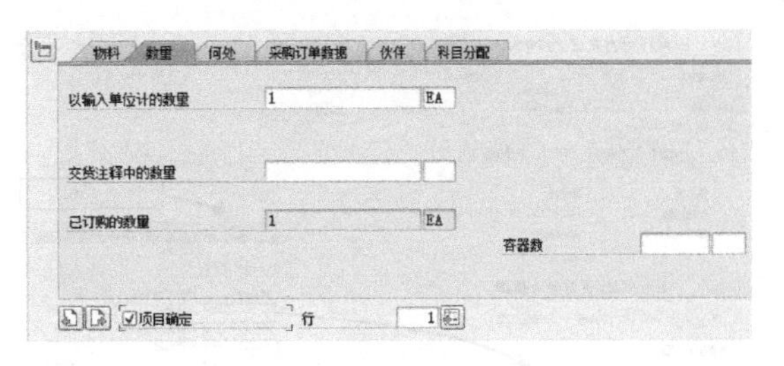

图5-56

勾选“项目确定”复选框的前提是，复核过该行项目的收货数量等信息。因此，“项目确定”的含义是“确认该行项目”。

STEP 4 单击“过账”按钮，系统在界面下方提示物料凭证已过账，如图 5-57 所示。

☑ 物料凭证 200000708 已过帐

图5-57

STEP 5（可选）直接在当前界面将“交易 / 事件”切换为“A04 显示”，“参考凭证”会自动切换为“R02 物料凭证”，并在后面的“物料凭证”字段显示物料凭证的编号 200000708，单击“执行”按钮，系统显示物料凭证，复核物料凭证的信息，如图 5-58 所示。

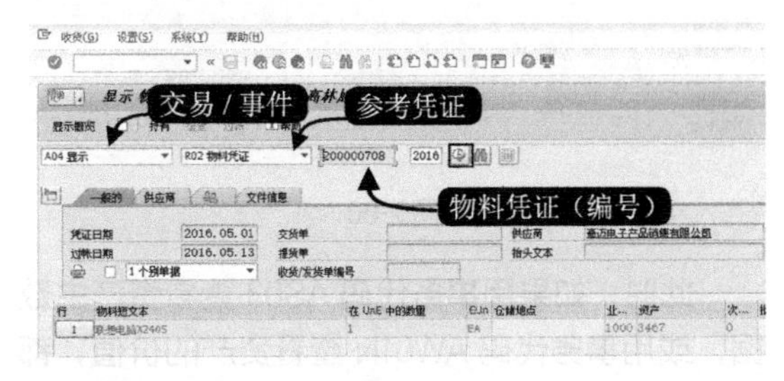

图5-58

此步骤也可以使用事务代码 MB03（显示物料凭证）操作。

STEP 6（可选）切换到“文件信息”选项卡，单击 FI 凭证 按钮，查看物料凭证对应的会计凭证，如图 5-59 所示。

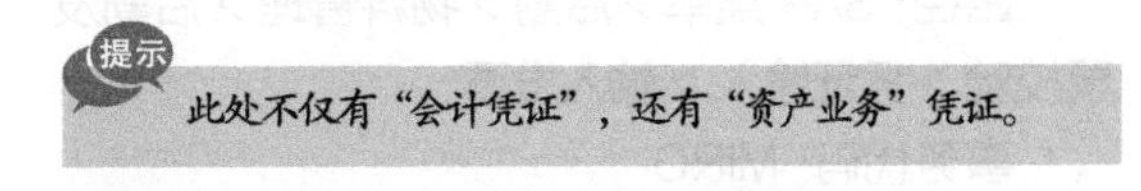

提示

此处不仅有“会计凭证”，还有“资产业务”凭证。

提示

此处有会计凭证，是由于在采购订单创建时行项目的“未估价的收货”没有勾选所致。

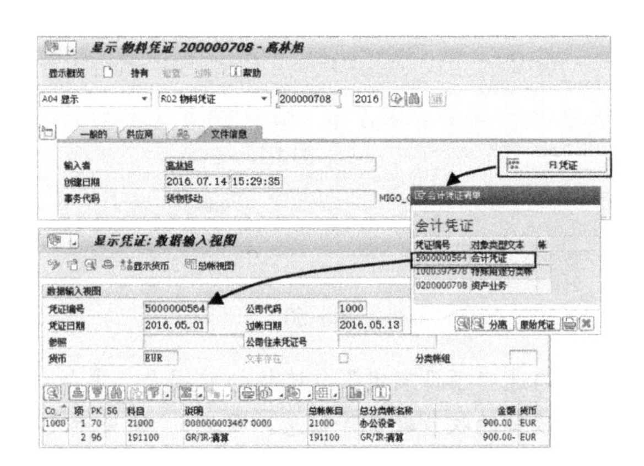

图5-59

通过该凭证可以发现，资产采购订单收货时，收货的价值是以采购订单价格来计算的。

双击该凭证的第 1 个行项目，可以发现系统将资产起息日默认为物料凭证、会计凭证的过账日期，如图 5-60 所示。

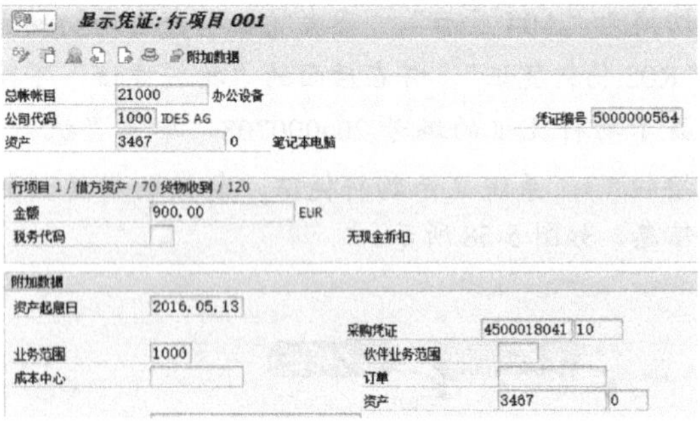

显示凭证：行项目 001
附加数据
总帐帐目 21000 办公设备
公司代码 1000 IDES AG 凭证编号 5000000564
资产 3467 0 笔记本电脑
行项目 1 / 借方资产 / 70 货物收到 / 120
金额 900.00 EUR
税务代码 无现金折扣
附加数据
资产起息日 2016.05.13
采购凭证 4500018041 10
业务范围 1000 伙伴业务范围
成本中心 订单
资产 3467 0

图5-60

此时，如果用事务代码 AS03 查看资产主数据，或用事务代码 AW01N 查看资产的价值，都会发现其相应的变化（可参考 5.4.1 小节的介绍，此处略）。

【业务操作 3】如果采购订单收货后，发票送达时发票上的价格和采购订单的价格不一致（如附加了运费），会出现什么情况？接下来以此假设为前提，介绍发票校验的操作。

路径：SAP 菜单 > 后勤 > 物料管理 > 后勤发票校验 > 凭证输入 > 输入发票

事务代码：MIRO

STEP 1 在“输入接收的发票：公司代码 XXXX”界面输入发票日期、过账日期、金额、采购订单编号，并按回车键，在行中输入供应商发票上记载的不含税金额，如图 5-61 所示。

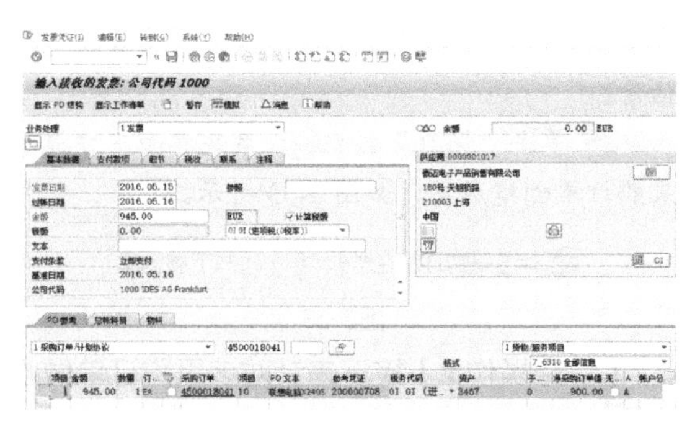

图5-61

行项目中，“金额”字段本来取自采购订单的价值 900，由于发票头层金额为 945（假设税码为 0 税率，即无税），因此，手工将行项目中的“金额”900 修改为 945，以使头行金额一致。

STEP 2 单击“过账”按钮，系统在界面下方提示发票凭证已创建，如图 5-62 所示。

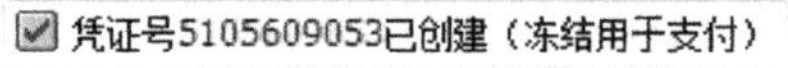

凭证号5105609053已创建（冻结用于支付）

图5-62

STEP 3（可选）直接在此界面通过菜单中的“发票凭证”→“显示”命令查看刚刚创建的发票凭证，如图 5-63 所示。

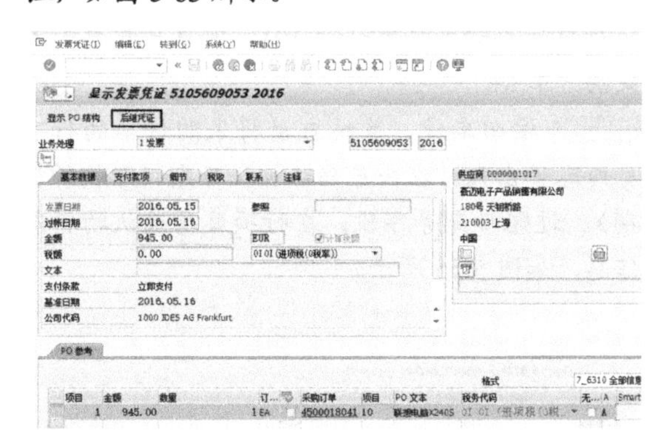

图5-63

STEP 4（可选）在显示发票凭证的界面单击 后继凭证 按钮，可以查看到发票凭证的后续凭证，包括会计凭证、资产业务凭证等，如图 5-64 所示。

从图 5-64 中可以看出，由于发票金额不等于采购订单的金额，二者的差额直接记入了资产的原值。

提示

如果采购订单上勾选了“未估价的收货”复选框，则收货时不记入价值，而在发票校验时才记入价值。也就是说，直接以发票上载明的金额记入固定资产的原值。

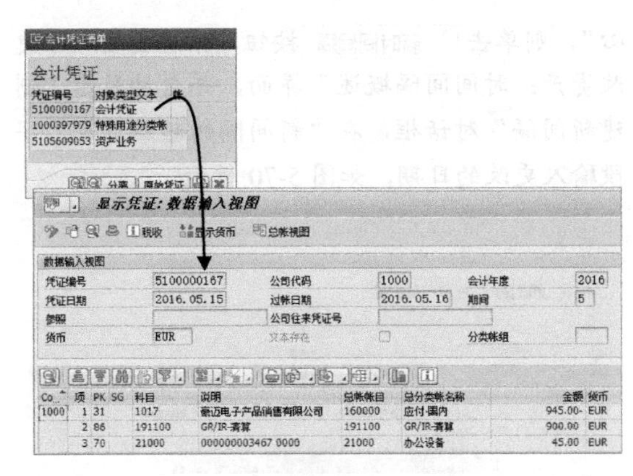

图5-64

"未估价的收货"是在哪里决定的？它是在采购订单创建时才临时决定勾选与否吗？

其实，"未估价的收货"是在后台设定的，它在科目分配类别 A 的定义中决定是否勾选（见图 5-65），然后默认到采购订单上，但在采购订单上可以修改。

路径：IMG> 物料管理 > 采购 > 科目分配 > 维护科目分配类别

事务代码：OME9

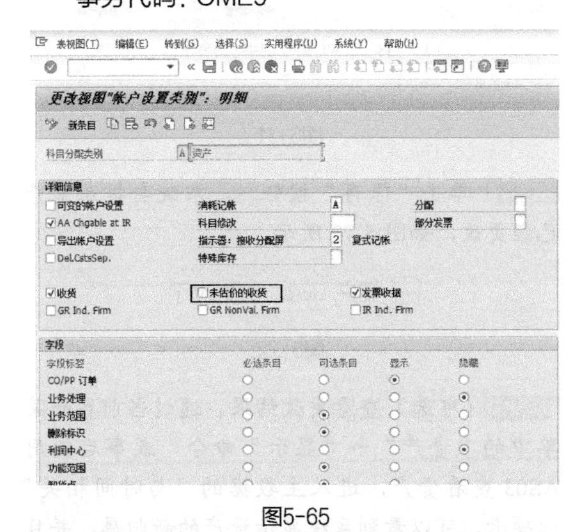

图5-65

5.5 资产的转移

资产的转移，有公司代码内的转移，也有各公司代码间的转移。而前者还可以分为资产归属的转移和资产价值的转移。本节分别介绍这几种转移的操作。

5.5.1 公司代码内的归属转移

资产在公司代码内的归属转移是指在一个公司代码内部，资产所属的成本中心、业务范围、位置、房间、工厂等发生变更。其中，与财务相关的影响是成本中心和业务范围，它们的变更会导致后续运行折旧时资产折旧费的归属发生变化。由于成本中心与业务范围有对应关系（在启用业务范围的情况下），因此，变更了所属的成本中心，就有可能同时变更了所属的业务范围。位置、房间、工厂的变更只是资产物理归属的变更，与财务没有关系。

根据5.3.2小节的知识知道，资产主数据"与时间相关"选项卡中有多个字段，用来指定资产的财务归属和物理归属（见图 5-20）。如果发生归属的变更，操作比较简便，直接在此选项卡中操作即可。

【业务操作】接下来以成本中心转移为例，介绍资产在公司代码内转移的操作方法。

业务背景：1000 公司代码的资产 3310-0（办公家具），原归属于成本中心 3140（Hi-tech Sales 部门），现在要转入成本中心 3150（Elevator Sales 部门）使用。

路径：SAP 菜单 > 会计核算 > 财务会计 > 固定资产 > 资产 > 更改 > 资产

事务代码：AS02

STEP 1 在"更改资产：初始屏幕"界面输入资产编号、公司代码等字段，如图 5-66 所示。

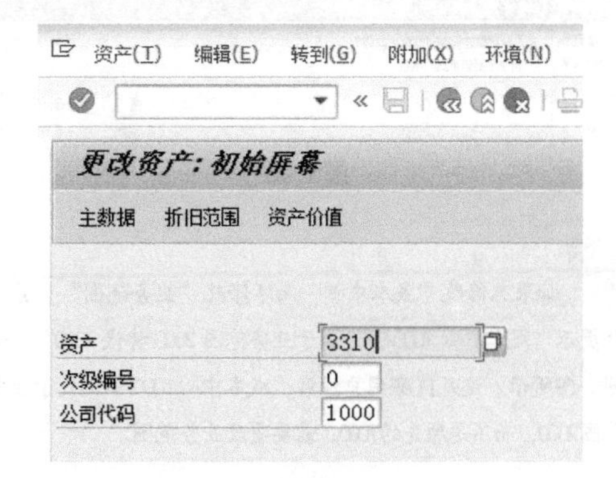

图5-66

STEP 2 按回车键，或单击 主数据 按钮，进入"更改资产：主数据"界面，单击"与时间相关"选项卡，如图 5-67 所示。

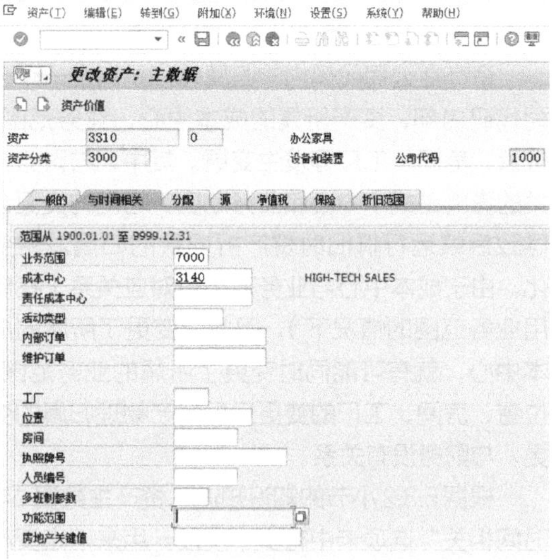

资产(T) 编辑(E) 转到(G) 附加(X) 环境(N) 设置(S) 系统(Y) 帮助(H)
更改资产：主数据
资产价值
资产 3310 0 办公家具
资产分类 3000 设备和装置 公司代码 1000
一般的 与时间相关 分配 源 净值税 保险 折旧范围
范围从 1900.01.01 至 9999.12.31
业务范围 7000
成本中心 3140 HIGH-TECH SALES
责任成本中心
活动类型
内部订单
维护订单
工厂
位置
房间
执照牌号
人员编号
多班制参数
功能范围
房地产关键值

图5-67

在该选项卡中可以看到资产 3310-0 在当前的归属。它归属于成本中心 3140，而 3140 成本中心属于业务范围 7000，因此，资产也属于业务范围 7000。

STEP 3 直接在该选项卡将“成本中心”修改为 3150，同时将“业务范围”修改为 2000（或者置空，由系统自动根据成本中心派生），按回车键，系统会弹出对话框，询问“已输入的数据用于新间隔还是旧间隔”，如图 5-68 所示。

一般的 与时间相关 分配 源 净值税 保险 折旧范围
范围从 1900.01.01 至 9999.12.31
业务范围 2000
成本中心 3150 HIGH-TECH SALES
已输入的数据用于新间隔还是旧间隔?
是否希望覆盖现存时间相关数据?
将来不要显示此对话框
是 新时间间隔

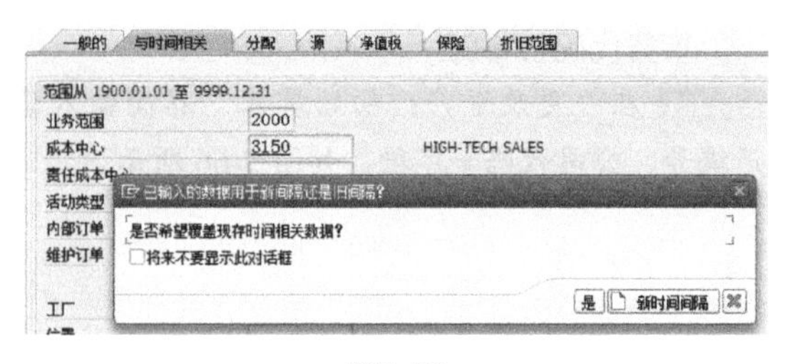

图5-68

> **提示**
>
> 如果只修改“成本中心”而不修改“业务范围”，系统会提示“成本中心 1000/3150 属于业务范围 2000 替代 7000”，如图5–69所示。这是提醒用户注意，成本中心1000/3150属于业务范围2000，而不是原先的7000，需要更改业务范围。

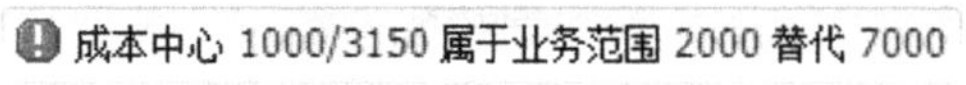

成本中心 1000/3150 属于业务范围 2000 替代 7000

图5-69

STEP 4 如果希望从当前时间开始改变“成本中心”，则单击“新时间间隔”按钮，系统会进入“更改资产：时间间隔概述”界面，并自动显示“创建新间隔”对话框，在“新间隔的起始日期”字段输入更改的日期，如图 5-70 所示。

更改资产：时间间隔概述
资产 3310 0 办公家具
资产分类 3000 设备和装置 公司代码 1000
时间间隔
Fr 部门 成本中心 责任成本中心 活动类 内部订单 维护订单 工厂 位置
1900.01.01 7000 3140
创建新间隔
新间隔的起始日期 2016.05.09

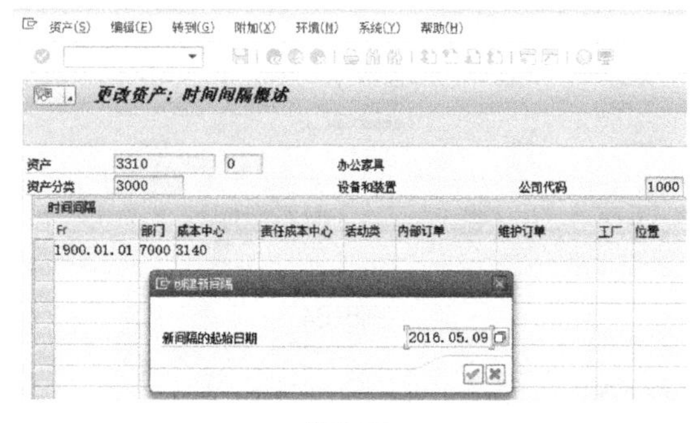

图5-70

新间隔的起始日期：从这一天开始，资产归属于新的成本中心、业务范围。

STEP 5 单击对话框中的✔按钮，系统会自动将新时间间隔的记录添加到“时间间隔”的第 1 行，而原记录则放在第 2 行，如图 5-71 所示。

更改资产：时间间隔概述
资产 3310 0 办公家具
资产分类 3000 设备和装置 公司代码
时间间隔
Fr 部门 成本中心 责任成本中心 活动类 内部订单 维护订单 工厂
2016.05.09 2000 3150
1900.01.01 7000 3140

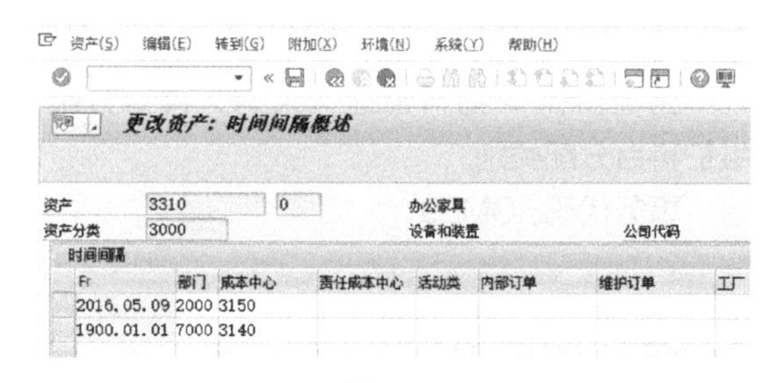

图5-71

STEP 6 单击“保存”按钮，系统会提示资产已经更改，如图 5-72 所示。

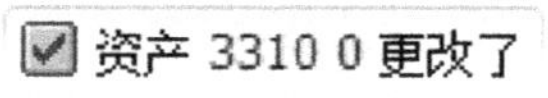

资产 3310 0 更改了

图5-72

STEP 7（可选）查看更改结果。通过当前界面菜单中的“资产”→“显示”命令，或事后使用 AS03 查看资产，进入主数据的“与时间相关”选项卡，可以看到系统显示资产的新归属，并且上面标明了“范围从 2016.05.09 至 9999.12.31”，如图 5-73 所示。

STEP 8（可选）如果想看到所有时间间隔的信息，则将“与时间相关”选项卡部分右侧的滚动条拉至最底端，显示“更多间隔”按钮，如图 5-74 所示。然后单击该按钮，系统就会显示所有时间间隔的信息，如图 5-75 所示。

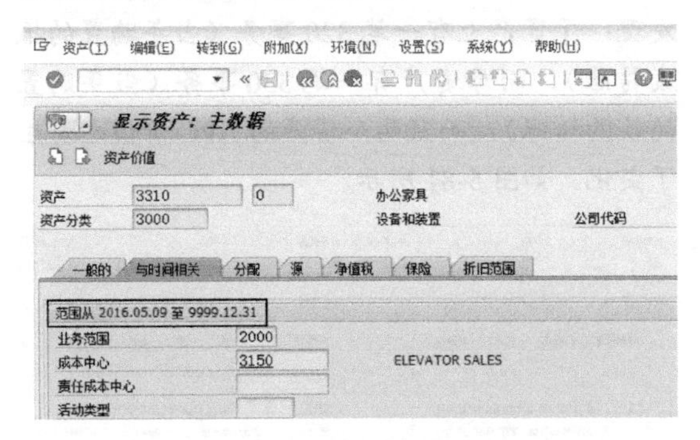

图5-73

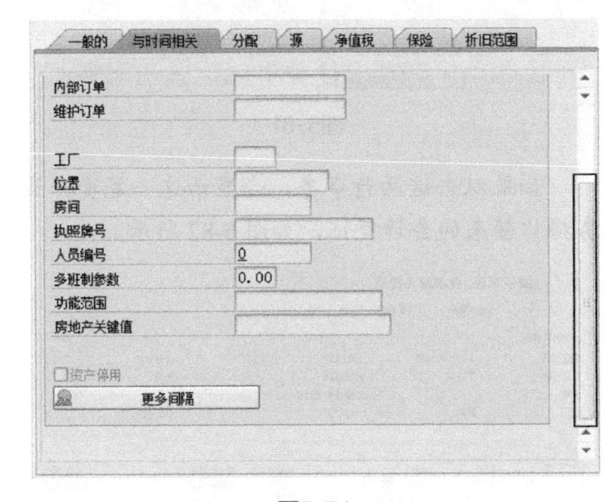

图5-74

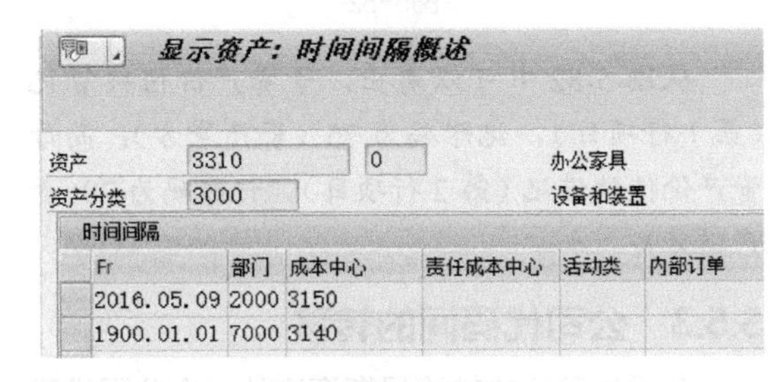

图5-75

提示

资产每一次的归属变动都会被记录在系统中。因此，该界面相当于提供了一个资产全生命周期的流转概览。

资产变更成本中心和业务范围后，资产折旧从变更当月就会记入新的成本中心和业务范围。

5.5.2 公司代码内的价值转移

资产在公司代码内的价值转移，是指一个公司代码内存在资产 A，现在将其价值转入资产 B。比较典型的例子是：将成套设备的一部分组件单独记入一个资产，事后希望将其加入到成套设备的大资产上。SAP 中提供的“公司代码内传输”功能主要是指这一种价值的转移（transfer）。

【业务操作】接下来介绍公司代码内资产价值转移的操作方法。

业务背景：系统中先后创建了两个资产，即母资产 2304-0（CNC production line）和子资产 2309-0（CNC 打印机）。在 2016.12.31 的原值及账面折旧数据如图 5-76 所示。现在希望将子资产 2309-0 的价值转移到母资产 2304-0 上。

资产余额 - 01 会计折旧

报表日期： 2016.12.31 - 创建日期： 2016.07.15

资产	次级	资本化日期	资产描述	购置价值	累积折旧	帐面价值	货币
2304	0	2008.02.29	CNC production line	6,251,873.10	5,574,587.10-	677,286.00	EUR
2309	0	2016.05.18	CNC打印机	7,000.00	367.00-	6,633.00	EUR

图5-76

路径：SAP 菜单 > 会计 > 财务会计 > 固定资产 > 过账 > 转账 > 在公司代码内传输

事务代码：ABUMN

STEP 1 在“输入资产业务：在公司代码内传输”界面输入转移的资产对象和接收的资产对象以及转移相关的日期，如图 5-77 所示。

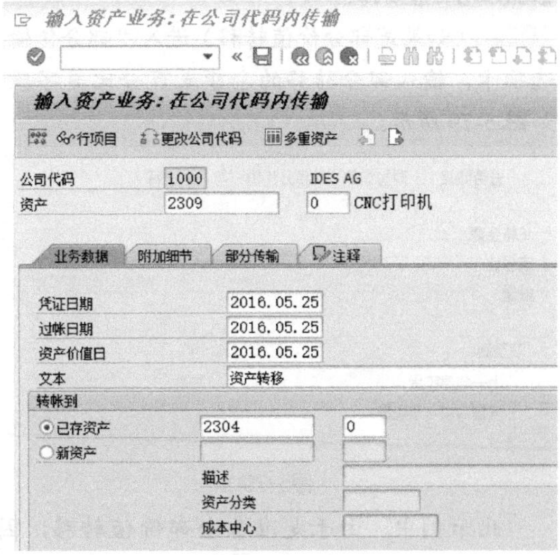

图5-77

界面上部的资产，输入准备转移的资产（子资产）。

下部“业务数据”选项卡，“转账到”的资产，输入接收其价值的资产（母资产）。如果选中“已存资产”单选钮，则将子资产价值转入“已经在系统中创建”的母资产上；如果选中“新资产”单选钮，则意味着转移的同时，要创建新的母资产。因此在这种情况下，要输入资产“描述”和“资产分类”等信息。

此案例中，母资产2304-0已经存在于系统中，选中“已存资产”单选钮即可。

STEP 2 （可选）进入“附加细节”选项卡，复核“凭证类型”“往来变式”等字段，如图5-78所示。

业务数据 | 附加细节 | 部分传输 | 注释

凭证的特殊说明
过帐期间
凭证类型

业务的特殊说明
往来变式 4 在公司代码内传送

凭证的附加信息
参照
分配

图5-78

此示例中，系统默认将往来变式写为“4”(在公司代码内传送)，接受系统默认值；过账期间，将由系统根据过账日期默认；凭证类型将由系统根据后台配置默认。

STEP 3 （如果是部分价值转移）进入“部分传输”选项卡，输入部分转移的金额或百分比等字段，如图5-79所示。

业务数据 | 附加细节 | 部分传输 | 注释

记帐金额
百分比
数量

涉及到
○上一年度购置
⊙来自当前年度购置

图5-79

此示例中，由于是准备全部价值转移，因此，该选项卡不必输入。

STEP 4 单击“保存”按钮，系统提示资产业务已过账，如图5-80所示。

☑ 带凭证号码1000 0100000306的资产业务过帐

图5-80

STEP 5 （可选）查看资产转移后的结果。利用事务代码AW01N分别查看两个资产的价值，可以发现：子资产上有一笔320事务（当年购置的报废转账），而母资产有一笔330事务（当年购置的收购转账），而且两个资产的APC价值也发生了变化，如图5-81所示。

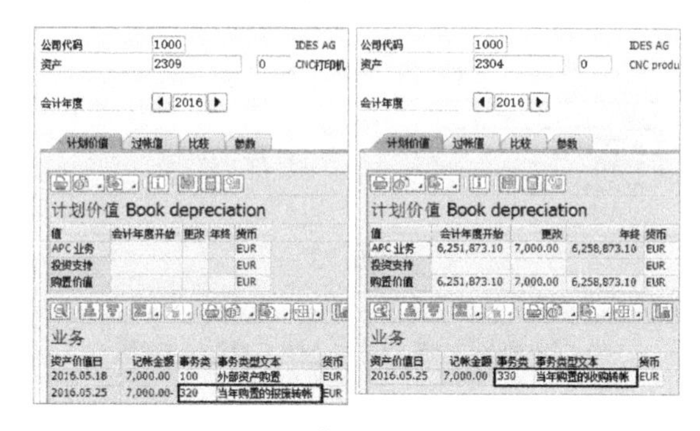

图5-81

如果双击这两行事务，会显示这一笔资产业务操作带来的会计凭证，如图5-82所示。

显示凭证：数据输入视图

显示货币 总帐视图

数据输入视图

凭证编号	100000306	公司代码	1000	会计年度	2016
凭证日期	2016. 05. 25	过帐日期	2016. 05. 25	期间	5
参照		公司往来凭证号			
货币	EUR	文本存在		分类帐组	

Co...	项	PK	SG	科目	说明	总帐帐目	总分类帐名称	金额	货币
1000	1	75		11000	000000002309 0000	11000	机械和设备	7,000.00-	EUR
	2	70		11000	000000002304 0000	11000	机械和设备	7,000.00	EUR

图5-82

从图5-82中可以看出，子资产价值被贷记（第1行项目），记账码为75（资产贷方）；而母资产价值被借记（第2行项目），记账码为70(资产借方)。

5.5.3 公司代码间的转移

公司代码间的转移是指资产从一个公司代码转移到另一个公司代码。它既是归属上的转移，也是价值上的转移。转移到新的公司代码后，既有可能将价值添加到已有的资产上，也有可能专门为其新建一个资产。

系统中的操作有以下两种方式。

（1）直接在原公司代码中做报废处理，然后在新公司代码中做新增处理。两件事情完全独立操作，并无关联。

（2）使用系统提供的“公司间资产转移”功能，直接将旧资产的价值转移到新资产的价值上，在一笔业务中完成操作。

前一种方式分别参考报废（5.7节）和购置（5.4节）的操作，在本节中不专门讲述。本节主要介绍后一种方式的操作。

【业务操作】如何使用“公司间资产转移”的功能？

业务背景：公司代码1000中的资产1156-0，原值560 000.00欧元，已经计提了14 000.00欧元的折旧，现作价550 000.00欧元销售给公司代码0005，并添加到公司代码0005原有的资产11000002-0的价值上。公司代码1000为此获得4 000欧元的收入。

路径：SAP菜单 > 会计 > 财务会计 > 固定资产 > 过账 > 转账 > 公司间资产转移

事务代码：ABT1N

STEP 1 进入“输入资产业务：公司间资产转移”界面，输入转出方、转入方的公司代码和资产号以及相关日期，如图5-83所示。

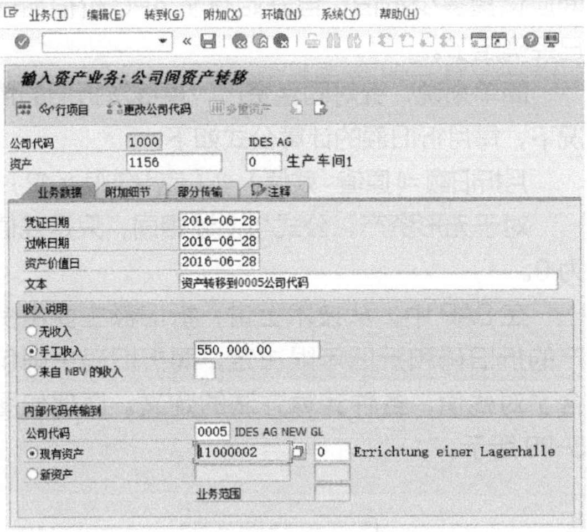

业务(T) 编辑(E) 转到(G) 附加(X) 环境(N) 系统(Y) 帮助(H)

输入资产业务：公司间资产转移

行项目 更改公司代码 多重资产

公司代码 1000 IDES AG
资产 1156 0 生产车间1

业务数据 附加细节 部分传输 注释

凭证日期 2016-06-28
过帐日期 2016-06-28
资产价值日 2016-06-28
文本 资产转移到0005公司代码

收入说明
○无收入
⊙手工收入 550,000.00
○来自 NBV 的收入

内部代码传输到
公司代码 0005 IDES AG NEW GL
⊙现有资产 11000002 0 Errichtung einer Lagerhalle
○新资产
业务范围

图5-83

STEP 2 单击“附加细节”选项卡，设置“往来变式”选项，如图5-84所示。

往来变式： 在后台配置的一种变式，它决定资产在公司代码间转移时的一些参数。例如，是以资产原值、资产账面净值还是以手工输入的重估价值转移。如果选择1，则表示按原值转移（总额方法）；选择2表示按账面净值（NBV，净额方法）；选择3表示按手工输入的重估价值转移（重估方法）。示例中先以1做测试。

STEP 3 单击“模拟”按钮，系统显示即将生成的会计凭证，如图5-85所示。

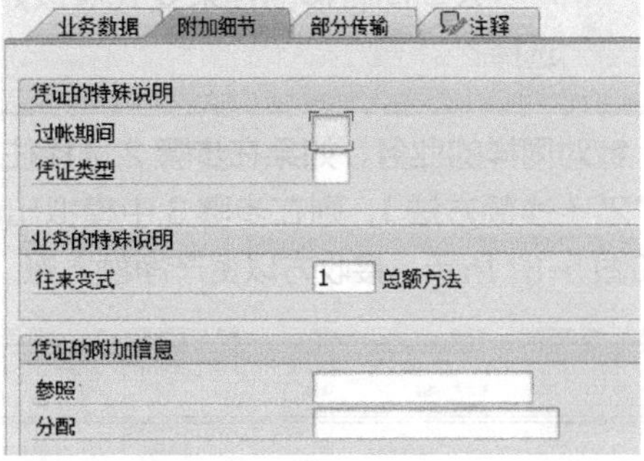

业务数据 附加细节 部分传输 注释

凭证的特殊说明
过帐期间
凭证类型

业务的特殊说明
往来变式 1 总额方法

凭证的附加信息
参照
分配

图5-84

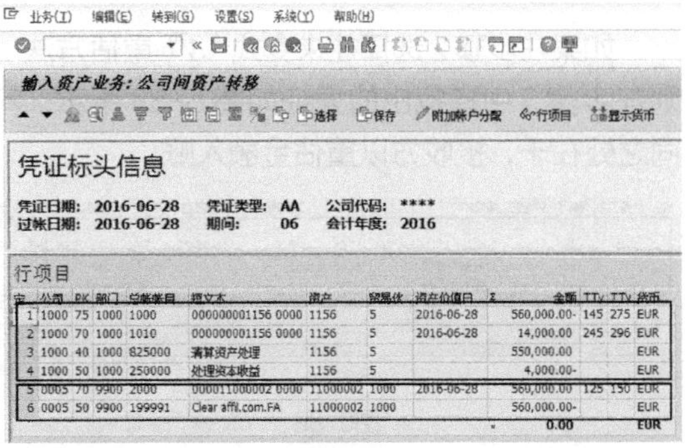

业务(T) 编辑(E) 转到(G) 设置(S) 系统(Y) 帮助(H)

输入资产业务：公司间资产转移

选择 保存 附加帐户分配 行项目 显示货币

凭证标头信息

凭证日期：2016-06-28 凭证类型：AA 公司代码：****
过帐日期：2016-06-28 期间：06 会计年度：2016

行项目

项	公司	PK	部门	总帐科目	短文本	资产	贸易伙	资产价值日	Σ	金额	TTy	TTy	货币
1	1000	75	1000	1000	000000001156 0000	1156	5	2016-06-28		560,000.00-	145	275	EUR
2	1000	70	1000	1010	000000001156 0000	1156	5	2016-06-28		14,000.00	245	296	EUR
3	1000	40	1000	825000	清算资产处理	1156	5			550,000.00			EUR
4	1000	50	1000	250000	处理资本收益	1156	5			4,000.00-			EUR
5	0005	70	9900	2000	000011000002 0000	11000002	1000	2016-06-28		560,000.00	125	150	EUR
6	0005	50	9900	199991	Clear affil.com.FA	11000002	1000			560,000.00-			EUR
									*	0.00			EUR

图5-85

图5-85中的凭证同时列示了两个公司代码1000和0005的凭证。由于选择了“总额方法”的往来变式，因此，在转入方0005的资产，以原值560 000.00欧元（借记）记账，并贷记“关联公司资产清账”科目（Clear affil.com.FA）。同时，转出方1000公司的资产，转销原值（贷记）、累计折旧（借记），并贷记销售收入（清算资产处理），三者的差额，相当于1000公司代码的资产销售处置收益4 000欧元。

两个公司代码的“关联公司资产清账”和“清算资产处理”科目都有待后续转出到相应的应收应付科目。

STEP 4 单击“保存”按钮，系统提示资产转移已经过账，系统会分别根据两个公司代码形成会计凭证，并给出提示，如图5-86所示。

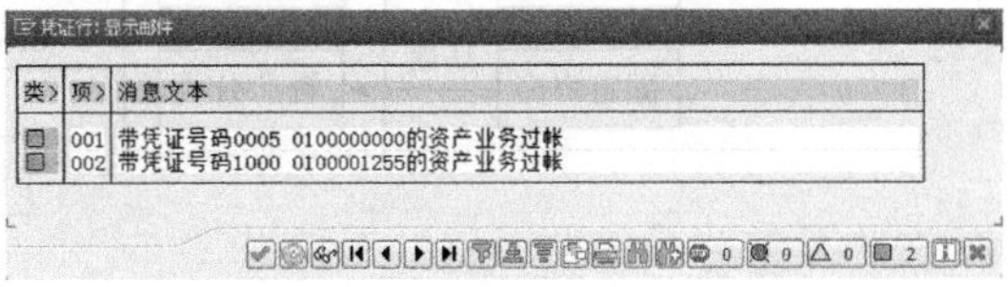

凭证行：显示邮件

类	项	消息文本
	001	带凭证号码0005 0100000000的资产业务过帐
	002	带凭证号码1000 0100001255的资产业务过帐

图5-86

公司间转移的往来变式应该如何选择?

针对同样的业务，如果在步骤 2 选择往来变式“2”（净额方法），则在步骤 3 中模拟出的凭证如图 5-87 所示。接收方以资产净额入账。

定...	公司	PK	部门	总帐帐目	短文本	资产	贸易伙	资产价值日	Σ	金额	TTy	TTy	货币
1	1000	75	1000	1000	000000001156 0000	1156	5	2016-06-28		560,000.00-	275	145	EUR
2	1000	70	1000	1010	000000001156 0000	1156	5	2016-06-28		14,000.00	296	245	EUR
3	1000	40	1000	825000	清算资产处理	1156	5			550,000.00			EUR
4	1000	50	1000	250000	处理资本收益	1156	5			4,000.00-			EUR
5	0005	70	9900	2000	000011000002 0000	11000002	1000	2016-06-28		0.00	150	125	EUR
6	0005	70	9900	2000	000011000002 0000	11000002	1000	2016-06-28		546,000.00	151	125	EUR
7	0005	50	9900	199991	Clear affil.com.FA	11000002	1000			546,000.00-			EUR
									*	0.00			EUR

图5-87

如果在步骤 2 选择往来变式“3”（重估方法），则在步骤 3 中模拟出的凭证如图 5-88 所示。不同之处在于，接收方以重估金额入账。

定...	公司	PK	部门	总帐目	短文本	资产	贸易伙	资产价值日	Σ	金额	TTy	TTy	货币
1	1000	75	1000	1000	000000001156 0000	1156	5	2016-06-28		560,000.00-	275	145	EUR
2	1000	70	1000	1010	000000001156 0000	1156	5	2016-06-28		14,000.00	296	245	EUR
3	1000	40	1000	825000	清算资产处理	1156	5			550,000.00			EUR
4	1000	50	1000	250000	处理资本收益	1156	5			4,000.00-			EUR
5	0005	70	9900	2000	000011000002 0000	11000002	1000	2016-06-28		0.00	150	125	EUR
6	0005	70	9900	2000	000011000002 0000	11000002	1000	2016-06-28		550,000.00	151	125	EUR
7	0005	50	9900	199991	Clear affil.com.FA	11000002	1000			550,000.00-			EUR
									*	0.00			EUR

图5-88

相比较而言，重估方法在接收方产生的凭证比较合理，因为公司间的应付项（第 7 行）是以双方的重估价来计算的。

提示

往来变式定义的路径：IMG>财务会计（新）>资产会计核算>业务>公司内部资产转账>公司内部资产自动转账>定义转账变式-定义传输变式。

业务实践 公司代码间的资产转移，虽然系统提供了标准功能（即上面详细介绍的操作方法），但通过以上的介绍，读者也可以发现其弊端：凭证并没有“一步到位”，两家公司代码还得后续对“固定资产清理”科目进行转账处理，而且该凭证容易引起审计的疑问。再加上在实务中公司间资产转移的交接过程可能比较慢，可能必须先从一个公司转出，待确认后才能转入另一个公司。因此，在这种情况下，只能采取一边使用报废，一边使用购置的方法来操作，而不能采用系统标准的一步式的公司代码间转移操作。

5.6 资产的折旧

本节先介绍资产折旧的原理，然后再介绍资产折旧的运行。

5.6.1 资产折旧的原理

资产的折旧是资产模块重要的月末操作步骤。它虽然在月末操作，但是一个资产在每个期间应该提多少折旧，自开始有了 APC 价值后就已经确定了。

简单来说，针对固定资产，直线法折旧的情况下，每月折旧额的计算公式如下。

月折旧额=（原值-残值）÷（使用年限 × 12）

对于无形资产，公式与上述相同，只是残值为 0。

在 SAP 中，从技术上讲，折旧额主要由资产的折旧码和折旧年限决定，而折旧码中则包含了对残值、各种计算方法的定义。原理如图 5-89 所示。

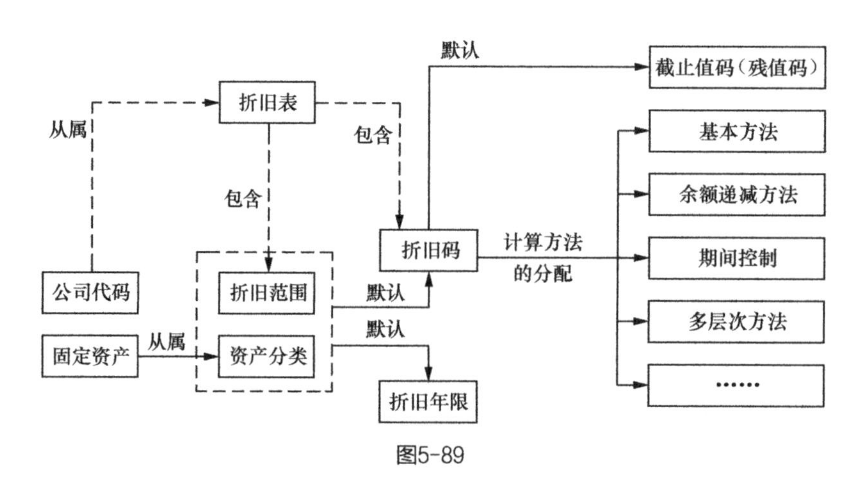

图5-89

折旧码定义的界面，以直线折旧法为例，如图 5-90 所示。

路径：IMG> 财务会计（新）> 资产会计核算 > 折旧 > 评估方法 > 折旧码 > 维护折旧码

事务代码：AFAMA

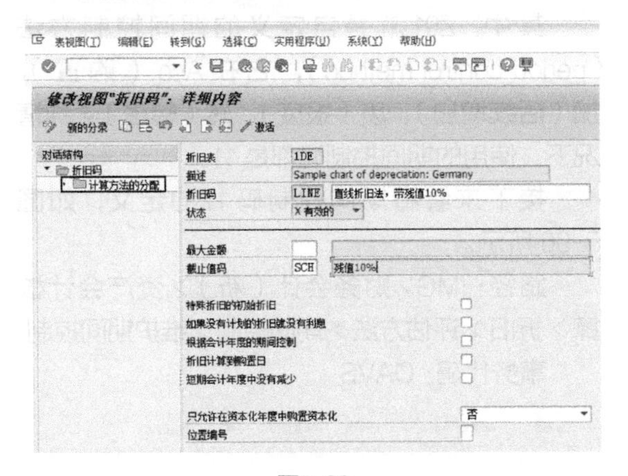

图5-90

双击图 5-90 中左侧树状结构的“计算方法的分配”，可以看到针对折旧码 LINE 分配了哪些参数，如图 5-91 所示。

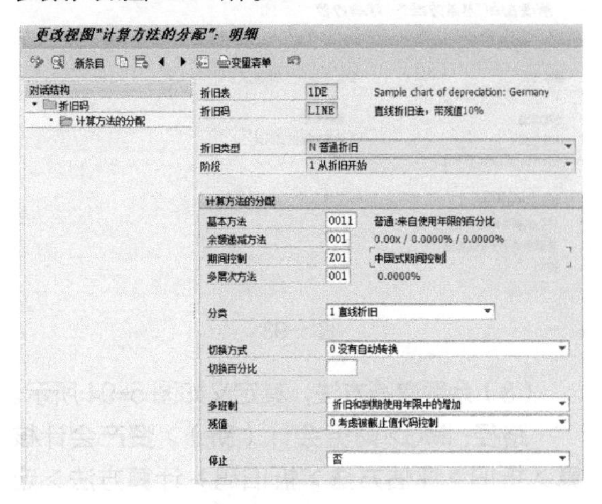

图5-91

从图 5-91 中可以看到，折旧码包含一系列的要素。这些要素的解释如表 5-2 所示。

表 5-2 折旧码包含的概念解释

概念	作用	示例	企业案例	图示
截止值码	定义残值如何计算	SCH：残值 10%	新定义 10% 或 5% 残值率	图 5-92
基本方法	定义计算类型与计算方式，如直线法、年限总和法	0011：普通：来自使用年限的百分比	使用标准的 0011	图 5-93
余额递减方法	定义余额递减的百分比	001：不递减（递减因子为 0）	使用标准的 001	图 5-94
期间控制	定义资产购置 / 报废时，折旧从哪个月的哪一天开始 / 结束	001：01/01/02/02（购置当月第一天折旧、报废当月不计提折旧）	新定义符合中国的期间控制变式：首次购置次月折旧、报废当月计提最后一个月折旧	图 5-95
多层次方法	定义资产价值“中途”变化时，后续折旧如何影响	001：0.0000%（基值 =24 账面净值，勾选“剩余使用期”）	使用标准的 001	图 5-98

下面分别用图示的方法说明各个要素的内容。

（1）截止值码，其定义如图 5-92 所示。

路径：IMG> 财务会计（新）> 资产会计核算 > 折旧 > 评估方法 > 进一步的设置 > 定义终止值代码

事务代码：ANHAL

（2）基本方法，其定义如图 5-93 所示。

路径：IMG> 财务会计（新）> 资产会计核算 > 折旧 > 评估方法 > 折旧码 > 计算方法 > 定义基本方法

事务代码：SM30（表 / 视图：V_T090NR）

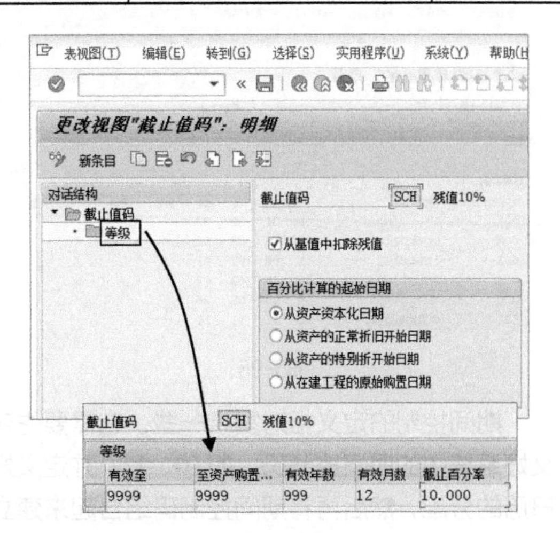

图5-92

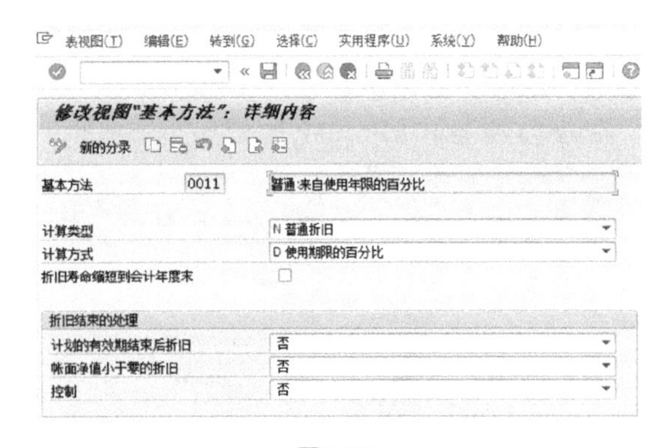

图5-93

（3）余额递减方法，其定义如图 5-94 所示。

路径：IMG> 财务会计（新）> 资产会计核算 > 折旧 > 评估方法 > 折旧码 > 计算方法 > 定义余额递减法

事务代码：AFAMD

修改视图"余额递减法"：概览

折旧表 1DE Sample chart of depreciation: Germany

递减余额	折旧方法	递减因子	Max.perc.	Min.Perc.
001	0.00x / 0.0000% / 0.0000%			
002	2.00x /20.0000% / 0.0000%	2.00	20.0000	
003	2.50x /25.0000% / 0.0000%	2.50	25.0000	
004	3.00x /30.0000% / 0.0000%	3.00	30.0000	

图5-94

“递减余额”（余额递减法）001 的递减因子为空，表明折旧过程中余额不递减。

（4）期间控制（期间控制方法），其定义如图 5-95 所示。

修改视图"期间控制"：概览

折旧表 1DE Sample chart of depreciation: Germany

期间控制

Prd.c.meth	描述	Acq	加	废	转	重估	资助	UpDp	升值
001	01/01/02/02	01	01	02	02				
002	04/06/02/02	04	06	02	02				
003	01/06/02/02	01	06	02	02				
004	06/06/02/02	06	06	02	02				
005	06/06/08/08	06	06	08	08				
Z01	中国式期间控制	11	11	11	11				

图5-95

期间控制的定义相对复杂一些。它需要先定义好系统中的期间控制码，如 01、11，并定义好日历的分配，然后再将期间控制码组合起来建立“期间控制方法”。

先看看最终组合出来的“期间控制方法”。

路径：IMG> 财务会计（新）> 资产会计核算 > 折旧 > 评估方法 > 折旧码 > 计算方法 > 维护期间控制方法

事务代码：AFAMP

其中，Z01 就是自定义的期间控制方法（period control method），它在 Acq.（购置）、加（后续增加）、废（报废）、转（转移）4 种情况下，使用的期间控制码都是 11。

接下来看看期间控制码 11 的定义，如图 5-96 所示。

路径：IMG> 财务会计（新）> 资产会计核算 > 折旧 > 评估方法 > 期间控制 > 维护期间控制

事务代码：OAVS

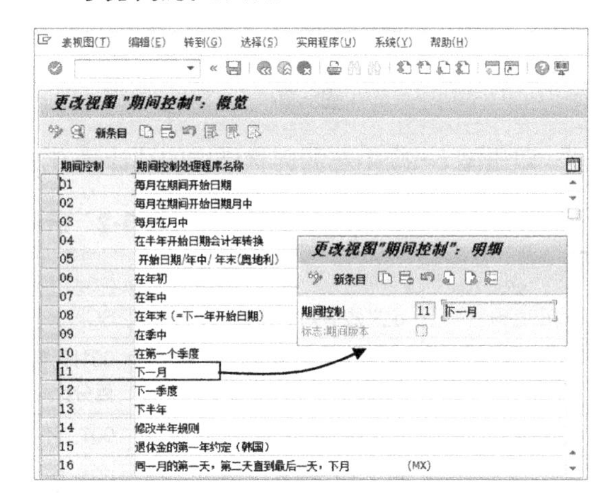
更改视图"期间控制"：概览

期间控制	期间控制处理程序名称
01	每月在期间开始日期
02	每月在期间开始日期月中
03	每月在月中
04	在半年开始日期会计年转换
05	开始日期/年中/年末(房地利)
06	在年初
07	在年中
08	在年末（=下一年开始日期）
09	在季中
10	在第一个季度
11	下一月
12	下一季度
13	下半年
14	修改半年规则
15	退休金的第一年约定（韩国）
16	同一月的第一天，第二天直到最后一天，下月 (MX)

图5-96

仅定义了期间控制码 11 的名称还不够，还需要明确它在特定财年变式中的日历分配，如图 5-97 所示。

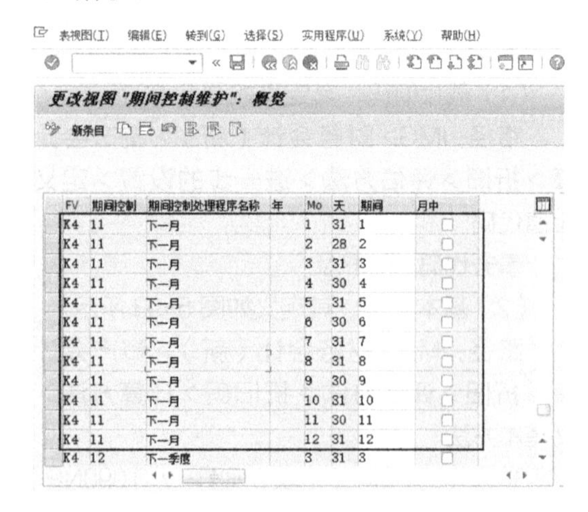
更改视图 "期间控制维护"：概览

FV	期间控制	期间控制处理程序名称	年	Mo	天	期间	月中
K4	11	下一月		1	31	1	
K4	11	下一月		2	28	2	
K4	11	下一月		3	31	3	
K4	11	下一月		4	30	4	
K4	11	下一月		5	31	5	
K4	11	下一月		6	30	6	
K4	11	下一月		7	31	7	
K4	11	下一月		8	31	8	
K4	11	下一月		9	30	9	
K4	11	下一月		10	31	10	
K4	11	下一月		11	30	11	
K4	11	下一月		12	31	12	
K4	12	下一季度		3	31	3	

图5-97

路径：IMG> 财务会计（新）> 资产会计核算 > 折旧 > 评估方法 > 期间控制 > 定义日历分配

事务代码：OAVH

在 K4 年度中，期间控制 11 表明每月对应期间都为下一期。例如，1 月 1 日—1 月 31 日对应的"期间"为 1，这里的 1 是指"折旧计算期间"。

对于购置，这是系统在其后计算折旧的期间。对于报废，这是系统计算折旧直到（包含）的期间。

折旧从或到期末计算。对于该计算，第一个期间总是期间 000。换句话说，如果要从会计年度初计算折旧，则用户必须指定期间 000（或保留该字段为空）。

——SAP 对"期间"字段的在线帮助

因此，如果针对 1 月 31 日的条目，"期间"设置为"1"，表明在 1 月 31 日前（含）购置的资产，系统在（其后的期间）"2"期间计算折旧；在 1 月 31 日前（含）报废的资产，系统在"1"期间计提最后一个月的折旧。

注意 SAP在"定义日历分配"界面中预装的数据存在bug：针对K4条目，2月份的记录，只维护到2月28日止。事实上，某些年度，2月份有29天。这样，按照系统标准配置，2月29日购置的资产，系统就会将其放在"3月31日前"购置的这一条目中计算折旧开始日期。因此，所有企业都应检查2月份的终止日期，应确保其为29日。如果是28日的，要修改成29日。

（5）多层次方法，其定义如图 5-98 所示。

路径：IMG> 财务会计（新）> 资产会计核算 > 折旧 > 评估方法 > 折旧码 > 计算方法 > 定义多层方法

事务代码：AFAMS

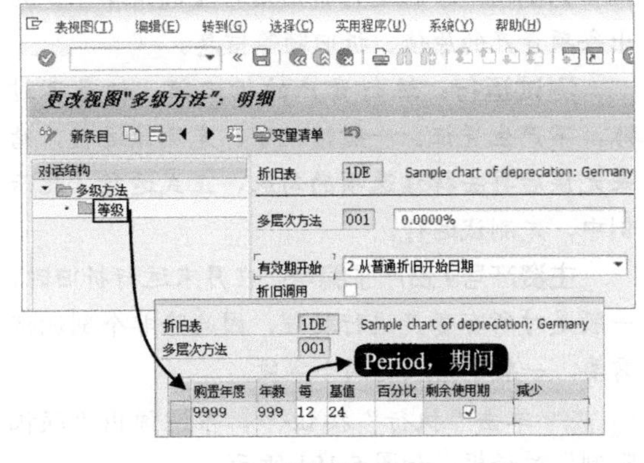

图5-98

这里的"基值"为 24，表示"账面净值"，即每次资产价值发生后续变化时，系统都以当前的账面净值作为计算基础。结合"剩余使用期"复选框的勾选，意味着将账面净值在剩余的使用期限中平均分摊。这是比较适合国内用户习惯的一种选择。

直线法以外的折旧方法如何应对？

除直线法外，企业还有可能采用双倍余额递减法和产量折旧法计提折旧。

（1）双倍余额递减法：这是在固定资产使用年限最后两年的前面各年，用直线法折旧率的 2 倍作为固定的折旧率乘以逐年递减的固定资产期初净值，得出各年应提折旧额的方法；在固定资产使用年限的最后两年改用年限平均法，将倒数第 2 年初的固定资产账面净值扣除预计净残值后的余额在这两年平均分摊。它是加速折旧法的一种，是假设固定资产的服务潜力在前期消耗较大，在后期消耗较少，为此，使用前期多提折旧，后期少提折旧，从而相对加速折旧。

其计算公式如下。

① 年折旧率 =2÷ 预计的折旧年限 ×100%。

② 月折旧率 = 年折旧率 ÷12。

③ 月折旧额 = 年初固定资产折余价值 × 月折旧率。

④ 最后两年，每年折旧额 =（固定资产原值 − 累计折旧 − 净残值）÷ 2。

双倍余额递减法的折旧码可以参考 IDES 中设置的折旧码 DG20（Declining balance 2 x）来设置。其最主要的特点在于：分多个阶段计算折旧；第一个阶段折旧分类为"余额递减法"而不是"直线折旧法"；第一个阶段采用的余额递减方法设置了递减因子 2.00；第一个阶段采用的多层方法的基值仍选择"24- 账面净值"，但不勾选"剩余使用期"复选框，意味着账面净值不在剩余使用期内平均分摊。

（2）产量折旧法：这是按照各使用期的生产产量的比例，计提固定资产折旧的一种方法。

计算公式如下。

① 某项固定资产单位生产产量应计提折旧额 =（某项固定资产原始价值 + 预计清理费用 − 预计残

余价值）÷ 某项固定资产预计整个使用期间生产产量。

② 某项固定资产各期应计提折旧额 = 某项固定资产单位生产产量应计提折旧额 × 该期实际生产产量。

产量法折旧在 SAP 中的设置可以参考 IDES 中折旧码 STCK[Unit-of-production deprec. (seasonal activity)] 来设置。它的最大特点：基本方法为“0018- 普通：生产单位折旧法”。但这种折旧码基本上不可用，因为需要按月定义每个月的产量单位与总产量单位，如图 5-99 所示。

路径：IMG> 财务会计（新）> 资产会计核算 > 折旧 > 普通折旧 > 定义生产单位折旧法

事务代码：AO25

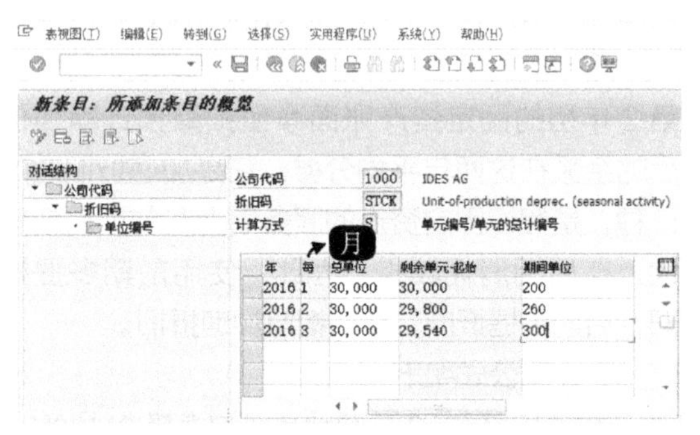

图5-99

如果有多个资产需要按产量法计提折旧，而每个资产的月产量与总产量均不相同，则必须按资产设置折旧码，即每个资产一个折旧码——这几乎是不可想象的。

因此，如果企业对多个资产实行产量法计提折旧，建议采取额外的方法。例如，使用 Excel 表格计算折旧，然后采用人工折旧方法——直接在 SAP 中指定折旧金额；或者不使用资产模块，而使用简易的 Excel 表格计算折旧，然后手工在 GL 中输入折旧凭证。

5.6.2 资产折旧的运行

在资产浏览器（事务代码：AW01N）中，可以看到资产在当前年度每个月的计划折旧额或已过账折旧额。月末的折旧运行，不过是将资产当前月份计划的折旧额转变为实际“已过账”的折旧额，并形成相应会计凭证的过程。

【业务操作】接下来介绍如何在系统中计提折旧。

路径：SAP 菜单 > 会计核算 > 财务会计 > 固定资产 > 定期处理 > 折旧运行 > 执行

事务代码：AFAB

STEP 1 进入“折旧记账运行”界面，输入公司代码、会计年度、过账期间等，如图 5-100 所示。

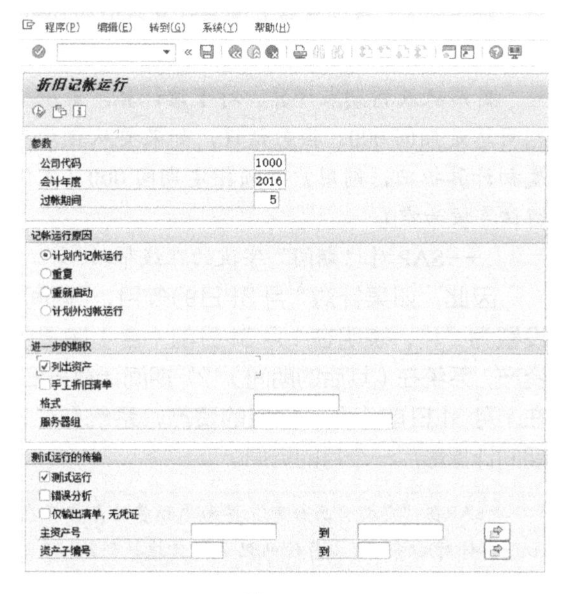

图5-100

计划内记账运行：对计划内的折旧运行过账。正常情况下，都是选择此项。“重复”运行是指前次运行折旧的凭证意外丢失，没有过账，需要对资产再次运行折旧（重复运行可以选定特定的资产运行）；“重新启动”是指资产前次运行折旧时程序意外终止（如会计期没有打开），必须重新启动原有的程序；“计划外过账运行”是指对资产计划外折旧进行过账。

列出资产：在运行折旧后产生的清单中，列出每项资产的原值、折旧额等信息。

测试运行：运行资产的折旧额，但是不过账，不产生凭证。一般情况下，先测试运行，结果无误后再去掉该选项的勾选，正式运行。此示例中，先测试运行。

主资产号 / 资产子编号：在月末运行折旧时，一般是对所有资产进行处理，因此除非个别测试需要，一般不输入这两个字段。

STEP 2 单击“执行”按钮，系统弹出“联机限制”对话框，如图 5-101 所示。

联机限制

联机中，处理已限制
于接近 1000 资产

你想继续处理
吗?

是　否　取消

图5-101

该对话框的含义是：在联机执行折旧运行时，系统出于性能的考虑，只计算大约1 000条资产记录的折旧。在这种情况下，所有资产折旧的总额可能不准确（因为没有计算全部资产），会给用户带来误导。

注意 测试运行时，可以联机执行，但在资产超过1 000条记录的时候，运行出的资产折旧总额很有可能是错误的。因此，如果资产超过1 000条记录，即使测试运行，也要选择在后台执行。

注意 正式运行时，只能在后台执行。

STEP 3 单击 是 按钮，系统经过一段时间的运行后，显示出测试运行结果的清单，如图5-102所示。

折旧记帐运行 为公司代码 1000

测试运行

过帐日期：2016.05.31　日期已生成：2016.07.15　期间：2016/005/01

图5-102

该清单列出了资产的年度折旧额、已折旧额、将折旧额和累计折旧额。

Σ计划折旧/利息：本年度总的计划折旧额/利息额（在国内不存在给资产计算利息一说，可忽略，只关心折旧）。

Σ折旧/记账利息：本年度已经记账的折旧/利息。

Σ要记账的数量：此次折旧运行要记账的金额。

Σ累积的记账金额：此次折旧运行后，加上本月折旧，累计折旧的金额。

这些数据，可以通过资产浏览器（事务代码：AW01N）来验证。例如，折旧清单中第一个资产1113-0的本月折旧额为11 078.00元，这一点和AW01N中查到的结果一致，如图5-103所示。

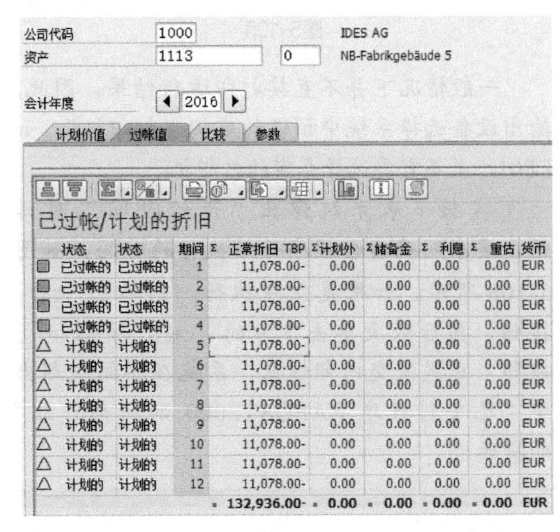

公司代码 1000 IDES AG
资产 1113 0 NB-Fabrikgebäude 5
会计年度 2016
计划价值 | 过帐值 | 比较 | 参数

已过帐/计划的折旧

状态	状态	期间	Σ 正常折旧 TBP	Σ计划外	Σ储备金	Σ 利息	Σ 重估	货币
已过帐的	已过帐的	1	11,078.00-	0.00	0.00	0.00	0.00	EUR
已过帐的	已过帐的	2	11,078.00-	0.00	0.00	0.00	0.00	EUR
已过帐的	已过帐的	3	11,078.00-	0.00	0.00	0.00	0.00	EUR
已过帐的	已过帐的	4	11,078.00-	0.00	0.00	0.00	0.00	EUR
计划的	计划的	5	11,078.00-	0.00	0.00	0.00	0.00	EUR
计划的	计划的	6	11,078.00-	0.00	0.00	0.00	0.00	EUR
计划的	计划的	7	11,078.00-	0.00	0.00	0.00	0.00	EUR
计划的	计划的	8	11,078.00-	0.00	0.00	0.00	0.00	EUR
计划的	计划的	9	11,078.00-	0.00	0.00	0.00	0.00	EUR
计划的	计划的	10	11,078.00-	0.00	0.00	0.00	0.00	EUR
计划的	计划的	11	11,078.00-	0.00	0.00	0.00	0.00	EUR
计划的	计划的	12	11,078.00-	0.00	0.00	0.00	0.00	EUR
			132,936.00-	0.00	0.00	0.00	0.00	EUR

图5-103

如果在运行折旧产生的清单（见图5-102）中发现有错误或警告，可以通过单击应用工具栏中的“错误清单”按钮来查看详细信息。例如，图5-102中的“错误清单”如图5-104所示。

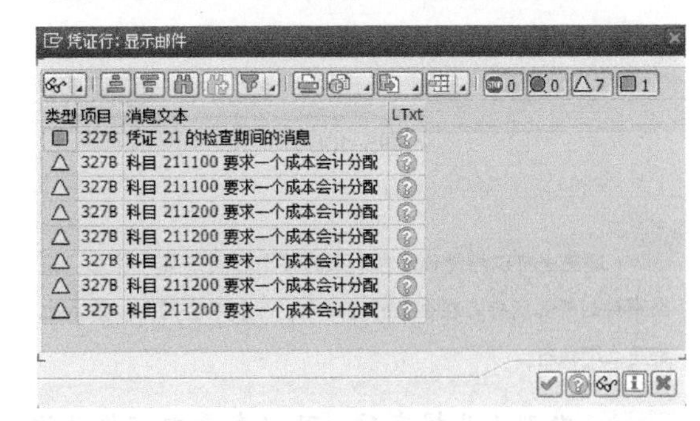

凭证行：显示邮件

类型	项目	消息文本
	327B	凭证 21 的检查期间的消息
△	327B	科目 211100 要求一个成本会计分配
△	327B	科目 211100 要求一个成本会计分配
△	327B	科目 211200 要求一个成本会计分配
△	327B	科目 211200 要求一个成本会计分配
△	327B	科目 211200 要求一个成本会计分配
△	327B	科目 211200 要求一个成本会计分配
△	327B	科目 211200 要求一个成本会计分配

图5-104

对于这里的错误或警告，必须在正式执行前先行解决。

STEP 4 返回输入参数运行折旧的界面“折旧记账运行”（见图5-100），去掉对“测试运行”复选框的勾选，并单击菜单中的“程序”→“后台执行”命令，系统启动内部作业。首先要求确认“内部作业打印参数”，并单击“确认”按钮，如图5-105所示。

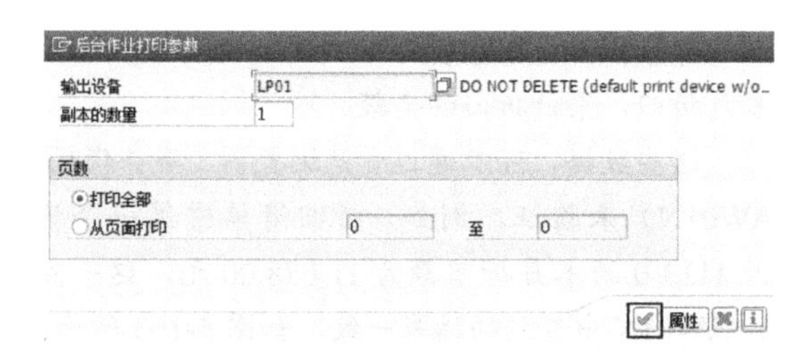

图5-105

一般情况下并不直接打印运行结果，因此，输出设备选择系统中预设的虚拟“打印机”，如LP01，并不需要选择真实的打印机。

STEP 5 接下来系统弹出“开始时间”对话框，要求明确后台程序开始执行的时间，如图5-106所示。如果是立即执行，则单击 立刻 按钮，然后依次单击下方的 检查 按钮和 按钮，正式提交内部作业，系统在界面底部出现“已安排程序 RAPOST2000 的内部作业”的提示。

图5-106

> **提示**
> 这里也可以指定程序在未来的某个时间或某个作业、某个事件后开始运行。在企业的实践中，一般不会用到，基本上都是立即执行。

STEP 6 内部作业提交后，可以查看内部作业运行的状态。

路径1：顶层菜单“系统”→“内部作业”（不用输入参数，直接显示内部作业，相当于事务代码SMX）

路径2：“系统”→“服务”→“作业”→“作业概览”（这种方式可以输入查询参数，相当于事务代码SM37）

图5-107是路径2的查询结果。

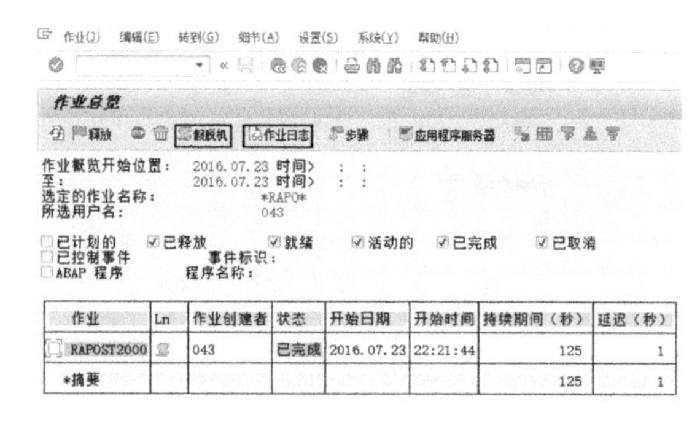

作业	Ln	作业创建者	状态	开始日期	开始时间	持续期间（秒）	延迟（秒）
RAPOST2000		043	已完成	2016.07.23	22:21:44	125	1
*摘要						125	1

图5-107

STEP 7 选中作业，可以单击 作业日志 按钮，查看作业执行的日志文件（如有报错，将记录在日志文件中）；或者单击 假脱机 按钮，查看程序执行的输出结果。图5-108是日志文件的示例；图5-109是查看假脱机文件的方法以及输出的结果。

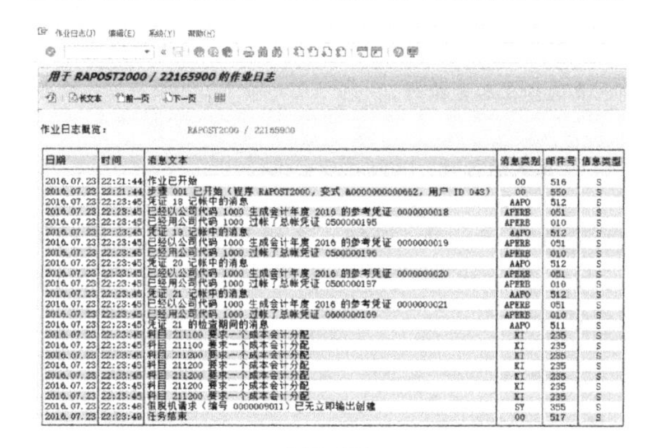

图5-108

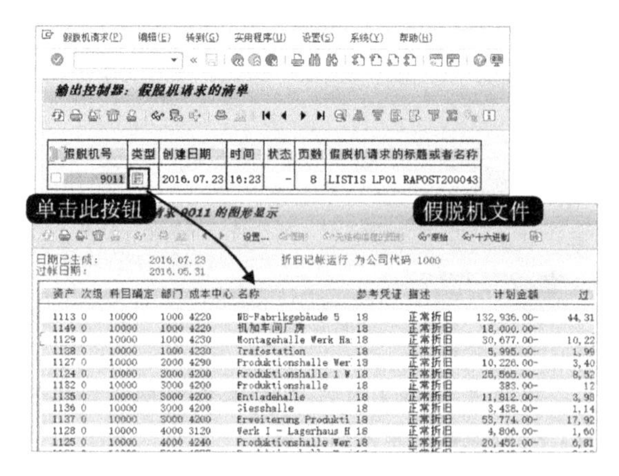

图5-109

假脱机文件和前台文件一样，都可以保存在本地，以备日后查询。

STEP 8（可选）可以利用事务代码FB03复核生成的资产折旧凭证。查询线索：①根据日志文件中的提示（见图5-108）获知凭证编号；②根据凭证类型（AF）和输入日期（或过账日期）查询。

提示

如果使用多套账平行核算，且资产分多个折旧范围计提折旧并传送到多套账中，则必须复核每个账套中的凭证是否正确。

5.7 资产的报废

企业资产的报废，分为有收入和无收入两种，本节分别加以介绍。

5.7.1 有收入的报废

企业将不再使用的资产出售给客户，并获取收入，称为“有收入的报废”。按照国内的会计制度，企业报废资产，应该注销报废固定资产的原值和已计提折旧额，记入“固定资产清理”；将清理费用、变现收入也记入“固定资产清理”；最后，结转清理后的净损益，将“固定资产清理”的净余额转入营业外收入或营业外支出。

在SAP中，通过“有收入的报废”功能可以同时将固定资产的原值、已计提折旧额和变现收入直接记入净损益。

【业务操作】接下来介绍“有收入的报废”的功能操作。

业务背景：公司代码1000的资产1138-0，原值299 722.83，截至2016年5月末，累计折旧102 403.83，账面净值为197 319.00，如图5-110所示。假设企业于2016年6月将该资产出售给客户，作价200 000.00，账面净值还要减去6月份最后一个月应计提的折旧499，那么，最终的净收入为200 000.00 – (197 319.00–499) = 3180（以上金额单位均为欧元）。

路径：SAP菜单 > 会计核算 > 财务会计 > 固定资产 > 过账 > 报废 > 有收入的报废 > 有客户

事务代码：F-92

STEP 1 在“销售部门用户处的资产报废：抬头数据”（Asset Retirement from Sale with Customer: Header Data，“销售给客户”形式的资产报废：头层数据）界面输入凭证抬头，并在首行输入针对客户的应收项——记账码使用01，科目（账户）字段输入客户的编号，如图5-111所示。

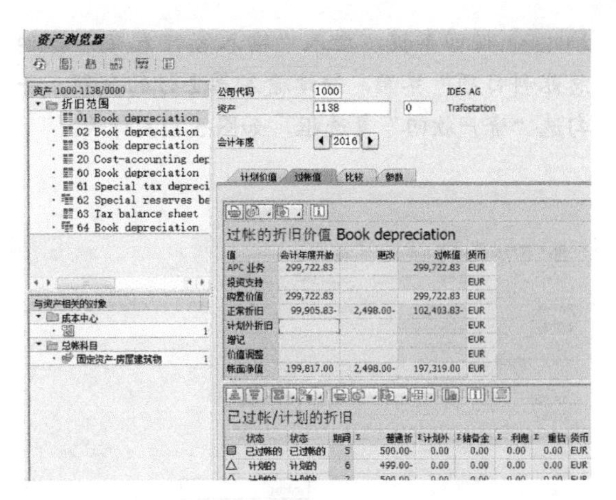

图5-110

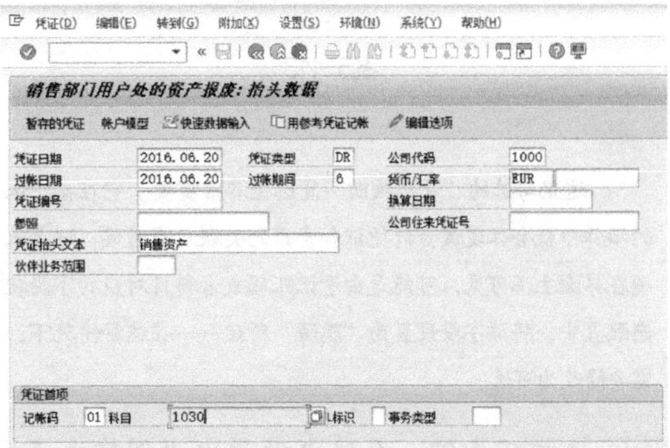

图5-111

STEP 2 按回车键，进入“输入客户发票：添加客户项目”界面，继续输入首行的金额，然后在界面下端输入第2行的记账码和科目——记账码使用50，科目（Account，账户）字段输入“固定资产清理”科目，如图5-112所示。

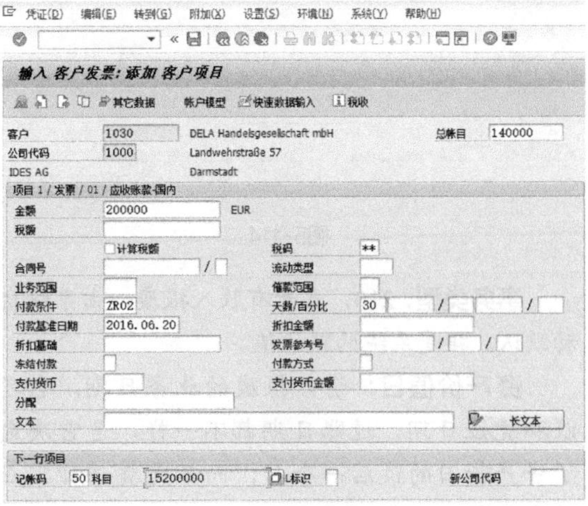

图5-112

STEP 3 按回车键，进入“输入客户发票：添加总账科目项”界面，继续输入第 2 行的金额，并勾选“资产收回”复选框，如图 5-113 所示。

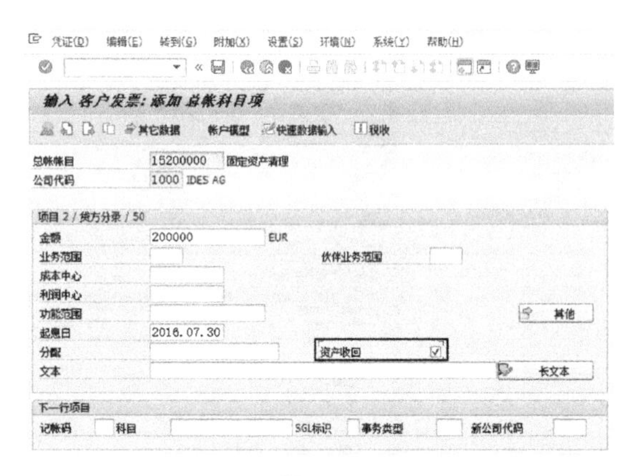

图5-113

> **提示**
> 这里勾选的“资产收回”复选框非常重要。它在接下来的操作中就会体现该会计凭证和资产的关联。有时候，这个选项在界面上不可见，可能是由于记账码或者科目对应的字段状态配置中，将该字段设置为“隐藏”所致——在这种情况下，需要修改为可选。

STEP 4 按回车键，系统自动弹出“创建资产报废”子界面，输入报废的资产编号以及资产价值日，并勾选“完全报废”复选框，如图 5-114 所示。

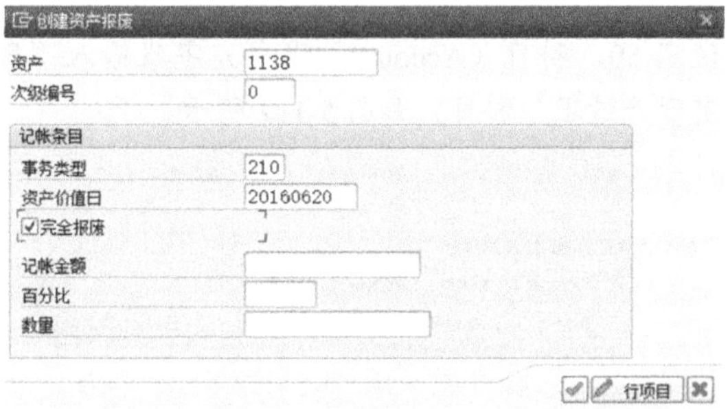

图5-114

事务类型：210，表示有收入报废，由系统自动默认。接受系统的默认值。

资产价值日：资产报废的业务日期，它可以和凭证日期、过账日期都不一样，是它决定了资产折旧的最后一个月，而不是凭证日期或过账日期。

如果不勾选“完全报废”复选框，则意味着部分报废，就需要在记账金额或百分比的字段中输入值。此示例为完全报废。

STEP 5 单击“确认”按钮，按回车键，系统显示“输入客户发票：改正总账科目项”界面，类似于图 5-113 所示的界面，但值得注意的是，“资产收回”复选框的勾选自动被去掉了——并不妨碍具体报废信息已经被保存，如图 5-115 所示。

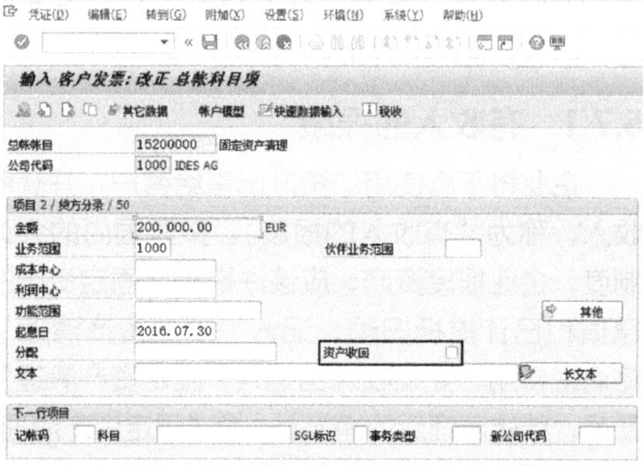

图5-115

STEP 6 通过菜单中的“凭证”→“模拟凭证”命令，模拟显示即将产生的凭证，如图 5-116 所示。

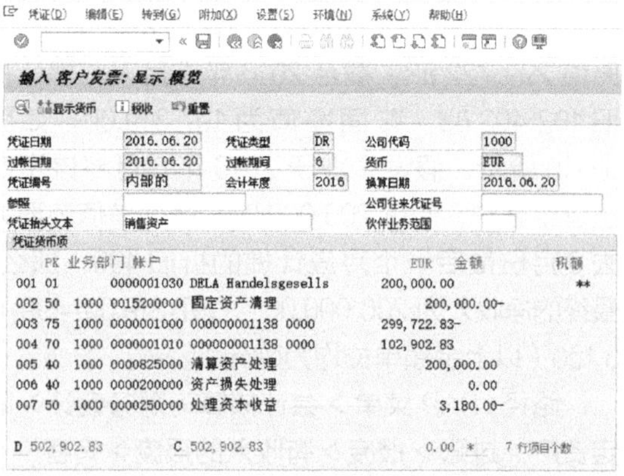

图5-116

> **提示**
> 由于报废产生的凭证行数很多（输入2行，但自动变为7行），且比较复杂，因此，一般情况下，要先模拟显示凭证，以复核凭证记账是否正确。

> **提示**
>
> 该凭证的基本思路：头2行为输入的行项目；第3行和第4行分别是注销资产原值和累计折旧；第5行是注销资产销售产生的收益；第6行和第7行分别体现资产报废后的净损失或净收益。该案例中：
>
> 截至报废当月的累计折旧 = 102 403.83 + 499 = 102 902.83
>
> 资产报废的净收益=销售收入–（资产原值–截至报废当月的累计折旧）= 200 000 – (299 722.83 – 102 902.83) = 3 180.00
>
> 资产报废的净损失=0（没有净损失）

> **提示**
>
> 资产最后一个月（2016年6月）的折旧499欧元将在6月底对所有资产批量计提折旧时一并处理。

STEP 7 单击“过账”按钮，系统提示凭证已记账，如图 5-117 所示。

☑ 凭证 1800000047 记帐到公司代码1000中

图5-117

STEP 8（可选）通过菜单中的“凭证”→“显示”命令，可以再次查看系统记账后产生的凭证。凭证的行项目如图 5-118 所示。

项	PK	SG	科目	说明	总帐帐目	总分类帐名称	金额	货币
1	01		1030	DELA Handelsgesellschaft mbH	140000	应收-国内	200,000.00	EUR
2	50		15200000	固定资产清理	15200000	固定资产清理	200,000.00-	EUR
3	75		1000	000000001138 0000	1000	固定资产-房屋建筑物	299,722.83-	EUR
4	70		1010	000000001138 0000	1010	累计折旧-房屋建筑物	102,902.83	EUR
5	40		825000	清算资产处理	825000	清算资产处理	200,000.00	EUR
6	40		200000	资产损失处理	200000	资产损失处理	0.00	EUR
7	50		250000	处理资本收益	250000	处理资本收益	3,180.00-	EUR

图5-118

延伸思考 与资产报废相关的科目是怎么来的？应该怎么配置？

SAP 中资产报废产生的凭证和国内企业的财务处理习惯大不相同。这些科目来自于后台关于“报废科目分配”的配置。

路径：IMG> 财务会计（新）> 资产会计核算 > 总账集成 > 分配总账科目

事务代码：AO90

图 5-116 和图 5-118 所示的凭证用到了图 5-119 中的科目 2、3 和 4。科目 1 和 5 没有用到。表 5-3 分析了资产报废生成的凭证调用科目配置的机制。

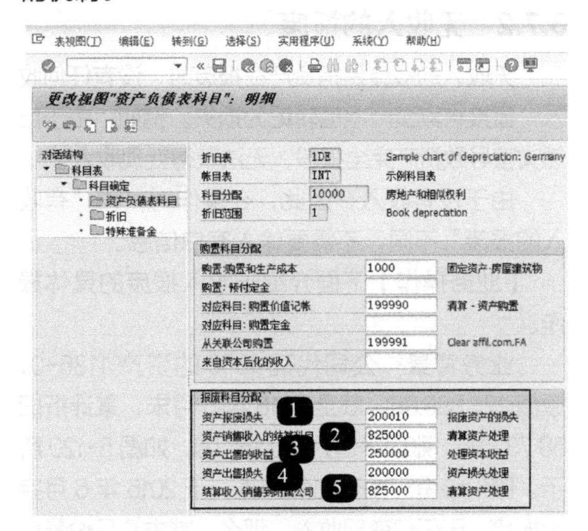

图5-119

表 5-3 资产报废凭证科目来源分析

序号	借 / 贷	科目	科目表述	金额	科目来源
1	借	140000	应收 – 国内	200 000.00	手工输入客户，取统驭科目
2	贷	15200000	固定资产清理	200 000.00	手工输入科目
3	贷	1000	固定资产 – 房屋建筑物	299 722.83	自动取资产原值科目
4	借	1010	累计折旧 – 房屋建筑物	102 902.83	自动取资产累计折旧科目
5	借	825000	清算资产处理	200 000.00	调用科目 2– 资产销售收入的结算科目
6	借	200000	资产损失处理	0.00	调用科目 4– 资产出售损失的科目
7	贷	250000	处理资本收益	3 180.00	调用科目 3– 资产出售的收益科目

针对中国企业财务的习惯，这里的科目分配应该如何配置呢？假设不考虑科目 1 和 5，对科目 2、3 和 4，有以下两种方法可以考虑。

（1）将 3 个科目都设置成“固定资产清理”，这样，报废的净损益即进入“固定资产清理”，然后通过手工凭证将其转入“营业外收入 - 处理固定资产收入”，这样需要事后做手工凭证。

（2）将科目 2 设置成和凭证第 2 行手工输入的科目一致，例如，都为“固定资产清理”；将科目 3 设成“营业外收入 - 处理固定资产收入”；将科目 4 设成“营业外支出 - 处理固定资产损失”，这样，不需要事后做手工凭证。

相比较而言，第 2 种方法较好。

5.7.2 无收入的报废

无收入的报废是指资产在报废时，没有任何收入，直接将其资产净值转记为损失。例如，由于自然灾害导致资产完全损毁，无法获得变现收入。

由于没有收入，因此，在操作时，和“有收入的报废”不同，不需要输入客户信息。

【业务操作】下面介绍无收入报废的具体操作。

业务背景：公司代码 1000 的资产 1136-0，原值 171 899.86，截至 2016 年 5 月末，累计折旧 58 732.86，账面净值为 113 167.00，如图 5-120 所示。假设该资产由于自然灾害，于 2016 年 6 月完全报废，无任何变现收入，那么，减去 6 月份最后一个月应计提的折旧 287，相当于最终的净损失为 113 167 - 287 = 112 880（以上金额单位均为欧元）。

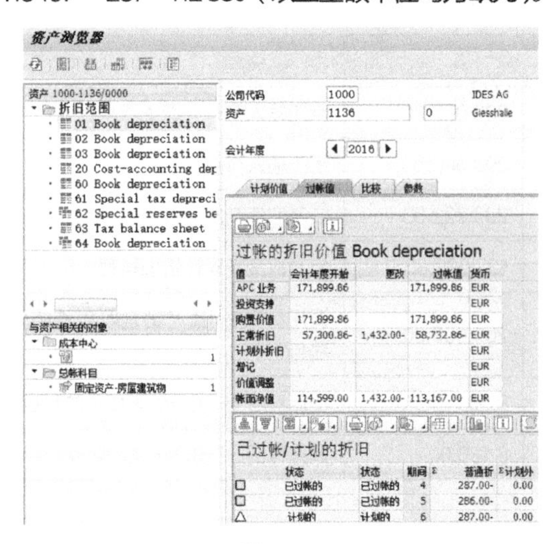

图5-120

路径：SAP 菜单 > 会计核算 > 财务会计 > 固定资产 > 过账 > 报废 > 通过报废收回资产

事务代码：ABAVN

STEP 1 在“输入资产业务：通过废弃的资产报废”（enter asset transaction: asset retirement by scrapping）界面输入资产号，并在下方的“业务数据”选项卡输入相关日期，如图 5-121 所示。

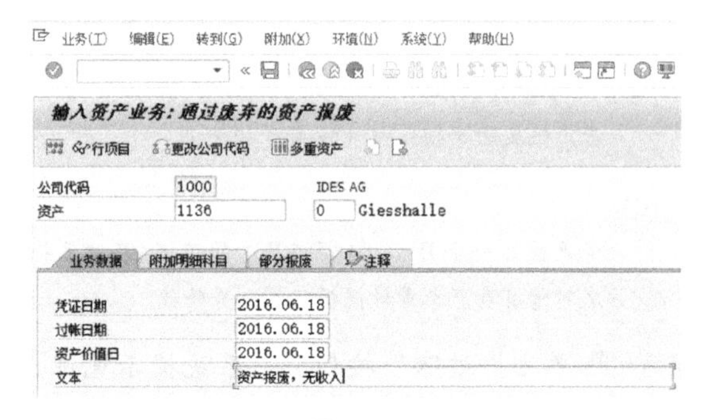

图5-121

资产价值日：同“有收入的报废”一样，资产价值日是资产发生报废业务的日期。

STEP 2 单击“保存”按钮，系统提示资产业务已过账，如图 5-122 所示。

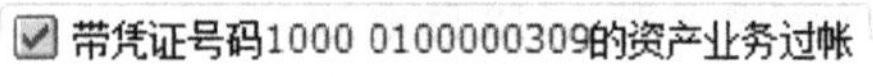

带凭证号码1000 0100000309的资产业务过帐

图5-122

STEP 3（可选）可借助资产浏览器查询资产报废的业务以及相应的会计凭证。资产浏览器显示的报废信息如图 5-123 所示。从图中可以看出，无收入报废的事务类型为 200。

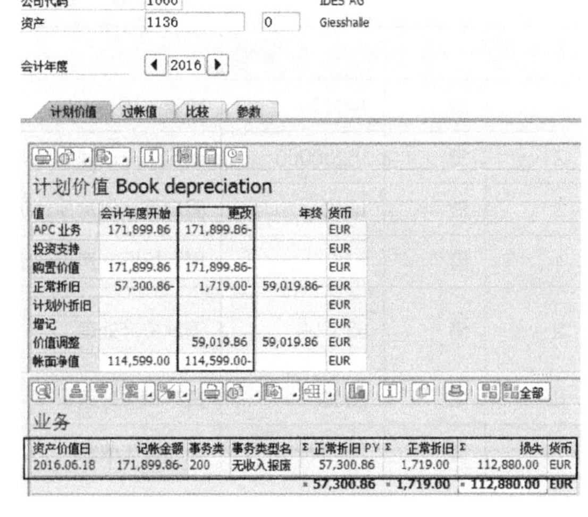

图5-123

双击资产报废的业务信息，可以看到生成的凭证。该凭证的行项目如图 5-124 所示。

项	PK	SG	科目	说明	总帐帐目	总分类帐名称	金额	货币
1	75		1000	000000001136 0000	1000	固定资产-房屋建筑物	171,899.86-	EUR
2	70		1010	000000001136 0000	1010	累计折旧-房屋建筑物	59,019.86	EUR
3	40		200010	报废资产的损失	200010	报废资产的损失	112,880.00	EUR

图5-124

从图 5-124 中可以看到，报废操作将固定资产和累计折旧（含报废当月的折旧）同时转销，并将差额记入报废资产的损失科目。该科目使用的是图 5-119 所示配置中的科目 1，即“资产报废损失”科目。

资产报废损失科目应如何设置?

按照国内企业的财务习惯，资产报废业务先通过“固定资产清理”中转，然后再结转到营业外收支中。对于 SAP 而言，希望一步到位，“资产报废损失”配置的就相当于“营业外支出 - 处理固定资产损失”。在无收入报废的过程中，如果没有更多“固定资产清理”中转的业务，建议接受 SAP 的配置习惯，直接将其配置为“营业外支出 - 处理固定资产损失”。

综上所述，可以全面地整理图 5-119 中资产报废相关科目的用途和配置建议，如表 5-4 所示。

表 5-4 资产报废相关科目的配置

序号	配置项	解释	配置建议
1	资产报废损失	用于无收入报废，体现净损失	营业外支出 - 处理固定资产损失
2	资产销售收入的结算科目	用于有收入报废，作为结算科目，抵销手工输入报废凭证时的第 2 行	固定资产清理①
3	资产出售的收益	用于有收入报废，体现销售后的净收益	营业外支出 - 处理固定资产收入
4	资产出售损失	用于有收入报废，体现销售后的净损失	营业外支出 - 处理固定资产损失
5	结算收入销售到附属公司	用于销售给关联公司的有收入报废，作为结算科目	（同 2）

① 该处配置什么科目，在手工输入报废凭证时第 2 行就应该输入什么科目。例如，配置为“固定资产清理”，则手工输入的报废凭证应该借记客户，贷记“固定资产清理”。也可以配置成非成本要素的收入科目，在输入报废凭证时，贷记该收入科目。

更重要的一点，按照 SAP 的系统要求，该处输入的科目必须是“损益类”科目（在科目主数据的科目表层信息中设置。它无须设为成本要素）；否则，在保存配置时，系统会报错。因此，即使配置成“固定资产清理”科目，也必须将“固定资产清理”科目设置成“损益类”科目（也有某些企业先将其设成损益类科目，做好系统配置后，再将科目属性改回到资产负债表科目）。

5.8 在建工程的成本归集与转固

5.8.1 在建工程的成本归集

在建工程（AUC）是指尚在建造过程中的资产。此时，它还没有形成固定资产，因此，只需逐笔归集其发生的成本，不存在计提折旧一说。在资产主数据上，它与固定资产的显著区别，除了资产类别不一样外，还体现在：①“与时间相关”选项卡中，无须输入成本中心等成本对象（因为没有计提的折旧费），甚至该选项卡的所有字段都可以隐藏；②“折旧范围”选项卡中“折旧码”必须选择 0000，无折旧年数和月数（参考表 5-1）。

在建工程的成本归集，必须先建立在建工程的主数据，然后再做购置处理：或者在 FI 中直接输入，或者来自于采购业务。

由于在建工程属于资产的一种，因此，其成本归集方式和固定资产一样。在此不再赘述，读者可以参考 5.4 节。

5.8.2 在建工程预付款的核算

按照 2007 年施行的新会计准则，企业为在建工程支付的预付款，应以“预付账款”科目核算，而不再以在建工程核算。

> 会计科目——预付账款
>
> 三、预付账款的主要账务处理。
>
> （1）企业因购货而预付的款项，借记本科目，贷记“银行存款”等科目。
>
> …………
>
> （2）企业进行在建工程预付的工程价款，借记本科目，贷记“银行存款”等科目。按工程进度结算工程价款，借记“在建工程”科目，贷记本科目、“银行存款”等科目。
>
> ——《企业会计准则》

在企业的实际业务中，尽管按照预付账款科目核算，但财务人员还是希望知道每项在建工程实际发生的成本有多少，预付账款有多少。也就是说，虽然是预付账款，但也希望能够反映出对应的在建工程是哪一项。

在 SAP 中，可以结合后台的配置实现这一需求。

【业务操作】先来看看前台的操作。

业务背景：公司代码 1000 有一项在建工程 4001-0，2016 年 6 月为其预付一笔工程款 240 000.00 欧元。

路径：SAP 菜单 > 会计核算 > 财务会计 > 应付账款 > 凭证输入 > 预付订金 > 预付订金

事务代码：F-48

STEP 1 在“供应商预付订金记账：抬头数据”界面输入凭证日期、过账日期、供应商账户、银行账户、金额等字段，如图 5-125 所示。

此界面的操作和普通的预付款业务基本相同。

STEP 2 按回车键，进入“供应商预付订金记账：添加供应商项目”界面，输入凭证第 2 行项目的“金额”和“到期日”，并输入支付预付款的在建工程编号，如图 5-126 所示。

此界面最重要的地方就是在资产字段输入在建工程的编号。

凭证(D) 编辑(E) 转到(G) 附加(X) 设置(S) 环境(N) 系统(Y) 帮助(H)
供应商预付订金记帐：抬头数据
新凭证项 请求
凭证日期 2016.06.13 凭证类型 KZ 公司代码 1000
过帐日期 2016.06.13 过帐期间 6 货币/汇率 EUR
凭证编号
换算日期
参照 15178309
公司往来凭证号
凭证抬头文本 预付在建工程款项
伙伴业务范围
税收报表日期
供应商
科目 1006
特别总帐标志 A
备选公司码
银行
科目 112600
业务范围
金额 240000
本币金额
银行费用
本位币银行费用
起息日 2016.06.13
利润中心
文本
分配

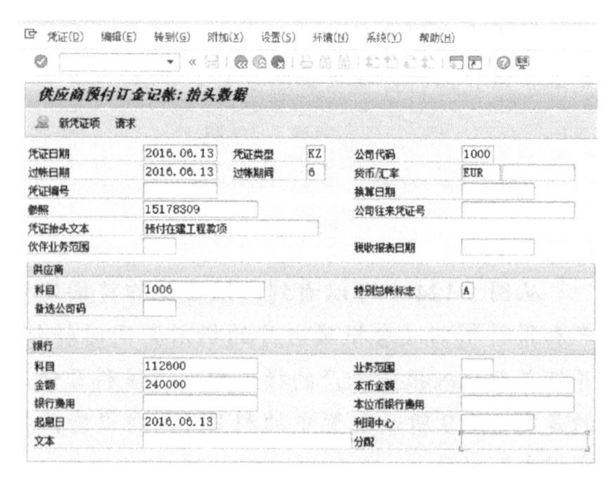

图5-125

凭证(D) 编辑(E) 转到(G) 附加(X) 设置(S) 环境(N) 系统(Y) 帮助(H)
供应商预付订金记帐 添加 供应商项目
其它数据 新凭证项
供应商 1006 Blacks AG 总帐目 159000
公司代码 1000 Mainzer Straße 97
IDES AG Frankfurt/Main
项目 2 / 定预付定金 / 29 A
金额 240000 EUR
计算税额
业务范围
到期日 20160613
冻结付款
付款方式
订单
资产 4001 0
采购凭证
分配
文本
长文本

图5-126

STEP 3（可选）通过菜单中的“凭证”→“模拟”命令，模拟即将生成的总账凭证，如图 5-127 所示。

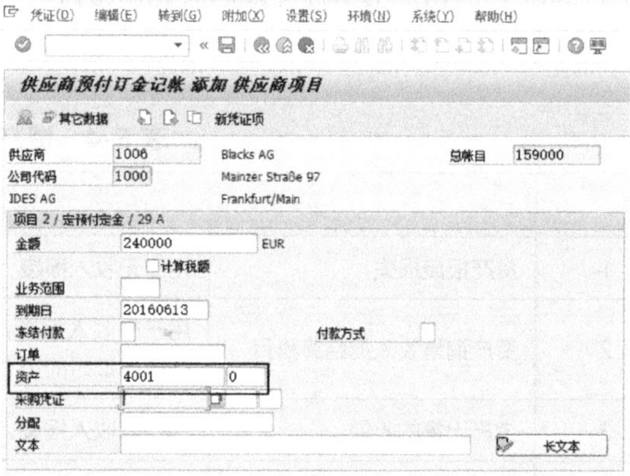

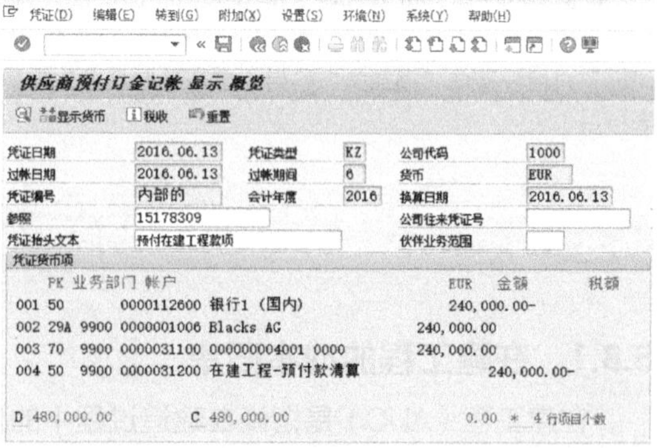

凭证(D) 编辑(E) 转到(G) 附加(X) 设置(S) 环境(N) 系统(Y) 帮助(H)
供应商预付订金记帐 显示 概览
显示货币 税收 重置
凭证日期 2016.06.13 凭证类型 KZ 公司代码 1000
过帐日期 2016.06.13 过帐期间 6 货币 EUR
凭证编号 内部的 会计年度 2016 换算日期 2016.06.13
参照 15178309 公司往来凭证号
凭证抬头文本 预付在建工程款项 伙伴业务范围
凭证货币项
PK 业务部门 帐户 EUR 金额 税额
001 50 0000112600 银行1（国内） 240,000.00-
002 29A 9900 0000001006 Blacks AG 240,000.00
003 70 9900 0000031100 000000004001 0000 240,000.00
004 50 9900 0000031200 在建工程-预付款清算 240,000.00-
D 480,000.00 C 480,000.00 0.00 * 4 行项目个数

图5-127

从图 5-127 中可以看到，输入了 2 行凭证，但系统自动变为 4 个行项目。

STEP 4 单击“过账”按钮，系统提示凭证已过账，如图 5-128 所示。

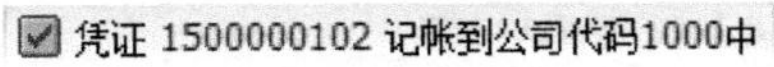

☑ 凭证 1500000102 记帐到公司代码1000中

图5-128

STEP 5（可选）可借助菜单中的“凭证”→“显示”命令，再次查看生成的会计凭证。会计凭证的行项目如图 5-129 所示。

项	PK	SG	科目	说明	总帐帐目	总分类帐名称	金额	货币
1	50		112600	银行1（国内）	112600	银行1（国内）	240,000.00-	EUR
2	29	A	1006	Blacks AG	159000	预付账款	240,000.00	EUR
3	70		31100	000000004001 0000	31100	在建工程-预付款	240,000.00	EUR
4	50		31200	在建工程-预付款清算	31200	在建工程-预付款清算	240,000.00-	EUR

图5-129

从图 5-129 中可以看到，除了手工输入的借记“预付账款”、贷记“银行存款”外，系统还多生成了一组借记“在建工程 - 预付款”、贷记“在建工程 - 预付款清算”的凭证（行项目 3 和行项目 4）。这两行都作为“在建工程”的子科目，对在建工程总的科目余额不产生影响。

STEP 6（可选）通过事务代码 AW01N，可以查看到在建工程 4001-0 的价值变化以及预付款业务，如图 5-130 所示。从图中可以看到，在建工程预付款的“事务类型”为 180。

图5-130

虽然系统将预付款体现为在建工程价值（APC）的增加，但由于在凭证行项目中还有“在建工程 - 预付款清算”与之抵销，因此，事实上在资产负债表上并没有增加在建工程的金额，符合企业会计准则的要求。

延伸思考1 系统怎么实现上述凭证的?

在建工程预付款业务，输入两个行项目，系统自动产生 4 个行项目，是由后台多项配置共同起作用的。

（1）预付账款科目（如图 5-129 中的 159000）的字段状态组中，必须对“资产号码 / 子号码”字段允许输入，如图 5-131 所示。

路径：IMG> 财务会计（新）> 财务会计全局设置（新）> 分类账 > 字段 > 定义字段状态变式

事务代码：OBC4

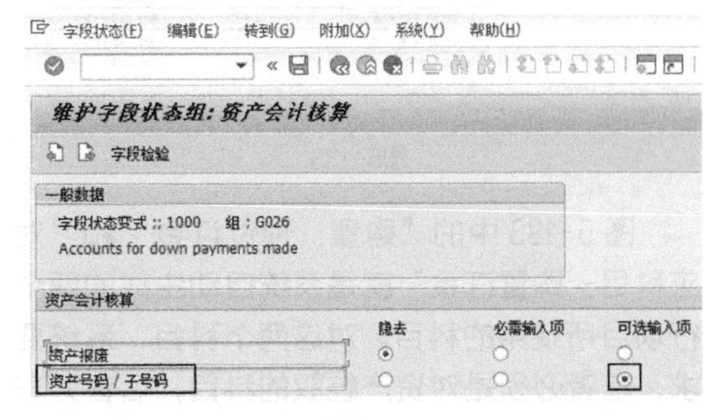

图5-131

（2）定义预付款业务（事务类型组 15- 预付）可用于哪些资产分类，如“在建工程”类（如图 5-132 中的资产 4001 属于分类 4000）。

路径：IMG> 财务会计（新）> 资产会计核算 > 业务 > 在建工程资产的资本化 > 允许转账资产分类的业务类型

事务代码：OAYB

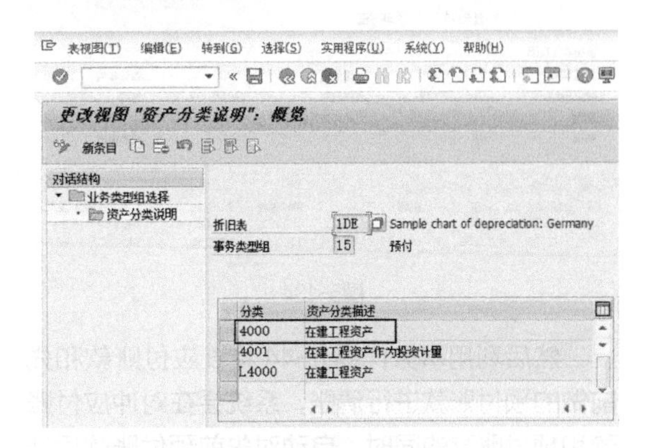

图5-132

（3）针对资产分类对应的科目确定码（如图 5-132 中的资产分类 4000，对应的科目确定码为 40000），必须定义预付款业务相关的科目，如图 5-133 所示。

路径：IMG> 财务会计（新）> 资产会计核算 > 总账集成 > 分配总账科目

事务代码：AO90

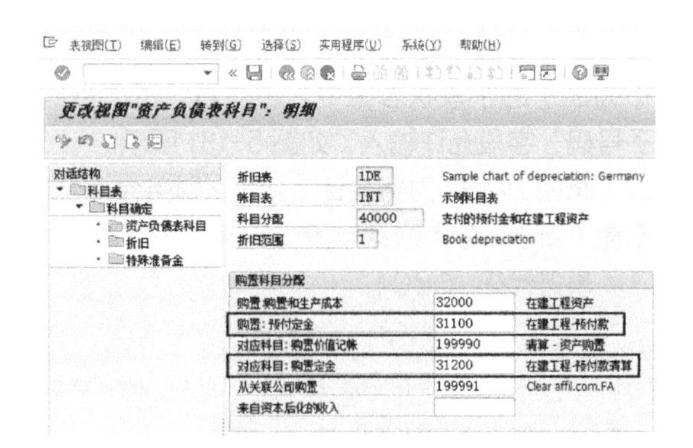

图5-133

图 5-133 中的“购置：预付订金”和“对应科目：购置订金”就是系统自动生成的两个行项目所使用的科目。对这两个科目，系统要求，前者必须是对资产统驭的科目，后者为非统驭科目。

延伸思考 2　将来供应商开出发票后如何处理?

将来供应商开出发票后，先利用事务代码 F-90 将发票输入系统，形成应付账款（借记“在建工程”），如图 5-134 所示。

显示凭证：数据输入视图

数据输入视图

凭证编号	1900000069	公司代码	1000	会计年度	2016
凭证日期	2016.07.29	过帐日期	2016.07.29	期间	7
参照		公司往来凭证号			
货币	EUR	文本存在		分类帐组	

Co...	项	PK	SG	科目	说明	总帐科目	G/L 名称	金额	货币
1000	1	31		1006	Blacks AG	160000	应付-国内	240,000.00-	EUR
	2	70		32000	000000004001 0000	32000	在建工程	240,000.00	EUR

图5-134

然后利用事务代码 F-44 将该应付账款和先前做的预付账款进行清账，系统会在对冲应付账款和预付账款的同时，自动对先前预付账款凭证产生的行项目 3 和行项目 4 做反向分录，如图 5-135 所示。

显示凭证：数据输入视图

凭证编号	100000310	公司代码	1000	会计年度	2016
凭证日期	2016.07.29	过帐日期	2016.07.29	期间	7
参照		公司往来凭证号			
货币	EUR	文本存在		分类帐组	

Co...	项	PK	SG	科目	说明	总帐目	总分类帐名称	金额	货币
1000	1	39	A	1006	Blacks AG	159000	预付账款	240,000.00-	EUR
	2	27		1006	Blacks AG	160000	应付-国内	240,000.00	EUR
	3	75		31100	000000004001 0000	31100	在建工程-预付款	240,000.00-	EUR
	4	40		31200	在建工程-预付款清算	31200	在建工程-预付款清算	240,000.00	EUR

图5-135

清账后，通过事务代码 AW01N 查看到的资产价值信息如图 5-136 所示。原预付款事务（180 事务类型）也被冲销掉。

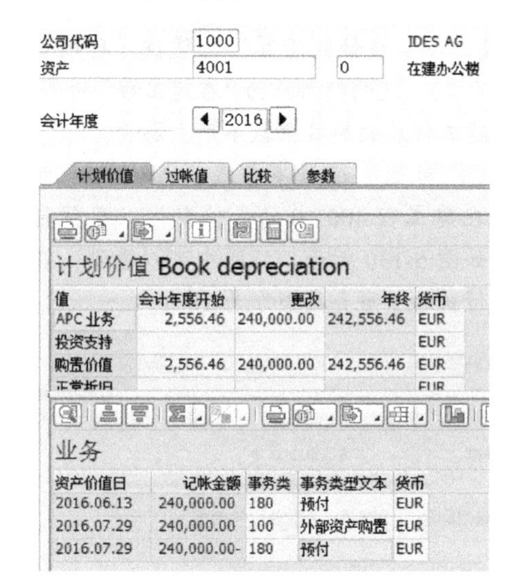
公司代码 1000 IDES AG
资产 4001 0 在建办公楼
会计年度 2016
计划价值 过帐值 比较 参数

计划价值 Book depreciation

值	会计年度开始	更改	年终	货币
APC 业务	2,556.46	240,000.00	242,556.46	EUR
投资支持				EUR
购置价值	2,556.46	240,000.00	242,556.46	EUR

业务

资产价值日	记帐金额	事务类	事务类型文本	货币
2016.06.13	240,000.00	180	预付	EUR
2016.07.29	240,000.00	100	外部资产购置	EUR
2016.07.29	240,000.00-	180	预付	EUR

图5-136

> **提示**　应付账款和预付账款的清账一定要及时完成；否则 AW01N 中所看到的资产价值将会是预付金额+购置发票金额（即业务的前两行），从而带来误导。

5.8.3　在建工程的转固

在建工程在投入使用时，需要办理竣工结算手续，将在建工程归集的各项成本转入固定资产，此过程称为在建工程的转固。

在建工程的转固，有以下两种处理方法。

（1）采用“公司代码内的价值转移”的操作方法，将在建工程转为固定资产。

（2）采用 SAP 提供的“在建工程结算”的方法，在月末将在建工程的成本结算到对应的固定资产。

前一种方法的具体操作，可以参考5.5.2小节。在转移操作时，固定资产可以事先建立，也可以在转移的同时新建固定资产。

这里详细介绍后一种处理方法的操作。后一种方法需要先针对特定的在建工程建立结算规则。例如，结算到哪一个或哪几个固定资产上，各自金额或占百分比多少，然后再进行结算，使其成本结转到对应的固定资产上。

【业务操作1】先介绍如何给在建工程建立结算规则。

业务背景：公司代码1000的在建工程4001-0，目前已经归集了802 556.46欧元的成本。现已完工，并与供应商办完竣工结算手续。现拟对其做转固处理。

路径：SAP菜单 > 会计核算 > 财务会计 > 固定资产 > 过账 > 在建工程资本化 > 分配

事务代码：AIAB

STEP 1 在“在建工程结算：初始屏幕”界面输入要转固的在建工程编号及所在的公司代码，如图5-137所示。

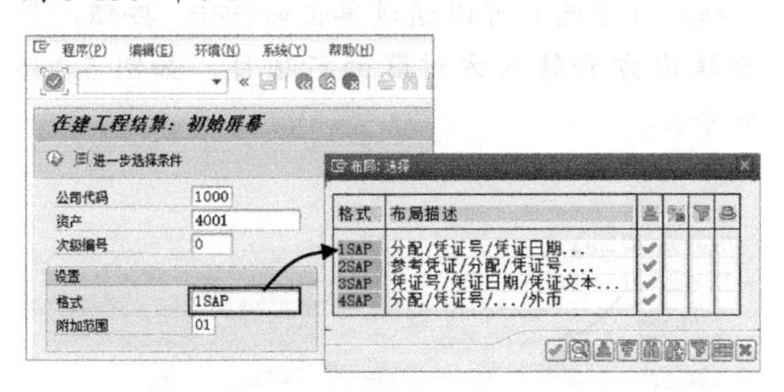

图5-137

格式：后续出现的在建工程行项目清单以什么样的布局体现、有哪些字段、排列顺序如何等。默认使用“1SAP”。

附加范围：当资产有多个折旧范围时，附加显示哪个折旧范围的数值。默认使用“01”。

STEP 2 单击“执行”按钮，进入“在建工程结算：行项目清单”界面，可以查看到该在建工程的成本由哪些凭证行项目组成，如图5-138所示。

此时，各个行项目的状态均显示为红灯，表示尚未对其设置结算规则，需要在后续进行设置。

图5-138

STEP 3 单击“全选”按钮，选中所有行项目，然后单击输入按钮，进入“维护结算规则：总览”界面，在“分配规则组1”区域，指定如何将在建工程结算到资产上，如图5-139所示。

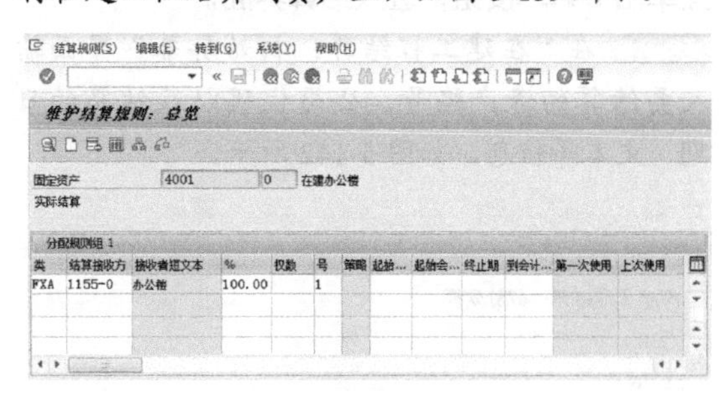

图5-139

类：结算接收对象的类别，FXA表示固定资产。

%：原资产结算到接收对象的百分比。如果只有一个条目，系统默认为100%；如果是多个条目接收，则需要人工指定各自的接收百分比。

号：分配规则号。如果只有一个条目，则系统默认为1；如果有多个条目，则系统按先后顺序生成编号1、2、3……用户可以手工修改。

STEP 4 单击“返回”按钮，回到“在建工程结算：行项目清单”界面，此时，可以看到所有行项目都显示为绿灯状态，如图5-140所示。

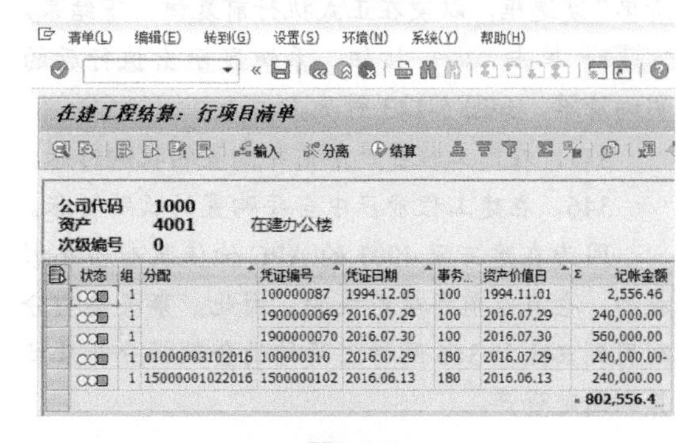

图5-140

状态显示为绿灯，表明该行项目的分配规则已经设置好，可以在后续进行结算。

STEP 5 单击“保存”按钮，系统在下方提示分配规则已保存，如图 5-141 所示。

分配规则已保存

图5-141

【业务操作 2】接下来对该在建工程进行结算。

路径：SAP 菜单 > 会计核算 > 财务会计 > 固定资产 > 过账 > 在建工程资本化 > 记账结算

事务代码：AIBU

或者直接在上述步骤 5 完成后，在所在的界面单击结算按钮，进入结算界面。

STEP 1 在“在建工程结算：初始屏幕”界面输入要结算的资产编号、公司代码以及结算的日期、文本等信息，如图 5-142 所示。

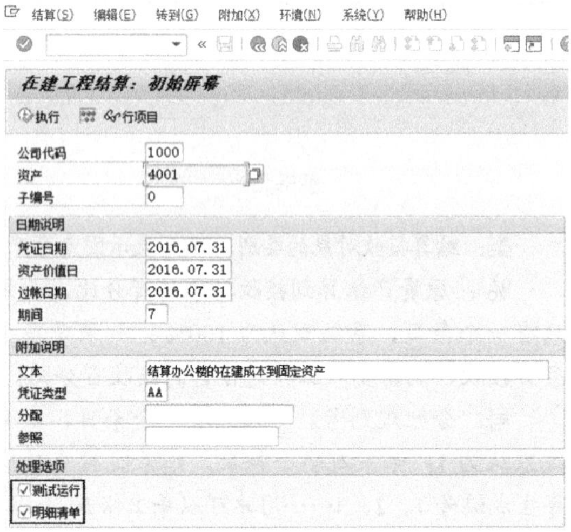

结算(S) 编辑(E) 转到(G) 附加(X) 环境(N) 系统(Y) 帮助(H)

在建工程结算：初始屏幕

执行 行项目

公司代码 1000
资产 4001
子编号 0

日期说明
凭证日期 2016.07.31
资产价值日 2016.07.31
过帐日期 2016.07.31
期间 7

附加说明
文本 结算办公楼的在建成本到固定资产
凭证类型 AA
分配
参照

处理选项
测试运行
明细清单

图5-142

先勾选“测试运行”复选框，再勾选“明细清单”复选框，以便在正式执行前复核一下结果。

STEP 2 单击执行按钮，系统显示出执行后的明细清单，如图 5-143 所示。

341，在建工程资产中前年购置的收购转账。

346，在建工程资产中当年购置的收购转账。

因为在建工程 4001 的 APC 价值既有当年形成的，也有以前年度形成的。因此，事务类型分别用到 341 和 346 两种。两种的金额拆分开来结算到固定资产。

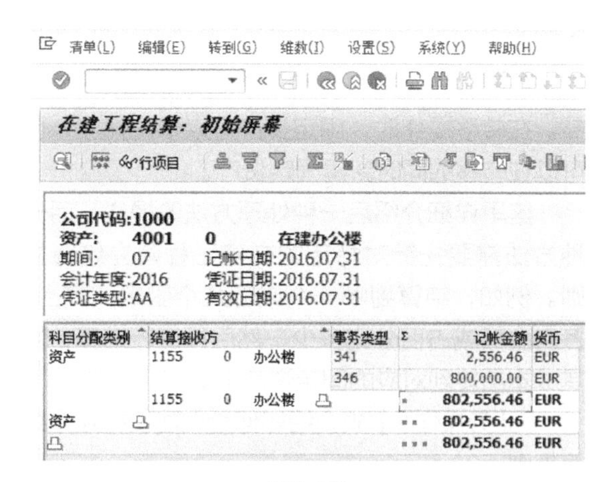

图5-143

STEP 3 单击“返回”按钮，回到“在建工程结算：初始屏幕”界面，去掉对“测试运行”复选框的勾选，正式执行，系统再次显示结算的明细结果，并在下方显示资产业务已经过账，如图 5-144 所示。

带凭证号码100000311 的资产业务过帐

图5-144

STEP 4（可选）可以通过单击行项目按钮，显示转出方和转入方过账的行项目，如图 5-145 所示。

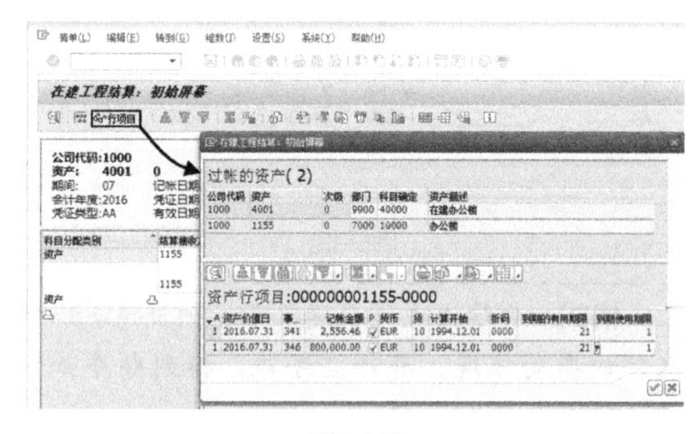

图5-145

在弹出的对话框中，可以看到有两项资产，即在建工程 4001-0 和固定资产 1155-0，双击某项资产，则下方行项目显示该资产对应的凭证行项目。如果有多个折旧范围，则分别显示每个折旧范围的过账行项目（图 5-145 为简化起见，仅显示了固定资产 1155-0 在折旧范围 01 下的行项目）。

STEP 5（可选）利用事务代码 AW01N，进入资产浏览器，分别显示两个资产的价值和业务信息，如图 5-146 所示。从图中可以看到资产 4001-0（左图）有 340 和 345 业务，价值减为 0；而资产 1155-0（右图）有 341 和 346 业务，价值承接了 4001-0 历史以来归集的成本。

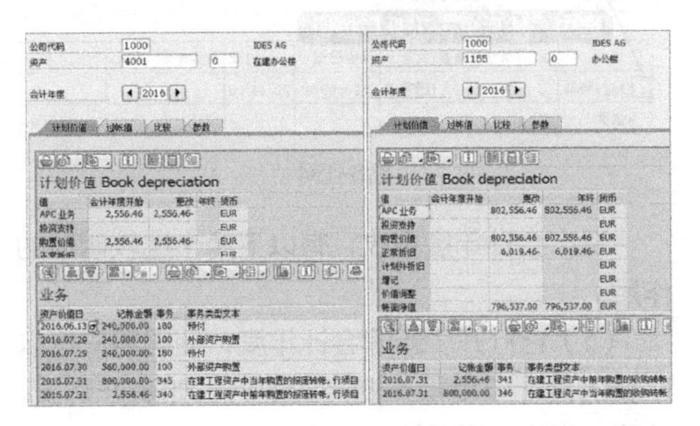

图5-146

STEP 6（可选）双击资产浏览器中在建工程转固结算的任何一笔业务，系统都会显示对应的转固会计凭证。这些业务集中体现在一张凭证中，如图 5-147 所示。

显示凭证：数据输入视图

显示货币　总帐视图

数据输入视图

凭证编号	100000311	公司代码	1000	会计年度	2016
凭证日期	2016. 07. 31	过帐日期	2016. 07. 31	期间	7
参照		公司往来凭证号			
货币	EUR	文本存在	☐	分类帐组	

Co...	项	PK	SG	科目	说明	总帐帐目	总分类帐名称	金额	货币
1000	1	75		32000	000000004001 0000	32000	在建工程	800,000.00-	EUR
	2	75		32000	000000004001 0000	32000	在建工程	2,556.46-	EUR
	3	70		1000	000000001155 0000	1000	固定资产-房屋建筑物	2,556.46	EUR
	4	70		1000	000000001155 0000	1000	固定资产-房屋建筑物	800,000.00	EUR

图5-147

5.9 资产的年度处理

资产年度处理是指资产在会计年度转换时对旧会计年度和新会计年度所做的处理。具体来说，包括资产会计年度更改和资产年终结算两件事情。

5.9.1 资产会计年度更改

每个会计年度开始时，为了能够在新的会计年度处理资产事务，除了在总账模块打开账户类别 A 的期间（事务代码 OB52）外，还必须在资产模块将会计年度更改到新的会计年度。

【业务操作】接下来介绍资产会计年度更改的系统操作。

路径：SAP 菜单 > 会计核算 > 财务会计 > 固定资产 > 定期处理 > 会计年度更改

事务代码：AJRW

STEP 1 在“资产会计年度变动”界面输入要做会计年度更改的公司代码以及希望打开哪一个会计年度，如图 5-148 所示。

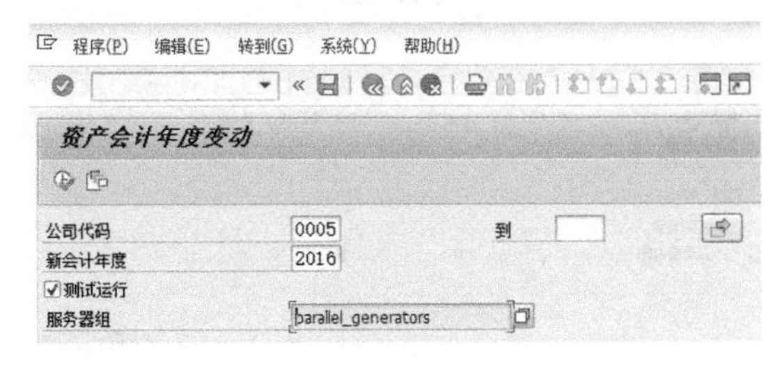

图5-148

测试运行：先勾选，看看系统有无报错。如没有报错，再正式运行。

服务器组：如果数据量比较大，可以选择服务器组 parallel_generators（并行生成器），可以提高程序运行的性能。

STEP 2 单击“执行”按钮，系统显示会计年度更改时对系统内资产数据处理的统计数据，如图 5-149 所示。

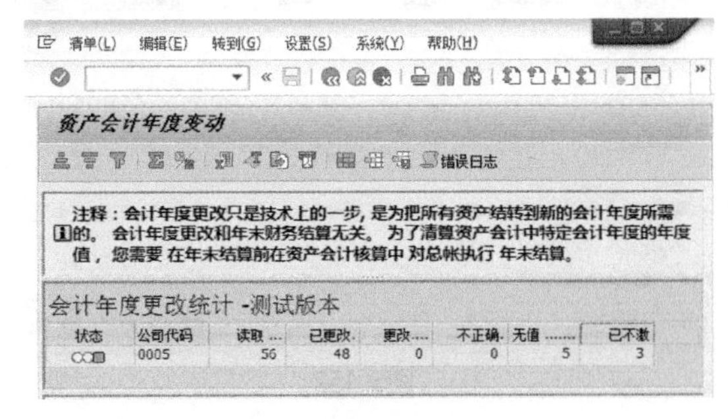

图5-149

如果统计结果中“不正确”的记录数不为 0，则需要单击 错误日志 按钮查看错误日志。图例中没有不正确的记录。

STEP 3 单击“后退”按钮，返回参数输入界面，去掉对“测试运行”复选框的勾选，并选择菜单“程序”→“后台执行”命令，如图 5-150 所示。

STEP 4 在弹出的“后台作业打印参数”对话框中直接单击按钮，如图 5-151 所示。

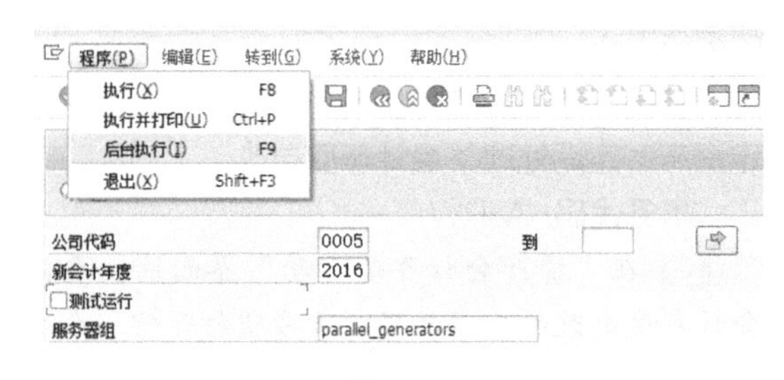

图5-150

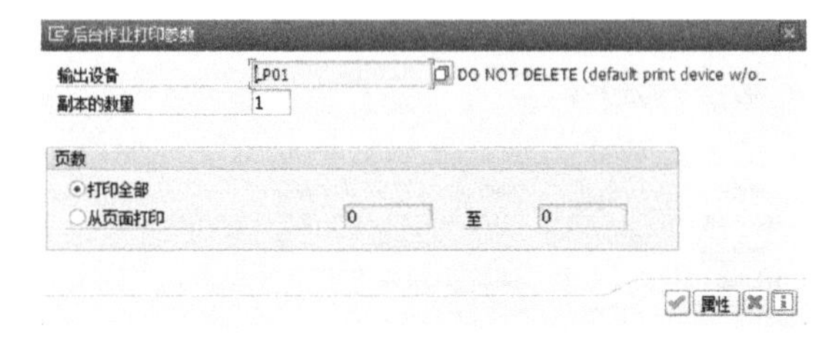

图5-151

STEP 5 在弹出的“开始时间”对话框中，直接单击 立刻 按钮，并在下方先后单击出现的 检查 按钮和 按钮，如图 5-152 所示。系统自动关闭对话框后，返回“资产会计年度变动”界面，并在界面下方提示“已安排程序 RAJAWE00 的后台作业”，如图 5-153 所示。

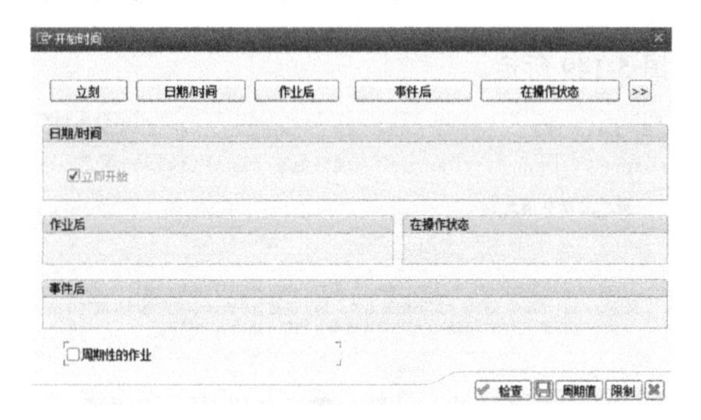

图5-152

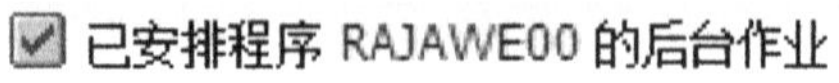

已安排程序 RAJAWE00 的后台作业

图5-153

STEP 6（可选）利用事务代码 SM37 查看后台作业的运行状态和运行结果。选择作业，可以通过应用工具栏中的按钮，查看作业日志或假脱机文件（运行的结果清单），如图 5-154 所示。

如果作业日志中没有报错，假脱机文件中也没有提示有错误，则表明资产会计年度更改成功。

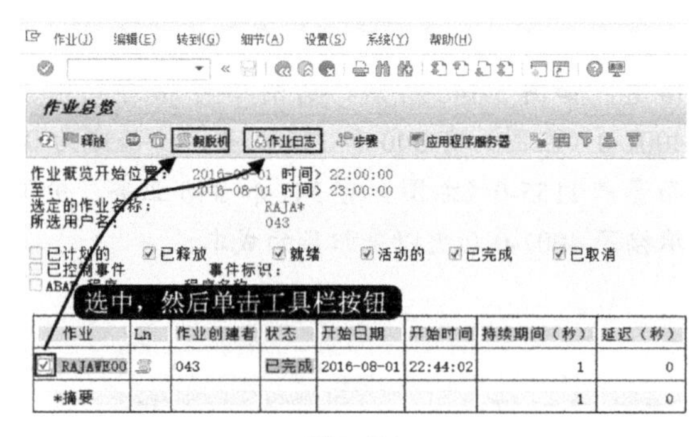

图5-154

资产会计年度更改，有以下两个比较明显的作用。

（1）它打开了新的会计年度，使得用户可以在新的会计年度操作资产的业务，如资产购置、转移、报废、折旧等。

（2）它为每个资产价值“开放”了新会计年度的数据，并且将前年度末的数据结转到新年度初，如图 5-155 所示，2016 年年初承接了 2015 年年末的数据。

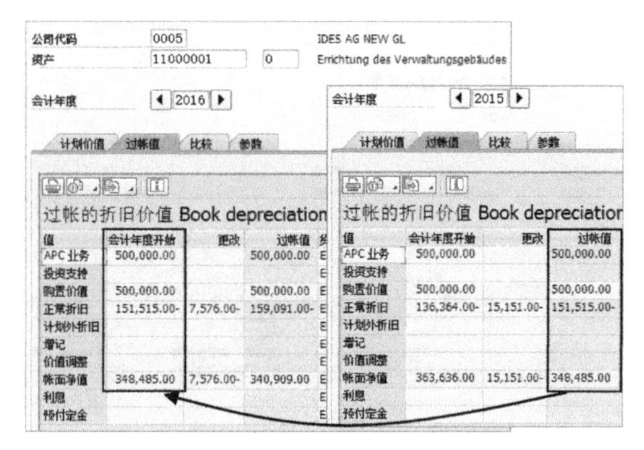

图5-155

从这个意义上说，资产会计年度更改，具有“继往”（结转上年末余额）和“开来”（开放新年度）的作用。

延伸思考

资产会计年度更改一般应在什么时候操作?

资产会计年度更改是在新的年度到来之时的操作，一般应在新会计年度初第一笔资产业务发生之前操作，如每年 1 月 1 日操作。

值得注意的是，资产会计年度更改时，必须确保“前年”（N–2 年）的资产年终结算已经完成（参考下面的5.9.2“资产年终结算”小节），即正式关闭了“前年”的资产年度；否则系统会报错。图5-156所示为公司代码2200在2012年度没有完成年终结算的情况下，想打开2014年度，系统报错的信息。

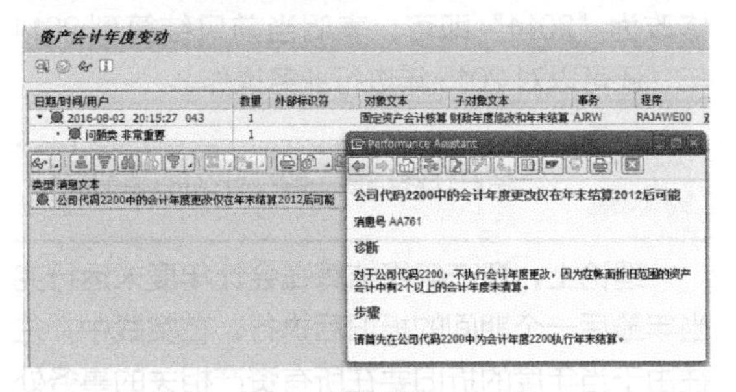

图5-156

从这个意义上讲，资产模块只允许同时开放两个会计年度的操作：当前的新年度和上一年度。

> **注意** 在业务实践中，总有些企业因为前年的资产年终结算未能顺利完成，而导致本年度的资产财年无法打开。因此，在业务操作指导书中尤其应该强调：每年年底及时处理完当年度的资产年终结算，不要将问题遗留到后续年度。

5.9.2 资产年终结算

资产年终结算是对资产某一会计年度进行最终关闭。在关闭前，系统会检查该年度资产折旧是否已经完成，是否有未记账的APC业务。如果存在，则系统会报错。

【业务操作】资产年终结算的操作如下。

路径：SAP菜单 > 会计核算 > 财务会计 > 固定资产 > 定期处理 > 年终结算 > 执行

事务代码：AJAB

STEP 1 在“年末结算资产会计”界面输入要结算的公司代码以及会计年度，如图5-157所示。

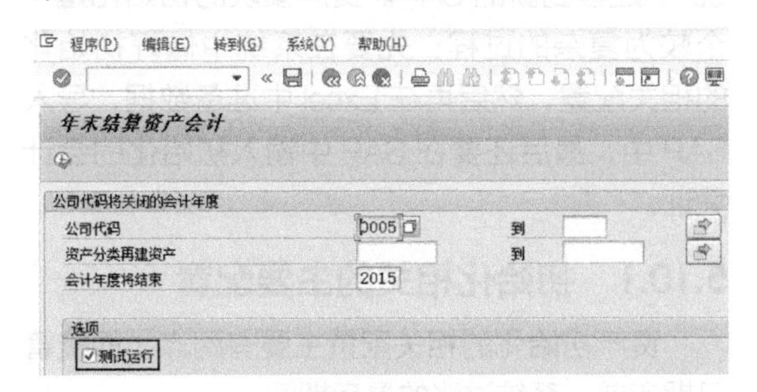

图5-157

测试运行：先勾选该复选框，看看系统有无报错。如没有报错，再正式运行。

STEP 2 单击“执行”按钮，系统显示年终结算时，系统是否存在错误或各种异常数据，如图5-158所示。

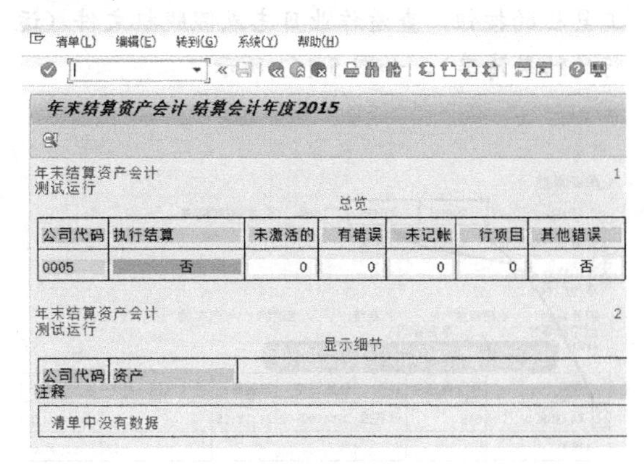

图5-158

这里，“未激活的”“有错误”“未记账”“行项目”(没有转固结算的行项目)都为0，并且“其他错误”为“否”(没有)，表明所有资产都可以成功结算。“执行结算”显示为“否”是因为当前为“测试运行”。

如果存在错误，在下方的第2页“显示细节”报告中，会列出有错误的资产记录。

STEP 3 单击“返回”按钮，回到参数输入的界面，去掉对“测试运行”复选框的勾选，并单击菜单中的“程序”→“后台执行”命令，如图5-159所示。

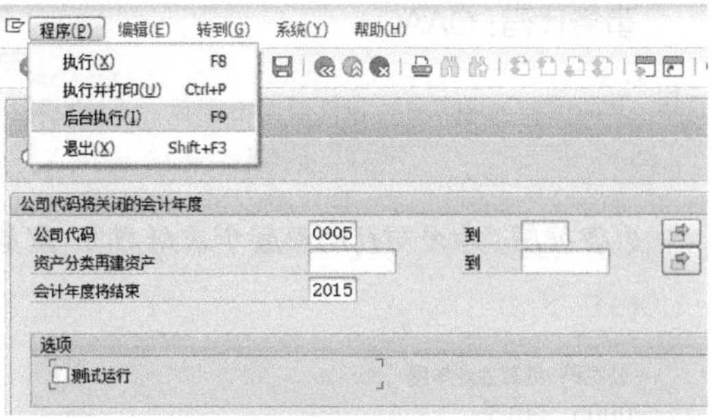

图5-159

STEP 4 依次确认打印参数和执行时间参数后（参考资产会计年度更改的步骤4、5），系统提示“已安排程序RAJABS00的后台作业”，如图5-160所示。

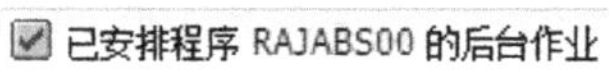

☑ 已安排程序 RAJABS00 的后台作业

图5-160

STEP 5（可选）可以利用 SM37 查看后台作业的运行状态和运行结果。选择作业，可以通过应用工具栏的按钮，查看作业日志或假脱机文件（运行的结果清单），如图 5-161 所示。

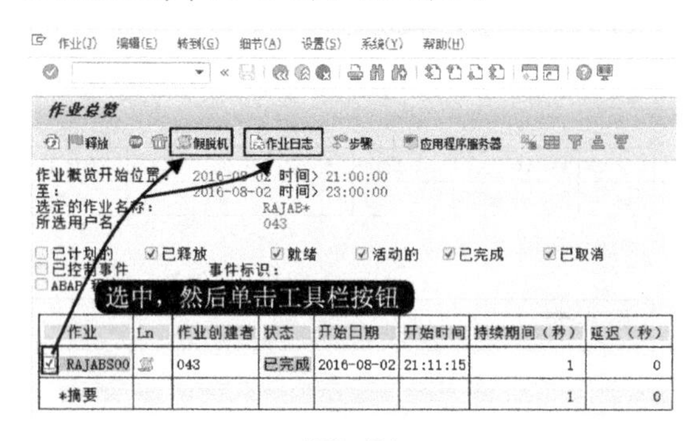

图5-161

延伸思考 1 怎么复核资产年终结算运行成功?

资产年终结算运行成功后，不能再在该会计年度处理任何资产事务。

同时，在“为公司代码移除年末结算”界面中，可以看到公司代码当前的“结算会计年度”，如图 5-162 所示。

路径：SAP 菜单 > 会计核算 > 财务会计 > 固定资产 > 定期处理 > 年终结算 > 撤销执行 > 整个公司代码

事务代码：OAAQ

图5-162

该界面本意是用于撤销先前的“结算”操作，但可以借助此视图查看某一公司代码当前结算到了哪一个会计年度。例如，从图 5-162 中可以看出，公司代码 0005 当前已经结算到了 2015 年。

如果希望继续将公司代码 0005 的资产业务记入 2015 年度，则需要撤销结算。操作方法是将图 5-162 中公司代码 0005 的“结算会计年度”修改为“2014”即可，表明当前只结算到 2014 年，还可以对 2015 年进行业务操作。

延伸思考 2 资产年终结算一般在什么时候操作?

理论上，资产年终结算在会计年度末运行完当年最后一个期间的折旧后执行。在实践中，往往由于当年度的折旧要在所有资产相关的事务处理完毕后再计提，因此往往到下一年度才能计提前一年度最后一个期间的折旧。事实上，形成了先运行会计年度更改，再运行资产年终结算的情况。在多数企业的月结顺序安排中，一般也是先运行会计年度更改（在 1 月 1 日），然后再运行资产年终结算。

> **注意** 年终结算是对当年资产业务的一次全面检查，如果出现错误，一定要及时解决错误，不可放任其存在下去；否则，留待下一年度解决时，原错误引发的前一年度折旧费和累计折旧都将是极大的麻烦。

> **注意** 年终结算时出现的错误，最多可以滞留两年未处理，如果超过两年，就会对N+2年的资产会计年度更改有影响，导致会计年度更改不成功（参见5.9.1“资产会计年度更改”小节）。

5.10 资产模块的初始化

资产模块的初始化是指 SAP 上线时，资产数据从旧系统（legacy system，又称“遗留系统”）迁移到新的 SAP。资产模块的初始化是一个较为复杂的过程：先要在系统中做好初始化的相关配置，然后再在 Excel 中准备数据，导入 SAP 中，最后还要在 SAP 中输入初始化的会计凭证。

5.10.1 初始化相关的主要配置

资产初始化的相关配置主要有两点，即接管日期和前一系统过账的最后期间。

接管日期是告诉系统：我们从哪一天承接资

产在旧系统中的余额（如资产原值、累计折旧等）。它一般是SAP资产模块上线前一个月的最后一天。例如，图5-163所示的公司代码3000将于2007.02.01上线，那么接管日期设置为2007.01.31，意味着新系统的所有资产将承接旧系统资产在2007.01.31的余额。

路径：IMG> 财务会计（新）> 资产会计核算 > 资产数据传输 > 数据传输参数 > 日期说明 > 指定转账日期 / 最后结算的会计年度

事务代码：SM30（表 / 视图：V_T093C_08）

修改视图 FI—AA：遗留数据转帐的日期：总览

公司代码	公司名称	接管日期
3000	电子有限公司	31.01.2007
RECO	Sondereigentum (WEG)	31.12.1997
REOB	Referenz Objektmandate	31.12.1997
RERF	WEG Referenzbuchungskreis	31.12.1997
RU01	Country Template RU	31.12.2003

图5-163

前一系统过账的最后期间（系统称为“记入折旧的期间”）是指资产在旧系统中的原值、累计折旧是截止记账到哪个期间的。例如，图5-163中的公司代码3000在2007.02.01上线，它在旧系统中如果截止记账到2007年1月，则前一系统过账的最后期间应写2007年1月，如图5-164所示。

路径：IMG> 财务会计（新）> 资产会计核算 > 资产数据传输 > 数据传输参数 > 日期说明 > 指定前一系统中过账的最后期间（在会计年度中转账）

事务代码：OAYC

修改视图 记入折旧的期间：总览

对话结构
指定公司代码
记入折旧的期间

公司代码 3000 电子

范围	折旧范围的名称	FYear	每
01	帐面折旧	2007	1

图5-164

提示

对于年中切换上线的企业而言，“前一系统过账的最后期间”与“接管日期”是从两个角度来界定资产初始化数据的。例如，某公司切换资产的余额是2007.01.31（接管日期），但是在旧系统中的资产原值、累计折旧可能还是2006年12月的，即折旧只提到了2006年12月（前一系统过账的最后期间）。因此，要分别明确这两个数据。

图5-164所示的配置适用于年中切换上线。如果公司代码是在年初切换上线，则系统中“记入折旧的期间”为灰色，不可能输入值，如图5-165所示的IDES中的公司代码1000（该公司代码的接管日期为1998.12.31）。也就是说，针对年初切换上线的情况，“记入折旧的期间”不用配置。

图5-165

后台配置了这两项与时间相关的参数后，在准备资产期初数时，必须与这两项参数相匹配。

5.10.2 资产数据初始化的方法

资产期初数导入通过特别的路径或事务代码进行，它可以一次性地导入固定资产主数据及相关的财务信息，如资产原值、以前年度累计折旧、本年已计提折旧等。

【业务操作1】接下来以固定资产为例，介绍如何输入资产期初数。

路径：IMG> 财务会计（新）> 资产会计核算 > 资产数据传输 > 手工联机传输 > 创建 / 更改 / 显示遗留资产 - 创建遗留资产

事务代码：AS91

STEP 1 在“创建历史数据：初始屏幕”界面输入资产分类和公司代码，如图5-166所示。

创建历史数据：初始屏幕

主数据 折旧范围 接管价值

资产分类 F1
公司代码 3000

参照
资产
次级编号
公司代码

图5-166

STEP 2 按回车键，进入“创建历史数据：主数据”界面，在“一般的”选项卡中输入资产描述、数量、资本化日期等字段，如图 5-167 所示。

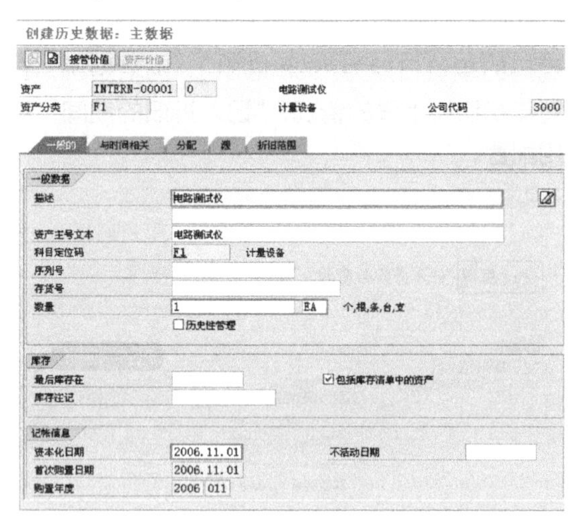

图5-167

STEP 3 切换到“与时间相关”选项卡，输入资产折旧的“成本中心”，如图 5-168 所示。

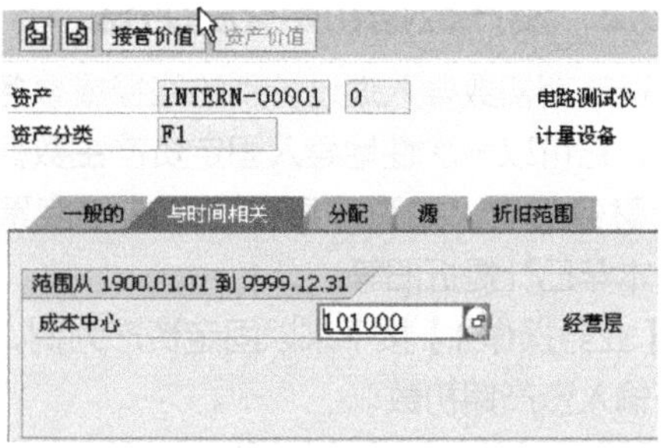

图5-168

STEP 4 切换到“源”选项卡，输入资产供应商的编号或名称、制造商等字段，如图 5-169 所示。

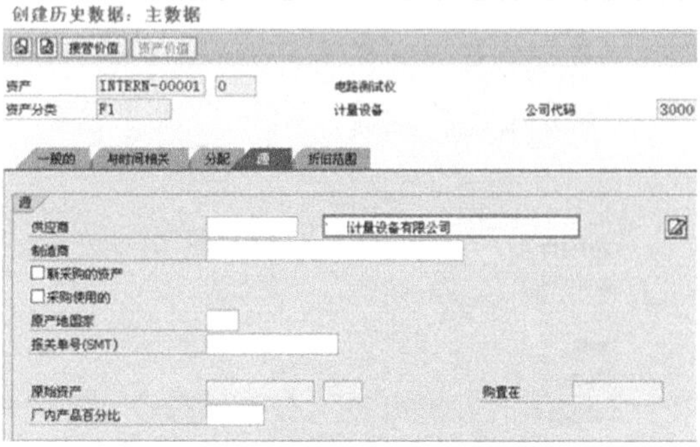

图5-169

在此选项卡中，供应商如果没有事先在系统中设置，可以在供应商描述字段直接输入供应商的名称，无须输入供应商编码。

STEP 5 切换到“折旧范围”选项卡，复核或输入资产的折旧码、折旧年限、开始折旧日期等字段，如图 5-170 所示。

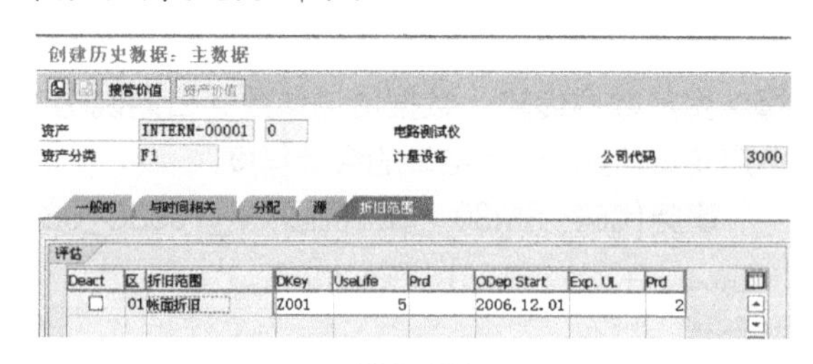

图5-170

系统会根据资产类别、资本化日期等字段的值默认出折旧码、折旧年限、开始折旧日期、到上一年度末已使用几年零几个月等信息，用户需要复核这些信息是否正确，如果不正确可手工修改。

STEP 6 单击应用工具栏中的 接管价值 按钮，进入接管价值输入的界面（界面名称仍为“创建历史数据：主数据”），在此界面输入累计购置价值、累计普通折旧、已记一般折旧等值，如图 5-171 所示。

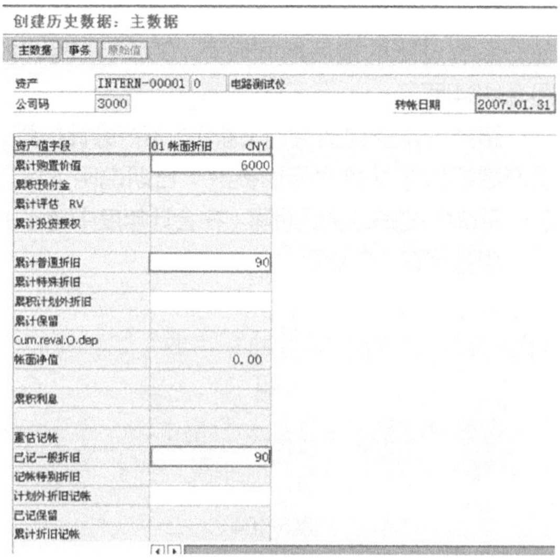

图5-171

转账日期：在后台配置的接管日期，不可更改。

累计购置价值：输入以前年度（截至上年度末）累计购置价值。如果资产是当前年度才资本化，则该字段为灰色，不允许输入。如果资产有在当前年度购置的金额，应该通过应用工具栏上

的 事务 按钮输入当年购置的事务（下一步骤），以将这一部分购置价值记入。

累计普通折旧：输入累计至上一年度末的折旧，即以前年度累计折旧。如果资产是当前年度才资本化，则此字段为灰色，不可输入。

已记一般折旧：输入本年初至上线前一期已计提折旧之和，即本年度累计折旧。如果资产是年末切换，则此字段为灰色，不可输入。

STEP 7（如果资产是当前年度资本化的，或存在当年购置的情况）单击应用工具栏上的 事务 按钮，进入下一界面，手工输入购置事务，如图5-172所示。

图5-172

资产价值日：输入资产在当前年度购置的日期。

事务类型：100（外部资产购置）。

01账面折旧CNY：在01折旧范围（账面折旧）的购置金额。

如果资产在当年年度有多次购置，则分多行分别输入，而不能合并在一起输入。注意，这对资产每月折旧的计算有影响。

STEP 8 输入完成后，单击"保存"按钮，系统显示资产已创建，如图5-173所示。

资产 1100000000 0 创建了

图5-173

STEP 9（可选）输入完成后，使用资产浏览器（事务代码AW01N）查看并复核创建的资产，如图5-174所示。

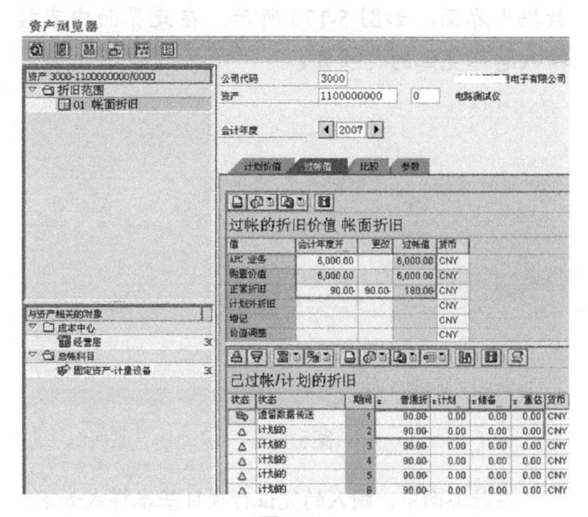

图5-174

检查资产原值、以前年度累计折旧、本年已提折旧、下月应计提折旧是否正确。

资产期初数据导入后，如果发现错误，可以通过事务代码AS92进行更改。

事务代码AS91仅是将期初的资产数据输入系统，并不生成相关的会计凭证，因此还需要补录会计凭证。而资产原值、累计折旧科目都是资产统驭科目，不能通过F-02直接记账，因此需要在后台专门的路径或事务代码中输入资产初始化的会计凭证。

【业务操作2】接下来介绍如何在后台补录资产初始化的会计凭证。

路径：IMG> 财务会计（新）> 资产会计核算 > 为生产开始做准备 > 正式启动 > 转账余额

事务代码：OASV

STEP 1 在"输入传输过账：初始屏幕"界面输入补录凭证的头信息，如图5-175所示。

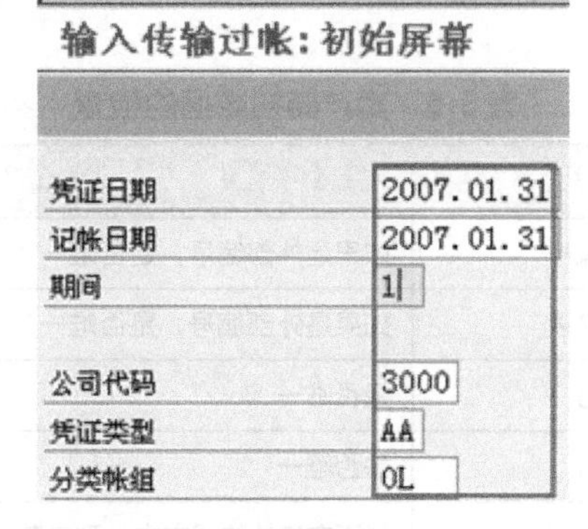

图5-175

STEP 2 按回车键，进入“输入传输过账：业务数据”界面，如图 5-176 所示。在此界面中直接输入总账凭证的行项目。

图5-176

在此界面中，输入的凭证行项目基本样式如下。

Dr：固定资产 -××××（按类别分明细科目）

Cr：累计折旧 -××××（按类别分明细科目）

Cr：期初导入科目

虽然固定资产和累计折旧科目都是统驭科目，但是仍可以在该界面中直接手工输入。这是一个特例，SAP 中只有该界面中能够直接对资产统驭科目过账。

如果企业固定资产和累计折旧有多个明细科目，则应该按多行准备，然后输入。

5.10.3 资产期初数据的准备和校验

资产数据一般数量庞大，应该事先在 Excel 表格中按格式准备，然后再批量导入到系统中，形成事务代码 AS91 中的数据。

某些企业存在资产基础数据质量较差的情况，在收到用户提交的资产主数据收集表后，应首先在 Excel 表格中对数据进行校验，以避免在批量导入时不停报错或出现其他数据异常情况。

对于准备的字段，需要校验的内容如表 5-5 所示。

表 5-5 资产期初数据的检查

字段名称	校验内容
资产编号	如果是外部编号，是否唯一
资产描述	如果是外部编号，是否唯一
序列号	是否唯一
存货号	是否唯一
成本中心	是否在确认的成本中心列表范围内

续表

字段名称	校验内容
内部订单	是否在确认的内部订单列表范围内
供应商	是否在确认的供应商列表范围内
自定义字段	是否在自定义列表范围内
其他主数据字段	是否符合字段长度、内容的要求
资本化日期	针对当前期间，原值 / 累计折旧 / 本年折旧的金额是否正常？是否存在资产已经寿命终结，而账面净值仍旧大于预计残值的情况？是否存在账面净值小于预计残值的情况？是否存在应该提折旧而还未开始提折旧的情况？根据整理出的数据计算出的月折旧额是否和原系统中的月折旧额相差悬殊
使用年限	
累计购置价值	
以前年度累计折旧	
本年度累计折旧	

提示

某些企业使用的旧系统存在不规范的设计，导致资产折旧存在异常。例如，资产按照资本化日期和使用年限看，应该早就报废，但系统中账面净值仍旧大于预计残值。如果按照旧系统原本的数据导入系统，很可能在上线首月SAP就会补提“应提未提”的折旧。

提示

某些企业存在资产“中途增值”的情况，如果该增值发生在资产寿命的较晚期，可能会导致资产后期计提折旧出现畸高（较多的账面可回收金额摊销在资产晚期较少的期间），对于这种情况，相应延长资产的使用寿命，是较为妥当的处理方式。

SAP 是一个相对较为规范的系统。对于校验发现的数据异常，应该尽量在旧系统中处理完毕，不要将混乱的数据代入到规范的 SAP 中。

5.10.4 通过 LSMW 导入资产期初数据

LSMW（Legacy System Migration Workbench）是 SAP 提供的批量导入数据的平台，既可以使用 SAP 标准的导入程序直接导入，也可以通过录屏的方式产生模拟输入的程序批导入。这里仅介绍前种方式。

【业务操作】

事务代码：LSMW

STEP 1 在“Lagacy System Migration Workbench”界面中输入 Project（项目）、Subproject（子项目）和 Object（对象），如图 5-177 所示。

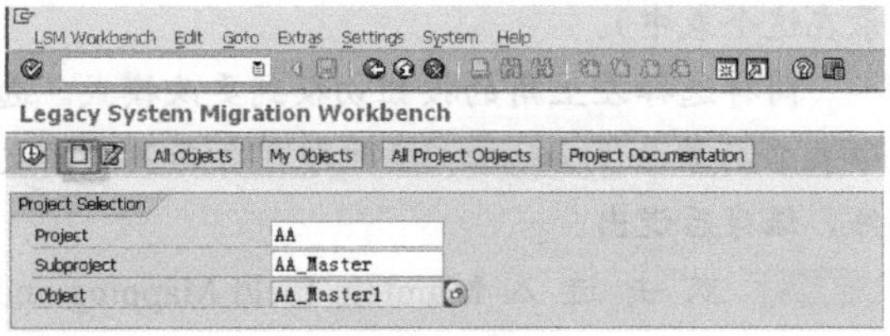

图5-177

可以选择一个现有的项目/子项目，或是创建一个新的项目/子项目。

提示

在项目实施中应统一LSMW的项目、子项目的定义规则，避免在系统中创建一堆名称类似但分不清楚具体作用的项目，这样在将来使用和维护时较为方便。建议按模块划分项目，按模块下的数据类型划分子项目，按程序的目的（如新增/更改）划分对象。

STEP 2 单击“创建”按钮，进入“Create Object”（创建对象）对话框，输入 Object Name（对象的名称），如图 5-178 所示。

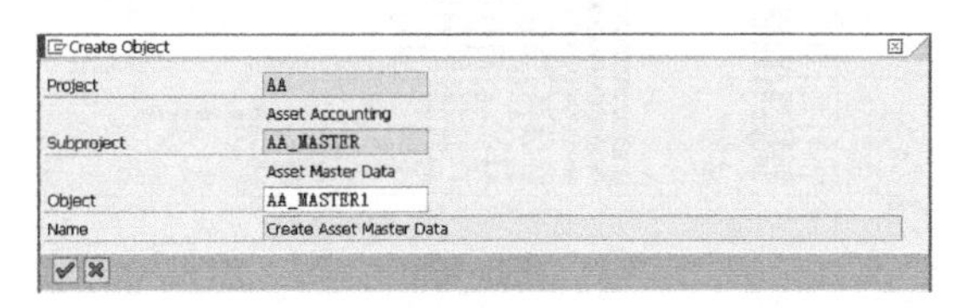

图5-178

STEP 3 单击“确认”按钮，返回 LSMW 的主界面，单击“执行”按钮，进入 LSMW 的操作步骤清单界面。主要操作步骤有 14 步，如图 5-179 所示，可以分为两大部分：先建立规则；后执行操作。

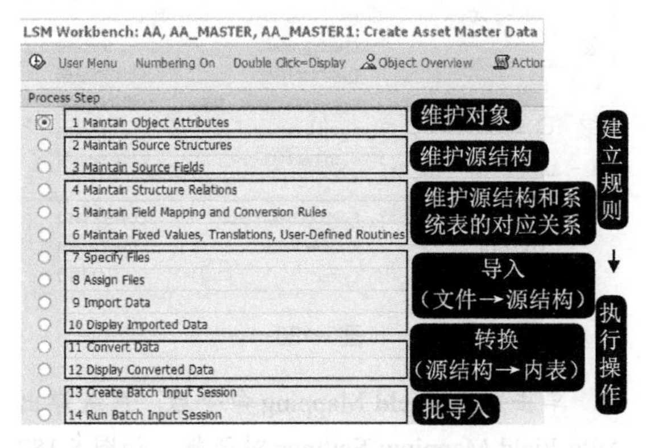

图5-179

操作步骤清单是按顺序排列的，用户只需要按顺序逐个双击进入操作即可。

下面分步骤介绍 LSMW 工作台的操作。

STEP 4 双击进入 Maintain Object Attributes（设置对象属性）步骤，如图 5-180 所示。

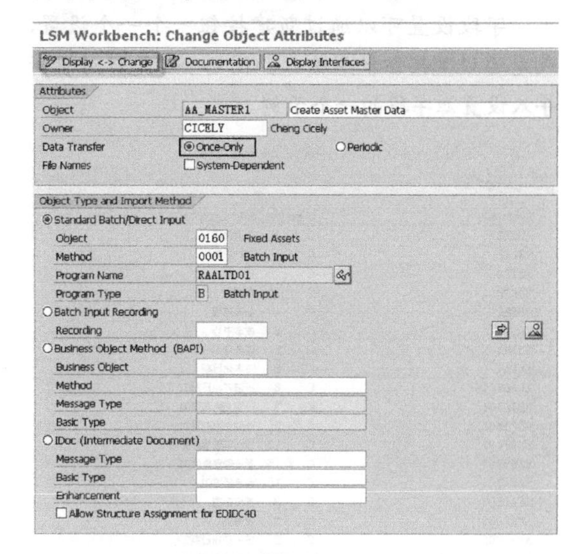

图5-180

单击左上角的按钮切换当前模式为修改状态，然后就可以选择数据导入的方式。LSMW 预置了很多不同类型的数据导入方式，此处选择对象为固定资产，方法为批处理。保存后退出。

STEP 5 双击进入 Maintain Source Structures（设置源结构）步骤，如图 5-181 所示。

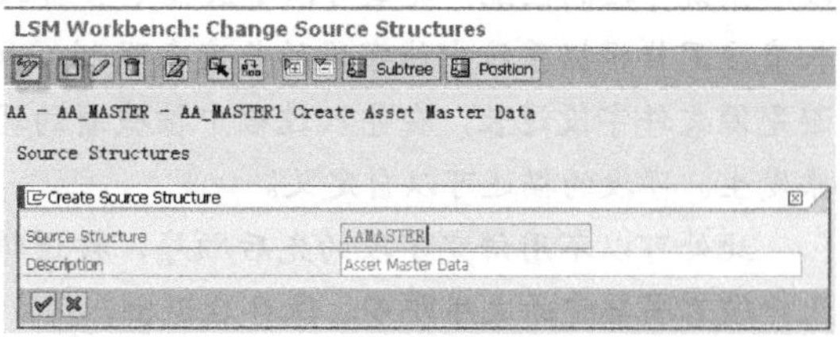

图5-181

仍然通过左上角的按钮切换当前模式为修改状态，再单击“创建”按钮，输入源结构的编号和名称，保存后退出。此处仅仅是对源文件的名称进行设置。

STEP 6 双击进入 Maintain Source Fields（设置源字段）步骤，如图 5-182 所示。

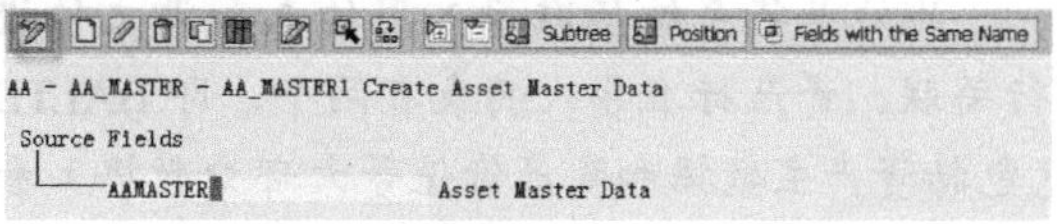

图5-182

仍然通过左上角的按钮切换当前模式为修改状态。此处设置的是导入文件中的字段属性。有哪些字段需要从源文件中导入，就需要在这里设置哪些字段。

字段设置可以通过新建按钮一个一个设置，或是通过▦按钮批量输入。图 5-183 是针对资产导入设置源字段的一个示例。

Source Fields for Source Structure AAMASTER

Field Name	Type	Le..	Field description
BUKRS	C	4	公司代码
ANLKL	C	4	资产分类
TXT50	C	20	资产描述
SERNR	C	10	序列号
GSBER	C	4	业务范围
KOSTL	C	8	成本中心
AUFNR	C	8	订单号
AKTIV	C	8	资本化日期
AFABG01	C	8	折旧开始日期01
NDJAR01	C	2	计划使用年限01
NDPER01	C	2	计划使用期间01
KNAFA01	C	15	以前年度累计折旧01
KANSW01	C	15	累计购置价值01
NAFAG01	C	15	当年折旧01
AFABE03	C	2	折旧范围
AFASL03	C	5	折旧码
AFABG03	C	8	折旧开始日期03
NDJAR03	C	8	计划使用年限03
NDPER03	C	8	计划使用期间03
KANSW03	C	15	累计购置价值03
KNAFA03	C	15	当年折旧03
BZDAT	C	8	资产价值日
BWASL	C	3	事务类型
ANBTR01	C	15	事务金额

图5-183

其中字段名称应尽可能按照系统字段来命名，这样在后一步的匹配中就可以自动完成源字段和系统字段的匹配；类型可以都选择 C；字段长度应同样根据系统中该字段的长度来限制，以避免源文件字段过长，在导入过程中被截断的现象发生。字段的描述可以自定义。

此处可以不用讲究字段的先后顺序，按逻辑上比较容易接受的次序即可。保存后退出。

STEP 7 双击进入 Maintain Structure Relations（设置结构关系）步骤，如图 5-184 所示。

LSM Workbench: Change Structure Relationships

AA - AA_MASTER - AA_MASTER1 Create Asset Master Data

Structure Relations

BALTD Interface for Legacy Data Transfer - Asset Accounting <<<< AAMASTER Asset Master Data
Select Target Structure BALTD.

BALTB Interface legacy assets data transf. RA (Transact.) <<<< AAMASTER Asset Master Data

图5-184

此处是将系统标准导入用的表和源文件进行关联。资产标准导入的表有两个，即 BALTD（包括资产主数据和资产价值等大部分数据）和 BALTB（对于当年购置的资产需要设置的事务记录在这个表中）。

同样选择左上角的按钮切换到更改模式。选中表名后单击 Relationship 按钮即可自动关联源文件。保存后退出。

STEP 8 双击进入 Maintain Field Mapping and Conversion Rules（设置字段匹配关系和转换规则）步骤，如图 5-185 所示。

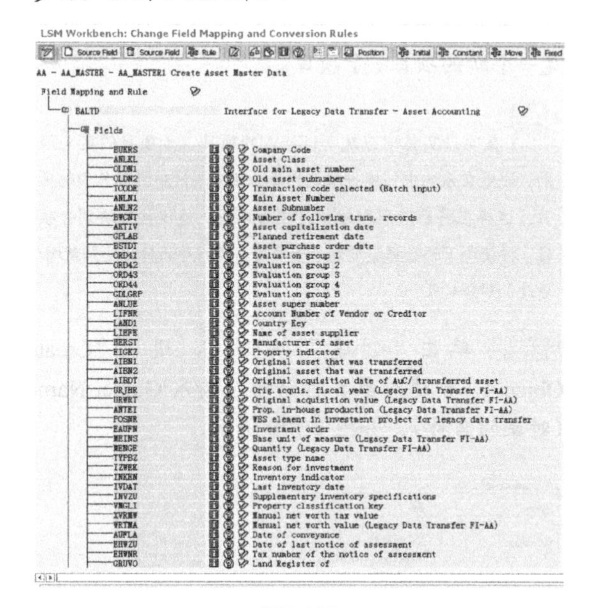

图5-185

此处设置的是源文件中的字段和系统表中字段的匹配关系。

一般来说，有以下几种情况。

① 选择菜单中的自动匹配（Extras → Auto-Field Mapping）命令，直接将源文件的字段按名称自动匹配系统表中的字段，如图 5-186 所示。

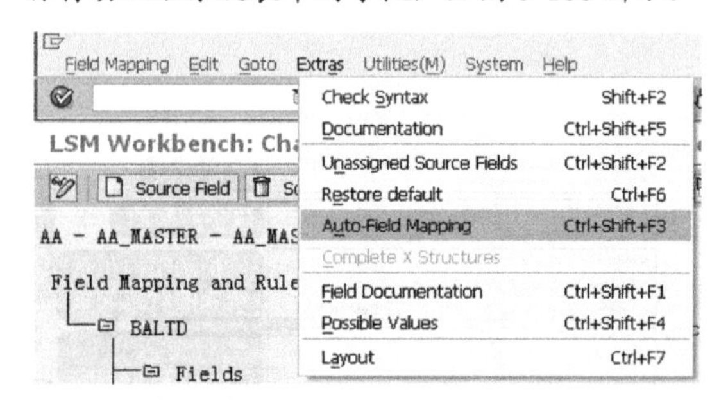

图5-186

单击 Auto-Field Mapping 命令后，系统弹出 Auto Field Mapping: Settings 对话框，如图 5-187 所示。

如果在图 5-187 中选择了需要确认（With

Confirmation），则系统会为每一个字段弹出确认框，如图5-188所示。

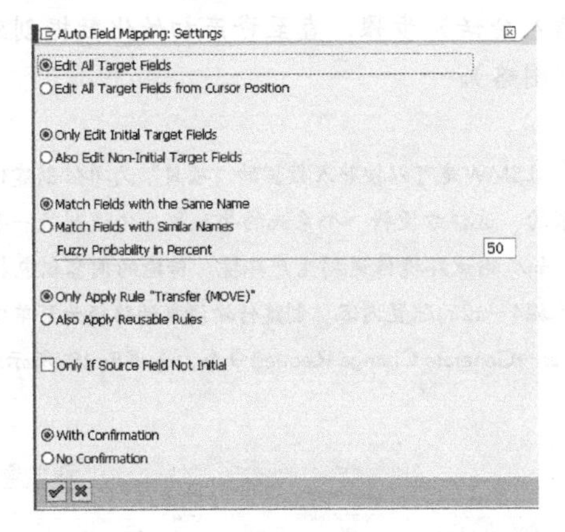

图5-187

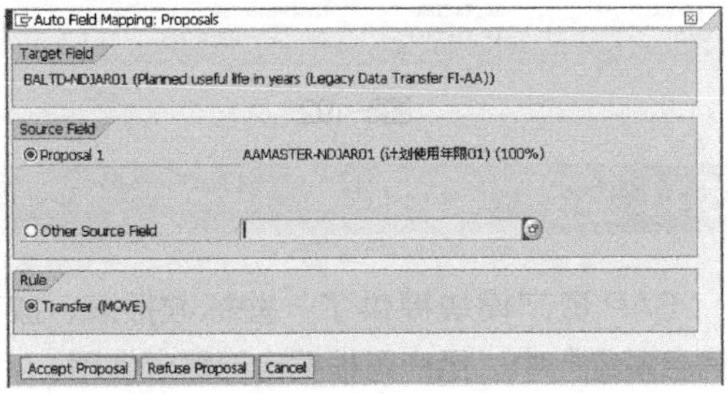

图5-188

如果事先已经确认过源文件中设置的字段名称与实际SAP中是一致的，则可以选择不确认直接匹配（No Confirmation）。

② 如果源文件中存在不能自动匹配的字段，则需要自己在列出的系统表字段中找到对应的字段，选中该字段后，单击 Move 按钮，然后在弹出的源文件字段清单中选择正确的源字段。

③ 如果有字段匹配错误而需要去掉匹配的内容，可以选中该导入表的字段后，单击 Initial 按钮重置，然后再重新匹配。

④ 如果资产主数据上有某些字段是固定不变的，如只实施一个公司，则公司代码是不变的；又如如果只存在一个折旧范围，则折旧范围的编码也是不变的。此类数据可以选中表结构中的该字段后，单击 Constant 按钮，然后输入一个常量。这种字段不需要出现在源文件中。

提示 事务代码字段就是要使用常量的，资产主数据导入的事务代码应选择AS91。

匹配完成后保存并退出。

STEP 9 双击进入Maintain Fixed Values, Translations, User-Defined Routines（设置固定值、翻译和自定义路线）步骤。

如果匹配规则在前一步骤中都明确了，此步骤可以跳过。

STEP 10 双击进入“Specify Files”（指定文件）步骤，如图5-189所示。

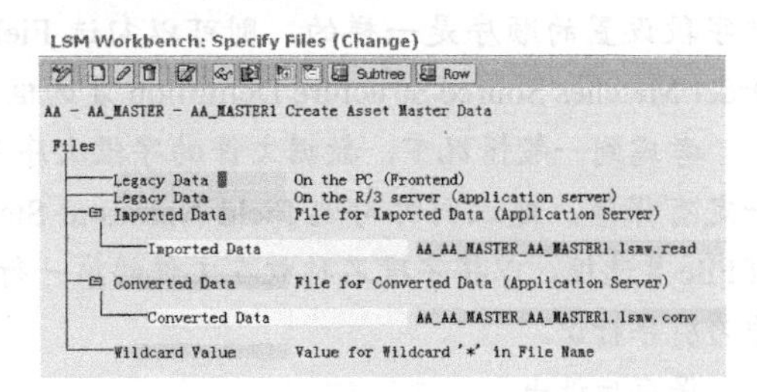

图5-189

仍然通过左上角按钮切换到更改模式。通过LSMW导入的文件可以放在个人电脑（On the PC）上，也可以放在服务器（On the R/3 server）上。如果数据量很大，可以将文件放在服务器上进行导入，以避免因为个人电脑的网络连接或其他异常造成导入数据的错误。

一般情况下选择本地PC。将光标置于“Legacy Data　　On the PC（Frontend）”一行，然后单击“Add Entry”按钮，弹出“File on Front End: Maintain Properties”对话框，如图5-190所示。

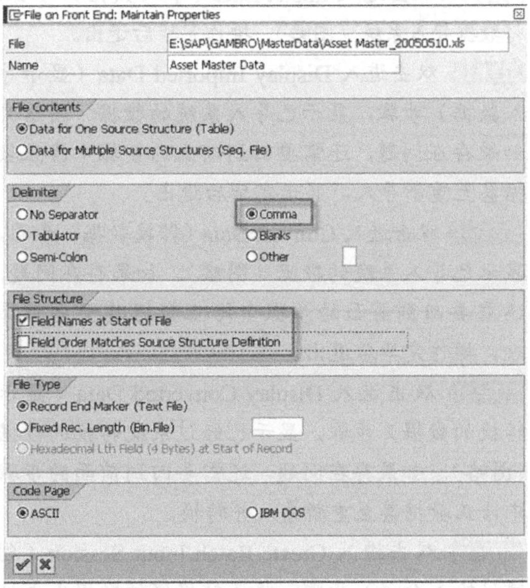

图5-190

选择 PC 上的数据文件，并在 Name 字段输入一个容易识别的文件名称。

根据文件性质选择合适的分隔符（Delimiter）。如果采用 Excel 支持的 CSV 格式导入数据，则选择逗号（Comma）为分隔符；如果是 TXT 格式的数据文件，则应该选择制表符（Tabulator）为分隔符。

如果源文件的字段顺序和在 LSMW 的源文件字段设置的顺序是一样的，则可以勾选 Field Order Matches Source Structure Definition 复选框。

考虑到一般情况下，数据文件的字段次序不一定有保障，建议同时勾选 Field Names at Start of File 复选框，以将字段名称放在文件的第一行，作为引导标识。

保存后退出。

STEP 11 双击进入“Assign Files”（指定文件）步骤，如图 5-191 所示。

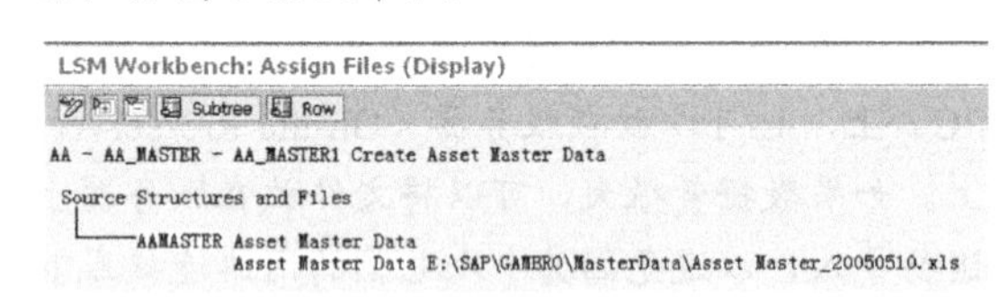

图5-191

这个步骤基本是一个技术性的步骤，不需要操作，系统会自动把 LSMW 中定义的源文件和上一步骤中的文件名进行关联。

STEP 12 双击进入 Import Data（导入数据）步骤，将数据导入系统（图略）。操作完毕后退出。

STEP 13 双击进入 Display Imported Data（显示导入数据）步骤，显示已导入系统的数据（图略）。如果存在问题，还需要回到前面的步骤中修正数据甚至重新导入。显示完毕后退出。

STEP 14 双击进入 Convert Data（转换数据）步骤，显示已导入系统的数据（图略）。如果存在问题，还需要回到前面的步骤中修正数据甚至重新导入。操作完毕后退出。

STEP 15 双击进入 Display Converted Data（显示转换的数据）步骤，显示已经过系统转换的数据（图略）。如果存在问题，还需要回到前面的步骤中修正数据甚至重新导入并转换。

STEP 16 双击进入 Create Batch Input Session（创建批输入会话）步骤，将已转换好的数据生成批输入会话（图略）。操作完毕后退出。

STEP 17 双击进入 Run Batch Input Session（运行批输入会话）步骤，直至资产初始化数据创建成功（图略）。

> **提示**
>
> LSMW是可以按导入数据的“项目”为单位创建传输请求的，这样方便将一个系统的导入程序传送到另一个系统，如从测试环境传送到生产环境。传输的内容仅包括上述步骤4～12的配置内容。创建传输请求的路径为菜单中的Extras→Generate Change Request命令，如图5-192所示。

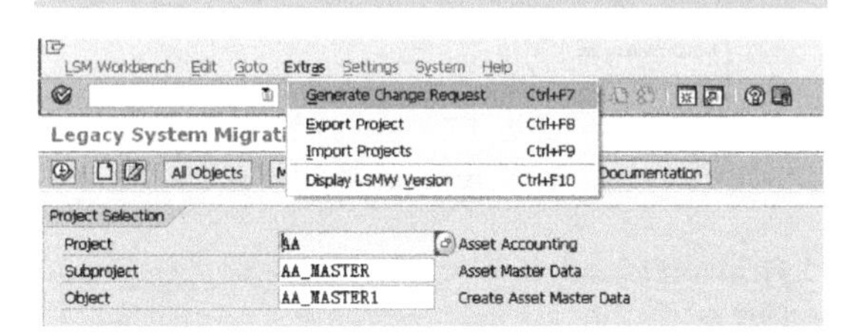

图5-192

5.11 资产模块报表

SAP 资产模块提供了一些标准报表，放在“信息系统”中，用户可根据自己需求使用。

路径：SAP 菜单 > 会计核算 > 财务会计 > 固定资产 > 信息系统 > 资产会计报表

资产模块的报表涵盖资产的交易、折旧分析、原值及余额等，如图 5-193 所示。

图5-193

下面就各类型报表做一个简单介绍。

（1）资产余额—余额清单报表，如图 5-194 所示。

余额清单中的报表主要是从不同的角度列示资产的原值、累计折旧、余额。

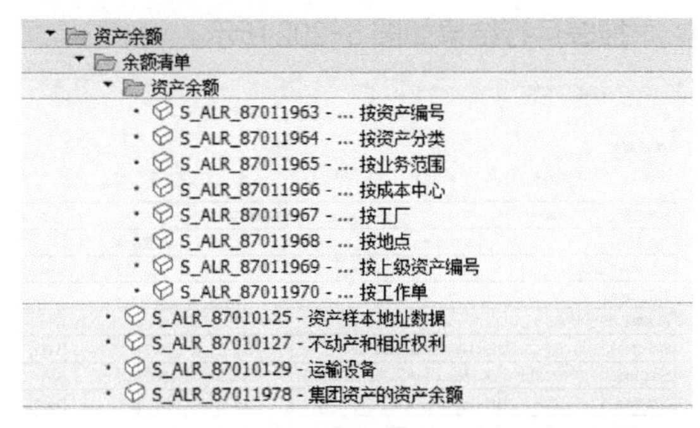

图5-194

以“S_ALR_87011964 - ... 按资产分类”为例，报表运行的参数中，就是主要按资产分类来选择的，如图 5-195 所示。

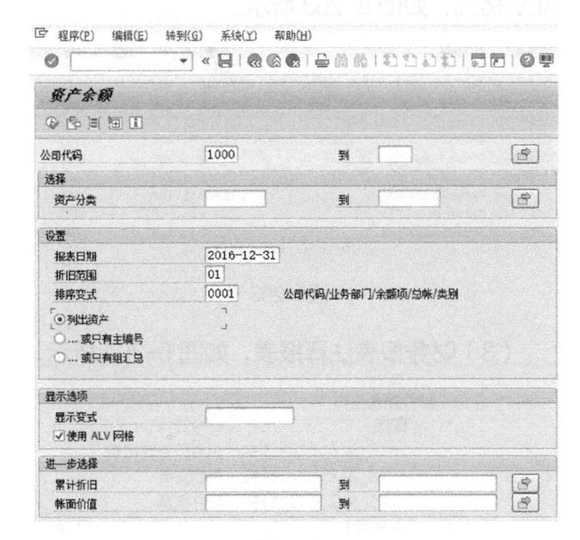

图5-195

如果选中“列出资产”单选钮，则系统按资产分类分组，列示每个资产的明细情况，如图 5-196 所示。

清单(L) 编辑(E) 转到(G) 设置(S) 系统(Y) 帮助(H)

资产余额

资产余额 - 01

报表日期：2016-12-31 - 创建日期：2016-08-06

资产	次级	资本化日期	资产描述	购置价值	累积折旧	帐面价值	货币
1181	0	2016-08-02	公司的厂房	210,000.00	10,500.00-	199,500.00	EUR
1187	0	2016-08-02	教学楼	21,450,000.00	1,072,500.00-	20,377,500.00	EUR
1191	0	2016-08-02	宿舍楼	9,550,000.00	477,500.00-	9,072,500.00	EUR
1221	0	2016-08-02	万达公馆	27,272,727.27	1,363,636.36-	25,909,090.91	EUR
1225	0	2016-08-04	资产一	407,200.00	3,664.80-	403,535.20	EUR
1226	0	2016-08-04	大楼	3,000.00	150.00-	2,850.00	EUR
1227	0	2016-08-04	高楼	7,000.00	350.00-	6,650.00	EUR
资产分类 00001100 建筑物				58,899,927.27	2,928,301.16-	55,971,626.11	EUR
购置:购置和生产成本 1000 不动产				58,899,927.27	2,928,301.16-	55,971,626.11	EUR
资产负债表项目 1032011				58,899,927.27	2,928,301.16-	55,971,626.11	EUR

图5-196

如果选中“... 或只有组汇总”单选钮，则系统在最低层级只显示每个资产分类的汇总情况，从而简化报表的列示，如图 5-197 所示。同时，该报表还依次按照公司代码、业务范围、资产负债表项目、APC（购置）科目进行分层小计。

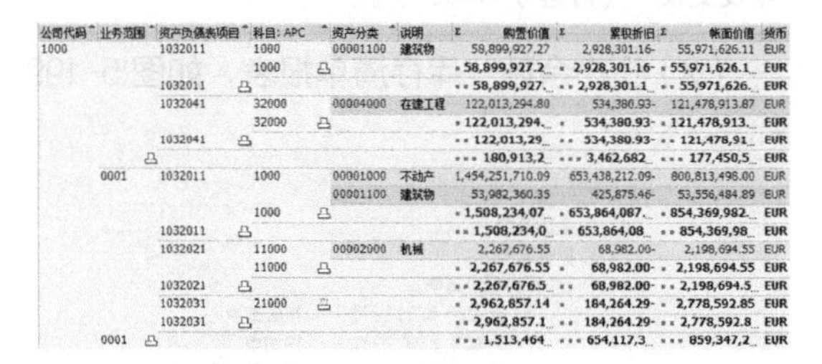

公司代码	业务范围	资产负债表项目	科目: APC	资产分类	说明	购置价值	累积折旧	帐面价值	货币
1000		1032011	1000	00001100	建筑物	58,899,927.27	2,928,301.16-	55,971,626.11	EUR
			1000			• 58,899,927.2…	• 2,928,301.16-	• 55,971,626.1…	EUR
		1032011				•• 58,899,927.…	•• 2,928,301.1…	•• 55,971,626.…	EUR
		1032041	32000	00004000	在建工程	122,013,294.80	534,380.93-	121,478,913.87	EUR
			32000			• 122,013,294.…	• 534,380.93-	• 121,478,913.…	EUR
		1032041				•• 122,013,29…	•• 534,380.93-	•• 121,478,91…	EUR
						••• 180,913,2…	••• 3,462,682…	••• 177,450,5…	EUR
	0001	1032011	1000	00001000	不动产	1,454,251,710.09	653,438,212.09-	800,813,498.00	EUR
				00001100	建筑物	53,982,360.35	425,875.46-	53,556,484.89	EUR
			1000			• 1,508,234,07…	• 653,864,087.…	• 854,369,982.…	EUR
		1032011				•• 1,508,234,0…	•• 653,864,08…	•• 854,369,98…	EUR
		1032021	11000	00002000	机械	2,267,676.55	68,982.00-	2,198,694.55	EUR
			11000			• 2,267,676.55	• 68,982.00-	• 2,198,694.55	EUR
		1032021				•• 2,267,676.5…	•• 68,982.00-	•• 2,198,694.5…	EUR
		1032031	21000			• 2,962,857.14	• 184,264.29-	• 2,778,592.85	EUR
		1032031				•• 2,962,857.1…	•• 184,264.29-	•• 2,778,592.8…	EUR
	0001					••• 1,513,464…	••• 654,117,3…	••• 859,347,2…	EUR

图5-197

该类报表中，有一个重要的参数，即“报表日期”，如图 5-198 所示。

设置
报表日期 2016-12-31
折旧范围 01
排序变式 0001 公司代码/业务部门/余额项/总帐/类别

图5-198

对它的选择是有要求的：只能输入期末或年末的日期，如 2016-05-31、2016-12-31。具体到每一个公司代码，又与其年终结算状态和资产财年的开放有关。具体如表 5-6 所示。

表 5-6 资产余额报表运行时“报表日期”的可选值

时间	资产年结状态	可选择的日期	说明
过去年度	资产年度已结算	年末	
	资产年度未结算	月末或年末	相当于当前年度
当前年度		月末或年末	
未来年度	资产财年“不慎”提前打开	月末或年末	相当于当前年度
	资产财年未打开	年末	

提示

如果输入了不正确的日期，系统会提示“报表日期 XXXX-XX-XX对于此报表无效”（消息号AU116）。

> **注意** 表5-6所列的可选日期都有一个共同的前提，就是公司代码当前年度的资产财年是打开的，即曾经对该公司代码正式运行过“资产会计年度更改”到当前年度并且成功。如果当年财年没有打开，则所有年份（包括过去年度已打开和已结算的年份）也是不能运行资产余额报表的。系统会提示“没有为公司代码 0007 进行会计年度更改”（消息号 AB059）。

（2）资产余额—库存清单报表，如图 5-199 所示。

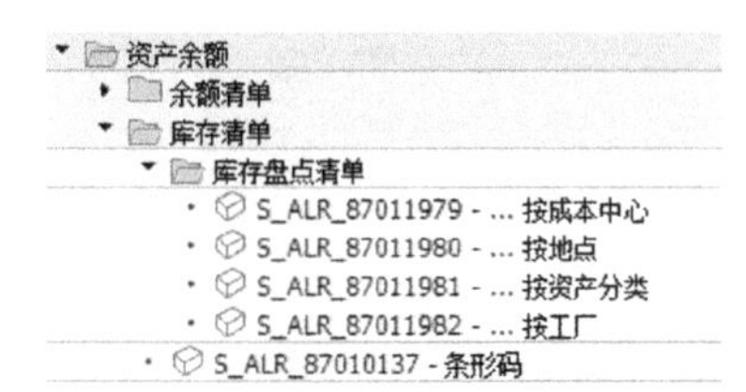

图5-199

库存清单报表是在盘点时给企业提供可盘点的资产清单。因此，这些报表中只显示那些“包含库存清单中的资产”，这是由资产主数据中“一般的”选项卡中的选项决定的，如图 5-200 所示。

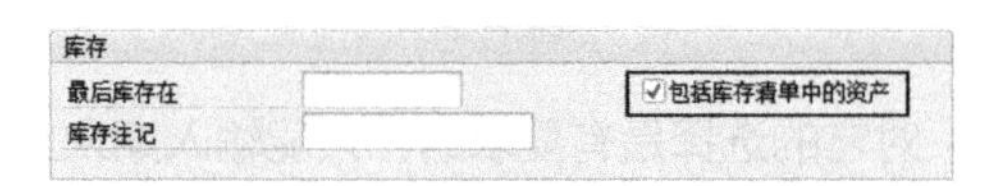

图5-200

只有该选项被选中，资产才会出现在库存清单报表中。

> **提示** 有些资产主数据“一般的”选项卡没有该选项，是因为资产主数据的界面格式中没有将该字段放开（隐藏起来了）。该字段可以在资产分类层设置，然后代入到资产主号甚至子号上。

以“S_ALR_87011979 - ... 按成本中心”为例，运行库存清单报表。输入参数的界面如图 5-201 所示。

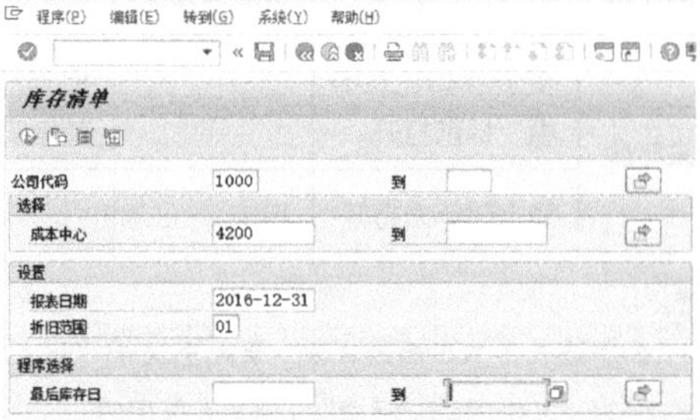

图5-201

报表运行结果如图 5-202 所示。

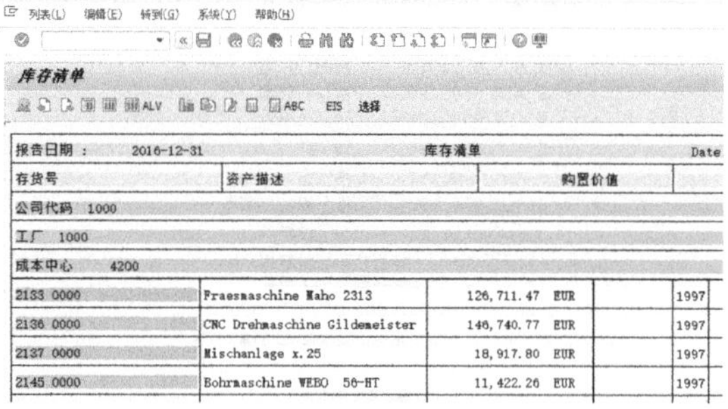

报告日期： 2016-12-31	库存清单			Date
存货号	资产描述	购置价值		
公司代码 1000				
工厂 1000				
成本中心 4200				
2133 0000	Fraesmaschine Maho 2313	126,711.47	EUR	1997
2136 0000	CNC Drehmaschine Gildemeister	146,740.77	EUR	1997
2137 0000	Mischanlage x.25	18,917.80	EUR	1997
2145 0000	Bohrmaschine WEBO 56-HT	11,422.26	EUR	1997

图5-202

该报表格式不美观，可以通过应用工具栏的“SAP 清单浏览器”按钮 ALV ，将结果转换为 ALV 格式，如图 5-203 所示。

存货号	资产描述	购置价值	货币	数量	Un	购置…	标记
2133 0000	Fraesmaschine Maho 2313	126,711.47	EUR			1997	
2136 0000	CNC Drehmaschine Gildemeister HN	146,740.77	EUR			1997	
2137 0000	Mischanlage x.25	18,917.80	EUR			1997	
2145 0000	Bohrmaschine WEBO 56-HT	11,422.26	EUR			1997	
2146 0000	Elektro-Pumpe 636/78 Vereinte Mechanisch...	18,406.51	EUR			1997	
2148 0000	Elektro.Pumpe 636 / 79	18,099.73	EUR			1997	
2150 0000	Elektro-Pumpe 636/92	12,271.01	EUR			1997	
2152 0000	Elektro-Pumpe 636/99	15,850.05	EUR			1997	
2154 0000	Pumpenblock C 78	21,474.26	EUR			1997	
2156 0000	Rotationsdrucker NB2	71,580.86	EUR			1997	
2141 0000	Produktionslinie Rahmen, Stoßfänger, Räder	284,533.93	EUR			1997	

图5-203

（3）财务报表注释报表，如图 5-204 所示。

图5-204

财务报表注释报表主要是用来解释企业的财务报表中，与资产相关的金额及其变动是如何构成的，如固定资产原值的增加和减少分别是哪些购置和报废形成的。图 5-205 显示的是“S_ALR_87011990 - 资产历史数据表”运行的结果。

图5-205

针对特定的资产，还可以利用应用工具栏的 资产 按钮，进入到相关解释性的报表中。图5-206列示了部分解释性的报表。

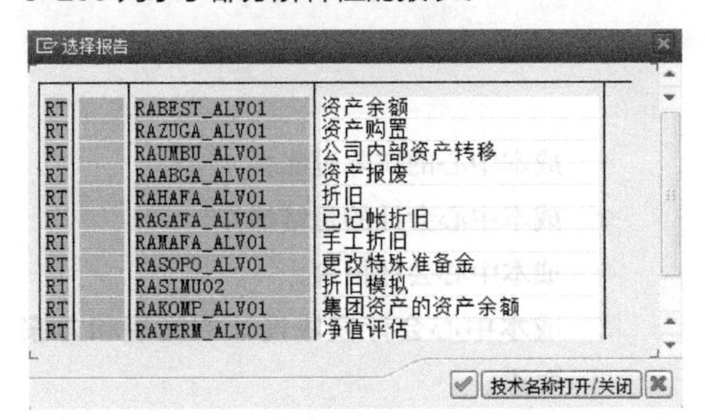

图5-206

双击某一项条目，即可转入具体的报表。

（4）损益解释和成本核算报表，如图5-207所示。

损益解释
国际
折旧
S_ALR_87012004 - 总折旧
S_ALR_87012006 - 普通折旧
S_ALR_87012007 - 特殊折旧
S_ALR_87012008 - 计划外折旧
S_ALR_87012009 - 储备金的转帐
S_ALR_87012011 - 帐面增值
S_ALR_87012013 - 折旧比较
S_ALR_87012015 - 手工折旧
指定国家
成本核算
S_ALR_87012018 - 折旧和利息
S_ALR_87010173 - 重新评估
记帐折旧
S_P99_41000192 - 资产和记帐期间的记帐折旧
S_ALR_87010175 - 已过帐折旧，与成本中心相关

图5-207

损益解释报表和成本核算报表大同小异，都是用来解释账面上的折旧是如何形成的、每项资产的折旧是多少。

其中，“S_P99_41000192 - 资产和记账期间的记账折旧”和“S_ALR_87010175 - 已过账折旧，与成本中心相关”都可以用来佐证公司代码在某个期间的折旧额，只是后者列示了资产折旧费记入的成本中心字段，而前者没有列示。前一报表运行结果如图5-208所示，后一报表在其中加入了成本中心字段。

报表(R) 编辑(E) 转到(G) 系统(Y) 帮助(H)

根据资产和过帐期间过帐的折旧

根据资产和过帐期间过帐的折旧

资产	子编..	期间	正常折旧	计划外折旧	特别折旧	利息	准备金转帐	货币
1105	0	006	681.28-	0.00	0.00	0.00	0.00	EUR
1106			16,616.87-	0.00	0.00	0.00	0.00	EUR
	1		8,947.69-	0.00	0.00	0.00	0.00	EUR
1107	0		638.74-	0.00	0.00	0.00	0.00	EUR
1109			107.26-	0.00	0.00	0.00	0.00	EUR
1113			11,077.92-	0.00	0.00	0.00	0.00	EUR
1124			2,130.26-	0.00	0.00	0.00	0.00	EUR
1125			1,704.79-	0.00	0.00	0.00	0.00	EUR
1126			2,044.99-	0.00	0.00	0.00	0.00	EUR
1127			851.87-	0.00	0.00	0.00	0.00	EUR
1128			400.09-	0.00	0.00	0.00	0.00	EUR
1129			2,556.74-	0.00	0.00	0.00	0.00	EUR
1131			1,615.25-	0.00	0.00	0.00	0.00	EUR
1132			31.75-	0.00	0.00	0.00	0.00	EUR

图5-208

5.12 资产模块设计的流程和方案要点

本节列举资产模块在实施过程中，通常设计的流程和流程中应包含的方案要点（不涉及具体的方案），仅供参考。在企业实施过程中，可能因实际业务不同有所差别。

表5-7介绍了资产模块设计的流程和方案要点。

表5-7 资产模块设计的流程清单和方案要点

流程编码	流程名称	流程中应包含的方案要点
FI-AA-010	资产主数据设置流程	折旧表及折旧范围的设计；资产类别及对应的编号范围；界面格式；科目确定码；折旧规则（折旧码、年限、残值）等
FI-AP-110	资产购置流程	资产购置的方式，哪些从采购端开始系统操作，哪些直接在财务端操作；如果下采购订单，何时资本化
FI-AP-120	资产转移流程	公司内的转移如何处理；公司间的转移如何处理
FI-AP-130	资产报废流程	分有收入和无收入两种情况，分别如何处理
FI-AP-210	资产折旧流程	明确操作规范（时间、责任岗位、操作要求等），运行完毕后要求关闭账户类型A的期间
FI-AP-220	资产年结流程	明确操作规范（时间、责任岗位、操作要求等），尤其要明确及时操作、及时处理遗留问题的重要性

第 6 章

成本中心会计模块

本章介绍以下内容：

- 成本中心会计模块的基础知识；
- CO 的组织结构；
- 成本中心会计的主数据；
- 成本中心的计划；
- 成本中心的实际过账；
- 成本中心会计的月结操作；
- 成本中心会计报表；
- 成本中心会计模块设计的流程和方案要点。

6.1 基础知识

本节介绍成本中心会计模块的基本功能以及该模块与其他模块的关联关系。

6.1.1 成本中心会计模块的基本功能

成本中心会计（CCA）模块是控制（CO）模块的一个子模块，是主要处理成本中心相关业务的模块。

成本中心是企业用来核算费用的最小组织单位，相当于企业的部门，如财务部、钣金车间等。成本中心会计是对成本中心的费用进行计划、记账、拆分（分配或分摊）及分析。

成本中心会计模块的基本功能有主数据维护、成本中心计划、成本中心实际过账、月末操作等。

6.1.2 成本中心会计模块与其他模块的集成

对生产型企业而言，企业的主要工作之一是生产产品。而生产的组织形式就是一个个的工单（SAP 称之为“生产订单”）。生产过程中的料、工、费等成本最终都会集中在工单上体现。而其中的工、费在进入工单前，都是事先通过 FI 模块的各类会计凭证归集在成本中心的，并通过工单的报工或间接费用的计算吸收到工单上。这就体现了 FI 模块、CO-CCA 模块和 CO-PC（产品成本控制）模块三者之间的关联关系，如图 6-1 所示。

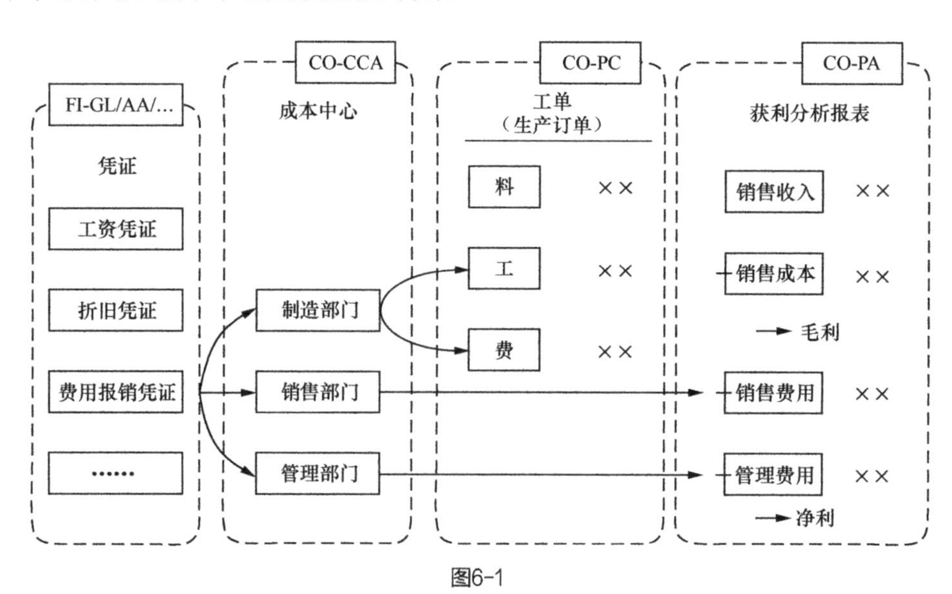

图6-1

从图6-1中可以看出，CO-CCA中的成本中心是对费用处理的一个纽带。它一方面是成本的归集，另一方面是成本的输送，输送到工单上（对工单而言是成本的吸收），形成工单上的工和费。

除了将制造费用输送到工单上，CCA还将成本中心中归集的销售费用和管理费用输送到CO-PA模块的获利分析报表中，成为净利计算中的一部分扣减项，从而使获利分析报表不仅能分析销售毛利，还能分析销售净利。这一点在图6-1中也能有所发现。

前面介绍的是与成本中心会计有关的主要集成模块。还有一些模块与成本中心会计有或多或少的关系，举例如下。

（1）CO-CCA与MM-PUR（采购）。创建采购订单时，费用型的采购订单一般采购到成本中心。在采购订单行项目上，科目分配类别选择K（成本中心），则必须在行项目明细中输入成本中心。将来收货或收发票时，费用就会记入成本中心。

（2）CO-CCA与MM-INV（库存）。物料消耗时，消耗到成本中心，也会使费用记入成本中心。

（3）CO-CCA与CO-IOA（内部订单会计）。某些费用在发生时不便直接记入成本中心，可以先记到内部订单，然后再结算到成本中心等。

6.2 组织结构

成本中心会计模块，使用的组织结构是控制范围，它也是其他CO子模块会使用到的组织结构。

6.2.1 控制范围的概念及其与公司代码的关系

控制范围是企业（集团）内部用来管理成本、费用的一个组织。当一个企业集团下辖多家公司时，可以将几家公司与成本、费用有关的事项指定给一个负责人进行管理，这些事项包括费用的预算、费用的计划、费用开支的审批、产品成本的结构设计、标准成本体系的设计、实际成本的控制、差异分析等。这个负责人所管辖的范围就可以称为“控制范围”。

因此，控制范围是企业内部会计或者管理会计所使用的一个概念。它和公司代码不同，公司代码是企业对外报告即外部会计或者财务会计使用的一个概念，它一般以法人或独立核算主体为单位。

控制范围和公司代码的关系是1对多，即一个控制范围下可以有多家公司代码。这个关系可以通过后台配置发现。企业可以根据地域、产品、管理特性等因素来划分控制范围。例如，图6-2所示的控制范围1000（欧洲控制范围）下包括多家公司代码：1000（德国公司）、2000（英国公司）、2100（葡萄牙公司）、2300（西班牙公司）等。这意味着，这些公司代码涉及成本、费用的事项，都是在控制范围1000中发生的。

路径：IMG>企业结构>分配>控制>把公司代码分配给控制范围

事务代码：OX19

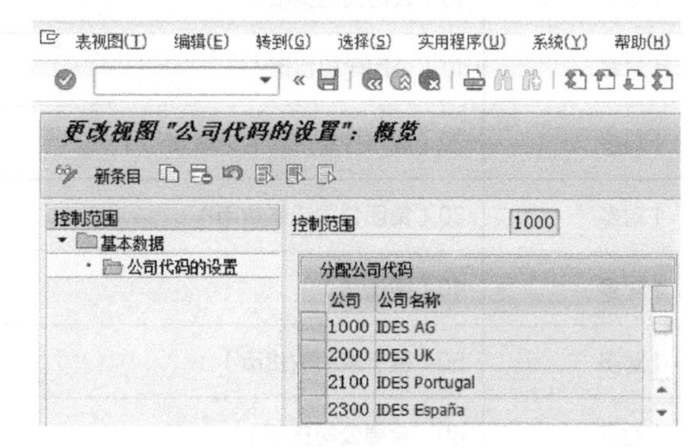

图6-2

6.2.2 控制范围的属性定义

控制范围有其自身的属性，包括货币、科目表、会计年度变式等。这些属性在后台定义，如图6-3所示。

路径：IMG>控制>一般控制>组织结构>维护成本控制范围—维护成本控制范围

事务代码：OKKP

分配控制：表明该控制范围是只包含一个公司代码（即1对1）还是包含多个公司代码（1对多）。如果是前者，则选择“1控制范围与公司代码相同”；如果是后者，则选择“2跨公司成本核算”。

图6-3

货币类型：控制范围的货币是公司代码货币、集团公司货币、硬通货还是其他的货币类型。

提示

“分配控制”标识和“货币类型”字段一起，决定了控制范围的货币，以及它是否可以和公司代码货币不同。表6-1列示了分配控制和货币类型如何决定后两项（前两列是条件，后两列是结果）。

作为企业集团，使用较多的情况：货币类型选择30，货币使用集团货币。这对于那些国际化企业比较适用。

账目表：即科目表。因为控制范围中使用的初级成本要素来自科目表，因此，必须指定其使用哪个科目表。

表 6-1　控制范围的货币设置

分配控制	货币类型	可使用的货币	不同公司代码货币
1对1	10（公司代码货币）	公司代码货币	不能选择
1对多	10（公司代码货币）	公司代码货币	不能选择
1对多	20（成本控制范围的记账货币）	任意货币	选择
1对多	30（集团公司记账货币）	集团货币	选择
1对多	40（硬通货）	硬通货	选择
1对多	50（基于索引的货币）	基于索引的货币	选择
1对多	60（全局公司货币）	全局公司货币	选择

会计年度变式：控制范围使用的会计分期是如何定义的。

提示

控制范围的科目表和会计年度变式必须和下属公司代码使用的一致。这也就意味着，同一个控制范围下的所有公司代码应该使用同样的科目表、同样的会计年度变式。

成本中心标准层次：控制范围的负责人希望看到下属所有公司代码的所有成本中心费用情况，则必须将这些成本中心建立成一个标准的树形结构，以便查看。虽然成本中心可以临时搭建成一个组（成本中心组），但标准层次结构是一个基本不会变动的、比较“权威”的自上而下的一个组。它涵盖了该控制范围所有的成本中心。具体将在6.3.1小节介绍。

统驭分类账：是否激活统驭分类账。如果激活了统驭分类账，则表明所有CO对象都会过账到对应的FI层面的调节账户（reconciliation account），这意味着这些CO凭证将会产生相应的FI凭证。但在启用新总账的情况下（当前中国应用SAP的企业基本上都启用了新总账），SAP建议使用“实时集成”的功能（在FI模块全局设置下配置），而不再使用统驭分类账的功能。因此，该选项一般不应勾选。

如果双击左侧引导栏中的“激活组件/控制

标识”，还可以设定当前控制范围下激活的组件和控制的标识，如图 6-4 所示。

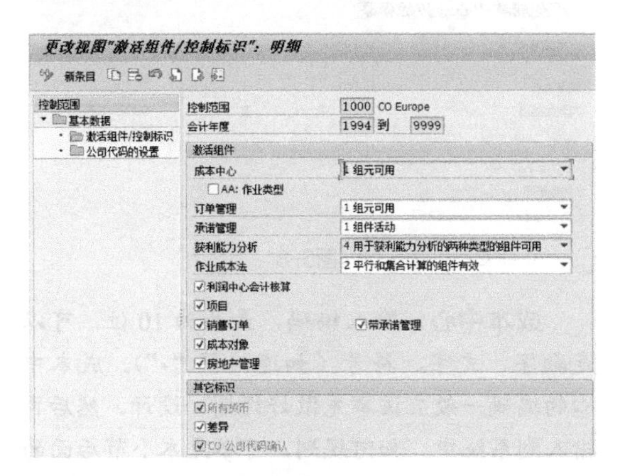

图6-4

根据企业实施的模块和方案来决定应该激活哪些组件。例如，利润中心会计如果不启用，就不应勾选；获利能力分析一般是激活两种类型的组件，即基于成本核算的和基于会计的。

其他标识中，**“所有货币”**复选框的勾选，表示 CO 业务在过账时，不仅过账到控制范围货币，还同时过账到交易货币和对象货币；如果不勾选，则只过账到控制范围货币。为了比较全面地反映各个币种的业务，一般应勾选。

“差异”复选框的勾选，表示初级成本过账时，如果存在差异，系统会计算差异并过账，一般也应勾选。

“CO 公司代码确认”（CoCd Validation，应译为“公司代码验证”）选项只适用于控制范围和公司代码 1 对多的情况。它控制能否将属于 A 公司代码的成本对象过账到 B 公司代码。例如，成本中心 4200 属于公司代码 1000，能否将它输入到公司代码 2000。如果勾选，则不能跨公司代码过账；如果不勾选，则可以跨公司代码过账。按国内企业的习惯，一般勾选。

在控制范围的设置中，还有一个很重要的概念就是版本。众所周知，控制范围主要是处理与成本、费用有关的工作，这里包括计划、实际及其对比分析，而计划可以有多个版本，如年初预算、每月滚动预算、半年预算等。它也是在系统后台预先定义的，如图 6-5 所示。既编制计划数据又过账实际数据的版本是 0 版本（SAP 标准配置），用户可以针对计划版本的不同，自定义所需要的版本 1、2、3 等。

路径：IMG> 控制 > 一般控制 > 组织结构 > 维护版本

事务代码：OKEQ

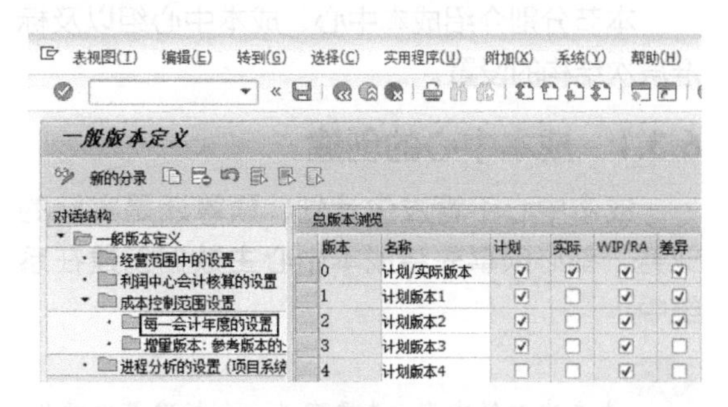

图6-5

针对 0 版本，每一会计年度都必须进行相应的设置。在右侧选中版本 0 的条目，双击左侧“成本控制范围设置”下的“每一会计年度的设置”，可以看到它在每个会计年度有两个选项卡需要设置，即“计划”和“价格计算”，如图 6-6 所示。

注意 这一设置是每一会计年度即将开始时必须在系统中做好的；否则新会计年度的CO业务不能操作，如跨年的生产订单、新年度的成本计划和作业价格计划。

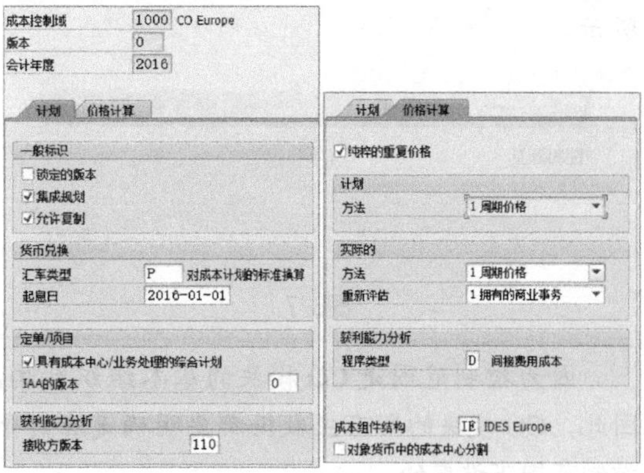

图6-6

6.3 主数据维护：成本中心（组）

正如 6.1.1 小节所述，成本中心是企业用来核算费用的最小组织单位，相当于企业的部门，如财务部、钣金车间等。成本中心（cost center）是成本对象（cost object）的一种。

多个成本中心集合在一起，形成了成本中心组。一个控制范围下所有的成本中心按一定标准自上而下、有规则地组织在一起，则形成了标准层次结构。

本节分别介绍成本中心、成本中心组以及标准层次结构的设置。

6.3.1　成本中心的创建

成本中心不管发生计划、预算还是实际的业务，都必须事先将成本中心主数据创建在系统中。

提示　成本中心创建前，先要定义一个标准层次结构（可以暂且不挂成本中心，但是各个节点最好要提前建立；如果节点没有建立，则只能将成本中心放在标准层次结构的根节点）。具体如何定义标准层次结构，可以参考6.3.5小节。

【业务操作】假设标准层次结构已经创建好，先来看看成本中心如何设定。

路径：SAP 菜单 > 会计核算 > 控制 > 成本中心会计 > 主数据 > 成本中心 > 单个处理 > 创建

事务代码：KS01

STEP 1 系统首先弹出“设置成本控制范围”对话框，在此输入控制范围的编码，如图 6-7 所示。

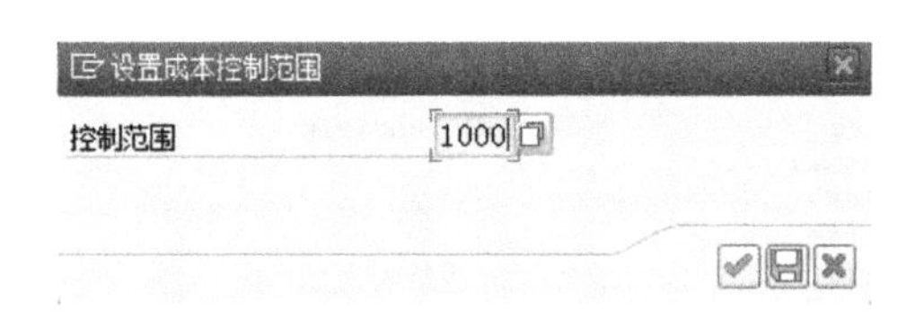

图6-7

因为控制范围是 CO 模块的基本组织结构，因此，CO 模块的所有主数据都要明确是在哪个控制范围下设置的。

STEP 2 单击☑按钮，进入“产生成本中心：初始屏幕”界面，输入成本中心的编码和有效时间的区间，如图 6-8 所示。

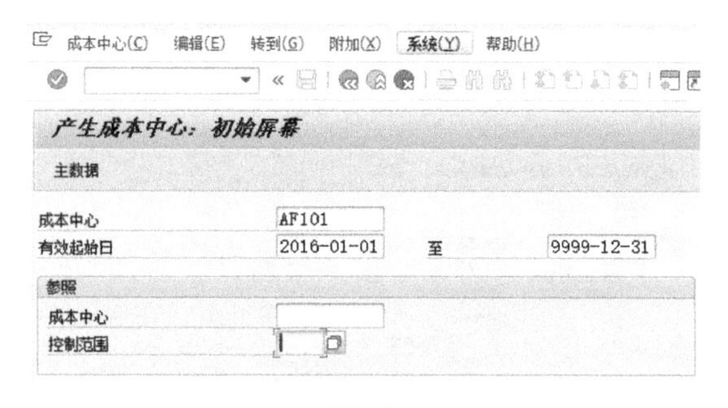

图6-8

成本中心：输入编码，最长为 10 位，可以是数字、文字、符号（如连接符“-”）。成本中心的编码一般应该事先做好规划、设计，然后再输入到系统中。如何规划，可参见本小节后面的“设计参考”。

有效起始日：成本中心从哪一天开始可以编制计划、实际过账。

注意　一般地，从会计年度的第一天开始有效，不建议从月中的某个日期开始有效。这是为了方便按期间做计划，也是为了方便业务上往前期或本期前几天过账。

参照（区块）：如果系统中已经有类似的成本中心，可以采用参照的方式创建——输入作为参照对象的成本中心及其控制范围。此示例为直接创建，因此不输入。

STEP 3 按回车键，进入“产生成本中心：基本屏幕”界面，在“基本数据”选项卡输入成本中心的各类属性，如图 6-9 所示。

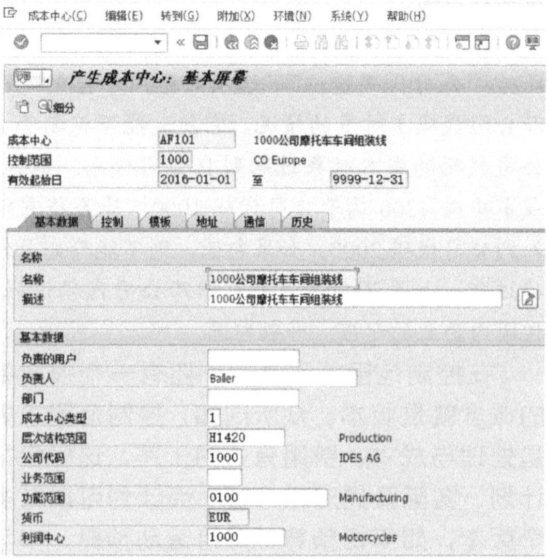

成本中心(C)　编辑(E)　转到(G)　附加(X)　环境(N)　系统(Y)　帮助(H)
产生成本中心：基本屏幕
细分
成本中心　AF101　1000公司摩托车车间组装线
控制范围　1000　CO Europe
有效起始日　2016-01-01　至　9999-12-31
基本数据　控制　模板　地址　通信　历史
名称
名称　1000公司摩托车车间组装线
描述　1000公司摩托车车间组装线
基本数据
负责的用户
负责人　Baller
部门
成本中心类型　1
层次结构范围　H1420　Production
公司代码　1000　IDES AG
业务范围
功能范围　0100　Manufacturing
货币　EUR
利润中心　1000　Motorcycles

图6-9

名称：成本中心的短名称，最长为20位，必须输入。考虑到同一控制范围下有多个公司代码，可能要在名称中添加公司代码的简要名称，以便用户能快速识别。

描述：成本中心的长描述，最长为40位，可选输入。考虑到同一控制范围下有多个公司代码，可能要在描述中添加公司代码的简要名称，以便用户能快速识别。

负责的用户：成本中心的负责人在系统中对应的用户，可选输入。先作为系统用户维护，然后在这里选择。这里设置后，将来针对成本中心的报表，可以设置成给对应的负责人用户发送系统内的邮件。

负责人：成本中心负责人的名称，必须输入。注意：用户和负责人名称不一定是完全相同的，例如，负责人名称为Baller，而用户可能为A021。

部门：成本中心对应的部门，可选输入。直接输入文字描述。

成本中心类型：成本中心输入生产类、销售类还是管理类，或者可以进一步细分，如生产类又可以分为基本生产类、辅助生产类；管理类又可以分为行政管理类和研发类。

层次结构范围：成本中心在标准层次结构中属于哪个节点。如果事先没有定义更细的节点，则暂时将层次结构范围输为标准层次结构的根节点（如控制范围1000的标准层次结构根节点H1）。有关标准层次结构的介绍请参见6.3.2小节。

> 提示
> 将来定义了标准层次结构后，要在标准层次结构中将成本中心调整至合适的细分节点。

公司代码：成本中心属于哪个公司代码，该字段必输。

业务范围：成本中心属于哪个业务范围。如果启用了业务范围的功能，该字段可以输入；如果在公司代码的全局参数中勾选了“业务范围出具资产负债表”复选框，则该字段必须输入。

功能范围：该字段是用来表明成本中心发生的费用属于财务核算上的哪种费用，如制造费用、销售费用还是管理费用。后台配置了成本中心类型与功能范围的对应关系，因此该字段可以自动地根据前面输入的成本中心类型自动带出来，用户仍然可以手工修改。

货币：成本中心的货币，如果控制范围定义（事务代码OKKP）中勾选了“不同公司代码货币”，则成本中心货币自动从公司代码的第一本位币默认而来且不能修改；如果未勾选，则不会有默认值，且可以自由输入。

利润中心：如果激活了利润中心会计核算，则系统会建议输入利润中心，如果不填写，系统会给出警告提示。

STEP 4 切换到“控制”选项卡，根据实际需要选择是否要记录数量，以及是否要对某些业务进行锁定，如图6-10所示。

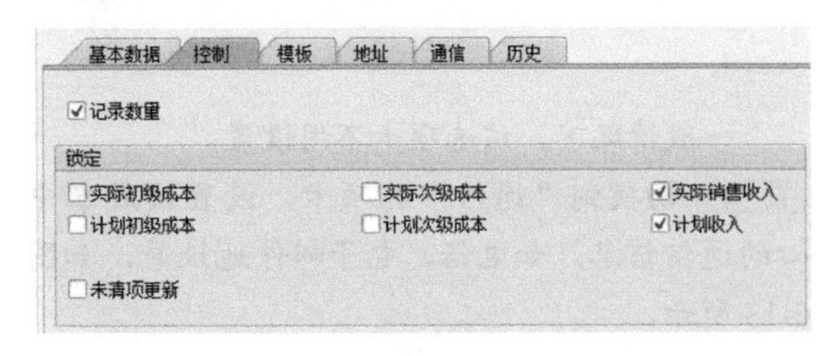

图6-10

记录数量：如果勾选此复选框，则系统会在涉及成本中心的过账时，同时将数量记入成本凭证，这样将来可以统计成本中心某些消耗的数量。例如，MM模块在将物料发放到成本中心时，可以记录物料消耗的数量。

“锁定”区域：针对实际和计划的初级成本、次级成本和收入进行控制，是否允许在成本中心发生这些业务，如果不允许发生，则勾选，表明锁定相关业务。图6-10的勾选结果，表明该成本中心可以对初级成本和次级成本进行计划和实际过账，但不允许对收入（类别为“11-收入”的成本要素，参见6.4节）进行计划和过账。这也就是为什么在FI中直接对收入做过账时，如果行项目的成本对象分配输入成本中心，系统仍然会报错——因为锁定了实际收入的过账。

STEP 5 切换到“模板”选项卡，设置成本中心在计划与实际业务上使用的模板，如图6-11所示。

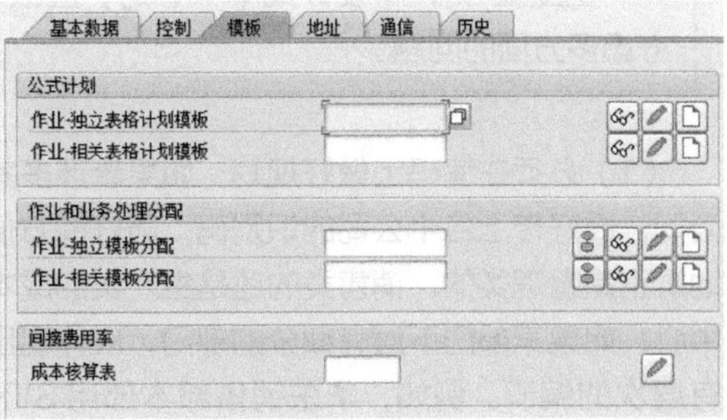

图6-11

一般情况下，该选项卡不用设置。

STEP 6 切换到“地址”选项卡，设置该成本中心的地址、邮箱等信息，如图 6-12 所示。

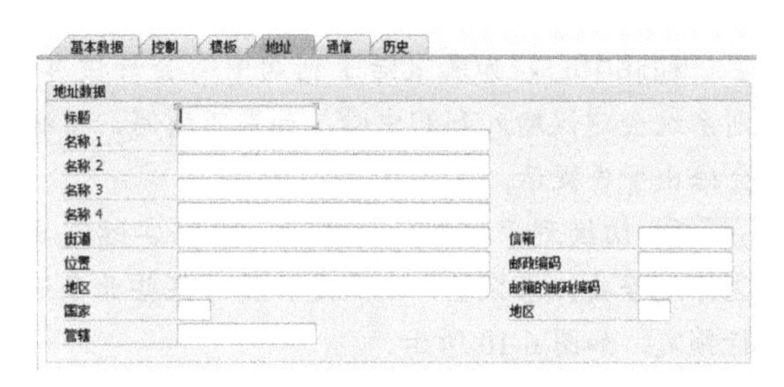

图6-12

一般情况下，该选项卡不用设置。

STEP 7 切换到“通信”选项卡，设置该成本中心的通信信息，如电话、电子邮件地址等，如图 6-13 所示。

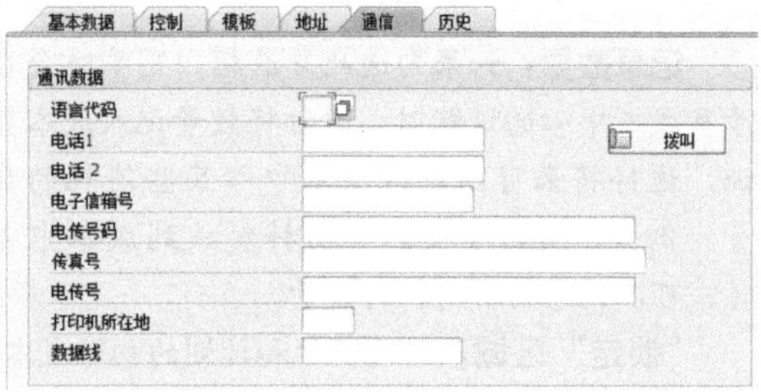

图6-13

一般情况下，该选项卡不用设置。

STEP 8 单击“保存”按钮，系统提示成本中心已经创建，如图 6-14 所示。

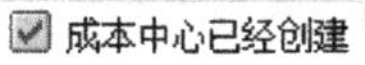

图6-14

设计参考

企业在 SAP 中设计成本中心时，应该考虑多方面的问题。

（1）必须在编码上做好规划：如果牵涉多家公司，最好带上各个公司的识别码；最好能方便地辨别是管理类的、销售类的还是生产类的成本中心；如果某部门下层有细分的部门，应体现出有层次的编码。例如，华东销售部本部用 S100（华东销售部—默认，记录华东销售部公共的费用），而其中的上海办事处用 S101，杭州办事处用 S102。

（2）必须事先规划好成本中心类别和功能范围。二者是有对应关系的，由成本中心类别可以默认出功能范围，这在系统后台配置。对于生产企业，理想的类别和功能范围对应如表 6-2 所示。

表 6-2　理想的类别和功能范围对应

成本中心类别	功能范围	备注
基本生产类	制造费用	
辅助生产类	制造费用	
销售类	销售费用	
管理类	管理费用	
研发类	管理费用—研发	出于单独统计研发费用的需要，单列

（3）成本中心的划分不能过粗也不能过细。对于管理部门和销售部门，基本上按照企业人事部门指定的组织结构设置即可；对于生产部门，则需要权衡：细化到工厂、车间还是机台甚至班组？如果划分太粗（工厂），可能不利于企业费用的责任认定；如果划分太细（机台、班组），则可能出现费用并不能很好地记入该层次，或者该层次无法有效地报工。比较理想的选择是核算到生产车间即可。

提示

某企业在使用SAP一年后，管理层提出“细化核算”的要求。为满足该管理要求，财务部将生产的成本中心由车间层改为细化到机台及班组，每一个机台均按早班、中班、晚班设置3个成本中心，成本中心由30多个变为300多个，结果每个月都出现大批的成本中心没有发生费用但有作业报工，或者发生了费用但没有作业报工的情况。这意味着成本中心的费用并不能有效地吸收到生产订单上，形成了成本中心的余额，无法处理。

6.3.2 成本中心的变更

由于企业对部门的调整（如负责人变更），或者纯粹由于人工输入产生错误，则必须对成本中心进行变更，修改成本中心主数据上相应的字段值。

成本中心的变更分两种情况，即完全时间段变更（成本中心有效的时间段全部变更）和特定时间段变更（从某个时间点开始变更）。如果是前一种情况，直接修改相关字段的值即可，操作比较简单，无须赘述。这里只介绍后一种情况的操作。

【业务操作】接下来介绍从特定时间范围开始改变成本中心的数据。

路径：SAP 菜单 > 会计核算 > 控制 > 成本中心会计 > 主数据 > 成本中心 > 单个处理 > 更改

事务代码：KS02

STEP 1 系统首先弹出“设置成本控制范围”对话框，在此输入控制范围的编码，如图 6-15 所示。

图6-15

STEP 2 输入要修改的成本中心的编码，如图 6-16 所示。

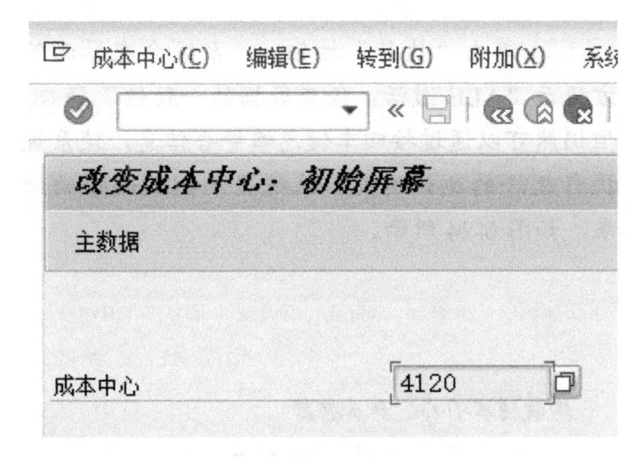

图6-16

STEP 3 按回车键，进入“改变成本中心：基本屏幕”界面，显示成本中心的基本信息，如图 6-17 所示。

STEP 4 通过选择菜单中的“编辑”→“分析期间”命令，进入“分析时间框架：选择”对话框，单击 其它分析期间 按钮，进入“其他分析期间”对话框，在其中输入时间范围，表明将要做的修改适用于哪个时间段，如图 6-18 所示。

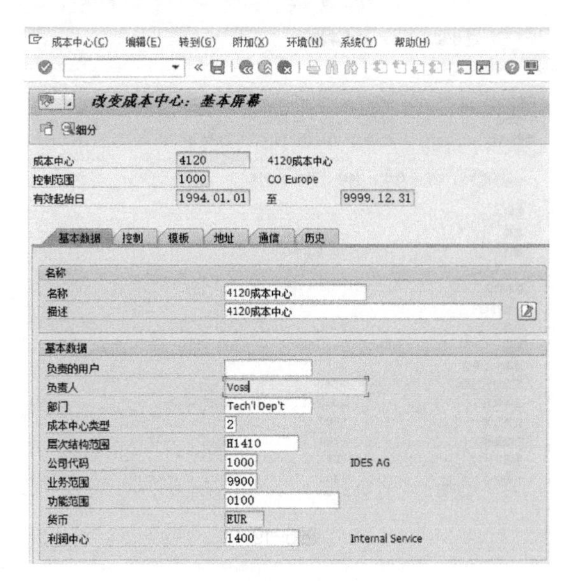

图6-17

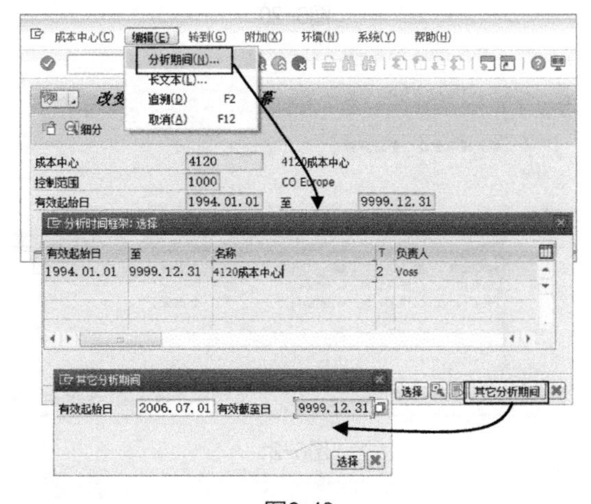

图6-18

STEP 5 单击 选择 按钮，进入成本中心设置界面，此时，时间范围已经变更为刚才输入的时间段。在此界面做相应的修改，如将“负责人”由 Voss 修改为 Miller，如图 6-19 所示。

STEP 6 单击“保存”按钮，保存所做的修改，系统提示成本中心已更改，如图 6-20 所示。

STEP 7（可选）通过菜单中的“成本中心”→“显示”命令或事务代码 KS03 再次显示成本中心，系统会弹出“分析时间框架：选择”对话框，供用户选择查看，如图 6-21 所示。

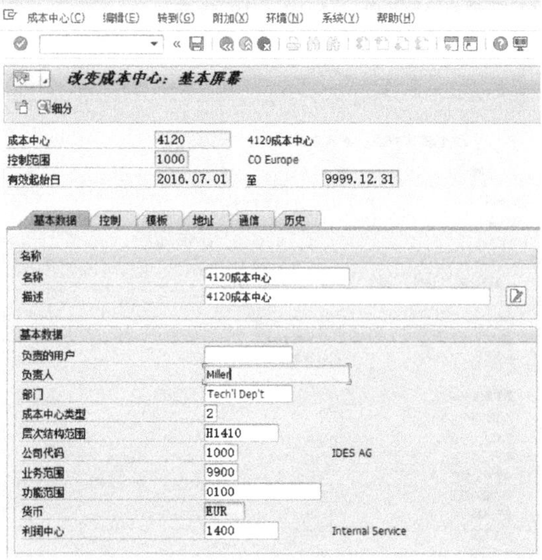

图6-19

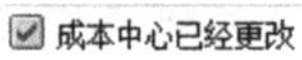

成本中心已经更改

图6-20

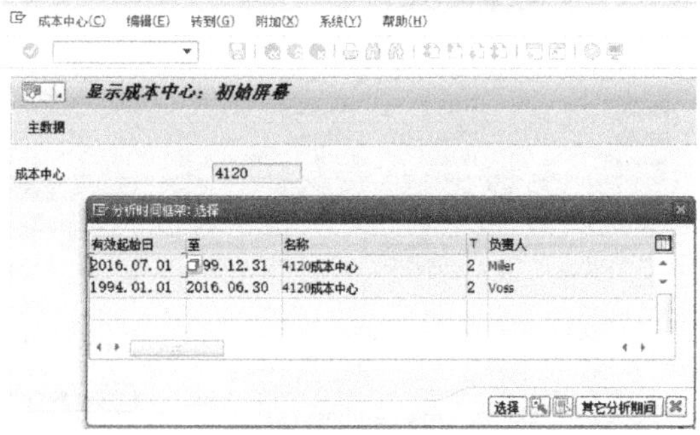

图6-21

6.3.3 成本中心的删除

企业由于内部机构调整，可能会导致部门（成本中心）在某个日期被裁撤或归并到其他部门（成本中心）。针对这种情况，可以对成本中心在限定的日期范围内删除。例如，如果某成本中心 2016 年年底被裁撤，则删除其 2007.01.01—9999.12.31 范围内的数据。

【业务操作】接下来介绍如何删除成本中心的数据。

路径：SAP 菜单 > 会计核算 > 控制 > 成本中心会计 > 主数据 > 成本中心 > 单个处理 > 删除

事务代码：KS04

STEP 1 系统首先弹出“设置成本控制范围”对话框，在此输入控制范围的编码，如图 6-22 所示。

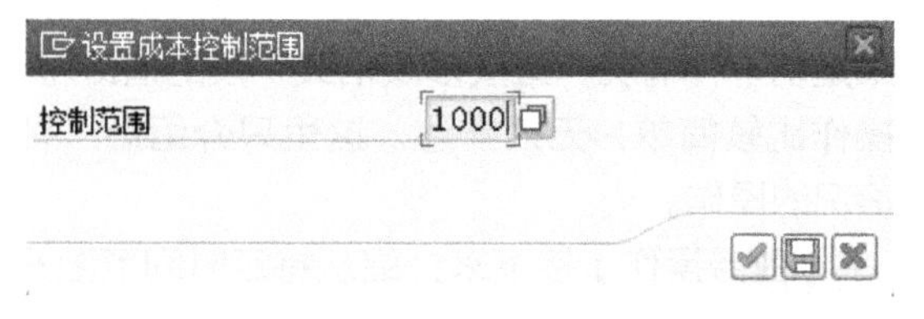

图6-22

STEP 2 单击☑按钮，进入“删除成本中心：初始屏幕”界面，输入成本中心的编码和拟删除的时间范围，勾选“测试运行”复选框，如图 6-23 所示。

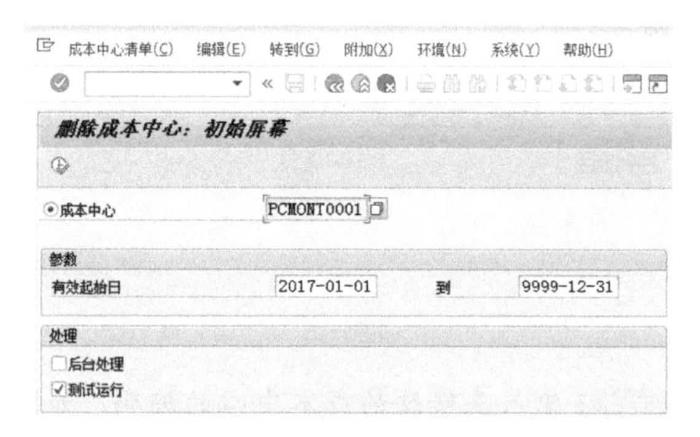

图6-23

STEP 3 单击“执行”按钮，系统会在界面下方提示“ALE 激活：检查数据的一致性”警告，但仍然可以通过按回车键忽略警告信息，使系统执行删除的测试运行。系统显示测试删除的结果，如图 6-24 所示。

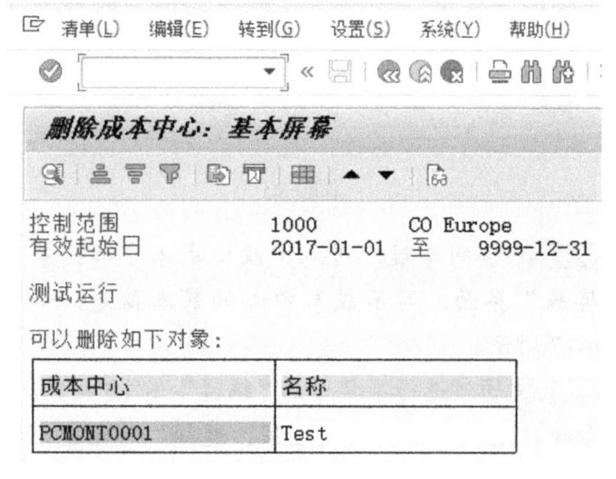

图6-24

出现“可以删除如下对象：”的信息，表明

成本中心可以删除。

如果出现“不能删除”的提示，则会同时告知因为什么原因不能删除，如在XX表中已经存在相关数据。

STEP 4 单击“返回”按钮，回到“删除成本中心：初始屏幕”界面，取消对“测试运行”复选框的勾选，单击“执行”按钮，进行正式运行。此时，系统给出要求确认的提示，如图6-25所示。

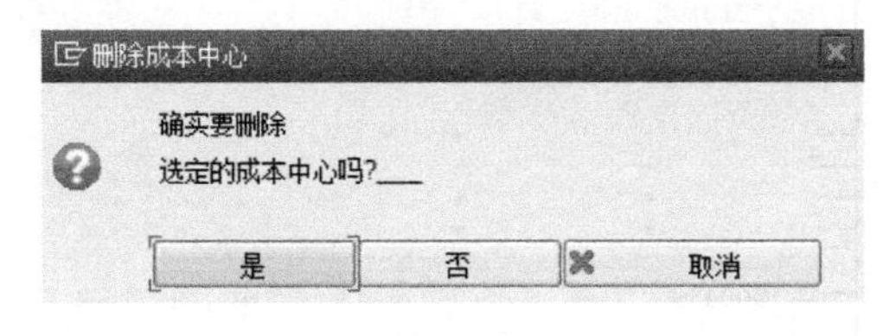

图6-25

STEP 5 单击 是 按钮，系统正式删除成本中心，提示“以下对象被删除：”，如图6-26所示。

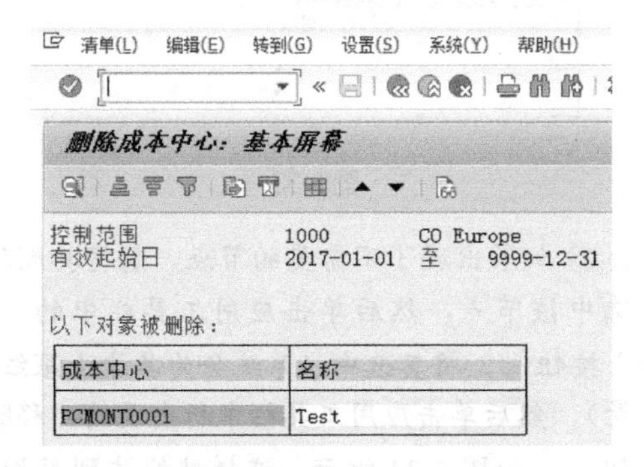

图6-26

STEP 6（可选）确认成本中心删除的效果。使用事务代码KS03查询成本中心，可以发现成本中心的记录只在2016-12-31以前有效，如图6-27所示。

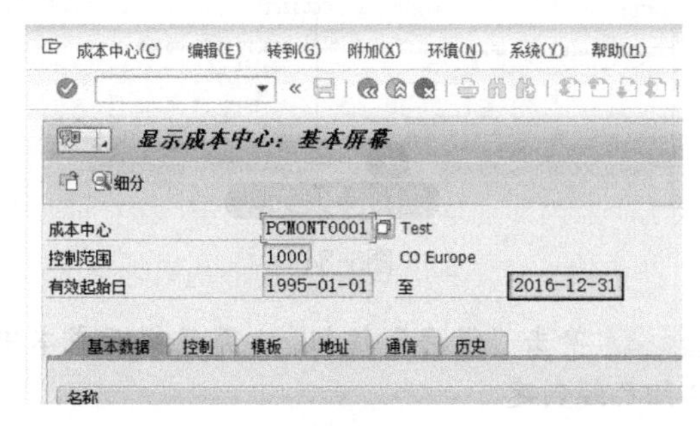

图6-27

> 提示
>
> 如果成本中心创建错误，在没有发生任何业务时，可以在全日期范围内予以删除；但如果已经发生了业务，则只能在没有业务发生的日期范围内删除。

在一定的时间范围内，发生了何种业务的情况下，成本中心不能删除？

成本中心如果发生过以下事务，将不能做删除操作。

（1）成本中心应用到成本中心组。

（2）成本中心已经应用到分配循环或分摊循环。

（3）成本中心存在计划事务，如费用计划或作业价格计划。

（4）成本中心存在过账的事务，如FI凭证已将费用记入该成本中心或CO凭证已经将费用记入该成本中心。

6.3.4 成本中心组的维护

成本中心组是若干个成本中心的集合。它们可以是按照组织结构集合在一起，也可以是按照功能上的划分集合在一起，还可以是出于某种核算和系统后台配置的要求集合在一起。

成本中心组下面还可以细分更低一级的成本中心组。

【业务操作】接下来介绍如何创建成本中心组。

路径：SAP菜单 > 会计核算 > 控制 > 成本中心会计 > 主数据 > 成本中心组 > 创建

事务代码：KSH1

STEP 1 系统首先弹出“设置成本控制范围”对话框，在此输入控制范围的编码，如图6-28所示。

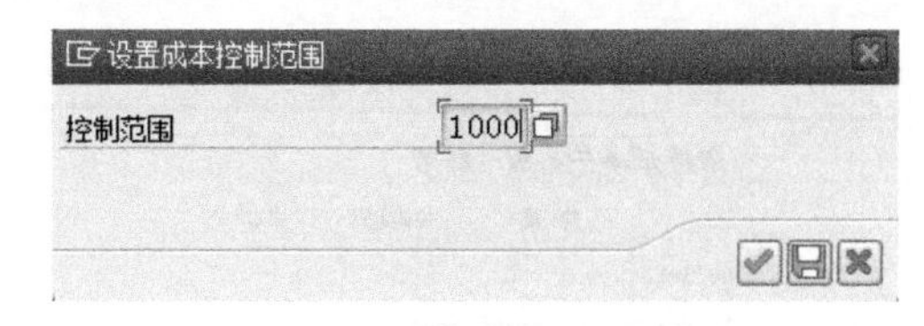

图6-28

STEP 2 按回车键，或单击按钮，进入“建立成本中心组：初始屏幕”界面，输入希望建立的成本中心组的编码，如图6-29所示。

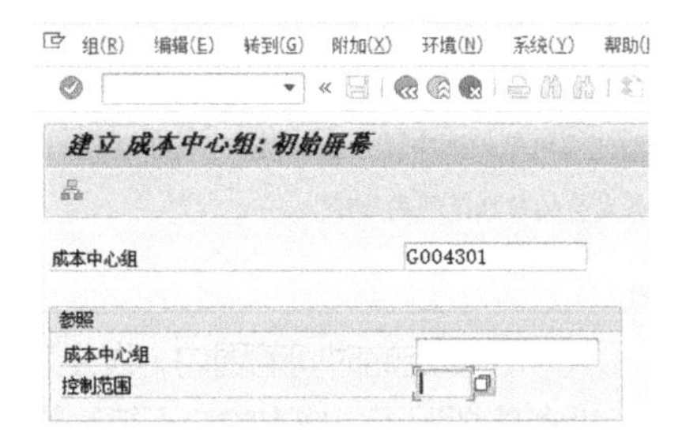

图6-29

STEP 3 按回车键，或单击“层次结构”按钮，进入“创建 成本中心组：结构”界面，为成本中心组输入描述，如图 6-30 所示。

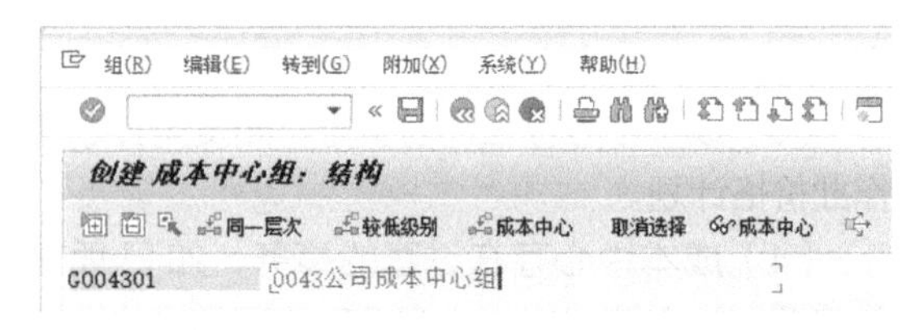

图6-30

STEP 4 单击成本中心按钮，系统在成本中心组下自动出现5行条目，供用户输入成本中心的范围。从第一行开始输入成本中心的范围，如图 6-31 所示。

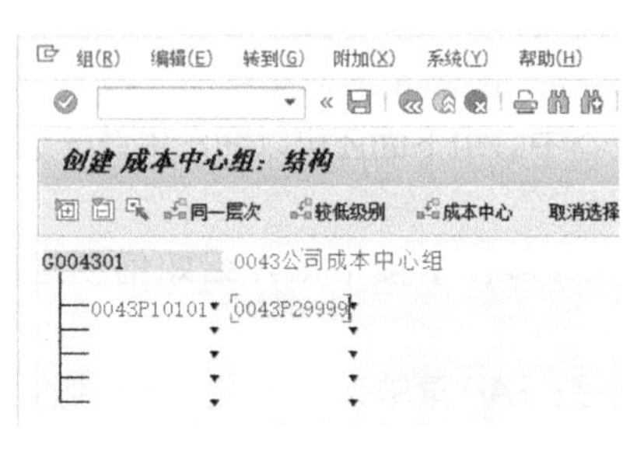

图6-31

STEP 5 按回车键，系统根据输入的范围自动显示其所对应的成本中心，如图 6-32 所示。

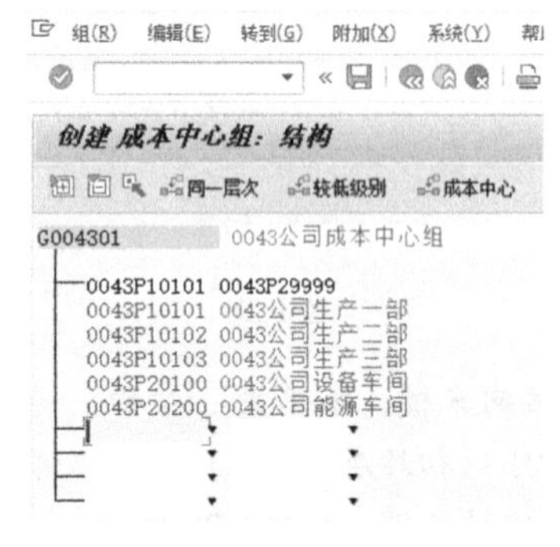

图6-32

STEP 6 继续输入其他范围，可以灵活利用较低级别按钮或同一层次按钮，输入不同层级的成本中心组，并挂上成本中心，如图 6-33 所示。

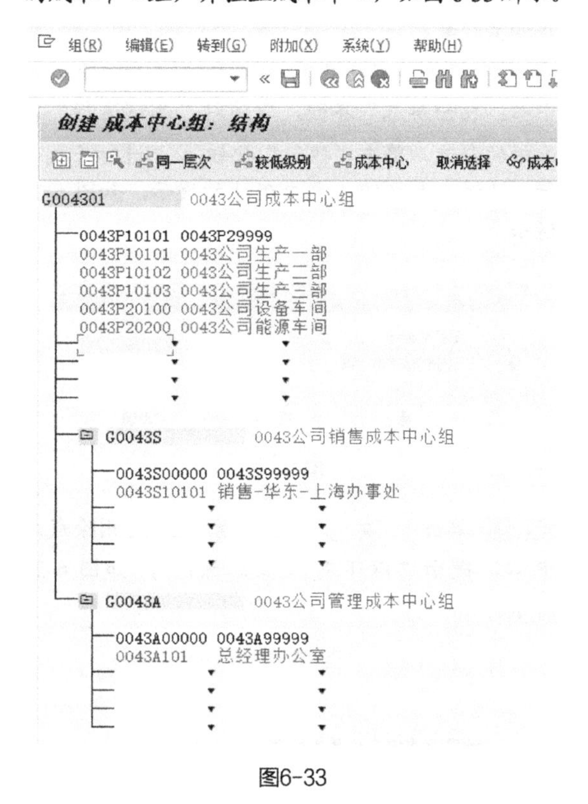

图6-33

STEP 7 如果出现了不需要的节点，想将其删除，则选中该节点，然后单击应用工具栏中的“选择”按钮，将其选中（系统会为其涂上深红色背景），然后单击应用工具栏中新出现的“移除”按钮，如图 6-34 所示。这样就能达到移除节点的效果。

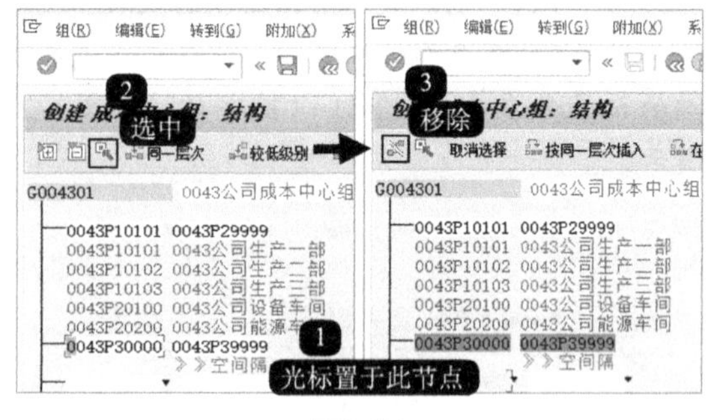

图6-34

STEP 8 单击“保存”按钮，系统提示成本中心组已经创建。

STEP 9（可选）可以单击菜单中的“组”→“显

示”命令或者输入事务代码 KSH3，可查看创建的成本中心组，如图 6-35 所示。

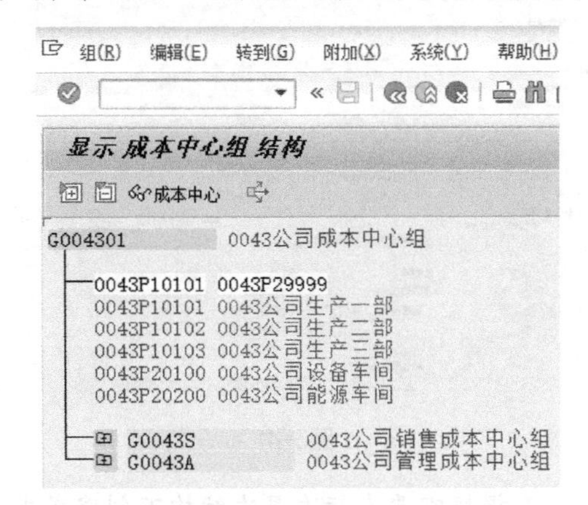

图6-35

STEP 10 如果要删除成本中心组，可以单击菜单中的“组”→“删除”命令（无论是创建、更改还是显示模式均可操作），进入“删除 成本中心组：初始屏幕”界面，然后单击“删除成本中心组”按钮，即可删除，如图 6-36 所示。

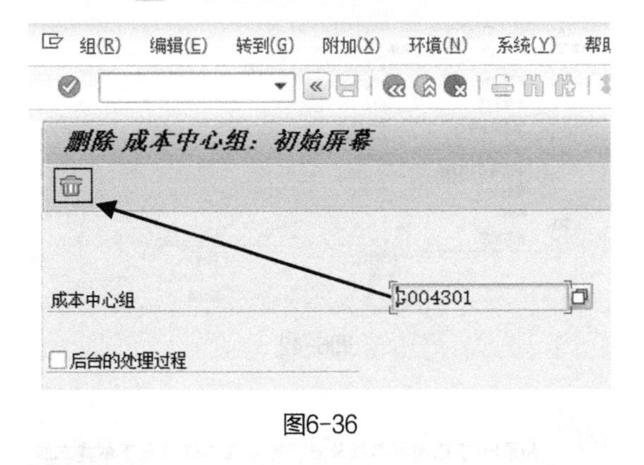

图6-36

成本中心组是不是想删就可以删？

成本中心组并不是随便什么情况下都可以删除的。如果成本中心组已经在其他处使用，则不能被删除。例如，如果已经用于分配规则或分摊规则的发送方或接收方。在这种情况下，必须先修改分配规则或分摊规则，使其不再引用该成本中心组，方能删除成本中心组。

那么，怎么样才能知道一个成本中心组在哪些地方被引用呢？

选择菜单中的“附加”→“组的所用清单”命令，进入“成本中心组的使用在…”对话框，勾选可能使用的成本中心组的点，然后，单击下方的按钮（见图 6-37），即可查看使用成本中心组的具体对象。如图 6-38 所示，所查的成本中心组 G004301 在 1000 控制范围、分配循环 D00431、有效起始日 2006-01-01 的段 1 中使用到了。

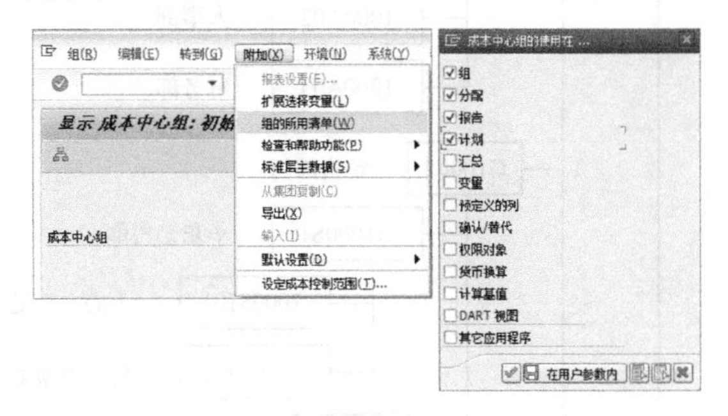

图6-37

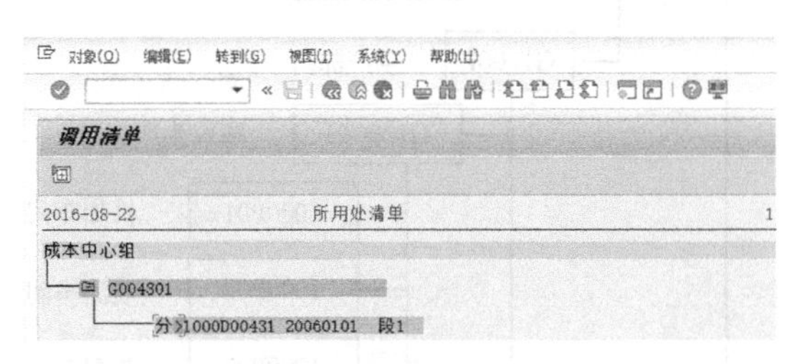

图6-38

双击图 6-38 中分配循环的记录，即可自动切换到分配循环的明细信息。

6.3.5 标准层次结构的维护

标准层次结构是将控制范围下所有公司代码的所有成本中心集合到一起，并分设到不同节点中，形成一个基本不变的、比较规范的、符合企业内部管理层次的结构。图 6-39 显示了一个控制范围下标准层次结构的范例。

标准层次结构中，各个不同的节点其实也就是一个个的成本中心组。

【业务操作】接下来介绍如何创建标准层次结构。

路径：SAP 菜单 > 会计核算 > 控制 > 成本中心会计 > 主数据 > 标准层次 > 更改

事务代码：OKEON

STEP 1 系统首先弹出“设置成本控制范围”对话框，在此输入控制范围的编码，如图 6-40 所示。

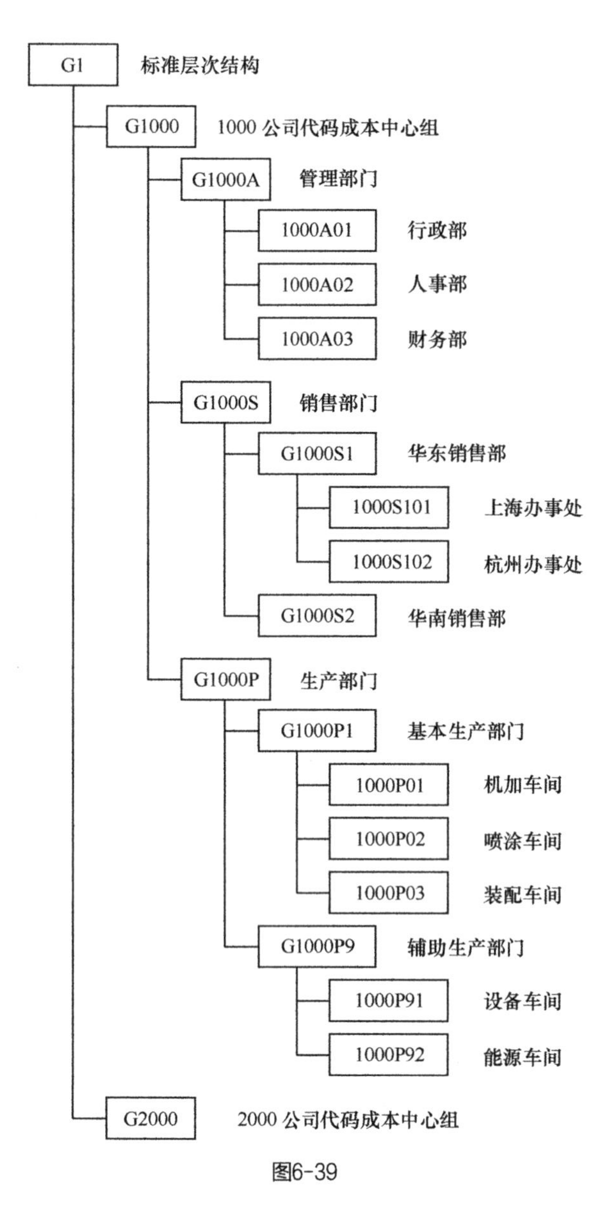

图6-39

设置成本控制范围

控制范围 1000

图6-40

STEP 2 按回车键，或单击☑按钮，进入“成本中心的标准层次 更改”界面，可以看到选定控制范围下的标准层次结构，如图 6-41 所示，控制范围 1000 的标准层次结构为 H1。

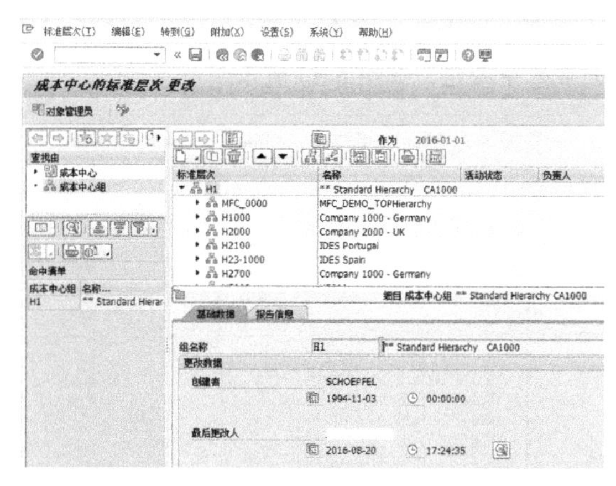

图6-41

STEP 3 根据需要在标准层次结构下创建成本中心或成本中心组。以创建成本中心组为例，将光标置于标准层次结构的根节点 H1 上，单击右键，在弹出的快捷菜单中选择“创建组（较低级别）”命令，系统会自动在其下创建一个新的组，如图 6-42 所示。

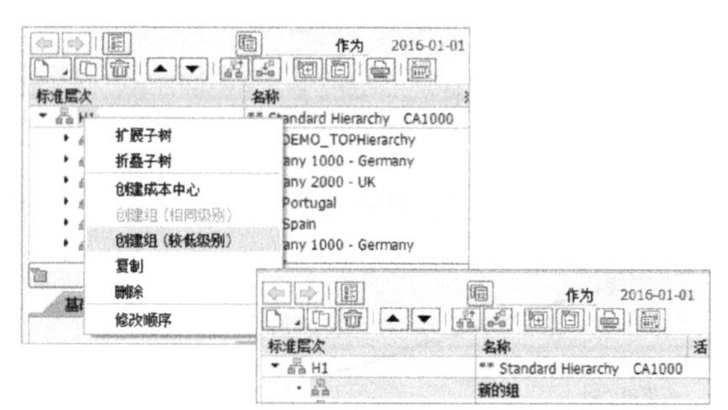

图6-42

提示

如果H1下已经有二级节点，可以在二级节点下创建三级节点。操作方法同上，只需要将光标置于需要处理的二级节点，并单击右键，选择相应菜单即可。

STEP 4（续上例）在标准层次下方的“细目 成本中心组 新的组”区域，输入新组的编码和名称，如图 6-43 所示。

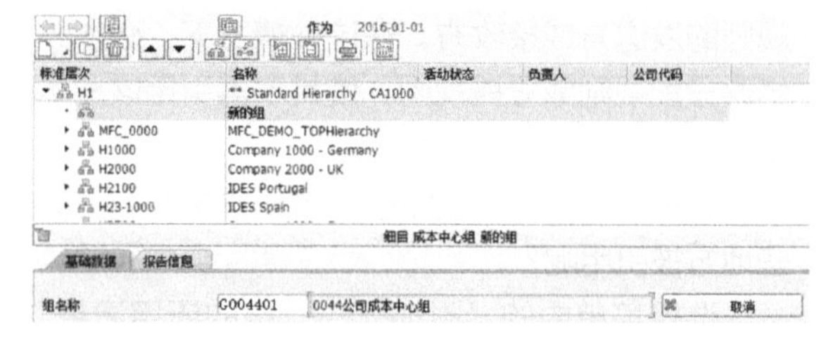

图6-43

STEP 5（续上例）单击“保存”按钮，系统提示“数据已保存”，同时，可以看到标准层次 H1 下已经有了新建的组 G004401，如图 6-44 所示。

图6-44

STEP 6 如果要在 H1 下插入已经存在的组（如成本中心组 G004301），则将光标置于 H1 节点，单击“分配”按钮，在弹出的“选择关系”对话框中选择“合并 成本中心组”选项，然后根据系统提示，选择成本中心组 G004301，如图 6-45 所示。

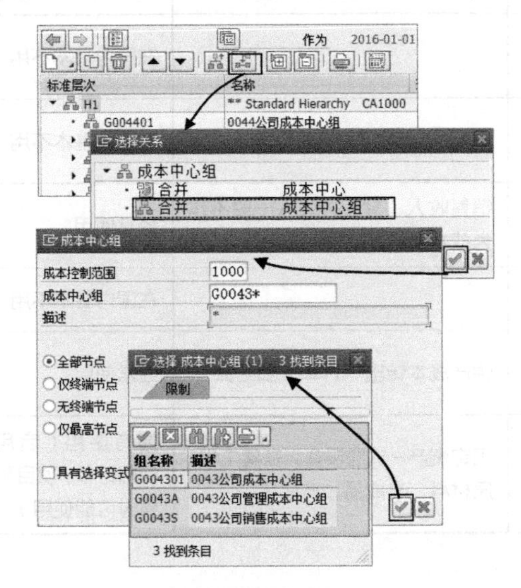

图6-45

STEP 7（续上例）单击“保存”按钮，系统提示“数据已保存”，同时，可以看到标准层次 H1 下已经有了新建的组 G004301，如图 6-46 所示。

图6-46

> 提示
>
> 将已经存在的组添加到层次结构下后，组中原有的下层结构（组、成本中心）都会自动带进来（注意图6-46中G004301下的G0043S和G0043A）。

STEP 8 针对层次结构下组或者成本中心的顺序，可以进行拖曳式的调整。例如，选中组 H1240，按住鼠标左键，拖曳至组 H1200，松开鼠标左键，系统会将组 H1240 放在组 H1200 下，如图 6-47 所示。

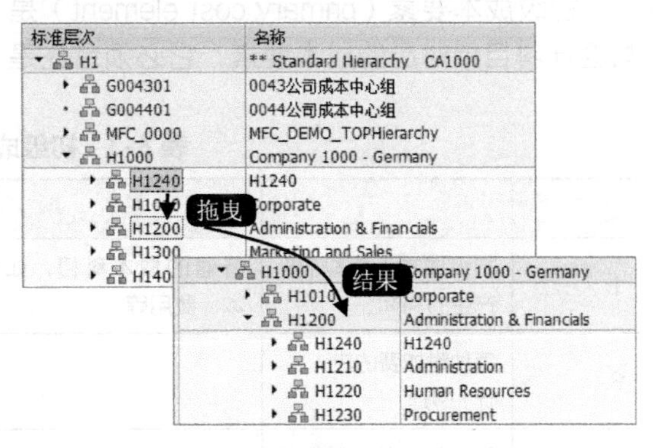

图6-47

> 提示
>
> 一个成本中心或成本中心组只能挂在一个节点上，不能重复分配。如果被多次分配，系统会在界面底部提示 ⚠ 已发生了重叠区间或相同价值 。这时可以先保存，然后通过菜单中的“附加”→“模糊检查”命令来查看有哪些成本中心或成本中心组被多次分配，如图6-48所示。

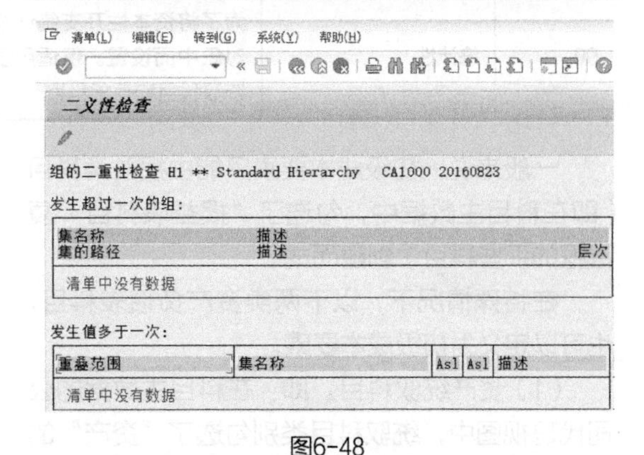

图6-48

6.4 主数据维护：成本要素（组）

成本要素（cost element）反映成本发生的业务属性，如某笔成本是一项差旅费、办公费还是某部门费用的分摊。按照成本要素的性质不同，分为初级成本要素和次级成本要素。

不同的成本要素也可以集合起来，成为成本要素组。

本节分别介绍初级成本要素、次级成本要素以及成本要素组的概念与创建操作。成本要素的变更和删除，其操作要点和成本中心类似，在本节中不再赘述。

6.4.1 初级成本要素

初级成本要素（primary cost element）是与会计科目相对应的成本要素，它必须首先是一个会计科目，并且使用和会计科目相同的编号。例如，差旅费成本要素，必须首先创建“差旅费”会计科目，然后再对应地创建同一编号的成本要素。

因此，和会计科目一样，初级成本要素最长编码也为 10 位。在实际应用中，会计科目使用几位编码，则初级成本要素编码也为几位。

初级成本要素有多种类别，它们的概念及用法如表 6-3 所示。经常使用的是其中的 1、11 和 22 类别。90 类别偶尔使用。

表 6-3 初级成本要素的各种类别

类别	类别描述	解释	成本要素示例	使用频率
1	初级成本 / 成本降低产生的利润	普通的成本科目，如生产成本、费用等	生产成本 - 投入 - 料；生产成本 - 转出 - 产品入库 / 差异	经常使用
3	每种附加费的应计 / 递延			在国内基本不用
4	每种债务的应计 / 递延 = 实际			在国内基本不用
11	收入	需要反映到成本对象的收入	销售收入（营业外收入一般不作为成本要素）	经常使用
12	销售扣除	对销售折扣专门记账时才使用		在国内基本不用
22	外部结算	将订单成本结算到 CO 外部，如 G/L 科目、固定资产等	生产成本转出 - 订单外部结算	经常使用
90	统计性	为了将资本性开支统计在成本对象中而设置。仅适用于资产统驭科目和存货科目	固定资产 - 机器设备；在建工程；原材料；半成品；产成品	偶有使用（启用内部订单 / 项目预算时可能使用）

一般来说，初级成本要素只能由损益类科目（即在科目主数据中，勾选了“损益表科目”复选框的那些科目）创建而成。

在特殊情况下，以下两类资产负债表科目，也可以定义为初级成本要素。

（1）资产统驭科目。即：在科目主数据的公司代码视图中，统驭科目类别勾选了“资产”的科目。

（2）在库的存货科目。即在事务代码 OBYC 中为 BSX 事务定义的科目，如原材料、半成品、产成品等。在制的存货科目（在制品）不属此列。

这些科目在创建为初级成本要素时，系统自动将其成本要素类别设置为 90（统计性）。

提示

一般来说，损益类科目中，不作为成本要素的科目有：销售成本；生产成本-转出-在制品；材料成本差异的各个子科目；其他业务收入-处理固定资产净损益；其他业务支出-处理固定资产净损益；财务费用（要在获利分析报表中反映财务费用的除外）；营业外收入；营业外支出等。这些科目要么由于SAP核算的功能习惯，要么由于业务本身的核算习惯，很难赋予其成本对象，因此，一般不作为成本要素。

注意 一个科目如果不恰当地设成了成本要素，一旦有业务发生，将很难在当年对其删除。因此，将会计科目创建为成本要素时一定要慎重。

【业务操作】初级成本要素的创建有两种方

法：①在创建会计科目的界面直接创建；②在专门的路径或事务代码中创建。此处以前一种方法为例，介绍如何创建初级成本要素。

路径：SAP 菜单 > 会计核算 > 财务会计 > 总分类账 > 主记录 > 总账科目 > 单个处理 > 集中地

事务代码：FS00

STEP 1 查询到某一个会计科目，单击编辑成本要素按钮，如图 6-49 所示。

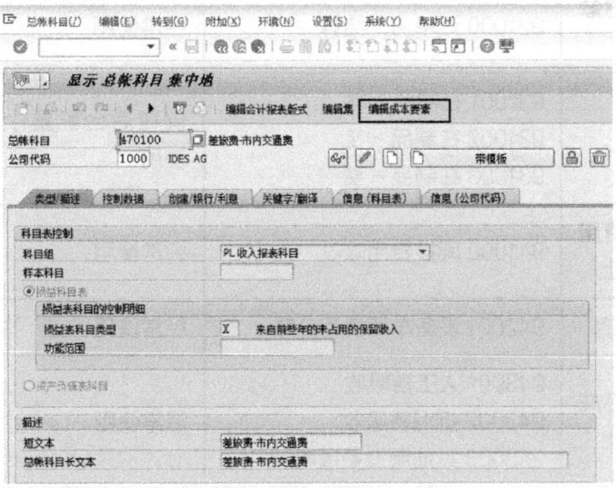

图6-49

STEP 2 进入“生成成本要素：初始屏幕”界面，系统自动输入了成本要素和结束的有效日期，在此界面手工输入开始的有效日期（有效起始日），如图 6-50 所示。

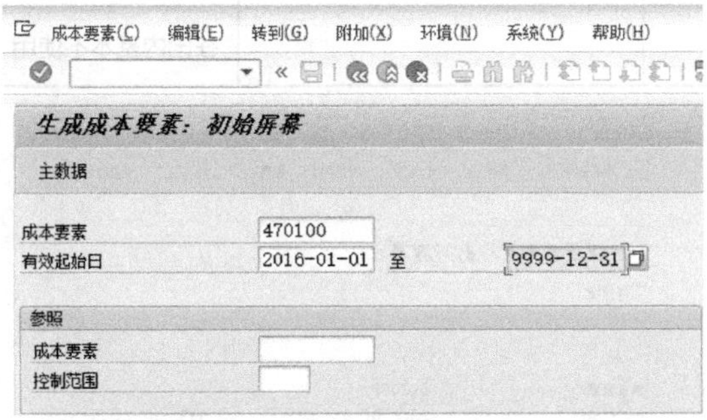

图6-50

提示

一般地，有效起始日期应该为一个会计年度的第一天。这样，一方面可以和后续定义的分配/分摊循环的有效期间相匹配；另一方面也有利于输入本年度较早时候的成本业务，如成本计划、实际过账。

STEP 3 按回车键，进入“生成成本要素：基本屏幕”界面，系统自动根据会计科目的信息输入成本要素的名称和描述，在此界面手工输入成本要素类别，如图 6-51 所示。

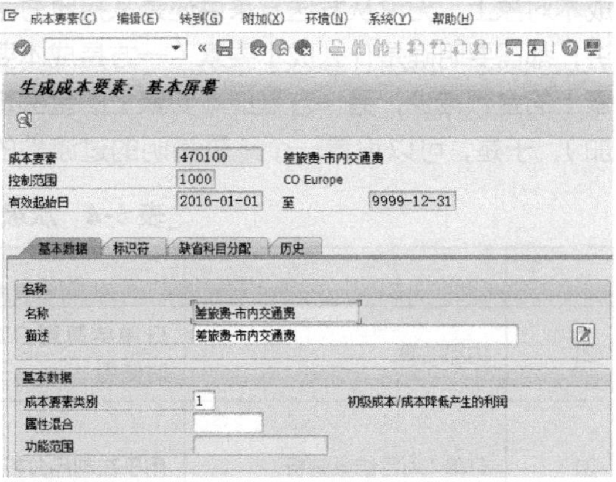

图6-51

成本要素类别：由于“差旅费 - 市内交通费”是普通的成本、费用类科目，因此使用类别 1（参见表 6-3）。

提示

如果将资产负债表科目创建为初级成本要素，成本要素类别将自动写为90（统计性），且该字段呈灰色显示（不可修改）。

STEP 4 单击“保存”按钮，系统返回科目主数据界面，在底部提示成本要素已经创建，如图 6-52 所示。

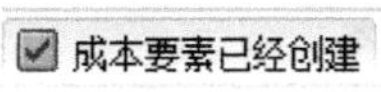

成本要素已经创建

图6-52

初级成本要素的创建也可以在专门的路径或事务代码中创建。

路径 1：SAP 菜单 > 会计核算 > 控制 > 成本中心会计 > 主数据 > 成本要素 > 单个处理 > 创建初级

路径 2：SAP 菜单 > 会计核算 > 控制 > 成本要素会计 > 主数据 > 成本要素 > 单个处理 > 创建初级

事务代码：KA01

操作方式和上面的步骤 2~4 相同，在此不再赘述。

6.4.2 次级成本要素

次级成本要素（secondary cost element）是成本在各种成本对象中流动时使用的成本要素。比较典型的有，在一个成本对象中发生的各类成本（多为初级成本要素的成本），需要“打个包”（即不体现明细成本要素），发送到另一个成本对象上，无论从发送方来讲还是从接收方来讲，都需要明确是什么成本要素（一方是成本要素上的金额减少，另一方是成本要素上的金额增加），于是，可以设置一个比较简明的过渡性的成本要素，如“XX 费用分摊”或者是“XX 内部结算”，这就是次级成本要素。

次级成本要素也有多种类别，它们的概念及用法如表 6-4 所示。经常使用的是其中的 21、41、42、43 类别。

表 6-4　次级成本要素的各种类别

类别	类别描述	解释	成本要素示例	使用频率
21	内部结算	订单结算到 CO 内部对象时使用	921000 订单内部结算	经常使用
31	订单 / 项目结果分析	用于在制品分析	931001 在制品 - 料 931002 在制品 - 工 931003 在制品 - 费	仅在后台配置中使用
41	间接费用率	使用一定比率将间接费用从成本中心吸收到订单上	941000 间接费用吸收	经常使用
42	分摊	用于成本中心费用分摊业务	942001 设备车间费用分摊	经常使用
43	内部作业分配	用于作业类型报工，将成本中心成本吸收到订单上	943001 人工费吸收 943002 折旧费吸收 943003 其他制造费吸收	经常使用
50	引入的与计划相关的项目订单：销售收入			在国内基本不使用
51	引入的与计划相关的项目订单：其他收入			在国内基本不使用
52	引入的与计划相关的项目订单：成本			在国内基本不使用
61	收入值			在国内基本不使用

【业务操作】接下来以 42 类别的成本要素为例，介绍次级成本要素的设定。

次级成本要素因为和会计科目没有直接的对应关系，因此不能从会计科目创建而来，只能在专门的路径或事务代码中设定。

路径 1：SAP 菜单 > 会计核算 > 控制 > 成本中心会计 > 主数据 > 成本要素 > 单个处理 > 创建次级

路径 2：SAP 菜单 > 会计核算 > 控制 > 成本要素会计 > 主数据 > 成本要素 > 单个处理 > 创建次级

事务代码：KA06

STEP 1 在“生成成本要素：初始屏幕”界面输入成本要素的编码和有效日期范围，如图 6-53 所示。

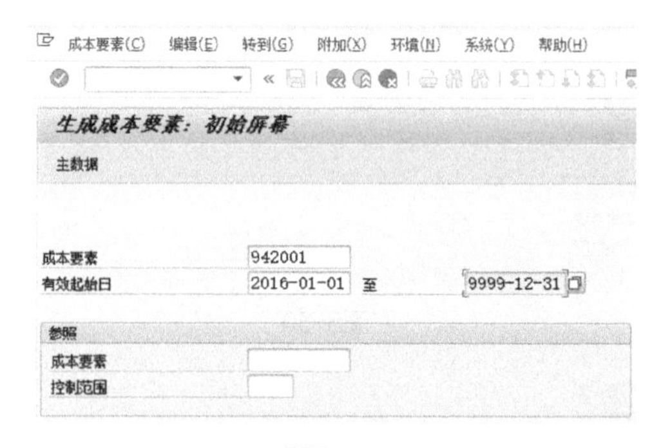

图6-53

提示

次级成本要素的编号是人工编号。为了便于识别成本要素的类别，一般将类别代码纳入成本要素的编码。在图 6-53中，成本要素的编码942001中，42为要设置的成本要素的类别。

STEP 2 在“生成成本要素：基本屏幕”界面输入成本要素的名称、描述（长名称）以及类别，如图 6-54 所示。

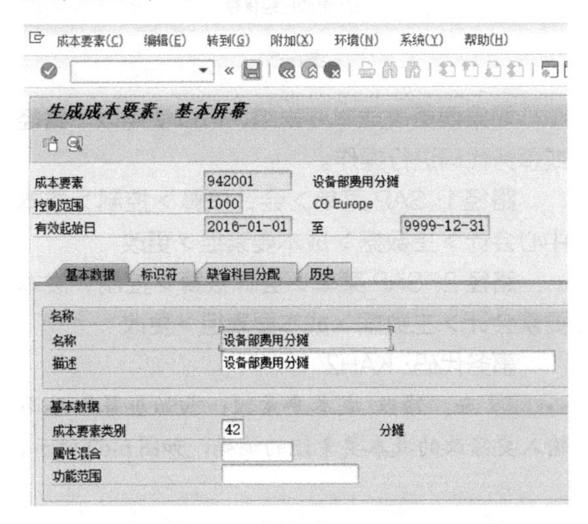

图6-54

STEP 3 单击“保存”按钮，系统返回成本要素主数据界面，在底部提示成本要素已经创建，如图 6-55 所示。

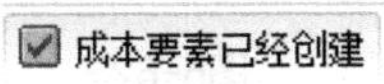

成本要素已经创建

图6-55

6.4.3 成本要素组的维护

出于统计或者某些配置的需要，往往会将一些成本要素集中起来，建立成本要素组。例如，查询所有人工费的成本；将某个辅助性成本中心的部分成本要素的费用集中在一起，分摊到基本生产成本中心。

成本要素组较常使用的场合如下。

（1）报表分析。

（2）分配、分摊循环的定义。

（3）成本中心会计月结的操作步骤（如成本中心费用的分割、作业价格计算等）。

【业务操作】接下来介绍如何创建和更改成本要素组。

路径 1：SAP 菜单 > 会计核算 > 控制 > 成本中心会计 > 主数据 > 成本要素组 > 创建

路径 2：SAP 菜单 > 会计核算 > 控制 > 成本要素会计 > 主数据 > 成本要素组 > 创建

事务代码：KAH1

STEP 1 在“建立 成本要素组：初始屏幕”界面输入成本要素组的编码，如图 6-56 所示。

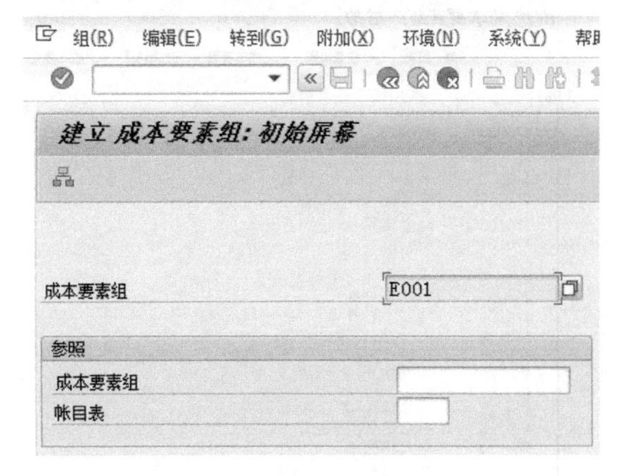

图6-56

STEP 2 按回车键或单击“层次结构”按钮，进入“创建 成本要素组：结构”界面，输入成本要素组的文本，如图 6-57 所示。

图6-57

STEP 3 单击“插入成本要素”按钮，系统自动在成本要素组下显示 5 行条目，待用户输入成本要素的范围，如图 6-58 所示。

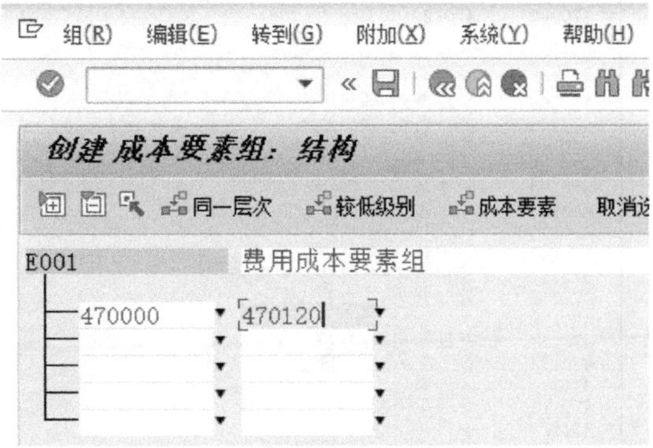

创建 成本要素组：结构
E001 费用成本要素组
470000 470120

图6-58

STEP 4 按回车键，系统自动根据输入的成本要素的范围，显示出成本要素的清单，如图 6-59 所示。

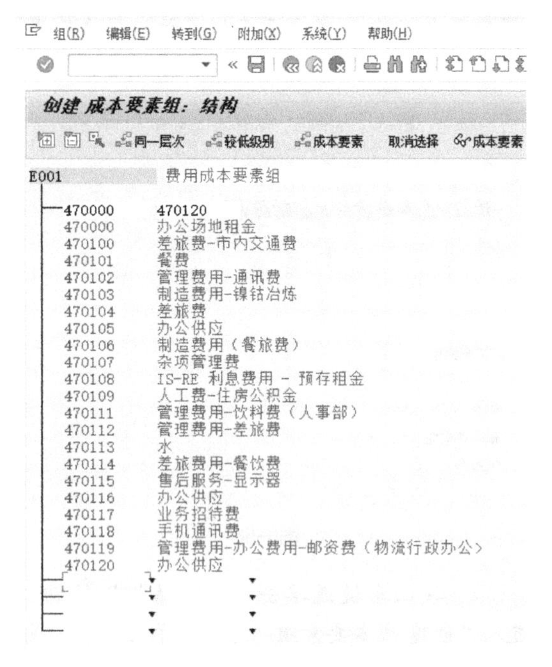

图6-59

STEP 5 如果要在一级成本要素组下挂二级成本要素组，可以将光标置于一级成本要素组上，然后单击“在较低层次中插入成本要素组”按钮 较低级别 ，系统自动在其下显示一个空白的条目，可以在该条目中选择一个已存在的成本要素组，按回车键，系统自动显示其下的成本要素/组的信息。图 6-60 所示为将已存在的成本要素组 41_VENTAS 挂在新建的成本要素组 E001 下。

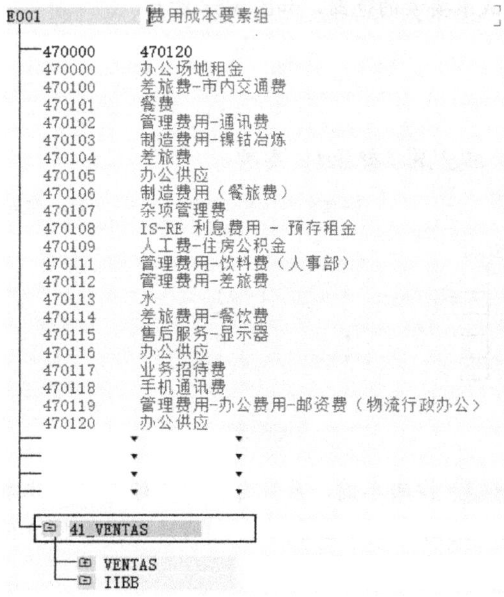

图6-60

STEP 6 单击“保存”按钮，系统在底部提示成本要素组的更改已经保存，如图 6-61 所示。

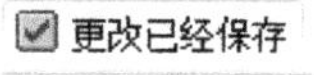

更改已经保存

图6-61

如果要更改成本要素组，可以使用以下路径或事务代码进行操作。

路径 1：SAP 菜单 > 会计核算 > 控制 > 成本中心会计 > 主数据 > 成本要素组 > 更改

路径 2：SAP 菜单 > 会计核算 > 控制 > 成本要素会计 > 主数据 > 成本要素组 > 更改

事务代码：KAH2

STEP 1 在“修改 成本要素组：初始屏幕”界面输入要修改的成本要素组的编码，如图 6-62 所示。

图6-62

STEP 2 按回车键或单击“层次结构”按钮，进入“变更 成本要素组：结构”界面，系统显示原有的成本要素组的结构，如图 6-63 所示。

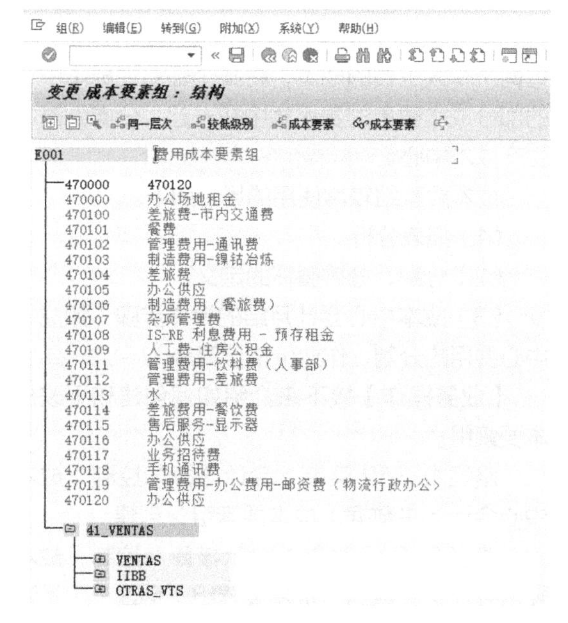

图6-63

STEP 3 如果要在成本要素组上添加成本要素或者下一级的成本要素组，可以参见成本要素组创建的步骤操作。

STEP 4 如果要将原有的成本要素范围或者下一级的成本要素组从原成本要素组中移除，则先选中要移除的对象，将光标置于要移除的对象上，然后单击“选择”按钮，系统自动将被选中的对象以红色背景显示，同时可以看到工具栏中多出了“删除”按钮和“移除”按钮，如图 6-64 所示。

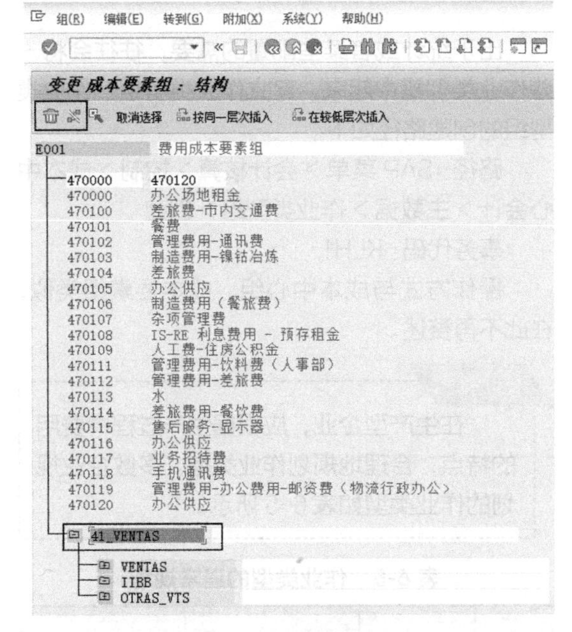

图6-64

> **提示** 如果选择错了，则单击 取消选择 按钮，重新选择。

STEP 5 单击“移除”按钮，则被移除对象立即从成本要素组中消失，如图 6-65 所示。

> **提示** “删除”和“移除”是不同的。“删除”是将成本要素组从数据库中删除，使之不复存在；而“移除”则仅仅是将其从上级的成本要素组中移开，不再挂在其下。因此，如果要“删除”成本要素组，系统会检查其是否在别的地方也被调用到。如果是，则不能删除，只能移除。

> **提示** 对于成本要素组下的成本要素范围，只能“移除”，不能“删除”，因为它仅是一个选择的范围。

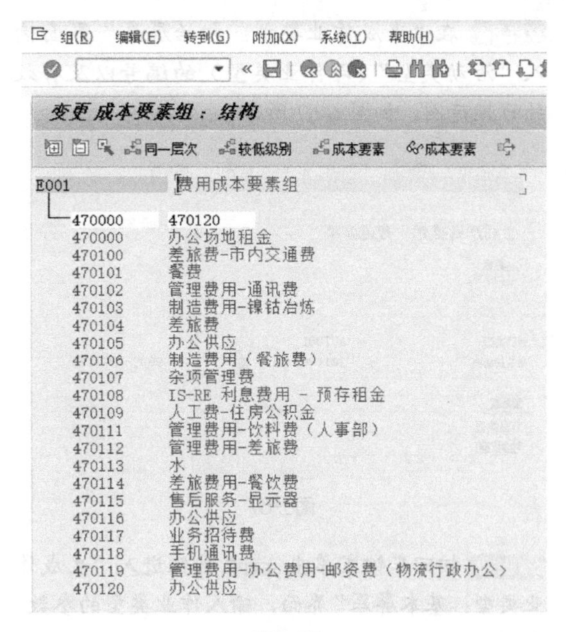

图6-65

STEP 6 单击“保存”按钮，系统在底部提示成本要素组的更改已经保存，如图 6-66 所示。

更改已经保存

图6-66

6.5 主数据维护：作业类型（组）

作业类型（activity type）是企业的基本生产部门（即车间）在生产订单执行过程中所消耗的各类作业，如人工作业、机器作业等。作业类型的时间即为工时，在信息系统中对工时做记录即为“报工”——SAP 称为“确认”（confirmation），很多企业也将其称为“录工票”。

对于每个成本中心的每种作业类型，在每个期间都要定义其计划价格（费率，如 XX 元 / 小时）。不同的作业类型在订单上的报工，就相当于按照相应的价格将成本中心的不同费用吸收到订单上。例如，人工作业报工，吸收的是成本中心的人工费；机器作业报工，吸收的是成本中心的折旧费；制造工时的报工，吸收的是成本中心除人工费、折旧费外的制造费用。

【业务操作】接下来介绍作业类型的创建。

路径：SAP 菜单 > 会计核算 > 控制 > 成本中心会计 > 主数据 > 作业类型 > 单个处理 > 创建

事务代码：KL01

STEP 1 在“生成作业类型：初始屏幕”界面输入“活动类型”（即作业类型）的编号以及有效的日期范围，如图 6-67 所示。

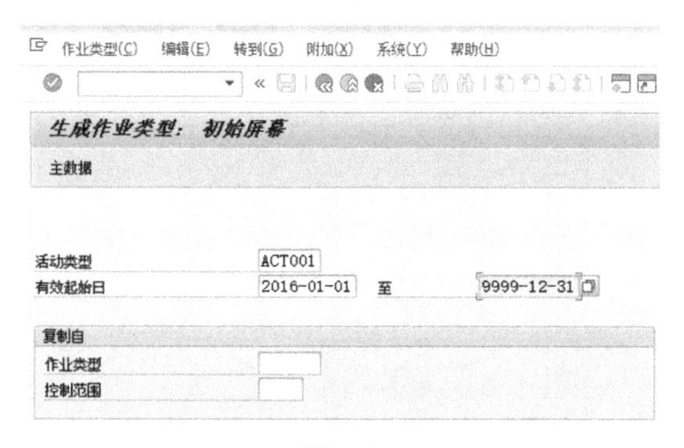

图6-67

STEP 2 按回车键或单击 主数据 按钮进入“生成作业类型：基本屏幕”界面，输入作业类型的参数，如图 6-68 所示。

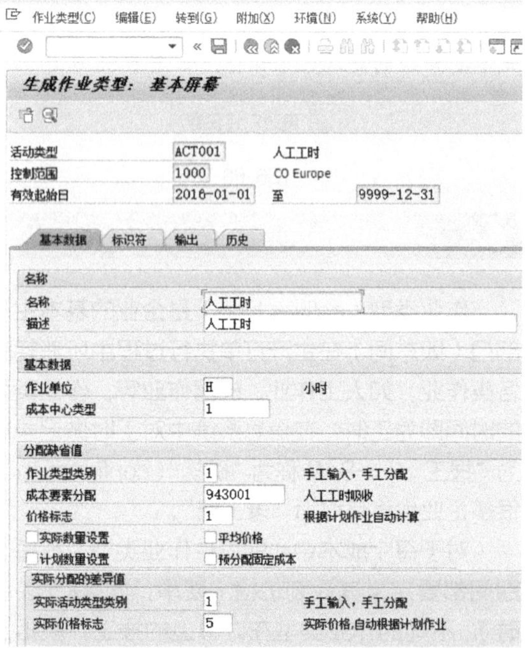

图6-68

成本中心类型：该作业类型在哪种类型的成本中心中使用。作为报工的作业，一般应在“基本生产”的成本中心中使用。

成本要素分配：该作业类型对应的次级成本要素，它应该是 43 类别（内部作业分配）的成本要素。

提示

“内部作业”是与“外部作业”（即工序外协）相对应的，企业的生产订单如果由企业内部的资源（人工和机器）完成，则是内部作业。内部作业分配，则意味着依靠内部作业将“基本生产”成本中心的费用分配（allocated，吸收）到订单上。

STEP 3 单击“保存”按钮，系统返回初始界面，在下方提示作业类型已经创建，如图 6-69 所示。

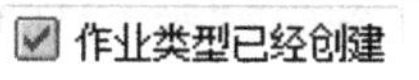

图6-69

出于统计或者某些配置的需要，往往会将一些作业类型集中起来，建立作业类型组。作业类型组的创建路径如下。

路径：SAP 菜单 > 会计核算 > 控制 > 成本中心会计 > 主数据 > 作业类型组 > 创建

事务代码：KLH1

操作方式与成本中心组、成本要素组类似，在此不再赘述。

设计参考

在生产型企业，应根据生产过程中费用的特点，合理地规划作业类型。多数企业规划的作业类型如表 6-5 所示。

表 6-5 作业类型的通常规划

序号	作业类型	解释	吸收的费用
1	人工工时	工人工作的时间	人工费（工资、奖金、福利等）
2	机器工时	机器工作的时间	折旧费
3	能源工时	能源消耗的时间，可与 4 合并	煤炭使用费、电费、蒸汽费等
4	费用工时	其他制造费用消耗的时间	修理费、机物料消耗、办公费等

在某些企业，由于生产的特点，还会使用一些个性化的作业类型。例如，在生产过程中，大件物品需要在厂内进行复杂的运输，由专业的运输班组完成，每月末要将运输班组的费用分配到各个受益的生产车间。针对这种业务，可以设置“运输工时”，以运输班组为生产车间运输的“吨公里”作为计量单位，由各车间“报工”。

还有的企业设置“铸造工时”，用于统计铸造车间为各受益车间提供铸造服务的产品的吨数。

6.6 主数据维护：统计指标（组）

统计指标（statistical key figures）是指各成本中心具有可跟踪、可计量特性的指标，常被用来作为公共费用分摊的依据，如各部门的人数、各部门占用的办公区域面积、各生产车间的用电量等。

【业务操作】接下来介绍统计指标的创建。

路径：SAP 菜单 > 会计核算 > 控制 > 成本中心会计 > 主数据 > 统计指标 > 单个处理 > 创建

事务代码：KK01

STEP 1 在“创建统计关键指标：初始屏幕”界面输入“统计指标”的编号，如图 6-70 所示。

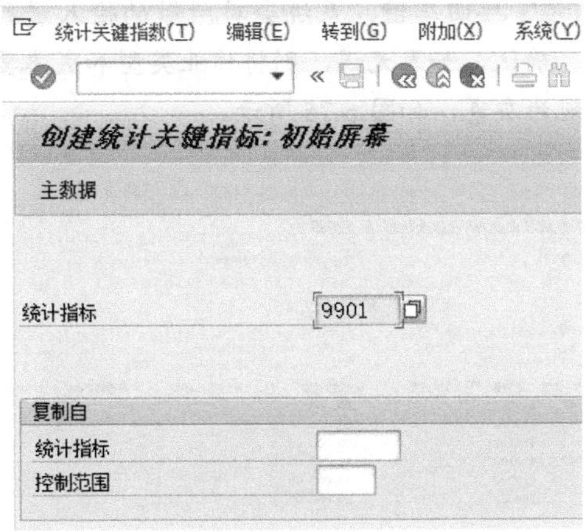

图6-70

STEP 2 按回车键或单击 主数据 按钮，进入“创建统计关键指标：主数据”界面，输入统计指标的参数，如图 6-71 所示。

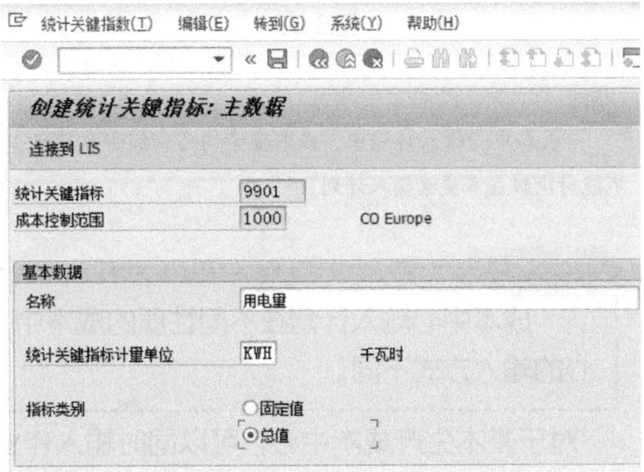

图6-71

指标类别：分为固定值（fixed values）和总值（total values）两类。固定值是指一段时间内相对不变的值，如员工人数、办公面积；总值是指每个月都会发生变化的值，如用电量、电话通话分钟数。

STEP 3 单击“保存”按钮，系统返回初始界面，在下方提示数据已经保存，如图 6-72 所示。

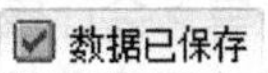

数据已保存

图6-72

出于统计或者某些配置的需要，往往会将一些统计指标集中起来，建立统计指标组。统计指标组的创建路径如下。

路径：SAP 菜单 > 会计核算 > 控制 > 成本中心会计 > 主数据 > 统计指标组 > 创建

事务代码：KBH1

操作方式与成本中心组、成本要素组类似，在此不再赘述。

设计参考

在生产型企业，应根据各部门要分配的公共费用项，合理地规划统计指标。例如，分摊电费，可以建立“用电量”指标；分摊公共的折旧费，可以建立“机器工时”指标（或者不建立统计指标，而直接按机器工时报工的作业量分配费用）；分摊食堂的费用，可以建立“人数”指标。

6.7 成本中心计划

成本中心计划是针对成本中心费用投入和作业产出的计划。以成本中心为着眼点，费用投入（input）和作业产出（output）正好是可以趋向平衡的。正因为对成本中心有费用的投入，成本中心才会源源不断地给车间提供人工、机器、能源等工时的作业。而对费用投入和作业产出事先必须做好计划。

6.7.1 成本中心输入计划 / 成本

成本中心输入计划是针对成本中心的费用投入（input）制订计划。它在每个期间，按成本中心、成本要素制订计划。该计划不起控制作用，只是在事后可以将它与成本中心的实际费用进行比较。

成本中心输入计划除了维护费用计划外，还维护作业类型和成本要素的对应关系。例如，人工工时和工资、奖金、福利费等成本要素相对应，而机器工时和折旧费成本要素相对应。

【业务操作】接下来介绍成本中心输入计划的维护。

路径：SAP 菜单 > 会计核算 > 控制 > 成本中心会计 > 计划 > 成本和作业输入 > 更改

事务代码：KP06

STEP 1 在“更改 成本要素 / 作业输入计划：初始屏幕”界面输入版本、会计期（“从期间”“终止期”）、成本中心、活动类型（作业类型）、成本要素等，如图 6-73 所示。

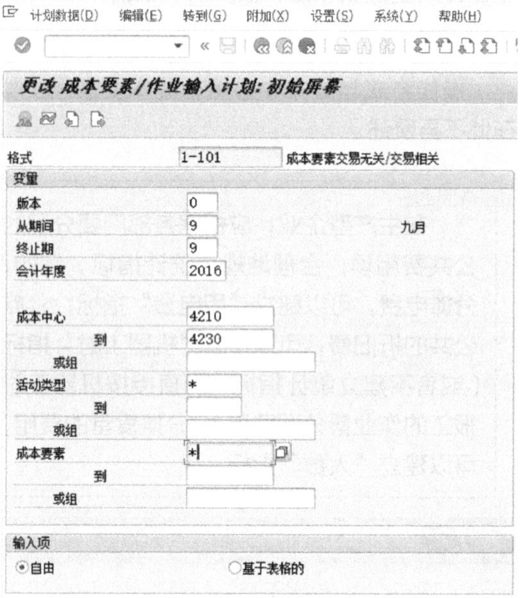

计划数据(D) 编辑(E) 转到(G) 附加(X) 设置(S) 系统(Y) 帮助(H)
更改 成本要素/作业输入计划: 初始屏幕
格式 1-101 成本要素交易无关/交易相关
变量
版本 0
从期间 9 九月
终止期 9
会计年度 2016
成本中心 4210
到 4230
或组
活动类型 *
到
或组
成本要素 *
到
或组
输入项
自由
基于表格的

图6-73

星号（*）表示所有可能的值。

这里的“期间”，可以输入单一的期间（如图 6-73 所示，9 月～9 月，表示只针对 9 月输入计划），也可以输入一个期间范围（多个期间）。如果输入期间范围（多个期间），如 1 月～12 月，则在下一屏幕中输入的计划值将被视为 12 个月的数据之和，从而每个月的数据会被平摊。

STEP 2 单击“概览屏幕”按钮，进入“更改成本要素 / 作业输入计划：概览屏幕”界面，针对头层的参数组合（版本、期间、会计年度、成本中心等），在行层输入作业类型和成本要素的对应关系，以及成本要素的计划成本，如图 6-74 所示。

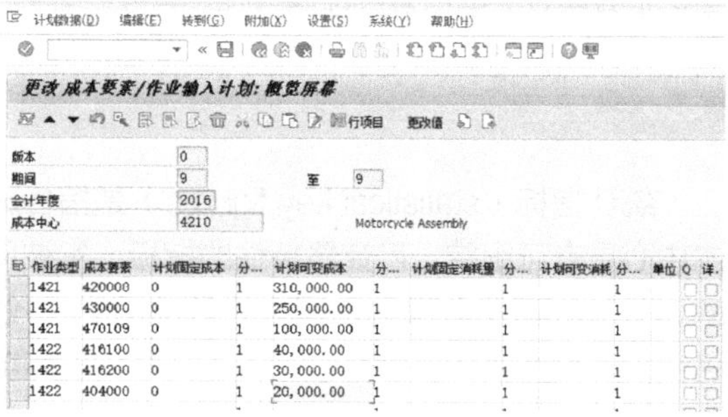

计划数据(D) 编辑(E) 转到(G) 附加(X) 设置(S) 系统(Y) 帮助(H)
更改 成本要素/作业输入计划: 概览屏幕
行项目 更改值
版本 0
期间 9 至 9
会计年度 2016
成本中心 4210 Motorcycle Assembly
作业类型 成本要素 计划固定成本 分... 计划可变成本 分... 计划固定消耗量 分... 计划可变消耗 分... 单位 Q 详.
1421 420000 0 1 310,000.00 1 1 1
1421 430000 0 1 250,000.00 1 1 1
1421 470109 0 1 100,000.00 1 1 1
1422 416100 0 1 40,000.00 1 1 1
1422 416200 0 1 30,000.00 1 1 1
1422 404000 0 1 20,000.00 1 1 1

图6-74

虽然系统有固定成本和可变成本的概念，但一般地，为简化起见，针对基本生产的成本中心，只输入可变成本的计划；针对辅助生产的成本中心、管理类和销售类的成本中心（无作业类型报工的成本中心），输入固定成本的计划。

STEP 3 按回车键，系统会对所做的输入进行检查、确认，如果无误，则将作业类型和成本要素体现为灰色，如图 6-75 所示。

计划数据(D) 编辑(E) 转到(G) 附加(X) 设置(S) 系统(Y) 帮助(H)
更改 成本要素/作业输入计划: 概览屏幕
行项目 更改值
版本 0
期间 9 至 9
会计年度 2016
成本中心 4210 Motorcycle Assembly
作业类型 成本要素 计划固定成本 分... 计划可变成本 分... 计划固定消耗量 分... 计划可变消耗 分... 单位 Q 详.
1421 420000 1 310,000.00 1 1 1
430000 1 250,000.00 1 1 1
470109 1 100,000.00 1 1 1
1422 416100 1 40,000.00 1 1 1
416200 1 30,000.00 1 1 1
404000 1 20,000.00 1 1 1

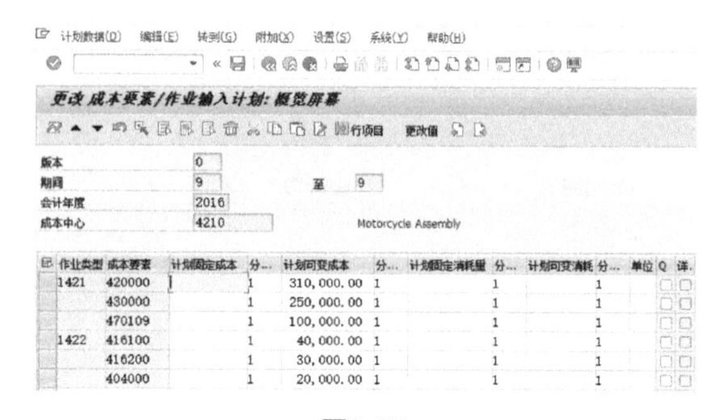

图6-75

STEP 4 单击“过账”按钮，系统在界面下方提示计划数据已经被记账，如图 6-76 所示。

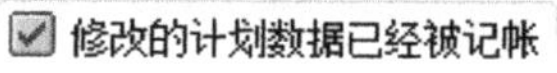

修改的计划数据已经被记帐

图6-76

> **提示**
> 成本中心输入计划中，成本要素均为初级成本要素，不能对次级成本要素输入计划。

> **设计参考**
> 成本中心输入计划在不同性质的成本中心的输入方式不同。

对于基本生产成本中心，可以同时输入作业类型和初级成本要素。这样，在输入成本计划时，还可以明确作业类型和初级成本要素的关系。

对于辅助生产成本中心、管理类成本中心、销售类成本中心，不需要输入作业类型，只需要输入初级成本要素，并针对其输入成本计划即可。因为在这些成本中心，不可能有作业类型的应用。

6.7.2 成本中心作业输出 / 价格计划

成本中心作业输出 / 价格计划是针对基本生产成本中心的“产出”制订计划。它在每个期间，按成本中心、作业类型制订计划。

该“产出”计划包括以下两个方面。

（1）作业类型的作业数量。

（2）作业类型的价格。

数量 × 价格 = 金额。可以这么看待“产出”计划：KP06 中对基本生产成本中心投入了金额，那么，这些成本中心产出的工作值多少钱（用作业量和作业价格换算）。

【业务操作】接下来介绍成本中心作业 / 输出计划的设置。

路径：SAP 菜单 > 会计核算 > 控制 > 成本中心会计 > 计划 > 作业输出 / 价格 > 更改

事务代码：KP26

STEP 1 在“更改作业类型 / 作业价格计划：初始屏幕”界面输入版本、会计期、成本中心、活动类型等，如图 6-77 所示。

计划数据(D) 编辑(E) 转到(G) 附加(X) 设置(S) 系统(Y) 帮助(H)

更改作业类型/作业价格计划: 初始屏幕

格式 1-201 标准格式带价格的交易类型

变量

版本 0

从期间 9 九月

终止期 9 九月

会计年度 2016

成本中心 4210 Motorcycle Assembly

到 4230 Pump Assembly

或组

活动类型 *

到

或组

输入项

自由 基于表格的

图6-77

使用星号（*）表示所有可能的值。

这里的“期间”，可以输入单一的期间（如图 6-73 所示，9 月～ 9 月，表示只针对 9 月输入计划），也可以输入一个期间范围（多个期间）。如果输入期间范围（多个期间），如 1 月～ 12 月，则在下一界面中输入的计划数量将被视为 12 个月的数据之和，系统会将其在每个月平摊；而输入的计划价格则被视为 12 个月持续不变的价格。

STEP 2 单击“概览屏幕”按钮，进入“更改作业类型 / 作业价格计划：概览屏幕”界面，针对头层的参数组合（版本、期间、会计年度、成本中心等），在行层输入作业类型的计划数量和计划价格，如图 6-78 所示。

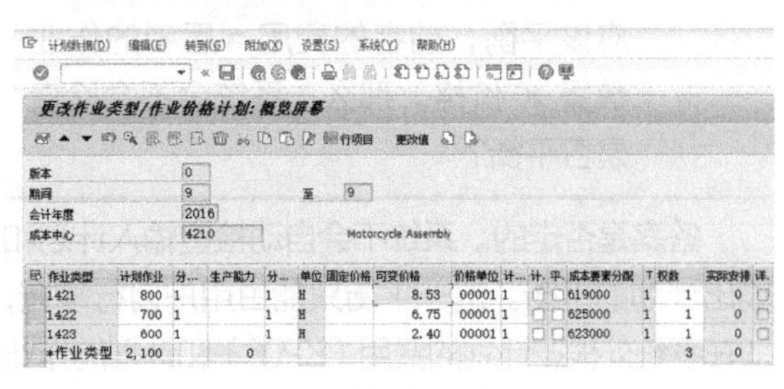

图6-78

计划作业：计划作业量，按照作业类型主数据的基本单位来计量，图 6-78 中的作业量都是以 h（小时）为单位计量的。

固定价格 / 可变价格：基于作业单位、价格单位计算的作业类型的价格，如在图 6-78 中输入的价格是 1h（小时）的价格。为简便起见，多数企业都只使用可变价格，而没有使用固定价格。

> **提示** 设置的作业价格一定要和作业单位、价格单位相匹配。如果不匹配，将会影响制造件的成本滚算、生产订单的成本等。某些企业将价格单位设置为“01000”，结果价格没有按1000个单位来制定，而是输入了1个单位的价格，结果价格缩小了1/‰；某些企业输入了1000个单位的价格，但是价格单位处填写的却是“00001”，造成价格人为地扩大了1000倍。这些错误造成了成本的畸低或畸高，往往在月末对订单计算差异时才发现。因此，一定要在初始设置时注意。

权数：成本中心的实际费用按照“输入计划”（KP06）中的对应关系分割到作业类型上后，如果还有剩余的成本要素（即找不到与作业类型的对应关系的成本要素）的金额，将按照权数比分配到这里的几个作业类型。如图 6-78 所示，剩余的金额将按 1 ∶ 1 ∶ 1 分割给 1421、1422、1423 这 3 个作业类型。

STEP 3 单击“过账”按钮，系统在界面下方提示计划数据已经被记账，如图 6-79 所示。

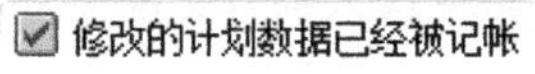

☑ 修改的计划数据已经被记帐

图6-79 成本中心计划被过账

理论上，成本中心的“投入”和“产出”应该是平衡的。也就是说，KP06 中输入的成本中心费用计划和 KP26 中输入的作业数量及价格计划应该平衡，前者的费用 = 后者的作业数量 × 价格。那么，系统会不会检查是否平衡?

答案是否定的。系统不会自动检查输入计划和输出计划的平衡。这一平衡只能由用户自行掌握，即在系统外根据计划的费用（KP06）和计划的作业数量（KP26）“匡算”好合适的价格后输入到系统中。

当然，系统也有自动计算作业价格的工具，称为“计划统驭”，如图 6-80 所示。

路径：SAP 菜单 > 会计核算 > 控制 > 成本中心会计 > 计划 > 计划帮助 > 计划统驭

事务代码：KPSI

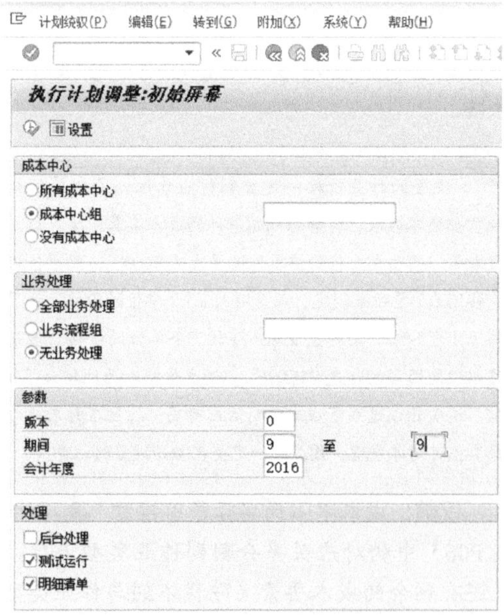

计划统驭(P) 编辑(E) 转到(G) 附加(X) 系统(Y) 帮助(H)

执行计划调整:初始屏幕

设置

成本中心
○所有成本中心
⦿成本中心组
○没有成本中心

业务处理
○全部业务处理
○业务流程组
⦿无业务处理

参数
版本 0
期间 9 至 9
会计年度 2016

处理
☐后台处理
☑测试运行
☑明细清单

图6-80 成本中心计划价格的计算

这个工具是在成本中心的费用计划、数量计划已经输入或者已经存在于系统中的情况下执行的。其基本算法如下。

价格 = 费用 ÷ 数量

设计参考

企业一般怎样做出成本中心的作业输出 / 价格计划并设定到系统中？要考虑哪些因素呢?

虽然有自动的“计划统驭”，但由于实际意义不大，更多的企业还是采取手工设定作业输出 / 价格计划。一般在年初的时候就设定好全年的计划（分月）。

而在手工设定前，一般是在 Excel 表格中“匡算”出计划的数量和价格。计划的数量根据全年的计划产量以及其工艺路线中单位产品耗费的工时来计算。例如：

人工工时的作业数量 = 产品产量 × 各工序上的人工作业时间之和 ÷ 工艺的基本数量

有了费用计划和作业数量的计划，就不难计算出作业价格的计划。

在计算作业数量和作业价格时，要考虑的因素包括以下几个。

（1）企业所属的行业特性，如淡旺季的区别。一般而言，淡季时，由于作业量较少，而费用一般比较固定，因而作业价格偏高；而旺季时，作业量较多，因而作业价格偏低。

（2）企业是否有年检或大修计划，这些也会影响某些月份的作业数量和费用金额，从而对作业价格产生影响。

（3）企业是否有技术革新的计划，如某企业计划从下半年开始更改生产工艺，将会对工时数量带来影响。

（4）企业资本要素市场环境的影响，如人工成本的普遍调整、国家对固定资产购置的税收政策的变化、大宗商品（煤炭、电力等）的价格影响等，都会直接或间接影响到作业价格的计算。

总之，做好作业数量和作业价格的计划，不能仅仅停留在系统操作上，更要结合外部环境企业的实际业务来综合衡量。

6.7.3 成本中心计划的编制助手

在编制成本中心的输入计划和输出计划时，除了手工输入外，系统也提供编制计划的“助手”

(planning aids)。最常用的助手是复制功能，它主要体现在以下两个方面。

(1)将计划数据复制到计划数据。如将本月的计划复制到下个月。

(2)将实际数据复制到计划数据。如将本月的实际数据复制到下个月。

【业务操作1】接下来介绍如何在系统中将计划数据复制到计划。

路径：SAP菜单＞会计核算＞控制＞成本中心会计＞计划＞计划帮助＞复制＞复制计划到计划

事务代码：KP97

STEP 1 在“复制计划：初始屏”界面设置成本中心的范围、模板和目标，并选择计划数据范围、处理选项等，先勾选“测试运行”，如图6-81所示。

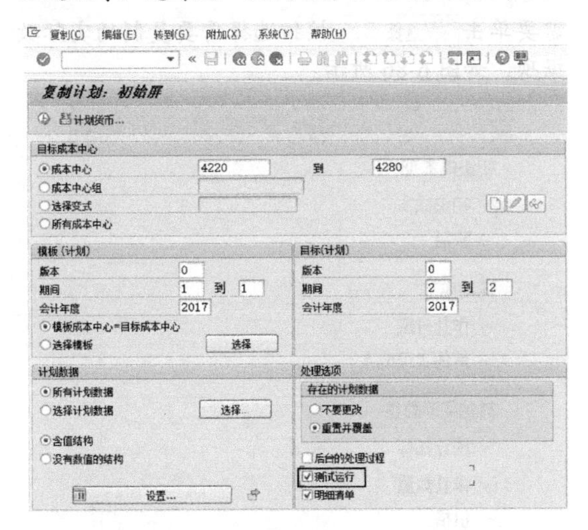

图6-81

“目标成本中心”区域：输入要复制计划的成本中心、成本中心组等。

“模板(计划)”区域：作为模板的版本、期间和会计年度。可以选择一个期间范围的计划(如2016年1月～12月)作为模板，也可以选择1个月的计划(如图中的2017年1月)作为模板。

“目标(计划)”区域：将模板的计划复制到什么版本、哪些期间范围。例如，模板是2017年1月的0版本，复制到2017年2月的0版本。

> 提示
>
> “模板(计划)”区域和“目标(计划)”区域的期间数必须相同。例如，前者的期间数是3个月，后面的期间数也必须是3个月。也就是说，只能将n个期间的计划复制到n个期间。

“计划数据”区域：选择“所有计划数据”或者“选择计划数据”。如果是后者，则需要单击“选择...”按钮，选择需要复制的计划数据项，如图6-82所示。

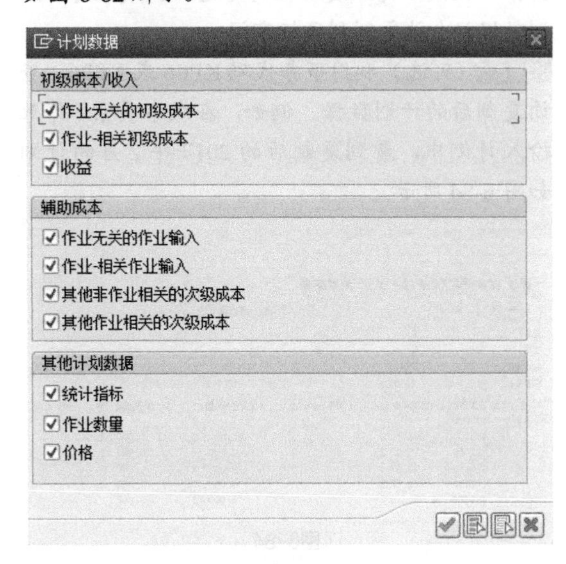

图6-82

在“计划数据”对话框中，可以选择“初级成本/收入”(初级成本要素)的计划、“辅助成本”(次级成本要素)的计划或者“其他计划数据”(统计指标、作业数量和作业价格)，进行复制。

“处理选项”区域：系统在执行过程中对数据如何处理。例如，如果目标期间的某些数据已经存在，是“不要更改”还是“重置并覆盖”。如果部分数据已经存在，选中“不要更改”单选钮，系统会提示错误，因此建议选中“重置并覆盖”单选钮。

STEP 2 单击“执行”按钮，系统在运行后显示复制计划的明细列表，如图6-83所示。

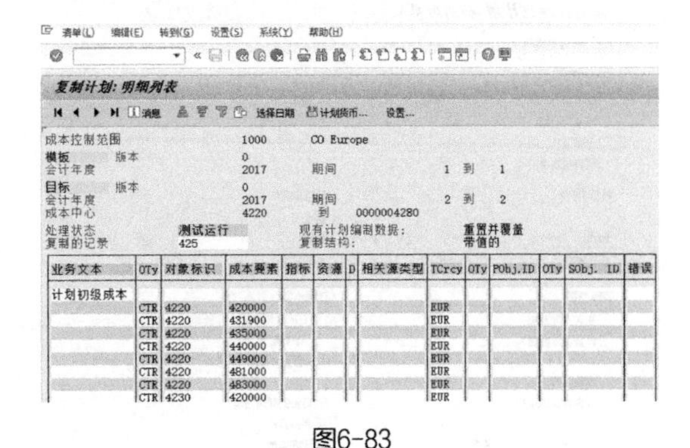

业务文本	OTy	对象标识	成本要素	指标	资源	D	相关源类型	TCrcy	OTy	PObj.ID	OTy	SObj. ID	错误
计划初级成本													
	CTR	4220	420000					EUR					
	CTR	4220	431900					EUR					
	CTR	4220	435000					EUR					
	CTR	4220	440000					EUR					
	CTR	4220	449000					EUR					
	CTR	4220	481000					EUR					
	CTR	4220	483000					EUR					
	CTR	4230	420000					EUR					

图6-83

明细列表中，显示了复制的计划数据清单。如果出现错误，系统将会在相应条目的“错误”列中标记“X”。用户应检查错误的记录，并予以解决。

STEP 3 单击“返回”按钮，返回初始界面，去掉“测试运行”复选框的勾选，正式执行，计划数据就会被复制到目标期间。

STEP 4（可选）利用事务代码 KP06 或 KP26，查询复制后的计划数据。例如，在成本要素 / 作业输入计划中，看到复制后的 2017 年 2 月的计划如图 6-84 所示。

作业类型	成本要素	计划固定成本	分...	计划可变成本	分...	计划固定消耗量	分...	计划可变消耗	分...	单位	Q	详.
1420	403000		2	258.33	2		2		2	PC		
	466000	391.67	2		2	0.000	2	0.000	2			
	471000	175.00	2		2	0.000	2	0.000	2			
	476100	41.67	0		0	0.000	0	0.000	0			
	476900	41.67	2		2	0.000	2	0.000	2			
	481000	1,986.18	2		2	0.000	2	0.000	2			

图6-84

【业务操作 2】接下来介绍如何在系统中将实际数据复制到计划中。假设 0 版本下，2016 年 9 月的实际数据比较符合业务需要，可以将它作为 2016 年 10 月的计划数据。

路径：SAP 菜单 > 会计核算 > 控制 > 成本中心会计 > 计划 > 计划帮助 > 复制 > 复制实际到计划

事务代码：KP98

STEP 1 在“复制实际到计划：初始屏幕”界面输入成本中心的范围、模板和目标，并选择实际数据范围、处理选项等，先勾选“测试运行”复选框，如图 6-85 所示。

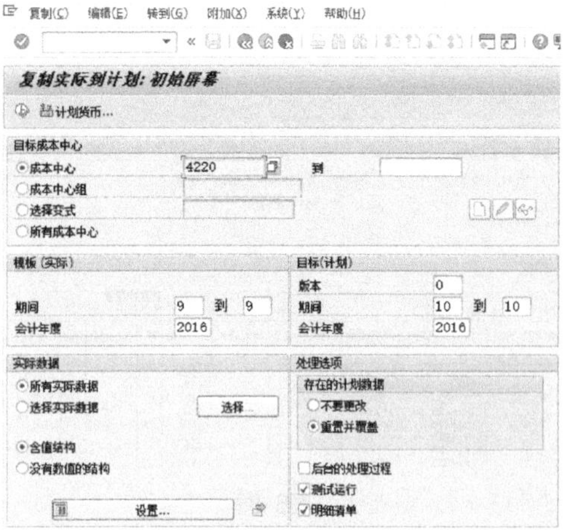

图6-85

“目标成本中心”区域：输入要复制计划的成本中心、成本中心组等。

“模板（实际）”区域：作为模板的期间和会计年度。可以选择一个期间范围的计划（如 2016 年 1 月～ 12 月）作为模板，也可以选择 1 个月的计划（如图中的 2016 年 9 月）作为模板。为什么这里的模板没有“版本”？因为作为实际数据，只可能存在于 0 版本。

“目标（计划）”区域：将模板的计划复制到什么版本、哪些期间范围。例如，模板是 2016 年 9 月的实际数据，复制到 2016 年 10 月的 0 版本计划中。

“实际数据”区域：选择“所有实际数据”或者“选择实际数据”单选钮。如果是后者，则需要单击“选择...”按钮选择需要复制的实际数据项，如图 6-86 所示。

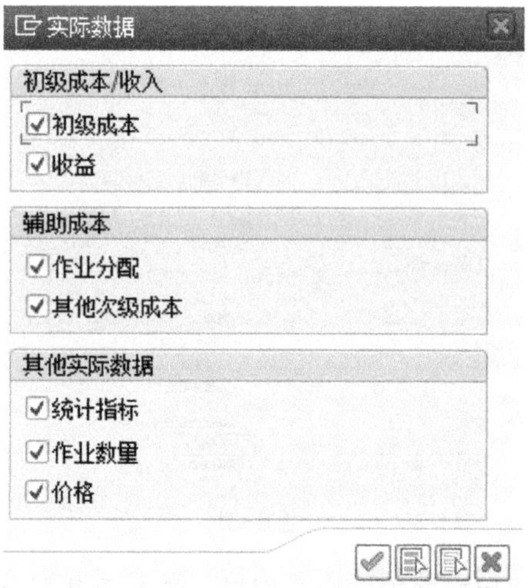

图6-86

在“实际数据”对话框中，可以选择“初级成本 / 收入”（初级成本）的实际值、“辅助成本”（其他次级成本）的实际值或者“其他实际数据”（统计指标、作业数量和价格），进行复制。

“处理选项”区域：系统在执行过程中对数据如何处理。例如，如果目标期间的某些数据已经存在，是“不要更改”还是“重置并覆盖”。如果部分数据已经存在，选中“不要更改”单选钮，系统会提示错误，因此建议选中“重置并覆盖”单选钮。

STEP 2 单击“执行”按钮，系统在运行后显示复制实际到计划的明细列表，如图 6-87 所示。

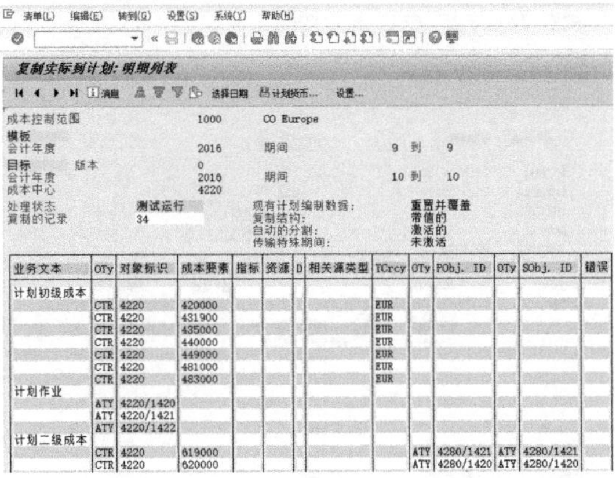

清单(L) 编辑(E) 转到(G) 设置(S) 系统(Y) 帮助(H)

复制实际到计划: 明细列表

消息 选择日期 计划货币... 设置...

成本控制范围 1000 CO Europe
模板
会计年度 2016 期间 9 到 9
目标 版本 0
会计年度 2016 期间 10 到 10
成本中心 4220
处理状态 测试运行 现有计划编制数据: 重置并覆盖
复制的记录 34 复制结构: 带值的
自动的分割: 激活的
传输特殊期间: 未激活

业务文本	OTy	对象标识	成本要素	指标	资源	D	相关源类型	TCrcy	OTy	PObj. ID	OTy	SObj. ID	错误
计划初级成本													
	CTR	4220	420000					EUR					
	CTR	4220	431900					EUR					
	CTR	4220	435000					EUR					
	CTR	4220	440000					EUR					
	CTR	4220	449000					EUR					
	CTR	4220	481000					EUR					
	CTR	4220	483000					EUR					
计划作业													
	ATY	4220/1420											
	ATY	4220/1421											
	ATY	4220/1422											
计划二级成本													
	CTR	4220	619000						ATY	4280/1421	ATY	4280/1421	
	CTR	4220	620000						ATY	4280/1420	ATY	4280/1420	

图6-87

在明细列表中，显示了从实际复制到计划的数据清单。如果出现错误，系统将会在相应条目的“错误”列中标记“X”。用户应检查错误的记录并予以解决。

STEP 3 单击“返回”按钮，返回初始界面，去掉“测试运行”复选框的勾选，正式执行，实际数据就会被复制到目标期间，作为计划数据。

STEP 4（可选）利用事务代码KP06或KP26，查询复制后的计划数据。例如，在成本要素/作业输入计划中，看到复制后的2016年10月的计划，如图6-88所示。

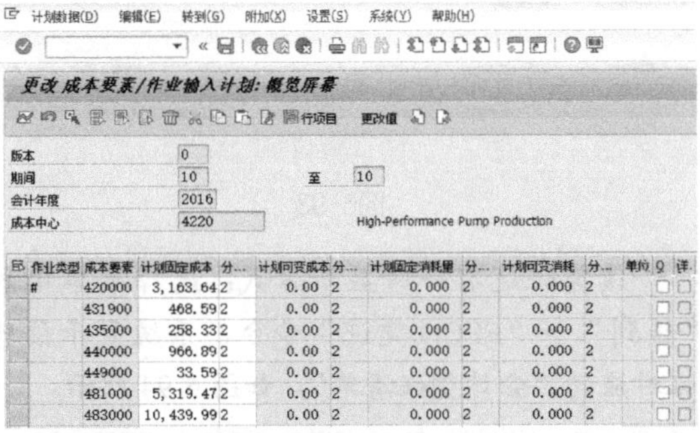

计划数据(D) 编辑(E) 转到(G) 附加(X) 设置(S) 系统(Y) 帮助(H)

更改 成本要素/作业输入计划: 概览屏幕

行项目 更改值

版本 0
期间 10 至 10
会计年度 2016
成本中心 4220 High-Performance Pump Production

作业类型	成本要素	计划固定成本	分...	计划可变成本	分...	计划固定消耗量	分...	计划可变消耗	分...	单位	Q	详.
#	420000	3,163.64	2	0.00	2	0.000	2	0.000	2		☐	☐
	431900	468.59	2	0.00	2	0.000	2	0.000	2		☐	☐
	435000	258.33	2	0.00	2	0.000	2	0.000	2		☐	☐
	440000	966.89	2	0.00	2	0.000	2	0.000	2		☐	☐
	449000	33.59	2	0.00	2	0.000	2	0.000	2		☐	☐
	481000	5,319.47	2	0.00	2	0.000	2	0.000	2		☐	☐
	483000	10,439.99	2	0.00	2	0.000	2	0.000	2		☐	☐

图6-88

业务实践 成本中心计划的编制助手功能在以下场景中可以适用。

（1）在下达下个月的生产订单或者本月开始生产但会跨月完工的生产订单时，系统如果找不到未来期间的计划作业价格，就会出现计划成本上的计算错误。因此，在这种情况下，有必要预先制订下个月的成本计划（可以采取复制本月计划到下月计划的方式来制订），以避免生产订单下达过程中报错。

（2）在企业使用SAP初期，计划作业价格可能还处在摸索的阶段，不一定制订得很准确，经过一个月或者几个月的系统运行后，可以用过去几个月运行出的实际价格作为参考，复制到未来期间作为计划价格等。

6.8 成本中心实际过账

成本中心的实际过账有多种方式，既可以来自于FI、MM等模块，也可以来自于CO模块内部。前者是在CO模块内“被动地”生成CO凭证（控制凭证），而后者是在CO模块内“主动地”创建CO凭证。

6.8.1 通过FI/MM模块的过账

用户在FI或MM模块做某些操作时，系统会自动产生相应的CO凭证。如果成本对象是成本中心，则系统会自动将费用过账到成本中心。这些自动产生CO凭证的操作如下。

（1）在FI模块手工输入牵涉初级成本要素的会计凭证，系统在产生FI凭证（财务会计凭证）的同时，自动产生CO凭证。

（2）在MM模块的PUR（采购）子模块创建费用采购订单，收货时，如果采购订单具有“收货时评估”属性，则除了物料凭证外，还会产生相应的FI凭证、CO凭证。

> 提示
>
> 针对成本中心的费用采购订单，行项目的科目分配类别要选择K（成本中心），这样，系统就会要求输入成本中心，从而将采购的费用记入成本中心。

（3）在MM模块的INV（库存）子模块处理发料业务（如对成本中心发料等）时，系统会产生物料凭证和FI凭证，如果存货的对方科目是成本要素，还会产生相应的CO凭证。

> 提示
>
> 在库存子模块，对成本中心发料，使用的移动类型为201。使用该移动类型时，系统要求成本中心字段必输。

以下针对第（1）种情况举例说明。例如，图6-89是一张FI凭证。在凭证的第1行使用的科目为费用科目，它同时是成本要素，因此系统要求必须输入成本对象（成本中心、订单、WBS 元素、获利能力字段等）。这里，输入的成本对象是成本中心。

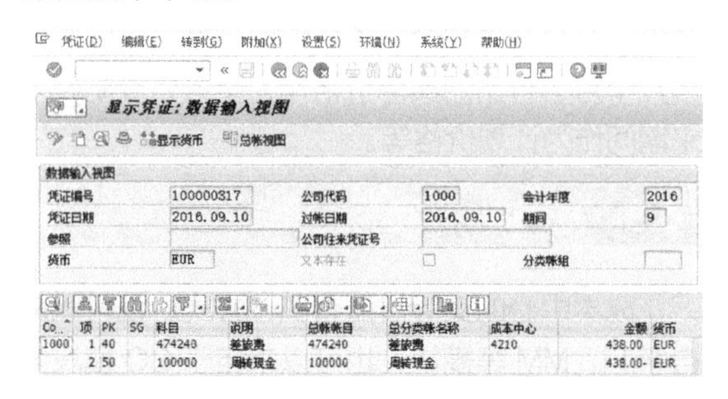

图6-89

该凭证在过账的同时还产生一张 CO 凭证，如图 6-90 所示。

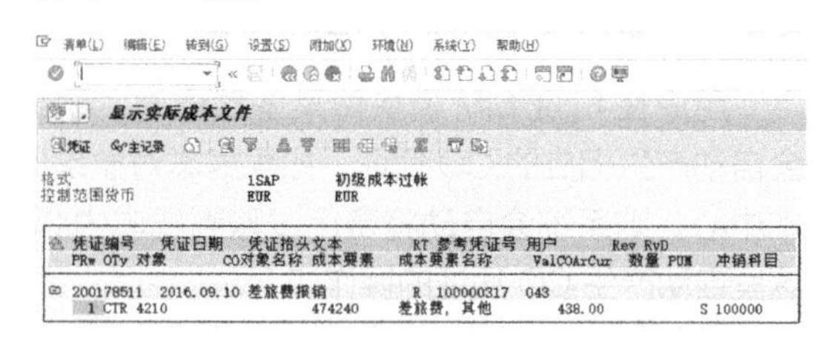

图6-90

在 CO 凭证中可以看到，成本对象就是 CTR（成本中心）4210。这张凭证表明，在 FI 记账的同时，成本同时自动地被记入成本中心。

6.8.2 成本中心重过账

如果一笔费用先记入了 A 成本中心，后来要将其转到 B 成本中心，称为“成本中心重过账”。这种转移可能是由于先前的输入有误，也有可能是希望将费用转由另一个成本中心承担。

【业务操作】接下来介绍成本中心重过账的操作。

路径：SAP 菜单 > 会计核算 > 控制 > 成本中心会计 > 实际记账 > 手动成本重过账 > 输入

事务代码：KB11N

STEP 1 在“输入初级成本的人工重过账”界面的头层输入凭证日期、过账日期等，在行层输入旧的成本中心和新的成本中心以及要转移的成本要素，如图 6-91 所示。

STEP 2 单击“过账”按钮，系统在界面下方提示凭证已经被记账，如图 6-92 所示。

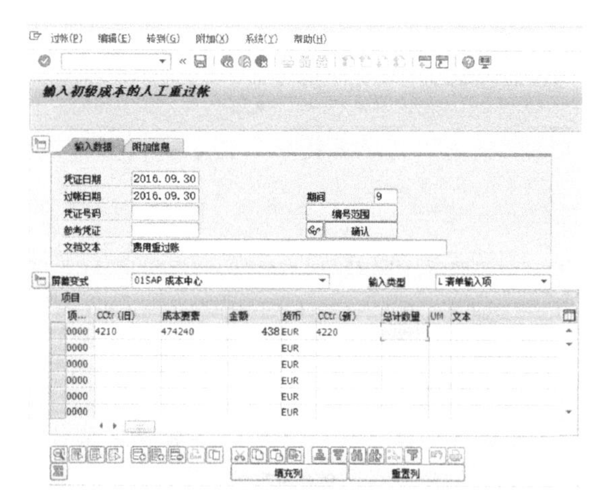

图6-91

凭证记于 200178512 号下

图6-92

这里的编号 200178512 是 CO 凭证的编号。

STEP 3（可选）如果要显示该凭证，可以单击菜单中的“过账”→“显示”命令，系统自动显示最新输入的重过账凭证，如图 6-93 所示。

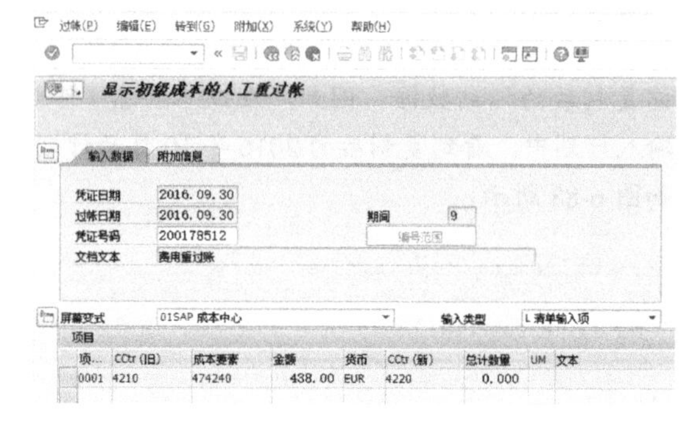

图6-93

该凭证还有一种显示方式：选择菜单中的“转到”→“FI/CO 凭证”命令，系统显示该凭证对应的“会计凭证清单”，如图 6-94 所示。

图6-94

双击“控制凭证”，系统以另一种方式显示

刚创建的 CO 凭证，如图 6-95 所示。

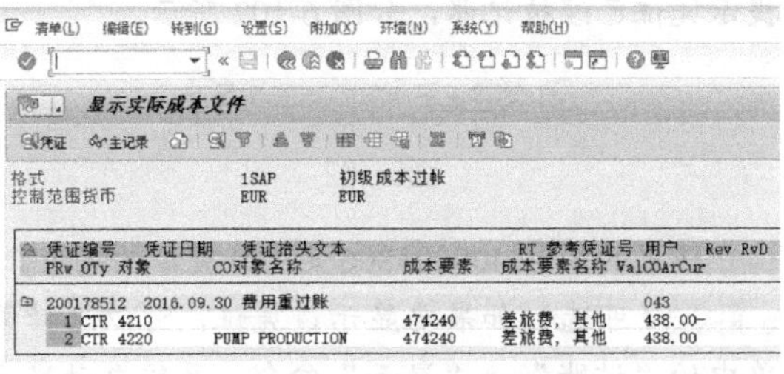

图6-95

从图 6-87 中可以看出，成本中心 4210 的成本被转出（438.00-），转入到了成本中心 4220。

成本中心的重过账对 FI（财务会计）有什么影响？

从前面的介绍可以发现，成本中心的重过账其实是成本在不同成本对象间的流动，一边是发出方，另一边是接收方，成本在 CO 内部流动。那么，它会影响到 FI 吗？

如果发出方和接收方跨越了费用属性，即两方属于不同的功能范围。例如，发出方属于制造费用，而接收方属于管理费用，则可以通过后台配置，使系统自动生成 CO 到 FI 的统驭凭证（财务会计凭证）。

图 6-96 显示的就是一笔这样的重过账凭证：费用从制造部门（4220）转移到管理部门（2100），两个成本中心分属于不同的功能范围。

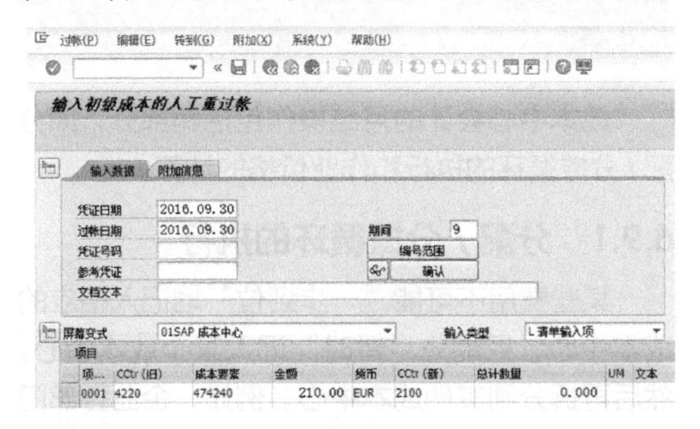

图6-96

由于跨越了功能范围，该凭证还伴随着一张 FI 凭证。选择菜单中的“转到”→“FI/CO 凭证”命令，系统显示与该凭证相对应的“会计凭证清单”，可以看到其中有一张“会计凭证”，如图 6-97 所示。

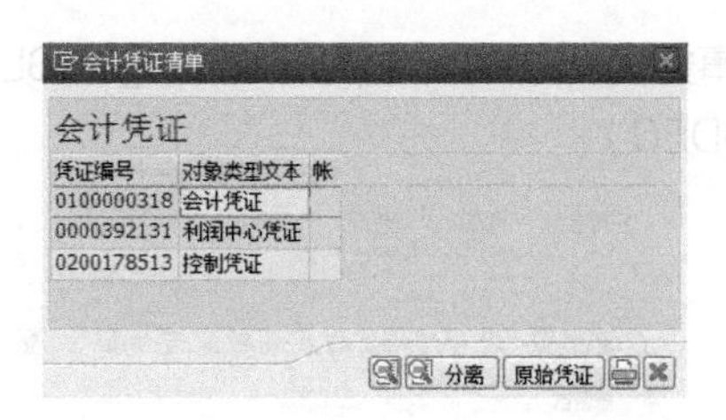

图6-97

双击其中的“会计凭证”0100000318，可以看到凭证为借记接收方的费用，贷记发出方的费用，如图 6-98 所示。

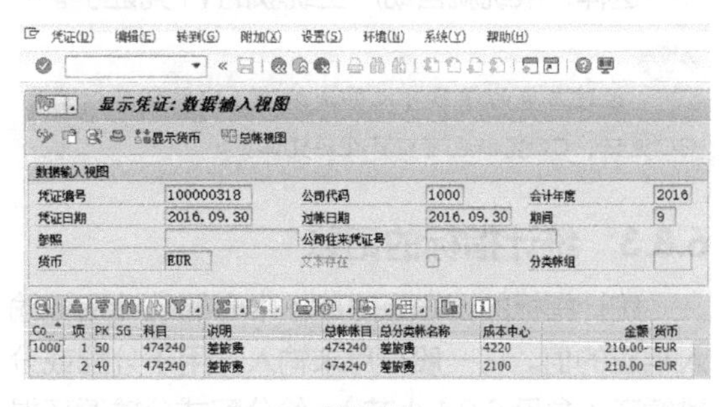

图6-98

有了这样的会计凭证，就可以保证 CO 和 FI 的统一了。

这是由后台配置决定的。

先定义实时集成的变式，如图 6-99 所示。

路径：IMG> 财务会计（新）> 财务会计全局设置（新）> 分类账 > 财务会计核算控制的实时集成 > 定义实时集成的变式

事务代码：SM30（表 / 视图：V_FAGLCOFIVARC）

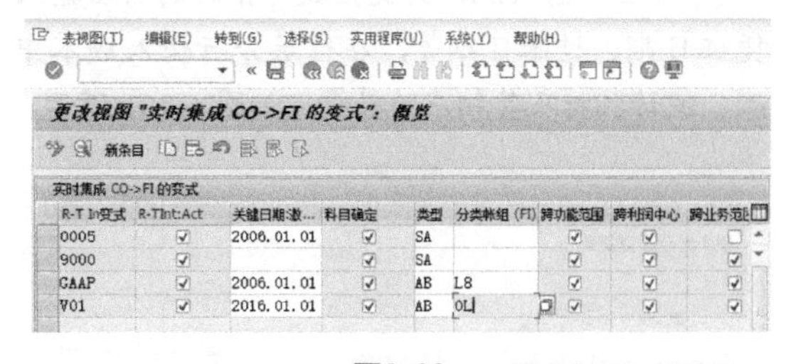

图6-99

从图 6-99 中可以看到，变式 0005 激活了“实时集成”（real-time integration），而且适用的场景包括“跨功能范围”“跨利润中心”等。

再将该变式分配给公司代码，如图 6-100 所示。

路径：IMG> 财务会计（新）> 财务会计全局设置（新）> 分类账 > 财务会计核算控制的实时集成 > 把实时集成的变式分配到公司代码

事务代码：SM30（表 / 视图：V_FAGLCOFICCODEC）

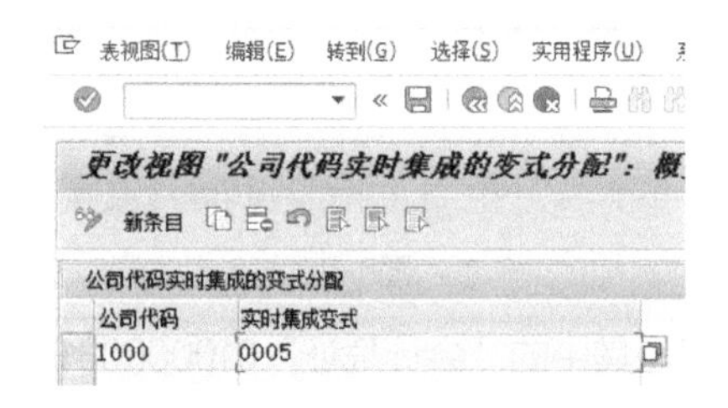

图6-100

这样，系统就自动产生统驭的 FI 凭证了。

提示

经过本节的学习可以得出结论：FI凭证可以产生CO凭证；CO凭证也可以产生FI凭证。

6.8.3 统计指标的记账

统计指标的记账是对成本中心的统计指标输入相应的值。它一般在月末输入，用于分配或分摊循环（参见 6.9.1 小节），给分配或分摊循环提供拆分成本或费用的依据（因子）。

如果分配或分摊循环的规则中使用统计指标，则必须先对统计指标过账，才能执行分配或分摊循环。

【业务操作】接下来以输入电话的通话分钟数为例，介绍统计指标的输入。

路径：SAP 菜单 > 会计核算 > 控制 > 成本中心会计 > 实际记账 > 统计指标 > 输入

事务代码：KB31N

STEP 1 在"输入统计关键指数"界面的头层输入凭证日期、过账日期等，在行层分行输入成本中心、统计指标及其相应的数量，如图 6-101 所示。

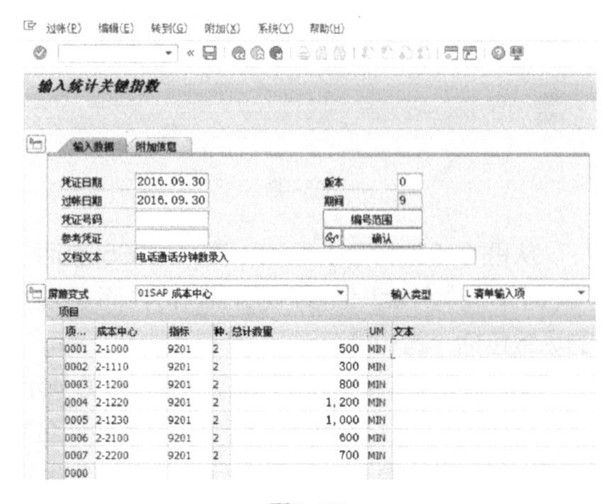

图6-101

STEP 2 单击"过账"按钮，系统在界面下方提示凭证已经被记账，如图 6-102 所示。

凭证记于 400005806 号下

图6-102

这里的编号 400005806 是 CO 凭证的编号。

STEP 3（可选）如果要显示该凭证，可以选择菜单中的"过账"→"显示"命令，系统自动显示最新输入的统计指标过账凭证，如图 6-103 所示。

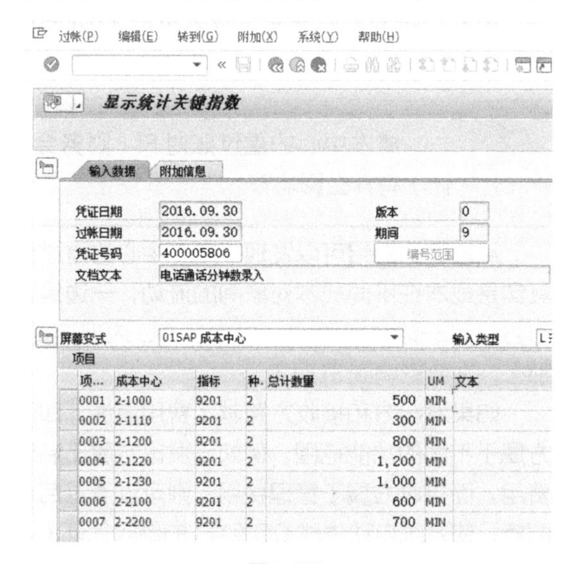

图6-103

该过账数据也会体现在成本中心报表中（参见 6.10 节）。

6.9 月结操作

成本中心会计的月结操作包括两部分，即分配 / 分摊循环的执行和作业价格的计算。

6.9.1 分配 / 分摊循环的执行

某些费用不可能"一步到位"地记入相应的成本中心，只能先"暂时"记入某个成本中心，然后再拆分到其他成本中心。例如，企业各部门承担的电费，往往先记入"能源车间"，然后再按照各部门的用电量（千瓦时数）进行分配。又如，企业自办食堂的各项费用，先归集在食堂成本中心，然后要按照各部门的就餐人头数进行分摊。这就牵涉费用的分配（distribution）和分摊（assessment，系统中有时误译为"评估"）。

分配和分摊是将费用从一个或多个成本中心

（发送方）拆分、发送到其他成本中心（接收方）的两种手段。它是成本在不同成本对象间流动的一种方式。用通俗的话讲，相当于将一个“大池子”里的“水”分流到其他“小池子”里去。分配和分摊完成后，发送方成本减少，而接收方成本增加。

分配和分摊是有区别的。

分配是将发送方的成本以原成本要素分配到接收方。分配完成后，接收方以原成本要素接收发送方的成本。例如，电费分配到接收方的成本中心，各接收方的成本中心看到的是电费增加了多少，如图6-104所示。

而分摊是将发送方的各项成本“打包”形成一个整体，然后以一个次级成本要素作为过渡分摊到接收方。对接收方而言，并不关心发送方发生的各项具体费用是多少，只需要知道，“我从其他成本中心那里要承接多少费用”。这里使用的次级成本要素类别为42（分摊）。例如，针对食堂的费用分摊，可以设置一个次级成本要素，称为“食堂费用分摊”。分摊完成后，发送方即食堂成本中心看到的是：除了原有的人工费、折旧费、水电费、物料消耗费的投入外，还有一项“食堂费用分摊”的转出；而接收方即各受益的成本中心看到的是：各自增加了一项成本“食堂费用分摊”，如图6-105所示。

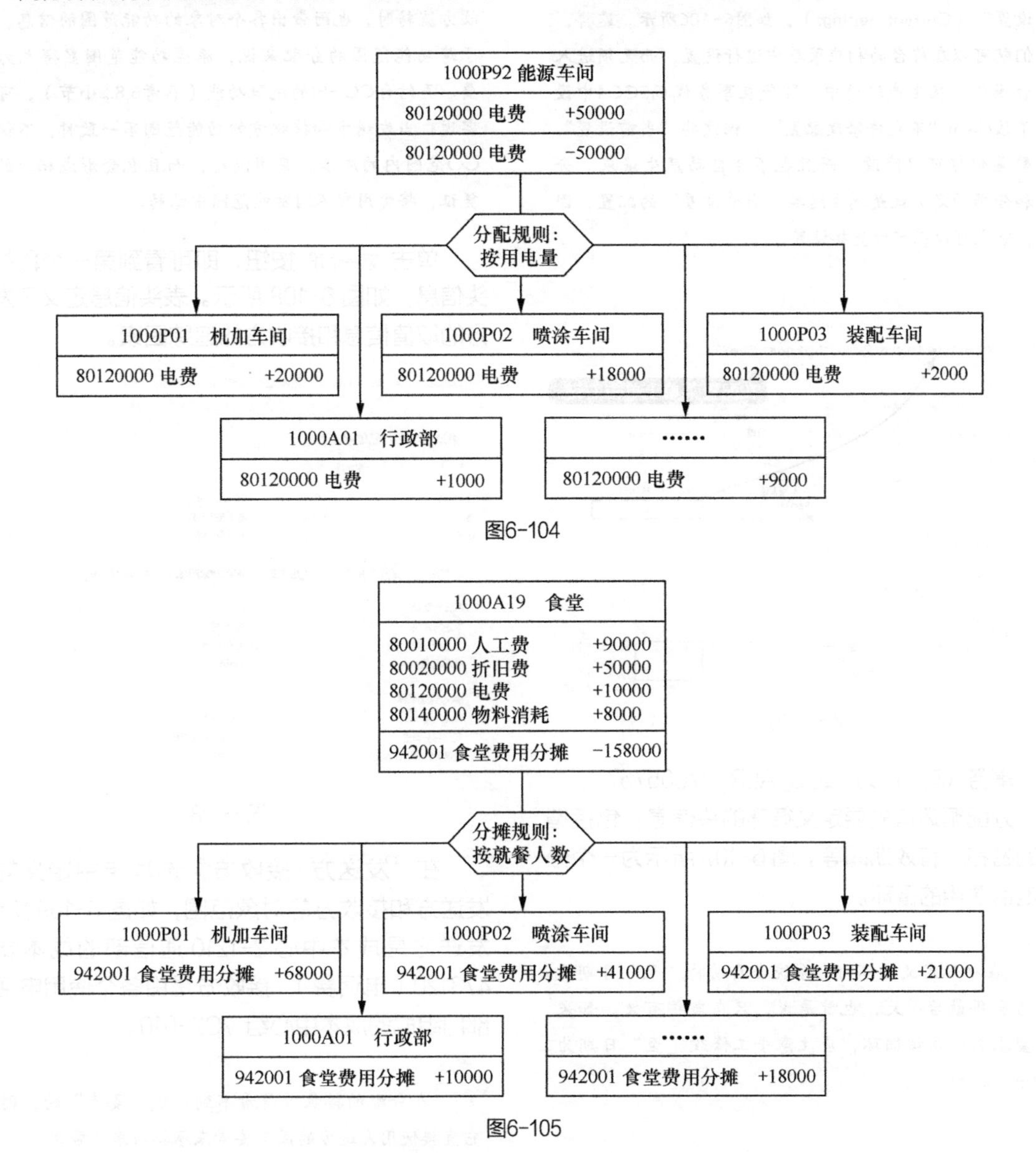

图6-104

图6-105

分配和分摊的操作，都需要事先在后台或前台定义好循环（cycle），明确分配和分摊的规则，包括发送方、接收方、接收方追踪因素（即分配 / 分摊的因子）等。

先来看分配循环的定义。

路径 1（后台）：IMG> 控制 > 成本中心会计 > 实际过账 > 期末结算 > 分配 > 定义分配

路径 2（前台）：SAP 菜单 > 会计核算 > 控制 > 成本中心会计 > 期末结账 > 当前设置 > 定义分配

> 提示
> SAP针对某些可能经常要调整的配置，预设为“当前设置”（Current Settings），如图6-106所示。这样，它们就可以在前台的相应菜单中进行设置，而无须进入后台操作。在生产环境中，即使在事务代码SCC4中设置了该client“不允许修改配置”，但这些“当前设置”的配置仍然可以修改，而且也不会自动产生请求。分配和分摊的定义就是属于这类“当前设置”的配置，因此，它也可以在前台直接设置。

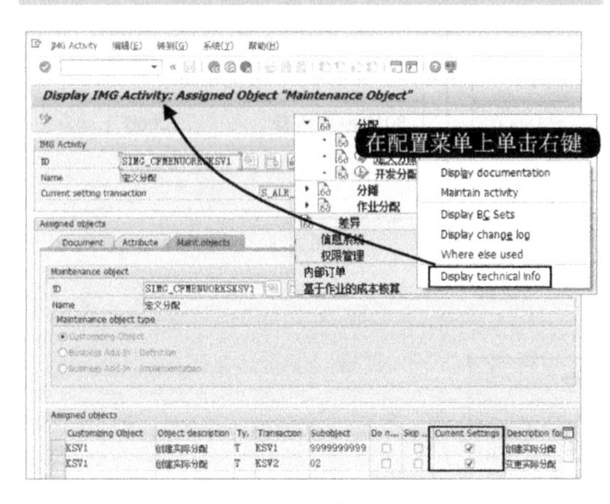

图6-106

事务代码：KSV1 或 S_ALR_87005757

分配循环首先要定义循环的头信息，包括循环的名称、有效期间等。图 6-107 所示为一个分摊电话费用的循环。

> 提示
> 在初始定义循环时，系统会自动将“至”日期默认为当年最后一天，也就是说，只在当年有效。如果希望永久使用该循环，应注意手工修改“至”日期为9999-12-31。

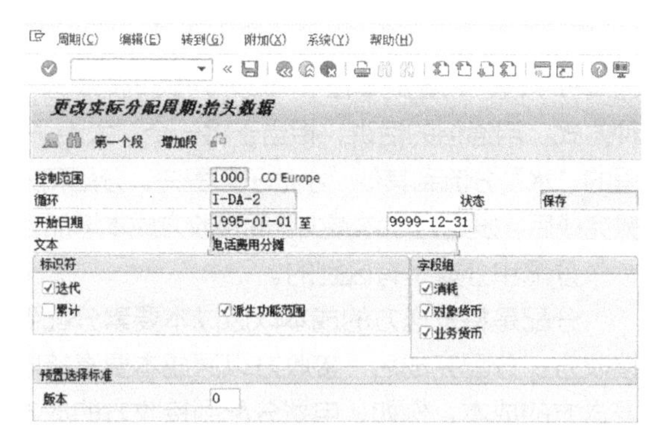

图6-107

> 提示
> “派生功能范围”表示成本、费用在发送方和接收方流转时，也附带出各个对象的功能范围的信息。对于跨功能范围的分配来说，派生功能范围显得尤为重要。再结合CO-FI的统驭功能（参考6.8.2小节），可以实现：当发送方和接收方的功能范围不一致时，不仅有CO范围内的成本、费用流动，而且也会形成相应的FI凭证，将费用在不同功能范围中结转。

单击 第一个段 按钮，即可看到第一个段的表头信息，如图 6-108 所示。表头信息定义了发送方的取值信息和接收方的追踪因素。

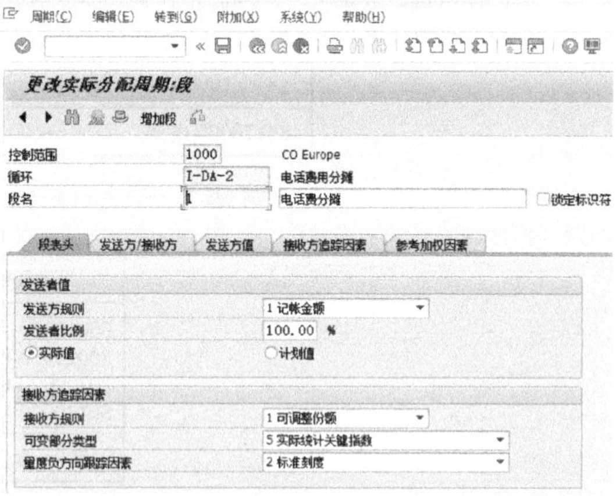

图6-108

在“发送方 / 接收方”选项卡中定义的是发送方和接收方的对象范围，如图 6-109 所示，发送方是成本中心 2-1210 通信部的成本要素 473120（电话费），接收方是由各个使用电话的部门组成的成本中心组 VC2-010。

> 提示
> 在分配的接收方是看不到“成本要素”的，因为它直接使用发送方的成本要素来承接成本、费用。

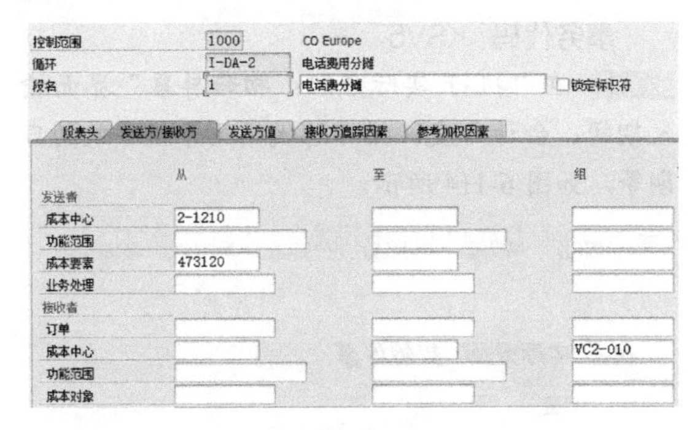

图6-109

在“发送方值”选项卡定义的是发送方的取值规则，如图6-110所示。它和“段表头”选项卡中的定义是一致的。

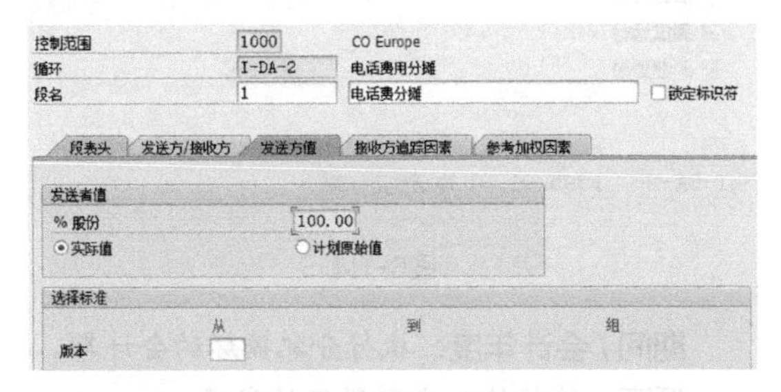

图6-110

在“接收方追踪因素”选项卡，定义的是发送方的金额分配到接收方时按什么因子分配。图6-111所示为按照统计指标9201（电话分钟数）的实际发生数作为分配依据。

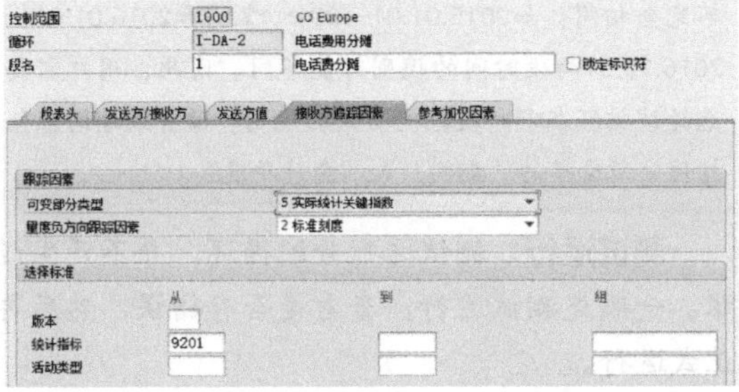

图6-111

在“参考加权因素”选项卡，定义的是除了“接收方追踪因素”中确定的分配因子外，还要附加的参考系数。例如，假设根据“接收方追踪因素”的定义，3个接收方的分配因子比例分别是1∶2∶5，如果在“参考加权因素”选项卡中针对3个接收方进一步分别定义了20、50、60的“因素”，则3个接收方分配的最终比例为（1×20）∶（2×50）∶（5×60），即20∶100∶300。

在图6-112中，对每个接收方成本中心定义的参考因素都是100，这表明费用在接收方成本中心分配时，只按照“接收方追踪因素”中明确的分配因子分配即可。

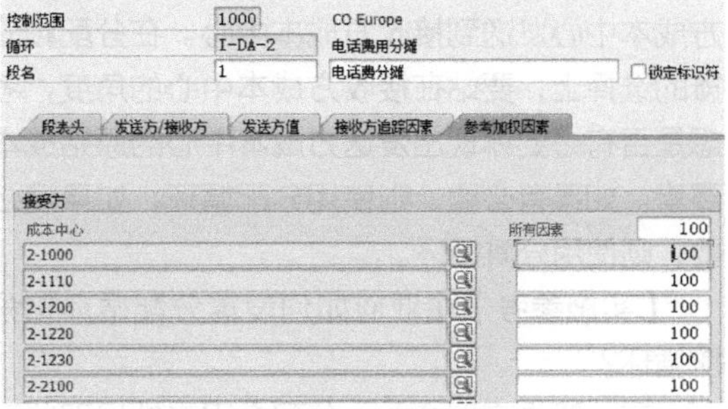

图6-112

再来看分摊的定义。

路径1（后台）：IMG> 控制 > 成本中心会计 > 实际过账 > 期末结算 > 分摊 > 维护评估

路径2（前台）：SAP菜单 > 会计核算 > 控制 > 成本中心会计 > 期末结账 > 当前设置 > 定义评估

事务代码：KSU1或S_ALR_87005742

分摊的定义和分配定义很相似。不同的是，在分摊循环的段表头中，需要用到“分摊成本要素”，即42类别（分摊）的成本要素，如图6-113所示。

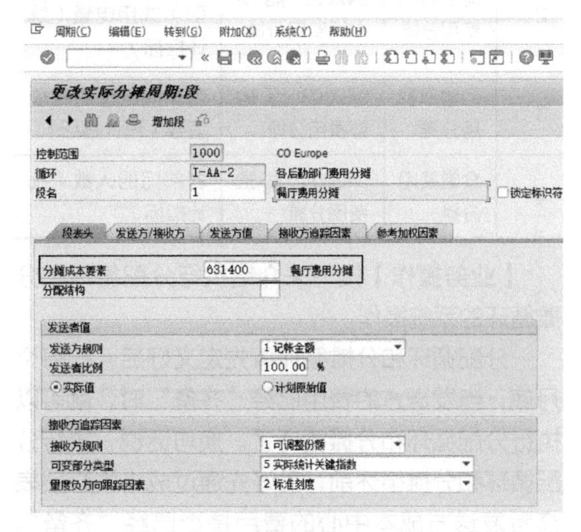

图6-113

分摊循环的其他要素定义在此不再赘述，可参考分配循环的定义。

延伸思考 在什么时候应该设置分配循环？什么时候应该设置分摊循环？

分配循环和分摊循环都是为了将费用从发送方成本中心发送到接收方成本中心。在分配和分摊的选择上，要站在接收方成本中心的角度，考虑是否有必要体现出发送方成本中心的原始成本要素。如果有必要，则使用分配循环；如果没必要，则使用分摊循环。

【实施参考】企业应如何设置分配循环和分摊循环？

在一般生产型企业，分配多用来处理那些不能"一步到位"费用的流转，如电费分配、水费分配、应拆分而未拆分的折旧费等。

分摊循环主要用来将辅助部门的费用分摊到各基本生产部门。如果辅助部门有多个，可以在一个分摊循环中配置多个段，每个段体现一个辅助部门的费用分摊，如表 6-6 所示。

表 6-6 分摊循环的定义参考

段	段描述	分摊成本要素	接收方追踪因素
1	设备车间费用分摊	942001 设备车间费用分摊	修理时间（统计指标）或折旧费
2	能源车间费用分摊	942002 能源车间费用分摊	机器工时（作业类型）或用电量（统计指标）
3	运输部费用分摊	942003 运输部费用分摊	各车间运输的吨公里数（统计指标）
4	食堂费用分摊	942004 食堂费用分摊	各部门的人数（统计指标）

【业务操作】接下来介绍执行分配循环和分摊循环的系统操作。

分配循环和分摊循环事先定义好后，在每个月底，当发送方的费用已经"齐备"时，就可以执行分配循环和分摊循环了。换句话说，执行分配循环和分摊循环前，最好先通过成本中心报表查看发送方成本中心的费用是否已经"齐备"。参见 6.10 节。

先来看执行分配循环的操作。

路径：SAP 菜单 > 会计核算 > 控制 > 成本中心会计 > 期末结账 > 单一功能 > 分配 > 分配

事务代码：KSV5

STEP 1 在"执行 实际分配：初始屏幕"界面输入期间、会计年度、循环的代码及开始有效的日期等，如图 6-114 所示。

图6-114

期间 / 会计年度：执行分配循环的会计期。

循环：选择输入分配循环的代码。

开始日期：系统自动显示循环有效的开始日期。

> **提示** 开始日期并不是指在这一天执行循环。因为循环是有有效期间的，在不同的有效期间段，其规则可能不完全相同，如2015.01.01—2015.12.31和2016.01.01—2016.12.31两段时间的规则可能不同。因此，用户需要选择该循环在哪一段期间有效的规则。该有效期间应包括用户所选择的"期间"和"会计年度"。

测试运行：测试运行分配循环，并不产生过账。一般先测试运行，查看是否有错误，然后再正式运行。

明细清单：显示运行分配循环后的结果，以清单形式体现。一般勾选该复选框。

STEP 2 单击"执行"按钮，进入"显示 CCA：实际分配 基本清单"界面，系统显示运行的结果（成功、警告或报错）以及发送方、接收方的条目数，如图 6-115 所示。

只有当清单上方显示"无错误完成处理"，才表明分配执行没有问题。如果出现警告或报错信息，一定要先将问题处理掉，然后再重新运行分配循环。

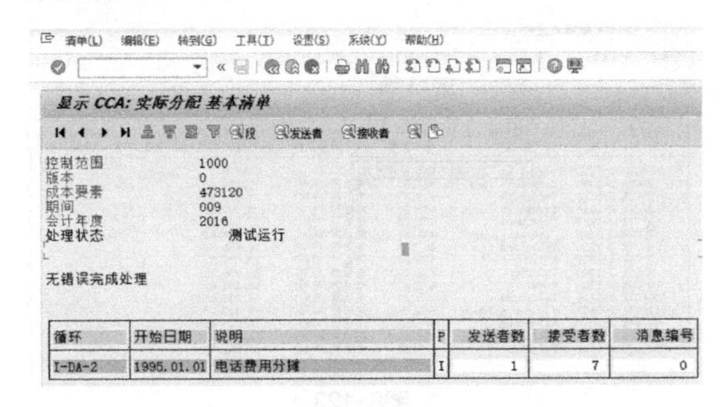

图6-115

如果“发送者数”为0，则表明根据分配循环的规则，没有找到发送方，即发送方成本中心在相关的成本要素上没有发生金额（“大池子”里没有“水”）；如果“接受者数”为0，则表明按照分配规则中的“接收方追踪因素”来看，各个接收方的追踪因素均为0，可能的原因：没有输入统计指标的值；没有设置分配比例或份额等。

STEP 3 将光标置于循环I-DA-2所在的行，单击“段”按钮，复核该循环下各段的明细信息，如图6-116所示。

清单(L) 编辑(E) 转到(G) 工具(T) 设置(S) 系统(Y) 帮助(H)

显示 CCA: 实际分配 段清单

基本清单 发送者 接收者

循环 I-DA-2 电话费用分摊
开始日期 1995.01.01
控制范围 1000
版本 0
成本要素 473120
期间 009
会计年度 2016

L	I	段名称	发送者比例	S	R	发送者数	接受者数	消息编号
		1	100.00	1	1	1	7	0
*						1	7	0

图6-116

STEP 4 将光标置于要查看的段（一个循环可能有多个段）所在的行，单击“发送者”按钮，查看该段的发送者信息，如图6-117所示。

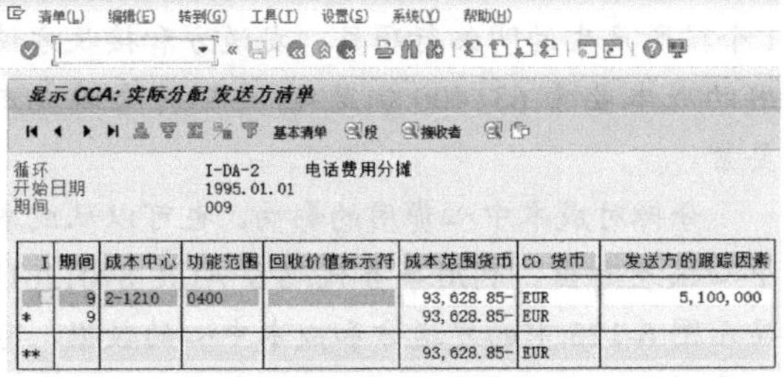

清单(L) 编辑(E) 转到(G) 工具(T) 设置(S) 系统(Y) 帮助(H)

显示 CCA: 实际分配 发送方清单

基本清单 段 接收者

循环 I-DA-2 电话费用分摊
开始日期 1995.01.01
期间 009

I	期间	成本中心	功能范围	回收价值标示行	成本范围货币	CO 货币	发送方的跟踪因素
	9	2-1210	0400		93,628.85-	EUR	5,100,000
*	9				93,628.85-	EUR	
**					93,628.85-	EUR	

图6-117

STEP 5 将光标置于要查看的发送方所在的行，单击“接收者”按钮，查看该发送方对应的接收方信息，如图6-118所示。

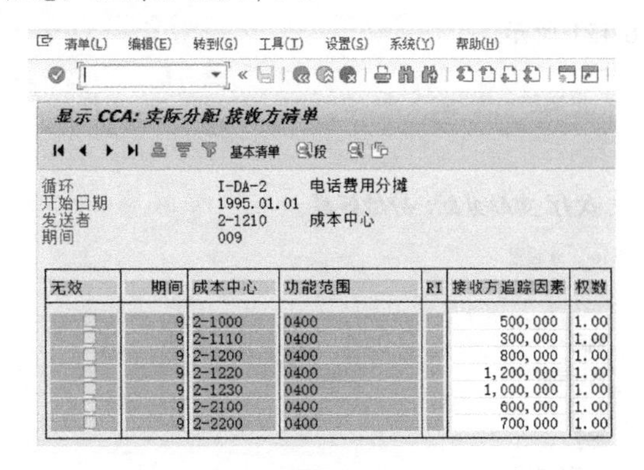

图6-118

STEP 6 将光标置于任意一行，单击“行项目”按钮，即可看到所有的明细凭证行项目，如图6-119所示。

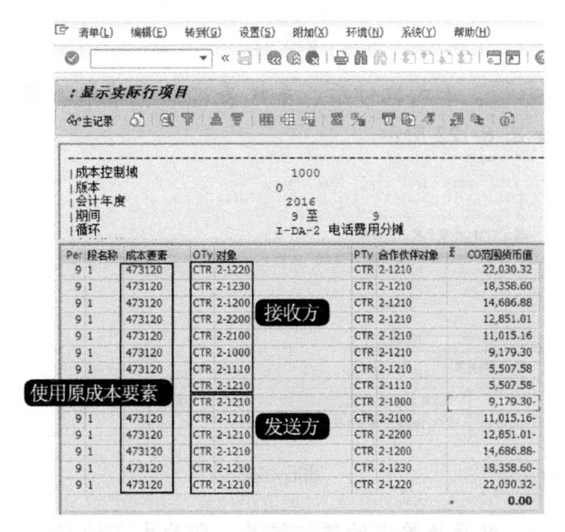

图6-119

从图6-119中可以看到，接收方接收了发送方分配过来的费用后，使用的成本要素和发送方的成本要素一致。

STEP 7 连续单击“返回”按钮，退回初始界面。如果系统出现对话框，询问是否保留清单，则单击“是”按钮，如图6-120所示。

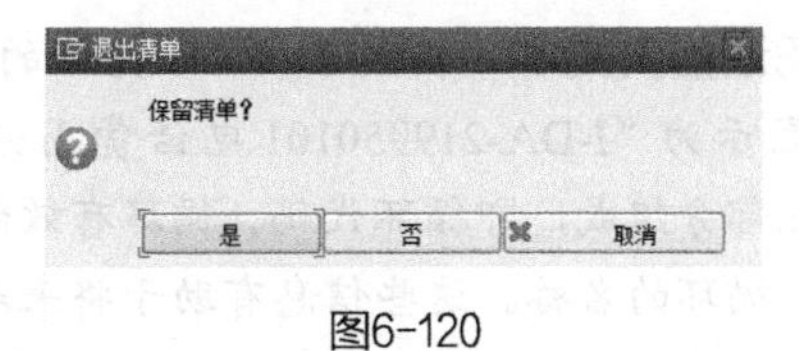

图6-120

"保留清单"：Leave list，离开清单。

STEP 8 在"执行 实际分配：初始屏幕"界面去掉"测试运行"复选框的勾选，正式执行，如图 6-121 所示。

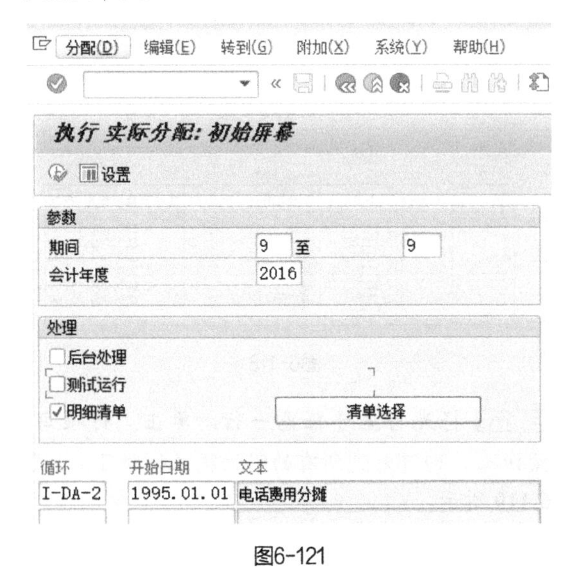

图6-121

STEP 9 正式执行后，系统再次显示结果清单，如图 6-122 所示。

清单(L) 编辑(E) 转到(G) 工具(T) 设置(S) 系统(Y) 帮助(H)

显示 CCA：实际分配 基本清单

段 发送者 接收者

控制范围 1000
版本 0
成本要素 473120
期间 009
会计年度 2016
凭证编号 600054271

无错误完成处理

循环	开始日期	说明	P	发送者数	接受者数	消息编号
I-DA-2	1995.01.01	电话费用分摊	I	1	7	0

图6-122

结果清单中的凭证编号，即为生成的 CO 凭证的编号。

用户可以再次复核段、发送者、接收者以及行项目的明细信息。

STEP 10（可选）如果事后想查看分配产生的 CO 凭证，可以通过事务代码 KSB5 显示 CO 凭证（具体路径参见 6.10 节）。图 6-123 显示了分配产生的 CO 凭证。

凭证抬头文本：相当于该 CO 凭证的摘要，图中显示为"I-DA-219950101 电话费用分摊"，它由三部分组成，即循环代码、循环有效的开始日期、循环的名称。这些信息有助于将来对成本记录的查询。

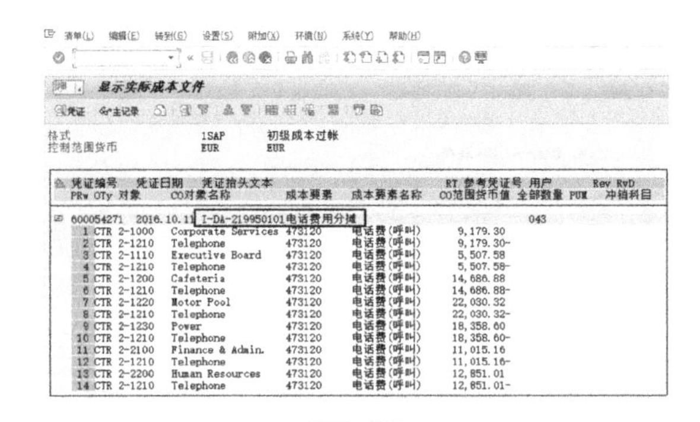

显示实际成本文件

格式 1SAP 初级成本过帐
控制范围货币 EUR EUR

凭证编号 / PRw	凭证日期 / OTy	凭证抬头文本 / 对象	CO对象名称	成本要素	成本要素名称	RT 参考凭证号 / CO范围货币值	用户 / 全部数量	PUM	Rev RvD / 冲销科目
600054271	2016.10.11	I-DA-219950101电话费用分摊					043		
1	CTR	2-1000	Corporate Services	473120	电话费(呼叫)	9,179.30			
2	CTR	2-1210	Telephone	473120	电话费(呼叫)	9,179.30-			
3	CTR	2-1110	Executive Board	473120	电话费(呼叫)	5,507.58			
4	CTR	2-1210	Telephone	473120	电话费(呼叫)	5,507.58-			
5	CTR	2-1200	Cafeteria	473120	电话费(呼叫)	14,686.88			
6	CTR	2-1210	Telephone	473120	电话费(呼叫)	14,686.88-			
7	CTR	2-1220	Motor Pool	473120	电话费(呼叫)	22,030.32			
8	CTR	2-1210	Telephone	473120	电话费(呼叫)	22,030.32-			
9	CTR	2-1230	Power	473120	电话费(呼叫)	18,358.60			
10	CTR	2-1210	Telephone	473120	电话费(呼叫)	18,358.60-			
11	CTR	2-2100	Finance & Admin.	473120	电话费(呼叫)	11,015.16			
12	CTR	2-1210	Telephone	473120	电话费(呼叫)	11,015.16-			
13	CTR	2-2200	Human Resources	473120	电话费(呼叫)	12,851.01			
14	CTR	2-1210	Telephone	473120	电话费(呼叫)	12,851.01-			

图6-123

STEP 11（可选）如果事后想查看成本中心费用发生的变化，可以通过事务代码 S_ALR_87013611 显示成本中心报表（具体路径参见 6.10 节）。图 6-124 显示了发送方成本中心 2-1210 使用原成本要素 473120 将费用转入接收方 2-1220 等成本中心。

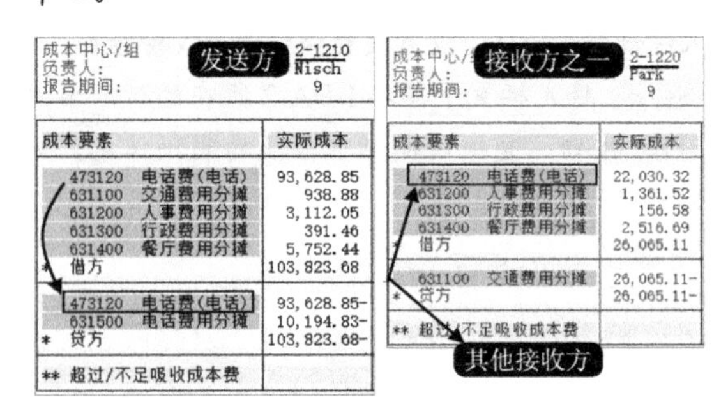

图6-124

再来看执行分摊循环的操作。

路径：SAP 菜单 > 会计核算 > 控制 > 成本中心会计 > 期末结账 > 单一功能 > 分配 > 分摊

事务代码：KSU5

执行分摊的步骤和执行分配的步骤完全相同，在此不再重复介绍。但要注意的是，分摊时无论是发送方还是接收方，使用的都是过渡的成本要素，即 42 类别（分摊）的成本要素，它是一种次级成本要素。这一点从图 6-125 中可以得到体现。图 6-125 是执行分摊循环 I-AA-2 时，第 1 个段所产生的明细行项目。发送方和接收方使用的成本要素 631400 就是 42 类别的次级成本要素。

分摊对成本中心费用的影响，也可以从成本中心报表看出。利用事务代码 S_ALR_87013611 显示图 6-125 中的发送方和成本中心的数据，可以看到发送方成本中心 2-1200（餐厅）将所有发生的成本打包，以次级成本要素631400发送到各个接收方成本中心，如2-2200（人事部）等，如图6-126所示。

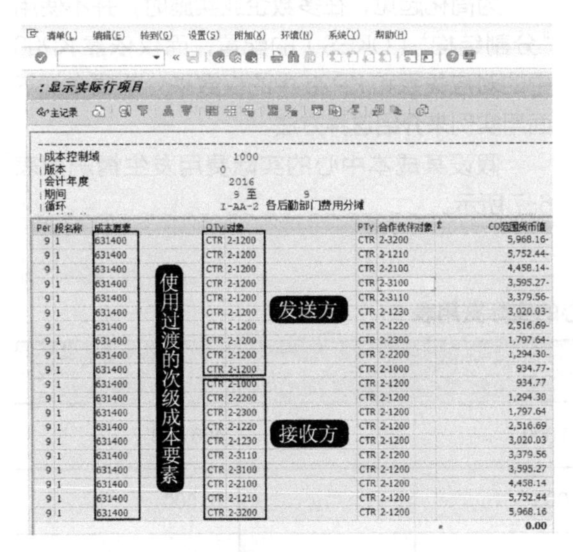

图6-125

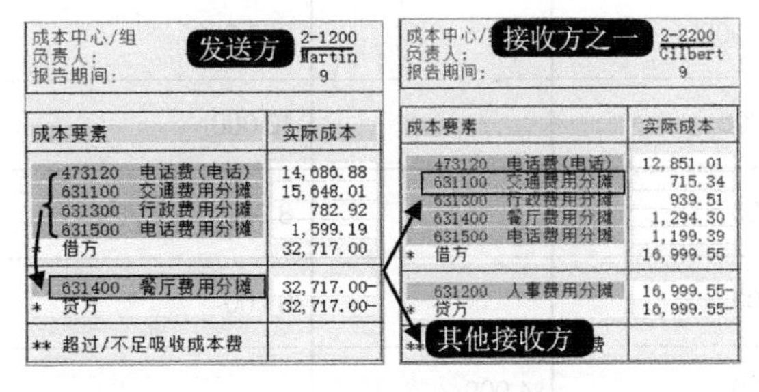

图6-126

分配和分摊执行后，如果在发送方又发生了一些费用，应如何操作？

针对这种情况，用户有以下两种选择。

（1）直接再次运行循环，系统会自动冲销前次运行的结果，并同时生成新的运行结果，相当于对“增量”部分进行分配或分摊。

（2）使用菜单中的“分配”→“冲销”命令（或“估价”→“冲销”命令，即“分摊”→“冲销”命令，如图6-127所示），先冲销原有分配或分摊，然后再重新运行分配或分摊。

提示

运行分配和分摊后，对数据的复核是必需的。尤其是存在冲销的情况下，更应该对数据加强复核。

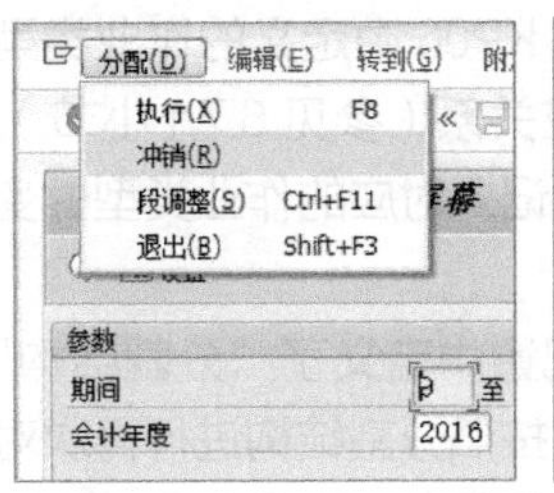

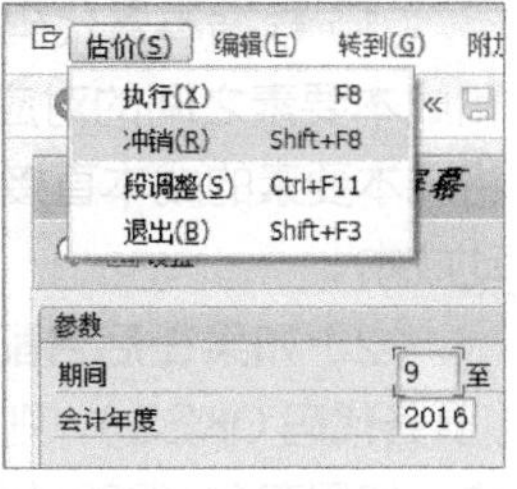

图6-127

提示

如果分配或分摊循环是将辅助生产的成本中心的费用分到基本生产的成本中心，那么，在月末执行完分配或分摊循环后，应该通过成本中心报表检查辅助生产的成本中心余额是否为0。这是成本月结的第一个里程碑。

6.9.2 作业价格的计算

作业价格计算是指在月底，根据费用的实际发生金额和作业类型的实际数量（报工数），对作业类型的实际价格进行计算。计算公式如下。

作业类型的实际价格 = 相关的成本要素发生的金额 ÷ 作业类型的实际数量

先前在成本中心作业输出/价格计划（参见6.7.2小节）中定义的是计划价格，一般在年初或月初的时候输入，而在月底则必须计算出实际价格，以便能正确反映生产过程中产品的实际生产成本。

例如，某基本生产的成本中心人工工时的计划价格为20元/小时，当月实际发生的人工费有63 000元，而当月实际的报工工时为3 000小时，则当月人工工时的实际价格应为63 000÷3 000 = 21（元/小时）。

计算出来的实际价格将在CO-PC-OBJ（成本对象控制）子模块中用来重估成本对象（最典型的为生产订单，其他还有成本收集器等）上作业类型的报工金额。

作业价格的计算在系统中分为两个过程，即成本分割→价格计算。前一过程是将成本中心的各种费用分割出来，与各个作业类型形成对应关系，并且拆成固定费用和变动费用。后一过程是用费用除以作业数量，计算出价格（分固定单价和变动单价）。

成本中心费用分割的原理如下。

（1）根据事务代码 KP06 中定义的作业类型和成本要素之间的对应关系（参见 6.7.1 小节），将成本要素的成本直接记入对应的作业类型的变动成本。

（2）如果在后台配置中定义了“分割结构”（事务代码 OKES），则按照分割结构进行再次对应，如果存在 KP06 中没有对应关系而 OKES 中有对应关系的，则也记入作业类型的成本，但记入固定成本部分。

（3）如果成本中心还有剩下的成本要素没有包含在 KP06 或 OKES 中，则按照 KP26 中设置的“权数”分摊到各种作业类型，记入固定成本部分。

为简化起见，在多数企业实施时，并不使用“分割结构”（OKES）的配置，而仅依靠 KP06 中的对应关系和 KP26 中的权数来分割成本。下面用实例来介绍这种方法。

假设某成本中心的实际费用发生情况如表 6-7 所示。

表 6-7 成本中心的实际费用表

成本要素	对应的作业类型	金额 / 元	固定成本 / 元	变动成本 / 元
人工费 - 工资	人工工时	400 000		400 000
人工费 - 奖金	人工工时	20 000		20 000
人工费 - 福利	人工工时	8 500		8 500
折旧费	机器工时	350 000		350 000
水电费	能源工时	10 000		10 000
修理费	费用工时	8 000		8 000
物料消耗	费用工时	6 000		6 000
设备车间费用分摊	（与作业无关）	4 000	4 000	
能源车间费用分摊	（与作业无关）	5 000	5 000	

表 6-7 中的对应关系来自 KP06 中的定义。前 7 种费用称为“作业相关的”（activity-dependent）成本要素，而后两种费用为“作业无关的”（activity-independent）成本要素。

该成本中心的作业类型报工数量如表 6-8 所示。

表 6-8 成本中心的作业类型实际数量表

作业类型	数量 /h
人工工时	40 000
机器工时	50 000
能源工时	20 000
费用工时	10 000

再来计算一下每个作业类型实际价格应该是多少。在实际分割时，系统首先根据 KP26 中的权数定义（假设 4 个作业类型的权数比为 1 ∶ 1 ∶ 1 ∶ 1），将表 6-7 中两项“作业无关的”成本要素的成本分到 4 个作业类型上，记入固定成本，然后再除以作业类型数量，计算出作业类型的实际单价，如表 6-9 所示。

表 6-9 成本中心的实际价格计算表

作业类型	成本要素	金额 / 元	固定成本 / 元	变动成本 / 元	作业类型数量 /h	单价 /(元 /h)	固定单价	变动单价
人工工时	人工费 - 工资	400 000		400 000				
	人工费 - 奖金	20 000		20 000				
	人工费 - 福利	8 500		8 500				
	设备车间费用分摊	1 000	1 000					
	能源车间费用分摊	1 250	1 250					
	合计	430 750	2 250	428 500	40 000	10.77	0.06	10.71
机器工时	折旧费	350 000		350 000				
	设备车间费用分摊	1 000	1 000					
	能源车间费用分摊	1 250	1 250					
	合计	352 250	2 250	350 000	50 000	7.05	0.05	7.00
能源工时	水电费	10 000		10 000				
	设备车间费用分摊	1 000	1 000					
	能源车间费用分摊	1 250	1 250					
	合计	12 250	2 250	10 000	20 000	0.61	0.11	0.50
费用工时	修理费	8 000		8 000				
	物料消耗	6 000		6 000				
	设备车间费用分摊	1 000	1 000					
	能源车间费用分摊	1 250	1 250					
	合计	16 250	2 250	14 000	10 000	1.63	0.23	1.40

【系统操作】下面按照两个大步骤的方法介绍作业价格计算的系统操作。

先做成本分割。

路径：SAP 菜单 > 会计核算 > 控制 > 成本中心会计 > 期末结账 > 单一功能 > 分割

事务代码：KSS2

STEP 1 在“实际成本划分：初始屏幕”界面输入成本中心或成本中心组、版本、期间、会计年度等，如图 6-128 所示。

成本中心 / 成本中心组：选择要做成本分割的成本中心或成本中心组。一般是针对基本生产的成本中心而言。在企业的正式环境中，一般会将基本生产的成本中心创建为一个组，然后在此处选择该成本中心组。

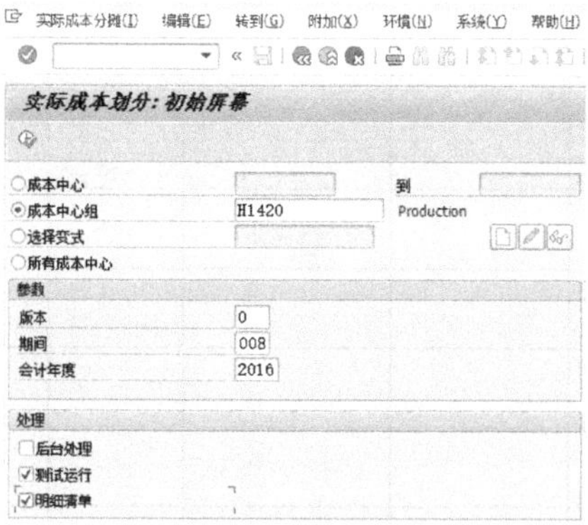

实际成本分摊(I) 编辑(E) 转到(G) 附加(X) 环境(N) 系统(Y) 帮助(H)

实际成本划分：初始屏幕

○成本中心 到

⊙成本中心组 H1420 Production

○选择变式

○所有成本中心

参数

版本 0

期间 008

会计年度 2016

处理

☐后台处理

☑测试运行

☑明细清单

图6-128

测试运行：一般先勾选，看看有无问题，如果无问题，再去掉“测试运行”复选框的勾选。

明细清单：运行完毕后，系统提供结果清单。一般应勾选该复选框。

STEP 2 单击“执行”按钮，进入“成本中心的实际成本拆分：清单［测试运行］”界面，系统显示测试运行的结果，如图 6-129 所示。

清单(L) 编辑(E) 转到(G) 系统(Y) 帮助(H)

成本中心的实际成本拆分:清单 [测试运行]

成本要素

期间 8 会计年度 2016 消息编号 0 货币 EUR

版本 0 实际成本vs标准成本核算 (0) 20 成本控制范围的记帐货币

成本中心	描述	活动类型	运作率	目标成本	目标固定成本	实际成本	实际固定成本	实际可变成本
4220	Pump Production	1420	29.37	1,756.26	590.45	40,481.89	45,241.70-	85,723.59
4220	Pump Production	1421	183.12	36,462.87	590.45	12,758.30	45,241.70-	58,000.00
4220	Pump Production	1422	28.20	4,482.05	590.45	22,538.72	45,241.69-	67,780.41
4230	Pump Assembly	1420	79.37	309.26	302.94	17.00	9.50	7.50
4230	Pump Assembly	1421	75.08	301.94	298.94	0.00	0.00	0.00
4230	Pump Assembly	1422	34.65	297.64	296.94	0.00	0.00	0.00

图6-129

从图 6-129 中可以看到，成本中心 4220 的成本按照作业类型 1420~1422 被分割，并分割成固定成本和变动成本（主要看实际的固定成本和实际的变动成本）。

运作率：成本中心的实际作业量 ÷ 计划作业量 × 100，又称“开工率”。实际作业量来自于 PP（生产计划与控制）模块的报工，计划作业量来自于 CO 模块成本中心的输出计划（事务代码 KP26，参见 6.7.2 小节），它用来帮助计算目标成本。运作率越高，意味着目标成本也就越高。

提示

目标变动成本 = 计划成本 × 作业类型的运作率；目标固定成本，将“作业无关的”成本要素视作固定成本，然后按照事务代码KP26中定义的权数进行分割。二者相加，等于总的目标成本。

STEP 3 单击“返回”按钮，返回“实际成本划分：初始屏幕”界面，去掉对“测试运行”复选框的勾选，正式执行，如图 6-130 所示。

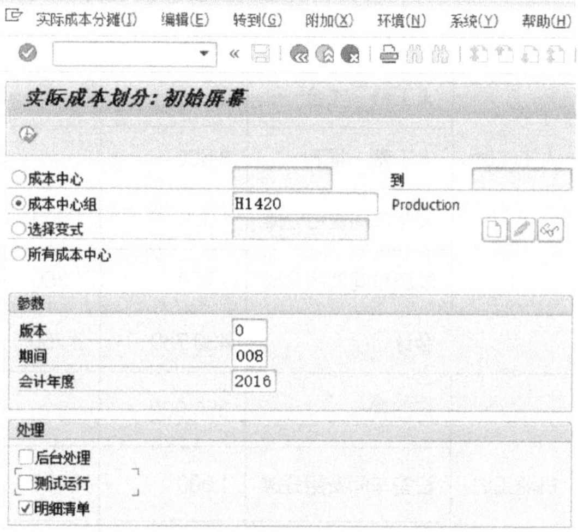

实际成本分摊(I) 编辑(E) 转到(G) 附加(X) 环境(N) 系统(Y) 帮助(H)

实际成本划分：初始屏幕

○成本中心 到

⊙成本中心组 H1420 Production

○选择变式

○所有成本中心

参数

版本 0

期间 008

会计年度 2016

处理

☐后台处理

☐测试运行

☑明细清单

图6-130

再接着做作业价格计算。

路径：SAP 菜单 > 会计核算 > 控制 > 成本中心会计 > 期末结账 > 单一功能 > 价格计算

事务代码：KSII

STEP 4 在“执行实际作业价格计算：初始屏幕”界面输入要处理的成本中心组、期间、会计年度等，如图 6-131 所示。

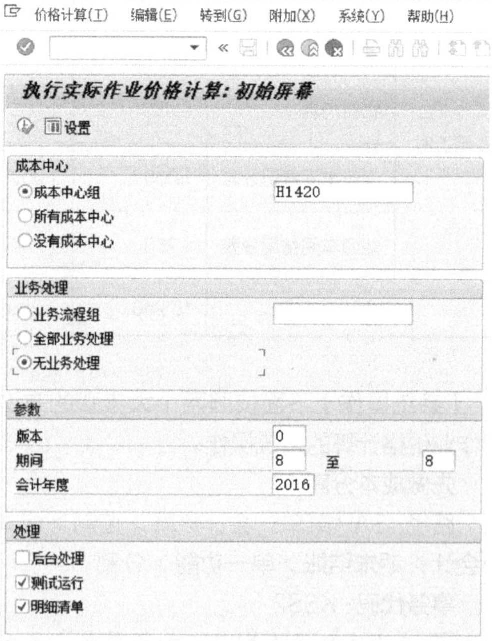

价格计算(I) 编辑(E) 转到(G) 附加(X) 系统(Y) 帮助(H)

执行实际作业价格计算：初始屏幕

设置

成本中心

⊙成本中心组 H1420

○所有成本中心

○没有成本中心

业务处理

○业务流程组

○全部业务处理

⊙无业务处理

参数

版本 0

期间 8 至 8

会计年度 2016

处理

☐后台处理

☑测试运行

☑明细清单

图6-131

先测试运行，查看是否有问题。

STEP 5 单击“执行”按钮，进入“价格清算清单：实际”界面，系统显示测试运行的价格计算结果，如图 6-132 所示。

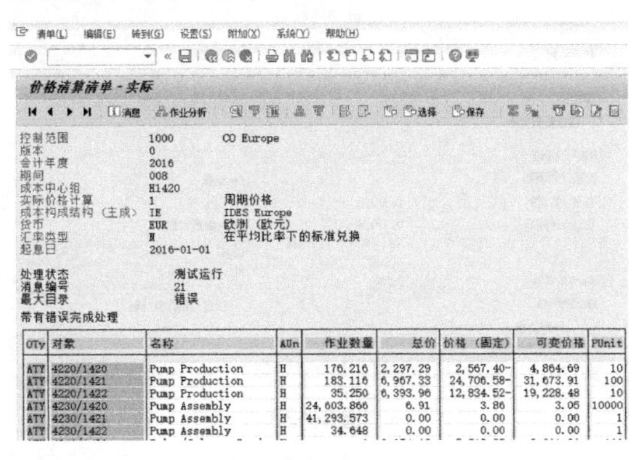

图6-132

> **提示**
>
> 注意观察系统是否产生了错误。如果系统提示“最大目录”为“错误”，一定要单击 消息 按钮分析相应的错误，并予以解决。例如，图6-132中的“错误”信息提示如图6-133所示。系统提示，若干个成本中心的作业类型，“虽然作业为零但仍有成本”，这是因为这些成本中心并无报工发生（无作业数量），但是发生了成本。这在企业的正式环境发生的机会比较少。如果真的发生了这种情况，就要查看是否报工有误，或者是否当月出现了全月停止生产的情况。如果原因是前者，则补充报工；如果是后者，则要将这些成本中心的费用结转到其他有报工的成本中心，以避免出现“净费用”余留下来。

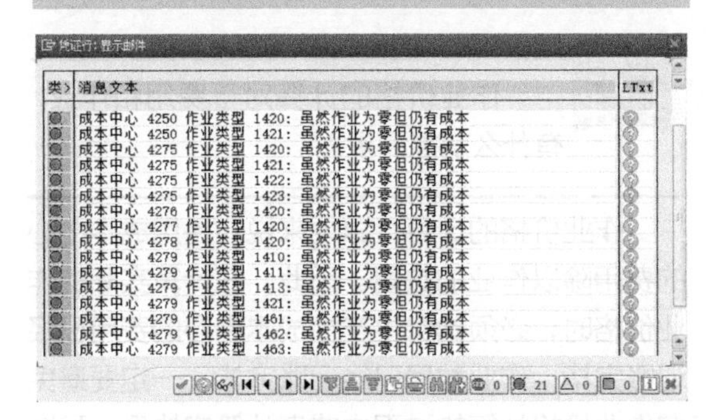

图6-133

STEP 6 单击“返回”按钮，系统出现“退出价格计算”对话框，询问是否要过账作业价格计算的结果，如图 6-134 所示。

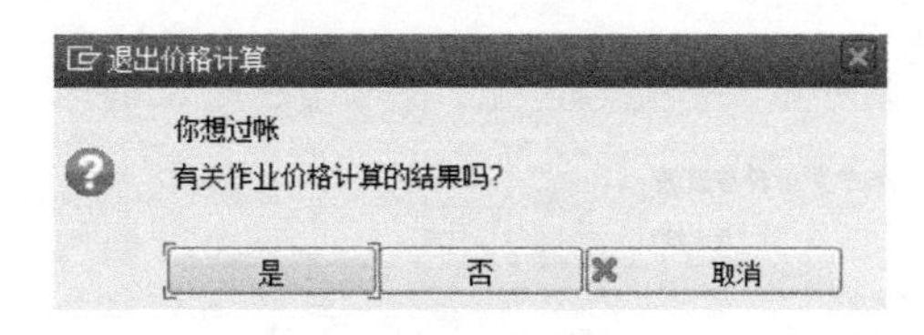

图6-134

STEP 7 单击 是 按钮，系统继而出现“记账价格计算”对话框，询问是否要对数据记账而不考虑错误，如图 6-135 所示。

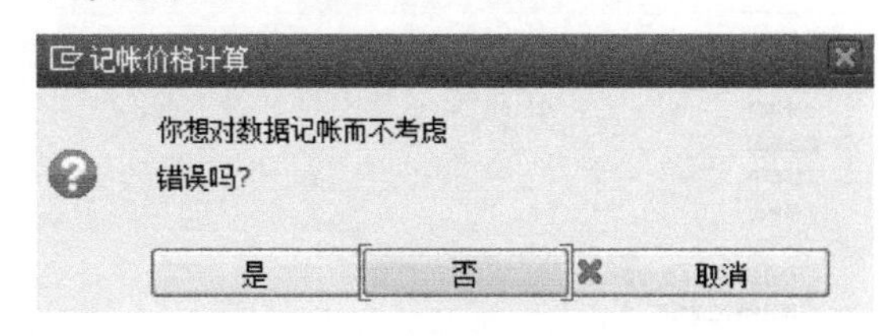

图6-135

如果在步骤 5 中没有出现错误，则不会出现这个对话框。

> **提示**
>
> 在企业的正式业务中，不管是测试运行还是正式运行，最终都应做到无错误运行。这里仍显示这类错误，目的是为了帮助用户知晓日常操作中可能碰到的问题。

STEP 8 单击 是 按钮，系统继而出现“信息”对话框，告知系统已经将数据过账，如图 6-136 所示。

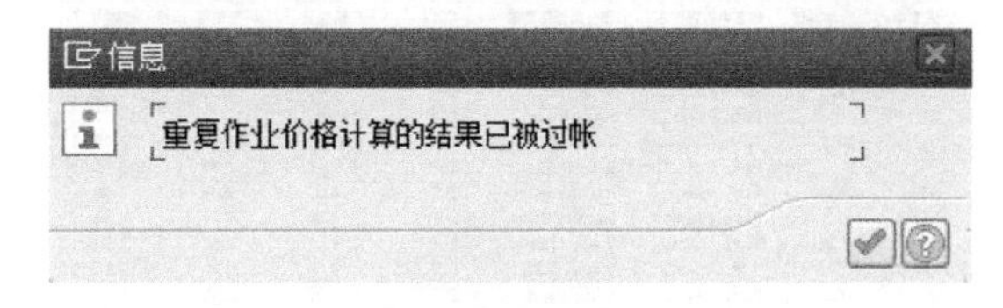

图6-136

这一步骤表明，系统已经实际执行了过账。因此无须再返回初始界面，进行正式运行（由于在步骤 8 中单击按钮，系统已经自动正式运行）。

接下来还需要对过账的结果进行检查。

路径：SAP 菜单 > 会计核算 > 控制 > 成本中心会计 > 信息系统 > 成本中心会计的报表 > 价格 > 成本中心：作业价格

事务代码：KSBT

STEP 9 在“作业类型价格报表”界面输入报表运行的参数，如图 6-137 所示。

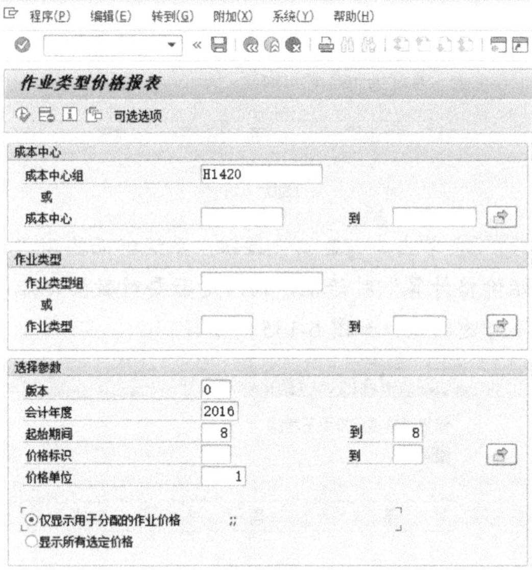

图6-137

STEP 10 单击“执行”按钮，进入“作业类型价格报表”界面，系统显示给定成本中心组下的成本中心各作业类型的价格，如图 6-138 所示。

作业类型价格报表

成本中心组 H1420
作业类型
版本 0
会计年度 2016
期间 8 至 8
价格单位 1

成本中心	活动类型	成本中心短文本	作业类型短文本	COCr	价格总计	可变价格	价格（固定的）	PrI
4220	1420	Pump Production	Machine Hours	EUR	29.80	29.80	0.00	1
		Pump Production	Machine Hours	EUR	229.73	486.47	256.74-	5
	1421	Pump Production	Wage Hours	EUR	71.00	71.00	0.00	1
		Pump Production	Wage Hours	EUR	69.67	316.74	247.07-	5
	1422	Pump Production	Setup Hours	EUR	56.80	56.80	0.00	1
		Pump Production	Setup Hours	EUR	639.40	1,922.85	1,283.45-	5
4230	1420	Pump Assembly	Machine Hours	EUR	4.00	2.00	2.00	1
		Pump Assembly	Machine Hours	EUR	0.00	0.00	0.00	5
	1421	Pump Assembly	Wage Hours	EUR	6.00	3.00	3.00	1
		Pump Assembly	Wage Hours	EUR	0.00	0.00	0.00	5
	1422	Pump Assembly	Setup Hours	EUR	6.00	3.00	3.00	1
		Pump Assembly	Setup Hours	EUR	0.00	0.00	0.00	5

图6-138

PrI：Price Indicator，价格标志。1 为计划价格，5 为实际价格。从图 6-138 中可以看到，4220 成本中心下的作业类型已经按照先前的数据计算出了实际的作业价格。

成本分割和作业价格计算两个步骤能否合二为一？

在步骤 4 中，单击图 6-131 中的 设置 按钮后，系统会显示“维护用于作业价格计算的设置”界面，如图 6-139 所示。

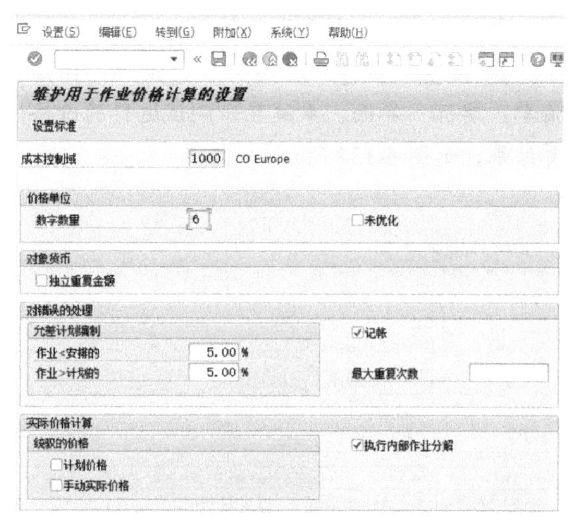

图6-139

在这个界面中，有一个选项为“执行内部作业分解”，理论上，这个选项包含了“成本分割”的动作。那么，是否意味着这个“成本分割”动作不需要单独执行呢？

不是的，如果仍然需要分割的数据用于将来的报表，则还是必须单独运行成本分割的程序。因此，建议用户仍然先运行成本分割，然后再执行作业价格的计算。

> 提示
>
> 作业价格的计算只是计算出其实际价格。此时，生产订单上报工的成本并未受到此实际价格的影响。如果需要进一步将此实际价格影响到订单上，需要在CO-PC（产品成本控制）子模块下运行“重估到订单”，才能起到重估订单上的工费成本的效果。详情请参见第7章。

作业价格的计算对于费用和作业有什么前提要求？

作业价格的计算，总地来说，是用成本中心的费用除以作业的数量。因此，在计算实际的作业价格时，必须确保生产性成本中心的费用已经记账完毕，作业数量已经记账完毕，一定要避免在作业价格计算的过程中或者计算完毕后，又发生了费用和作业数量的记账。

生产性成本中心费用的记账主要由财务的操作用户执行，因此，操作用户在执行作业价格计算时，可以在财务部门内部下达通知，做好安排，这样控制起来比较容易。

作业数量的记账则主要由车间报工的操作用户执行，而这往往是难以控制的，尤其是操作用户在本月初对上月报工做冲销处理时，系统默认的日期是上月原始报工作业的日期。这就很可能出现“财务用户刚计算好了作业价格，车间用户就改变了作业数量”的情况，导致财务用户需要返工处理。

为了防止这种情况的发生，可以通过成本期间的控制来实现。

路径：SAP 菜单 > 会计核算 > 控制 > 成本中心会计 > 环境 > 期间锁定 > 更改

事务代码：OKP1

STEP 1 在“更改期段锁：初始屏幕”界面输入控制范围、会计年度、版本，如图 6-140 所示。

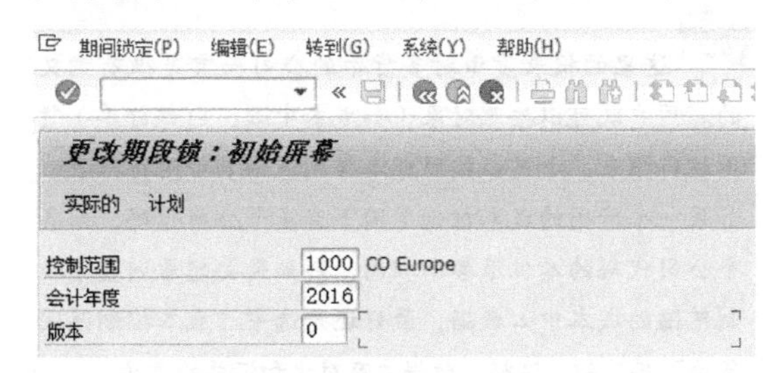

图6-140

STEP 2 单击 实际的 按钮进入“更改实际期段锁：编辑”界面，可以看到每个期间下各种业务是否已经锁定的状态。如图 6-141 所示，控制范围 1000 在 2016 年 1 月～7 月的各种业务均被锁定。

期间锁定(P) 编辑(E) 转到(G) 系统(Y) 帮助(H)

更改实际期段锁：编辑

冻结期间 冻结业务 解锁期间 解锁业务

成本控制域 1000 CO Europe

会计年度 2016

期间冻结

业务处理	01	02	03	04	05	06	07	08	09	10	11	12	13	14	15	16
ABC 实际过程评估	☑	☑	☑	☑	☑	☑	☑	☐	☐	☐	☐	☐	☐	☐	☐	☐
CO-PA 评估	☑	☑	☑	☑	☑	☑	☑	☐	☐	☐	☐	☐	☐	☐	☐	☐
COPA: 上-下: 实际	☑	☑	☑	☑	☑	☑	☑	☐	☐	☐	☐	☐	☐	☐	☐	☐
JV 实际分配	☑	☑	☑	☑	☑	☑	☑	☐	☐	☐	☐	☐	☐	☐	☐	☐
JV 实际评估	☑	☑	☑	☑	☑	☑	☑	☐	☐	☐	☐	☐	☐	☐	☐	☐
LIS 传输: 实际状态 KF	☑	☑	☑	☑	☑	☑	☑	☐	☐	☐	☐	☐	☐	☐	☐	☐
PRC: 作业反冲	☑	☑	☑	☑	☑	☑	☑	☐	☐	☐	☐	☐	☐	☐	☐	☐
PS 收到订单: 自动确定	☑	☑	☑	☑	☑	☑	☑	☐	☐	☐	☐	☐	☐	☐	☐	☐
传送价格分配	☑	☑	☑	☑	☑	☑	☑	☐	☐	☐	☐	☐	☐	☐	☐	☐
再过帐收入	☑	☑	☑	☑	☑	☑	☑	☐	☐	☐	☐	☐	☐	☐	☐	☐
利息计算(实际)	☑	☑	☑	☑	☑	☑	☑	☐	☐	☐	☐	☐	☐	☐	☐	☐
实际不可分配作业	☑	☑	☑	☑	☑	☑	☑	☐	☐	☐	☐	☐	☐	☐	☐	☐
实际价格计算	☑	☑	☑	☑	☑	☑	☑	☐	☐	☐	☐	☐	☐	☐	☐	☐
实际内部成本分配	☑	☑	☑	☑	☑	☑	☑	☐	☐	☐	☐	☐	☐	☐	☐	☐

图6-141

STEP 3 针对需要锁定的特定期间的特定事务，在相应的复选框中勾选，表示锁定。例如，为了防止用户在 2016 年 8 月对报工进行操作，可以找到“实际内部成本分配”和“实际反向活动的分配”两项事务，将其 8 月的复选框勾选，如图 6-142 所示。

期间锁定(P) 编辑(E) 转到(G) 系统(Y) 帮助(H)

更改实际期段锁：编辑

冻结期间 冻结业务 解锁期间 解锁业务

成本控制域 1000 CO Europe

会计年度 2016

期间冻结

业务处理	01	02	03	04	05	06	07	08	09	10	11	12	13	14	15	16
实际价格计算	☑	☑	☑	☑	☑	☑	☑	☐	☐	☐	☐	☐	☐	☐	☐	☐
实际内部成本分配	☑	☑	☑	☑	☑	☑	☑	☑	☐	☐	☐	☐	☐	☐	☐	☐
实际反向活动的分配	☑	☑	☑	☑	☑	☑	☑	☑	☐	☐	☐	☐	☐	☐	☐	☐
实际定期重记帐	☑	☑	☑	☑	☑	☑	☑	☐	☐	☐	☐	☐	☐	☐	☐	☐

图6-142

“实际内部成本分配”就是报工操作；“实际反向活动的分配”就是报工的反冲操作。将这两项事务锁定，2016 年 8 月就不会再有作业量的变化，可以放心地执行作业价格的计算了。

STEP 4 单击“保存”按钮，系统返回初始界面，并在底部提示“成本控制范围 ×××× 期间锁定已被更改”，如图 6-143 所示。

☑ 成本控制范围 1000 的期间锁定已被更改

图6-143

6.10 成本中心会计报表

本节介绍成本中心会计报表使用前的用户设置，以及常用的报表有哪些。

6.10.1 运行报表前的用户设置

成本中心会计模块提供了一些标准报表，放在“信息系统”中，用户可根据自己需求使用。但在使用前，用户可以根据自己的使用习惯，针对报表运行的参数设置默认值。这称为“用户设置”。

【业务操作】接下来介绍如何设置个人用户的参数。

路径：SAP 菜单 > 会计核算 > 控制 > 成本中心会计 > 信息系统 > 用户设置

事务代码：RPC0

STEP 1 在“成本中心会计核算信息系统：用户设置”界面的每个选项卡中设置参数。首先在“基本数据”选项卡中输入默认参数，如图 6-144 所示。

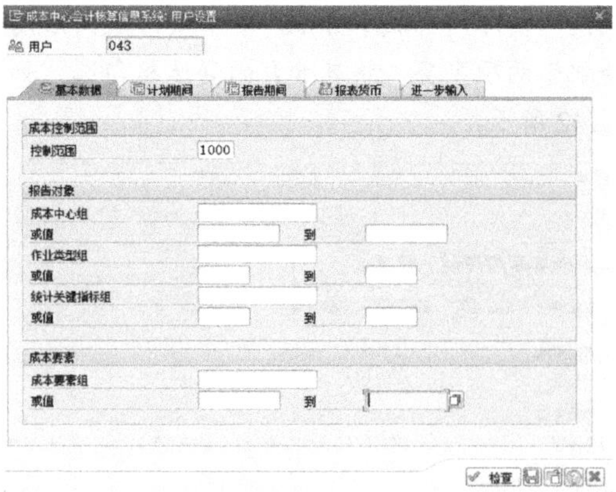

图6-144

从抬头部分可以看到，该设置是针对用户043设置的。也就是说，该设置只对用户043起作用，对其他用户是不起作用的。

在“基本数据”选项卡设置报表运行时的组织结构、主数据范围的默认值。这些默认值将会自动体现在后续报表运行时的参数输入中。

STEP 2 切换到“计划期间”选项卡，输入相关参数，如图6-145所示。

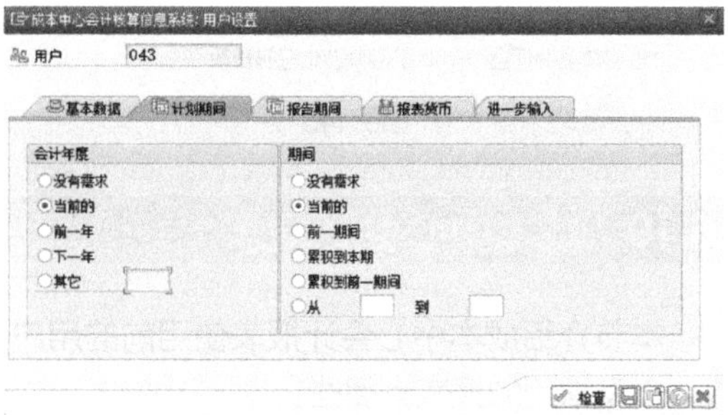

图6-145

STEP 3 切换到“报告期间”选项卡，输入在报告期间方面的默认参数，如图6-146所示。

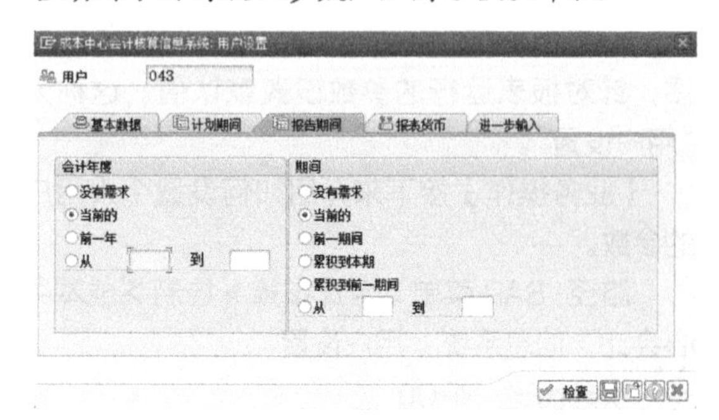

图6-146

STEP 4 切换到“报表货币”选项卡，输入在报表货币方面的默认参数，如图6-147所示。

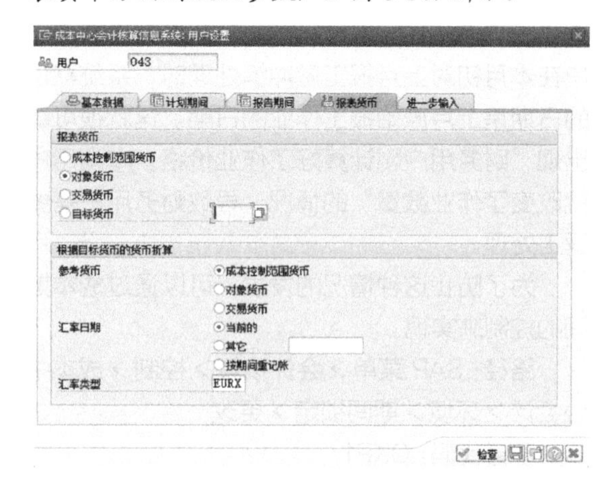

图6-147

> **提示**
>
> 这里的报表货币对多货币的公司而言是很有意义的。用户既可以按照对象（如成本中心、内部订单）货币运行报表，也可以按照成本控制范围货币运行报表。如果一个跨国的成本控制范围下有多个公司代码，而各个公司代码的本位币各不相同，则如果要想看到整个控制范围的成本中心数据，最好还是选中“成本控制范围货币”单选钮，这样，数据才有对比和汇总的意义。

> **提示**
>
> 如果控制范围货币是EUR，旗下某家公司代码的第一本位币是GBP，如果希望看到以GBP记的成本中心报表，则应选择“对象货币”，而不是“成本控制范围货币”。

STEP 5 切换到“进一步输入”选项卡，输入其他的默认参数，如图6-148所示。

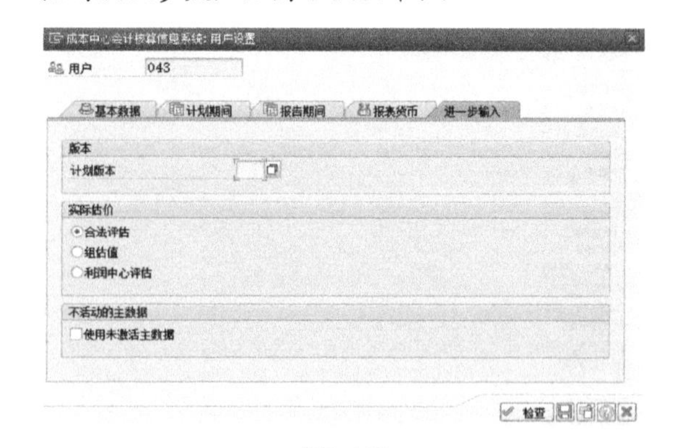

图6-148

实际估价： 选择成本评估的3种“口径”，即“合法评估”（以法人为对象评估）、“组估值”（以集团为对象评估）、“利润中心评估”（以利润中心为对象评估)。在未启用平行评估的企业,只选中“合法评估”单选钮即可。

6.10.2 成本中心会计常用报表

和其他模块一样,成本中心会计的报表放在该模块的“信息系统”下。

路径:SAP菜单 > 会计核算 > 控制 > 成本中心会计 > 信息系统 > 成本中心会计的报表

成本中心会计模块的报表涵盖成本数据、计划数据、作业价格、成本凭证行项目、主数据等,如图6-149所示。

信息系统
- 成本中心会计的报表
  - 计划/实际比较
  - 实际/实际比较
  - 目标/实际比较
  - 计划报表
  - 价格
  - 行项目
  - 主数据索引
  - 更多报表

图6-149

下面就各种类型的报表做一简单介绍。

1. 成本比较类的报表

这类比较有计划与实际的比较、实际与实际的比较(按季度比较或按年度比较)、目标与实际的比较。最为常用的是第一种。接下来详细介绍该报表的作用。

路径:SAP菜单 > 会计核算 > 控制 > 成本中心会计 > 信息系统 > 成本中心会计的报表 > 计划/实际比较 > 成本中心:实际/计划/差异

事务代码:S_ALR_87013611

报表输入参数如图6-150所示。

程序(P) 编辑(E) 转到(G) 环境(N) 系统(Y) 帮助(H)

成本中心:实际/计划/差异:选择

数据源...

选择值

成本控制范围	1000
会计年度	2016
开始期间	8
终止期间	8
计划版本	0
实际估价	

选择组

成本中心组			
或价值	4220	到	
成本要素组			
或价值		到	

图6-150

执行后,系统可以显示成本中心各类业务的实际数和计划数,包括以下内容。

(1)成本中心真实过账(区别于“统计过账”)的实际数和计划数,如图6-151所示。

成本要素	实际成本	计划成本	绝对差异	差异(%)
470107 杂项管理费	20,800.00		20,800.00	
470116 办公供应	20.00		20.00	
471000 机器租用		175.00	175.00-	100.00-
476100 数据处理原料成本		41.66	41.66-	100.00-
476900 其它成本		41.66	41.66-	100.00-
481000 应计折旧	50,216.00	1,986.18	48,229.82	2,428.27
* 借方	75,778.91	39,130.79	36,648.12	93.66
619000 人工费吸收	12,758.31-	7,100.30-	5,658.01-	79.69
620000 折旧费吸收	39,899.70-	17,880.12-	22,019.58-	123.15
625000 准备工时吸收	6,299.04	7,100.13-	13,399.17	188.72-
* 贷方	46,358.97-	32,080.55-	14,278.42-	44.51
** 超过/不足吸收成本费	29,419.94	7,050.24	22,369.70	317.29

图6-151

借方表示成本中心发生的数(输入方金额),贷方表示由于各种原因(报工、分配、分摊、计算间接费用所致)被吸收的数(输出方金额)。借、贷方相加产生的余额表示“超过/不足吸收成本”(过量吸收或吸收不足的成本)。

(2)成本中心统计过账的实际数和计划数,如图6-152所示。

统计过帐	统计实际值	统计计划值	绝对差异	差异(%)
474210 差旅费用,住宿费	5,600.00		5,600.00	
* 超过/不足吸收成本费	5,600.00		5,600.00	

图6-152

(3)成本中心报工的实际数和计划数,如图6-153所示。

作业类型	帐户作业	计划作业	绝对差异	差异(%)
1420 Machine Hours	176 H	600 H	424- H	70.63-
1421 Wage Hours	183 H	100 H	83 H	83.12
1422 Setup Hours	35 H	125 H	90- H	71.80-

图6-153

“账户作业”: actual activity,实际的作业(报工)数,来自PP模块的报工。

“计划作业”: planned activity,计划的作业(报工)数。来自CO模块KP26的计划数量。

(4)成本中心统计指标的实际数和计划数,如图6-154所示。

统计指标	实际的	计划	绝对差异	差异(%)
9100 员工人数	35 PC	11 PC	24 PC	218.18
9101 占地面积	300.00 M2	200.00 M2	100.00 M2	50.00
9201 电话分钟数	380 PC	375 PC	5 PC	1.33
9202 电话台数	8 PC	6 PC	2 PC	33.33

图6-154

2. 成本计划类的报表

计划数据主要是指在事务代码KP06和KP26中输入的输入、输出计划。将这些计划以报表形式展现。比较典型的报表有“成本中心:

计划概况”。

路径：SAP 菜单 > 会计核算 > 控制 > 成本中心会计 > 信息系统 > 成本中心会计的报表 > 计划报表 > 成本中心：计划概况

事务代码：KSBL

报表输入的参数如图 6-155 所示。

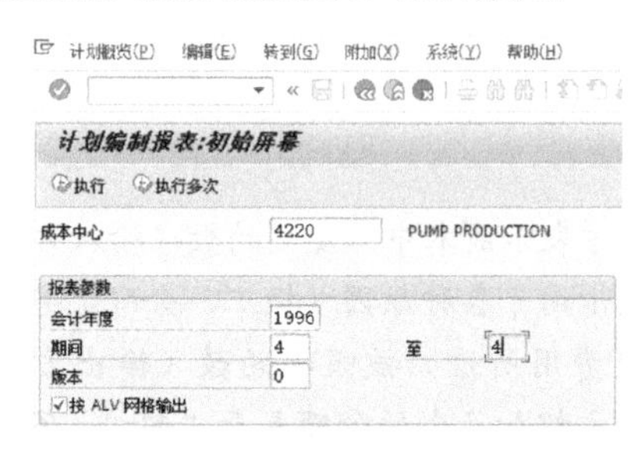

图6-155

运行后，系统显示该成本中心在指定会计期的计划数据，如图 6-156 所示。

清单(L) 编辑(E) 转到(G) 系统(Y) 帮助(H)

成本中心：计划报表

控制范围 1000 CO Europe
会计年度 1996
期间 4 到 ; 4
版本 000
成本中心 4220 PUMP PRODUCTION

成本要素/说明	对象类型	合作伙伴对象	伙伴作业	Σ 报表货币总值	Σ 固定值/报表货	总数量	定量	单位
615000	ATY	4100	1410	908.74	697.06	33.333	0	H
615000	ATY	4110	1410	2,031.33	1,863.53	41.666	0	H
617000	ATY	1230	1231	5,624.45	2,210.66	41,666.666	0	K..
618000	ATY	4120	1412	311.31	311.31	33.333	33.333	H
619000	ATY	4205	1421	1,751.88	1,751.88	16.666	16.666	H
651000	ORD	未定义的		317.51	253.41			
652000	ATY	4300	1410	3,002.08	2,935.55	42.333	33.916	H
1420				· 22,246.16	· 17,555.32			

活动类型	描述	单位	作业数量	能力	Un	输出	安排的作业
1420		H	600	0			600
1421		H	600	0			600
1422		H	50	0			50

图6-156

企业使用计划类的报表相对较少。

3. 作业价格的报表

作业价格是指作业类型的价格。它主要包括计划价和实际价。计划价来自事务代码 KP26 中的设置；实际价则是成本中心会计月结过程中“作业价格计算”的结果。它只有一个报表“成本中心：作业价格”。

路径：SAP 菜单 > 会计核算 > 控制 > 成本中心会计 > 信息系统 > 成本中心会计的报表 > 价格 > 成本中心：作业价格

事务代码：KSBT

具体的运行参数及结果请参见 6.9.2 小节中业务操作部分的步骤 9 和步骤 10。

4. 行项目报表

行项目报表包括实际行项目、承诺行项目、计划行项目以及 CO 凭证的显示。前 3 个报表按成本中心和成本要素查询行项目，而后一个报表则根据凭证编号查看 CO 凭证的整体情况。

下面以实际行项目报表为例进行说明。

路径：SAP 菜单 > 会计核算 > 控制 > 成本中心会计 > 信息系统 > 成本中心会计的报表 > 行项目 > 成本中心：实际行项目

事务代码：KSB1

报表运行的参数如图 6-157 所示。

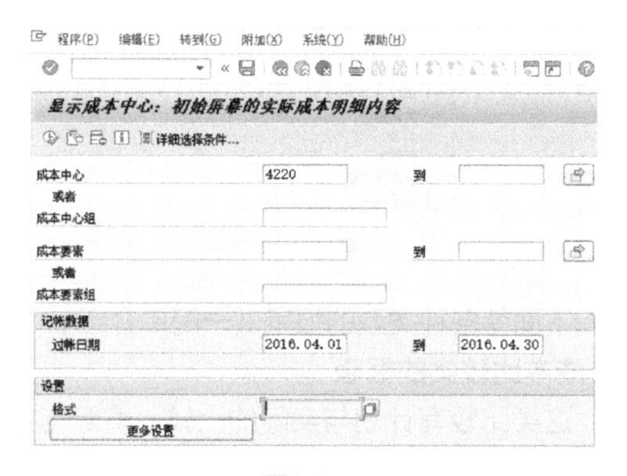

图6-157

报表运行的结果如图 6-158 所示。

从图 6-158 中可以看出，该报表按凭证行项目的明细数据列示，因此可以作为审计线索，在追溯查询中比较有用。

5. 主数据报表

主数据报表是对系统中存在的主数据，包括成本中心、成本要素、作业类型、统计指标以清单形式列示。

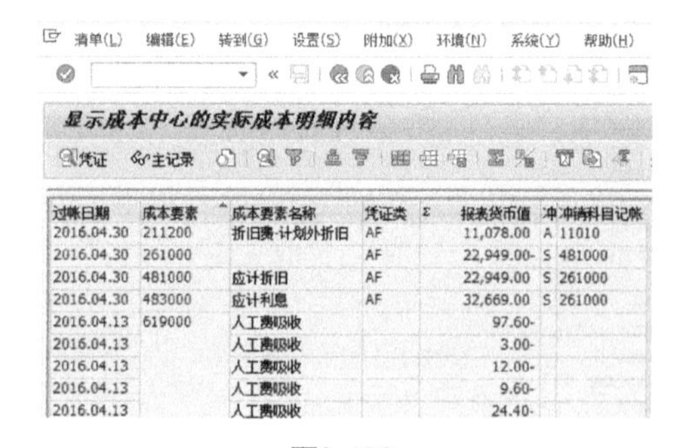

显示成本中心的实际成本明细内容

过帐日期	成本要素	成本要素名称	凭证类	Σ 报表货币值	冲	冲销科目记帐
2016.04.30	211200	折旧费-计划外折旧	AF	11,078.00	A	11010
2016.04.30	261000		AF	22,949.00-	S	481000
2016.04.30	481000	应计折旧	AF	22,949.00	S	261000
2016.04.30	483000	应计利息	AF	32,669.00	S	261000
2016.04.13	619000	人工费吸收		97.60-		
2016.04.13		人工费吸收		3.00-		
2016.04.13		人工费吸收		12.00-		
2016.04.13		人工费吸收		9.60-		
2016.04.13		人工费吸收		24.40-		

图6-158

下面以成本中心主数据报表为例进行说明。

路径：SAP 菜单 > 会计核算 > 控制 > 成本中

心会计 > 信息系统 > 成本中心会计的报表 > 主数据索引 > 成本中心：主数据报表

事务代码：KS13

报表运行的参数如图 6-159 所示。

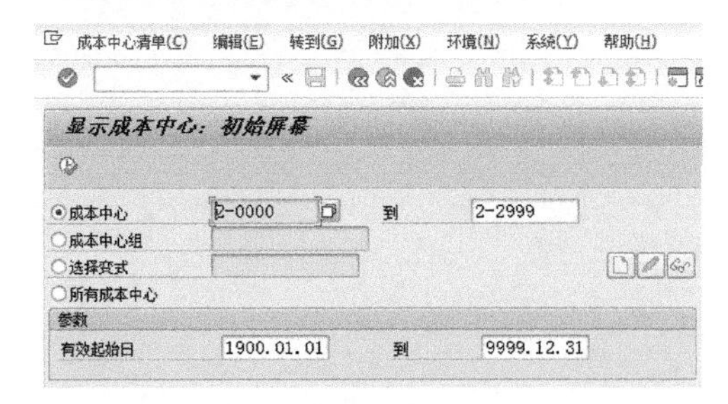

图6-159

执行后，报表运行的结果如图 6-160 所示。

成本中心会计的信息系统不仅仅是用来分析，在企业财务月结的过程中，某些报表还起着至关重要的检查、核对，甚至作为调账参考的作用。例如，"S_ALR_87013611—成本中心：实际 / 计划 / 差异"报表可以用来检查辅助生产成本中心、基本生产成本中心月末是否存在过量吸收或吸收不足的成本。理论上，这些成本中心的余额应该为 0，即都被吸收走了（辅助生产成本中心的费用通过分配 / 分摊全部转入了基本生产成本中心；基本生产成本中心的费用通过作业类型报工和作业价格重估全部转入了生产订单）。如果出现了成本中心的余额——可能只是因为小数的计算原因造成的小额的尾差，必须将其余额转到直接损益科目或者资产负债表科目上；否则月末资产负债表会不平衡。

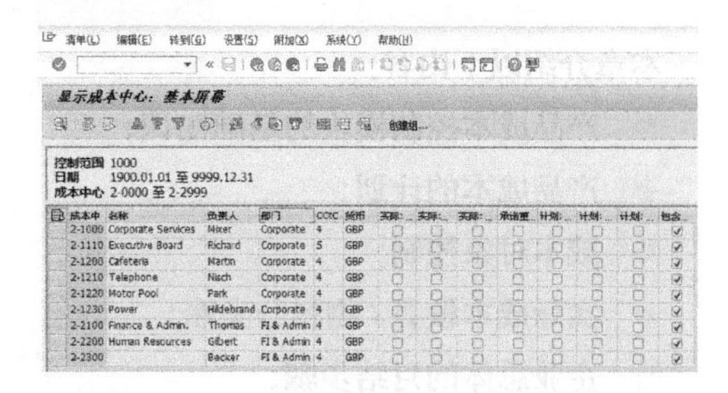

图6-160

6.11 成本中心会计模块设计的流程和方案要点

本节列举成本中心会计模块在实施过程中，通常设计的流程和流程中应包含的方案要点（不涉及具体的方案），仅供参考。在企业实施过程中，可能因实际业务不同，有所差别。

表 6-10 介绍了成本中心会计模块设计的流程和方案要点。

表 6-10 成本中心会计模块设计的流程清单和方案要点

流程编码	流程名称	流程中应包含的方案要点
CO-CCA-010	成本中心主数据维护流程	成本中心的标准层次结构划分、成本中心的编码、成本中心的分类、功能范围的划分等
CO-CCA-020	成本要素主数据流程	初级成本要素、次级成本要素的范围；次级成本要素的编码等
CO-CCA-030	作业类型主数据维护流程	作业类型如何划分、编码规则等
CO-CCA-040	统计指标主数据维护流程	统计指标如何设计，分别应用于什么业务场景？统计指标的编码规则等
CO-CCA-110	成本中心计划流程	成本中心计划的范围（针对哪些成本中心、成本要素、作业类型）；成本中心计划变更的频次、维护时间等
CO-CCA-210	成本中心费用分配分摊流程（可以纳入成本月结流程）	成本中心费用分配、分摊循环的规则设计
CO-PC-310	成本月结流程（本章相关的内容只涉及成本中心会计的部分）	月结的每个步骤操作的时间点、检查点，针对异常情况的处理（如生产性成本中心出现的尾差如何处理）等

第7章

产品成本控制模块

本章介绍以下内容：

- ◆ **产品成本控制模块的基础知识；**
- ◆ **产品成本的计划；**
- ◆ **成本对象控制；**
- ◆ **实际成本核算 / 物料分类账；**
- ◆ **企业总体的月结步骤；**
- ◆ **产品成本控制模块设计的流程和方案要点。**

7.1 基础知识

本节介绍产品成本控制模块的基本功能以及该模块与其他模块的关联关系。

7.1.1 产品成本控制模块的基本功能

产品成本控制（PC）模块是控制（CO）模块的二级子模块，主要功能为对产品的标准成本进行计划（成本滚算）、对产品生产过程中的成本差异进行计算和结算、对产品的实际成本进行最终的计算。

它下面还包括几个三级子模块，分别如表7-1所示。

表7-1 产品成本控制模块子模块

模块名称（英文）	模块简称	模块名称（中文）	功能
Product Cost Planning	CO-PC-PCP	产品成本计划	标准成本滚算
Cost Object Controlling	CO-PC-OBJ	成本对象控制	对各种成本对象的成本进行期末的结算
Actual Costing / Material Ledger	CO-PC-ACT/ML	实际成本 / 物料分类账	计算产品的实际成本

这些三级子模块构成了对产品成本的事前、事中和事后管理（包括核算与分析）。它们围绕着“将产品的成本计算清楚”这一命题，协同合作，构成了有机的整体：产品成本计划中滚算出的标准成本成为工单上入库产品的成本；而在工单上归集到的实际投入成本和入库产品的标准成本之差，在结算过程中会形成在制品或差异；工单上结算出的生产差异，和采购、仓库管理等其他环节的差异一起，用来还原、计算出产品的实际成本。

7.1.2 产品成本控制模块与其他模块的集成

产品成本控制模块的不同组件和其他模块有不同的集成关系。

产品成本控制下的产品成本计划子模块（CO-PC-PCP）与PP模块的BOM和工艺路线主数据、MM模块的物料主数据、成本中心会计模块（CO-CCA）的作业价格计划有关。这些模块提供了成本滚算的基础数据，包括数量结构和价值结构，如图7-1的上一部分所示。

成本滚算的结果又形成了价格重估的差异，如果物料的库存数不为0，则会形成相应的会计凭证，传送至FI模块，如图7-1的下一部分所示。

成本对象控制子模块（CO-PC-OBJ）主要是归集各类成本对象的成本数据，并在月末时予以结算。以工单（即生产订单）为例，首先，工单来自PP模块建立的生产订单；其次，它的成本数据来自MM模块的发料、PP模块的报工、MM模块的收货，这些操作形成了工单上的料、工费和入库转出的成本。而其中工费成本在平时依赖于成本中心会计中制订的作业类型计划价格，在月末需要依靠成本中心会计中的作业价格重估，如图7-2的上一部分所示。

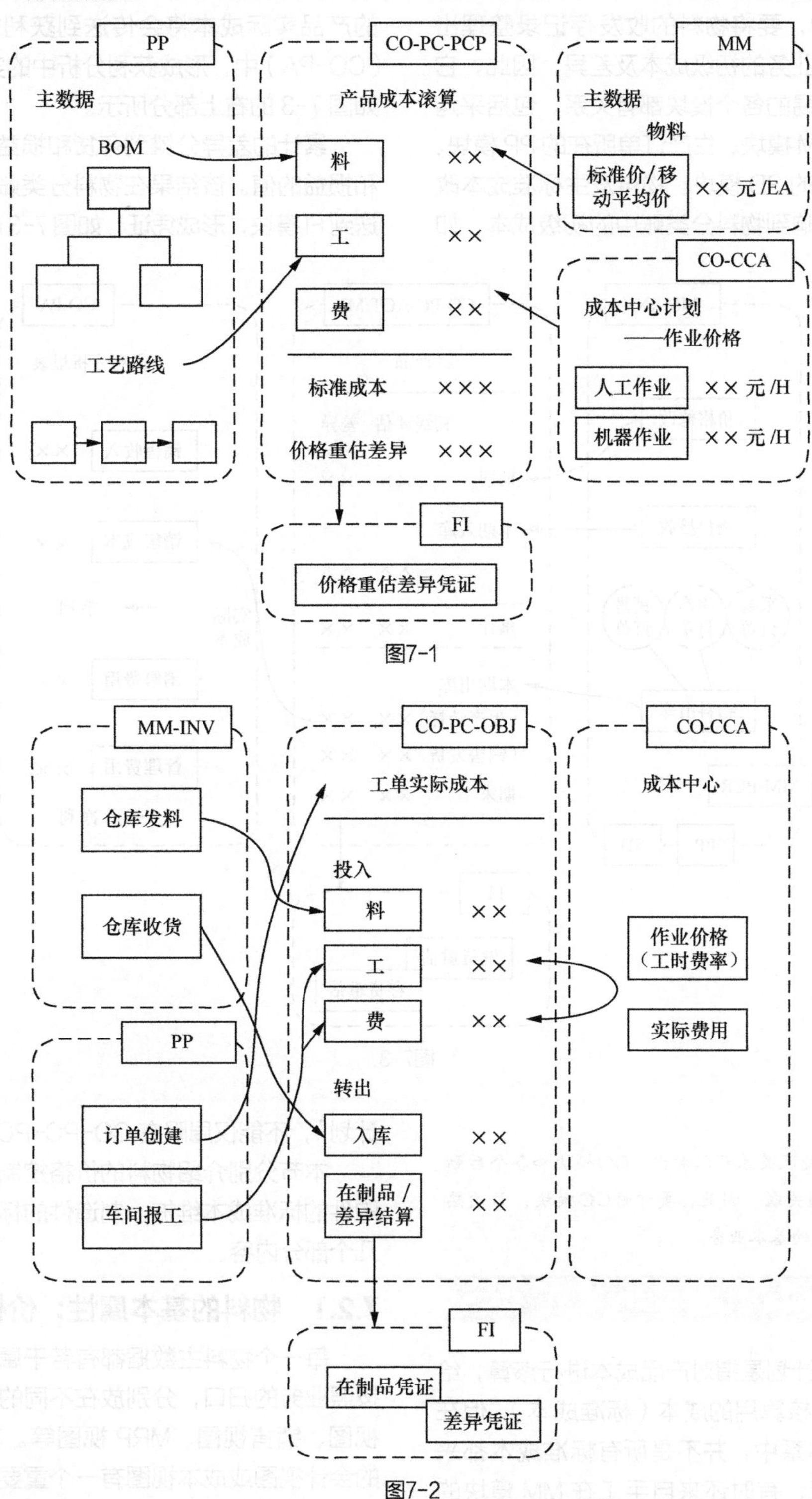

图7-1

图7-2

在月末对生产订单进行结算，有关在制品和差异的结果将会传递到FI模块，形成会计凭证，如图7-2的下一部分所示。

实际成本核算/物料分类账子模块(CO-PC-ACT/ML)主要用来核算物料的实际成本。由于在核算过程中,要将物料的收发存记录整理出来,寻找每笔业务的初级成本及差异,因此,它与物料发生交易的各个模块都有关系,包括采购订单所在的MM模块、生产订单所在的PP模块、销售订单所在的SD模块。物料发生标准成本改变时,也会影响到物料分类账中的初级成本,如图7-3的左上部分所示。

实际成本核算/物料分类账子模块核算出来的产品实际成本将会传送到获利能力分析模块(CO-PA)中,形成获利分析中的实际销售成本,如图7-3的右上部分所示。

累计的差异分摊到存货和损益后会重估存货和损益的值。该结果在物料分类账结算后,会传送到FI模块,形成凭证,如图7-3的下部分所示。

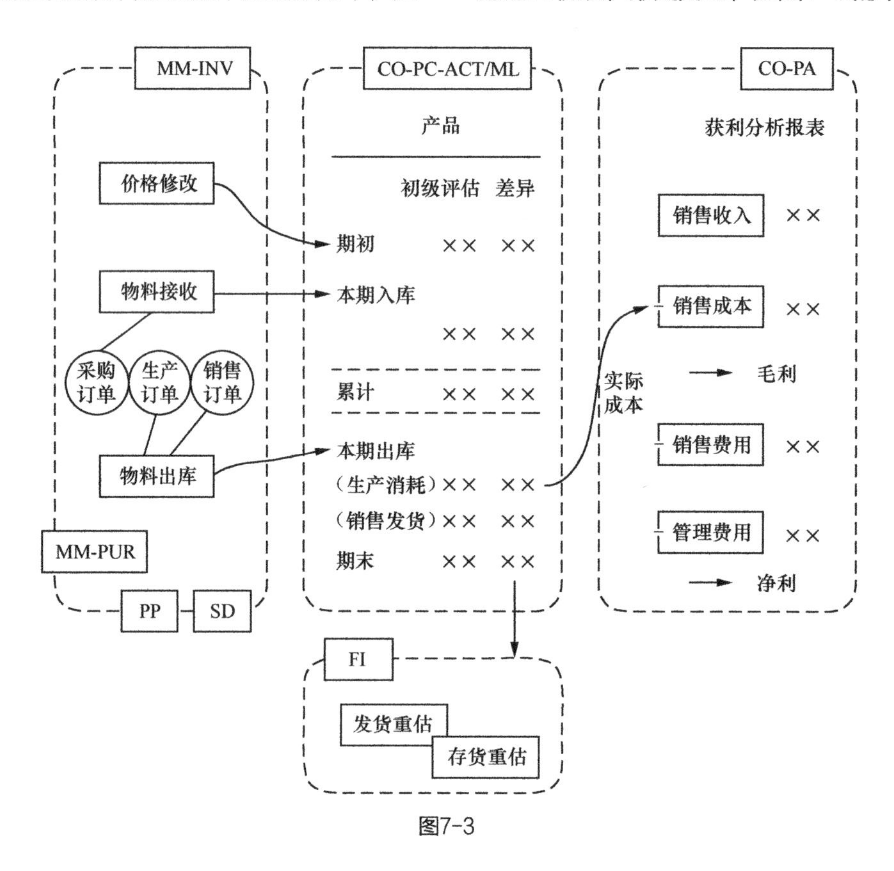

图7-3

> 提示
> 从上面的关联关系可以看出,CO模块和各个后勤模块都有密切的关联。因此,要学好CO模块,必须熟悉后勤各个模块的基本业务。

7.2 产品成本计划

产品成本计划是指对产品成本进行滚算,给出一个基准的核算用的成本(标准成本)。但在SAP的成本体系中,并不是所有标准成本都来自成本的滚算,有时还来自手工在MM模块的更改。而且,也不是所有的核算基准都是标准成本,还存在移动平均价。因此,谈到“产品成本计划”,不能仅局限在CO-PC-PCP子模块。

本节分别介绍物料的价格控制基本属性、采购件的标准成本维护、制造件的标准成本滚算等几个部分内容。

7.2.1 物料的基本属性:价格控制

每一个物料主数据都有若干属性,这些属性按照业务的归口,分别放在不同的视图,如采购视图、销售视图、MRP视图等。其中,在物料的会计视图或成本视图有一个重要的字段,即价格控制,它决定着物料在日常核算成本时的基本属性。

路径：SAP 菜单 > 后勤 > 物料管理 > 物料主数据 > 物料 > 显示 > 显示当前

事务代码：MM03

图 7-4 和图 7-5 分别显示了物料 100-250 在工厂 1000 下的“会计 1”视图和“成本 2”视图。在这两个视图中都有字段“价格控制”。

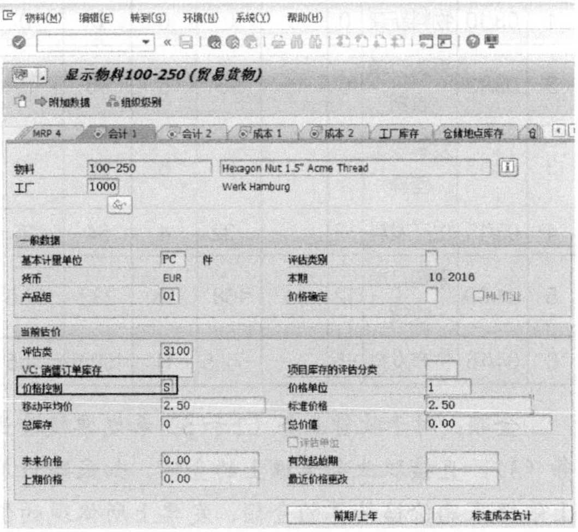

图7-4

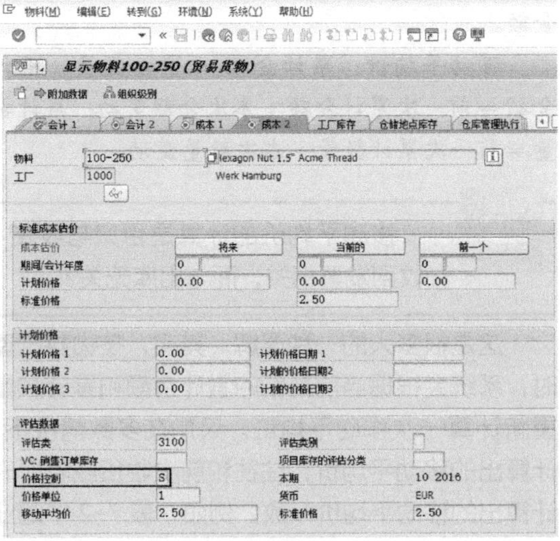

图7-5

提示

两个视图中的“价格控制”字段是相通的，其实是一个字段，分别在两个视图中体现。在一个视图中修改了，另一个视图中也会自动变化。其他的成本相关字段也是同样。

价格控制有两个可选值，即 S（标准价格）和 V（移动平均价格 / 周期单价），如图 7-6 所示。它决定了物料在日常会计核算或成本核算时使用什么价格进行评估。事实上，从图 7-4 和图 7-5 中可以看到，不管物料使用什么价格控制，物料主数据中都有“标准价格”和“移动平均价”两个字段。在 S 价格控制下，标准价格起核算作用，移动平均价起信息统计和分析的作用；在 V 价格控制下，移动平均价起核算作用，标准价格则起参考和分析的作用。

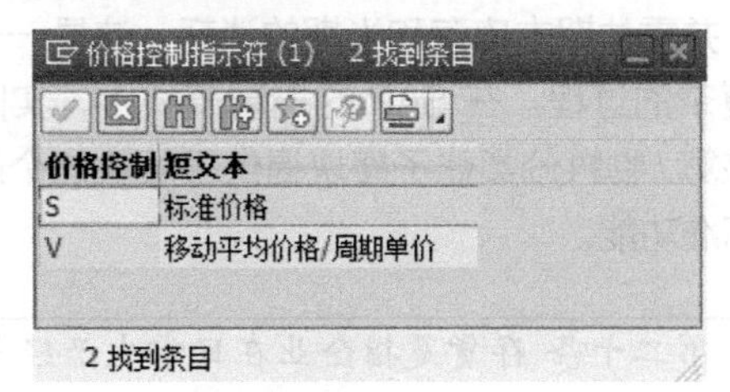

图7-6

S 价为“标准价格”，即按照标准成本核算，意味着物料在该工厂下，核算使用的成本在一段时间内保持不变。如果是 S 价，必须人工给定或依靠系统滚算后标记、更新。具体来说，有 3 种方式设定物料的标准价格。

（1）在新创建物料的成本视图、会计视图时，直接用手工设置。

路径：SAP 菜单 > 后勤 > 物料管理 > 物料主数据 > 物料 > 创建（一般）> 立即

事务代码：MM01

（2）如果物料已经发生过业务，不能直接用手工设置，则可以通过手工更改价格来设置。

路径：SAP 菜单 > 后勤 > 物料管理 > 评估 > 物料价格更改 > 修改物料价格

事务代码：MR21

（详细操作见 7.2.2 小节）

（3）如果物料属于制造件，其标准成本一般应该由滚算而来。

路径：SAP 菜单 > 会计核算 > 控制 > 产品成本控制 > 产品成本计划 > 物料成本核算 > 成本核算运行 > 编辑成本核算运行

事务代码：CK40N

或

路径：SAP 菜单 > 会计核算 > 控制 > 产品成本控制 > 产品成本计划 > 物料成本核算 > 带数量结构的成本估算 > 创建

事务代码：CK11N

然后将滚算后的成本标记并发布。

路径：SAP 菜单 > 会计核算 > 控制 > 产品成本控制 > 产品成本计划 > 物料成本核算 > 价格更新

事务代码：CK24

（详细操作见 7.2.3 小节）

由于标准价是事先确定的一个价格，和实际价格不同，因此，按照国内会计制度的要求，在月末要进行成本还原，即将各种差异分摊到物料上，并重估期末库存和当期的消耗。这是一个比较复杂的过程。在 SAP 的控制模块中，实际成本核算 / 物料分类账子模块提供了解决这个问题的标准功能。

> 第二十条 存货是指企业在日常生产经营过程中持有以备出售，或者仍然处在生产过程，或者在生产或提供劳务过程中将消耗的材料或物料等，包括各类材料、商品、在产品、半成品、产成品等。存货应当按照以下原则核算。
>
> （1）存货在取得时，应当按照实际成本入账。实际成本按以下方法确定：
>
> …………
>
> （2）按照计划成本（或售价，下同）进行存货核算的企业，对存货的计划成本和实际成本之间的差异，应当单独核算。
>
> （3）须用或发出的存货，按照实际成本核算的，应当采用先进先出法、加权平均法、移动平均法、个别计价法或后进先出法等确定其实际成本；按照计划成本核算的，应按期结转其应负担的成本差异，将计划成本调整为实际成本。
>
> ——《企业会计准则》第二章第一节流动资产

V 价为“移动平均价格 / 周期单价”，意味着物料在该工厂下，核算使用的成本是移动平均的，即每次收货（甚至发货）都有可能引起物料价格的重算。如果是 V 价，即使没有人工给定价格，系统也会根据后勤的收发货业务（最常见的是采购订单的收货）自动计算出它的移动平均价。由于 V 价相当于物料即时的成本，因此，可以被认为是实际成本，在月末无须再做差异还原。

移动平均价计算的公式如下。

移动平均价 =（初始库存价值 + 库存变动价值）÷（初始库存量 + 库存变动量）

这里的初始价值和初始库存量具体指的是“库存变动前”的信息。举例如表 7-2 所示。

表 7-2 移动平均价的计算举例（1）

序号	日期	业务	数量	单价/元	金额/元	累计数量/元	累计金额/元	移动平均价/元
1	03/10	物料新建	0	0	0	0	0	0
2	03/12	采购订单收货	6	15	90	6	90	15
3	03/13	发票校验差异			6	6	96	16
4	03/15	生产发料	-2		-32	4	64	16
5	04/09	采购订单收货	12	14	168	16	232	14.5
6	04/16	生产发料	-5		-72.5	11	159.5	14.5

金额：对于收货业务（2 和 5）和发票校验业务（3），直接取业务单据上的金额，如采购订单上依据采购价格计算的金额、发票上所体现的价格差额；而对于发货业务（4 和 6），则直接取前一次业务形成的移动平均价，乘以数量，计算出金额。

移动平均价：累计金额 ÷ 累计数量。累计金额 = 前一次累计金额 + 本次金额变动；累计数量 = 前一次累计数量 + 本次数量变动。

移动平均价的计算是否只与收货和收到发票相关，而与出库无关？

这是很多人的一种误解。其实，在物料出库时，系统会根据当前最新的累计金额和累计数量重新计算一次移动平均价。只是在多数情况下，计算出的移动平均价，往往和前次收货或收票时计算出的移动平均价一致。例如，表 7-2 中的业务 4 计算出的移动平均价和业务 3 计算出的移动平均价一致；业务 6 计算出的移动平均价和业务 5 计算出的移动平均价一致。因而很多人会存在这样的误解。

举一个比较极端的例子，某个物料有 3EA 的库存，价值为 10 元，现在分别分 3 次发料。试问，每次发料的金额分别是多少？

仍以表格列示每次业务的数据变化，如表 7-3 所示。

表 7-3 移动平均价的计算举例（2）

序号	日期	业务	数量	单价	金额/元	累计数量	累计金额/元	移动平均价/元
1	03/10	采购订单入库	3		10	3	10	3.33
2	03/12	生产发料	-1		-3.33	2	6.67	3.34
3	03/13	生产发料	-1		-3.34	1	3.33	3.33
4	03/14	生产发料	-1		-3.33	0	0	3.33

从表7-3中可以看出，每次生产发料形成出库的金额并不像想象的那样，都是10÷3=3.33（元），而分别是3.33元、3.34元、3.33元。这是因为，在第2次发料后，物料的移动平均价根据当时的最新库存（累计金额）和最新数量（累计数量）重新进行计算，变成了3.34元/EA。这样的好处是：当该物料的数量消耗完毕时，其金额也消耗完毕了；否则，会出现数量和价值不同步的情况。

延伸思考2

发票校验时，如果发票价格和采购订单价格不一致（含有差异），而此时物料已经用完或消耗了一部分，系统会怎样处理采购差异？

SAP对物料的移动平均价计算有着严格的逻辑。如果差异形成时，物料已经消耗完，则差异不会再摊入到物料价值上，而是被“剥离”出来，直接记入“采购价格差异”科目。这样做的原因，也是为了保证物料的数量和价值的同步：物料数量为0了，价值也应该为0，不应再承担差异。

如果差异形成时物料消耗了一部分，则系统会计算当前库存的数量占发票数量的比例，按此比例计算该部分库存承担的来自发票校验的差异，剩余的差异则仍然直接记入“采购价格差异”科目。这也是比较合理的一种处理方法。

由此可见，在企业的业务实践中，如果供应商的发票总是迟迟未送达，而这些发票的价格又和采购订单价格又不一致，则有可能导致这种发票价格差异不能很好地反映到对应的物料上。

延伸思考3

移动平均价和“标准价格+月末差异还原”是不是一回事？

准确地讲，二者并不能等同。移动平均价是“实时”移动平均，而“标准价格+月末差异还原”是“期间”（月）移动平均。因此，二者在计算上的结果有所不同。

多数企业在使用SAP以前，使用其他较小型软件进行成本核算，有可能就是采用移动平均价。而实施了SAP后，采用“标准价格+月末差异还原”的方案，实际上也算是改变了成本核算的口径。

设计参考

企业应该怎样设计物料的价格控制？

企业应根据自身的实际业务情况及管理需求来决定物料的价格控制。

一般情况下，对于制造件，如产成品和半成品，由于使用移动平均价不合适反映实际的成本，很可能使成本忽上忽下，因而，对于制造件，SAP不建议采用移动平均价，而统一采用标准成本控制。

而对于采购件，如原材料、辅料、备品备件等，由于SAP本身有比较强大的差异分摊功能，企业更乐于采取标准成本控制，因为这样可以根据采购价格差异分析出采购人员的绩效，从管理上可以得到提升。

使用标准价控制，有效地树立了企业成本核算和管理的标杆，使得采购人员、生产人员的努力有了“看得见的”数据，加强了企业对成本的事前预测、事中控制和事后分析，因而深受企业管理人员的推崇。

当然，也有少数企业，由于其原材料所处的市场属于活跃市场，价格起伏比较大，如空调生产厂家、阀门生产厂家使用的原材料铜，在国内的供应链中，普遍采用“随行就市”的方法来进行结算，即以月末伦敦金属交易所（London Metal Exchange，LME）的收盘价来计算当月的采购价。基于此，这些空调生产厂家、阀门生产厂家认为，如果对原材料铜采用标准成本核算和控制，一来标准价难以制订，二来也不应该用国际市场的变化来衡量采购人员的贡献或责任。因此，也会采取移动平均价来核算原材料铜，甚至对所有材料都采用移动平均价进行核算。

7.2.2 物料价格的修改

在物料有交易后，物料主数据上会计视图和成本视图的“价格控制下的价格”是不能手工修改的：S 价物料，不能手工修改 S 价；V 价物料，不能手工修改 V 价。在这种情况下，只能通过专门的事务代码修改。本节的“物料价格的修改”就是针对这种情况而言的。

【业务操作】以工厂 1000 下的物料 GTS-002 为例，介绍如何在系统中修改物料价格。

路径：SAP 菜单 > 后勤 > 物料管理 > 评估 > 物料价格更改 > 修改物料价格

事务代码：MR21

STEP 1 在“价格改变—屏幕概览”界面输入过账日期、公司代码、工厂等字段，如图 7-7 所示。

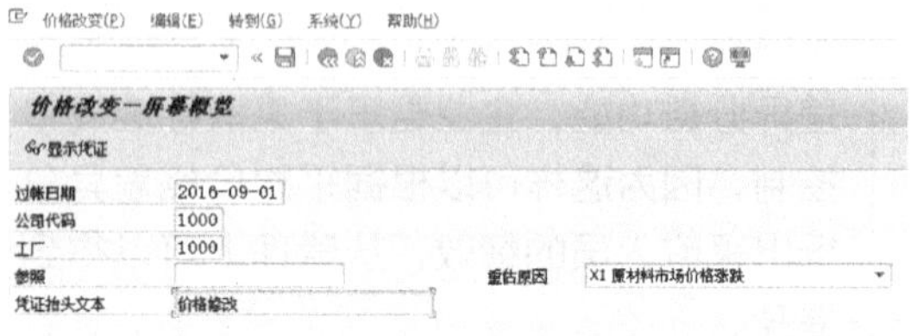

价格改变—屏幕概览

过帐日期 2016-09-01

公司代码 1000

工厂 1000

重估原因 X1 原材料市场价格涨跌

凭证抬头文本 价格修改

图7-7

重估原因：选择价格重估的原因，一方面用于日后的分析，另一方面还可以决定如何记账。

STEP 2 按回车键，系统显示空白的行项目，待输入。在行项目中输入物料，按回车键，系统自动带出物料的当前价格、当前价格单位，并默认出新价格、新价格单位，用户可以手工修改，如图 7-8 所示。

图 7-8 中，将物料 GTS-002 的标准价格由 1.00 改为 1.03。

提示 如果物料存在“经过成本滚算后标记待发布”的价格，则系统会自动将新价格默认为滚算出的价格，并且显示为灰色，不允许手工更改为别的值。这是因为，系统认为滚算出的价格比手工给出的价格更有可信度。

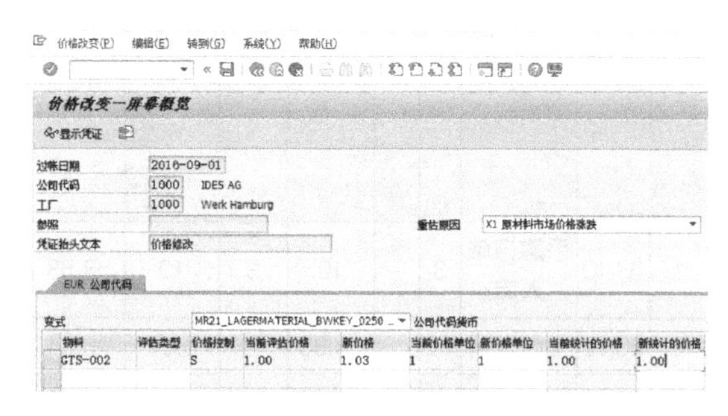

图7-8

提示 如果有很多物料的价格需要修改，可以在Excel中准备好数据，然后批量复制到SAP的界面中。每次只能复制一屏，满屏后向下翻页，可继续复制第二屏。

注意 如果物料的价格比较小，价格单位不是1，而是10、100或者1000等，一定要注意结合价格单位来给定标准价格或移动平均价。同时，注意不要手工将价格单位误修改为1。为避免这一误操作，建议每次输入物料后，先回车，由系统自动默认出“新价格单位”的值，使其与当前价格单位一致，然后用户只需要修改“新价格”即可。

STEP 3 单击“过账”按钮，系统在屏幕下方出现记账的提示，如图 7-9 所示。

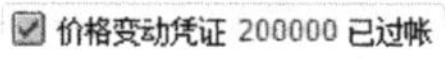

价格变动凭证 200000 已过帐

图7-9

图 7-9 中的 200000 为价格修改凭证的编号，它相当于业务上的一种单据。该编号在 CO 模块后台设置。

STEP 4（可选）通过菜单中的“价格改变”→“显示凭证”命令，准备显示刚生成的凭证。先确认系统默认的凭证编号、凭证年度，或者手工输入这两个字段，如图 7-10 所示。

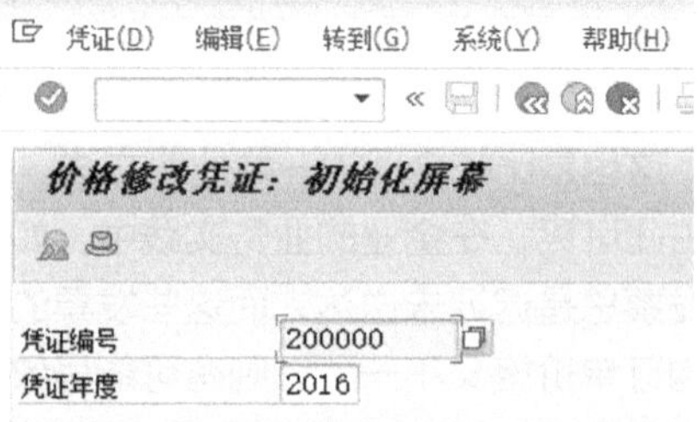

价格修改凭证：初始化屏幕

凭证编号 200000

凭证年度 2016

图7-10

提示 由于在同一个session中刚刚输入了价格修改的凭证，因此，系统会直接默认该凭证编号及凭证年度。

提示

如果忘记了凭证编号，则可以单击“凭证编号”字段后的搜索帮助按钮，进入“价格更改凭证的搜索”界面，通过一定的参数条件（如物料）来查询价格更改凭证号。

STEP 5 按回车键进入“显示价格修改凭证××××：总览”界面，系统显示“价格改变”的凭证，如图7-11所示。

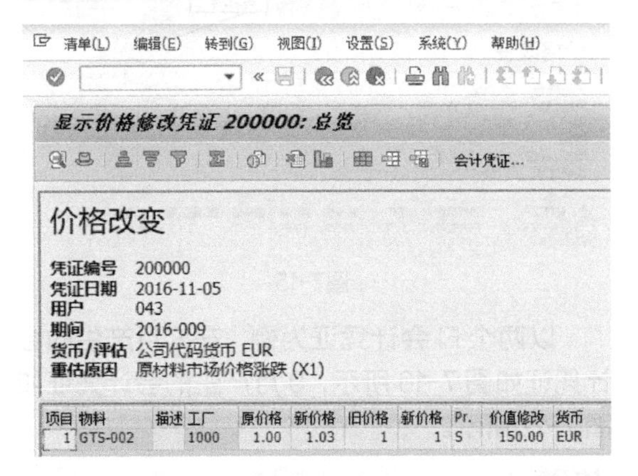

图7-11

注意

图7-11中除了显示物料的新旧价格外，还显示了“价值修改”的值。这是由于物料由1.00改为1.03，价格增加了0.03，而当前物料有一定的库存，从而引起价值上的修改。

STEP 6 单击工具栏中的 会计凭证... 按钮，进入“会计凭证清单”子界面，系统列示了由价格修改带来的各类会计凭证，如图7-12所示。

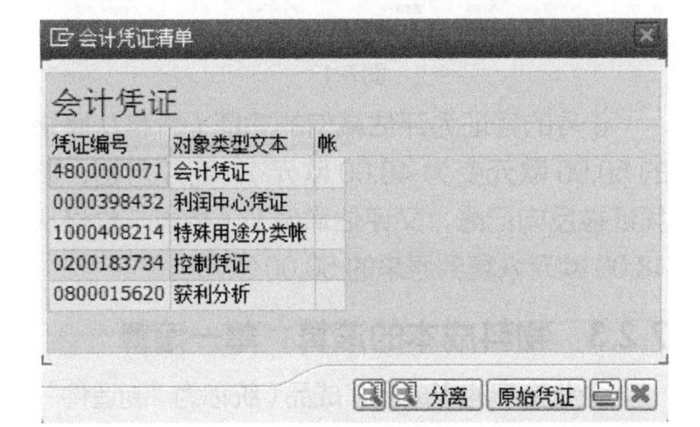

图7-12

提示

并不是每个价格修改凭证都会有会计凭证。如果物料当前无库存（数量=0），则即使价格修改了，也不会引起价值的变化，因而也就不会有会计凭证。

提示

在产生会计凭证的情况下，到底有哪几种会计凭证，取决于系统后台的配置。例如，如果凭证行上有利润中心，则会产生CO-PCA凭证（利润中心凭证）；如果将价格修改科目设置为成本要素，则有CO凭证（控制凭证）；如果将价格修改科目的成本对象设置为获利能力段，并配置“PA传送结构”，则同时产生CO-PA凭证（获利分析凭证）。

STEP 7 将光标置于第一行“会计凭证”（FI会计凭证），按回车键或单击下方的“选择”按钮，系统进入“显示凭证：数据输入视图”子界面，显示产生的FI会计凭证，如图7-13所示。

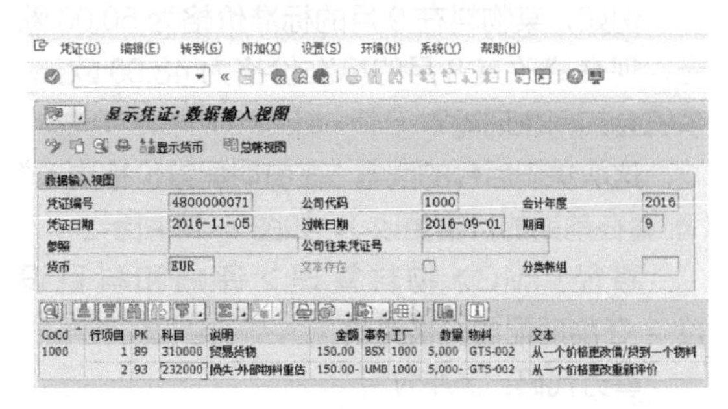

图7-13

从图7-13中可以看出，价格修改后产生的凭证是借记存货科目（如果价格上升），贷记损益类科目。这两个科目分别取自于后台配置的BSX科目和UMB科目（在事务代码OBYC中配置）。

◆ 按照中国的财务习惯，贷方的损益类科目一般设置为“材料成本差异—价格重估差异”，该差异将在月末进行分摊、还原。

设计参考

企业一般在什么情况、什么时候做价格修改？

企业修改价格一般有以下几种情况。

（1）纠正人为操作错误造成的价格异常。例如，1000kg的价格设置成了1kg的价格，导致价格扩大了1000倍，需要手工修改。这种情况下，原则上应该顺着业务的逻辑反向操作冲销事务，再修改原始记录，但如果业务已经发生很多笔，已经无法追溯，也可以采用这种方法进行调整。

（2）企业在制订全年的标准成本时，如果要求标准成本整体下降，则可以在年初统一设置新的标准成本。

（3）遇市场价格波动时，可以按需在每月设置标准成本。

一般情况下，修改标准成本放在当月 1 日。

如果修改上一期间的价格，会不会影响到当前期间的价格？

例如，某物料在 9 月的标准价格为 50.00 欧元，现在修改其 8 月的标准价格为 48.00 欧元，系统会如何表现呢？

这取决于后台的配置“在前期配置价格更改”（配置在前期的价格更改），如图 7-14 所示。

路径：IMG> 物料管理 > 评估和科目设置 > 在前期配置价格更改

事务代码：OMRN

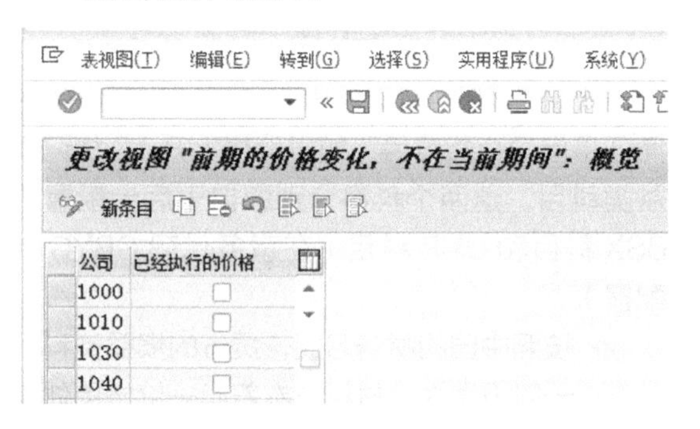

图7-14

“已经执行的价格”选项表明前期或前一年的价格是否影响到当期。如果勾选该复选框，则表明继续影响（上期变化，引起当期变化）；如果不勾选该复选框，则表明不影响（上期变化，本期不变化，维持原价格）。

提示

如果勾选此复选框，则上期价格的变化会引起当期价格的变化，而事后发现不应该影响当期价格，但此时已无法撤销。因此，要慎重设置此选项。

在图 7-14 中，针对 1000 公司代码没有勾选，意味着上期的价格变化，不会导致本期价格变化，本期仍维持原价。

以物料 1000000417 为例，工厂 1000 当前期间为 2016-009，但要在 2016-008 将其成本由 50.00 欧元改为 48.00 欧元，则过账后，该价格修改凭证分别在 8 月和 9 月都产生了成对的会计凭证（不管是 FI 凭证还是 CO 凭证），如图 7-15 所示。

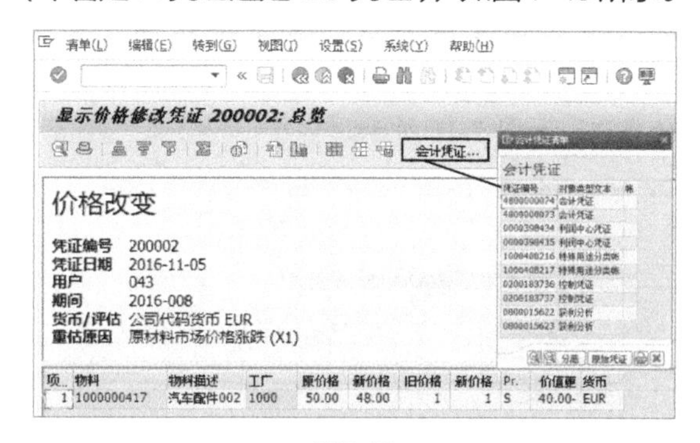

图7-15

以两个 FI 会计凭证为例，在 8 月产生的会计凭证如图 7-16 所示，9 月产生的会计凭证如图 7-17 所示。

数据输入视图

凭证编号	4800000073	公司代码	1000	会计年度	2016
凭证日期	2016-11-05	过帐日期	2016-08-01	期间	8
参照		公司往来凭证号			
货币	EUR	文本存在		分类帐组	

公司代码	行项目	记帐代码	科目	说明	物料	事务	金额	货币
1000	1	99	300000	原材料1	1000000417	BSX	40.00-	EUR
	2	83	232000	损失-外部物料重估	1000000417	UMB	40.00	EUR

图7-16

数据输入视图

凭证编号	4800000074	公司代码	1000	会计年度	2016
凭证日期	2016-11-05	过帐日期	2016-09-01	期间	9
参照		公司往来凭证号			
货币	EUR	文本存在		分类帐组	

公司代码	行项目	记帐代码	科目	说明	物料	事务	金额	货币
1000	1	89	300000	原材料1	1000000417	BSX	40.00	EUR
	2	93	232000	损失-外部物料重估	1000000417	UMB	40.00-	EUR

图7-17

8 月的凭证为评估减值的凭证（价格从原来的 50.00 欧元变为 48.00 欧元），而 9 月初，该凭证被反向记账，又评估增值了（相当于价格从 48.00 欧元恢复到原来的 50.00 欧元）。

7.2.3 物料成本的滚算：单一滚算

企业生产的半成品、成品（统称为“制造件”）由于经过了加工的过程，因此，其成本不像外购的原材料那样，可以直接确定一个标准价，需要综合生产过程中的原料和加工费计算而得。即使是外购的原材料（也称为“采购件”），也有可能因为自主运输或者装卸，发生一些运输费、保险费、装卸费，因而其总的采购成本价也需要经过计算而得。这种计算过程，称为“成本滚算”或“成本估算”（costing 或 cost estimate），有些系统称为“成本卷积”（cost roll-up）。

制造件物料的成本，简单来说，可以分为料、工、费。料是指生产使用的原材料，一般在物料清单（Bill Of Materials，BOM）中体现其用量（usage）；工、费是指加工过程中发生的加工费用，包括人工、折旧、能源消耗、机物料消耗、修理费、备品备件消耗等，这些费用，一般和加工过程有关，而加工过程在 SAP 中体现为工艺路线（routing），在工艺路线中会明确生产步骤，以及每一步骤中需要花费的人工工时、机器工时等时间。BOM 中的用量和工艺路线上的时间，构成了成本滚算的“数量结构”。

而制造件成本的滚算，只靠“数量结构”是计算不出来的，还需要有“价值结构”。对于 BOM 中使用的组件，需要有组件的价格，它可能来自于物料主数据，也可能来自于采购信息记录；对于工艺路线中的工时，需要有工时的费率，它可能来自于成本中心会计模块对工时（即作业类型）价格所做的计划。

有了“数量结构”和“价值结构”，制造件的成本就可以滚算出来了，如图 7-18 所示。因此，可以说制造件的成本滚算是基于数量结构和价值结构的滚算。

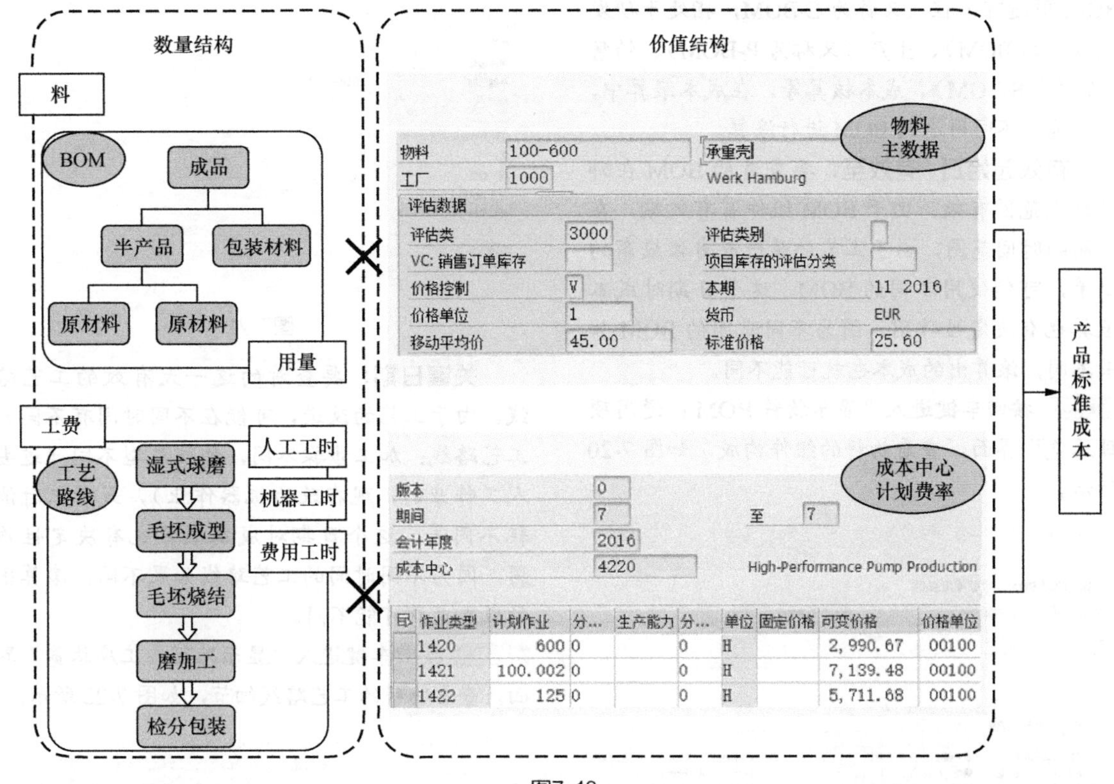

图7-18

采购件的成本，需要考虑采购价格以及附加的费用。附加的费用可以用间接费用表（costing sheet）来存放各类附加费用的费率。有了这些基础，采购件的总体成本就可以滚算出来了。因此，采购件也存在成本滚算的过程。

成本滚算有两种模式，即单一滚算、批量滚算。前者是针对某一种物料进行滚算，后者是指对一批物料进行滚算。

下面以 1000 工厂的物料 P-100 为例，介绍如何在系统中滚算单个物料的成本。

【业务操作 1】在滚算前，先查看一下物料的 BOM（可选步骤）。

路径：SAP 菜单 > 后勤 > 生产 > 主数据 > 物料清单 > 物料清单 > 物料 BOM> 显示

事务代码：CS03

STEP 1 在“显示物料 BOM：初始屏幕”界面输入物料、工厂、BOM 用途，如图 7-19 所示。

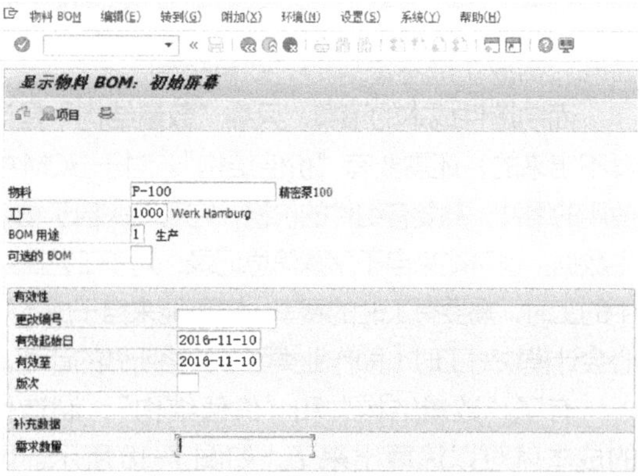

物料 BOM 编辑(E) 转到(G) 附加(X) 环境(N) 设置(S) 系统(Y) 帮助(H)

显示物料 BOM：初始屏幕

项目

物料 P-100 精密泵100
工厂 1000 Werk Hamburg
BOM 用途 1 生产
可选的 BOM

有效性
更改编号
有效起始日 2016-11-10
有效至 2016-11-10
版次

补充数据
需求数量

图7-19

BOM 用途：BOM 用于什么事务。典型的 BOM 用途有工程（又称为 E-BOM，指处于研发过程中的 BOM）、生产（又称为 P-BOM）、销售（又称为 S-BOM）、成本核算等。在成本滚算中，可以选择不同用途的 BOM 进行滚算。

有效起始日 / 有效至：要查看的 BOM 在哪段日期范围有效。由于 BOM 组件有有效期，在不同的时间范围，由于工艺的改进或者供应商的变革，可能使用不同的 BOM。这个日期对成本滚算也有决定性作用，因为不同时间的 BOM 如果不同，滚算出的成本也就可能不同。

STEP 2 按回车键进入“显示物料 BOM：通用项目总览”界面，查看物料的组件构成，如图 7-20 所示。

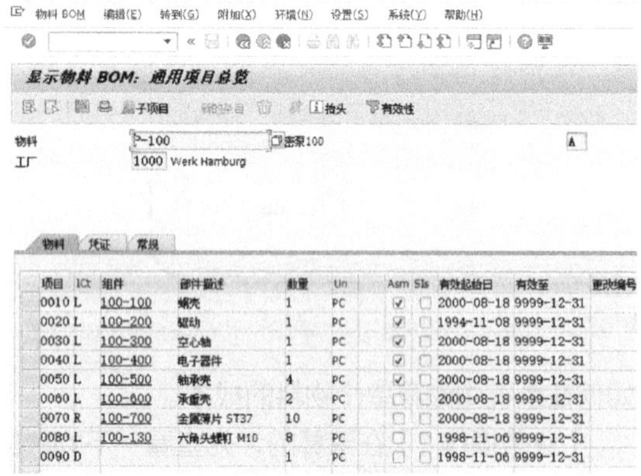

物料 BOM 编辑(E) 转到(G) 附加(X) 环境(N) 设置(S) 系统(Y) 帮助(H)

显示物料 BOM：通用项目总览

子项目 抬头 有效性

物料 P-100 密泵100 A
工厂 1000 Werk Hamburg

物料 凭证 常规

项目	ICt	组件	部件描述	数量	Un	Asm	Sls	有效起始日	有效至	更改编号
0010	L	100-100	蜗壳	1	PC	☑	☐	2000-08-18	9999-12-31	
0020	L	100-200	驱动	1	PC	☑	☐	1994-11-08	9999-12-31	
0030	L	100-300	空心轴	1	PC	☑	☐	2000-08-18	9999-12-31	
0040	L	100-400	电子器件	1	PC	☑	☐	2000-08-18	9999-12-31	
0050	L	100-500	轴承壳	4	PC	☑	☐	2000-08-18	9999-12-31	
0060	L	100-600	承重壳	2	PC	☐	☐	2000-08-18	9999-12-31	
0070	R	100-700	金属薄片 ST37	10	PC	☐	☐	2000-08-18	9999-12-31	
0080	L	100-130	六角头螺钉 M10	8	PC	☐	☐	1998-11-06	9999-12-31	
0090	D			1	PC	☐	☐	1998-11-06	9999-12-31	

图7-20

图 7-20 中列示了制造件 P-100 的下层组件。L 为库存物料，R 为可变大小尺寸的物料，D 为文档项。某些组件的 Asm（Assembly，装配件）字段被勾选，表明该组件是“装配件”，其下还有自己的 BOM。没被勾选的则为采购件。

【业务操作 2】接下来再查看一下物料的工艺路线（可选步骤）。

路径：SAP 菜单 > 后勤 > 生产 > 主数据 > 工艺路线 > 工艺路线 > 标准工艺路线 > 显示

事务代码：CA03

STEP 1 在“显示 路径：初始屏幕”界面输入物料、工厂、关键日期等，如图 7-21 所示。

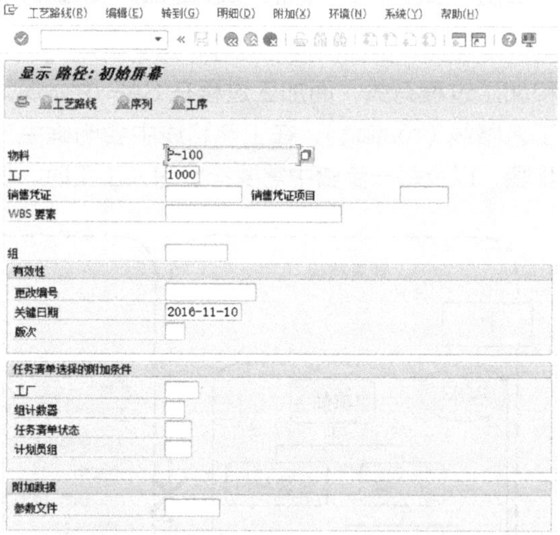

工艺路线(R) 编辑(E) 转到(G) 明细(D) 附加(X) 环境(N) 系统(Y) 帮助(H)

显示 路径：初始屏幕

工艺路线 序列 工序

物料 P-100
工厂 1000
销售凭证 销售凭证项目
WBS 要素

组

有效性
更改编号
关键日期 2016-11-10
版次

任务清单选择的附加条件
工厂
组计数器
任务清单状态
计划员组

附加数据
参数文件

图7-21

关键日期：要查看的这一天有效的工艺路线。由于工艺的改进，可能在不同时间有不同的工艺路线：加工步骤不同，作业类型不同（过去人工作业的，现在改为机器作业），或者工时消耗不同等。这个日期对成本滚算也有决定性作用，因为不同时间的工艺路线如果不同，滚算出的成本也就可能不同。

STEP 2 按回车键进入“显示路径：工序总览”界面，查看物料的工艺路线细节，如图 7-22 所示。

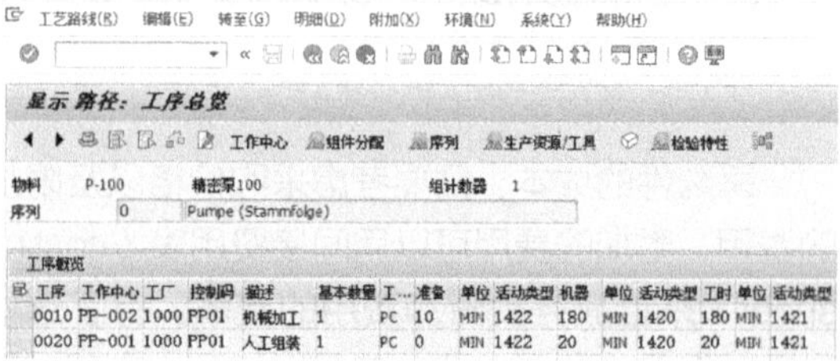

工艺路线(R) 编辑(E) 转至(G) 明细(D) 附加(X) 环境(N) 系统(Y) 帮助(H)

显示 路径：工序总览

工作中心 组件分配 序列 生产资源/工具 检验特性

物料 P-100 精密泵100 组计数器 1
序列 0 Pumpe (Stammfolge)

工序概览

工序	工作中心	工厂	控制码	描述	基本数量	工...	准备	单位	活动类型	机器	单位	活动类型	工时	单位	活动类型
0010	PP-002	1000	PP01	机械加工	1	PC	10	MIN	1422	180	MIN	1420	180	MIN	1421
0020	PP-001	1000	PP01	人工组装	1	PC	0	MIN	1422	20	MIN	1420	20	MIN	1421

图7-22

图 7-22 中列示了制造件 P-100 的工艺路线。它包括两个工序，即机械加工和人工组装。这两个工序分别在工作中心 PP-002 和 PP-001 完成。在每个工序中，需要明确使用的“活动类型”（作

业类型，俗称“工时”，如机器工时、人工工时）和时间。

工作中心：work center，加工的工位。每个工作中心必须指定其对应的成本中心，在工作中心的工时报工，将从对应的成本中心吸收费用。多个工作中心可以对应到同一个成本中心。

控制码：control key，生产工艺的控制参数。它决定相应的工序要用哪些作业类型，是厂内加工还是厂外加工（工序外协）等。

在成本滚算过程中，还会用到物料的价格（成本）和作业类型的价格，在7.2.1小节和6.7.2小节中已经介绍过，在此不再重复。

产品P-100在工厂1000中有了数量结构和价值结构后，就可以滚算其标准成本了。

【**业务操作3**】接下来就正式滚算产品P-100的标准成本。

路径：SAP菜单 > 会计核算 > 控制 > 产品成本控制 > 产品成本计划 > 物料成本核算 > 带数量结构的成本估算 > 创建

事务代码：CK11N

STEP 1 在“用数量结构创建物料成本估算”界面输入物料、工厂，在“成本核算数据”选项卡选择成本核算变式等，如图7-23所示。

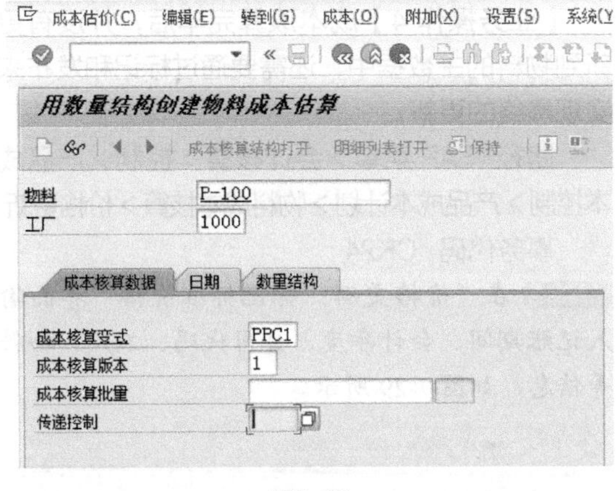

成本估价(C) 编辑(E) 转到(G) 成本(O) 附加(X) 设置(S) 系统(Y)
用数量结构创建物料成本估算
成本核算结构打开 明细列表打开 保持
物料 P-100
工厂 1000
成本核算数据 日期 数量结构
成本核算变式 PPC1
成本核算版本 1
成本核算批量
传递控制

图7-23

成本核算变式：决定物料成本滚算时使用的数量结构和价值结构的变式。例如，滚算时，使用哪种用途的BOM，哪个版本的工艺路线，物料的价格取标准价还是移动平均价，作业类型价格取当期的价格还是当年的价格等。它是众多参数综合在一起的结合体。

STEP 2 按回车键，系统自动转入“日期”选项卡，复核或修改系统自动默认的与成本核算有关的日期，如图7-24所示。

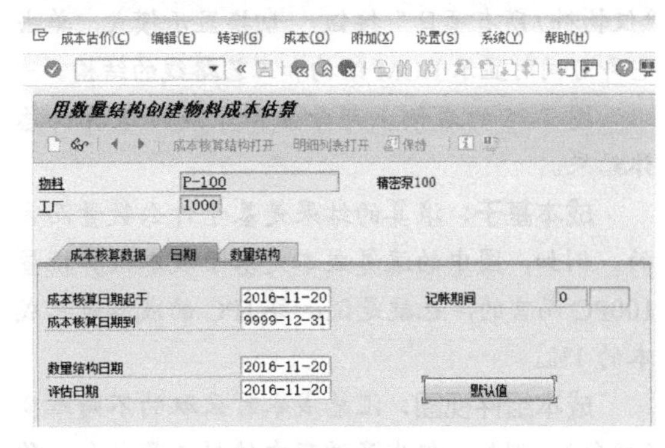

图7-24

成本核算日期起于/到：成本核算出来的结果用于哪段记账日期范围。在企业实务中，一般会提前滚算下个月的物料成本，因此，成本核算日期一般输入为下个月的1日。

数量结构日期：BOM、工艺路线取哪天有效的数据。在实务中，如果是为了滚算下个月的物料成本，一般也会采用下个月1日作为数量结构日期。

评估日期：物料价格、作业类型价格取哪天有效的价格。在实务中，如果是为了滚算下个月的物料成本，一般也会采用下个月1日作为评估日期。

> **提示**
> 以上这些日期可以在后台“日期控制”中定义默认值。如果在图7-24中单击“默认值”按钮，系统会自动根据后台配置显示默认的日期。

STEP 3 按回车键，系统按照数量结构展开，自下而上地逐层滚算，最后滚算出顶层产品的成本，如图7-25所示。

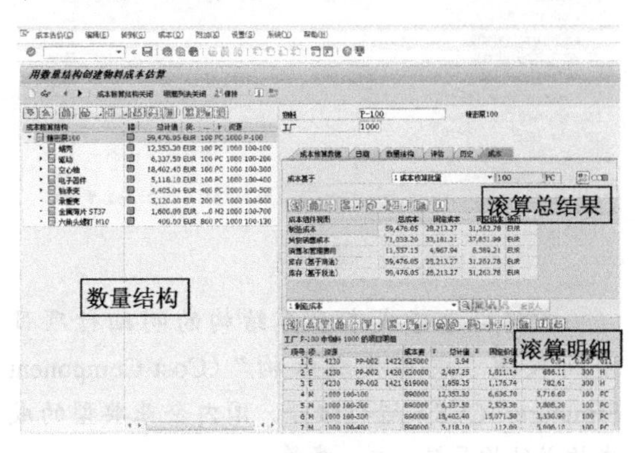

图7-25

图 7-25 的左侧显示了物料的数量结构。系统默认只显示 BOM 结构，但是可以通过工具栏的“仅物料 / 所有项目”按钮切换显示模式，单击它即可同时显示 BOM 结构和工艺路线的结构。

图 7-25 的右侧上部分显示了成本滚算的总体结果。

成本基于：滚算的结果是基于什么数量而言的。例如，图中的滚算成本是基于成本核算批量 100PC 而言的，也就是说，每 1PC 的成本是总成本的 1%。

成本组件视图：汇总成本时采取的不同维度（视角）。例如，仅生产过程中的料工费之和，称为“制造成本”；如果再加上基于间接费用表计算出的管理费用和销售费用，则构成了“货物销售成本”（和中国会计制度中的“销售成本”含义不同）；而这其中的管理费用和销售费用，又单独构成了“销售和管理费用”等。

图 7-25 的右侧下部分显示了成本滚算的明细行项目，它包括物料（M）、作业类型（E）、间接费用（G）等几个部分。

如果滚算结果有问题，系统会将报错或报警的信息记录下来，用户通过工具栏中的“把所有消息记入日志”按钮查看报错或报警信息。

STEP 4（可选）在成本滚算结果的右侧下部分，单击“成本组件”按钮，系统切换显示结果为成本构成，如图 7-26 所示。

1 制造成本

物料 P-100 工厂 1000 中 的成本构成

CC..	成本组件的名称	总体	固定的	变量	货币
10	Raw Materials	15,383.00		15,383.00	EUR
20	Purchased Parts	3,680.00		3,680.00	EUR
25	Freight Costs				EUR
30	Production Labor	20,631.45	15,712.39	4,919.06	EUR
40	Production Setup	1,321.48	992.80	328.68	EUR
50	Production Machine	13,313.82	10,554.78	2,759.04	EUR
60	Production Burn-In				EUR
70	External Processing				EUR
75	Work Scheduling				EUR
80	Material Overhead	1,906.30	953.30	953.00	EUR
90	Equipment Internal				EUR
95	Equipment External				EUR
120	Other Costs				EUR
200	Process "Production"	3,240.00		3,240.00	EUR
210	Process"Procurement"				EUR
		59,476.05	**28,213.27**	**31,262.78**	**EUR**

图7-26

这相当于将成本滚算结构的明细行项目重新按照“成本构成结构”（Cost Component Structure，CCS）进行组合。国内企业典型的成本构成结构是料、工、费等。

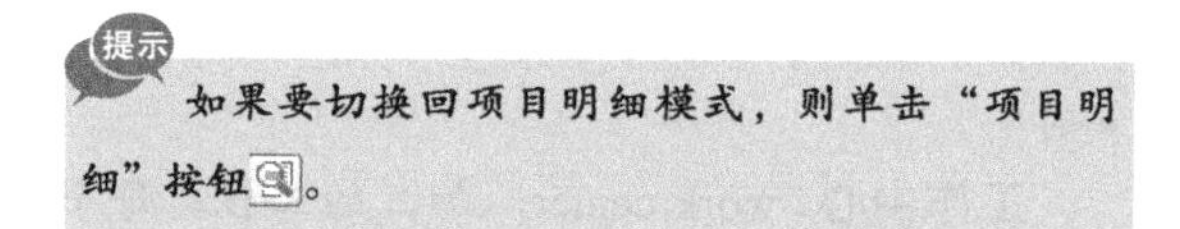
提示

如果要切换回项目明细模式，则单击“项目明细”按钮。

STEP 5 单击“保存”按钮，系统弹出“更新参数”对话框，如图 7-27 所示。

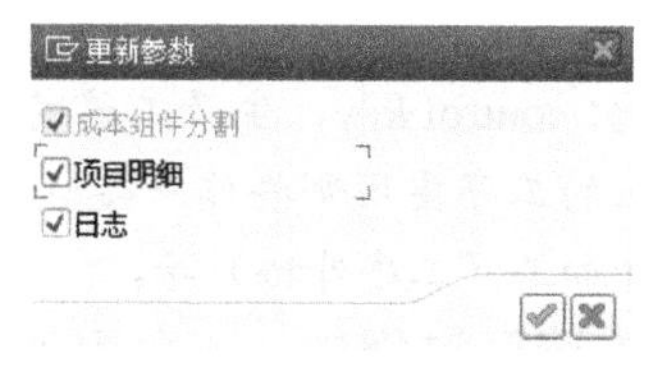

图7-27

成本组件分割：即“成本构成结构”，默认勾选，并且不能修改。表示成本构成结构被保存在数据库表中。

项目明细：将项目明细保存在数据库表中记录下来。

日志：将滚算的日志信息记录下来，供日后查看。

STEP 6 单击按钮，系统在屏幕底部显示“成本估算被保存”字样，如图 7-28 所示。

成本估算被保存

图7-28

当成本滚算结构被保存后，用户就可以通过事务代码 CK13N 来查看已经保存的结果。

【业务操作 4】成本滚算完毕后，并没有更新到物料的主数据中，还需要通过标记和发布来实现最终的更新。

路径：SAP 菜单 > 会计核算 > 控制 > 产品成本控制 > 产品成本计划 > 物料成本核算 > 价格更新

事务代码：CK24

STEP 1 在“价格更新：标记标准价格”界面输入记账期间、会计年度、公司代码、工厂、物料等信息，如图 7-29 所示。

程序(P) 编辑(E) 转到(G) 系统(Y) 帮助(H)

价格更新：标记标准价格

发布 其他价格 日志

记帐期间/会计年度 11 2016 允许发布

公司代码 1000 到

工厂 1000 到

物料 P-100 到

处理选项

☑测试运行

☑带列表输出

☐并行处理

☐后台处理

图7-29

STEP 2 按回车键，如果在底部出现“收集的消息 - 参见日志”字样，如图 7-30 所示，则需要单击 日志 按钮，查看系统的提示信息，如图 7-31 所示。

收集的消息 - 参见日志

图7-30

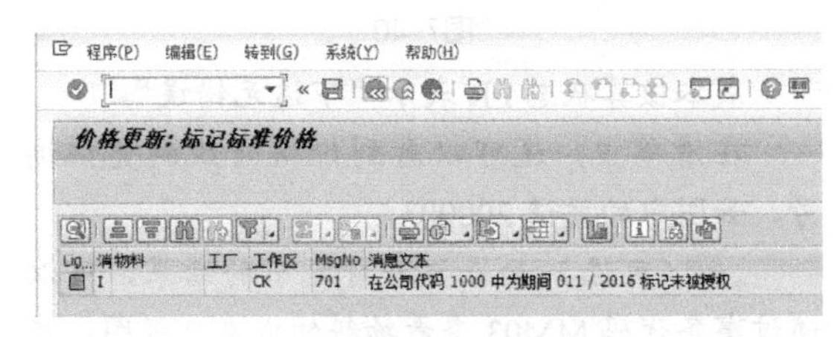

图7-31

STEP 3（可选）如果出现了步骤 2 的日志信息，表明公司代码在该期间还需要被授权“标记成本”。操作方法：在图 7-29 所示的界面中单击 允许发布 按钮，进入“价格更新：组织计量”界面，可以看到相应的公司代码前显示为红灯。单击该公司代码行，系统弹出“允许的标准成本资产变式”(permitted std cost est variant，允许的标准成本滚算变式）对话框，在其中输入要标记的“成本核算变式”和“成本核算版本”，然后单击“标记允许发货”(issue allowance for marking，允许标记）按钮，如图 7-32 所示。

图7-32

STEP 4 系统允许标记成本后，公司代码行会变为绿灯，如图 7-33 所示。

STEP 5 单击“返回”按钮，回到“价格更新：标记标准价格”界面，单击“执行”按钮，系统显示测试运行的日志，如图 7-34 所示。

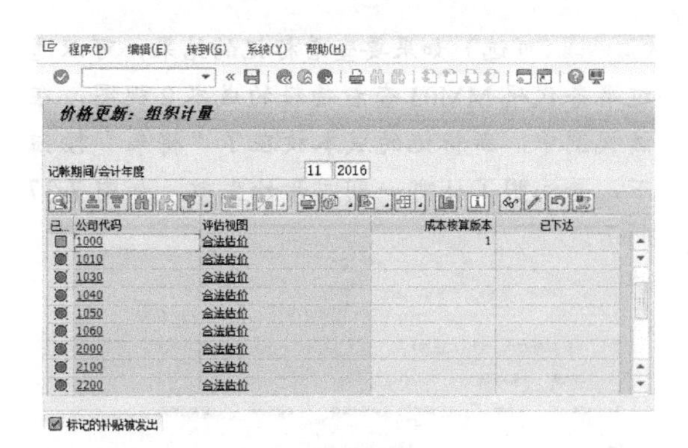

图7-33

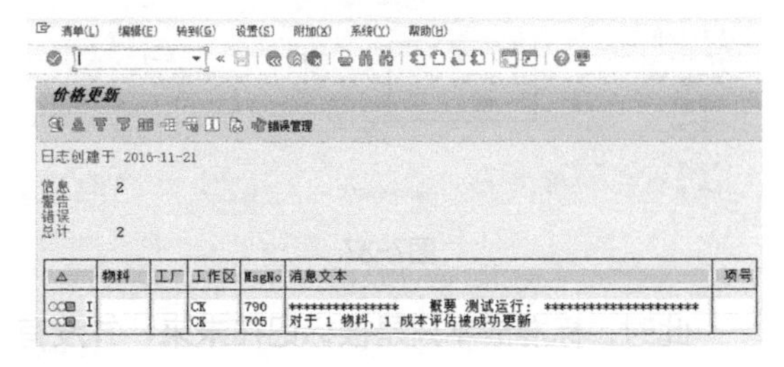

图7-34

STEP 6 单击“返回”按钮，系统在“价格更新：标记标准价格”界面显示标记成本的详细信息，如图 7-35 所示。

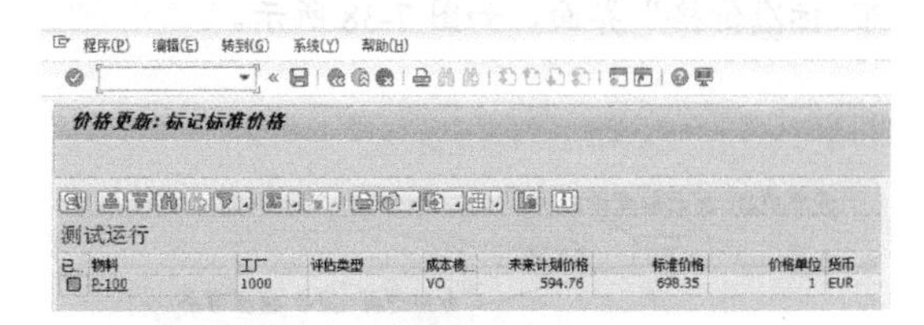

图7-35

标准价格：当前的标准成本。

未来计划价格：未来的标准成本。

成本核算状态 VO 表示“标记无错”。

STEP 7 单击“返回”按钮，回到“价格更新：标记标准价格”的初始界面，去掉“测试运行”复选框的勾选，单击“执行”按钮，在此显示标记成本的详细信息，并在屏幕底部显示“对于 1 物料，1 成本评估被成功更新”字样，如图 7-36 所示。

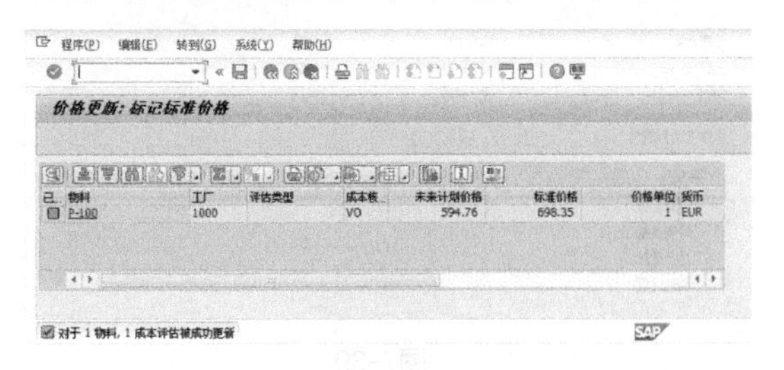

图7-36

STEP 8（可选）如果要查看标记的结果，可以通过事务代码 MM03 查看物料的成本 2 视图，在该视图中，新标记的成本放在了“将来”按钮下，并注明了从哪一期间开始生效，如图 7-37 所示。

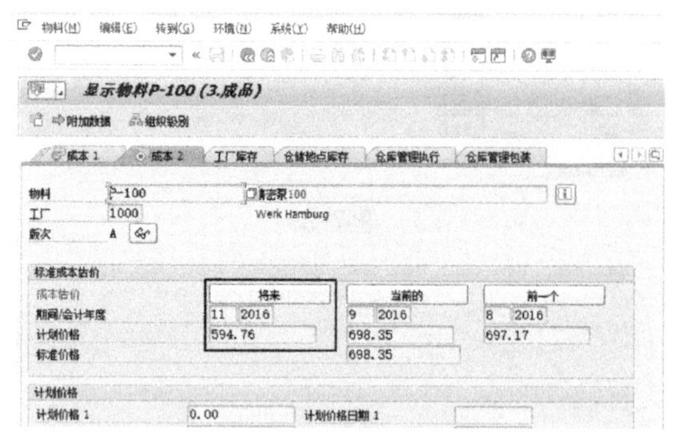

图7-37

此时，标准成本只是被标记在未来，并没有真正更新为当前的标准成本。如果要更新为当前的标准成本，还必须进行发布。

STEP 9 回到事务代码 CK24 对应的界面，单击 发布 按钮，即可将界面切换为“价格更新：发布 标准价格”界面，如图 7-38 所示。

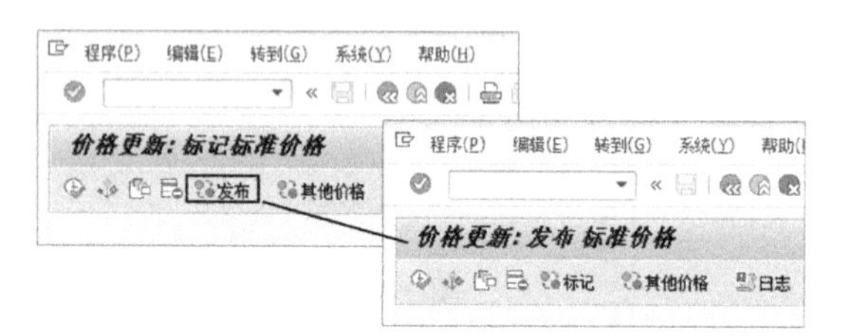

图7-38

STEP 10 输入公司代码、工厂、物料等信息，如图 7-39 所示。

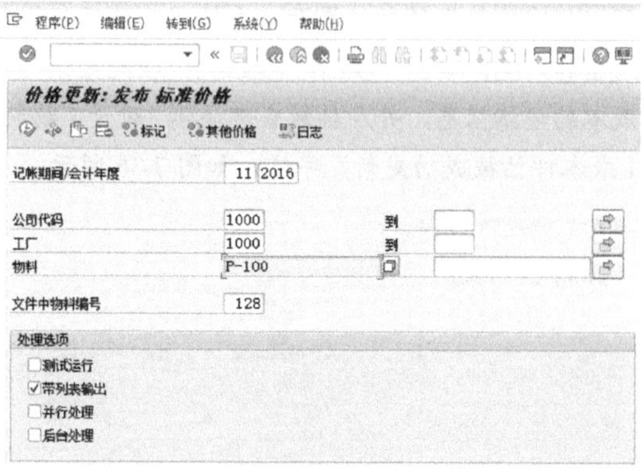

图7-39

STEP 11 单击“执行”按钮，系统在新的界面显示发布成本的结果，如图 7-40 所示。

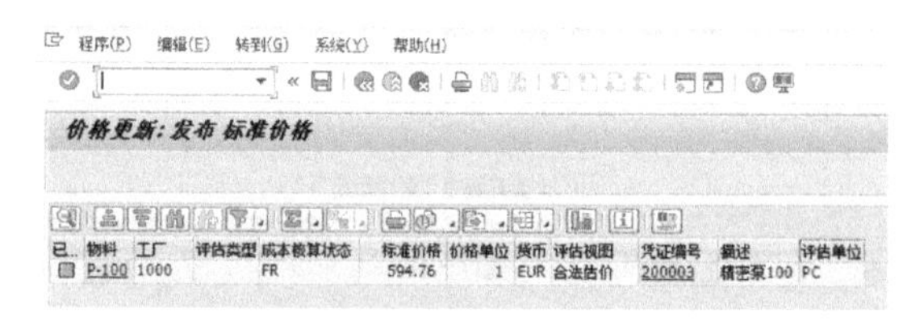

图7-40

成本核算状态 FR 表示“下达无错误”。

在清单中，还可以看到价格修改的凭证编号，如图中的凭证 200003。

STEP 12（可选）如果要查看发布的结果，可以通过事务代码 MM03 查看物料的成本 2 视图，在该视图中，先前标记在“将来”按钮下的成本现在移动到“当前的”按钮下，如图 7-41 所示。这表明已经发布成功。

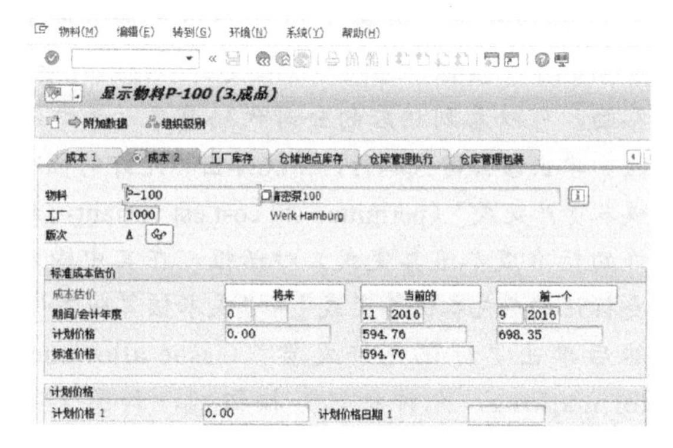

图7-41

提示

通过单击“当前的”按钮，可以显示物料成本滚算的明细信息。

提示

发布成本后，物料的标准价格就由旧的价格变为新的价格。如果此时物料有库存，那么一般会同时产生库存价值重估的会计凭证。

延伸思考

成本核算变式如何设置?

由滚算物料成本的步骤 1 中可知，成本核算变式是决定物料成本滚算时使用的数量结构和价值结构的变式。例如，滚算时，使用哪种用途的 BOM，哪个版本的工艺路线，物料的价格取标准价还是移动平均价，作业类型价格取当期的价格还是当年的价格等。它是众多参数综合在一起的结合体。

那么，成本核算变式在SAP中如何配置呢？

路径：IMG> 控制 > 产品成本控制 > 产品成本计划 > 物料成本核算的基本设置 > 带数量结构的成本估算 > 定义成本核算变式

事务代码：OKKN

以成本核算变式PPC1为例，它的“控制”属性包含了成本核算类型、估价变式、日期控制、数量结构控制、转账控制（应译为“传输控制”）等多种参数的组合，如图7-42所示。

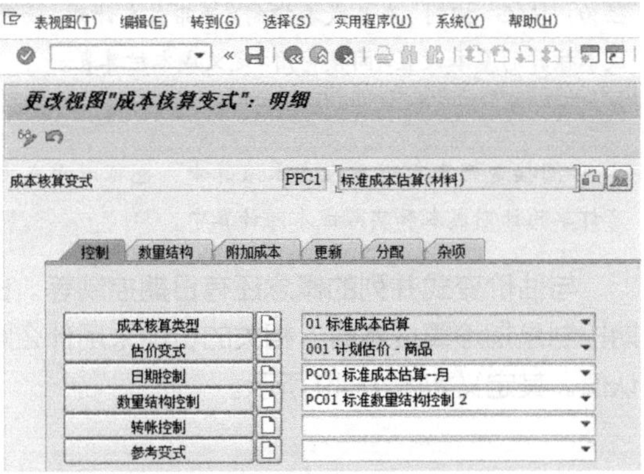

图7-42

下面分别来看这些参数的定义。成本核算类型的定义如图7-43所示。

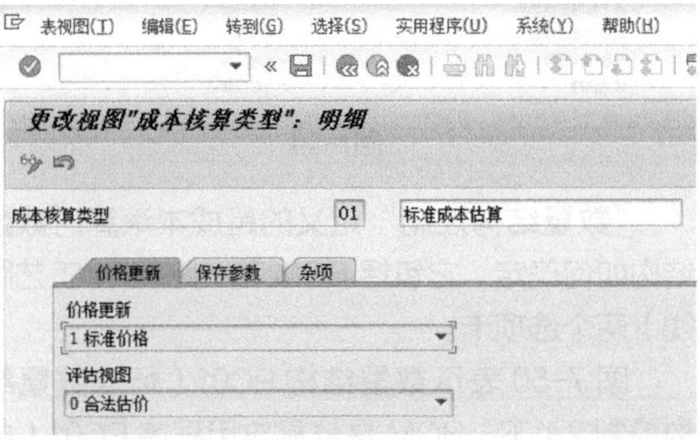

图7-43

成本核算类型决定了该成本核算的结果更新到物料的什么价格上，如标准价格、税法价格还是商法价格；同时，它还决定了该价格更新到哪个评估视图上，如合法估价（应译为法人评估）、利润中心评估还是集团评估。

> **提示** 法人评估、利润中心评估和集团评估是价格评估的几个层次。一般情况下，企业只会用到法人评估；只有对控制范围激活了“平行评估”，才会同时出现多个层次的评估。

估价变式（valuation variant，系统中有时又称为“评估变式”）是对价值结构的定义，即各类要素（物料、作业类型、外协等）的价格到底从哪里获取。各个选项卡分别对应各类要素的价格获取来源。它的定义如图7-44所示。

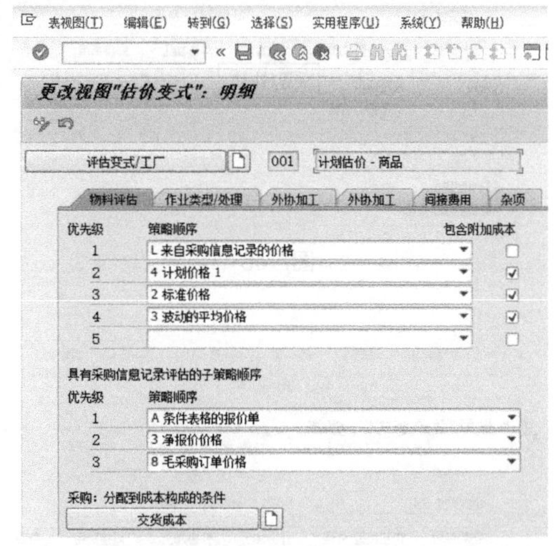

图7-44

图7-44中显示的“物料评估”选项卡，定义了滚算成本时BOM下各个组件物料的价格来源。可以定义多个来源，然后依照优先级顺序获取。如果使用到“L-来自采购信息记录的价格”，则还需要定义其“子策略顺序”。

估价变式的“作业类型/处理”选项卡则定义了作业类型（activity type）和处理（business process，“业务流程”，作业成本法下才会适用）的价格取值顺序，如图7-45所示。

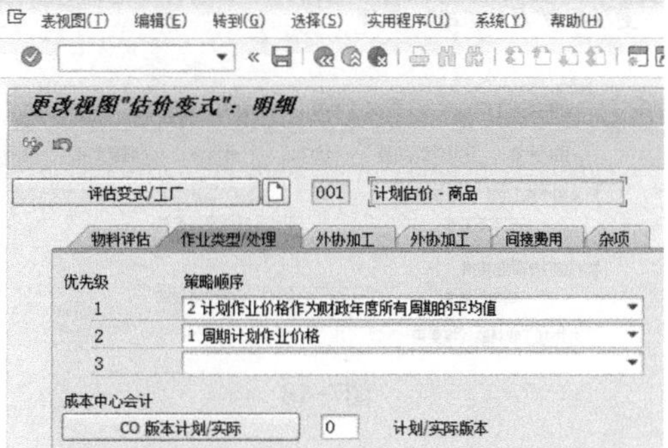

图7-45

估价变式有两个“外协加工”选项卡。前一个为 Subcontracting（采购外协），后一个为 Ext. Processing（工序外协）。它们分别定义了两种外协的价格获取来源，如图 7-46 和图 7-47 所示。

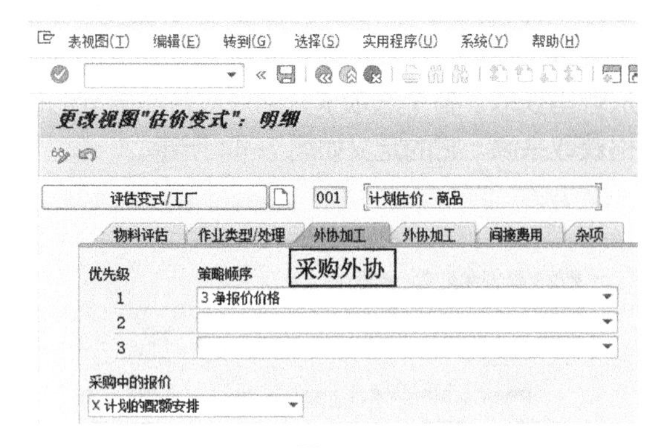

图7-46

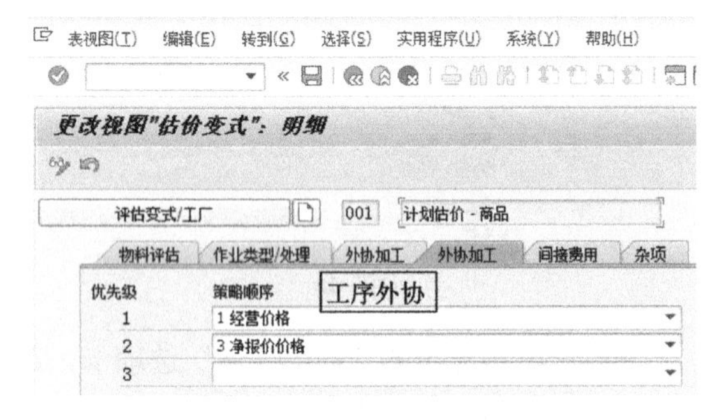

图7-47

估价变式的“间接费用”选项卡分别定义了物料组件（即下层物料）以及“成品和半成品物料”（即滚算的对象）所使用的“成本核算表”（即间接费用表），如图 7-48 所示。

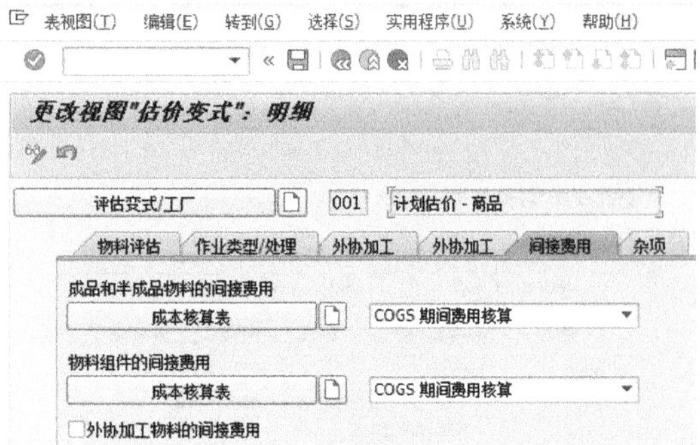

图7-48

提示

间接费用表是事先在系统后台定义好的，它是用来计算附加费用的。“物料组件的间接费用”可以理解为组件物料如原材料在采购、运输、装卸、仓储管理环节所花费的附加费用，可以按材料价值的一定比例来计算；而“成品和半成品物料的间接费用”可以理解为产品在从制成品到交付品的过程中所附加的销售费用和管理费用。

提示

附加费用可以是基于组件物料的成本计算（相当于“物料管理费”），也可以是基于作业的成本计算（相当于“作业管理费”）。在定义间接费用表时，需要定义3个内容，即基值、百分比和贷项。具体定义路径为：IMG>控制>产品成本控制>产品成本计划>物料成本核算的基本设置>间接费用>定义成本核算表。

提示

间接费用表可以用在成本滚算中，也可以用在生产订单的计划成本和实际成本的计算中。

与估价变式并列的概念还有日期控制等。日期控制是指滚算成本时，相关的日期采用什么默认值。其定义如图 7-49 所示。

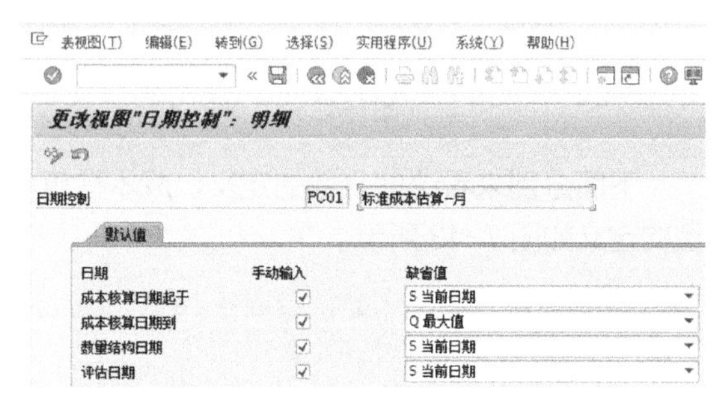

图7-49

“数量结构控制”定义的是成本滚算时数量结构如何确定。它包括 BOM 和“路径”（工艺路线）两个选项卡。

图 7-50 表示数量结构 PC01（标准数量结构控制 2）下，BOM 是依靠应用程序 PC01（成本核算）来确定的。

而 BOM 应用程序 PC01 又有更详细的定义，如图 7-51 所示。

BOM 应用程序中，要定义其“选择 ID”。而每一种“选择 ID”又对应一套优先级排序。例如，在图 7-51 中“选择 ID”05 表明，优先级最高的为6用途（成本核算）的BOM，其次为1用途（生产）的BOM，最后为3用途（通用）的BOM。

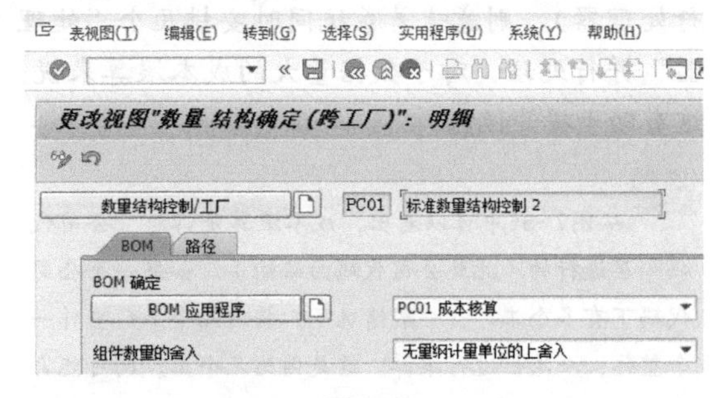

图7-50

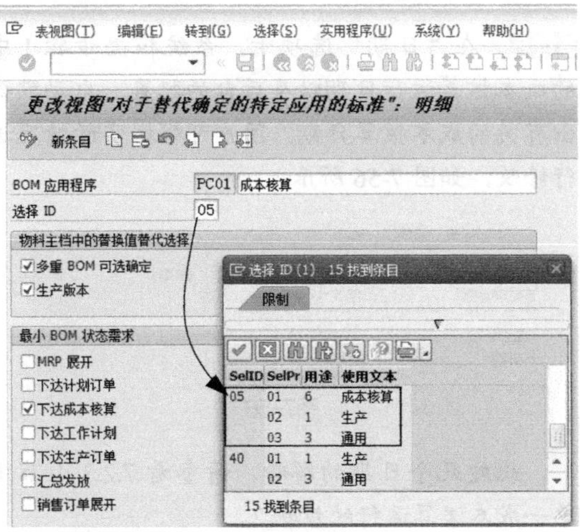

图7-51

同样地，工艺路线的选择也是有一个选择的ID。在这个ID下，也有一套优先级排序，如图7-52所示。

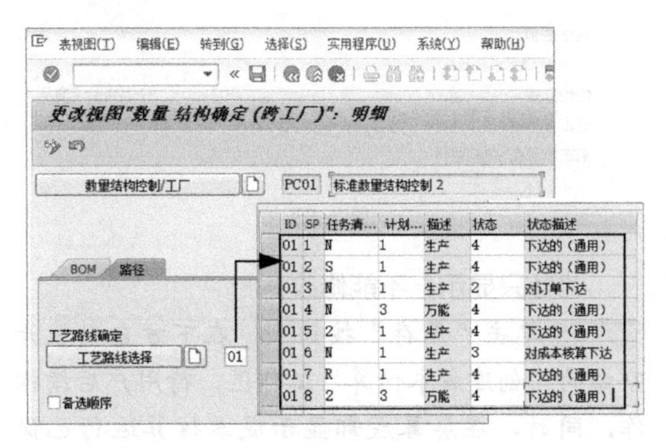

图7-52

业务实践 企业什么时候会用到单一滚算？

企业使用批量滚算成本的情况较多，而使用单一滚算的较少。但在某些情况下，单一滚算却比较实用。例如，某一个或几个制造件的成本发生异常时，需要单独滚算；再如，企业研发出某种新产品，需要单独滚算其成本。

7.2.4 物料成本的滚算：批量滚算

物料成本的批量滚算是指对一批物料的成本同时进行滚算。批量成本滚算需要在“成本核算运行”工作台中完成。它需要多个步骤逐步运行，最终完成操作。

图7-53显示了“编辑成本核算运行”工作台的全貌。

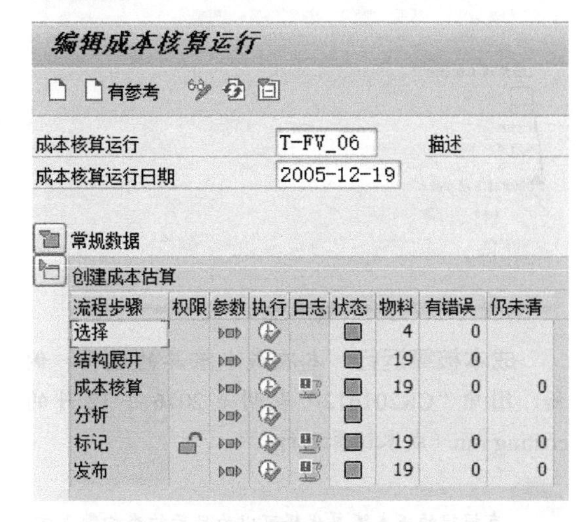

图7-53

完整的成本核算运行包括“选择→结构展开→成本核算→分析→标记→发布”几个步骤。这些步骤是逐层推进的，有严密的逻辑顺序。

选择：选择要进行成本滚算的对象。

结构展开：将这些对象按BOM结构展开，直到最底层物料，然后自上而下整理出所有物料的层次为1层、2层、3层……

成本核算：按自下而上的顺序进行成本滚算。

分析：分析并复核成本滚算的结果（如果不正确，还需要修正基础数据后重新滚算）。

标记：对于分析后认为合理的物料成本进行标记。

发布：对于标记后的成本进行发布，使之更新物料的标准成本。

理解这些原理后，再来看具体操作。

【业务操作】下面以公司代码1000下的物料为例，介绍如何进行批量的成本滚算。

路径：SAP菜单 > 会计核算 > 控制 > 产品成本控制 > 产品成本计划 > 物料成本核算 > 成本核

算运行 > 编辑成本核算运行

事务代码：CK40N

STEP 1 进入“编辑成本核算运行”界面，系统默认显示最后一次查看的成本核算运行。单击“创建成本核算运行”按钮，系统自动切换屏幕标题为“创建成本核算运行”，并将“成本核算运行”“成本核算运行日期”等字段留空。用户在这些字段输入相应的值，如图 7-54 所示。

图7-54

成本核算运行：本次成本滚算的代码。例如，图中“CR201612”表明是 2016 年 12 月的 costing run（成本核算运行）。

> 提示
> 有规律的成本滚算代码可以为日后的查询带来方便。如果一个集团有多个公司代码，可以在成本核算运行的代码中区别公司代码；如果一个月不止一批滚算，可以在后面标注顺序号，如A1612-01表明A公司代码2016年12月第一批成本滚算。

描述：给成本核算运行输入说明性的信息。

成本核算运行日期：操作日期，不起控制作用，但会对下面的步骤 3 中的日期提供默认值。

STEP 2 在“成本核算数据”选项卡，输入成本核算变式、成本核算版本等参数，如图 7-55 所示。

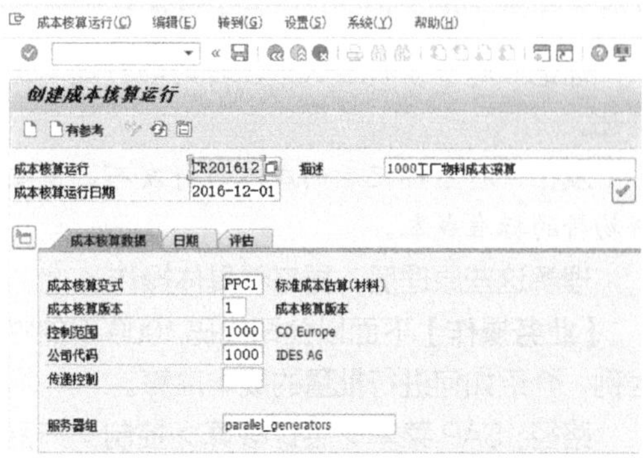

图7-55

服务器组：如果输入 parallel_generators（并行处理器），则意味着系统同时安排几个“处理器”并行处理。对于数据量大的成本滚算来说，这有助于提升性能。

> 提示
> 从图7-55中可以看出，成本滚算是针对“公司代码”层进行的（此处公司代码为必输）。如果一个公司代码下有多个工厂，一般情况下，将这几个工厂当作一个整体，一次性进行滚算。这是因为几个工厂间可能存在上下游的物料供应关系，正好可以自上而下地将这些物料绑定在一起进行滚算。

STEP 3 在“日期”选项卡，系统根据步骤 1 中的成本核算运行日期以及后台的配置，自动默认出有关的成本核算日期，用户可根据实际情况进行修改，如图 7-56 所示。

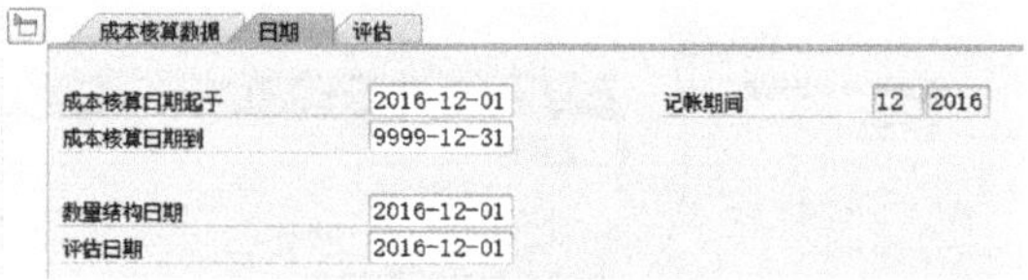

图7-56

此处几个日期的解释，请参看 7.2.3 小节中单一成本滚算运行的步骤 2。

STEP 4 在“评估”选项卡，系统自动根据后台配置，将与成本核算变式有关的评估参数带出来，如图 7-57 所示。

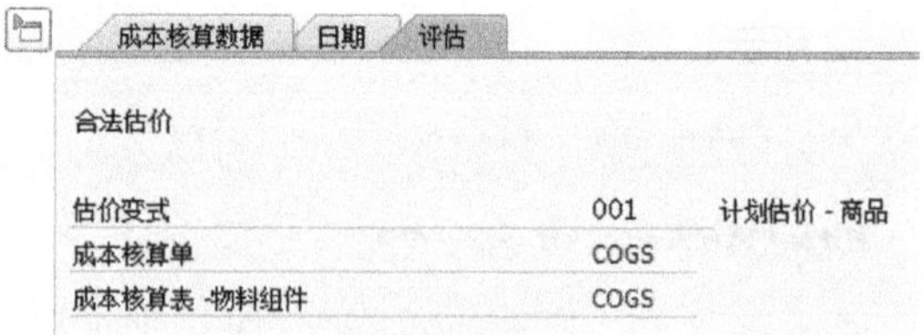

图7-57

此处只显示，不能修改。

STEP 5 单击“保存”按钮，在下方自动展开空白的“创建成本估算”工作区，待用户后续操作，同时，在屏幕底部显示成本核算运行已保存，如图 7-58 所示。

> 提示
> 在真正做批量成本滚算操作前，必须先创建成本核算运行（包含基本的参数），并将其保存。

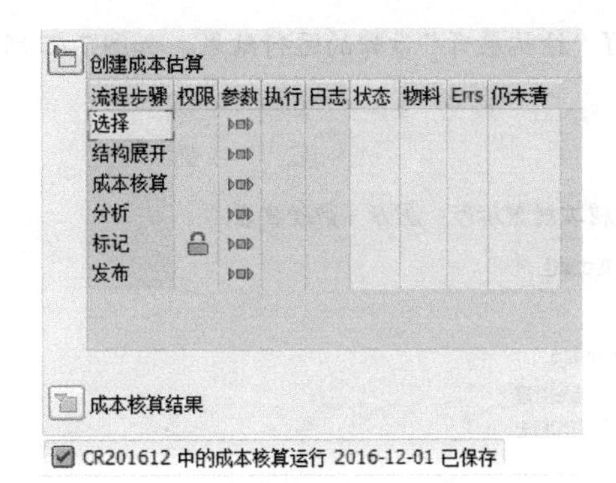

图7-58

STEP 6 针对“创建成本估算”的6个步骤，逐步依靠“改变参数”按钮输入参数，并依靠“执行”按钮来运行。

首先针对“选择”步骤输入参数，如图7-59所示。

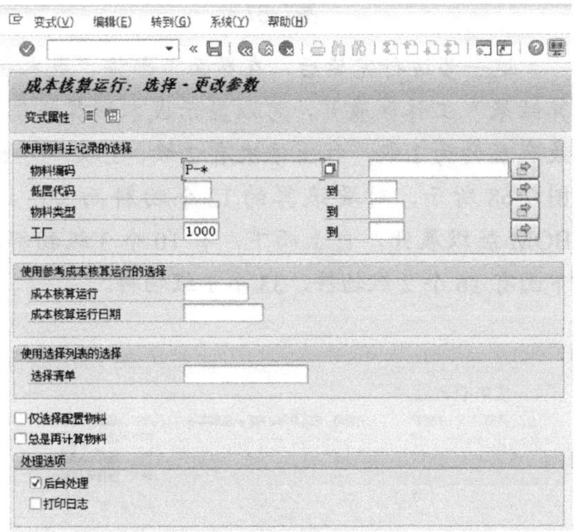

图7-59

此处为简便起见，仅滚算1000工厂以“P-”开头的物料成本。

单击“返回”按钮，系统提示是否保存刚输入的参数，如图7-60所示。

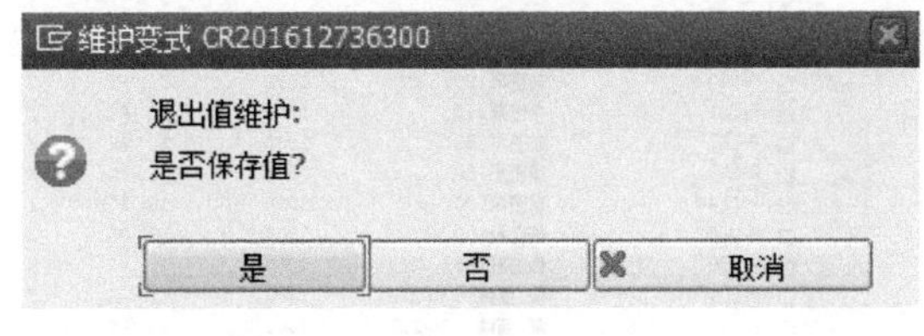

图7-60

单击 是 按钮，返回“编辑成本核算运行”界面，在底部显示“变体 ×××× 的属性已保存”，同时，在“选择”步骤上的“执行”按钮出现了，如图7-61所示。

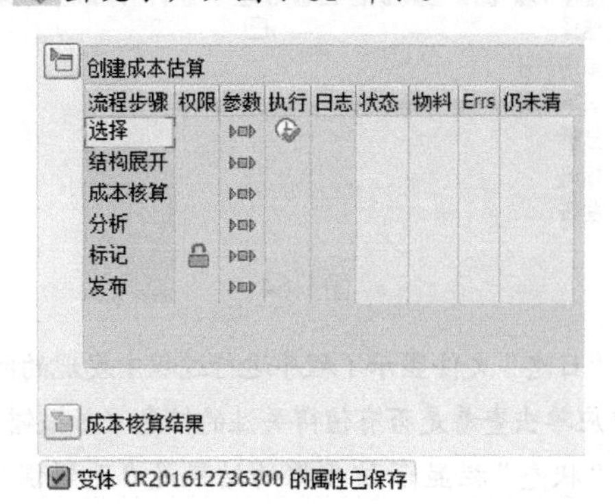

图7-61

单击“执行”按钮，弹出“后台处理：作业参数”界面。在此界面中，系统自动默认作业名（成本核算运行代码_成本核算年月日_用户名_SELECT），并且自动默认使用服务器组（因为步骤2中选择了服务器组），用户手工勾选“立即开始”复选框，如图7-62所示。

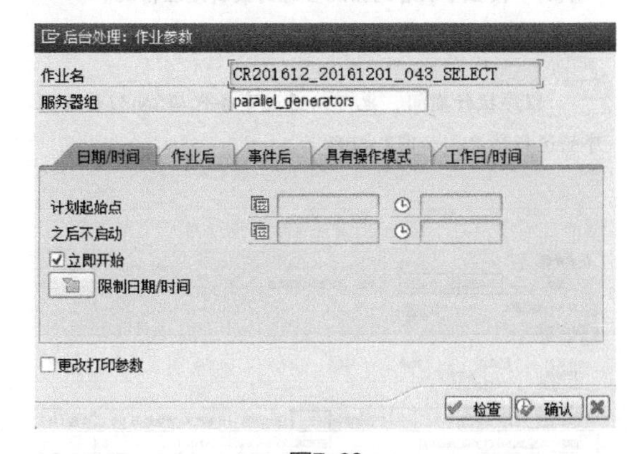

图7-62

依次单击 检查 按钮、 确认 按钮后，返回“编辑成本核算运行”界面，在底部提示“使用者CR201612_20161201_043_SELECT的工作043是活动”，如图7-63所示，意即“用户043提交的后台工作CR201612_20161201_043_SELECT已经是活动的”。

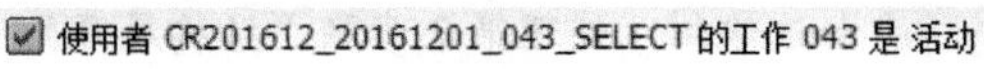

使用者 CR201612_20161201_043_SELECT 的工作 043 是 活动

图7-63

单击“刷新”按钮，可以看到“选择”步骤的日志、状态等字段有所更新，如图7-64所示。

创建成本估算

流程步骤	权限	参数	执行	日志	状态	物料	有错误	仍未清
选择						12	0	
结构展开								
成本核算								
分析								
标记								
发布								

图7-64

“日志”文件显示了程序运行过程中发现的问题。用户应单击查看是否有值得关注的信息（如报错）。

“状态”栏显示该步骤的结果是“无错误”(绿色)、“警告”（黄色）还是“出错”（红色）。

“物料”栏显示该步骤处理了多少物料。

“有错误”栏显示该步骤中有多少物料出错了。

“仍未清”栏显示该步骤中有多少物料尚没有执行完毕。

提示

后面两个字段在程序执行过程中是动态变化的过程。如果程序处理的物料数较多、耗时比较长，则通过“刷新”按钮可以看到系统当时的最新处理情况。

提示

程序执行期间，也可以通过事务代码SM37查看程序的运行情况，如图7-65所示。

作业总览

作业概览开始位置： 2016-12-01 时间> 10:57:00
至： 2016-12-01 时间> 11:57:00
选定的作业名称： CR*
所选用户名： 043

☐已计划的 ☑已释放 ☑就绪 ☑活动的 ☑已完成 ☑已取消
☐已控制事件 事件标识：
☐ABAP 程序 程序名称：

作业	Ln	作业创建者	状态	开始日期	开始时间	持续期间（秒）	延迟（秒）
CR201612_20161201_043_SELECT		043	已完成	2016-12-01	10:57:50	3	0
*摘要						3	0

图7-65

在查看作业时，主要查看状态、作业日志、假脱机（如系统有假脱机文件产生，则在 Ln 字段会有图标出现）。在查看作业日志和假脱机文件时，须选中要查看的作业，然后单击工具栏上的相应按钮。

STEP 7 如法炮制，处理第 2 步骤“结构展开”。输入参数，如图 7-66 所示。

“结构展开”步骤的后台作业命名为 CR201612_20161201_043_EXPLOS。运行完毕后，在“编辑成本核算运行”界面单击“刷新”按钮，系统显示了“结构展开”步骤的运行结果，如图 7-67 所示。

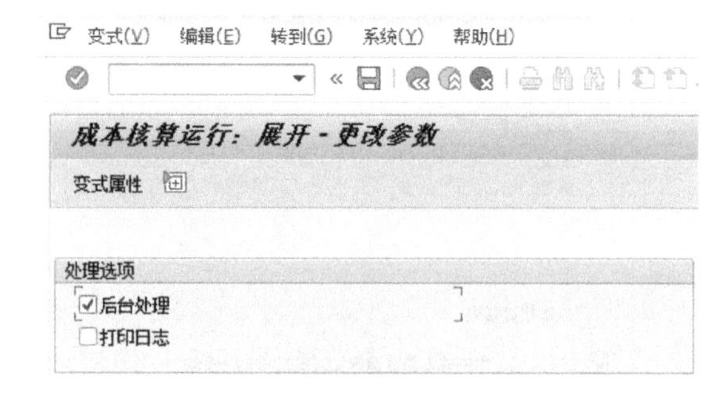

图7-66

创建成本估算

流程步骤	权限	参数	执行	日志	状态	物料	有错误	仍未清
选择						12	0	
结构展开						59	0	
成本核算								
分析								
标记								
发布								

图7-67

这一步运行完毕后，在界面下部将“成本核算结果”工作区展开，可以显示成本核算级别。最底层的为 1 级，往上依次有 2 级、3 级……如图 7-68 所示，对要滚算的 12 个物料而言，按 BOM 层级展开，自上而下，有 10 个 3 级物料，下面有 16 个 2 级物料，33 个 1 级物料。

成本核算级别 物料总览 分析

成本核算级别

等级	Σ	对象数	消息选	成本估算的编	消息成本评估	状态	成本核算状态
3		10	1	0	0	SE	选择无错误
2		16	1	0	0	SE	选择无错误
1		33	0	0	0	SE	选择无错误
	▪	59					

图7-68

单击 物料总览 按钮，可以看到具体哪些物料是 3 级、哪些是 2 级、哪些是 1 级，如图 7-69 所示。

成本核算级别 物料总览 分析

物料总览

例外	物料	名称	工厂	计划批量	VUM	等级
	P-100	精密泵100	1000	100	PC	3
	P-101	精密泵100	1000	10	PC	3
	P-102	精密泵100	1000	10	PC	3
	P-103	精密泵100	1000	1	PC	3
	P-104	精密泵100	1000	10	PC	3
	P-106	精密泵100	1000	100	PC	3
	P-108	精密泵100	1000	1	PC	3
	P-109	泵, 铸铁, 170-230	1000	10	PC	3
	P-112	泵, 铸铁, 170-230	1000	10	PC	3
	P-113	泵, 铸铁, 170-230	1000	10	PC	3
	100-100	蜗壳	1000	10	PC	2
	100-200	驱动	1000	10	PC	2
	100-300	空心轴	1000	10	PC	2

图7-69

STEP 8 继续处理第3步骤“成本核算”。输入参数，如图7-70所示。

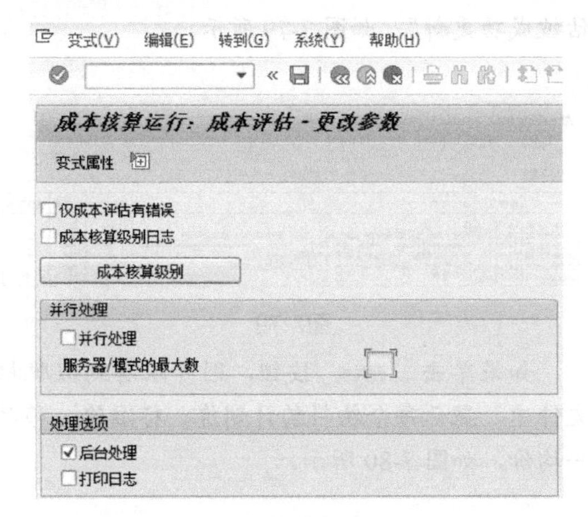

图7-70

“成本核算”步骤的后台作业命名为CR201612_20161201_043_COSTING。运行完毕后，在“编辑成本核算运行”界面单击“刷新”按钮，系统显示“成本核算”步骤的运行结果，如图7-71所示。

创建成本估算

流程步骤	权限	参数	执行	日志	状态	物...	Errs	仍未清
选择						12	0	
结构展开						59	0	
成本核算						59	0	0
分析								
标记								
发布								

图7-71

从图7-71中可以看出，虽然选择的物料只有12个，但是经过结构展开后，系统对自上而下共59个物料都进行了成本滚算。

STEP 9 继续处理第4步骤“分析”。输入参数，如图7-72所示。

图7-72

分析步骤可以直接在前台运行，以便直接看到成本核算运行的结果。在执行后，系统显示成本核算运行的结果，如图7-73所示。

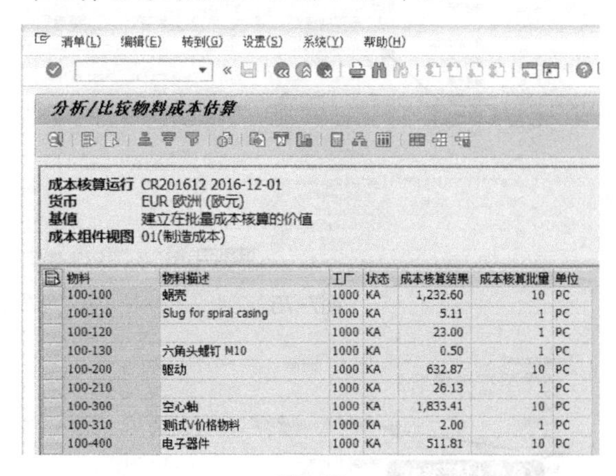

清单(L) 编辑(E) 转到(G) 设置(S) 系统(Y) 帮助(H)

分析/比较物料成本估算

成本核算运行 CR201612 2016-12-01
货币 EUR 欧洲 (欧元)
基值 建立在批量成本核算的价值
成本组件视图 01(制造成本)

物料	物料描述	工厂	状态	成本核算结果	成本核算批量	单位
100-100	蜗壳	1000	KA	1,232.60	10	PC
100-110	Slug for spiral casing	1000	KA	5.11	1	PC
100-120		1000	KA	23.00	1	PC
100-130	六角头螺钉 M10	1000	KA	0.50	1	PC
100-200	驱动	1000	KA	632.87	10	PC
100-210		1000	KA	26.13	1	PC
100-300	空心轴	1000	KA	1,833.41	10	PC
100-310	测试V价格物料	1000	KA	2.00	1	PC
100-400	电子器件	1000	KA	511.81	10	PC

图7-73

用户可以据此对每一个物料的成本进行分析查看。如果和历史的标准成本有较大偏差，可以立即分析是什么原因所致。选中某行的物料，双击或者单击工具栏的“明细”按钮，即可查看详细的成本滚算信息，供用户分析。

在解决问题前，暂时不要往下继续。

在“分析”程序运行完成后，在“编辑成本核算运行”界面下部的“成本核算结果”工作区，“分析”按钮会被激活，单击它则会显示与图7-73类似的信息，如图7-74所示。

物料	物料描述	工厂	状态	成本核算结果	批量大	单位
100-100	蜗壳	1000	KA	1,232.60	10	PC
100-110	Slug for spiral casing	1000	KA	5.11	1	PC
100-120		1000	KA	23.00	1	PC
100-130	六角头螺钉 M10	1000	KA	0.50	1	PC
100-200	驱动	1000	KA	632.87	10	PC

图7-74

在此工作区，还可以针对每一个物料显示各种有用的信息。例如，选中某个物料，单击右键，在弹出的快捷菜单中选择“成本组元”（cost component，成本组件）命令，系统会将该物料的成本构成列示出来，如图7-75所示。

STEP 10 继续处理第5步骤“标记”。

在输入“标记”前，先要确保“权限”（授权）栏的锁形标记是否处于打开状态。如果是关闭状态，则表明“尚未允许”。这种情况下，需要给相应的公司代码予以授权，允许标记成本，如图7-76所示。

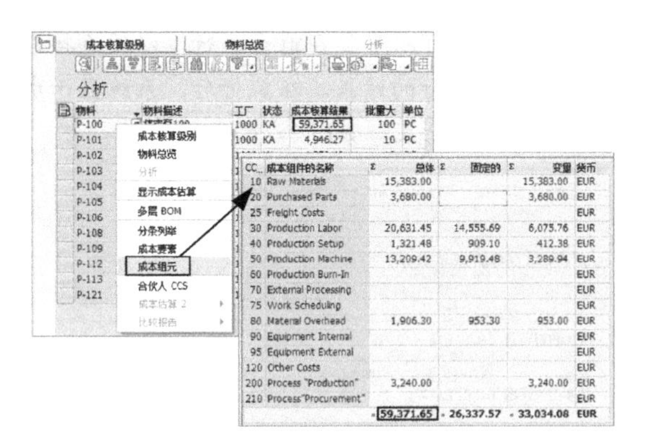

图7-75

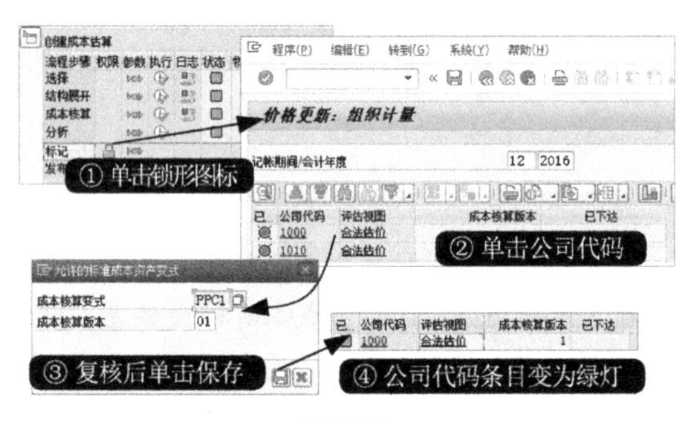

图7-76

返回后即可看到"权限"栏里的锁形标记变为打开状态（已允许）了。

输入"标记"步骤的参数，如图 7-77 所示。

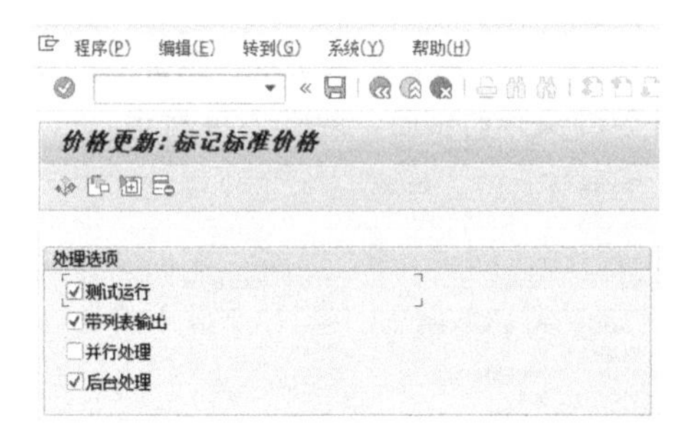

图7-77

测试运行后，"创建成本估算"工作区"标记"步骤的状态和物料数不会发生变化，如图 7-78 所示。

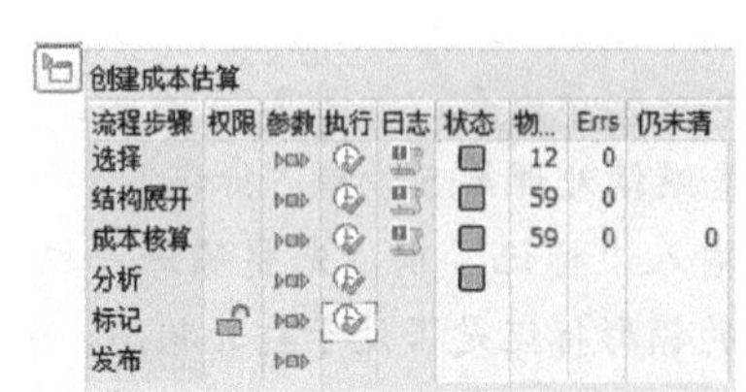

图7-78

"标记"的后台作业命名方式为 CR201612_20161201_043_MARKING。如果用 SM37 查看后台作业，可以看到日志文件中体现"XX 成本评估被成功更新"，如图 7-79 所示。

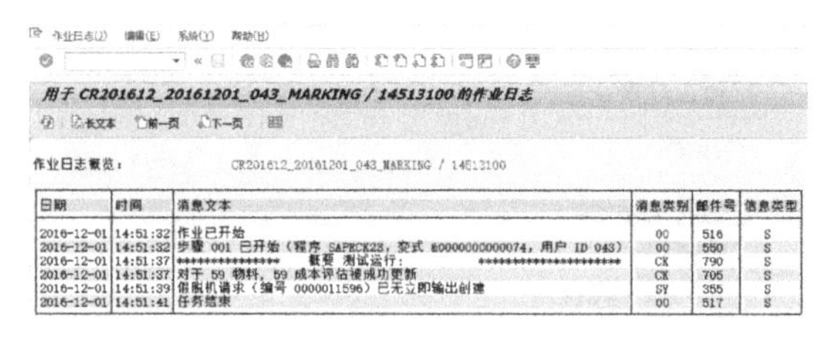

图7-79

如果单击假脱机按钮，则可以看到假脱机文件中，显示每个物料的计划价、标准价、移动平均价，如图 7-80 所示。

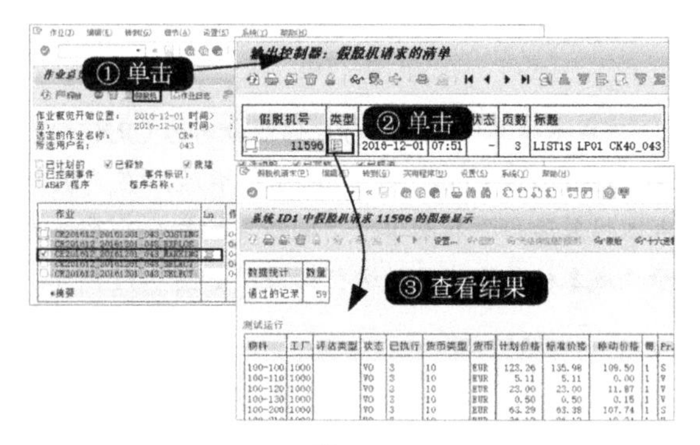

图7-80

回到"标记"步骤的参数输入界面（见图 7-77），去掉"测试运行"复选框的勾选，再次运行，系统会显示有多少物料被成功标记，如图 7-81 所示。

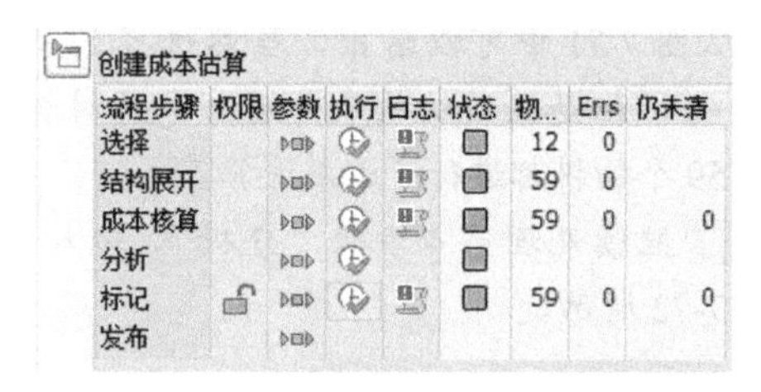

图7-81

如果单击"日志"按钮，可以看到系统提示"×× 成本评估被成功更新"，如图 7-82 所示。

图7-82

标记物料成本成功后，物料主数据的会计视图和成本视图中都会有相应的变化。以参与滚算的物料 100-100 为例，其“成本 2”视图的“将来”成本已经变为 2016 年 12 月的 123.26。

> **提示**
> 由图7-83可以发现，选择滚算的物料是以“P-”开头物料，但是系统自上而下地滚算所有相关物料后，下层的物料（如100-100）也被滚算，并且连带着被标记。

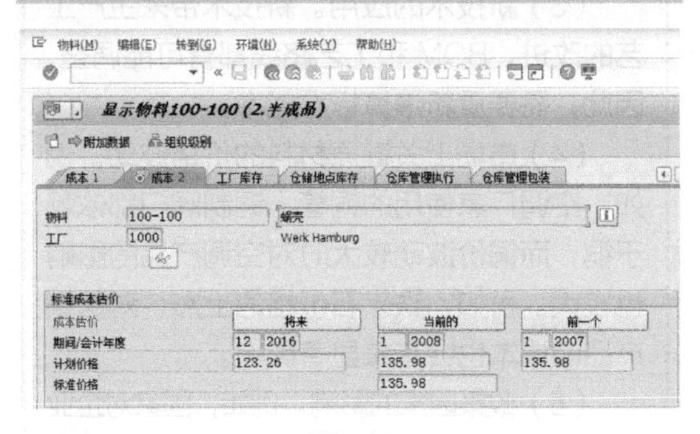

图7-83

STEP 11 继续处理第 6 步骤“发布”。

输入发布成本的参数，如图 7-84 所示。

程序(P) 编辑(E) 转到(G) 系统(Y) 帮助(H)

价格更新：发布 标准价格

其他价格

处理选项

- ☐ 测试运行
- ☑ 带列表输出
- ☐ 并行处理
- ☑ 后台处理

图7-84

一般情况下，也是先测试运行，再正式运行。

发布的后台作业命名方式为 CR201612_20161201_043_RELEASE。执行后，“创建成本估算”工作区的显示，如图 7-85 所示。

创建成本估算

流程步骤	权限	参数	执行	日志	状态	物...	Errs	仍未清
选择						12	0	
结构展开						59	0	
成本核算						59	0	0
分析								
标记						59	0	0
发布						59	0	0

图7-85

成本发布后，新的标准成本就体现在物料主数据的当前成本中。仍以物料 100-100 为例，先前的“将来”按钮下的成本移到“当前的”按钮下，而同时，先前的“当前的”按钮下的成本则移到“前一个”按钮下，如图 7-86 所示。

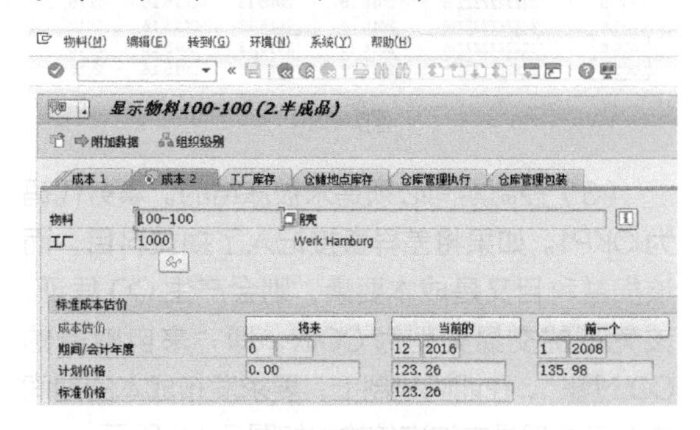

图7-86

延伸思考 发布物料的标准成本对于期间的状态上有哪些要求？

回答这一问题之前，首先要考虑发布物料成本后，系统产生了哪些变化？假设物料先前有一定的库存，那么，在价格变化的情况下，物料的价值也会随之变化，同时，还会伴随着会计凭证（FI 凭证）、控制凭证（CO 凭证，可能有）。因此，需要以下期间共同配合。

（1）发布物料成本的物料期间必须打开。相关事务代码：MMPV 打开物料期间；MMRV 查看当前的物料期间，如图 7-87 所示。

图7-87

（2）会计期间必须打开。事务代码：OB52。要确保账户类型 +、M、S 在发布物料成本的期间是打开的（请参见 2.4.4 小节），如图 7-88 所示。

图7-88

（3）控制期间必须是未被冻结的。事务代码为 OKP1。如果将差异直接记入了损益科目，而该损益科目又是成本要素，则会产生 CO 凭证，该凭证的交易类型为 COIN，即“来自财务的 CO 过账”。在期间控制上，要求发布成本的期间该业务处理是未被冻结的，如图 7-89 所示。

图7-89

设计参考

企业在一般在什么时候进行批量成本滚算?

标准成本，作为成本的标杆，如果每个月初都在修改，就不能称其为“标杆”了。因此，标准成本应该在一定时期内保持不变，这样才有衡量企业成本控制效果的依据。

企业选择批量成本滚算的时机，要考虑有哪些因素大规模地影响到产品的成本。总体来说，有以下一些因素会影响到产品的成本。

（1）每年年初，由于新年度预算的执行，相应地，各种价格要素都会发生变化，此时，有必要重新滚算所有物料的标准成本。一般情况下，针对这种滚算，应该在上一年度 12 月末滚算好，先做好标记，然后在新年度 1 月 1 日予以发布。

（2）企业经营的淡旺季切换。在淡季和旺季，企业的某些价格要素会发生变化，如人工工时费率（旺季时可能由于劳动力市场趋于卖方市场，价格偏高）、机器工时费率（旺季时，由于产量加大，但机器折旧费固定不变，因此机器工时费率偏低），这也成为重新批量滚算产品的理由。

（3）新技术的应用。新技术带来生产工艺的改进，BOM 和工艺路线都有可能调整，因此，需要重新滚算标准成本。

（4）市场上关键原材料的价格波动。例如，空调厂家使用的铜管、铜制阀门都依赖于铜，而铜价波动较大时对空调产品的影响也较大。再如，铁矿石价格的上涨，对钢铁产品的成本也会带来显著影响。

（5）政策因素的影响。例如，国家对企业缴纳社会保险政策的调整、国家税制（增值税、关税等）的调整等，都会影响到企业的成本。

（6）外汇市场的波动。对于原材料需要进口的企业而言，外汇市场的波动会直接影响原材料的采购成本。

如果以上这些事件显著影响到产品的成本，可以考虑重新批量滚算标准成本。

7.3 成本对象控制

成本对象控制是指对不同的成本对象（cost object），如成本收集器、生产订单、销售订单进行成本的期末结算。基于这些不同的成本对象，SAP 在成本对象控制菜单下，细分了相应的操作菜单，如图 7-90 所示。

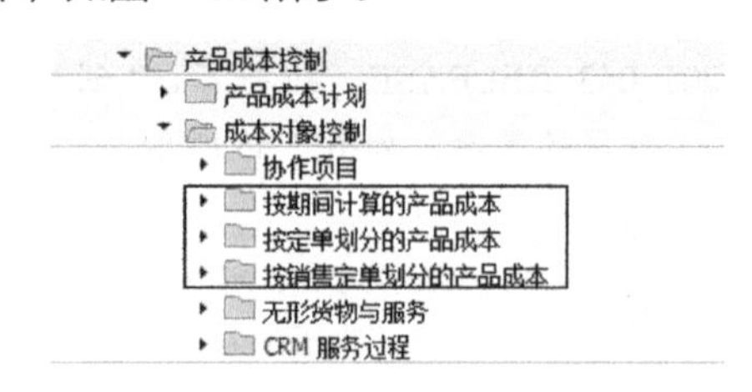

图7-90

“按期间计算的产品成本”，主要是针对成本收集器进行月结操作；“按订单划分的产品成本”，主要是针对生产订单进行月结操作；“按销售订单划分的产品成本”，则是针对销售订单进行月结操作。其中，针对生产订单的月结最为普遍。本节主要介绍此业务，并简略介绍其他两种类型的月结。

7.3.1 针对生产订单的月结

在“按订单划分的产品成本”菜单下，可以看到，这里的“订单”包括 PP 生产订单、处理订单、成本控制生产订单，如图 7-91 所示。

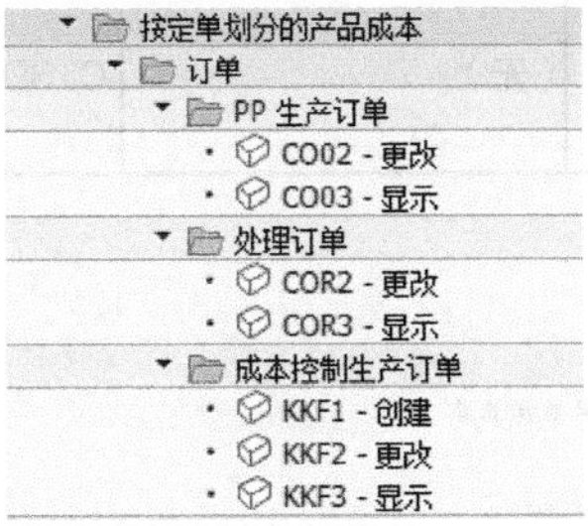

- 按定单划分的产品成本
  - 订单
    - PP 生产订单
      - CO02 - 更改
      - CO03 - 显示
    - 处理订单
      - COR2 - 更改
      - COR3 - 显示
    - 成本控制生产订单
      - KKF1 - 创建
      - KKF2 - 更改
      - KKF3 - 显示

图7-91

PP 生产订单：PP 模块下达的生产订单，一般是离散制造行业（如电力电子、机械加工、汽车制造等）的生产订单。

处理订单：process order，应译为“流程订单”，是指针对流程行业（如化工行业、饮品行业等）企业下达的生产订单。

成本控制生产订单：又称为 CO 生产订单，类似于内部订单，但和内部订单不同的是，它有生产的对象（物料），成本可以结算到物料上。

> 提示
> 因为PP生产订单和流程订单都是在PP模块创建的，因此，在财务人员操作的CO菜单下，只有“更改”和“显示”的操作权限；而成本控制生产订单（CO生产订单），对财务人员而言，不仅可以更改和显示，还可以“创建”。可见，CO生产订单是可以由财务人员发起创建的。

这几种订单中最为典型的是 PP 生产订单。几种订单的系统知识大同小异，本节主要以 PP 生产订单（以下简称“生产订单”）为例进行说明。

1．生产订单月结概览及订单基础知识

要了解生产订单的月结，首先要了解围绕生产订单的业务操作以及对财务或成本的影响。生产订单的操作过程基本包括：创建→下达→发料→报工→收货→技术完成→财务月结→关闭。这些步骤分别由不同的部门操作完成，对财务或成本也有不同的影响。具体可以用表 7-4 来说明。

表 7-4 订单的操作步骤

序号	步骤	含义	操作部门	FI 凭证	CO 凭证	订单状态
1	创建	创建生产订单，并保存	生产部门	（无）	（无）	CRTD（已创建）
2	下达	下达订单，可以开始发料、报工、收货	生产部门	（无）	（无）	REL（下达）
3	发料	从材料仓库或半成品仓库对订单发料	发料的仓库	Dr：生产成本－原材料/半成品 Cr：原材料/半成品	订单上增加生产成本（初级成本要素）	GMPS（已过账的货物移动）
4	报工	确认每个工序的人工、机器作业量	生产部门	（无）	成本中心成本（以次级成本要素）转移到订单	PCNF/CNF（部分确认/完全确认）
5	收货	将生产的对象收货入库	收货的仓库	Dr：产成品 Cr：生产成本－转出－入库	订单上以入库额转出生产成本（初级成本要素）	PDLV/DLV（部分收货/完全收货）
6	技术完成	订单已经不再继续生产	生产部门	（无）	（无）	TECO（技术完工）
7-1	财务月结 1	将作业价格重估到订单	财务部门	（无）	成本中心成本（以次级成本要素）转移到订单	
7-2	财务月结 2	计算间接费用	财务部门	（无）	成本中心成本（以次级成本要素）转移到订单	
7-3	财务月结 3	对订单计算在制品（如果状态不是 DLV，且不是 TECO）	财务部门	（无）	（无）	RESA（结果分析）
7-4	财务月结 4	对订单计算差异（如果状态是 DLV 或 TECO）	财务部门	（无）	（无）	VCAL（差异已计算）

续表

序号	步骤	含义	操作部门	FI 凭证	CO 凭证	订单状态
7-5	财务月结 5	对订单结算（如果有在制品）	财务部门	Dr：在制品 Cr：生产成本 - 转出 - 在制品	（无）	
		对订单结算（如果有差异）	财务部门	Dr：生产订单差异 Cr：生产成本 - 转出 - 差异	订单上以差异额转出生产成本（初级成本要素）	
8	关闭	订单结算完毕（如果状态是 DLV 或 TECO，且已经有 VCAL）后对其进行关闭	生产部门	（无）	（无）	CLSD（关闭）

注：以上的 FI 凭证和 CO 凭证均为系统自动生成。

从表 7-4 中可以看出，企业的财务人员在订单上的操作主要集中在月末对订单进行月结处理。其他的工作基本上由各个业务部门在日常就完成了，并“潜移默化”地对财务产生影响。在这种情况下，财务人员在平时必须了解订单上的成本演变情况，并注意观察异常情况，如成本的异常升高。

【业务操作】如何查看订单的成本情况？

路径 1：SAP 菜单 > 后勤 > 生产 > 车间现场控制 > 订单 > 显示

路径 2：SAP 菜单 > 会计核算 > 控制 > 产品成本控制 > 成本对象控制 > 按订单划分的产品成本 > 订单 > PP 生产订单 > 显示

事务代码：CO03

STEP 1 进入“生产订单 显示：初始屏幕”界面，通过搜索帮助选择或直接输入订单编号，如图 7-92 所示。

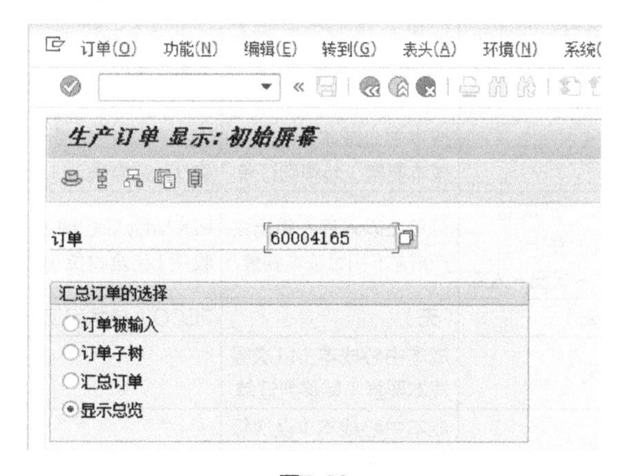

图7-92

STEP 2 按回车键进入“生产订单 显示：抬头”界面，查看订单的状态、总数量、已交货数量等信息，如图 7-93 所示。

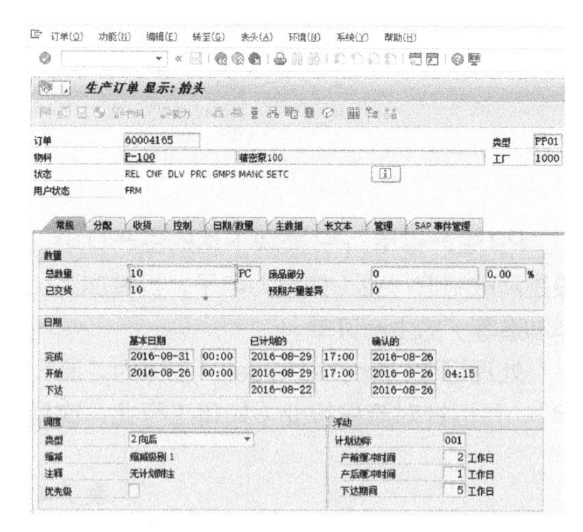

图7-93

订单有两个状态，即“状态”和“用户状态”。前者为系统根据订单操作的节点自动判断而产生的状态，后者为用户手工更新的状态（例如，如果订单要走审批流程，可以设定一个状态为“APRV”）。对于系统状态，如果希望了解某个代码的具体含义，可以单击“状态”按钮 查看明细，如图 7-94 所示。

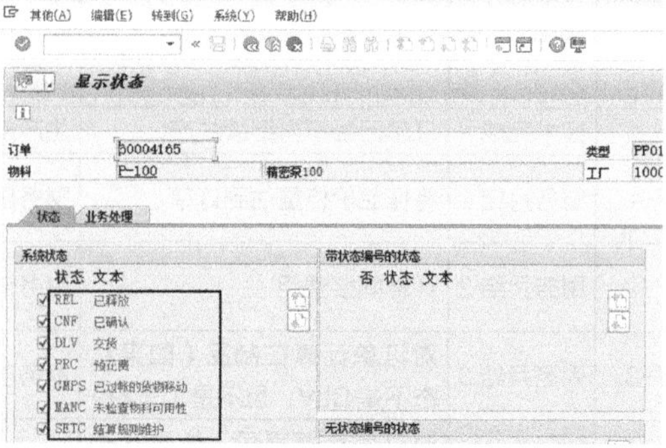

图7-94

订单抬头上的“总数量”和“已交货”数量传递了重要的信息。

- ◆ 当已交货数量≥总数量时，订单会自动具有 DLV（delivered，完全交货）的状态。在这种情况下，是可以计算差异的。
- ◆ 如果 0＜已交货数量＜总数量，则订单只是具有 PDLV（partially delivered，部分交货）状态，如果不具备 TECO（technical completion，技术性完成）状态，只能计算在制品。
- ◆ 如果已交货数量为 0，则表明订单尚未交货，此时订单有 REL 的状态，如果不具备 TECO 状态，也只能计算在制品。

STEP 3 在“生产订单 显示：抬头”界面，切换到“控制”选项卡，可以看到订单的“控制”属性，其中部分是和成本有关的，如图 7-95 所示。

常规 | 分配 | 收货 | 控制 | 日期/数量 | 主数据 | 长文本 | 管理 | SAP 事件管理

订单
参考订单 | 删除标志
保留/采购申请 3 立即

成本核算
计划成本变式 PPP1 | 实际成本变式 PPP2
成本核算表 COGM | 间接费用码 SAP10
结果分析码 FERT | 差异码 000001
计划成本计算 2 保存时确定计划成本

调度
计算能力需求 | 借助的中断 | 自动地

生产计划参数文件
参数文件 000001

图7-95

这里的成本核算属性是在后台或者物料主数据成本视图设置的，在订单创建时自动代入。它会在订单的成本计算过程中起到一定作用。例如，计划成本计算的属性为“保存时确定计划成本”，因此，订单一经保存，计划成本就已经确定了。

STEP 4 利用菜单中的“转至”→“成本”→“分析”命令（见图 7-96），进入“成本趋势”界面，可以看到该订单的计划成本、实际成本以及二者的对比差异，如图 7-97 所示。

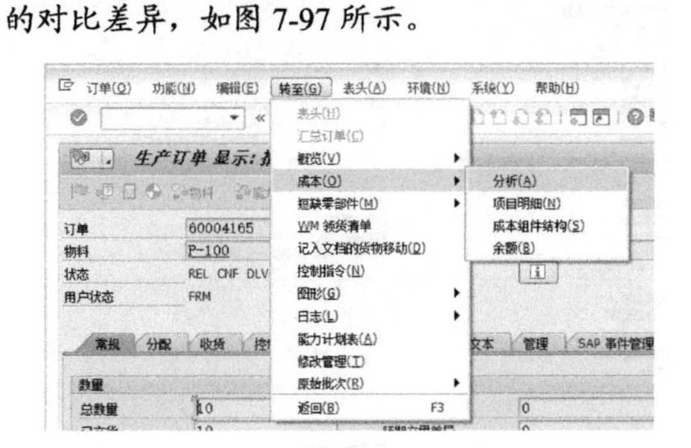

图7-96

清单(L) 编辑(E) 转到(G) 视图(I) 设置(S) 系统(Y) 帮助(H)

成本趋势

订单 60004165 P-100
订单类型 PP01 标准生产订单
工厂 1000 Werk Hamburg
材料 P-100 精密泵100
计划数量 10 ST 个
实际数量 10 ST 个
目标成本版本 0 实际成本vs标准成本滚算

业务交易	原始	原始（文本）	Σ 全部计划成本	Σ 总的实际成本	Σ 总计目标成本	Σ 计划/实际差异
发货	1000/100-700	金属薄片 ST37	153.60	153.60	160.00	0.00
	1000/100-130	六角头螺钉 M10	12.00	12.00	40.00	0.00
	1000/100-600	承重壳	900.00	900.00	512.00	0.00
	1000/100-100	蜗壳	1,359.80	1,359.80	1,232.60	0.00
	1000/100-200	驱动	633.80	633.80	632.87	0.00
	1000/100-400	电子器件	525.10	525.10	511.81	0.00
	1000/100-500	轴承壳	436.80	436.80	440.50	0.00
	1000/100-300	空心轴	2,090.70	2,090.70	1,833.41	0.00
发货			6,111.80	6,111.80	5,363.19	0.00
确认	4230/1421	Pump Assembly / Wage Hours	200.00	203.00	217.71	3.00
	4230/1420	Pump Assembly / Machine Hours	133.33	137.33	277.48	4.00
	4230/1422	Pump Assembly / Setup Hours	1.00	1.00	3.94	0.00
确认			334.33	341.33	499.13	7.00
间接费用	4130	Warehouse	106.56	106.56	71.20	0.00
间接费用			106.56	106.56	71.20	0.00
综合	300900	Work Scheduling	72.00	0.00	7.20	72.00-
综合			72.00	0.00	7.20	72.00-
收货	1000/P-100	精密泵100	6,971.70-	6,971.70-	0.00	0.00
收货			6,971.70-	6,971.70-	0.00	0.00
			347.01-	412.01-	5,940.72	65.00-

图7-97

“成本趋势”（cost trend）其实就是订单的成本分析。它随着订单操作的深入而不断变化。它显示的成本有 3 列，即计划成本、实际成本、目标成本。

计划成本：订单保存或下达时，针对计划生产的“总数量”计算出的计划成本，它根据 BOM 和工艺路线展开物料和作业，并配上物料和作业的价格计算而来。其中，价格根据订单上的“计划成本核算变式”获取。

实际成本：随着订单的逐步执行，逐步积累的实际的成本，包括发料的成本、报工的作业成本等。其中，物料价格根据物料主数据上“价格控制的价格”获取（S 取标准价，V 则取移动平均价）；作业价格平时取自事务代码 KP26 中设置的计划价格，在月末会以实际价格重估。

目标成本：根据产品实际入库的数量，配上标准成本滚算时获得的“每个单位产品”下层组件物料成本、作业成本，计算出来的目标成本。例如，产品实际入库 1EA，则有 1EA 的目标成本；实际入库 2EA，则有 2EA 的目标成本。

> **提示**
> 因此，目标成本并不一定有数据，它必须有两个前提：①有实际的产品入库；②产品标准成本是经过滚算而得到的，而不是直接手工赋予的标准成本。

订单的成本分析显示了订单上成本的构成。系统默认将成本拆分成以下几个部分。

发货：对订单发料形成的成本。图 7-97 中

"原始"栏显示的 1000/100-700 是指"工厂 / 发出物料"，表明从哪个工厂发出的什么物料。

确认： confirmations，对订单报工形成的成本。图 7-97 中"原始"栏显示的 4230/1421 是指"成本中心 / 作业类型"，表明报工操作吸收了哪个成本中心的哪种作业的成本。

间接费用： overhead，对订单计算间接费用得出的成本。图 7-97 中"原始"栏显示的 4130 是指"成本中心"，表明计算的间接费用是从哪个成本中心吸收而来的。

综合： miscellaneous，应译为"杂项"，是指在启用了 activity-based costing（基于作业的成本核算）的前提下，对订单计算了"业务流程"（business process）的费用。图中"原始"栏显示的 300900 就是"业务流程"的编号（在国内基本不用此概念）。

收货： 是指订单收货入库时的成本。一般地，收货入库，对应为订单成本的转出，因此多体现为负数。图中"原始"栏显示的 1000/P-100 是指"工厂 / 收货物料"，表明往哪个工厂入库什么物料。

2. 对订单做作业价格重估

一个企业的订单，在月末的时点具有不同的状态：有的已经完成；有的尚在生产中。此时，财务要对其进行月结操作：对已经完成的订单要计算差异，即计算出该订单节约多少、浪费多少；对尚在生产中的订单，要计算出在制品金额。而在此前，需要将所有订单的实际成本栏的报工成本以作业的实际价格进行重估。从作业价格重估到最后的订单结算，就是表 7-4 中的步骤"财务月结 1"~"财务月结 5"。

首先看财务月结 1：对订单做作业价格重估。在成本中心会计子模块（CO-CCA），已经计算出作业类型的实际价格，但该价格并未影响到订单。要使其影响到订单，更新订单"确认"（即报工）部分的金额，还需要运行作业价格重估（重估到订单）。

【业务操作】财务月结 1：对订单做作业价格重估。

路径：SAP 菜单 > 会计核算 > 控制 > 产品成本控制 > 成本对象控制 > 按订单划分的产品成本 > 期末结算 > 单一功能 > 按实际价格重估 > 集中处理

事务代码：CON2

STEP 1 在"按实际价重新估算：生产 / 处理订单"界面输入工厂、期间、会计年度等参数，如图 7-98 所示。

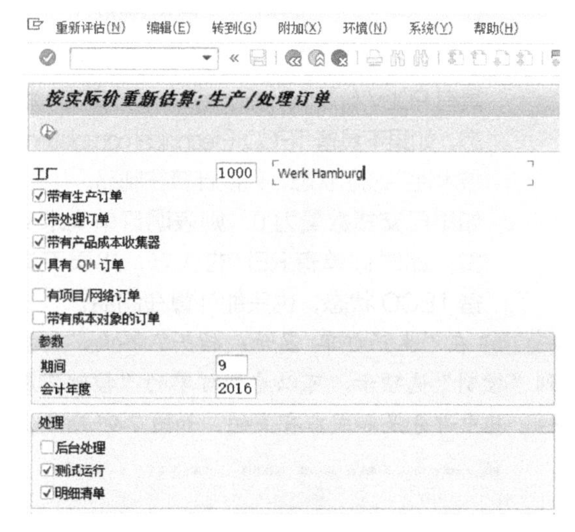

图7-98

带有生产订单 / 带处理订单 / 带有产品成本收集器 / 具有 QM 订单： 勾选表示在此次重估时，对这些成本对象一同处理。如果某企业只有生产订单，可以只勾选"带有生产订单"复选框。

明细清单： 勾选复选框后，程序运行完毕，可以看到一个明细清单。一般情况下，勾选此复选框。

STEP 2 单击"执行"按钮，系统经过一段时间的运行后，显示"按实际价重新估算：生产 / 处理订单 基本清单"界面，如图 7-99 所示。

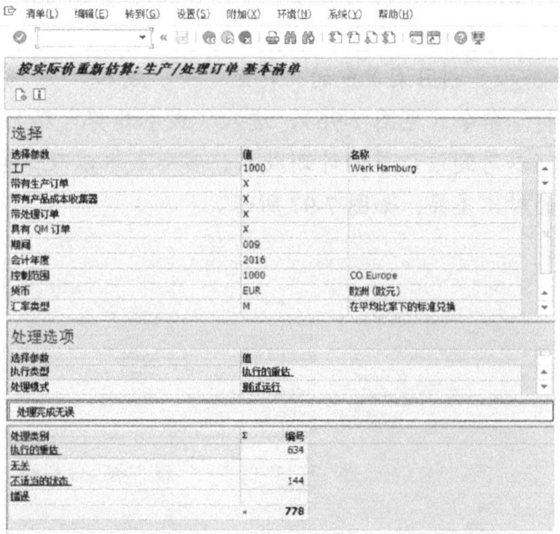

图7-99

在此清单中，要注意查看是否有错误产生。图 7-99 显示，此次运行“处理完成无误”。

STEP 3 单击“显示下一清单等级”按钮，系统显示“按实际价重新估算：生产 / 处理订单 重新评估”界面，如图 7-100 所示。

清单(L) 编辑(E) 转到(G) 设置(S) 附加(X) 环境(N) 系统(Y)

按实际价重新估算：生产/处理订单 重新评估

发送者	接收者	成本要素	CO范围货币值
ATY 1000/4230/1421	ORD 60003695	619000	41,957.71
ATY 1000/4230/1420		620000	187,249.57
ATY 1000/4230/1421	ORD 60004162	619000	59.82
ATY 1000/4230/1420		620000	42.79
ATY 1000/4230/1422		625000	824.98
ATY 1000/4230/1421	ORD 60004215	619000	4,784.22
ATY 1000/4230/1420		620000	21,351.08
ATY 1000/4230/1421	ORD 60004216	619000	5,310.50
ATY 1000/4230/1420		620000	23,699.79

图7-100

重估的过程，其实就是成本从成本中心向订单流动的过程。以第 1 行为例，“发送者”中的 ATY 1000/4230/1421 是指“控制范围 / 成本中心 / 作业类型”，“接收者”中的 ORD 60003695 指生产订单，成本要素 619000 是作业类型 1421 对应的次级成本要素，“CO 范围货币值”是指以“控制范围货币”计量的成本转移金额。第 1 行表明，将从成本中心 4230 往生产订单 60003695 以成本要素 619000 再发送 41 957.71 欧元的成本。

STEP 4 返回“按实际价重新估算：生产 / 处理订单”界面，去掉“测试运行”复选框的勾选，如图 7-101 所示。

重新评估(N) 编辑(E) 转到(G) 附加(X) 环境(N) 系统(Y) 帮助(H)

按实际价重新估算：生产/处理订单

工厂 1000 Werk Hamburg
☑带有生产订单
☑带处理订单
☑带有产品成本收集器
☑具有 QM 订单
☐有项目/网络订单
☐带有成本对象的订单

参数
期间 9
会计年度 2016

处理
☐后台处理
☑测试运行
☐明细清单

图7-101

STEP 5 单击“执行”按钮，再次执行，复核重估的结果。

STEP 6（可选）从订单上复核作业价格重估的效果。使用事务代码 CO03 查看订单，并转至成本分析，可以看到报工的成本，双击其金额，系统显示成本的明细记录，如图 7-102 所示。

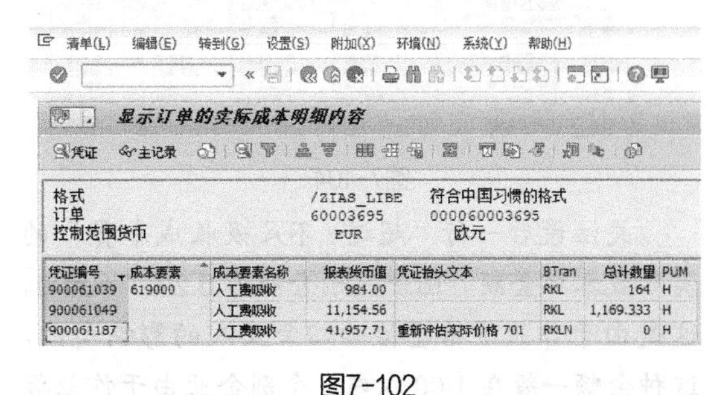
清单(L) 编辑(E) 转到(G) 设置(S) 附加(X) 环境(N) 系统(Y) 帮助(H)

显示订单的实际成本明细内容

格式 /ZIAS_LIBE 符合中国习惯的格式
订单 60003695 000060003695
控制范围货币 EUR 欧元

凭证编号	成本要素	成本要素名称	报表货币值	凭证抬头文本	BTran	总计数量	PUM
900061039	619000	人工费吸收	984.00		RKL	164	H
900061049		人工费吸收	11,154.56		RKL	1,169.333	H
900061187		人工费吸收	41,957.71	重新评估实际价格 701	RKLN	0	H

图7-102

其中，凭证 900061187 即为作业价格重估到订单产生的 CO 凭证。凭证抬头文本显示“重新评估实际价格 701”，BTran（Business Transaction，业务交易）栏显示为 RKLN，表明“重新评估实际价格”，而前两行的业务交易类型为 RKL（实际内部成本分配），即报工。另一个显著的特征为：报工的 CO 凭证行是有数量的，而作业价格重估的 CO 凭证行“总计数量”为 0。

STEP 7（可选）从成本中心角度复核作业价格重估的效果。使用事务代码 S_ALR_87013611 查看成本中心的成本（详见 6.10.2 小节），在贷方双击 619000 成本要素的金额，系统显示成本的明细记录，如图 7-103 所示。

清单(L) 编辑(E) 转到(G) 设置(S) 附加(X) 环境(N) 系统(Y) 帮助(H)

显示成本中心的实际成本明细内容

凭证编号	过帐日期	成本要素	成本要素名	业务伙伴类型	合作伙伴对象	BTran	报表货币值
900061187	2016-09-30	619000	人工费吸收	ORD	60003695	RKLN	41,957.71-
900061187	2016-09-30		人工费吸收	ORD	60004162	RKLN	59.82-
900061187	2016-09-30		人工费吸收	ORD	60004215	RKLN	4,784.22-
900061187	2016-09-30		人工费吸收	ORD	60004216	RKLN	5,310.50-
900061187	2016-09-30		人工费吸收	ORD	60004221	RKLN	2,990.17-
900061187	2016-09-30		人工费吸收	ORD	60004224	RKLN	574.11-
900061187	2016-09-30		人工费吸收	ORD	60004225	RKLN	598.04-
900061187	2016-09-30		人工费吸收	ORD	60004226	RKLN	598.04-
900061187	2016-09-30		人工费吸收	ORD	60004234	RKLN	6.00-
成本中心 4230 Pump Assembly / Wage Hours							• 56,878.61-

图7-103

从成本中心报表追溯到的明细记录，和订单报表追溯，实质上看到的是同样的信息。

STEP 8 使用事务代码 S_ALR_87013611 复核成本中心的实际余额，确保余额为 0，如图 7-104 所示。

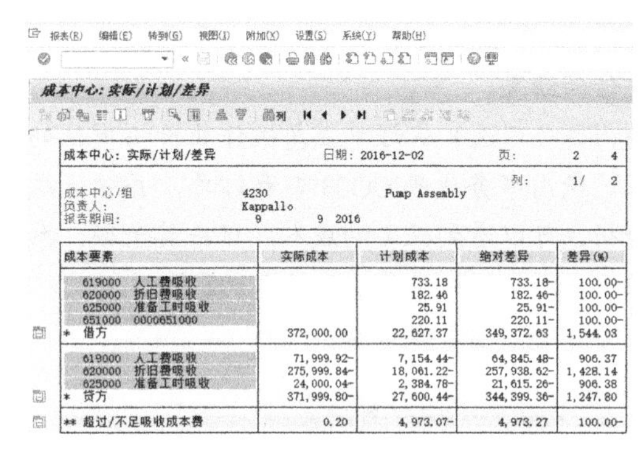

成本中心：实际/计划/差异 日期：2016-12-02 页： 2 4

列： 1/ 2

成本中心/组 4230 Pump Assembly
负责人： Kappallo
报告期间： 9 9 2016

成本要素	实际成本	计划成本	绝对差异	差异(%)
619000 人工费吸收		733.18	733.18-	100.00-
620000 折旧费吸收		182.46	182.46-	100.00-
625000 准备工时吸收		25.91	25.91-	100.00-
651000 0000651000		220.11	220.11-	100.00-
* 借方	372,000.00	22,627.37	349,372.63	1,544.03
619000 人工费吸收	71,999.92-	7,154.44-	64,845.48-	906.37
620000 折旧费吸收	275,999.84-	18,061.22-	257,938.62-	1,428.14
625000 准备工时吸收	24,000.04-	2,384.78-	21,615.26-	906.38
* 贷方	371,999.80-	27,600.44-	344,399.36-	1,247.80
** 超过/不足吸收成本费	0.20	4,973.07-	4,973.27	100.00-

图7-104

关注最后一行“超过/不足吸收成本费”的实际成本栏金额。图中显示金额为 0.20，不为 0。这是由于作业价格重估时四舍五入的影响所致，这种余额一般在 1.00 以内，个别企业由于作业数量较为庞大，也会出现大于 1.00、小于 100.00 的余额。

为什么作业价格重估后，成本中心余额会为 0？如果不完全为 0，应该怎么处理？

对生产性成本中心而言，在作业价格重估到订单前，借方反映的是成本中心实际发生的费用，贷方反映的是按作业类型计划价吸收走（进入生产订单）的费用，二者存在差异。作业价格重估就是按实际发生的费用来重估作业类型的价格，并将实际价与计划价的差异重估到订单上，如表 7-5 所示。

表 7-5　成本中心数据在作业价格重估前后的变化

分析项	业务操作	作业价格重估前	作业价格重估后
借方			
工资	费用记账	400	400
奖金	费用记账	200	200
借方合计：		600	600
贷方			
人工费吸收	报工	-480	-480
人工费吸收	作业价格重估		-120=-12×(50-40)
贷方合计：		-480	-600
余额（借方＋贷方）：		120	0
作业量		12	12
作业价格		40	50=600÷12

通过表 7-5 的分析可以发现，作业价格重估后，从理论上讲，生产性成本中心的余额应该为 0。

提示

生产性成本中心余额为0，是成本月结的第二里程碑（第一里程碑请见6.9.1“分配/分摊循环的执行”小节，其中指出，第一里程碑为：辅助性成本中心余额为0）。

如果由于运算过程中四舍五入的问题造成成本中心余额不为 0，如图 7-104 所示，应该设法将成本中心的余额转入到资产负债表项（如暂挂在“递延资产”或“其他应收款”下）或损益表项（如专设一个科目“销售成本－成本中心尾差结转”）；否则，将会造成资产负债表不平衡。余额转走的凭证可以如下。

Dr：资产负债表的暂挂项或损益表项

Cr：（按成本中心）费用转出－成本中心尾差结转

提示

为了将成本中心尾差转走，有必要设置一些单独的科目。这样，账务比较清晰。

如果记入资产负债表的暂挂项可以在下月初冲回，使余额回流到成本中心；如果记入损益表项，则意味着可以接受它为当期的损益，下月初就无须冲回。

对生产性成本中心而言，在作业价格重估后，是否会存在非四舍五入性质的尾差？

理论上讲，生产性成本中心只要有费用发生，同时又有报工，则经过作业价格重估后，余额应该为 0。但有些企业存在一些例外情况：成本中心有费用发生但当月没有报工；当月有报工但没有费用发生。

产生这种现象的一般原因是成本中心划分得过细，导致费用的发生和作业的报工出现错位。例如，某企业将成本中心细化到作业区的班组，从人工费来说，的确可以拆分到每个班组，但车间的报工可能没法细分到班组（工作量非常大）。

因此，合理地划分成本中心是非常必要的。对于成本中心的设计，应该交给对 SAP 非常熟悉的人，本着专业的精神去设计，而不能被口号式的“精细化核算”要求所鼓舞，制订出一堆不合适的成本中心。

某些成本中心的设计是合理的，但也可能因为季节性停工、大修理停工等原因导致当月没有报工，相关的费用（如人工费）仍在正常发生，这也会导致成本中心存在余额。对于这种情况，可以视已经发生的费用为生产部门发生的“共同费用”，在作业价格计算前（注意，不是“作业价格重估”前），将其转入或摊入相近的生产性成本中心。

3. 对订单计算间接费用

间接费用是指生产过程中应附加的与生产并不直接相关的费用，如生产过程中消耗了物料就应该记入物料的仓库管理费。间接费用一般要事先设定间接费用表，在其中定义相应的基值、比例和贷方数据。

如果启用了间接费用的核算，则在每个月末要对订单计算间接费用。

【业务操作】财务月结 2：对订单计算间接费用。

路径：SAP 菜单 > 会计核算 > 控制 > 产品成本控制 > 成本对象控制 > 按订单划分的产品成本 > 期末结算 > 单一功能 > 间接费用 > 集中处理

事务代码：CO43

STEP 1 在“实际间接费用计算：生产 / 处理订单”界面输入工厂、期间、会计年度等参数，如图 7-105 所示。

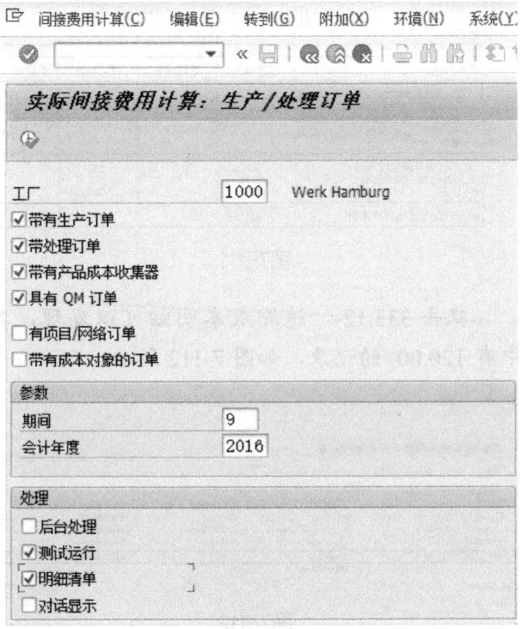

间接费用计算(C) 编辑(E) 转到(G) 附加(X) 环境(N) 系统(Y)

实际间接费用计算：生产/处理订单

工厂 1000 Werk Hamburg
☑带有生产订单
☑带处理订单
☑带有产品成本收集器
☑具有 QM 订单
☐有项目/网络订单
☐带有成本对象的订单

参数
期间 9
会计年度 2016

处理
☐后台处理
☑测试运行
☑明细清单
☐对话显示

图7-105

STEP 2 单击“执行”按钮，系统经过一段时间的运行后，显示“实际间接费用计算：生产 / 处理订单 基本清单”界面，如图 7-106 所示。

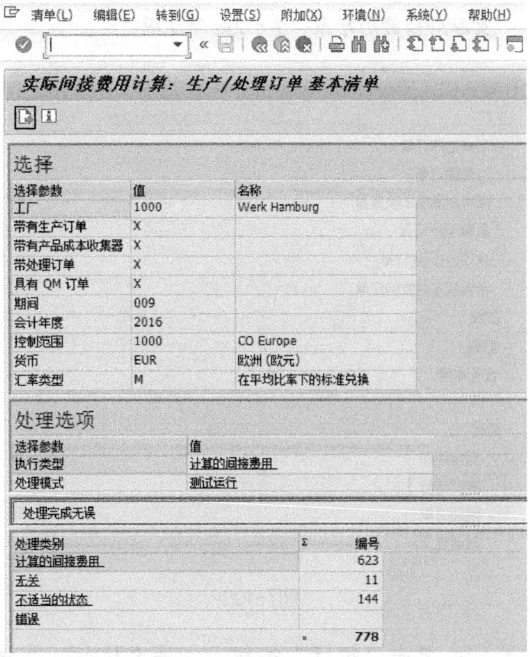

清单(L) 编辑(E) 转到(G) 设置(S) 附加(X) 环境(N) 系统(Y) 帮助(H)

实际间接费用计算：生产/处理订单 基本清单

选择

选择参数	值	名称
工厂	1000	Werk Hamburg
带有生产订单	X	
带有产品成本收集器	X	
带处理订单	X	
具有 QM 订单	X	
期间	009	
会计年度	2016	
控制范围	1000	CO Europe
货币	EUR	欧洲 (欧元)
汇率类型	M	在平均比率下的标准兑换

处理选项

选择参数	值
执行类型	计算的间接费用
处理模式	测试运行

处理完成无误

处理类别	Σ	编号
计算的间接费用		623
无关		11
不适当的状态		144
错误		
	•	778

图7-106

在此清单中，要注意查看是否有错误产生。图 7-106 显示，此次运行“处理完成无误”。

STEP 3 单击“显示下一清单等级”按钮，系统显示“实际间接费用计算：生产 / 处理订单 借方”界面，如图 7-107 所示。

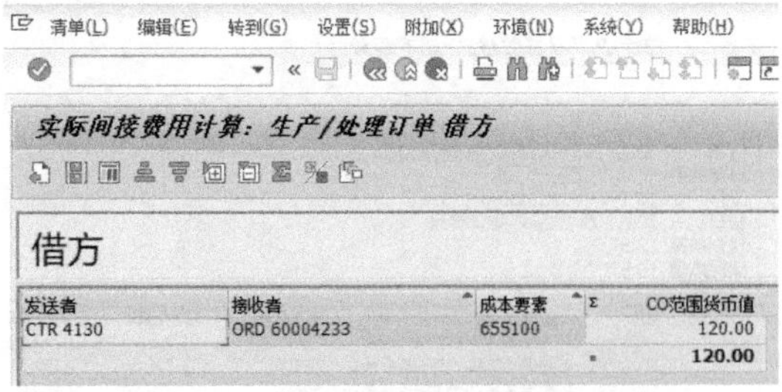

清单(L) 编辑(E) 转到(G) 设置(S) 附加(X) 环境(N) 系统(Y) 帮助(H)

实际间接费用计算：生产/处理订单 借方

借方

发送者	接收者	成本要素	Σ	CO范围货币值
CTR 4130	ORD 60004233	655100		120.00
			•	120.00

图7-107

间接费用计算的过程本质上和作业价格重估一样，都是将成本从成本中心向订单流动。图中的数据表明，将成本中心 4130 的成本转移到生产订单 60004233 中，转移的成本要素为 655100，转移的金额为 120.00 欧元。

STEP 4 返回“实际间接费用计算：生产 / 处理订单”界面，去掉“测试运行”复选框的勾选，如

图 7-108 所示。

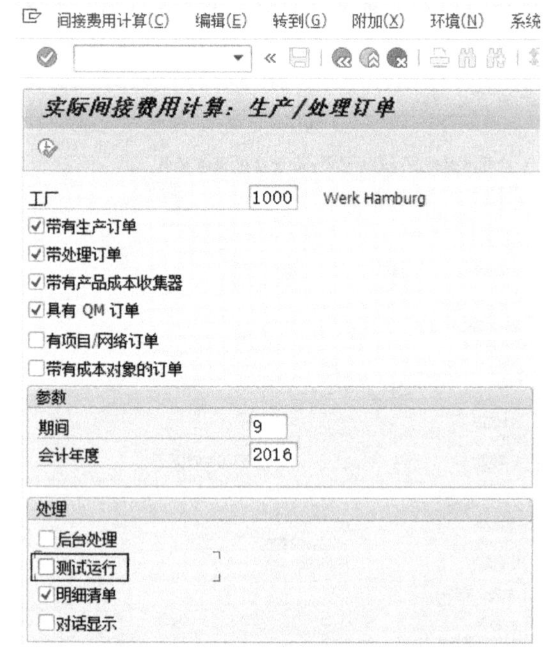

图7-108

STEP 5 单击“执行”按钮，再次执行，复核间接费用计算的结果，图略。

STEP 6（可选）从订单上复核间接费用计算的效果。使用事务代码 CO03 查看订单，并转至成本分析，可以看到订单成本的实际栏出现了间接费用的数据，如图 7-109 所示。

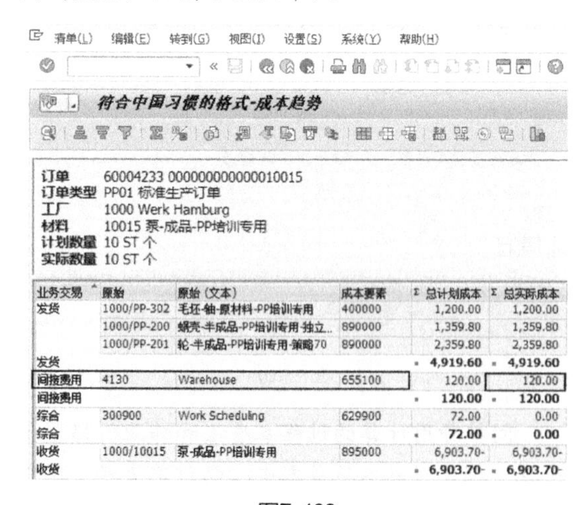

业务交易	原始	原始（文本）	成本要素	总计划成本	总实际成本
发货	1000/PP-302	毛坯-轴-原材料-PP培训专用	400000	1,200.00	1,200.00
	1000/PP-200	蜗壳-半成品-PP培训专用-独立...	890000	1,359.80	1,359.80
	1000/PP-201	轮-半成品-PP培训专用-策略70	890000	2,359.80	2,359.80
发货				• 4,919.60	• 4,919.60
间接费用	4130	Warehouse	655100	120.00	120.00
间接费用				• 120.00	• 120.00
综合	300900	Work Scheduling	629900	72.00	0.00
综合				• 72.00	• 0.00
收货	1000/10015	泵-成品-PP培训专用	895000	6,903.70-	6,903.70-
收货				• 6,903.70-	• 6,903.70-

图7-109

这里的实际间接费用 120.00，是根据后台定义的间接费用表中的基值 1 200.00，间接费用率为 10%，因此，计算出的间接费用为 1 200.00× 10% = 120.00。而被吸收费用的成本中心 4130 和使用的成本要素 655100 则是在间接费用表“贷方”中定义的。

双击实际间接费用 120.00，可以追溯该笔数据的明细凭证，如图 7-110 所示。

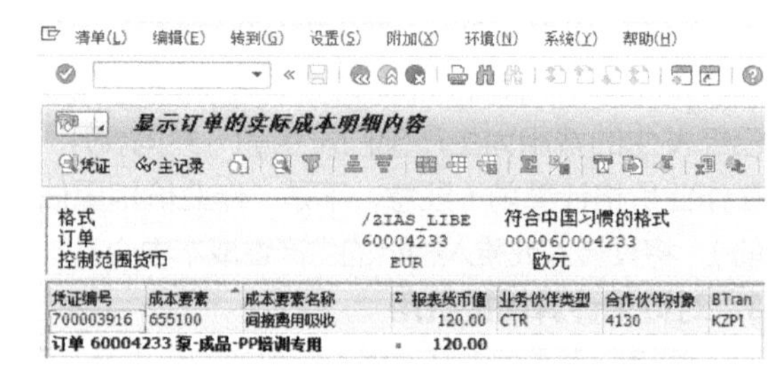

凭证编号	成本要素	成本要素名称	报表货币值	业务伙伴类型	合作伙伴对象	BTran
700003916	655100	间接费用吸收	120.00	CTR	4130	KZPI
订单 60004233 泵-成品-PP培训专用			• 120.00			

图7-110

其中，凭证 700003916 即为计算间接费用产生的 CO 凭证。BTran（Business Transaction，业务交易）栏显示为 KZPI，表示“实际间接费用（定期)”。

STEP 7（可选）从成本中心角度复核作业价格重估的效果。使用事务代码 S_ALR_87013611 查看成本中心的成本（详见 6.10.2 小节），可以看到成本中心的贷方存在“间接费用吸收”的金额，如图 7-111 所示。

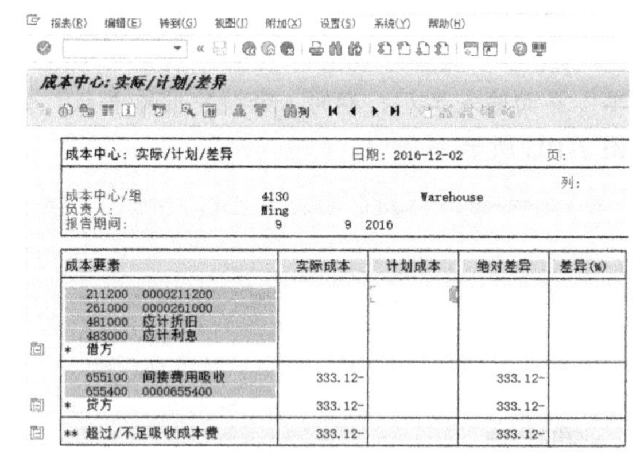

成本要素	实际成本	计划成本	绝对差异	差异(%)
211200 0000211200				
261000 0000261000				
481000 应计折旧				
483000 应计利息				
* 借方				
655100 间接费用吸收	333.12-		333.12-	
655400 0000655400				
* 贷方	333.12-		333.12-	
** 超过/不足吸收成本费	333.12-		333.12-	

图7-111

双击 333.12-，追溯成本明细可以发现，其中有 120.00- 的记录，如图 7-112 所示。

凭证编号	过账日期	成本中心	CO对象名称	业务伙伴类型	合作伙伴对象	成本要素	成本要素名称	报表货币值	BTran
700003835	2016-09-30	4130	Warehouse	ORD	60004224	655100	间接费用吸收	106.56-	KZPI
700003836	2016-09-30		Warehouse	ORD	60004225		间接费用吸收	53.28-	KZPI
700003837	2016-09-30		Warehouse	ORD	60004226		间接费用吸收	53.28-	KZPI
700003916	2016-09-30		Warehouse	ORD	60004233		间接费用吸收	120.00-	KZPI
		4130	Warehouse					• 333.12-	
								•• 333.12-	

图7-112

延伸思考

计算间接费用就是将间接生产部门的费用吸收到订单上，这是按照事前确定的规则计算的。上例中，将仓库的费用按原材料的消耗金额的一定比例吸收到订单上，相当于有一个假设前提：每消耗一定金额的原材料，原材料仓库管理部门就要花费10%的仓库管理费。但如果当月实际上的仓库管理费并没有花到当月原材料消耗金额的10%，那么，仓库管理成本中心必定会存在余额。对这个余额应该如何处理呢？

一般地，企业有以下两种做法。

（1）在成本月结时，将CO-PC下的间接费用计算步骤前移到CO-CCA下的分配分摊前，即先计算间接费用，将辅助部门发生的费用先按既定比例转走一部分（视之为“与生产相关的间接费用”），再将成本中心剩余的费用分配、分摊到基本生产成本中心。

（2）在计算间接费用前，先以成本中心的实际费用和基值发生额对间接费用率进行“匡算”，然后调整间接费用率的配置，使其刚好能将当月间接费用分摊完毕。

间接费用率的调整本来是后台配置事项，但SAP将其设置为“当前设置”，因而在前台也可以访问并配置。

路径1：SAP菜单 > 会计核算 > 控制 > 产品成本控制 > 成本对象控制 > 按订单划分的产品成本 > 期末结算 > 当前设置 > 定义百分比间接费用率

路径2：IMG> 控制 > 产品成本控制 > 成本对象控制 > 按订单划分的产品成本 > 按订单划分产品成本的基本设置 > 间接费用 > 成本核算表：组件 > 定义百分比间接费用率

事务代码：S_ALR_87008275

具体配置界面如图7-113所示。在此不做赘述。

提示

在标准的SAP产品中，系统提供了各种功能，但是没有相关的方案。这就需要根据实际情况去制订适合企业的方案。

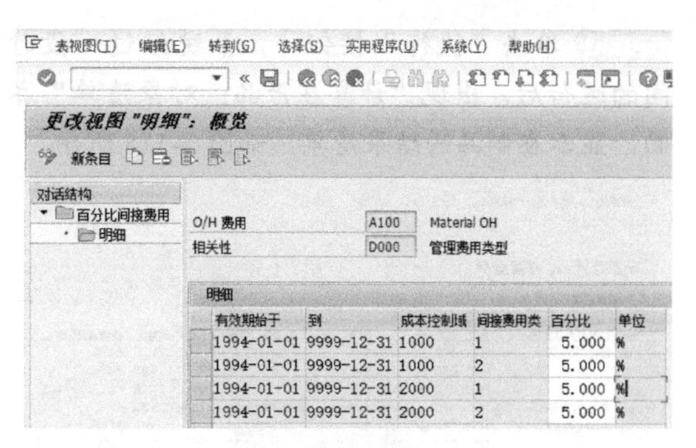

图7-113

4. 对订单计算在制品

月末，如果订单没有生产完，具体来讲，就是订单既没有完全交货（不具备DLV状态），也没有技术性完工（指人为停止订单的操作。例如，订单计划生产100EA，但生产入库了95EA后，接到客户通知，后续的5EA不需要了，那么可以人为停止订单的操作。技术性完工后，订单具备TECO状态），那么，就可以对其计算在制品（Work In Process，WIP）。

【业务操作】财务月结3：对订单计算在制品。

路径：SAP菜单 > 会计核算 > 控制 > 产品成本控制 > 成本对象控制 > 按订单划分的产品成本 > 期末结算 > 单一功能 > 在产品 > 集中处理 > 计算

事务代码：KKAO

STEP 1 在“计算在产品：集中处理”界面输入工厂、期间、会计年度、结果分析版本等参数，如图7-114所示。

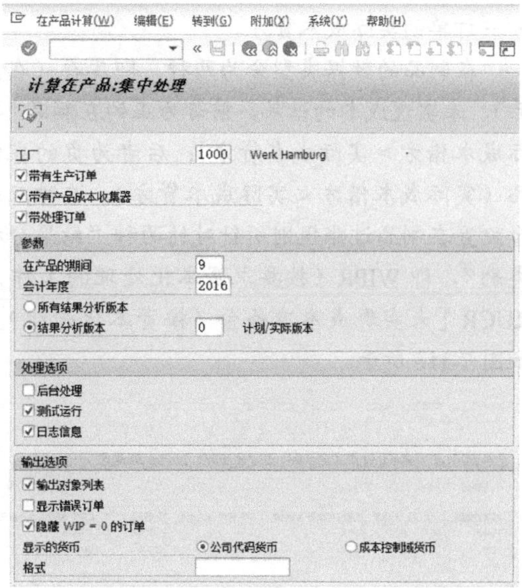

图7-114

STEP 2 单击“执行”按钮，系统经过一段时间的运行后，出现“计算在产品：对象清单”界面，显示在制品的结果清单，如图 7-115 所示。

清单(L) 编辑(E) 转到(G) 设置(S) 系统(Y) 帮助(H)

计算在产品：对象清单

基本清单 在产品说明 WIP 数量

例外	在产品数据类型	类型	成本对象	货币	Σ 在制品（总计）	Σ 在产品(期间)	物料编号
	库存(在产品)	PP01	ORD 60004225	EUR	19,111.20	19,111.20	P-100
		PP01	ORD 60004226	EUR	7,616.45	7,616.45	P-100
		PP01	ORD 60004227	EUR	11.00	11.00	I...AN-105
	库存(在产品)			EUR	• 3,717,012.58	• 68,755.70	
	未实现成本的结果	PP01	ORD 60003534	EUR	247.00-	0.00	2137
		PP01	ORD 60003585	EUR	10.37-	0.00	2158
		PP01	ORD 60003586	EUR	342.50-	0.00	2187
		PP01	ORD 60003587	EUR	0.38-	0.00	A103
		PP01	ORD 60003611	EUR	150.00-	0.00	2194
		PP01	ORD 60003650	EUR	188.00-	0.00	2244
		PP01	ORD 60003658	EUR	176.00-	0.00	L集团半成品2
		PP01	ORD 60003779	EUR	345,185.00-	0.00	YG-111
		PP01	ORD 60003791	EUR	250,000.00-	0.00	HXC-111
		PP01	ORD 60003808	EUR	621,333.00-	0.00	I JI-111
		PP01	ORD 60003883	EUR	29,289.70-	0.00	ZZF-150
		PP01	ORD 60003954	EUR	167,363.58-	0.00	ZZF-150
		PP01	ORD 60003957	EUR	142,999.77-	0.00	
		PP01	ORD 60003966	EUR	138,073.93-	0.00	HPC-150
		PP01	ORD 60003995	EUR	6,685.12-	0.00	-150
		PP01	ORD 60003997	EUR	440,000.00-	0.00	LS001
		PP01	ORD 60004007	EUR	116,999.86-	0.00	QRI-150
		PP01	ORD 60004011	EUR	56,486.00-	0.00	-50
		PP01	ORD 60004035	EUR	12,264.99-	0.00	-110
		PP01	ORD 60004044	EUR	4,161.30-	0.00	P-100
		PP01	ORD 60004058	EUR	6,713.10-	0.00	P-100
		PP01	ORD 60004178	EUR	700.00-	700.00-	100-302
	未实现成本的结果			EUR	• 2,339,369.60-	• 700.00-	
				EUR	•• 1,377,642.98	•• 68,055.70	

图7-115

在制品的数据分两列，即“总计”和“期间”，前者为累计数，后者为运行期间的当期数。事后过账到总账的将以当期数入账。

> **提示**
> 每月月结时，在制品的结果清单应及时保留一份（可以保存为Excel文件），永久存档，以便将来核对在制品的会计凭证时有所参考。

在制品金额的计算公式为订单的实际成本借方－订单的实际成本贷方。

在制品的数据类型分为两种，即库存（在产品）、未实现成本的结果。前者为正的在制品（实际成本借方＞实际成本贷方）；后者为负的在制品（实际成本借方＜实际成本贷方）。这对应后台配置在制品过账规则所针对的两种“结果分析类别”，即 WIPR（按要求资本化处理的工作）、RUCR［未实现成本准备金（按资本化归组）］，如图 7-116 所示。

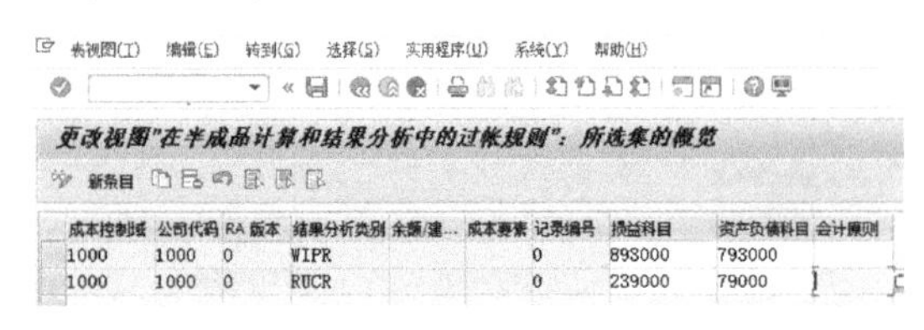

表视图(T) 编辑(E) 转到(G) 选择(S) 实用程序(U) 系统(Y) 帮助(H)

更改视图"在半成品计算和结果分析中的过帐规则"：所选集的概览

新条目

成本控制域	公司代码	RA 版本	结果分析类别	余额/建...	成本要素	记录编号	损益科目	资产负债科目	会计准则
1000	1000	0	WIPR			0	893000	793000	
1000	1000	0	RUCR			0	239000	79000	

图7-116

路径：IMG> 控制＞产品成本控制＞成本对象控制＞按订单划分的产品成本＞期末结算＞在产品＞定义结算在产品的记账规则

STEP 3 返回“计算在产品：集中处理”界面，去掉“测试运行”复选框的勾选，如图 7-117 所示。

在产品计算(W) 编辑(E) 转到(G) 附加(X) 系统(Y) 帮助(H)

计算在产品:集中处理

工厂 1000 Werk Hamburg

☑带有生产订单

☑带有产品成本收集器

☑带处理订单

参数

在产品的期间 9

会计年度 2016

○所有结果分析版本

◉结果分析版本 0 计划/实际版本

处理选项

☐后台处理

☐测试运行

☑日志信息

输出选项

☑输出对象列表

☐显示错误订单

☑隐藏 WIP = 0 的订单

显示的货币 ◉公司代码货币 ○成本控制域货币

格式

图7-117

STEP 4 单击“执行”按钮，再次执行，复核计算在制品的结果，图略。

STEP 5 计算完当期的在制品后，要及时关闭在制品期间，表示当月的在制品已经计算完毕，不应再运行。

路径：SAP 菜单＞会计核算＞控制＞产品成本控制＞成本对象控制＞按订单划分的产品成本＞期末结算＞单一功能＞在产品＞结账期间＞更改

事务代码：KKA0

在“改变结账期间：初始屏幕”界面输入结果分析版本 0，如图 7-118 所示。

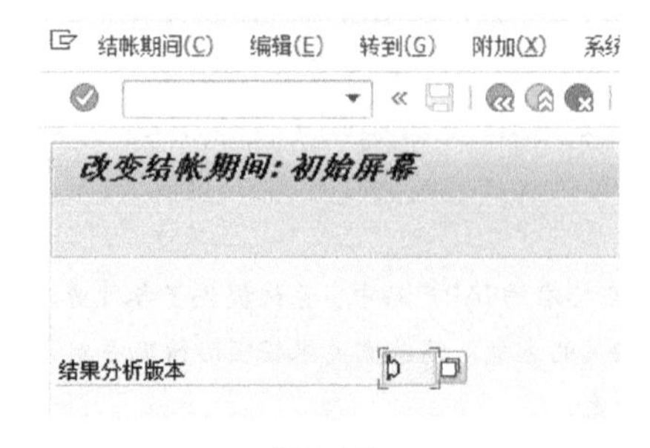

图7-118

按回车键进入“改变截止期间”界面，将“结账期间”区域的期间和会计年度输入为当前已经运行过在制品的期间和会计年度，如图 7-119 所示。

图7-119

截止期间：关账的期间。因此这里应输入已经运行过在制品的期间。

单击“保存”按钮，系统返回初始界面，在底部显示“版本数据已修改”字样，如图 7-120 所示。

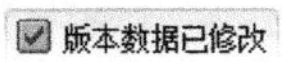

☑ 版本数据已修改

图7-120

在制品计算完毕后，订单的状态自动变为 RESA（结果分析已执行）。图 7-121 所示的订单 60004225，因为计算了在制品，因此，具有 RESA 状态。

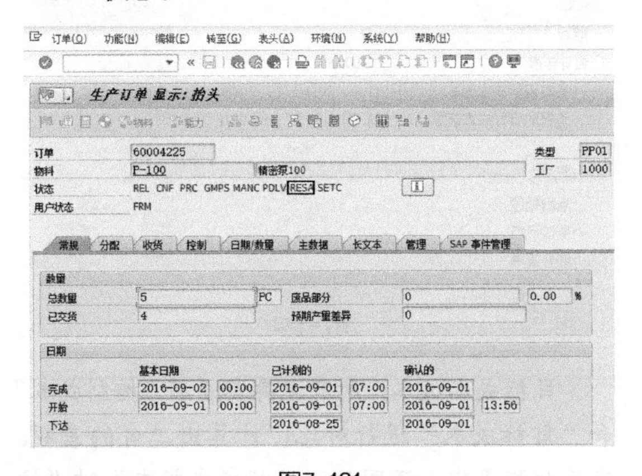

图7-121

延伸思考1　在 SAP 中，订单的在制品计算和中国传统财务习惯中的在制品计算有什么不同？

在 SAP 中，订单的在制品计算是较为简单、直接的。它的计算公式如下。

在制品 = 实际成本借方 + 实际成本贷方

例如，针对订单 60004225，按照上述公式，在制品计算如下（见图 7-122）。

在制品金额 =（发货金额 + 确认金额 + 间接费用金额 + 综合金额）+（收货金额）

=（3 055.90 + 18 790.70 + 53.28 + 0.00）+（- 2 788.68）

= 19 111.20

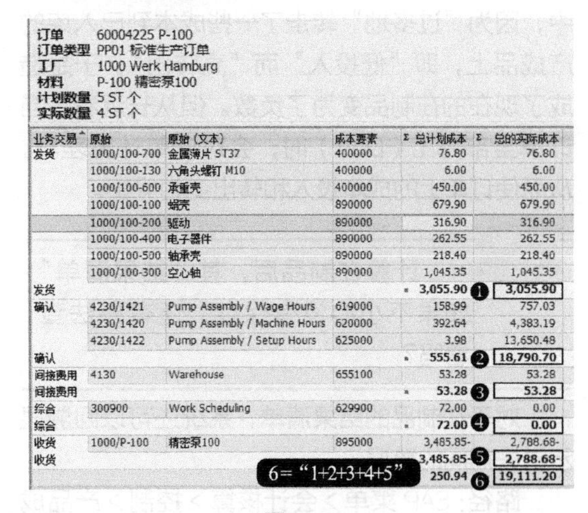

订单 60004225 P-100
订单类型 PP01 标准生产订单
工厂 1000 Werk Hamburg
材料 P-100 精密泵100
计划数量 5 ST 个
实际数量 4 ST 个

业务交易	原始	原始（文本）	成本要素	Σ 总计划成本	Σ 总的实际成本
发货	1000/100-700	金属薄片 ST37	400000	76.80	76.80
	1000/100-130	六角头螺钉 M10	400000	6.00	6.00
	1000/100-600	承重壳	400000	450.00	450.00
	1000/100-100	蜗壳	890000	679.90	679.90
	1000/100-200	驱动	890000	316.90	316.90
	1000/100-400	电子器件	890000	262.55	262.55
	1000/100-500	轴承壳	890000	218.40	218.40
	1000/100-300	空心轴	890000	1,045.35	1,045.35
发货				▪ 3,055.90 ❶	3,055.90
确认	4230/1421	Pump Assembly / Wage Hours	619000	158.99	757.03
	4230/1420	Pump Assembly / Machine Hours	620000	392.64	4,383.19
	4230/1422	Pump Assembly / Setup Hours	625000	3.98	13,650.48
确认				▪ 555.61 ❷	18,790.70
间接费用	4130	Warehouse	655100	53.28	53.28
间接费用				▪ 53.28 ❸	53.28
综合	300900	Work Scheduling	629900	72.00	0.00
综合				▪ 72.00 ❹	0.00
收货	1000/P-100	精密泵100	895000	3,485.85-	2,788.68-
收货				3,485.85- ❺	2,788.68-
		6= “1+2+3+4+5”		250.94 ❻	19,111.20

图7-122

而在中国传统的财务习惯中，往往认为在制品必须先到生产现场盘点，查看停留在生产线上“物品”的完工状态，估摸出“约当比例”，然后按“约当产量法”（约当比例 × 完整产品的成本）计算在制品的金额。这其实是“不得已而为之”的一种做法，因为没有更好的方法来衡量在制品的金额，而且约当比例是人根据生产情况给出的，其本身带有很大的随意性。

而 SAP 中的在制品计算相当于用实际的投入减去实际的产出（已经结转到入库产品的那部分成本），“顺算”出在制品金额。这个结果更可信一些，因为更为合理。

延伸思考2　为什么会出现负的在制品？

根据前面的在制品计算公式，只要在订单的实际成本列，出现了“产出 > 投入”，那么，在制品必定为负数。具体来讲，在制品出现负数的情况，可能有以下几种原因。

（1）由于用户操作的原因，订单已经入库，但投入的部分不足（发料不齐全、报工不齐全等）。

（2）由于收货使用的是产品的标准成本，而该标准成本是较早时候（如年初）滚算出来的，当时的原材料标准价格较高，而现在实际发料时，原材料标准价格低于滚算当时的标准价格。

（3）与（2）类似，现在的工费（作业类型）单价低于滚算当时的工费单价。

基于以上原因，在看待“负的在制品”时，不应该感到奇怪。可以认为在订单投入的成本中，因为“过多地”转走了一些成本到已入库的产成品上，即“低投入”而“高转出”，于是造成了现在的在制品变为了负数。但从长远看，当订单全部完工（DLV）时，会对订单计算差异，从而使订单上的成本投入和转出变为平衡。

延伸思考 3 计算在制品后，其“结果清单”如果不小心没有保存，还有办法查看吗？

对于在制品的结果清单，系统还可以回溯显示过去期间的数据。

路径：SAP 菜单 > 会计核算 > 控制 > 产品成本控制 > 成本对象控制 > 按订单划分的产品成本 > 期末结算 > 单一功能 > 在产品 > 集中处理 > 显示

事务代码：KKAQ

其运行参数输入的界面如图 7-123 所示。

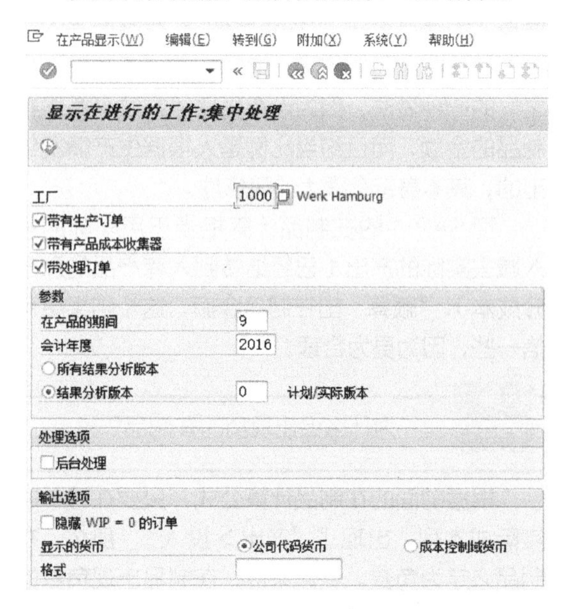

图7-123

具体结果在此不再展示，读者可参考图 7-115。

5. 对订单计算差异

订单在完工入库（具有状态 DLV）或技术性完工（具有状态 TECO）后，就可以对订单进行“秋后算账”，即计算差异。计算差异就是比较订单的实际投入和实际转出，并计算出二者的余额。如果余额为正，表明投入大于转出，订单表现为浪费；如果余额为负，表明投入小于转出，订单表现为节约。

【业务操作】财务月结 4：对订单计算差异。

路径：SAP 菜单 > 会计核算 > 控制 > 产品成本控制 > 成本对象控制 > 按订单划分的产品成本 > 期末结算 > 单一功能 > 差异 > 集中处理

事务代码：KKS1

STEP 1 在“初始屏幕差异：”界面输入工厂、期间、会计年度、目标成本版本等参数，如图 7-124 所示。

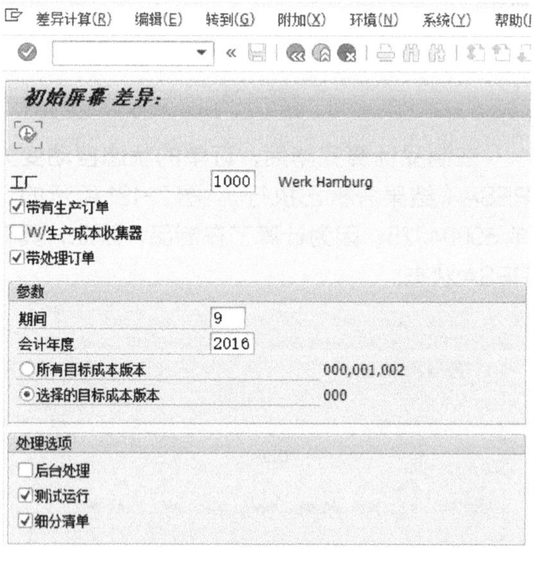

差异计算(R) 编辑(E) 转到(G) 附加(X) 环境(N) 系统(Y) 帮助(H)

初始屏幕 差异:

工厂 1000 Werk Hamburg

带有生产订单

W/生产成本收集器

带处理订单

参数

期间 9

会计年度 2016

所有目标成本版本 000,001,002

选择的目标成本版本 000

处理选项

后台处理

测试运行

细分清单

图7-124

目标成本版本：所有差异都是将“控制成本”和“目标成本”进行对比，计算出二者的差额。在后台配置中，不同的“目标成本版本”对“控制成本”和“目标成本”有不同的界定。例如，版本 0，“控制成本”为实际成本（订单上投入的实际成本），“目标成本”则是指“当前标准成本估算”（也就是订单上产品入库的实际成本），如图 7-125 所示。

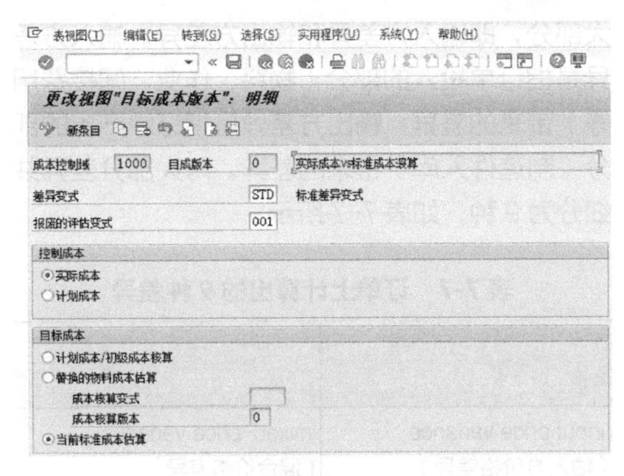

图7-125

SAP标准配置中有3种目标成本版本，如表7-6所示。这3种版本中只有0版本是用于核算的，其余的版本都只是附带地生成，用于分析。

表7-6 SAP预定义的3种目标成本版本

序号	描述	控制成本	目标成本	用途
0	target costs for total variances	实际成本	当前标准成本估算	核算
1	target costs for production variances	实际成本	计划成本/初级成本估算	分析
2	target costs for planning variances	计划成本	当前标准成本估算	分析

用户在图7-124中，既可以选择目标成本版本0，也可以选择“所有目标成本版本”。

STEP 2 单击“执行”按钮，系统经过一段时间的运行后，出现“变量（翻译错误，应为“差异”）计算：清单[测试运行]”界面，显示差异的结果清单如图7-126所示。

清单(L) 编辑(E) 转到(G) 系统(Y) 帮助(H)

变量计算：清单[测试运行]

基本清单 成本要素 废料 差异类别

期间 9 会计年度 2016 消息编号 1,118 货币 EUR

版本 0 实际成本vs标准成本滚算 (0) 10 公司代码货币

工厂	成本对象	目标成本	实际成本	分配实际成本	在产品	废料	差异
1000	ORD 60003579	0.00	1,020.00	150.00	0.00	0.00	870.00
1000	ORD 60003581	0.00	7.91	30.00	0.00	0.00	22.09-
1000	ORD 60003588	0.00	82.40	1,500.00	0.00	0.00	1,417.60-
1000	ORD 60004218	0.00	966.75	12,300.00	0.00	0.00	11,333.25-
1000	ORD 60003591	0.00	11.15	600.00	0.00	0.00	588.85-
1000	ORD 60003598	0.00	300.00-	500.00	0.00	0.00	800.00-
1000	ORD 60003600	0.00	485.00-	1,000.00	0.00	0.00	1,485.00-
1000	ORD 60003613	0.00	6,400.00	5,056.00	0.00	0.00	1,344.00
1000	ORD 60003605	0.00	112.80	200.00	0.00	0.00	87.20-
1000	ORD 60003614	0.00	4,100.00	40,000.00	0.00	0.00	35,900.00-
1000	ORD 60003649	0.00	3.75	0.00	0.00	0.00	3.75
1000	ORD 60003636	0.00	108.00	0.00	0.00	0.00	108.00

图7-126

提示

如果在前一步骤选择了“所有目标成本版本”，则在图7-126中可以通过“版本”的下拉列表来查看不同版本的差异数据。但注意，只有0版本的差异才会最终用于核算，其他版本的差异只是用来分析。

在此步骤中，应关注是否有报错的信息。如有红灯提示，应单击消息编号链接或红灯信息提示进入“消息 差异计算”界面，查看详细的提示，如图7-127所示。

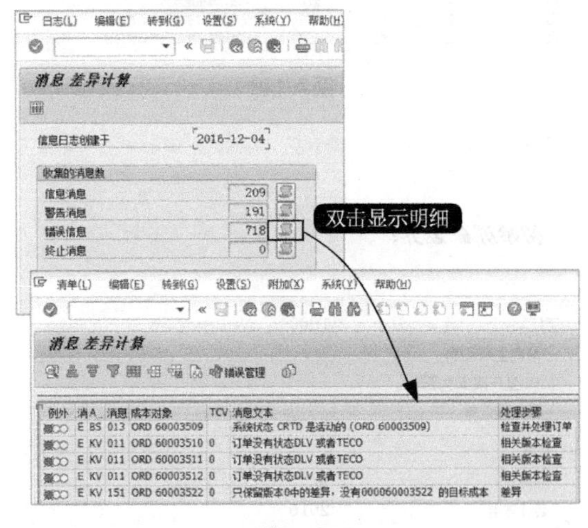

图7-127

提示

此步骤中，虽然有些信息是红色的报错信息，但是并不一定需要被当作错误来看待。例如，KV011消息“订单没有DLV或者TECO”，表明该订单不能计算差异，这是合理的，因此只应将它当作I（Information，消息），而不能当作E（Error，错误）。再如，KV151消息“只保留版本0中的差异，没有XX订单的目标成本”，表明订单没有经过滚算的目标成本，但这不妨碍它可以计算出版本0的差异（如果没有滚算出的标准成本，那就用直接给定的标准成本作为目标成本来计算0版本的差异）。这也不应当作一个错误来对待。用户可以单击图7-127中显示的错误管理按钮将可以忽略的报错消息（消息类型为E）改成I或者W（Warning，警告）。如图7-128所示，KV011已经被修改为I，KV151已经被修改为W。

STEP 3 返回“初始屏幕 差异：”界面，去掉“测试运行”复选框的勾选，如图7-129所示。

STEP 4 单击“执行”按钮，再次执行，复核计算差异的结果，图略。

图7-128

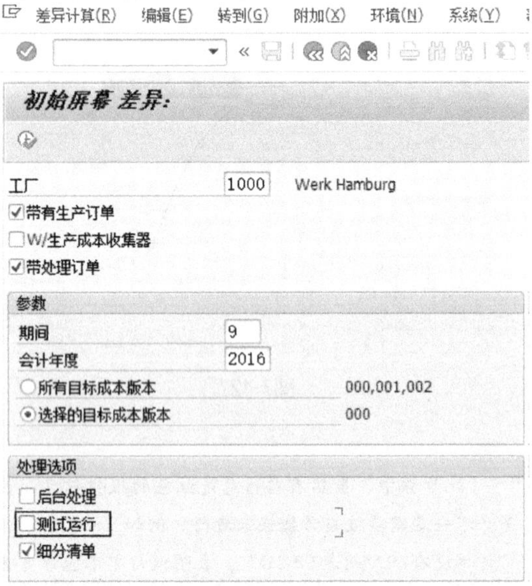

初始屏幕 差异:

工厂 1000 Werk Hamburg
☑带有生产订单
☐W/生产成本收集器
☑带处理订单
参数
期间 9
会计年度 2016
○所有目标成本版本 000,001,002
⦿选择的目标成本版本 000
处理选项
☐后台处理
☐测试运行
☑细分清单

图7-129

差异计算完毕后，订单的状态自动变为 VCAL（Variances CALculated，差异已计算）。图 7-130 所示的订单 60004224，因为计算了差异，所以具有 VCAL 状态。

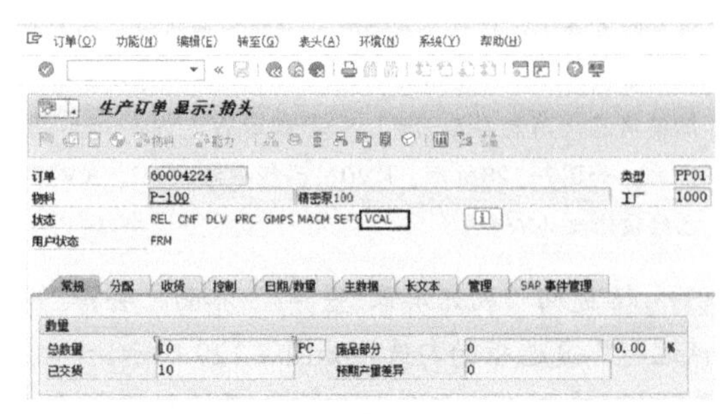

图7-130

SAP 在计算差异的时候，同时将差异分为两大部分，即输入方差异和输出方差异。输入方差异是指订单投入的部分（物料、作业、间接费用等）带来的差异；输出方差异是指订单产出的部分（制造件入库）带来的差异。两大部分差异共细分为 9 种，如表 7-7 所示。

表 7-7　订单上计算出的 9 种差异

variances on the input side（输入方差异）	variances on the output side（输出方差异）
input price variance（输入方价格差异）	mixed-price variance（混合价格差异）
resource-usage variance（资源用量差异）	output price variance（输出方价格差异）
input quantity variance（输入方数量差异）	lot size variance（批量大小差异）
remaining input variance（输入方剩余差异）	remaining variance（剩余差异）
scrap variance（废品差异）	

如果想计算输入方价格差异和输入方数量差异，必须注意在两个地方做上标记。

（1）物料主数据的成本视图中，勾选“物料来源”（Material origin）复选框。

（2）“成本分析”中涉及的成本要素，勾选“记录数量”（Record quantity）复选框。

订单的这 9 种差异在计算差异的过程中会体现在输出的清单中，在计算差异完毕后也体现在订单的成本分析中，用户可以通过调整格式来显示这些字段。

系统如何配置出这 9 种差异?

如果要使以上几种差异都能计算出来，需要在后台配置差异变式（variance variant），并将差异变式指定给目标成本版本（target cost version）。

先配置差异变式。一般只需要勾选系统中列出的 8 种差异即可，如图 7-131 所示。

路径：IMG> 控制 > 产品成本控制 > 成本对象控制 > 按订单划分的产品成本 > 期末结算 > 差异计算 > 检查差异变式

事务代码：OKVG

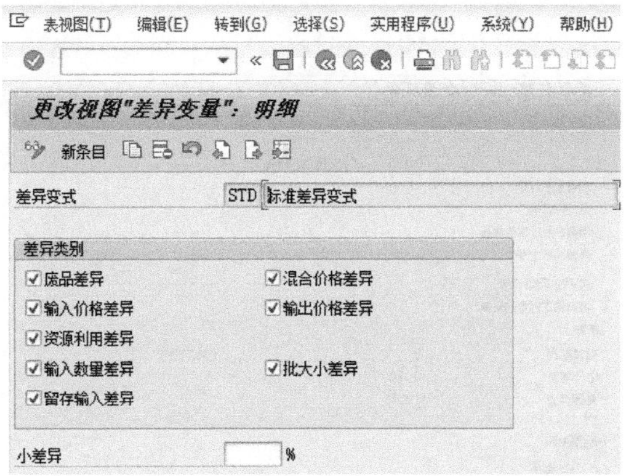

表视图(T) 编辑(E) 转到(G) 选择(S) 实用程序(U) 系统(Y) 帮助(H)

更改视图"差异变量"：明细

新条目

差异变式 STD 标准差异变式

差异类别

☑废品差异 ☑混合价格差异
☑输入价格差异 ☑输出价格差异
☑资源利用差异
☑输入数量差异 ☑批大小差异
☑留存输入差异

小差异 %

图7-131

提示

图7-131中只列出了8种差异类别，最后的一种差异“剩余差异”没有勾选项，是因为系统会自动将无法划分到这8种类别中的差异归入“剩余差异”，无须配置。换句话说，如果图中其他差异类别都没有勾选，那么，所有差异（除废品差异外）都会自动归入“剩余差异”。

再将差异变式分配给目标成本版本，如图7-132所示，差异变式STD被分配给成本控制范围1000下的目标成本版本0。

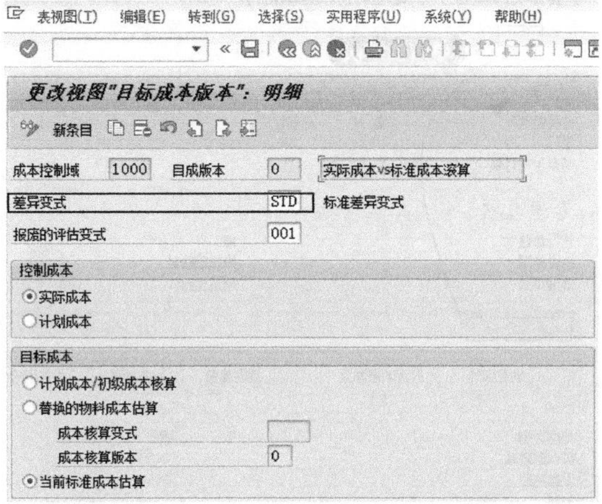

表视图(T) 编辑(E) 转到(G) 选择(S) 实用程序(U) 系统(Y) 帮助(H)

更改视图"目标成本版本"：明细

新条目

成本控制域 1000 目标版本 0 实际成本vs标准成本滚算

差异变式 STD 标准差异变式

报废的评估变式 001

控制成本

◉实际成本
○计划成本

目标成本

○计划成本/初级成本核算
○替换的物料成本估算
成本核算变式
成本核算版本 0
◉当前标准成本估算

图7-132

路径：IMG>控制>产品成本控制>成本对象控制>按订单划分的产品成本>期末结算>差异计算>定义目标成本版本

事务代码：OKV6

当在1000控制范围下对生产订单计算0版本的差异后，根据上述配置，系统就会自动将订单差异拆分为八大差异，并将剩余部分记入“剩余差异”。

企业订单生产存在跨月不均衡时，对差异计算是否有影响？

以某订单为例，假设计划生产某产品100个，7月入库99个，由于未达到DLV(完全交货)的状态，当月计算了在制品；8月入库1个，达到了DLV状态，于是系统在当月计算差异。这时，用户发现：整个订单的差异都在8月份体现，并且似乎都是由这最后的1个产品来承担。可以这么理解吗？

首先，整个订单的差异的确只能在8月体现。有人说，为什么不在7月计算已入库的99个产品的差异呢？这是系统无法确知的。因为7月订单未生产完，系统无法确定：在订单上多投入（超配比投入）的原材料到底是属于浪费还是为最后的一个产品做的预投料。在这个时候，要求系统计算差异是不合理的。只有当订单全部完结后，才能“秋后算账”，计算差异。

其次，整个订单的差异都由最后一个产品承担，这个说法不尽合理。如果7月入库的99个产品在7月未形成销售，最终形成7月末即8月初的库存，那么，按照SAP物料分类账的计算逻辑（见7.4节），8月计算出的差异会由“8月初库存数量+8月入库数量”的产品承担，这样，还是会由100个产品来承担，是合理的。

只是，在特殊的情况下，差异会出现畸形分摊，那就是7月入库的99个产品都已经销售出库，那么，8月计算出的差异已经追不到这99个产品上，都由最后入库的一个产品来承担，从而造成这一个产品实际成本的畸高。在这种情况下，SAP在物料分类账模块中还会提供“价格限制”的功能——当分摊差异后计算出的实际价格与标准价格偏差达到一定比例时，超出部分不再分摊，而是截留出来，成为“未分摊”的差异。对系统而言，这样处理也是不得已而为之的做法，因为差异的确只能在8月才能计算出来。

> 提示
> 少数企业会采用一种特殊的方法来解决此问题，即：在月底尽量将订单都生产完，如果没有生产完，则强行对订单做“技术完工”（TECO），然后下个月再针对未做完的部分重新下达生产订单。某些企业甚至在月底通过生产计划的调控，减少月底出现在制品的情况，确保当月所有订单都能计算差异。

6. 结算订单

订单计算了在制品和差异后，其实都只是将数据体现在生产订单上，此时，并没有在财务的账面上有所体现，即没有形成会计凭证。如果要形成会计凭证，还必须对订单进行结算（settlement）。这里的会计凭证，包括 FI 凭证（财务会计凭证）和 CO 凭证（成本凭证）。

计算在制品和计算差异的订单在结算时生成的会计凭证如表 7-8 所示。

表 7-8 订单结算时产生的会计凭证

情形	FI 凭证举例	CO 凭证举例	备注
计算在制品	Dr：在制品 Cr：生产成本－转出－在制品	（无）	“生产成本－转出－在制品”科目不能设置为成本要素
计算差异	Dr：材料成本差异－生产差异 Cr：生产成本－转出－差异	订单（成本对象）在生产成本－转出－差异（成本要素）上出现贷方 XXX 元	“生产成本－转出－差异”科目应设置为成本要素（01 类别）

【业务操作】财务月结 5：对订单结算。

路径：SAP 菜单 > 会计核算 > 控制 > 产品成本控制 > 成本对象控制 > 按订单划分的产品成本 > 期末结算 > 单一功能 > 结算 > 集中处理

事务代码：CO88

STEP 1 在“实际结算：生产 / 处理订单”界面输入工厂、期间、会计年度、处理类型等参数，如图 7-133 所示。

根据需要选择对哪些成本对象进行结算，如生产订单、处理订单（process order，流程订单）、成本收集器、QM 订单（质量检验单）等。

处理类型：选择“自动”即可。

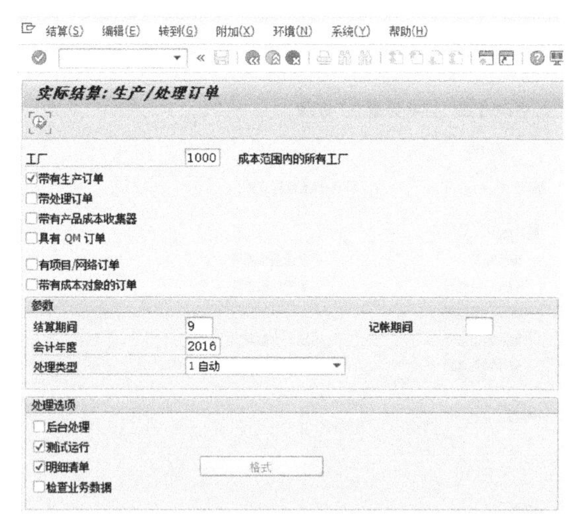

图7-133

明细清单：勾选，以便可以得到明细列表。

STEP 2 单击“执行”按钮，系统经过一段时间的运行后，出现“实际结算：生产 / 处理订单 基本清单”界面，显示运行结果的概况，如图 7-134 所示。

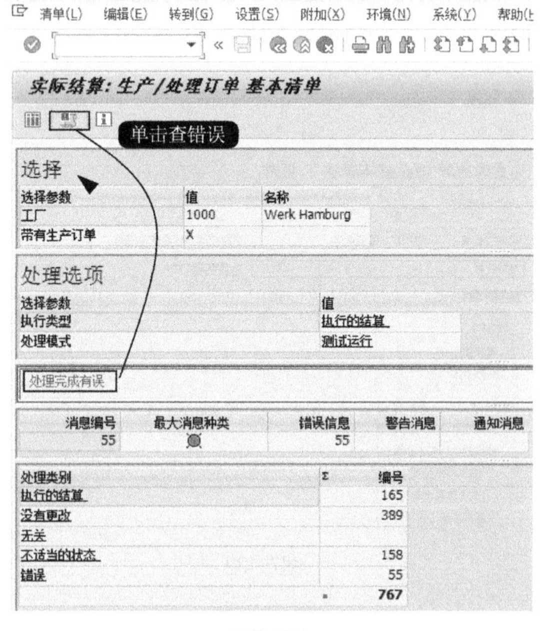

图7-134

在此界面主要查看系统程序是否运行有误。例如，图 7-134 显示了“处理完成有误”，在这种情况下，要通过工具栏中的“消息”按钮来查看具体的错误信息，并逐一改正。

> **提示** 经常性的错误可能有：订单的状态是CRTD（已创建），而没有下达，不能结算；无料号的订单没有设定结算规则；物料的记账期间没有打开。例如，如果是对上个月进行月结，必须通过事务代码MMRV确保“允许前期记账”是被勾选的。

STEP 3 单击“明细列表”按钮▦，进入“实际结算：生产 / 处理订单 明细清单”界面，系统显示具体每个订单即将结算的值，如图 7-135 所示。

清单(L) 编辑(E) 转到(G) 设置(S) 附加(X) 环境(N) 系统(Y)

实际结算：生产/处理订单 明细清单

基本清单 发送方 接收方 结算规则

明细列表 - 已结算值

发送者	短文本：发送方	接收者	CO范围货币值	信息
ORD 60004001	CP-LXHH-150	PSG 0000137431	2,401.67-	差异
ORD 60004095	泵，铸铁，170-230	PSG 0000137500	1,768.77	差异
ORD 60004097	保温杯-成品	PSG 0000137602	72.00	差异
ORD 60004099	泵，铸铁，170-230	PSG 0000137502	126.06	差异
ORD 60004101		PSG 0000137505	133.57	差异
ORD 60004112		PSG 0000137507	1.51-	差异
ORD 60004116		PSG 0000137509	133.57	差异
ORD 60004145		PSG 0000143536	118.55	差异
ORD 60004147	精密泵100	PSG 0000138219	106.56	差异

图7-135

STEP 4 返回“实际结算：生产 / 处理订单”界面，去掉“测试运行”复选框的勾选，单击“执行”按钮⊕，再次执行，复核结算的结果。此时，工具栏上新出现 会计核算凭证 按钮（因为是正式执行），如图 7-136 所示。单击此按钮，即可查看生成的会计凭证（包括可能的 FI 凭证和 CO 凭证）。

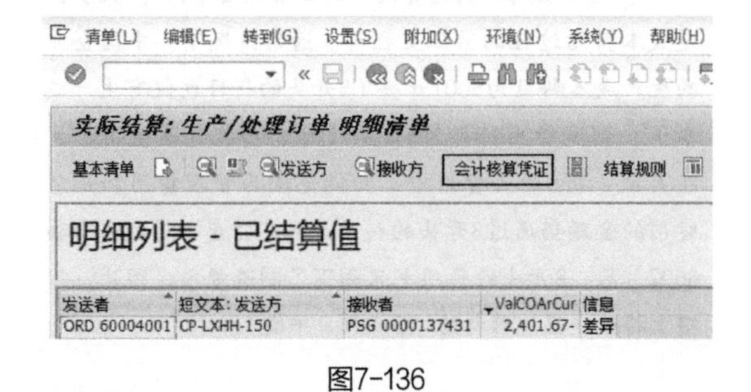

发送者	短文本：发送方	接收者	ValCOArCur	信息
ORD 60004001	CP-LXHH-150	PSG 0000137431	2,401.67-	差异

图7-136

STEP 5（可选）使用事务代码 FB03 查看、复核刚产生的财务会计凭证。图 7-137 所示为如何输入查询参数。

程序(P) 编辑(E) 转到(G) 系统(Y) 帮助(H)

凭证清单

公司代码	1000	到	
凭证编号		到	
会计年度	2016	到	
分类帐	0L		

一般选择

凭证类型		到	
过帐日期	2016-09-30	到	
输入日期		到	
参考号		到	
参考事务	AUAK	到	
参考码		到	
逻辑系统		到	

也显示注释项

☐显示注释项目

查寻自己的凭证

☐仅为自有凭证

图7-137

> **提示** 结算所生成的财务会计凭证具有共同的特点：过账日期一般都是在会计期末最后一天（如果是下期初冲销凭证，则是下期第一天），结算凭证的参考事务为AUAK（结算文档）。用户可以根据这些关键字段查询凭证。

延伸思考1 结算对会计期的状态有什么要求？

结算订单会产生会计凭证，包括财务会计凭证和成本凭证。其中，财务会计凭证要求相应的会计期间必须是开放的（通过事务代码 OB52 控制），成本凭证要求相应的成本期间、相应的事务（实际结算）未被锁定（通过事务代码 OKP1 控制）。

同时，必须特别注意的是，在对差异形成结算凭证时，还特地要求相应期间的物料期间呈打开状态。而企业的业务实践一般是本月初结算上月末的订单，因此，具体而言，就是要求上月的物料期间呈打开状态。此时，如果本月物料期间已经打开，则应通过事务代码 MMRV 来勾选“允许前期记账”复选框，如图 7-138 所示。

> **提示** 对在制品进行结算，形成会计凭证时，系统对物料期间没有特定要求。

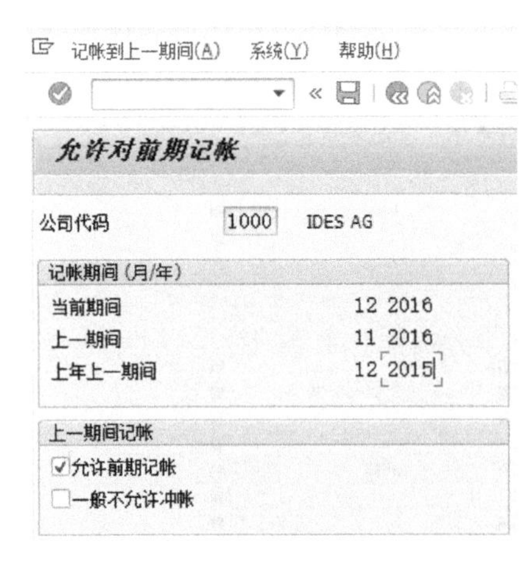

图7-138

为什么系统对生产订单的差异产生结算凭证时会有这样的要求呢？因为生产订单的结算对象为物料，当订单有差异产生时，系统认为，结算过程中，这些差异会影响到库存价值的计量（即使不是会计凭证上的核算，而是物料移动平均价的重新计算）。对成品物料主数据上移动平均价进行演算，可以证实这一结论。例如，物料 P-109 在 1000 工厂的移动平均价推算如表 7-9 所示。

表 7-9　结算差异对物料移动平均价的影响

时间点	计算项	数值	数据来源或公式说明
差异结算前	库存数量	35 613.00	物料主数据会计视图查得
	移动平均价	2 117.13	物料主数据会计视图查得
	推算总价值	75 397 350.69	库存数量 × 移动平均价
差异结算后	来自于订单的差异	-6 708.88	订单结算结果
	推算新的总价值	75 390 641.81	差异结算前总价值 + 结算差异
	推算新的移动平均价	2 116.94	新的总价值 ÷ 库存数量

从以上的推算可以看出，订单结算后，物料的移动平均价发生了变化，也就是说，物料的库存价值也发生了变化（尽管变化的部分是以差异形式体现）。

结算订单后，如何验证订单结算是正确完成的？

首先分析生产订单上的成本投入和成本转出各有哪几种类别，整理如表 7-10 所示。

表 7-10　订单上成本投入和转出的细分

大类	明细	备注
成本投入	（1）生产成本-投入-料	
	（2）制造费用（含工、费）	通过报工、作业价格重估或间接费用计算吸收到订单
成本转出	（1）生产成本 - 转出 - 制造件入库	适用于当月有制造件入库的订单
	（2）生产成本 - 转出 - 在制品	适用于计算在制品的订单
	（3）生产成本 - 转出 - 差异计算	适用于计算差异的订单
	（4）生产成本 - 转出 - 订单外部结算	适用于对无料号订单结算到 G/L 科目或 FXA（资产）

从理论上讲，如果生产订单结算完毕，与生产订单相关的成本投入和成本转出应该保持平衡。例如，如果订单在月末计算在制品，那么订单转出在制品的金额 = 订单的成本余额（即投入成本 − 入库转出的成本，下同）；如果订单在月末计算差异，那么订单转出差异的金额 = 订单的成本余额；如果无料号的订单结算到 CO 外部，那么同样，订单外部结算的金额 = 订单的成本余额。因此，不管哪种类型的“结局”，只要做完了结算，产生了会计凭证，都应该符合投入和转出平衡的等式。因此，此时应通过会计科目余额来查询“生产成本 + 制造费用”是否余额为 0。

> 提示
>
> “生产成本+制造费用”科目余额要平衡（为0），是成本月结过程的第三里程碑。通常情况下，中国企业的生产成本科目为5001开头（5开头的科目也仅有生产成本）；制造费用科目为8开头（结合功能范围使用），在月底，将8开头费用中，功能范围为管理费用和销售费用的金额仍通过8开头的科目如8999转走（转到6601和6602）后，8开头的费用也只剩下了制造费用。因此，习惯上将这一里程碑称为“5+8科目平衡”。

如果不平，则需要对生产订单进行细查，看是否有订单没有正确计算在制品或差异，是否有订单没有正确结算。

那么，有什么手段可以快速地检验哪些生产

订单在月结过程中出了问题呢？SAP 提供了“订单选择”报表。

路径：SAP 菜单 > 会计核算 > 控制 > 产品成本控制 > 成本对象控制 > 按订单划分的产品成本 > 信息系统 > 按订单的产品成本报表 > 对象清单 > 订单选择

事务代码：S_ALR_87013127

运行该报表时，输入参数的界面如图 7-139 所示。

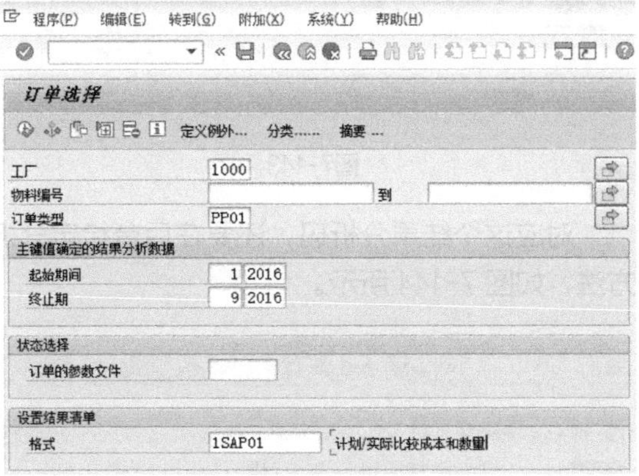

程序(P) 编辑(E) 转到(G) 附加(X) 系统(Y) 帮助(H)
订单选择
定义例外… 分类…… 摘要 …
工厂 1000
物料编号 到
订单类型 PP01
主键值确定的结果分析数据
起始期间 1 2016
终止期 9 2016
状态选择
订单的参数文件
设置结果清单
格式 1SAP01 计划/实际比较成本和数量

图7-139

执行该报表后的清单如图 7-140 所示。

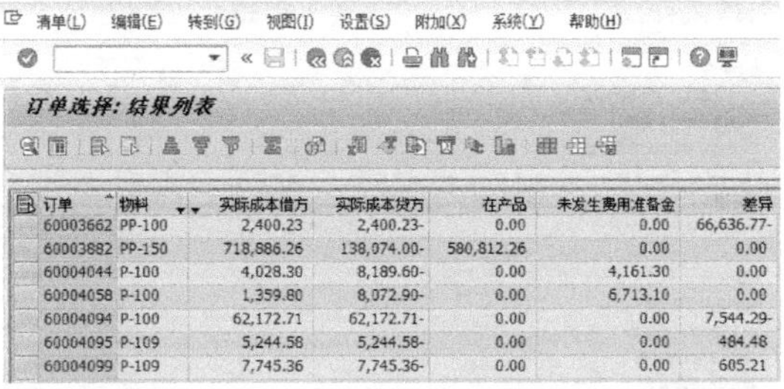

清单(L) 编辑(E) 转到(G) 视图(I) 设置(S) 附加(X) 系统(Y) 帮助(H)
订单选择：结果列表
订单 物料 实际成本借方 实际成本贷方 在产品 未发生费用准备金 差异
60003662 PP-100 2,400.23 2,400.23- 0.00 0.00 66,636.77-
60003882 PP-150 718,886.26 138,074.00- 580,812.26 0.00 0.00
60004044 P-100 4,028.30 8,189.60- 0.00 4,161.30 0.00
60004058 P-100 1,359.80 8,072.90- 0.00 6,713.10 0.00
60004094 P-100 62,172.71 62,172.71- 0.00 0.00 7,544.29-
60004095 P-109 5,244.58 5,244.58- 0.00 0.00 484.48
60004099 P-109 7,745.36 7,745.36- 0.00 0.00 605.21

图7-140

图 7-140 是对显示字段重新调整后的格式。系统默认变式所列出的字段并不能很好地辅助平衡检查，可以根据需要调整显示的字段。针对这些字段，应该使用以下公式检查平衡，即

实际成本借方 + 实际成本贷方 − 在产品 + 未发生费用准备金 = 0

> **提示**
>
> 对于计算差异的订单，由于结算后“差异”已经体现在订单的成本中，或者在实际成本借方，或者在实际成本贷方，因此，不需要再将其放入公式中。

> **提示**
>
> 对于计算在制品的订单，“在产品”是指正的在制品金额；“未发生费用准备金”是指负的在制品金额。

为了迅速从众多的订单中找到出问题的订单，可以将系统生成的清单下载到本地 Excel 中，在 Excel 中建立公式求余额，然后筛选余额不等于 0 的记录，就能很快地定位到问题订单了。

7.3.2 针对销售订单的月结

本小节介绍销售订单月结的基本概念以及相关操作。

1. 销售订单月结概览

销售订单也可以作为成本对象，用来收集成本、收入，并在月末进行结果分析及结算。这就是对销售订单的月结。一般情况下，生产型企业完成了对生产订单的月结就可以继续运行物料分类账，对差异进行分析了，但某些企业还可以继续对销售订单进行月结。这些企业一般是按销售订单生产的企业，它们可能存在分批发货、分批安装、逐步验收，因此，发了货并不一定就以产品的生产成本进销售成本，而是取决于“销售订单”上归集的实际成本（包括来自生产订单结算的差异）和收入以及计划的成本和收入。

准确地讲，销售订单的月结是针对销售订单行项目（Sales Document and Item，SDI）开展的。

图 7-141 显示了针对销售订单 147 的第 20 行，如何查看其成本和收入，即通过菜单中的“环境”→“成本报告”命令转入成本报告界面。

销售凭证(S) 编辑(E) 转到(G) 附加(A) 环境(V) 系统(Y) 帮助(H)
显示 标准订单 147: 概览
合作伙伴(P)
清单(L)
显示原件(I)
更改(C)
显示凭证流程(A) F5
状态总览(S) Ctrl+F12
运输信息(R)
显示物料(M) F8
可用性(V)
物质报表(T)
订单报告(D)
成本报告(O)
分析(N)
标准订单 147 3,510.00 CNY
售达方 100001
送达方 100001
采购订单编号 TEST 321
请求交货日期 D 2012.03.29
2012.03.29
付款条款 0001 立即付款无扣除
全部项目
10H11 100 1,755.00 PC 贸易商品,PD,贸易 TAN 2012.03.29 1000
20H11 100 1,755.00 PC 贸易商品,PD,贸易 YCRN 2012.03.29 1000

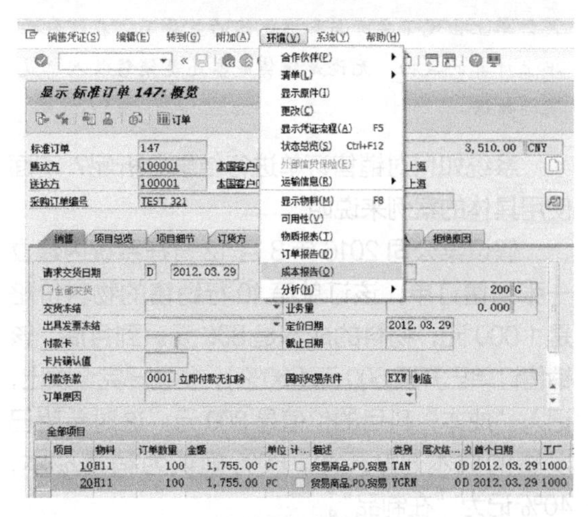

图7-141

转入的成本报告显示如图 7-142 所示。

成本要素	成本要素 (文本)	Σ	全部计划成本	Σ	总的实际成本	货币
50010521	商品成本		0.00		1,349.39	CNY
50010521	**商品成本**	•	**0.00**	•	**1,349.39**	**CNY**
60010101	国内销售收入		1,755.00-		1,755.00-	CNY
60010101	**国内销售收入**	•	**1,755.00-**	•	**1,755.00-**	**CNY**
借方		••	**1,755.00-**	••	**405.61-**	**CNY**
		•••	**1,755.00-**	•••	**405.61-**	**CNY**

图7-142

从图 7-142 中可以看到，销售订单上列示的“成本”（列）既包括成本也包括收入（行），它们的实际数据分别来自于实际的发货和开票。同时，还列示了计划数据，计划数据是在销售订单下达时就可以产生的。

针对销售订单的月结就是依据这些数据进行结果分析和结算。它包括两个主要步骤，即结果分析和结算。前者是计算出应结转的销售成本和在制品或者应确认的收入，后者是将前一步骤计算的结果变为会计凭证。在极少数企业，也可能会增添“按实际价格重估”（VAN1）、“计算间接费用”（VA44）两个步骤。本章只介绍前两个主要步骤。

> 提示
>
> 与生产订单的月结相比，销售订单的月结操作很类似，只是缺少计算差异的步骤。因为，差异只在生产订单上出现（实际与标准之间的差异）。在销售订单上计算的数据，无论是销售成本还是销售收入都是实际数据。

系统如何对销售订单进行结果分析呢？下面使用具体的案例来说明。

假设某公司 2016 年 3 月 12 日在系统内建立一张销售订单，该订单第 10 行销售的物料价格是 1 000 元，物料的成本是 800 元。到月底，该销售订单已开票 600 元（60%），货物已完全发出，记入“成本”科目的价值是 800 元。这时希望已发货的成本 800 元中，60% 确认为销售成本，40% 记为“在制品”。

要实现这个目标，就要为销售订单输入一个“结果分析码”000004，如图 7-143 所示。

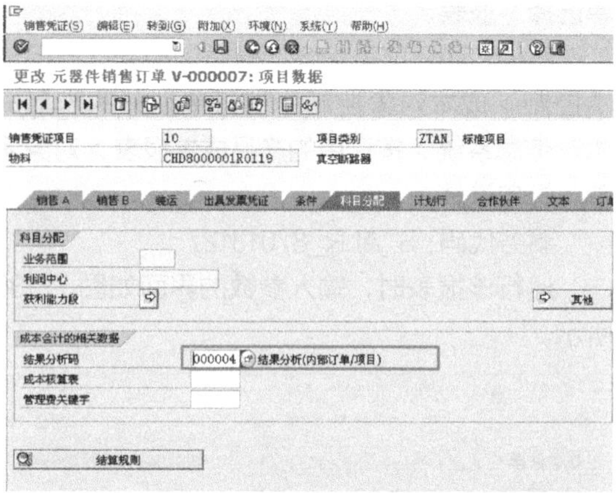

图7-143

对应这个结果分析码，还要在后台给定分析方法，如图 7-144 所示。

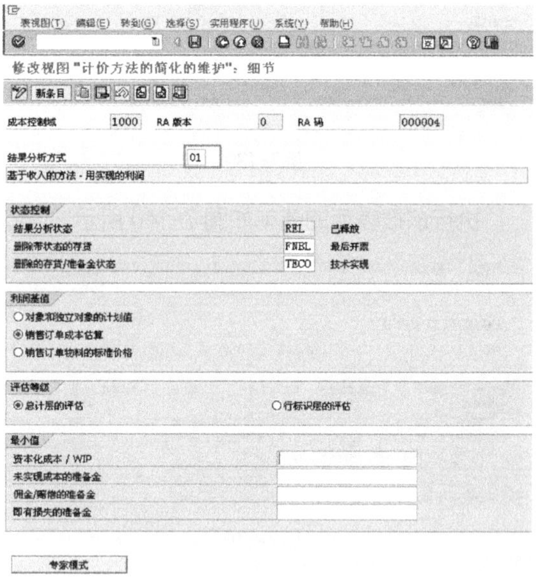

图7-144

在结果分析码 000004 下，使用“结果分析方式”01，它的原文是 Revenue-Based Method - With Profit Realization，表示系统基于收入实现的百分比来决定销售成本结转的比例。剩余的部分作为资本化库存来处理，记入在制品。也就是说，系统按照公式“应计成本 ÷ 计划成本 = 实际收入 ÷ 计划收入”来确定应计成本（结转至销售成本）的金额。

当实际成本 > 应计成本时，差额记入 WIP。

当实际成本 < 应计成本时，差额记入“未实

现的准备金”，即负WIP。

当实际成本＞计划成本时，系统会将公式中的计划成本替换成实际成本。

无论如何，当销售发票到达TECO状态时，系统将冲回所有WIP或负WIP。

以上的业务逻辑都是在专家模式下可以修改的，SAP建议不要轻易使用专家模式（配置参数多而复杂），一旦在专家模式下保存了修改，就不能恢复到简易配置模式了。

SAP预定义了15种方法，以上的01就是最常用的一种。

延伸思考1 为什么有些销售订单行项目有成本分析报告，而有些销售订单行项目没有？

如果要在销售订单行项目上看到成本分析报告，有以下两个前提。

（1）成本和收入科目必须建成成本要素。前者的成本要素类别为01（初级成本），后者的成本要素类别为11（收入）。

> 提示
> 这里的“成本”不能等同于“销售成本”，它是生产成本和销售成本之间的一个过渡科目，它将生产过程中归集的生产成本结转到销售订单上，然后在销售订单上实现结算，以判断应结算多少成本进入“销售成本”（可以根据收入实现的百分比来结算销售成本）。

（2）销售订单行项目（SDI）是成本和收入核算的成本对象。

> 提示
> 如果不启用针对销售订单的月结，则无须将销售订单行项目作为成本对象，而是仅将获利能力段（PSG）作为收入科目的成本对象。销售成本科目因为不作为成本要素，因此也就无须成本对象。

怎么实现将与销售订单相关的成本结算到SDI呢？

前面讲到，一般是按销售订单生产的企业才会考虑结算到SDI，因为销售订单执行的周期比较长，如果每个会计期间都不结算到销售订单上，那么这些生产成本就都停留在生产订单上，成为在制品，而如果其中某个期间销售订单部分开票，实现了一部分销售收入，理论上讲，应该结转相应的成本（或在制品）进入销售成本。

将销售订单的成本结算到SDI，与行业相关，与产品的计划策略相关。在SAP中，最终决定产品是否要做销售订单月结的参数是“科目分配类别”中的“消耗记账”，如果“消耗记账”为E（销售订单），则意味着入账时的成本对象将是销售订单（销售订单行项目，即SDI），如图7-145所示。

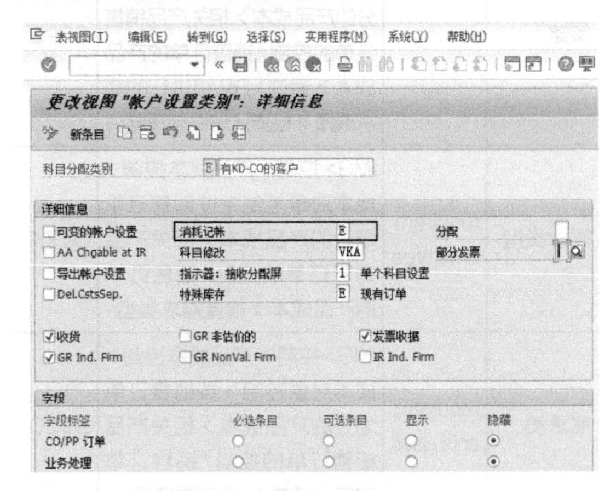

图7-145

路径：IMG>控制＞产品成本控制＞成本对象控制＞按销售订单划分的产品成本＞相关产品销售订单的控制/销售订单的产品成本＞检查账户分派类别

事务代码：OME9

> 提示
> 一般情况下，如果消耗记账设置为E，则特殊库存也设置为E（“现有订单”，即销售订单），表明发出的产品是按E库存（销售订单库存）来管理的。

那么，科目分配类别又是如何决定的呢？

如果物料有MRP视图，则取物料主数据MRP3视图中的策略组，根据“策略组→策略→需求类型→需求类→科目分配类别”这条线索找到对应的科目分配类别。

如果没有MRP视图，则取物料的销售订单行项目中的行项目类别，根据“行项目类别→需求类型→需求类→科目分配类别”这条线索来查找其对应的科目分配类别。

这些线索的配置路径如表7-11所示。

表 7-11　需求相关概念的配置路径

概念（中文）	概念（英文）	配置路径	事务代码
策略组	strategy group	IMG> 控制 > 产品成本控制 > 成本对象控制 > 按销售订单划分的产品成本 > 相关产品销售订单的控制 / 销售订单的产品成本 > 通过 MRP 组进行的需求选择 > 检查策略组	OPPT
策略	strategy	IMG> 控制 > 产品成本控制 > 成本对象控制 > 按销售订单划分的产品成本 > 相关产品销售订单的控制 / 销售订单的产品成本 > 通过 MRP 组进行的需求选择 > 检查计划编制策略	OPPS
需求类型	requirements type	IMG> 控制 > 产品成本控制 > 成本对象控制 > 按销售订单划分的产品成本 > 相关产品销售订单的控制 / 销售订单的产品成本 > 检查需求类型	OVZH
需求类	requirements class	IMG> 控制 > 产品成本控制 > 成本对象控制 > 按销售订单划分的产品成本 > 相关产品销售订单的控制 / 销售订单的产品成本 > 检查需求层	OVZG
项目类别	item category	IMG> 销售和分销 > 销售 > 销售凭证 > 销售凭证项目 > 定义项目类别	VOV7
将需求类型分配给项目类别		IMG> 销售和分销 > 基本功能 > 可用性检查和传输需求 > 传输需求 > 使用事务的需求类型确定	OVZI

2. 对销售订单执行结果分析

对销售订单执行结果分析是对销售订单进行月结的第一步，它的目的是根据订单当前的收入、成本数据计算出销售成本、销售收入、在制品等。

在正式对销售订单执行结果分析前，可以先确认一下当前的结果分析截止期间（结账期间）是否是上一个月。例如，如果要对 2016 年 12 月进行结果分析，截止期间必须是 2016 年 11 月。

路径: SAP 菜单 > 会计核算 > 控制 > 产品成本控制 > 成本对象控制 > 按销售订单划分的产品成本 > 期末结算 > 单一功能 > 结果分析 > 结账期间 > 显示

事务代码: KKG0

输入成本控制范围和结果分析版本后，系统显示当前的“结账期间”，如图 7-146 所示。

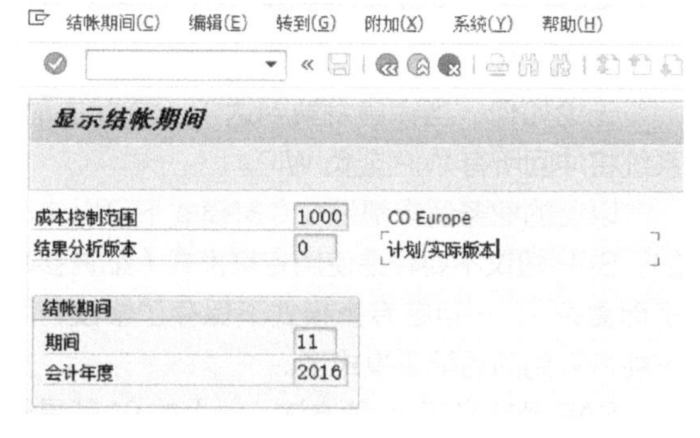

图7-146

> **提示**　这里“销售订单”的结果分析结账期间和7.3.1小节“对订单计算在制品”中提到的结账期间是同一个期间（是靠同一个事务代码、同一个程序执行更改的）。因此，如果一个企业在完成生产订单月结后还要做销售订单月结，则在生产订单月结过程中执行完在制品计算后，不要急于关闭结账期间，可以等到在销售订单月结过程中执行完结果分析后再关闭结账期间。

【业务操作】接下来了解如何对销售订单执行结果分析。

路径: SAP 菜单 > 会计核算 > 控制 > 产品成本控制 > 成本对象控制 > 按销售订单划分的产品成本 > 期末结算 > 单一功能 > 结果分析 > 执行 > 集中处理

事务代码: KKAK

STEP 1 在“实际结果分析：销售订单”界面输入期间、会计年度、结果分析版本等参数，如图 7-147 所示。

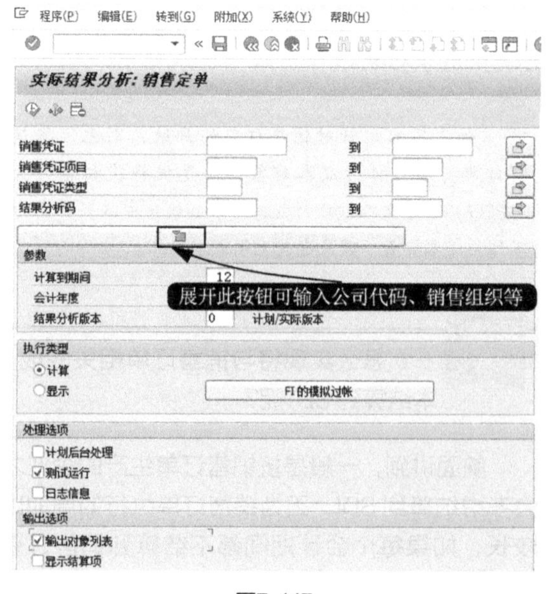

图7-147

STEP 2 单击“执行”按钮，系统显示“结果分析：对象列表”界面，如图7-148所示。

结果分析：对象列表

销售凭...	项目	RANI（累积）	COS（累积）	在产品（累积）	未实现成本准备金(...	即有损失准备金(累积)
5105	10	240,920.73-	106,785.42	0.00	106,785.42	0.00
5359		234,478.46-	0.00	0.00	0.00	0.00
8826		0.00	0.00	3,078.96-	0.00	0.00
8894		24,000.00-	8,526.77	0.00	0.00	0.00
10692		0.00	0.00	0.00	0.00	0.00
10765		0.00	0.00	0.00	0.00	0.00

图7-148

STEP 3（可选）如果想查看某个SDI的明细，可以双击相应的行，系统显示“单销售订单结果分析”界面。图7-149显示了SDI 5105/10的详细信息。

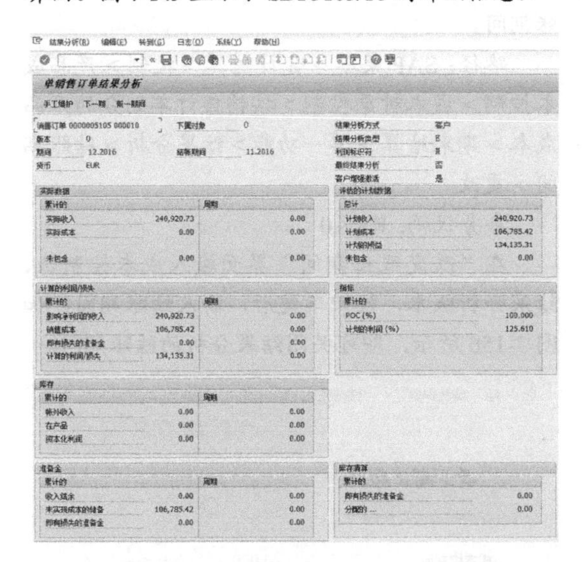

图7-149

> **提示**
> 左侧各类分析的结果，都有“累计”和“周期”（当期）两列。其中，“周期”一列就是当期即将形成会计凭证的数据。从图7-149来看，SDI 5105/10当期不会有会计凭证产生，但是数据相对较全，为方便介绍，以下步骤仍采用此例予以说明。

STEP 4（可选）单击左上角的 手工维护 按钮，可以看到每个结果分析类别（RA类）下每个行标识（LID）的金额，如图7-150所示。

> **提示**
> 虽然并不一定要手工设置结果分析的值，但是可以通过这个方式来查看数据的来源。

STEP 5（可选）在“单销售订单结果分析”的初始界面，通过菜单中的“日志”可以分别查看“解释工具”“对象清单”“行标识的值”等信息，如图7-151所示。

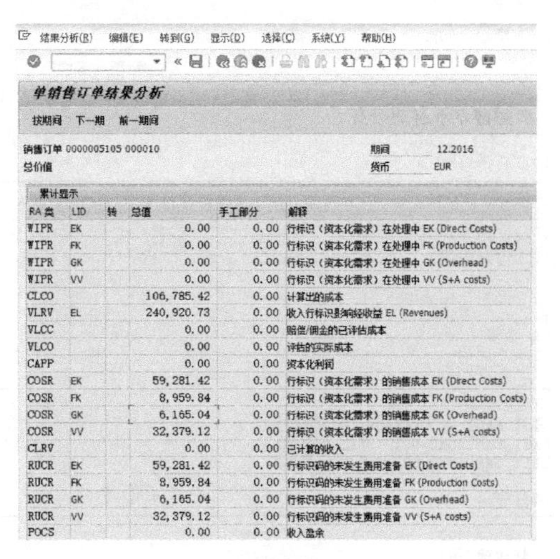

单销售订单结果分析

销售订单 0000005105 000010　期间 12.2016
总价值　货币 EUR

累计显示

RA类	LID	转	总值	手工部分	解释
WIPR	EK		0.00	0.00	行标识（资本化需求）在处理中 EK (Direct Costs)
WIPR	FK		0.00	0.00	行标识（资本化需求）在处理中 FK (Production Costs)
WIPR	GK		0.00	0.00	行标识（资本化需求）在处理中 GK (Overhead)
WIPR	VV		0.00	0.00	行标识（资本化需求）在处理中 VV (S+A costs)
CLCO			106,785.42	0.00	计算出的成本
VLRV	EL		240,920.73	0.00	收入行标识影响经收益 EL (Revenues)
VLCC			0.00	0.00	赔偿/佣金的已评估成本
VLCO			0.00	0.00	评估的实际成本
CAPP			0.00	0.00	资本化利润
COSR	EK		59,281.42	0.00	行标识（资本化需求）的销售成本 EK (Direct Costs)
COSR	FK		8,959.84	0.00	行标识（资本化需求）的销售成本 FK (Production Costs)
COSR	GK		6,165.04	0.00	行标识（资本化需求）的销售成本 GK (Overhead)
COSR	VV		32,379.12	0.00	行标识（资本化需求）的销售成本 VV (S+A costs)
CLRV			0.00	0.00	已计算的收入
RUCR	EK		59,281.42	0.00	行标识码的未发生费用准备 EK (Direct Costs)
RUCR	FK		8,959.84	0.00	行标识码的未发生费用准备 FK (Production Costs)
RUCR	GK		6,165.04	0.00	行标识码的未发生费用准备 GK (Overhead)
RUCR	VV		32,379.12	0.00	行标识码的未发生费用准备 VV (S+A costs)
POCS			0.00	0.00	收入盈余

图7-150

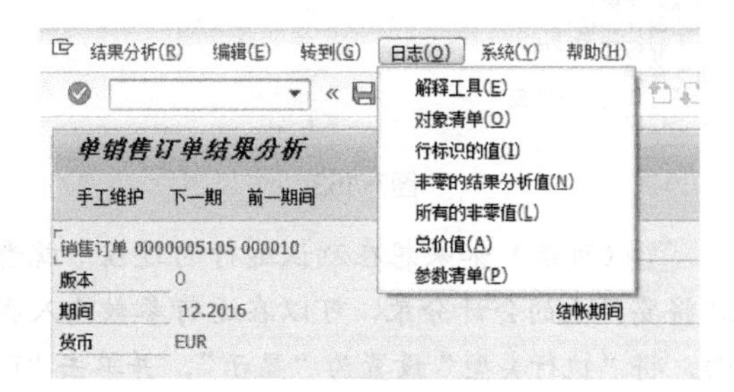

图7-151

图7-152是所有的非零值的显示结果。

单销售订单结果分析

结果分析

对象	销售订单 0000005105 000010
会计期间	012.2016
结帐期间	011.2016
成本控制范围	1000
公司代码	1000
成本控制范围货币	EUR
公司代码货币	EUR
RA 版本	0
结果分析码	UNIT
状态的评估方法	FNEL

```
R (pt)  =计划收入
         -> 客户增强2处理中的计划的值
R (p) = 240,920.73

C (pt)  = 计划成本
         -> 客户增强2处理中的计划的值
         -> 对于版本 0的计划值
C (p) = 106,785.42

R (p)  =用来评估的计划收入
R(p) = R(a)
R () = 240,920.73

C (p)  = 评估的计划成本
C(pv) = C(pt)
C(P) = C(pv)
C () = 106,785.42

R (a)  = 实际收入
```

图7-152

图 7-153 是“参数清单”，显示了系统配置的参数以及结果分析时调用的增强清单。

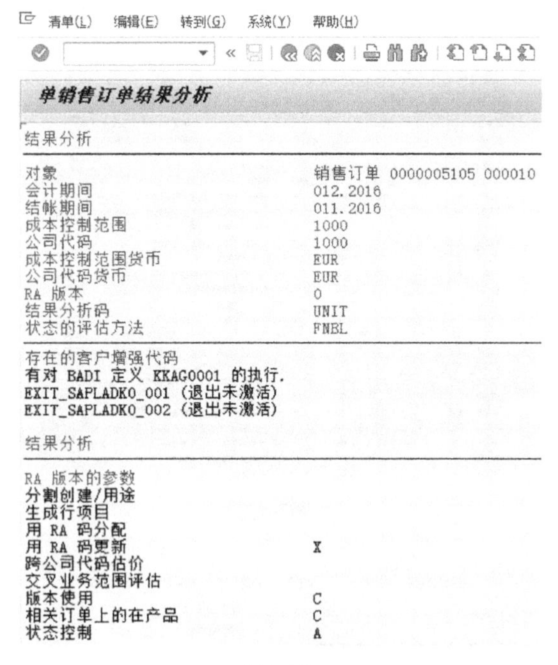

图7-153

STEP 6（可选）如果想在测试运行的过程中就看到将要产生的会计分录，可以在运行参数输入界面，将“执行类型”设置为“显示”，并单击“FI 的模拟过账”按钮，勾选“FI 的模拟过账”复选框，如图 7-154 所示。

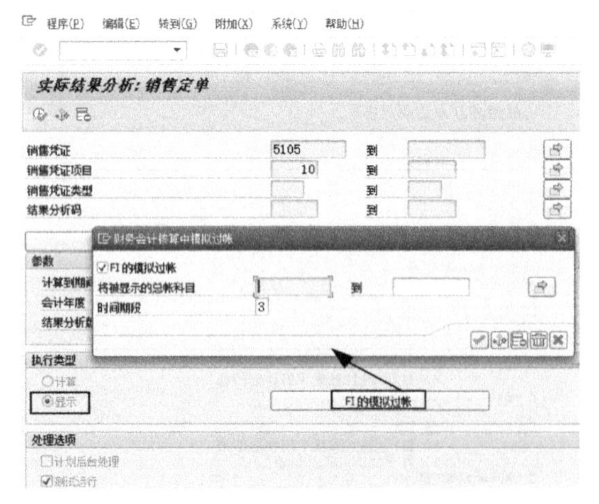

图7-154

执行后，系统会显示会计科目及金额，如图 7-155 所示。

STEP 7 正式执行结果分析。去掉“测试运行”复选框的勾选，将“执行类型”改为“计算”，并去掉“FI 的模拟过账”复选框的勾选，再次执行，系统再次显示结果分析的对象列表。

图7-155

> 提示
> 如果“执行类型”设置为“计算”，必须去掉“FI 的模拟过账”复选框的勾选。

STEP 8 在完成结果分析后，关闭结果分析的结账期间。

路径：SAP 菜单 > 会计核算 > 控制 > 产品成本控制 > 成本对象控制 > 按销售订单划分的产品成本 > 期末结算 > 单一功能 > 结果分析 > 结账期间 > 更改

事务代码：KKA0

在“改变截止期间”界面输入成本控制域、结果分析版本，按回车键后，输入结账期间，如图 7-156 所示，即可关闭结果分析的结账期间。

图7-156

关闭结果分析的结账期间后，该期间就不能再进行结果分析了。

3. 结算销售订单

结算销售订单有以下两个作用。

（1）使结果分析的成果形成会计凭证（FI 凭证）。

（2）销售订单上如果设定有结算规则，则将销售订单上的成本或收益发送至接收方，形成会计凭证（CO 凭证、CO-PA 凭证等）。

因此，在月末要对销售订单进行结算，以完成月结。

结算的前提是相关的期间要开放。例如，要形成财务会计凭证的会计期间（事务代码 OB52）、要形成 CO 凭证的成本期间（事务代码 OKP1）等。

【业务操作】接下来学习销售订单结算的操作。

路径：SAP 菜单 > 会计核算 > 控制 > 产品成本控制 > 成本对象控制 > 按销售订单划分的产品成本 > 期末结算 > 单一功能 > 结算

事务代码：VA88

STEP 1 在“实际结算：销售订单”界面输入销售组织、期间、会计年度等参数，如图 7-157 所示。

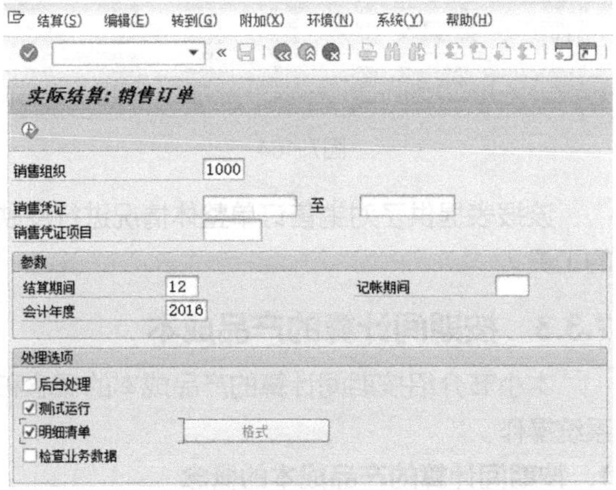

结算(S) 编辑(E) 转到(G) 附加(X) 环境(N) 系统(Y) 帮助(H)

实际结算：销售订单

销售组织 1000

销售凭证 至

销售凭证项目

参数

结算期间 12 记帐期间

会计年度 2016

处理选项

☐后台处理

☑测试运行

☑明细清单 格式

☐检查业务数据

图7-157

STEP 2 单击“执行”按钮，系统显示“实际结算：销售订单 基本清单”界面，如图 7-158 所示。

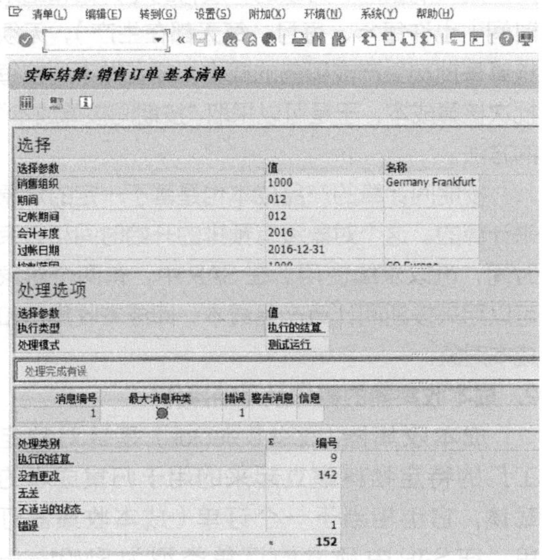

清单(L) 编辑(E) 转到(G) 设置(S) 附加(X) 环境(N) 系统(Y) 帮助(H)

实际结算：销售订单 基本清单

选择

选择参数	值	名称
销售组织	1000	Germany Frankfurt
期间	012	
记帐期间	012	
会计年度	2016	
过帐日期	2016-12-31	

处理选项

选择参数	值
执行类型	执行的结算
处理模式	测试运行

处理完成有误

消息编号	最大消息种类	错误	警告消息	信息
1	●	1		

处理类别	Σ 编号
执行的结算	9
没有更改	142
无关	
不适当的状态	
错误	1
	▪ 152

图7-158

在该清单中，系统列示了“执行的结算”的数量、“没有更改”的数量、“错误”的数量等。如果显示“处理完成有误”字样，则需要通过工具栏中的“消息”按钮查看系统的报错信息，并分别予以处理。

STEP 3 单击“明细列表”按钮，可查看结算形成的明细清单，如图 7-159 所示。

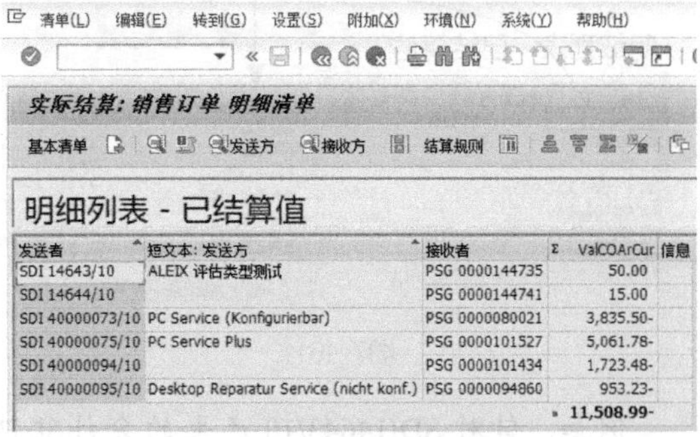

清单(L) 编辑(E) 转到(G) 设置(S) 附加(X) 环境(N) 系统(Y) 帮助(H)

实际结算：销售订单 明细清单

基本清单 发送方 接收方 结算规则

明细列表 - 已结算值

发送者	短文本：发送方	接收者	Σ ValCOArCur	信息
SDI 14643/10	ALEIX 评估类型测试	PSG 0000144735	50.00	
SDI 14644/10		PSG 0000144741	15.00	
SDI 40000073/10	PC Service (Konfigurierbar)	PSG 0000080021	3,835.50-	
SDI 40000075/10	PC Service Plus	PSG 0000101527	5,061.78-	
SDI 40000094/10		PSG 0000101434	1,723.48-	
SDI 40000095/10	Desktop Reparatur Service (nicht konf.)	PSG 0000094860	953.23-	
			▪ 11,508.99-	

图7-159

在图 7-159 显示的结果中，发送方都是 SDI（销售订单及行项目），接收者都是 PSG（获利能力段）。这表明，此次结算的结果是将销售订单上的成本或收益发送到获利能力段上，以便在获利分析报表中可以查看到基于获利能力段的分析数据。

STEP 4 正式执行。通过单击“返回”按钮，返回“实际结算：销售订单”界面，去掉“测试运行”复选框的勾选，并执行结算，如图 7-160 所示。

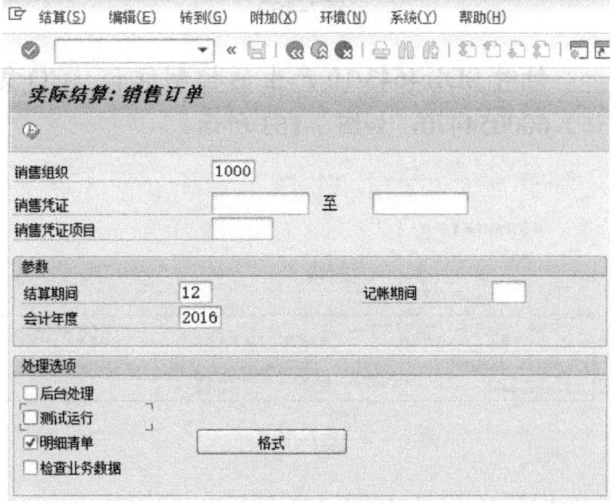

结算(S) 编辑(E) 转到(G) 附加(X) 环境(N) 系统(Y) 帮助(H)

实际结算：销售订单

销售组织 1000

销售凭证 至

销售凭证项目

参数

结算期间 12 记帐期间

会计年度 2016

处理选项

☐后台处理

☐测试运行

☑明细清单 格式

☐检查业务数据

图7-160

提示

如果数据量较大，可以勾选“后台处理”复选框，以后台作业的方式运行。

STEP 5（可选）如果要查看某一个 SDI 即将生成的会计凭证，可以在明细清单中选中该 SDI 行，然后单击 会计核算凭证 按钮，查看其明细的凭证清单，如图 7-161 所示。

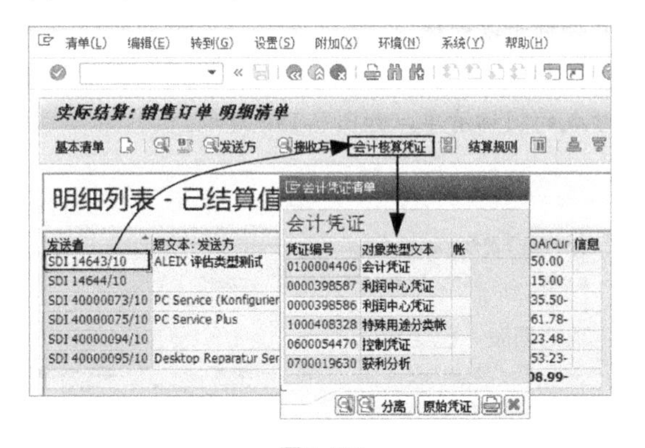

图7-161

例如，针对 SDI14643/10 产生的会计凭证（FI 凭证）100004406，如图 7-162 所示。

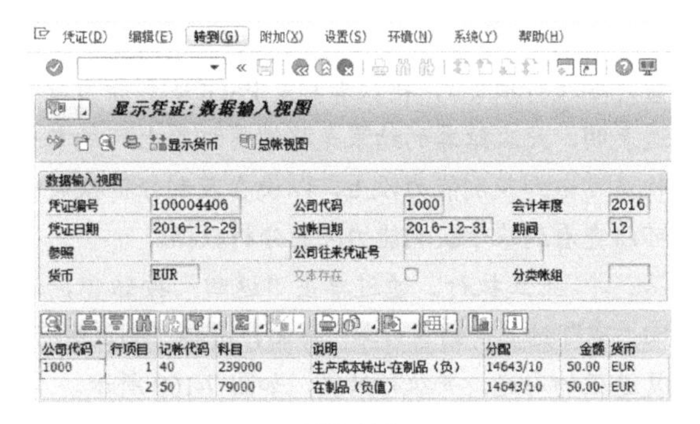

图7-162

针对 SDI14643/10 产生的控制凭证（CO 凭证）600054470，如图 7-163 所示。

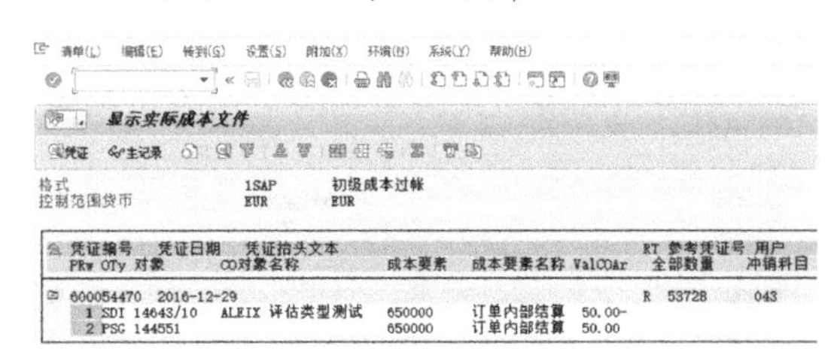

图7-163

延伸思考

销售订单结算后，是否也存在和生产订单一样的报表，可以查看销售订单的收入、成本各项指标的值？

对于销售订单，系统同样存在相应的报表。

路径：SAP 菜单 > 会计核算 > 控制 > 产品成本控制 > 成本对象控制 > 按销售订单划分的产品成本 > 信息系统 > 根据销售订单的产品成本的报表 > 对象清单 > 选择销售订单

事务代码：S_ALR_87013104

图 7-164 显示了该报表运行后的结果。

销售订单选择：结果清单

货币 CNY 中国人民币（国际）

当前数据

销售凭证	项目	物料	工厂	计划Pft(%)	实际利润%	实际收入	实际成本
V-000005	10	CHD8000001R0119	1000	100.00	0.00	0.00	0.00
V-000006		CHD8000001R0119	1000	100.00	0.00	0.00	0.00
V-000007		CHD8000001R0119	1000	100.00	2.53	30,769.23	30,011.00
V-000008		CHD8000001R0119	1000	100.00	2.56	10,256.41	10,000.00
V-000009		CHD8000001R0119	1000	100.00	0.00	0.00	0.00
V-000012		CHD8000001R0119	1000	100.00	2.56	10,256.41	10,000.00
V-000013		CHD8000001R0119	1000	100.00	2.56	10,256.41	10,000.00
V-000020		CHD8000001R0119	1000	100.00	3,100.00	320,000.00	10,000.00
V-000021		CHD8000001R0119	1000	100.00	3,100.00	320,000.00	10,000.00
V-000022		CHD8000001R0119	1000	100.00	3,100.00	320,000.00	10,000.00
V-000023		CHD8000001R0119	1000	100.00	2,635.04	273,504.27	10,000.00
V-000025		CHD8000001R0119	1000	100.00	2,070.00	217,000.00	10,000.00
V-000100		CHD8000001R0119	1000	100.00	0.00	0.00	0.00

图7-164

该报表提供了对销售订单整体情况进行反映的工具。

7.3.3 按期间计算的产品成本

本小节介绍按期间计算的产品成本的概念和系统操作。

1. 按期间计算的产品成本的概念

7.3.1 小节和 7.3.2 小节所讲的针对生产订单和销售订单的月结，都是针对有明确开始和结束的对象进行的月结。而有些生产模式下，产品的生产是大批量的、持续的，没有约定开始和结束时间（也许每年、每月、每天都在生产），无须核算每批次生产或销售的成本，或者做不到按每批次核算成本，于是可以采取"按期间核算成本"的方法。

按期间计算的产品成本也是基于一定的对象来计算的。这个对象没有预排的开始时间和结束时间，可以永续使用。在 SAP 中，有两个对象可以用来按期间计算产品成本，即成本收集器和成本对象。

2. 成本收集器的概念及月结操作

成本收集器（cost collector）是针对特定工厂的特定物料建立起来的用于归集成本的载体，它也相当于一个订单（成本收集器订单，在 SAP 中预设的订单类型为 RM01——成本收集器订单）。产品生产过程中的投入产出都围绕着这个成本收集器发生。成本收集器常见于重复制造的生产业务，如机械加工行业的铸造件生产、空调生产企业的铝箔生产。

成本收集器的“数据”定义如图7-165所示。它包含了利润中心、业务范围和成本核算所需的一些参数。

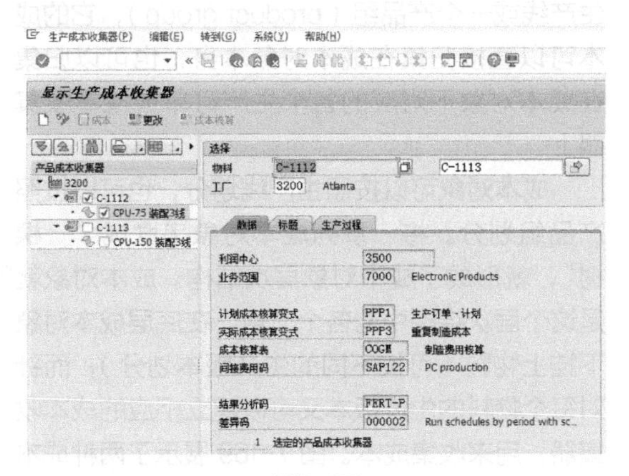

图7-165

路径：SAP菜单 > 会计 > 控制 > 产品成本控制 > 成本对象控制 > 按期间计算的产品成本 > 主数据 > 生产成本归集器 > 编辑

事务代码：KKF6N

其“标题”选项卡的内容反映了成本收集器的头层信息（成本收集器编号、公司代码、物料等），如图7-166所示。

数据 标题 生产过程

描述 CPU-75 装配3线
公司代码 3000 IDES US INC
物料 C-1112
订单类型 RM01 生产成本收集器
订单 701189
外部订单号
功能范围 0100 Manufacturing
创建者 SCHMITTV
创建日期 1995-11-09
最后修改者 043 高林旭
更改日期 2016-12-29
系统状态 REL DLV RESA SETC VCAL
定单/PV 成本评估 结算规则
成本

图7-166

从“标题”选项卡可以看到，成本收集器和生产订单类似，也有下达、完全交货、结果分析、差异计算等状态。

其“生产过程”选项卡则反映了成本收集器的生产版本的相关信息，如图7-167所示。

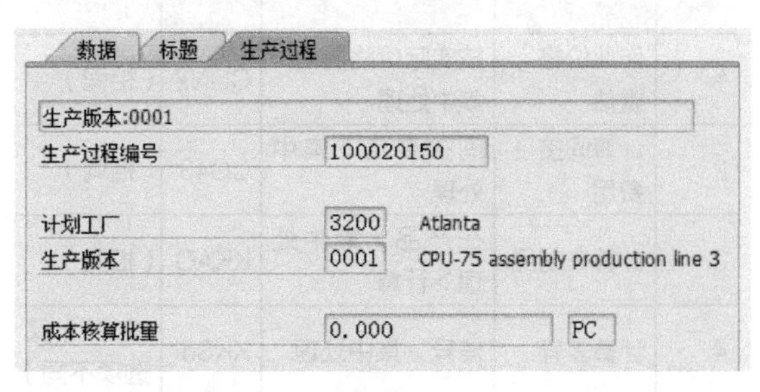

图7-167

成本收集器既然是归集一个产品的生产成本，因此，和其他产品一样，有事前的标准成本滚算；同样，和其他生产订单一样，也有事中的成本分析数据。例如，在图7-166中的“标题”选项卡单击 成本 按钮，就会看到该成本收集器的成本分析数据，如图7-168所示。

成本要素	成本要素（文本）	原始	Σ 总计目标成本	Σ 总的实际成本	Σ 差异
410000	OEM products consumed	3200/C-1212	24,000.00	24,700.00	700.00
410000	OEM products consumed	3200/R-1220	12,000.00	13,000.00	1,000.00
410000	OEM products consumed	3200/R-1230	720.00	60.00	660.00-
410000	OEM products consumed	3200/C-1230	0.00	720.00	720.00
890000	Credit Stock change	3200/R-1240	24,759.60	26,822.90	2,063.30
Material Components			▪ **61,479.60**	▪ **65,302.90**	▪ **3,823.30**
655100	Overhead Surcharge - Raw Material	4130	5,508.00	5,772.00	264.00
Material Overhead			▪ **5,508.00**	▪ **5,772.00**	▪ **264.00**
895000	Factory Output of Production Ord...	3200/C-1112	80,103.60-	80,103.60-	0.00
Other Costs			▪ **80,103.60-**	▪ **80,103.60-**	▪ **0.00**
623000	Dr.Int. Activity Alloc. Burn In	4275/1423	12,260.40	13,230.57	970.17
Production Burn-In			▪ **12,260.40**	▪ **13,230.57**	▪ **970.17**
619000	Dr.Int.Activity Alloc. Production	4275/1421	97.20	104.88	7.68
Production Labor			▪ **97.20**	▪ **104.88**	▪ **7.68**
620000	Dr.Int.Activity Alloc. Machine Costs	4275/1420	758.40	816.85	58.45
Production Machine			▪ **758.40**	▪ **816.85**	▪ **58.45**
			▪▪ **0.00**	▪▪ **5,123.60**	▪▪ **5,123.60**

图7-168

从图7-168中可以看到成本收集器的目标成本和实际成本。实际成本来自于发料、报工、计算间接费用、费用分摊、产品收货等环节。这和生产订单的成本数据来源非常相似。

成本收集器的月结就是在一个期间范围内，对成本收集器的投入和转出进行月末的计算，然后产生相应的会计凭证。这些步骤包括作业价格重估、计算间接费用、计算在制品、计算差异、结算等。

由于这些操作和生产订单月结较为类似，因此此处不再分步骤介绍，仅列出相关操作路径和事务代码，如表7-12所示。

表 7-12　成本收集器的月结步骤

步骤	操作	路径	事务代码	生产订单对应代码
1	作业价格重估	按实际价格重估＞集中处理	CON2	（相同）
2	计算间接费用	间接费用＞集中处理	CO43	（相同）
3	计算在制品	在产品＞集中处理＞计算	KKAO	（相同）
4	计算差异	差异＞集中处理	KKS5	KKS1（仅选项不同）
5	结算	结算＞集中处理	CO88	（相同）

表 7-12 中各步骤的路径均在以下路径继续展开：SAP 菜单＞会计＞控制＞产品成本控制＞成本对象控制＞按期间计算的产品成本＞期末结算＞单一功能：产品成本收集器＞……

> 提示
>
> 从表7-12中也可看出，如果一个企业既有生产订单也有成本收集器，完全可以将成本收集器和生产订单放在一起进行月结。

3. 成本对象的概念及月结操作

广义的成本对象是指各类可以作为成本、费用发生载体的对象，如成本中心、订单、销售订单及行项目、获利能力段等，但作为按期间核算的成本载体，这里的成本对象（cost object）是狭义的成本对象。它对应具体的一条生产线或一个产品组（product group），它的成本可以直接归集在成本对象本身，也可以归集在成本对象下对应的各个生产订单或成本收集器上。

成本对象可以按照生产线划分，也可以按照产品组划分。将一系列成本对象串联成“一棵树”，就形成了成本对象层次结构。成本对象就是这个层次结构中的各个节点。在底层成本对象下挂上物料（可按不同的生产版本划分），而针对每个物料的生产版本又可以建立相应的成本收集器，用来收集成本。图 7-169 展示了两种成本对象的层次结构设计。

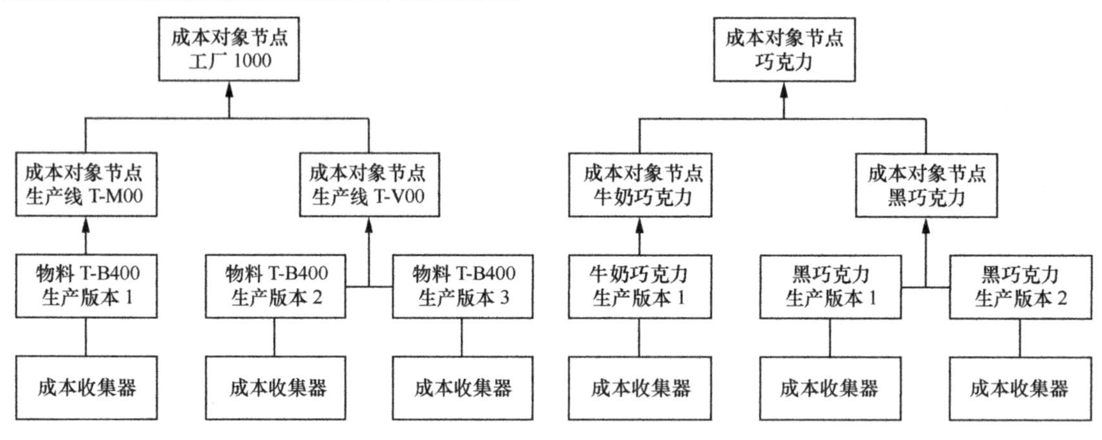

图7-169

具体到 SAP 中的设置，图 7-170 显示了按产品组划分的成本对象层次结构。最上层为彩色灯泡的产品组，其下二级层次分红色灯泡和黄色灯泡，在红色灯泡下又按瓦数划分第三层次，如 40W 的红色灯泡，在这个层次下挂上具体的物料 L-40R。这里，前 3 个层次都称为“成本对象”。成本可以分别在这 3 个层次予以归集。

路径：SAP 菜单＞会计＞控制＞产品成本控制＞成本对象控制＞按期间计算的产品成本＞主数据＞成本对象层次结构＞编辑成本对象层次

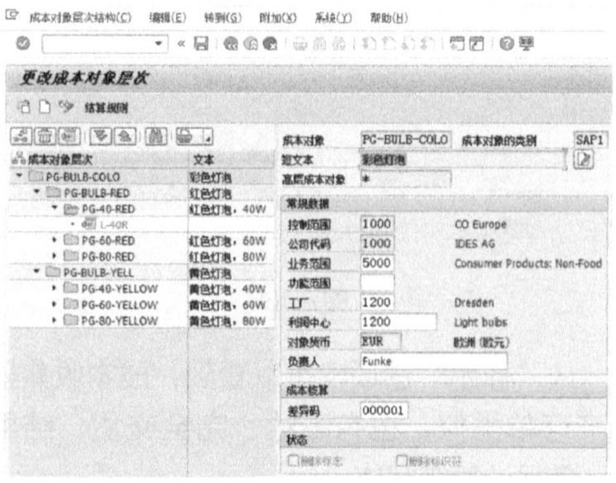

图7-170

事务代码：KKPHIE

一个成本对象下可以挂上多个物料，在这种情况下，意味着有些成本如果不能明确到具体的物料，可以明确到一组物料（一个产品组）上。如果要使成本对象能够挂多个物料，需要在图 7-170 所示的工具栏中单击“分配单一对象开 / 关”按钮，打开该功能后，界面右侧就出现了可以输入多条物料记录的区域，如图 7-171 所示。只需要单击“新条目”按钮，即可添加多个物料。

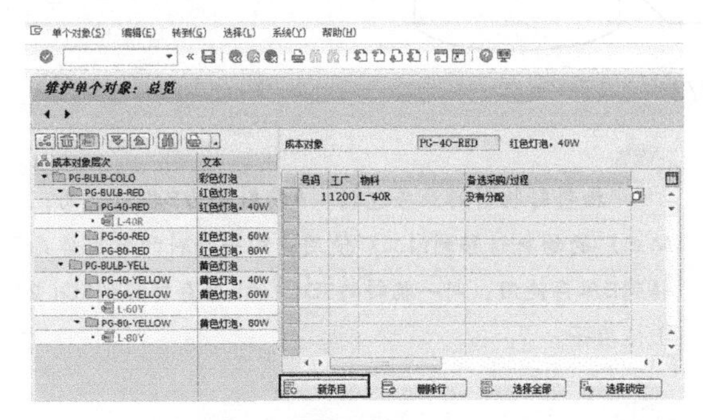

图7-171

成本对象建立起来后，成本就可以以多种形式归集进来。举例如下。

（1）手工记账，将费用记入成本对象（F-02）。

（2）仓库发料，将不能明确到具体订单的原材料发到成本对象（MIGO，移动类型 291）。

（3）运行分配 / 分摊循环，将成本中心的费用分配 / 分摊到成本对象（KSV5、KSU5）等。

由于成本对象是一个相对较粗的概念，它归集的是一个物料或一组物料的成本，但并没有记入具体物料的生产订单，因此，可以在月末运行成本对象层次的分配，将成本对象上归集的成本分配到具体的订单上。

成本对象层次结构的月结操作和订单的月结操作类似，主要步骤如表 7-13 所示。

表 7-13　成本对象层次结构的月结步骤

步骤	操作	路径	事务代码	生产订单对应代码
1	作业价格重估	按实际价格重估 > 集中处理	KKN2	CON2
2	成本分配	成本对象层次成本的分配 > 集中处理	KKPY	（无）
3	计算间接费用	间接费用 > 集中处理	KKPJ	CO43
4	计算在制品	在产品 > 集中处理 > 计算	KKAO	（相同）
5	计算差异	差异 > 集中处理	KKPT	KKS1（仅选项不同）
6	结算	结算 > 集中处理	KK89	CO88

表 7-13 中各步骤的路径均在以下路径继续展开：SAP 菜单 > 会计 > 控制 > 产品成本控制 > 成本对象控制 > 按期间计算的产品成本 > 期末结算 > 单一功能：成本对象层次结构 >……

7.4 实际成本核算 / 物料分类账

本节介绍实际成本核算 / 物料分类账子模块的概念和系统操作。

7.4.1 实际成本核算 / 物料分类账的概念和基本原理

实际成本核算和物料分类账是同一个模块的两种功能。实际成本核算着眼于将物料的差异还原到物料本身，从而核算出物料的实际成本；物料分类账是基于物料的价值变动、差异流转等业务形成的一套分类账，在该分类账下，系统自动生成了一系列具体的“物料分类账”凭证。物料实际成本的核算，正是基于物料分类账凭证的汇总、运算完成的。因此，两种功能是相互依存、互为因果的。

可以说，实际成本核算 / 物料分类账就是围绕差异进行处理的模块。在 SAP 中，差异来自多个环节，包括采购环节、生产环节、库存管理环节、价格管理环节。这些差异汇总到差异池中，体现为一笔笔的物料分类账凭证。然后，依靠该模块的月结功能将差异分摊到对应的物料上，计算出物料的实际成本。有了实际成本，就可以重估期末的库存和当期发放物料形成的损益（如对客户发货形成的销售成本）。图 7-172 显示了差异的形成和转出的基本原理。

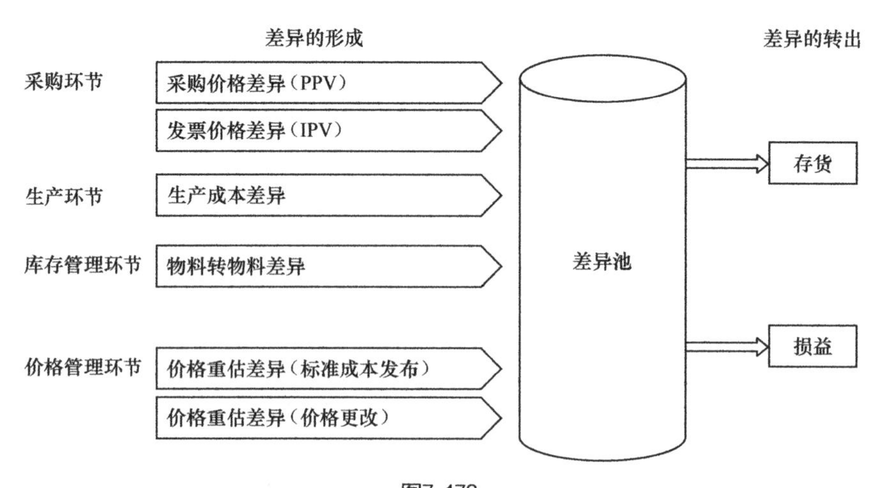

图7-172

差异形成时，系统会对各种差异科目记账；差异转出时，也需要使用到差异科目。表7-14是某企业差异科目的设计示例。其中，以140401开头的科目为差异的形成科目；以140409开头的科目为差异的转出科目。这些差异科目在完成物料分类账的结算后，应该自成平衡，即所有以1404开头的科目科目余额之和应该为0。这是CO月结的第4个里程碑。

表 7-14　差异形成和转出的科目设计

差异形成的科目	差异转出的科目
1404010101 材料成本差异－采购差异－原材料 1404010102 材料成本差异－采购差异－外购半成品 1404010201 材料成本差异－生产差异－原材料 1404010202 材料成本差异－生产差异－半成品 1404010203 材料成本差异－生产差异－产成品 1404010300 材料成本差异－物料转物料差异 1404010400 材料成本差异－价格重估差异	1404090100 材料成本差异－转出－单价价格差异 1404090200 材料成本差异－转出－多级价格差异

提示

在生产差异中，一般企业有半成品、成品生产过程的差异，但也有少数企业对原材料存在再加工的过程。例如，家电生产企业对钢卷的分条、剪切，产生的入库物料仍然为原材料，因此，也会存在原材料的生产差异。

提示

物料转物料的业务包括：A物料转为B物料使用；M工厂的物料转移到N工厂使用；同一物料的自有库存转到E库存使用；同一物料的SDI 1的E库存转移到SDI 2上使用等。

提示

在差异转出环节，系统按照转出差异的单级/多级性质设置科目，在事务代码OBYC中设置，设置的事务分别为PRV（多级）和PRY（单级），如图7-173所示。

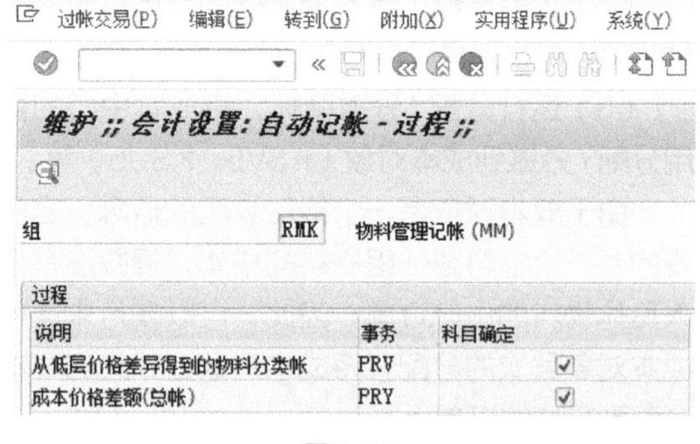

图7-173

那么，系统是如何将差异逐步分摊到物料上的呢？这要从物料的收、发、存结构说起。每一个单独的物料都有其期初、本期接收、本期消耗、期末库存的数据，无论从数量上还是从价值上，都存在以下等式。

期初＋本期接收＝本期消耗＋期末库存

在实际成本和物料分类账未激活的情况下，只能基于标准成本对价值作平衡；但激活了实际成本和物料分类账后，可以将差异也按照以上等式来分配。等号左侧就是差异的“累计”，右侧就是差异的“分配”。分配的原则就是将累计的差异按照本期消耗和期末库存的数量进行分配，即按照存耗比进行分配。

这一原理可以借助SAP中的“物料价格分析”来理解。

路径：SAP菜单 > 会计核算 > 控制 > 产品成本控制 > 实际成本核算/物料分类账 > 物料分类账 > 物料价格分析

事务代码：CKM3

以IDES中的数据为例，6000工厂的物料ACT-DCD-29（Demo CD）在2003年9月的“初、收、累、发、存”数据如图7-174所示。每一行数据都有数量、初级评估（基于标准价格的评估价值）、价格差异等。累计的价格差异包含了期初的差异和本期接收形成的差异，共计MXN 4 564.42。该差异在物料分类账月结后按照当期消耗和期末库存的数量比例，即7:3分摊，即当期消耗承担MXN 3 195.10的差异，期末库存承担MXN 1 369.32的差异。

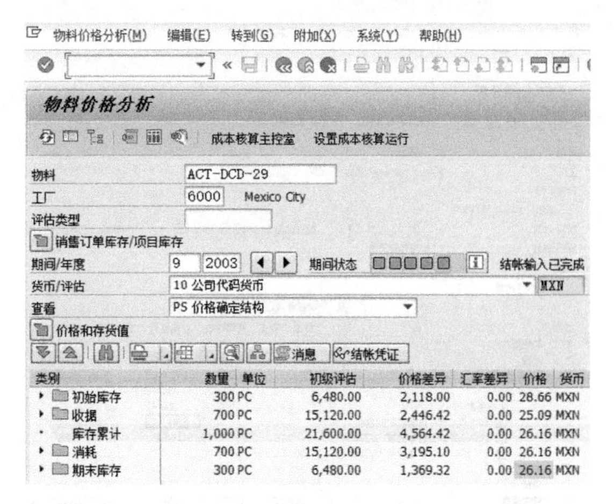

类别	数量	单位	初级评估	价格差异	汇率差异	价格	货币
初始库存	300	PC	6,480.00	2,118.00	0.00	28.66	MXN
收据	700	PC	15,120.00	2,446.42	0.00	25.09	MXN
库存累计	1,000	PC	21,600.00	4,564.42	0.00	26.16	MXN
消耗	700	PC	15,120.00	3,195.10	0.00	26.16	MXN
期末库存	300	PC	6,480.00	1,369.32	0.00	26.16	MXN

图7-174

提示

SAP IDES中，启用了物料分类账的参考工厂为6000公司代码下的6000工厂和6100工厂。其中预设了ACT-DCD-××（××为00~30之间的数字（含））、ACT-BCD-××、ACT-LCD-××一系列的物料。这些物料构成了一套BOM结构，并且生产出的ACT-DCD-XX还分别通过6000工厂和6100工厂对外销售给客户，如图7-175所示。

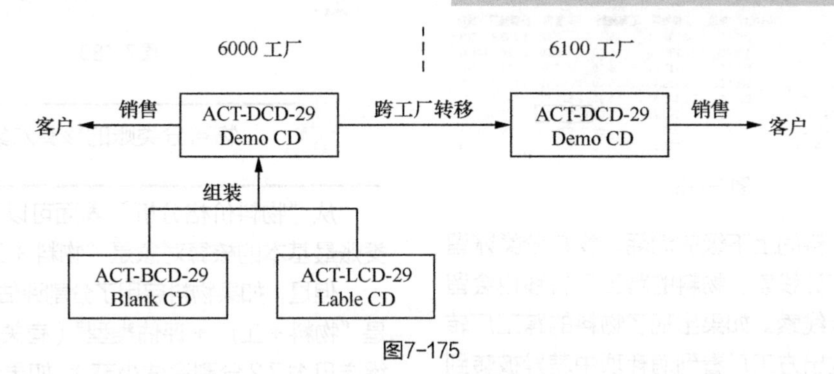

图7-175

由于物料的消耗存在着上下级的关系，因此，下层物料的差异也会传送到上级物料。例如，ACT-BCD-29的差异会随着它的消耗而发送到ACT-DCD-29上。图7-176显示了这一消耗的差异。

图7-177显示了这一差异进入了ACT-DCD-29的“收据”（接收）项下“自低层次的接收”中。

如果双击图7-177中的“自低层次的接收”差异3 913.41，系统会显示该笔金额的明细来源，即相应的物料分类账凭证（凭证编号5000000064），如图7-178所示，在展开的列表中可以看到来自ACT-BCD-29的590.91的差异。

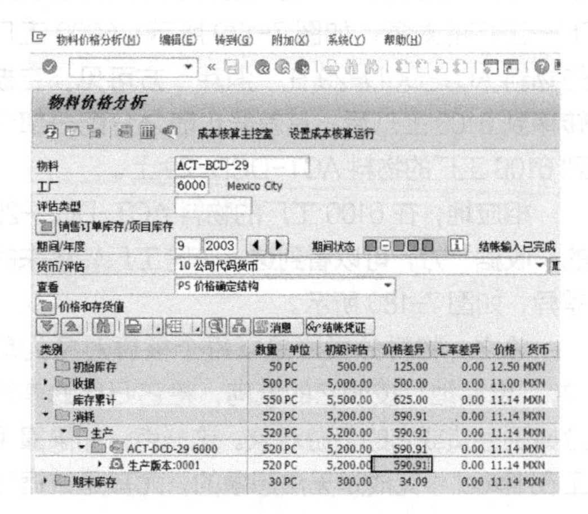

类别	数量	单位	初级评估	价格差异	汇率差异	价格	货币
初始库存	50	PC	500.00	125.00	0.00	12.50	MXN
收据	500	PC	5,000.00	500.00	0.00	11.00	MXN
库存累计	550	PC	5,500.00	625.00	0.00	11.14	MXN
消耗	520	PC	5,200.00	590.91	0.00	11.14	MXN
生产	520	PC	5,200.00	590.91	0.00	11.14	MXN
ACT-DCD-29 6000	520	PC	5,200.00	590.91	0.00	11.14	MXN
生产版本:0001	520	PC	5,200.00	590.91	0.00	11.14	MXN
期末库存	30	PC	300.00	34.09	0.00	11.14	MXN

图7-176

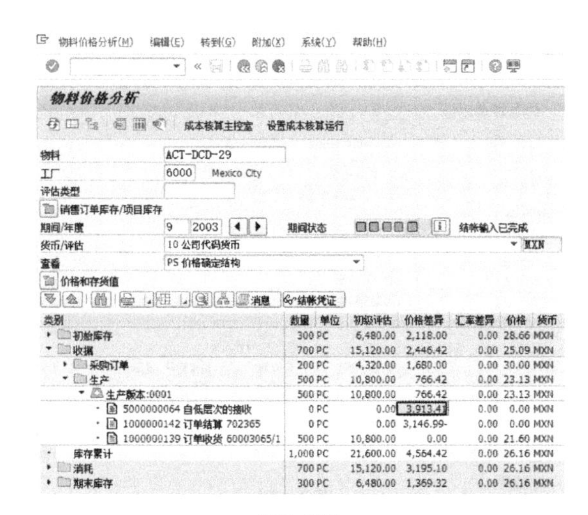

图7-177

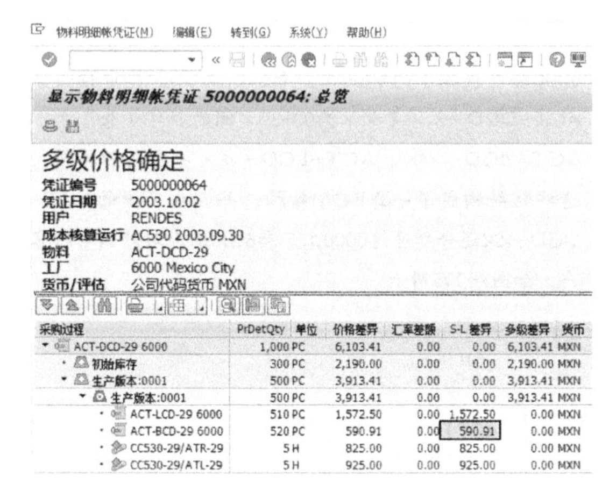

图7-178

不仅是物料间上下级的消耗，物料分类账留下了清晰的审计线索，物料的跨工厂转移也会留下清晰的审计线索。如果出现了物料的跨工厂转移，可以从发出方工厂看到消耗项中差异被转到下一工厂的对象。如图 7-179 所示，6000 工厂的物料 ACT-DCD-29 在“消耗”方可见，它被转移到 6100 工厂后，其差异也随之分配一部分到 6100 工厂的物料 ACT-DCD-29 上。

相应地，在 6100 工厂的物料 ACT-DCD-29 的“收据”方，可以看到这一笔跨工厂转移来的差异，如图 7-180 所示。

总之，物料分类账是以每个核算对象为单位，“忠实地”按照它的流向，将它归集的差异分摊到存货或它的下游对象。这一点，如果靠手工在 Excel 中完成是无法想象的，尤其是数据量庞大、BOM 层次较多的情况下。

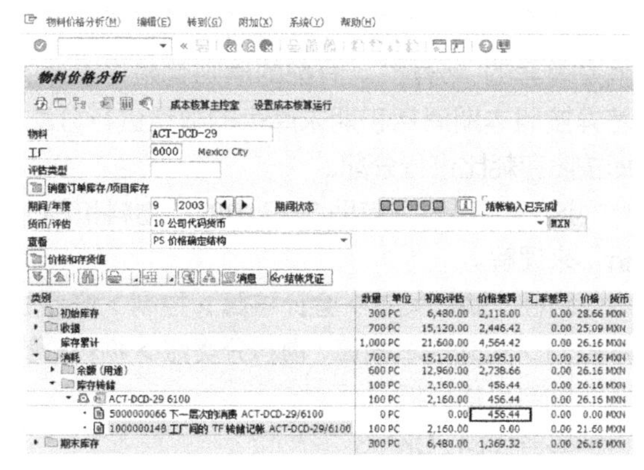

图7-179

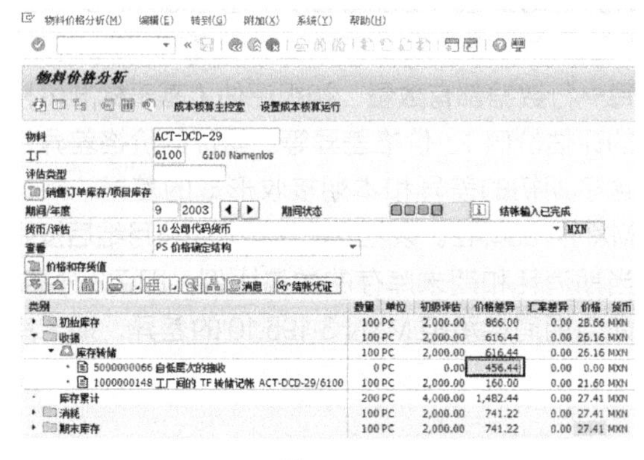

图7-180

物料分类账的核算对象是什么？

从“物料价格分析”界面可以看到，物料分类账最基本的核算对象是“物料 + 工厂”。

但是，如果物料启用了分割评估，则核算对象是“物料 + 工厂 + 评估类型”（有关分割评估的介绍详见 11.7.2 分割评估小节）；如果物料使用销售订单库存评估，则核算对象是“物料 + 工厂 + 销售订单及行项目（SDI）”；如果物料使用项目库存评估，则核算对象是“物料 + 工厂 +WBS 元素”。图 7-181 比较清晰地显示了这些参数。

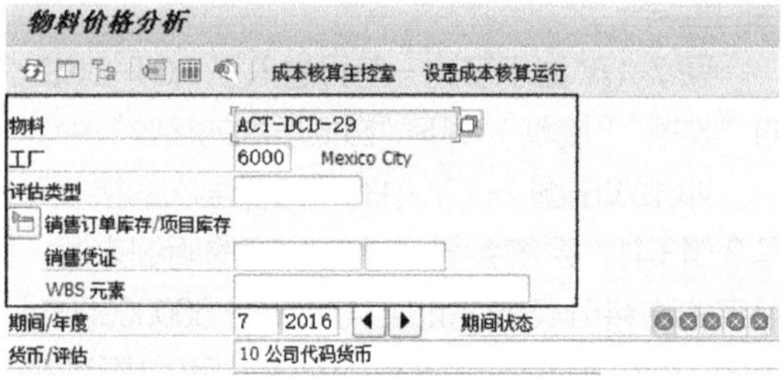

物料价格分析
成本核算主控室 设置成本核算运行
物料 ACT-DCD-29
工厂 6000 Mexico City
评估类型
销售订单库存/项目库存
销售凭证
WBS 元素
期间/年度 7 2016 期间状态
货币/评估 10 公司代码货币

图7-181

延伸思考2 何谓单级价格差异？何谓多级价格差异？

在设计差异相关科目的时候，提到了差异转出的科目分单级价格差异和多级价格差异。那么，什么是单级价格差异和多级价格差异呢？

物料的价格差异有些来源于自身，有些来自于其他物料（或其他核算对象）。前者称为单级价格差异，后者称为多级价格差异。表7-15列出了比较典型的单级价格差异和多级价格差异。

表7-15 单级价格差异和多级价格差异列表

单级价格差异	多级价格差异
（1）采购环节的差异：采购订单价格和标准价格之间的差异；发票价格和采购订单价格之间的差异 （2）生产环节的差异：生产订单结算的差异 （3）价格更改的差异 …………	（1）来自于低层次物料的差异：原材料消耗到半成品/成品订单上，差异相应地转移到半成品/成品上 （2）物料转移差异：物料转物料；自有库存转E库存；跨工厂转移等 …………

物料要计算出单级差异和多级差异，必须在物料主数据的会计视图1中将“价格确定”设置为3（单级/多级），如图7-182所示。

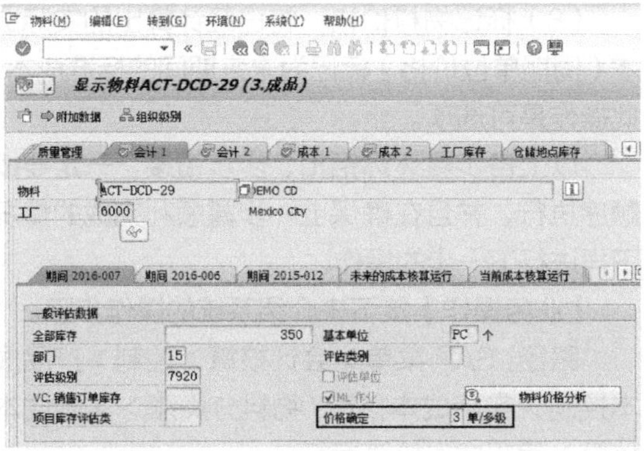

物料(M) 编辑(E) 转到(G) 环境(N) 系统(Y) 帮助(H)
显示物料ACT-DCD-29 (3.成品)
附加数据 组织级别
质量管理 会计1 会计2 成本1 成本2 工厂库存 仓储地点库存
物料 ACT-DCD-29 DEMO CD
工厂 6000 Mexico City
期间 2016-007 期间 2016-006 期间 2015-012 未来的成本核算运行 当前成本核算运行
一般评估数据
全部库存 350 基本单位 PC 个
部门 15 评估类别
评估级别 7920 评估单位
VC: 销售订单库存 ML 作业 物料价格分析
项目库存评估类 价格确定 3 单/多级

图7-182

提示 “价格确定”有两个选项：2（基于交易的）；3（单级/多级）。

如果物料的价格确定设置成2，那么系统只计算出单级差异，并只分配单级差异。这对于物料有递进层次的企业来说，是无法完整计算产品的真实成本的。

物料的价格确定设置为3，这是在后台针对评估范围（工厂）激活物料分类账时配置的默认值，如图7-183所示。因此，无须在创建每个物料的时候去设置。

路径：IMG>控制>产品成本控制>实际成本核算/物料分类账>激活物料分类账的评估区域－激活物料分类账

事务代码：OMX1

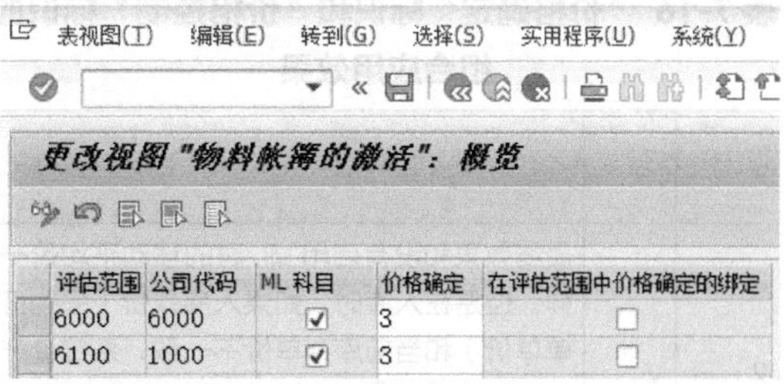

表视图(T) 编辑(E) 转到(G) 选择(S) 实用程序(U) 系统(Y)
更改视图"物料帐簿的激活"：概览

评估范围	公司代码	ML科目	价格确定	在评估范围中价格确定的绑定
6000	6000	☑	3	☐
6100	1000	☑	3	☐

图7-183

提示 图7-183中“ML科目”为错误翻译，应为“ML激活”。如果激活某个评估范围（工厂）的物料分类账前，该工厂已经建立了物料，那么这些物料在激活物料分类账后，“价格确定”标识会自动填写为2。如果希望它们变为3，必须通过特别的事务修改这些物料的“价格确定”标识，如图7-184所示。

路径：SAP菜单>会计核算>控制>产品成本控制>实际成本核算/物料分类账>环境>更改物料价格确定

事务代码：CKMM

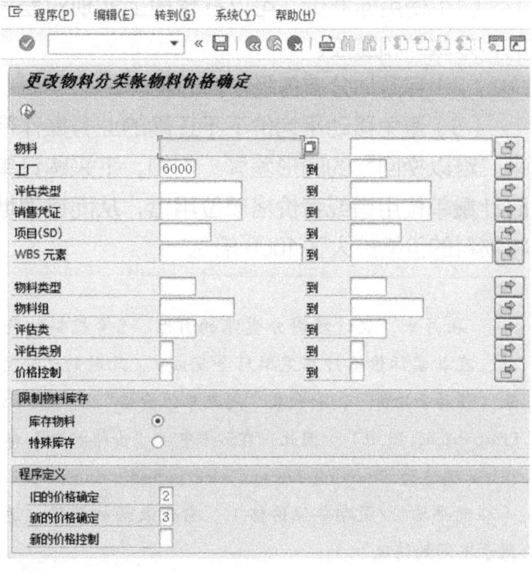

程序(P) 编辑(E) 转到(G) 系统(Y) 帮助(H)
更改物料分类帐物料价格确定
物料
工厂 6000 到
评估类型 到
销售凭证 到
项目(SD) 到
WBS 元素 到
物料类型 到
物料组 到
评估类 到
评估类别 到
价格控制 到
限制物料库存
库存物料
特殊库存
程序定义
旧的价格确定 2
新的价格确定 3
新的价格控制

图7-184

延伸思考 3 “价格确定”标识和“价格控制”标识是否有关联?

二者是有关联的。如果“价格确定”设置为 3,“价格控制”标识必须为 S(标准价格控制)。表 7-16 列出了两种标识的各种组合应用的效果。

表 7-16 “价格确定”标识和“价格控制”标识的组合应用效果

价格确定	价格控制	价格差异的处理
2	V	最终效果和没有启用 ML 时的移动平均价一样。但是在入库时,如果入库单价(采购订单单价)和当前库存单价不一致,系统会产生两张会计凭证:一张为记入 PRD 差异科目;另一张通过 PRY 科目把差异转出到存货科目
2	S	采用标准价格控制,可以在该物料本层的消耗中分摊差异,但不能进行差异的层层递转。一般不使用。一个会计期间内只能有一个标准价
3	S	采用标准价格控制,可以在该物料的本层消耗和多层消耗中分摊差异,进行差异的层层递转。一个会计期间内只能有一个标准价

在国内的业务实践中,如果要计算出物料的实际成本,最佳的组合是:“价格确定”标识 3 +“价格控制”标识 S。理由如下。

(1)使用标准价,可以在管理上实现对差异的有效跟踪和监控。

(2)完整地分摊各级物料的差异。

(3)避免移动平均价下不正确的业务操作带来“难以挽回”的畸形差异(例如,下采购订单时计量单位用错或者价格单位用错,从而错误地将物料的价格扩大了 1000 倍)。

> 提示
> 在月末,经过物料分类账的月结,S价控制的物料,在其实际价格计算完毕后会变成V。此时的V不代表“移动平均价”,而代表“周期单位价格”(Periodic Unit Price,PUP)。因此,在SAP中,“价格控制”标识V的描述为“moving average price/periodic unit price”(移动平均价/周期单位价格)。它代表两种解释,适用于不同的情况。

7.4.2 实际成本核算的系统操作

月末,完成了“成本对象控制”下的月结(通常称为“常规的 CO 月结”)后,接下来还要运行实际成本核算 / 物料分类账下的月结,以达到分摊差异、计算出实际成本的目的。

实际成本核算 / 物料分类账的月结是在一个工作台中完成的。它包括以下步骤。

(1)选择:选择要运行的工厂。

(2)确定顺序:确定物料的层次顺序,以便后续的差异流转计算。

(3)单级价格确定:确定单级价格,并将单级差异分配到消耗和库存。

(4)多级价格确定:确定多级价格,并将多级差异分配到消耗和库存。

(5)消耗重估:将分配到消耗的总差异进一步按照消耗的具体业务进行细分,以重估每一笔消耗(销售发货、成本中心发货等)的金额。

(6)在产品重新评估:如果订单没有产出完毕,则将订单中在产品对应的消耗物料的差异分摊到在制品。

(7)过账清算:将以上各步骤的业务产生会计凭证。

(8)标记物料价格:将已经计算出的实际成本(周期单位价格)标记为未来期间的标准成本。此操作是可选项。

以上各步骤环环相扣、步步衔接,一定要按顺序执行,并且在确保上一步骤顺利完成的情况下再进行下一步的操作。

【业务操作】接下来介绍系统的操作步骤。

路径:SAP 菜单 > 会计核算 > 控制 > 产品成本控制 > 实际成本核算 / 物料分类账 > 实际成本核算 > 编辑成本核算运行

事务代码:CKMLCP

STEP 1 在“成本核算主控室:实际成本核算 - 更改 / 执行”界面单击“创建成本核算运行”按钮 ,系统弹出“创建成本核算运行”对话框。在其中输入成本核算运行的名称、描述和期间,如图 7-185 所示。

成本核算运行的名称可以永续使用,即每个月都使用同样的成本核算运行名称。也可以每个月使用不同的成本核算运行名称,如图中 60001606 表示“6000公司代码、2016年6月的运行”。

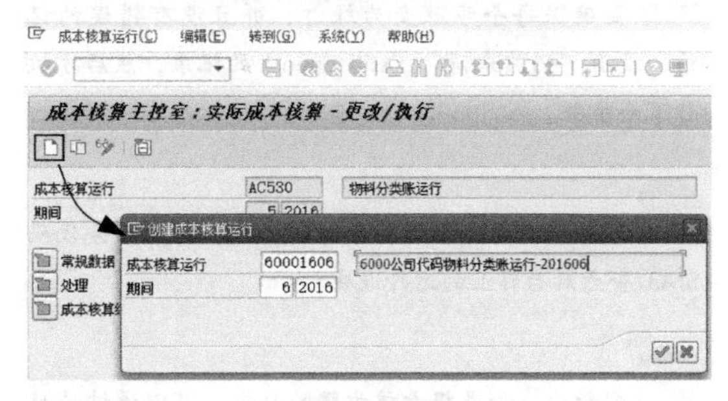

图7-185

提示

在IDES中，标准的6000公司代码已经建立的成本核算运行为AC530（借用SAP物料分类账培训的课程代码）。在企业实际业务中，命名一定要有规范，最好是“组织+期间”，以便日后查询。

STEP 2 在“创建成本核算运行”对话框中单击✓按钮，系统关闭对话框，并自动将对话框中输入的成本核算运行的名称、描述等输入主界面相应字段。同时，系统自动展开“常规数据”栏目，如图7-186所示。

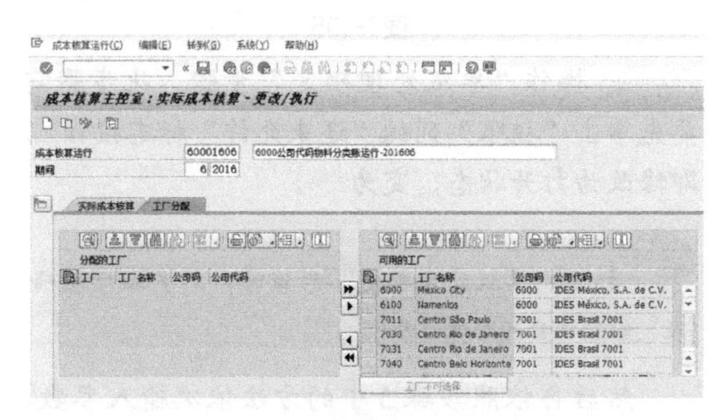

图7-186

“常规数据”栏右侧显示可用的、待分配的工厂（已经激活了物料分类账和实际成本核算的工厂），左侧显示已经分配的工厂。

STEP 3 在右侧“可用的工厂”中，选中6000公司代码下的两个工厂，单击“分配选定的工厂”按钮◀，系统将选定的工厂移到左边，如图7-187所示。

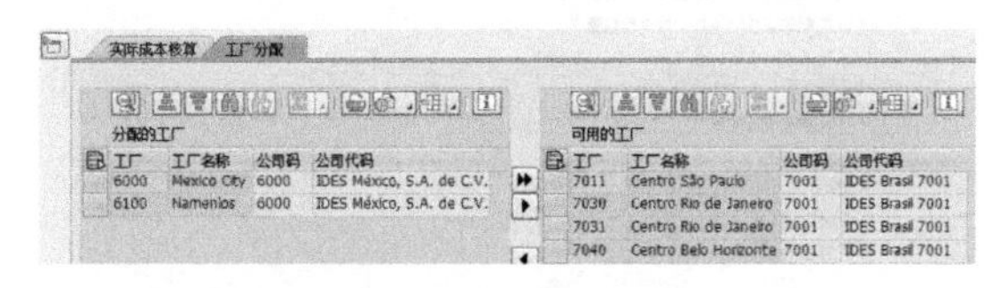

图7-187

STEP 4 单击“保存”按钮，保存所做的操作。此时，可以注意到“处理”和“成本核算结果”栏呈激活状态（此前为灰色），变为可操作的栏目。展开“处理”栏，栏名称变为“创建成本估算”，可以看到其下的各个步骤，如图7-188所示。

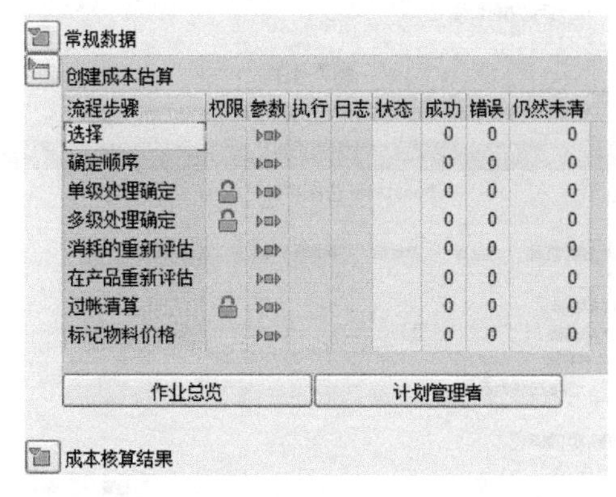

图7-188

STEP 5 操作“选择”步骤。在“参数”列下单击对应的“更改参数”按钮，进入“维护变式”界面，修改参数，如图7-189所示。

图7-189

单击“返回”按钮，在弹出的对话框中单击 是 按钮，如图7-190所示。

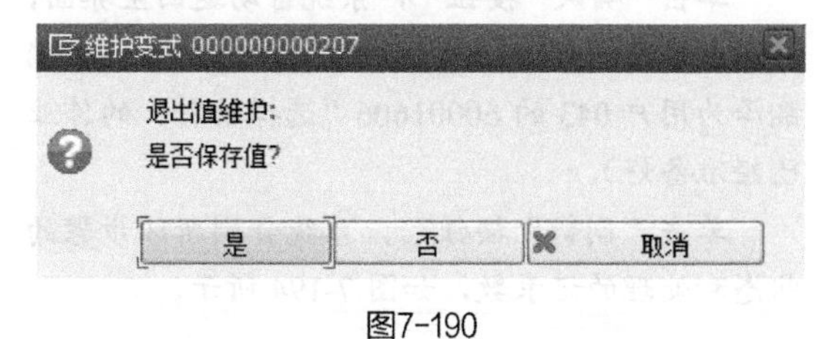

图7-190

系统返回主界面，在下方显示提示 ☑变体 000000000207 的属性已保存，同时，“选择”步骤的“执行”列出现了“执行”按钮，如图7-191所示。

单击“执行”按钮，因为参数中选择了“后台处理”，因此，系统弹出后台处理的作业参数。选中“立即开始”复选框，然后单击 确认 按钮，如图7-192所示。

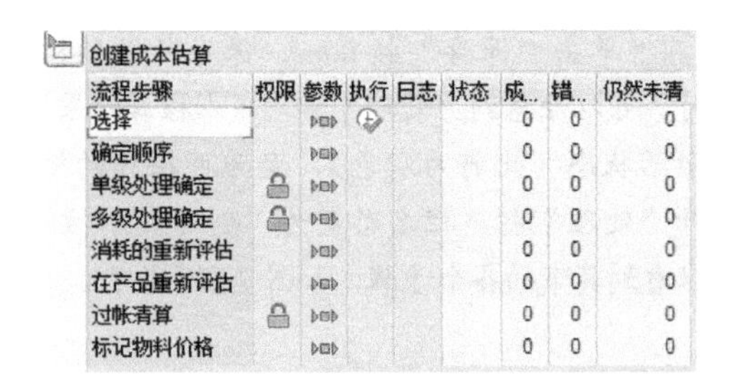

图7-191

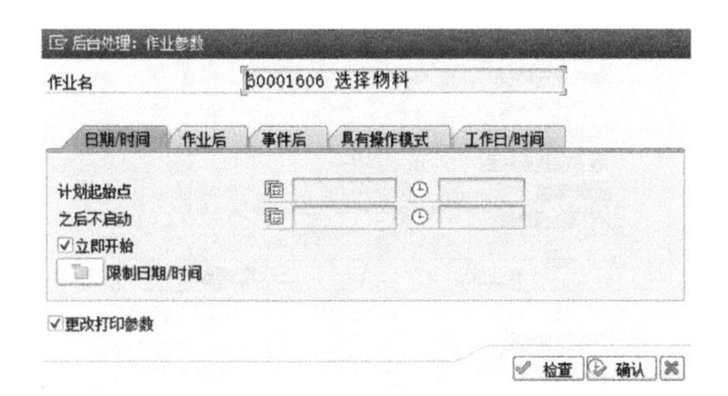

图7-192

确认后，系统弹出“后台作业打印参数”对话框，并将用户信息（事务代码 SU01）中默认的打印机自动输入“输出设备”字段，如图 7-193 所示。

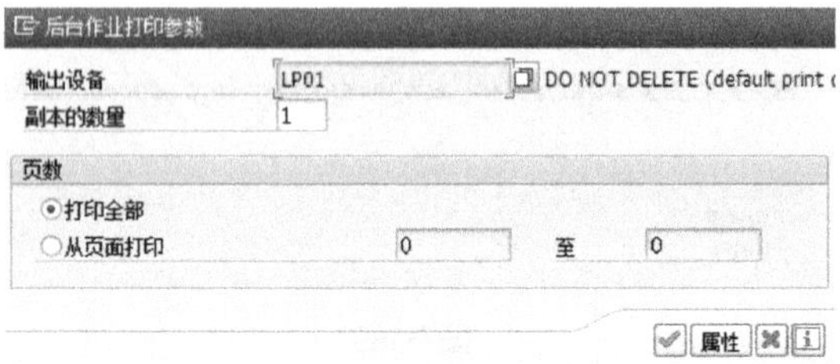

图7-193

单击“确认”按钮，系统自动返回主界面，并在底部提示 使用者 60001606 选择物料 的工作 043 是 就绪（正确翻译为用户 043 的 60001606“选择物料”的作业已经准备好）。

单击“刷新”按钮，系统会刷新该步骤的状态和处理的记录数，如图 7-194 所示。

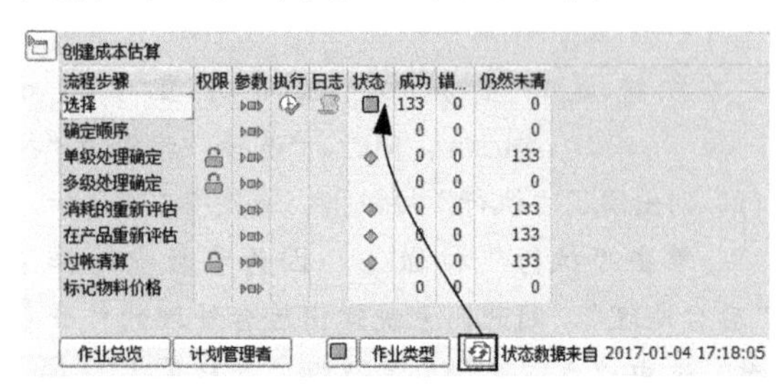

图7-194

提示

要确保每个步骤变为绿灯，并且没有错误的记录、没有“仍然未清”（still open）的记录，然后才执行下一步骤。

提示

如果步骤需要执行较长时间，可以通过事务代码 SM37查看后台作业的运行进展。

提示

刷新后，如果想看该步骤的日志，可以通过“日志”列下的“显示日志”按钮来查看。

STEP 6 操作“确定顺序”步骤。依照步骤 5 中的方法依次输入参数、执行作业、刷新状态。输入参数的界面如图 7-195 所示。

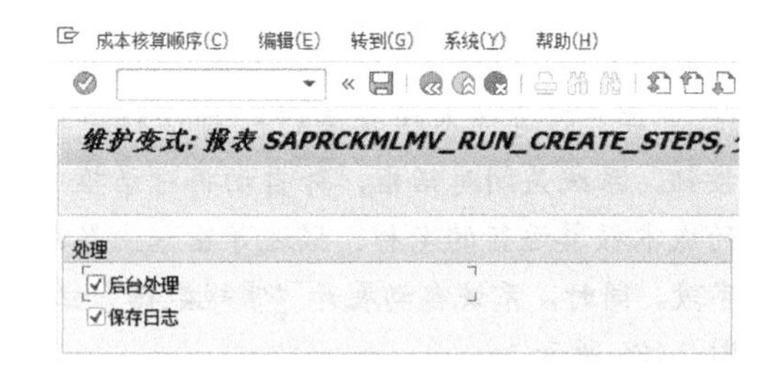

图7-195

STEP 7 操作“单级处理确定”步骤。此步骤需要先单击“权限”列的“还未允许”标志按钮，即修改为打开状态，变为。

提示

打开“单级处理确定”的锁时，“多级处理确定”的锁也会同时被打开。

然后再依照步骤 5 中的方法依次输入参数、执行作业、刷新状态。其中，输入参数的界面如图 7-196 所示。

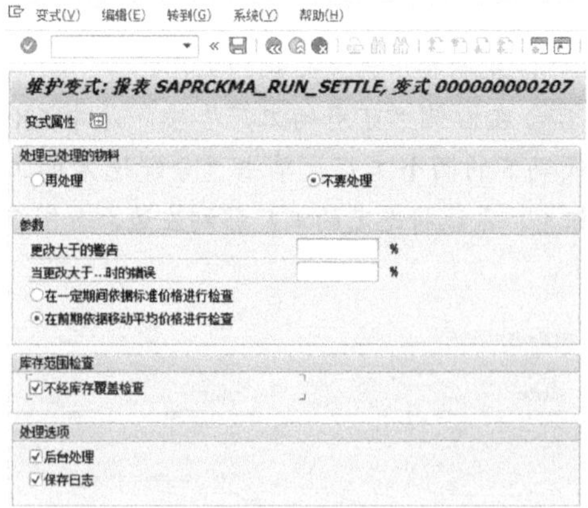

图7-196

参数…%：结合单选项“在一定期间依据标准价格进行检查”“在前期依据移动平均价格进行检查”的选择，判断物料实际成本是否偏离参考值过大。如果超过一定的百分比，则报警或报错。这是系统为了防止实际成本出现畸形的一种控制手段。如果最终结果是报警，仍然可以继续执行下去；如果最终结果是报错，则系统不会处理该物料的差异，从而将差异遗留在“没有被分摊”项中。

不经库存覆盖检查：当发生差异的数量超过库存数量可以承担的范围时，是否继续分摊这些差异。例如，采购订单在本期处理发票校验后，形成了差异，其对应的收票数量为100EA，但库存此时只剩下了70EA，那么，是将这100EA的发票价格差异全部由70EA的库存来承担还是只分摊70/100份额的差异？如果勾选此复选框，则表明“不必检查库存数量是否可以承担”，即无论如何，都将差异由70EA的库存来承担；如果不勾选此复选框，则表明“受库存数量限制”，只能分摊70/100的差异，剩余的30/100的差异遗留在“没有被分摊”项中。

> 提示
>
> 通常，企业为了减少“没有被分摊”的差异，“参数…%”不设置，并且勾选“不经库存覆盖检查”复选框，但同时存在畸形成本的风险。因此，企业必须在运行完单级处理确定后，分析物料的价格，看是否存在异常并处理异常。

下面以具体的物料ACT-DCD-30/6000逐步跟踪查看关键步骤运行后差异的流转过程。

在单级处理确定前，“物料价格分析”（事务代码：CKM3）界面如图7-197所示。

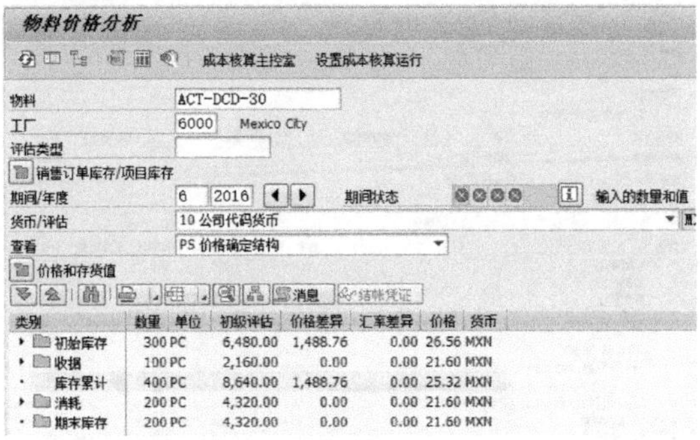

类别	数量	单位	初级评估	价格差异	汇率差异	价格	货币
初始库存	300	PC	6,480.00	1,488.76	0.00	26.56	MXN
收据	100	PC	2,160.00	0.00	0.00	21.60	MXN
库存累计	400	PC	8,640.00	1,488.76	0.00	25.32	MXN
消耗	200	PC	4,320.00	0.00	0.00	21.60	MXN
期末库存	200	PC	4,320.00	0.00	0.00	21.60	MXN

图7-197

单级处理确定后，从物料价格分析中可见，物料的差异已经分摊到消耗和期末库存中，如图7-198所示。

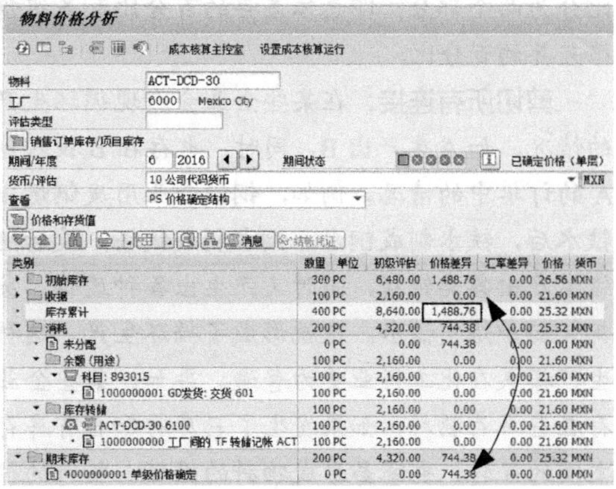

类别	数量	单位	初级评估	价格差异	汇率差异	价格	货币
初始库存	300	PC	6,480.00	1,488.76	0.00	26.56	MXN
收据	100	PC	2,160.00	0.00	0.00	21.60	MXN
库存累计	400	PC	8,640.00	1,488.76	0.00	25.32	MXN
消耗	200	PC	4,320.00	744.38	0.00	25.32	MXN
未分配	0	PC	0.00	744.38	0.00	0.00	MXN
余额（用途）	100	PC	2,160.00	0.00	0.00	21.60	MXN
科目：893015	100	PC	2,160.00	0.00	0.00	21.60	MXN
1000000001 GD发货：交货 601	100	PC	2,160.00	0.00	0.00	21.60	MXN
库存转储	100	PC	2,160.00	0.00	0.00	21.60	MXN
ACT-DCD-30 6100	100	PC	2,160.00	0.00	0.00	21.60	MXN
1000000000 工厂间的 TF 转储记帐 ACT	100	PC	2,160.00	0.00	0.00	21.60	MXN
期末库存	200	PC	4,320.00	744.38	0.00	25.32	MXN
4000000001 单级价格确定	0	PC	0.00	744.38	0.00	0.00	MXN

图7-198

> 提示
>
> 值得注意的是，此时，分摊到消耗中的差异744.38暂时停留在“未分配”中，并没有进一步细分到具体的消耗子项中（留待后续步骤进一步分配）。

STEP 8 操作“多级处理确定”步骤。在输入参数前，确认“权限”列的锁形标记是打开的，如🔓，然后再依照步骤5中的方法依次输入参数、执行作业、刷新状态。其中，输入参数界面如图7-199所示。

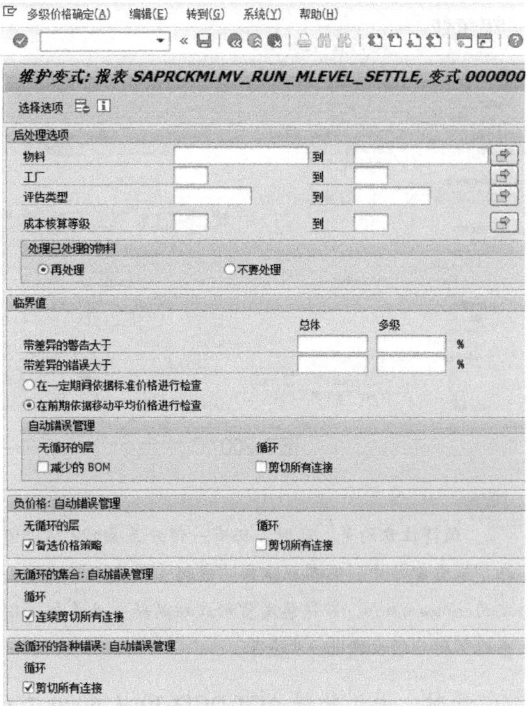

图7-199

临界值…%：和单级处理确定步骤中的“参数…%”是同样的作用。不同的是，这里将百分比分为两个部分，即总体差异的百分比和多级价格差异的百分比。

剪切所有连接：在某些企业会出现循环生产的情况，如 A 生产出 B，同时，也存在 B 投入到 A 的订单中的情况。例如，钢铁企业用废钢炼出铁水后，铁水制成钢水，钢水制成钢坯，最后继续生产出各类钢材，同时又产生出各种废钢，废钢又回炉炼出铁水。这就形成了循环生产。这种生产模式在化工行业更为普遍。再如，某些企业存在 E 库存物料，如果发生了 E 库存和自有库存之间的互转，也容易形成物料的循环。物料的循环会造成差异的循环传递，最终形成“死循环”，不仅拉长了系统的运算时间，而且也会导致差异难以分析。因此，建议将图中的 4 处“剪切所有连接”的复选框都选中。

如果物料的 BOM 层次较多或者多级交易比较多，此步骤耗时就相对较长。

多级处理确定后，从物料价格分析中可见，物料不仅接收了来自低层次的差异，而且还将自己承担的差异按比例分配到了下一层次的物料中，如图 7-200 所示。

物料价格分析

成本核算主控室　设置成本核算运行

物料 ACT-DCD-30
工厂 6000 Mexico City
评估类型
销售订单库存/项目库存
期间/年度 6 2016　期间状态　已确定价格（多层）
货币/评估 10 公司代码货币　MXN
查看 PS 价格确定结构
价格和存货值
消息　结帐凭证

类别	数量	单位	初级评估	价格差异	汇率差异	价格	货币
初始库存	300	PC	6,480.00	1,488.76	0.00	26.56	MXN
收据	100	PC	2,160.00	199.67	0.00	23.60	MXN
生产	100	PC	2,160.00	199.67	0.00	23.60	MXN
生产版本:0001	100	PC	2,160.00	199.67	0.00	23.60	MXN
5000000013 自低层次的接收	0	PC	0.00	199.67	0.00	0.00	MXN
1000000003 订单收货 60004609/1	100	PC	2,160.00	0.00	0.00	21.60	MXN
库存累计	400	PC	8,640.00	1,688.43	0.00	25.82	MXN
消耗	200	PC	4,320.00	844.21	0.00	25.82	MXN
未分配	0	PC	0.00	422.11	0.00	0.00	MXN
余额（用途）	100	PC	2,160.00	0.00	0.00	21.60	MXN
库存转储	100	PC	2,160.00	422.10	0.00	25.82	MXN
ACT-DCD-30 6100	100	PC	2,160.00	422.10	0.00	25.82	MXN
5000000014 下一层次的消费 ACT-DCD-30/6100	0	PC	0.00	422.10	0.00	0.00	MXN
1000000000 工厂间的 TF 转储记帐 ACT-DCD-30/6100	100	PC	2,160.00	0.00	0.00	21.60	MXN
期末库存	200	PC	4,320.00	844.22	0.00	25.82	MXN

图7-200

提示

值得注意的是，此时，仍有一部分差异422.11停留在“未分配”中，它本应该由“余额（用途）”项（英文为consumption，即销售发货形成的消耗）来承担，但系统留待后续步骤进一步分配。

此时，由于物料 ACT-DCD-30 从 6000 工厂转移到 6100 工厂，构成了多级业务（跨越了成本核算的对象），因此，如果查看下一层次的物料 ACT-DCD-30/6100，可以看到它接收了来自 ACT-DCD-30/6000 的多级差异 422.10。同时，在“期末库存”项中，也计算出了由期末库存承担的多级差异有多少，如图 7-201 所示。

物料价格分析

成本核算主控室　设置成本核算运行

物料 ACT-DCD-30
工厂 6100 Namenlos
评估类型
销售订单库存/项目库存
期间/年度 6 2016　期间状态　已确定价格（多层）
货币/评估 10 公司代码货币　MXN
查看 PS 价格确定结构
价格和存货值
消息　结帐凭证

类别	数量	单位	初级评估	价格差异	汇率差异	价格	货币
初始库存	100	PC	2,000.00	800.63	0.00	28.01	MXN
收据	100	PC	2,000.00	582.10	0.00	25.82	MXN
库存转储	100	PC	2,000.00	582.10	0.00	25.82	MXN
5000000014 自低层次的接收	0	PC	0.00	422.10	0.00	0.00	MXN
1000000000 工厂间的 TF 转储记帐 ACT-DCD-30/6100	100	PC	2,000.00	160.00	0.00	21.60	MXN
库存累计	200	PC	4,000.00	1,382.73	0.00	26.91	MXN
消耗	0	PC	0.00	0.00	0.00	0.00	MXN
期末库存	200	PC	4,000.00	1,382.73	0.00	26.91	MXN
5000000014 多级价格确定	0	PC	0.00	1,062.73	0.00	0.00	MXN
4000000013 单级价格确定	0	PC	0.00	320.00	0.00	0.00	MXN

图7-201

STEP 9 操作“消耗的重新评估”步骤。依照步骤 5 中的方法依次输入参数、执行作业、刷新状态。其中，输入参数的界面如图 7-202 所示。

变式(V)　编辑(E)　转到(G)　系统(Y)　帮助(H)

维护变式：报表 VNB_REVALUATE_SL_CONSUMPTION，变式 000000000207

变式属性

处理已处理的物料
○再处理　⊙未处理

处理选项
☑后台处理
☑保存日志

图7-202

消耗重新评估后，从物料价格分析中可见，物料的单级消耗业务承担了差异，先前的“未分配”差异进一步变少，如图 7-203 所示。

物料价格分析

成本核算主控室　设置成本核算运行

物料 ACT-DCD-30
工厂 6000 Mexico City
评估类型
销售订单库存/项目库存
期间/年度 6 2016　期间状态　已确定价格（多层）
货币/评估 10 公司代码货币　MXN
查看 PS 价格确定结构
价格和存货值
消息　结帐凭证

类别	数量	单位	初级评估	价格差异	汇率差异	价格	货币
初始库存	300	PC	6,480.00	1,488.76	0.00	26.56	MXN
收据	100	PC	2,160.00	199.67	0.00	23.60	MXN
库存累计	400	PC	8,640.00	1,688.43	0.00	25.82	MXN
消耗	200	PC	4,320.00	844.21	0.00	25.82	MXN
未分配	0	PC	0.00	0.01	0.00	0.00	MXN
余额（用途）	100	PC	2,160.00	422.10	0.00	25.82	MXN
科目：893015	100	PC	2,160.00	422.10	0.00	25.82	MXN
4000000014 相对于原始科目分配的消耗重新估算	0	PC	0.00	422.10	0.00	0.00	MXN
1000000001 GD发货：交货 601	100	PC	2,160.00	0.00	0.00	21.60	MXN
库存转储	100	PC	2,160.00	422.10	0.00	25.82	MXN
期末库存	200	PC	4,320.00	844.22	0.00	25.82	MXN

图7-203

提示

差异在分配过程中，可能由于四舍五入的原因，存在小额的不能分配的差异，如图7-203中的0.01。这是正常情况。

提示

这里的“消耗”是指单级业务的消耗，如对销售订单发货、对成本中心发货、报废等。

消耗重新评估后，细分的差异可能显示为“相对于原始科目分配的消耗重新估算”（见图7-203），也有可能显示为“相对于集结科目的消耗重新估算”。

“集结科目”为COC（Cost of Other Consumption，其他消耗的成本）科目。如果进入集结科目，则意味着不管当初该物料发生消耗时进入了什么科目，都将差异送到一个总的“大杂烩”式的科目，如“销售成本-其他消耗（COC）”。例如，对于消耗到生产性成本中心的物料，在物料分类账月结过程中，如果还将差异记入“原始科目分配”，将会导致生产性成本中心又发生了费用（而在此前的成本月结第二个里程碑中，生产性成本中心余额已经处理为0了）。因此，可以将这一类消耗的差异都记入集结科目。

消耗的差异到底记入原始科目还是集结科目，取决于物料的移动类型所对应的移动类型组（Movement Type Group，MTG）。

STEP 10 操作“在产品重新评估”步骤。依照步骤5中的方法依次输入参数、执行作业、刷新状态。其中，输入参数的界面如图7-204所示。

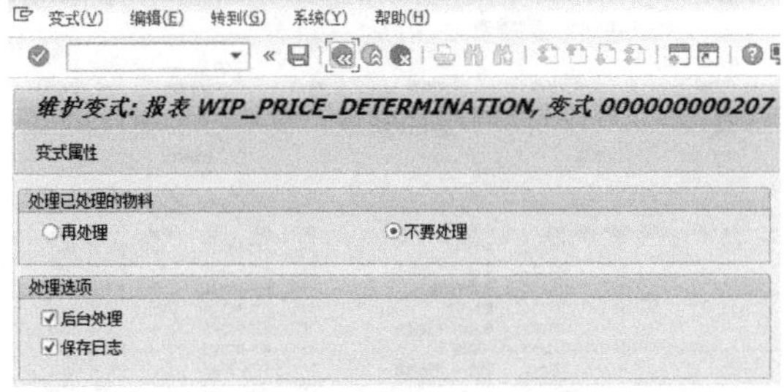

图7-204

分析在产品重新评估带来的影响，要从订单上投入的组件角度查看——因为正是这些投入的组件形成了在产品。其差异应分摊到在产品中，体现在“消耗”项下。

以6000工厂的组件ACT-BCD-30为例，在产品评估前，差异在“消耗”项下，留在“未分配”中，如图7-205中所示的4.63。

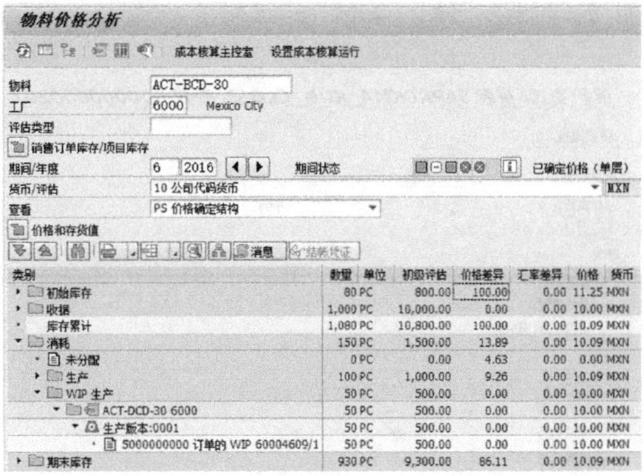

类别	数量	单位	初级评估	价格差异	汇率差异	价格	货币
初始库存	80	PC	800.00	100.00	0.00	11.25	MXN
收据	1,000	PC	10,000.00	0.00	0.00	10.00	MXN
库存累计	1,080	PC	10,800.00	100.00	0.00	10.09	MXN
消耗	150	PC	1,500.00	13.89	0.00	10.09	MXN
未分配	0	PC	0.00	4.63	0.00	0.00	MXN
生产	100	PC	1,000.00	9.26	0.00	10.09	MXN
WIP 生产	50	PC	500.00	0.00	0.00	10.00	MXN
ACT-DCD-30 6000	50	PC	500.00	0.00	0.00	10.00	MXN
生产版本:0001	50	PC	500.00	0.00	0.00	10.00	MXN
5000000000 订单的 WIP 60004609/1	50	PC	500.00	0.00	0.00	10.00	MXN
期末库存	930	PC	9,300.00	86.11	0.00	10.09	MXN

图7-205

在产品重新评估后，“未分配”的差异4.63分配到了在产品，如图7-206所示。

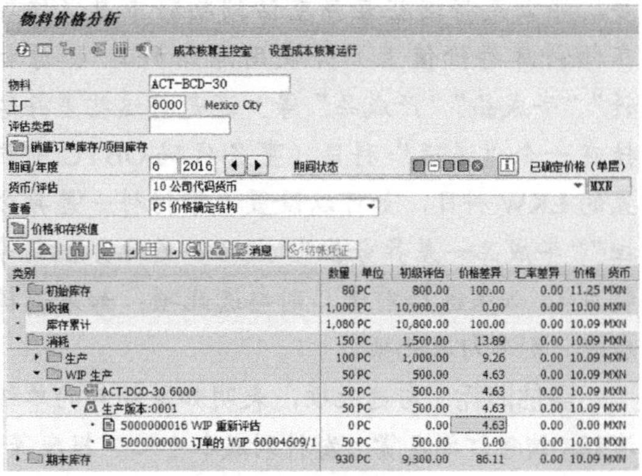

类别	数量	单位	初级评估	价格差异	汇率差异	价格	货币
初始库存	80	PC	800.00	100.00	0.00	11.25	MXN
收据	1,000	PC	10,000.00	0.00	0.00	10.00	MXN
库存累计	1,080	PC	10,800.00	100.00	0.00	10.09	MXN
消耗	150	PC	1,500.00	13.89	0.00	10.09	MXN
生产	100	PC	1,000.00	9.26	0.00	10.09	MXN
WIP 生产	50	PC	500.00	4.63	0.00	10.09	MXN
ACT-DCD-30 6000	50	PC	500.00	4.63	0.00	10.09	MXN
生产版本:0001	50	PC	500.00	4.63	0.00	10.09	MXN
5000000016 WIP 重新评估	0	PC	0.00	4.63	0.00	0.00	MXN
5000000000 订单的 WIP 60004609/1	50	PC	500.00	0.00	0.00	10.00	MXN
期末库存	930	PC	9,300.00	86.11	0.00	10.09	MXN

图7-206

提示

在产品承担的差异是按照组件物料的消耗数量所占比例来分配的。但在一个订单中，怎样确定发放的组件物料中有多少是投入到在产品的呢？SAP是按照以下公式计算的，即

WIP消耗数量=组件消耗总数量－已入库产品按BOM配比计算的组件数量

例如，如果产品与某组件的用量是1:1的比例关系，假如发放组件150EA，而产品只入库100EA，则认为有150–100=50（EA）的组件消耗到WIP中了。

STEP 11 操作“过账清算”步骤。和单级处理确定、多级处理确定一样，此步骤也需要先单击“权限”列的“还未允许”标志按钮，即修改为打开状态，变为。然后，依照步骤5中的方法

依次输入参数、执行作业、刷新状态。其中，输入参数的界面如图 7-207 所示。

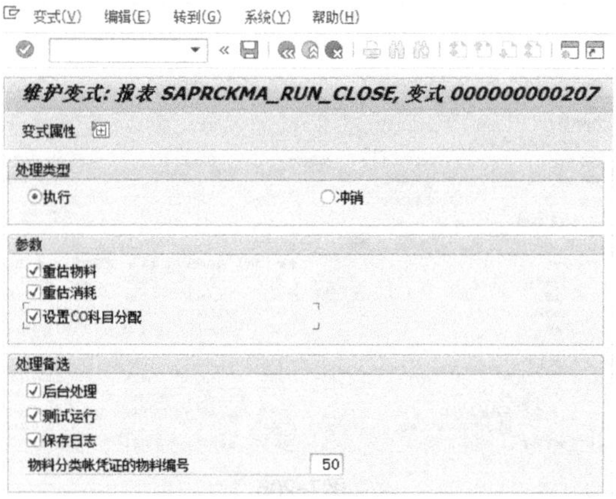

图7-207

重估物料：如果物料的期末库存承担了差异，那么是将这些差异重估到物料本身（体现在物料库存价值上）并使用原始科目（“原材料”“半成品”“产成品”等）还是将这些差异暂挂在一个“递延”科目（事务代码 OBYC 中配置的 LKW 科目，如可以设置“原材料—差异分担”“半成品—差异分担”“成品—差异分担”等科目）。如果选择前者，则勾选此项；如果选择后者，则不勾选此项。

重估消耗：勾选此项，表明如果物料的单级消耗（销售订单发货、发料到成本中心、报废等）承担了差异，则将差异记入对应的消耗科目。

设置 CO 科目分配：勾选此项，表明在记账时，体现原始的成本对象。

此步骤可以先测试运行，然后再正式运行。

此步骤如果做错了或者产生的凭证有误，可以进行冲销。

此步骤耗时相对较长。

STEP 12 利用事务代码 FB03 复核生成的凭证。因为生成的凭证系统默认为 ML 类别，因此，可以用类型 =ML 作为条件来查询。生成的凭证既有月末也有下月初（在产品重估的冲回和存货重估的冲回），因此也可以附加上过账日期参数，如图 7-208 所示。

执行后，凭证清单如图 7-209 所示。

由于每个会计凭证的行数必须小于等于 999 行，因此，系统会自动拆分凭证。

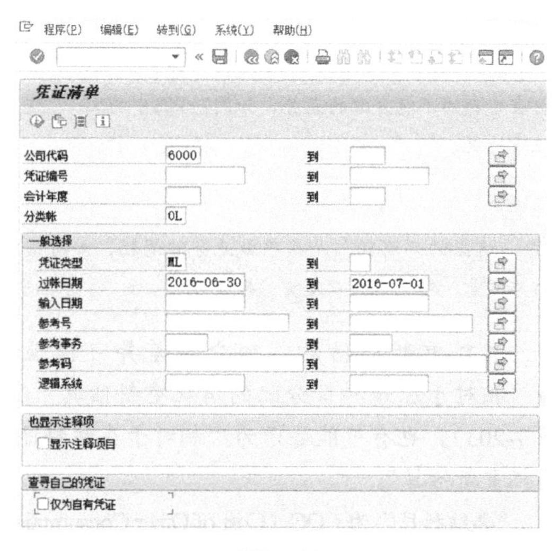

图7-208

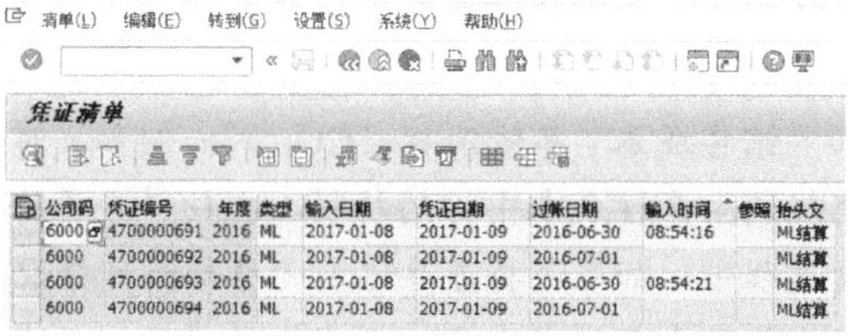

图7-209

提示 以上凭证，虽然记账日期在2016年6月底的凭证和2016年7月初的凭证成对出现，但是并不表明7月初的凭证完完全全地冲销了6月底的凭证，而只是冲销了其中的一部分行项目（涉及存货重估和在产品重估的部分）。

以凭证 4700000691 为例，物料分类账生成的凭证如图 7-210 所示。

图7-210

通过“事务”栏可以了解该凭证属于什么业务形式；通过物料可以进一步细查其来源。

STEP 13（可选步骤）操作“标记物料价格”步骤。此步骤是将计算出的实际成本用来标记为当前或未来的标准成本。依照步骤5中的方法依次输入参数、执行作业、刷新状态。其中输入参数的界面如图7-211所示。

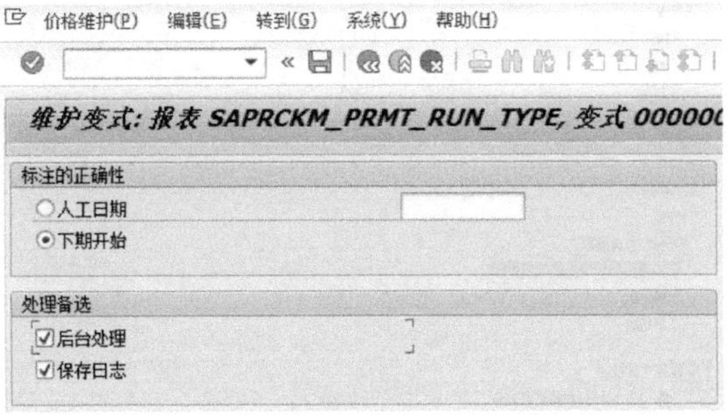

图7-211

> **提示**
> 和标准成本滚算一样，要标记物料价格，必须在当前期间或未来期间标记，而不能在过去的时间作标记。

> **提示**
> 物料分类账月结到此步骤时，往往已经到了新会计期的3日左右，而此时新会计期已经发生了物料的移动业务，不能再更改价格。因此，“下期开始”的选项基本上没有现实的可行性。用户可以考虑手工输入“人工日期”为下下个月。例如，在7月初执行6月底的物料分类账月结后，将计算出的6月底实际成本标记在8月。

STEP 14（可选步骤）使用事务代码MM03查看物料主数据的会计视图，可以看到刚刚完成月结的期间，物料的价格控制由S变成了V，如图7-212所示。

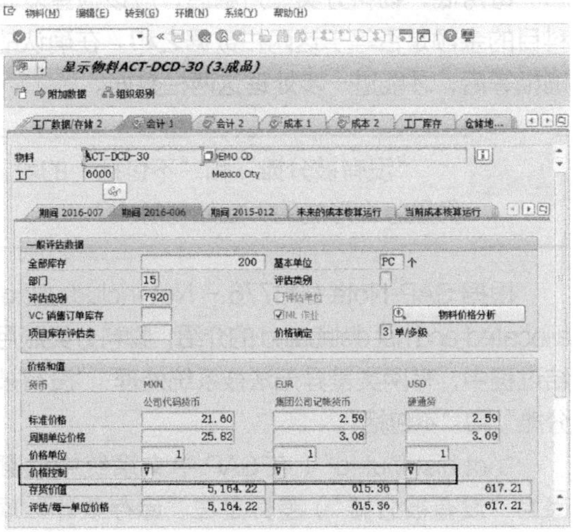

图7-212

这时，V表示“周期单位价格”（Periodic Unit Price，PUP）。

而2016年7月，仍显示为S价控制。

STEP 15 确认所有步骤的状态。当物料分类账运行完毕后，所有运行过的步骤的状态都应该体现为绿灯，如图7-213所示。

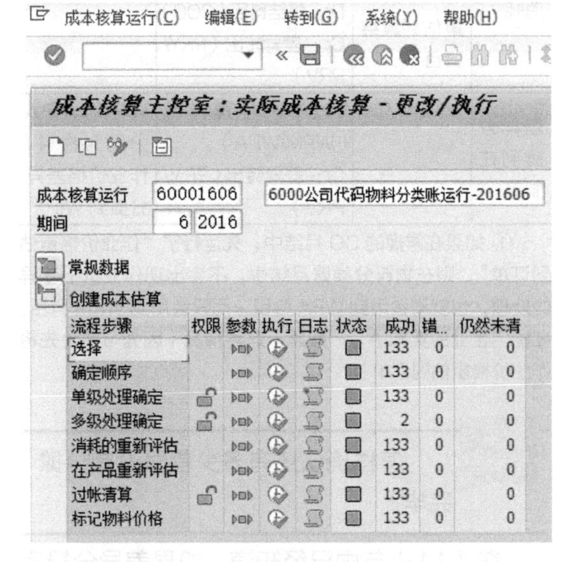

图7-213

“标记物料价格”步骤为可选步骤，可以不运行。因此其状态如果是空的，也是正确的。

在启用物料分类账的情况下，系统在“过账清算”这一步操作后，产生的凭证将会使用到哪些科目？

表7-17列出了在各种业务类型下产生的会计分录。

表7-17 物料分类账结算后各种业务类型的会计分录

业务类型	分情况	会计分录	备注
差异分摊到存货	勾选“重估物料”	Dr：存货本身科目（BSX） Cr：差异转出（PRY/PRV）	PRY为单级差异转出；PRV为多级差异转出
	不勾选“重估物料”	Dr：存货递延科目（LKW） Cr：差异转出（PRY/PRV）	

续表

业务类型	分情况	会计分录	备注
差异分摊到消耗	重估到原始科目	Dr：原始消耗科目（GBB-） Cr：差异转出（PRY/PRV）	GBB 下的“一般修改”取决于移动类型
	重估到集结科目	Dr：集结科目（COC） Cr：差异转出（PRY/PRV）	
差异分摊到在制品		Dr：WIP 差异科目（WPM/WPA） Cr：差异转出（PRY/PRV）	WPM/WPA 分别为物料/作业价格差异分摊到 WIP①

① 如果在常规的 CO 月结中，先运行了“作业价格重估到订单”，则在物料分类账月结中，不会出现作业价格差异的处理，也就不会用到 WPA 科目，而只会用到 WPM 科目。在国内企业的实施中，一般属于这种情况（因为习惯上先将作业价格重估到订单）。

延伸思考 2　怎样确认还有多少差异没有分摊完毕？

在 7.4.1 小节中已经知道，如果差异分摊完毕，差异科目应该平衡。但在业务实践中，往往存在未分配或未分摊的差异。这些差异可以通过报表“值流监视器”查看。

路径：SAP 菜单 > 会计核算 > 控制 > 产品成本控制 > 实际成本核算 / 物料分类账 > 信息系统 > 对象清单 > 值流监视器

事务代码：CKMVFM

报表运行时，输入参数的界面如图 7-214 所示。

“摘要”（abstract）就是运行出的结果文件。如果选中“写入摘要”单选钮，则意味着运行后将文件保存下来，此时要输入一个自定义的名称；如果是“读取摘要”，则意味着读取已经存在于数据库的文件中，此时要输入一个已经存在的文件名称。

报表运行后的界面如图 7-215 所示。

在此报表中，主要关注“没有被分摊”（not distributed）和“不包括”（not included/not allocated）两栏的数据。这两栏的数据之和，就是没有处理的差异。理论上，差异科目的余额，应该就等于这两栏数据之和。

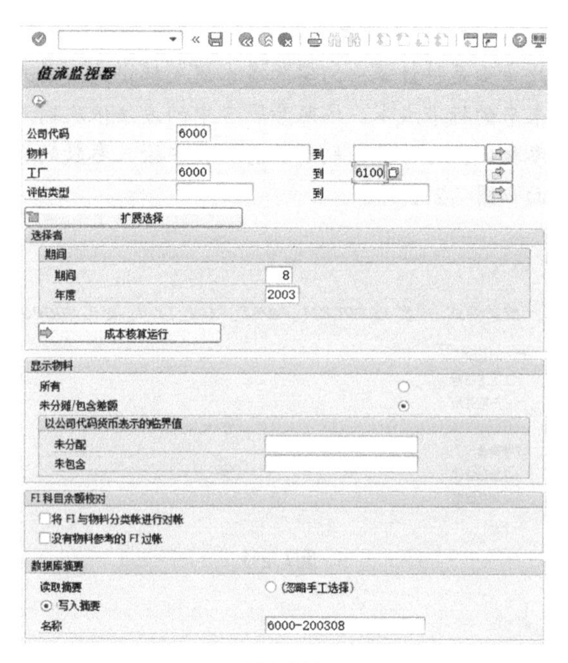

图7-214

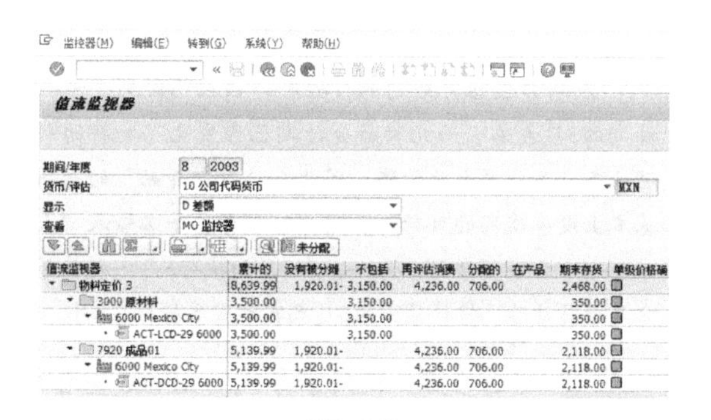

图7-215

每月底，物料分类账月结后，应该检查差异科目的余额是否等于这两栏数据之和。在确认的确相等后，才能进一步处理这两栏数据。

延伸思考 3　“没有被分摊”和“不包括”的差异是怎么形成的？应如何解决？

根据 SAP Note 908776 - Not included/not allocated and not distributed 的介绍，物料分类账月结过程中，有两类差异无法被系统处理：“没有被分摊”和“不包括”。

“not distributed”（在 SAP 中文系统中误翻译为“没有被分摊”）差异是在“库存累计”项以上的条目，如图 7-216 所示。

物料价格分析

成本核算主控室 设置成本核算运行

物料 ACT-DCD-29
工厂 6000 Mexico City
评估类型
销售订单库存/项目库存
期间/年度 8 2003 期间状态 结帐输入已完成
货币/评估 10 公司代码货币 MXN
查看 PS 价格确定结构
价格和存货值
消息 结帐凭证

类别	数量	单位	初级评估	价格差异	汇率差异	价格	货币
初始库存	0	PC	0.00	0.00	0.00	0.00	MXN
收据	1,000	PC	21,600.00	5,019.99	0.00	26.62	MXN
其它接收/消耗	0	PC	0.00	120.00	0.00	0.00	MXN
没有被分摊	0	PC	0.00	1,920.01	0.00	0.00	MXN
库存累计	1,000	PC	21,600.00	7,060.00	0.00	28.66	MXN
消耗	700	PC	15,120.00	4,942.00	0.00	28.66	MXN
期末库存	300	PC	6,480.00	2,118.00	0.00	28.66	MXN

图7-216

提示

在SAP Library中是这样解释“not distributed”的：在单级/多级价格确定过程中，不能分配到类别消耗或期末库存的差异。

而“not included”（SAP 中文系统错误翻译为“未分配”）或“not allocated”是累计差异在往消耗和期末库存分配时，无法分配到单级消耗或多级消耗的部分。前者是差异无法到单级消耗，后者是无法分配到多级消耗。它们都体现在“库存累计”项以下。图 7-217 显示了 not included（“未分配”）的条目。

物料价格分析

成本核算主控室 设置成本核算运行

物料 ACT-DCD-29
工厂 6000 Mexico City
评估类型
销售订单库存/项目库存
期间/年度 9 2003 期间状态 结帐输入已完成
货币/评估 10 公司代码货币 MXN
查看 PS 价格确定结构
价格和存货值
消息 结帐凭证

类别	数量	单位	初级评估	价格差异	汇率差异	价格	货币
初始库存	300	PC	6,480.00	2,118.00	0.00	28.66	MXN
收据	700	PC	15,120.00	2,446.42	0.00	25.09	MXN
库存累计	1,000	PC	21,600.00	4,564.42	0.00	26.16	MXN
消耗	700	PC	15,120.00	3,195.10	0.00	26.16	MXN
未分配	0	PC	0.00	2,738.66	0.00	0.00	MXN
余额（用途）	600	PC	12,960.00	0.00	0.00	21.60	MXN
库存转储	100	PC	2,160.00	456.44	0.00	26.16	MXN
期末库存	300	PC	6,480.00	1,369.32	0.00	26.16	MXN

图7-217

提示

在SAP Library中是这样解释“not included”的：在多级价格确定或消耗重估步骤中，不能被分摊到单级消耗的汇总差异。

提示

在SAP Library中是这样解释“not allocated”的：在多级价格确定步骤中，不能分摊到更上一级物料的汇总差异。

根据 Note 908776 的介绍，“not distributed”差异的形成来源有 3 种。

（1）系统采用了价格限制逻辑，如果计算出的价格异常，就按照价格限制逻辑，提留一部分差异，不作分配。

解决方法：在单级价格确定或多级价格确定中，去掉对价格差异异常的限制或勾选“不经库存覆盖检查”。

（2）为了避免出现负的实际价，系统采用了一种回滚策略，提留了部分差异，不作分配。

解决方法：检查并解决导致出现负价格的原因。

（3）更改物料分类账价格确定。

解决方法：避免此操作业务（此操作一般在系统初始化时使用，后续一般不使用）。

而造成“not included”或“not allocated”差异的原因也有以下 3 种。

（1）物料有多层消耗业务。

解决方法：执行多级价格确定（正常情况下不会出现。除非没有执行多级价格确定）。

（2）物料有单级消耗业务。

解决方法：在 4.7+ 版本中，执行消耗重估（4.7 以前的版本没有此功能，因此正常情况下，该情况只在 4.7 以前的版本中出现。除非没有执行消耗重估）。

（3）物料在“WIP 生产”文件夹下有消耗，但“在制品重估”步骤还未执行（这只发生在在制品重估功能没有使用的情况下）。

解决方法：在 5.0+ 版本中，执行在产品重估（5.0 以前的版本没有此功能，因此正常情况下，该情况只在 5.0 以前的版本中出现。除非没有启用在产品重估，或者没有执行在产品重估）。

综上所述，如果出现了“没有被分摊”或“未分配”的差异，应先检查是否有步骤没有操作完，或者在系统运行过程中做出了某些限制。在解决这些问题后，如果还有这两类差异，系统就“无能为力”了，就需要财务手工处理，如将它们确认到当期的销售成本中。可以设置一个允许手工记账的科目：销售成本—未分配未分摊差异。该科目无须设置为成本要素，除非要将其传递到获利能力分析中。

> 提示
> “没有被分摊”或“不包括”的差异，对于系统而言，只能在本期人为解决掉，系统不可能将它留待下期处理。

7.4.3 实际成本核算 / 物料分类账启用的注意事项

实际成本核算 / 物料分类账模块的使用，需要针对工厂激活物料分类账，然后激活实际成本核算。一旦激活便不能轻易撤销。

只有在评估范围，即工厂没有发生物料移动的情况下，才能取消激活物料分类账。

如果一个工厂激活了物料分类账，和它同在一个公司代码下的其他工厂也必须激活物料分类账。这样才能确保 FI 和 MM 协调一致。

为了避免实际数量结构的数据大量涌现，可以随时取消激活实际成本，这样当期就不会有实际成本了。

> 提示
> 在国内企业的实践中，激活物料分类账和实际成本是一件慎重的事情。激活后一般不会再取消激活。

物料分类账和实际成本激活后，对一系列业务产生了重要的影响。必须了解这些影响，以权衡是否要激活。如果激活了，也要分析这些影响以趋利避害。

1. 性能的影响

启用物料分类账后，系统对服务器的要求比较高。主要体现在物料分类账结算的环节。在此环节，差异按照物料以及它的消耗途径一层层地进行运算、递转、分配。此过程可能长达几小时甚至十几小时（根据服务器的性能决定）。当物料数量越多、BOM 层次越复杂、生产订单越多、物料移动数量越多、按销售订单核算的情况越多，服务器的开销就越大。

对策：保证合理的服务器配置，确保系统可以正常运转。

2. 物料价格（标准成本）设置

物料价格只能在当前物料期间第一次打开并且没有任何移动时进行更新。如果已经有物料的移动或由于上个月的“过账清算”导致下个月的物料状态变为“输入的数量和值”，那么即使有错误也不能更新，只有等待下一个月的更新机会了。

物料价格设置错误，可能是由于采购部门提供的信息错误，又可能由于设置人员操作失误（如每 1000 个 2 元，设置成 2 元 / 个），也有可能是由于 BOM/ 工艺路线错误导致成本滚算错误。总之，错误发生后，一旦有了物料移动，当月就不能改了，只能“眼睁睁”地看着它错下去。

对策：在次月标准成本设置或发布时，要先检查标准成本是否合适、是否存在异常。而且一定要注意，标准成本要结合计量单位、价格单位共同判断。

3. 发出商品的使用

物料分类账认为只要销售发货做了，就是消耗，就要承担差异，而这与国内普遍的开票才确认成本的时点存在本质上的差异。

如果仍然必须在销售发货时记入发出商品，开票时才能结转记入销售成本的话，那么物料分类账只能做到把差异分摊到发出商品科目，至于后续开票时怎么将发出商品承担的差异转到销售成本，那就是系统无法做到的事情了。

对策：尽量做到不使用发出商品。如果实在要使用发出商品，则需额外开发报表，计算出当期开票的部分对应的物料在以前期间发货时应承担多少差异，以这笔金额借记“销售成本”，贷记“发出商品”。

4. “没有被分摊”和“未分配”余额的处理

即使启用了物料分类账，系统仍然会有一些跨期间的差异是不能处理的，遗留在“没有被分摊”和“未分配”中（参照 7.4.2 小节）。例如，供应商发票如果来得很晚，在有差异的情况下，如果此时对应的原材料早已用完（库存为 0），此笔差异将没有对象可以承担，就成为未分配的差异，进入当期的损益。

对策：根据 7.4.2 小节中的介绍，具体分析物料差异未被处理的原因，有针对性地解决。是在不能分摊或分配的，直接手工结转到销售成本中（使用科目“销售成本 - 未分配未分摊差异”）。

5. 后勤操作的错误要尽可能避免

物料分类账相当于借助系统的功能自动完成差异的分配和结转。在系统自动化程度较高的情况下，出现错误后调整的难度比非自动情况下的调整要困难。因此，要尽量避免后勤业务操作中的错误。一旦出现错误，其影响将会不断“向后延伸”。要确保的业务操作包括以下几项。

（1）采购订单的价格输入正确。

如果仅仅是小的错误，由系统将其作为差异处理，也未尝不可。但是如果由于操作人员的粗心，将价格单位输入错了（如每1000个2元，设置成2元/个），那么造成的差异将是数量级的。在物料分类账还没有开始运行时，这种错误必须从源头开始修正；在物料分类账运行到一定的步骤时，虽然也可以一步步地回头修正，但某些步骤运行的时间过长（几个小时），修正错误之后再运行一次也不现实。多数情况下，这种错误只能在下个期初进行调整，由此差异将会随着物料分类账的自动运行在本期逐步向上递转，当期发票没有到的情况下，只能靠人工对差异进行调整。

（2）生产订单的及时发料。

生产订单要及时发料，这是一个看上去容易执行起来不容易的问题，如果生产订单大量发生收货多发料少的状况，就会造成物料的实际成本被低估甚至出现负数。

（3）生产订单的准确发料。

生产订单上的物料要和实际物料相对应，这又是看上去容易实现起来不容易的问题。物料分类账有一个很强大的功能，就是可以把盘点差异按该物料当月的实际领用数量的比例分摊到每个生产订单上，这就对仓库部门以及生产部门的操作准确性有一定的要求。

然而，现实是残酷的，物料的替代、物料号的混用、生产订单领料的库存地点和盘点库存地点的不一致、BOM没有及时变更系统数据等问题都造成大量盘点差异无法按标准逻辑进行分摊，手工按单分摊工作量太大而不可能，最终又落回手工按物料统摊的结果。

（4）物料转物料的操作要限制。

要严格限制物料转物料、工厂间物料转移等操作。一般来说，物料的消耗是到订单、到成本中心或是外向发货，这样的消耗在实际成本计算的时候可以自动将差异重新分摊到原始科目和成本对象中；但对于物料转物料，因为不能直接将差异记入库存科目，且会形成物料价格计算的循环（在物料互转的情况下）。如某企业存在大量环保物料和非环保物料互相转移的情况。

对策：加强后勤业务操作的及时性、提高准确性。

6．报表出具时间的影响

报表出具时间的建议：物料分类账的结算每个月都要及时结出，最好1日就能出报表，这样才能及时检查标准价格是否正确。假如某企业到6日才能出上个月的报表，而1～6日新期间的业务不能停止，根据以上的第2条，1日至6日中有交易的物料其价格即使有错误也不能修改，只能“眼睁睁”地看着它错误下去，直到下月初才能调整。目前某企业使用物料分类账后每月1日早8:00出报表，出报表前锁定物料；另一企业每月2日下班时出报表，暂停两天在系统中的物料操作。这一点对于生产节奏紧张的企业尤其不能承受。

对策：分析月结工作的瓶颈，及早出具上个月的报表，这样如果早日发现物料价格有异常还可能有机会更改。

7．生产订单结算的限制

在物料分类账的“过账清算”步骤开始后，如果回过头发现生产订单结算有误，不能重新结算生产订单（系统有限制），只能将错就错。

对策：常规CO月结中，结算订单步骤完成后，要及时检查是否有误，尤其是要检查第三里程碑是否平衡。

8．成本中心领料的处理

物料分类账结算中，差异会分摊到物料消耗的对象上。如果月中有生产性成本中心的领料（进入制造费用），那么该物料的差异最后会摊一部分到这个成本中心。而此时，生产性成本中心的余额早在常规CO月结的步骤中就已结平，现在又冒出来一笔余额，出现“死循环”，永远结不平。

对策：财务必须手工调整，如暂时挂账，下月再冲销，使其进入下月制造费用。或者，降低需求，对于这些事后出现的应进入制造费用的差异，让它进入销售成本——可以专设一个科目：“销售成本－成本中心发料差异”，根据成本中心报表中的余额手工结转；也可以通过移动类型的配置，使它们所承担的差异自动记入“集结科目”（COC科目）。

7.5 CO模块月结总结

经过CO-CCA（成本中心会计）和CO-PC

（产品成本控制）两个二级模块的学习，已经对SAP 成本月结的过程有了了解。现在，结合这两个模块的内容整理一下其中月结的关键点。

总体来说，CO 月结分别在 CO-CCA、CO-PC-OBJ、CO-PC-ACT/ML 几个模块中依次完成。而这些步骤中有 4 个里程碑，如图 7-218 所示。

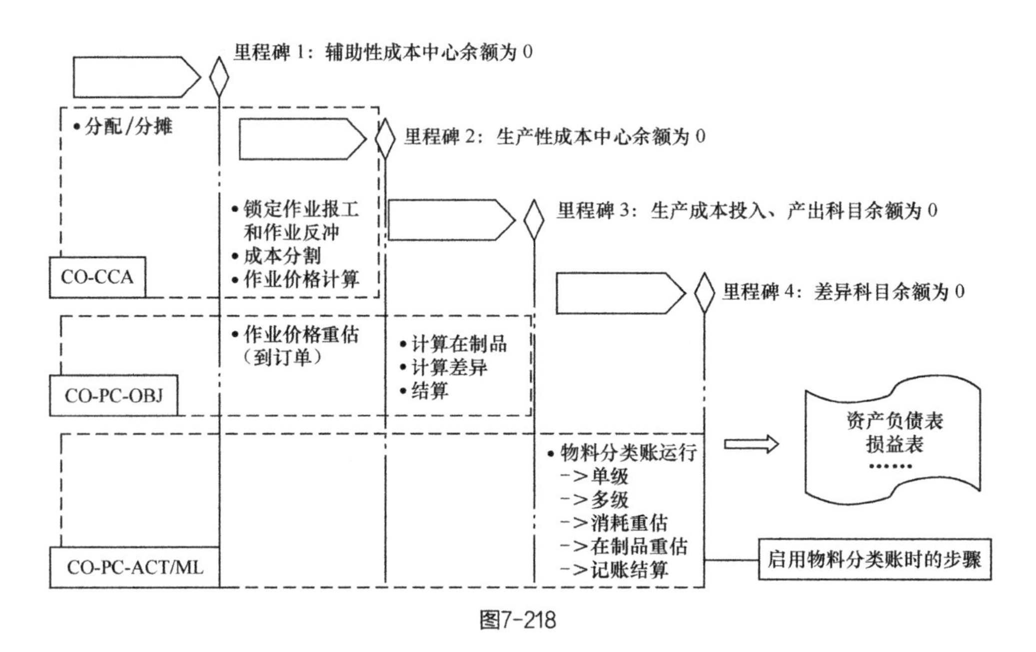

图7-218

对这 4 个里程碑必须逐一检验，确认是否达到目标。如果没有达到，必须分析原因予以解决。检验的方法、出现不平衡可能的原因如图 7-219 所示。

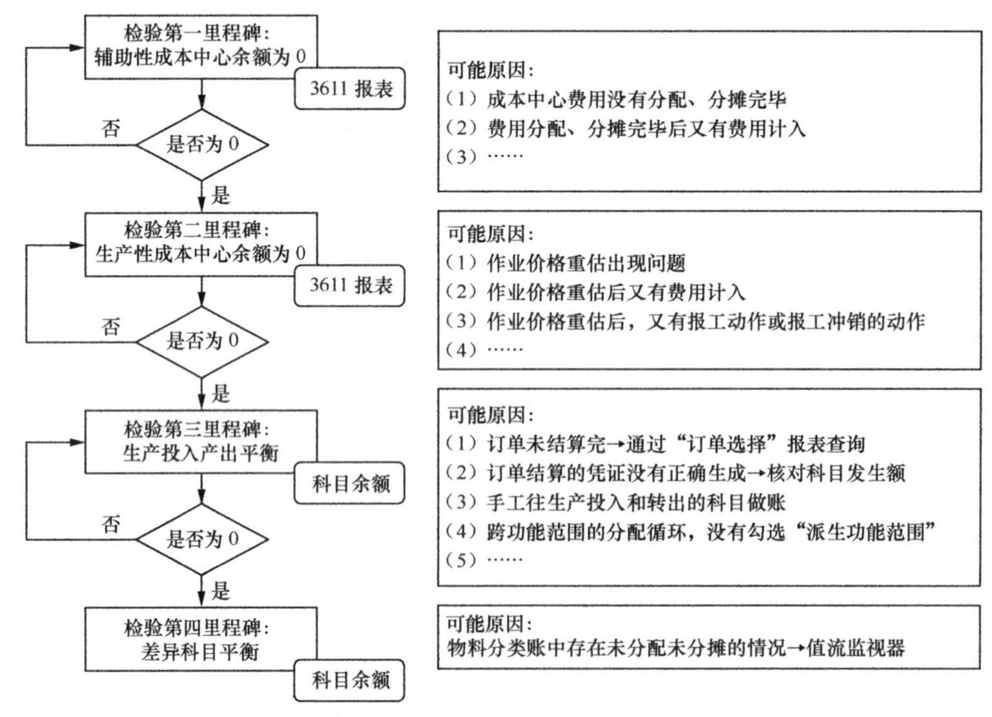

图7-219

7.6 产品成本控制模块设计的流程和方案要点

本节列举产品成本控制模块在实施过程中，通常设计的流程和流程中应包含的方案要点（不涉及具体的方案），仅供参考。在企业实施过程中，可能因实际业务不同而有所差别。

表 7-18 介绍了产品成本控制模块设计的流程和方案要点。

表 7-18 产品成本控制模块设计的流程和方案要点

流程编码	流程名称	流程中应包含的方案要点
CO-PC-110	产品标准成本维护流程	成本滚算的变式（如何取数量结构和价值结构，以滚算出成本）；成本构成结构；成本滚算的频率或时机等
CO-PC-210	产品成本归集流程	主要侧重于产品成本归集对象的明确，如使用订单、成本收集器还是其他对象。如果使用订单，那么要进一步说明订单的成本投入、转出的规则设计。例如，订单类型分几种；作业类型如何分；间接费用是否使用，规则如何；结算规则如何设定（尤其是针对无料号订单）等 其他成本对象也要类似考虑
CO-PC-310	成本月结流程（本章相关的内容只涉及产品成本控制部分）	月结的每个步骤操作的时间点、检查点（各个里程碑的检查），针对异常情况的处理（如出现未分配未分摊的差异如何处理）等

第8章

8 获利分析模块

本章介绍以下内容：

- **获利分析模块的基础知识；**
- **获利分析的组织结构；**
- **获利分析的数据结构；**
- **获利分析数据的来源；**
- **获利分析报表的出具；**
- **获利分析模块设计的流程和方案要点。**

8.1 基础知识

本节介绍获利分析模块的基本功能以及该模块与其他模块的关联关系。

8.1.1 获利分析模块的基本功能

企业财务部门的成本管理人员不仅仅担负着为企业核算成本、最终协助总账会计出具资产负债表、损益表的职责，而且还要协助企业分析盈利情况。例如，哪些产品（客户、销售员）对盈利贡献最高，本月盈利偏高（或偏低）是什么原因造成的等。这就是获利分析。

在 SAP 中，获利分析（PA）模块是控制模块的二级子模块，主要功能是为企业经营损益提供多维度的分析。根据 CO-PA 模块提供的获利分析报表，可以从客户、产品、组织结构、销售团队等维度查看企业的盈利情况。

企业实施获利能力分析模块的最终目的就是出具获利分析报表。获利分析报表的基本样式如表 8-1 所示。

表 8-1 获利分析报表的基本样式

公司代码	销售组织	客户	产品	销售量	收入	成本	毛利	……

要出具这样的报表，就要从系统各模块获取与收入、成本相关的数据，并详细到公司代码、销售组织、客户、产品等维度。这样，从任何一个维度或者任意的维度组合都能够对盈利情况进行分析。

8.1.2 获利分析模块与其他模块的集成

获利分析模块是一个专门从事分析的模块，它的数据绝大部分来自于其他模块，举例如下。

（1）销售（SD）模块在对客户开出销售发票时，提供了销售业务形成的收入、成本以及一些直接费用，如运费、关税等。其中，传送的成本来自于 CO-PC-PCP 模块的标准成本滚算。

（2）月末，可以将 CO-PC-ACT/ML 模块计算出的产品实际成本传送到 CO-PA。

（3）总账模块（FI-GL）输入的会计凭证中，在某些费用行项目上注明获利分析段（获利分析的各种维度），从而为获利分析提供部分费用的数据。

（4）成本中心会计模块（CO-CCA）归集的期间费用，可以在月末传送至获利分析模块，形成获利分析中的期间费用数据。

（5）利润中心会计模块（EC-PCA）可以向获利分析模块传送基于利润中心转移价确认的收入、成本等信息，形成基于利润中心的盈利分析数据等。

这些模块之间的关系如图 8-1 所示。

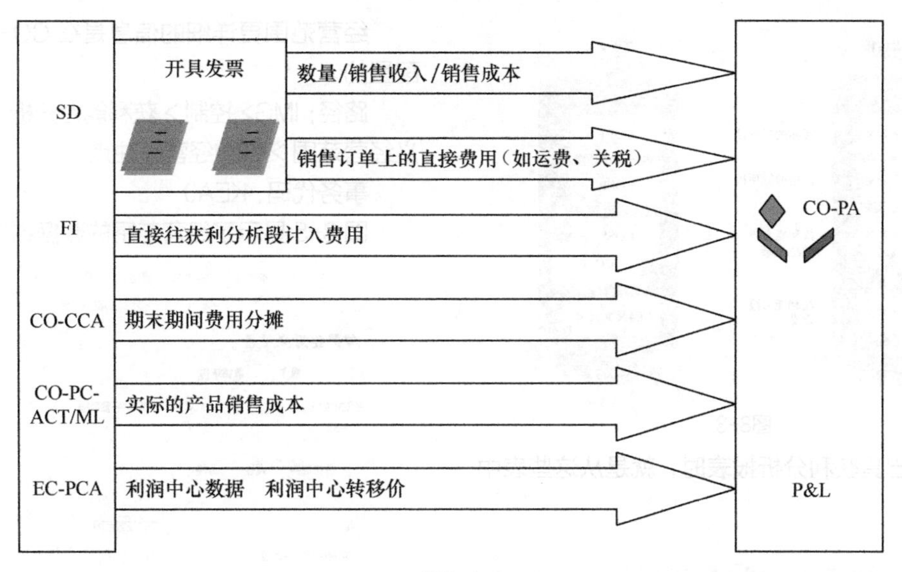

图8-1

8.1.3 获利分析的类型

获利分析有两种类型，即基于成本核算的获利分析和基于会计的获利分析。

前者是根据成本核算所使用的评估方法来取得收入和成本，和会计记账并没有必然的联系。例如，对销售订单行项目发货过账时，虽然产生了“销售成本”科目的记账，但在基于成本核算的获利分析中，它并不会产生获利分析凭证，而是到开票时才产生获利分析凭证。在对销售订单开票时，从销售订单行项目的定价过程中，取销售金额（条件类型PR00）作为收入，取物料的标准成本（条件类型VPRS）作为成本，生成获利分析凭证，传递到获利分析中。

> 提示
> 为什么会这样设计？因为如果发货时就传送到获利分析，那么此时在获利分析报表中就能看到成本，但还不能看到收入。这时候的获利分析是残缺的，容易误导使用者。而到开票时，收入和成本都可以传送到获利分析，不会形成误导。

基于成本核算的获利分析在取得产品的成本时，还可以根据成本核算的结果展开成本构成结构，即将成本分拆成料工费。这进一步印证了它和会计记账没有必然的联系。

后者是从会计核算的角度来取得收入和成本。只有在会计记账时才能产生获利分析数据。

两种类型的获利分析结构如图8-2所示。

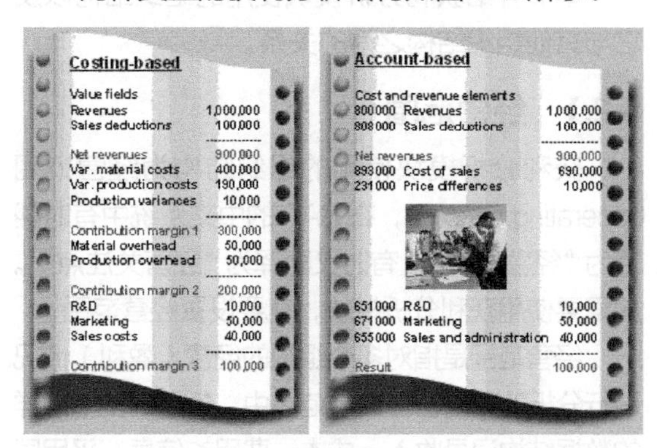

图8-2

> 提示
> 在图8-2的Account-based所示的获利分析报表中，每一项前面的6位数字表示成本要素，意味着该项的数据来自会计核算的科目。

两种获利分析的数据存放的表结构也不相同。Costing-based获利分析数据都存放在获利分析专用的表CE1XXXX~CE4XXXX（XXXX表示经营范围的代码）中，而Account-based获利分析的数据主要存放在COEJ、COEP、COSS、COSP等CO业务的数据表中。根据SAP Library>SAP ERP Central Component>Financials>Controlling(CO)> Profitability Analysis (CO-PA)>Structures>Database Tables for CO-PA Transaction Data中的介绍，两种获利分析数据存放的表如图8-3所示。

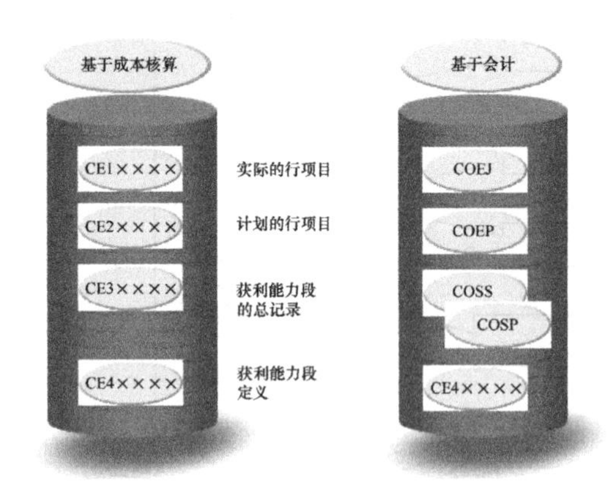

图8-3

最终出具获利分析报表时，就是从这些表中取数的。

8.2 组织结构

本节介绍获利分析模块使用的组织结构以及它与其他组织结构之间的关系。

8.2.1 经营范围

获利分析模块使用的组织结构为经营范围（operating concern，在 SAP 的中文系统中有时翻译为“经营组织”，有时又翻译为“经营关注点”）。如果要使用获利分析模块，就要设置经营范围。

经营范围是指对多个组织的经营（盈利）情况进行分析的范围。在这个范围中，各组织使用同样的数据结构记录收入、成本、费用的信息，采用同样的数据获取和传送方式，采用同样的报表体系。

经营范围是在后台设置的。

路径：IMG> 企业结构 > 定义 > 控制 > 创建经营组织

事务代码：KEP8

在该路径下，只是定义经营范围的名称，如图 8-4 所示。在 SAP 的 IDES 中，较为常用的经营范围为 IDEA。

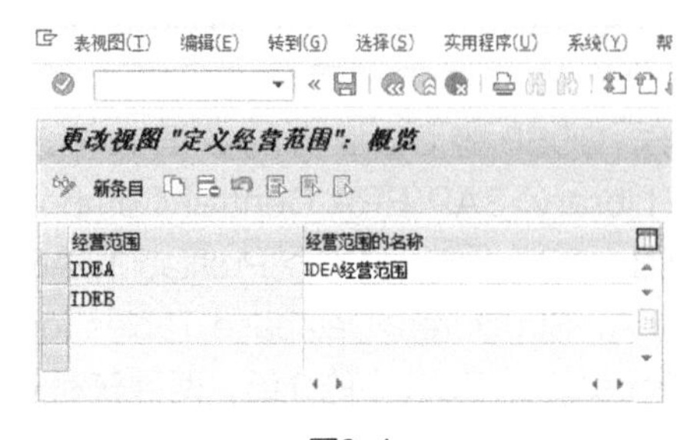

图8-4

经营范围更详细的信息是在 CO-PA 模块下配置的。

路径：IMG> 控制 > 获利能力分析 > 结构 > 定义经营范围 > 维护经营关注点

事务代码：KEA0

图 8-5 显示了经营范围的数据结构视图。

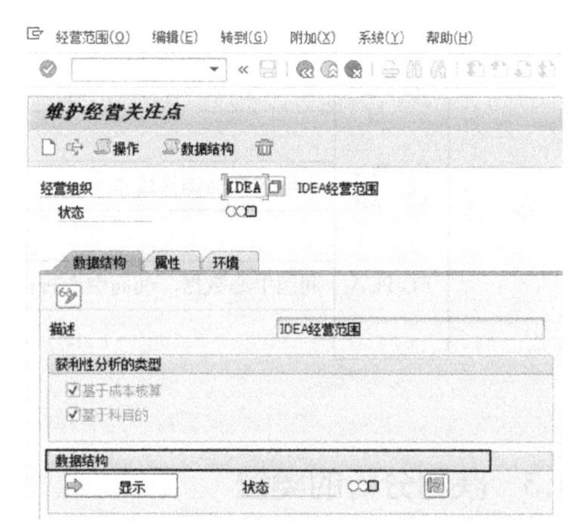

图8-5

在图 8-5 所示的视图中，明确了经营范围的类型是基于成本核算的（Costing-based）还是基于科目的（Account-based）。同时，还明确了经营范围的数据结构。

图 8-6 显示了经营范围的属性视图。

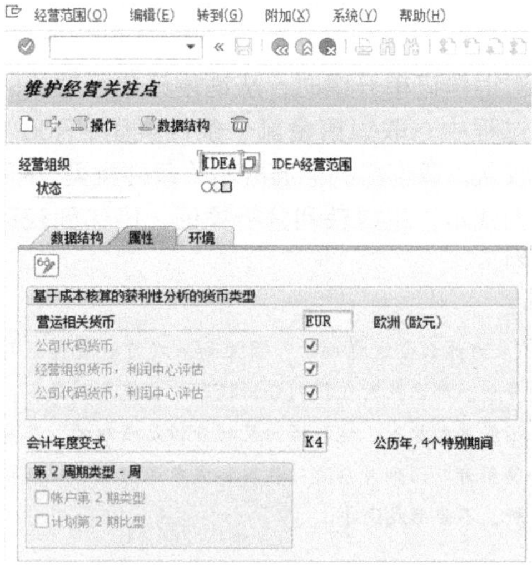

图8-6

经营范围的属性视图中定义了经营范围的货币和会计年度变式。

对“公司代码货币”“经营组织货币，利润中心评估”“公司代码货币，利润中心评估”复选框的勾选，表明在与获利分析相关的数据库表中存放哪些货币或哪种评估结构的数据。

图 8-7 显示了经营范围的环境视图。该视图体现了经营范围在当前 client 和跨 client 的设置状态是否正确。

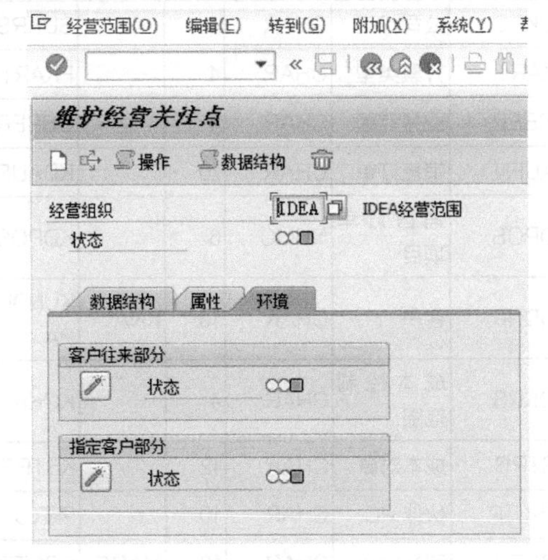

图8-7

客户往来部分：cross-client part，跨 client 部分。经营范围在跨 client 的环境方面（程序、表结构、界面等）状态是否正确。

指定客户部分：client-specific part，特定 client 部分。经营范围在当前 client 的环境方面（经营范围的获利分析凭证编号范围、控制表里的数据等）是否正确。

两项内容都是绿灯才表示状态正确，该经营范围才可用。如果有一项不是绿灯，该经营范围就不可使用。

8.2.2 经营范围与其他组织的关系

经营范围与控制范围是一对多的关系，即一个经营范围下可以有多个控制范围。

同时，由于控制范围与公司代码是一对多的关系，因此，经营范围、控制范围与公司代码三者的关系可以用图 8-8 来体现。

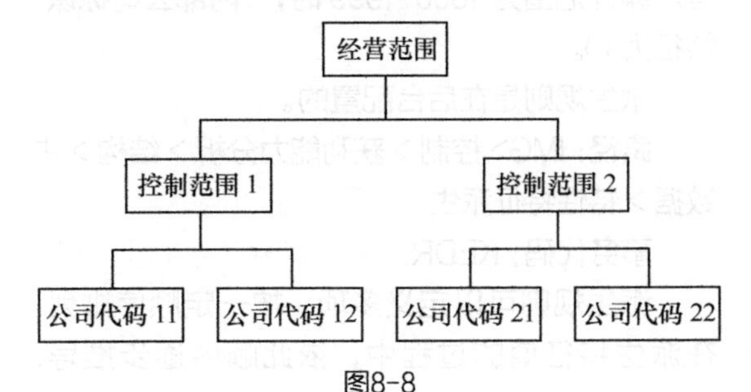

图8-8

将控制范围分配给经营范围是在后台配置的，如图 8-9 所示。

路径：IMG> 企业结构 > 分配 > 控制 > 把控制范围分配给经营范围

事务代码：KEKK

范围	名称	OpCo	名称
1000	CO Europe	IDEA	IDEA经营范围
2000	CO N. America	IDEA	IDEA经营范围
2200	CO France	IDEA	IDEA经营范围
2600	CO Italien	INT1	

图8-9

例如，图 8-9 中显示，在 IDES 中，控制范围 1000、2000、2200 都隶属于经营范围 IDEA。

在 IDES 中，常用的公司代码 1000 又属于控制范围 1000，因此，有关公司代码 1000 的获利分析要在经营范围 IDEA 中完成。

8.3 数据结构

本节介绍获利分析的数据结构，包括特征字段和值字段。

8.3.1 特征字段

以前面的表 8-1 为例，在这个表中，公司代码、销售组织、客户、产品是盈利分析的维度，每一个分析的值都是基于这些维度得出的。这些维度称为“特征”（characteristics）。

这些特征字段的值组合，称为获利能力段（profitability segment）。在输入有关收入、成本或费用的凭证行项目时，针对“获利能力段”字段，可以输入相应的获利能力段各个特征的值，如图 8-10 所示。同样，在销售订单创建时，行项目的获利能力段也会被自动写入值。

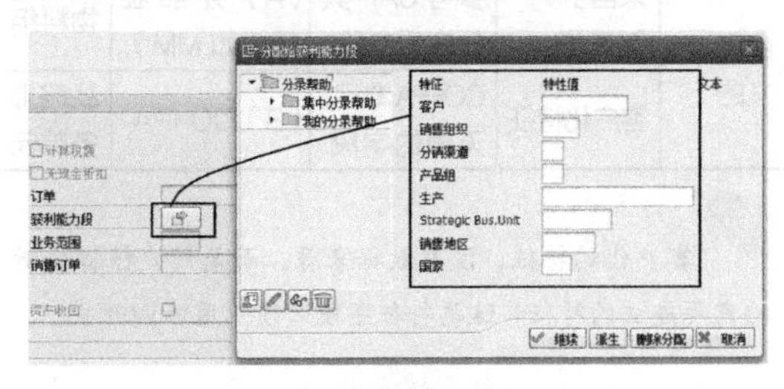

图8-10

这些特征字段必须事先定义在后台，并被分配到经营范围的数据结构中。特征字段的定义是在后台完成的，如图 8-11 所示。

图8-11

路径：IMG> 控制 > 获利能力分析 > 结构 > 定义经营范围 > 维护特性

事务代码：KEA5

特征的原始表和原始字段信息表示该特征的值是定义在哪个表的哪个字段中的。例如，物料组是在物料主数据表 MARA 的字段 MATKL 中定义的。

特征的检查表格表明该特征的可选值是在哪个表中定义的。例如，物料组的可选值是在表 T023 中定义的。该表中定义了物料组的清单。

获利分析中的特征字段有 4 种类别，如表 8-2 所示。

表 8-2 获利分析中特征字段的类别

标准 / 自定义	类别	定义	值定义处	举例
标准	固定特征	系统要求的必需字段	外部应用（如组织结构）	公司代码
	预定义特征	系统自带的示例字段	（A）或（B）	客户组
自定义的	来自于 SAP 表	参考 SAP 其他表的字段	（A）外部应用（如 MM）	物料组
	客户化特征	CO-PA 专用，无源的字段	（B）CO-PA	战略业务单元

提示

客户化的特征，没有数据来源，而是用户根据分析的需要建立的特征。这类特征字段必须使用WW开头。

在 SAP 中，固定特征如表 8-3 所示。

表 8-3 获利分析中的固定特征

字段名	描述	数据类型	长度	原始表	数据元素
ARTNR	生产（产品）	CHAR	18	MARA	ARTNR
BUKRS	公司代码	CHAR	4		BUKRS
FKART	开票类型	CHAR	4		FKART
GSBER	业务范围	CHAR	4		GSBER
KAUFN	销售订单	CHAR	10		KDAUF
KDPOS	销售订单项目	NUMC	6		KDPOS
KNDNR	客户	CHAR	10	KNA1	KUNDE_PA
KOKRS	成本控制范围	CHAR	4		KOKRS
KSTRG	成本对象	CHAR	12		KSTRG
PPRCTR	伙伴 PC	CHAR	10		PPRCTR
PRCTR	利润中心	CHAR	10	MARC	PRCTR
PSPNR	WBS 元素	NUMC	8		PS_PSP_PNR
RKAUFNR	订单	CHAR	12		AUFNR
SPART	产品组	CHAR	2	MARA	SPART
VERSI	版本	CHAR	3		RKEVERSI
VKORG	销售组织	CHAR	4	MVKE	VKORG
VRGAR	记录类型	CHAR	1		RKE_VRGAR
VTWEG	分销渠道	CHAR	2	MVKE	VTWEG
WERKS	工厂	CHAR	4		WERKS_D

在实际业务中，获利分析特征字段的取值，可以来自业务数据对应的原始数据，如销售订单客户的主数据中定义的客户组、销售地区、销售办公室等；也可以依据一定的派生规则获得（如客户编码范围为 1000~1999 时，“内部公司标识”特征为 I）。

派生规则是在后台配置的。

路径：IMG> 控制 > 获利能力分析 > 结构 > 主数据 > 特性特征派生

事务代码：KEDR

派生规则可以定义多项，按一定顺序排列。在派生特征值的过程中，依此顺序逐步推导、派生。图 8-12 是 IDES 中经营范围 IDEA 的派生规则。

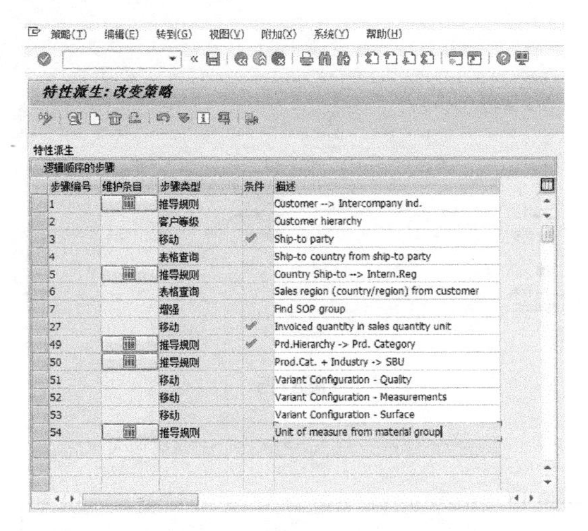

特性派生：改变策略

特性派生

逻辑顺序的步骤

步骤编号	维护条目	步骤类型	条件	描述
1		推导规则		Customer --> Intercompany ind.
2		客户等级		Customer hierarchy
3		移动	✔	Ship-to party
4		表格查询		Ship-to country from ship-to party
5		推导规则		Country Ship-to --> Intern.Reg
6		表格查询		Sales region (country/region) from customer
7		增强		Find SOP group
27		移动	✔	Invoiced quantity in sales quantity unit
49		推导规则	✔	Prd.Hierarchy -> Prd. Category
50		推导规则		Prod.Cat. + Industry -> SBU
51		移动		Variant Configuration - Quality
52		移动		Variant Configuration - Measurements
53		移动		Variant Configuration - Surface
54		推导规则		Unit of measure from material group

图8-12

以步骤 1 为例，该步骤是根据客户的编号派生出客户的属性是关联公司还是外部公司。例如，客户编号为 1187、10000~999999 的，内部公司标识为 I，表明是关联公司，如图 8-13 所示。

特性派生：显示规则值

推导规则 Customer --> Intercompany ind.

未激活的值过滤器

客户	客户 名称	到 客户	到 客户 名称	已...	内部公司标识	内部公司标识 名称
1	Nelson Tax & Associates	1186	Werk 2000 London		E	外部公司
1187	Werk 1200 (Dresden)				I	关联公司
1188	IDES Werk 1300 (Frankfurt)	9999	Kunde SD		E	外部公司
10000	IDES AG	999999			I	关联公司
6300-00		6300-20			E	外部公司
A		ZZZZZZZZZZ			E	外部公司

图8-13

设计参考

企业在设计特征字段时，事先要做好充分规划，尽量一次做好，避免后续再补充、更改或删除。在 SAP 中，经营范围一旦启用，有了实际业务数据后，特征字段就不能再删除或将字段长度缩短，仅可以增加特征字段或增加字段长度。但即使增加了特征字段，历史上已经存在的数据不会反映到这些新增的特征字段，将会对报表使用者产生误导。因此，建议经营范围的数据结构中，特征字段一旦确定后永远不再变更。

怎样做到合理规划特征字段呢？首先，要从 4 个角度考虑如何分析盈利：企业组织结构、客户、物料、具体单据（如销售订单及行项目）；其次，可以将这 4 个角度进行细分。具体细分方式可以参考表 8-4。

表 8-4 特征字段的设计参考

角度	细分特征
企业组织结构	控制范围、公司代码、工厂、销售组织、分销渠道、产品组等
客户	客户账户组、客户组、销售地区、销售办公室等
物料	物料类型、评估类、物料组、物料组 1~5 等
具体单据	销售订单及行项目等

经过这样的细分后就有设计思路了。一般企业在启用获利分析时，使用的特征字段为 20~30 个。

8.3.2 值字段

以前面的表 8-1 为例，在这个表中，销售量、收入、成本是获利分析具体值的字段。这些字段称为“值字段”（value fields）。

值字段有以下两种。

（1）金额字段。基于某种货币衡量的值字段，称为金额字段。在一行中所有的金额字段使用的货币相同。

（2）数量字段。体现数量（如销售量）的值字段，称为数量字段。每一个数量字段都有自己的计量单位。例如，在某饮料生产企业，既要分析销售了多少吨饮料，也要分析销售了多少瓶或多少箱饮料，这就需要使用两个数量字段，分别按照物料的基本计量单位和销售单位来反映数量。

SAP 预定义了一些值字段，如销售数量、收入、运费等。用户还可以根据自己的需要定义值字段。

值字段也是在后台定义的。

路径：IMG> 控制 > 获利能力分析 > 结构 > 定义经营范围 > 维护值字段

事务代码：KEA6

图 8-14 显示了值字段清单的示例。

显示值字段：概览

值字段	描述	简要说明	金额	数量
VV010	Revenue	Revenue	◉	○
VV020	Quantity discount	Quantity d	◉	○
VV030	Customer discount	Customer d	◉	○
VV040	Material discount	Material d	◉	○
VV060	Other rebates	Other reba	◉	○
VV070	Accrued Sales deduc.	Accrued Sa	◉	○
VV075	Actual Sales deduc.	Actual Sal	◉	○
VV090	Accrued bonus	Accrued bo	◉	○
VV095	oth. sales deduct.	oth. sales	◉	○
VV100	Outgoing freight	Outgoing f	◉	○
VV110	Accrued freight	Accrued fr	◉	○
VV120	Dispatch packaging	Dispatch p	◉	○
VV130	Internal sales Comm.	Internal s	◉	○
VV140	Cost of goods sold	Cost of go	◉	○

图8-14

以值字段 VV010（收入）为例，其详细定义如图 8-15 所示。

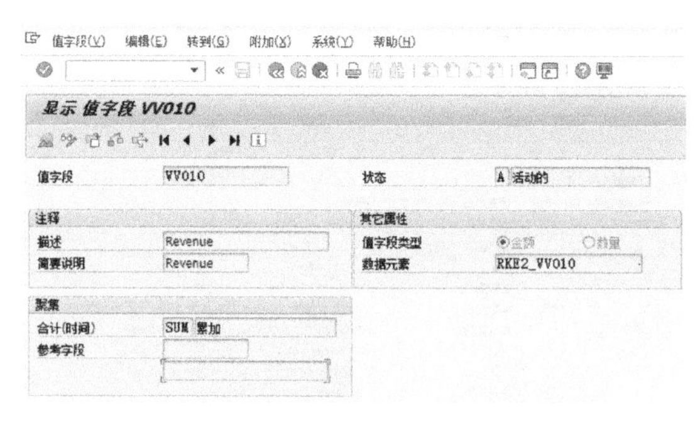

图8-15

设计参考

对于获利分析使用的值字段，和特征字段一样，在刚开始设计系统时也必须长远规划，避免后续的变动。

对于自定义的值字段，按照 SAP 的规则，以 VV 开头，后面用数字编号。在编号时，要考虑到未来有“预算”“标准”“实际”区分的需求。

图 8-16 是某企业值字段的示例。

值字段	值字段名称	备注
VV001	销售数量（实际，以开票单位计）	开票单位可能和基本计量单位不同
VV021	销售成本 - 料（实际）	实际成本计算后传送，下同
VV022	销售成本 - 工（实际）	
VV023	销售成本 - 费（实际）	
VV031	销售费用 - 运费（实际）	
VV032	销售费用 - 差旅费（实际）	
……	……	
VV121	销售成本 - 料（标准）	根据标准成本滚算结果传送
……	……	
ERLOS	销售收入（实际）	保留系统标准配置
KWSOHD	销售成本（标准成本）	保留系统标准配置

图8-16

在此示例中，值字段编码的第 3 位就是用来区分“实际”“标准”和“预算”的，第 3 位分别对收入、成本、费用的分类作了界定，这样后续如果有新增值字段时“对号入座”就行了。

8.4 获利分析数据的传送（平时）

本节介绍获利分析数据平时是如何传递到获利分析模块的。

8.4.1 来自销售开票的获利分析数据

销售订单的操作流程为：建立销售订单→

建立交货单，发货过账→开票，并批准至会计（release to accounting）。在对客户开出的发票批准至会计后，系统根据销售的收入、成本等信息形成获利分析凭证，并将数据存放在表 CE1XXXX 中。

在表 CE1XXXX 中，不同来源的获利分析数据是以“记录类型”来区分的。其中，来自销售开票的记录类型（record type）为 F（出具发票数据）。

销售开票的获利分析数据包括特征字段和值字段。图 8-17 显示了销售订单开票后产生的获利分析数据。

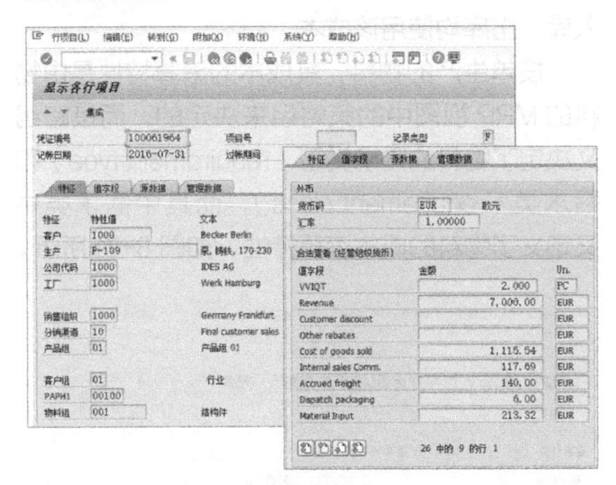

图8-17

其中，特征字段在销售订单建立时就已经确定，体现在销售订单行项目明细的“科目分配”（account assignment）选项卡中，如图 8-18 所示。

这些特征字段的值来自于销售订单上的各类信息，如销售组织、分销渠道、产品组、客户、产品等。

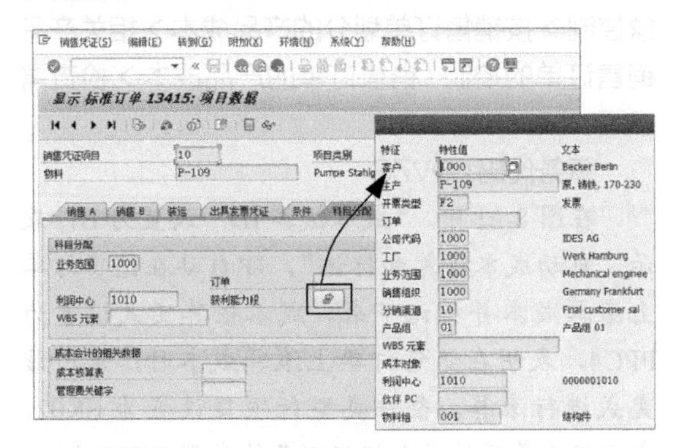

图8-18

获利分析数据的值字段来自销售订单行项目明细的“条件”（conditions）选项卡中，如图 8-19 所示。

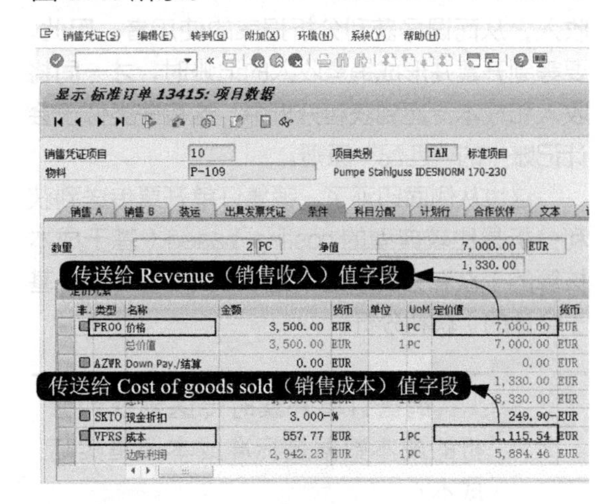

图8-19

不同的条件类型传送至不同的值字段。例如，体现销售金额的条件类型 PR00 或 NETW 传送至收入字段；体现销售成本的条件类型 VPRS 或 EK02 传送至成本字段。这是由后台的“实际值流水”规则来决定的，如图 8-20 所示。

路径：IMG> 控制 > 获利能力分析 > 实际值流水 > 开票凭证的传送 > 分配值字段—维护 SD 条件的分配 > CO-PA 值字段

事务代码：KE4I

销售订单在发货时就可能形成了销售成本，为什么此时没有传递获利分析数据而是等到开票时才传送？

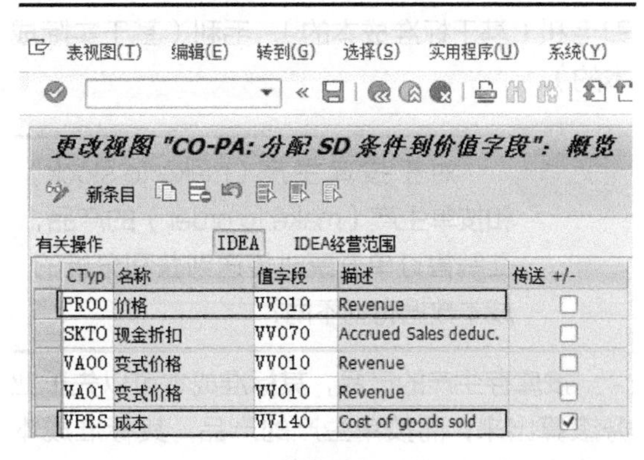

图8-20

销售订单流程的核算中，如果不启用“发出商品”，则意味着发货即确认销售成本：借记“销售成本”，贷记“产成品”。但此时只有销售成本的记账而没有销售收入的记账，如果立即传递到获利分析，就会造成获利分析中只有成本而没有收入，从而误导获利分析报表的使用者。因此，要等到开票并形成销售收入的记账时，才一同将收入和成本传递到获利分析中。这有些类似于会计记账中的“匹配”原则。

这也从侧面印证了，销售订单开票传送到获利分析是比较典型的 costing-based（基于成本核算的）获利分析，而不是 account-based（基于会计的）获利分析。

销售订单开票时传送到获利分析的成本数据是标准成本还是实际成本？

销售订单开票时传送的成本数据只能是标准成本。因为在一个会计期内每天都有可能在开票，但此时实际成本尚未计算出来，要等到期末经过物料分类账 / 实际成本模块的月结后才能计算出来。

因此，销售订单开票形成的获利分析数据中，对于成本值字段，平时是传送标准成本，月末才传送实际成本。正因为有了标准成本的存在，企业的获利分析报表使用者可以在平时每时每刻基于标准成本查看获利分析报表，实现“即时查询”。

在获利分析报表中，可以分出两个销售成本字段，即销售成本（标准）、销售成本（实际），同时，对于计算的毛利，也可以分出两个字段，即毛利（基于标准成本的）、毛利（基于实际成本的）。

对于按库生产（make to stock）和按单生产（make to order）的产品，在销售订单开票时传送到获利分析的成本数据有何不同？

按库存生产的产品，其标准成本可以先于业务滚算出来；而按单生产的产品，其标准成本则必须在销售订单的 BOM 和工艺路线确定后才能滚算出来。前者一般使用事务代码 CK11N 或 CK40N 滚算而来，并体现在销售订单行项目的“条件”选项卡中，体现在条件类型 VPRS（标准成本）上；而后者一般使用事务代码 CK51N 或直接在销售订单行项目中滚算而来，在销售订单行项目“条件”选项卡，体现在条件类型 EK02（已计算的成本）上。

比较典型的按单生产是可选配的物料，即具有变式配置 BOM（Variants Configuration BOM，VC BOM）的物料。创建销售订单时，必须首先输入各项选配特征的值，待各项值都确定后，销售产品的 BOM 和工艺路线就被确定了，此时，可以立即滚算出产品的标准成本，这就是按单的标准成本。它将被标记在销售订单行项目的条件类型 EK02 上。将来，该销售订单行项目的产品入库、出库均使用该成本。

按单生产的物料，其成本的滚算特性是由物料的 MRP 视图中的策略组来决定的，而策略组又决定了物料的需求类型（requirement type）和需求类（requirement class），而其中需求类中又定义了物料的成本滚算特性，如图 8-21 所示。

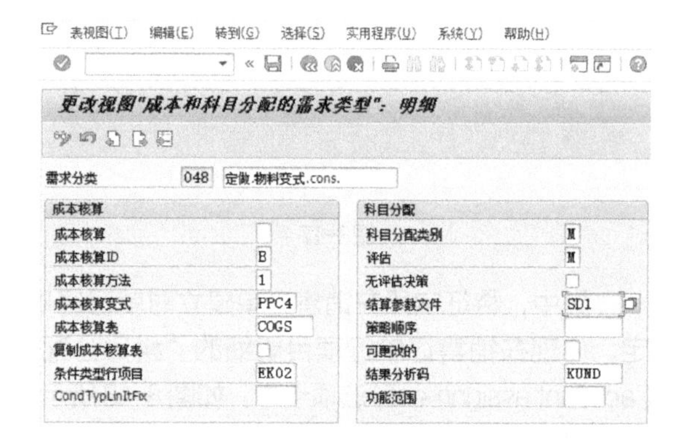

图8-21

路径：IMG> 控制 > 产品成本控制 > 成本对象控制 > 按销售订单划分的产品成本 > 相关产品销售订单的控制 / 销售订单的产品成本 > 检查需求层

事务代码：OVZG

在图 8-21 中，“成本核算 ID”设置为 B，表示“自动成本核算和标记”，即自动在销售订单上滚算成本并标记下来。成本核算变式设置为 PPC4，表明在销售订单上滚算成本时，采用该变式进行滚算。条件类型行项目设置为 EK02，表示将滚算后的成本标记在条件类型 EK02 上。

8.4.2 来自 FI/MM 记账的获利分析数据

在财务日常记账时，某些费用可以直接归集到获利能力段。例如，给某客户的返利、发货给某客户的运费、拜访某客户的一笔差旅费，如果希望直接体现在相应的客户身上，可以在费用的“获利能力段”中输入客户等信息，如图 8-22 所示。

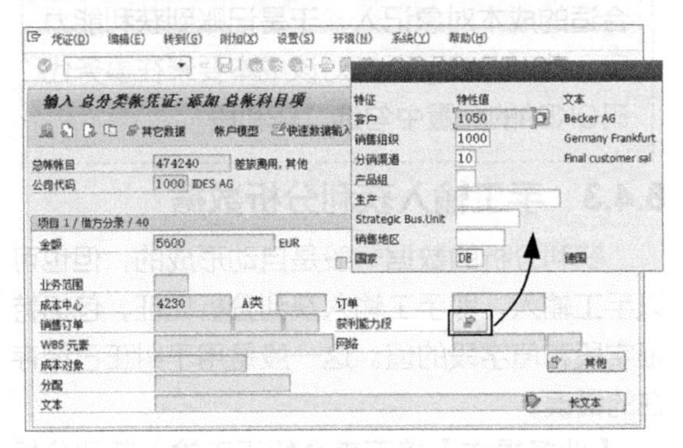

图8-22

在物料管理（MM）模块，库存移动（如发料）或者采购行为也可以将费用记入获利能力段，只需要在相应的获利能力段输入特征的值即可。图 8-23 显示了将物料发放到获利能力段的操作。

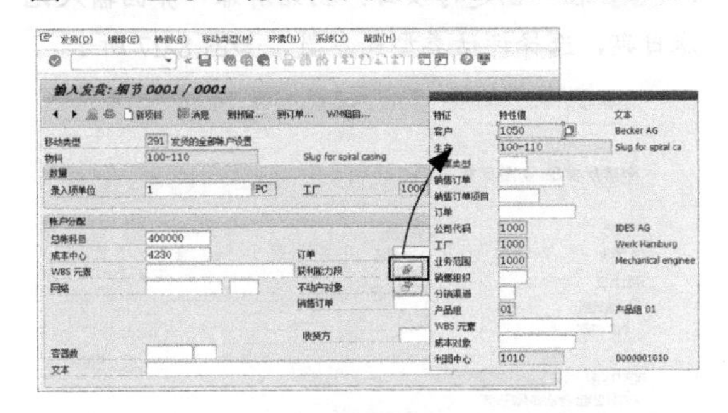

图8-23

从 FI/MM 模块记账到获利能力段，形成的获利分析数据，其记录类型为“B”（从 FI/MM 直接记账）。

这些获利分析数据，其特征字段来自记账时输入的获利能力段；其值字段就是记账的金额。而我们知道，对经营范围，预先定义了很多值字段，那么，来自 FI/MM 记账的值应该写入什么值字段呢？这就要引入一个新的概念，即“PA 传输结构”（PA transfer structure）。

PA 传输结构是在后台定义的。

路径：IMG> 控制 > 获利能力分析 > 实际值流水 > 由财务会计 / 物料管理的直接过账 > 维护直接过账的 PA 传输结构

事务代码：KEI2

PA 传输结构定义了直接记账的数据在传送到获利能力段时，往什么值字段上传送数据。它的定义分为源和值字段。图 8-24 是“源”数据的定义。

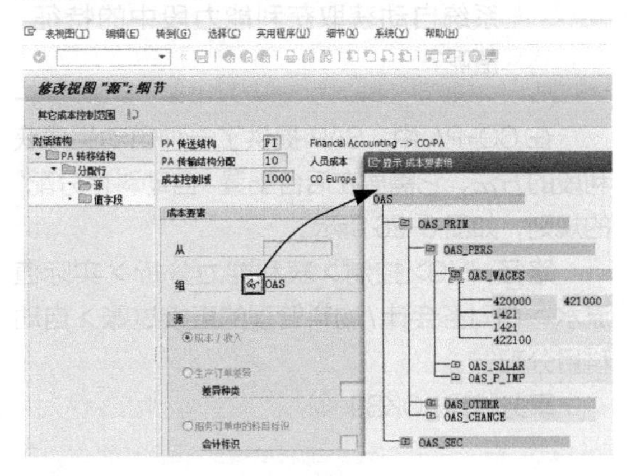

图8-24

图 8-25 是值字段的定义。

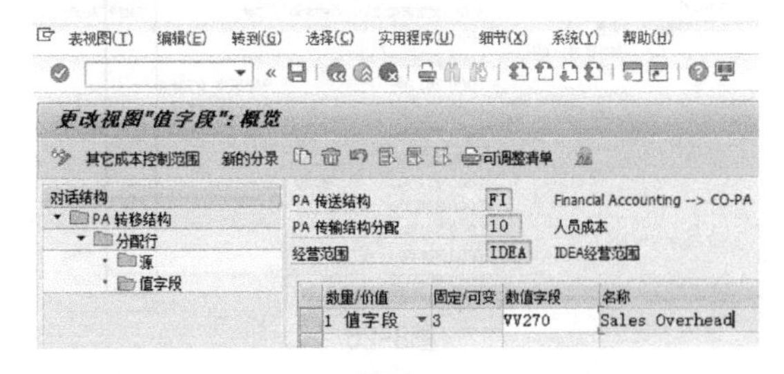

图8-25

结合图 8-24 和图 8-25 可以看出，依据这样的定义可以将成本要素组 OAS（人工相关成本）的发生额传送到值字段 VV270（销售费用）中。

如果一笔费用既记入到成本中心又记入到获利能力段，系统如何认定这笔费用的性质？

费用在同时记入成本中心（CTR）和获利能力段（PSG）两种成本对象时，PSG 为实际记账，而 CTR 变为统计记账。

两种对象同时记账是有意义的。例如，将一笔市场活动的营销费用记入获利能力段（明细到产品组和销售区域），同时又希望从统计角度看到相关销售部门的费用，因此也要记入到相关的销售部门。

延伸思考2

事实上，在费用记账到获利能力段时，逐个输入特征值的操作还是比较麻烦的。有没有简单的方法让系统自动获取获利能力段中的特征值呢？

在 CO-PA 中，SAP 提供了一种自动生成获利段的方法，它需要在后台配置“自动科目分配”的规则，如图 8-26 所示。

路径：IMG> 控制 > 获利能力分析 > 实际值流水 > 由财务会计 / 物料管理的直接过账 > 自动科目分配

事务代码：OKB9

更改视图 "缺省的科目设置"：概览

公司	成本要素	BArIn	成本中心	订单	获利段	利润中心
1000	232000	☐			☑	
1000	232500	☐			☑	
1000	261100	☐		9AEUDE_STAFA	☐	
1000	261200	☐		9AEUDE_STAFA	☐	
1000	282000	☐			☑	
1000	282500	☐			☑	
1000	417000	☐	9030		☐	
1000	800000	☐			☑	
1000	801000	☐			☐	1000
1000	880000	☐			☐	9990
1000	880099	☐			☑	9990

图8-26

在图 8-26 中，只需要勾选相应的成本要素的“获利段”字段，系统就会在这些成本要素记账时，自动到凭证上寻找合适的特征字段（如公司代码、物料等）值，并将其写到获利能力段中。

提示 系统提供了这样一种简便的方法写入获利能力段，但是毕竟只能获取简单的特征字段值，因此并不会被广泛使用。

设计参考

企业如果要配置“自动记账”的规则，让系统自动填充获利能力段，一般是因为有些成本要素是手工记账的，但又希望这些成本要素的值能够反映到获利分析中。

例如，一个企业常规的业务是销售自己生产的产品，但同时也销售许可服务（license）。前者可以通过 SD 模块的销售订单开票体现到账务中；而后者则一般通过手工记账。销售许可服务记账到“销售收入—许可费”，该科目设置为成本要素，但没有合适的成本对象记入，于是记账到获利能力段。此时，就可以针对该成本要素在事务代码OKB9的配置中勾选“获利段”。

8.4.3 手工输入获利分析数据

获利分析的数据一般是自动形成的，但也可以手工输入，即手工输入获利分析凭证，包括特征字段和值字段的值。这一般是用于纠正已经存在的错误。

【业务操作】接下来介绍手工输入获利分析凭证的操作。

路径：SAP 菜单 > 会计核算 > 控制 > 获利能力分析 > 实际记账 > 创建行项目

事务代码：KE21N

STEP 1 在“创建行项目：初始屏幕”界面输入记账日期，选择评估类型等参数，如图 8-27 所示。

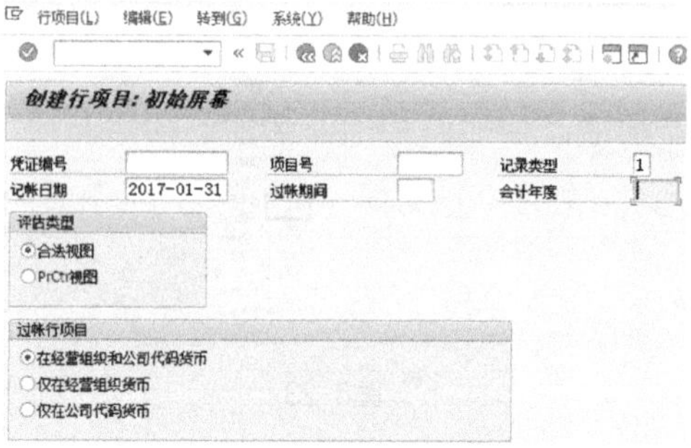

图8-27

凭证编号：获利分析凭证的编号。一般在后台配置为“自动生成”编号，因此不用人工输入。

记录类型：获利分析凭证的记录类型。一般会针对人工输入的获利分析凭证配置单独的记录类型，如 Z。图中直接借用系统已有的记录类型“1”。

评估类型：获利分析的查看角度，是从法人角度查看（Legal View，误译为“合法视图”）还是从利润中心角度查看（Profit Center View）。如果仅从法人角度查看，选择“合法视图”即可。

过账行项目：在行项目中以哪种货币过账，是以经营范围货币过账、公司代码货币还是两种货币同时过账。一般情况下，选中“在经营组织和公司代码货币”单选钮，表明两种货币同时过账。

STEP 2 按回车键，进入“输入行项目（合法视图）”界面，在“特征”选项卡中输入特征字段的值，如图 8-28 所示。

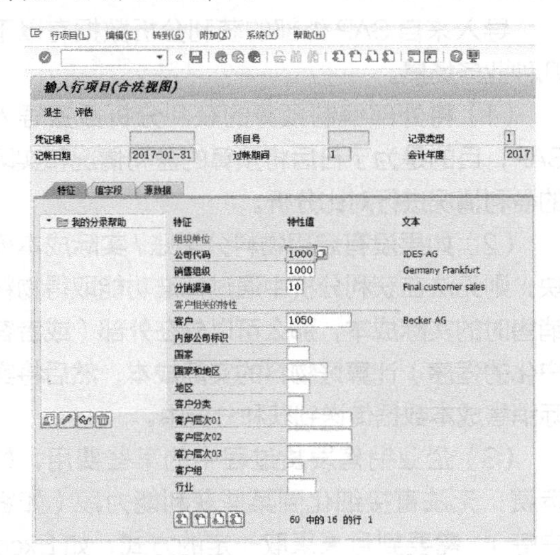

图8-28

特征字段多达数十个，在一个界面中不能全部显示，需要通过下方的“下一页”按钮下翻到后续页面，继续操作。

STEP 3 单击工具栏中的 派生 按钮，系统会自动根据已经输入的数据派生出相应的特征字段的值，如根据客户派生出国家、地区、客户分类、行业等，如图 8-29 所示。

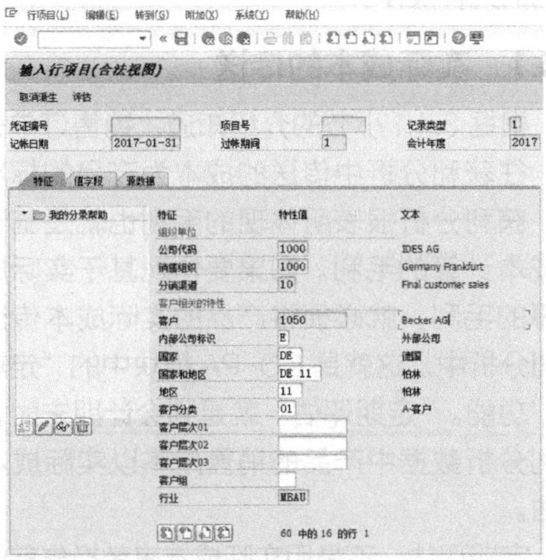

图8-29

派生后，原输入了值的特征字段会变为灰色，不能修改；而部分派生出值的特征字段则仍为白色，可以修改。

上方工具栏的“派生”按钮变为了“取消派生”，表明还可以撤销派生操作。

STEP 4 切换到“值字段”选项卡，输入值字段的值。系统会自动根据已经输入的数据派生出相应的特征字段的值，如根据客户派生出国家、地区、客户分类、行业等，如图 8-30 所示。

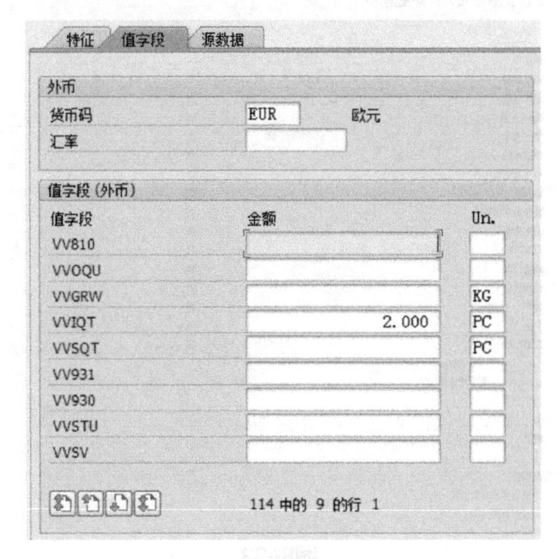

图8-30

和特征字段一样，值字段也多达数十个甚至上百个，在一个界面中不能全部显示，需要通过下方的“下一页”按钮下翻到后续页面，继续操作。

STEP 5 单击“过账”按钮，系统过账已输入的数据，形成获利分析凭证，并在界面底部提示“已添加行项目”，如图 8-31 所示。

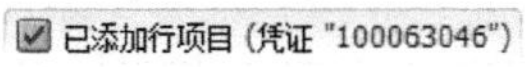

已添加行项目 (凭证 "100063046")

图8-31

STEP 6 通过菜单中的“行项目”→“显示”命令，即可显示刚刚生成的获利分析凭证，如图 8-32 所示。

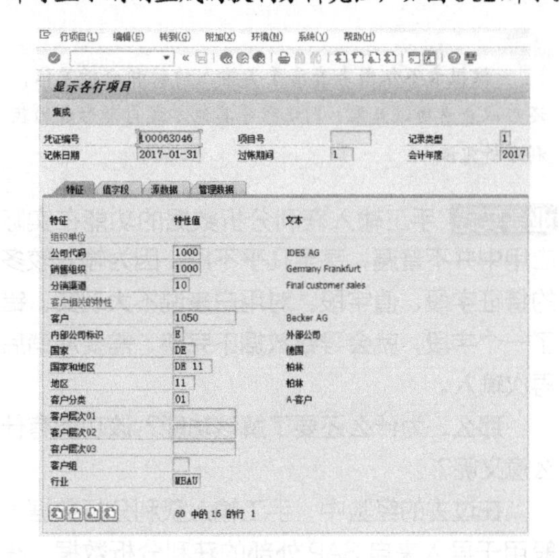

图8-32

STEP 7（可选）还可以通过事务代码 KE24“显示行项目”，来查看已经存在的获利分析凭证，如图 8-33 所示。

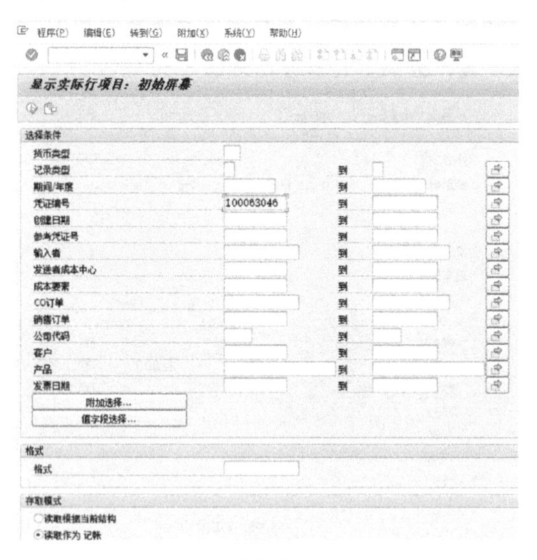

图8-33

单击“执行”按钮，系统显示实际行项目的清单，如图 8-34 所示。

显示实际行项目：清单

计划/实际标识 0
凭证编号 100063046
行项目数 2
存取模式 读取作为 记帐
经营范围货币 EUR

货币	货币类型	记录类型	期间/年度	凭证编号	项目号	创建日期	参考凭证号	参考项	创建...	公司	货币
EUR	B0	1	2017-001	100063046		2017-01-31			043	1000	EUR
EUR	10	1	2017-001	100063046		2017-01-31			043	1000	EUR

图8-34

提示

该报表不仅用来查看手工输入的获利分析凭证，还可以查看通过开票、FI记账等其他方式自动形成的获利分析凭证。

业务实践 手工输入获利分析数据的功能在实际应用中并不普遍，甚至几乎不用。因为输入较多的特征字段、值字段，对用户来说不大现实。错了一个字段，就会导致数据不完整，需要冲销后再次输入。

那么，为什么还要了解该功能？该功能有什么意义呢？

在过去的经验中，手工输入获利分析数据一般用于导入来自 SAP 外部的获利分析数据。在导入时可以使用模拟录屏的操作（如事务代码 LSMW）来执行。而这里的模拟，就是模拟事务代码 KE21N 的操作。

导入来自 SAP 外部的获利分析数据有以下几种业务场景。

（1）将外部编制预算的获利分析数据导入 SAP，目的是为了日后将预算的盈利情况和实际的盈利情况进行对比分析。

（2）如果没有启用物料分类账 / 实际成本模块，则无法在获利分析中通过标准功能取得物料销售时的实际成本，那么可以先在外部（或者客户化的程序）计算好物料的实际成本，然后将实际销售成本数据传送到获利分析中。

（3）企业销售发货过程中的某些费用，如运费，无法直接细化到某些获利能力段（如客户等），需要到月末采取一定的方式，如 Excel 表格分摊后再记入这些获利能力段，那么可以将外部分摊好的费用导入 SAP 的获利分析模块中等。

8.5 获利分析数据的传送（月末）

获利分析数据不只形成于平时，有些数据必须在月末进行处理。本节介绍月末处理获利分析数据的几种操作。

8.5.1 实际成本的传送

根据 8.4.1 小节的介绍知道，销售订单开票时，往获利分析中传送的成本为产品的标准成本，获利分析报表所体现的毛利也就是基于标准成本计算的毛利。如果要体现基于实际成本计算的毛利，就必须将产品的实际成本传送到获利分析中。这就是 CO-PA 模块中的“定期评估”功能。“定期评估”就是到会计期末时，将获利分析数据中产品的销售成本以实际成本来评估。

定期评估，不是用实际成本来替换先前的标准成本，不是写入先前传送标准成本的值字段，而是传入新的值字段。也就是说，在获利分析数据中，同时存放标准成本和实际成本。因而，也就可以同时反映出两种毛利，即基于标准成本的和基于实际成本的。

> **提示** 既然同时存在标准成本和实际成本，那么获利分析报表还可以用来分析成本的差异（实际成本—标准成本）对当期损益的影响。

【业务操作】接下来以某公司 2015 年 12 月的操作为例，介绍如何将实际成本传送到获利分析中。

路径：SAP 菜单 > 会计核算 > 控制 > 获利能力分析 > 实际记账 > 期末结算 > 定期的调整 > 定期评估

事务代码：KE27

STEP 1 在“期间评估：初始屏幕”界面，输入期间范围、记录类型等参数，如图 8-35 所示。

评估(V) 编辑(E) 转到(G) 细节(X) 系统(Y) 帮助(H)
期间评估: 初始屏幕
选择标准 值字段
实际数据
起始期间 2015.012 到 2015.012
记录类型 F
所有评估视图
合法评估视图
利润中心评估视图
选项
所有可修改的价值字段
定期评估
测试运行
其它选择 ... 开/关
后台处理

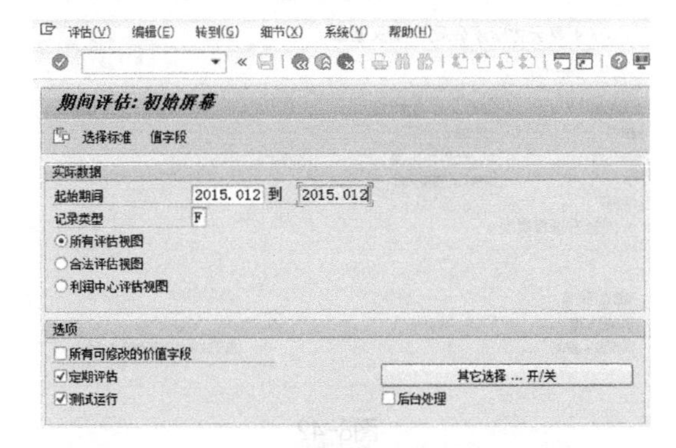

图8-35

勾选“定期评估”复选框，表明按期间将实际成本传送到获利分析数据中。

STEP 2 单击 值字段 按钮，进入“期间评估：值字段”界面，勾选需要实际评估的值字段，如图 8-36 所示。

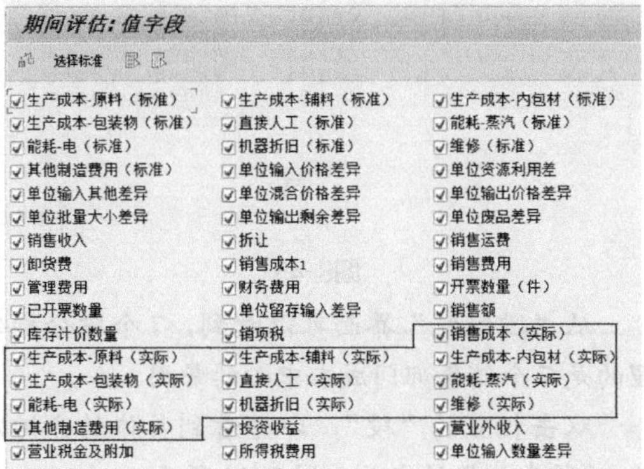

期间评估: 值字段
选择标准
生产成本-原料（标准）
生产成本-辅料（标准）
生产成本-内包材（标准）
生产成本-包装物（标准）
直接人工（标准）
能耗-蒸汽（标准）
能耗-电（标准）
机器折旧（标准）
维修（标准）
其他制造费用（标准）
单位输入价格差异
单位资源利用差
单位输入其他差异
单位混合价格差异
单位输出价格差异
单位批量大小差异
单位输出剩余差异
单位废品差异
销售收入
折让
销售运费
卸货费
销售成本1
销售费用
管理费用
财务费用
开票数量（件）
已开票数量
单位留存输入差异
销售额
库存计价数量
销项税
销售成本（实际）
生产成本-原料（实际）
生产成本-辅料（实际）
生产成本-内包材（实际）
生产成本-包装物（实际）
直接人工（实际）
能耗-蒸汽（实际）
能耗-电（实际）
机器折旧（实际）
维修（实际）
其他制造费用（实际）
投资收益
营业外收入
营业税金及附加
所得税费用
单位输入数量差异

图8-36

此处，系统默认勾选全部的值字段。用户可以根据实际情况来勾选相应的值字段，如只勾选实际成本的相关字段（如图中框选的部分，包括总的销售成本和成本构成结构的细分）。

STEP 3 单击 选择标准 按钮，进入“期间评估：选择条件”界面，输入需要实际评估的特征参数的值，如图 8-37 所示。

期间评估: 选择条件
值字段
特征 特性值 名称
客户
生产
销售订单
销售订单项目
订单
公司代码 2002
成本控制域
工厂 2002
业务范围
销售组织
分销渠道
产品组
利润中心
成本中心
销售组
销售人员
销售部门
销售地区
客户组
输入 1 的 40

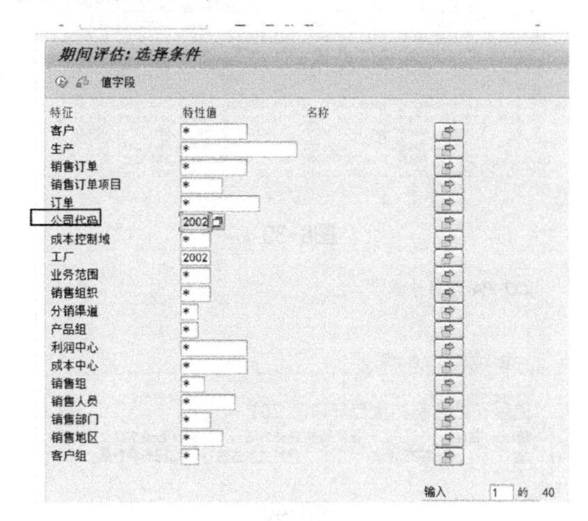

图8-37

例如，此处输入公司代码 2002，“工厂 2002”表明针对 2002 公司代码、2002 工厂的获利分析数据，传送实际成本。

STEP 4 单击“执行”按钮，系统经过一段时间的运行后，显示“周期评估的日志输出”界面，如图 8-38 所示。

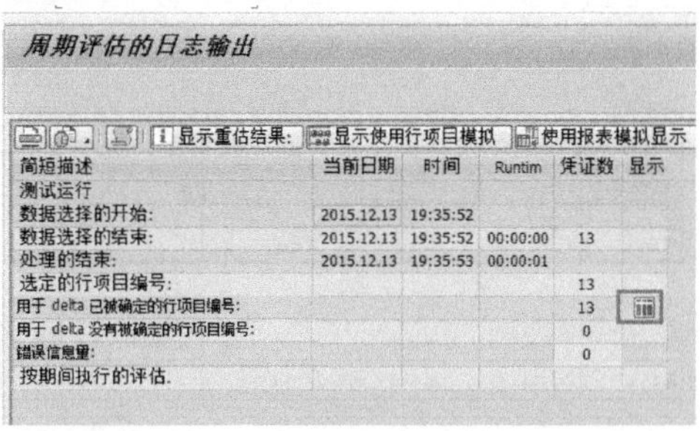

周期评估的日志输出
显示重估结果:
显示使用行项目模拟
使用报表模拟显示
简短描述 当前日期 时间 Runtim 凭证数 显示
测试运行
数据选择的开始: 2015.12.13 19:35:52
数据选择的结束: 2015.12.13 19:35:52 00:00:00 13
处理的结束: 2015.12.13 19:35:53 00:00:01
选定的行项目编号: 13
用于 delta 已被确定的行项目编号: 13
用于 delta 没有被确定的行项目编号: 0
错误信息量: 0
按期间执行的评估.

图8-38

日志中，“用于 delta 已被确定的行项目编号”的凭证数 13 表示有 13 条记录被传送了实际成本。“用于 delta 没有被确定的行项目编号”表示没有被传过去的数量。

STEP 5 单击“用于 delta 已被确定的行项目编号”这一行后面“显示”栏下的“详细分析”按钮，系统显示“周期评估的日志输出”界面，但这一次列出了明细的凭证行项目，如图 8-39 所示。

STEP 6 在任意一行单击“明细”按钮，进入“CO-PA 评估分析”界面，可以进一步查看评估决策和估价结果信息，如图 8-40 所示。

周期评估的日志输出

用于 delta 已被创建的行项目编号:

CTy	记录类型	期间	凭证号	参考凭证号	参考项	公司	生产	客户	评估日期	显示	显示
B0	F	2015.012	622268	9000037428	000011	2002	310000216	3000622	2015.12.12		
B0	F	2015.012	622264	9000037425	000011	2002	310000002	1000631	2015.12.11		
B0	F	2015.012	622262	9000037424	000011	2002	310000002	1000631	2015.12.11		
B0	F	2015.012	622261	9000037423	000011	2002	310000002	1000631	2015.12.11		
B0	F	2015.012	622260	9000037422	000011	2002	310000002	1000631	2015.12.11		
B0	F	2015.012	622259	9000037421	000011	2002	310000002	1000631	2015.12.11		
B0	F	2015.012	622238	9100004791	000010	2002	310000002	1000631	2015.12.10		
B0	F	2015.012	622236	9000037420	000011	2002	310000216	3000616	2015.12.10		
B0	F	2015.012	622235	9000037419	000011	2002	310000216	3000616	2015.12.10		
B0	F	2015.012	622234	9000037418	000011	2002	310000216	3000616	2015.12.10		
B0	F	2015.012	622185	9000037416	000012	2002	310000002	1000631	2015.12.07		
B0	F	2015.012	622184	9000037416	000011	2002	310000002	1000631	2015.12.07		
B0	F	2015.012	622182	9000037411	000011	2002	310000216	3000482	2015.12.04		

图8-39

CO-PA 评估分析

评估决策　估价结果

使用评估类别的执行评估:　Z01

值strat.	名称	层次编号	评估方法	CO-PA 数量字段	分析
Z01	集团实际评估	10	物料成本估算	VV202 已开票数量	

图8-40

STEP 7 在值策略行中，单击“分析”栏下的“详细分析”按钮，进入“特性引申：分析引申步骤”界面，可以进一步分析详细的“特性引申”（特征值派生）过程，如图 8-41 所示。

特性引申：分析引申步骤

给其他特性分配成本码（业务 KE27 执行于 2015. 12. 13 19:35:52）

价值晚于/早于

步骤

0001 分配原则　　分配评估策略

引申已执行

源字段

原始的	字段名称	描述	内容	注释
GLOBAL	BWFKT	估价点	02	
GLOBAL	VRGAR	记录类型	F	
GLOBAL	VERSI	计划版本(CO-PA)		允许初始值
GLOBAL	MTART	物料类型	31	

访问日期 2015. 12. 11

目标字段

原始的	字段名称	描述	在内容前	在内容后	注释
GLOBAL	KALAW1	首要成本编制码(CO-PA)		002	

图8-41

8.5.2 成本中心费用分摊到获利能力段

企业发生的期间费用，平时一般记入销售部门或管理部门，但不会直接反映到获利能力段，因而不会直接体现在获利分析报表中。这样，获利分析报表中只能分析到毛利级别。如果要分析到净利级别，还得将期间费用体现在获利分析报表中，这就需要将期间费用分摊到获利能力段。

将成本中心费用分摊到获利能力段是 CO-PA 模块的一个功能，它同 CO-CCA 模块中的分摊类似，也需要定义发送方、接收方和分摊规则。不同的是，CO-PA 中的分摊，接收方不是成本中心（CTR）而是获利能力段（PSG），而且，需要指定传送的值字段。它是在后台定义的。

路径：IMG> 控制 > 获利能力分析 > 实际值流水 > 间接费用的传送 > 评估成本中心成本 / 处理过程成本 > 定义成本中心分配 / 处理成本分配的结构 - 创建 / 更改 / 显示实际分摊

事务代码：KEU1/KEU2/KEU3

下面以 IDES 中比较经典的 CO-PA 分摊循环 IDESA1 为例来介绍分摊的定义。图 8-42 是显示分摊抬头数据的界面。

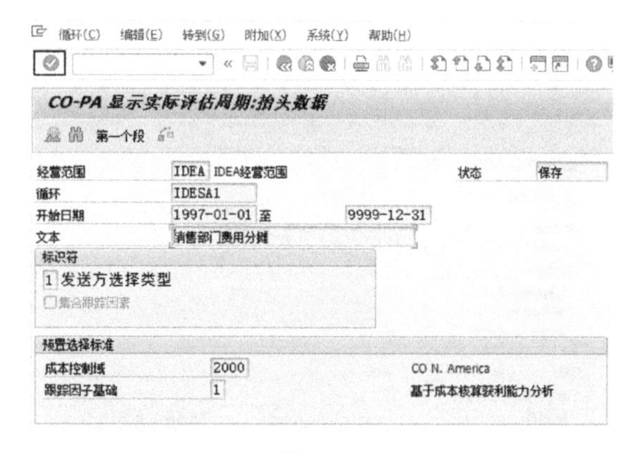

图8-42

单击“概述段”（段概览）按钮，可以看到该分摊循环包含的各个段的总体情况，如图 8-43 所示。

段概览

名称	文本	号	发送方规则	发送方规则	接收方规则	接收方规则	% 股份	分摊成本要素
CCTR 3100	Motorcycle Sales	1	1	记帐金额	3	固定百分比	100. 00	691000
CCTR 3105	Automotive Sales	2	1	记帐金额	3	固定百分比	100. 00	691000
CCTR 3110	Pump Sales	3	1	记帐金额	3	固定百分比	100. 00	691000
CCTR 3120	Paint Sales	4	1	记帐金额	3	固定百分比	100. 00	691000
CCTR 3130	Light Bulb Sales	5	1	记帐金额	3	固定百分比	100. 00	691000
CCTR 3140	PC Sales	6	1	记帐金额	3	固定百分比	100. 00	691000
CCTR 3150	Elevator Sales	7	1	记帐金额	3	固定百分比	100. 00	691000

段号　7

增加段

图8-43

从“段概览”界面可以看到，7 个段分别处理的是 7 个销售部门成本中心的费用。

双击相应的“段”，即可看到具体的分摊定义。“段表头”的定义如图 8-44 所示。

分摊成本要素：费用从发送方向接收方流动时过渡的成本要素，是一个 42（分摊）类别的次级成本要素。

所有值字段：英文环境为 Value Field All，疑为“Value Field Allocated”（被分摊到的值字段）

的简写。该字段是指将费用传递到接收方时写入的值字段。

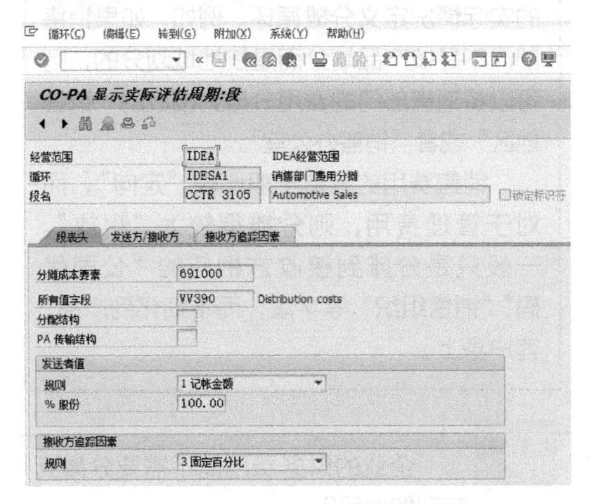

图8-44

分配结构：allocation struture，分摊结构。对于 CO-PA 中的分摊，此字段在此处不适用。

PA 传输结构：将成本中心的费用传送到获利段时，各类费用分别怎么记入到接收方（如体现在哪个值字段）。详见 8.4.2 小节中有关 PA 传输结构的介绍。

“所有值字段”和“PA 传输结构”两个字段都决定费用写入值字段时写到哪个值字段，只是前者只能写入一个值字段，而后者可以定得更细，针对不同的费用，可以写入不同的值字段。

> 提示
> 在配置时，这两个字段只能输入一个，不能同时输入。

“发送方 / 接收方”定义如图 8-45 所示。

从图 8-45 中可以看出，段“CCTR 3105”是将成本中心 3105（汽车销售部门）的费用分摊到产品组 10（汽车）、销售组织 3000、工厂 3000、产品标准层次结构 1（可称为“产品大类”）00105（汽车）。

依此类推，后面的几个段也分别是将各个销售部门的成本中心的费用分摊到相应的产品组及大类等获利分析维度上。

【业务操作】接下来以某企业实际的业务为例来介绍 CO-PA 中的分摊操作。

路径：SAP 菜单 > 会计核算 > 控制 > 获利能力分析 > 实际记账 > 期末结算 > 转账成本中心的成本 / 处理成本 > 分摊

事务代码：KEU5

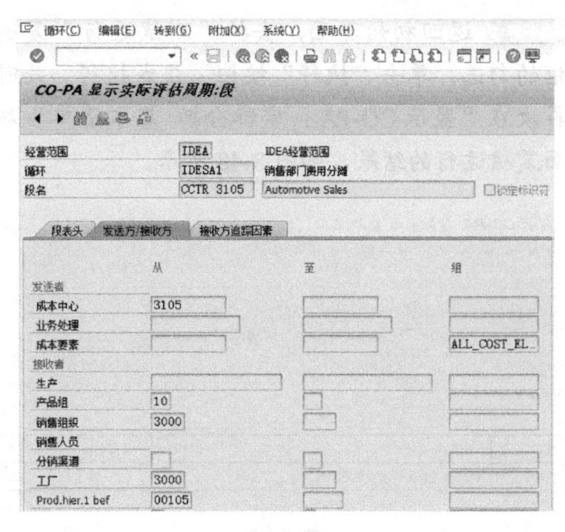

图8-45

STEP 1 在“执行 实际分摊：初始屏幕”界面输入分摊的期间和会计年度，并选择输入分摊循环的代码，如图 8-46 所示。

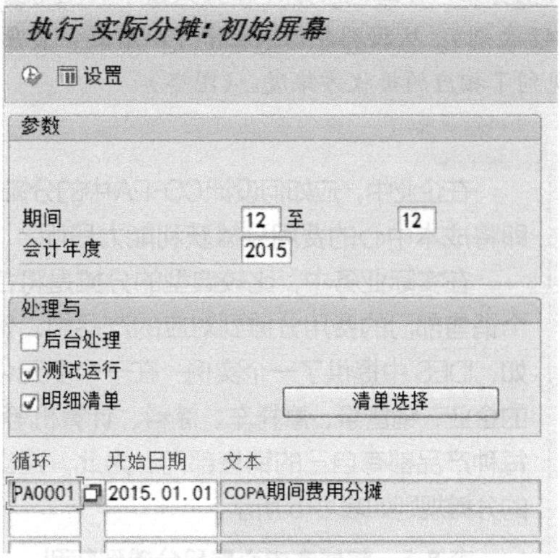

执行 实际分摊：初始屏幕

设置

参数

期间 12 至 12

会计年度 2015

处理与

后台处理

测试运行

明细清单 清单选择

循环	开始日期	文本
PA0001	2015.01.01	COPA期间费用分摊

图8-46

STEP 2 单击“执行”按钮，系统在经过一段时间的运行后，进入“显示 CO-PA：实际分摊基本清单”界面，显示 CO-PA 分摊执行的结果，如图 8-47 所示。

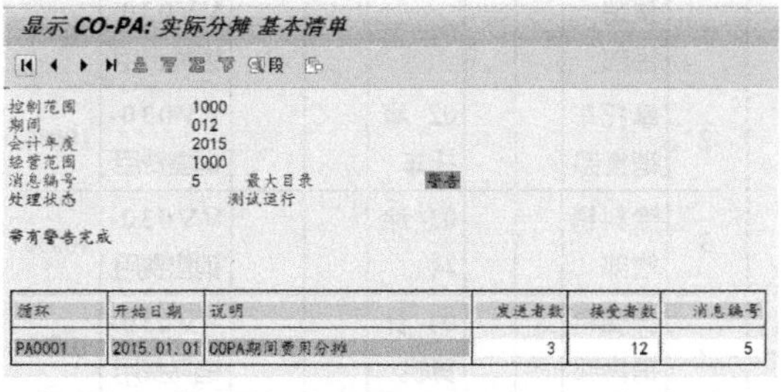

显示 CO-PA：实际分摊 基本清单

段

控制范围 1000
期间 012
会计年度 2015
经营范围 1000
消息编号 5 最大目录 警告
处理状态 测试运行

带有警告完成

循环	开始日期	说明	发送者数	接受者数	消息编号
PA0001	2015.01.01	COPA期间费用分摊	3	12	5

图8-47

STEP 3 返回初始界面，去掉“测试运行”复选框的勾选，单击“执行”按钮正式执行。此时再次在“显示 CO-PA：实际分摊 基本清单”界面复核运行的结果，如图 8-48 所示。

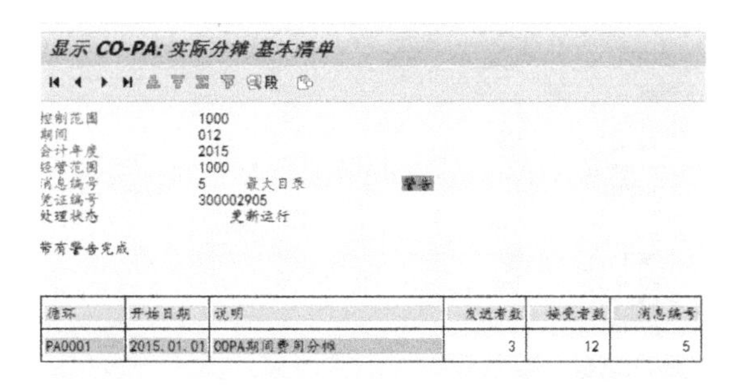

图8-48

STEP 4（可选）分摊正式运行完毕后，分别在成本中心报表和获利分析报表中查看分摊运行的结果。从成本中心报表可以看到，成本中心的费用被贷记，并且使用分摊抬头数据中的成本要素（42 类别）；从获利分析报表中可以看到，费用体现到了相应的接收方维度。（图略）

设计参考

在企业中，应如何设计CO-PA中的分摊，即将成本中心的费用分摊获利能力段呢？

在实际业务中，比较典型的分摊是将各个销售部门的费用分摊到对应的产品组。例如，IDES 中提供了一个实例：在一个多元化的企业，销售泵、摩托车、涂料、计算机等。每种产品都有自己的销售部门。为此，建立的分摊规则如表 8-5 所示。

表 8-5　将成本中心费用分摊到获利能力段的规则示例

段	发送方	接收方					值字段	百分比
		产品	客户	产品组	客户组	……		
1	泵销售部			01-泵			VV030 销售费用	100%
2	摩托车销售部			02-摩托车			VV030-销售费用	100%
3	涂料销售部			03-涂料			VV030-销售费用	100%
4	计算机销售部			04-计算机			VV030-销售费用	100%

以上只是一个示例。企业可以根据自己的实际情况定义分摊循环。例如，如果销售部门不是按产品划分而是按地域划分的，则可以将销售部门的费用分摊到相应的“销售地区”或者“销售办公室”。

销售费用的分摊一般比较“定向”，而对于管理费用，则分摊得较为“粗放”。一般只是分摊到接收方相应的“公司代码”“销售组织”等字段，而不细化到产品、客户身上。

延伸思考 1　企业的财务费用需不需要分摊到获利能力段？

这取决于企业自身的分析需求。如果财务费用较高，可以将其简单地分摊到获利段，如接收方仅明确公司代码就行了。这样，财务费用就可以体现在获利分析报表中。

这样做有以下几点需要注意。

（1）财务费用必须记入成本中心，以便作为分摊循环的发送方。该成本中心使用“财务部”是不合适的（因为这笔费用不等同于财务部门发生的费用），可能需要专门定义一个“虚拟的”财务费用成本中心。

（2）因为要记入成本中心，所以还必须将财务费用科目设置为成本要素——初级成本要素，类别为 01。如果不使用 CO-PA 的分摊，财务费用科目通常不设置为成本要素。

（3）因为财务费用作为成本要素，就要考虑那些自动产生的记入财务费用的凭证（如外币评估凭证）的行项目上，与财务费用对应的成本中心是否要赋予一个默认值，以免在程序自动执行过程中出错。可以考虑给成本要素默认一个成本中心（事务代码 OKB9 中配置）。

（4）在获利能力分析的数据结构中，在值字段中添加“财务费用”值字段，并将其用于分摊循环。

（5）在获利能力分析的关键指标和报表的定义中体现财务费用项。

延伸思考2 为什么要将分摊循环的接收方定得比较简单，仅使用一个字段或两个字段就够了，而且每个字段指定的值一般都是单值或有限的几个值？

的确，在前面的介绍中，IDES中将各部门的销售费用只是分摊到对应的产品组（唯一值）；如果销售部门是分地域的，也只是建议分摊到对应的“销售地区”或者“销售办公室”。这主要是出于系统性能的考虑。如果接收方字段过多或者范围过大，如将销售费用分摊到产品组外，还要分摊到客户、产品等多个维度，那么，在执行分摊时系统就会寻找“产品组+客户+产品+……”维度的各种组合（也许会出现数十万计的组合），系统运行就会出现性能低下、耗时很长的情况。

在接收方的每个字段的范围内，一般不提倡使用0~ZZZZZ之类的范围。

至于费用已经分到了产品组上，怎么再从产品组进一步细分到具体产品上的问题，这是通过接下来要讲的“自上而下的分配”来解决的。

8.5.3 自上而下的分配

在获利分析数据中，并不是每个值字段的值都明细到所有的维度。例如，销售费用经过分摊后，可能明细到产品组或销售地区，但没有明细到具体的产品或客户。这时如果按客户来查看获利分析报表，每个客户会有销售收入、销售成本，但没有销售费用，销售费用会体现在最后一行“未分配”项中。同样，管理费用也会体现在“未分配”项中，如表8-6所示。

表8-6 获利分析报表中“未分配”项的影响

客户	销售量	销售收入	销售成本	毛利	销售费用	管理费用	净利
A001	300	300 000	200 000	100 000	0	0	100 000
A002	500	500 000	380 000	120 000	0	0	120 000
未分配					50 000	30 000	
总计	800	800 000	580 000	220 000	50 000	30 000	140 000

从表8-6中可以看出，如果销售费用、管理费用这些期间费用独立地体现在“未分配”项上，而不分配到客户上，将会误导报表使用者，使报表使用者误以为每个客户创造的净利比较高（由于销售费用、管理费用均为0，导致净利=毛利）。事实上，如果将这些期间费用分配到客户上以后，净利将会下降为比较真实的情况。

如果要将最后一行“未分配”的数据分配到每个客户身上，必须运行“自上而下的分配”程序。

【业务操作】接下来介绍“自上而下的分配”的具体操作。

路径：SAP菜单 > 会计核算 > 控制 > 获利能力分析 > 实际记账 > 期末结算 > 自上而下分配 > 执行

事务代码：KE28

STEP 1 在“自项向下的分配：初始屏幕”界面输入要分配的实际数据、参考数据和参考基值等参数，如图8-49所示。

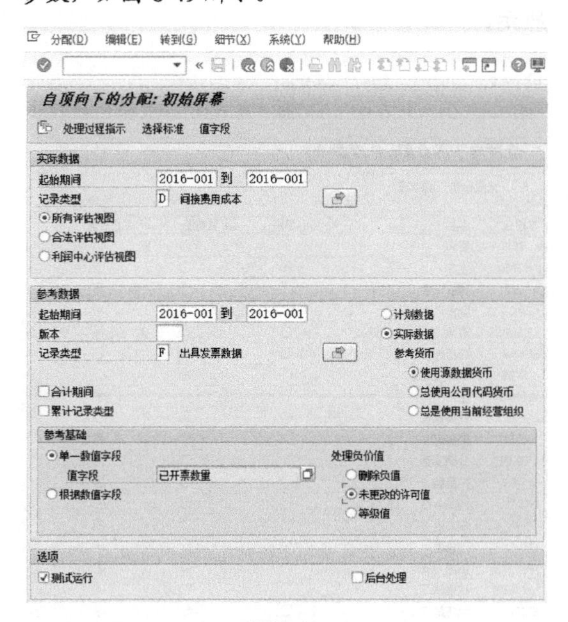

图8-49

“实际数据”区域：该区域指定要将什么数据

自上而下进行分配。起始期间输入 2016.001 到 2016.001（即要进行费用分配的期间），“记录类型”选择 D（即通过分摊而来的销管财三大期间费用），选中“所有评估视图”单选钮。

“参考数据”区域：该区域指定分配时以什么数据作为参考。起始期间输入 2016.001 到 2016.001，选中“实际数据”单选项，版本处可以不用填选，“记录类型”为 F（出具发票数据），“参考货币”字段默认选中“使用源数据货币”单选项即可。

“参考基础”区域：该区域指定在分配时，分配因子基于什么值字段计算。例如，如果根据开票数量分摊期间费用，则先选中“单一数值字段”单选项，并选择“值字段”为“已开票数量”。“处理负价值”的参数，一般默认选中“未更改的许可值”单选项，表明如果源数据为正，则按正数作为基数；如果源数据为负，则按负数作为基数。

“选项”区域：默认勾选“测试运行”复选框。可先测试运行，测试无误后再去掉对“测试运行”复选框的勾选，正式执行。

STEP 2 单击 处理过程指示 按钮，进入“自顶向下的分配：处理指令”界面，对每个特征字段在分配过程中的行为或作用做出安排，如图 8-50 所示。

分配(D) 编辑(E) 转到(G) 细节(X) 系统(Y) 帮助(H)

自顶向下的分配：处理指令

选择标准 值字段

字段名	名称	分销级别	复制值	汇总值
KNDNR	客户	◉	○	○
ARTNR	生产	◉	○	○
KAUFN	销售订单	○	○	◉
KDPOS	销售订单项目	○	○	◉
RKAUFNR	订单	○	○	◉
BUKRS	公司代码	○	◉	○
KOKRS	成本控制域	○	◉	○
WERKS	工厂	○	○	◉
GSBER	业务范围	○	◉	○
VKORG	销售组织	○	○	◉
VTWEG	分销渠道	○	○	◉
SPART	产品组	○	○	◉
PRCTR	利润中心	○	○	◉
COPA_KOS	成本中心	○	○	◉
KMVKGR	销售组	○	○	◉
KMVTNR	销售人员	○	○	◉
KMVKBU	销售部门	○	○	◉
BZIRK	销售地区	○	○	◉
KDGRP	客户组	○	○	◉

图8-50

分销级别：在某个特征上选择“分销级别”，表明要将费用细分到该特征维度上，图 8-50 表明要将费用细分到客户和“生产”（产品）维度。

复制值：在某个特征上选择“复制值”，表明该字段的值不做细分，直接复制原值。例如，图 8-50 表明费用在分配时，原组织结构字段（公司代码、成本控制范围等）保持不变。

> **提示**
> 如果有两个公司代码1100、1200，则分配后的数据仍旧使用原先的公司代码，换句话说，公司代码1100的费用仍在1100的范围内分配；公司代码1200的费用仍在1200的范围内分配。

汇总值：在某个特征上选择“汇总值”，表明将该特征字段上的费用值字段先进行汇总，然后再分配。

> **提示**
> 按照图8-50所示的配置，对“工厂”字段选择了“汇总值”项，意味着如果公司代码1100下有两个工厂，即1101和1102，并且某些费用分别记入了两个工厂，那么，在实施自上而下的分配时，不管是1101工厂的费用还是1102工厂的费用，都汇总在一起进行分配（不按原先的工厂进行分配）。

STEP 3 单击 选择标准 按钮，进入“自顶向下的分配：选择标准”界面，输入要进行分配的特征值的起止范围，如图 8-51 所示。

分配(D) 编辑(E) 转到(G) 细节(X) 系统(Y) 帮助(H)

自顶向下的分配：选择标准

处理过程指示 值字段

字段名	名称	特性值起始	特性值至
KNDNR	客户	*	
ARTNR	生产	*	
KAUFN	销售订单	*	
KDPOS	销售订单项目	*	
RKAUFNR	订单	*	
BUKRS	公司代码	2002	
KOKRS	成本控制域	*	
WERKS	工厂	*	
GSBER	业务范围	*	
VKORG	销售组织	*	
VTWEG	分销渠道	*	
SPART	产品组	*	
PRCTR	利润中心	*	
COPA_KOS	成本中心	*	
KMVKGR	销售组	*	
KMVTNR	销售人员	*	
KMVKBU	销售部门	*	
BZIRK	销售地区	*	
KDGRP	客户组	*	

图8-51

对“公司代码”特征字段输入单一值 2002，

代表在 2002 公司代码下分配费用。

还可以通过“复杂选择：源数据”选择较为复杂的特征值范围，如不连续的值范围。

在“参考基值选择”栏，还可以定义多个基值条件。

STEP 4 单击 值字段 按钮，进入“自顶向下的分配：值字段”界面，选择要对哪些值字段进行分配。

系统首先默认为所有的值字段都被选中，如图 8-52 所示。

分配(D) 编辑(E) 转到(G) 细节(X) 系统(Y) 帮助(H)

自顶向下的分配：值字段

处理过程指示 选择标准

要分配	字段名	名称
☑	VV110	生产成本-原料（标准）
☑	VV111	生产成本-辅料（标准）
☑	VV112	生产成本-内包材（标准）
☑	VV113	生产成本-包装物（标准）
☑	VV114	直接人工（标准）
☑	VV115	能耗-蒸汽（标准）
☑	VV116	能耗-电（标准）
☑	VV117	机器折旧（标准）
☑	VV118	维修（标准）
☑	VV119	其他制造费用（标准）
☑	VV121	单位输入价格差异
☑	VV122	单位资源利用差
☑	VV123	单位输入其他差异
☑	VV124	单位混合价格差异
☑	VV125	单位输出价格差异
☑	VV126	单位批量大小差异
☑	VV127	单位输出剩余差异
☑	VV128	单位废品差异
☑	VV136	销售收入
☑	VV138	折让
☑	VV139	销售运费
☑	VV140	卸货费
☑	VV142	销售成本1
☑	VV144	销售费用
☑	VV145	管理费用
☑	VV146	财务费用
☑	VV201	开票数量（件）
☑	VV202	已开票数量
☑	VV150	单位留存输入差异

图8-52

单击工具栏中的“取消选择”按钮，然后单独选中需要分配的值字段，如图 8-53 所示。

图 8-53 中勾选销售费用、管理费用、财务费用 3 个值字段，表明对这 3 个字段“未分配”的值进行分配。

STEP 5 单击“执行”按钮，系统执行分配并显示日志，如图 8-54 所示。

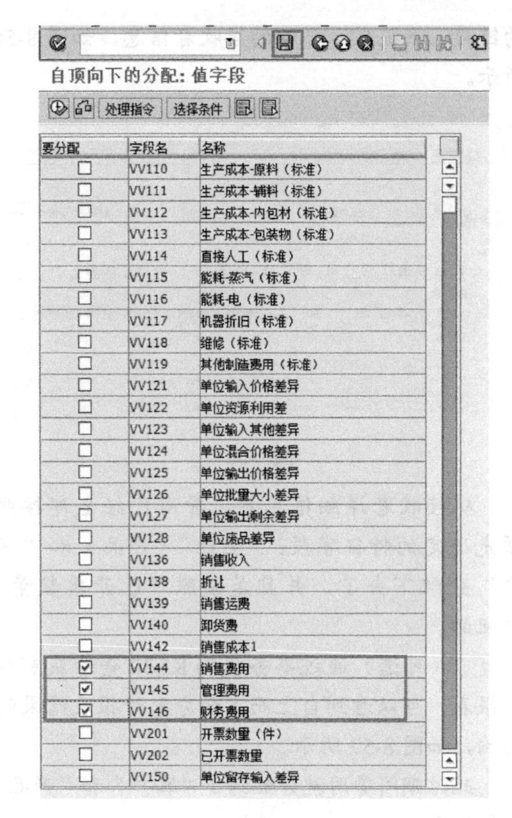
自顶向下的分配：值字段

处理指令 选择条件

要分配	字段名	名称
☐	VV110	生产成本-原料（标准）
☐	VV111	生产成本-辅料（标准）
☐	VV112	生产成本-内包材（标准）
☐	VV113	生产成本-包装物（标准）
☐	VV114	直接人工（标准）
☐	VV115	能耗-蒸汽（标准）
☐	VV116	能耗-电（标准）
☐	VV117	机器折旧（标准）
☐	VV118	维修（标准）
☐	VV119	其他制造费用（标准）
☐	VV121	单位输入价格差异
☐	VV122	单位资源利用差
☐	VV123	单位输入其他差异
☐	VV124	单位混合价格差异
☐	VV125	单位输出价格差异
☐	VV126	单位批量大小差异
☐	VV127	单位输出剩余差异
☐	VV128	单位废品差异
☐	VV136	销售收入
☐	VV138	折让
☐	VV139	销售运费
☐	VV140	卸货费
☐	VV142	销售成本1
☑	VV144	销售费用
☑	VV145	管理费用
☑	VV146	财务费用
☐	VV201	开票数量（件）
☐	VV202	已开票数量
☐	VV150	单位留存输入差异

图8-53

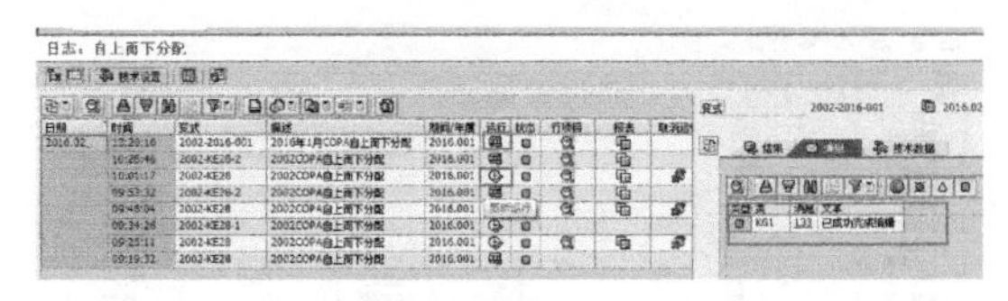

图8-54

显示日志信息，右半部消息为绿灯代表执行无误，左半部 按钮代表测试运行， 按钮代表正式执行。

STEP 6 选择相应的变式，执行后系统显示自上而下的分配结果，如图 8-55 所示。

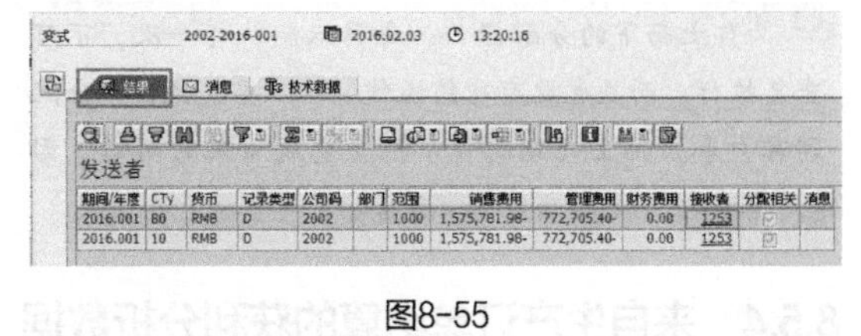

期间/年度	CTy	货币	记录类型	公司码	部门	范围	销售费用	管理费用	财务费用	接收者
2016.001	00	RMB	D	2002		1000	1,575,781.98-	772,705.40-	0.00	1253
2016.001	10	RMB	D	2002		1000	1,575,781.98-	772,705.40-	0.00	1253

图8-55

操作：单击界面右半部的“结果”选项卡，可以显示分配费用的结果，单击“接收者”字段，可以显示分配的详细信息。

STEP 7 单击“接收者”栏下的编号（如“1253”）

的链接，系统显示详细的接收者信息，如图 8-56 所示。

图8-56

从接收者详细信息看，费用已经全部按照预先选定的特征字段："生产"（产品）和"客户"分配下去了，并且是按照"已开票数量"分配的。

STEP 8（可选）通过事务代码 KE30 查看获利分析报表，可以看到自上而下的分配对报表结果的影响，如图 8-57 所示。

此时期间费用就分配到了"客户"和"产品"的维度上。

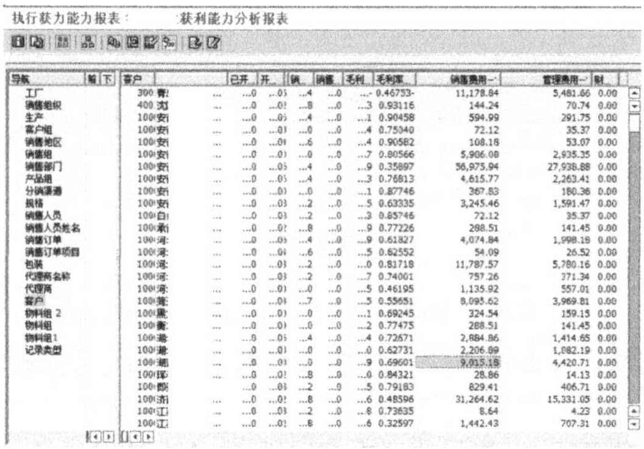

图8-57

注意 自上而下的分配操作，每月只能执行一次，不可重复执行，而且也没有冲销操作。一旦重复执行，分配到客户和产品上的期间费用就会变成原来的两倍。因此，操作中一定要确保一次成功。

8.5.4 来自生产订单结算的获利分析数据

在 CO-PC-OBJ 模块中，月末对已完工并已经计算了差异的生产订单进行结算，会将差异结算到 FI 和 CO。按照中国的会计制度要求，该差异要在期末存货和当期损益中分摊。而在西方某些国家的财务会计理论看来，它可以直接视为当期损益，记入损益表中，而不必在存货和损益中分摊。在这种理论下，可以将结算的差异传送到获利分析中，作为对平时销售成本（基于标准成本评估）的一种修正。这样，获利分析报表的"值字段"结构如表 8-7 所示。

表 8-7 考虑结算差异的获利分析报表

特征字段			值字段				
公司代码	销售组织	……	销售收入	销售成本	结算差异	毛利	……

提示 在业务实践中，按照中国的会计制度，"生产成本差异"科目不必设成成本要素，而在西方某些国家的会计理论下，"生产成本差异"科目可以设成成本要素，在订单结算时，将获利分析段作为其成本对象。这样，订单结算时，除了生成FI凭证，还会生成CO凭证和CO-PA凭证。

提示 和前几节不同，"来自于生产订单结算的获利分析数据"不需要在CO-PA模块中做任何前台操作，只需要在后台做好配置，并在CO-PC-OBJ模块对订单完成月结相关操作即可。

这里的"结算差异"，甚至可以按照差异版本中的"八大差异"（参考 7.3.1 小节）进行细分，如输入价格差异、输入数量差异、资源利用差异、留存输入差异等。这样，在使用获利分析报表进行分析时，可以查看差异的影响值主要来自哪些方面。将"八大差异"传送到获利分析报表，也要在后台配置 PA 传输结构（和 8.4.2 小节中，将 FI/MM 记账的数据传送到获利分析类似）。

路径：IMG> 控制 > 获利能力分析 > 实际值流水 > 生产差异的清算 > 定义差异结算的 PA 传输结构

事务代码：KEI1

在 IDES 中，预定义了 PA 传输结构 E1（PA settlement, production variance，将生产差异结算到 PA）。

图 8-58 显示了 PA 传输结构 E1 的分配定义。

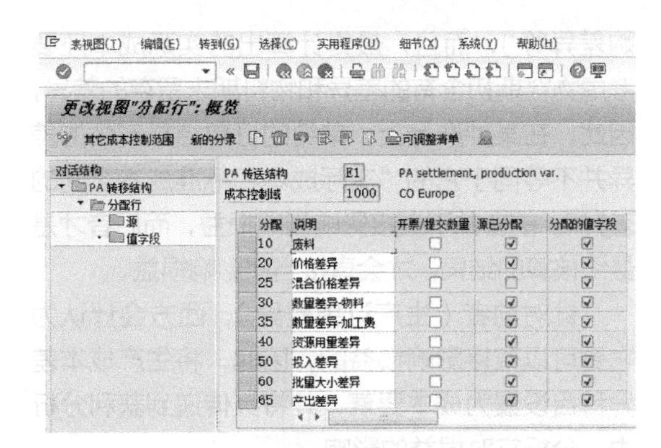

图8-58

针对每一分配行，必须定义它的“源”和“值字段”。

例如，针对最常见的“数量差异 - 物料”（分配行 30），来看看它的“源”和“值字段”的定义。图 8-59 显示的是该行的“源”。

从图 8-59 中可知，这里限定的“源”是成本要素被包含在组 CO-PC-MAT 中，并且属于生产订单差异，差异种类为 QTYV（输入数量差异）的记录。

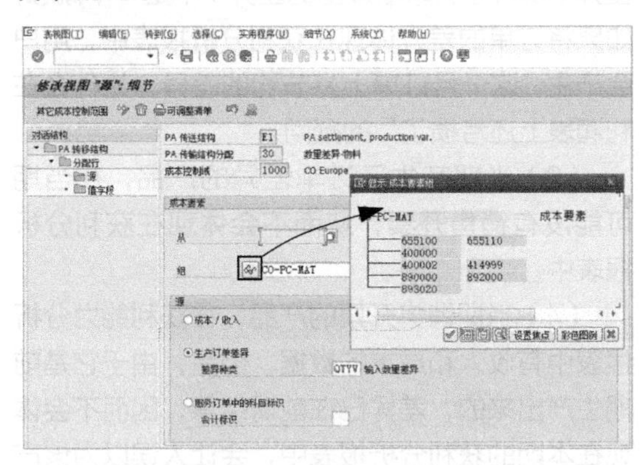

图8-59

图 8-60 显示的是该行的“值字段”。

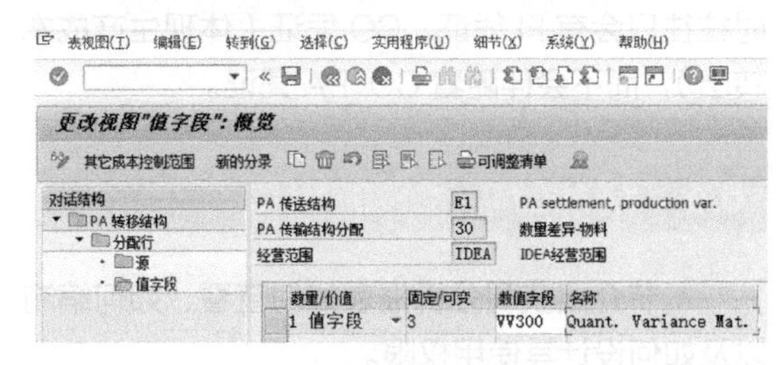

图8-60

从图 8-60 中可知，符合前述“源”的记录，将被传送到值字段 VV300（Quant. Variance Mat.，物料数量差异）上。

接下来分析后台的配置如何影响到前台的数据。

以生产订单 60003326 为例加以介绍。该订单的成本分析数据如图 8-61 所示。

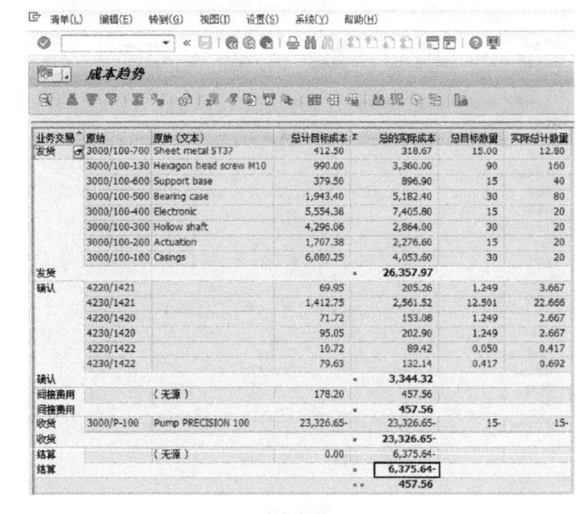

图8-61

双击“结算”行的金额 6 375.64-，可以看到其结算凭证如图 8-62 所示。

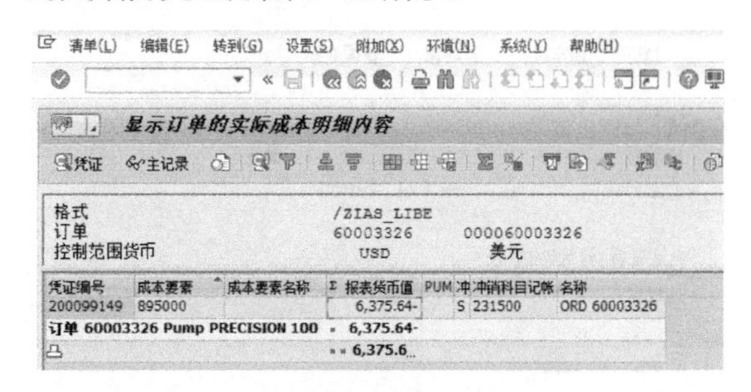

图8-62

通过菜单中的“环境”→“会计核算凭证”命令，可以看到它相关的会计凭证清单，其中，最主要的有 FI 凭证（会计凭证）、CO 凭证（控制凭证）及 CO-PA 凭证（获利分析），如图 8-63 所示。

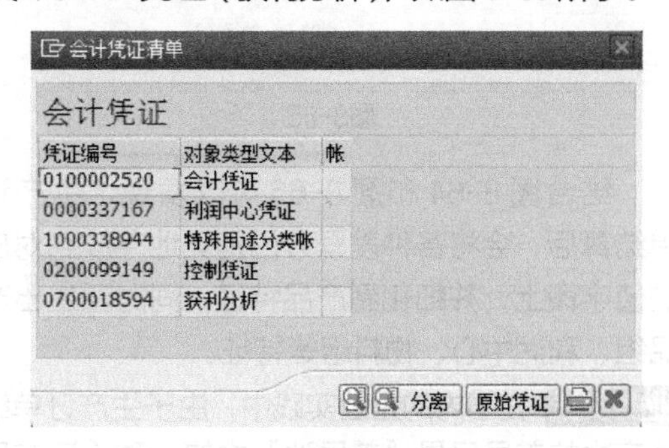

图8-63

其中，700018594 即为获利分析凭证。双击该凭证号，可以看到获利分析凭证的详细信息。获利分析凭证的特征字段如图 8-64 所示。

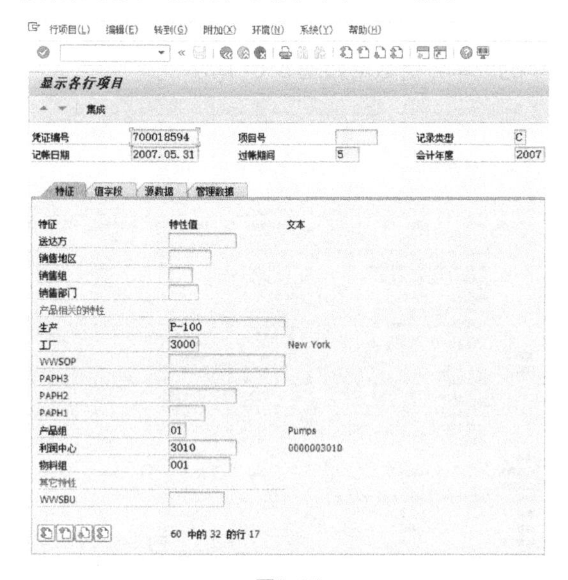

图8-64

而获利分析凭证的“值字段”如图 8-65 所示。

特征 | 值字段 | 源数据 | 管理数据

外币

货币码	USD	美元
汇率	/1.29000	

合法查看（经营组织货币）

值字段	金额	Un.
Produc. machine var		EUR
Production Labor fix		EUR
Production Labor var		EUR
Production Setup		EUR
Production costs		EUR
Quant. Variance Mat.	1,781.01	EUR
Quant. Variance Prod	1,155.10	EUR
Quantity discount		EUR
Remaining Variances		EUR

114 中的 96 的行 88

图8-65

结合图 8-64 和图 8-65 可以发现，生产订单结算后，会将各种差异分门别类地存放到对应的值字段上，并细化到产品特征，同时派生出产品组、利润中心、物料组等特征。

业务实践 在国内的企业实践中，由于生产订单结算产生的差异只是“差异池”中的一种（还有采购差异等），而且，最终计算出的实际成本还要考虑物料期初含有的差异和物料期末留存的差异，因此，在某种产品上，单纯的订单结算产生的差异并不等同于它的“实际成本和标准成本之间的差异”。前者并不直接影响当期损益，而后者才是最终核算的结果，才会直接当期影响损益。

针对前者（生产订单差异），西方会计认为它是可以直接影响损益的，因此，将生产成本差异科目设置为成本要素，并将其传递到获利分析中，分析它对损益的影响。

但在国内，无须将生产成本差异科目设置为成本要素，也无须将订单差异传送到获利分析中；否则，将会给报表使用者带来误导。主要原因有以下几个。

（1）根据前面所述，核算上的实际成本 < > 标准成本 + 订单差异，如果将订单差异传入获利分析，用户就会误以为“标准成本 + 订单差异”就应该等于实际成本。

（2）由于订单的差异和最终记入销售成本的差异（物料分类账结算出的差异）不是一个概念，如果将订单的差异体现在获利分析报表中，用户会产生“这个月订单上是节约的差异，为什么在利润表上还亏损了”的疑问。

（3）当期产生了订单差异的产品，在当期可能没有销售开票，从而不会体现在获利分析报表中。

（4）当期销售开票的产品，在获利能力分析报表中有收入和成本的数据，但是，由于它是前期生产出来的，差异已在前期结算，因而不会体现在本期的获利分析报表中，会让人误以为该产品是没有节约也没有浪费的。

因此，在国内企业的业务实践中，订单结算时往往只会有 FI 凭证、CO 凭证（体现生产成本转出），而不会伴随着 CO-PA 凭证。

8.6 获利分析报表的出具

本节介绍获利分析报表如何查看、如何编制以及如何设计其使用权限。

8.6.1 获利分析报表的结果查看

获利分析模块的最终目的就是查看获利

分析报表。企业在平时和月末，分别通过各种手段将有关损益的数据传递到获利分析模块中，最终就能在获利分析模块查看到获利分析报表。

【业务操作】接下来介绍如何查看获利分析报表。

获利分析报表的查看比较简便，直接运行报表即可。

路径：SAP 菜单 > 会计核算 > 控制 > 获利能力分析 > 信息系统 > 执行报表

事务代码：KE30

STEP 1 在“运行盈利能力报表：初始屏幕”界面找到要运行的报表并选中，如图 8-66 所示。

在 IDES 中，最为常用的获利分析报表为 IDES-050。下面以此报表为例介绍获利分析报表的操作。

STEP 2 单击“执行”按钮，系统进入“选择：实际数据分析报表”界面，由用户输入各种参数的值，如图 8-67 所示。

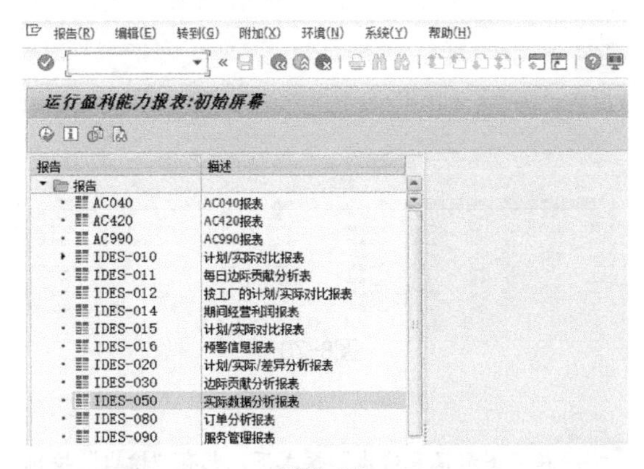

图8-66

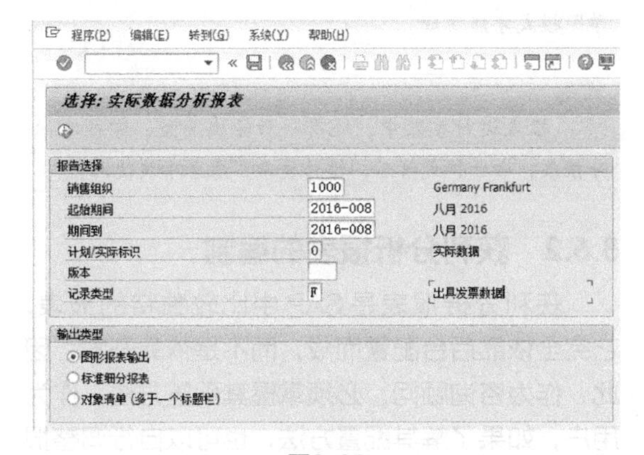

图8-67

> 提示
> 由于获利分析数据量比较大，因此，在运行时参数应尽量合理。例如，期间的选择一般只选择一个月，而不要选取全年。

> 提示
> 哪些参数可以在选择界面出现，供用户输入值的范围，是由后台配置的。参见8.6.2小节。

STEP 3 单击“执行”按钮，系统进入“执行获利能力报表 实际数据分析报表”界面，显示报表的结果，如图 8-68 所示。

图8-68

报表的左侧为“导航”栏，罗列了预先选择好的特征。双击每一项特征，都可以得到关于该特征的细分报表。甚至可以运行出两个特征组合的报表——先双击一个特征，如产品组，得到关于产品组的细分报表（见图 8-68），然后双击其中的某一个产品组的值，如“01”，再在左侧“导航”栏双击另一个特征，如客户，这样就可以查看到给所有客户销售 01 产品组的获利情况。

> 提示
> 在经营范围内，可能有数十个特征字段，但并不是所有字段都需要罗列在“导航”栏。可以根据报表查看的需要，确定哪些字段要放在“导航”栏。

报表的上方标题行的各列，显示了各种值字段或者关键指标。这些列构成了三级边际贡献的计算与分析。如表 8-8 所示，销售收入 − 销售成本（标准）= 边际贡献 1；边际贡献 1− 各类差异（如生产订单差异）= 边际贡献 2；边际贡献 2− 期间费用 = 边际贡献 3。其中，边际贡献 2 相当于毛利，边际贡献 3 相当于净利。

表 8-8 三级边际贡献的分析

开票数量	销售收入	销售成本（标准）	边际贡献1	各类差异	边际贡献2	期间费用	边际贡献3

STEP 4 （可选）如果希望将报表运行结果下载到Excel 中，可以返回输入选择参数界面，选中“对象清单（多于一个标题栏）”单选钮，而不是选择“对象清单”，如图 8-69 所示。

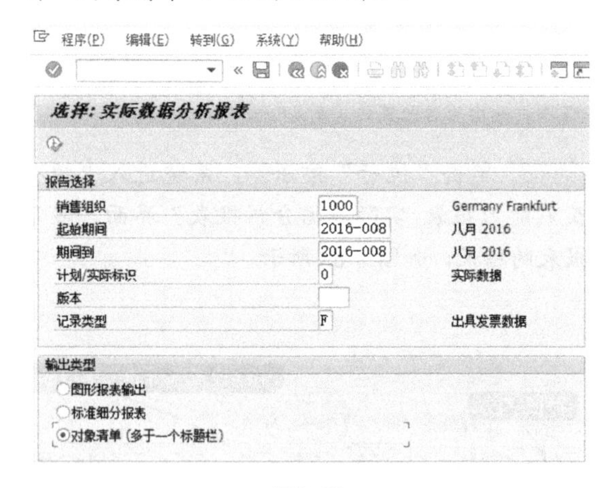

图8-69

单击“执行”按钮，系统以对象清单的形式显示获利分析报表的结果，如图 8-70 所示。

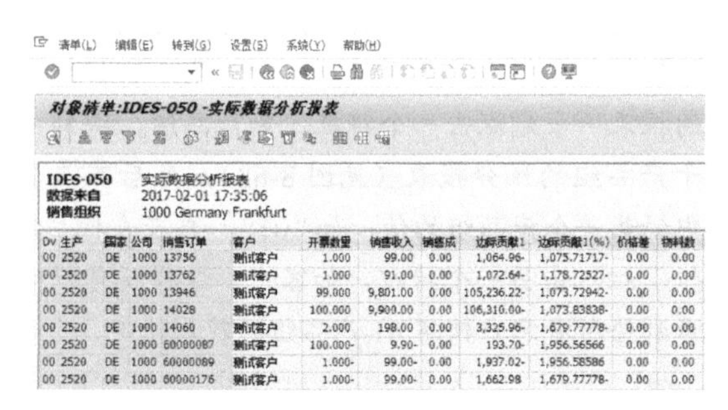

Dv	生产	国家	公司	销售订单	客户	开票数量	销售收入	销售成	边际贡献1	边际贡献1(%)	价格差	物料数
00	2520	DE	1000	13756	测试客户	1.000	99.00	0.00	1,064.96-	1,075.71717-	0.00	0.00
00	2520	DE	1000	13762	测试客户	1.000	91.00	0.00	1,072.64-	1,178.72527-	0.00	0.00
00	2520	DE	1000	13946	测试客户	99.000	9,801.00	0.00	105,236.22-	1,073.72942-	0.00	0.00
00	2520	DE	1000	14028	测试客户	100.000	9,900.00	0.00	106,310.00-	1,073.83838-	0.00	0.00
00	2520	DE	1000	14060	测试客户	2.000	198.00	0.00	3,325.96-	1,679.77778-	0.00	0.00
00	2520	DE	1000	60000087	测试客户	100.000-	9.90-	0.00	193.70-	1,956.56566	0.00	0.00
00	2520	DE	1000	60000089	测试客户	1.000-	99.00-	0.00	1,937.02-	1,956.58586	0.00	0.00
00	2520	DE	1000	60000176	测试客户	1.000-	99.00-	0.00	1,662.98	1,679.77778-	0.00	0.00

图8-70

此时，直接单击“电子表格”按钮，进入“选择电子表格”对话框，如图 8-71 所示。

选择电子表格
格式：
Excel (MHTML 格式)
Star Office 8 计算 / OpenOffice.org 2.0 计算
所有可用格式
始终使用选定的格式

图8-71

单击“确认”按钮，系统显示“另存为”对话框，如图 8-72 所示。

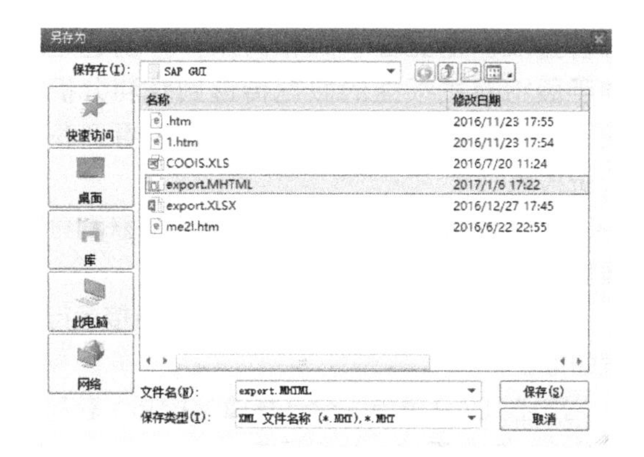

图8-72

直接使用系统的默认值，不用关注保存在哪里，单击 保存(S) 按钮，即可将运行出的结果展示在 Excel 中，如图 8-73 所示。

此时，可以按照自己的需要调整格式并保存为本地文件。

> 提示
> 在报表运行出结果后，也可以通过“本地文件”按钮，将结果直接存为本地文件，但是这种方式保存的文件在打开时还需要调整格式，比较麻烦。因此不建议使用。

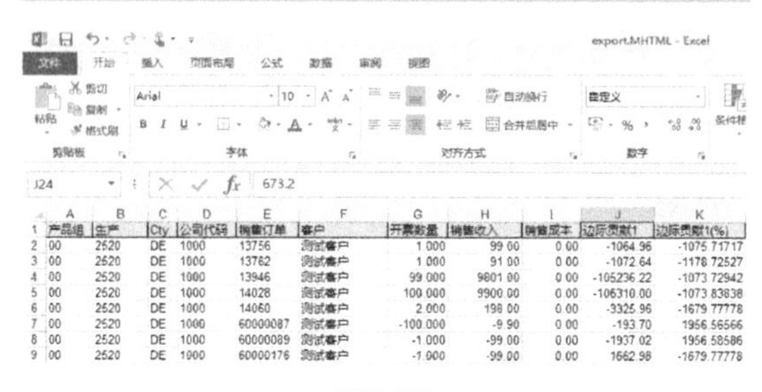

图8-73

> 提示
> 在“图形报表输出”模式下，也有“输出”按钮，可以下载为本地文件，但最终也要通过“对象清单”模式才能下载。

> 提示
> 报表运行参数中，还有一种输出类型，即标准细分报表，由于样式落后、操作复杂，基本不被使用。

8.6.2 获利分析报表的编制

获利分析报表是 SAP 中比较独特的报表，它完全依靠后台配置而成，而不是依靠开发。因此，作为咨询顾问，必须掌握其配置方法；作为用户，如果了解其配置方法，也可以自行调整报表的格式。

以 8.6.1 小节介绍的报表 IDES-050 为例介绍。它的编制需要包括几个组成部分，即特征、关键指标、变量、输出类型。

这些部分的概念如表 8-9 所示。

表 8-9　获利分析报表的组成部分

组成部分	概念	示例
特征	报表运行结果的“导航”栏中的特征，它是从经营范围的特征中选出来的一部分特征	公司代码、客户、产品
关键指标	报表运行结果中，显示数量和值的各列，它来自“关键数据结构”	开票量、收入
变量	报表运行前输入的选择参数	销售组织
输出类型	报表运行结果的输出样式	图形用户界面

接下来介绍如何编制获利分析报表。

路径：IMG> 控制 > 获利能力分析 > 信息系统 > 创建获利能力报告—创建 / 修改 / 显示获利能力报告

事务代码：KE31/KE32/KE33

报表的特征字段选择如图 8-74 所示。

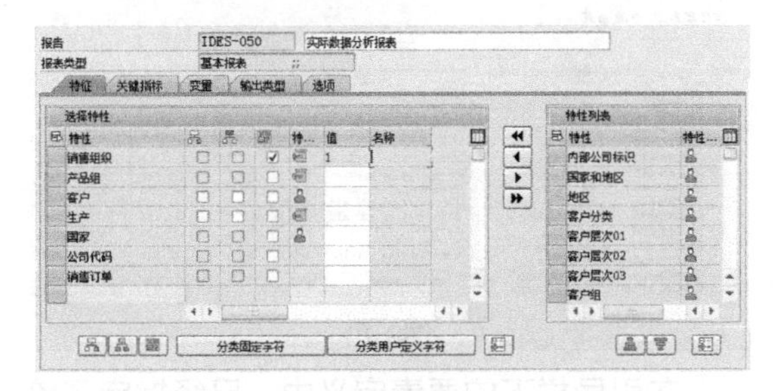

图8-74

左侧为选择好的特性，右侧为待选的特性列表。添加特性时，只需要在右侧选中要添加的特性，然后单击“添加特性”按钮，即可将它从右边添加到左边。

已被选到左边的特性，如果“变量 开 / 关”栏下是被勾选的，则表明该字段在运行报表前可以作为参数输入。它会自动添加到“变量”选项卡中，作为变量之一。

报表的关键指标选择如图 8-75 所示。

左侧为选择好的指标，右侧为待选的关键指标。添加关键指标时，只需要在右侧选中要添加的关键指标，然后单击“添加关键指标”按钮，即可将它从右边添加到左边。

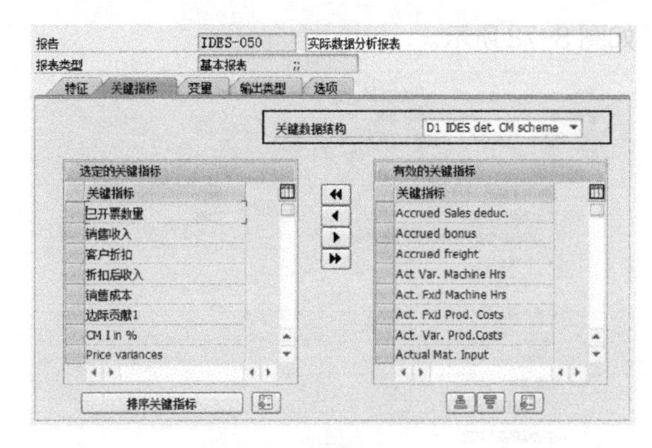

图8-75

关键指标来自“关键数据结构”。它也是预先在系统中定义好的。图 8-75 中的关键指标使用的是关键数据结构 D1。关键数据结构是将值字段以及公式性字段集合在一起的一种结构——某些字段直接取用值字段（如销售收入），某些字段依赖于其他值字段进行运算（如毛利、毛利率）。

报表的变量定义如图 8-76 所示。

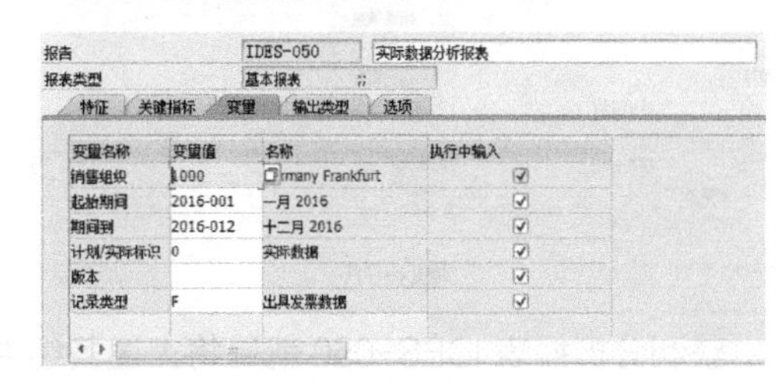

图8-76

选择“变量”选项卡后，可以在“变量值”字段输入相应的值作为运行报表时的默认值。勾选“执行中输入”复选框，表明在运行报表前，可以手工输入或修改默认值。

报表的变量中，某些变量是系统自动赋予的，包括起始期间、期间到、计划 / 实际标识、版本、记录类型。其他变量则是在“特征”选项卡中定义中的——“变量 开 / 关”选项被勾选的特征。

报表的输出类型定义如图 8-77 所示。

这里选择了报表输出类型的默认值，如“图形报表输出”。

勾选“在选择屏幕上可用”复选框，则意味着在运行报表前的参数选择界面，可以看到有 3 个选项可供选择：图形报表输出、经典下溯（标准细分报表）和对象清单。

获利分析报表的定义中，还有一个“选项”选项卡，定义了报表打印、性能等方面的参数，如图 8-78 所示。

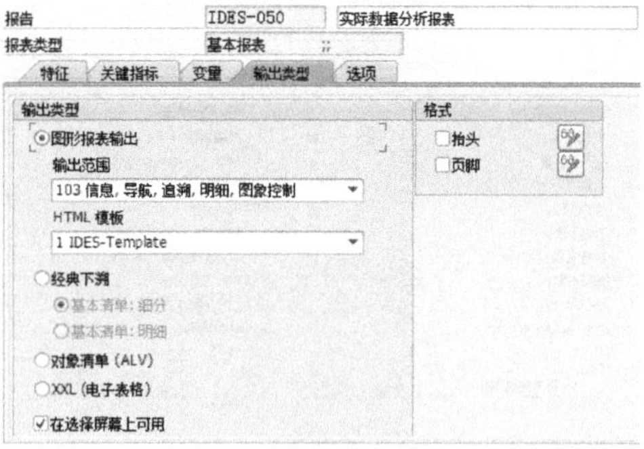

报告 IDES-050 实际数据分析报表
报表类型 基本报表
特征 关键指标 变量 输出类型 选项
输出类型
图形报表输出
输出范围
103 信息，导航，追溯，明细，图象控制
HTML 模板
1 IDES-Template
经典下钻
基本清单：细分
基本清单：明细
对象清单（ALV）
XXL（电子表格）
在选择屏幕上可用
格式
抬头
页脚

图8-77

报告 IDES-050 实际数据分析报表
报表类型 基本报表
特征 关键指标 变量 输出类型 选项
打印设置
追溯 & 明细列表
批量打印设置
其它设置...
维护标题页
SAP 封面
追溯清单
总计行
附加
维护注释
显示注释
报表分配
洞察力
性能
显示当前数据
预汇总数据
使用汇总数据
同时使用归档数据
使用汇总级别
读取每一导航步骤
如无预汇总数据存在的反应
错误消息
警告
运行报表
已选货币
经营范围货币

图8-78

获利分析报表 IDES-050 就是将上述各组件组合在一起定义而成。

在后台定义的某些获利分析报表中，为什么某些报表的定义界面没有“关键指标”选项卡呢?

例如，图 8-79 所示的 IDES-030 报表（边际贡献分析报表），它只有“特征”“变量”“输出类型”和“选项”选项卡。

报告 IDES-030 边际贡献分析报表
报表类型 形式报表 表格 IDES-030
特征 变量 输出类型 选项
选择特性

特性	值	名称
销售组织	1000	Germany Frankfurt
产品组	1	
分销渠道	1	
物料组	1	
PAPH1	1	
PAPH2	1	
生产	1	

图8-79

事实上，在 SAP 中获利分析报表有两种类型，即基本报表和带表格（form）的报告。这是在报表刚创建时必须明确的，如图 8-80 所示。

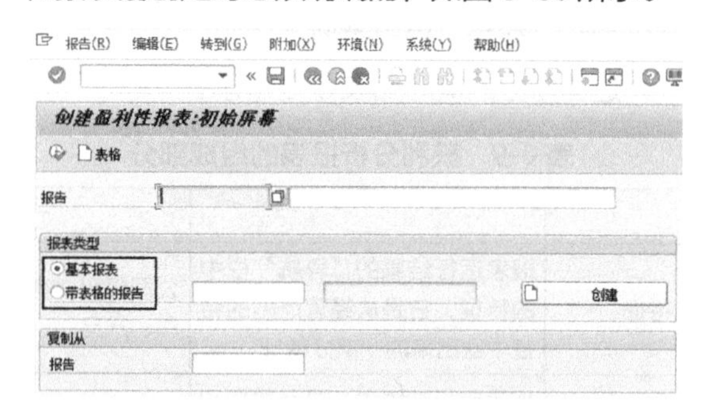

图8-80

前面介绍的报表 IDES-050 属于“基本报表”，而现在的 IDES-030 属于“带表格的报告”。对于后者，需要先定义一个“表格”（form，又称“格式”），如图 8-81 所示。

路径：IMG> 控制 > 获利能力分析 > 信息系统 > 报表组件 > 定义表格 > 定义获益能力报告的表格 - 创建 / 更改 / 显示表格

事务代码：KE34/KE35/KE36

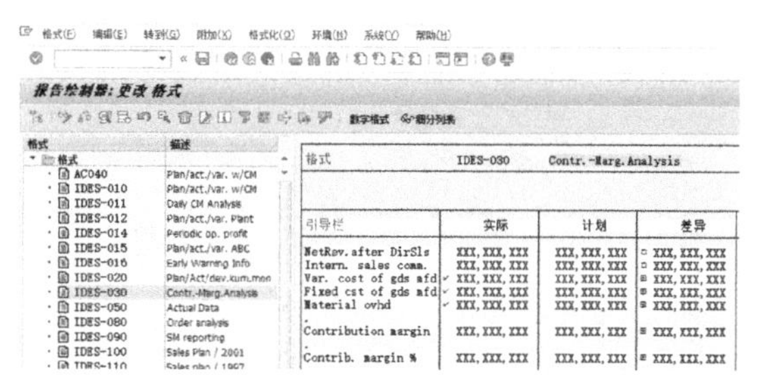

图8-81

在引导栏下的要素定义中，已经指定了该要素取自什么“关键数据结构”中的什么指标。例如，格式 IDES-030 中的第一个要素 NetRev. after DirSls，是取自 D1 数据结构的 0120 元素（字段名为组合 D10120），如图 8-82 所示。

图8-82

因此，获利分析报表如果是基于此格式（表格）定义的，就无须再定义关键指标了。

关键数据结构如何定义？

关键数据结构是一个重要的概念。它是将值字段以及公式性字段集合在一起的一种结构。

路径：IMG> 控制 > 获利能力分析 > 信息系统 > 报表组件 > 定义关键指数方案

事务代码：KER1

图 8-83 是关键数据结构定义的主界面。

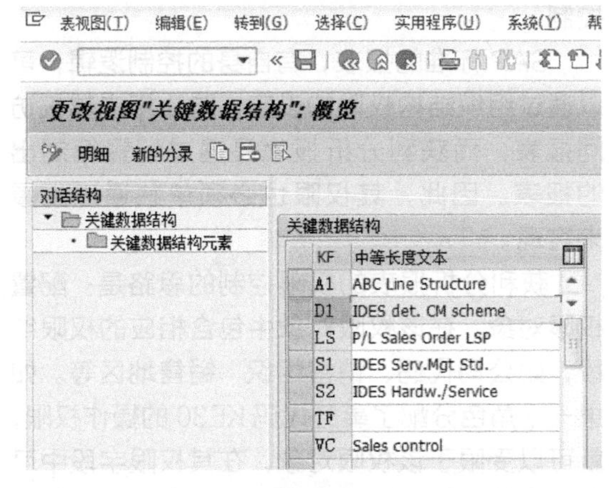

图8-83

选中关键数据结构，如 D1，双击左侧的“关键数据结构元素”，即可看到关键数据结构下的元素，如图 8-84 所示。

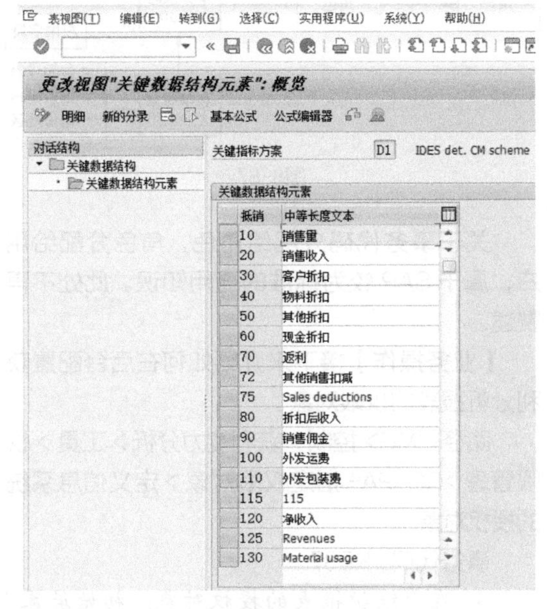

图8-84

这些元素中，有的是直接取自值字段或使用值字段进行简单的加减运算，如 10“销售量”、80“折扣后收入”。

以要素 10 为例，它只使用一个元素 9002，但事实上，它取的是值字段 VVIQT 的值。选择“抵销”（element，英文环境简写为 Elmnt，应译为“要素”）10，并单击“合计和差额的公式编辑器”按钮 基本公式，就可以看到它们的关联关系，如图 8-85 所示。

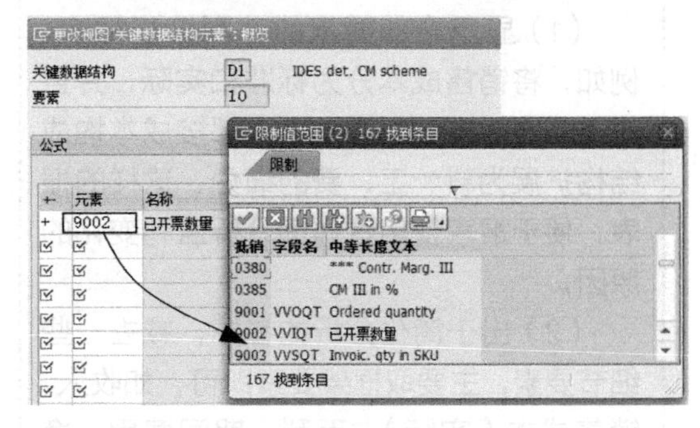

图8-85

> **提示**
> 如果是值字段直接相加或相减，也是使用“合计和差额的公式编辑器”按钮 基本公式 进行定义，如“折扣后收入”。

关键数据结构中，有些元素是依靠多个值字段复杂运算（用到乘、除）而得，这就需要使用“公式编辑器”了，如要素 0235（CM I in %）的定义就是由多个值字段经过复杂计算而得，如图 8-86 所示。

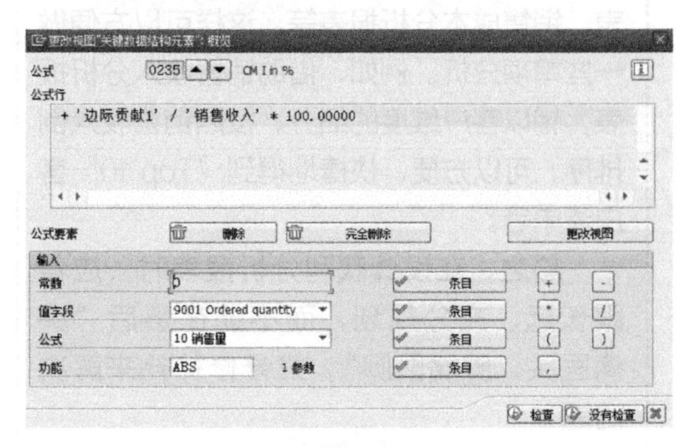

图8-86

总之，依靠关键数据结构，可以事先将各种需要用到的报表分析要素都在该结构中先建立起来，方便后续的报表定义。

设计参考

如何规划获利分析报表?

由以上的介绍可以发现,获利分析报表是一种有很大想象空间的、可以灵活定义的工具。那么,在设计企业需要使用的获利分析报表时应怎样去规划呢?

我们知道,获利分析报表可以设计多个,以满足不同的分析需求。那么,不妨设计几种报表。

(1)显示全部要素的获利分析报表。例如,将销售成本分为标准和实际,并且对于标准成本和实际成本,都按成本构成结构扩展为料、工、费的细分。这样的报表,便于报表使用者详细分析盈利变化的原因。

(2)出于简化分析的考虑,减去一些细节要素,主要取框架要素即可,如收入、销售成本(实际)、毛利、期间费用、净利,这样的报表便于高层领导了解总体盈利情况。

(3)如果将计划的盈利分析数据也导入系统,可以设计一张“计划与实际对比报表”,以便作对比分析。

(4)针对已经传入获利分析数据的标准成本和实际成本,可以设计一张销售成本分析报表,对比标准成本和实际成本。

(5)根据企业的实际分析要求,设计几张较为“单纯”的报表,如销售收入分析报表、销售成本分析报表等。这样可以方便做一些单项分析。例如,借助销售收入分析报表,辅以客户维度的细分,按照销售收入倒排序,可以方便、快捷地得到“Top 10”客户清单等。

总之,在设计获利分析报表时,应着眼长远、充分规划,而不能在事后“头痛医头、脚痛医脚”,靠修修补补来解决问题。

8.6.3 获利分析报表的权限控制

获利分析报表是基于经营范围编制、分析的。经营范围是在控制范围之上的,而控制范围是在公司代码之上的,也就是说,经营范围是比较高的层级,它涵盖了多家公司代码的数据。企业一般按照集团来设置经营范围。

而事实上,获利分析报表并不仅仅局限于比较高层级的人员(如集团管理者)使用,即使是某家公司代码下的某个销售团队,也有查看获利分析报表的必要。如果不在访问权限上做任何的限制,则有可能导致某个公司代码下的某个销售团队也能查看到整个集团的盈利情况,从而造成企业信息外泄的风险。

因此,有必要针对获利分析报表做权限控制。

SAP 标准的报表,有自身的控制逻辑,可以通过组织结构权限的设定,防止用户越权访问报表;而获利分析报表是通过配置编制出的报表。因此,其权限也必须单独通过配置来实现。

获利分析报表的权限控制的思路是:配置权限对象,在该权限对象中包含相应的权限字段,如公司代码、销售组织、销售地区等。如果一个角色分配了事务代码 KE30 的操作权限,就可以受限于该权限对象,在其权限字段中可以定义较为明细的值访问权限。当这个角色分配给用户时,用户在报表使用上就受限了,如图 8-87 所示。

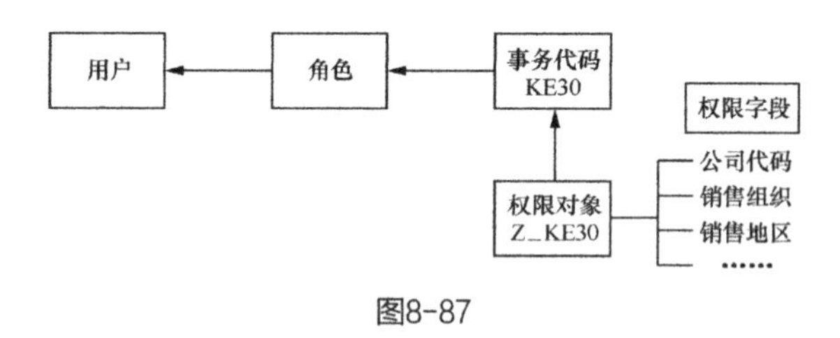

图8-87

关于事务代码分配给角色,角色分配给用户,属于 SAP 较为标准的通用知识。此处不再赘述。

【业务操作】接下来介绍如何在后台配置获利分析报表的权限对象。

路径:IMG> 控制 > 获利能力分析 > 工具 > 权限管理 >CO-PA- 指定权限对象 > 定义信息系统的授权对象

事务代码:KE37

STEP 1 在“维护报表的授权对象:初始屏幕”

界面输入要创建的授权对象的代码，如图 8-88 所示。

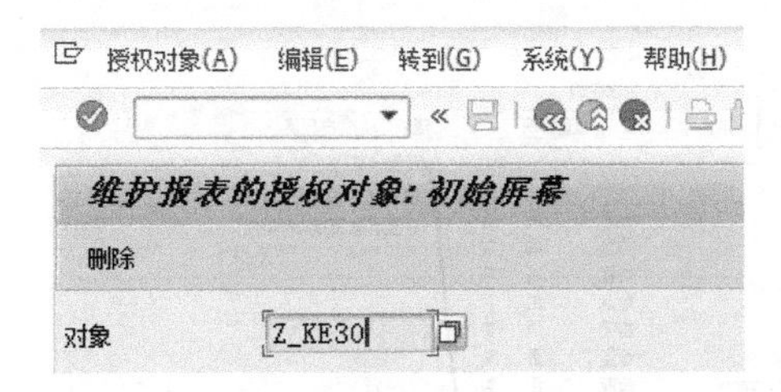

图8-88

STEP 2 按回车键，系统进入“维护报表的授权对象：字段”界面，显示出待输入的“文本”字段，并留出“字段”区域。在“文本”字段输入授权对象的文本描述，如图 8-89 所示。

STEP 3 单击 字段... 按钮，系统弹出“可能的字段”对话框。在此对话框中选择需要做控制的权限字段，如“公司代码”“销售地区”等，如图 8-90 所示。

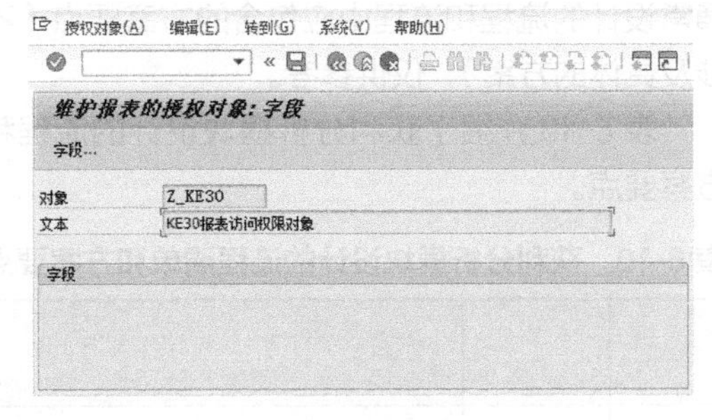

图8-89

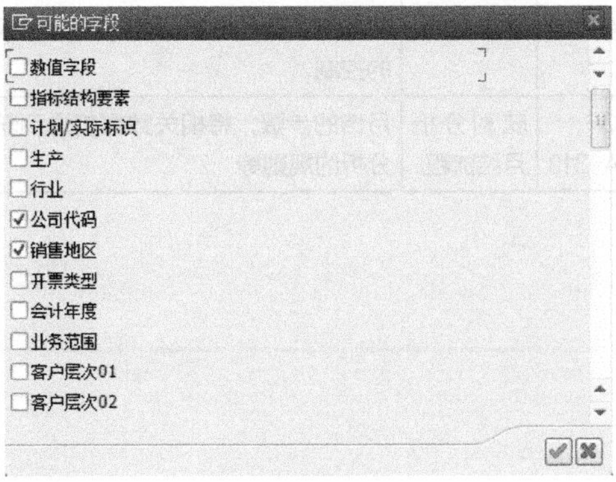

图8-90

STEP 4 单击“确认”按钮，系统将这几个字段自动添加到了“字段”区域，如图 8-91 所示。

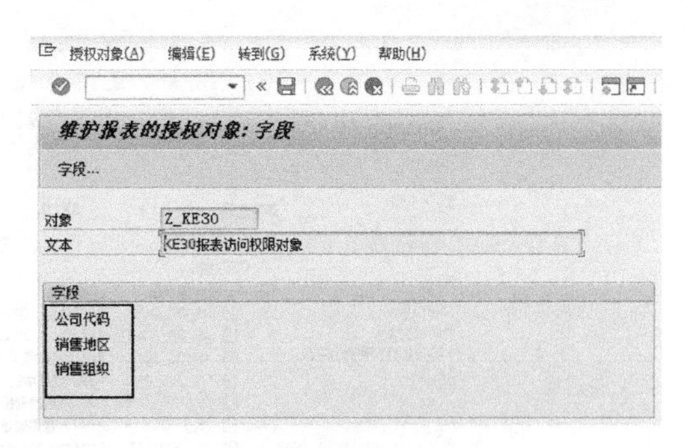

图8-91

STEP 5 单击“保存”按钮，系统弹出“创建对象目录条目”对话框，在其中输入开发类，如图 8-92 所示。

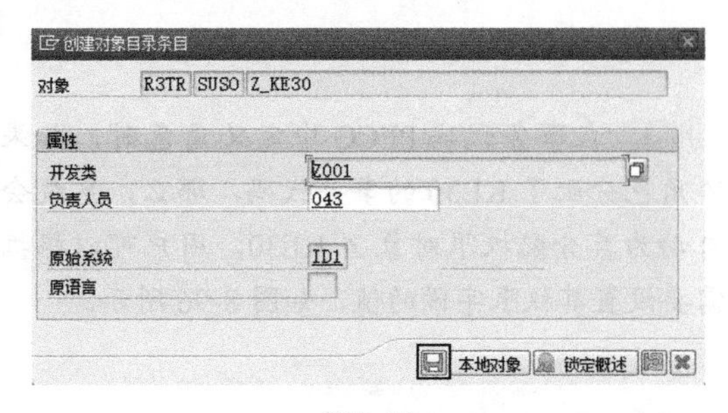

图8-92

STEP 6 在对话框中单击“保存”按钮，系统弹出“维护报表的授权对象：字段”对话框，要求保存到工作台请求中，如图 8-93 所示。

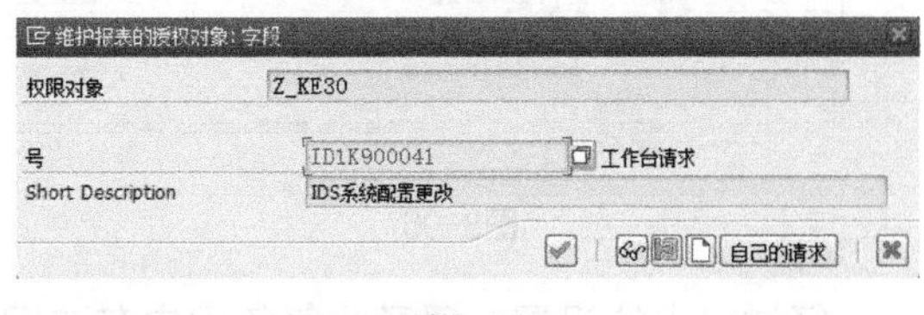

图8-93

STEP 7 在对话框中单击“确认”按钮，系统在界面底部提示“授权对象被生成”，如图 8-94 所示。

图8-94

STEP 8 在事务代码 SU24 中，针对事务代码 KE30 定义其权限对象的检查指令及建议规则。在界面右侧可以看到最后一项为刚刚创建的权限对象 Z_KE30，选择它，并单击 建议 按钮，将其状态设置为“是”，如图 8-95 所示。

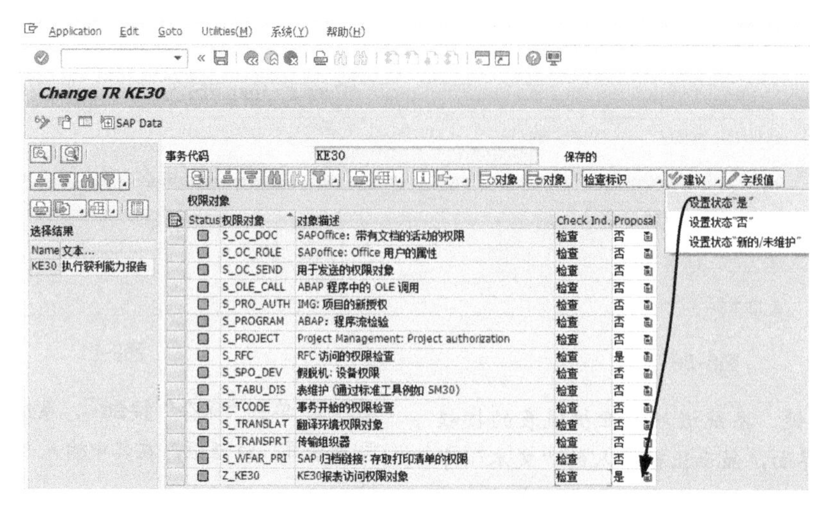

图8-95

STEP 9 在事务代码 PFCG 中定义角色时，如果给角色分配了 KE30 的事务代码，那么，系统会自动为其分配权限对象 Z_KE30，用户可以根据需要设置其权限字段的值，如图 8-96 所示。

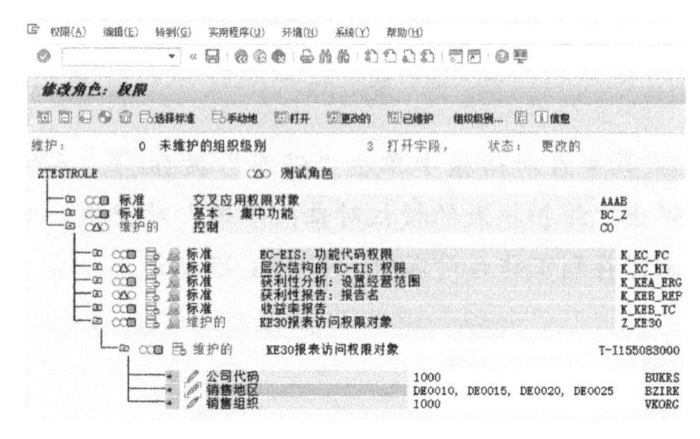

图8-96

经过以上的设置，授予此角色用户在访问获利分析报表时，就会受控于这里的权限字段的值。

8.7 获利分析模块设计的流程和方案要点

本节列举产品获利分析模块在实施过程中，通常设计的流程和流程中应包含的方案要点（不涉及具体的方案），仅供参考。

表 8-10 介绍了获利分析模块设计的流程和方案要点。

表 8-10 获利分析模块设计的流程清单和方案要点

流程编码	流程名称	流程中应包含的方案要点
CO-PA-110	获利分析基本设计	获利分析的组织结构设计，特征字段、值字段设计；获利分析各种数据的来源；获利分析报表的设计；权限的控制
CO-PA-310	获利分析月结流程	月结的步骤；将相关数据传送到获利分析的规则等

第 9 章

内部订单模块

本章介绍以下内容：

- **内部订单模块的基础知识；**
- **内部订单的创建；**
- **内部订单的记账；**
- **内部订单的计划和预算；**
- **内部订单的月末结算；**
- **内部订单的相关报表；**
- **内部订单模块设计的流程和方案要点。**

> 提示
>
> 从业务逻辑上来看，内部订单的计划和预算应该是在记账之前，但是由于计划和预算的某些知识要结合记账来学习，因此，首先介绍记账，然后再介绍计划和预算的管理。

9.1 基础知识

本节介绍内部订单模块的基本功能，与其他模块的关联关系以及内部订单的基本分类。

9.1.1 内部订单模块的基本功能

内部订单是用来对企业内部某项工作或任务编制计划、归集成本、结算的载体。这种内部工作或任务有市场推广活动、内部团队活动、研发项目、投资项目、在建工程项目等。

内部订单不同于销售订单、采购订单和生产订单。销售订单和采购订单是企业与外部单位以合同或契约为纽带，在执行交易后，最终可能形成债权债务关系的订单；生产订单是企业消耗物料和内外部资源，并实现产品增值的订单；而内部订单则纯粹是企业内部为了归集某个专项活动的成本而设立的订单，它可能只有费用投入而无产出，它也不需要 BOM 和工艺路线等基础数据作为支撑。

在 SAP 中，有了内部订单模块，就可以管理这种内部工作或任务的全过程，从订单的建立、订单的计划与预算、订单的实际过账，到订单的最终结算。

有了内部订单模块，企业的成本归集多了一个新的对象，即内部订单，它可以平行地与成本中心同时存在。例如，企业人员参加展销会的差旅费，既可以记入成本中心，也可以同时记入内部订单。这样，就实现了“双重记账”，如图 9-1 所示。而且，还可以直接通过内部订单的有关报表来查看各成本中心的人员参加展销会的总费用，而不必手工将各成本中心的费用相加。

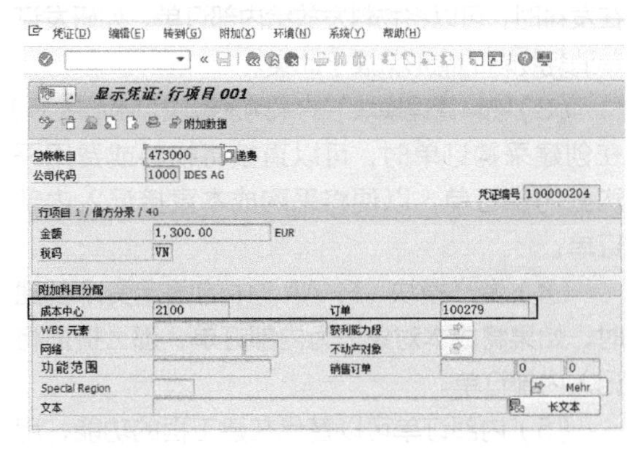

图9-1

> 设计参考
>
> 企业可以根据自己的需要设计归集费用的内部订单。
>
> 除常见的活动、项目可以使用内部订单管理外，企业还有一些“特别的”内部订单应用，举例如下。
>
> （1）对于“多个成本中心公用”的固定资产，为了使折旧能够由多个成本中心承担，

只能先创建一个内部订单，并在固定资产主数据的“与期间相关”选项卡中输入内部订单编号，使其成为折旧计提的成本对象，月末时再从内部订单结算到多个成本中心。

（2）某企业为了管理行政部下属车队十几辆汽车的花费，需要分别统计每辆汽车的费用，可以为每辆汽车建立一个内部订单（内部订单的编号甚至可以直接使用车牌号来表示），这样实现了按车辆单独归集费用。同时，仍可以将车队或行政部作为记账的成本中心。

9.1.2 内部订单模块与其他模块的集成

内部订单模块在 CO 模块内，是一个相对独立的模块，它与 CO 模块内的其他模块关系不大，但与 CO 模块之外的模块关系较多，举例如下。

（1）总账模块（FI-GL）输入的会计凭证中，在某些费用行项目上注明内部订单，就会将费用记账到内部订单。

（2）物料管理模块下的库存子模块（MM-INV）在发料时，可以将物料发放给内部订单，如研发订单消耗物料的情形就属于此类。

（3）物料管理模块下的采购子模块（MM-PUR）在创建采购订单时，可以直接将物料或费用采购到内部订单，以便将采购成本直接记入内部订单。

（4）资产模块（FI-AA）中的固定资产创建时，如果将成本对象记为内部订单，那么折旧将记入内部订单。

（5）内部订单可以替代在建工程的功能，用来归集成本，每月末再将成本结算到资产模块创建的在建工程。

提示

这样的应用是为了发挥内部订单的某些功能，如预算控制、提供较为清晰的成本报表等。

9.1.3 内部订单的分类

内部订单按照管理的内容分为以下几种。

（1）间接费用订单。间接费用订单用来对某个专项任务发生的费用进行计划、归集，目的是为了对比计划与实际的差异，如市场活动、内部团队活动、研发项目均属此类。

（2）投资订单。对在建工程、投资项目等建立的订单，该类订单的目的是最终将结转到在建工程或固定资产。该类订单可以和投资管理模块（IM）集成应用。如果不与投资模块集成应用，直接使用“间接费用订单”来管理也是可以的。

（3）应计订单。对未来发生的费用提前入账，然后在一定期间范围内进行摊销。例如，1 月发生的机器大修理的费用，在未来 12 个月逐步摊销，可以建立应计订单来管理。

（4）带收入的内部订单。如果某些有收入的业务不用销售订单模块（SD）来管理，可以使用内部订单简化管理。企业的杂项销售业务（如废品销售）可以使用此类订单来管理。将来，该订单归集的收入和成本可以结算到获利能力段，以便进行获利分析。

（5）模型订单。这不是一个操作实际业务的订单，只是一个模型。在创建具体的内部订单时，可以以它为模板或参考。

以上几种内部订单中，最常见的是间接费用订单。其他的几种在国内企业几乎不使用。

在后台配置订单类型时，要指定“订单类别”，如图 9-2 所示。上述前 4 种订单都属于订单类别 1——“内部订单（控制）”；最后一种订单属于订单类别 3——“模型订单（控制）”。

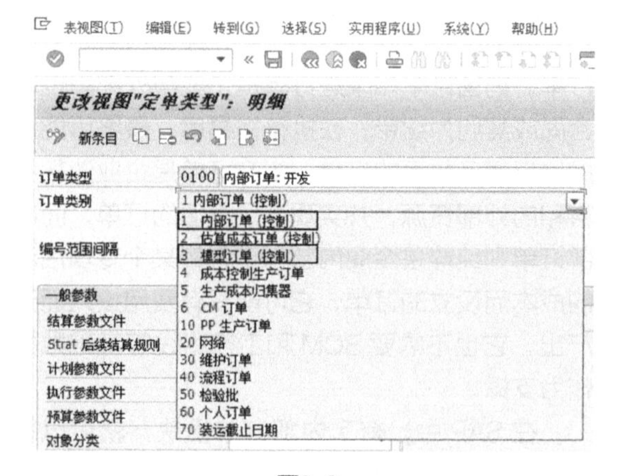

图9-2

而在针对订单类别 1 定义订单类型时，可以选择不同的对象分类，如图 9-3 所示。

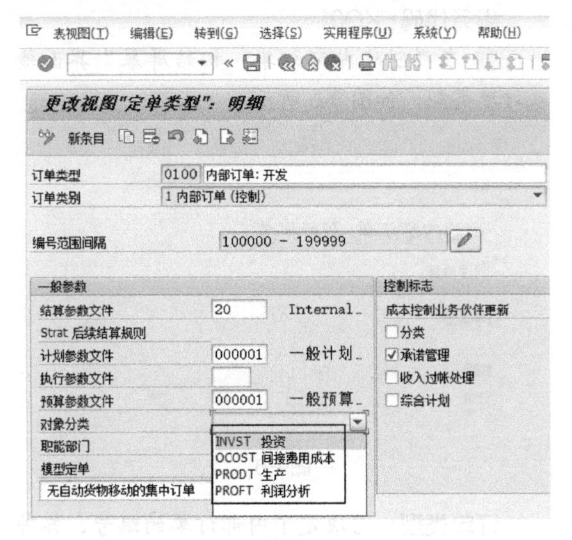

图9-3

这里，对象分类有 4 个选项，即 INVST 投资、OCOST 间接费用成本、PRODT 生产和 PROFT 利润分析。其中，除 PRODT 是生产订单适用外，其他 3 种都适用于内部订单，可供内部订单选择。

综合来看，对于各种内部订单适用的订单类别和对象分类，可以有表 9-1 所示的组合。

表 9-1 各种内部订单的属性

内部订单的分类	订单类别	对象分类	备注
间接费用订单	1- 内部订单（控制）	OCOST- 间接费用成本	最为常用
投资订单	1- 内部订单（控制）	INVST- 投资	较少使用
应计订单	1- 内部订单（控制）		基本不用
带收入的内部订单	1- 内部订单（控制）	PROFT- 利润分析	基本不用
模型订单	3- 模型订单（控制）		基本不用

提示

在后台配置订单类型时，可以选择对象分类，使其成为前台创建订单时的默认值，也可以不选择对象分类，留待前台创建订单时再选择。

内部订单还有一种更重要的划分，那就是按照记账的性质分，有两种类型，即统计型内部订单和非统计型内部订单。前者意味着该类订单的记账是统计记账，后者意味着该类订单的记账是真实记账（real-posting）。

这种划分，是由订单主数据上的“统计订单”选项决定的，如图 9-4 所示。

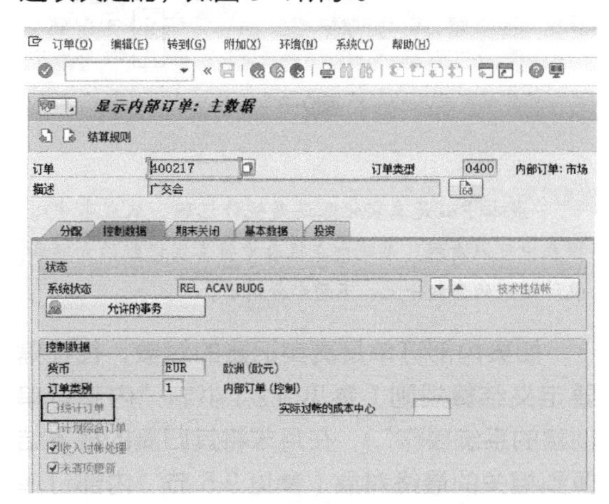

图9-4

如果勾选该复选框，表明该订单是统计订单；如果不勾选该复选框，表明该订单是非统计订单，即真实记账的订单。如果是前者，在费用记账时，该订单是统计记账，还需要一个真实记账的成本对象，如成本中心；如果是后者，则该订单的记账是真实记账，可以不用再附加其他的成本对象，如果附加了，则其他的成本对象“沦为”统计记账。这种关系可以用表 9-2 来说明。

表 9-2 费用记账时同时输入内部订单和成本中心时的结果

情形	内部订单的性质	成本中心的性质
内部订单为统计订单	统计记账	真实记账
内部订单为非统计订单	真实记账	统计记账

简而言之，在费用记账同时记入内部订单和其他对象时，两个对象必有一个是真实记账、一个是统计记账。究竟哪个是真实记账、哪个是统计记账，取决于内部订单的属性。

例如，9.1.1 小节图 9-1 所示的“双重记账”的会计凭证行，在 CO 的数据库表 COEP 中体现为两条记录，一条的值类型为 04“实际”（实际的真实记账），另一条的值类型为 11“实际统计”，如图 9-5 所示。

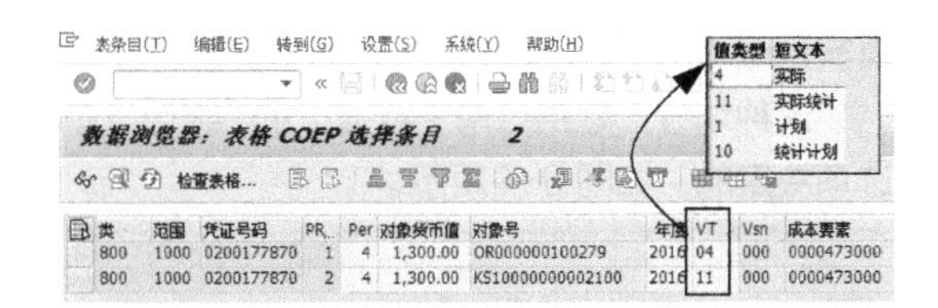

图9-5

提示

成本中心是真实记账还是统计记账，从成本中心报表中可以看到。系统会在报表中将真实记账的金额和统计记账的金额分上、下两部分列示。

如果内部订单是真实记账的对象，往往需要定义结算规则（参见 9.2.1 小节“内部订单创建的系统操作”），在月末将其归集的成本结算到相关的最终对象（参见 9.5 节“内部订单的结算”）。

设计参考

针对 9.1.1 小节“内部订单模块的基本功能”介绍的两种“特别的”内部订单，再来分析一下它们是统计型内部订单还是非统计型内部订单。

多部门公用的固定资产，折旧计提到内部订单，月末还需要结算（分配）到多个成本中心。因此，这种内部订单应该创建为非统计型的内部订单，即真实记账的内部订单。

管理车队汽车费用的内部订单，由于只是统计性地管理，真实过账在车队或行政部，因此，这种内部订单应该创建为统计型的内部订单。

9.2 内部订单的创建

本节介绍内部订单的创建以及后台有关内部订单类型的配置说明。

9.2.1 内部订单创建的系统操作

内部订单被称为内部订单会计模块的主数据。因此，其创建放在“主数据”路径下。

【业务操作】接下来介绍创建内部订单的具体操作。

路径：SAP 菜单 > 会计核算 > 控制 > 内部订单 > 主数据 > 特殊功能 > 订单 > 创建

事务代码：KO01

STEP 1 在“创建内部订单：初始屏幕”界面输入订单类型，如图 9-6 所示。

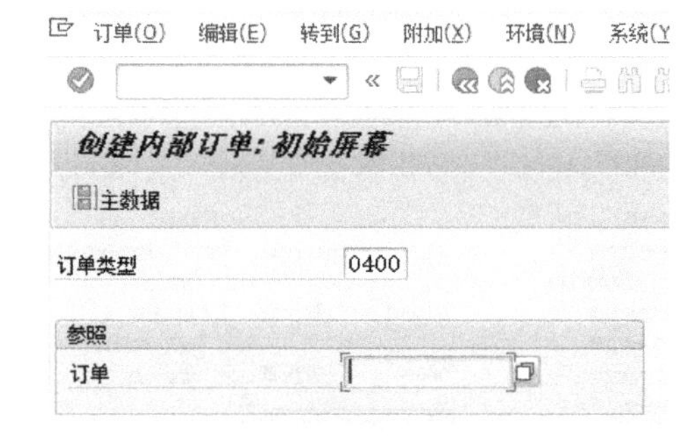

图9-6

订单类型：它决定了内部订单的编号、各种预置参数（如计划参数、预算参数、结算参数等）、屏幕格式、对象分类等，详见 9.2.2 小节。

参照—订单：如果系统中已经存在类似订单，可以参照原有订单创建，以简化操作。可以不输入，直接创建全新的内部订单。

STEP 2 单击 主数据 按钮或按回车键，进入“创建内部订单：主数据”界面，输入订单描述，并在“分配”选项卡中输入公司代码等信息，如图 9-7 所示。

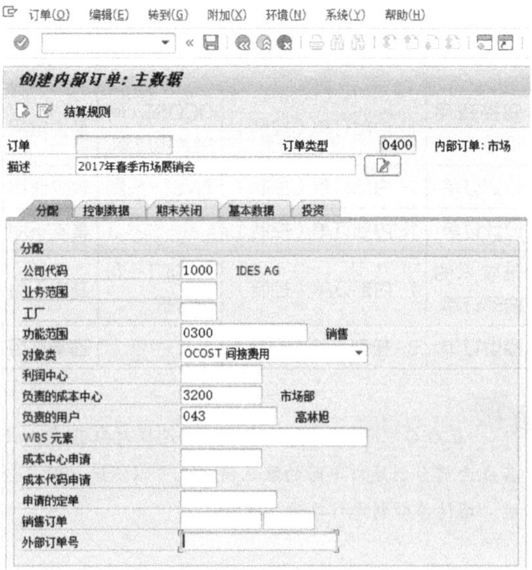

图9-7

描述：给内部订单记载的事项一个简洁的名称。最长为 40 个字符。如果超过 40 个字符，可以使用后面的“建立长文本”按钮[图标]来输入。

“分配”区域：按照需要输入公司代码、业务范围、功能范围、利润中心、负责的成本中心、负责的用户等字段。

STEP 3 单击“控制数据”选项卡，确认货币等字段的默认值，并确定是否为统计订单，如图9-8所示。

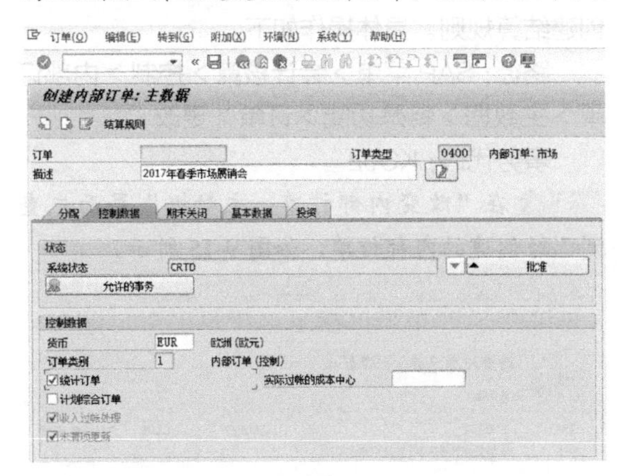

图9-8

系统状态：根据后台的配置，默认为CRTD（已创建）的状态。有的订单类型在后台配置中，可能会默认为REL（Released，“批准”）的状态。

> **提示**
> 订单如果只是CRTD的状态，还不能操作记账业务，必须将状态变为REL（批准）才行。

货币：内部订单的货币。如果控制范围定义（事务代码OKKP）中勾选了“不同公司代码货币”，则内部订单货币自动从公司代码的第一本位币默认而来且不能修改；如果未勾选，则默认为控制范围的货币，且可以自由修改。

> **提示**
> 如果某企业组织一次国外考察活动，为此专门建立了内部订单归集费用，则该内部订单的货币可能和公司代码货币不同。

统计订单：此处勾选，表明该订单为统计记账。

实际过账的成本中心：真实过账的成本中心。如果输入，则统计订单在记账时会默认为该成本中心（双重记账），并以该成本中心为真实记账的对象。如果真实过账的成本中心可能不止一个，则建议不要输入，以免用户忘掉修改默认值。

STEP 4 单击“期末关闭”选项卡，确认这里的字段是否需要输入，如图9-9所示。

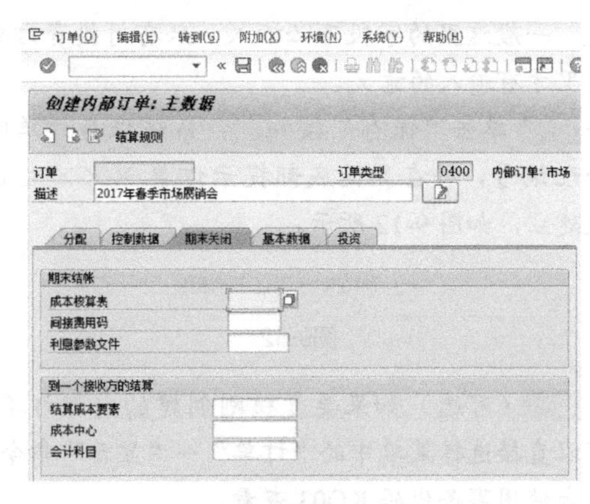

图9-9

一般这里的字段不必输入。

STEP 5 单击“基本数据”选项卡，确认这里的字段是否需要输入，如图9-10所示。

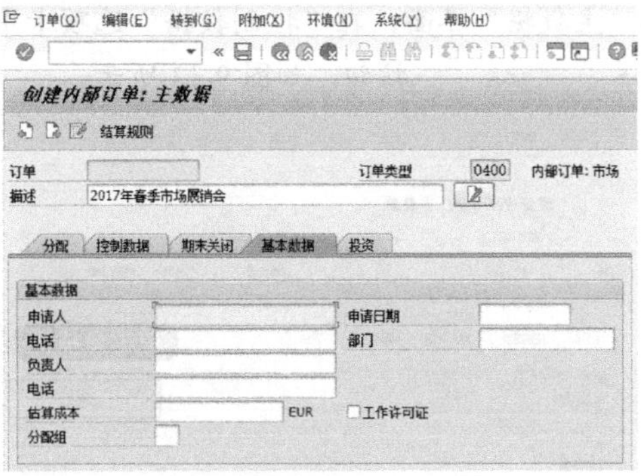

图9-10

一般这里的字段不必输入。

STEP 6 单击“投资”选项卡，确认这里的字段是否需要输入，如图9-11所示。

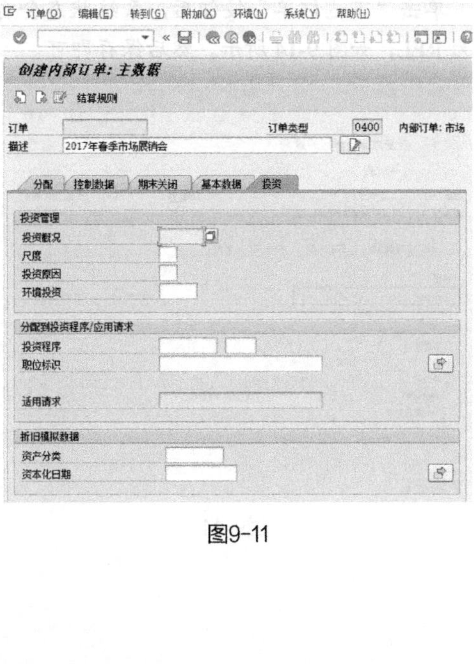

图9-11

一般这里的字段不必输入，只有对投资订单这里才有输入的意义。

STEP 7 单击“保存”按钮，系统保存订单时分配编号，并在界面底部提示订单 ×××× 已被建立，如图 9-12 所示。

订单在号 400217 下被建立

图9-12

STEP 8（可选）如果要复核刚创建的内部订单，可以直接选择菜单中的“订单”→“显示”命令，或者使用事务代码 KO03 查看。

STEP 9（可选）如果要更改已创建的内部订单，如将订单的状态改为 REL（批准），即下达订单，可以直接选择菜单中的“订单”→“更改”命令，或者使用事务代码 KO02 进入“改变内部订单：主数据”界面，在“控制数据”选项卡中单击 批准 按钮，如图 9-13 所示。

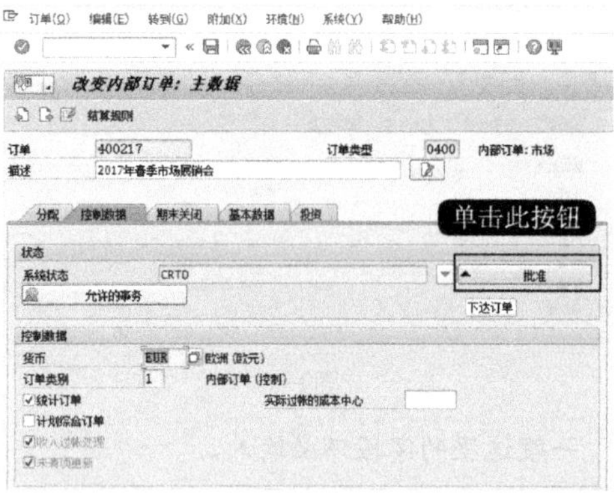

图9-13

单击“下达订单”按钮后，系统状态会自动变为 REL，如图 9-14 所示。然后保存即可。

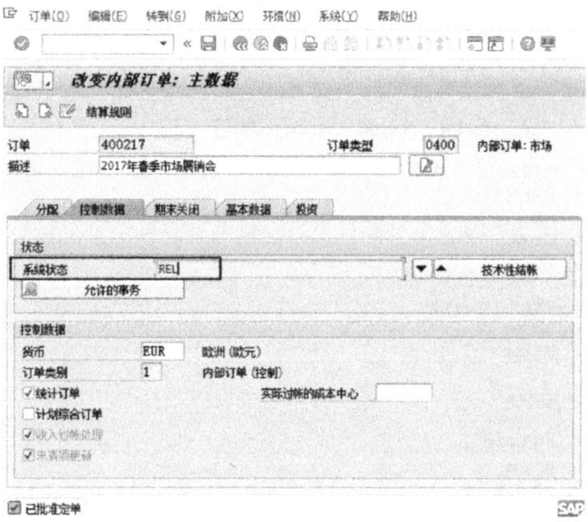

图9-14

以上介绍的是统计型内部订单的创建。如果是非统计型内部订单，除了以上步骤外，还必须为其创建结算规则。

下面以研发订单 100303（车辆极端气候条件下的研究测试项目）为例介绍创建结算规则的具体操作。假设该订单已经创建，现在需要为其创建结算规则。具体操作如下。

路径：SAP 菜单 > 会计核算 > 控制 > 内部订单 > 主数据 > 特殊功能 > 订单 > 更改

事务代码：KO02

STEP 1 在“改变内部订单：主数据”界面先查到已经创建的内部订单，如图 9-15 所示。

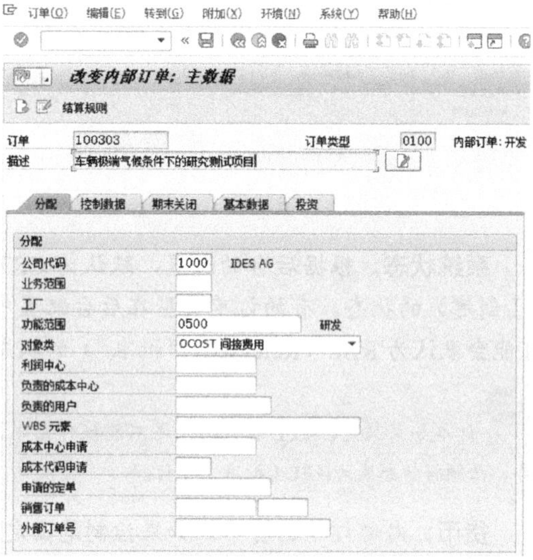

图9-15

STEP 2 单击 结算规则 按钮，进入“维护结算规则：总览”界面，输入结算规则，如图 9-16 所示。

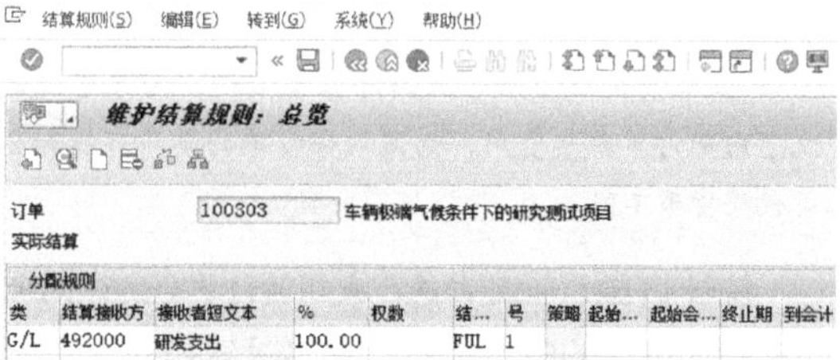

图9-16

结算规则需要先指明结算对象的“类”(类别)，如 G/L 表示总账科目、CTR 表示成本中心、PSG 表示获利能力段等。确定类别后，后面的“结算接收方”就必须选择该类别下的对象。例如，“类”(类别）为 G/L，结算方就要输入一个总账科目。

STEP 3 单击“保存”按钮，系统保存所做的修改，并在界面底部给出提示，如图 9-17 所示。

☑ 订单 100303 已被更改

图9-17

结算规则输入的目的是为了将内部订单归集的成本结算到接收方。具体的结算操作将在 9.5 节中介绍。

9.2.2 内部订单类型的相关配置说明

在创建内部订单的过程中，订单类型（order type）是一个非常重要的概念。它对订单创建、计划编制、预算编制、结算都有潜在的影响。

首先来熟悉一下订单类型配置的界面，如图 9-18 所示。

路径：IMG> 控制 > 内部订单 > 订单主数据 > 定义订单类型

事务代码：KOT2_OPA

从图 9-18 中可以看出，订单类型直接或间接决定了很多参数。这些参数有些影响到订单的创建，如编号范围间隔、主数据显示方面的“字段选择”；有些参数影响到订单的计划输入，如计划参数文件；有些影响到订单的预算输入和控制，如预算参数文件；有些影响到订单后续的结算，如结算参数文件；有些影响到订单的归档，如归档方面的滞留时间 1 和滞留时间 2。

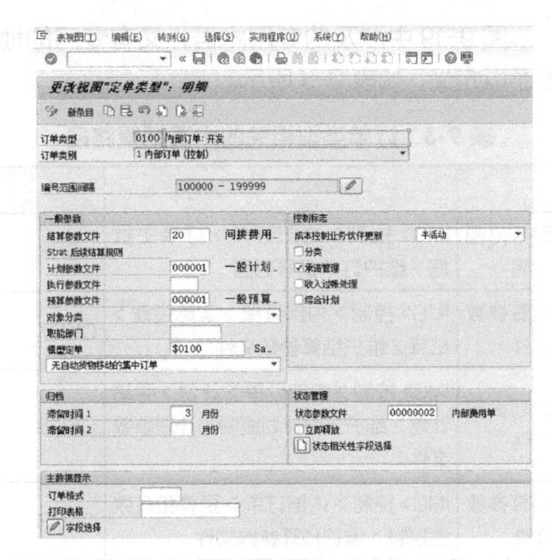

图9-18

> **提示**
> 订单的归档是指将长期不用的订单从物理上删除。它是一件非常慎重的工作，因此需要经过几个阶段的处理：打删除标记（deletion flag，只是做个标记，还可以撤回）、打删除指示符（deletion indicator，相当于下达“指令”，不可撤回）、归档（archive，真正删除）。滞留时间1是指打删除标记和删除指示符之间的时间，滞留时间2是指打删除指示符和正式归档执行之间的时间，以月为单位。

由于这些参数定义的层次较多，下面用一张总体的图介绍订单类型决定的主要事项，如图 9-19 所示。

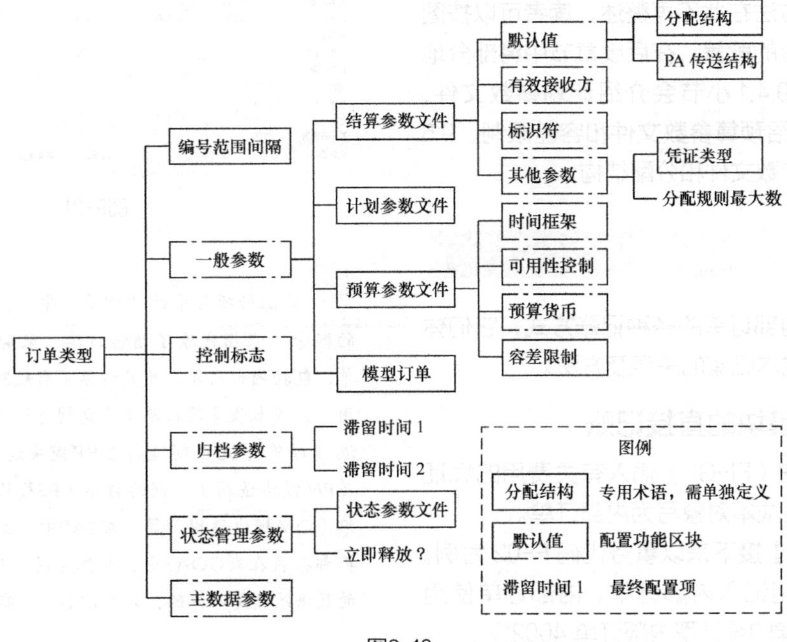

图9-19

图 9-19 中涉及的专用术语，又有专门的地方予以定义，如表 9-3 所示。

表 9-3　订单类型相关的术语配置路径

术语	定义路径	事务代码
编号范围间隔	IMG> 控制 > 内部订单 > 订单主数据 > 维护订单编号范围	KONK
结算参数文件	IMG> 控制 > 内部订单 > 实际过账 > 结算 > 维护结算参数文件	OKO7
计划参数文件	IMG> 控制 > 内部订单 > 计划 > 手动计划 > 维护全面计划编制的计划参数文件	OKOS
预算参数文件	IMG> 控制 > 内部订单 > 预算和有效性控制 > 维护预算参数文件	OKOB
模型订单	SAP 菜单 > 会计核算 > 控制 > 内部订单 > 主数据 > 特殊功能 > 订单 > 创建	KO01
状态参数文件	IMG> 控制 > 内部订单 > 订单主数据 > 状态管理 > 定义状态参数文件	OK02
容差限制	IMG> 控制 > 内部订单 > 预算和有效性控制 > 为可用性控制定义容差限制	OKOC
分配结构	IMG> 控制 > 内部订单 > 实际过账 > 结算 > 维护分配结构	OKO6
PA 传送结构	IMG> 控制 > 内部订单 > 实际过账 > 结算 > 维护 PA 传送结构	KEI1
凭证类型	IMG> 财务会计（新）> 财务会计全局设置（新）> 凭证 > 凭证类型 > 定义条目视图的凭证类型	OBA7

具体配置方法在此不再赘述，读者可以按图索骥，寻找相应的配置。在后续章节中将部分地予以介绍，如 9.4.1 小节会介绍计划参数文件、9.4.2 小节会介绍预算参数文件和容差限制、9.5 节会介绍结算参数文件和分配结构。

9.3 内部订单的记账

本节介绍内部订单的各种记账方式，它们体现了内部订单成本归集的来源及方法。

9.3.1 总账模块的直接记账

在总账模块（FI-GL）输入有关费用的凭证时，可以直接将成本对象写为内部订单。

【业务操作】接下来以事务代码 F-02 为例，说明如何将费用记入内部订单。内部订单使用 9.2.1 小节中创建的统计型内部订单 400217。

路径：SAP 菜单 > 会计核算 > 财务会计 > 总分类账 > 过账 > 一般过账

事务代码：F-02

STEP 1 在“输入总账科目记账：抬头数据”界面输入凭证头和凭证首行的记账码及科目，如图 9-20 所示。

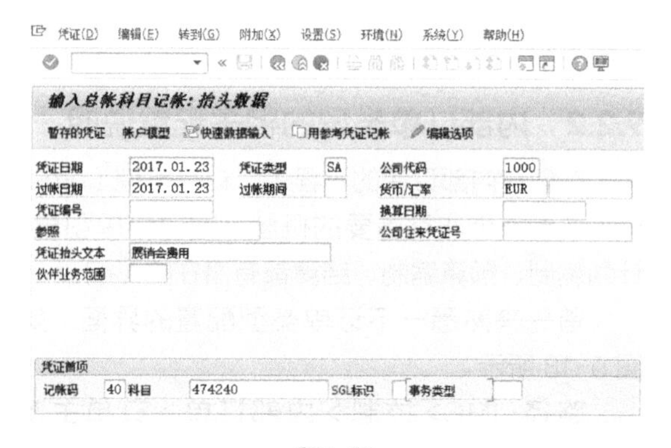

图9-20

STEP 2 在“输入 总分类账凭证：改正 总账科目项”界面输入凭证首行的金额及科目分配，然后接着输入凭证第 2 行的记账码及科目，如图 9-21 所示。

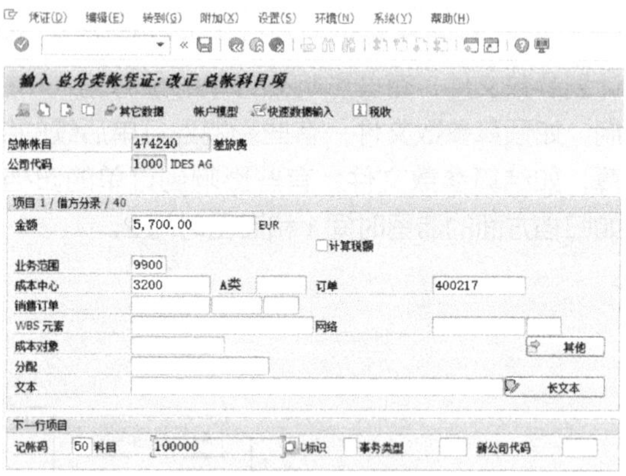

图9-21

> **提示**
>
> 凭证行项目中的“订单”字段，是一个比较广泛的概念，它指代除了销售订单、采购订单外的一切订单，包括内部订单、生产订单（离散制造行业PP模块适用）、成本收集器订单（重复制造行业PP模块适用）、流程订单（流程制造行业PP模块适用）、维修订单（PM模块适用）、网络订单（PS模块适用）、质量订单（QM模块适用）等。在SAP中，这些订单的抬头数据都存放在表COAS中，也就是说，SAP认为这些订单的数据结构是一样的，只是订单类型有所不同。

提示

在凭证首行，由于订单400217是统计型内部订单，因此，还必须输入成本中心作为真实记账的对象。如果不输入成本中心而只输入订单400217，系统会提示“科目XXXX需要一个成本会计分配”的报错信息。

提示

这里输入的订单必须是已下达（REL）的状态才可记账。

STEP 3 按回车键，进入下一个界面（仍为“输入总分类账凭证：改正 总账科目项”界面），输入第2个行项目的金额，如图9-22所示。

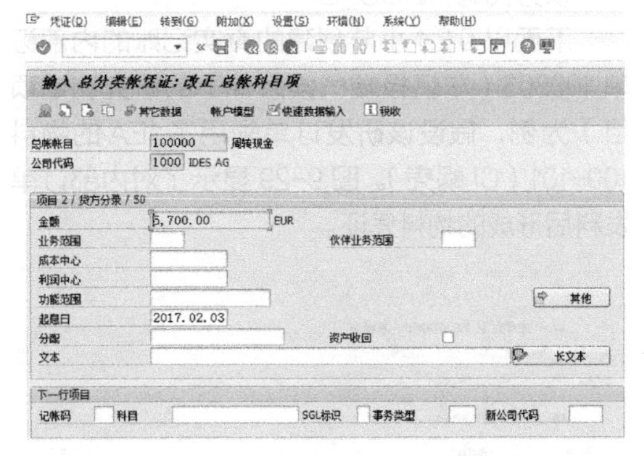

图9-22

STEP 4 单击“保存”按钮，系统提示“凭证××××记账到公司代码××××中”，如图9-23所示。

凭证 100000001 记帐到公司代码1000中

图9-23

STEP 5（可选）在内部订单主数据上显示其成本情况。以事务代码KO03进入“显示内部订单：主数据”界面，选择菜单中的“附加”→“成本分析”命令，即可看到成本5 700欧元被记入内部订单，如图9-24所示。

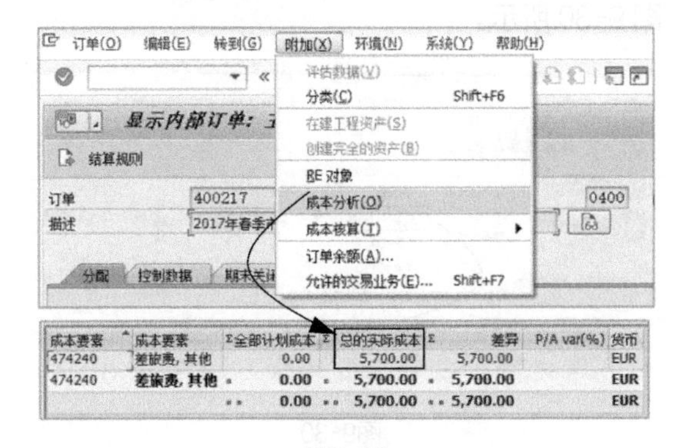

图9-24

STEP 6（可选）在内部订单报表中显示其成本情况。以事务代码S_ALR_87012993-“订单：实际/计划/变式”（“变式”为“差异”的误翻译）进入“订单：实际/计划/变式：选择”界面，查询订单400217的成本，执行后即可看到订单归集了5 700欧元的成本，如图9-25所示。

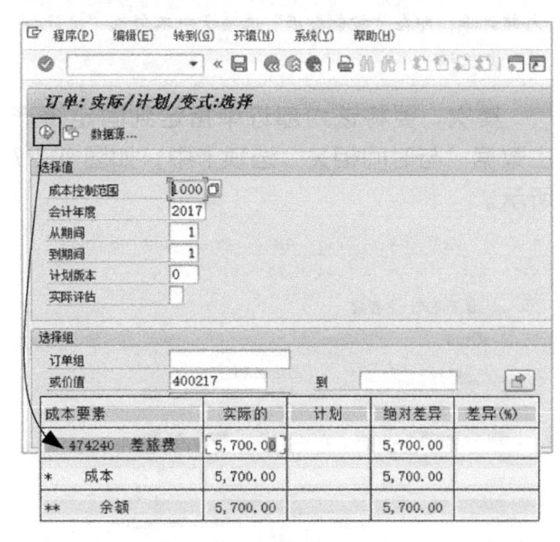

图9-25

9.3.2 资产模块折旧的记账

资产模块（FI-AA）中，可以将固定资产的成本对象指定为内部订单。这里内部订单可以用来归集多个部门公用的固定资产的折旧费，在月底计提折旧后，再将折旧费结算（分配）到受益的成本中心。

首先，需要针对公用的固定资产建立内部订单（事务代码KO01），以便日后归集其折旧费。图9-26显示了已经建立好的此类内部订单。

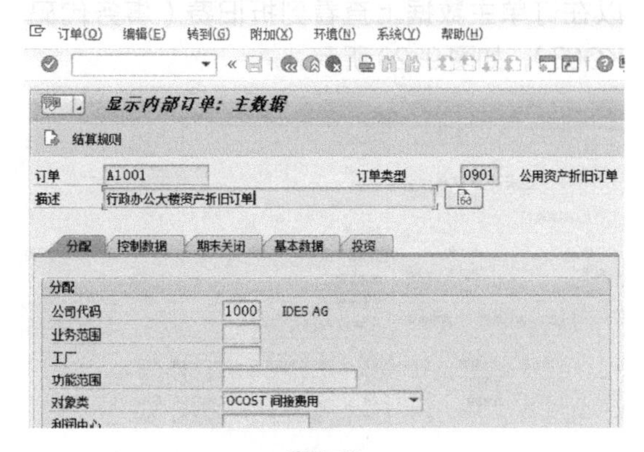

图9-26

提示

必须为每一个公用的资产建立一个内部订单。因为每个公用的资产，其折旧分配规则不尽相同。

提示

该订单由于日后要结算到受益的成本中心，因此，不能设成统计型的内部订单，而应设成非统计型的内部订单，即在“控制数据”选项卡中不勾选“统计订单”复选框。

其次，要将该内部订单指定到固定资产主数据“与时间相关”选项卡中，如图 9-27 所示。

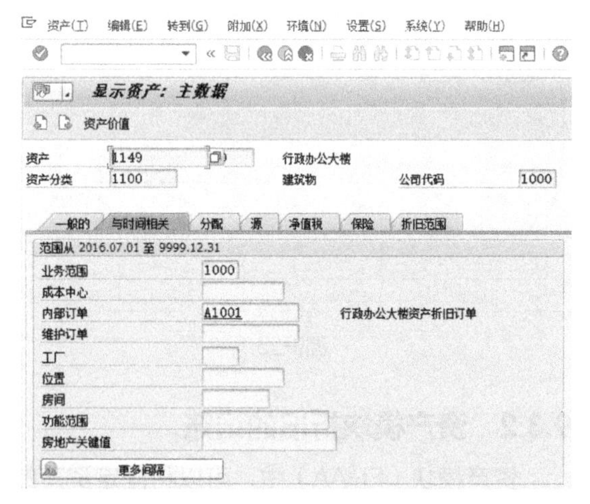

图9-27

提示

前提：在后台配置的固定资产主数据屏幕格式中，将内部订单作为可选输入的字段。这样它才会显示在前台，供用户输入。

最后，在资产模块运行折旧（事务代码：AFAB）时，资产的折旧就会记入内部订单。可以在订单主数据上查看到折旧费（事务代码：KO03），如图 9-28 所示。

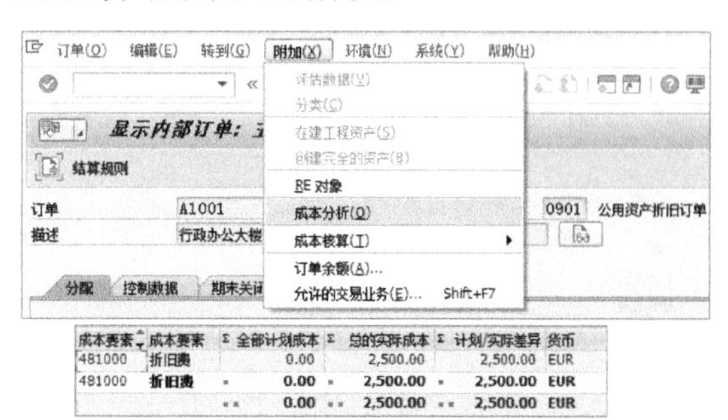

成本要素	成本要素	全部计划成本	总的实际成本	计划/实际差异	货币
481000	折旧费	0.00	2,500.00	2,500.00	EUR
481000	折旧费	0.00	2,500.00	2,500.00	EUR
		0.00	2,500.00	2,500.00	EUR

图9-28

提示

该内部订单是真实记账的对象，其折旧费在月末还要结算到受益的成本中心。

9.3.3 库存模块发料的记账

由于内部订单和生产订单类似，同属于广义的“订单”，因此，在库存模块（MM-INV），对内部订单的发料和对生产订单的发料基本相同，而且移动类型也是 261（对订单发料）。

路径：SAP 菜单 > 后勤 > 物料管理 > 库存管理 > 货物移动 > 发货 (MIGO)

事务代码：MIGO_GI

下面以 9.2.1 小节创建的真实记账的内部订单 100303（车辆极端气候条件下的研究测试项目）为例，假设该研发订单领用了 1EA 的物料 100-101（CI 蜗壳）。图 9-29 显示了对内部订单发料后形成的物料凭证。

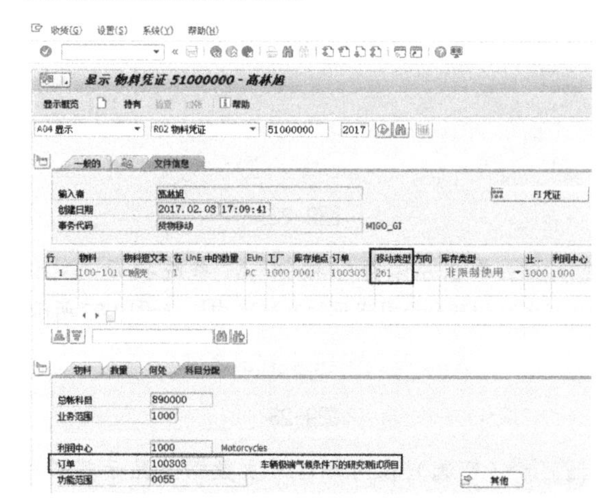

图9-29

发料后，可以在订单主数据上查看到发料成本已经记入内部订单了（事务代码：KO03），如图 9-30 所示。

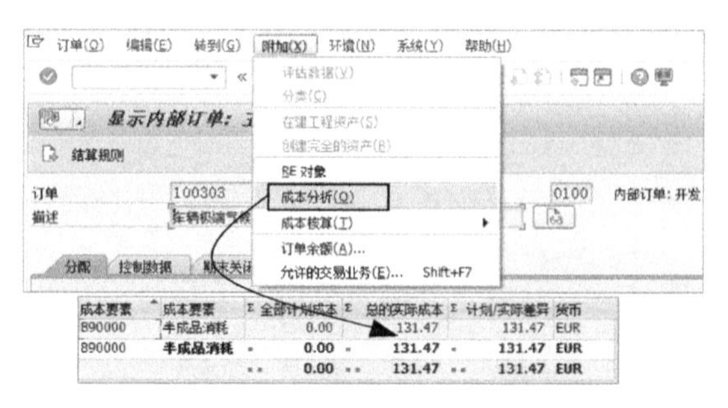

成本要素	成本要素	全部计划成本	总的实际成本	计划/实际差异	货币
890000	半成品消耗	0.00	131.47	131.47	EUR
890000	半成品消耗	0.00	131.47	131.47	EUR
		0.00	131.47	131.47	EUR

图9-30

业务实践 企业实务中，在对内部订单发料时，仓库部门必须明确是对哪个内部订单发放的物料，以便将成本记入相应的内部订单。这就要求前端业务部门在领料时，必须准确地填写领料单，注明内部订单号。例如，研发部门针对不同的研发项目领料，必须在领料单上注明不同的研发项目对应的内部订单号。

由此，企业设计的领料单格式上必须有“订单号”栏位，供领料部门的用户填写。

9.3.4 采购模块采购的记账

企业从供应商处采购物料或服务时，可以在系统的采购订单上明确是对哪个内部订单的采购，这样可以比较明确地将成本或费用记入该内部订单。

这样的采购订单与常规的采购订单的不同之处在于，它的行项目中科目分配类别必须指定为F（订单），并且在行项目的“科目分配”中输入内部订单号。这样，与采购相关的成本或费用就记入了内部订单。

针对9.2.1小节创建的内部订单100303（车辆极端气候条件下的研究测试项目），假设要为其采购一批办公用品，现在创建采购订单。

路径：SAP菜单 > 后勤 > 物料管理 > 采购 > 采购订单 > 创建 > 已知供应商 / 供应工厂

事务代码：ME21N

创建该采购订单的界面如图9-31所示。

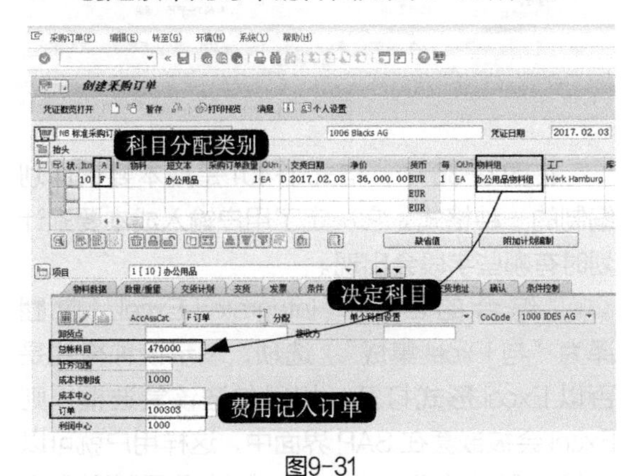

图9-31

A：科目分配类别。这里输入F，表明“订单”。

物料组：采购物料的一种分类，该分类与评估类有对应关系，并将决定费用记入什么科目。例如，这里选择“办公用品物料组”，在行项目明细的“科目分配”选项卡就可以看到，总账科目对应为476000（办公用品）。

订单：指定采购的费用记入哪一个订单。

接下来对该采购订单收货。

路径：SAP菜单 > 后勤 > 物料管理 > 库存管理 > 货物移动 > 收货 > 对采购订单 > 采购订单的收货 （MIGO）

事务代码：MIGO_GR

收货的界面如图9-32所示。

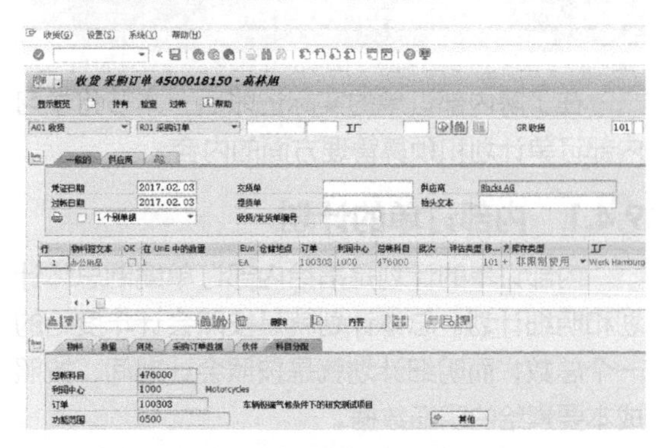

图9-32

收货过账后系统会产生会计凭证，并将办公用品费用记入内部订单。

> **提示** 前提：采购订单行项目明细的“交货”选项卡中，“未估价的收货”（收货时不评估）复选框未勾选，表明收货时评估（产生会计凭证）；否则，收货时不会产生会计凭证，而到发票校验时才产生。

这时再通过订单主数据查看成本分析，就可以看到办公用品费用已经记入内部订单，如图9-33所示。

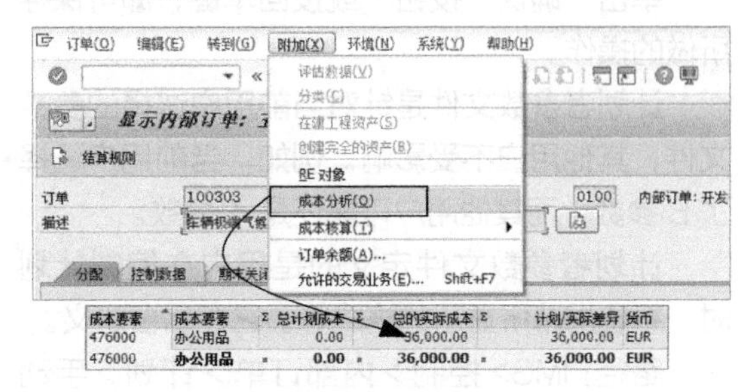

图9-33

后续发票校验时，如果发票价格和采购订单价格有差异，该差异也会直接记入内部订单。

设计参考

对内部订单采购的业务，在设计蓝图时要注意以下两点。

（1）从业务流程上，采购订单创建前要先建立好内部订单，并下达（使状态变为 REL）。

（2）从业务规则上，要明确这种费用采购可以使用哪些物料组、收货时是否评估。这些要点牵涉系统中如何配置。

9.4 内部订单计划和预算

在了解内部订单的实际记账后，本节将学习内部订单计划和预算管理方面的内容。

9.4.1 内部订单的计划

内部订单的计划是指给内部订单编制总体计划和明细计划。总体计划就是按照会计年度给的一个总数；而明细计划就是按照会计期间、按照成本要素给的明细数据。

编制计划时，首先要选择计划者参数文件（planner profile），如图 9-34 所示。

路径：SAP 菜单 > 会计核算 > 控制 > 内部订单 > 计划 > 总计值 > 设置计划者参数文件

事务代码：KP04

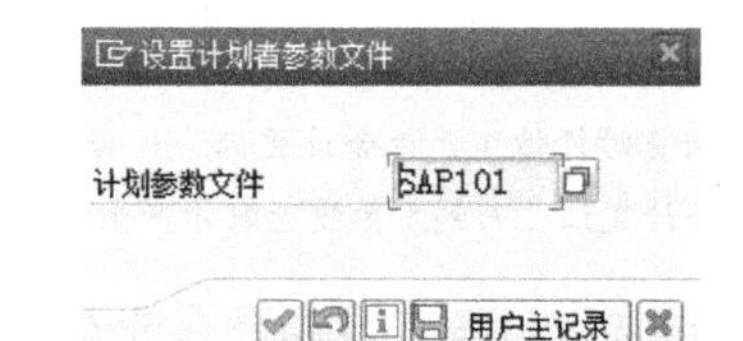

图9-34

单击“确认”按钮或按回车键，即可保存所做的操作。

计划者参数文件是针对当前用户选择的参数文件，其他用户不受影响。例如，当前用户选择了 B 参数，而其他用户可能还是 A 参数。

计划者参数文件定义的是用户在编制计划时，系统屏幕所显示的格式等。它在后台定义。

路径：IMG> 控制 > 内部订单 > 计划 > 手动计划 > 维护用户定义计划者参数文件 - 维护用户定义计划者参数文件

事务代码：KP34

如图 9-35 所示，计划者参数文件的“一般控制”层定义的是：它包含哪些“计划范围”（可以做哪些方面的计划，如成本中心的计划、内部订单的计划、WBS 元素的计划等）；在这些“计划范围”里金额分配的规则和数量分配的规则是怎样的（例如，在一个界面输入期间范围为 1 月至 12 月的计划，那么系统如何将这些计划的金额和数量分配到 12 个期间）。

图9-35

提示

计划者参数文件不仅是针对内部订单的，对CO所有对象都适用。因此，在CO-CCA模块编制计划时也要了解该知识。

选择某个“计划范围”，双击左侧的“控制布局”，即可看到该计划范围的格式等参数。图 9-36 显示了计划者参数文件 SAP101 下计划范围“订单：成本元素 / 作业量输入”的控制布局。

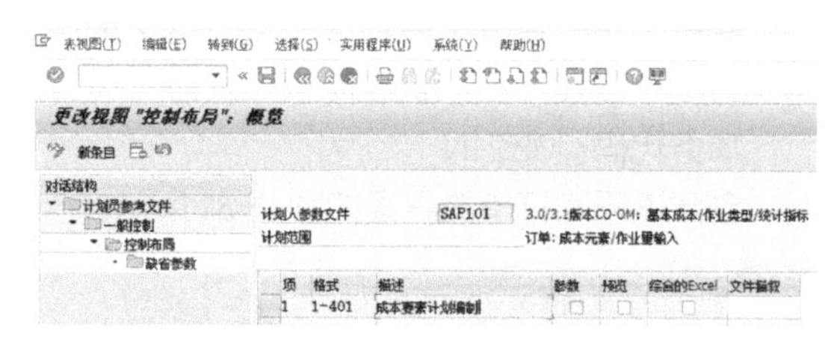

图9-36

在图 9-36 中，格式 1-401 是成本要素计划编制的一种格式。它决定了用户输入成本要素计划时有哪些字段会出现。

“综合的 Excel”（Integrated Excel，应翻译为“与 Excel 集成”）选项，表示该种格式是否以 Excel 形式打开。如果勾选该复选框，则 Excel 会被嵌套在 SAP 界面中，这样用户就可以比较方便地将 Excel 中的计划数据复制到 SAP 中。图 9-37 显示的是计划者参数文件 IDES1572 下对成本中心的成本要素编制计划（事务代码：KP06）的界面。从图 9-37 中可以看到，Excel 被集成在 SAP 的界面中。

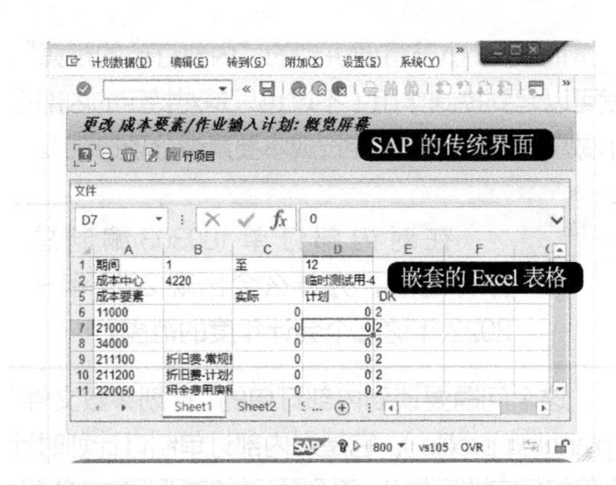

图9-37

提示

这种界面，默认是锁定了工作表，不允许更改，需要使用Excel的工具项“撤销工作表保护”才能更改。

【业务操作】接下来了解如何编制内部订单的计划。先来看总体计划的编制。

路径：SAP 菜单 > 会计核算 > 控制 > 内部订单 > 计划 > 总计值 > 更改

事务代码：KO12

STEP 1 在“修改订单计划值：初始屏幕”界面输入要计划的订单号和版本，如图 9-38 所示。

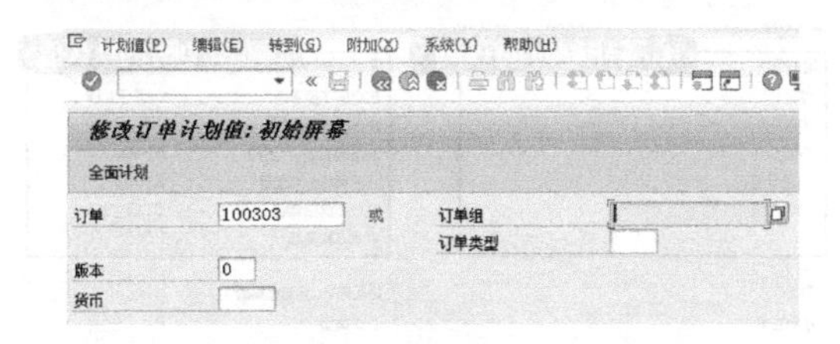

图9-38

STEP 2 单击 全面计划 按钮或按回车键，系统进入“修改订单计划值：年度概览”界面，输入每年的计划总额，如图 9-39 所示。

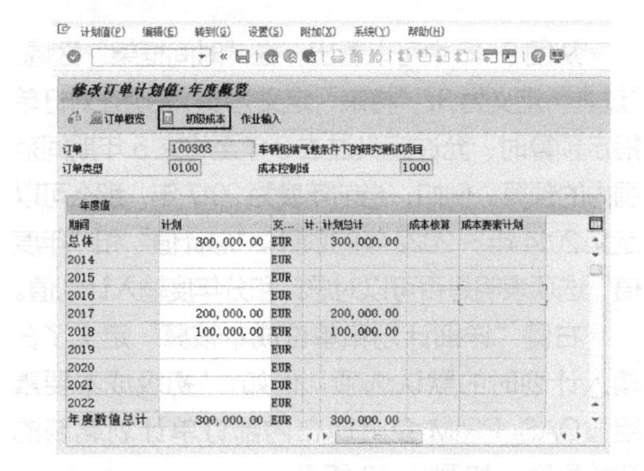

图9-39

这里按年输入计划值，“总体”一行也是手工输入的。在保存前，要确保：总体计划≥各年度数值总计，否则不能保存。

STEP 3 如果要进一步定义按成本要素的计划，需要将光标置于计划的年度，然后单击 初级成本 按钮，进入“更改 计划初级成本：概览屏幕”界面，按成本要素输入计划，如图 9-40 所示。

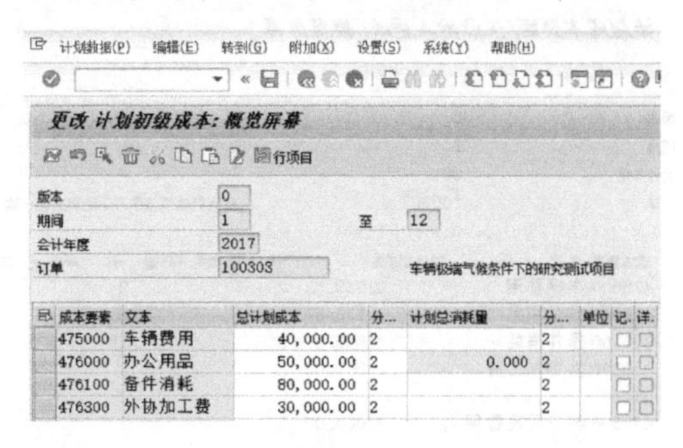

图9-40

STEP 4 返回初始界面，单击“保存”按钮，系统提示“凭证 ×××× 已记账”，如图 9-41 所示。

凭证0300000318已记帐

图9-41

计划数据保存在数据库中，是以凭证的形式存入的。它也是 CO 凭证的一种，只不过它是存放计划数据的 CO 凭证。

如果要按月输入内部订单的成本计划，并且按成本要素分，则必须使用单独的事务代码。

路径：SAP 菜单 > 会计核算 > 控制 > 内部订单 > 计划 > 成本和作业输入 > 更改

事务代码：KPF6

进入“计划成本要素 / 作业输入更改：初始屏幕”界面，就可以按照期间来输入条件了，如图 9-42 所示。

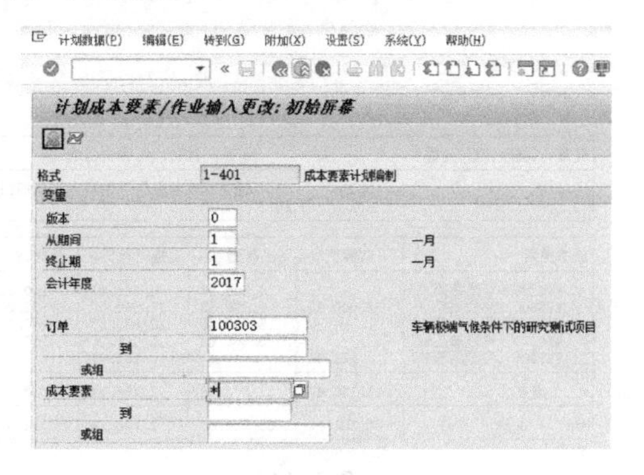

图9-42

单击“概览”按钮，进入“计划成本要素/作业输入更改：概览屏幕”界面可以发现，在总体计划中输入的成本要素计划（全年）已经被除以12，分配到每个月了。在此界面，可以继续输入其他成本要素的计划，如图9-43所示。

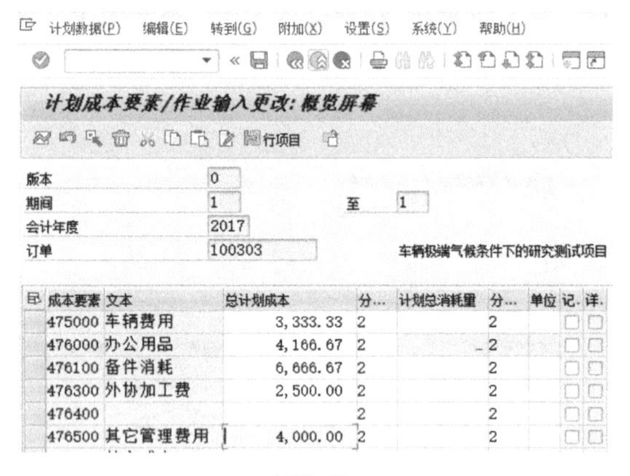

成本要素	文本	总计划成本	分...	计划总消耗量	分...	单位	记.	详.
475000	车辆费用	3,333.33	2		2			
476000	办公用品	4,166.67	2		2			
476100	备件消耗	6,666.67	2		2			
476300	外协加工费	2,500.00	2		2			
476400			2		2			
476500	其它管理费用	4,000.00	2		2			

图9-43

延伸思考1

内部订单的计划编制有什么作用？能对费用的发生起控制作用吗？

内部订单的计划没有控制作用，它只供用户对比计划和实际，做事后分析。

例如，在内部订单主数据的“成本分析”中可以看到计划和实际的对比。再如，从内部订单的报表上，也可以看到计划和实际的对比。图9-44显示的是对内部订单100303执行该报表后的结果。

路径：SAP菜单>会计核算>控制>内部订单>信息系统>内部订单的报表>计划/实际比较>订单：实际/计划/差异

事务代码：S_ALR_87012993

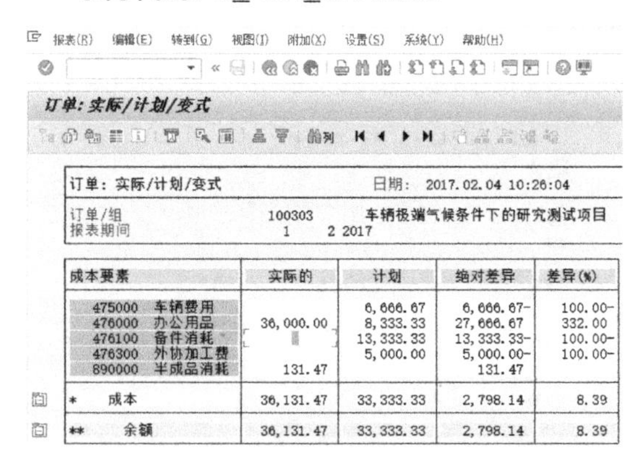

订单：实际/计划/变式　　日期：2017.02.04 10:26:04

订单/组　100303　车辆极端气候条件下的研究测试项目
报表期间　1　2 2017

成本要素	实际的	计划	绝对差异	差异(%)
475000 车辆费用		6,666.67	6,666.67-	100.00-
476000 办公用品	36,000.00	8,333.33	27,666.67	332.00
476100 备件消耗		13,333.33	13,333.33-	100.00-
476300 外协加工费		5,000.00	5,000.00-	100.00-
890000 半成品消耗	131.47		131.47	
* 成本	36,131.47	33,333.33	2,798.14	8.39
** 余额	36,131.47	33,333.33	2,798.14	8.39

图9-44

而9.4.2小节将要讲到的“内部订单的预算”，就可以起到控制作用（不过也只是对特定的内部订单做总额控制，而不能按成本要素做分项控制）。

延伸思考2

在对内部订单100303编制总体计划时，为什么会出现2014年~2022年这几个会计年度的范围？

这个问题要谈到内部订单的“计划参数文件”（planning profile）。它是对内部订单制订计划时计划值如何安排等做出一系列预设性的规则要求或提供默认值。它指定给订单类型后，凡是属于这种类型的订单，都会受其计划参数文件的影响。它与前面所讲的“计划者参数文件”（planner profile）是不一样的。

计划参数文件在后台定义，如图9-45所示。

路径：IMG>控制>内部订单>计划>手动计划>维护全面计划编制的计划参数文件-定义汇总计划编制的计划编制参数文件

事务代码：OKOS

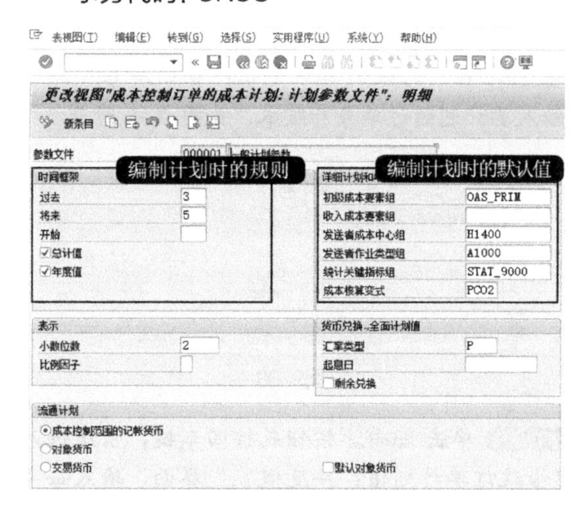

图9-45

从图9-45中可以看出，在“时间框架”区域，“过去”定义为3、“将来”定义为5，表明在对订单指定预算时，允许定义过去3年至将来5年期间范围内的预算。例如，当前年度为2017年，那么可以定义2014年~2022年的预算。“总计值”和“年度值”选项表明是否可以对总计和分年度输入计划值。

右侧“详细计划和单位成本核算”定义了在输入计划时的默认选项。例如，“初级成本要素组”OAS_PRIM会出现在内部订单计划编制的初始界面，如图9-46所示。

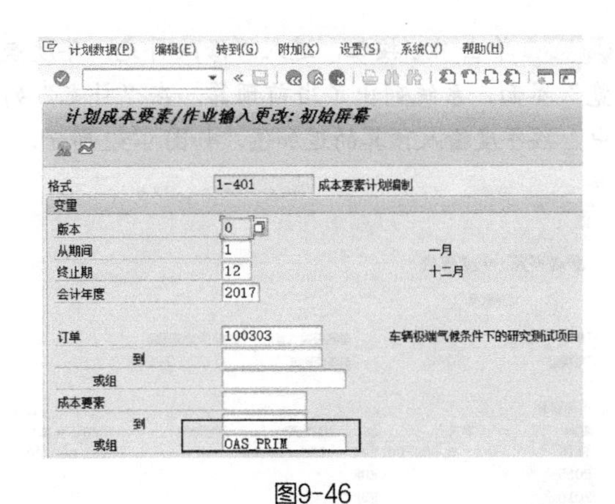

图9-46

计划参数文件定义好后，指定到订单类型上，详见 9.2.2 小节。

9.4.2 内部订单的预算

内部订单的预算是对内部订单的成本允许发生的金额进行审批后得出的结果，它可以在成本实际发生时进行控制。按照 SAP 的理论，计划是自下而上层层编制出来的结果，而预算则是对计划进行审批后的结果，如图 9-47 所示。

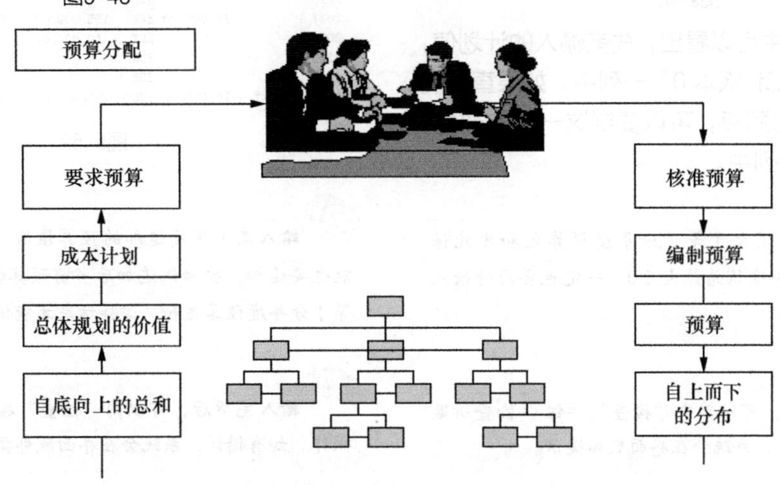

图9-47

关于预算有几个基础概念。

初始预算（系统又称为“原始预算”或“原预算”）：最初给对象下达的预算，称为“初始预算”。初始预算给定后，后续如果要更改，应通过“预算更新”去操作。

预算更新：由于一些不可预见的事件或需求出现，如外购物料或服务的价格上涨，需要对初始预算进行变更，称为“预算更新”。预算更新有 3 种形式，即追加、返回和转移。

基于这些概念，当前预算的计算方法可以用表 9-4 体现。

表 9-4 当前预算的计算方法

符号	预算
	初始预算
+	追加
-	返回
+/-	转移
=	当前预算

接下来介绍各种预算的输入方法。

【业务操作 1】首先看初始预算的输入。

路径：SAP 菜单 > 会计核算 > 控制 > 内部订单 > 制订预算 > 原预算 > 更改

事务代码：KO22

STEP 1 在“修改原始预算：初始屏幕”界面，输入订单号，如图 9-48 所示。

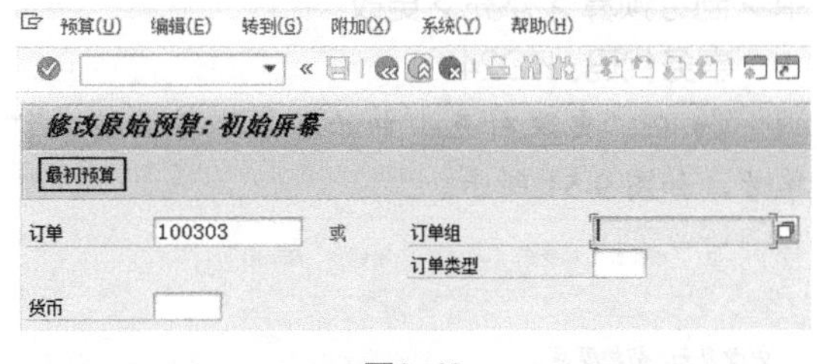

图9-48

STEP 2 单击 最初预算 按钮，进入“修改原始预算：年度概览”界面，输入每个年度的预算值以及总体的预算值，如图 9-49 所示。

预算(U) 编辑(E) 转到(G) 设置(S) 附加(X) 系统(Y) 帮助(H)
修改原始预算: 年度概览
订单概览
订单 100303 车辆极端气候条件下的研究测试项目
订单类型 0100 成本控制域 1000
年度值

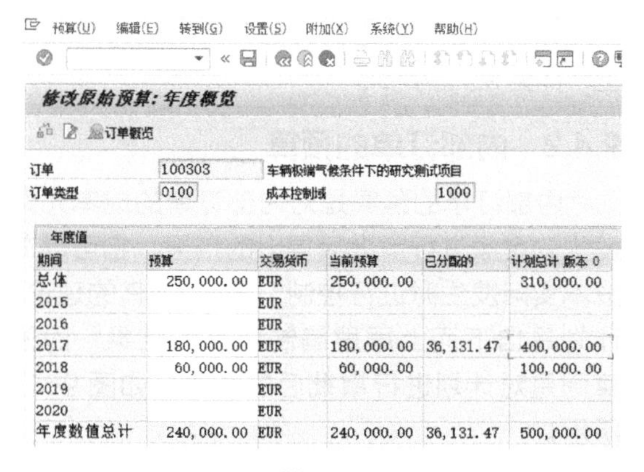

期间	预算	交易货币	当前预算	已分配的	计划总计 版本 0
总体	250,000.00	EUR	250,000.00		310,000.00
2015		EUR			
2016		EUR			
2017	180,000.00	EUR	180,000.00	36,131.47	400,000.00
2018	60,000.00	EUR	60,000.00		100,000.00
2019		EUR			
2020		EUR			
年度数值总计	240,000.00	EUR	240,000.00	36,131.47	500,000.00

图9-49

从图 9-49 中可以看出，先前输入的计划值，体现在“计划总计 版本 0”一列中。如果直接使用此计划值作为预算，可以复制这一列的数据，粘贴在“预算”列中。

提示

总体预算必须大于等于分年度预算之和才能保存。因此，如果年度值总计大于0，一定也要同时输入总体值。

提示

输入完毕后，可以单击“检查”按钮检查所做的操作。如有错误，系统会在界面底部提示。

STEP 3 单击“保存”按钮，系统提示“凭证××××已记账”，如图 9-50 所示。

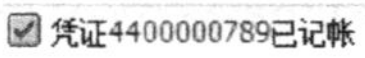

凭证4400000789已记帐

图9-50

初始预算保存完毕后，可以使用事务代码 KO23 查看。

【业务操作 2】接下来了解追加预算的操作。

路径：SAP 菜单 > 会计核算 > 控制 > 内部订单 > 制订预算 > 补充 > 更改

事务代码：KO24

STEP 1 在“更改补充：初始屏幕”界面输入订单号，如图 9-51 所示。

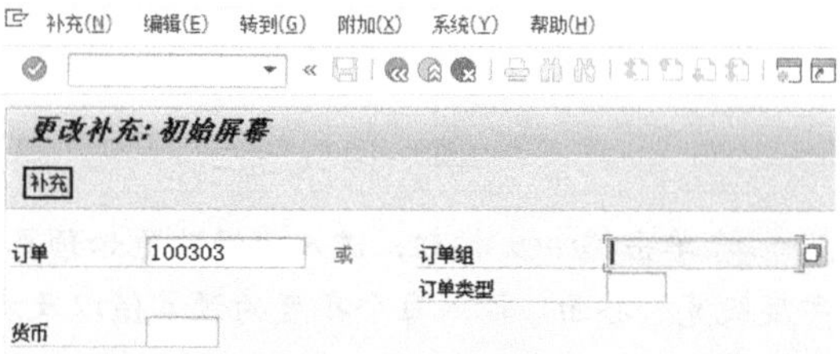

补充(N) 编辑(E) 转到(G) 附加(X) 系统(Y) 帮助(H)
更改补充: 初始屏幕
补充
订单 100303 或 订单组
订单类型
货币

图9-51

STEP 2 单击补充按钮，进入“修改补充：年度概览”界面，系统列出了当前预算，在“补充”列中，按年度输入预算的追加值，如图 9-52 所示。

补充(N) 编辑(E) 转到(G) 设置(S) 附加(X) 系统(Y) 帮助(H)
修改补充: 年度概览
订单概览
订单 100303 车辆极端气候条件下的研究测试项目
订单类型 0100 成本控制域 1000
年度值

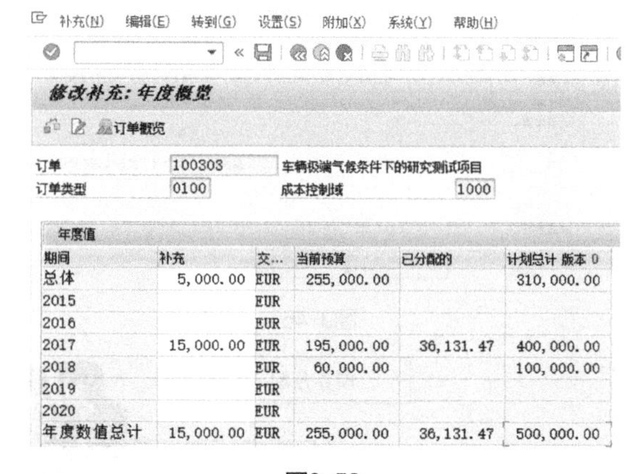

期间	补充	交...	当前预算	已分配的	计划总计 版本 0
总体	5,000.00	EUR	255,000.00		310,000.00
2015		EUR			
2016		EUR			
2017	15,000.00	EUR	195,000.00	36,131.47	400,000.00
2018		EUR	60,000.00		100,000.00
2019		EUR			
2020		EUR			
年度数值总计	15,000.00	EUR	255,000.00	36,131.47	500,000.00

图9-52

提示

输入某个年度追加的预算值后，注意总体预算可能也要追加，要确保追加后当前预算的总体值必须大于等于分年度预算之和。这样结果才能保存。

提示

输入完毕后，可以用“检查”按钮检查所做的操作。如有错误，系统会在界面底部提示。

STEP 3 单击“保存”按钮，系统提示“凭证××××已记账”，如图 9-53 所示。

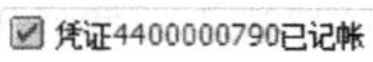

凭证4400000790已记帐

图9-53

追加预算可以通过事务代码 KO25 查看。

【业务操作 3】再来看预算返回的操作。

路径：SAP 菜单 > 会计核算 > 控制 > 内部订单 > 制订预算 > 返回 > 更改

事务代码：KO26

STEP 1 在“更改返回：初始屏幕”界面输入订单号，如图 9-54 所示。

返回(R) 编辑(E) 转到(G) 附加(X) 系统(Y) 帮助(H)
更改返回: 初始屏幕
返回
订单 100303 或 订单组
订单类型
货币

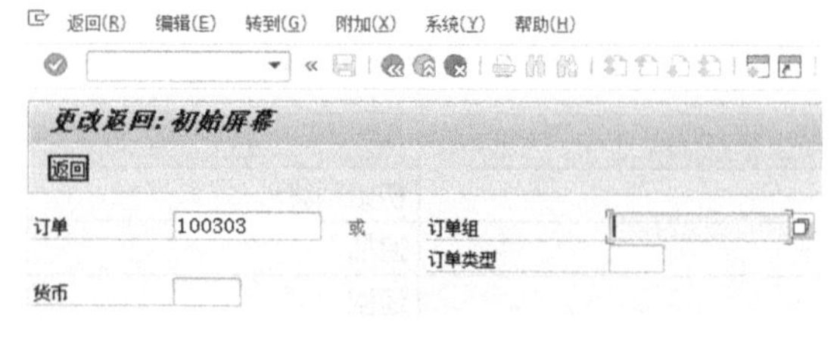

图9-54

STEP 2 单击返回按钮，进入“修改返回：年度概览”界面，输入每个年度返回的预算值，如图 9-55 所示。

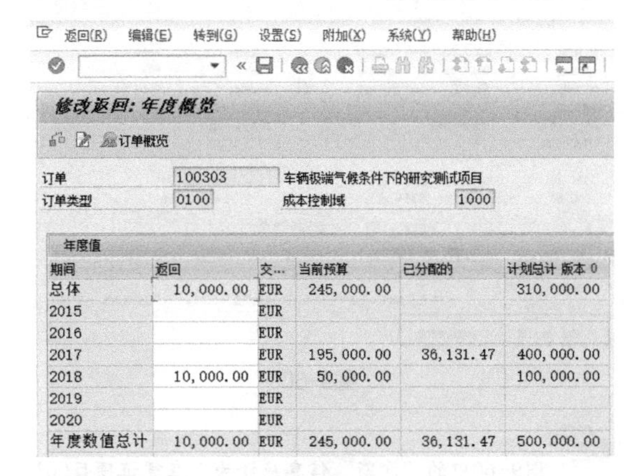

期间	返回	交...	当前预算	已分配的	计划总计 版本 0
总体	10,000.00	EUR	245,000.00		310,000.00
2015		EUR			
2016		EUR			
2017		EUR	195,000.00	36,131.47	400,000.00
2018	10,000.00	EUR	50,000.00		100,000.00
2019		EUR			
2020		EUR			
年度数值总计	10,000.00	EUR	245,000.00	36,131.47	500,000.00

图9-55

提示

返回预算后，当前预算的总体值必须大于等于分年度预算之和，才能保存。

提示

输入完毕后，可以用“检查”按钮检查所做的操作。如有错误，系统会在屏幕底部提示。

STEP 3 单击“保存”按钮，系统提示“凭证××××已记账”，如图 9-56 所示。

图9-56

前面介绍了内部订单预算的输入操作。内部订单预算输入后，其状态会发生变化。例如，内部订单100303现在多了两个状态，即BUDG（预算已建立）、ACAV（激活可用性控制），如图 9-57 所示。

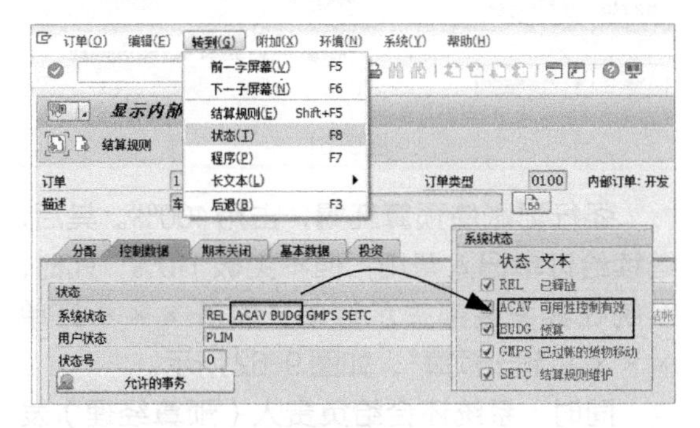

图9-57

接下来，如果对内部订单进行实际记账，它就会受前面预算（当前预算）的控制了。

延伸思考1

输入预算，状态变为BUDG（预算已建立），容易理解。为什么系统还会自动将状态变为ACAV（激活可用性控制）呢？

这是由后台的预算参数文件决定的，如图 9-58 所示。

路径：IMG> 控制 > 内部订单 > 预算和有效性控制 > 维护预算参数文件 - 维护预算参数文件

事务代码：OKOB

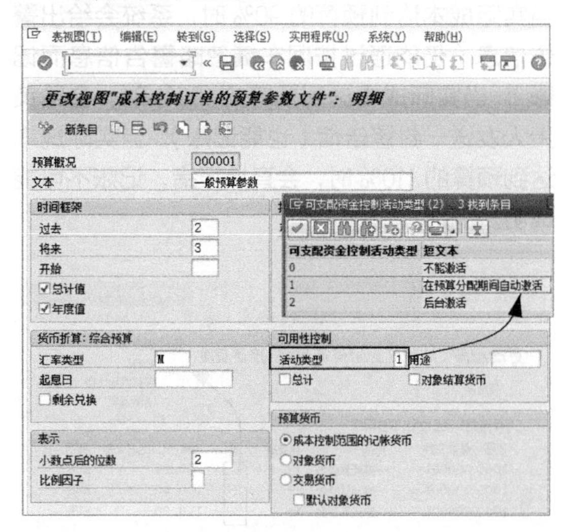

图9-58

从图 9-58 中可以看到，可用性控制的“活动类型”（激活类型）设置为1，表明“在预算分配期间自动激活”，即输入了预算，就自动激活了可用性控制。

顺便说一下，这里的预算参数文件决定了给内部订单建立预算的若干参数，除可用性控制外，还包括时间框架、预算货币等。同计划参数文件类似（参见 9.4.1 小节）。

预算参数文件也是要指定给订单类型的，详见 9.2.2 小节。凡是指定了该预算参数文件的这种类型的订单在编制预算时都会受它的控制。

延伸思考2

内部订单的预算控制效果是怎样的？

首先，从内部订单的预算建立过程来看，预算是针对内部订单的整体成本而言的，而不是就某个成本要素建立单独的预算（这一点与内部订单的计划是不同的）。因此，如果要控制预算，是对内部订单的总成本进行控制。

其次，内部订单的预算控制是根据后台配置来决定何时报警、何时报错的。

路径：IMG> 控制 > 内部订单 > 预算和有效性控制 > 为可用性控制定义容差限制

事务代码：OKOB

由图 9-59 中可以看到，如果某订单类型分配了预算参数文件 000001，那么在记账过程中，当实际成本达到预算的 90% 时，系统会给出警告信息（仍能通过按回车键忽略警告信息而记账）；当实际成本达到预算的 100% 时，会给负责人发送一封警告信（也能记账）；当实际成本达到预算的 110% 时，会直接报错，记账不可能成功。

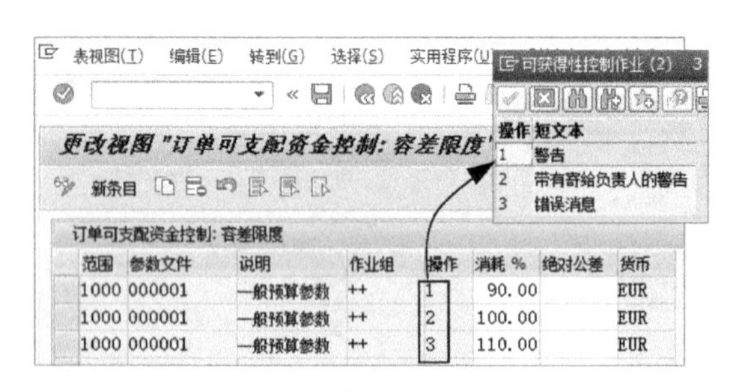

图9-59

> 提示
> 预算控制时是看当前年度的预算还是看总体预算？这取决于预算参数文件中的可用性控制下的“总计值”复选框是否被勾选（参看图9-58）。如果勾选了，则意味着按总体预算进行控制；如果不勾选，则意味着按年度预算控制。

现在来测试一下预算控制的效果。仍以前面的内部订单 100303 为例，2017 年度当前预算为 195 000 欧元。目前已经发生了费用（已分配预算）36 131.47 欧元（参见图 9-55）。

如果要达到 90%，还需要至少发生 139 368.53 欧元的费用。当给内部订单记入 140 000 欧元的费用时，系统在屏幕底部显示“项目 ××× 订单 ×××× 预算已快耗尽”的警告提示，并且在双击该警告信息后，可以看到系统提示预算超过了 90%，如图 9-60 所示。

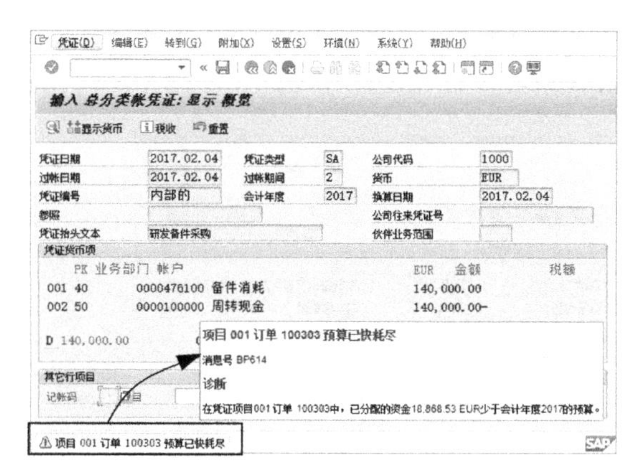

图9-60

> 提示
> 图9-60中的“诊断”信息应译为：在凭证项目001中，订单 100303已分配的预算比会计年度2017的预算还低18 868.53欧元（即预算只剩下18 868.53欧元，低于10%了）。

忽略以上警告，仍旧强行记账。此时，订单的已分配预算变为 36 131.47 + 140 000 = 176 131.47。如果要使订单预算消耗至 100%，至少要输入费用 195 000 - 176 131.47 = 18 868.53。当给该内部订单记入费用 18 868.53 欧元时，系统同样会在屏幕底部提示警告信息。此时，警告信息提示预算耗竭，如图 9-61 所示。

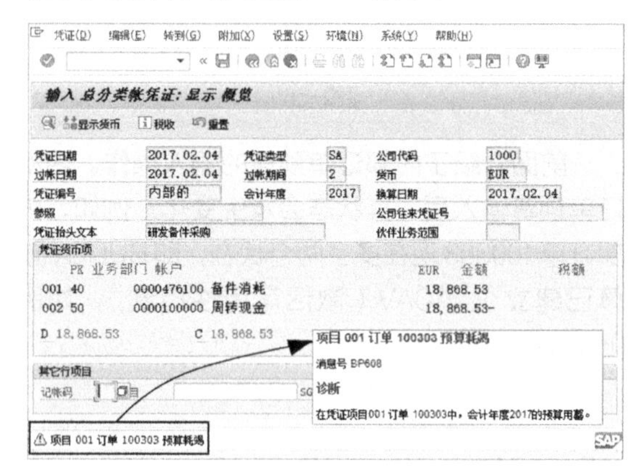

图9-61

强行记账使预算耗竭，占用 100%。其后，继续给订单记入费用，但不突破 110%，此时，系统在界面底部提示订单“项目 ××× 订单 ×××× 超出预算”，如图 9-62 所示。

同时，系统还会给负责人（预算经理）发送一封警告信。系统发送给负责人的邮件，要以负责人的身份登录系统，在 SAP 业务工作台的“收件箱”中可以看到，如图 9-63 所示，用户 Martin Steiner（系统中的用户名为 STEINER）收到了来自作者高林旭发送的邮件，提醒订单 100303 超出预算。

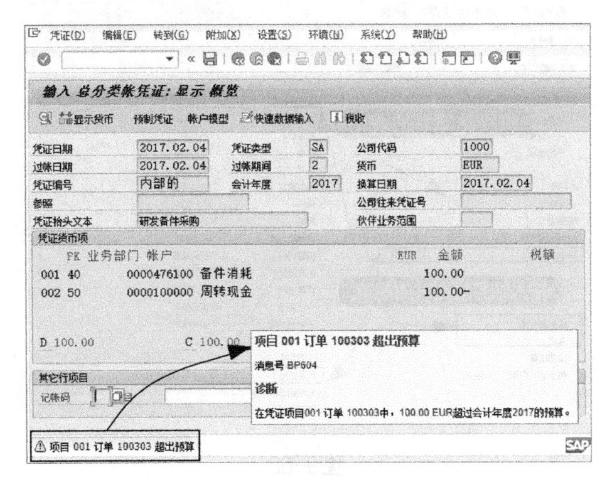

图9-62

路径：SAP 菜单 > 办公室 > 工作台

事务代码：SBWP

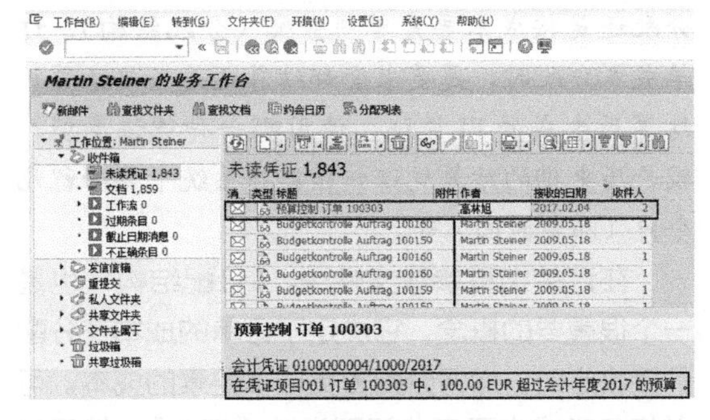

图9-63

> **提示**
> 系统发送邮件时，谁是预算经理呢？这取决于后台的“预算经理”配置，如图9-64所示。

路径：IMG> 控制 > 内部订单 > 预算和有效性控制 > 维护预算管理器（错误翻译，应为“预算经理”）

事务代码：OK14

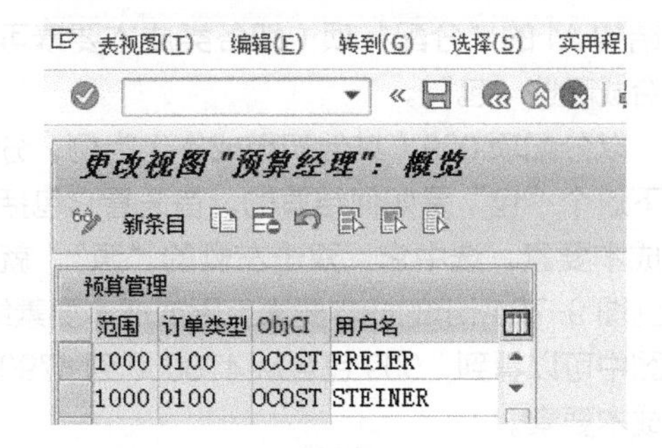

范围	订单类型	ObjCl	用户名
1000	0100	OCOST	FREIER
1000	0100	OCOST	STEINER

图9-64

这里针对订单类型 0100 和对象类别 OCOST 定义了两个用户名作为预算经理，那么，这两个用户都会收到邮件。因此，在图 9-63 上显示的“收件人”为 2。

如果继续给内部订单记入费用 20 000 欧元，使其超过当前预算的 10%（19 500 欧元），系统会直接在界面底部提示报错信息，如图 9-65 所示。因为是报错，该凭证无法记账。

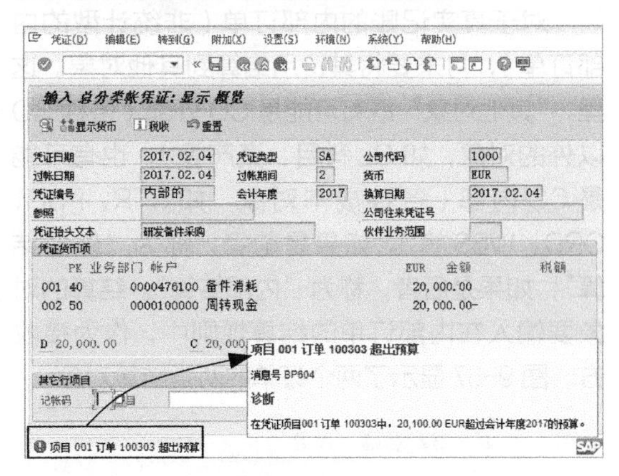

图9-65

如果对一个订单启用预算控制，是否在它身上发生的所有成本要素的费用都会受到控制？

答案是否定的。后台有一个配置项，称为“从有效性控制中指定免除成本要素”，它可以指定某些成本要素从预算控制中得到“豁免”，如为研发项目购买固定资产的资金从其常规预算中排除。

> **提示**
> 资产统驭科目和存货科目是可以设置为成本要素的，成本要素类别自动为90（统计），参见6.4.1小节。

该配置如图 9-66 所示。

路径：IMG> 控制 > 内部订单 > 预算和有效性控制 > 从有效性控制中指定免除成本要素

事务代码：OPTK

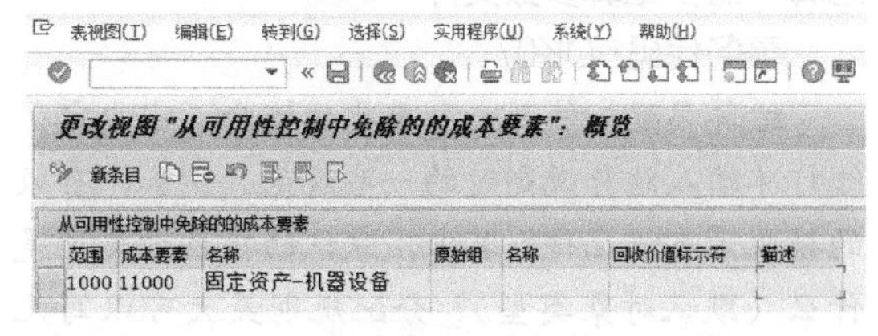

范围	成本要素	名称	原始组	名称	回收价值标示符	描述
1000	11000	固定资产-机器设备				

图9-66

除了成本要素外，此处还可以结合“原始组”进行定义。例如，对于存货类科目的成本要素，如果配上原始组（物料主数据成本 1 视图）的区分，就可以限定某些特定分类的存货发生的金额排除在预算控制之外。

9.5 内部订单的结算

对于真实记账的内部订单（非统计型的内部订单），月末要将其费用结算到其他对象。这里，“其他对象”既有可能是 CO 外部（各种 CO 以外的对象，如 GL 科目、资产等），也有可能是 CO 内部（各种成本对象，如 CTR、PSG、ORD、WBS 等）。如果是前者，称为“外部结算”；如果是后者，称为“内部结算”。结算的对象要输入在内部订单的结算规则中，作为接收方。图 9-67 显示了两个订单的两类结算对象。

显示结算规则：总览

订单 100303 车辆极端气候条件下的研究测试项目

实际结算

分配规则

类	结算接收方	接收者短文本	%	权数	结...	号	策略
G/L	492000	研发支出	100.00	0	FUL	1	

显示结算规则：总览

订单 A1001 行政办公大楼资产折旧订单

实际结算

分配规则

类	结算接收方	接收者短文本	%	权数	结...	号	策略
CTR	3200	市场部	80.00	0	PER	1	
CTR	2100	财务部	20.00	0	PER	2	

图9-67

订单结算规则输入时受订单结算参数文件的影响。图 9-68 是以上两个订单共同使用的结算参数文件的定义。

路径：IMG> 控制 > 内部订单 > 实际过账 > 结算 > 维护结算参数文件

事务代码：OK07

结算参数文件是一个重要的概念，它决定了给订单输入结算规则时的一些规范。例如，有效的接收方有哪几种？其中，默认的接收方类型是什么（默认对象类型）？分配规则最大可以写几行？如果有多个接收方，是否可以按百分比或权数输入分配金额的比例等。

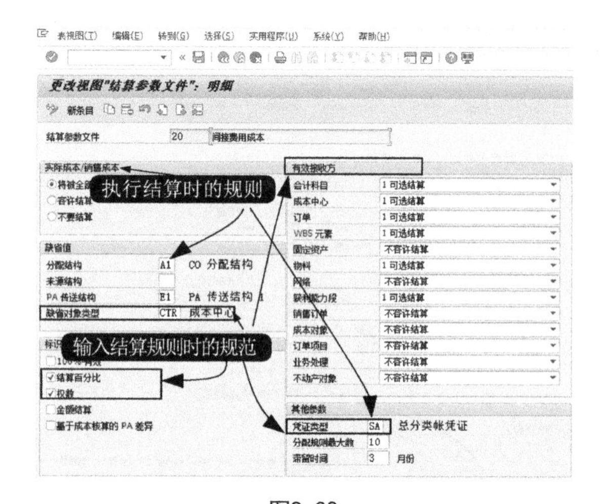

图9-68

同时，它还决定了在执行结算时的一些规则。例如，订单的成本分配到接收方时，如何分配各类成本要素的成本，是“打包”合并在一起分配还是按成本要素单项分配（分配结构）？订单成本分配时，是要求全部结算还是不要结算？结算后生成的 FI 凭证，使用哪一种凭证类型？较长历史期的结算凭证归档前在系统中要滞留几个月（滞留时间）等。

在订单结算参数文件中，“分配结构”也是一个很重要的概念，它决定了订单的成本在分配到接收方时，如何分配各类成本要素的成本。可以将各类成本要素分门别类地“打包”，然后对每一个“包”指定：如果分配到 GL 科目则如何结算？如果分配到 CTR 则如何结算？它在后台具体定义。

路径：IMG> 控制 > 内部订单 > 实际过账 > 结算 > 维护分配结构

事务代码：OK06

图 9-69 显示了结算参数文件 20 所使用的分配结构 A1 的“分配”项（即各类成本要素可以组合成哪些“包”）。

以分配项 009（其他初级成本）为例，分析一下这个“包”是如何结算的。首先看它包括哪些成本要素。选中它，双击左侧的“源”，就会看到图 9-70 所示的成本要素范围或成本要素组。从图中可以看到，009 包含从 470000 到 479000 的成本要素。

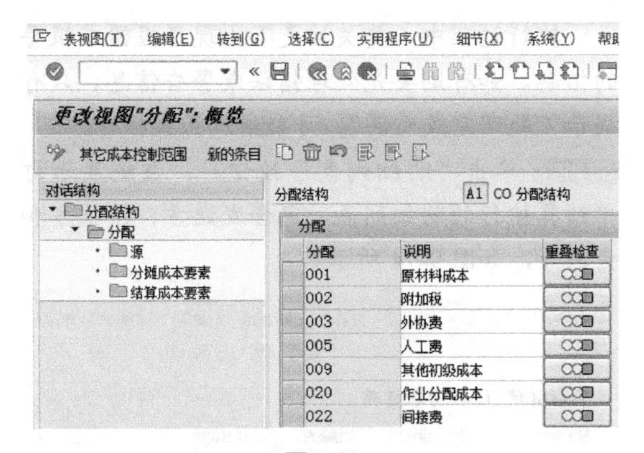

图9-69

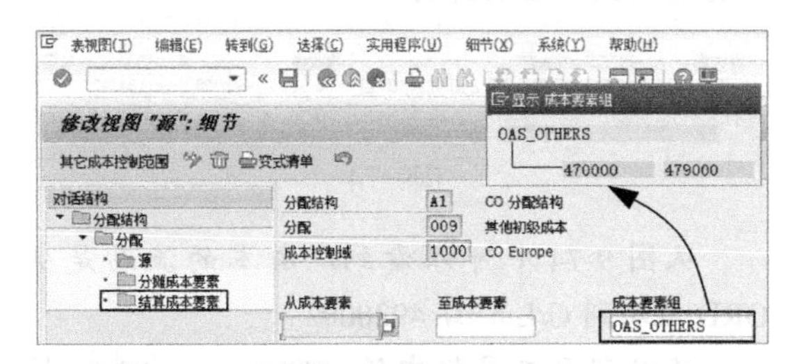

图9-70

双击左侧的“结算成本要素”，就可以看到针对这个范围的成本要素，在结算到不同对象时使用的成本要素如图9-71所示。

接收方类型	按成本要素	结算成本要素	名称
FXA	☐	811000	成本转出-订单外部结算
PSG	☐	650000	订单成本内部结算
CTR	☑		
ORD	☑		
G/L	☐	811000	成本转出-订单外部结算
SDI	☐	650000	成本内部结算

图9-71

如果勾选“按成本要素”复选框，则意味着原成本要素是什么，结算到接收方时就使用什么成本要素（使用原成本要素结转，类似于CO-CCA的“分配”）；如果不勾选“按成本要素”复选框而是输入“结算成本要素”，则意味着该范围内的所有成本要素都按照这个统一的“结算成本要素”打包结算到接收方（类似于CO-CCA的“分摊”）。两种选项是互斥的，勾选了“按成本要素”复选框就不能输入“结算成本要素”；输入了“结算成本要素”就不能勾选“按成本要素”复选框。

结算成本要素，对于CO外部的接收方（如图中的FXA、G/L科目）而言，因为要形成会计凭证，因此要使用初级成本要素（类别为22——外部结算），如811000就是22类别的初级成本要素；对于CO内部的接收方（如图中的PSG、SDI，还有CTR、ORD）而言，只是成本在成本对象内部的流转，因此使用次级成本要素即可（类别为21——内部结算），如650000就是21类别的次级成本要素。

综合起来，对于订单的成本结算的各种情形，形成CO凭证和FI凭证，如表9-5所示。

表9-5 不同情形下的CO凭证和FI凭证

接收方性质	是否“按成本要素”	CO凭证（成本要素/成本对象）	FI凭证
外部	（一般不会选择该项）	贷方：811000/ORD	Dr：（接收方） Cr：811000
内部	按成本要素	借方：原成本要素/接收方 贷方：原成本要素/ORD	（可能有）
内部	不按成本要素	借方：650000/接收方 贷方：650000/ORD	（无）

提示

对于内部接收方，如果按成本要素结算，可能会有FI凭证，也可能没有FI凭证。这取决于发送方和接收方在会计属性如区分费用性质的功能范围、利润中心等字段上是否不同，如果不同，就会产生FI凭证；如果完全相同，就不会产生FI凭证。如果产生了FI凭证，对订单上的初级成本要素而言，是借记“原成本要素”，贷记“原成本要素”，但会计属性不同；对次级成本要素而言，借方和贷方都将使用CO->FI的统驭科目。

明白了这些基本原理，在结算执行后，分析系统产生的凭证就容易多了。

【业务操作1】接下来以订单100303为例介绍订单结算执行的具体操作。因为只结算一个订单，因此采用“单个处理”。

路径：SAP菜单 > 会计核算 > 控制 > 内部订单 > 期末结账 > 单一功能 > 结算 > 单个处理

事务代码：KO88

STEP 1 在“实际结算：订单”界面输入订单号

及结算期间、年度，如图 9-72 所示。

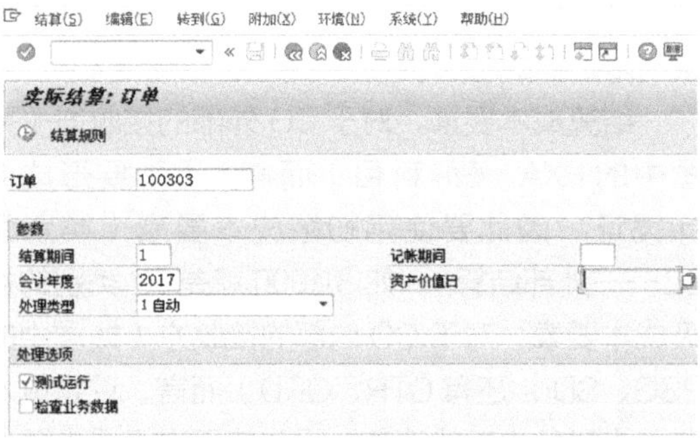

结算(S) 编辑(E) 转到(G) 附加(X) 环境(N) 系统(Y) 帮助(H)
实际结算：订单
结算规则
订单 100303
参数
结算期间 1
记帐期间
会计年度 2017
资产价值日
处理类型 1 自动
处理选项
测试运行
检查业务数据

图9-72

处理类型：有自动、按期间、完全结算等几种选择。如果选择“自动”，则系统按照订单结算规则中的结算类型进行处理。“按期间”是指处理定期的成本；“完全结算”是指处理历史累计的所有未结算的成本。

> **提示** 如果某订单1月有部分成本遗漏了结算操作，在2月结算时，选择“按期间”，则只处理2月的成本结算；如果选择“完全结算”，则系统会将1月遗漏结算的成本在2月一起处理。

STEP 2 单击“执行”按钮，系统显示订单结算执行的基本清单，如图 9-73 所示。

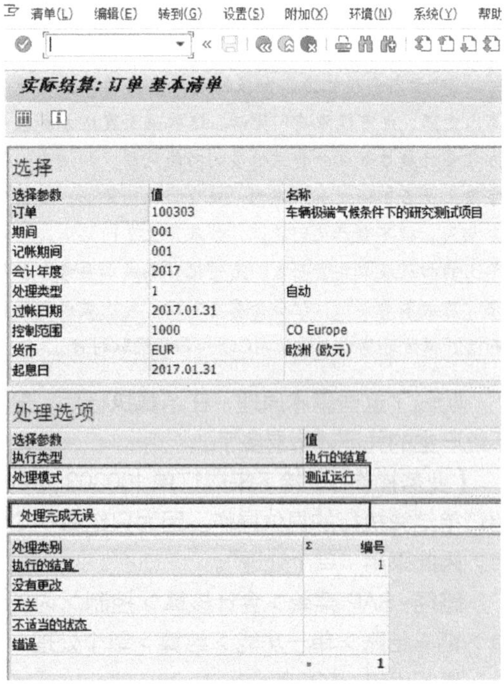

清单(L) 编辑(E) 转到(G) 设置(S) 附加(X) 环境(N) 系统(Y) 帮助
实际结算：订单 基本清单
选择
选择参数 值 名称
订单 100303 车辆极端气候条件下的研究测试项目
期间 001
记帐期间 001
会计年度 2017
处理类型 1 自动
过帐日期 2017.01.31
控制范围 1000 CO Europe
货币 EUR 欧洲 (欧元)
起息日 2017.01.31
处理选项
选择参数 值
执行类型 执行的结算
处理模式 测试运行
处理完成无误
处理类别 Σ 编号
执行的结算 1
没有更改
无关
不适当的状态
错误
1

图9-73

执行过程中，要关注是否出现了报错或报警的信息。如有则要先处理错误或警告信息。只有提示“处理完成无误”，才能继续正式执行。

STEP 3 单击“明细列表”按钮，系统显示订单结算执行的明细列表，包含发送方、接收方和金额等，如图 9-74 所示。

清单(L) 编辑(E) 转到(G) 设置(S) 附加(X) 环境(N) 系统(Y) 帮助(H)
实际结算：订单 明细清单
基本清单 发送方 接收方 结算规则
明细列表 - 已结算值
发送者 短文本：发送方 接收者 ΣValCOArCur 信息
ORD 100303 车辆极端气候条件下的研究测试项目 G/L 1000//492000 131.47
131.47

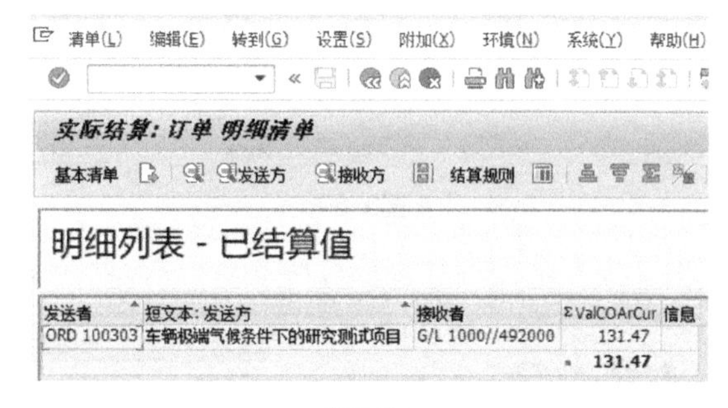

图9-74

从图 9-74 中可以看到，成本的流动是从 ORD 流动到 G/L 科目 492000。

可以利用工具栏中的“发送方”、“接收方”按钮来查看更多信息。

STEP 4 返回输入参数界面，去掉对“测试运行”复选框的勾选，单击“执行”按钮，正式执行，这时系统显示的基本清单中，提示的处理模式是“更新运行”，如图 9-75 所示。

清单(L) 编辑(E) 转到(G) 设置(S) 附加(X) 环境(N) 系统(Y) 帮助
实际结算：订单 基本清单
选择
选择参数 值 名称
订单 100303 车辆极端气候条件下的研究测试项目
期间 001
记帐期间 001
会计年度 2017
处理类型 1 自动
过帐日期 2017.01.31
控制范围 1000 CO Europe
货币 EUR 欧洲 (欧元)
起息日 2017.01.31
处理选项
选择参数 值
执行类型 执行的结算
处理模式 更新运行
处理完成无误
处理类别 Σ 编号
执行的结算 1
没有更改
无关
不适当的状态
错误
1

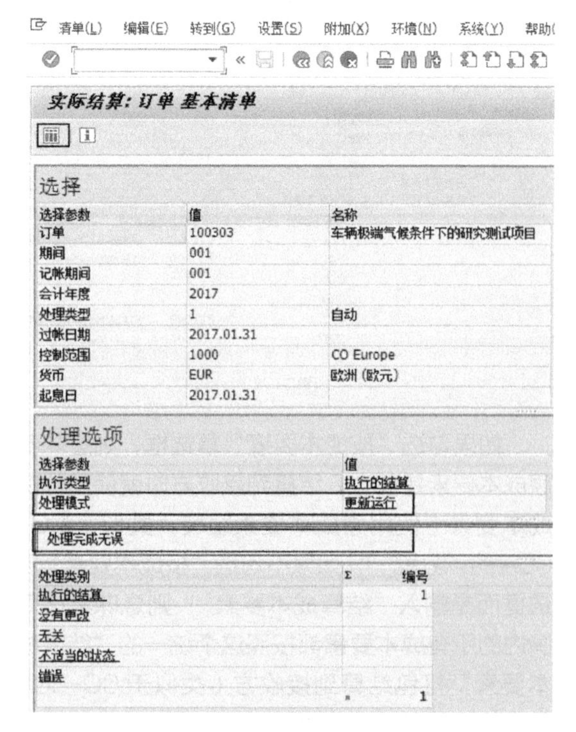

图9-75

同时也要关注是否得到了“处理完成无误”的信息。

STEP 5 单击“明细列表”按钮，系统显示订单结算执行的明细清单。此时，在明细清单的工具栏出现了 会计核算凭证 按钮，如图 9-76 所示。

图9-76

单击 会计核算凭证 按钮，系统显示产生的会计凭证清单，如图 9-77 所示。

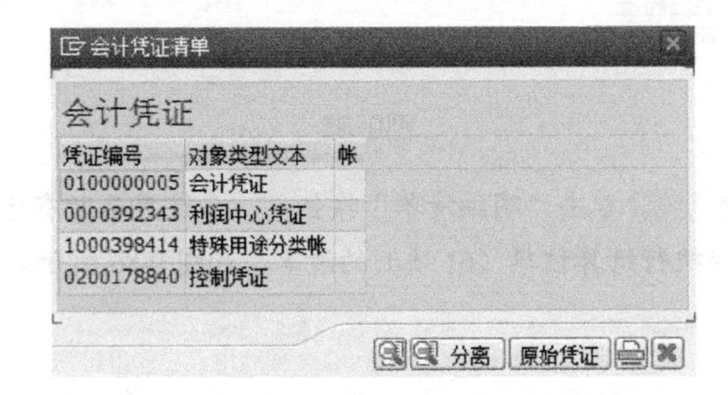

图9-77

双击会计凭证 100000005，查看会计凭证（FI 凭证），如图 9-78 所示。

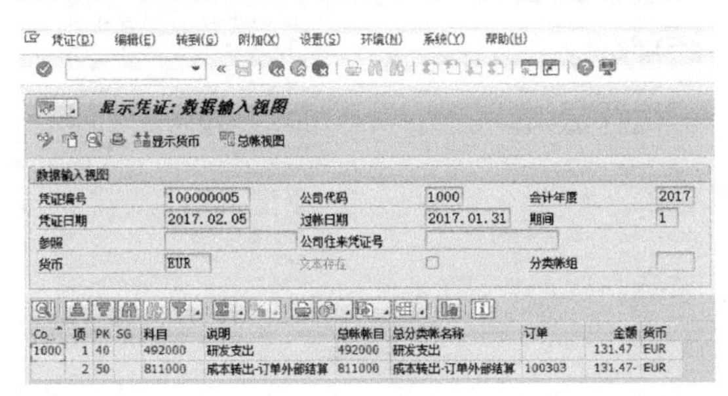

图9-78

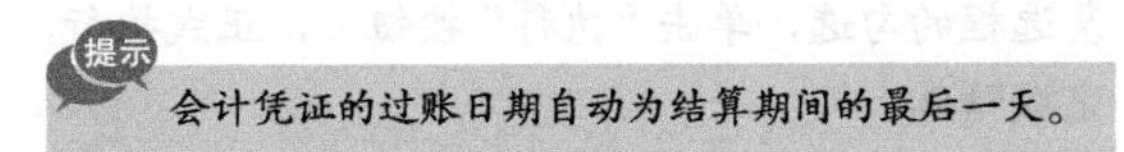

提示
会计凭证的过账日期自动为结算期间的最后一天。

双击控制凭证 200178840，查看控制凭证（CO 凭证），如图 9-79 所示。

依照同样的步骤，结算另一个内部订单 A1001（结算规则参见图 9-67），产生的明细清单如图 9-80 所示。

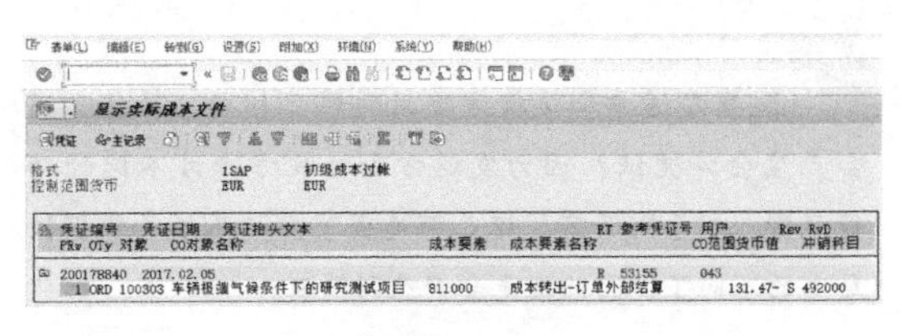

图9-79

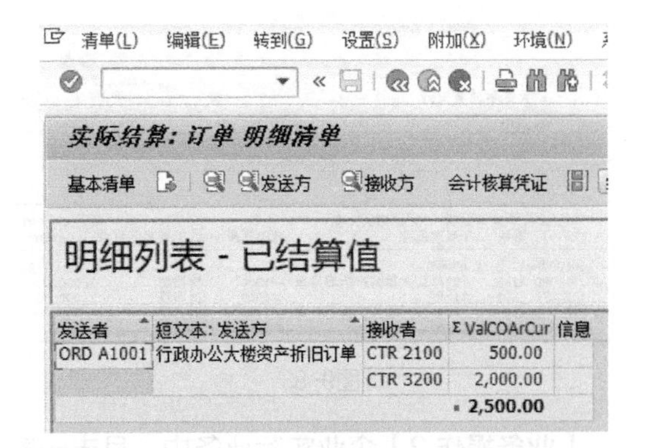

图9-80

从图 9-80 中可以看出，成本的流动是从 ORD 流向两个成本中心即 CTR2100 和 CTR3200，表明原订单归集的折旧费由这两个成本中心分担。

单击“会计核算凭证”按钮可以看到，它产生的凭证清单如图 9-81 所示。

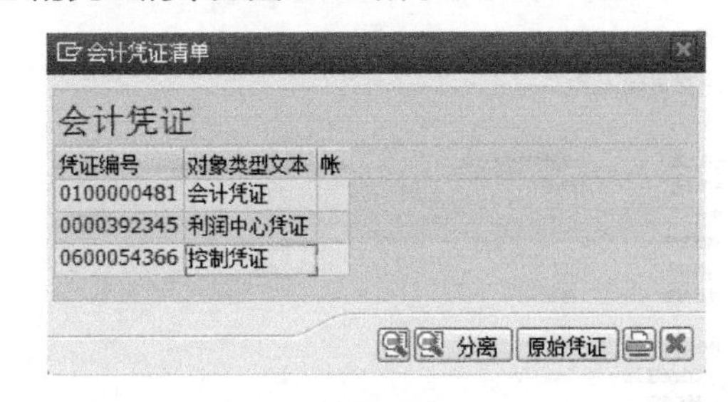

图9-81

其中，会计凭证（FI 凭证）如图 9-82 所示。

图9-82

> **提示** 这里发送方和接收方使用的科目相同，为什么还会产生会计凭证？因为发送方和接收方牵涉不同的功能范围。对于FI而言，这已经造成了会计属性（费用性质）的不同了，因此还是会产生FI凭证。

其中，控制凭证（CO 凭证）如图 9-83 所示。

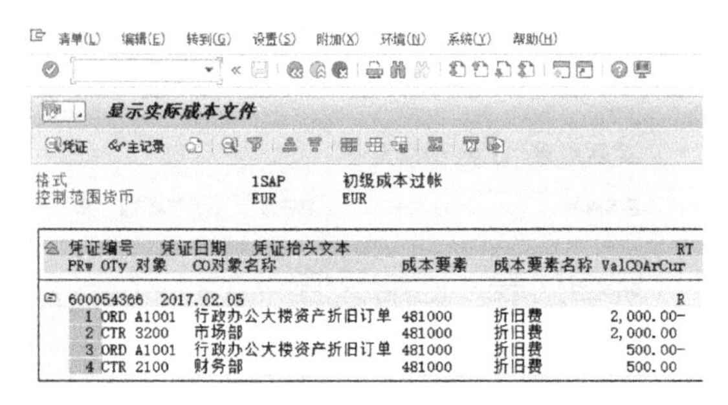

图9-83

【业务操作 2】企业实际业务中，月末一般不会按照单个订单执行结算，而是会批量操作。

路径：SAP 菜单 > 会计核算 > 控制 > 内部订单 > 期末结账 > 单一功能 > 结算 > 集中处理

事务代码：KO8G

STEP 1 在“实际结算：订单”界面输入“选择变式”，并输入结算期间、年度，如图 9-84 所示。

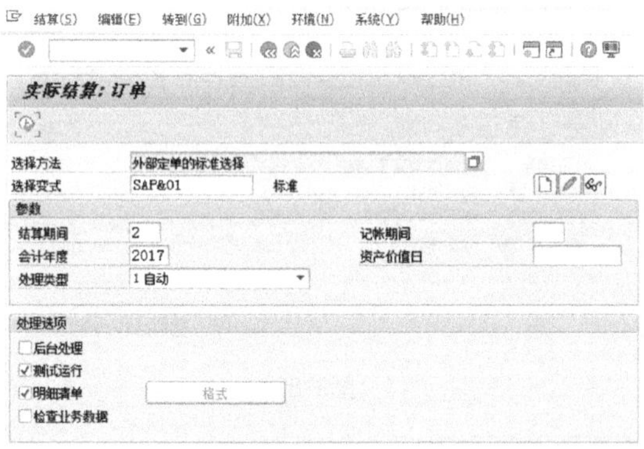

图9-84

选择变式：执行结算的变式，如“SAP&01”是系统自带的标准变式，它决定对哪些范围的订单进行结算。可以根据订单类型、订单号等范围设定需要的变式。

STEP 2 单击“执行”按钮，系统显示基本清单，如图 9-85 所示。

在这里要关注有哪些订单有错误（128 项），哪些订单可以执行结算（61 项）。对于错误的订单，要检查错误原因并进行更正。

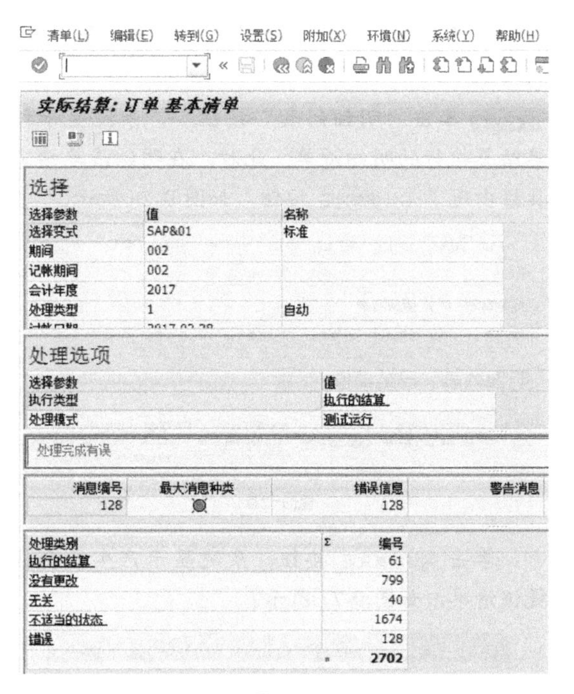

图9-85

STEP 3 单击“明细清单”按钮，系统显示所有已经执行结算订单（61 项）的清单，如图 9-86 所示。

图9-86

STEP 4 返回输入参数界面，去掉对“测试运行”复选框的勾选，单击“执行”按钮，正式执行，完成结算。

如果内部订单的结算规则中指定了生产性的成本中心作为接收方，那么对这些订单的结算在时间上有什么要求？

我们知道，在CO-CCA的月结步骤中，要对生产性成本中心的费用做“作业价格计算”，以便后续能够在CO-PC-OBJ的月结步骤中做“作业价格重估”。而“作业价格计算”的前提是：生产性成本中心的费用已经归集完毕。因此，如果内部订单的结算规则中指定了生产性成本中心作为接收方，必须在“作业价格计算”前对内部订单进行结算。

否则，如果已经进行了“作业价格计算”，然后再通过内部订单的结算，将费用结算到生产性成本中心，那么，之前的“作业价格计算”又得重新执行。

由此可见，有关CO的月结操作，必须结合CO模块的具体应用整理出合适的月结步骤，有条不紊地进行。

9.6 内部订单的报表

本节介绍内部订单报表使用前的用户设置以及常用的报表有哪些。

9.6.1 运行报表前的用户设置

内部订单模块提供了一些标准报表，放在“信息系统”中，用户可根据自己需求使用。但在使用前，用户可以根据自己的使用习惯，针对报表运行的参数设置默认值。这称为“用户设置”。

【业务操作】接下来介绍如何设置个人用户的参数。

路径：SAP菜单 > 会计核算 > 控制 > 内部订单 > 信息系统 > 用户设置

事务代码：RPO0

STEP 1 在“内部订单信息系统：用户设置”界面，逐个选项卡输入个人的使用参数。首先在“基本数据”选项卡中输入默认参数，如图9-87所示。

从抬头部分可以看到，该设置是针对用户043进行的。也就是说，该设置只对用户043起作用，对其他用户是不起作用的。

在“基本数据”选项卡设置报表运行时的组织结构、订单数据范围等的默认值。这些默认值将会自动体现在后续报表运行时的参数输入中。

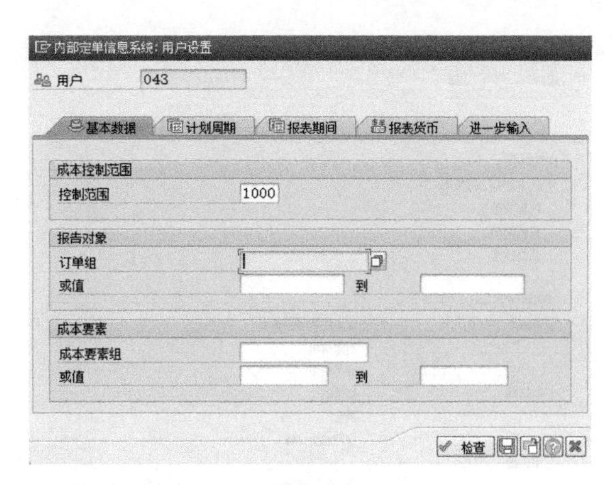

图9-87

STEP 2 切换到“计划周期”选项卡，输入在计划周期上的默认参数，如图9-88所示。

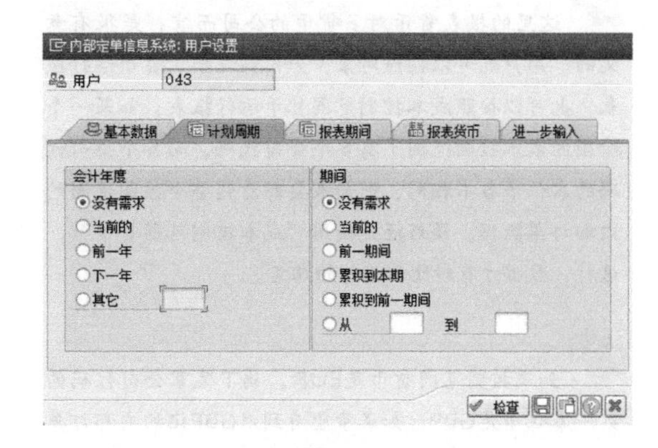

图9-88

STEP 3 切换到“报表期间”选项卡，输入在报表期间上的默认参数，如图9-89所示。

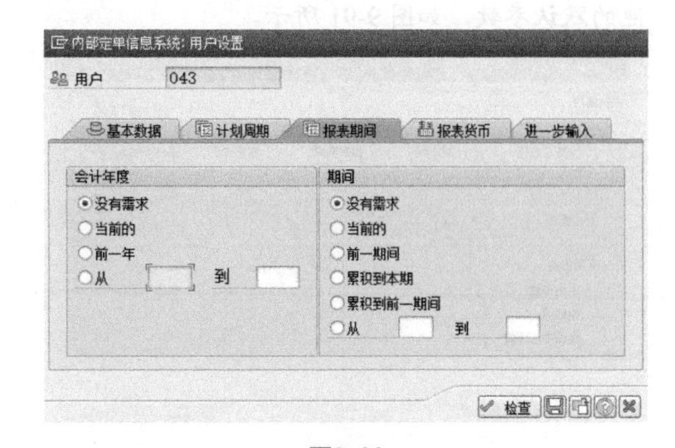

图9-89

STEP 4 切换到“报表货币”选项卡，输入在报表货币方面的默认参数，如图9-90所示。

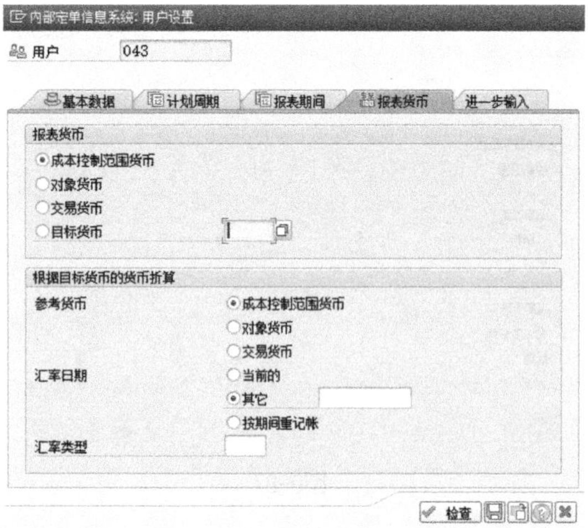

图9-90

提示

这里的报表货币对多货币的公司而言，是很有意义的。用户既可以按照对象（如内部订单）货币运行报表，也可以按照成本控制范围货币运行报表。如果一个跨国的成本控制范围下有多个公司代码，而各个公司代码的本位币各不相同，则如果要想看到整个控制范围的内部订单数据，最好还是使用“成本控制范围货币”，这样，数据才有对比和汇总的意义。

提示

如果控制范围货币是EUR，旗下某家公司代码的第一本位币是GBP，如果希望看到以GBP记的内部订单报表，则应选中“对象货币”单选钮，而不是“成本控制范围货币”单选钮。

STEP 5 切换到“进一步输入”选项卡，输入其他的默认参数，如图 9-91 所示。

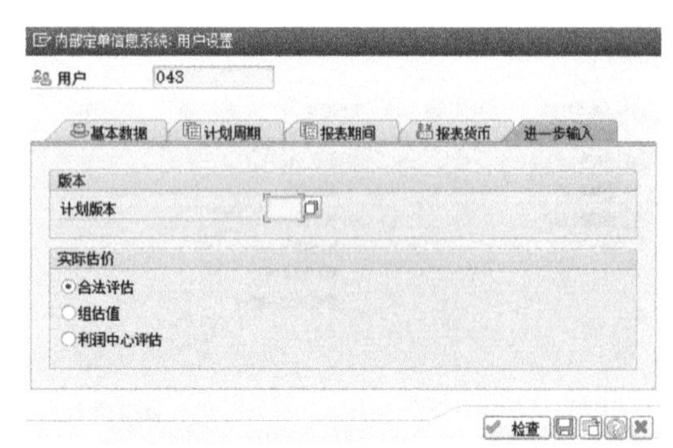

图9-91

实际估价：选择成本评估的 3 种“口径”，即“合法评估”(以法人为对象评估)、“组估值”(以集团为对象评估)、“利润中心评估”(以利润中心为对象评估)。在未启用平行评估的企业，只选中“合法评估”单选钮即可。

9.6.2 内部订单常用报表

和其他模块一样，内部订单的报表放在该模块的“信息系统”下。

路径：SAP 菜单 > 会计核算 > 控制 > 内部订单 > 信息系统 > 内部订单的报表

内部订单模块的报表涵盖成本数据、计划数据、成本凭证行项目、主数据等，如图 9-92 所示。

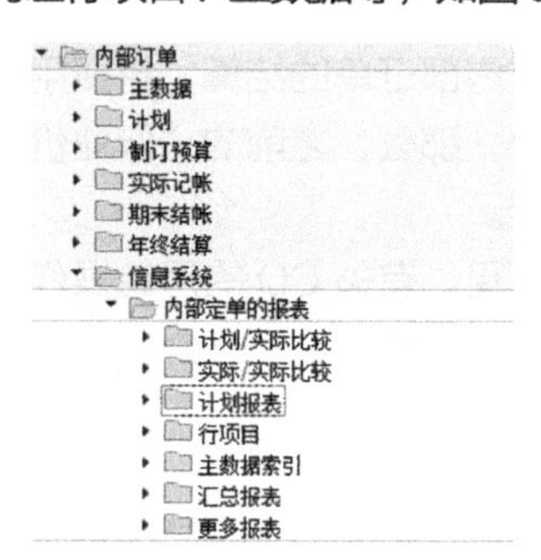

图9-92

下面就各类型报表做一简单介绍。

1. 成本比较类的报表

这类比较有计划与实际的比较、实际与实际的比较（按季度比较或按年度比较）、目标与实际的比较。最为常用的是第一种。接下来详细介绍该报表的作用。

路径：SAP 菜单 > 会计核算 > 控制 > 信息系统 > 内部订单的报表 > 计划 / 实际比较 > 订单：实际 / 计划 / 变式（实际应译为“差异”）

事务代码：S_ALR_87012993

报表输入的参数如图 9-93 所示。

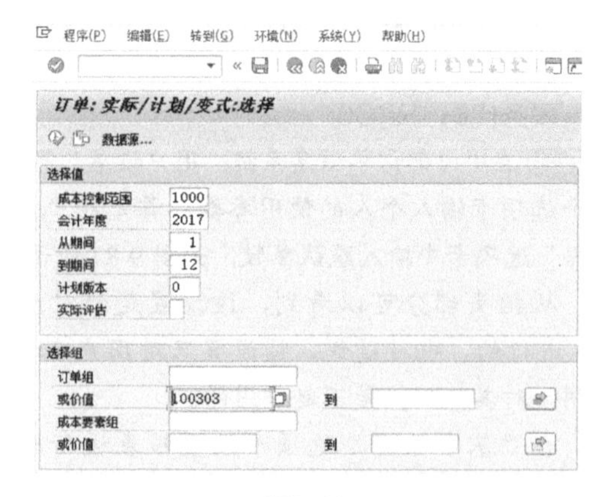

图9-93

执行后，系统可以显示内部订单下按成本要素细分的实际数和计划数，如图 9-94 所示。

图9-94

“成本”部分表示内部订单发生的成本数（输入方金额），“已结算的成本”表示结算执行后转出的数（输出方金额）。二者的余额如果为0，表明订单成本已经全部结算完毕。

2. 成本计划类的报表

计划数据主要是指在事务代码KPF6中输入的计划，将这些计划以报表形式展现。比较典型的报表有“订单：计划概况”。

路径：SAP菜单 > 会计核算 > 控制 > 内部订单 > 信息系统 > 内部订单的报表 > 计划报表 > 订单：计划概况

事务代码：KABL

报表输入的参数如图9-95所示。

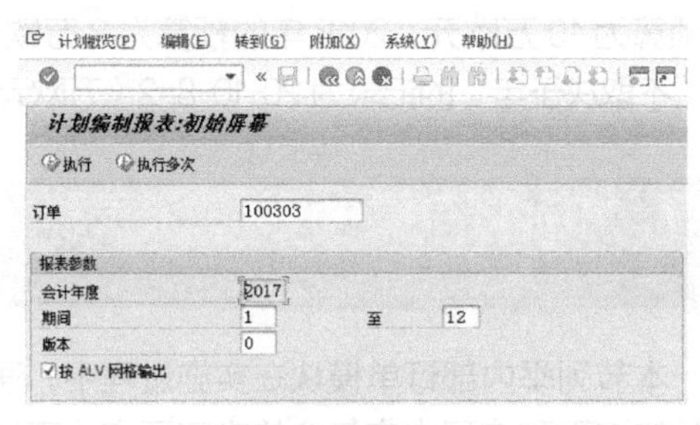

图9-95

运行后，系统显示该内部订单在指定会计期的计划数据，如图9-96所示。

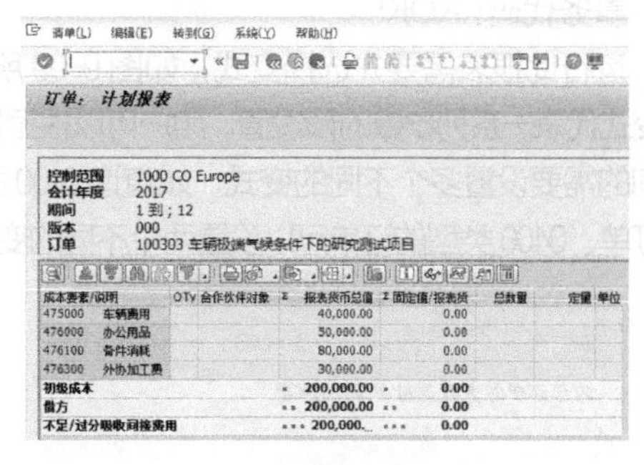

图9-96

计划类的报表企业使用相对较少。

3. 行项目报表

行项目报表包括实际行项目、承诺行项目、计划行项目、预算行项目以及CO计划凭证、预算凭证的显示。前4个报表按内部订单和成本要素查询行项目，而后两个报表则根据凭证编号查看计划凭证和预算凭证的整体情况。

下面以实际行项目报表为例进行说明。

路径：SAP菜单 > 会计核算 > 控制 > 内部订单 > 信息系统 > 内部订单的报表 > 行项目 > 订单：实际行项目

事务代码：KOB1

报表运行的参数如图9-97所示。

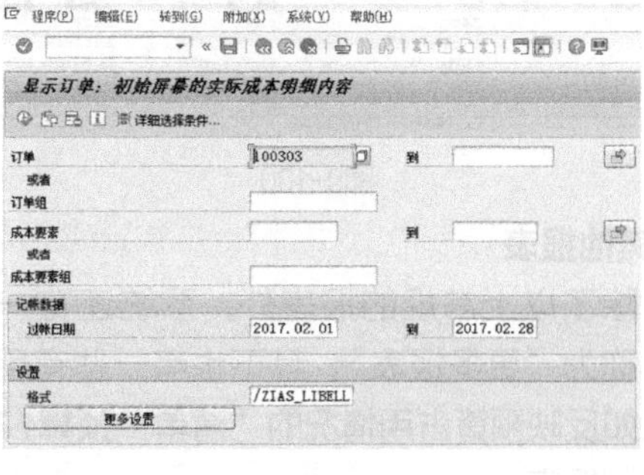

图9-97

报表运行的结果如图9-98所示。

从图9-98中可以看出，该报表按凭证行项目的明细数据列示，因此可以用来作为审计线索，在追溯查询中比较有用。

4. 主数据报表

主数据报表是对系统中存在的内部订单、结算规则以清单形式列示。下面以内部订单为例说明报表的运行。

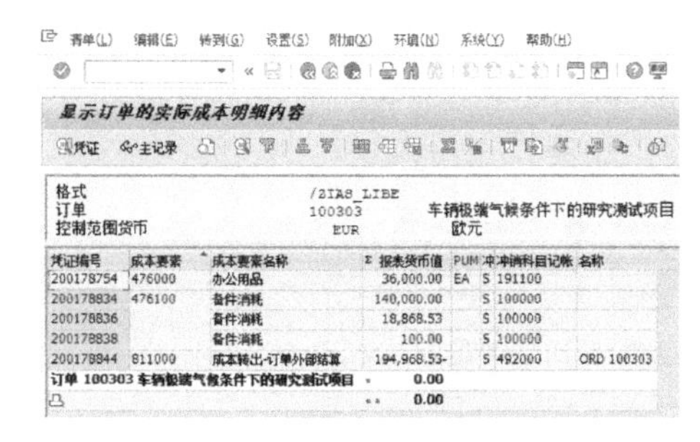

图9-98

路径：SAP 菜单 > 会计核算 > 控制 > 内部订单 > 信息系统 > 内部订单的报表 > 主数据索引 > 内部订单

事务代码：KOK5

运行此报表需要先选择变式，如图 9-99 所示。该变式代表一系列参数的预设值。用户可以根据日常查询的需要设置多个不同的变式，如查询 0100 类型的订单、0400 类型的订单可以设置两个不同的变式。

图9-99

报表执行后产生的结果如图 9-100 所示。

图9-100

5. 其他报表

除了以上常规的报表外，系统还有一个菜单，称为“更多报表”，其下也有一些有用的报表，如反映预算占用情况的“清单：预算 / 实际 / 承诺”报表。

路径：SAP 菜单 > 会计核算 > 控制 > 内部订单 > 信息系统 > 内部订单的报表 > 更多报表 > 清单：预算 / 实际 / 承诺

事务代码：S_ALR_87013019

运行该报表的参数输入界面如图 9-101 所示。

报表执行后结果如图 9-102 所示。

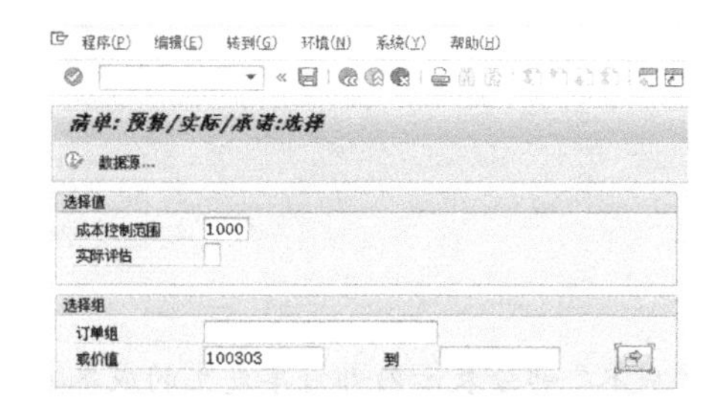

图9-101

图9-102

该报表用于查看预算还有多少可用金额，是比较有用的。在左侧的树形结构中，系统按照给定了预算金额的年度列示，如 2017 年、2018 年。“不取决于年”显示了总预算中没有细分到 2017 年、2018 年的金额。如果总预算是 20 万欧元，2017 年的预算为 10 万欧元，2018 年的预算为 8 万欧元，则“不取决于年”的记录为 20-10-8=2（万欧元）。

9.7 内部订单模块设计的流程和方案要点

本节列举内部订单模块在实施过程中，通常设计的流程和流程中应包含的方案要点（不涉及具体的方案），仅供参考。

表 9-6 介绍了内部订单模块设计的流程和方案要点。

表 9-6 内部订单模块设计的流程清单和方案要点

流程编码	流程名称	流程中应包含的方案要点
CO-IO-110	内部订单主数据的建立流程	内部订单适用的业务范围、订单类型的划分、每种订单类型的计划 / 预算 / 结算方面的约定等
CO-IO-210	内部订单计划和预算的流程	计划和预算输入的规则
CO-IO-220	内部订单实际记账的流程	有哪些方式对内部订单记账。如果有预算控制，对容差限制的规则是怎样规定的，是否有在可用性控制中“豁免”的成本要素等
CO-IO-310	内部订单月末结算流程	月结的步骤（要纳入到整体 CO 月结流程中考虑）

第 10 章

10 合并模块

本章介绍以下内容：

- **合并模块的基础知识及演变情况；**
- **合并模块的组织结构；**
- **合并模块的主数据（会计报表项目）；**
- **合并数据的形成；**
- **合并数据的抵销；**
- **合并模块的相关报表；**
- **合并模块设计的流程和方案要点。**

考虑到 EC-CS（Enterprise Controlling 下的 Consolidation）是 SAP 中较为成熟的合并模块，本章介绍的合并模块以 EC-CS 为主。

10.1 基础知识

本节介绍合并的基础知识、SAP 合并模块的演进过程以及 EC-CS 模块的基本功能、全局参数。

10.1.1 合并的基础知识

合并是在一个企业集团下，将多家公司的财务报表进行合并，出具整个集团的综合财务报表。这些合并的财务报表，将整个集团视为一个完整的业务实体看待，从而为集团的管理者和外部的投资者提供真实的总体财务状况。

为了避免关联交易对报表的影响（如利润的虚增、债权债务的虚增、存货的虚增），必须对关联的财务数据进行抵销。例如，一个集团下有 A 公司、B 公司，两家公司构成了上、下游关系，A 公司将半成品销售给 B 公司继续生产，B 公司生产出产品后销售给集团外部单位。从个别公司报表看，A 公司有对 B 公司的销售收入，B 公司有对外部单位的销售收入，但是后者才是整个集团的收入，前者只是集团内公司与公司间的收入，是需要抵销的。同时，从个别报表看，A 公司和 B 公司之间互相形成了应收账款和应付账款，但是，站在集团外部看，在该集团内，总体的债权和债务并没有因此发生变化，因此，内部的应收应付也是需要抵销的。

简而言之，要出具合并的财务报表，就是站在集团“外部”，出具关于该集团的财务报表。

可以说，企业出具合并的报表，就是“先做加法，再做减法”。“加法”就是将各个个别公司的报表数据求和，是合并数据形成的过程；“减法”是在求和的基础上减去相互虚增的金额，是合并数据抵销的过程。最终的结果就是合并抵销后的财务数据。

在企业管理的范畴，合并报表还分为“财务合并”和“管理合并”。财务合并关注于集团的合并资产负债表、合并损益表和合并现金流量表，只需要出三大合并报表即可；而管理合并则关注更广泛的业务层面，如合并的应收账龄报表、合并的存货账龄报表、合并的获利能力分析报表、合并的采购分析报表等。在 SAP 中，如果要出具财务合并的报表，只需要关注 FI-GL 模块的财务结果，使用 EC-CS 模块即可；而要出具管理合并的报表，则需要从更广泛的模块取数，包括 FI 的应收应付等模块、CO 模块、MM 模块等，要靠开发才能实现，甚至需要借助 BW（数据仓库）搭建相应的数据模型。

按照企业集团管理的架构，合并报表还可以基于不同维度来出具，如公司、业务范围、利润中心。最常规的报表是基于公司的合并。业务范围和利润中心的合并相当于按照企业的事业部层级来提取合并报表。正因为有了多个维度合并的概念，一般地，将合并称为对多个“合并单元”（consolidation units）的合并，而不仅局限于对公司的合并。这里，合并单元有多种可能，可以是公司，也可以是业务范围，还可以是利润中心等。

10.1.2 SAP 合并模块的演进过程

SAP 合并模块经历过几个阶段的变化。

最早期的阶段，SAP 在 FI 模块下设计了 LC（Legal Consolidation）模块，实现了按照公司和业务范围的合并。

自 SAP 4.6C 版本起，SAP 同时在 EC 模块下开发了 CS（Consolidation）模块。此时，引入了“维”（dimension）的概念，企业可以按照公司、产品组、业务范围、利润中心甚至自己设定的维度进行合并，而且还可以采用平行的合并层次结构，即一个合并单元既可以在一个公司合并的层次结构中，也可以出现在另一个业务范围合并的层次结构中。

这也是迄今为止，最为成熟、最为常用的合并模块。

后来，基于 BW 的应用，SAP 又设计了 BCS（Business Consolidation System）模块，作为 SEM（Strategic Enterprise Management，企业战略管理）的一个组件。该模块必须同时实施 BW。因为有了 BW，可以用来建立各种所需要的数据模型，因此，BCS 模块可以实现更为灵活的合并。但是，由于它必须结合 BW 来使用，而且，还需要较多的开发，因此，该模块使用的企业也比较少。

从 2008 年开始，SAP 推出 BPC(Business Planning and Consolidation，业务计划与合并，又称“预算和合并”）模块，将原属于 SEM 下面的 BPS（Business Planning System）和 BCS 融合在一起，放在 EPM（Enterprise Performance Management，企业绩效管理）模块下。BPC 模块虽然功能较为强大，可以很灵活地实现财务合并和管理合并，但它的应用也必须基于 BW 或其他数据抽取工具的应用，而且也需要较多的开发，因此，目前还处于逐步应用的过程中。

> 提示
>
> SAP的EPM-BPC将预算和合并放在一起，是考虑到企业集团编制预算，不会仅针对单个公司，而是针对整个集团，因此，在编制预算的过程中，要考虑合并抵销的结果，也要借助合并模块的功能。

10.1.3 EC-CS 模块的基本功能

EC-CS 模块作为目前企业实施 SAP 合并管理使用得最多的模块，具有相对较为全面、较为成熟的功能。

EC-CS 提供了多个维度的合并。系统标准的维度有公司、业务范围和利润中心，用户还可以根据企业需要自定义合并维度。

从合并数据的形成看，它可以方便地归集下属各个合并单元的合并数据，可以实时从 FI 模块集成数据，也可以从外部系统定期上载。系统提供了合并工作台来监控合并数据是否归集齐全。

从合并数据的抵销看，它提供了内部应收应付的抵销、内部收入的抵销、期末存货未实现损益的抵销、投资的抵销等功能。系统提供了抵销工作台来监控各项抵销工作是否完成。

最后，基于合并和抵销的结果可以出具相关的合并报表。

10.1.4 EC-CS 中的全局参数

全局参数（global parameters）是合并模块的基础概念。它决定了当前用户所处的“环境”，包括合并维度、版本、合并科目表、分类账和期间，如图 10-1 所示。当该用户操作后台配置或者前台业务时，系统都会以这些默认值作为用户操作的基础，或者说，是基于这些参数处理业务的。从这个意义上讲，它相当于用户的默认参数。

路径: SAP 菜单 > 会计核算 > 企业控制 > 合并 > 全局参数

事务代码: CXGP

全局参数是对特定用户而言的。当业务很复杂时，每个用户可以使用自己的全局参数。例如，在一个合并层级较多的集团，张三只负责某一个子层级的合并，则他可以将“合并集团公司”填写为他所负责的子层级。这样，每次操作合并的业务时，他都是直接在自己的职责范围内进行操作，而无须再手工选择合并集团公司。

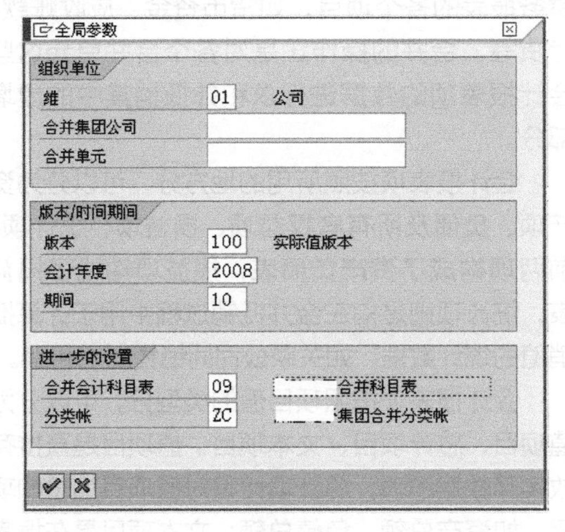

图10-1

10.2 合并模块的组织结构

合并模块使用的组织结构是合并单元（consolidation units），这些合并单元按照股权投资结构排列，以树形结构展现，就是合并的组织层次结构，如图10-2所示。每一个节点称为“合并组”（consolidation group），有时也译为“合并集团公司”，如图10-1所示。

图10-2

路径：IMG>企业控制>合并>主数据>组织单位>合并组>维护层次结构－维护合并组层次或SAP菜单>会计核算>企业控制>合并>主数据>合并组>层次结构>维护

事务代码：CX1X

图10-2的右侧显示了合并单元1010的“主数据”（基础数据）信息，包括合并单元的短名称（简要说明）、长名称（介质文本）、国家、语言、本币等。

合并单元的“数据收集”选项卡显示了合并单元的数据是如何传递到合并集团中的，如图10-3所示。比较典型的方式是“从FI实时更新”，这意味着，当每一张FI凭证生成时，其对应的合并凭证就同时生成了。

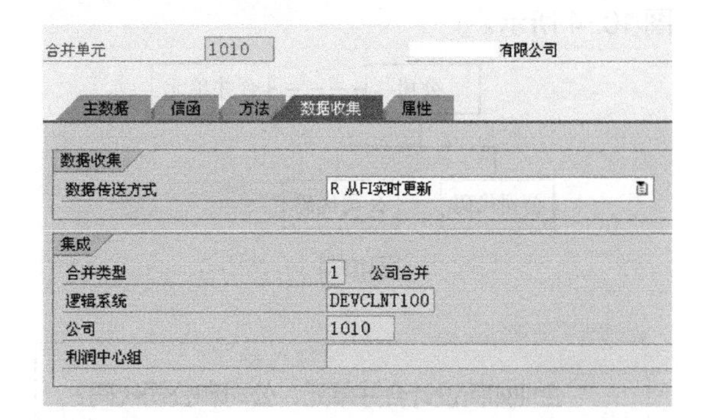

图10-3

提示

数据传送方式还有其他几种选项：灵活上载、在线数据输入、定期摘录、交互Excel等，如表10-1所示。

表10-1 合并单元的数据传送方式

代码	传送方式（中文）	传送方式（英文）	备注
R	从FI实时更新	Realtime update from FI	最为常用
U	灵活上载	Flexible upload	较为常用
O	滚动	Rollup	
M	在线数据输入	Online data entry	
P	定期摘录	Periodic extract	
A	使用MS Access从脱机数据项上载	Upload from offline data entry using MS Access	
C	复制	Copy	
I	从BW中读取	Read from BW	
S	从分步整合中提取	Extract from step consolidation	
X	交互Excel	Interactive Excel	

合并单元可以是公司、业务范围、利润中心，也可以是自定义的维度，这取决于企业合并体系的设计。较多的情形是以公司为维度进行合并，即合并单元等于公司。

公司与公司代码是比较容易混淆的概念。公司代码是 FI 中用来管理一套账的组织结构，它可以是法人，也可以是法人下面的某个独立核算或独立纳税的实体（并不一定是独立法人），而公司则是独立的法人。公司与公司代码是一对多的关系。当以公司作为合并单元时，合并单元、公司、公司代码之间的关系如图 10-4 所示。

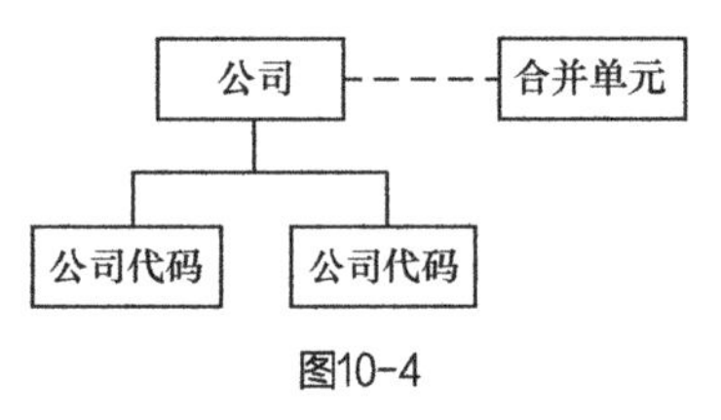

图10-4

设计参考

企业如何设计合并单元、公司和公司代码？

一般情况下，如果公司代码和公司代码之间有需要抵销的往来业务，那么，在合并体系中，它们一般会被设为“合并单元”，因为合并单元之间才可以操作抵销业务。这样一来，公司代码就和合并单元一对一了，由此，公司代码和公司也是一对一的关系。

也就是说，虽然 SAP 中，理论上公司和公司代码可以是一对多的设计，但是在业务实践中，几乎都是一对一的设计，甚至在编码上，合并单元、公司、公司代码全部保持一致。

例如，某集团的合并单元有 7 个，包括 5 家制造型公司、1 家贸易公司和 1 家物业公司。这几家公司在系统中设置的情况如表 10-2 所示。

表 10-2 合并单元、公司、公司代码的设计案例

合并单元	公司	公司代码	说明
1010	1010	1010	制造公司 1
1020	1020	1020	制造公司 2
1030	1030	1030	制造公司 3
1040	1040	1040	制造公司 4
1050	1050	1050	制造公司 5
1060	1060	1060	贸易公司
1070	1070	1070	物业公司

10.3 合并模块的主数据

合并模块的主数据是会计报表项（Financial Statement Item，FS item），它代表了构成合并财务报表的各个项目，如货币资金、应收账款、存货等。合并的操作正是对各个合并单元这些会计报表项的数据进行求和并抵销其中的虚增部分。

会计报表项按照所用的地方分，可以分为资产项、负债及所有者权益项、损益项、统计项。前两项构成了资产负债表，损益项构成了损益表，统计项则是指在合并抵销过程中用于计算抵销值的统计数据，如关联公司间销售的毛利率。

会计报表项按照项目值的类型分，可以分为值项目、总计项目、文本项目。值项目是直接存放实际数据的项；总计项目是对值项目加总的项目，如资产总额、负债总额；文本项目是在报表结构中，仅体现文本不体现数值的项目，如资产负债表第一行的“资产：”。

会计报表项需要指定其属性和子分配（subassignment）。属性定义中，要明确其“所用处”、项目类型、用于条目的标记是借方还是贷方，还要指定其“项目组”，如图 10-5 所示。例如，会计报表项 112201（应收账款 - 关联方）是用在资产项中的值项目，用在借方表示增加。“项目组”指定为 0100，表示需要附加两个子分配项目，即合作伙伴和交易货币，其中合作伙伴是必输的。

路径：SAP 菜单 > 会计核算 > 企业控制 > 合并 > 主数据 >FS 项目 > 创建 / 更改 / 显示

事务代码：CX13/CX14/CX15

提示

“项目组”类似于会计科目的科目组，它是对会计报表项目的一种分组，它决定了该项目的细分字段的属性。

会计报表项的子分配则定义了该项在子分配字段如伙伴单位、换算货币上的“分解类型”（强制要求还是可选输入等属性）。如图 10-6 所示，会计报表项 112201（应收账款 - 关联方）在伙伴单位字段上要求必输，不允许使用默认值；在换算货币上也是要求必输，但允许使用默认值。

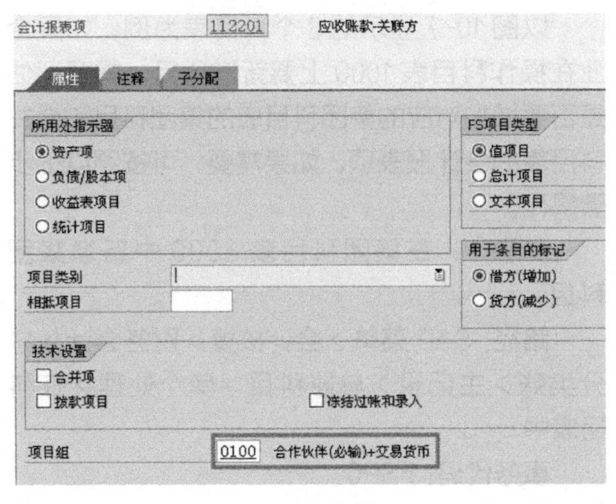

图10-5

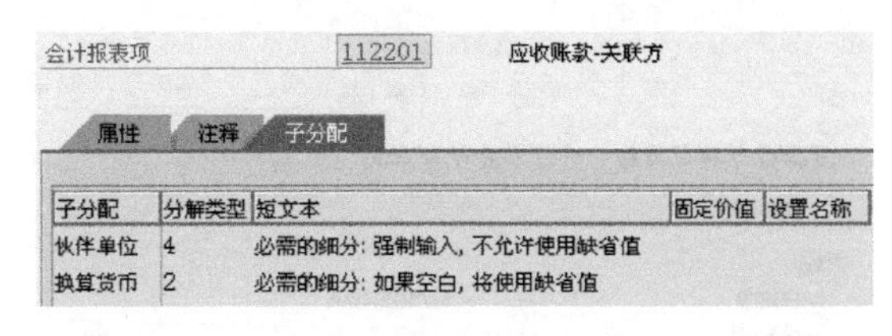

图10-6

各类会计报表项的集合，称为合并科目表（consolidated chart of accounts）。

这里有必要明确一下EC-CS中的合并科目表、FI-GL中的操作科目表（operation chart of accounts）及集团科目表（group chart of accounts）三者的关系。可以结合图10-7来理解3个科目表。

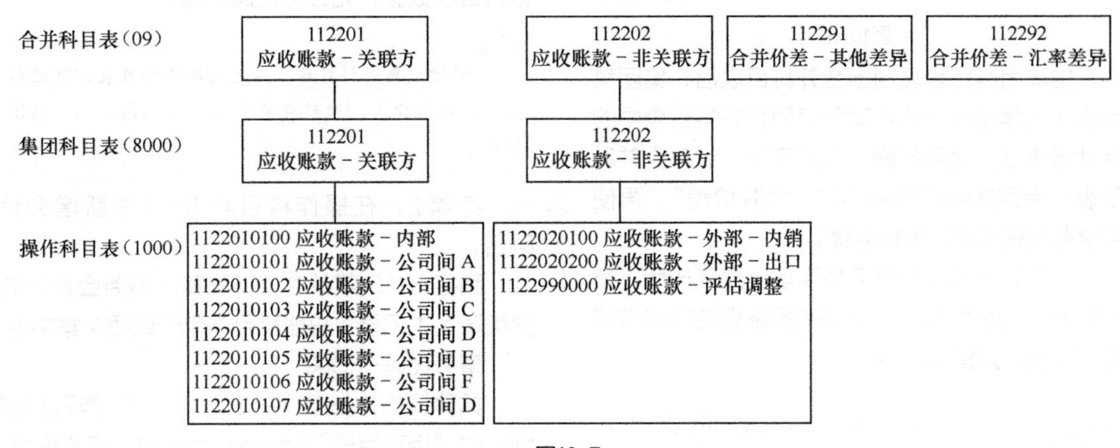

图10-7

最简单、最容易理解的是操作科目表，它是由会计科目组成的集合，该科目表一般由4位字符表示，如1000。而会计科目是会计人员输入会计凭证时在借贷方用来记账的科目。会计科目一般通过事务代码FS00维护。会计科目的位长最长为10位。

集团科目表是集团科目组成的集合，该科目表一般由4位字符组成，如8000。它是介于操作科目表和合并科目表之间的过渡科目表，因为合并科目表可以由集团科目表复制而来，同时，集团科目表里的科目又与操作科目表的明细会计科目有对应关系：一个集团科目可能对应多个会计科目。例如，在操作科目表中，应收账款要细分出很多科目，但是在集团看来，只需要区分关联方和非关联方，设置两个集团科目就可以了。因此，集团科目表可以认为是操作科目表的“缩减版”。也正因为如此，集团科目表中的科目位长一般无须设置为10位，国内的企业一般设置为6位就够了（尽管系统最长允许设置为10位）。集团科目表由于只需要科目表视图而不需要公司代码视图，因此通过事务代码FSP0维护即可。

合并科目表是在合并模块使用的，它一般由两位字符表示，如09。它可以由集团科目表复制而来，但同时，在合并科目表中可以增设为数不多的会计报表项，如“合并价差”。这些增设的会计报表项只会用于合并工作。会计报表项的位长一般等同于集团科目表中集团科目的位长。

从集团科目表复制出合并科目表是在后台执行的，如图10-8所示。

路径：IMG>企业控制>合并>集成：合并准备>合并系统中的准备>工具：合并表，组表，财政报表版本>FS项目的传输>从科目/成本要素复制FS项目

事务代码：CXN1

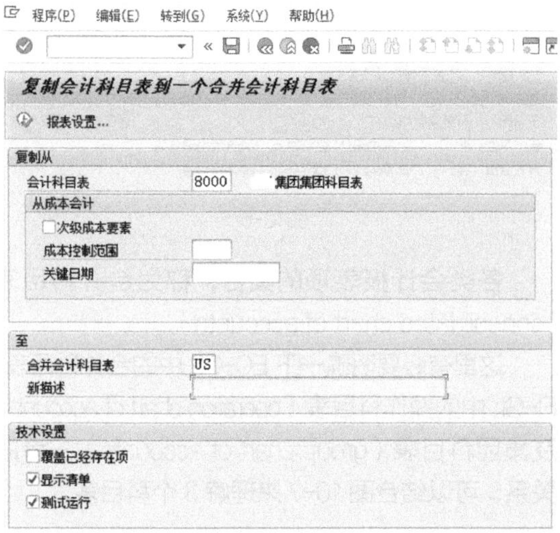

程序(P) 编辑(E) 转到(G) 系统(Y) 帮助(H)

复制会计科目表到一个合并会计科目表

报表设置...

复制从

会计科目表 8000 集团集团科目表

从成本会计

次级成本要素

成本控制范围

关键日期

至

合并会计科目表 US

新描述

技术设置

覆盖已经存在项

显示清单

测试运行

图10-8

由集团科目表复制出合并科目表后，集团科目表中的集团科目会自动创建为合并科目表中的会计报表项，编号不变、描述不变。针对合并科目表中专用的会计报表项如“合并价差”，再使用事务代码 CX13 单独创建。

合并科目表中的财务报表项创建完毕后，还需要将它们按照资产负债表 / 损益表的结构排成树形结构，如图 10-9 所示。

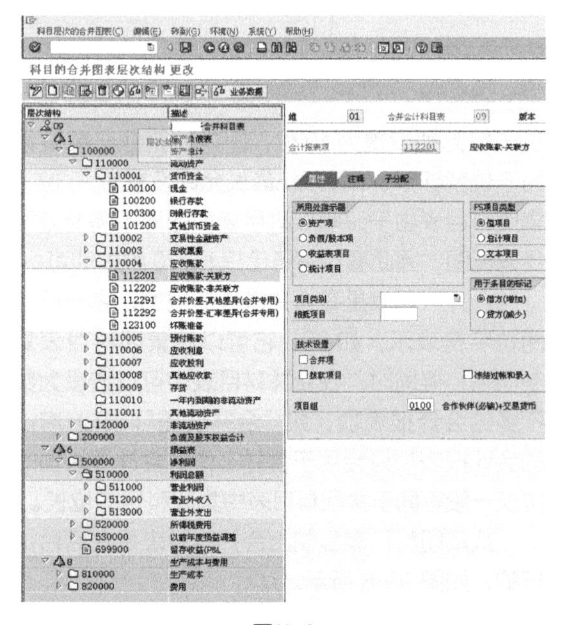

图10-9

在操作科目表中新增会计科目时，合并科目表层面要相应地处理吗?

以图 10-7 显示的 3 个科目表为例，如果企业在操作科目表 1000 上要新增科目，需要评估是否要增加对应的集团科目表的集团科目和合并科目表的会计报表项。如果需要，可按照以下步骤操作。

步骤 1，在集团科目表 8000 中新增集团科目。

路径：SAP 菜单 > 会计核算 > 财务会计 > 总分类账 > 主记录 > 总账科目 > 单个处理 > 在科目表中

事务代码：FSP0

具体操作方法请见 2.3.2 小节。集团科目只有科目表数据，无公司代码数据。

提示

新增该集团科目后，在定义操作科目表1000的科目时，才能输入“组科目号”（group account，集团科目）。

步骤 2，在操作科目表 1000 中新增会计科目。

路径：SAP 菜单 > 会计核算 > 财务会计 > 总分类账 > 主记录 > 总账科目 > 单个处理 > 集中地

事务代码：FS00

具体操作方法请见 2.3.2 小节。操作科目在创建时，“组科目号”（group account，集团科目）选择步骤 1 中创建的集团科目。

步骤 3，复制出合并科目表 09 中的会计报表项。

路径：IMG> 企业控制 > 合并 > 集成：合并准备 > 合并系统中的准备 > 工具：合并表，组表，财政报表版本 >FS 项目的传输 > 从科目 / 成本要素复制 FS 项目

事务代码：CX13

步骤 4，将会计报表项添加到相应的层次结构中。

路径：IMG> 企业控制 > 合并 > 主数据 > 会计报表项目 > 用户定义的会计报表项目 > 编辑会计科目表的项目层次结构 - 编辑项目层次

事务代码：CXN1

如果新增的操作科目是某一级科目下的明细科目，并不牵涉集团科目的新增，则无须做上述操作。

> **注意** 如果仅仅新增了集团科目而不新增相应的会计报表项，则在FI模块中，在相应的具体公司代码记账时，系统会发送快件（express），告知合并凭证创建失败，同时FI凭证也不能正常保存下来，必须重新输入。同时，系统预计生成的FI会计凭证号已被占用，将会成为空号。

10.4 合并数据的形成

合并数据有多种形成方式，有的是自动生成的，有的是手工创建的，还有的是外部导入的。这些方法在合并单元的数据传送方式中可以看到。参见10.2节。

本节介绍各种数据的形成方法。

10.4.1 合并凭证的自动生成

合并单元的“数据传送方式”如果设置的是“从FI实时更新”，如图10-3所示，则意味着每次有一笔FI会计凭证产生，都会伴随着一笔合并凭证的生成。

例如，某公司代码下有FI凭证100000006，在以事务代码FB03显示凭证时，通过菜单中的“环境”→“凭证环境”→“会计凭证”命令，可以查看到其对应的各类会计凭证，包括合并凭证（如果启用了EC-CS模块），如图10-10、图10-11所示。

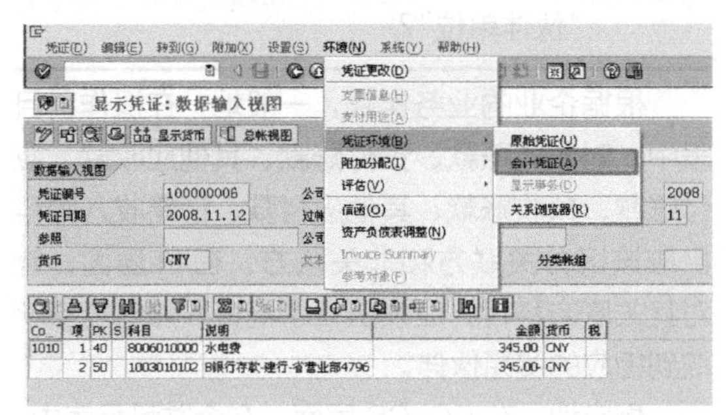

图10-10

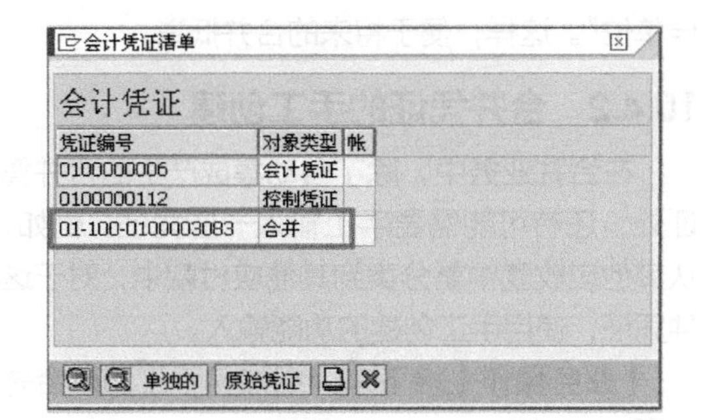

图10-11

合并凭证编号的格式为：合并维度-版本-合并凭证编号。图10-11中的编号01-100-0100003083解释如下。

01（合并维度），01表示按公司合并，区别于按业务范围合并、按利润中心合并。

100（版本），100表示实际值，区别于计划值（200）。

100003083，表示合并层面的凭证编号。

双击“合并”凭证行，则可以看到具体的合并凭证，如图10-12所示。

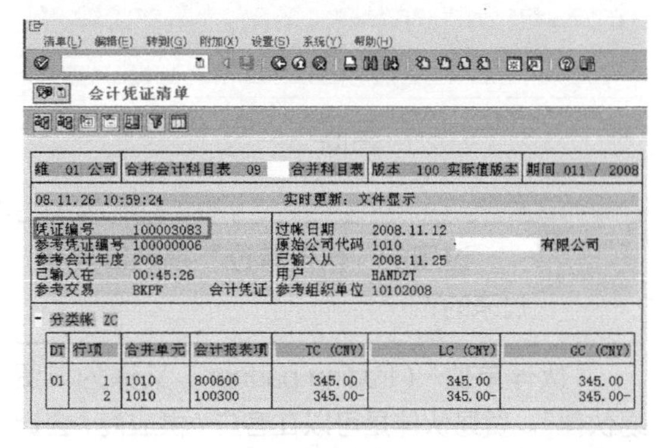

图10-12

合并凭证分头信息和行信息两部分。合并头信息中，参考凭证编号为原始的FI凭证编号。通过此线索可以获知合并凭证的源头。

合并行信息部分，DT即Document Type，01为“FI实时更新”类别。会计报表项即FS item，相当于合并使用的会计科目。

有关3种货币类型的金额解释如下。

TC：Transaction Currency，以交易货币计的金额。特别注意，该货币并不一定是FI凭证当初发生时原始的交易货币。例如，在一个以CNY为本位币的公司代码，FI凭证的交易货币是USD，但在合并层面，TC仍体现为CNY。

LC：Local Currency，合并单元的本位币。

GC：Group Currency，合并集团的货币。

如果会计报表项是需要内部抵销的，如应收账款-关联方，那么，它的子分配（subassignment）中，一般会指定“伙伴单位必输”（见图10-6）。这样，当它生成合并凭证时，行项目中会增加体现一个字段，即伙伴单位。图10-13显示的就是这样一笔合并凭证，在会计报表项 112201（应收账款 - 关联方）、600101（销售收入 - 关联方）所在的行项目，都标注了伙伴单位。

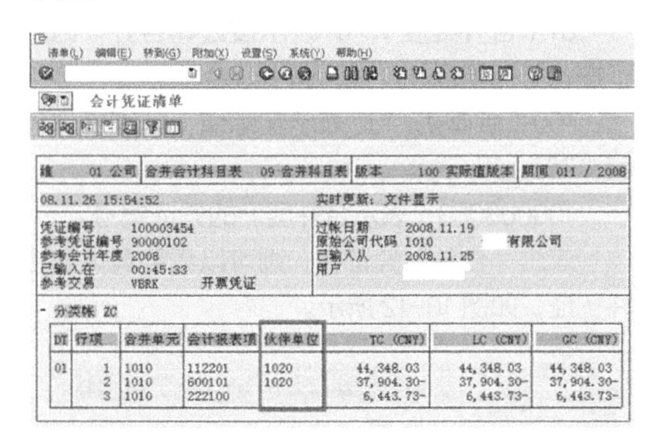

图10-13

这里的“伙伴单位”是从哪里带过来的?

“伙伴单位”（trading partner）又译为“贸易伙伴”。贸易伙伴是可以在客户 / 供应商 / 会计科目的主数据上定义的。

图 10-14 是贸易伙伴在客户主数据上定义的示例。当合并维度为公司时，贸易伙伴 = 公司。对于集团内部的客户 / 供应商，其主数据上的贸易伙伴字段应输入其对应的公司编码（注意，不是公司代码的编码，尽管多数情况下，公司的编码和公司代码的编码是完全一致地设计的，但理论上二者性质不同、位长不同）。

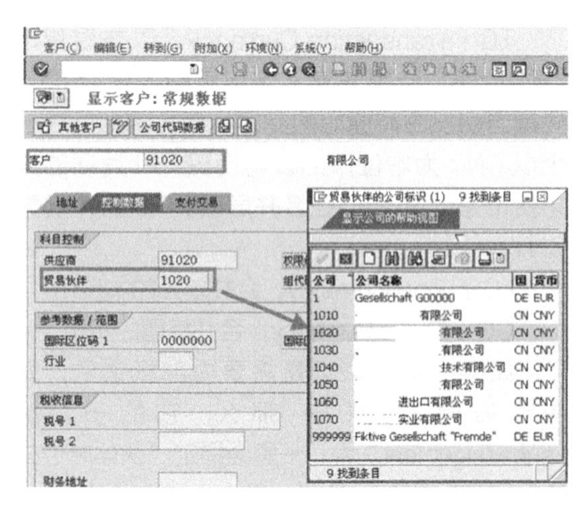

图10-14

在客户主数据上定义贸易伙伴后，产生的相应会计凭证的行上会带上贸易伙伴值，如图 10-15 所示。

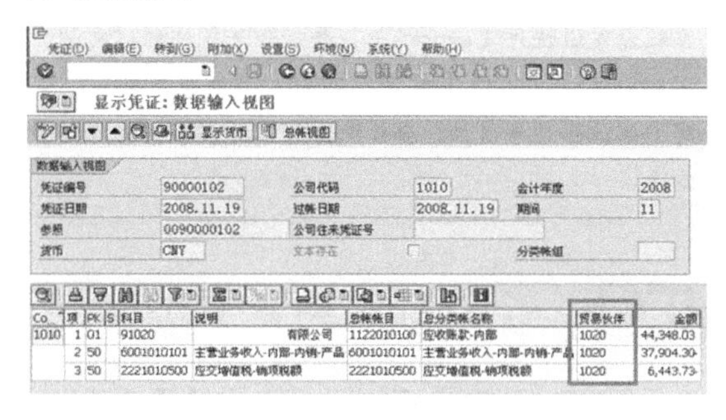

图10-15

这样，该凭证在产生相应的合并凭证时，贸易伙伴就会自动传送到合并凭证的行项目上，体现为“伙伴单位”了。

注意 如果客户主数据上的贸易伙伴没有定义，而会计报表项的子分配定义中又是要求“伙伴单位必输”，那么“应收账款-关联方”科目在记账时，系统会发送快件（express）。此时，FI凭证将不能正常保存。

同样地，内部应付也会产生同样的效果。在将来合并时，系统就可以根据内部伙伴单位（贸易伙伴）之间的应收应付进行抵销处理。

哪些会计报表项应该强制带上“伙伴单位”?

根据企业的业务实践，一般地，在操作科目表中，对应收账款、预付账款、其他应收款、应付账款、预收账款、其他应付款、销售收入等科目应该区分关联方和非关联方。在 FI 层面，针对其关联方科目，应设法让系统在入账时能够获取到相应的贸易伙伴。

相应地，在 EC-CS 层面，在合并科目表中，对这几个关联方的会计报表项应该强制带上“伙伴单位”。这样，便于将来的合并抵销。

10.4.2 合并凭证的手工创建

在合并业务中，除了自动集成产生的合并凭证外，还有可能需要手工输入一些凭证。例如，从其他应收款中重分类到其他应付款中，对于这种凭证，使用手工创建的功能输入。

【业务操作】接下来介绍如何手工创建合并凭证。

路径：SAP 菜单 > 会计核算 > 企业控制 > 合并 > 数据收集 > 手工过账 > 回车（Enter，应译为“输入”）

事务代码：CX50

STEP 1 在“创建过账条目”界面，双击某项凭证类型，该凭证类型会自动写入右侧“总账”（general，基本）选项卡的“凭证类型”字段，如图 10-16 所示。在此选择 16，即不带递延税款的手工标准。输入“参考号码”和“文本”字段。

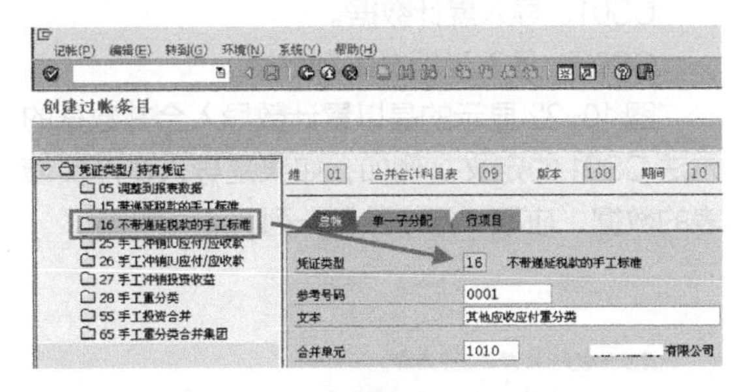

图10-16

根据需要选择凭证类型。

> **提示**
> “总账”选项卡中的字段会根据凭证类型的选择而变化。例如，如果是选择“28手工重分类”，则会出现两个合并单元，意味着在两个合并单元中进行账务上的调整。

STEP 2 在“单一子分配”选项卡中，在需要的特征（如合作伙伴）上输入值。如果不需要，则不输入，如图 10-17 所示。需要新增特征时，通过界面上的“+”按钮增加。

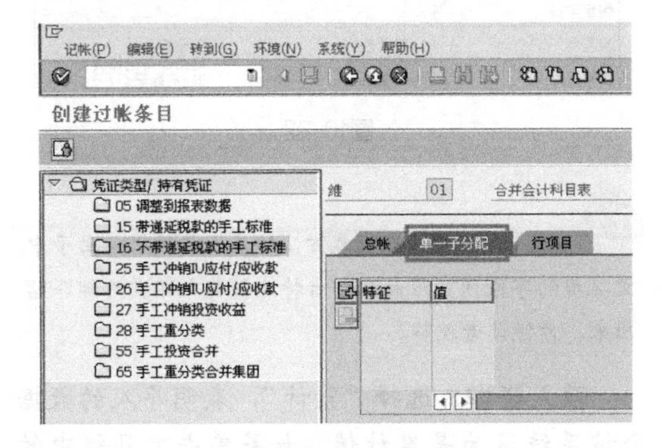

图10-17

STEP 3 在“行项目”视图中输入合并凭证的借贷方，如图 10-18 所示。

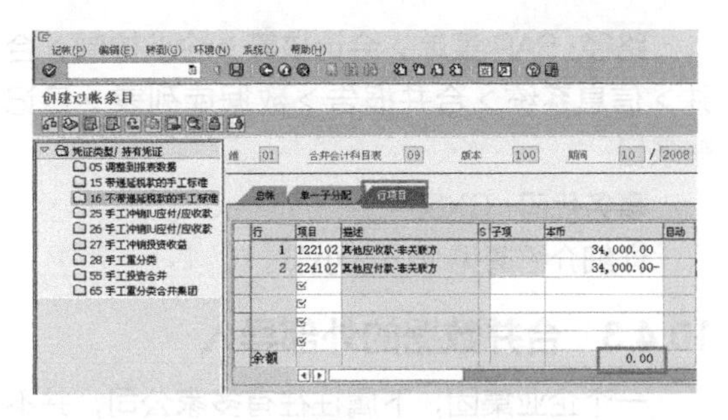

图10-18

凭证的借贷方是靠在“本币”字段填入正数或负数来确定的。所有凭证行的本币余额必须为 0，才可以过账。

STEP 4 单击“过账”按钮，系统会在下方提示“凭证记在号码 ×××× 下”，如图 10-19 所示。

凭证记在号码1500000000下

图10-19

STEP 5（可选）选择菜单中的“记账”→“显示”命令，可以查看刚创建的合并凭证。图 10-20 显示了合并凭证的基本信息。

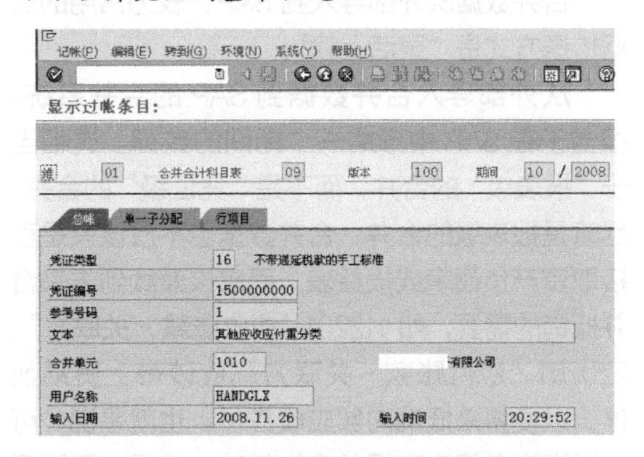

图10-20

图 10-21 显示了合并凭证的“行项目”信息。

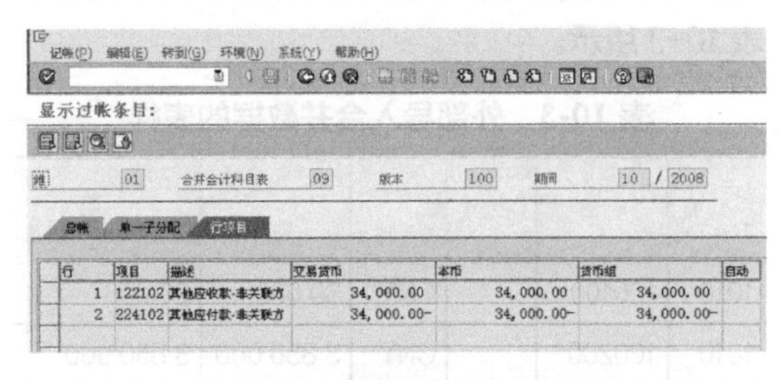

图10-21

当然，合并凭证也可以事后通过信息系统查到。具体路径如下。

路径：SAP 菜单 > 会计核算 > 企业控制 > 合并 > 信息系统 > 合并报告 > 数据库列表 > 日记账条目

事务代码：CX56

详细介绍请见 10.6.2 小节。

10.4.3 合并数据的外部导入

一个企业集团，下属往往有多家公司，并不是所有公司都实施了 SAP，可能有些公司还在使用非 SAP，如用友、金蝶等财务系统。对于这些非 SAP 应用的公司，如果要纳入到集团的合并范围，必须将其合并数据及附加财务数据输入到 SAP 的合并系统。合并数据是指根据财务报表整理的会计报表项的值；附加财务数据是指为了抵销的需要，收集的额外统计性的数据，如关联公司销售产品的毛利率、关联公司投资的股权比例等。后者一般手工输入即可，而前者由于数据量较大，往往需要通过导入的方式进行。本小节介绍的主要是指前者，即合并数据的导入。

合并数据从外部导入到 SAP，较为常用的数据传送方式是“灵活上载”。

从外部导入合并数据到 SAP 的合并系统，相当于在 SAP 中形成一个期间的数据。这相当于“报表级”的合并，而不是“凭证级”的合并。尽管是报表级的合并，合并数据也不应该只是直接取资产负债表或损益表，而应该兼顾到未来合并抵销的需要，如 112201“应收账款 - 关联方”、220201“应付账款 - 关联方”应该带上贸易伙伴，以便将来抵销内部应收应付。也就是说，可以以资产负债表和损益表为基础，但是对于需要带上子项的会计报表项，应该进一步拆细，罗列出各种子项的金额。完整的合并数据应该类似于表 10-3 所示。

表 10-3 外部导入合并数据的表样

合并单元	会计报表项	伙伴单位	本币	本币值	集团货币值
1010	100100		CNY	30 000	30 000
1010	100200		CNY	3 850 000	3 850 000
1010	112201	1020	CNY	120 000	120 000
1010	112201	1030	CNY	110 000	110 000
1010	112202		CNY	1 280 000	1 280 000

合并数据是以累计数据还是以当期发生额导入，取决于“上载方法”。而“上载方法”是在后台配置的。

路径：IMG> 企业控制 > 合并 > 数据 > 数据归集 > 从非 SAP 系统复制的数据 > 定义用于上载报表财务数据的方法 - 维护上载财务数据的方法

事务代码：CXCC

SAP 标准系统中默认定义了以下两种灵活上载的导入方法。

CS01，导入累计数据。

CS02，导入当期发生额数据。

图 10-22 显示的是以累计数导入合并数据的方法 CS01 的定义。例如，如果是导入资产负债表的数据，应取“年末数”一列。

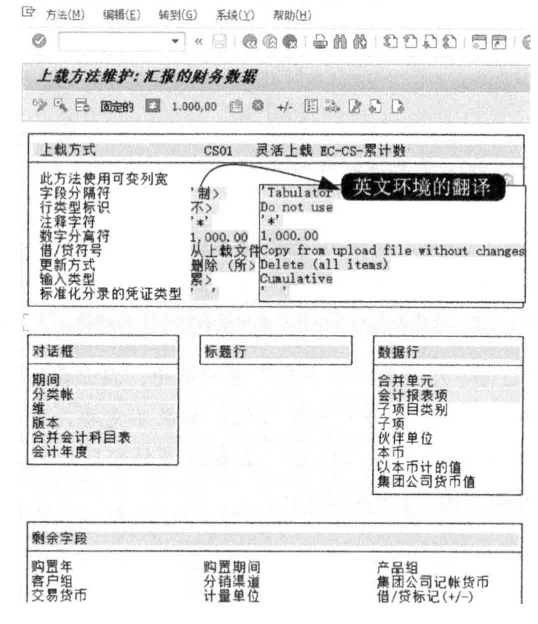

图10-22

> **提示** 在图10-22中，在上载方法的基本属性栏，由于中文环境的字段列宽限制，作者特地将英文环境的翻译贴出来，方便读者理解。

输入类型：选择“累计”，表明导入的数据会被系统认为是累计值。如果单击工具栏中的“输入类型”按钮，它就会切换成“期间”，即变为期间值（当期发生数）。

对话框 / 标题行 / 数据行：在 Excel 中准备

数据时的格式。对话框是合并数据的基本信息；标题行是数据标题；数据行是数据内容。

系统中定义的另一种灵活上载方法 CS02 如图 10-23 所示。其中，输入类型就是“期间”。如果使用此方法，那么，导入损益表时应选择“本月数”而不应选择“本年数”。

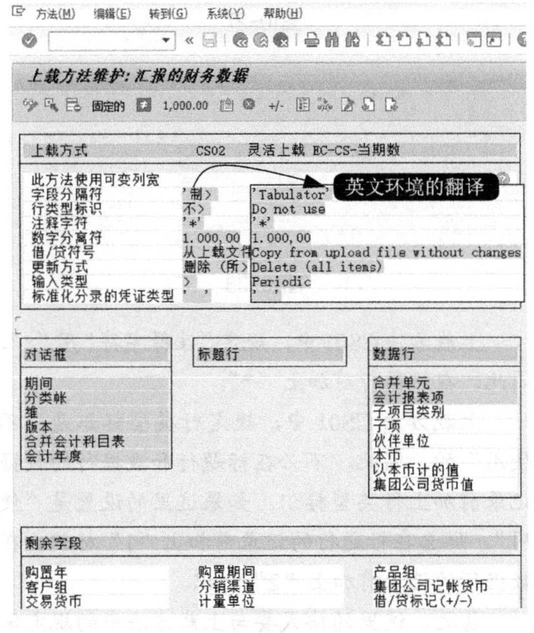

图10-23

定义了上载方法后，还需要将上载方法指定给合并单元。

路径：IMG> 企业控制 > 合并 > 主数据 > 组织单位 > 合并单元 > 维护单独的合并单位 - 更改合并单元

事务代码：CX1N

也可以在合并组层次结构中设置合并单元的属性。

路径：IMG> 企业控制 > 合并 > 主数据 > 组织单位 > 合并组 > 维护层次结构 - 维护合并组层次

事务代码：CX1X

图 10-24 显示了 IDES 中合并单元 C2000 的数据收集方法，其中，“上载方式”定义为 CS01。

这样就可以在前台导入来自外部系统的合并数据了。

【业务操作】接下来介绍如何将外部系统的合并数据导入到 EC-CS 中。

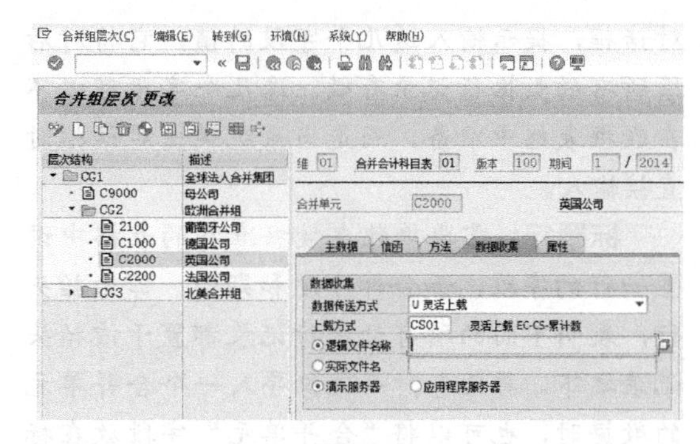

图10-24

STEP 1 确认或调整上载方法中所规定的数据结构。例如，将图 10-22 所示的上载方法 CS01 修改为图 10-25 所示的结构，然后保存。

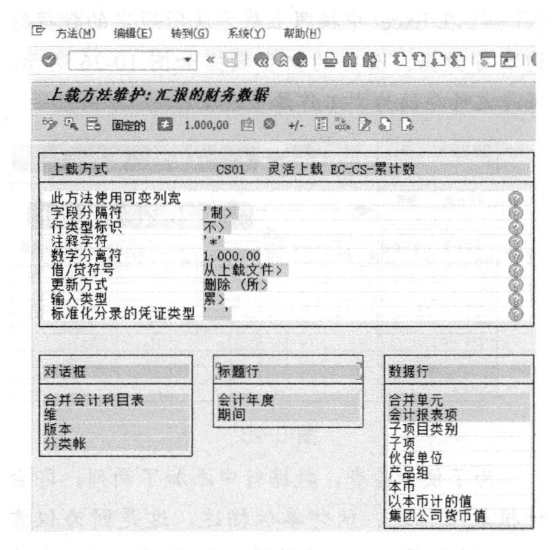

图10-25

> **提示** 因为有时系统预定义的上载方法的数据结构不一定符合数据导入的要求。例如，对于会计报表项，可能缺少某个细分的特征字段，那就需要将该字段添加进数据行。

路径：IMG> 企业控制 > 合并 > 数据 > 数据归集 > 从非 SAP 系统复制的数据 > 定义用于上载报表财务数据的方法 - 维护上载财务数据的方法

事务代码：CXCC

这里做了 3 个改动：将“会计年度”和“期间”移到“标题行”中；调整了“对话框”字段的顺序；“数据行”中添加了“产品组”字段。

对话框：提交上载程序后，系统首先跳出对话框，提示输入这几个字段的值，它将对后续所有的数据行记录有效。这几个字段可以不在数据表格中准备，而是当系统跳出对话框时直接输入。

标题行：需要单独在数据准备的表格中设置一行的字段，如会计年度和期间，作为抬头行，表明下面的所有数据行记录都置于该抬头记录之下。再比如，一次仅导入一个合并单元的数据时，也可以将“合并单元”字段放在标题行。

数据行：按明细数据存放的记录所需要的字段。它们必须严格按照这些字段的顺序填写。

STEP 2 在 Excel 中按照上载方法所规定的数据结构准备数据。准备的初步数据如图 10-26 所示。将此文件存储为“工作簿 1.xlsx”。

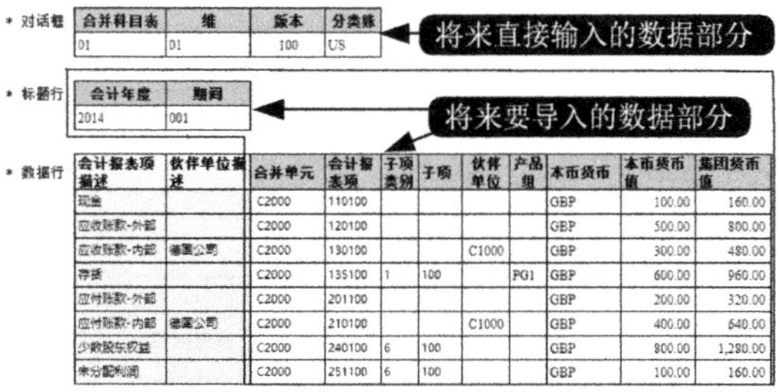

* 对话框

合并科目表	维	版本	分类账
01	01	100	US

将来直接输入的数据部分

* 标题行

会计年度	期间
2014	001

将来要导入的数据部分

* 数据行

会计报表项描述	伙伴单位描述	合并单元	会计报表项	子项类别	子项	伙伴单位	产品组	本币货币	本币货币值	集团货币值
现金		C2000	110100					GBP	100.00	160.00
应收账款-外部		C2000	120100					GBP	500.00	800.00
应收账款-内部	德国公司	C2000	130100			C1000		GBP	300.00	480.00
存货		C2000	135100	1	100		PG1	GBP	600.00	960.00
应付账款-外部		C2000	201100					GBP	200.00	320.00
应付账款-内部	德国公司	C2000	210100			C1000		GBP	400.00	640.00
少数股东权益		C2000	240100	6	100			GBP	800.00	1,280.00
未分配利润		C2000	251100	6	100			GBP	100.00	160.00

图10-26

为了便于检查，数据行中添加了两列，即会计报表项描述、伙伴单位描述。这是因为仅靠“会计报表项”和“伙伴单位”两项，不一定能敏感地辨识数据，发现数据可能存在的问题。在导入时，添加的这两列不用放在导入数据中（因此使用灰色背景予以区分）。

将来要导入的字段就是“标题行“和“数据行”（图中用线框出的部分）。对话框数据将来是直接输入的。

STEP 3 将需要导入的数据部分单独复制出来，放在 Excel 表中，注意靠左靠上排列，如图 10-27 所示，并保存为“工作簿 2.xlsx”。

STEP 4 将“工作簿 2”另存为 TXT 文件，并在注释行的开头加上星号（*），保存为“工作簿 3.txt”，如图 10-28 所示。

上载方法 CS01 中，规定“字段分隔符”为“制表符”，因此，要使用 TXT 类型保存。如果是用逗号分隔，则使用 CSV 类型保存。

	A	B	C	D	E	F	G	H	I
1	会计年度	期间							
2	2014	001							
3	合并单元	会计报表项	子项类别	子项	伙伴单位	产品组	本币货币	本币货币值	集团货币值
4	C2000	110100					GBP	100.00	160.00
5	C2000	120100					GBP	500.00	800.00
6	C2000	130100			C1000		GBP	300.00	480.00
7	C2000	135100	1	100		PG1	GBP	600.00	960.00
8	C2000	201100					GBP	200.00	320.00
9	C2000	210100			C1000		GBP	400.00	640.00
10	C2000	240100	6	100			GBP	800.00	1,280.00
11	C2000	251100	6	100			GBP	100.00	160.00

图10-27

工作簿3.txt - 记事本

文件(F) 编辑(E) 格式(O) 查看(V) 帮助(H)

```
*会计年度	期间
2014	001
*合并单元	会计报表项	子项类别	子项	伙伴单位	产品组	本币货币	本币货币值	集团货币值
C2000	110100					GBP	100.00	160.00
C2000	120100					GBP	500.00	800.00
C2000	130100			C1000		GBP	300.00	480.00
C2000	135100	1	100		PG1	GBP	600.00	960.00
C2000	201100					GBP	200.00	320.00
C2000	210100			C1000		GBP	400.00	640.00
C2000	240100	6	100			GBP	800.00	"1,280.00"
C2000	251100	6	100			GBP	100.00	160.00
```

图10-28

上载方法 CS01 中，规定“注释字符”用“*”，因此，在注释行前加上“*”。

上载方法 CS01 中，规定行类型标识是“不使用”的，因此，不必在标题行和数据行的数据记录前加上行类型标识。如果这里的设置是“使用”，那么在标题行的记录前加上“1”标识，在数据行的记录前加上“2”标识。

总之，这里的格式要与上载方法中的规定保持一致。

STEP 5 开始上载。进入“汇报的财务数据 的灵活上载”界面，输入程序运行参数，先测试运行，如图 10-29 所示。

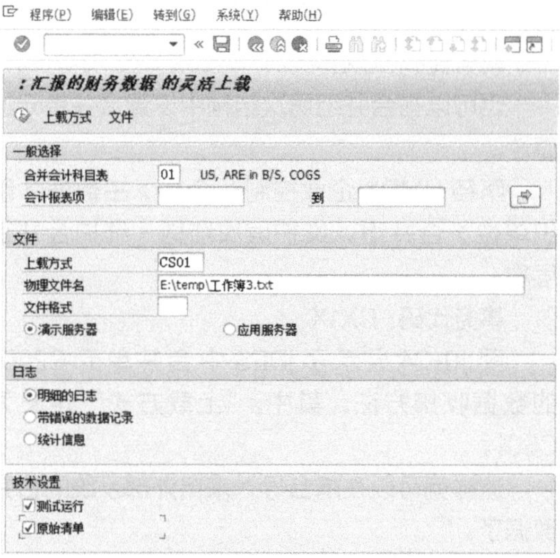

程序(P) 编辑(E) 转到(G) 系统(Y) 帮助(H)

:汇报的财务数据 的灵活上载

上载方式 文件

一般选择

合并会计科目表 01 US, ARE in B/S, COGS

会计报表项 到

文件

上载方式 CS01

物理文件名 E:\temp\工作簿3.txt

文件格式

演示服务器 应用服务器

日志

明细的日志

带错误的数据记录

统计信息

技术设置

测试运行

原始清单

图10-29

路径：SAP 菜单 > 会计核算 > 企业控制 > 合并 > 数据收集 > 报告的财政数据 > 灵活的上载

事务代码：CX25

STEP 6 单击“执行”按钮，运行程序。系统显示“SAP GUI 安全性”对话框，如图 10-30 所示。

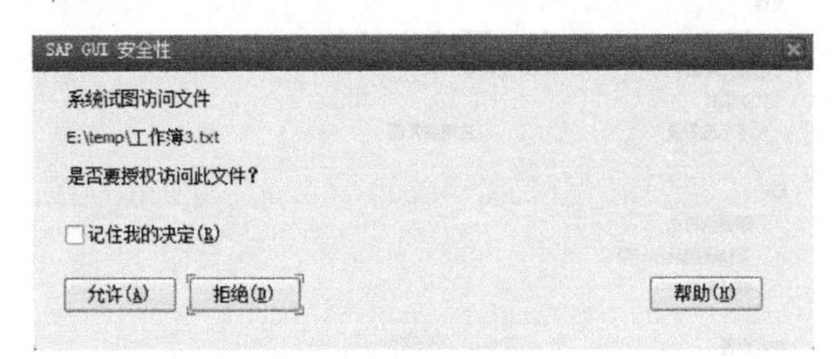

图10-30

STEP 7 单击 允许(A) 按钮，系统弹出“灵活的上载”对话框，显示前面上载方法的“对话框”部分约定的几个字段，并根据用户全局参数自动输入值，如图 10-31 所示。

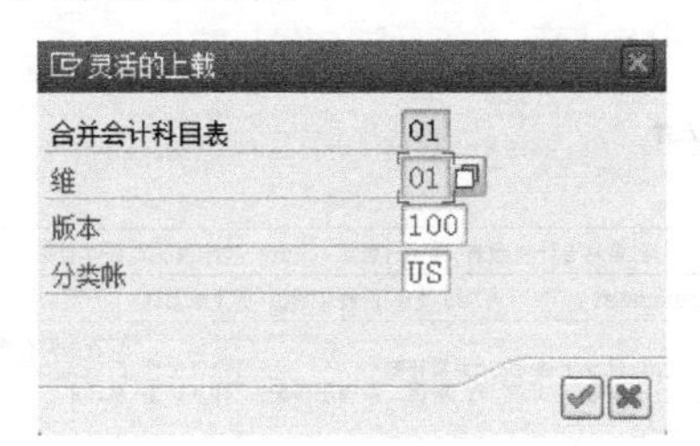

图10-31

STEP 8 单击“确认”按钮，系统继续执行上载程序，并显示上载日志，如图 10-32 所示。

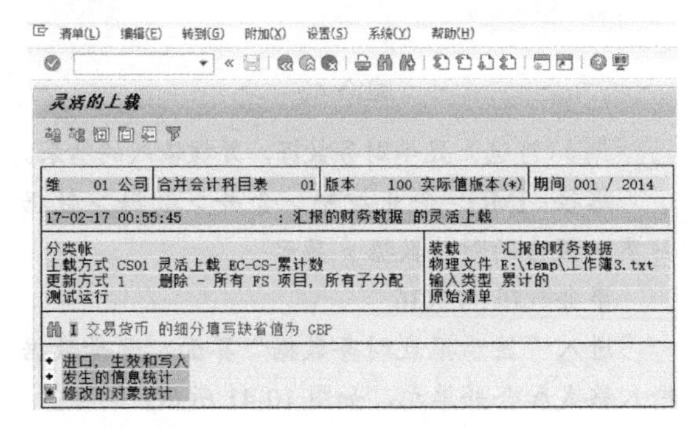

图10-32

在上载程序的运行日志中要确保没有报错信息。如有报错信息，必须针对性地修改准备的数据。

运行日志包括 3 个部分。

第一部分“进口、生效和写入”显示了对输入的数据进行检查的信息，包括技术检查和语义检查。最后显示检查的结果是记录可以写入系统还是不能写入，如图 10-33 所示。

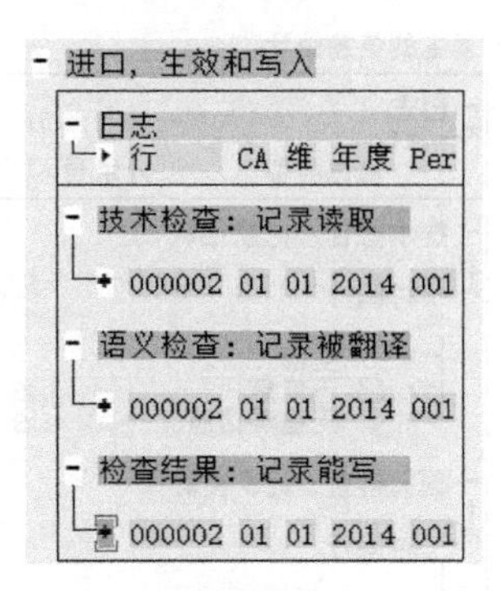

图10-33

“技术检查”是对原始数据进行读取，不做任何转换，如图 10-34 所示。

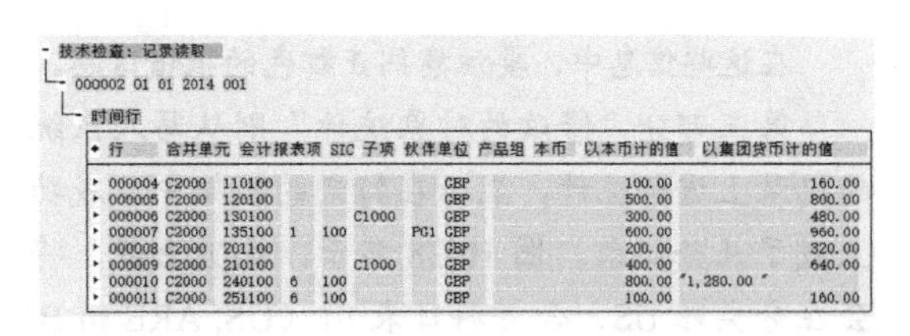

- 技术检查：记录读取
  - 000002 01 01 2014 001
    - 时间行

行	合并单元	会计报表项	SIC	子项	伙伴单位	产品组	本币	以本币计的值	以集团货币计的值
000004	C2000	110100					GBP	100.00	160.00
000005	C2000	120100					GBP	500.00	800.00
000006	C2000	130100			C1000		GBP	300.00	480.00
000007	C2000	135100	1	100		PG1	GBP	600.00	960.00
000008	C2000	201100					GBP	200.00	320.00
000009	C2000	210100			C1000		GBP	400.00	640.00
000010	C2000	240100	6	100			GBP	800.00	"1,280.00"
000011	C2000	251100	6	100			GBP	100.00	160.00

图10-34

“语义检查”是对原始数据进行技术检查后做出转换。如图 10-35 所示，这里转换后的数据多了 GC（集团货币）字段，并且第 10 行的金额“1,280.00”现在显示为 1,280.00，去掉了引号，成为数字类型。

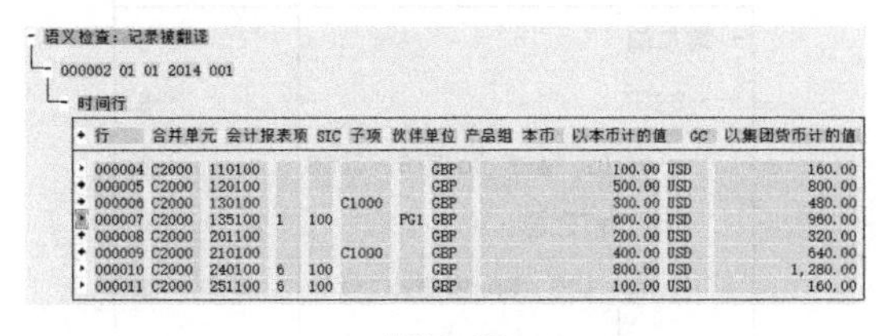

- 语义检查：记录被翻译
  - 000002 01 01 2014 001
    - 时间行

行	合并单元	会计报表项	SIC	子项	伙伴单位	产品组	本币	以本币计的值	GC	以集团货币计的值
000004	C2000	110100					GBP	100.00	USD	160.00
000005	C2000	120100					GBP	500.00	USD	800.00
000006	C2000	130100			C1000		GBP	300.00	USD	480.00
000007	C2000	135100	1	100		PG1	GBP	600.00	USD	960.00
000008	C2000	201100					GBP	200.00	USD	320.00
000009	C2000	210100			C1000		GBP	400.00	USD	640.00
000010	C2000	240100	6	100			GBP	800.00	USD	1,280.00
000011	C2000	251100	6	100			GBP	100.00	USD	160.00

图10-35

“检查结果”部分告知哪些记录是可以被写入系统的，如图 10-36 所示。

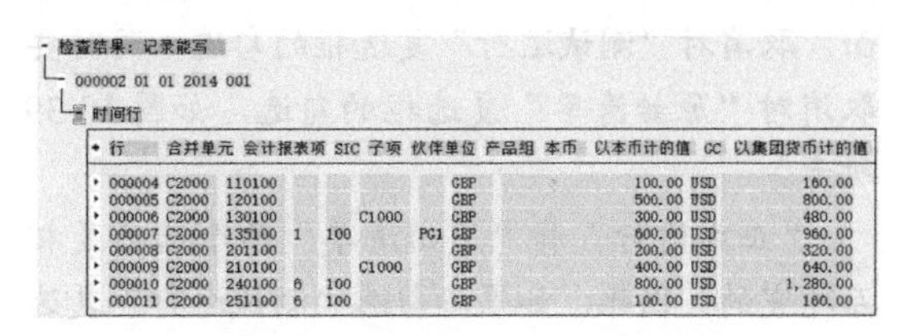

- 检查结果：记录能写
  - 000002 01 01 2014 001
    - 时间行

行	合并单元	会计报表项	SIC	子项	伙伴单位	产品组	本币	以本币计的值	GC	以集团货币计的值
000004	C2000	110100					GBP	100.00	USD	160.00
000005	C2000	120100					GBP	500.00	USD	800.00
000006	C2000	130100			C1000		GBP	300.00	USD	480.00
000007	C2000	135100	1	100		PG1	GBP	600.00	USD	960.00
000008	C2000	201100					GBP	200.00	USD	320.00
000009	C2000	210100			C1000		GBP	400.00	USD	640.00
000010	C2000	240100	6	100			GBP	800.00	USD	1,280.00
000011	C2000	251100	6	100			GBP	100.00	USD	160.00

图10-36

第二部分“发生的信息统计”体现了技术检查、语义检查和检查结果这些步骤分别出现了几种信息，每种信息各有几条记录，如图 10-37 所示。

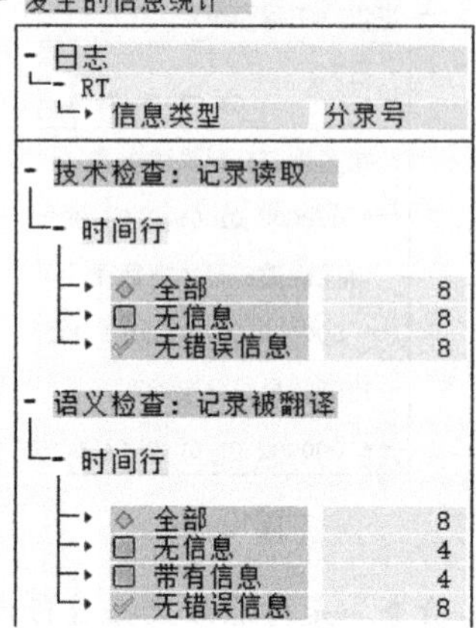

图10-37

在这些信息中，要注意纠正红色的报错信息。

第三部分“修改的对象统计”则从写入系统的记录上进行统计，显示在特定的框架中，成功上载了几条记录。图 10-38 显示，此次上载，将会在分类账 US、合并科目表 01（US, ARE in B/S, COGS）、维度 01（公司）、版本 100（实际值版本）、年度 2014 中创建 8 条记录。

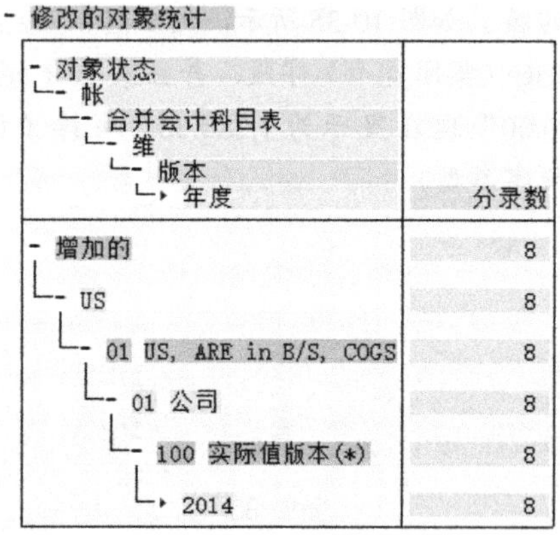

- 修改的对象统计

对象状态 / 帐 / 合并会计科目表 / 维 / 版本 / 年度	分录数
增加的	8
US	8
01 US, ARE in B/S, COGS	8
01 公司	8
100 实际值版本(*)	8
2014	8

图10-38

STEP 9 单击“返回”按钮，返回参数输入界面，取消对“测试运行”复选框的勾选，同时要取消对“原始清单”复选框的勾选，如图 10-39 所示。

“正式运行”和“原始清单”两个选项是相互冲突的。因此，如果不勾选“测试运行”复选框，“原始清单”复选框也不应该勾选。

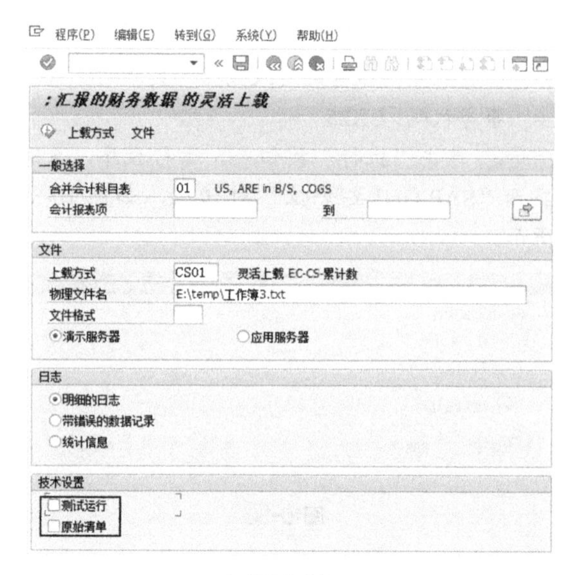

图10-39

STEP 10 单击“执行”按钮，经过几个对话框后，系统显示正式运行的结果，如图 10-40 所示。

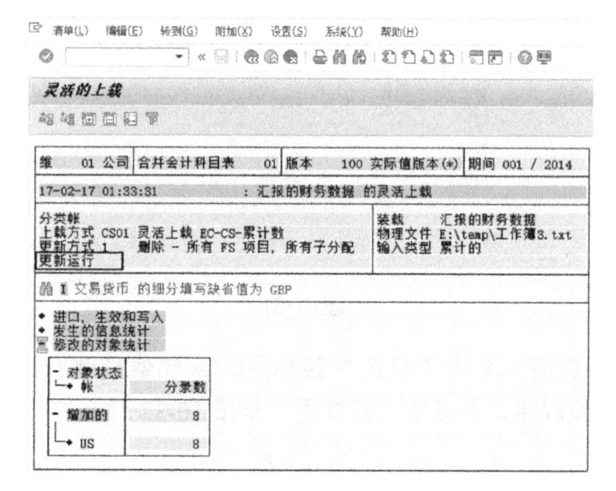

图10-40

STEP 11（可选）显示财务数据，复核输入的结果。

路径：IMG> 企业控制 > 合并 > 数据 > 数据归集 > 报告的财政数据 > 显示

事务代码：CX36

进入“显示报表财务数据”界面，选择数据输入格式和合并单元，如图 10-41 所示。

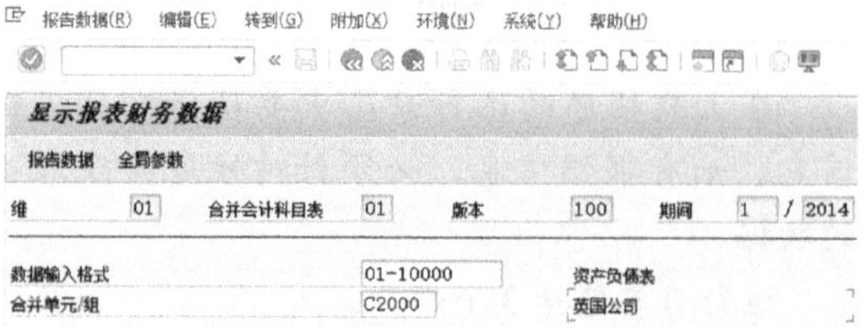

报告数据(R) 编辑(E) 转到(G) 附加(X) 环境(N) 系统(Y) 帮助(H)

显示报表财务数据

报告数据 全局参数

维 01 合并会计科目表 01 版本 100 期间 1 / 2014

数据输入格式 01-10000 资产负债表

合并单元/组 C2000 英国公司

图10-41

按回车键或单击 报告数据 按钮，系统显示报表数据，如图 10-42 所示。

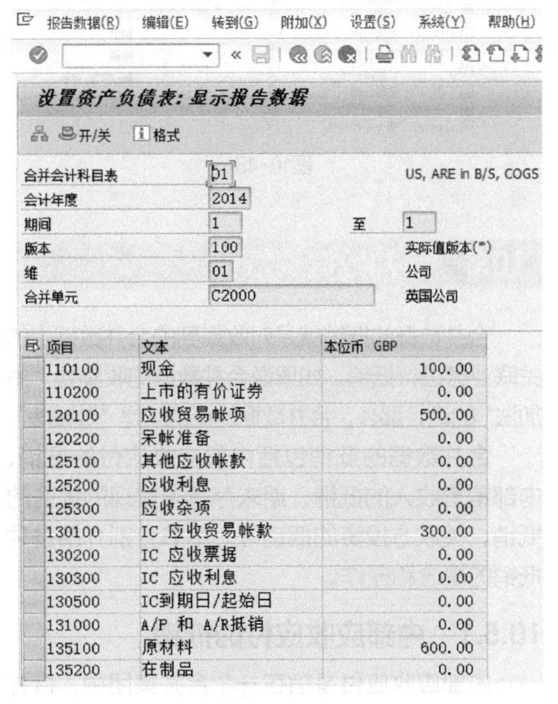

图10-42

10.4.4 数据监控器

针对合并数据的形成，SAP 开发了数据的“监视器”，相当于监控工作台。监控器将各步骤的工作任务按顺序罗列出来，并显示合并组织层次结构中的每一个节点、每一个合并单元的工作状态，以便用户跟踪。同时，在监控器中，可以对未完成的工作直接触发执行任务的操作。

监控器包含哪些工作任务，是在后台设定的。图 10-43 显示了任务组 11000 包含的任务。

图10-43

路径：IMG> 企业控制 > 合并 > 数据 > 数据监控器 > 定义任务组

事务代码：CXE0

自动锁定：如果任务正常执行完成，就自动冻结，不允许再提交。

重大事件：标注为重大事件，这些任务就变成了“里程碑”。如果在监控器中自动连续地执行任务，系统会主动停止在这些“里程碑”任务前，留待用户手工操作。

> 提示
>
> 数据收集（如图10-43中的1200“数据输入”）和手工过账（如图10-43中的1450“ManStdEnty”）永远是作为里程碑任务定义的。

定位：对于同等级次的任务，执行过程中谁先谁后。以升序数据在此字段输入，如 1、2、……这将影响这些任务在监控器中的排列顺序。

图 10-44 中显示，任务组 11000 包含了 8 项任务。这 8 项任务的工作顺序，首先由“指定前面的任务”来明确，如图 10-44 所示。其次，对于同等级次的任务，看“定位”字段是否有顺序约定。

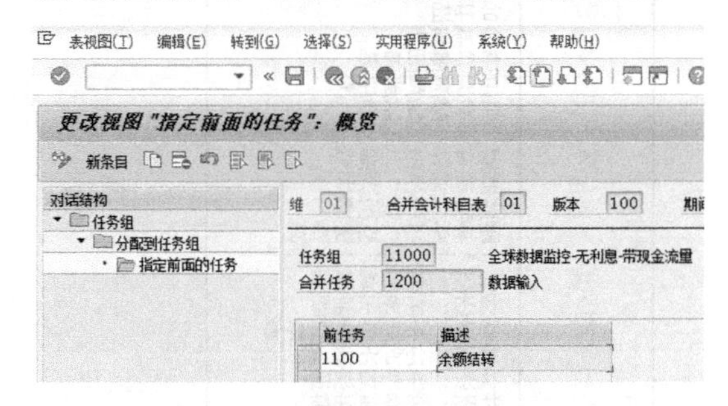

图10-44

图 10-45 中显示，合并任务 1200（数据输入）的前置任务是 1100（余额结转）。

任务组定义后，要指定给合并的维度。图 10-45 表明，“维”01 使用的数据监控任务组是 11000。

路径：IMG> 企业控制 > 合并 > 数据 > 数据监控器 > 分配任务组到维

事务代码：CXP1

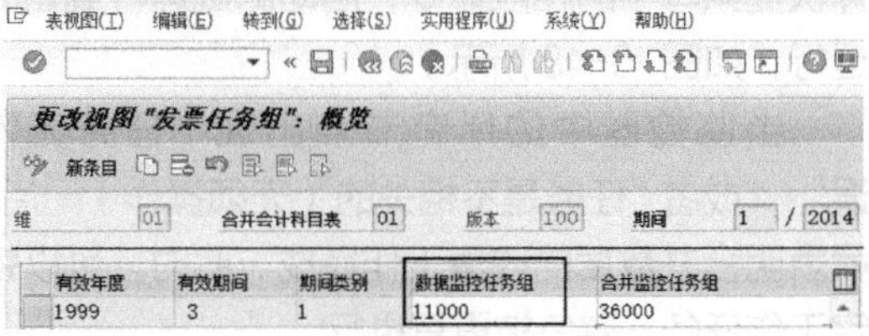

更改视图 "发票任务组": 概览

有效年度	有效期间	期间类别	数据监控任务组	合并监控任务组
1999	3	1	11000	36000

图10-45

有了这些配置，在前台进入监视器，就可以监控各任务的执行情况了，如图 10-46 所示。

路径：SAP 菜单 > 会计核算 > 企业控制 > 合并 > 数据收集 > 监视器

事务代码：CXCD

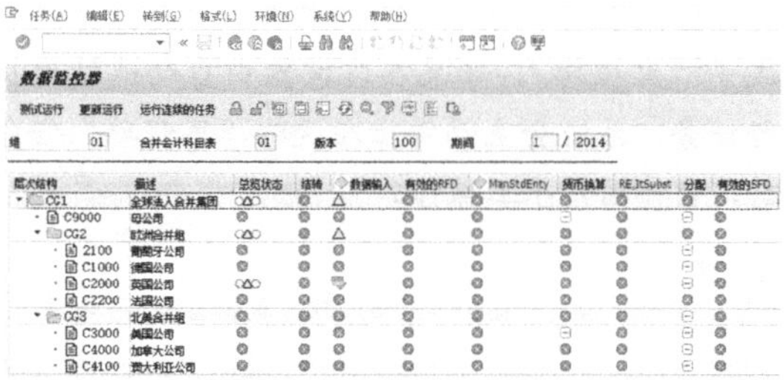

图10-46

数据监控器左侧显示的是合并组织“层次结构”，标题行显示的是任务组中定义的各项任务。单击工具栏中的“标号 / 颜色号”按钮，可以查看各类图标的释义，如图 10-47 所示。

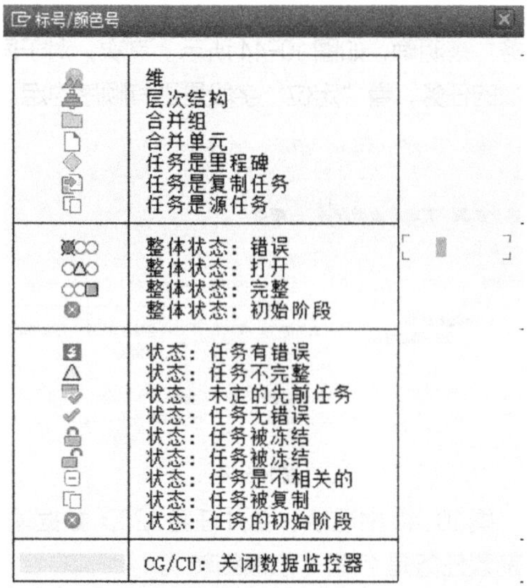

图10-47

监视器提供了直接执行程序的功能。例如，某工作任务的状态是“初始阶段”（表明尚未执行），可以直接使用鼠标右键单击该图标，选择快捷菜单中的相应命令，启动测试运行或正式运行，如图 10-48 所示。

当监控器中的所有节点出现“任务无错误”或者“任务是不相关的”（无须操作）后，就表明合并数据的收集工作完成。此时，可以锁定工作任务，避免被重复执行。

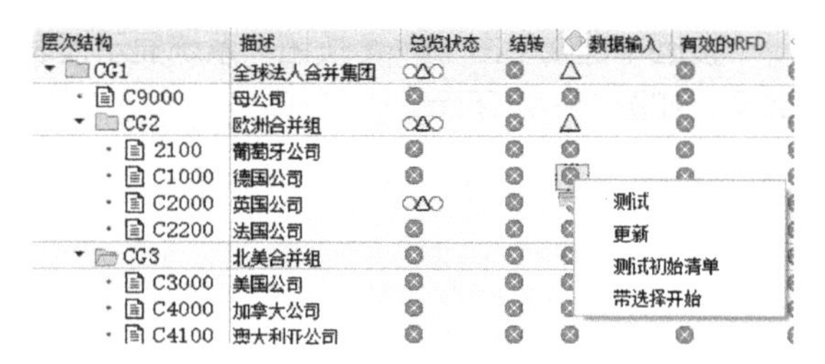

图10-48

10.5 合并数据的抵销

合并数据的抵销就是对收集到的合并数据中的关联业务进行抵销。如果说合并数据的收集是“做加法”的话，那么，合并数据的抵销就是“做减法”。

合并数据的抵销包括内部应收应付的抵销、内部销售收入的抵销、期末存货未实现的损益的抵销、关联方投资的抵销等。本节分别介绍各种抵销的概念和操作。

10.5.1 内部应收应付的抵销

内部应收应付是指在一个合并集团中，合并单元与合并单元间存在相互间的应收账款和应付账款，或者其他应收款和其他应付款，或者预收账款和预付账款。这些内部的债权债务是需要在集团合并层面予以抵销的。例如，合并单元 1010 和合并单元 1020 之间存在的应收应付如表 10-4 所示。

表 10-4 合并单元间的应收应付示例

合并单元	会计报表项	伙伴单位	金额
1010	应收账款 - 关联方	1020	借方：30 万元
1020	应付账款 - 关联方	1010	贷方：30 万元

表 10-5 中数据表明，合并单元 1010 对 1020 有应收款项 30 万元，同时，合并单元 1020 对 1010 有应付款项 30 万元。

这两笔金额在合并时应予以抵销，生成的抵销分录如表 10-5 所示。

表 10-5 合并单元间的应收应付抵销分录

借 / 贷	合并单元	会计报表项	伙伴单位	金额
借	1020	应付账款 - 关联方	1010	30 万元
贷	1010	应收账款 - 关联方	1020	30 万元

实现合并单元间的应收应付抵销，必须先在后台配置抵销方法。

路径：IMG> 企业控制 > 合并 > 合并函数 > 自动过账 > 单位间抵销 > 定义方法（备注：这里，“合并函数”属不当翻译，应译为“合并功能”，下同）

事务代码：CXE7

图 10-49 显示了内部抵销的多种方法，其中 01211 就是系统预定义的“冲销 IU 应付 / 应收款”（IU=interunit，单元间）。

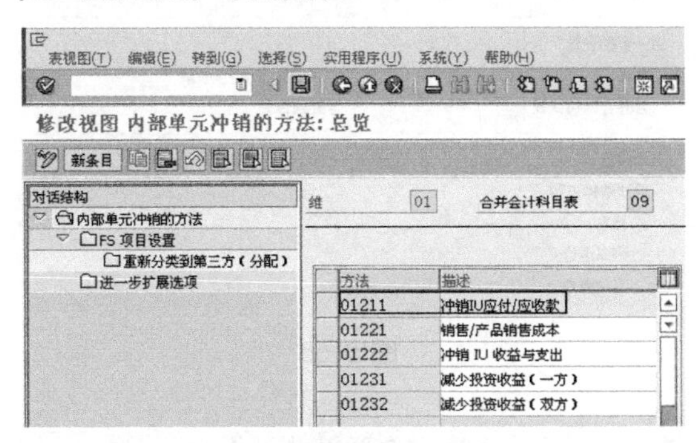

图10-49

选中该方法，单击左侧树形结构中的“FS 项目设置”，可以看到它对几组会计报表项做了定义，如图 10-50 所示。

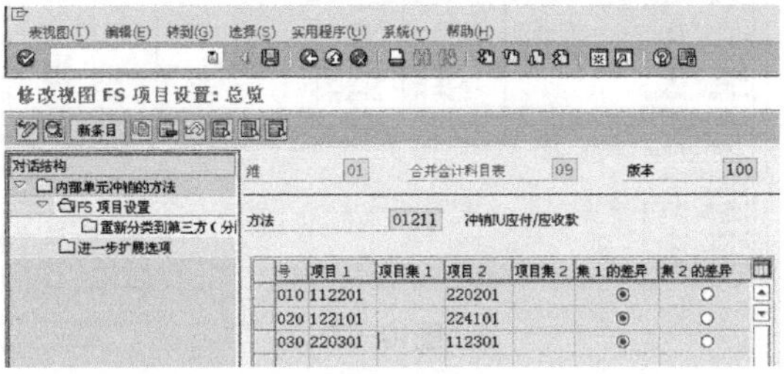

图10-50

其中，第一行表明针对合并单元 1 的会计报表项 112201（应收账款 - 内部）和合并单元 2 的会计报表项 220201（应付账款 - 内部）进行抵销。“集 1 的差异”被选中，表明如果双方金额不完全对等，则将差异放在合并单元 1 中。

双击“号 010”的记录，系统显示该组会计报表项的详细定义。图 10-51 显示了集合 1（合并单元 1）的定义。

图 10-52 显示了集合 2 的定义。

图 10-51 和图 10-52 表明，将合并单元 1 的 112201 和合并单元 2 的 220201 进行抵销。

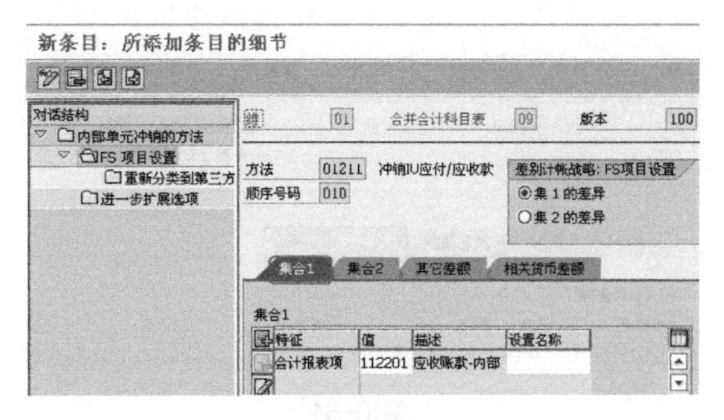

图10-51

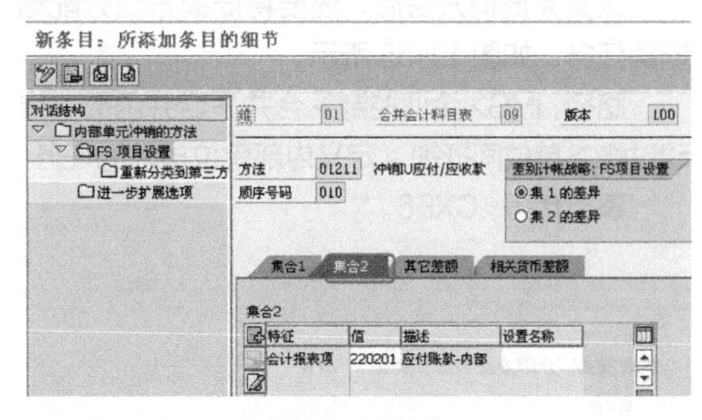

图10-52

图 10-53 显示了“其他差额”的定义。其他差额是指如果双方的应收应付不完全对等，其差额应该记入什么会计报表项。

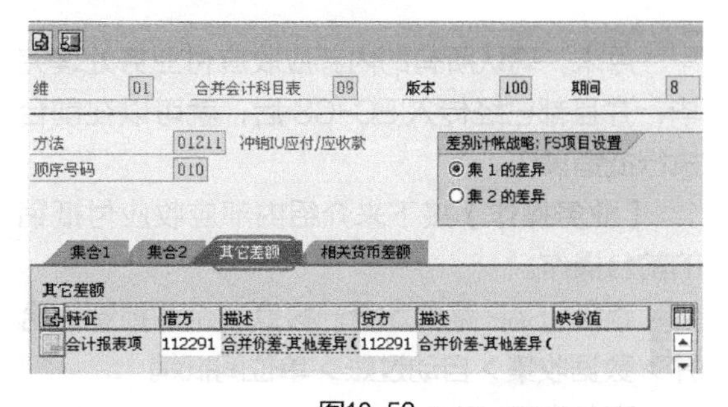

图10-53

> 提示
> 112291（合并价差－其他差异）是专为合并科目表而设置的会计报表项。在集团科目表中不需要，因此必须手工在合并科目表中创建。

图 10-54 显示了“相关货币差额”（货币相关的差额）的定义。货币相关的差额是指由于汇率的不同导致的合并单元双方之间的差异。

> 提示
> 112292（合并价差－汇率差异）是专为合并科目表而设置的会计报表项。在集团科目表中不需要，因此必须手工在合并科目表中创建。

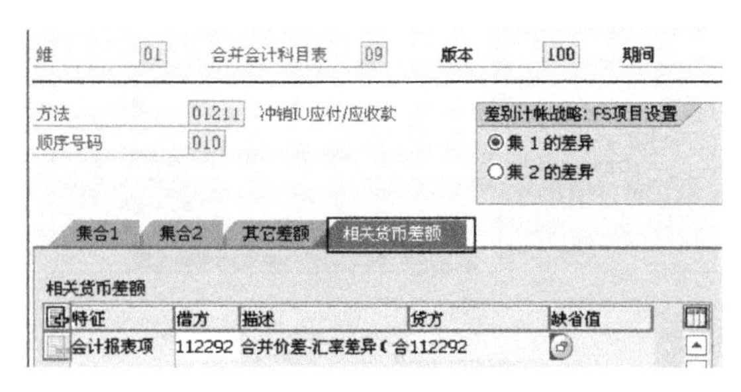

图10-54

定义完抵销方法后，还要将抵销方法分配给抵销任务，如图 10-55 所示。

路径：IMG> 企业控制 > 合并 > 合并函数 > 自动过账 > 单位间抵销 > 定义内部单位排除的任务

事务代码：CXE6

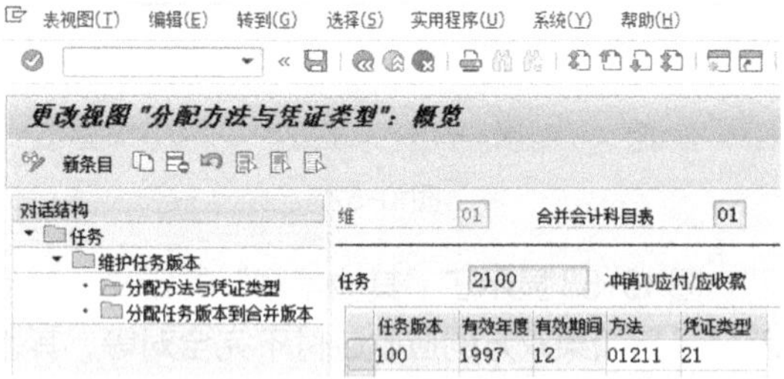

图10-55

月末，确认所有的内部应收应付业务处理完毕，并且都已经传入 EC-CS 后，就可以在前台执行抵销操作。

【业务操作】接下来介绍内部应收应付抵销的前台操作。

路径：SAP 菜单 > 会计核算 > 企业控制 > 合并 > 数据收集 > 自动过账 > 单位间抵销

事务代码：CX54

STEP 1 在“单位间抵销”界面输入维、合并集团公司、版本、期间、任务、合并科目表等字段，勾选“测试运行”复选框，如图 10-56 所示。

任务：选择 2100- 冲销 IU（interunit）应付 / 应收款。

STEP 2 单击“执行”按钮，系统显示测试运行结果。上部分“余额”体现了当前合并集团下各合并单元组合间的应收应付余额，在展开信息中分别列示了合并单元 1 对合并单元 2 的应收和合并单元 1 对合并单元 2 的应付，如图 10-57 所示。

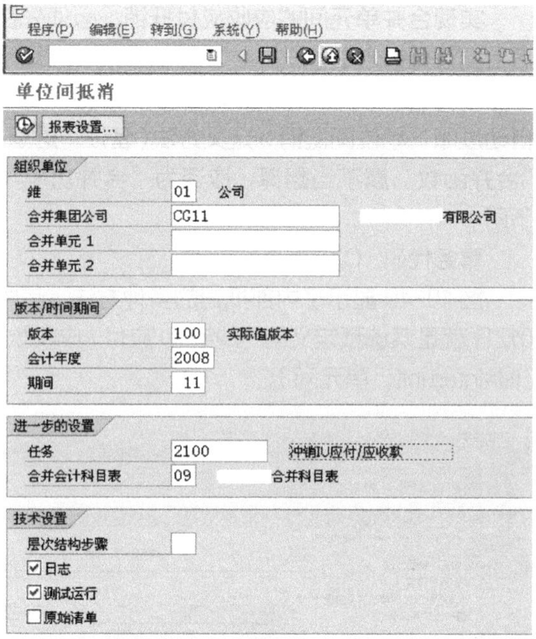

图10-56

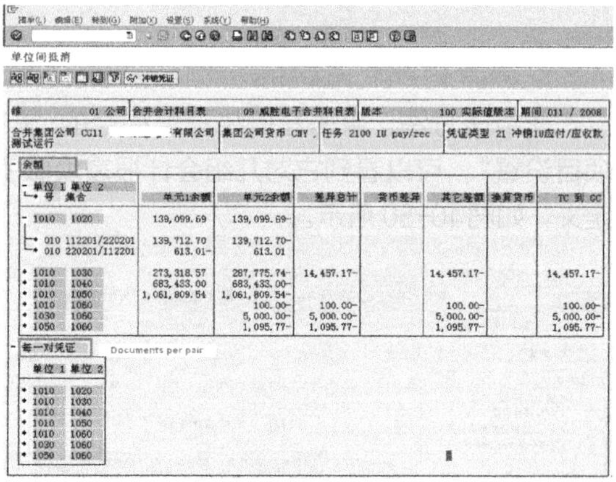

图10-57

> **提示**
>
> 图中列出了各合并单元间应收应付的余额。注意：这里显示的余额并不是当期的余额（发生额），而是历史累计的余额。要抵销的也是累计的余额。

> **提示**
>
> 如果两个合并单元间的应收入账和应付入账处理不同步，对不上，那么双方的差额就体现在“其他差额”或“货币差异”中。“货币差异”反映在外币业务下，由于货币换算汇率引起的差额；“其他差额”反映正常的账务处理的差额（未达账）。

下部分“每一对凭证”（documents per pair）列出了每一组合并单元之间将产生的抵销分录，

如图 10-58 所示。

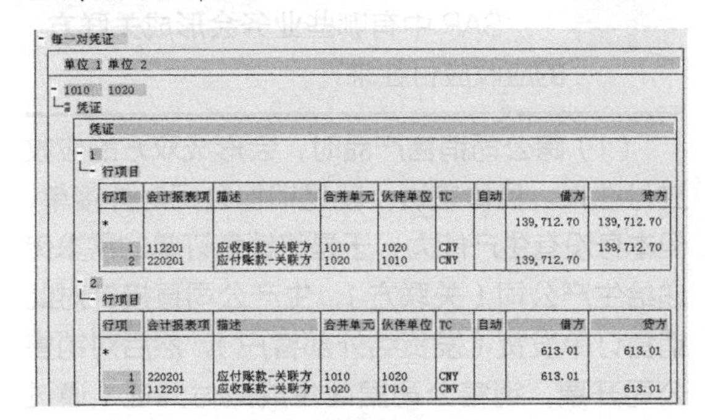

图10-58

如果两个合并单元之间有未达账，则凭证中会多一行“其他差异”。

STEP 3 如果没有错误，返回参数界面，去掉对“测试运行”复选框的勾选，正式执行，系统会产生相应的抵销凭证。图略。

由于每期抵销的应收 / 应付金额为**累计的余额**（YTD 金额），因此生成的抵销凭证下月会自动冲销。生成的冲销凭证和原抵销凭证类型一致，都是 21（冲销 IU 应付 / 应收款）。自动冲销的机制也是在后台配置的，如图 10-59 所示。

路径：IMG> 企业控制 > 合并 > 合并函数 > 自动过账 > 单位间抵销 > 定义凭证类型

事务代码：CXEM

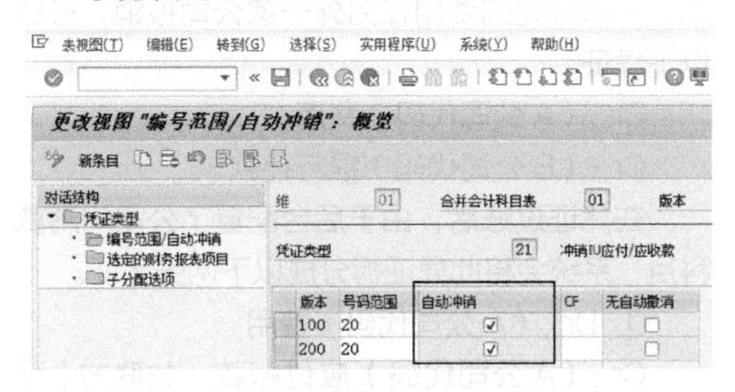

图10-59

延伸思考1 在执行内部应收应付抵销时，如何验证系统在运行结果（见图 10-57）上半部分显示出的数据的正确性？

SAP 提供了标准的报表。下面以合并单元 1010 对伙伴单位 1020 的应收 139 712.70 元为例加以介绍。

路径：SAP 菜单 > 会计核算 > 企业控制 > 合并 > 信息系统 > 合并报告 > 数据库列表 > 总计记录

事务代码：CX34

STEP 1 在“总计记录的数据库列表”界面输入相应的参数，如图 10-60 所示。

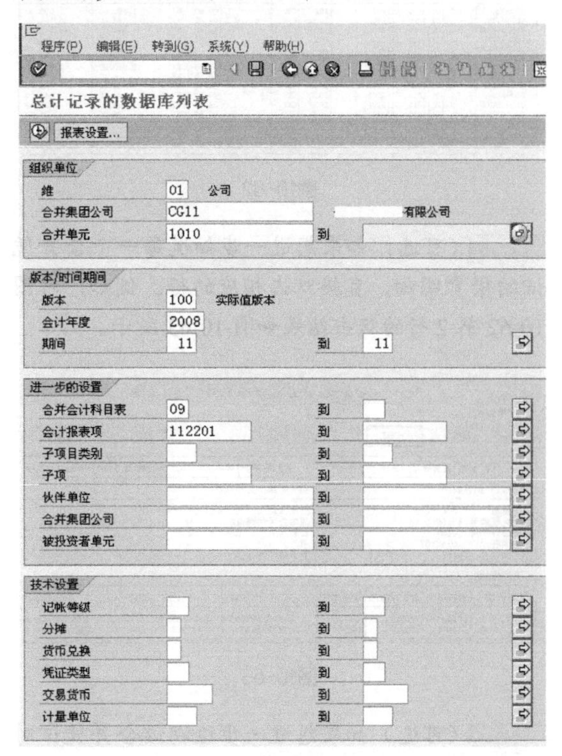

图10-60

STEP 2 单击“执行”按钮，显示“总计记录的数据库列表”的结果界面，如图 10-61 所示。在此界面分析数据结果。

总计记录的数据库列表

维 01 公司 | 合并会计科目表 09 合并科目表 | 版本 100 实际值版本 | 期间 011 / 2008

分类帐 ZC 集团合并分类帐 | 集团公司货币 CNY 人民币

合并>	会计>	C	子项	伙伴>	PL	分摊	转移	DT	TC	以业务货币计的值	本币	以本币计的值	集团公司货币值
1010	112201			1020				01	CNY	139,712.70	CNY	139,712.70	139,712.70
1010	112201			1030				01	CNY	278,318.57	CNY	278,318.57	278,318.57
1010	112201			1040				01	CNY	683,433.00	CNY	683,433.00	683,433.00
1010	112201			1050				01	CNY	1,104,099.54	CNY	1,104,099.54	1,104,099.54
* 1010									CNY	2,205,563.81	CNY	2,205,563.81	2,205,563.81
**									CNY	2,205,563.81	CNY	2,205,563.81	2,205,563.81

图10-61

报表显示，合并单元 1010 对伙伴单位 1020 的应收账款为 139 712.70 元。

STEP 3（可选）如果想进一步知道这里的 139 712.70 是由哪些合并凭证构成的，可以将光标置于第一行，单击 日记帐分录 按钮，系统即显示合并凭证，如图 10-62 所示。

日记帐项目的数据库清单

维 01 公司	合并会计科目表 09 合并科目表	版本 100 实际值版本	期间 011 / 2008
分类帐 ZC 集团合并分类帐	集团公司货币 CNY 人民币		

凭证编号	行项目	DT	合并>	会计>	C	子项	伙伴>	TC	以业务货币计的值	本币	以本币计的值	集团公司货币值
100002699	2	01	1010	112201			1020	CNY	1,000.00	CNY	1,000.00	1,000.00
100003439	2	01	1010	112201			1020	CNY	133,194.00	CNY	133,194.00	133,194.00
100003454	1	01	1010	112201			1020	CNY	44,348.03	CNY	44,348.03	44,348.03
100003459	2	01	1010	112201			1020	CNY	44,348.03-	CNY	44,348.03-	44,348.03-
100003697	2	01	1010	112201			1020	CNY	5,396.10	CNY	5,396.10	5,396.10
100003771	1	01	1010	112201			1020	CNY	2,953.85	CNY	2,953.85	2,953.85
100003775	2	01	1010	112201			1020	CNY	2,953.85-	CNY	2,953.85-	2,953.85-
100004201	2	01	1010	112201			1020	CNY	0.10	CNY	0.10	0.10
100004215	2	01	1010	112201			1020	CNY	24.50	CNY	24.50	24.50
100004249	2	01	1010	112201			1020	CNY	49.00	CNY	49.00	49.00
100004257	2	01	1010	112201			1020	CNY	24.50	CNY	24.50	24.50
100004307	2	01	1010	112201			1020	CNY	24.50	CNY	24.50	24.50
*			1010					CNY	139,712.70	CNY	139,712.70	139,712.70
**								CNY	139,712.70	CNY	139,712.70	139,712.70

图10-62

STEP 4（可选）如果想进一步知道每一个合并凭证的借贷明细，直接双击相应的行。例如，对图 10-62 第 2 行的双击结果如图 10-63 所示。

显示传输的凭证

FI凭证

维 01 公司	合并会计科目表 09 合并科目表	版本 100 实际值版本	期间 011 / 2008
08.11.27 14:14:10	实时更新：文件显示		

凭证编号 100003439
参考凭证编号 4900000788
参考会计年度 2008
已输入在 00:45:33
参考交易 MKPF 材料凭证
过帐日期 2008.11.19
原始公司代码 1010 有限公司
已输入从 2008.11.25
用户
参考组织单位 2008

- 分类帐 ZC

DT	行项	合并单元	会计报表项	伙伴单位	TC (CNY)	LC (CNY)	GC (CNY)
01	1	1010	140501		133,194.00-	133,194.00-	133,194.00-
	2	1010	112201	1020	133,194.00	133,194.00	133,194.00

图10-63

STEP 5（可选）如果想进一步追溯该合并凭证对应的原始凭证（FI 会计凭证），则在图 10-63 中单击“FI 凭证”按钮，即可查看相应的 FI 凭证明细，如图 10-64 所示。

显示凭证：数据输入视图

显示货币

凭证编号	4900000555	公司代码	1010	会计年度	2008
凭证日期	2008.11.19	过帐日期	2008.11.19	期间	11
参照		公司往来凭证号	4900000555101008		
货币	CNY	文本存在			

凭证货币项

项	PK	部门	帐户号	描述	金额在 CNY
001	99		1405010200	自制半成品-半成品	34,110.00-
002	99		1405010200	自制半成品-半成品	19,851.00-
003	99		1405010200	自制半成品-半成品	39,538.00-
004	99		1405010200	自制半成品-半成品	3,441.00-
005	99		1405010200	自制半成品-半成品	726.00-
006	99		1405010200	自制半成品-半成品	2,728.00-
007	99		1405010200	自制半成品-半成品	26,760.00-
008	99		1405010200	自制半成品-半成品	6,040.00-
009	40		1122010202	应收账款-公司间领用-	34,110.00
010	40		1122010202	应收账款-公司间领用-	19,851.00
011	40		1122010202	应收账款-公司间领用-	39,538.00
012	40		1122010202	应收账款-公司间领用-	3,441.00
013	40		1122010202	应收账款-公司间领用-	726.00
014	40		1122010202	应收账款-公司间领用-	2,728.00
015	40		1122010202	应收账款-公司间领用-	26,760.00
016	40		1122010202	应收账款-公司间领用-	6,040.00
项目	1 / 16			借方/贷方	133,194.00

图10-64

SAP 中有哪些业务会形成关联方的应收应付往来？

（1）跨公司销售产品时，会形成双方的应收应付往来。具体来讲，就是销售公司对外接单，但本身没有生产能力，于是将销售订单的需求传递给生产公司（关联方），生产公司直接针对此销售订单发货（发货给外部客户），然后对销售公司开票，销售公司据此生成应付凭证（通过 IDOC 可实现），于是形成了生产公司与销售公司间的应收应付往来。

（2）某公司生产时所需的原材料存放在另一家公司（关联方），需要加价采购，于是，下达公司间的采购订单，对方公司直接针对此采购订单发货（发货给采购方），并对其开票，采购方收到发票后做发票校验，于是形成了采购方和供货方之间的应收应付往来。

（3）某公司生产经营所需的物料存放在另一家公司（关联方）的工厂下，内部允许平价转移，于是，直接在系统中操作跨工厂的发料（发料到生产订单或成本中心，移动类型为 261 或 201）。这就形成了相互之间的应收应付往来。前提：在 FI 下配置了公司间清算科目。

（4）两家公司间存在代为付款的情况。例如，一家公司的费用在另外一家公司报销，形成以下凭证。

Dr：（A 公司代码）费用

Cr：（B 公司代码）银行存款

在凭证过账后，由于后台配置了公司间清算科目，系统会将此凭证拆分成以下两张凭证。

① Dr：（A 公司代码）费用

Cr：（A 公司代码）应付账款 - 关联方（贸易伙伴：B 公司）

② Dr：（A 公司代码）应收账款 - 关联方（贸易伙伴：A 公司）

Cr：（B 公司代码）银行存款

这里面就出现了双方的应收应付往来。

10.5.2 内部销售收入的抵销

内部销售收入业务是指合并单元形成的收入来自于同一集团内的其他合并单元。合并单元的内部销售收入会计报表项必须带上伙伴单位（因此，在会计报表项甚至操作科目表的科目设计时，一般都会将销售收入分为内部和外部）。

内部销售收入抵销后，产生的凭证为：借记“销售收入－内部”；贷记“销售成本”。该凭证可以结合图10-65所示的场景来理解。

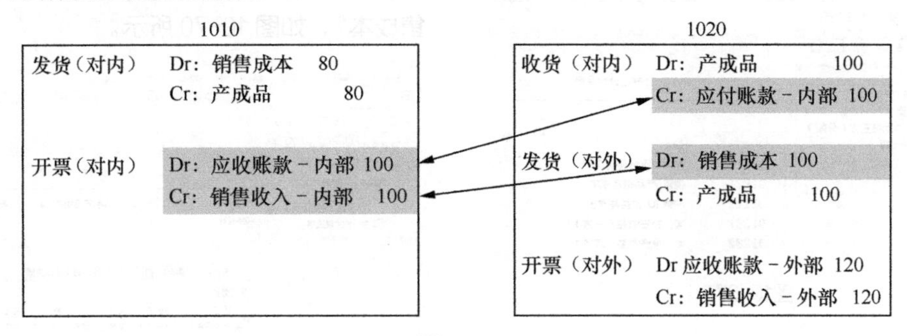

图10-65

假设不考虑税的影响。

在图10-65中，内部应收和内部应付均虚增了整个集团的应收和应付，因此，应予以抵销。同时，由于内部真实成本为80元的产品被作价100元卖给了伙伴单位1020，因此，当伙伴单位1020将这笔产品全部实现对外销售后，从整个集团来看，“销售收入－内部”和“销售成本”均虚增了100元，应同时予以抵销。因此，借记“销售收入－内部”，贷记“销售成本”。抵销后，体现的整个集团损益结果就是：产品实现对外销售，“销售成本”80元，“销售收入－外部”为120元。这就达到了抵销的效果。

假如合并单元1010销售给伙伴单位1020的产品没有实现销售呢？情况就变得如同图10-66所示。除了内部的应收应付系虚增，应予以抵销外，合并单元1010的“销售收入－内部”100和“销售成本”80也都是虚增的，合并单元1020的存货由于来自伙伴单位，其中包含的毛利20也是虚增的。因此，还应制作一张抵销凭证。

Dr：销售收入－内部　100
Cr：销售成本　80
Cr：产成品　20（以内部毛利记）

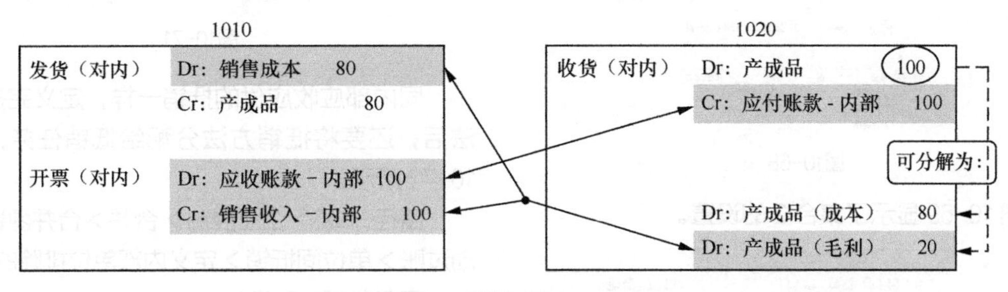

图10-66

将这张抵销凭证一分为二，具体如下。

① Dr：销售收入－内部　100
Cr：销售成本　100
② Dr：销售成本　20
Cr：产成品　20（以内部毛利记）

其中，凭证①就是本节要介绍的内部销售收入抵销的凭证；凭证②就是10.5.3小节要介绍的期末存货未实现的损益的抵销的凭证。

如果来自伙伴单位的产品实现了部分销售而不是全部销售，则除了内部应收应付的抵销外，也需要制作同样的抵销分录，一方面将内部的销售收入抵销，另一方面将期末存货未实现的损益予以抵销（需要计算没有实现销售的存货部分附带了多少毛利）。此处不再赘述。

为了和SAP的系统设计保持一致，本节只介绍凭证①的实现。凭证②的实现留待下节介绍。在后台，需要配置内部销售收入抵销的方法，如图10-67的方法01221所示。

路径：IMG>企业控制＞合并＞合并函数＞自动过账＞单位间抵销＞定义方法

事务代码：CXE7

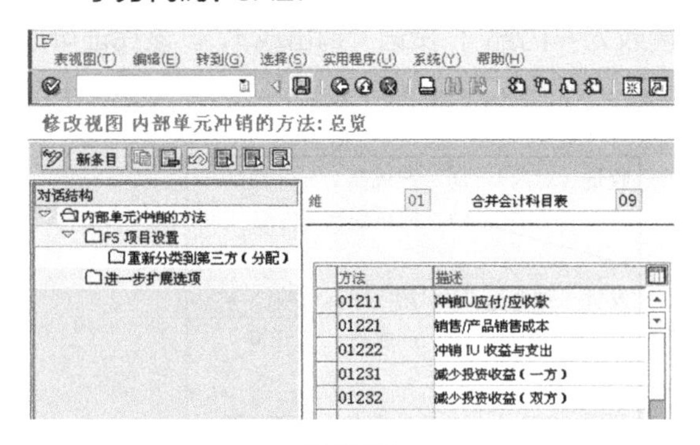

图10-67

方法 01221 的描述“销售 / 产品销售成本”英文环境为“Sales/Cost of goods sold”。Sales 是指“销售收入”。

选中方法 01221，单击左侧树形结构中的“FS 项目设置”，可以看到它的明细设置。图 10-68 显示了“集合 1”（合并单元 1）的设置，它表明对合并单元 1 找到会计报表项 600101（主营业务收入—关联方）的发生额进行抵销。

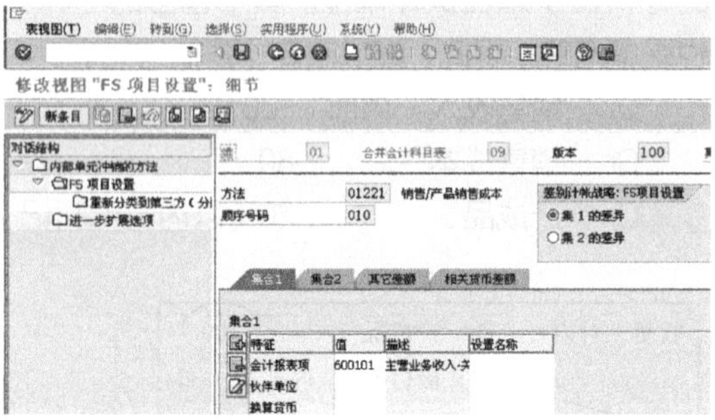

图10-68

图 10-69 显示了集合 2 的设置。

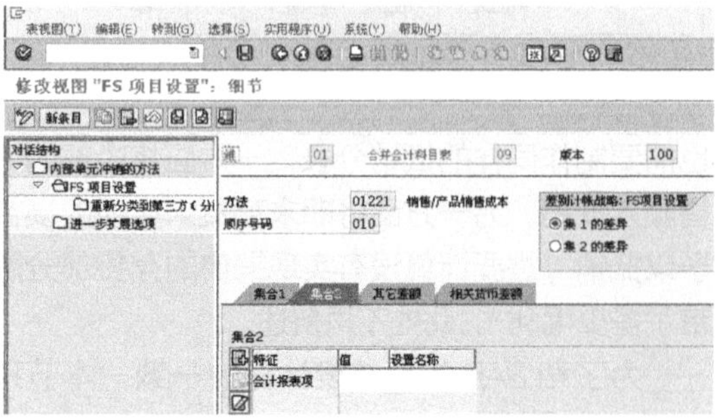

图10-69

因为内部销售收入的抵销是找到一个合并单元，发现它有关联方的销售收入即转入销售成本，而不是两个合并单元之间的抵销，因此，在“集合 2”（合并单元 2）中无须定义会计报表项。

“其他差额”选项卡定义的就是抵销过程中，关联方的销售收入被转入的会计报表项——“销售成本”，如图 10-70 所示。

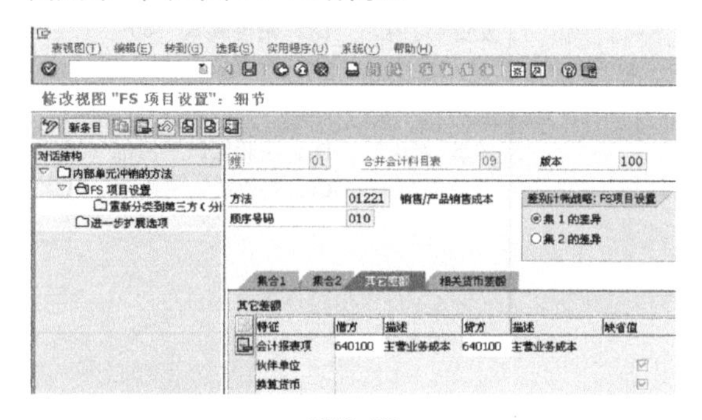

图10-70

“相关货币差额”体现的汇率变动导致差额，此处可以不设置，如图 10-71 所示。

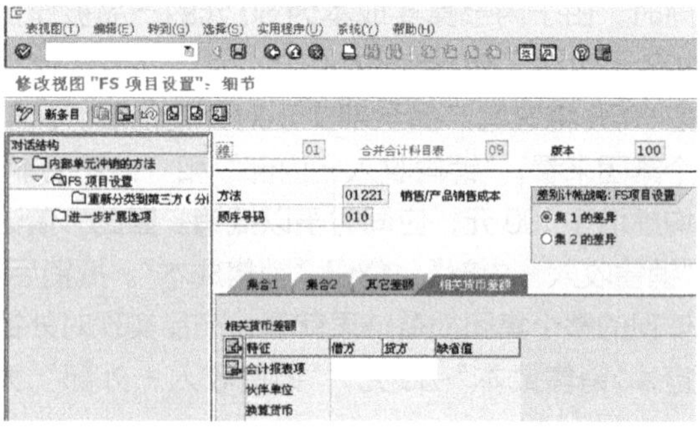

图10-71

同内部应收应付的抵销一样，定义完抵销方法后，还要将抵销方法分配给抵销任务，如图 10-72 所示。

路径：IMG> 企业控制 > 合并 > 合并函数 > 自动过账 > 单位间抵销 > 定义内部单位排除的任务

事务代码：CXE6

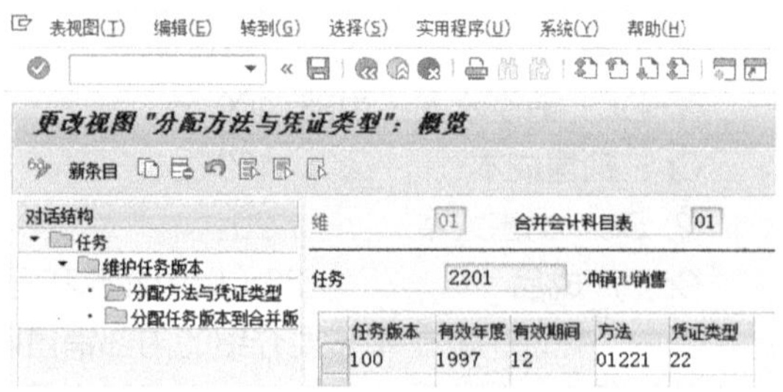

图10-72

月末，确认所有的内部销售收入业务处理完毕，并且都已经传入 EC-CS 系统后，就可以在前台执行抵销操作。

【业务操作】接下来介绍内部销售收入抵销的前台操作。

路径：SAP 菜单 > 会计核算 > 企业控制 > 合并 > 数据收集 > 自动过账 > 单位间抵销

事务代码：CX54

STEP 1 在“单位间抵销”界面输入维、合并集团公司、版本、期间、任务、合并科目表等字段，勾选“测试运行”复选框，如图 10-73 所示。

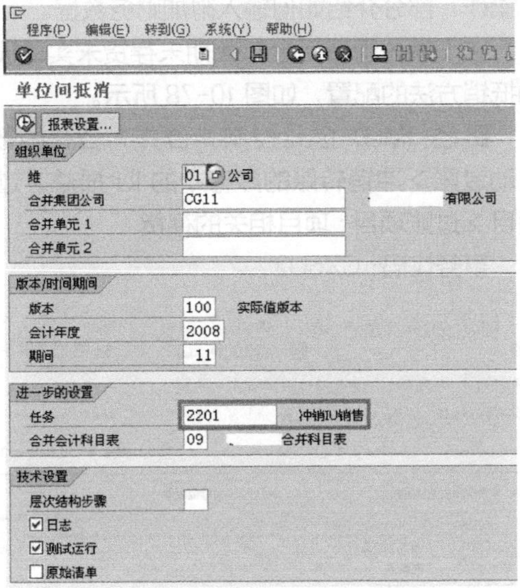

图10-73

任务：选择 2201（冲销 IU 销售）。

STEP 2 单击“执行”按钮，系统显示测试运行结果，如图 10-74 所示。

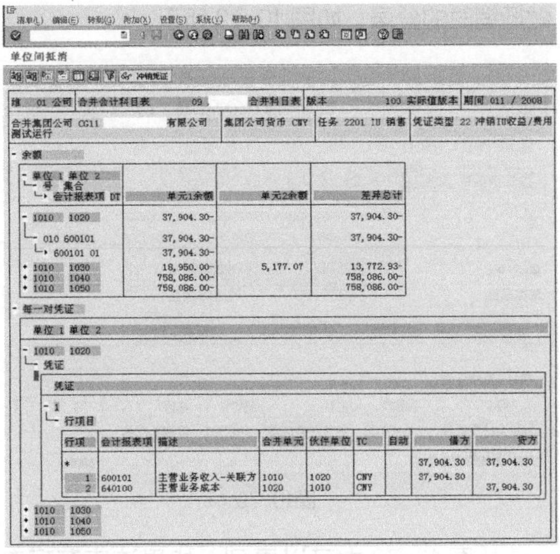

图10-74

在图 10-74 中，上部分列出了各合并单元间的内部销售业务，下部分列出了合并抵销后将产生的合并凭证。这一凭证就是基于后台的配置生成的，借记关联方的销售收入（主营业务收入），贷记销售成本（主营业务成本）。

STEP 3 如果没有错误，返回参数界面，去掉对“测试运行”复选框的勾选，正式执行，系统会产生相应的抵销凭证，并在界面中提示“n 凭证被更新”，同时显示了已经产生的合并凭证的编号，如图 10-75 所示。

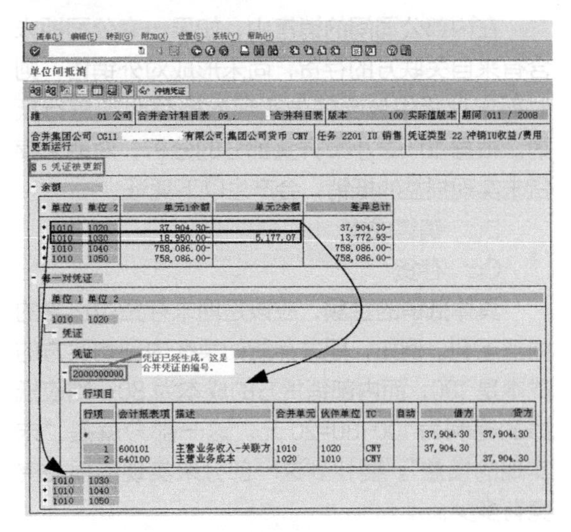

图10-75

这些凭证是按照合并单元两两组合中的每一个合并单元余额进行分开的。如果两个合并单元中互有来自对方的收入，则会形成两张抵销凭证，如图 10-75 中 1010 对 1030 有销售收入，同时，1030 对 1010 也有销售收入，因此将会产生两笔合并抵销凭证。

STEP 4（可选）如果想查看生成的抵销凭证，可以将光标置于“余额”部分的行中，单击工具栏上的“冲销凭证”（翻译错误，实为“抵销凭证”）按钮，即可以看见生成的抵销凭证。

与内部应收应付抵销凭证不同，内部销售收入抵销的凭证在下月不自动冲销。这一点，从凭证类型的定义中也可以看到，如图 10-76 所示。

路径：IMG> 企业控制 > 合并 > 合并函数 > 自动过账 > 单位间抵销 > 定义凭证类型

事务代码：CXEM

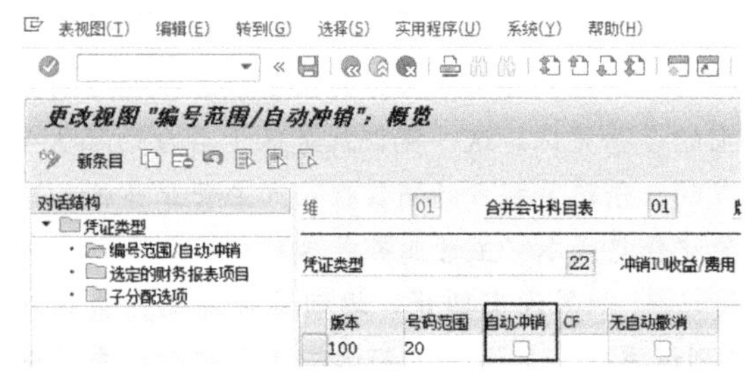

图10-76

10.5.3 期末存货未实现损益的抵销

在内部公司间的销售中，如果一家公司期末含有来自关联方的存货，尚未形成对外销售，则对期末存货中包含的未实现的损益必须进行抵销。根据 10.5.2 小节开头部分的分析，对期末存货未实现损益的抵销，会产生以下凭证。

Dr: 销售成本

Cr: 存货

具体抵销的金额，应该是期末存货中包含的内部毛利。例如，期末存货如果在内部购买方的成本是 100，而内部销货方的成本为 80，则应抵掉的毛利为 100-80=20 元。这一部分就是“未实现的损益”。要找到这一部分未实现的损益究竟有多少。

根据 SAP 的功能，有两种方法对期末存货中包含的未实现的损益分配值，即从总计数据库获取或从附加财务数据中获取，如图 10-77 所示。

路径：IMG> 企业控制 > 合并 > 合并函数 > 自动过账 > 冲销转账的库存中的 IU 损益 > 全局设置

事务代码：CX5UC。

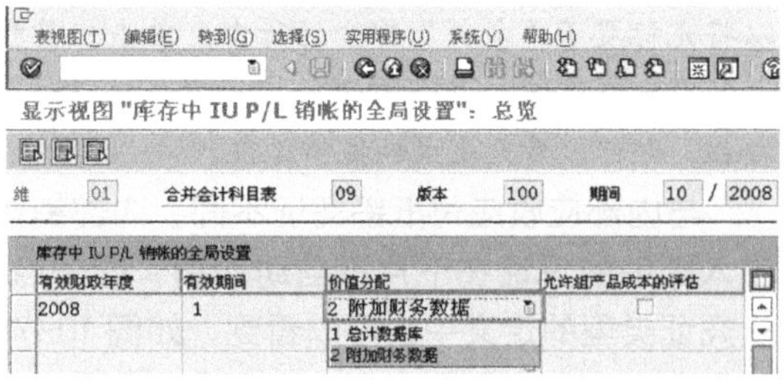

图10-77

在企业实践中，一般采用的是附加财务数据方法。

附加财务数据方法是在执行抵销前，手工输入合并抵销所需要的附加数据，包括库存数据和供货方数据。库存数据指“我公司”(内部购买方)当前有多少来自“兄弟公司”(内部销售方)的库存；供货方数据指“兄弟公司”给我供货时，其内部的毛利率是多少。有了这两个数据，就可以计算出“我公司”期末尚未形成对外销售的来自“兄弟公司”的存货中，包含多少内部毛利。这正是月末需要抵销的内部损益。本节将在“业务操作”部分介绍如何输入附加财务数据。

接下来先看看后台有关期末存货未实现损益的抵销方法的配置，如图 10-78 所示。

路径：IMG> 企业控制 > 合并 > 合并函数 > 自动过账 > 冲销转账的库存中的 IU 损益 > 过账项目 > 过账项目 : 项目相关的存货

事务代码：CX5U2

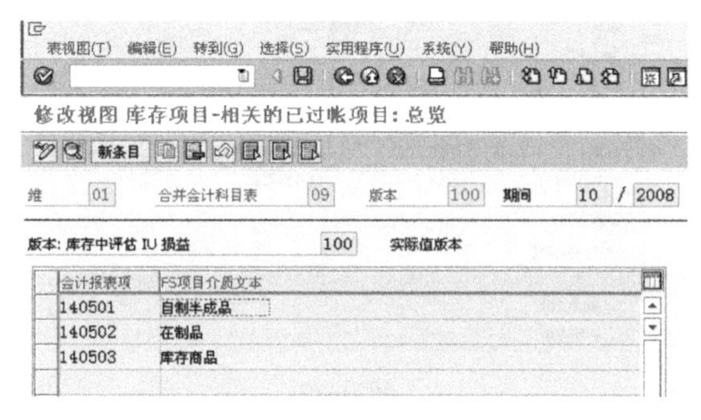

图10-78

双击其中的一项，如 140501 自制半成品，系统显示针对该会计报表项所代表的期末存货，做抵销时的分录，如图 10-79 所示。

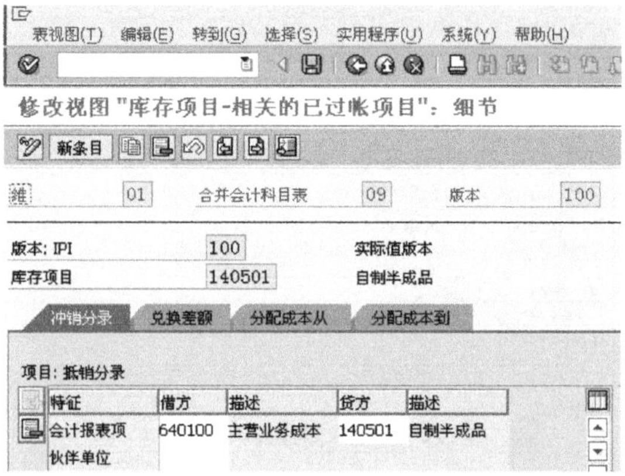

图10-79

从图 10-79 中可以看到，如果该库存项有未实现的损益，则会产生借记“主营业务成本”、贷记“自制半成品”的抵销分录。

接下来还要定义抵销的任务，如图10-80所示。

路径：IMG> 企业控制 > 合并 > 合并函数 > 自动过账 > 冲销转账的库存中的 IU 损益 > 定义任务

事务代码：CX5T7

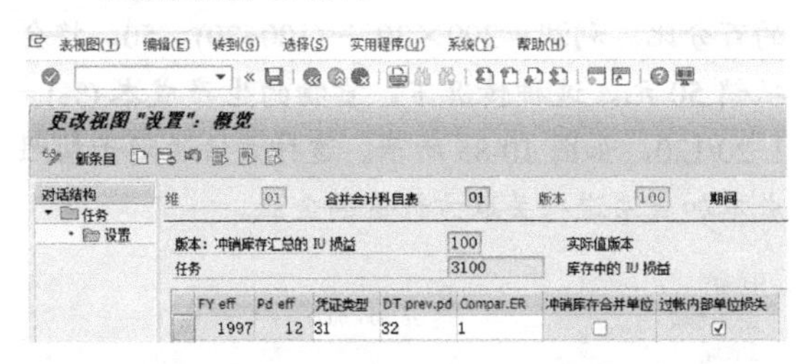

图10-80

后台做好配置后，月末就可以进行期末存货未实现损益的抵销操作。在操作前，还需要输入附加财务数据。

【业务操作1】下面以C1000德国公司将货物销售给C2000英国公司为例来说明如何输入附加财务数据。

路径：SAP 菜单 > 企业控制 > 合并 > 数据收集 > 附加财务数据 > 回车（注：Enter，应译为“输入”）

事务代码：CX21

STEP 1 在“输入其他财务数据”界面输入合并集团公司、合并单元，如图10-81所示，这是输入附加财务数据的主界面。

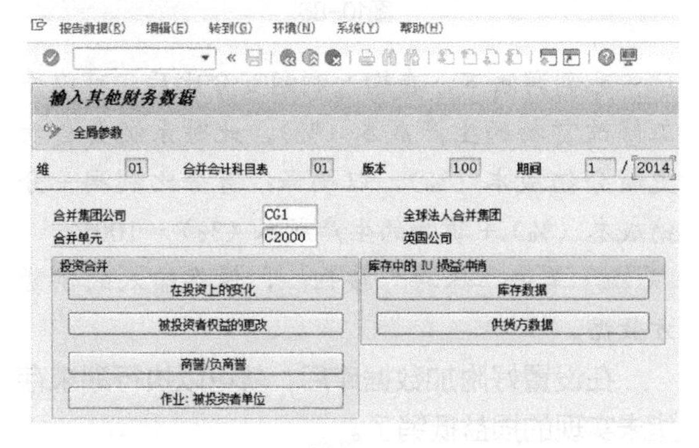

图10-81

该界面既用来输入期末库存未实现损益的抵销所需的数据（右侧），也用来输入投资合并抵销所需的数据（左侧）。

合并单元：需要输入数据的合并单元。例如，输入库存数据时，合并单元填写C2000；输入供货方数据时，合并单元填写C1000。

STEP 2 在主界面确认合并单元为C2000英国公司（期末存放库存的公司），单击界面右侧的 库存数据 按钮，就可以输入管理库存的一方（内部购买方）的库存数据。在“更改视图‘冲销库存中IU损益的库存数据’：概览”界面单击 新条目 按钮，即可逐条输入合并单元C2000来自其他合并单元的各类产品组/库存项目的库存金额，如图10-82所示。

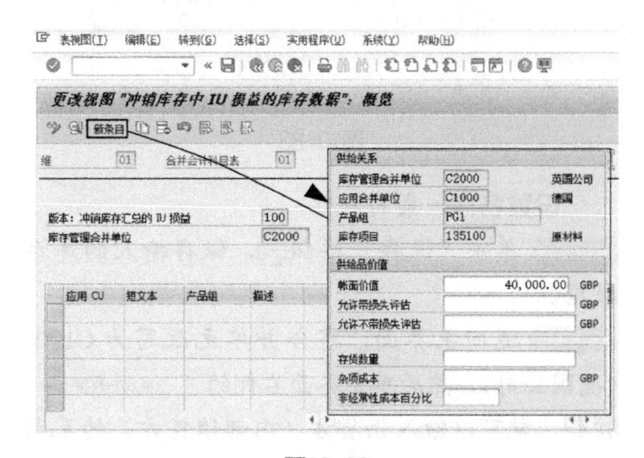

图10-82

库存管理合并单位：期末存放库存的合并单元。

应用合并单位：供货方合并单元。这里输入C1000（德国）表示从德国公司购买的货物。

产品组：对来自供货方的存货进行分类，如个人电脑、泵、摩托车等。

库存项目：存货对应的会计报表项，如原材料、在制品、半成品、成品。

产品组和库存项目是包含关系，产品组下分配了多个库存项目或者多个库存项目的集。例如，可以定义一个通用的产品组Z9999，其下分配的FS Item用集ZFS_ITEM_PRG表示。这是为了方便日后的维护，因为集（set）的维护属于主数据，可以直接在前台维护，而无须产生请求。日后如果需要在该产品组中增加库存项目，就直接在集ZFS_ITEM_PRG中添加，如图10-83所示。

维护产品组和库存项目的关系是在后台配置中实现的。

路径：IMG> 企业控制 > 合并 > 合并函数 > 自动过账 > 冲销转账的库存中的 IU 损益 > 定义产品组

事务代码：CX5U1

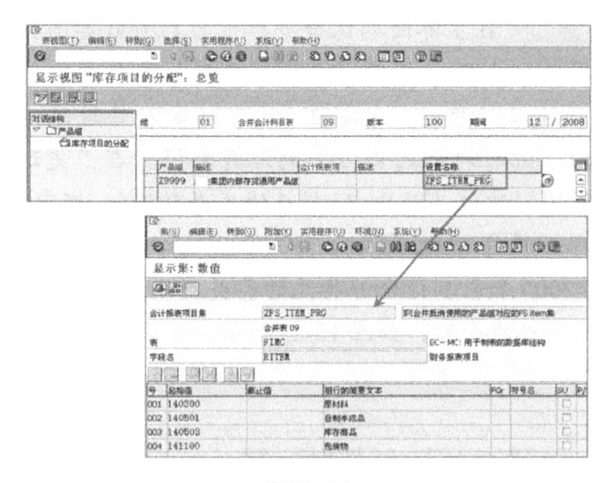

图10-83

设置名称：集的名称。

STEP 3 单击“保存”按钮，保存输入的库存数据。

STEP 4 返回主界面，将合并单元改写为 C1000（德国公司），然后单击界面右侧的 供货方数据 按钮，就可以输入供货方（内部销售方）的毛利率数据。在“更改视图‘冲销库存中 IU 损益的供应商数据’：概览”界面，单击 新条目 按钮，即可逐条输入合并单元 C1000 供应给其他合并单元的各类产品组的毛利率等数据，如图 10-84 所示。

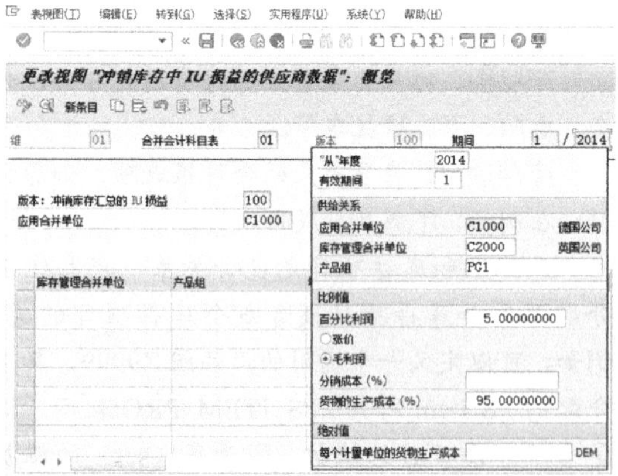

图10-84

> **提示** 这里的数据是从某一个期间开始有效的记录，因此只要毛利率在上次设置后没有变化，就不需要每个月都设置。在这一点上，它和库存数据输入的要求是不一样的。

输入百分比利润，并选择利润的计算方式（“涨价”或是“毛利润”），按回车键后系统会自动计算货物的生产成本。计算的逻辑由利润的计算方式决定。

假设利润百分比为 20%，供应商销售存货的价格为 300 元，那么两种情况下，计算内部利润的方法如下。

涨价：意味着以集团成本为基准，计算涨价的百分比。利润 = 300×20 ÷ (100+20) = 50，将会抵销 50 元。这种情况下，货物的生产成本 (%) = 1−20/120，如图 10-85 所示。这种方法适用于按照成本加成法进行关联方计价的企业。

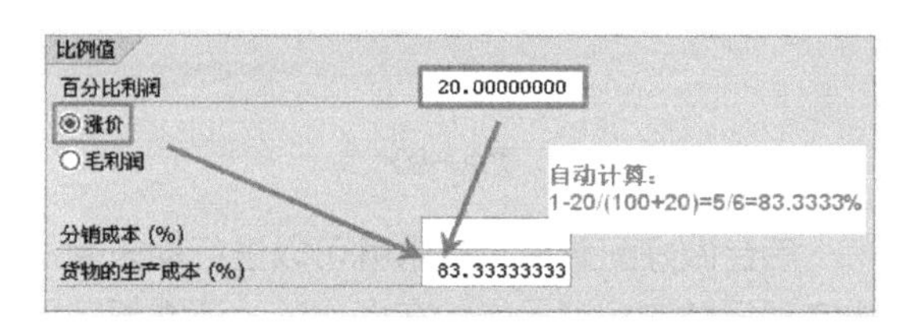

图10-85

毛利润：意味着以内部销售收入为基准计算毛利率。利润 = 300×20 ÷ 100 = 60，将会抵销 60 元，这种情况下，货物的生产成本（%）= 1−20÷100，如图 10-86 所示。这种方法适用于按照售价确定毛利率的企业。

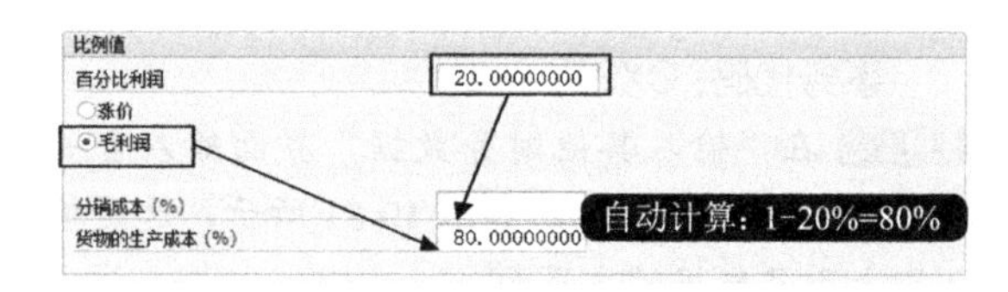

图10-86

毛利润法下，在输入利润百分比后，可以手工修改货物的生产成本（%），此时系统会自动更新分销成本（%），以确保：百分比利润 + 分销成本（%）+ 货物的生产成本（%）= 100%。

STEP 5 单击“保存”按钮，保存输入的供货方数据。

在设置好附加数据库后，就可以执行期末存货未实现的损益抵销了。

【业务操作 2】接下来介绍在系统中执行期末存货未实现的损益抵销。

假设数据：1010 公司在期末存放有来自 1020 公司的库存商品，库存金额为 100 万元，按照

“毛利润法”定义的利润为15%。由此，应抵销的未实现损益为100万元 ×15% = 15万元。

路径：SAP菜单 > 会计核算 > 企业控制 > 合并 > 数据收集 > 自动过账 > 库存中的IU损益冲销

事务代码：CX5U0

STEP 1 在“冲销转账的库存中的IU损益”（应理解为“抵销库存转移中的内部损益”）界面输入维、合并集团公司、版本、期间、任务、合并科目表等字段，勾选“测试运行”复选框，如图10-87所示。

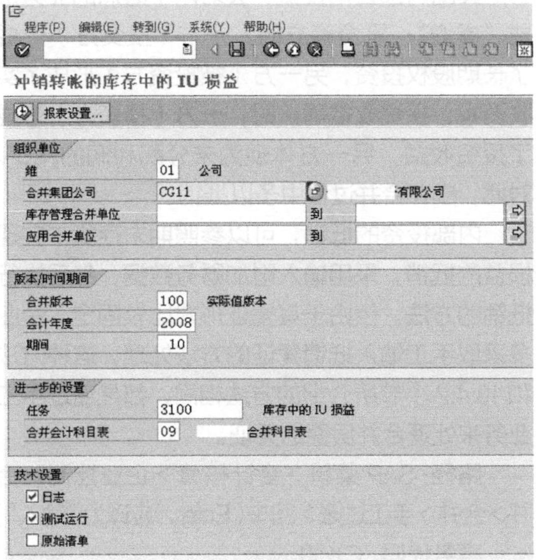

程序(P) 编辑(E) 转到(G) 系统(Y) 帮助(H)

冲销转帐的库存中的IU损益

报表设置...

组织单位

维 01 公司

合并集团公司 CG11 有限公司

库存管理合并单位 到

应用合并单位 到

版本/时间期间

合并版本 100 实际值版本

会计年度 2008

期间 10

进一步的设置

任务 3100 库存中的IU损益

合并会计科目表 09 合并科目表

技术设置

☑日志

☑测试运行

☐原始清单

图10-87

任务：选择3100—库存中的IU损益。

STEP 2 单击“执行”按钮，系统显示测试运行结果，如图10-88所示。

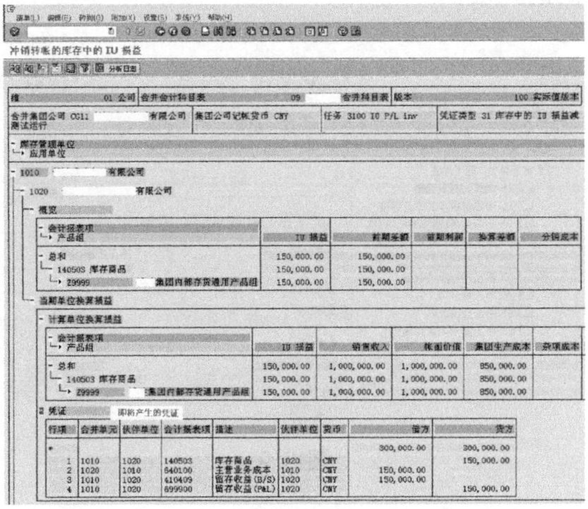

冲销转帐的库存中的IU损益

分析日志

维 01 公司 | 合并会计科目表 09 合并科目表 | 版本 100 实际值版本

合并集团公司 CG11 有限公司 测试运行 | 集团公司记帐货币 CNY | 任务 3100 IU P/L inv | 凭证类型 31 库存中的IU损益减

- 库存管理单位
  - 应用单位

- 1010 有限公司
  - 1020 有限公司
    - 概览

会计报表项 / 产品组	IU损益	前期差额	留期利润	换算差额	分销成本
- 总和	150,000.00	150,000.00			
140503 库存商品	150,000.00	150,000.00			
Z9999 集团内部存货通用产品组	150,000.00	150,000.00			

- 当期单位换算损益
  - 计算单位换算损益

会计报表项 / 产品组	IU损益	销售收入	帐面价值	集团生产成本	杂项成本
- 总和	150,000.00	1,000,000.00	1,000,000.00	850,000.00	
140503 库存商品	150,000.00	1,000,000.00	1,000,000.00	850,000.00	
Z9999 集团内部存货通用产品组	150,000.00	1,000,000.00	1,000,000.00	850,000.00	

凭证 即将产生的凭证

行项	合并单元	伙伴单位	会计报表项	描述	伙伴单位	货币	借方	贷方
*							300,000.00	300,000.00
1	1010	1020	140503	库存商品	1020	CNY		150,000.00
2	1020	1010	640100	主营业务成本	1010	CNY	150,000.00	
3	1010	1020	410409	留存收益(B/S)	1020	CNY	150,000.00	
4	1010	1020	699900	留存收益(P&L)	1020	CNY		150,000.00

图10-88

在图10-88中，上面部分系统根据输入的附加财务数据计算应抵销的存货金额，下面部分显示了即将产生的合并抵销凭证。

合并抵销凭证头两行显示借记“主营业务成本”（记入供应方），贷记“库存商品”（记入购货方）。这是对虚增的主营业务成本和存货的抵销。

后两行，系统补充了对留存收益调账的凭证。借记资产负债表中的留存收益项（相当于调整未分配利润），贷记损益表中的留存收益项（相当于调整利润）。事实上，这两行对财务报表不会产生实质性的影响。这两个财务报表项是在后台配置的。

路径：IMG> 企业控制 > 合并 > 主数据 > 会计报表项目 > 特指过账的选择项目

事务代码：CXE5

STEP 3 如果没有错误，返回参数界面，去掉对“测试运行”复选框的勾选，正式执行，系统会产生相应的抵销凭证。图略。

STEP 4（可选）如果想查看刚产生的抵销凭证，可以通过CX56—日记账条目查看产生的合并抵销凭证。执行参数如图10-89所示。

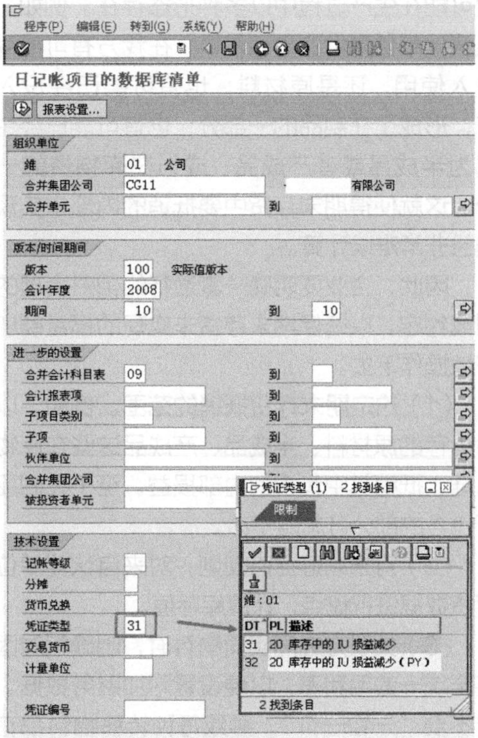

程序(P) 编辑(E) 转到(G) 系统(Y) 帮助(H)

日记帐项目的数据库清单

报表设置...

组织单位

维 01 公司

合并集团公司 CG11 有限公司

合并单元 到

版本/时间期间

版本 100 实际值版本

会计年度 2008

期间 10 到 10

进一步的设置

合并会计科目表 09 到

会计报表项 到

子项目类别 到

子项 到

伙伴单位 到

合并集团公司

被投资者单元

技术设置

记帐等级

分摊

货币兑换

凭证类型 31

交易货币

计量单位

凭证编号

凭证类型 (1) 2找到条目

限制

维：01

DT	PL	描述
31	20	库存中的IU损益减少
32	20	库存中的IU损益减少（PY）

2找到条目

图10-89

执行后，产生的结果如图 10-90 所示。

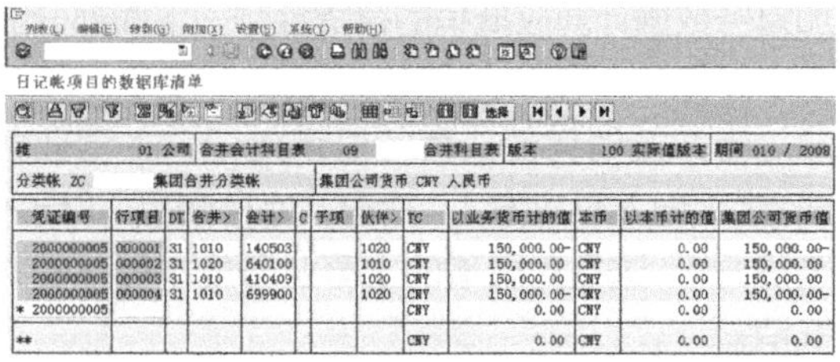

日记帐项目的数据库清单

维 01 公司	合并会计科目表 09 合并科目表	版本 100 实际值版本	期间 010 / 2008
分类帐 ZC 集团合并分类帐	集团公司货币 CNY 人民币		

凭证编号	行项目	DT	合并>	会计>	C	子项	伙伴>	TC	以业务货币计的值	本币	以本币计的值	集团公司货币值
2000000005	000001	31	1010	140503			1020	CNY	150,000.00-	CNY	0.00	150,000.00-
2000000005	000002	31	1020	640100			1010	CNY	150,000.00	CNY	0.00	150,000.00
2000000005	000003	31	1010	410409			1020	CNY	150,000.00	CNY	0.00	150,000.00
2000000005	000004	31	1010	699900			1020	CNY	150,000.00-	CNY	0.00	150,000.00-
* 2000000005								CNY	0.00	CNY	0.00	0.00
**								CNY	0.00	CNY	0.00	0.00

图10-90

合并抵销凭证是按照每一对合并单元组合产生的。如果一个合并单元下有来自*n*个伙伴单位的存货，就会有*n*个抵销凭证。

注意，期末存货中未实现的损益抵销凭证在次月会自动冲销。

延伸思考

企业应该怎样实现期末存货未实现的损益抵销?

根据前面的介绍可以发现，实现期末存货未实现的损益抵销，其实关键在于要明确掌握关联方之间的库存数据和毛利数据。而这不是一件容易的事情。再加上伙伴单位提供给我方单位的存货可能在生产过程中以多种形态存在。例如，如果伙伴单位提供的是原材料，在我方有可能尚未投入使用，还是原材料；也有可能已经投入生产，形成了在制品的一部分；也有可能已经生产成为半成品或者产成品，成为在库物资的一部分。这就使得期末存货中要抵销的内部未实现的损益非常难以计算。

因此，企业要明确一套通行的相对合理的规则或约定，以确保期末存货未实现的损益能够较好地操作下去。

（1）约定期末存货抵销的范围。例如，以容易盘存的原材料、半成品、产成品这些在库物资为准，抵销其中包含的内部损益。至于在制品中所包含的部分可忽略不计。

（2）月末制订盘点规则，对来自伙伴单位的存货数据进行盘点，计算库存值。

（3）关联方之间买卖物料时，明确相对固定甚至统一的毛利率，以便设置附加财务数据。尽量不要“一物一价”，导致每种转移物料都有不同的毛利率。

（4）来自伙伴单位的物料，如果和我方单位本身从集团外部采购的物料相同，应在实务上区分库存存放，以便盘点过程中分开。

总之，期末存货未实现的损益抵销，很难做到“严格精确”，只能做到“大致准确”。好在该抵销凭证在次月会自动冲销。待来自伙伴单位的物料都已经转化为商品并实现了销售后，就不再有未实现的损益，而全部是已实现的损益了。

10.5.4 内部投资抵销的处理

集团内部公司投资，会对两个时点的业务形成“虚增”：投资确立时，一方（投资方）形成了长期股权投资，另一方（被投资方）形成了实收资本；投资收益确认时，一方（投资方）形成了投资收益，另一方体现为未分配利润的减少。对此，应在合并过程中予以抵销。

内部投资的抵销，可以参照期末存货未实现损益的抵销，采用输入附加财务数据，然后执行抵销的方法。但由于其凭证形式比较固定，企业多采取手工输入抵销凭证的方法处理。这种方法和 10.4.2 小节所介绍的方法相同，都是通过手工业务来处理合并层面的凭证。

路径：SAP 菜单 > 会计核算 > 企业控制 > 合并 > 合并 > 手工过账 > 回车（Enter，应译为“输入”）

事务代码：CX50

如图 10-91 所示，投资的合并抵销可以选择凭证类型 55“手工投资合并”，输入对投资行为本身的抵销凭证；选择凭证类型 27“手工冲销投资收益”，输入对投资收益的抵销凭证。

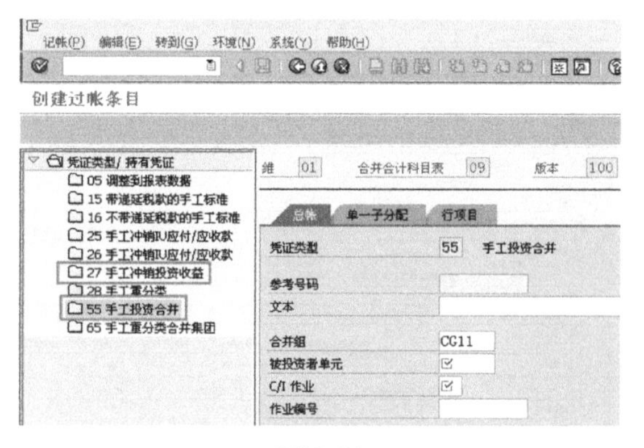

图10-91

在做凭证前，先双击左侧树形结构中的凭证

类型，然后在右侧输入凭证抬头和行项目。

图 10-92 是“手工投资合并”凭证记账后产生凭证头信息。

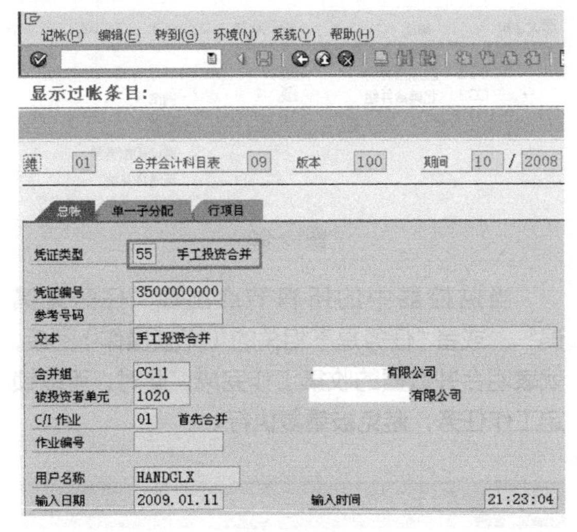

图10-92

图 10-93 是投资抵销凭证的行项目信息。

记帐(P) 编辑(E) 转到(G) 环境(N) 系统(Y) 帮助(H)

显示过帐条目:

维 01 合并会计科目表 09 版本 100 期间 10 / 2008

总帐 单一子分配 行项目

行	合并单元	描述	项目	描述	交易货币	货币组	自动
1	1020	有限公司	400100	实收资本	4,318,531.25	4,318,531.25	
2	1020	有限公司	410100	盈余公积	628,916.27	628,916.27	
3	1020	有限公司	410400	利润分配	10,683,417.35	10,683,417.35	
4	1010	有限公司	151100	长期股权投资	11,730,134.88-	11,730,134.88-	
5	1010	有限公司	400200	资本公积	3,900,729.99-	3,900,729.99-	

图10-93

10.5.5 合并监控器

针对合并抵销的工作，SAP 开发了合并的“监控器”（monitor），相当于监控工作台。监控器将各步骤的抵销工作任务按顺序罗列出来，并显示合并组织层次结构中的每一个节点的工作状态，以便用户跟踪。同时，在监控器中，可以对未完成的工作直接触发执行任务的操作。

监控器包含哪些工作任务是在后台设置的。图 10-94 显示了任务组 36000 包含的任务。

路径：IMG> 企业控制 > 合并 > 合并函数 > 合并监控器 > 定义任务组

事务代码：CXE0

图10-94

自动锁定：如果任务正常执行完成，就自动冻结，不允许再提交。

重大事件：标注为重大事件，这些任务就变成了“里程碑”。如果在监控器中自动连续地执行任务，系统会主动停止在这些“里程碑”任务前，留待用户手工操作。

定位：对于同等级次的任务，执行过程中谁先谁后。以升序数据在此字段输入，如 1、2……这将影响到这些任务在监控器中的排列顺序。

图 10-94 中显示，任务组 36000 包含了 7 项任务。这 7 项任务的工作顺序，首先由“指定前面的任务”来明确，如图 10-95 所示；其次，对于同等级次的任务，看“定位”字段是否有顺序约定。

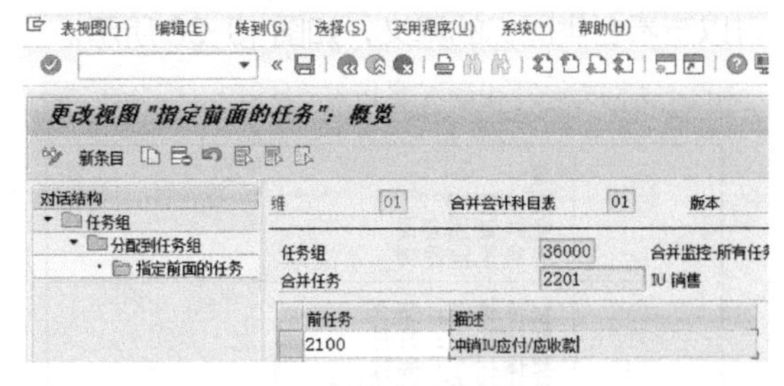

图10-95

图 10-95 中显示，合并任务 2201（IU 销售）的前置任务是 2100（冲销 IU 应付 / 应收款）。

任务组定义后，要指定给合并的维度。图 10-96 表明，维 01 使用的“合并监控任务组”是 36000。

路径：IMG> 企业控制 > 合并 > 合并函数 > 合并监控器 > 分配任务组到维

事务代码：CXP1

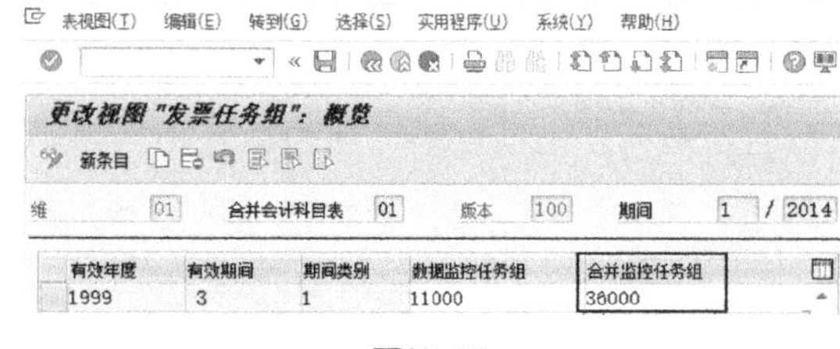

图10-96

有了这些配置，在前台进入监视器，就可以监控各任务的执行情况了，如图 10-97 所示。

路径：SAP 菜单 > 会计核算 > 企业控制 > 合并 > 合并 > 监视器

事务代码：CX20

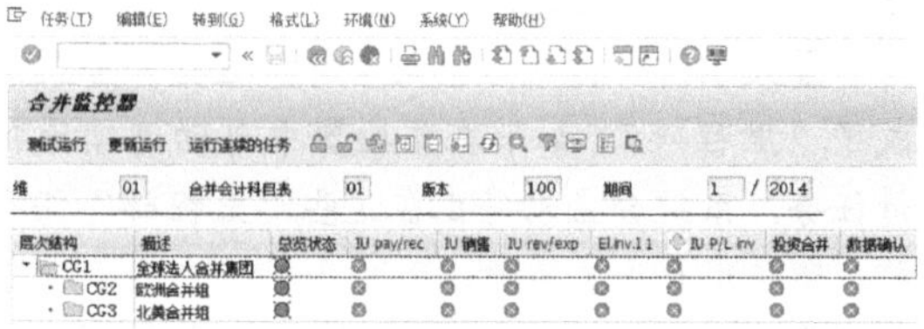

图10-97

合并监控器左侧显示的是合并组织层次结构，标题行显示的是任务组中定义的各项任务。

> 提示
>
> 与数据监控器不同的是，合并监控器显示的层次结构只显示合并组，而不显示合并单元。因为，抵销工作都是在合并组层面展开。

单击工具栏中的“标号 / 颜色号”按钮，可以查看各类图标的释义，如图 10-98 所示。

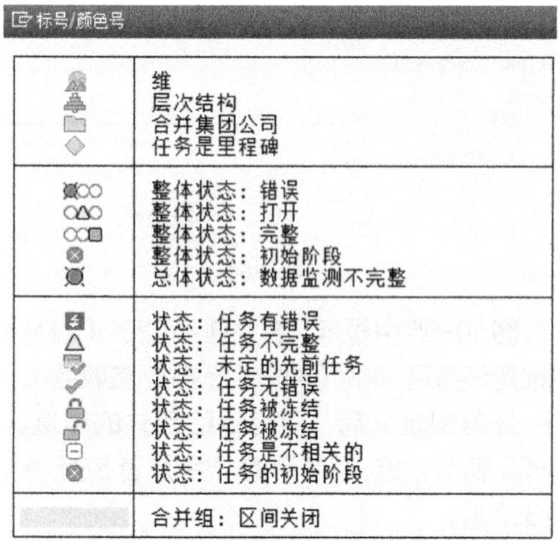

标号/颜色号

图标	释义
	维 层次结构 合并集团公司 任务是里程碑
	整体状态：错误 整体状态：打开 整体状态：完整 整体状态：初始阶段 总体状态：数据监测不完整
	状态：任务有错误 状态：任务不完整 状态：未定的先前任务 状态：任务无错误 状态：任务被冻结 状态：任务被冻结 状态：任务是不相关的 状态：任务的初始阶段
	合并组：区间关闭

图10-98

监控器提供了直接执行程序的功能。例如，某工作任务的状态是“初始阶段”（表明尚未执行），可以直接使用鼠标右键单击该图标，启动测试运行或正式运行，如图 10-99 所示。

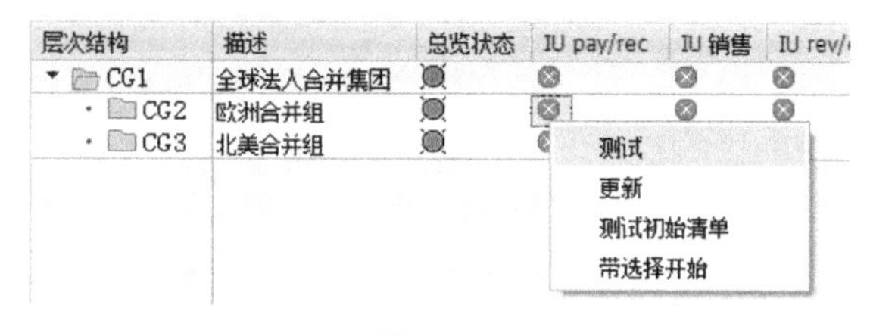

图10-99

当监控器中的所有节点出现“任务无错误”或者“任务是不相关的”（无须操作）后，就表明合并数据的收集工作完成。此时，可以锁定工作任务，避免被重复执行。

10.6 合并模块的相关报表

10.6.1 合并报表的类型

EC-CS 模块的报表主要集中在以下路径：SAP 菜单 > 会计核算 > 企业控制 > 合并 > 信息系统 > 合并报告，如图 10-100 所示。

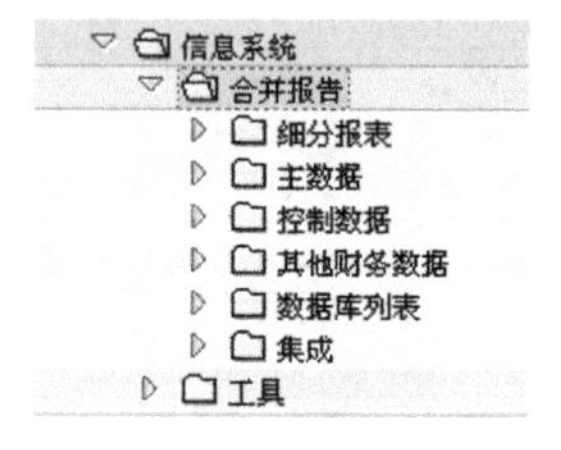

图10-100

在合并报告中，主要有以下几类报表。

（1）主数据。列出当前系统中存在的合并单元（组）、会计报表项等。

（2）细分报表。用于追溯系统中各合并单元的数据，包括按期间、按季度、按年的数据。

（3）数据库列表。从数据库的层面列出总计记录、日记账和行项目。合并凭证在此查看。

10.6.2 主要的合并报表

1. 主数据报表

主数据报表中的报表如图 10-101 所示。

其中，“项目”报表可以列出当前系统中设置的所有会计报表项及其属性，如图 10-102 所示。

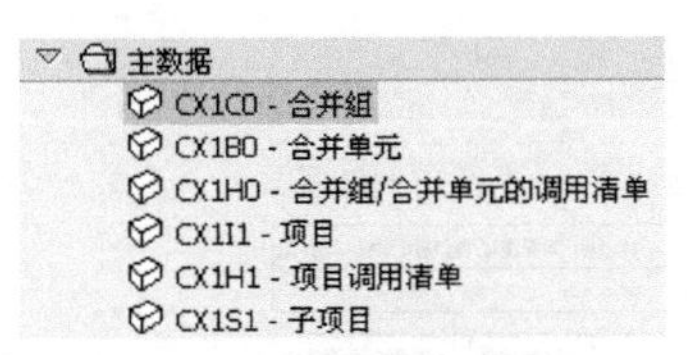

图10-101

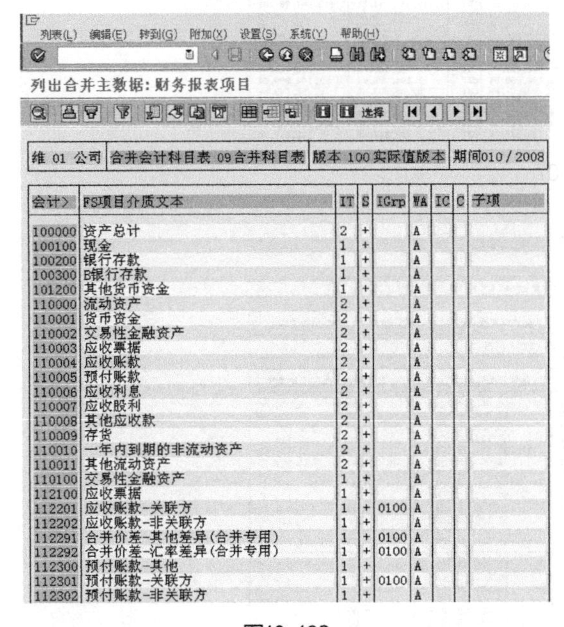

列表(L) 编辑(E) 转到(G) 附加(X) 设置(S) 系统(Y) 帮助(H)

列出合并主数据：财务报表项目

维 01 公司 | 合并会计科目表 09合并科目表 | 版本 100实际值版本 | 期间010 / 2008

会计>	FS项目介质文本	IT	S	IGrp	WA	IC	C	子项
100000	资产总计	2	+		A			
100100	现金	1	+		A			
100200	银行存款	1	+		A			
100300	B银行存款	1	+		A			
101200	其他货币资金	1	+		A			
110000	流动资产	2	+		A			
110001	货币资金	2	+		A			
110002	交易性金融资产	2	+		A			
110003	应收票据	2	+		A			
110004	应收账款	2	+		A			
110005	预付账款	2	+		A			
110006	应收利息	2	+		A			
110007	应收股利	2	+		A			
110008	其他应收款	2	+		A			
110009	存货	2	+		A			
110010	一年内到期的非流动资产	2	+		A			
110011	其他流动资产	2	+		A			
110100	交易性金融资产	1	+		A			
112100	应收票据	1	+		A			
112201	应收账款-关联方	1	+	0100	A			
112202	应收账款-非关联方	1	+		A			
112291	合并价差-其他差异(合并专用)	1	+	0100	A			
112292	合并价差-汇率差异(合并专用)	1	+	0100	A			
112300	预付账款-其他	1	+		A			
112301	预付账款-关联方	1	+	0100	A			
112302	预付账款-非关联方	1	+		A			

图10-102

2. 细分报表

细分报表可以用来比较各月/季度/年度的会计报表项的数据或者按合并单元比较的数据，如图10-103所示。

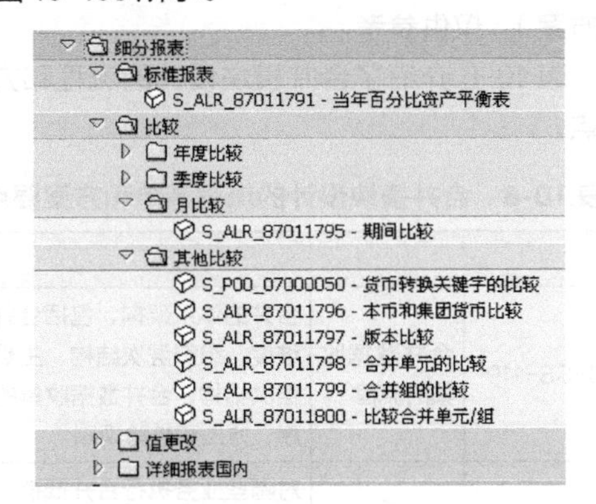

图10-103

例如，执行合并单元的比较，可以按合并单元列出“试算平衡表”。其选择参数界面如图10-104所示。

执行该程序后，报表显示执行的结果如图10-105所示。

这种格式的报表，如果需要下载到Excel，单击工具栏中的“输出”按钮，输出到“对象清单”，然后下载到本地文件中。

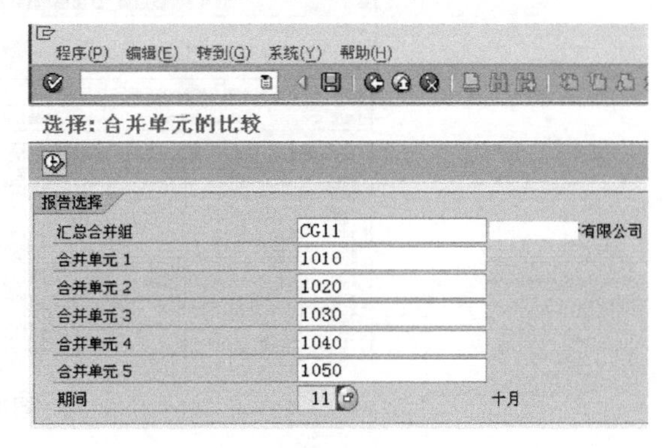

图10-104

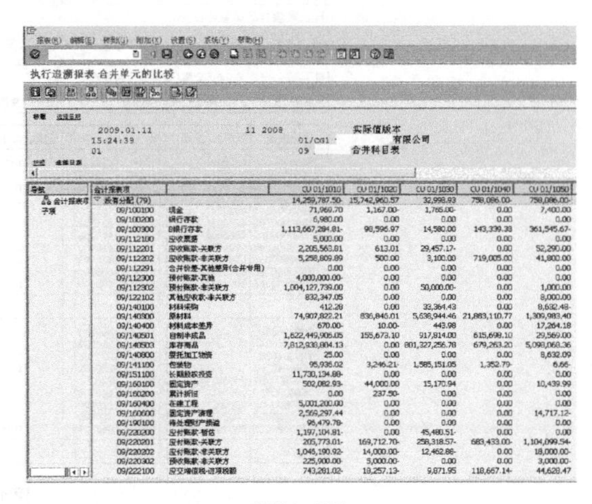

图10-105

3. 数据库列表

利用数据库列表也可以看到会计报表项详细的发生数，如图10-106所示。

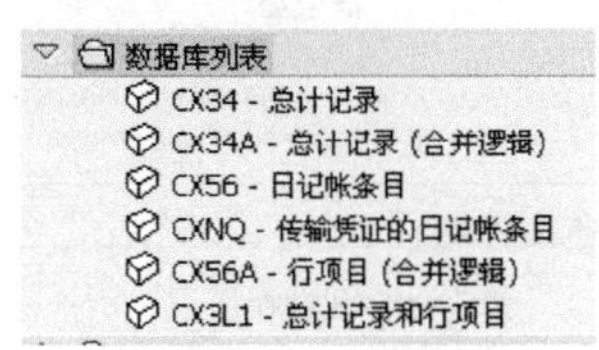

图10-106

总计记录报表可以用来查询所有会计报表项明细发生额的情况，包含细分类别、伙伴单位等信息，可以用来进行关联方对账，如图10-107所示。

DT：Document Type，凭证类型。可以依据此字段来了解该金额的来源，如01表明是FI实时更新的数据。

日记账条目报表可以反映合并及抵销凭证的情况，并可以双击反映凭证明细，如图10-108所示。

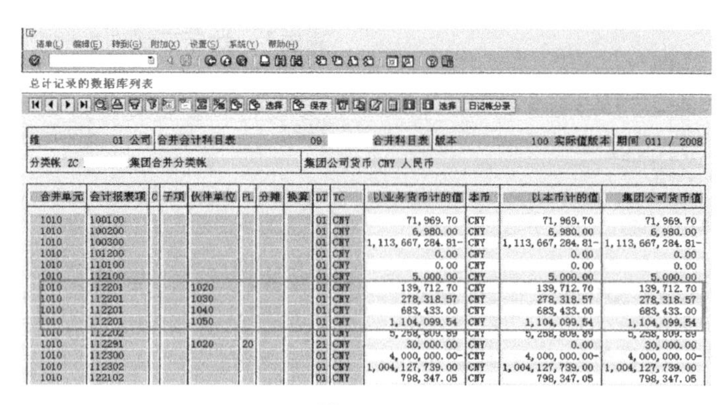

总计记录的数据库列表

维 01 公司	合并会计科目表 09 合并科目表	版本 100 实际值版本	期间 011 / 2008
分类帐 ZC 集团合并分类帐	集团公司货币 CNY 人民币		

合并单元	会计报表项	C	子项	伙伴单位	PL	分摊	换算	DT	TC	以业务货币计的值	本币	以本币计的值	集团公司货币值
1010	100100							01	CNY	71,969.70	CNY	71,969.70	71,969.70
1010	100200							01	CNY	6,980.00	CNY	6,980.00	6,980.00
1010	100300							01	CNY	1,113,667,284.81-	CNY	1,113,667,284.81-	1,113,667,284.81-
1010	101200							01	CNY	0.00	CNY	0.00	0.00
1010	110100							01	CNY	0.00	CNY	0.00	0.00
1010	112100							01	CNY	5,000.00	CNY	5,000.00	5,000.00
1010	112201			1020				01	CNY	139,712.70	CNY	139,712.70	139,712.70
1010	112201			1030				01	CNY	278,318.57	CNY	278,318.57	278,318.57
1010	112201			1040				01	CNY	683,433.00	CNY	683,433.00	683,433.00
1010	112201			1050				01	CNY	1,104,099.54	CNY	1,104,099.54	1,104,099.54
1010	112202							01	CNY	5,258,809.89	CNY	5,258,809.89	5,258,809.89
1010	112291			1020	20			21	CNY	30,000.00	CNY	0.00	30,000.00
1010	112300							01	CNY	4,000,000.00-	CNY	4,000,000.00-	4,000,000.00-
1010	112302							01	CNY	1,004,127,739.00	CNY	1,004,127,739.00	1,004,127,739.00
1010	122102							01	CNY	798,347.05	CNY	798,347.05	798,347.05

图10-107

日记帐项目的数据库清单

维 01 公司	合并会计科目表 09 合并科目表	版本 100 实际值版本	期间 010 / 2008
分类帐 ZC 集团合并分类帐	集团公司货币 CNY 人民币		

凭证编号	行项目	期间	DT	合并>	会计>	C	子项	伙伴>	TC	以业务货币计的值	本币	以本币计的值	集团公司货币值
2000000007	000002	10	21	1010	112291			1020	CNY	30,000.00-	CNY	0.00	30,000.00-
1500000000	000001	10	16	1010	122102				CNY	34,000.00	CNY	34,000.00	34,000.00
2000000005	000001	10	31	1010	140503			1020	CNY	150,000.00-	CNY	0.00	150,000.00-
2000000006	000001	10	31	1010	140503			1030	CNY	57,126.00-	CNY	0.00	57,126.00-
3500000000	000004	10	55	1010	151100				CNY	11,730,134.88-	CNY	0.00	11,730,134.88-
1500000000	000002	10	16	1010	224102				CNY	34,000.00-	CNY	34,000.00-	34,000.00-
3500000000	000005	10	55	1010	400200				CNY	3,900,729.99-	CNY	0.00	3,900,729.99-
2000000005	000003	10	31	1010	410409			1020	CNY	150,000.00	CNY	0.00	150,000.00
2000000006	000003	10	31	1010	410409			1030	CNY	57,126.00	CNY	0.00	57,126.00
2000000005	000004	10	31	1010	699900			1020	CNY	150,000.00-	CNY	0.00	150,000.00-
2000000006	000004	10	31	1010	699900			1030	CNY	57,126.00-	CNY	0.00	57,126.00-
*				1010					CNY	15,867,990.87-	CNY	0.00	15,867,990.87-
100004638	2	10	01	1020	160100				CNY	10,000.00	CNY	10,000.00	10,000.00
100004639	2	10	01	1020	160100				CNY	20,000.00	CNY	20,000.00	20,000.00
100004638	1	10	01	1020	220201			1010	CNY	10,000.00-	CNY	10,000.00-	10,000.00-
100004639	1	10	01	1020	220201			1010	CNY	20,000.00-	CNY	20,000.00-	20,000.00-
2000000007	000001	10	21	1020	220201			1010	CNY	30,000.00	CNY	0.00	30,000.00
3500000000	000001	10	55	1020	400100				CNY	4,318,531.25	CNY	0.00	4,318,531.25
3500000000	000002	10	55	1020	410100				CNY	628,916.27	CNY	0.00	628,916.27
3500000000	000003	10	55	1020	410400				CNY	10,683,417.35	CNY	0.00	10,683,417.35
2000000005	000002	10	31	1020	640100			1010	CNY	150,000.00	CNY	0.00	150,000.00
*				1020					CNY	15,810,864.87	CNY	0.00	15,810,864.87

图10-108

双击其中的某一个凭证编号，可以看到更详细的凭证信息，如图 10-109 所示。

图10-109

10.7 合并模块设计的流程和方案要点

本节列举合并模块在实施过程中，通常设计的流程和流程中应包含的方案要点（不涉及具体的方案），仅供参考。

表 10-6 介绍了合并模块设计的流程和方案要点。

表 10-6　合并模块设计的流程清单和方案要点

流程编码	流程名称	流程中应包含的方案要点
EC-CS-110	合并数据收集的流程	合并的体系架构，包括合并的维度、组织层次结构、主数据层次结构；合并数据收集的顺序、方法和校验规则
EC-CS-210	合并抵销的流程	对哪些业务执行合并抵销；哪些自动抵销，哪些手工输入？特殊任务的规则，如期末存货未实现损益如何确认期末库存数据和毛利率
EC-CS-310	合并报表出具流程	月末出具哪些合并报表？对于报表数据，如何校验正确性

第 11 章

11 SAP 财务应用方面深入思考的专题

本章在前 10 章的基础上，选取几个专题，做深入的介绍，希望能够对读者有所帮助。这些专题，或是内容深奥需要专门阐述的难点问题，或是跨越模块无法单独归入某一章节的宏观课题，又或是与业务实践紧密联系，值得深入探讨甚至澄清的业务话题。对这些专题的学习，有助于更深入地认识 SAP、把握 SAP，从而更好地利用 SAP 为企业服务。

本章的内容属于深入介绍，因此，每一节都是假设读者已经阅读或者掌握了前面相应章节的知识。在每一节前，都会特地标注需要预先了解哪些章节的知识。

11.1 组织结构的作用与设计

SAP 的财务模块和后勤模块都有各自的组织结构，同时，它们之间又有内在的联系。本节介绍这些组织结构的作用以及应如何在 SAP 中设计组织结构。

【前置知识】

2.2 节 （总账模块）组织结构

3.2 节 （应收模块）组织结构

4.2 节 （应付模块）组织结构

5.2 节 （资产模块）组织结构

6.2 节 （成本中心会计模块）组织结构

7.1 节 （产品成本控制模块）基础知识

8.2 节 （获利分析模块）组织结构

11.1.1 各模块组织结构的梳理

综合各模块的内容，在 SAP 中要使用的主要组织结构如表 11-1 所示。

表 11-1 组织结构一览表

序号	组织结构	组织结构（英文）	应用模块	备注
1	经营范围	Operating Concern	CO-PA	
2	控制范围	Controlling Area	CO	
3	公司代码	Company Code	FI	
4	销售范围	Sales Area	SD	包含销售组织、分销渠道和产品组
5	采购组织	Purchasing Organization	MM	MM 的采购子模块使用
6	工厂	Plant	MM/PP/SD	PM 模块也会应用
7	业务范围	Business Area	FI	通过其他组织或数据派生而来
8	利润中心	Profit Center	CO-PCA	通过其他数据派生而来
9	段	Segment	FI	通过其他数据派生而来

提示

对于一个实施了SAP常规五大模块的企业，表中1～6是企业必须使用的组织结构，而7～9是根据企业内部管理的需要，可以选择使用的组织结构，它们主要用来对企业内部事业部或者分部的情况进行核算和分析。

财务组织结构的关系可以用图 11-1 表示。

从图 11-1 中可以看出，财务组织结构中，经营范围和控制范围是一对多的关系；控制范围和公司代码是一对多的关系；公司代码和业务范围可以是一对多，也可以是多对一的关系（业务范围可上可下）；公司代码和利润中心可以是一对多，也可以是多对一的关系（利润中心也是可上可下）；段与利润中心是一对多的关系。

业务范围、利润中心和段三者，作为企业内部用来管理事业部的组织结构，可以由系统中的其他数据转换而来。例如，成本中心、物料、订单、项目都可以对应到利润中心，在输入会计凭证时，也可以在行项目上直接输入利润中心。

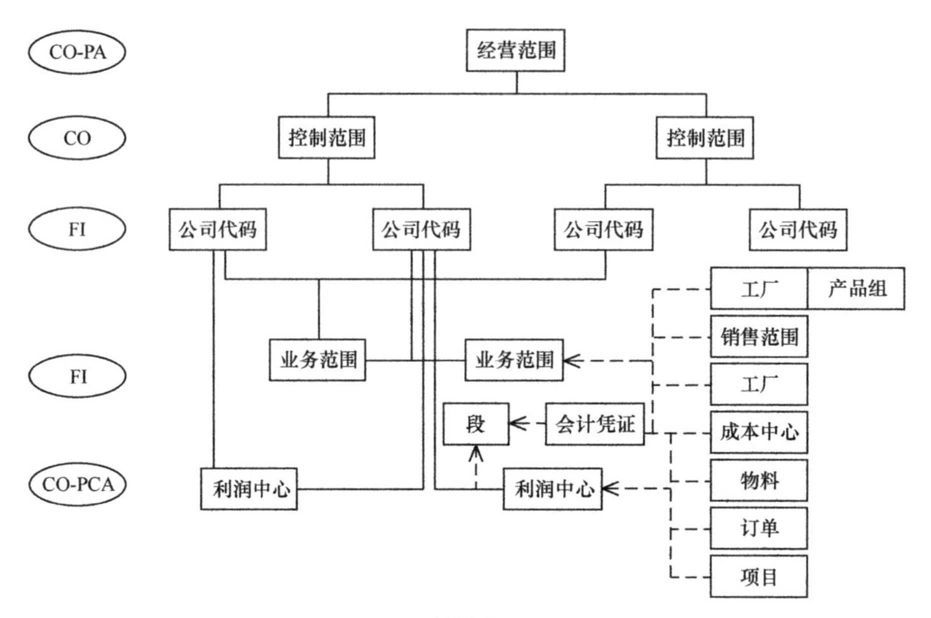

图11-1

财务的组织结构和后勤的组织结构也存在一定的对应关系。

从销售模块看，除了业务必备的组织结构“销售范围”（输入销售订单时必输的字段）外，系统还提供了用于业务分析的几个概念，即销售地区（sales district）、销售办公室（sales office）、销售组（sales group）、客户组（customer group）等。这些概念，可以用来区分企业内部的销售团队。在后台配置中，系统更是将其中的销售办公室和销售组也纳入组织结构的配置中。无论是真实的组织结构，还是仅仅作为业务区分的一个概念，它们都可以传入 CO-PA 中，供企业分析各种不同维度的经营损益。

图 11-2 显示了财务组织结构和销售组织结构（或概念）的关系。

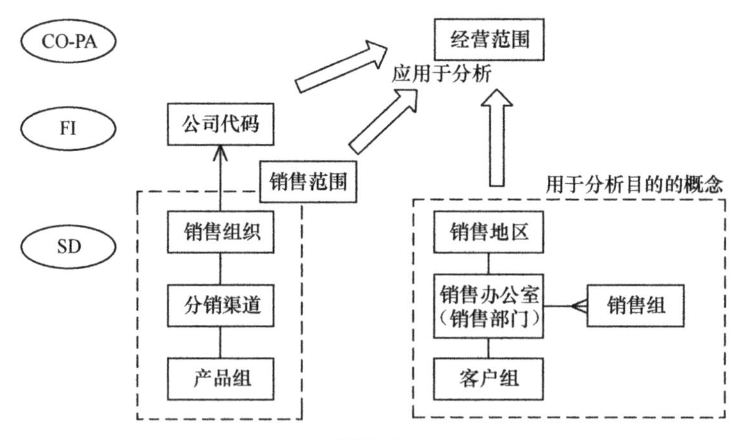

图11-2

从图 11-2 中可以看到，公司代码和销售范围是一对多的关系，或者说，公司代码和销售组织是一对多的关系。也正因为如此，在系统中创建销售订单时，在组织结构上，只需要输入销售范围而不需要输入公司代码，系统就会自动对应到财务方面的公司代码，如图 11-3 所示。

MM 模块下的采购模块方面，除了采购组织外，还有采购组，用来对企业内部的采购业务进行区分。采购组织和采购组是一对多的关系。

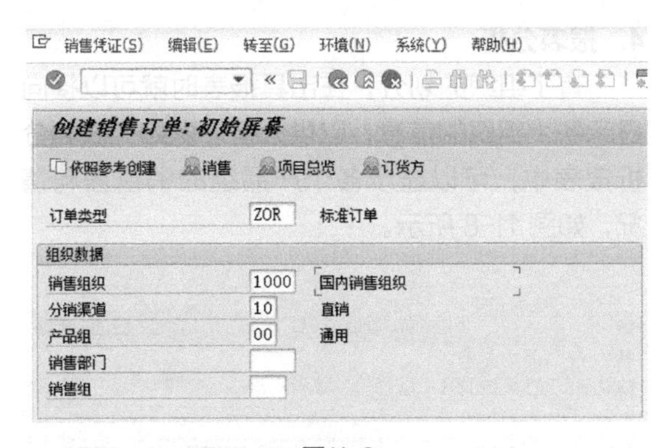

图11-3

MM 模块下的库存模块方面，除了工厂外，还有库存地点，用来明确物资存放的细分地点。工厂和库存地点是一对多的对应关系。而采购模块的采购组织和库存模块中的工厂也有一对多的对应关系，这意味着，采购组织采购的货物或服务，一定要进入其下的工厂中。

财务组织结构和 MM 模块的组织结构之间的对应关系如图 11-4 所示。

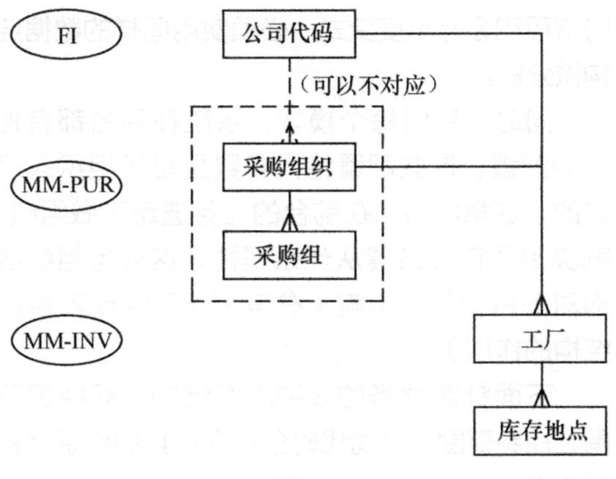

图11-4

从图 11-4 中可以看出，公司代码和采购组织之间可以建立一对多的关系，也可以不建立对应关系。如果是后者，则意味着采购组织为“万能的”采购组织，可以为任何公司代码采购。具体为哪家公司代码采购，留待创建采购订单时再明确。这就是为什么在创建采购订单时，除了输入采购组织外，还要再确认或输入公司代码，如图 11-5 所示。这一点和销售模块的销售组织是不一样的。

图11-5

> 提示
> 如果采购组织属于某公司代码，则输入采购组织后对应的公司代码会自动被带出；如果采购组织不属于某公司代码（即与公司代码不对应），则公司代码必须手工输入。

PP 模块使用的组织结构主要是工厂。工厂其实是整个后勤模块（SD、MM、PP、PM 等）通用的组织结构。由于公司代码和工厂是一对多的关系，工厂隶属于公司代码，因此，在此工厂下的所有业务，从权责上来讲，也就归属于该公司代码：工厂的库存属于该公司代码的存货；工厂的订单所发生的成本属于该公司代码的生产成本；销售的货物从工厂发货过账，决定了该公司代码的存货被削减。

11.1.2 组织结构的作用

组织结构是每个模块处理业务的基础，它在各个模块中起着非常重要的作用。这些作用主要体现在以下几个方面。

1. 业务归属/所有权区分

在一个多组织的企业，要区分各种业务的归属或者各类资产、负债的所有权属于哪个组织结构，必须要区别鲜明。例如，仓库里存放的物资，究竟属于哪个工厂、属于哪个公司代码，必须明确。在一个工厂下，甚至还要区分库存地点（原材料库、半成品库、成品库）。将各类物资分别摆放，以利于业务上区分使用。

2. 属性设置

这里的属性，既包括组织本身的属性，也包括该组织下主数据的属性。

后台的绝大多数配置都是基于组织的，这意味着，在该组织处理相关业务时，必须遵从该组织的相关属性。例如，日常业务（会计凭证、控制凭证等）的编号范围在该组织内连续，并遵循号码段的约束；成本核算的体系在一个控制范围内保持一致；获利分析的数据结构在一个经营范围内保持一致等（有关财务几个组织结构的属性影响，详见 11.1.3 小节）。

前台的主数据，既有基本视图也有基于组织的视图。基本视图存放的是不管在哪个组织都通用的属性，如名称、地址、电话等；基于组织的视图存放的是在该组织下特有的属性。例如，会计科目如果被多个公司代码所用，那么在每个公司代码中可以定义不同的税务类型控制、记账要求等，如图 11-6 所示，甚至可以按公司代码冻结使用。

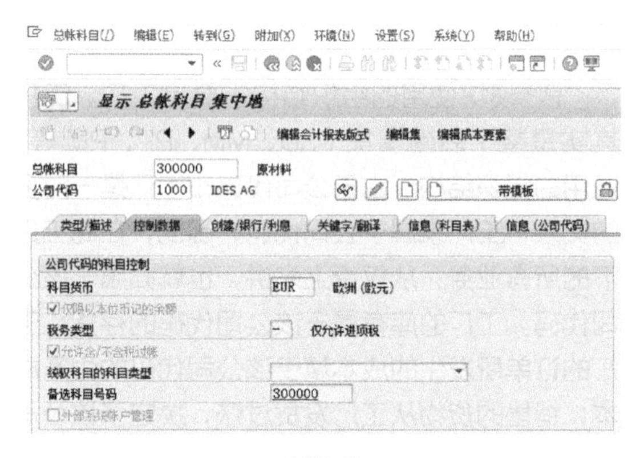

图11-6

3. 权限控制

有了组织结构，在设定用户权限时可以限定一个用户只能在哪个组织下操作业务。这给数据处理和查询增加了很好的一道“防护墙”，可以有效地避免一个组织的用户误操作了另一个组织的业务。

图 11-7 显示了 1000 采购组织采购经理的权限。在它的“组织级别”（组织层）设置中，采购组织限定的是 1000，这意味着它只能操作采购组织 1000 的业务。

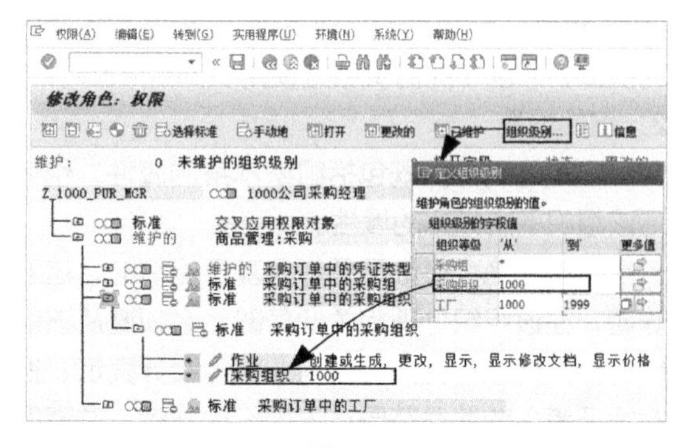

图11-7

4. 报表分析

有了组织的划分，在出具报表时就可以横向显示各个组织的信息，以供分析。例如，获利分析报表中，可以显示各个产品组的销售盈利情况，如图 11-8 所示。

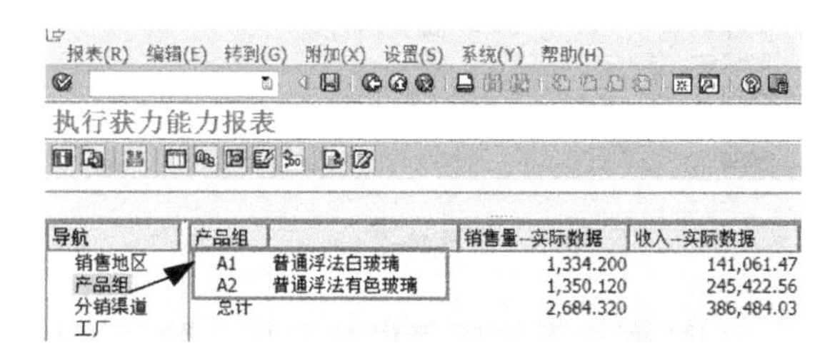

图11-8

11.1.3 财务组织结构的约束条件和影响点

每个组织在定义时都有一些基本约束条件，这些约束条件是在定义该组织结构时必须明确的属性。例如，定义经营范围时，必须明确其货币、会计年度变式和数据结构。这就意味着纳入同一个经营范围的单位在做获利分析时必须使用同样的货币和会计年度变式，必须使用同样的数据结构做分析。

同时，针对每个模块，系统在后台都有相应的配置，这些配置绝大多数是基于组织来设置的。这意味着，在前台的业务选定了做组织，就决定了它应该遵从什么属性，这就是组织结构对前台业务的影响（参考 11.1.2 小节 2. 组织结构的作用）。

下面针对财务的 3 种组织结构，即经营范围、控制范围、公司代码分别介绍其约束条件和影响点。

（1）经营范围，见表 11-2。

表 11-2 经营范围的约束条件和影响点

因素	序号	详细项目	备注
约束条件	1	货币	同一经营范围的分析货币必须统一
	2	会计年度变式	同一经营范围的会计年度变式必须统一
	3	数据结构	同一经营范围的获利分析数据结构（特征 / 值）必须统一

续表

因素	序号	详细项目	备注
影响点	1	编号范围	各经营范围的获利分析凭证可以独立编号
	2	特性值	各经营范围可以自设特性值
	3	特性特征派生	各经营范围可以根据需要自行设立派生规则
	4	评估	各经营范围可以自行设立评估策略
	5	实际值流水	各经营范围可以自行设置实际值传送的规则

经营范围应如何设立？通俗地讲，站在整个集团盈利（“赚钱”）的角度，需要从几个板块来分析企业的经营情况（这几个板块的行业差异较大，分析体系不同），那就要分设几个经营范围。如果所有板块都是一个行业，或者是一个产业链的上下游，那么最好合在一个经营范围中。

（2）控制范围，见表11-3。

表11-3　控制范围的约束条件和影响点

因素	序号	详细项目	备注
约束条件	1	货币	同一控制范围的货币类型、货币和货币/值参数文件必须统一
	2	科目表	同一控制范围下各公司代码使用的会计科目表必须统一
	3	会计年度变式	同一控制范围下各公司代码使用的会计年度变式必须统一
影响点	1	编号范围	各控制范围下的控制凭证可以独立编号
	2	成本中心层次结构	各控制范围下的成本中心层次结构可以独立设计
	3	成本要素	各成本控制范围下的成本要素可以独立设计。另外，如果共用会计科目表，则初级成本要素不能自行设计
	4	分配/分摊循环	各成本控制下的分配/分摊循环各自独立
	5	分解结构	成本要素和作业类型的对应规则在各成本控制范围下分别定义
	6	间接费用表	间接费用表的基值、计算规则、贷方都是基于控制范围定义
	7	在制品计算	结果分析（在制品计算）的版本、评估方法、行标识等都是基于控制范围定义
	8	差异计算	差异计算使用的“目标成本版本”基于控制范围定义
	9	结算的分配结构	分配结构、获利能力分析的结算结构都基于控制范围定义

控制范围的设立，通俗地讲，是站在整个集团成本（“花钱”）的角度，看企业的成本开支、成本核算、成本分析体系需要分成几个板块。一般来讲，如果所有板块都是一个行业，或者是一个产业链的上下游，最好合在一个控制范围中。

（3）公司代码，见表11-4。

表11-4　公司代码的约束条件和影响点

因素	序号	详细项目	备注
约束条件	1	业务：独立性	一般地，独立出具对外报表的单位则设置公司代码
	2	货币	同一公司代码下的本位币统一
	3	科目表	同一公司代码下各明细核算单位的会计科目表必须统一
影响点	1	会计年度变式	一个公司代码使用的会计年度变式只有一个
	2	凭证编号范围	公司代码下的会计凭证可以独立编号，不同公司代码互不干扰
	3	验证和替代	凭证上使用的验证和替代规则是基于公司代码定义的
	4	资产相关参数	资产编号、折旧凭证类型、取整规则、记账规则等在公司代码下定义
	5	成本构成结构	成本构成结构（组件拆分）可以在公司代码下定义
	6	在制品记账的规则	在制品记账的规则在公司代码层定义
	7	供应商的容差	供应商的容差组在公司代码层定义

公司代码一般针对独立法人（依法在工商部门登记的拥有企业独立法人营业执照的经济组织）和独立核算的分公司（不具有独立法人地位，但需要单独出具资产负债表和损益表，单独纳税的经济组织）设立。

11.1.4　组织结构设计的考虑点

企业在设计组织结构时，除了考虑系统本身的约束条件和影响点外，从业务层面还需要考虑以下几个方面。

（1）符合企业管理架构，对外符合法定要求，对内体现管理思想。

企业组织结构要与管理架构保持一致。例如，财务层面的公司代码要与法人或独立核算单位保持一致，销售组织要和企业的销售部门结构划分一致，采购组织要考虑是某个法人专属的还是集团共享的。因此，在设计前，要调研当前的集团架构和管理思想，以便设计与它们相匹配的组织结构。

在内部管理方面，可能有事业部的管理，那么要考虑是否启用业务范围、利润中心或段来进行核算。

（2）便于业务规则的区分。

某些组织对企业在开展业务时所应用的规则有影响。例如，在销售业务中，销售范围会影响到销售订单的定价过程。如果国内销售的定价过程和国外销售的定价过程不同，那么，可以考虑将销售范围中的销售组织区分为国内销售组织和国外销售组织。这样，就实现了业务规则的区分。

（3）权限管控适当。

对于在访问上有组织分离要求的业务，要分设组织。例如，企业的采购人员是否要区分为不同的采购组，还是用一个采购组？那就要分析是否要在不同的采购组中屏蔽业务数据，使得 A 采购组的人不能查看 B 采购组的采购订单或采购价格。如果答案为“是”，那就要区分采购组了。

（4）适应未来扩展和变化（业务层面）。

企业的组织结构并不是一成不变的，因此在设计时要考虑未来的扩展和变化。例如，新设法人，要能够方便地在系统中添加公司代码；某法人下的一部分业务独立出来，单独成立公司，是否能方便地提取出属于该部分业务的数据？（如果预见到有这种可能，提前将这部分设置为业务范围或利润中心，就会对未来的剥离有帮助）

（5）适应未来 IT 系统的深化应用（如 BW 的全集团分析）。

企业未来的 IT 系统也会不断深化应用，不能指望在一次项目中实现所有的需求和所有组织结构的覆盖，而要站在未来 IT 总体规划的背景下考虑每一阶段的系统应用。

例如，一个法人实体 X 下有几个独立核算、独立纳税的单位 A、B、C，考虑到实施规模控制的问题，第一阶段只实施 A 单位。那么，A 应设置为公司代码还是只能将 X 设置为公司代码而 A 只能设置为业务范围（或利润中心或段）呢？考虑到未来将要实施 B、C 的业务，也考虑到将来如果实施合并，完全可以将 A、B、C 的财务报表在合并系统中进行合并抵销，从而出具 X 的报表，那么，可以大胆地将 A 设置为公司代码。

对于系统中的组织架构，如何编码是一个重大的课题，尤其是针对较为庞杂的大型企业集团。系统的实施往往并不是一次覆盖整个集团，而是分阶段实施。因此在项目的第一阶段实施时就应该站在全局的角度，为整个集团设置一个可扩展的组织结构编码体系。对于未来实施的单位，要预排规则、预留编码，最好是直接将编码定下来（在未来变化不大的情况下）。

（6）合理编码，便于识别，利于扩展。

例如，第一期实施三家公司代码，如果编号是 1000、2000、3000，那么后续实施过程中，延续编下去，编到 9000 后就会出现问题，接下来应该给什么编码呢？这就导致只能安排 9 家公司的编码。如果一开始是 1010、1020、1030、……那么后续编码的余地就比较大了。

编码要便于识别。例如，一个企业集团如果有多个产业，在设计公司代码编号时，可以用 1 字头表示主要产业，2 字头表示次要产业，9 字头表示杂项产业。这样比较清晰，方便用户的业务操作。如果运行某些报表程序，在输入公司代码参数时，可以输入 1000 ~ 1999，表示主要产业的所有公司。

有人考虑一旦数字编码资源不足，可以采用字母编码（如使用公司简称的首字母作为公司代码），但是字母编码有一个弱点，就是难以承受变化。因此，只有对那些在名称上不会发生变化的公司，才可以考虑使用字母编码。或者即使使用字母编码，也是使用 AA01、AA02 这样不代表任何实质意义，只是为了体现顺序编号的代码。

11.2 几种核算组织的区别：业务范围、利润中心、段

业务范围（business area）、利润中心（profit center）和段（segment）是 SAP 在法人核算之外，用来核算事业部的组织概念。事业部，既可能是一个法人内部管理架构的细分，也可能是多个法人的集合，还可能是从不同的法人中各自挑选出一部分业务的集合。

本节详细介绍这几种核算组织，并对它们做相应的比较，以便系统设计时能有所选择。

【前置知识】

2.2.3 小节 （总账模块）业务范围

10.1.1 小节 （合并模块）合并的基础知识

11.2.1 3 种组织的定义

根据 SAP Library 的定义，这个几组织概念可以用来区分企业内部的经营业务。不同的是，对于业务范围，提到了可以按它出具财务报表（You can create financial statements for business areas）；对于利润中心，只是说它可以分析经营结果（Operating results for profit centers can be analyzed......）；对于段，也提到可以出具对外的财务报表（......can create its own financial statements for external reporting）。

SAP Library 中之所以这么定义，是因为在后台配置公司代码的全局参数时，可以设置“按业务范围出具资产负债表”（中文系统显示为“业务部门资产负债表”），如图 11-9 所示。

路径：IMG> 财务会计（新）> 财务会计全局设置（新）> 公司代码的全球参数 > 输入全局参数

事务代码：OBY6

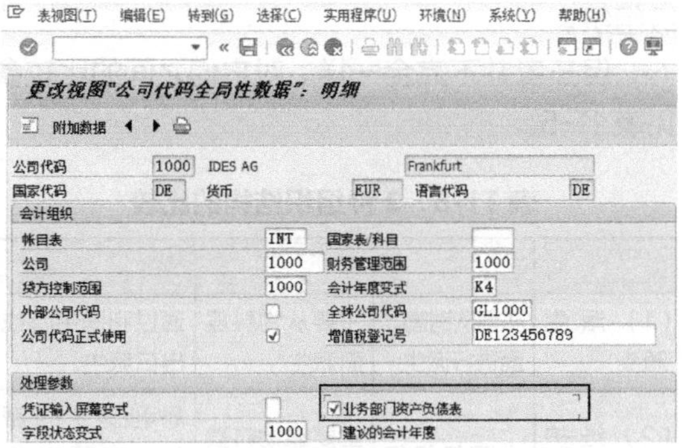

图11-9

在公司代码全局参数中，勾选“业务部门资产负债表”复选框后，系统会要求每一个凭证的行项目在业务范围内保持借贷平衡，以便具备出具平衡的资产负债表的基础。如果凭证有两个行项目：第 1 个行项目是 A 业务范围，第 2 个行项目是 B 业务范围，系统会寻找后台配置的平衡科目（类似于业务范围间的往来科目），补充两个行项目，从而将业务范围配对平衡。

事实上，对于利润中心，如果激活从 CO 到 FI 的“实时集成”，并在实施集成的选项中，勾选“跨利润中心”（见图 11-10），则系统也会在利润中心上配对平衡。

路径：IMG> 财务会计（新）> 财务会计全局设置（新）> 分类账 > 财务会计核算控制的实时集成 > 定义实时集成的变式

事务代码：SM30（表 / 视图：V_FAGLCOFIVARC）

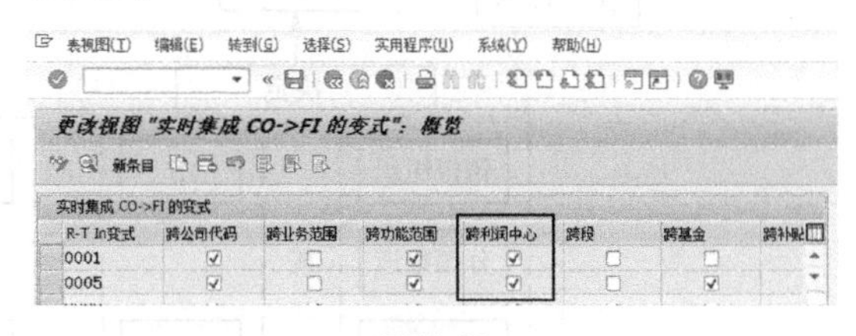

图11-10

配置完实时集成变式后，还要将变式分配给公司代码，如图 11-11 所示。

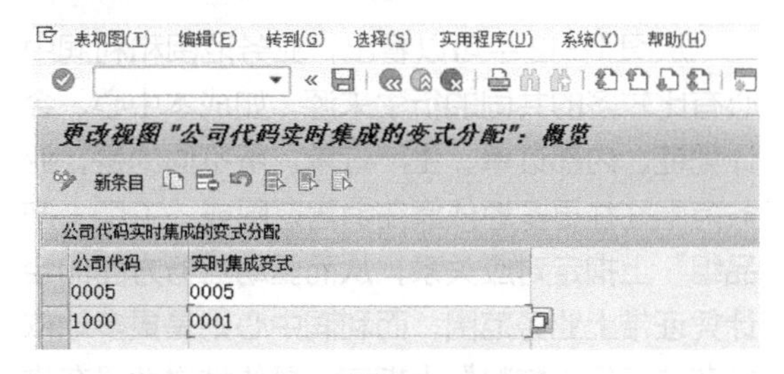

图11-11

路径：IMG> 财务会计（新）> 财务会计全局设置（新）> 分类账 > 财务会计核算控制的实时集成 > 把实时集成的变式分配到公司代码

事务代码：SM30（表 / 视图：V_FAGLCOFICCODEC）

“段”是 SAP 设计的用来出具“分部报告”的组织概念，其实和业务范围、利润中心的概念是重合的。它需要启用利润中心，由利润中心衍生出来。

11.2.2 3 种组织的衍生规则

3 种组织都是可以在创建凭证时，由用户手工输入在会计凭证行项目上。例如，针对业务范围的费用凭证，可以输入分录如下。

Dr：差旅费 成本中心 4220 - 业务范围 1010 1 500.00

Cr：现金 业务范围 1010 1 500.00

在一个集成的系统中，大多数的凭证是由其他模块集成而来的。对业务范围、利润中心、段也必须设置相应的衍生规则，才能在凭证的自动生成中带上这些组织。它们的衍生规则如图 11-12 所示。

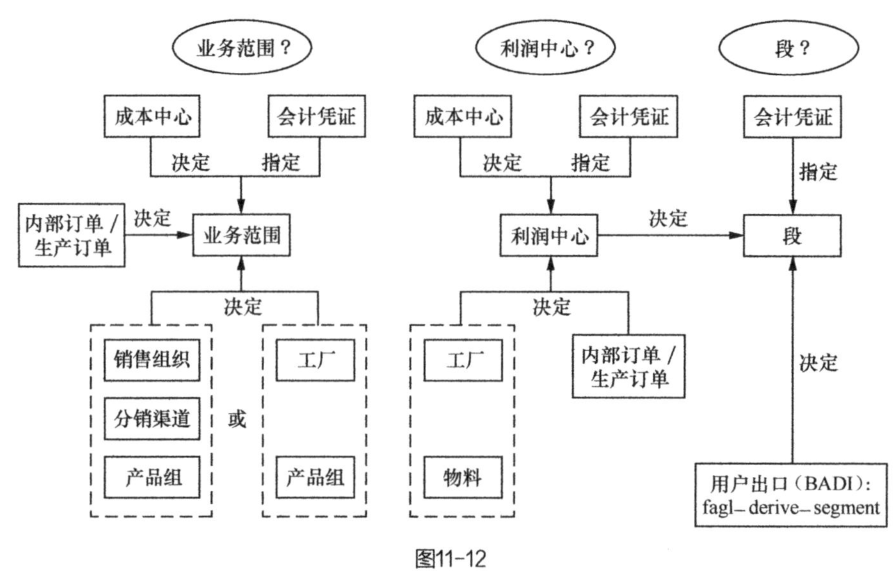

图11-12

从图 11-12 中可以看出，业务范围和利润中心有比较多的共同的衍生来源，如成本中心、会计凭证、内部订单、生产订单。所不同的是，业务范围往往更多地依靠在销售范围或“工厂 + 产品组”上指定对应关系，从而驱动业务方面的会计凭证带上业务范围；而利润中心则是更多地依靠在“工厂 + 物料”上指定，具体地讲就是在物料的工厂 2 视图中指定（见图 11-13），从而带出利润中心。也就是说，利润中心必须指定在更明细的地方才能带出。

“段”的使用则又依靠利润中心衍生，或者依靠“用户出口”（额外开发程序）衍生。这意味着，一般情况下，需要启用利润中心才能使用段。

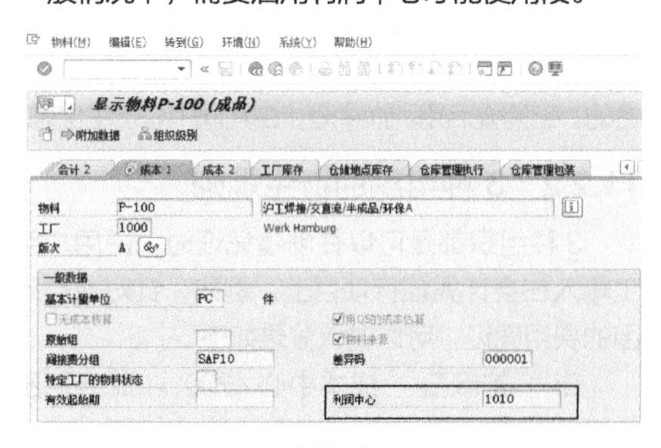

图11-13

11.2.3　3 种组织结构的共性和区别

综上所述，3 种组织结构的共性如下。

（1）在新总账下，三者差异越来越模糊，它们都可以实现按照企业内部的二级组织进行独立核算，即出具资产负债表和损益表。

（2）针对同一凭证涉及多个业务范围 / 利润中心 / 段的情况，系统都可以通过“凭证分割”来实现各二级组织的平衡。

（3）都可以在输入会计凭证层面直接指定二级组织。

但三者并不完全一样。对它们之间的比较参见表 11-5。

表 11-5　3 种组织结构的比较

比较点	业务范围	利润中心	段
（1）派生源头	主要从销售层面进行派生	主要从物料层面派生	通过利润中心或出口派生
（2）维护的复杂程度和风险程度	主要靠组织结构对应，维护简单	主要靠物料数据维护，容易缺失或维护错误	靠利润中心派生，容易在物料维护时出现错误；靠出口派生，需要开发
（3）与公司代码和控制范围的分配关系	在 client 层企业结构中定义，与公司代码和控制范围没有直接的分配关系	属于特定控制范围下，可以将利润中心指定给同一控制范围下的多个公司代码	在 client 层企业结构中定义，与公司代码和控制范围没有直接的分配关系
（4）是否要广泛应用	无须全设，有需要才设	一旦启用，同一控制范围下各公司都必须使用	如果从利润中心派生，利润中心下的问题同样存在

续表

比较点	业务范围	利润中心	段
（5）成本评估维度	只有法人维度	可以使用利润中心转移价，可以有利润中心评估和法人评估两个维度	如果启用了利润中心，可以享受利润中心的功能
（6）适用范围	销售型和生产型企业	销售型、生产型和服务型企业	销售型、生产型和服务型企业
（7）对SAP开发策略的遵从			符合SAP开发策略

业务范围比较灵活，可以仅针对需要使用业务范围的公司代码设置，不需要使用的可以不设置，而利润中心在控制范围内各公司代码都必须使用，哪怕都使用 dummy 利润中心（在后台配置，按控制范围指定）也需要输入。这一点，使得业务范围更受到企业的推崇。

段的概念，一般需要结合利润中心才能应用，这使得系统中不得不同时使用两种组织，而其中利润中心只是为段搭建“桥梁”，这对用户造成很大困扰。因此，这是使用最少的一种组织。

利润中心能实现的功能，其实依靠获利分析模块的应用，已经完全可以覆盖甚至远远超越。例如，利润中心在物料主数据上定义，以便区分产品属于什么利润中心，而这一点完全可以借用物料主数据上的普通分类属性“物料组”或“产品组”来实现。因此，利润中心基本上体现不出足够的优势。唯一的亮点在于利润中心可以实现基于“利润中心转移价”下的利润中心评估。该功能是将不同工厂的物料分别归属于不同的利润中心，当物料跨工厂流动时，相当于跨利润中心流动。在此过程中，如果事先设置了物料在不同利润中心转移的价格（transfer price），则可以评估出发出方利润中心的“内部利润”，而对接收方利润中心来说，它是以加价后的转移价格作为自己的成本来评估的。这样，就可以分别体现各个利润中心的绩效了。

> 提示
> 利润中心转移价的应用，是将基于转移价的核算放在利润中心会计中，体现为利润中心的凭证。它和FI层面的法人核算是平行的，不影响法人核算对会计准则的遵从（法人核算下，工厂间的转移，不应引起成本的虚增和利润的实现），不影响正常的会计凭证。

> 提示
> 很多企业希望借助利润中心转移价的应用来实现“阿米巴”的管理，核算内部细分单元的利润。但是必须注意的是，只有将内部细分单元设置成工厂，才有可能在物料主数据上维护出不同的利润中心，才能实现转移加价。不能因为要实现“阿米巴”的管理，而过度地细分工厂。

11.3 SAP 集成会计凭证生成的原理

SAP 是一个集成的系统。存放在 FI-GL 模块的会计凭证绝大多数由其他模块集成而来，包括 MM 模块、SD 模块、CO 模块甚至 FI 模块内部集成。这些集成需要在后台配置相应的记账规则，结合前台输入的数据，系统就会自动找到对应的科目，形成凭证的借贷方。

本节介绍这些集成会计凭证生成的原理。

【前置知识】

2.6 节 （总账模块）定期处理

3.4.1 小节 （应收模块）来自于销售模块的发票

4.4.1 小节 （应付模块）来自于采购模块的发票

7.3.1 小节 （产品成本控制 - 成本对象控制）针对生产订单的月结

7.4 节 实际成本核算 / 物料分类账

9.5 节 内部订单的结算

11.3.1 来自 MM 模块的集成

来自 MM 模块的集成主要是采购业务和库存业务。最主要的配置集中在事务代码 OBYC（MM 自动过账）中。但在介绍 OBYC 事务代码前，首先要了解相关的一些基础概念。

1. 评估级别

“评估”是指对库存物料成本衡量、价值计量、会计要素认定（如属于原材料、半成品还是产成品）等方面的总称。

评估级别（valuation level）是指库存的评估是在哪一个层次（工厂、公司代码）进行。用户必须对此做出选择，如图 11-14 所示。如果是在工厂层进行，意味着物料的成本属性、会计属性是针对每一个工厂定义的，同一物料在不同工厂下的成本、评估类、利润中心等可以不一致；如果是在公司代码层进行，意味着这些属性在整个公司代码都是一致的。

路径：IMG> 企业结构 > 定义 > 后勤 - 常规 > 定义评估级别

事务代码：OX14

图11-14

对于制造型企业，只能选择以工厂为评估级别。评估级别是在 client 层定义的，对整个 client 的所有组织都使用。选定为工厂，意味着在 SAP 中，评估范围 = 工厂。评估范围是另一个概念，在后续的某些配置（如评估分组）中，就不是针对工厂做配置，而改称为对“评估范围”做配置。

2. 评估控制

评估控制（valuation control）是指定义是否激活“评估分组代码”（valuation grouping code），如图 11-15 所示。如果激活评估分组代码，意味着在系统中的评估范围，可以以“组”为单位配置相应的物料过账科目；如果不激活，则意味着所有评估范围的物料过账采用完全相同的一套科目配置。

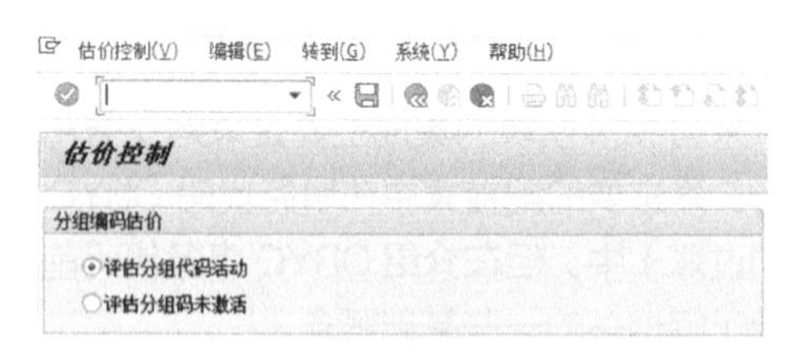

图11-15

路径：IMG> 物料管理 > 评估和科目设置 > 科目确定 > 无向导的科目设置 > 定义评估控制

事务代码：OMWM

3. 评估分组

如果评估分组代码是激活的，那么就要明确：哪些评估范围采用相同的一套科目配置。这就是评估分组中定义的内容，如图 11-16 所示。

路径：IMG> 物料管理 > 评估和科目设置 > 科目确定 > 无向导的科目设置 > 将评估范围群集分组

事务代码：OMWD

表视图(T) 编辑(E) 转到(G) 选择(S) 实用程序(U) 系统(Y) 帮助(H)

更改视图"评估范围的帐户确认"：所选集的概览

评估范围	公司码	公司名称	帐目表	评估分组代码
0007	0007	IDES AG NEW GL 7	INT	0001
0010	1000	IDES AG	INT	0001
0099	1000	IDES AG	INT	0001
1000	1000	IDES AG	INT	0001
1100	1000	IDES AG	INT	0001
1111	1000	IDES AG	INT	0002

图11-16

图 11-16 表明，公司代码 0007 下的评估范围 0007 和公司代码 1000 下的评估范围 0010、0099、1000、1100 都采用同一个评估分组代码 0001，意味着在这些评估范围的物料记账规则是一致的。而公司代码下的评估范围 1111 则采用评估分组代码 0002，它的物料记账规则与前者不相同。

4. 评估类

对于库存物料而言，评估类是前台物料主数据中的一个概念。它在物料的会计视图和成本视图中都存在。它是从“评估”角度对物料进行分类，如将物料分为原材料、半成品、产成品、包装物、备品备件等。

图 11-17 显示了物料在“会计 1”视图中的评估类（valuation class）。

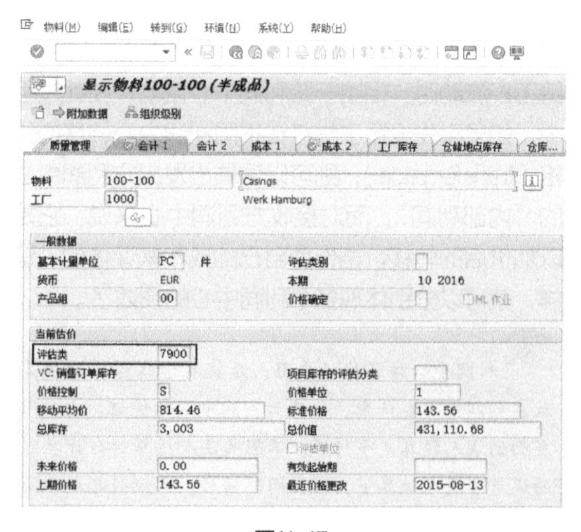

图11-17

图 11-18 显示了物料在“成本 2”视图中的评估类。

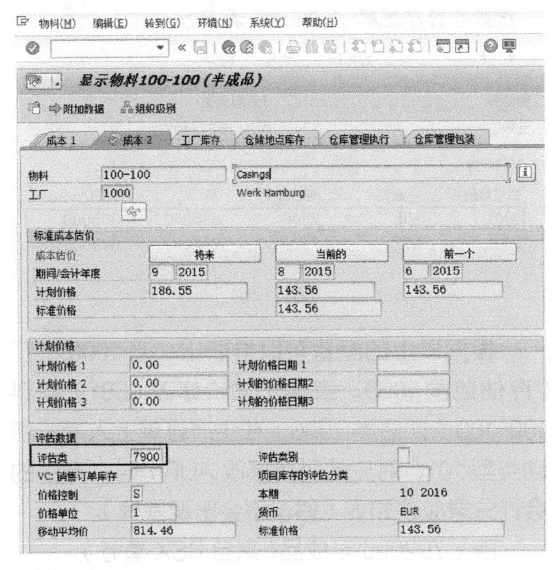

图11-18

> **提示**
> 这两个视图中的评估类在数据库中是一个字段，只不过因为它既对会计核算有意义，也对成本核算有意义，因此，在两个视图中都存放该字段。

物料主数据上的评估类是决定 MM 模块业务记账科目的重要依据。

5. 移动类型的科目分组

移动类型是对库存物料移动业务的分类，如对采购订单的收货、对生产订单的发料、对销售订单的发货等。由于不同的业务，在核算上应该记入不同的会计科目（存货科目的对方科目），因此，移动类型也对 MM 模块业务记账有着重要影响。

路径：IMG> 物料管理 > 评估和科目设置 > 科目确定 > 无向导的科目设置 > 为移动类型定义科目分组

事务代码：OMWN

科目分组就是针对“移动类型 + 特殊库存标识 + 值更新标志 + 数量更新标志 + 移动标识 + 消耗类型 + 价值串 + 计数器 +TE 码”的组合，指定“科目修改”(account modification)。例如，针对生产订单的收货，使用 101 移动类型，记账时，除了借记存货科目外，还要贷记生产成本，特殊情况下还有可能用到差异科目。那么，科目修改 AUF 和 PRF 正是分别指代了生产成本转出和生产成本差异，如图 11-19 所示。

表视图(T) 编辑(E) 转到(G) 选择(S) 实用程序(U) 系统(Y) 帮助(H)

更改视图 "科目分组"：概览

MvT	S	值更新	数量更新	Mvt	Cns	价值串	Cn	TE码	科目修改	检查
101		☑	☑	F		WF01	2	GBB	AUF	☑
101		☑	☑	F		WF01	3	PRD	PRF	☐
101	E	☑	☑	B		WE01	3	PRD		☐
101	E	☑	☑	B		WE01	4	KDM	ERN	☐

图11-19

这里的配置也可以在移动类型的配置中完成，如图 11-20 所示。两个地方的配置是一致的。

路径：IMG> 物料管理 > 库存管理和实际库存 > 移动类型 > 复制、更改移动类型

事务代码：OMJJ

表视图(T) 编辑(E) 转到(G) 选择(S) 实用程序(U) 系统(Y) 帮助(H)

更改视图 "科目分组"：概览

对话结构
- 移动类型
  - 短文本
  - 允许事务
  - 帮助文本
  - 字段选择（从 201 开始）/
  - 字段选择 (Enjoy)
  - 更新控制/ WM 移动类型
  - 科目分组
  - 回转/后续移动类型
  - 移动原因
  - 撤消激活 QM 检验/交货类
  - 后勤住处系统统计组

MvT	S	值更新	数量更新	Mvt	Cns	价值串	Cn	TE码	科目修改	检查帐户设置
101		☑	☑	B	A	WE06	3	KDM	ERA	☐
101		☑	☑	B	V	WE06	1	KBS		☑
101		☑	☑	B	V	WE06	3	KDM	ERA	☐
101		☑	☑	F		WF01	2	GBB	AUF	☑
101		☑	☑	F		WF01	3	PRD	PRF	☐
101	E	☑	☑	B		WE01	3	PRD		☐
101	E	☑	☑	B		WE01	4	KDM	ERN	☐
101	E	☑	☑	B	E	WE06	1	KBS		☑
101	E	☑	☑	B	E	WE06	3	KDM	ERA	☐
101	E	☑	☑	B	P	WE06	1	KBS		☑

图11-20

6. MM自动过账

有了前面的基本概念做铺垫，就可以正式接触 OBYC 的配置了。

路径：IMG> 物料管理 > 评估和科目设置 > 科目确定 > 无向导的科目设置 > 配置自动记账

事务代码：OBYC

MM 自动过账定义的是针对 MM 模块下发生的各种事务，集成分录使用的科目。在图 11-21 所示的“维护 ;; 会计设置：自动记账—过程 ;;”界面定义了多种事务，如最为常用的两种事务是 BSX（存货记账的科目）和 GBB（存货记账时对方使用的科目）。

这两种事务正好构成了一个完整的会计凭证。当 BSX 定义的科目在借方时，GBB 定义的科目就在贷方；当 BSX 定义的科目在贷方时，GBB 定义的科目就在借方。

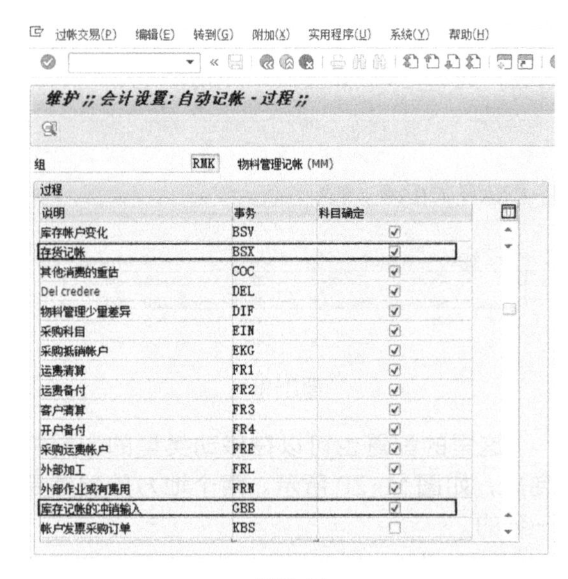
维护 ;; 会计设置: 自动记帐 - 过程 ;;

组 RMK 物料管理记帐 (MM)

过程

说明	事务	科目确定
库存帐户变化	BSV	☑
存货记帐	BSX	☑
其他消费的重估	COC	☑
Del credere	DEL	☑
物料管理少量差异	DIF	☑
采购科目	EIN	☑
采购抵销帐户	EKG	☑
运费清算	FR1	☑
运费备付	FR2	☑
客户清算	FR3	☑
开户备付	FR4	☑
采购运费帐户	FRE	☑
外部加工	FRL	☑
外部作业或有费用	FRN	☑
库存记帐的冲销输入	GBB	☑
帐户发票采购订单	KBS	☐

图11-21

具体的科目在双击之后才能看到。例如，双击 BSX 事务，进入“维护 ;; 会计设置：自动记账 - 科目 ;;”界面，就可以看到，针对“估价修改 + 评估级别”（即“评估分组代码 + 评估类”）定义的“账户”（即“科目”），如图 11-22 所示，评估分组代码 0001 下，如果评估类为 7900（表示半成品），那么，对应的会计科目就为 790000（半成品）。

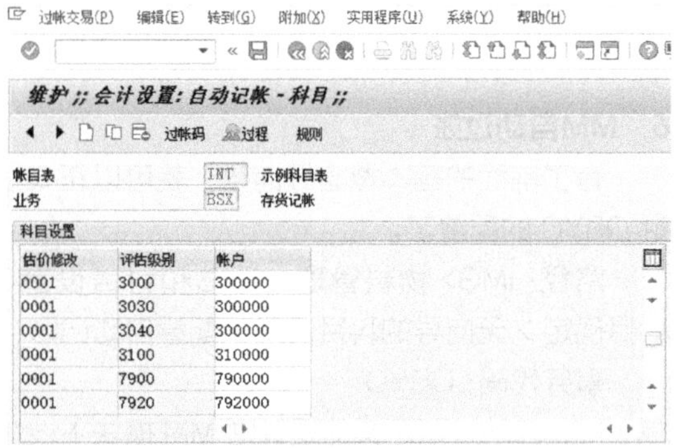

维护 ;; 会计设置: 自动记帐 - 科目 ;;

帐目表 INT 示例科目表

业务 BSX 存货记帐

科目设置

估价修改	评估级别	帐户
0001	3000	300000
0001	3030	300000
0001	3040	300000
0001	3100	310000
0001	7900	790000
0001	7920	792000

图11-22

在“维护 ;; 会计设置：自动记账—过程 ;;”界面，如果双击 GBB，进入下一界面，即“维护 ;; 会计设置：自动记账—科目 ;;”，就可以看到，针对估价修改（评估分组代码）0001 下的“一般修改”（科目修改）AUF，如果物料的“评估级别”（评估类）为 7900，则无论出现在借方还是贷方，都使用 895000 科目（代表“生产成本 - 转出”），如图 11-23 所示。

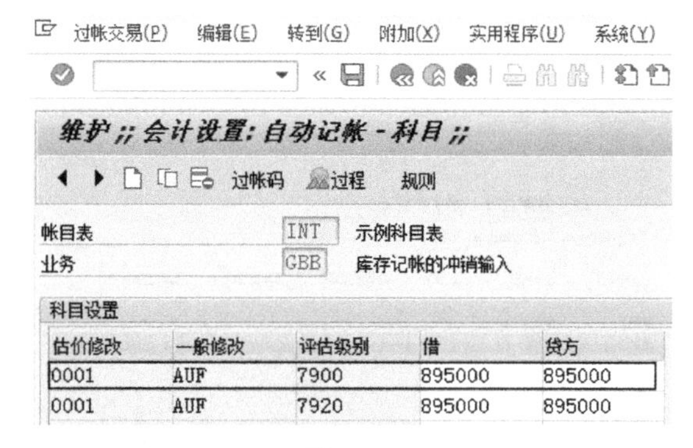
维护 ;; 会计设置: 自动记帐 - 科目 ;;

帐目表 INT 示例科目表

业务 GBB 库存记帐的冲销输入

科目设置

估价修改	一般修改	评估级别	借	贷方
0001	AUF	7900	895000	895000
0001	AUF	7920	895000	895000

图11-23

根据以上的配置可以推断出，当 1000 工厂（评估范围 1000，隶属于估价修改 0001）物料 100-100（评估类 7900）在生产订单上入库（移动类型 101，对应的科目修改 AUF）时，产生的会计分录应该如下（假设不会出现差异）。

Dr：792000 半成品（来自 BSX 事务）

Cr：895000 生产成本转出 - 半成品 （来自 GBB 事务 -AUF）

延伸思考 1

为什么 BSX 事务的科目由估价修改和评估级别两个因素决定，而 GBB 事务的科目要由估价修改、一般修改和评估级别甚至借方还是贷方这么多的因素来决定？

这是由各自事务的过账“规则”决定的。在显示记账科目界面，单击工具栏中的 规则 按钮，可以看到决定记账科目的因素有哪些，如图 11-24 所示。

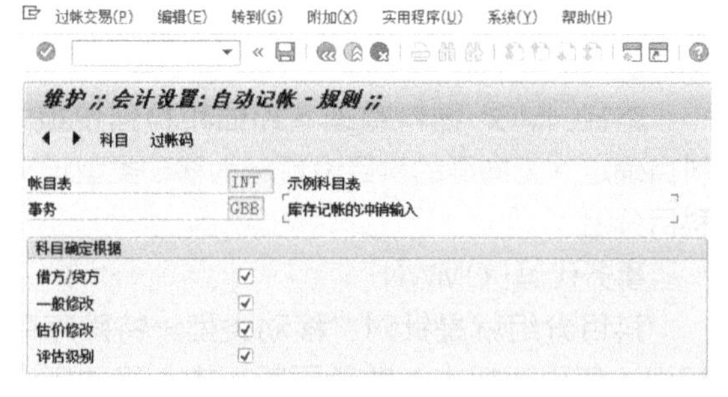
维护 ;; 会计设置: 自动记帐 - 规则 ;;

帐目表 INT 示例科目表

事务 GBB 库存记帐的冲销输入

科目确定根据

借方/贷方	☑
一般修改	☑
估价修改	☑
评估级别	☑

图11-24

延伸思考 2

怎么知道众多的事务分别表示什么含义？用于什么业务？

在SAP后台，OBYC配置前的帮助文件是很好的说明文件，可供用户查询每一种事务的含义和作用，如图11-25所示。

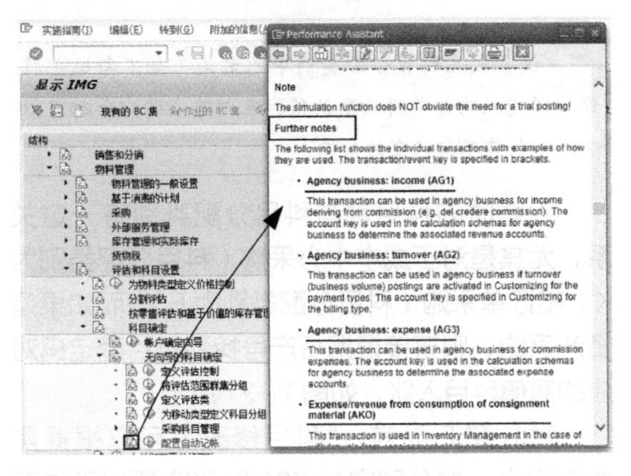

图11-25

对于这里配置的各类事务，不要求死记硬背，但是对于一些主要的事务则必须知道，简要列出清单，如表11-6所示。

表11-6　MM自动过账中常用的事务及对应科目清单

移动类型	移动类型说明	事务	一般修改	用途或科目示例
		BSX		存货科目（原材料/半成品/产成品）
		PRD	（空）	材料成本差异－采购差异
		PRD	PRF	材料成本差异－生产差异（订单结算）
		PRD	PRA	材料成本差异－其他库存差异[注]
		UMB		材料成本差异－价格重估差异
301/309	工厂间/物料间转移	AUM		材料成本差异－物料转物料差异
101	采购订单收货	WRX		材料采购（GR/IR）
201	成本中心发料	GBB	ZBR（自定义）	物料消耗
261	生产订单发料	GBB	VBR	生产成本－投入－料
101	生产订单收货	GBB	AUF	生产成本－转出－入库
601	销售订单发货	GBB	VAX/VAY	销售成本
551	存货报废	GBB	VNG	存货报废损失
701/702	库存盘点－盘盈/亏	GBB	INV	待处理财产损益－流动资产
561	初始库存导入	GBB	BSA	初始库存导入

【注】PRD-PRA科目出现在极为稀少的情况。例如，对生产订单发料后退料，可能会形成差异。即使物料采用标准成本，但是库存发料时仍会考虑到库存的份额问题，计算公式为

发料成本＝（库存总成本 ÷ 库存总数量）× 发料数量

而不是

发料成本＝标准成本 × 发料数量

两种算法上，金额可能会存在0.01的差异。

而在退料（相当于材料重新入库）时，系统冲回发料成本，其金额必须和前次发料成本保持一致，入库的库存价值又必须采用标准成本。于是，就出现了下述凭证。

Dr：原材料　　（标准成本 × 数量）

Cr：生产成本－投入－原材料　（冲减“发料成本”）

借贷方可能因为四舍五入的问题，存在0.01的差异。对这笔极小的差异，系统将其记入PRD-PRA科目。

为什么在库存发料时要考虑库存的份额问题呢？这是为了避免将来库存全部发完时，金额没有全部消耗完。于是，每次发料会按照份额消耗库存总值。

延伸思考3　费用性采购的记账逻辑是怎样的？

前面讲的MM集成的业务中，主要针对的是“物料”的交易而言的，即有物料号的库存物资数量或价格增减形成什么样的凭证。在MM模块处理采购订单时，有一种采购是与物料号无关的，即费用性采购，它有以下多种可能的情况。

◆ 采购劳保用品、办公用品、实验物品等，

将费用记入成本中心。

◆ 将费用记入内部订单，反映采购专项费用。

◆ 将费用记入生产订单，反映采购外协费用。

◆ 将费用记入购买的资产，增加资产的原值等。

费用性的采购订单将费用 / 资产记账，有两个可能的时点，即接收入库或者发票校验。到底在哪个时点记账，取决于采购订单行项目中的科目分配类别。如果科目分配类别中勾选了“未估价的收货”复选框，则发票校验时才记账；否则，接收入库时记账（见图 11-26）。

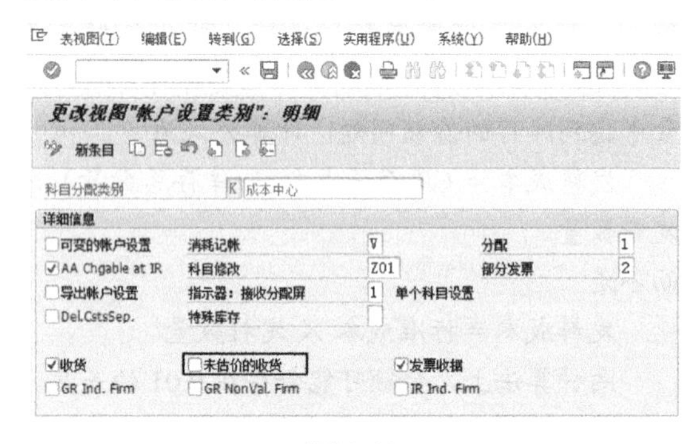

图11-26

路径：IMG> 物料管理 > 采购 > 科目分配 > 维护科目分配类别

事务代码：OME9

> **提示**
> 该参数在科目分配类别中的定义（如不勾选）将作为创建采购订单时的默认值，在创建采购订单时可以改写，如将不勾选变为勾选。

入账时的科目也与科目分配类别有一定关系，尤其是对于成本中心采购（科目分配类别为 K）和订单采购（科目分配类别为 F）。而如果是资产采购，则直接根据资产号找到科目确定码对应的原值科目入账，如图 11-27 所示。

对 K 和 F 而言，“科目修改”可以根据需要自定义，如分别定义 Z01 和 Z02 适用于这两种科目分配类别。对 A 而言，无须定义“科目修改”。

图 11-28 显示了科目分配类别上定义的“科目修改”。

路径：IMG> 物料管理 > 采购 > 科目分配 > 维护科目分配类别

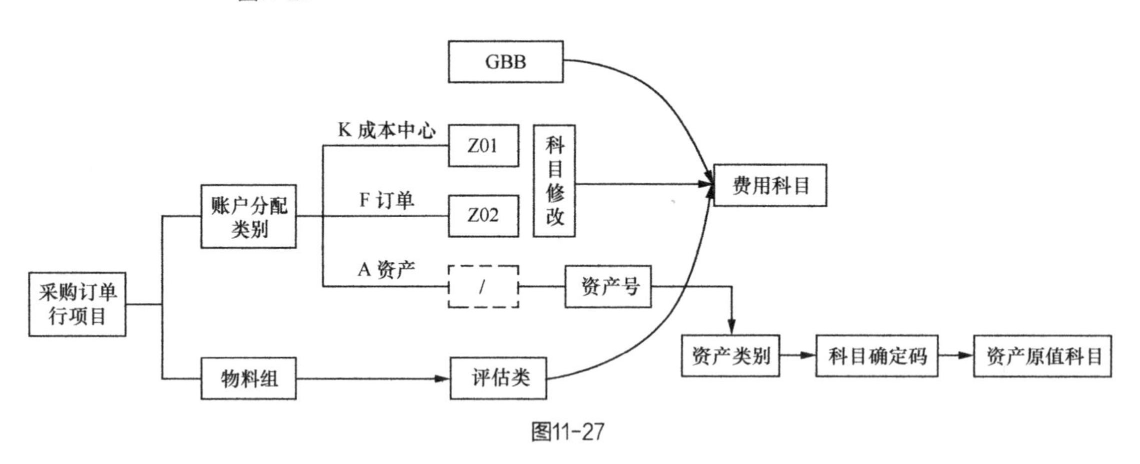

图11-27

事务代码：OME9

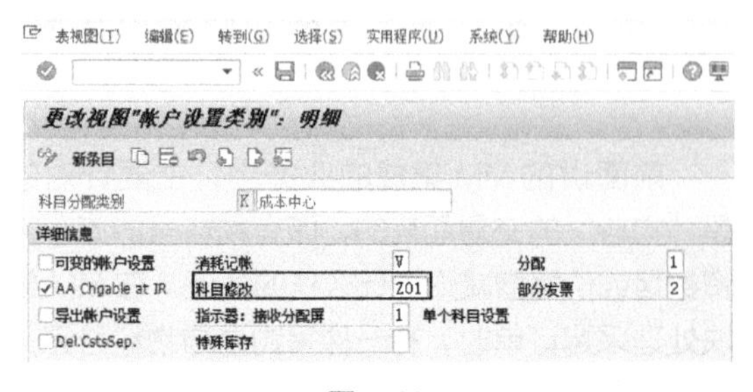

图11-28

再来看评估类。库存物料有评估类，费用性采购也会使用评估类。对于费用性采购而言，评估类是指对费用的归类。它与物料组有一对多的关系，如图 11-29 所示。创建费用性采购订单时，在行项目中要选择物料组，系统就会自动找到相应的评估类。

路径：IMG> 物料管理 > 采购 > 物料主数据 > 无物料主数据的项目的输入帮助

事务代码：OMQW

最后，事务代码 OBYC 中，在事务 GBB 下针对“科目修改”（一般修改）和评估类定义对应的科目，如图 11-30 所示。

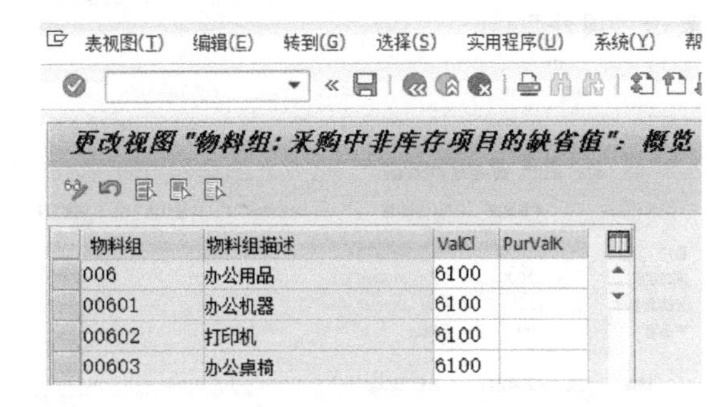

图11-29

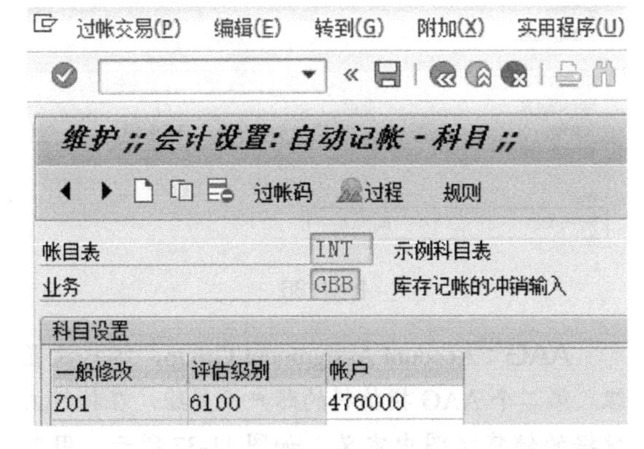

图11-30

至此，费用性采购中，费用一方记账使用的科目配置完成。

11.3.2 来自 SD 模块的集成

来自 SD 模块的集成主要是指收入科目的确定。销售发货后，给客户开出发票。该发票借记“应收款”，贷记“销售收入”和“销项税”。这里的“销售收入”科目如何确定就是本小节介绍的重点。

根据 SD 模块后台的配置，定义收入科目是一个“比较长”的确定过程。首先要对“条件类型”指定“存取顺序”，如图 11-31 所示。

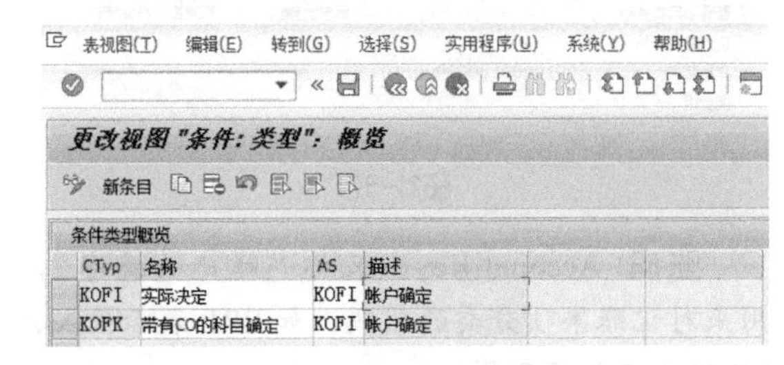

图11-31

路径：IMG> 销售和分销 > 基本功能 > 科目分配 / 成本 > 收入账户确定 > 定义存取顺序和科目确定类型 - 定义科目确定类型

事务代码：SM30（表 / 视图：V_T685_VC）

CTyp：Condition Type，条件类型。KOFI 表示“实际决定”(account determination，应翻译为“科目确定”)，KOFK 表示“带有 CO 的科目确定”。如果不将销售订单及行项目（SDI）作为结算对象，就使用 KOFI；反之，使用 KOFK。

AS：Access Key，科目的存取顺序。

从图 11-31 中可以看出，条件类型无论使用 KOFI 还是 KOFK，都指定存取顺序为 KOFI。

其次，定义“存取顺序”中，对各种“表”的访问顺序，如图 11-32 所示。

路径：IMG> 销售和分销 > 基本功能 > 科目分配 / 成本 > 收入账户确定 > 定义存取顺序和科目确定类型 - 维护科目确定的存取顺序

事务代码：SM34（视图聚集：VVC_T682_VC）

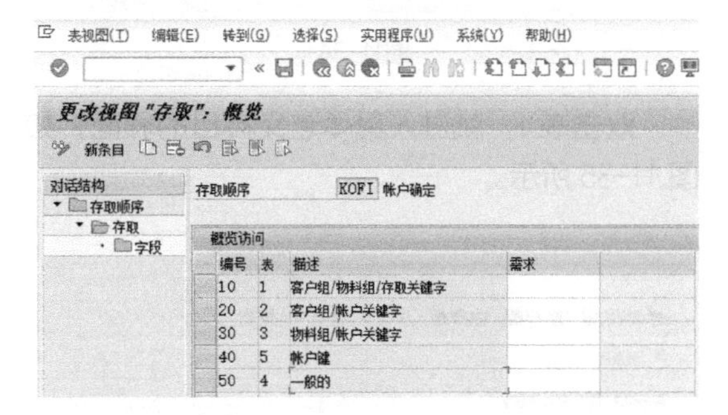

图11-32

这里的“编号”就表示顺序。系统将按 10、20、30……的顺序来访问相应的“表”，以获取科目确定的过程。

每种“表”指代若干字段的组合。以表 1 为例，它是由销售组织（VKORG）、客户的科目设置组（KTGRD）、物料的科目设置组（KTGRM）、账户关键字（又称“账码”，KVSL1）组合确定科目的，如图 11-33 所示。

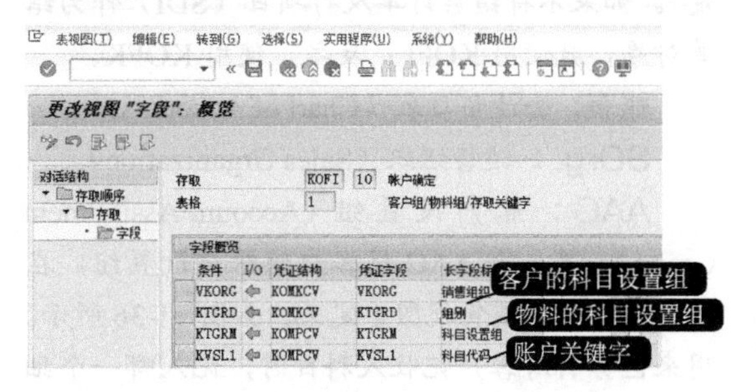

图11-33

接下来要定义每种“表”具体是怎样配置科目的。例如，对上面的表 1，在定义科目时就要结合销售组织、客户的科目设置组、物料的科目设置组、账户关键字组合，对收入科目进行确定，如图 11-34 所示。

路径：IMG> 销售和分销 > 基本功能 > 科目分配 / 成本 > 收入账户确定 > 分配总账科目

事务代码：VKOA

图11-34

双击表 1，就进入具体定义科目的界面，如图 11-35 所示。

更改视图 "客户组/物料组/存取关键字"：概览

App	条件类	帐表	SOrg.	AAG	AAG	帐码	总帐科目	备抵科目
V	KOFI	INT	1000	01	01	ERL	800002	
V	KOFI	INT	1000	01	01	ERS	888000	
V	KOFI	INT	1000	01	02	ERF	809000	
V	KOFI	INT	1000	01	02	ERL	800001	
V	KOFI	INT	1000	01	02	ERS	888000	

图11-35

App：应用。这里选择 V，表示“销售”模块，即 SD 模块。

条件类：KOFI 表示“实际决定”（应翻译为“科目确定”），KOFK 表示“带有 CO 的科目确定”。如果不将销售订单及行项目（SDI）作为结算对象，就使用 KOFI；反之，使用 KOFK。

账表：会计科目表（Chart of Accounts）。

SOrg.：销售组织（Sales Organization）。

AAG：账户设置组（Account Assignment Group）。第一个 AAG 指客户的账户设置组，在客户主数据的销售视图中定义，如图 11-36 所示。用来区分针对客户记收入科目时，记入哪一个细分科目，如销售收入 - 国内、销售收入 - 国外。在这种情况下，可以定义 01 表示“国内”、02 表示“国外”。

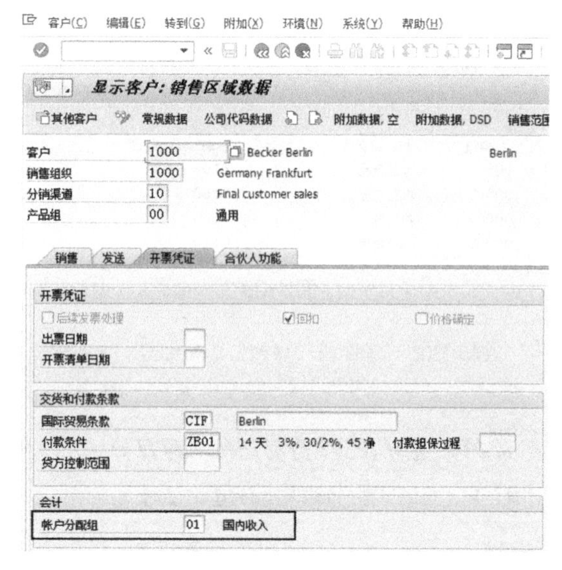

图11-36

AAG：Account Assignment Group，账户设置组。第二个 AAG 指物料的账户设置组，在物料主数据的销售视图中定义，如图 11-37 所示。用来区分针对物料记收入科目时记入哪一个细分科目，如销售收入 - 整机、销售收入 - 配件。在这种情况下，可以定义 01 表示“整机”、02 表示“配件”。

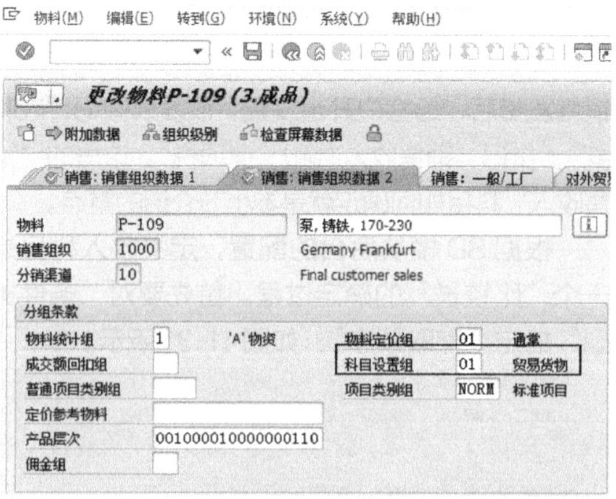

图11-37

账码：Account Key，又称“账户关键字”，用来对记账事项分类的代码，如 ERL 表示收入、MWS 表示销项税等。

在这里，账码又是一个“比较长”的确定过程。比较直接，它由定价过程及定价过程中的条件类型决定的，如图11-38所示。

路径：IMG> 销售和分销 > 基本功能 > 科目分配 / 成本 > 收入账户确定 > 定义并分配科目代码 - 分配科目码

事务代码：SM30（表 / 视图：VV_T683S_EL_VA）

表视图(T) 编辑(E) 转到(G) 选择(S) 实用程序(U) 系统(Y) 帮助(H)

更改视图 "定价过程：营业收入帐户确定"：概览

新条目

过程	步骤	计数	CTyp	名称	帐码	名称	应计项	名称
RVAA01	8	0	EK01	实际成本	ERL	收入		收入
	11	0	PR00	价格	ERL	收入		
	13	0	PB00	价格(总价)	ERL	收入		
	14	0	PR02	分级价格	ERL	收入		
	20	0	VA00	变式价格	ERL	收入		
	101	0	KA00	销售交易	ERS	销售扣减		

图11-38

而定价过程又是由"销售范围 + 单据定价过程 + 客户定价过程"组合确定的，如图11-39所示。

路径：IMG> 销售和分销 > 基本功能 > 定价 > 定价控制 > 定义并分配定价过程 - 定义定价程序确定

事务代码：OVKK

表视图(T) 编辑(E) 转到(G) 选择(S) 实用程序(U) 系统(Y) 帮助(H)

更改视图 "定价过程：按销售凭证确定"：概览

新条目

SOrg.	DChl	Dv	DoPr	CuPP	PriPr.	定价过程	类型	条件类型
1000	10	00	A	1	RVAA01	标准	PR00	价格
1000	10	00	A	2	RVAB01	标准 - 总价 (旧的)	PR01	含税价格
1000	10	00	A	Y	ZPKT00	标准	PR00	价格

图11-39

SOrg.：销售组织。

DChl：分销渠道。

Dv：产品组。

DoPr：单据定价过程。

CuPP：客户定价过程。对客户定价的一种分类，在客户主数据的销售视图上定义。

其中，单据定价过程可以由销售订单类型决定，如图11-40所示。

路径：IMG> 销售和分销 > 基本功能 > 定价 > 定价控制 > 定义并分配定价过程—为订单类型指定单据定价过程

事务代码：SM30（表 / 视图：V_TVAK_PR）

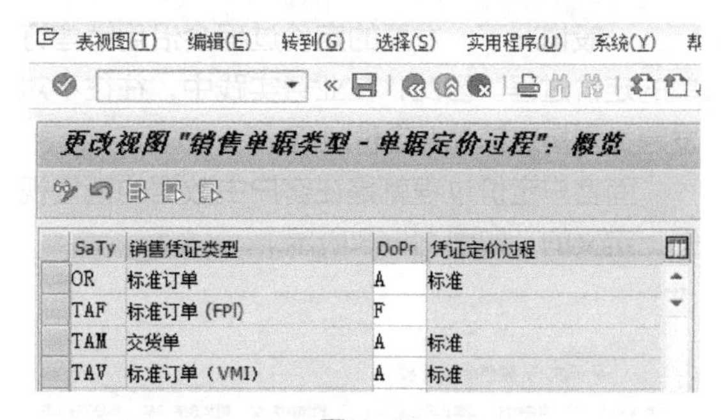
表视图(T) 编辑(E) 转到(G) 选择(S) 实用程序(U) 系统(Y)

更改视图 "销售单据类型 - 单据定价过程"：概览

SaTy	销售凭证类型	DoPr	凭证定价过程
OR	标准订单	A	标准
TAF	标准订单 (FPI)	F	
TAM	交货单	A	标准
TAV	标准订单 (VMI)	A	标准

图11-40

单据定价过程也可以由发票类型决定，如图11-41所示。

路径：IMG> 销售和分销 > 基本功能 > 定价 > 定价控制 > 定义并分配定价过程—给出具发票类型分配单据定价过程

事务代码：SM30（表 / 视图：V_TVFK_PR）

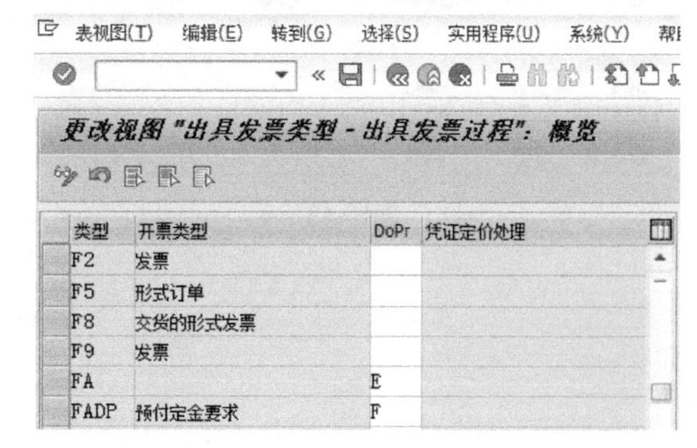
表视图(T) 编辑(E) 转到(G) 选择(S) 实用程序(U) 系统(Y)

更改视图 "出具发票类型 - 出具发票过程"：概览

类型	开票类型	DoPr	凭证定价处理
F2	发票		
F5	形式订单		
F8	交货的形式发票		
F9	发票		
FA		E	
FADP	预付定金要求	F	

图11-41

发票类型本质上也是由销售订单类型决定的。也就是说，当用户创建销售订单时，选择了哪种销售订单类型，其发票类型也就决定了，如图11-42所示。

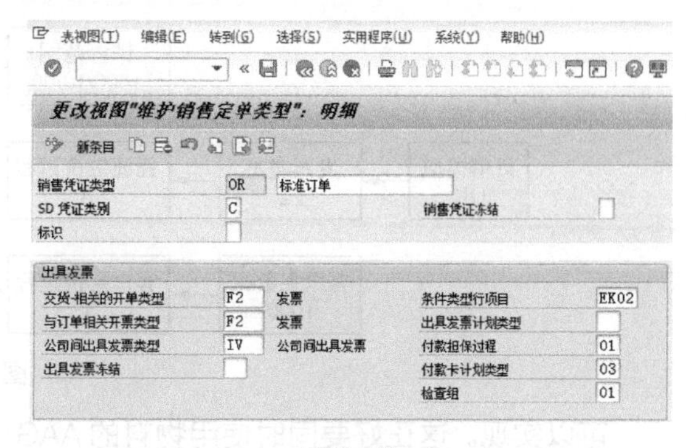

图11-42

由图11-42中可以看出，对于"销售凭证（销售订单）类型"OR，与交货相关的开票类型（发票类型）是F2。

一般情况下，发票的定价过程会沿用销售订单的定价过程。因此，在业务实践中，往往不对发票类型指定其单据定价过程。

而客户定价过程就是在客户主数据的销售视图上定义的，如图 11-43 所示。

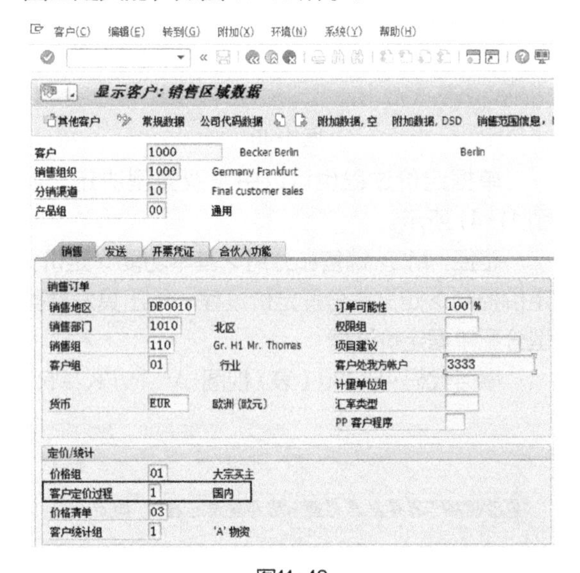

图11-43

整个收入科目确定的过程比较复杂。简化地表示为图 11-44 所示。

图 11-44 中灰色背景的文本框属于系统前台的业务数据或主数据。

从图 11-44 中可以看出，不管后台配置如何复杂，其实，收入科目的确定最终还是由用户创建销售订单时输入的销售范围、订单类型、客户主数据、物料主数据决定的。由此可见，要保证系统获取到正确的销售收入科目，有 3 个前提条件：①后台配置正确；②主数据上科目相关的属性如账户设置组、定价过程等字段要设置正确；③用户前台输入的业务单据类型及组织结构要正确。

如果一个企业要将收入科目细分为“销售收入－国内－整机”“销售收入－国内－配件”“销售收入－国外－整机”“销售收入－国外－配件”，可以实现吗？

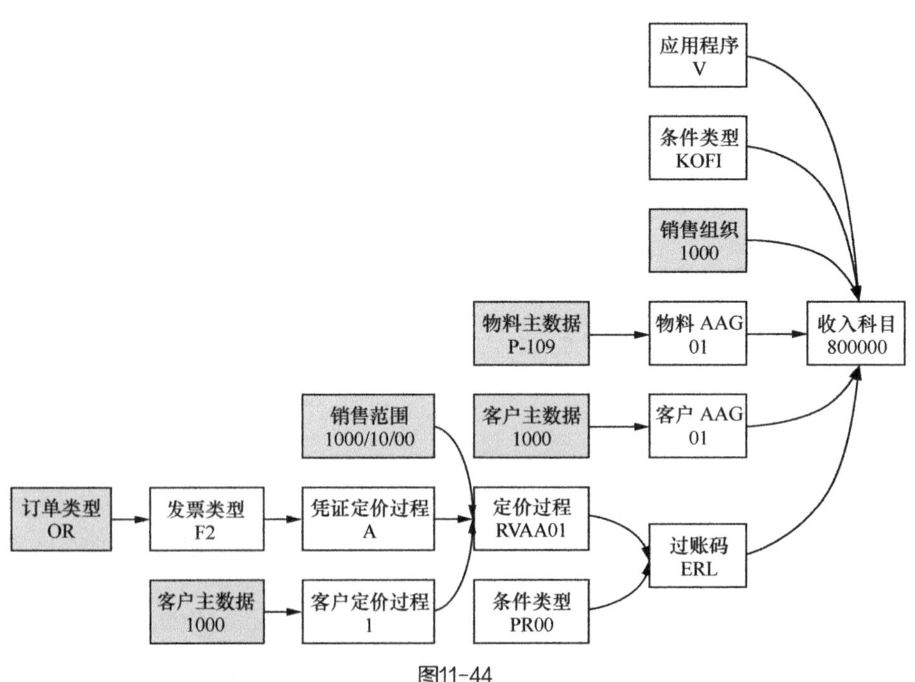

图11-44

可以实现。这正好要同时使用物料的 AAG（账户设置组）和客户的 AAG（账户设置组）来决定收入科目。因此，在定义存取顺序对表的调用时，应将表 1（物料组 / 客户组 / 账码）的优先级设置为最高。

11.3.3 来自 CO 模块的集成

来自 CO 模块的集成是指 CO 模块的月结业务产生相应的会计凭证，主要包括在制品结算的凭证、差异结算的凭证、外部结算的凭证、物料分类账结算的凭证。前 3 项是发生在 CO-PC-OBJ 或者 CO-IOA 的结算步骤；最后一项是发生在 CO-PC-ACT/ML 的“过账清算”步骤。

1. 在制品结算

在制品结算的凭证，有正的在制品和负的在制品两类。对于正的在制品，借记“在制品”，贷记“生产成本 - 转出 - 在制品”；对于负的在制品（系统称为“未实现成本准备金”），凭证与之相反。它们在后台配置时，要对两种“结果分析类别”WIPR（“按要求资本化处理的工作”）、RUCR【“未实现成本准备金（按资本化归组）”】进行定义，如图 11-45 所示。

路径：IMG> 控制 > 产品成本控制 > 成本对象控制 > 按订单划分的产品成本 > 期末结算 > 在产品 > 定义结算在产品的记账规则

事务代码：OKG8

表视图(T) 编辑(E) 转到(G) 选择(S) 实用程序(U) 系统(Y) 帮助(H)

更改视图"在半成品计算和结果分析中的过帐规则"：所选集的概览

新条目

成本控制域	公司代码	RA 版本	结果分析类别	余额/建...	成本要素	记录编号	损益科目	资产负债科目	会计原则
1000	1000	0	WIPR			0	893000	793000	
1000	1000	0	RUCR			0	239000	79000	

图11-45

“损益科目”定义“生产成本 - 转出 - 在制品”（该科目为损益类科目，但不要定义为成本要素）；“资产负债科目”定义“在制品”。

2. 差异结算

订单差异结算的凭证，如果是有利差，则借记“生产成本 - 转出 - 差异”，贷记“材料成本差异 - 订单生产差异”；如果是不利差则反之。其配置是在事务代码 OBYC 中实现的，具体事务如表 11-7 所示。

表 11-7 订单差异结算分录的科目取值来源

科目	事务	一般修改
生产成本 - 转出 - 差异	GBB	AUA
材料成本差异 - 订单生产差异	PRD	PRF

3. 外部结算

订单外部结算是指对于无料号的订单、非统计型的内部订单、维修订单等，如果在其结算规则中，将结算对象设置为 CO 外部的结算对象，如 G/L 科目、FXA（固定资产）等，结算时会形成外部结算的凭证。一般借记外部的结算对象，贷记“生产成本 - 转出 - 外部结算”（该科目为损益类科目，初级成本要素，成本要素类别为 22——外部结算）。贷方科目是在分配结构（allocation structure）中定义的，分配结构是指定给结算参数文件的，而结算参数文件又是指定给订单类型的。它们之间的关系如图 11-46 所示。

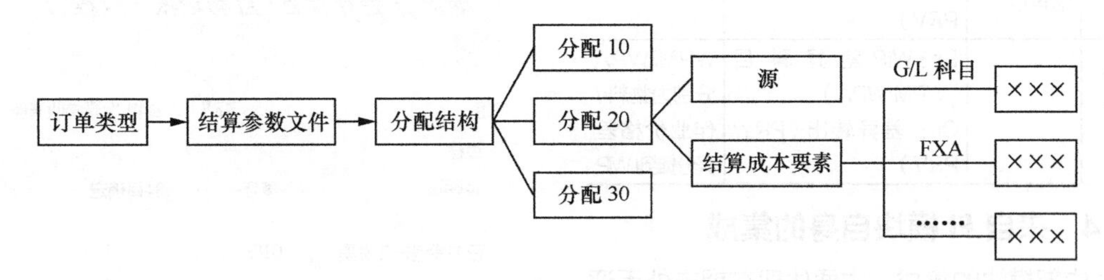

图11-46

分配结构的具体定义如图 11-47 所示。在分配结构 A1 的定义中，当结算接收方类型是 G/L 科目或 FXA 时，一般不勾选“按成本要素”复选框，而在“结算成本要素”列选择输入一个 22 类别的初级成本要素。如图中的成本要素 811000 就是一个外部结算的成本要素。

路径：IMG> 控制 > 内部订单 > 实际过账 > 结算 > 维护分配结构

事务代码：OK06

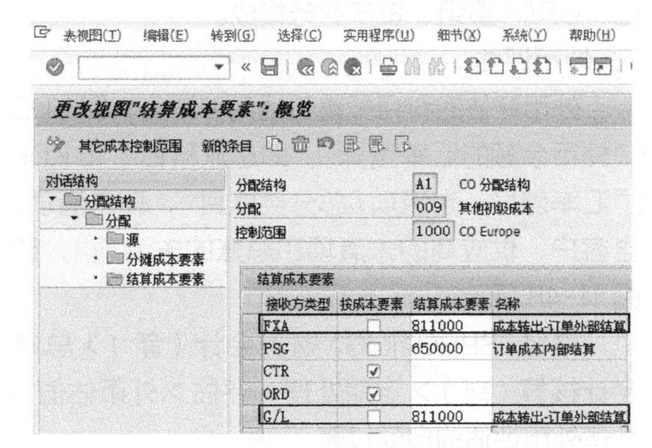

图11-47

4. 物料分类账结算

物料分类账在执行“过账清算”步骤时，会产生会计凭证，将差异分到存货和损益。但是，在形成分录时，系统还要视程序执行时所选择的参数或后台的配置来决定，例如，将差异分到存货，取决于是否勾选“重估物料”；将差异分到损益，取决于后台配置的移动类型分组是否要重估到原始科目。

具体的分录形成如表 11-8 所示。

表 11-8　物料分类账结算后各种业务类型的会计分录

业务类型	分情况	会计分录	备注
差异分摊到存货	勾选“重估物料”	Dr：存货本身科目（BSX） Cr：差异转出（PRY/PRV）	PRY 为单级差异转出；PRV 为多级差异转出
	不勾选“重估消耗”	Dr：存货递延科目（LKW） Cr：差异转出（PRY/PRV）	
差异分摊到消耗	重估到原始科目	Dr：原始消耗科目（GBB-） Cr：差异转出（PRY/PRV）	GBB 下的“一般修改”取决于移动类型
	重估到集结科目	Dr：集结科目（COC） Cr：差异转出（PRY/PRV）	
差异分摊到在制品		Dr：WIP 差异科目（WPM/WPA） Cr：差异转出（PRY/PRV）	WPM/WPA 分别为物料/作业价格差异分摊到 WIP

11.3.4 来自 FI 模块自身的集成

FI 内部模块的集成，主要体现在期末外币评估、GR/IR 重组、资产业务集成。

1. 外币评估

外币评估的科目配置包括两种事务，即 KDB（“外币余额的汇率差异”，即总账科目）和 KDF（“汇率差异：未清项 / 总分类账目”，即未清项，含客户、供应商的未清项和总账的未清项），如图 11-48 所示。

路径：SPRO>IMG> 财务会计（新）> 总账会计核算（新）> 定期处理 > 评估 > 外币估值 > 准备外币评估的自动过账

事务代码：OBA1

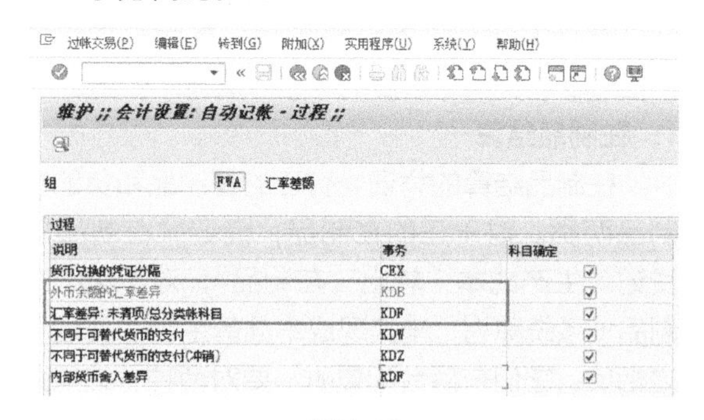

图11-48

详细内容可参见 2.6.3 小节“月末操作：外币评估”。

2. GR/IR重组

GR/IR 重组是将月末的 GR/IR 科目余额转入应付暂估。它包含两种事务，即 GNB（“已交货但未开发票”，即货到票未到）和 BNG（“已开发票尚未交货”，即票到货未到），如图 11-49 所示。

路径：IMG> 财务会计（新）> 总账会计核算（新）> 定期处理 > 重新分类 > 定义 GR/IR 结清的调整科目

事务代码：OBYP

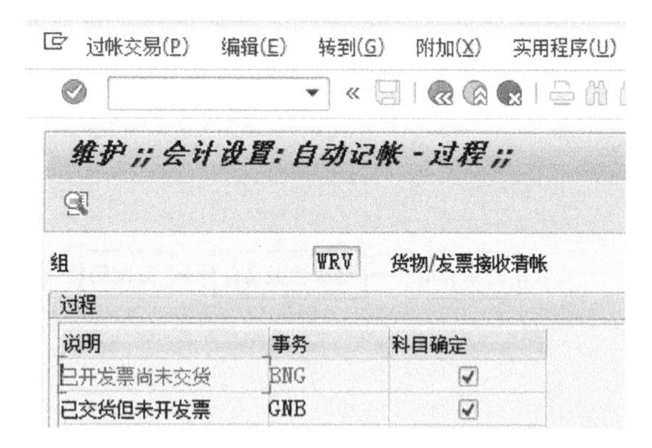

图11-49

详细内容可参见 2.6.2 小节“月末操作：GR/IR 重组”。

3. 资产业务的集成

资产业务的集成是指资产模块中，对资产的新增、报废、计提折旧等业务使用哪些科目形成会计分录，传送到总账模块。

每个资产都有自己的类别，而类别和“科目确定码”有对应关系。资产相关的科目就是针对“科目确定码”定义的，如图 11-50 所示。

路径：IMG> 财务会计（新）> 资产会计核算 > 总账集成 > 分配总账科目

事务代码：AO90

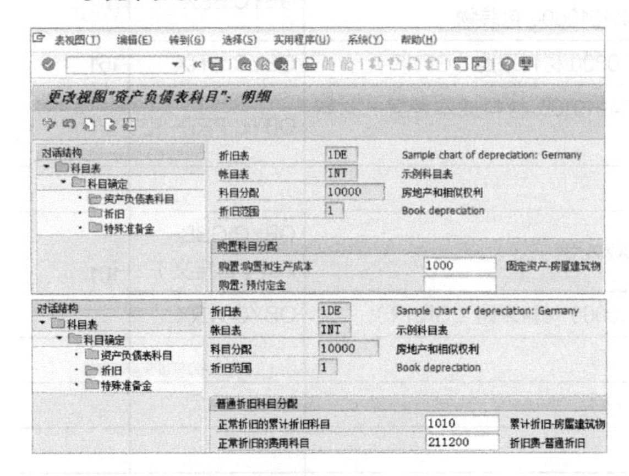

图11-50

详细内容可参见 5.2.3 小节“资产分类”、5.7.1 小节“有收入的报废”和 5.8.2 小节“在建工程预付款的核算”。

11.3.5 小结

各模块的业务只要牵涉会计要素的变动，都会自动形成会计分录。而分录创建正确、创建成功的前提有以下 3 个方面。

（1）在后台做好相应的配置。如果配置不正确或者配置缺失，在前台操作业务时就不能产生正确的凭证或收到报错的信息。责任人：顾问或系统配置者。

（2）前台主数据维护正确。物料、客户、供应商、资产主数据中都有一些字段与记账相关，这些字段一定要设置好，如有必要，应设置成必输，并严格检查正确性。责任人：数据准备者及维护者。

（3）前台业务操作要选择正确的业务类别。例如，创建销售订单时选择的销售订单类型、创建采购订单时选择的科目分配类别等，都会潜移默化地影响到科目的取值。责任人：业务操作者。

只有各方的工作都正确无误，才能顺利地产生正确的分录，才能充分发挥 SAP 的集成性，提高工作效率和准确性。

集成业务分录及集成规则一览表见表 11-9。

表 11-9　集成业务分录及集成规则一览表

业务编号	业务描述	事务代码	集成分录	集成规则	移动类型
1	采购到付款业务链				
1-1	常规物料采购				
1-1-1	正向流程				
1-1-1-1	收货	MIGO	Dr: 1403010000 主原料 /1403020000 辅助材料 /1411010000 包装物	OBYC BSX	
			Cr: 1401010000 材料采购（GR/IR）	OBYC WRX	101、105
			Cr/Dr: 1404010100 材料成本差异 - 材料采购差异	OBYC PRD- 空	
1-1-1-2	发票校验	MIRO	Dr: 1401010000 材料采购（GR/IR）	OBYC WRX	
			Dr: 2221010100 应交税金 - 进项税额	税码	
			Dr/Cr: 1404010100 材料成本差异 - 材料采购差异	OBYC DIF	
			Cr: 2202XXXXXX 应付账款 -XXX-XXX	供应商主数据：统驭科目	
1-1-1-3	付款	F-53	Dr: 2202XXXXXX 应付账款 -XXX-XXX	供应商主数据：统驭科目	
			Cr: 1002XXXXXX 银行存款 -XXX-XXX	手工输入	
1-1-2	反向流程				

续表

业务编号	业务描述	事务代码	集成分录	集成规则	移动类型
1-1-2-1	采购退货	MIGO	Cr: 1403010000 主原料 /1403020000 辅助材料 /1411010000 包装物	OBYC BSX	161
			Dr: 1401010000 材料采购（GR/IR）	OBYC WRX	
			Cr/Dr: 1404010100 材料成本差异 - 材料采购差异	OBYC PRD- 空	
1-2	费用采购				
1-2-1	接收	MIGO	Dr:　80XXXXXX	OBYC GBB-Z01（自定义）	101
			Cr: 1401010000 材料采购（GR/IR）	OBYC WRX	
1-2-2	发票校验	MIRO	（同 1-1-1-2）		
1-2-3	付款	F-53	（同 1-1-1-3）		
1-3	资产采购				
1-3-1	接收	MIGO	Dr: 1601XXXXXX 固定资产 -XXX	AO90：资产负债表科目	101
			Cr: 1401010000 材料采购（GR/IR）	OBYC WRX	
1-3-2	发票校验	MIRO	Dr: 1401010000 材料采购（GR/IR）	OBYC WRX	
			Cr: 2202XXXXXX 应付账款 -XXX-XXX	供应商主数据：统驭科目	
1-3-3	付款	F-53	（同 1-1-1-3）		
1-4	采购外协				
1-4-1	发货	MB1A	无会计凭证		543
1-4-2	接收	MIGO	Dr:1408010100 委托加工物资 - 材料	OBYC GBB-VBO	101、105
			Cr:1403010000 主原料 /1405010000 自制半成品	OBYC BSX	
			Dr: 1403010004 委托加工物资 - 加工费	OBYC FRL	
			Cr: 1401010000 材料采购（GR/IR）	OBYC WRX	
			Dr: 14XXXXXXXX 存货	OBYC BSX	
			Dr/Cr: 1404010100 材料成本差异 - 材料采购差异	OBYC PRD	
			Cr: 1408020000 委托加工物资 - 成本转出	OBYC BSV	
1-4-3	发票校验	MIRO	（同 1-1-1-2）		
	付款	F-53	（同 1-1-1-3）		
2	销售到收款业务链				
2-1	商品销售（常规业务）				
2-1-1	正向流程				
2-1-1-1	发货	VL01N	Dr: 6401XXXXXX 主营业务成本 -XXX	OBYC GBB-VAY / VAY	601
			Cr: 140503XXXX 库存商品 -XXX	OBYC BSX	

续表

业务编号	业务描述	事务代码	集成分录	集成规则	移动类型
2-1-1-2	开票	VF01	Dr: 1122XXXXXX 应收账款 -XXX-XXX	客户主数据：统驭科目	
			Cr: 2221010500 应交税金－销项税额	税码	
			Cr: 6001XXXXXX 主营业务收入 -XXX	VKOA	
2-1-1-3	收款	F-28	Dr: 1002XXXXXX 银行存款 -XXX-XXX	（手工输入）	
			Cr: 1122XXXXXX 应收账款 -XXX-XXX	客户主数据：统驭科目	
2-1-2	反向流程				
2-1-2-1	销售退货	VL01N	Cr: 6401XXXXXX 主营业务成本 -XXX	OBYC GBB-VAY / VAY	653
			Dr: 140503XXXX 库存商品 -XXX	OBYC BSX	
2-1-2-2	贷项通知单	VF01	Cr: 1122XXXXXX 应收账款 -XXX-XXX	客户主数据：统驭科目	
			Dr: 2221010500 应交税金－销项税额	税码	
			Dr: 6001XXXXXX 主营业务收入 -XXX	VKOA	
3	生产业务链				
3-1	有料号的生产订单				
3-1-1	正向流程				
3-1-1-1	生产订单发料	MB1A	Dr: 5001011000 生产成本－投入－直接材料	OBYC GBB-VBR	261
			Cr: 1403010000 主原料 /140501XXXX 自制半成品 -XXX	OBYC BSX	
3-1-1-2	生产订单报工	CO11N	（无会计凭证）		
3-1-1-3	生产订单收货	MB31	Dr: 1405030100 库存商品－自制品 / 140501XXXX 自制半成品 -XXX	OBYC BSX	101
			Cr: 50010901XX 生产成本－转出－入库 -XXX	OBYC GBB-AUF	
3-1-1-4	生产订单结算	CO88			
3-1-1-4-1	DLV/TECO		Dr/Cr: 14040102XX 材料成本差异－生产订单差异	OBYC PRD-PRF	
			Cr/Dr: 5001090300 生产成本－转出－差异	OBYC GBB-AUA	
3-1-1-4-2	非 DLV/TECO		Dr: 1405020000 在制品	OKG8	
			Cr: 5001090200 生产成本－转出－在制品		
3-1-2	反向流程				
3-1-2-1	生产订单退料	MB1A	Cr: 5001011000 生产成本－投入－直接材料	OBYC GBB-VBR	261
			Dr: 1403010000 主原料 /140501XXXX 自制半成品 -XXX	OBYC BSX	
3-1-2-2	生产订单报工的反冲	CO11N	（无会计凭证）		
3-1-2-3	生产订单收货的反冲	MB31	Cr: 1405030100 库存商品－自制品 / 140501XXXX 自制半成品 -XXX	OBYC BSX	101
3-2	无料号的生产订单		Dr: 50010901XX 生产成本－转出－入库 -XXX	OBYC GBB-AUF	
3-2-1	拆解生产订单				
3-2-1-1	生产订单发料（拆解投入）	MB1A	Dr: 5001011000 生产成本－投入－直接材料	OBYC GBB-VBR	261
			Cr: 140501XXXX 自制半成品 -XXX	OBYC BSX	

续表

业务编号	业务描述	事务代码	集成分录	集成规则	移动类型
3-2-1-2	生产订单副产品收货（拆解产出）	MB31	Dr: 1403010000 主原料 /1405010100 自制半成品 - 半成品	OBYC BSX	531
			Cr: 50010901XX 生产成本 - 转出 - 入库 -XXXX	OBYC GBB-VBR	
3-2-1-3	生产订单报工	CO11N	（无会计凭证）		
3-2-1-4	生产订单结算	CO88	Dr: 80XXXXXX 拆解损失	订单：结算规则	
			Cr: 5001090400 生产成本 - 转出 - 外部结算	订单结算参数文件 - 分配结构	
3-2-2	客退改修生产订单				
3-2-2-1	生产订单发料（客退改修投入）	MB1A	Dr: 5001011000 生产成本 - 投入 - 直接材料	OBYC GBB-VBR	261
			Cr: 1403010000 主原料 /140501XXXX 自制半成品 -XXX	OBYC BSX	
3-2-2-3	生产订单报工	CO11N	（无会计凭证）		
3-2-2-4	生产订单结算	CO88	Dr: 80XXXXXX 客退改修损失	订单：结算规则	
			Cr: 5001090400 生产成本 - 转出 - 外部结算	订单结算参数文件 - 分配结构	
4	库存管理业务				
4-1	库存转移				
4-1-1	物料转物料	MB1B	Dr: 1403XXXXXX/1405XXXXXX 库存	OBYC BSX	309
			Cr: 1403XXXXXX/1405XXXXXX 库存	OBYC BSX	
			Dr/Cr: 14040104XX 材料成本差异 - 物料转物差异 -XXX	OBYC AUM（如有差异）	
4-1-2	工厂内的库存地点转移	MB1B	（无会计凭证）		
4-1-3	跨工厂库存地点转移	MB1B			
4-1-3-1	发送方公司代码下		Dr: 内部往来	OBYA	261、201
			Cr: 1403010000 主原料 /140501XXXX 自制半成品 -XXX	OBYC BSX	
4-1-3-2	接收方公司代码下				
			Dr: 1403010000 主原料 /140501XXXX 自制半成品 -XXX	OBYC BSX	
			Cr: 内部往来	OBYA	
4-2	成本中心消耗与退回				
4-2-1	成本中心物料消耗	MB1A	Dr: 8010010000 物料消耗	OBYC GBB-201	201
			Cr: 1403XXXXXX/1405XXXXXX 库存	OBYC BSX	
4-2-2	成本中心物料退回	MB1A	Cr: 8010010000 物料消耗	OBYC GBB-201	202
			Dr: 1403XXXXXX/1405XXXXXX 库存	OBYC BSX	
4-3	存货报废	MB1A	Dr: 8029010000 物料消耗 F	OBYC GBB-VNG	551
			Dr: 1403XXXXXX/1405XXXXXX 库存	OBYC BSX	
4-4	库存盘点				
4-4-1	库存盘盈	LI21	Dr: 1403XXXXXX/1405XXXXXX 库存	OBYC BSX	701、703、707
			Cr: 14040105XX 材料成本差异 - 库存盘点差异 -XXX	OBYC GBB-INV	

续表

业务编号	业务描述	事务代码	集成分录	集成规则	移动类型
4-4-2	库存盘亏	LI21	Cr: 1403XXXXXX/1405XXXXXX 库存	OBYC BSX	702、704、708
			Dr: 14040105XX 材料成本差异 - 库存盘点差异 -XXX	OBYC GBB-INV	
4-5	期初库存导入	MB1C	Dr: 1403XXXXXX/1405XXXXXX 库存	OBYC BSX	561
			Cr: 9999999999 期初导入	OBYC GBB-BSA	
4-6	价格重估	MR21	Dr/Cr: 1403XXXXXX/1405XXXXXX 库存	OBYC BSX	
			Cr/Dr: 14040103XX 材料成本差异 - 价格重估差异 -XXX	OBYC GBB-UMB（如有差异）	
5	财务内部集成				
5-1	月末汇率重估				
5-1-1	未清项重估				
5-1-1-1	本月凭证	FAGL_FC_VAL	Dr: 660304XXXX 财务费用 - 汇兑损失	OBA1 KDF	
			Cr: 未清项重估调整科目	OBA1 KDF	
5-1-1-2	下月初凭证	FAGL_FC_VAL	Dr: 未清项重估调整科目	OBA1 KDF	
			Cr: 660304XXXX 财务费用 - 汇兑损失	OBA1 KDF	
5-1-2	总账科目重估				
5-1-2-1	本月凭证	FAGL_FC_VAL	Dr: 660304XXXX 财务费用 - 汇兑损失	OBA1 KDB	
			Cr: 原始总账科目		
5-2	月末 GR/IR 重组				
5-2-1	GNB				
5-2-1-1	本月凭证	F.19	Dr: 1401990000 材料采购（GR/IR）- 重组调整	OBYP GNB	
			Cr: 2202090000 应付账款 - 暂估	OBYP GNB	
5-2-1-2	下月初凭证	F.19	Dr: 2202090000 应付账款 - 暂估	OBYP GNB	
			Cr: 1401990000 材料采购（GR/IR）- 重组调整	OBYP GNB	
5-2-2	BNG				
5-2-2-1	本月凭证	F.19	Dr: 2202090000 应付账款 - 暂估	OBYP BNG	
			Cr: 1401990000 材料采购（GR/IR）- 重组调整	OBYP BNG	
5-2-2-2	下月初凭证	F.19	Dr: 1401990000 材料采购（GR/IR）- 重组调整	OBYP BNG	
			Cr: 2202090000 应付账款 - 暂估	OBYP BNG	
5-3	固定资产日常业务				
5-3-1	固定资产的增加	MIGO、F-90	（参考1-3）		
5-3-2	固定资产报废	F-92	Dr: 1606010000 固定资产清理	AO90：资产负债表科目	
			Dr: 1602XXXXXX 累计折旧 -XXX	AO90：折旧	
			Cr: 1601XXXXXX 固定资产 -XXX	AO90：资产负债表科目	

续表

业务编号	业务描述	事务代码	集成分录	集成规则	移动类型
			Cr: 6301020000 营业外收入 - 处置固定资产净收入	AO90：资产负债表科目	
			Dr: 6711020000 营业外支出 - 处置固定资产净损失	AO90：资产负债表科目	
5-3-3	固定资产转移	ABUMN	Dr: 1601XXXXXX 固定资产 -XXX	AO90：资产负债表科目	
			Cr: 1601XXXXXX 固定资产 -XXX	AO90：资产负债表科目	
5-3-4	固定资产盘点				
	固定资产盘盈	F-02	Dr: 1901020000 待处理财产损益 - 固定资产	AO90：资产负债表科目	
			Cr: 6301010000 营业外收入 - 固定资产盘盈	AO90：资产负债表科目	
	固定资产盘亏	F-02	Dr: 6711010000 营业外支出 - 固定资产盘亏	AO90：资产负债表科目	
			Cr: 1901020000 待处理财产损益 - 固定资产	AO90：资产负债表科目	
5-3-5	固定资产折旧				
5-3-5-1	折旧到成本中心	ABAF	Dr: 8002010000 折旧费	AO90：折旧	
			Cr: 1602XXXXXX 累计折旧 -XXX	AO90：折旧	
5-3-5-2	折旧到内部订单	ABAF	Dr: 8002010000 折旧费	AO90：折旧	
			Cr: 1602XXXXXX 累计折旧 -XXX	AO90：折旧	
5-4	CO 结算				
5-4-1	生产订单结算	CO88	（同 3-1-1-4、3-2-1-4、3-2-2-4）		
5-4-2	内部订单结算				
5-4-2-1	研发内部订单结算	CO88	Dr: 6602020000 研发支出	订单：结算规则	
			Cr: 5001090400 生产成本 - 转出 - 外部结算	订单结算参数文件 - 分配结构	
5-4-2-2	资产内部订单结算	CO88	（无会计凭证）		

11.4 SAP 操作科目表的规划及建议

本节在 11.3 节“SAP 集成会计凭证生成的原理”的基础上，介绍 SAP 操作科目应该如何规划，以帮助企业设计合理的科目表。

【前置知识】

2.3 节 （总账模块）主数据维护：会计科目

2.6 节 （总账模块）定期处理

7.3.1 小节 （成本对象控制模块）针对生产订单的月结

7.4.1 小节 实际成本核算 / 物料分类账的概念和基本原理

10.3 节 合并模块的主数据

11.3 节 SAP 集成会计凭证生成的原理

11.4.1 操作科目表的总体架构规划

操作科目表是财务用来记账的会计科目的集合。财务的记账，既有手工输入也有自动集成，因此，要考虑科目的集成规则。

对于一个集团而言，操作科目表往往是多公司共同使用的。而多个公司既有共性的科目（如收入、成本核算使用的科目），也有个性的科目（如银行存款科目），因此，在设计操作科目表时，要综合各个公司的业务情况，设计一个既能通用又能照顾到个别公司特殊需求的科目表。

操作科目表之上，还有集团科目表和合并科目表，因此，操作科目的设计也要结合集团合并的要求，如将需要抵销的科目（如应收、应付、销售收入等）区分关联方和非关联方。

在科目的位长上，SAP 最长为 10 位。考虑到部分科目的核算比较细，如银行存款科目、生产成本科目、应交税金科目等，建议统一采用 10 位位长。10 位位长采用 4-2-2-2 分节。其中，前 4 位为一级科目，按照财政部 2007 年颁布的会计科目表设置。对于后面的 3 节，在制订科目表时要给出明细的规则。例如，1002 银行存款科目，5 ~ 6 位按照银行分，7 ~ 8 位体现币种，9 ~ 10 位采取流水编码。其中，5 ~ 6 位具体应该如何划分，01 代表哪家银行，02 代表哪家银行；7 ~ 8 位，01 代表什么币种，02 代表什么币种，这些都应明确地形成文档，在后面增加科目时严格依照执行。

图 11-51 显示了按照国内会计准则设计的科目表的大体结构。对于工业企业而言，1 字头表示资产类科目；2 字头表示负债类科目；4 字头表示所有者权益类科目；6 字头表示损益类科目。这些科目的余额或发生额分别构成了中国的资产负债表和损益表的数据来源。而生产成本和制造费用则属于表外的损益科目。它们仅反映生产过程中的投入和转出，在每个月末应自成平衡，即总计余额为 0。

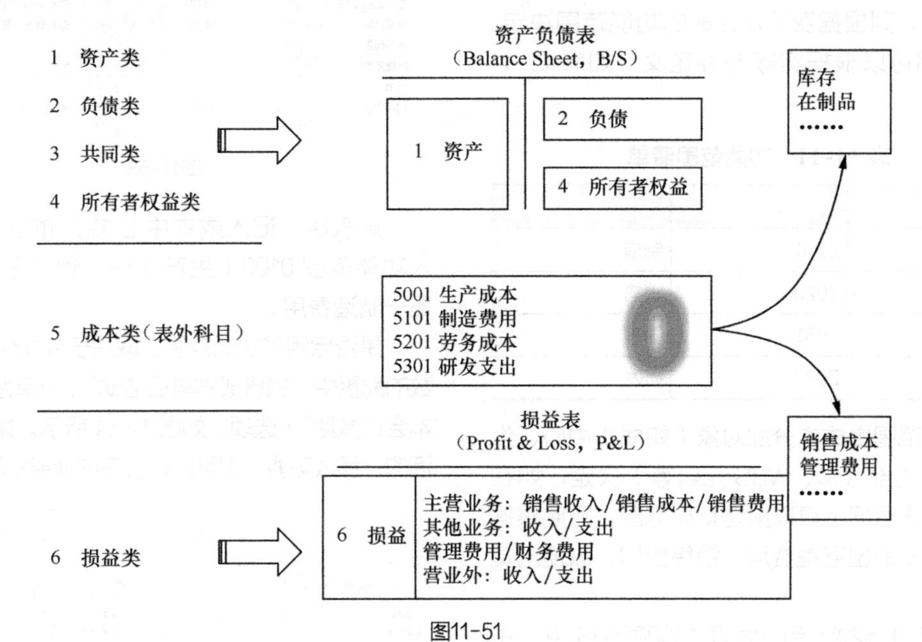

图11-51

11.4.2 具体科目设计

本小节针对几种重要的、与传统方法相比变动比较大的科目的设计方案进行介绍。

1. 费用科目的设计

在中国的传统会计中，除财务费用外，费用科目分为以下 3 大部分。

制造费用（5101）：生产部门发生的费用。

销售费用（6601）：销售部门发生的费用。

管理费用（6602）：管理部门发生的费用。

按照传统会计，在每一个费用科目下设立明细，反映费用核算的项目，举例如下。

制造费用 - 工资，制造费用 - 办公费，制造费用 - 水电费……

管理费用 - 工资，管理费用 - 办公费，管理费用 - 水电费……

销售费用 - 工资，销售费用 - 办公费，销售费用 - 水电费……

这样，费用科目显得烦杂。而在 SAP 中，通用的做法是将制造费用、管理费用、销售费用下的明细科目统一按照费用的自然属性进行编排，并以 8 字开头编号，如表 11-10 所示。

表 11-10 合并之后的费用科目

科目	描述
80010100	人工费 - 工资
80010200	人工费 - 奖金
80010300	人工费 - 福利费
80020000	折旧费

续表

科目	描述
80030100	办公费 - 办公用品
80030200	办公费 - 邮寄费
80030300	办公费 - 水电费
80030400	办公费 - 检验检测费
80030500	办公费 - 培训费
80030600	办公费 - 会务费
80030900	办公费 - 其他

至于科目归属于制造费用、管理费用还是销售费用，则根据费用发生时的功能范围决定。功能范围可以根据实际需要定义，如表 11-11 所示。

表 11-11　功能范围清单

序号	编码	功能范围
1	Z010	制造
2	Z020	销售
3	Z031	管理
4	Z032	研发

功能范围由成本分配对象（如成本中心、生产订单、内部订单、WBS 元素等）决定，如在成本中心主数据上可以指定功能范围。月底根据功能范围提取出管理费用、销售费用，以便出具损益表。

在图 11-52 所示的凭证 100000033 中，由于在费用科目的行项目中输入了成本中心，系统会自动带出该成本中心对应的功能范围 0100。

图11-52

其中，功能范围是在成本中心主数据上设置好了的，如图 11-53 所示。

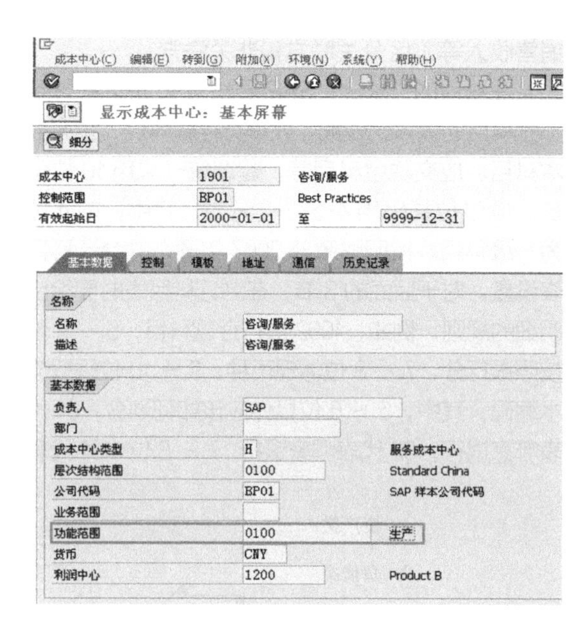

图11-53

这表明，记入成本中心 1901 的费用将会归入功能范围 0100（生产）中，也就是说，它将属于制造费用。

是否启用了功能范围，取决于公司代码全局参数的配置中“销售成本科目活动”（应译为“销售成本会计激活”）选项，如图 11-54 所示。如果它是激活的，那么功能范围可以在相应的业务中输入。

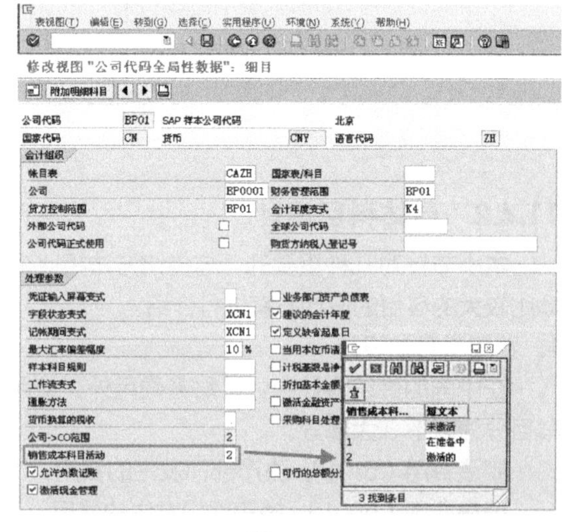

图11-54

在启用功能范围后，科目主数据中就会出现“功能范围”字段。这样，某些科目可以直接在主数据上定义相应的功能范围，如只应属于管理费用的“咨询费”科目。

将几套费用科目合成一套，除了精简科目的好处外，是否还有其他作用？

至少有两个方面的作用。

（1）库存发料到成本中心时，仓库用户只需要选择成本中心即可，费用自然会根据成本中心对应的功能范围体现到销售费用、管理费用和制造费用。在这种情况下，针对201移动类型（成本中心发料）定义的科目只需要定一个8字头的科目，如“费用－物料消耗”即可；反之，如果将费用科目按照传统习惯，分成“销售费用－物料消耗”“管理费用－物料消耗”“制造费用－物料消耗”，那么就需要定义多个移动类型：“管理费用的成本中心发料”“销售费用的成本中心发料”“制造费用的成本中心发料”，让仓库用户选择使用。这对仓库人员来说，是比较困难的，而且也很容易造成错误输入。

（2）固定资产在跨功能范围调动某办公设备时，只需要简单地改变其成本中心即可，后续计提折旧就会自然记入对应的成本中心，从而带出功能范围；反之，如果折旧费科目细分为“销售费用－折旧费”“管理费用－折旧费”“制造费用－折旧费”，那么按照资产相关科目确定规则的过程：资产类别→科目确定码→科目，必须在资产类别层细分，分为“销售费用的办公设备”“管理费用的办公设备”“制造费用的办公设备”。而资产类别决定着编号，这意味着由于办公设备发生了转移，还必须新建一个编号，从而导致在系统中的操作变为：①新建一条资产记录，成本中心输入为转入的成本中心；②将原资产记录的余额（或原值＆累计折旧）转移到新资产上。这样的操作非常烦琐，而且不利于资产的持续跟踪。

因此，如果仍然按照传统习惯设计费用科目，将会造成业务层面相当大的困惑。

月末如何对费用科目进行处理？

8字头的费用科目，在月末可以根据功能范围查到其中属于销售费用、管理费用的金额各有多少。对于这两个金额，可以使用表结法，在编制损益表时直接输入相关栏目，也可以使用账结法做凭证调整，如图11-55所示。

月末将8字头费用中的销售费用和管理费分别用8999010000和8999020000转入6601和6602科目，手工编制以下凭证。

Dr：6601010000 销售费用（不作成本要素、不用到成本对象，除非要传送到获利分析）

Cr：8999010000 费用转出－转出销售费用（不作成本要素、不用到成本对象）

Dr：6602010000 管理费用（不作成本要素、不用到成本对象，除非要传送到获利分析）

Cr：8999020000 费用转出－转出管理费用（不作成本要素、不用到成本对象）

这样，既能保留销售费用和管理费用的明细项（8字头明细科目），又能在编制损益表时很方便地取值（直接从6601010000和6602010000取值）。

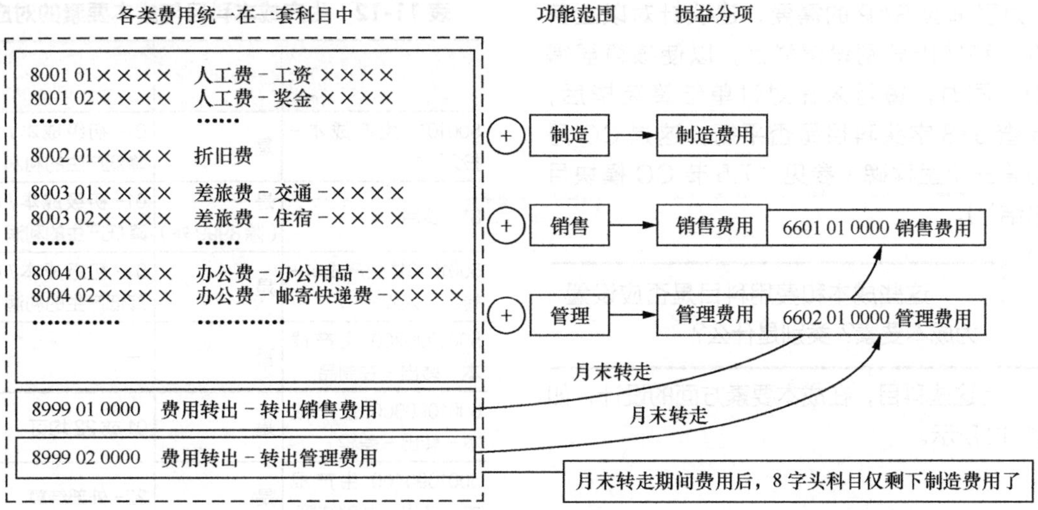

各类费用统一在一套科目中
8001 01×××× 人工费－工资××××
8001 02×××× 人工费－奖金××××
……
8002 01×××× 折旧费
8003 01×××× 差旅费－交通－××××
8003 02×××× 差旅费－住宿－××××
……
8004 01×××× 办公费－办公用品－××××
8004 02×××× 办公费－邮寄快递费－××××
……
8999 01 0000 费用转出－转出销售费用
8999 02 0000 费用转出－转出管理费用
功能范围
损益分项
＋ 制造 → 制造费用
＋ 销售 → 销售费用 6601 01 0000 销售费用
＋ 管理 → 管理费用 6602 01 0000 管理费用
月末转走
月末转走
月末转走期间费用后，8字头科目仅剩下制造费用了

图11-55

2. 生产成本投入和转出科目的设计

由于 CO 模块的使用，生产成本科目存在以下的平衡关系，即

生产成本投入 + 制造费用（功能范围为“制造”的部分）= 生产成本转出

其中，生产成本投入包括以下两部分。

（1）投入生产订单的原材料（借记“生产成本－投入－料－原材料”，贷记“原材料”）。

（2）投入生产订单的包装物（借记“生产成本－投入－料－包装物”，贷记“包装物”）。

生产成本转出包括以下几部分。

（1）生产订单的产出物收货入库（借记“产成品”，贷记“生产成本－转出－入库－产成品”），可能还会细分出半成品入库甚至原材料入库（例如，空调生产企业的下料车间对钢卷进行分卷、剪切，生产出的钢卷、钢板仍可视为原材料）。

（2）生产订单月末结算出在制品（借记“在制品”，贷记“生产成本－转出－在制品”）。

（3）生产订单月末结算出差异（借记“材料成本差异－生产订单差异”，贷记“生产成本－转出－差异”）。

（4）非统计性的内部订单或无料号的生产订单月末结算，将归集的成本转出（借记相关的接收方，贷记“生产成本－转出－外部结算”）。

当月末生产订单结算完成后，以上平衡关系应该成立，相关科目的余额合计为 0，如图 11-56 所示。

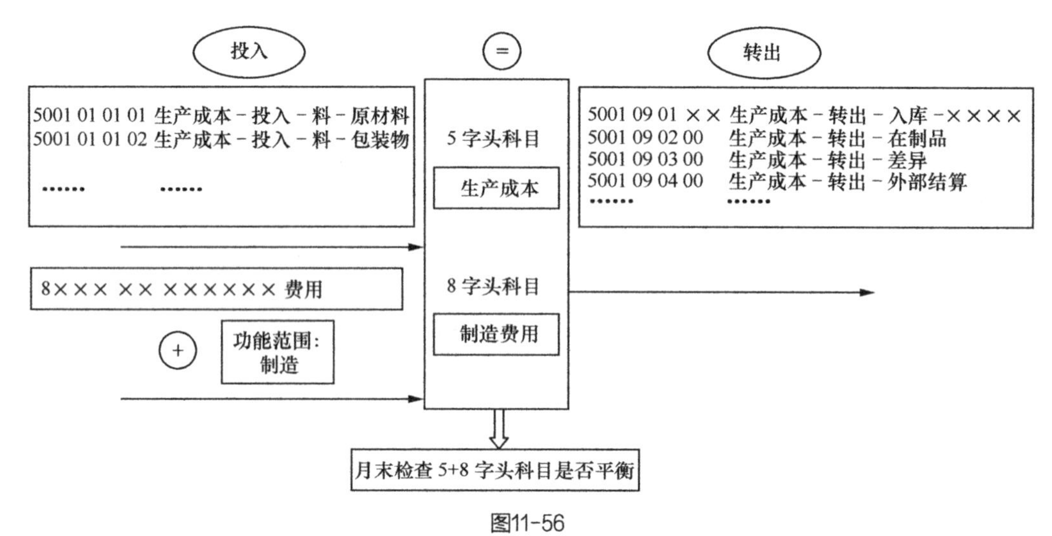

图11-56

为了适应 SAP 的需要，建议针对以上各项投入和转出分别设置科目，以使核算显得明晰。同时，每月末在对订单结算完毕后，要检查 5+8 字头科目是否平衡，这是 CO 月结的第三个里程碑（参见“7.5 节 CO 模块月结总结”）。

这些成本和费用科目是否应设置为成本要素？类别是什么？

以上这些科目，在成本要素方面的设计，如表 11-12 所示。

表 11-12 生产成本科目与成本要素的对应

科目	是否设置为成本要素	成本要素类别
500101* 生产成本－投入－*	是	01- 初级成本 / 成本降低产生的利润
8* 费用	是（除 8999 外）	01- 初级成本 / 成本降低产生的利润
50010901* 生产成本－转出－入库－*	是	01- 初级成本 / 成本降低产生的利润
5001090200 生产成本－转出－在制品	否	—
5001090300 生产成本－转出－差异	是	01 或 22 均可
5001090400 生产成本－转出－外部结算	是	22- 外部结算

3. 差异科目的设计

差异是指在采购、生产、库存管理、价格管理等方面形成的差异。这些差异既要分门别类地归集出来，也要在月末转出到存货和损益。由于CO模块的使用，差异科目应存在以下的平衡关系，即

差异的归集 = 差异的转出

其中，差异的归集科目体现在以下几个方面。

① 采购环节中的收货和发票校验，可能形成材料采购差异。

② 生产环节的生产订单结算，形成生产订单差异。

③ 物料转移（跨工厂转移或者物料转换）形成的物料转物料差异。

④ 改变物料价格或者发布成品的新标准成本，形成的价格重估差异。

同时，差异的转出，如果应用了物料分类账模块（CO-PC-ACT/ML），则系统会将差异分为单级差异和多级差异分别转出。

综合来看，针对差异，应设置的科目，如表11-13所示。

表11-13 差异归集和转出的科目清单

差异归集的科目	差异转出的科目
1404010101 材料成本差异－采购差异－原材料	
1404010102 材料成本差异－采购差异－外购半成品	1404090100 材料成本差异－转出－单级价格差异
1404010201 材料成本差异－生产差异－原材料	
1404010202 材料成本差异－生产差异－半成品	1404090200 材料成本差异－转出－多级价格差异
1404010203 材料成本差异－生产差异－产成品	
1404010300 材料成本差异－物料转物料差异	
1404010400 材料成本差异－价格重估差异	

提示

从表11-13中可以看出，差异已经不限于“材料”，半成品和产成品也会发生差异，但在国内会计制度中，有关差异的科目只有一个一级科目1404，并且被称为“材料成本差异”，因此，只好在此一级科目下继续细分二级、三级、四级科目。希望用户对此不会产生误解。

4. GR/IR科目的设计

在使用MM集成的情况下，对于物料采购业务，一般在收货时会设置GR/IR科目，相当于中国传统会计中的材料采购科目，它是Good Received和Invoice Received的平衡科目。

根据对GR/IR相关业务的理解，至少应设置几个科目，如表11-14所示。

表11-14 GR/IR相关业务的科目使用

业务发生时点	使用科目	备注
采购订单收货	1401010000 材料采购（GR/IR）	存货的冲抵科目；发票校验也使用
月末GR/IR重组	1401090000 材料采购GR/IR-重组	
	2202090000 应付账款－暂估	GNB使用。对于BNG，也可以使用

月末GR/IR重组后，1401010000（GR/IR科目本身）和1401090000（重组调整科目）应该平衡，也就是说，月末GR/IR的余额全部重组到应付账款－暂估中，进入资产负债表。从这个角度讲，1401010000和1401090000都应该是表外科目，在编制资产负债表和损益表时，都不会将它们作为报表项的来源科目。

GR/IR科目本身，在设置时有什么特别需要注意的地方？

对于GR/IR科目，SAP有特别的要求。

（1）它必须是未清项管理的科目。因为每个月底要清账，因此，必须作为“未清项管理”。

（2）该科目必须定义为MM自动过账配置（事务代码OBYC）的WRX科目。

（3）该科目必须定义为“仅限以本位币记的余额”。这是在关于WRX科目的online help中已经明确了的。

5. 外币重估科目的设计

外币重估将处理以下两类科目。

（1）现金、银行存款的外币科目。这些科目不会作为“未清项管理”，在外币重估时针对科目余额做重估，仍旧重估到科目本身。

（2）做未清项管理的科目，如应收账款、应付账款。这些科目在外币重估时不可能重估到它本身的科目上，因此要设置相应的资产负债表调

整科目。例如，对应收账款，设置科目“应收账款－外币评估调整”。

对于第（2）类情况，需要设置的科目有：应收账款－外币评估调整；预收账款－外币评估调整；应付账款－外币评估调整；预付账款－外币评估调整等。

6. 关联方相关业务科目的设计

为了合并抵销的需要，对于关联方发生的业务，包括往来业务、销售业务、投资业务、利润分配业务等，应区分关联方和非关联方。这一点，在科目设置初期就应该规划好，避免系统应用后再去修改。

这些科目，列出清单如表 11-15 所示。

表 11-15 需要区分关联方与非关联方的科目

一级科目	科目描述
1122	应收账款
1123	预付账款
1131	应收股利
1132	应收利息
1221	其他应收款
1231	坏账准备
1531	长期应收款
2202	应付账款
2203	预收账款
2232	应付股利
2241	其他应付款
6001	主营业务收入
6051	其他业务收入

在设计明细科目时，如果该科目除了关联方与非关联方的区分外，还有其他维度的区分，应优先考虑关联方与非关联方的维度，即在科目的 5 ～ 6 位区分关联方与非关联方。例如，应收账款科目，要区分关联方与非关联方，也要区分国内、国外，那么，科目应该按以下形式编排。

1122 01 01 00 应收账款－关联方（如有必要，可在 7 ～ 8 位区分国内或国外）

1122 02 01 00 应收账款－非关联方－国内

1122 02 02 00 应收账款－非关联方－国外

对于关联方的科目，在应用时有什么要注意的?

关联方的科目将来要用于合并的抵销，因此，在该科目用于记账时，应确保系统能够带出贸易伙伴。因此，对于关联方作为客户、供应商时，应在客户和供应商主数据上设定贸易伙伴（在基本视图中设置）。而贸易伙伴的取值来自“公司”，因此，事先要针对关联方建立“公司”（而不仅是“公司代码”）。

如果一个集团下有多家公司，但一期系统实施时只实施其中一部分公司，为了提取合并抵销数据的需要，也应该“提前”将未实施的公司设立到系统中，以便作为业务交易的贸易伙伴。这一点，是作为集团化企业实施时必须要做的前瞻考虑。

7. 损益类科目的设计

这里要讨论的损益类科目是指狭义的损益类科目，即损益表中的项目对应的科目，如 6001 销售收入、6051 其他业务收入、6401 销售成本、6402 其他业务成本等，不包含表外损益。表外损益主要是指生产成本和制造费用，它们在 11.4.2 小节中已经介绍，此处不再赘述。

损益类科目在每个月要结到本年利润，有两种做法，即表结法和账结法。

如果使用表结法，每月末只需要统计出每个损益类一级科目的余额，输入到损益表相应的栏位即可。在科目的设置上，按业务设置明细科目即可。

如果使用账结法，则除了按业务设置的明细科目外，还需要针对每个一级科目设置一个“损益结转”的过渡科目，如 6001990000 销售收入－损益结转。这样，可以将这个一级科目下的汇总金额全部通过过渡科目结转到本年利润中。即使使用账结法，也不必每个月都结转本年利润（每个月还是使用表结法），而是等到年底时，再对全年的损益类科目通过做凭证的方法一次性结转到本年利润，并将凭证记入 13 期间，如图 11-57 所示。

例如，销售收入的所有明细科目（含 600101

和600102）一年累计发生额为贷方2 000万元。到年底时，通过600199将2 000万元全部结转到本年利润。

Dr：6001990000 销售收入－损益结转 2 000万

Cr：4103010000 本年利润－损益结转转入 2 000万

这样做的好处是，既保留了每个明细损益科目的发生额，又能很方便地查出每个一级损益科目的总额。最后，还能很方便地知道本年的利润总额是多少。

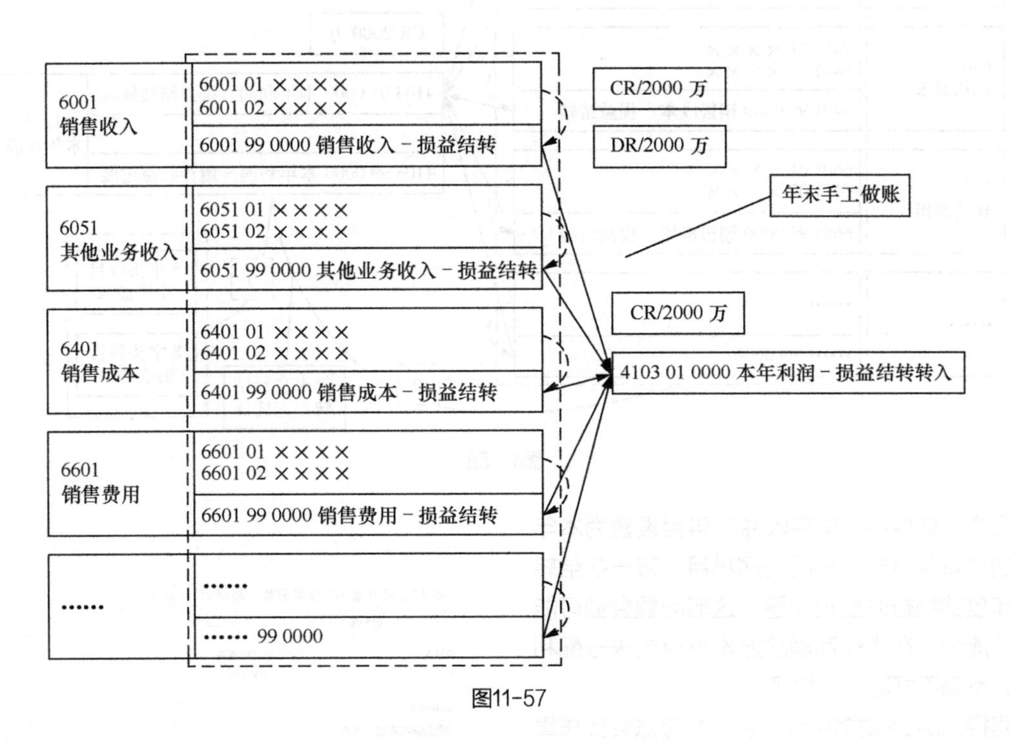

图11-57

这样的结转方式，对留存收益科目影响如何？

由于所有损益类科目（狭义）的余额都通过各自的“99科目”结转到4103010000科目，因此，最终的结果是，当年的损益全部体现在4103010000科目上，而6字头每个一级科目（如6001、6051、6401、6601……）的余额都各自合计为0了，因此，所有6字头科目的余额合计为0。

根据2.6.6小节年初操作：科目余额结转的介绍可知，每年初执行科目余额结转时，损益类科目的余额会自动被结转到“留存收益”科目上。

如果再考虑表外的损益类科目，即5字头的生产成本、8字头的制造费用，根据11.4.2小节中的“2. 生产成本投入和转出科目的设计”的介绍，每个月生产成本、制造费用都会自成平衡。也就是说，表外的损益类科目如果结转到“留存收益”科目上，其结转的总额也会是0。

综上所述，无论是表内损益还是表外损益，只要科目设置得当，最后结转到留存收益科目的总余额应该是0，如图11-58所示，留存收益科目4103990000最终承接的余额是0。

另外，从图11-56中也可以发现，如果将“留存收益”（需要在后台配置的，如图11-59所示）设置为一个单独的科目（4103990000，本年利润－留存收益过渡），而不要使用本年利润的原本科目（4103010000），也不要使用未分配利润科目，那么，在每年初运行余额结转后，就可以直接去查看这个单独的“留存收益”科目的年初结转余额，如果是0，就表明上一年度的损益结转是没有问题的。

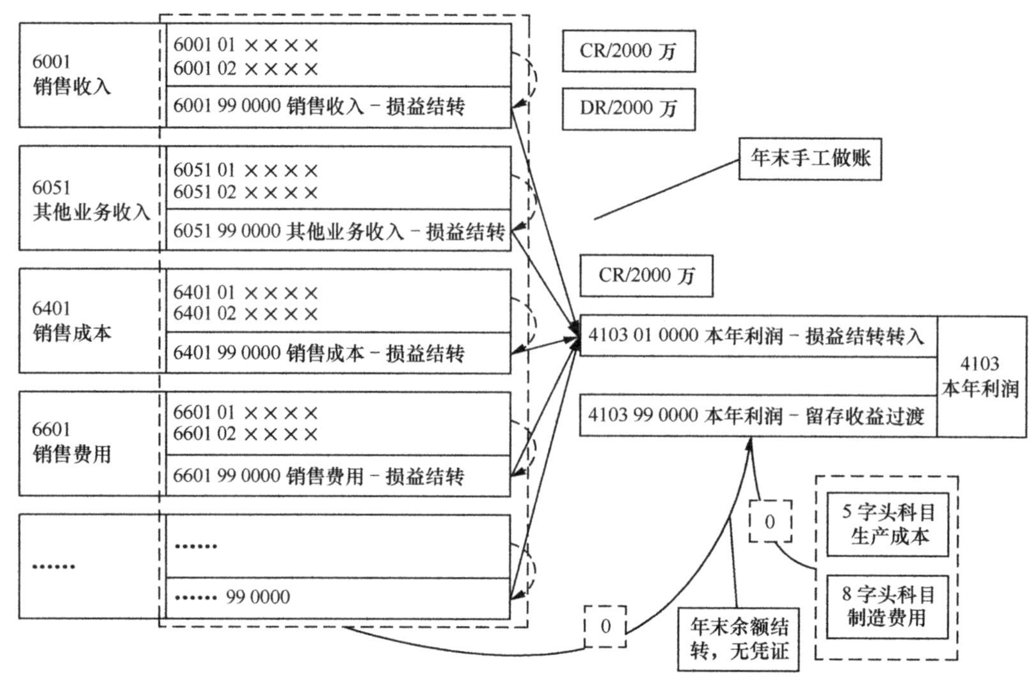

图11-58

反之，如果将“留存收益”科目设置为本年利润的原本科目或未分配利润科目，万一在结转上一年度的损益时出现问题，这笔问题金额可能会被“淹没”在本年利润的原本科目或未分配利润中，反倒不好验证结果了。

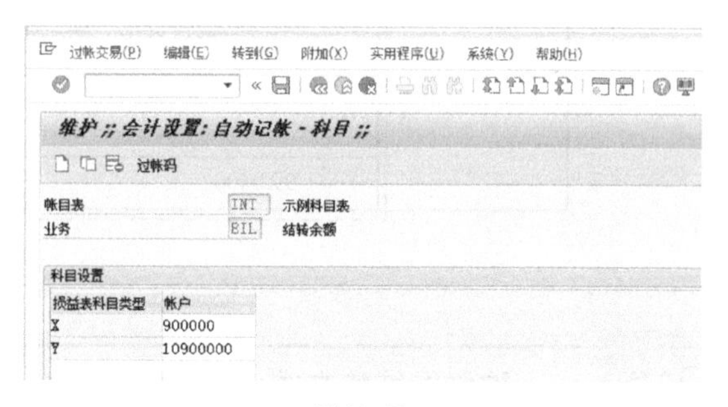

图11-59

路径：IMG> 财务会计（新）> 总账会计核算（新）> 定期处理 > 结转 > 定义留存收益科目

事务代码：OB53

操作科目表科目维护规范示例见表 11-16。

表 11-16 操作科目表科目维护规范示例

一级科目	科目名称	编码规范			描述规范或示例		维护要求
		5 ~ 6 位	7 ~ 8 位	9 ~ 10 位	短名称	长名称	
所有科目总体要求		10 位长，分 4-2-2-2 四节编码。全集团统一维护			20 个字符长（每个汉字算 1 个字符）。层次间的连字符用半角短画线“-”连接；附加说明用半角括号括起	50 个字符长（每个汉字算 1 个字符）。标点符号规范同短名称	本位币科目：除统驭科目外，均应选中“仅限以本位币计”的余额
1001	现金	01 暂固定使用，留待将来扩展	01 人民币；02 美元；将来有新的币种依此类推	00 默认	如现金－人民币	如现金－人民币	外币科目必须在公司代码层设置币种；本位币科目必须设置 CNY，并且选中“仅限以本位币计的余额”。外币科目必须维护汇率差额代码“EX”

续表

一级科目	科目名称	编码规范			描述规范或示例		维护要求
		5～6位	7～8位	9～10位	短名称	长名称	
1002	银行存款	01建行；02光大；03工行；04交行；05浦发；06兴业；07中信；08招商；09中行；10农行；11华夏；12广发；13民生；99其他银行（信用社、国外银行使用）	01人民币；02美元；将来有新的币种依此类推，和现金科目的币种表示一致	对各公司账户按银行+币种流水编码。所有公司的账户统一流水编码	5～6位写银行简称；7～8位如果是人民币，不必标注，但如果是外币，必须标注USD/EUR等；9～10位写银行的分支机构及账号，账号用后几位表示如银行存款-建行-合肥支行0171	银行和账号都写全称。如银行存款-建设银行-合肥支行34001747308218000171	外币科目必须在公司代码层设置币种，并维护汇率差额代码“EX”；本位币科目必须设置CNY，并且选中“仅限以本位币计的余额”。由于银行存款科目的独占性，在维护相关的公司代码数据后，应在科目表层选中“冻结创建”
1015	其他货币资金	00默认；01～99用于在银行设立的保证金，编号规则同银行存款科目	00默认；01人民币，02美元，依此类推	00默认；对于5～6位细分的，规则同银行存款	除部分公司使用不细分的科目1015000000外，一般公司的该科目按银行+币种+账户细分，规则同银行存款科目，如其他货币资金-保证金-建行0004	如其他货币资金-承兑保证金-建设银行33001676342049000004	同银行存款科目。不做细分的1015000000科目不设置“冻结创建”
1101	短期投资	01交易性金融资产；02跌价准备	金融资产项下按投资项流水编号；跌价准备下仅设99	00默认	1101010100交易性金融资产-华夏蓝筹基金	同左	
1121	应收票据	01统驭	00默认	00默认	1121010000应收票据（统驭）	同左	统驭科目需维护统驭对象D：客户
1122	应收账款	01内部；02外部；99用于外币评估	内部项下，使用00；外部项下，01国内；02国外，均统驭科目。评估项下，00默认	统驭科目下不设明细；非统驭的公司间结算科目下按公司设明细，流水编号	1122010000应收账款-内部 1122020100应收账款-外部-国内 1122020200应收账款-外部-国外 1122990000应收账款-评估调整	同左	注意统驭科目和非统驭科目的设置
1123	预付账款	01内部；02外部；99用于外币评估。前两项作为统驭科目	内部项下，不做区分，全为00。 外部项下，01国内；02国外。 评估项下，00默认	00默认，按需扩展	1123020100预付账款-外部-国内 1123020200预付账款-外部-国外 1123030000预付账款-待摊费用	同左	注意统驭科目和非统驭科目的设置
1131	应收股利	暂用01，预留以后扩展	00默认	00默认	11310100应收股利	同左	
1132	应收利息	暂用01，预留以后扩展	00默认	00默认	11310100应收股利	同左	

续表

一级科目	科目名称	编码规范			描述规范或示例		维护要求
		5～6位	7～8位	9～10位	短名称	长名称	
1221	其他应收款	01 内部；02 外部	对于外部，分个人和单位	00 默认	1221020100 其他应收款－外部－个人往来 1221020200 其他应收款－医保费	同左	注意统驭科目和非统驭科目的设置
1231	坏账准备	01 应收；02 其他应收	00 默认	00 默认	1231010000 坏账准备－应收 1231020000 坏账准备－其他应收款	同左	
1401	材料采购	01 材料采购；99 重组调整	00 默认	00 默认	1401010000 材料采购（GR/IR）1401990000 材料采购（GR/IR）－重组调整	同左	GR/IR 科目必须设置成“未清项管理”，并且仅限以本位币记账的余额
1403	原材料	01~05 分别代表原料、包装物、辅料等	00 默认	00 默认	1403010000 原料	同左	原材料科目和 MM 评估类相对应，自动记账
1404	材料成本差异	01 差异的归集，09 差异的转出	差异归集科目在各类差异下细分；差异转出科目分单级多级	00 默认	1404010100 材料成本差异－采购差异	同左	科目只能自动记账
1405	半成品	01 半成品；02 在制品	00 默认	00 默认	1405010000 半成品 1405020000 在制品	同左	科目只能自动记账
1406	库存商品	01 预留未来扩展	00 默认	00 默认	1406010000 库存商品	同左	库存商品科目和 MM 评估类相对应。只能自动记账
1407	发出商品	01 预留未来扩展	00 默认	00 默认	1407010000 发出商品	同左	只能自动记账
1411	委托加工物资	01 预留未来扩展	01 料；02 工；03 转出	00 默认	1411010100 委托加工物资－材料 1411010200 委托加工物资－加工费 1411010300 委托加工物资－成本转出	同左	与后勤集成，自动记账
1412	低值易耗品	00 默认	00 默认	00 默认	1412000000 低值易耗品	同左	
1461	存货跌价准备	01 预留未来扩展	00 默认	00 默认	1461010000 存货跌价准备	同左	
1524	长期股权投资	01 投资本金；02 投资损益	按照投资对象细分	00 默认	1524010100 长期股权投资－投资本金－XX	同左	
1525	长期股权投资减值准备	01 预留未来扩展	01 预留未来扩展	01 预留未来扩展	1525010101 长期股权投资减值准备	同左	

续表

一级科目	科目名称	编码规范			描述规范或示例		维护要求
		5～6位	7～8位	9～10位	短名称	长名称	
1531	长期应收款	01 预留未来扩展	00 默认	00 默认	1531010000 长期应收款	同左	
1601	固定资产	01~05 表示各类固定资产；99 表示其他类	00 默认	00 默认	1601010000 固定资产 - 房屋及建筑物	同左	统驭对象 A：资产
1602	累计折旧	01~05 表示各类固定资产的累计折旧，和 1601 对应；99 表示其他类	00 默认	00 默认	1602010000 累计折旧 - 房屋及建筑物	同左	统驭对象 A：资产
1603	固定资产减值准备	01 预留未来扩展	00 默认	00 默认	1603010000 固定资产减值准备	同左	统驭对象 A：资产
1604	在建工程	01 统驭科目	00 默认	00 默认	1604010000 在建工程	同左	
1606	固定资产清理	01 预留未来扩展	00 默认	00 默认	1606010000 固定资产清理	同左	统驭对象 A：资产
1609	资产转移中间科目	01 预留未来扩展	00 默认	00 默认	1609010000 资产转移中间科目	同左	
1701	无形资产	01 预留未来扩展	00 默认	00 默认	1701010000 无形资产	同左	统驭对象 A：资产
1702	累计摊销	01 预留未来扩展	00 默认	00 默认	1702010000 累计摊销	同左	统驭对象 A：资产
1703	无形资产减值准备	01 预留未来扩展	00 默认	00 默认	1703010000 无形资产减值准备	同左	统驭对象 A：资产
1801	长期待摊费用	01 预留未来扩展	00 默认	00 默认	1801010000 长期待摊费用	同左	
1811	递延所得税资产	01 预留未来扩展	00 默认	00 默认	1811010000 递延所得税资产	同左	
1901	待处理财产损溢	01 流动资产；02 固定资产	00 默认	00 默认	1901010000 待处理财产损溢 - 流动资产 1901020000 待处理财产损溢 - 固定资产	同左	
2001	短期借款	01 建行；02 光大；03 工行；04 交行；05 浦发；06 兴业；07 中信；08 招商；09 中行；10 农行；11 华夏；12 广发；13 民生；99 其他银行（信用社、国外银行使用）	01 人民币；02 美元；将来有新的币种依此类推，和现金科目的币种表示一致	对各公司账户按银行 + 币种流水编码。所有公司的账户统一流水编码			
2201	应付票据	01 统驭；02 非统驭	00 默认	00 默认	2201020000 应付票据（非统驭）	同左	

续表

一级科目	科目名称	编码规范			描述规范或示例		维护要求
		5 ~ 6 位	7 ~ 8 位	9 ~ 10 位	短名称	长名称	
2202	应付账款	01 内部；02 外部；09 暂估	内部项下，使用 00。外部项下，01 国内；02 国外，均统驭科目；99 外币评估，非统驭。暂估下，使用 00	00 默认	2202010000 应付账款 - 内部 2202020100 应付账款 - 外部 - 国内 2202020200 应付账款 - 外部 - 国外 2202029900 应付账款 - 外币评估调整 2202090000 应付账款 - 暂估	同左	注意统驭科目和非统驭科目的设置
2205	预收账款	01 内 部；02 外部；03 预提费用；99 评估调整	外部和预提下细分	00 默认	2205020200 预收账款 - 外部 - 国外 2205030800 预收账款 - 预提费用 - 佣金	同左	注意统驭科目和非统驭科目的设置
2211	应付职工薪酬	流水号分明细	对应付工资细分明细	00 默认	2211010100 应付职工薪酬 - 应付工资 - 工资	同左	
2221	应交税费	01 应交增值税；02 城维税；07 教育费附加……	增值税下细分	00 默认	2221010100 应交税费 - 应交增值税 - 年初未交数	同左	
2231	应付利息	01 预留未来扩展	00 默认	00 默认	2231010000 应付利息	同左	
2232	应付股利						
2241	其他应付款	01 内 部；02 外部；03 水利专项基金……	00 默认	00 默认	2241010000 其他应付款 - 内部 2241020100 其他应付款 - 外部	同左	
2601	长期借款	01 预留未来扩展	00 默认	00 默认	2601010000 长期借款	同左	
2602	长期债券	01 预留未来扩展	00 默认	00 默认	2602010000 长期债券	同左	
2801	长期应付款	01 预留未来扩展	细分职工、基金会、风险金等	00 默认			
2811	专项应付款	01 预留未来扩展	00 默认	00 默认	2811010000 专项应付款	同左	
2901	递延所得税负债	01 预留未来扩展	00 默认	00 默认	2901010000 递延所得税负债	同左	
4001	实收资本 / 股本	01 预留未来扩展	00 默认	00 默认	4001010000 实收资本 / 股本	同左	
4002	资本公积	01 预留未来扩展	00 默认	00 默认	4002010000 资本公积	同左	
4101	盈余公积	01 表示法定盈余公积；02 表示任意盈余公积；03 表示法定公益金；04 表示国家扶持基金	00 默认	00 默认	4101010000 盈余公积 - 法定盈余公积；4101020000 盈余公积 - 任意盈余公积；4101030000 盈余公积 - 法定公益金	同左	

续表

一级科目	科目名称	编码规范			描述规范或示例		维护要求
		5～6位	7～8位	9～10位	短名称	长名称	
4103	本年利润	01原本科目;99留存收益	00默认	00默认	4103010000本年利润 4103990000留存收益过渡	同左	
4104	利润分配	00未分配利润	00默认	00默认	4104000000利润分配－未分配利润	同左	
4201	库存股	01预留未来扩展	00默认	00默认	库存股	同左	
5001	生产成本	01生产成本投入;09生产成本转出	投入项下:01原辅材料;02半成品;03产成品;04外协加工费 转出项下:01入库,02在制品;03差异;04外部结算	投入项原辅材料下:01原材料;02包材;以此类推。转出项"入库"下:01半成品,02成品。其余项下:00默认	5001010101生产成本－投入－原材料 5001090101生产成本－转出－半成品入库 5001090300生产成本－转出－差异	同左	除特定科目外,一般要勾选"自动记账";变更此类科目需要考虑对CO、MM和PP模块的影响(配置和操作)
6001	销售收入	01内部销售收入;02外部销售收入;99损益结转	00默认	00默认	6001010000销售收入－内部6001990000销售收入－内部－损益结转	同左	01/02要勾选"自动记账";变更此类科目需要考虑对CO、SD模块的影响(配置和操作)
6051	其他业务收入	01其他业务收入内部;02其他业务收入外部;99损益结转	00默认	00默认	6051010000其他业务收入－内部6051990000其他业务收入－损益结转	同左	01/02要勾选"自动记账";变更此类科目需要考虑对CO、SD模块的影响(配置和操作)
6101	公允价值变动损益	01公允价值变动;99损益结转	00默认	00默认	6101010000公允价值变动损益6101990000公允价值变动损益－损益结转	同左	
6111	投资收益	01投资收益;99损益结转	00默认	00默认	6111010000投资收益 6111990000投资收益－损益结转	同左	
6301	营业外收入	01营业务收入;99损益结转	00默认	00默认	6301010000营业外收入 6301990000营业外收入－损益结转	同左	
6401	销售成本	01销售成本;02调整;99损益结转	成本项下:00默认;调整项下:01成本中心尾差调整;02未分配未分摊差异;结转项下:00默认	00默认	6401010000销售成本 6401020100销售成本－成本中心尾差调整 6401020200销售成本－未分配未分摊差异 6401990000销售成本－损益结转	同左	640101要勾选"自动记账";其他不勾选

续表

一级科目	科目名称	编码规范			描述规范或示例		维护要求
		5～6位	7～8位	9～10位	短名称	长名称	
6402	其他业务支出	01 支出；99 损益结转	00 默认	00 默认	6402010000 其他业务支出 6402990000 其他业务支出－损益结转	同左	
6405	主营业务税金及附加	01 税金及附加；99 损益结转	00 默认	00 默认	6405010000 主营业务税金及附加 6405990000 主营业务税金及附加－损益结转	同左	
6601	销售费用	01 销售费用；99 损益结转	00 默认	00 默认	6601010000 销售费用 6601990000 销售费用－损益结转	同左	
6602	管理费用	01 管理费用；02 研发费用；99 损益结转	00 默认	00 默认	6602010000 管理费用 6602020000 研发费用 6602990000 管理费用－损益结转	同左	
6603	财务费用	01 利息；02 手续费，依此类推；99 损益结转	00 默认	00 默认	6603010000 财务费用－利息 6603020000 财务费用－手续费 6603030000 财务费用－汇兑损益	同左	
6604	勘探费用	01 勘探费用；99 损益结转	00 默认	00 默认	6604010000 勘探费用 6604990000 勘探费用－损益结转	同左	
6701	资产减值损失	01 减值损失；99 损益结转	00 默认	00 默认	6701010000 资产减值损失 6701990000 资产减值损益－损益结转	同左	
6711	营业外支出	01 处理固定资产损失；02 水利专项基金……依此类推；99 损益结转	00 默认	00 默认	6711010000 营业外支出－处理固定资产损失 6711020000 营业外支出－水利专项基金	同左	
6801	所得税费用	01 当期所得税费用；02 递延所得税费用；99 损益结转	00 默认	00 默认	6801010000 所得税费用－当期所得税费用 6801020000 所得税费用－递延所得税费用 6801990000 所得税费用－损益结转	同左	
6901	以前年度损益调整	01 以前年度损益调整；99 损益结转	00 默认	00 默认	6901010000 以前年度损益调整 6901990000 以前年度损益调整－损益结转	同左	

续表

一级科目	科目名称	编码规范			描述规范或示例		维护要求
		5～6位	7～8位	9～10位	短名称	长名称	
8001-8099	费用科目	按照三项费用核算表进行配置			8003010100 差旅费－汽车费 8003010200 差旅费－火车费 8003010300 差旅费－船票……	同左	
8999	期间费用转出	01 销售费用转出；02 管理费用转出	00 默认	00 默认	8999010000 费用－销售费用转出 8999020000 费用－管理费用转出	同左	
9999	期初导入科目	99 默认	99 默认	99 默认	期初导入科目	同左	一定要勾选“冻结建立”“冻结记账”“为记账冻结”

11.5 验证和替代的应用

验证和替代是财务中用来对凭证数据进行替换或者检验是否符合规则的方法。本节介绍这两种方法的概念和应用。

这两种功能都是在FI-SPL（Special Purporse Ledger，特殊功能分类账）模块配置的，但是作用于FI和CO的多数场合。虽然目前FI-SPL模块基本上不再使用了，但是有关验证和替代的配置还是在该模块下完成的。

11.5.1 验证的应用

验证（validation）是当值或者值的组合输入SAP时，对它们进行检查的一种机制。当符合系统预定义的条件时，系统自动触发检查程序。如果检查通过，则数据能够过账；如果检查不通过，系统会给出提示（也是预先自定义的，可能是报错）。

例如，在对现金类科目记账时，为了防止用户忘了输入原因代码（借用字段，用来反映现金流量代码），可以检验该字段是否为空。如果为空，则给出报错提示。

验证的基本思想是：当……条件（条件1）满足时，检查……条件（条件2）是否满足。如果不满足，则给出报警或者报错的信息提示，提示为……它包括“先决条件”“检查”和“信息”3个块。

“先决条件”块和“检查”块的条件用布尔表达式（Boolean statement）表示。它是一种专用的程序语言。

验证是在后台FI-SPL模块下定义的。

路径：IMG>财务会计（新）>特殊功能分类账>工具>维护有效性检查/替代/规则>维护有效性检查

事务代码：GGB0

图11-60给出的是一个验证的示例。验证的名称为VSIC-DL，用来对凭证行项目进行验证。

“先决条件”块的布尔表达式为：BKPF-BLART <> 'ZX' AND BSEG-HKONT >= '10010000' AND BSEG-HKONT <= '10090899'，这个布尔表达式表示：凭证头的凭证类型不为“ZX”（自定义的外币评估凭证类型），并且凭证行项目的科目在10010000和10090899之间（含）。

“检查”块的布尔表达式为：BSEG-RSTGR <> ‘’，这个布尔表达式表示：系统要求凭证行项目的原因代码字段不能为空。

“信息”块定义：当以上“检查”结果不具备时，系统给出ZMSG 014的报错信息。

其中，“信息”块的报错是可以自定义的，包括信息类型（报错为E、报警为W、信息为I）、信息编号和消息文本。在消息文本中，可以使用变量，而变量来自用户输入的字段。例如，图11-61定义的消息文本中，变量&1表示BSEG-HKONT即行项目的会计科目，这样，系统在给出报错消息时，会用会计科目替换消息文本中的&1，使用户更能看懂消息的含义。

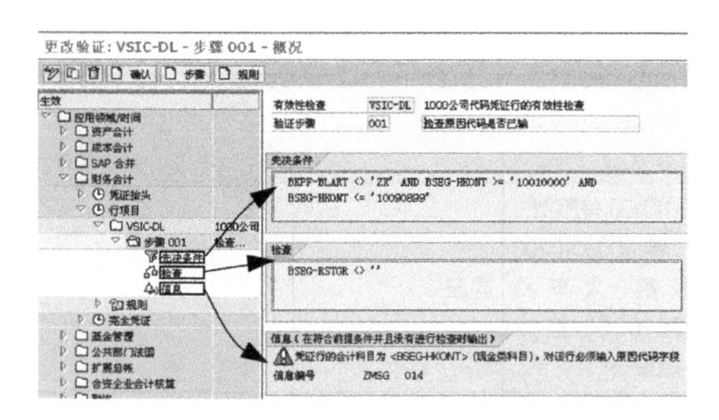

图11-60

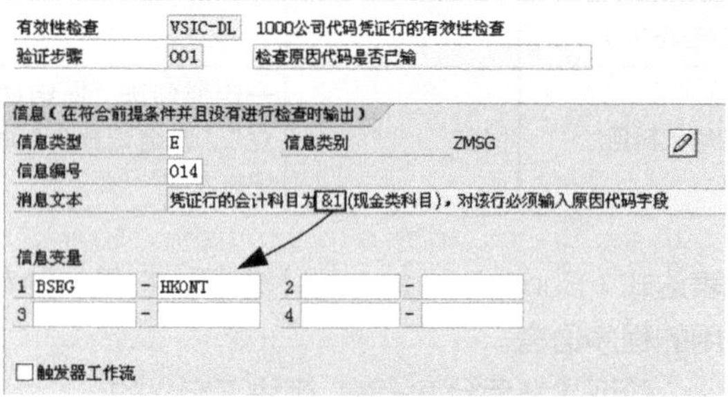

有效性检查　VSIC-DL　1000公司代码凭证行的有效性检查
验证步骤　001　检查原因代码是否已输

信息（在符合前提条件并且没有进行检查时输出）
信息类型　E　信息类别　ZMSG
信息编号　014
消息文本　凭证行的会计科目为&1(现金类科目)，对该行必须输入原因代码字段

信息变量
1 BSEG - HKONT　2 -
3 -　4 -

触发器工作流

图11-61

定义验证后，必须激活验证，如图 11-62 所示。

路径：IMG> 财务会计（新）> 财务会计基本设置（新）> 工具 > 确认 / 替代 > 会计凭证中的确认

事务代码：OB28

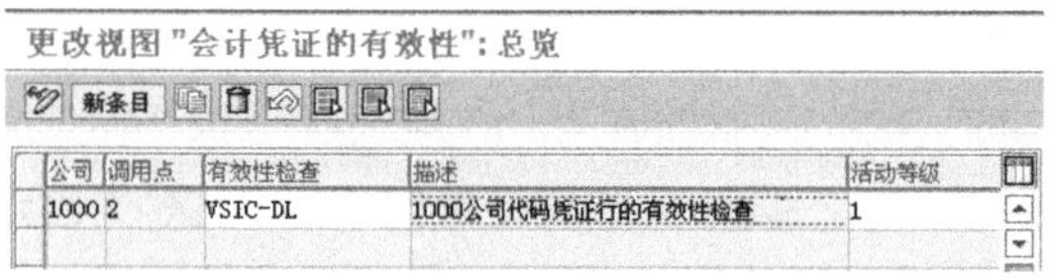

更改视图 "会计凭证的有效性"：总览

新条目

公司	调用点	有效性检查	描述	活动等级
1000	2	VSIC-DL	1000公司代码凭证行的有效性检查	1

图11-62

调用点：在哪个点使用验证。1 表示凭证头，2 表示凭证行项目。

活动等级：是否激活该验证。0 表示未激活；1 表示激活；2 也表示激活，但批输入会话除外（即不适用于批输入会话的作业）。

图 11-62 表示，在 1000 公司代码，针对凭证行项目，激活了验证 VSIC-DL。这样，当用户手工输入现金类的科目记账时，如果原因代码漏输了，系统就会给出报错信息。

11.5.2　替代的应用

替代（substitution）是当数据输入 SAP 时自动被替换成别的值的一种机制。当系统预定义的条件被满足时，系统就替换了相关的值。替代发生在数据写入数据库之前。

例如，在外币评估记账时，如果科目是外币的银行存款科目，可以让系统自动将凭证行项目的原因代码字段的值写为（替换为）D00（外币评估引起的现金流量变动）。

替代的基本思想是：当……条件满足时，将……值替换为……，它包括“先决条件”“替换”两个块。“先决条件”块的条件也是用布尔表达式（Boolean Statement）表示的。

和验证一样，替代也是在后台 FI-SPL 模块下定义的。

路径：IMG> 财务会计（新）> 特殊功能分类账 > 工具 > 维护有效性检查 / 替代 / 规则 > 维护替代

事务代码：GGB1

图 11-63 给出的是一个替代的示例。替代的名称为 SSIC-DL，用来对凭证行项目的某个字段进行替代。

“先决条件”块的布尔表达式为：BKPF-BLART = 'ZX' AND BSEG-HKONT IN Z1000-SKA1-REVL，这个布尔表达式表示：凭证头的凭证类型为“ZX”（自定义的外币评估凭证类型），并且凭证行项目的科目被包含在“集”Z1000-SKA1-REVL 中（“集”是对一系列值的集合，将在 11.5.3 小节中详细介绍）。

“替代”块定义：将“原因代码”字段的值替换为 D00。

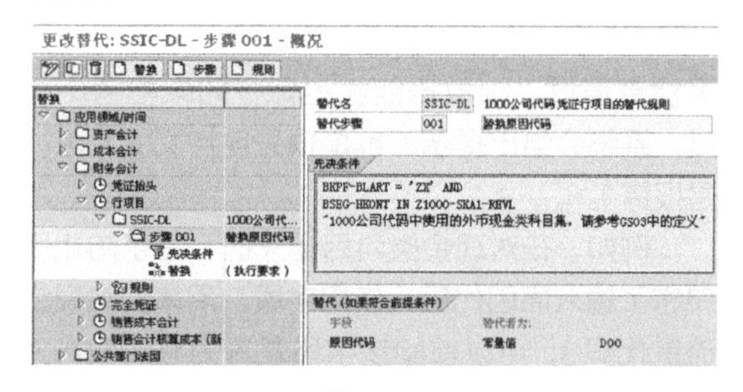

图11-63

替代的字段可以使用常量值，也可以使用系统中已经存在的某个字段的值，还可以使用用户出口（user exit）来替代。对于比较复杂的需求，使用用户出口是比较好的解决方法。

定义替代后，必须激活替代，如图 11-64 所示。

路径：IMG> 财务会计（新）> 财务会计基本设置（新）> 工具 > 确认 / 替代 > 会计凭证中的替代

事务代码：OBBH

修改视图 "会计凭证替代"：概览

公司	调用点	替代	描述	活动等级
1000	2	SSIC-DL	1000公司代码凭证行项目的替代规则	1

图11-64

调用点：在哪个点使用替代。1 表示凭证头，2 表示凭证行项目。

活动等级：是否激活该替代。0 表示未激活；1 表示激活；2 也表示激活，但批输入会话除外（即不适用于批输入会话的作业）。

图 11-64 表示，在 1000 公司代码，针对凭证行项目，激活了替代 SSIC-DL。这样，当外币评估的记账凭证中出现外币银行存款科目时，系统就会调用替代，将行项目上的原因代码替换成 D00。

11.5.3 验证和替代的通用知识

验证和替代中有很多细节知识。本节集中介绍这些细节知识。

1. 布尔表达式

布尔表达式是一段代码声明，它包含一个或多个条件语句。布尔表达式的写法和 Oracle 数据库使用的 SQL 语句、ABAP 4 编程语言都不完全相同。

表 11-17 列出了布尔表达式较为常用的用法。

表 11-17 布尔表达式的用法举例

用法	含义	举例
AND	和连接	
OR	或连接	
LIKE	类似连接	PRPS-POSID LIKE 'A*'（项目号首位字节为“A”）
:m-n:	第 m 个字符到第 n 个字符的值	PRPS-POSID :2-3: = 'BC'（项目号第 2 ~ 3 个字节为“BC”）
''	两个单引号，对文本的引用	如果连续写两个单引号，表明文本为空
=	完全匹配	BKPF-BLART = 'ZX'（凭证类型为 ZX）
<>	不等于	BKPF-BLART <> 'ZX'（凭证类型不为 ZX）
>=	大于等于（按文本格式排序）	BSEG-HKONT >= '10010000'（科目编号在 10010000 之后）
<=	小于等于（按文本格式排序）	BSEG-HKONT <= '10090899'（科目编号在 10090899 之前）
IN	字段的值在某个“集”中	BSEG-HKONT IN Z1000-SKA1-REVL（科目编号在“集”Z1000-SKA1-REVL 中）

布尔表达式可以通过界面右下方的表字段选择、按钮组合来写出，完成后可以利用系统检验是否存在语法错误。通过菜单中的“设置”→“专门方式”命令（应译为“专家模式”），切换到专家模式，右侧的布尔表达式编辑块就会变成可修改的状态（因为“专家”是可以直接写代码的），同时，工具栏中的“语法检查”按钮也会由灰色变为高亮显示，可以执行。单击执行后，右下方的状态栏就会显示检查结果。图 11-65 显示了进入专家模式前的状况。

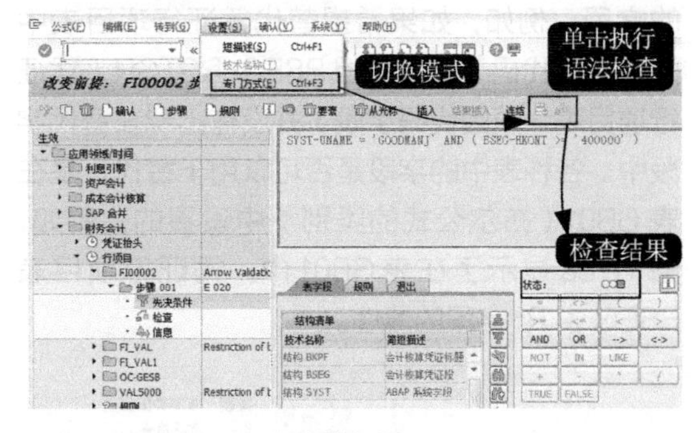

图11-65

如果语法检查出现错误，系统会在界面底部显示 SFB506 错误：“组成公式直到第一个语法错误”（公式导致了第一个语法错误）。同时，光标会在第一个语法错误处停留，并从错误处开始分行显示。光标前的语句以蓝色字体显示，光标后的语句以黑色字体显示，如图 11-66 所示。

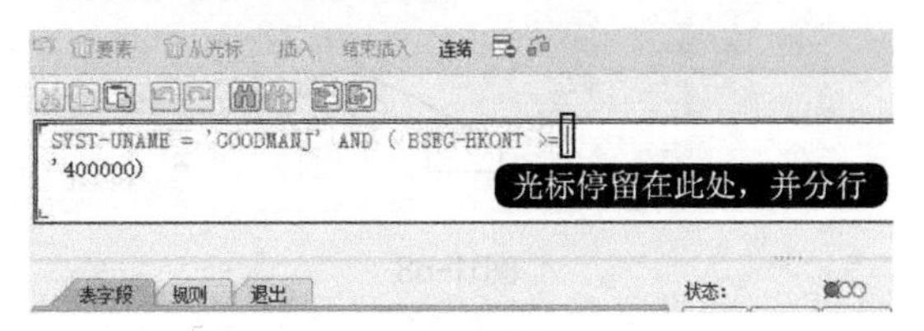

图11-66

会计科目 400000 只有左侧单引号，没有右侧单引号，因此，光标停留在“' 400000”的左侧，并从此处分行。光标前后显示的字体颜色也不同：前面为蓝色，后面为黑色。

2. 增加替代字段

建立替代，在创建步骤时，系统首先弹出“替代字段”界面，由用户选择表中的字段，如图 11-67 所示。

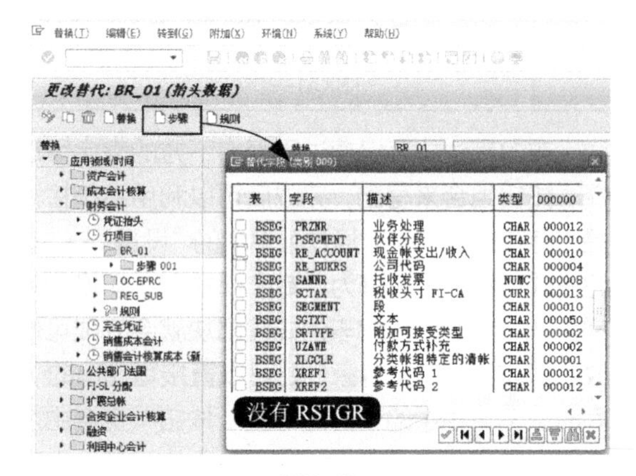

图11-67

在可选的替代字段中，可能并没有自己想要的字段。例如，如果希望替代凭证行项目表中的“原因代码”字段，但 BSEG-RSTGR（凭证行项目表 - 原因代码字段）并没有出现在替代字段中。各种表中的字段是否可以用于替代，是在表 GB01（布尔公式的类别）中设置的。例如，图 11-68 显示了在表 GB01 中，凭证行项目表 BSEG 中 R* 字段的属性。

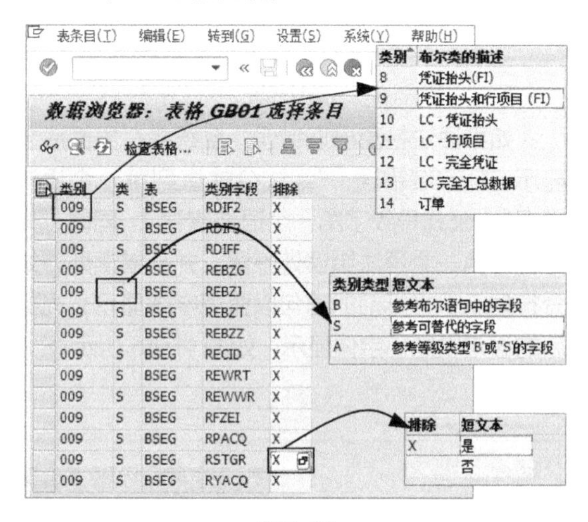

图11-68

排除 =X，表示该字段被排除在可替代字段之外，即不可用于替代。

从图 11-68 中可见，BSEG-RSTGR 字段是不可用于替代的。这时就需要将表 GB01 中的该条记录的“排除”字段修改为空，才能使它可以用于替代。

常规的方法是写一段程序，修改表中的记录。下面是将表 GB01 中的“排除”字段修改为空的程序，仅供参考。

```
*&---------------------------------------------------------*
*& Report  ZMODGB01
*&---------------------------------------------------------*
*& 修改表 GB01 中的特定记录:
*& 当表 =BSEG，字段 =RSTGR(原因代码)
时，更改其“排除”字段为空
*&---------------------------------------------------------*

REPORT  ZMODGB01.
tables: GB01.
data I_GB01 like table of GB01 with header line.
select *
   from GB01
   into corresponding fields of table I_GB01
 where BCLTAB = 'BSEG'
    and BCLFIELD = 'RSTGR'
loop at I_GB01.
   I_GB01-BEXCLUDE = ''.
   modify I_GB01.
endloop.
modify GB01 from table I_GB01.
*&---------------------------------------------------------*
*& 程序结束
*&---------------------------------------------------------*
```

执行该程序后，原因代码字段就可以成为建立替代时的可选字段了。

3. 集的应用

集（set）是一系列值的集合。定义好集后，在维护替代或验证的条件时，就可以使用 IN 语句，以限定某个字段的值范围。例如，BSEG-HKONT IN Z1000-SKA1-REVL 表示凭证行项目的科目在集 Z1000-SKA1-REVL 中。

集是在后台配置的，如图 11-69 所示。

路径1: IMG> 财务会计（新）> 特殊功能分类账 > 工具 > 集维护 > 定义集合 >（顶层菜单）集—创建

路径2: SAP 菜单 > 会计核算 > 财务会计 > 特殊功能分类账 > 工具 > 集维护 > 集合 > 创建 / 更改

事务代码: GS01/GS02

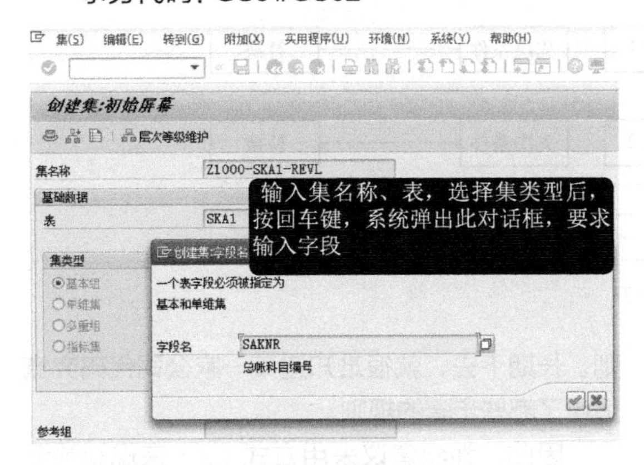

图11-69

集中具体的值范围的定义，如图 11-70 所示。

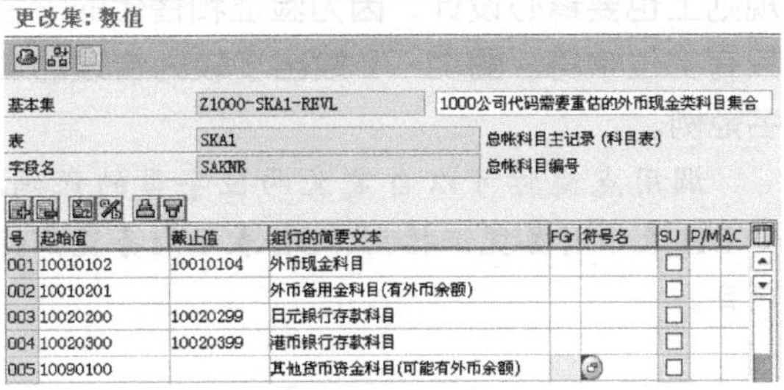

更改集: 数值

基本集	Z1000-SKA1-REVL	1000公司代码需要重估的外币现金类科目集合
表	SKA1	总帐科目主记录（科目表）
字段名	SAKNR	总帐科目编号

号	起始值	截止值	组行的简要文本	FGr	符号名	SU	P/M	AC
001	10010102	10010104	外币现金科目			☐		
002	10010201		外币备用金科目(有外币余额)			☐		
003	10020200	10020299	日元银行存款科目			☐		
004	10020300	10020399	港币银行存款科目			☐		
005	10090100		其他货币资金科目(可能有外币余额)			☐		

图11-70

集下输入的记录，既可以是具体的单值，也可以是值的范围。

> **提示**
>
> 从图11-70中可以发现，如果在安排会计科目编码时，有意识地将外币类的银行存款科目编在一起（如图中使用科目的5～6位区别），在值集维护时就可以很方便。相反，如果外币类的银行存款科目是散落在各处的（例如，5～6位区别XX银行，7～8位中有本位币账户，也有外币账户），定义值集时就很不方便而且容易遗漏。

值集的应用是很广泛的。在 CO 模块维护的每个成本中心组其实就是一个值集，在运行成本中心报表时，参数中就可以选择特定的集来运行。

使用值集会带来什么方便?

值集的使用至少有以下两个方面的好处。

（1）值集中可以定义不同的单值，也可以定义值的范围，这样就可以将不连续的值囊括在一起。如果不定义值集，在编写布尔表达式的条件时，仅靠 >= 和 <= 是不能实现对“不连续的值范围”作限定的；有了值集，就方便多了，靠 IN 语句就可以实现。

（2）值集的设置是可以在前台完成的，相当于设置主数据。而在生产环境中，前台的设置是不需要产生请求的。如果没有值集，当验证或替代的布尔表达式中的条件值发生变化时，需要修改布尔表达式，这就变成了后台的配置更改，将会产生请求，还需要传送请求，操作上就变得很麻烦。

因此，值集给验证和替代的应用带来很多方便。

4. 验证和替代的架构

验证和替代都是需要先定义具体的规则，然后再将它在公司代码的某个调用点激活。在每个验证和替代下面分出若干步骤，每个步骤可以针对一项规则进行定义。综合起来如图 11-71 所示。

验证和替代可以用于多个模块的不同调用点。常用的调用点如下。

（1）FI 模块，会计凭证的抬头和行项目。

（2）FI 模块，资产的主数据和折旧范围。

（3）CO 模块，控制凭证的抬头和行项目。

（4）CO 模块，订单的主数据（仅适用替代）等。

在一个集团中，如果有多家公司代码都要用到验证或替代，对于验证或替代应怎样规划比较好?

以对会计凭证行项目进行验证为例来说明。有以下两种考虑方式。

（1）将所有公司代码的验证规则归纳起来定义一个验证（假设命名为 VLD-DL），每个验证下分多项步骤，然后将验证指定给所有公司代码。

（2）针对每家公司代码定义一个验证（假设命名为 VDL1000、VDL2000 等），每个验证下面仅定义本公司代码下所需要的规则。

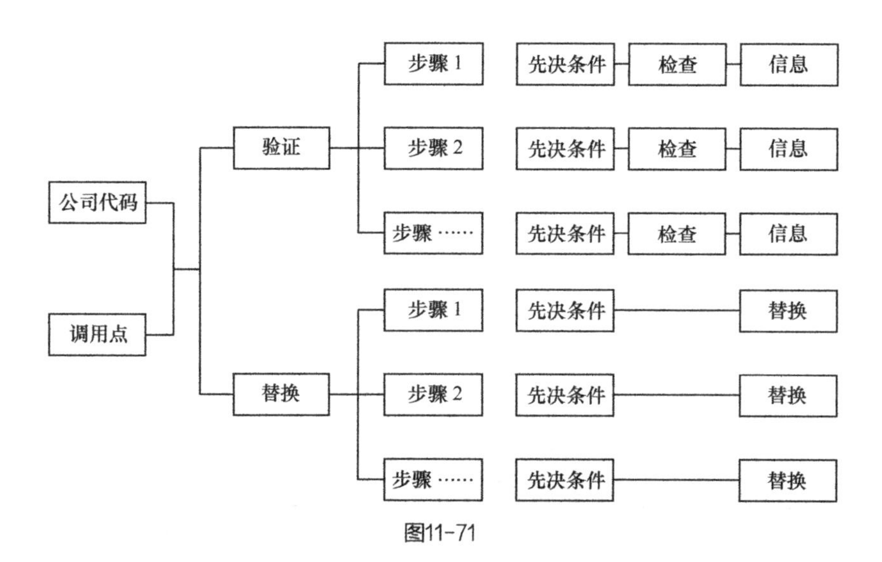

图11-71

方式（1）比较适用于所有公司代码的验证规则较为趋同的情况——如果有个别不同，需要在相应步骤下，先决条件的布尔表达式中明确“公司代码 =XXXX”以示区别；方式（2）比较适用于某些公司代码的验证规则具有个性化需求的情况。

根据国内企业的实践，一个集团在应用过程中，总是会出现某些公司有个性化的验证需求，如果采用方式（1），后续将会管理得比较混乱。因为在出现新的个性化需求时，可能既要针对该公司代码增加步骤，又要修改、调整原有的规则。长期下去，就很难知道某一家公司代码究竟适用了哪些步骤的规则。

因此，强烈建议采用方式（2）来规划验证和替代的应用。

如果采用方式（2），在验证和替代的命名规则上也要精心设计，因为验证和替代的命名只有 7 位字符。图 11-72 给出了较为合理的命名范例。

调用点简称可以自定义两位字母的代码，如 DH 表示财务凭证抬头、DL 表示财务凭证行项目。

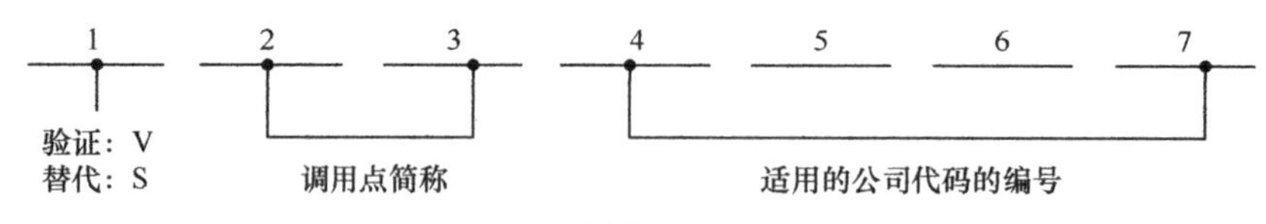

图11-72

11.6 物料期间、会计期间、成本期间的管理

本节介绍物料期间、会计期间、成本期间的概念和协同使用，以便帮助读者更好地了解系统业务操作在期间控制方面有什么前提，同时更好地通过期间的控制保证业务有序进行。

【前置知识】

2.4.4 小节　会计期间维护

6.9.2 小节　作业价格的计算（延伸思考 2）

7.2.4 小节　物料成本的滚算：批量成本滚算（延伸思考部分）

11.6.1 物料期间的管理

物料期间是用来控制一个公司代码下能否操作物料交易的期间。针对某个公司代码打开了某个物料期间，那么，在该公司代码下就可以发生物料交易，包括物料的增加、减少和转移。

如果准备在某个期间输入物料交易，结果系统在界面底部报错，显示“只能在公司代码 XXXX 的期间 XXX 和 XXX 中记账”（消息号 M7053），就表明是物料期间没有打开。图 11-73 所示的报错提示显示，公司代码 1000 的物料期间目前只打开到 2016 年 10 月，由于设置了“允许前期记账”，因此 2016 年 9 月也是可以做物料交易记账的。这也是为什么系统总是提示只有两个期间可以记账的原因。

只能在公司代码 1000 的期间 2016/10 和 2016/09 中记帐

图11-73

【业务操作】首先来熟悉如何打开物料期间。假设当前打开的最近期间是2016年10月，我们要打开2016年11月的期间。

路径：SAP菜单 > 后勤 > 物料管理 > 物料主数据 > 其他 > 关闭期间

事务代码：MMPV

STEP 1 在“物料主记录结算的期间”界面输入公司代码的范围和要打开的期间，如图11-74所示。

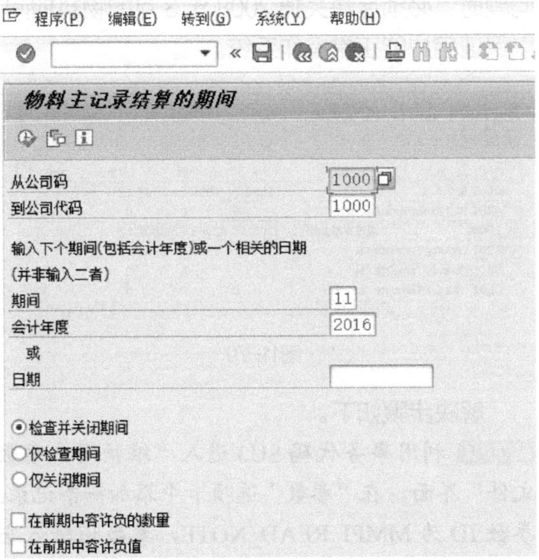

程序(P) 编辑(E) 转到(G) 系统(Y) 帮助(H)

物料主记录结算的期间

从公司码 1000
到公司代码 1000
输入下个期间(包括会计年度)或一个相关的日期
(并非输入二者)
期间 11
会计年度 2016
或
日期
◉检查并关闭期间
○仅检查期间
○仅关闭期间
☐在前期中容许负的数量
☐在前期中容许负值

图11-74

因为要打开2016年11月，因此，“期间”字段输入11，“会计年度”字段输入2016。

模式选择“检查并关闭期间”，表明打开新期间的同时关闭旧的期间。

不要勾选“在前期中容许负的数量”和“在前期中容许负值”复选框。对于物料而言，如果允许负数量和负价值的存在，将会导致系统的混乱。例如，对生产订单发料时，不管库存是否足够，系统都会发放成功，而不会留给用户事后去检查异常的记录（事务代码COGI不会记录）。

STEP 2 单击“执行”按钮，系统显示日志信息，提示物料已成功“转换”，如图11-75所示。

这里的“期终结算完成”是指2016年10月已经关闭。系统在打开2016年11月的时候，就自动关闭了2016年10月。

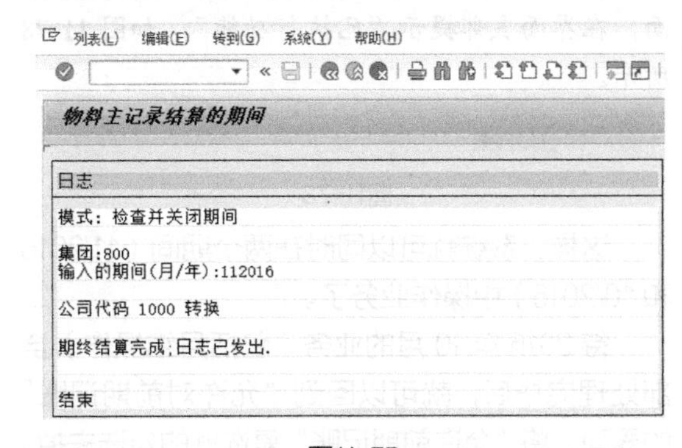

图11-75

STEP 3 单击“返回”按钮，退出该事务。

用户可以根据需要决定已经关闭的前一期间是否还允许记账。虽然打开了2016年11月的期间，但是在11月初，仍有牵涉10月的业务还需要用到物料期间。例如，对生产订单的结算（事务代码CO88），物料分类账月结（事务代码CKMLCP）的“记账清算”一步。这时就有必要“允许对前期记账”了。

路径：SAP菜单 > 后勤 > 物料管理 > 物料主数据 > 其他 > 允许对前期记账

事务代码：MMRV

STEP 1 在“允许对前期记账”界面输入公司代码，如图11-76所示。

图11-76

STEP 2 按回车键，系统显示当前期间、上一期间和上年上一期间等信息，根据需要勾选“允许前期记账”复选框，如图11-77所示。

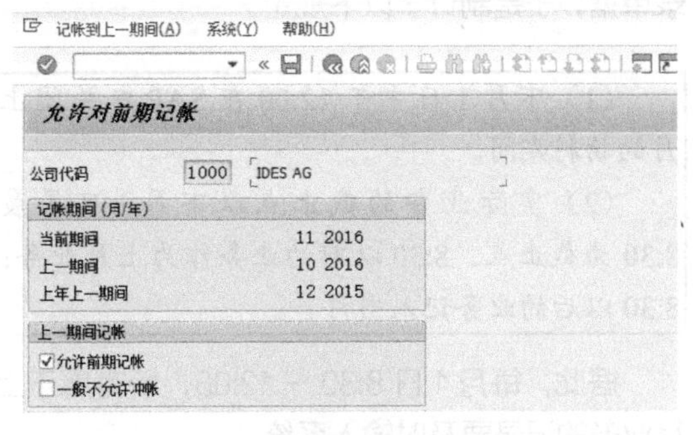

图11-77

STEP 3 单击“保存”按钮，系统返回初始界面，在界面底部提示“已执行功能”，如图 11-78 所示。

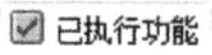

☑ 已执行功能

图11-78

这样，系统就可以同时在两个期间（11/2016 和 10/2016）中操作业务了。

待 2016 年 10 月的业务（包括月结操作）全部处理完毕后，就可以回到“允许对前期记账”的界面，将“允许前期记账”复选框的勾选去掉，仅保留对 11/2016 的授权。

物料期间应在何时打开为妥？

笼统地讲，如果要处理一个新期间的物料交易，就要打开其物料期间。但是，什么时候才开始处理呢？每月 1 日凌晨 0:00（好像不太现实，也不太合理——前一天 23:59 的业务就属于上个月，如果晚了一分钟输入系统呢）？早上 8:00 上班时？还是早班开始时？这是要结合企业实际库存业务仔细思考的问题。

多数生产型企业的生产是不停息的，早、中、晚三班连轴转，或者白班、晚班连轴转，可以结合班次的切换时点来规定期间的开关时间。例如，每月 1 日早班的开始时间作为新的物料期间启用的时间。但这有两个前提：①早班开始前，属于上个物料期间的业务都已经处理完毕；②企业生产量的统计期间范围也应与物料期间协调一致，即生产量的统计必须以每月 1 日早班前的一个班次结束为截止点。

某企业考虑到一个班次结束后，还要有人补录单据，于是制订了以下规定。

> （1）下月 1 日中午 12:00 在 SAP 中关闭上月的物料期间。
>
> （2）实际业务的截止点以下月 1 日早晨 8:30 为截止点。8:30 以前的业务作为上月业务；8:30 以后的业务记入当月。

据此，每月 1 日 8:30 ~ 12:00，所有属于上月业务的记录要及时输入系统。

总之，物料期间的打开，既要考虑上一期间业务输入的完整性，也要考虑避免与下一期间的业务相混淆。

物料期间如果不慎被提前打开了怎么办？

物料期间一旦打开后，是不建议在期间未结束时关闭的。但在企业的业务实践中，仍有少数企业的操作人员一时失误，不慎将物料期间提前打开了。例如，某企业在 2008 年 2 月的时候就将 2008 年 3 月的物料期间打开了（如图 11-79 所示，通过事务代码 OMSY 可以查看）。发现该问题时，必须尽快关掉 2008 年 3 月的物料期间，以保证用户能正常操作系统。

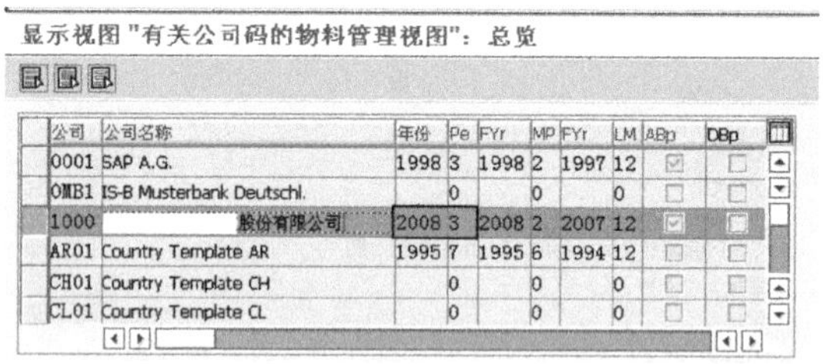

显示视图 "有关公司码的物料管理视图"：总览

公司	公司名称	年份	Pe	FYr	MP	FYr	LM	ABp	DBp
0001	SAP A.G.	1998	3	1998	2	1997	12	☑	☐
OMB1	IS-B Musterbank Deutschl.		0		0		0	☐	☐
1000	股份有限公司	2008	3	2008	2	2007	12	☑	☐
AR01	Country Template AR	1995	7	1995	6	1994	12	☐	☐
CH01	Country Template CH		0		0		0	☐	☐
CL01	Country Template CL		0		0		0	☐	☐

图11-79

解决步骤如下。

STEP 1 利用事务代码 SU3 进入“维护用户参数文件”界面，在“参数”选项卡中添加一条记录：参数 ID 为 MMPI_READ_NOTE，参数值输入当天的日期，以年月日表示，如图 11-80 所示。

这条参数文件相当于告诉系统：我已经阅读了 SAP 相关的 Notes。

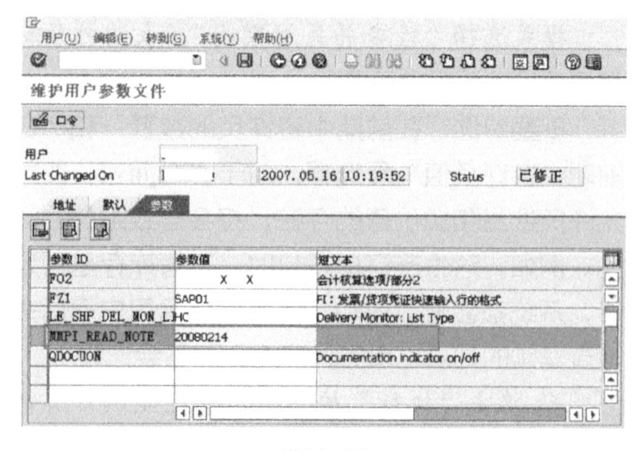

图11-80

这些 Notes 包括以下内容。

Note 487381 - RMMMINIT: Protection against unintentional execution

Note 545952 - FAQ: Period closing

STEP 2 执行事务代码 MMPI（此事务代码慎用），打开 2008 年 2 月的物料期间，如图 11-81 所示。

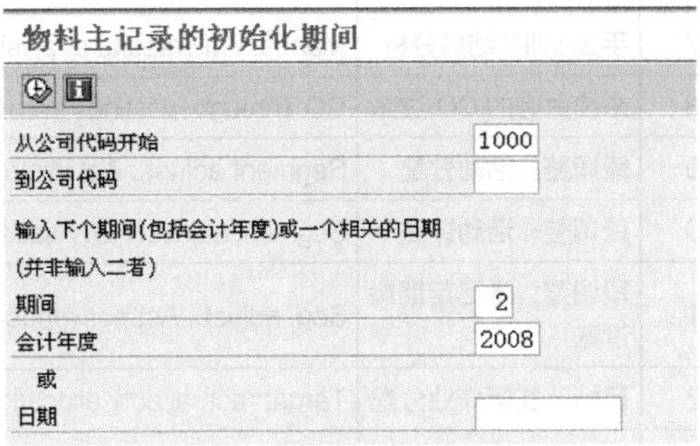

物料主记录的初始化期间

从公司代码开始 1000
到公司代码
输入下个期间(包括会计年度)或一个相关的日期
(并非输入二者)
期间 2
会计年度 2008
或
日期

图11-81

STEP 3 执行后，系统会显示初始化期间的日志，如图 11-82 所示。

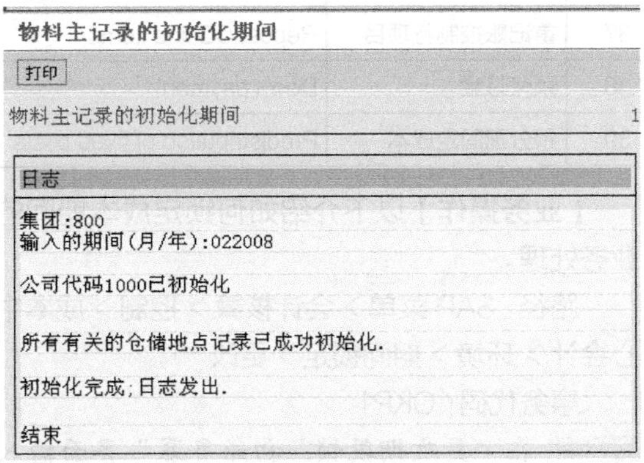

物料主记录的初始化期间
打印
物料主记录的初始化期间 1
日志
集团:800
输入的期间(月/年):022008
公司代码1000已初始化
所有有关的仓储地点记录已成功初始化.
初始化完成;日志发出.
结束

图11-82

STEP 4（可选）再次使用事务代码 OMSY 查看，可以发现公司代码的当前物料期间恢复为 2008 年 2 月了，如图 11-83 所示。

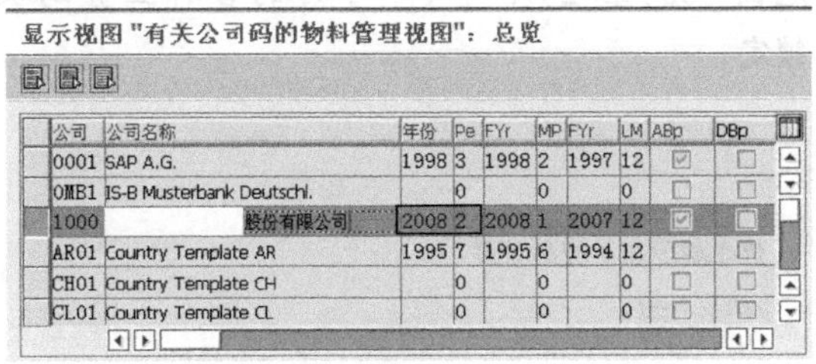

显示视图 "有关公司码的物料管理视图"：总览

公司	公司名称	年份	Pe	FYr	MP	FYr	LM	ABp	DBp
0001	SAP A.G.	1998	3	1998	2	1997	12		
OMB1	IS-B Musterbank Deutschl.		0		0		0		
1000	股份有限公司	2008	2	2008	1	2007	12		
AR01	Country Template AR	1995	7	1995	6	1994	12		
CH01	Country Template CH		0		0		0		
CL01	Country Template CL		0		0		0		

图11-83

如果使用事务代码 MMRV，也能复核当前打开的物料期间。

上述补救方法来自 SAP Note，但执行的前提是：提前打开的期间没有发生任何物料交易；否则，强行倒回到过去的期间，会造成物料数据的不一致。

11.6.2 会计期间的管理

会计期间的管理在 2.4.4 小节会计期间维护中已经详细介绍，在此不再赘述。

【延伸思考】假设某企业每月 1 日完成上月底的月结，出具资产负债表和损益表。各个账户类型的会计期间应该在什么时候关闭？

我们知道，会计期间可以按照账户类型分别控制。因此，在每类账户的业务处理完毕后，要及时关闭该类账户。具体执行，可以参考表 11-18 来安排。

表 11-18 执行上月月结时账户类型关闭的时间安排

时间	动作	前置业务	备注
上月最后一天 12:00	关闭上月 A 期间	资产日常业务处理完毕；折旧完毕	防止资产折旧完毕后又有人处理资产业务
本月 1 日 8:00	关闭上月 M 期间	上月物料业务处理完毕	与物料期间关闭时点一致
本月 1 日 8:00	打开本月 M/S/+ 期间		保证本月能够处理库存业务
本月 1 日 8:00	打开本月 K 期间		保证本月发票校验能够处理
本月 1 日 8:00	打开本月 D 期间		保证本月能对客户开具发票
本月 1 日 8:00	打开本月 A 期间		保证本月能处理资产日常业务
本月 1 日 12:00	关闭上月 D 期间	上月发票开具、收款处理完毕	
本月 1 日 12:00	关闭上月 K 期间	上月发票校验、付款处理完毕	V 价格下，如果发票校验存在差异，必须临时开放 M 期间
本月 1 日 17:00	关闭上月 S/+ 期间	财务报表出具完毕	

总之，每月的账户类型关闭和打开必须有条不紊地进行，不能失去管理；否则就会在月结过程中还要"返工"。更严重的是，还会影响到年结步骤的顺利进行。例如，资产账户类型 A 的期间如不及时关闭，导致资产折旧完毕后又有人输

入资产的调整业务，财务人员在无意识或不知情的情况下没有及时处理，可能延宕到一年甚至两年后处理资产年结（“资产年终结算”）时，才发现有些资产的折旧没有计提完，这就铸成财务核算上的重大错误。

11.6.3 成本期间的管理

成本期间是针对某个控制范围、某个版本下的成本业务进行控制的期间。它可以按期间、按成本业务进行锁定。锁定后，相关期间、相关业务的控制凭证（CO 凭证）不能生成，也就是说，业务不能继续操作。

可以单独控制的成本业务如表 11-19 所示。

表 11-19 成本期间控制中的“业务处理”

序号	业务处理（中文）	业务处理（英文）
1	ABC 实际过程评估	ABC Actual process assessment
2	CO-PA 评估	Assessment to CO-PA
3	COPA: 上 - 下 : 实际	COPA: TOP-DOWN: Actuals
4	JV 实际分配	JV Actual distribution
5	JV 实际评估	JV Actual assessment
6	LIS 传输 : 实际状态 KF	LIS transfer: Actual stat. KF
7	PRC: 作业反冲	PRC: Activity Backflush
8	PS 收到订单 : 自动确定	PS Incoming Ord: Auto Determ
9	传送价格分配	Transfer price allocation
10	再过账收入	Repost revenue
11	利息计算（实际）	Interest calculation (actual)
12	实际不可分配作业	Actual non-alloc. activities
13	实际价格计算	Actual price calculation
14	实际内部成本分配	Actual activity allocation
15	实际反向活动的分配	Actual inverse activity alloc
16	实际定期重记账	Actual Periodic Repostings
17	实际成本中心分摊	Actual cost center split
18	实际成本中心应计	Actual cost center accrual
19	实际成本分配成本对象	Actual cost distrib. cost obj
20	实际模板分配	Actual template allocation
21	实际结算	Actual settlement
22	实际间接费用（定期）	Actual overhead (periodic)
23	实际间接费用分摊	Actual Overhead Assessment
24	实际间接费用分配	Actual Overhead Distribution
25	差异计算	Variance calculation
26	手动成本分配	Manual cost allocation
27	手工 WIP/ 结果分析	Manual WIP/results analysis
28	来自财务的 CO 过账	CO Through-postings from FI
29	段调整：活动分配	Segment adjust.: Act. distrib
30	段调整：活动评估	Segment adjust.: Act. Assess
31	段调整：激活定期重过账	Seg. adjust.: Act.per.repost
32	目标 = 实际作业分配	Target=actual acty allocation
33	自动 WIP/ 结果分析	Automat. WIP/results analysis
34	转账成本	Repost costs
35	输入统计指标	Enter statistical key figures
36	重新评估实际价格	Revaluation at actual price
37	重记账控制行项目	Repost CO line items
38	预付订金	Down payment
39	预分配固定成本	Predistribution of fixed costs

【业务操作】以下介绍如何锁定成本期间的业务处理。

路径：SAP 菜单 > 会计核算 > 控制 > 成本中心会计 > 环境 > 期间锁定 > 更改

事务代码：OKP1

STEP 1 在“更改期段锁：初始屏幕”界面输入控制范围、会计年度、版本，如图 11-84 所示。

STEP 2 单击 实际的 按钮，进入“更改实际期段锁：编辑”界面，可以看到每个期间下各种业务是否已经锁定的状态，如图 11-85 所示，控制范围 1000 在 2016 年 1～7 月的各种业务均被锁定。

图11-84

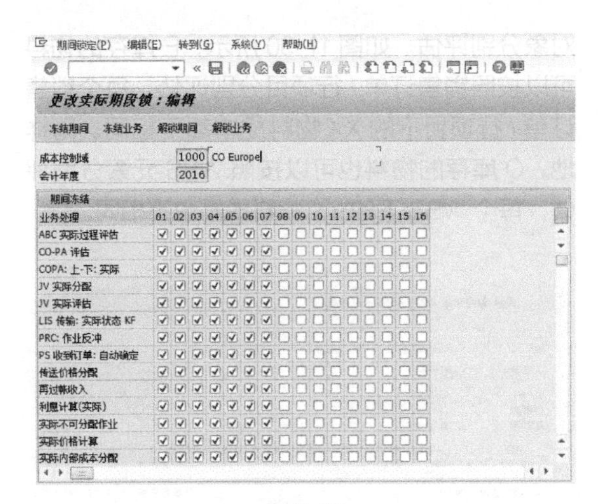

图11-85

STEP 3 根据需要锁定期间或锁定某些业务。如果要锁定某个期间的所有业务，则选中该期间，并单击 冻结期间 按钮，如图 11-86 所示。系统会自动勾选该期间的所有业务。

期间锁定(P) 编辑(E) 转到(G) 系统(Y) 帮助(H)

更改实际期段锁：编辑

冻结期间 冻结业务 解锁期间 解锁业务

成本控制域 1000 CO Europe

会计年度 2016

期间冻结

业务处理	01	02	03	04	05	06	07	08	09	10	11	12	13	14	15	16
ABC 实际过程评估	☑	☑	☑	☑	☑	☑	☑	☐	☐	☐	☐	☐	☐	☐	☐	☐
CO-PA 评估	☑	☑	☑	☑	☑	☑	☑	☐	☐	☐	☐	☐	☐	☐	☐	☐
COPA: 上-下: 实际	☑	☑	☑	☑	☑	☑	☑	☐	☐	☐	☐	☐	☐	☐	☐	☐
JV 实际分配	☑	☑	☑	☑	☑	☑	☑	☐	☐	☐	☐	☐	☐	☐	☐	☐
JV 实际评估	☑	☑	☑	☑	☑	☑	☑	☐	☐	☐	☐	☐	☐	☐	☐	☐
LIS 传输: 实际状态 KF	☑	☑	☑	☑	☑	☑	☑	☐	☐	☐	☐	☐	☐	☐	☐	☐
PRC: 作业反冲	☑	☑	☑	☑	☑	☑	☑	☐	☐	☐	☐	☐	☐	☐	☐	☐
PS 收到订单: 自动确定	☑	☑	☑	☑	☑	☑	☑	☐	☐	☐	☐	☐	☐	☐	☐	☐
传送价格分配	☑	☑	☑	☑	☑	☑	☑	☐	☐	☐	☐	☐	☐	☐	☐	☐
再过帐收入	☑	☑	☑	☑	☑	☑	☑	☐	☐	☐	☐	☐	☐	☐	☐	☐
利息计算(实际)	☑	☑	☑	☑	☑	☑	☑	☐	☐	☐	☐	☐	☐	☐	☐	☐
实际不可分配作业	☑	☑	☑	☑	☑	☑	☑	☐	☐	☐	☐	☐	☐	☐	☐	☐
实际价格计算	☑	☑	☑	☑	☑	☑	☑	☐	☐	☐	☐	☐	☐	☐	☐	☐
实际内部成本分配	☑	☑	☑	☑	☑	☑	☑	☐	☐	☐	☐	☐	☐	☐	☐	☐

图11-86

一般地，一个期间的所有业务结算完毕后，应该将该期间的所有事务都予以锁定，以防止用户不恰当的回溯操作。

由于系统提供了按业务锁定的功能，因此，用户可以在相关的业务操作完毕后，即予以锁定，也就是说，不必等到最后一起锁定，而可以结合月结进程，分步骤地锁定相关业务。

STEP 4 单击“保存”按钮，系统返回初始界面，并在底部提示“期间锁定已被更改”，如图 11-87 所示。

☑ 成本控制范围 1000 的期间锁定已被更改

图11-87

11.6.4 3 种期间的协同

物料期间、会计期间和成本期间分别控制着物料凭证、会计凭证和控制凭证的生成。看似独立控制，但在某些业务上，系统会同时产生 3 种凭证中的多种凭证，这就要求这几种期间要能协同控制，而不能只考虑一种期间。

举例来说，在每月 1 日，仓库就会对生产订单发料，那就会同时产生物料凭证、会计凭证和控制凭证，这要求 3 种期间同时要为新期间打开（会计期间要针对账户类型 M 和 S 操作）。

再如，某些企业存在反冲发料的业务，如果是报工反冲，系统必然会形成CO凭证，但同时，因为会形成对组件的反冲拉料，因此也会创建物料凭证和会计凭证。于是，要确保 3 种期间都是开放的（会计期间要针对账户类型 M 和 S 操作）。而如果仅是报工，不会反冲拉料，就只需要开放 CO 期间即可。

一笔操作业务到底需要开放哪些期间，和业务方案是相关的。例如，如果激活了 CO 到 FI 的统驭，意味着 CO 凭证也可能会伴随着 FI 凭证（会计凭证），而不再仅仅是CO内部的成本流动。在这种情况下，就需要同时开放控制期间和会计期间（S 账户类型）。

在系统初始化时，如果期初库存已经导入 SAP 中，并且已经和旧有系统的存货账对平，就应该立即将初始化月份的物料期间和会计期间（M 账户类型）予以关闭。

读者可以自己设想业务场景，思考该场景下需要哪些期间的配合。

11.7 一个物料多种成本的核算

根据 11.3.1 小节来自 MM 模块的集成可知，如果评估级别设置为工厂，那么一个物料在一个工厂下就可以独立评估。那么，在一个工厂下，一个物料只有一种评估吗？答案是否定的。在特殊的业务场景里，它可以按销售订单行项目评估，也可以按 WBS 元素评估，还可以采用分割评估的概念来评估不同“评估类型”的成本。本节介绍这几种不同的评估方式。

【前置知识】

7.3.2 小节　针对销售订单的月结

7.4 节　实际成本核算 / 物料分类账

11.7.1　按 SDI 和 WBSE 的库存评估

SDI（Sales Order & Item），销售订单及行项目，SD 模块的概念。

WBSE（WBS Element），WBS 元素，是项目（project）的组成元素，启用 PS 模块后使用的概念。

在一个工厂下，成品物料可能是按 SDI 的需求生产（通常称为“按单生产”）或者按 WBSE 生产。如果客户的需求比较特别，该物料生产完毕后，在仓库里必须单独存放，不能与其他 SDI 或其他 WBSE 的库存混杂在一起，因此就必须使用“特殊库存”，特殊库存标识分别为 E（销售订单库存）和 Q（项目库存）。如果指定的是 E 库存或 Q 库存，就要分别指定对应的 SDI 或 WBSE。例如，图 11-88 显示的物料 HD-1300 在 1000 工厂入库时，就是入的 E 库存，并且指定其对应的 SDI 是 5359/10，就成为该 SDI 的专有库存。将来这个标记就会一直伴随着这一批物料，直至消耗（销售发货）完毕。

再来看一个 Q 库存入库的例子。如图 11-89 所示，1000 工厂的物料 4863 在入 Q 库存时，指定进入 WBS 元素 S-8000-3，成为该 WBS 元素专有的库存。

进入特殊库存的物料，可以按照不同的指定对象分别评估。如图 11-90 所示，E 库存的物料可以按照销售订单 / 行项目分别评估，每个销售订单 / 行项目下的 XX 物料成本都不相同。同样地，Q 库存的物料也可以按照 WBS 元素分别评估，每个 WBS 下的 YY 物料成本也不相同。

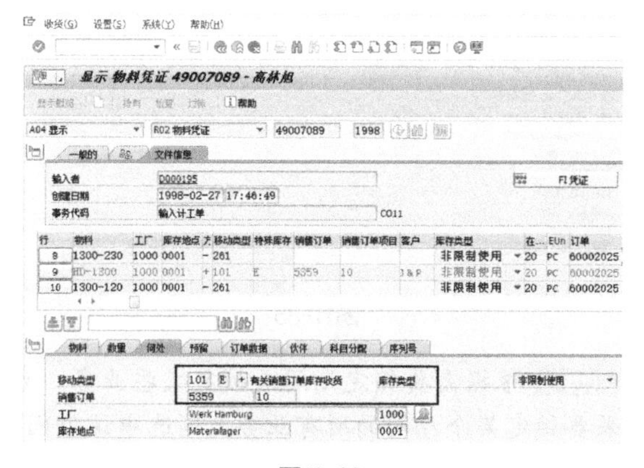

图11-88

图11-89

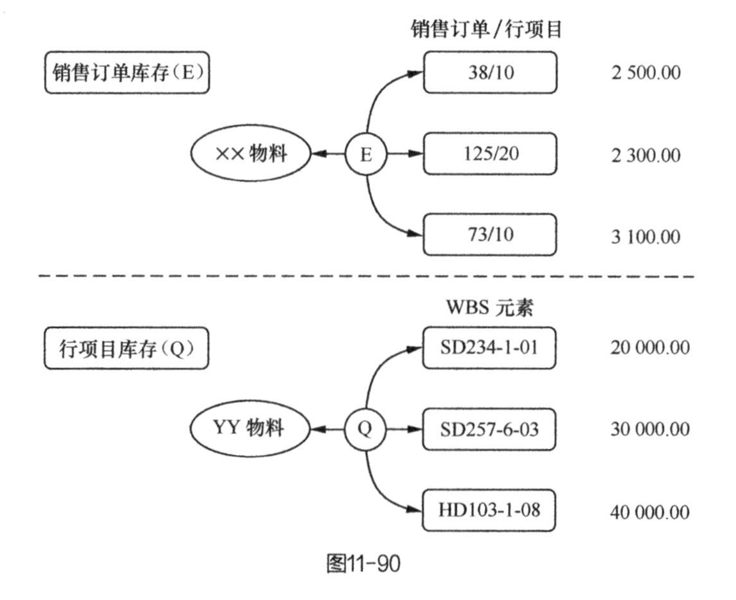

图11-90

这里要关心两个问题：一是为什么这些物料可以按照特殊库存评估？二是这些物料的特殊库存成本是如何计算出来的？下面主要以E库存（SDI关联的库存）物料为例，来说明系统的逻辑。

关于第一个问题，物料如果要按照特殊库存评估，取决于物料本身的属性。在物料主数据MRP3视图中，有关于策略组的分配。可以根据“策略组→策略→需求类型→需求类→科目分配类别”这条线索找到对应的物料评估机制。

下面以图11-88中的物料HD-1300为例，来看看这些配置。

（1）物料主数据上，策略组（strategy group）指定为25（“可设置的物料定做”，即定制化的可配置物料），如图11-91所示。

路径：SAP菜单＞后勤＞物料管理＞物料主数据＞物料＞显示＞显示当前

事务代码：MM03

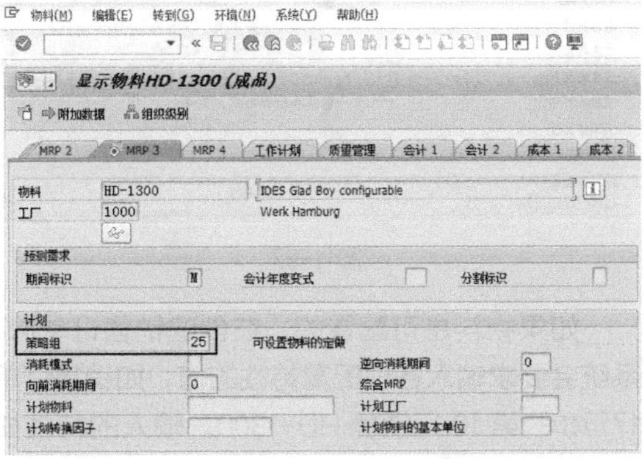

图11-91

可配置物料是比较典型的按单生产、按单管库存、按单评估。因为客户对产品各个特性的选择不同，就会导致每个销售订单所要求的实物不同，从而成本也就不同。例如，客户购买个人电脑，根据可选件的不同，最终组合出的电脑整体不尽相同、成本各异。

（2）策略组25中的主要策略指定为25，如图11-92所示。

路径：IMG＞控制＞产品成本控制＞成本对象控制＞按销售订单划分的产品成本＞相关产品销售订单的控制/销售订单的产品成本＞通过MRP组进行的需求选择＞检查策略组

事务代码：OPPT

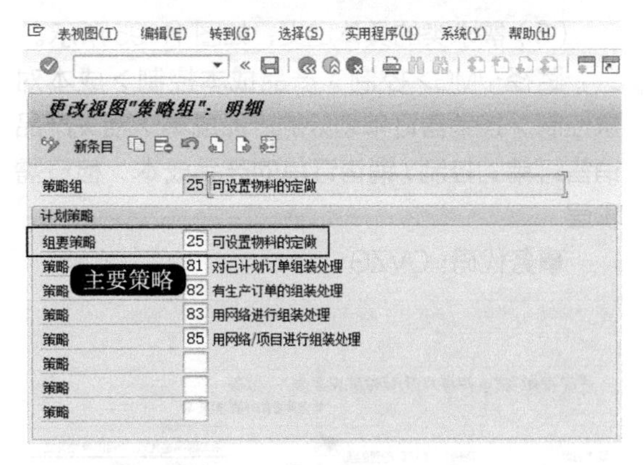

图11-92

（3）策略25的需求类型为KEK（定做可配置物料），如图11-93所示。

路径：IMG＞控制＞产品成本控制＞成本对象控制＞按销售订单划分的产品成本＞相关产品销售订单的控制/销售订单的产品成本＞通过MRP组进行的需求选择＞检查计划编制策略

事务代码：OPPS

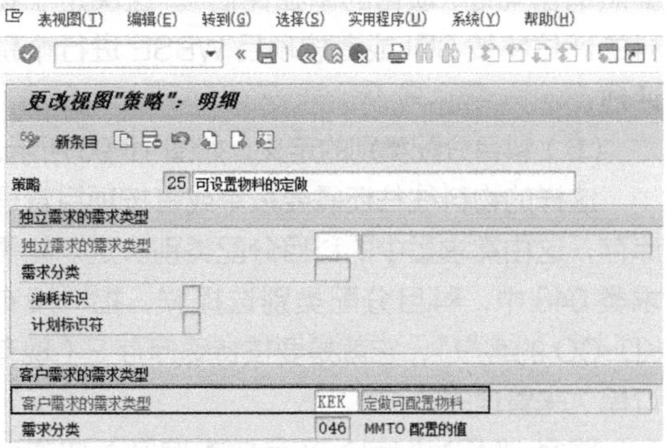

图11-93

（4）需求类型对应的需求类为046（MMTO配置的值），如图11-94所示。

路径：IMG＞控制＞产品成本控制＞成本对象控制＞按销售订单划分的产品成本＞相关产品销售订单的控制/销售订单的产品成本＞检查需求类型

事务代码：OVZH

图11-94

（5）需求类的具体定义，如图 11-95 所示。

路径：IMG> 控制 > 产品成本控制 > 成本对象控制 > 按销售订单划分的产品成本 > 相关产品销售订单的控制 / 销售订单的产品成本 > 检查需求层

事务代码：OVZG

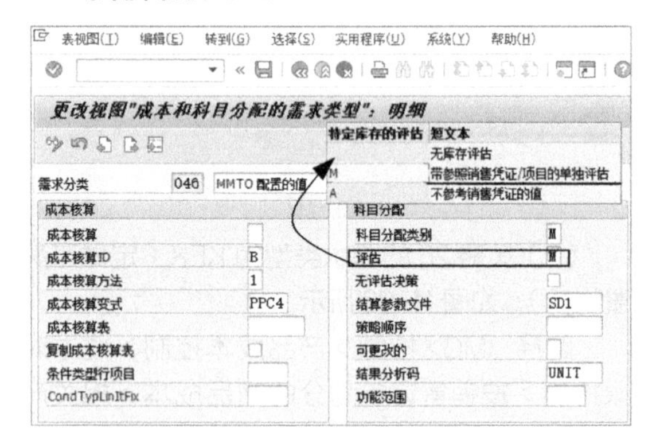

图11-95

在需求类 046 中，“评估”选项选择为“带参照销售凭证 / 项目的单独评估”。这决定了物料的评估将按 SDI 或者按项目 WBSE 进行个别评估。

（6）科目分配类别的定义，如图 11-96 所示。

这样的物料往往还需要按单或者按项目管理库存，这由需求类中的科目分配类别决定。如需求类 046 中，科目分配类别选择 M，指“没有 KD-CO 的客户”，它就是要按特殊库存 E（现有订单）来管理的。

路径：IMG> 控制 > 产品成本控制 > 成本对象控制 > 按销售订单划分的产品成本 > 相关产品销售订单的控制 / 销售订单的产品成本 > 检查科目分配类别

事务代码：OME9

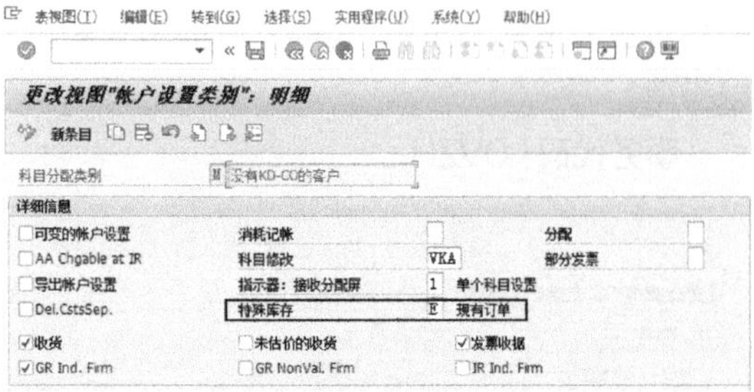

图11-96

根据以上线索，可以分析出，1000 工厂的物料 HD-1300 就是按单管理库存、按单评估的。

接下来解决第二个问题：物料的特殊库存成本是如何计算出来的。其实，可以从需求类的定义中找到答案。

在需求类 046 的定义中，“成本核算”区域指定了成本核算 ID 为 B（自动成本核算和标记），成本核算方法为 1（产品成本核算），还指定了成本核算变式为 PPC4，如图 11-97 所示。当创建销售订单时，系统就会根据销售订单上确定的 BOM 和工艺路线，以成本核算变式 PPC4 对销售订单成本进行滚算，并标记在销售订单行项目上。

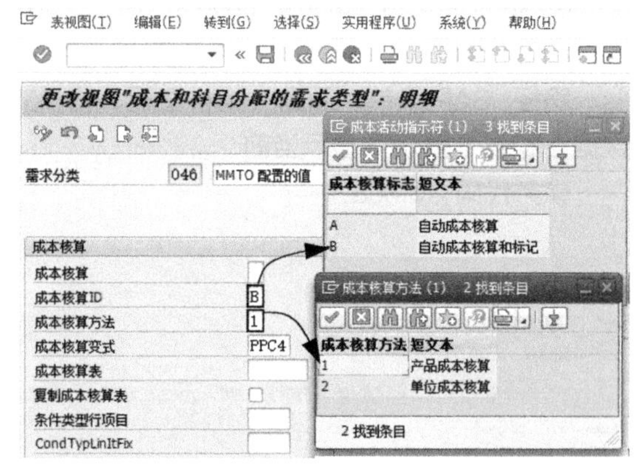

图11-97

如果物料是可配置的，在创建销售订单时，系统会要求输入各项配置特性的值，如销售订单 17778 的第 10 行销售 HD-1300。输入的特性如图 11-98 所示。

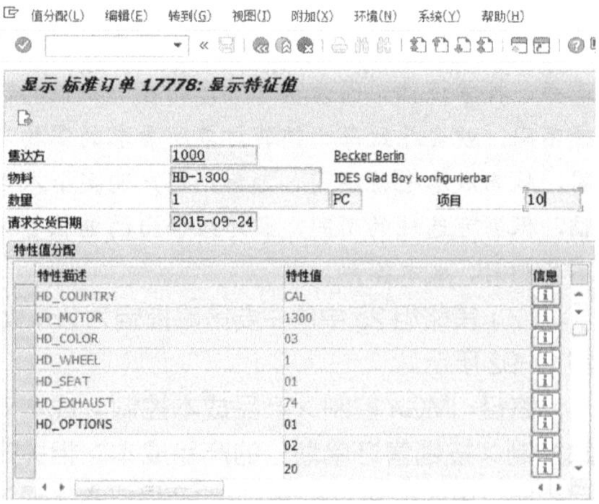

图11-98

根据这些特性，系统可以确定其 BOM

和工艺路线，然后自动滚算出成本，标记在条件类型 EK02 中，如图 11-99 所示。该成本就被绑定在销售订单 177778 的第 10 行项目上。

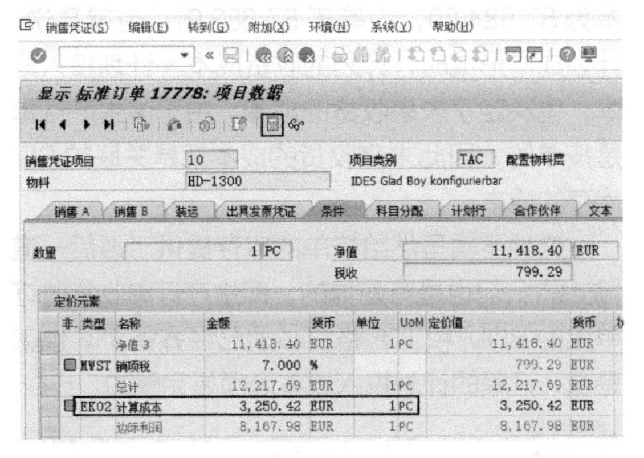

图11-99

提示

如果因为某些原因EK02未标记成功，可以手工单击工具栏中的“成本核算”按钮，执行手工滚算，然后标记在销售订单行项目上。

在 SDI 上滚算出成本并被标记在条件类型 EK02 中。将来，关联的生产订单在入库时，会以此成本作为入库价值。这就相当于 SDI 库存的“标准成本”。

提示

自有库存和特殊库存的物料成本数据分别存放在不同的数据库表中，如表11-20所示。用户可以根据这些表查询到不同物料的成本清单。

表 11-20 不同的物料成本存放的数据库表

物料成本分类	存放的表	关键字
自有库存的物料成本	MBEW	物料、评估范围、评估类型
销售订单库存的物料成本	EBEW	物料、评估范围、评估类型、特殊库存标识（E）、销售订单、行项目
项目库存的物料成本	QBEW	物料、评估范围、评估类型、特殊库存标识（Q）、WBS 元素

并不是所有按单生产的物料都是可配置的物料，有些只不过是客户在标准的产品上提出了一些特殊的需求，从而要修改销售订单行项目的 BOM 或工艺路线，造成该销售订单行项目的成本与众不同。由于修改销售订单行项目的 BOM 和工艺路线不是在销售订单更改界面（事务代码 VA02）完成，而是在 PP 模块的物料清单主数据的路径下完成（见图 11-100），这就导致系统不能自动在销售模块触发成本滚算，需要采用单独的事务代码 CK51N 来滚算销售订单成本。

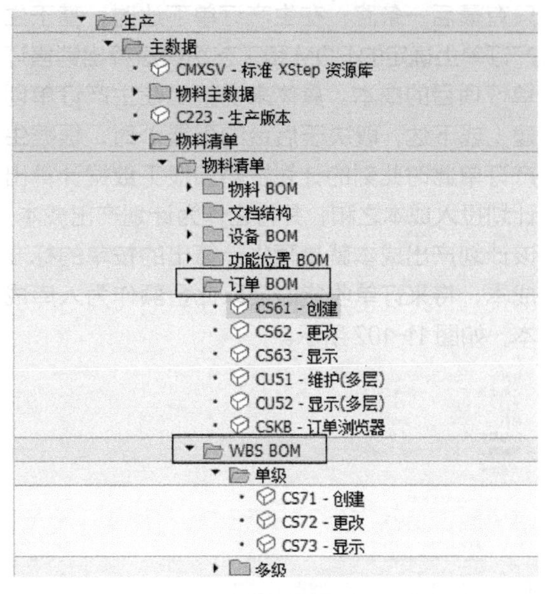

图11-100

销售订单的成本滚算与常规的成本滚算类似，只是除了选择工厂和物料外，还需要选择销售订单和行项目，如图 11-101 所示。

路径：SAP 菜单 > 会计核算 > 控制 > 产品成本控制 > 成本对象控制 > 按销售订单划分的产品成本 > 成本估价 > 订单 BOM 成本估算 > 创建

事务代码：CK51N

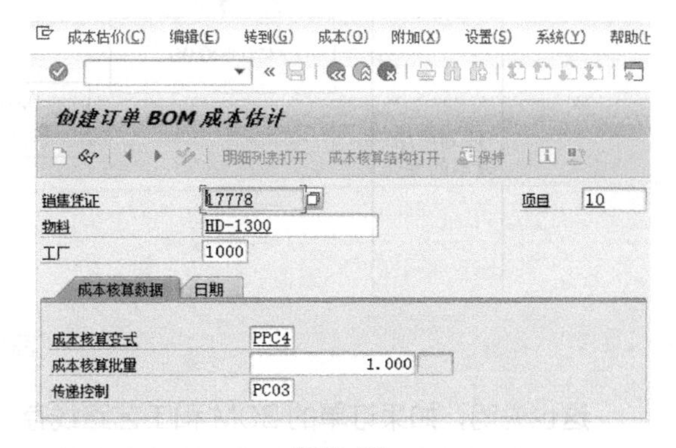

图11-101

系统预定义的用于销售订单成本滚算的变式为 PPC4（区别于常规成本滚算的变式 PPC1），

用户也可以根据实际情况创建新的变式，以满足企业的特殊滚算需求。

在业务实践中可能存在这样的情况：销售订单下达时，客户提出了特殊需求，但技术部门要反复验证才能确定 BOM 和工艺路线，于是财务人员迟迟不能滚算出销售订单成本。这时只有最后一条路：在生产订单下达时，基于生产订单上确定的 BOM 和工艺路线滚算出销售订单行项目的成本。具体来说就是在生产订单创建（或下达，取决于后台的配置）时，根据生产订单此时此刻的计划发料和报工数据计算出计划投入成本之和，并将它作为计划产出成本。该计划产出成本就是预先计算出的按单的标准成本，将来订单收货时会以此金额作为入库成本，如图 11-102 所示。

订单 20004158 000000000050002028
订单类型 ZP02 试制生产订单
工厂 1000 工厂
材料 50002028 10453C
计划数量 1,200 EA 个.根.条.份.只
实际数量 1,200 EA 个.根.条.份.只
累积数据
合法估价
公司代码货币/对象货币

业务交易	原始	原始（文本）	Σ 全部计划成本	Σ 总的实际成本	Σ 计划/实际差异	P/A var(%)	货币
发货	1000/1000664	内盒(黑色)/10453A02/RO	516.00	512.81	3.19-	0.62-	CNY
	1000/1000664	外盒(黑色)/10453A01/RO	456.00	461.49	5.49	1.20	CNY
	1000/100066:	陶瓷辐射体/10453AA0/RO	3,180.00	3,179.51	0.49-	0.02-	CNY
	1000/100033:	SMA-C-J3(配RG174电缆)同轴连接	1,536.00	1,538.01	2.01	0.13	CNY
	1000/2000067	纸箱/15206BP0/350*250*330/RC	6.34	6.34	0.00		CNY
	1000/200006:	纸盒/22371AP1(印有性能指标等字	900.00	905.66	5.66	0.63	CNY
	1000/5000181	SL37700AGPS组合/1575.42±3/≥	5,088.00	5,088.00	0.00		CNY
发货			• 15,894.34	• 15,890.97	• 3.37-		CNY
确认	F0300/H01	三车间(终端车间) / 人工作业类型	20,707.05	2,070.84	18,636.21-	90.00-	CNY
	F0300/Z01	三车间(终端车间) / 制造费用作业类	21,082.52	2,074.65	19,007.87-	90.16-	CNY
确认			• 41,789.57	• 4,145.49	• 37,644.08-		CNY
收货	1000/500020:	SL10453D/GPS有源/1575.42+3/≥	57,683.91-	57,684.00-	0.09-		CNY
收货			• 57,683.91-	• 57,684.00-	• 0.09-		CNY
结算		（无源）	0.00	37,647.54	37,647.54		CNY
结算			• 0.00	• 37,647.54	• 37,647.54		CNY

图11-102

如图 11-102 所示，生产订单 20004158 的计划投入成本 = 15 894.34 + 41 789.57 = 57 683.91，因此计划收货（即产出）的成本也就是 57 683.91。当 1 200EA 的产品全部收货完毕时，实际收货成本为 57 684.00，约等于 57 683.91。也就是说，计划成本形成时，计划的收货成本 = 计划投入成本，也决定了未来收货的成本。由于该生产订单是按单的，因此未来收货的成本就是关联的 SDI 库存的成本。

这种逻辑虽然给按单的库存提供了最后一道“防线”，但也是有前提的，即生产订单收货时订单上的 BOM 和工艺路线必须已经齐备了。也就是说，订单的计划投入成本必须是完整的。

如果订单上的计划生产数量有很多，当生产入库一部分产品后，有人修改了 BOM 或工艺数据，后续的入库产品的成本会随之变化吗？

不会的。SAP 的逻辑是：对于 SDI 关联的生产订单，在第一次收货时，系统就确定了 SDI 库存的成本——用技术的语言说，就是表 EBEW 中在这个时点已经写入 SDI 库存的成本，不会再改变了。后续即使修改了 BOM 或工艺路线，接下来入库的产品只要还是入到原 SDI 库存，成本都会以先前的 SDI 库存成本为准，如图 11-103 所示。

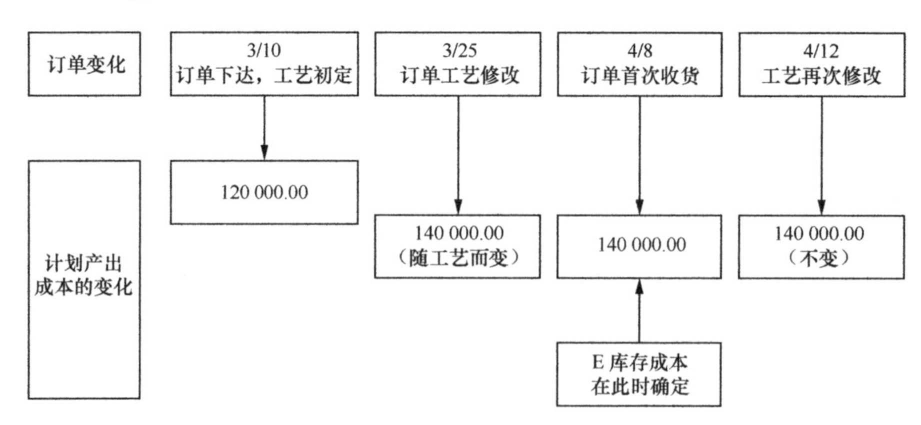

图11-103

这也说明，如果订单的 BOM 和工艺路线存在修改完善的可能，一定要在第一次收货前修改到系统中，以更新计划投入成本，从而更新计划产出成本，以保证收货时取到合理的成本。

11.7.2 分割评估

分割评估（split valuation）是对一个工厂的某单个物料，按照不同的属性（评估类别）做出不同的评估，包括对应的评估类（valuation class，影响会计科目）不同、各自的成本不同等。例如，某物料既有自制又有外购，自制作为半成品核算，外购作为原材料核算，两者成本也不一致，那就可以对该物料使用分割评估。这里，物料的获取类型（自制还是外购）就是区分评估的“评估类别”（valuation category），而两个选项的值，即自制、外购，被称为两种“评估类型”（valuation type）。这些概念都在物料主数据上可以看到。

例如，对1000工厂的物料100-302激活分割评估，希望区分自制和外购。首先，要针对工厂下的该物料指定评估类别B（厂内/外部采购），如图11-104所示。

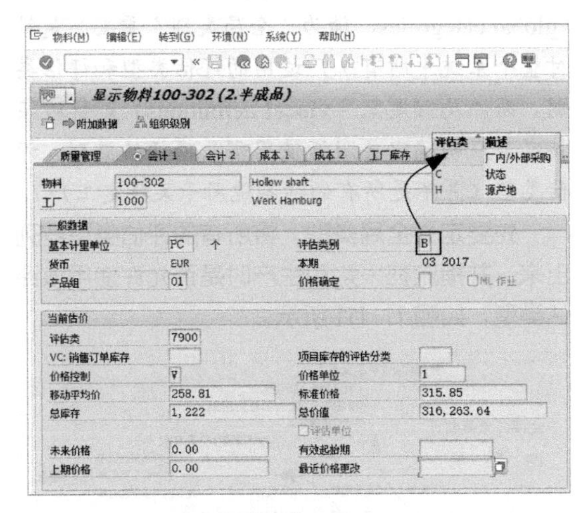

图11-104

保存后，再设置该物料时，就可以在组织层次选择到相应的评估类型，分别为EIGEN_HALB（自制半成品）和FREMD_HALB（外购半成品），这样就可以分别在这两个评估类型下创建会计视图，如图11-105所示。

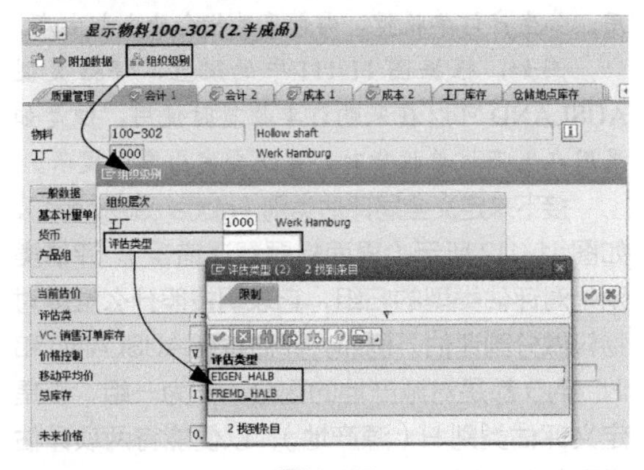

图11-105

图11-106显示了工厂1000、物料100-302，评估类型EIGEN_HALB（自制半成品）下的会计视图。

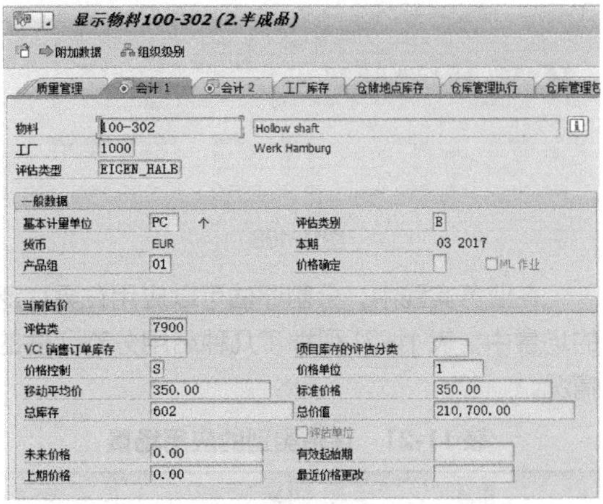

图11-106

图11-107显示了工厂1000、物料100-302，评估类型FREMD_HALB（外购半成品）下的会计视图。

从图11-106和图11-107中可以看出，针对两个评估类型，物料各有其评估类、价格控制、移动平均价、标准价、总库存（量）、总（库存）价值等。例如，可以这样设计：自制的评估类型，价格控制用S；外购的评估类型，价格控制用V。但针对不分评估类型的总记录，只能设置价格控制为V（意味着它的核算价格是系统自动移动平均出来的）。

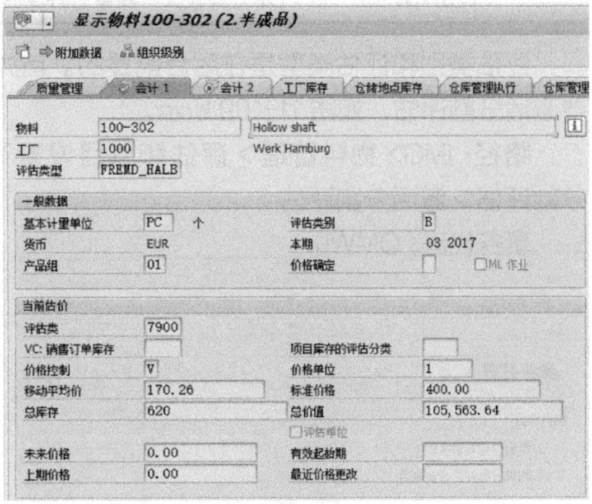

图11-107

这一点可以从表MBEW中看到综合的信息。如图11-108所示，拥有两个评估类型的物料在表中共有 3 条记录：一条总记录、两条分记录。在库存量、库存值上，总记录 = 分记录之和，而且对于总记录，价格控制（字段：Pr.）为 V。

集	物料	ValA	评估类型	VTy	总库存	总价值	Pr.	移动平均价	标准价格	每	ValCl
800	100-302	1000			1,222.000	316,263.64	V	258.81	315.85	1	7900
800	100-302	1000	EIGEN_HALB		602.000	210,700.00	S	350.00	350.00	1	7900
800	100-302	1000	FREMD_HALB		620.000	105,563.64	V	170.26	400.00	1	7900

图11-108

在业务实践中，分割评估可以应用在更广泛的场景中。表 11-21 列举了几种启用分割评估的情况。

表 11-21　评估类别的应用场景

评估类别	评估类型举例	应用场景
获取类型	自制；外购	应用于物料既有自制又有外购的情况
来源地	澳大利亚；巴西	钢铁生产企业从不同的国家进口铁矿石，成本各不相同
保税特征	保税料；非保税料	国家对保税进口料有特殊监管要求，要求和非保税料分开
状态	良品；不良品	生产的产品分良品和不良品，要从数量和价值上区分管理
度数	38 度；53 度	白酒生产企业生产的不同度数的酒要分开管理
废品等级	一级；二级……	金属压延加工企业对废品分等级定价，进行销售或再生产
自动批次	201703；201704……	企业生产的产品，每批次成本差异较大，希望分开评估

评估类别和评估类型是在后台配置的。首先要激活分割评估，如图 11-109 所示。

路径：IMG> 物料管理 > 评估和科目设置 > 分割评估 > 激活分割评估

事务代码：OMW0

图11-109

选中“物料分别评估活动”单选钮意味着“激活对物料的分割评估”。

接下来配置具体的评估类别和评估类型。它们都是在同一个路径下执行，如图 11-110 所示。

路径：IMG> 物料管理 > 评估和科目设置 > 分割评估 > 配置分割评估

事务代码：OMWC

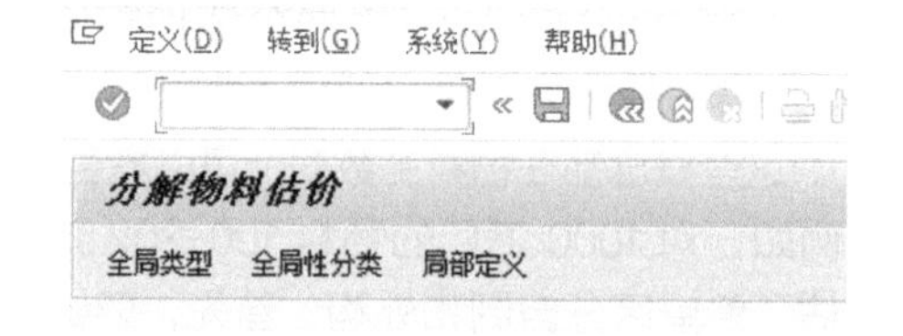

图11-110

“全局类型”（global types）和“全局性分类”（global categories，译为“全局类别”更妥）是针对整个系统中所有工厂适用的评估类型和评估类别。而“局部定义”（local definitions）是针对某特定工厂明确它要激活使用哪几项评估类别、评估类型（并不是所有的项都适用于某特定工厂）。

先要定义全局类型，将所有的评估类型罗列出来，并指定在采购和生产时是否允许使用该评估类型，如图 11-111 所示。

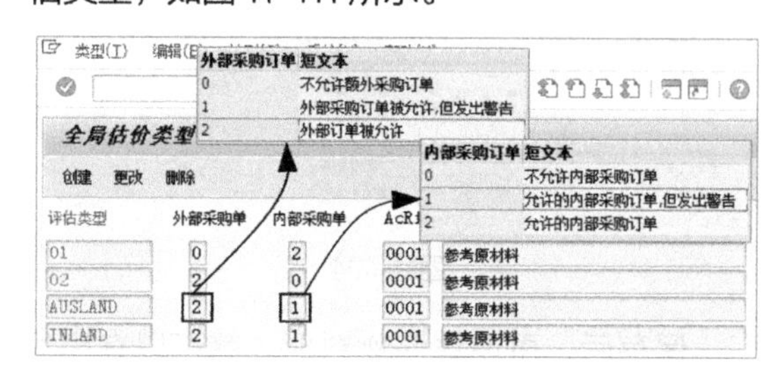

图11-111

外部采购单：定义是否在采购订单业务中使用，如采购订单收货。

内部采购单：定义是否在生产订单业务中使用，如生产订单收货。内部采购指企业内部生产。

例如，根据图 11-111 中的配置，评估类型 AUSLAND 可以在采购订单收货时使用，但是如果用在生产订单收货时，系统会发出警告提示。

接下来定义全局评估类别（global categories），如图 11-112 所示（界面标题翻译错误）。评估类别是对评估类型的归组，它表明按照什么维度对物料做分割评估。例如，评估类型 AUSLAND 和 INLAND 都是对源产地的区分，归为一组，于是定义评估类别 H（源产地），以便能将两项评估类型归在一起。

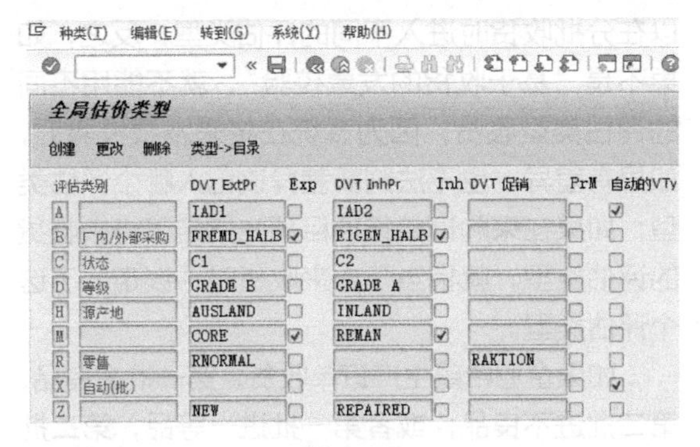

图11-112

DVT ExtPr：外部采购的默认评估类型。

Exp：外部采购时该评估类型是否作为强制值。

DVT InhPr：内部生产时的默认评估类型。

Inh：内部生产时该评估类型是否作为强制值。

DVT 促销：对于促销库存的默认评估类型。

PrM：是否强制使用促销评估类型。

自动的 VTy：自动确认评估类型。例如，如果按照批次自动创建评估类型，那么可以勾选此项。

一个评估类别下包含哪几种评估类型，单击 类型->目录 按钮（翻译错误，应译为"类型 -> 类别"），进行指定。例如，在评估类别 H 下，激活 AUSLAND、INLAND 等多个评估类型，如图 11-113 所示。

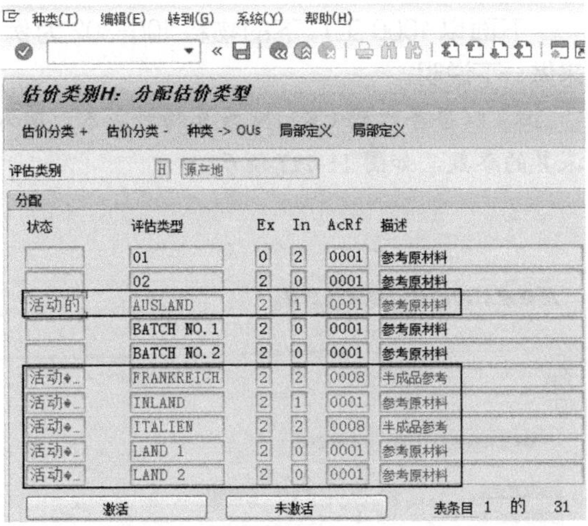

图11-113

状态为"活动的"，表明该评估类型在评估类别下被激活。

在定义完全局的评估类型、评估类别后，接下来要将它们分配给特定的工厂。图 11-114 是将评估类别分配给工厂，如工厂 1000 下激活了 3 个评估类别：B（厂内 / 外部采购）、C（状态）、H（源产地）。这就是为什么在图 11-104 中看到工厂 1000 下评估类别有这 3 个可选项的原因。

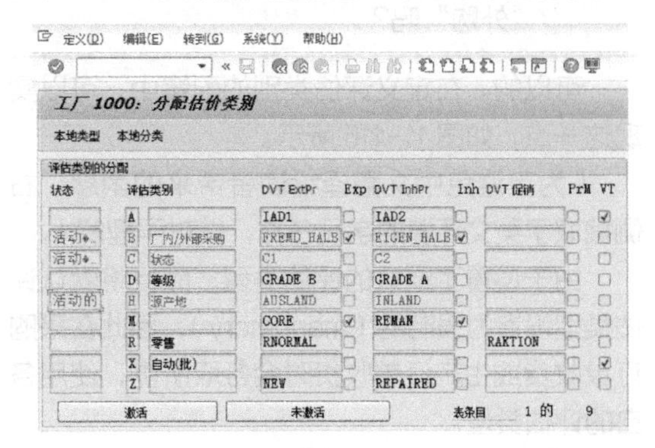

图11-114

在工厂下，可以针对"本地类型"（本地评估类型）、"本地分类"（本地评估类别）的属性进行修改（基于工厂层面的修改）。直接单击工具栏中的 本地类型 按钮、 本地分类 按钮即可操作，具体不再赘述。

当物料启用了分割评估后，对系统操作的影响是怎样的？

启用分割评估后，该物料的所有入库出库都必须带上评估类型，也就是说，评估类型成为识别库存的一个维度，和工厂、库存地点一样，如图 11-115 所示。在创建销售订单、采购订单、生产订单时没有这个要求（可输可不输），一旦进入库存或者从库存中消耗，就有这个要求了。

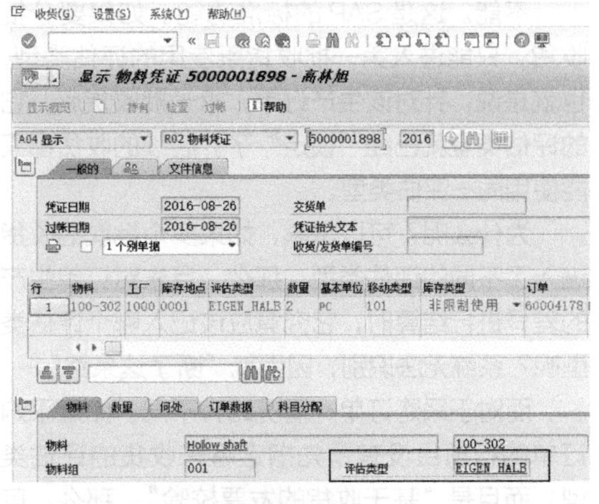

图11-115

如果一个物料既有自制又有外购，系统能实现：在针对生产订单收货时，能自动默认为“自制”；而在针对采购订单收货时，能自动默认为“外购”吗？

可以的。在定义评估类别的配置中，可以实现这一点，如图 11-116 所示。

（为了避免中文翻译给读者带来的困惑，右侧截取了英文环境的字段名称，供对照理解）

由于设置了默认的评估类型，而且将默认评估类型设置为强制的（mandatory），因此在采购订单收货或生产订单收货时会各取所需，使用各自的评估类型。

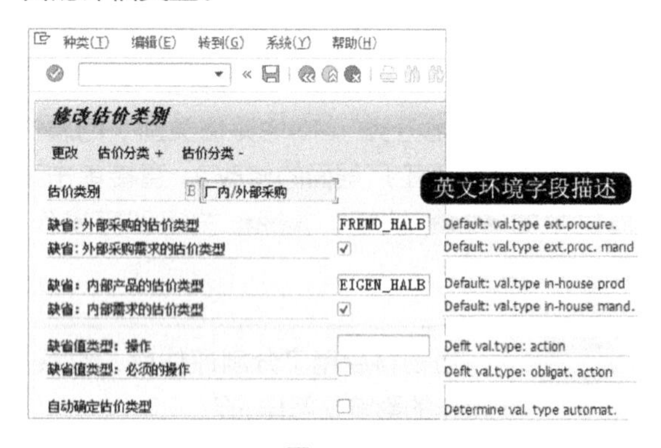

图11-116

如果一个产品物料激活了分割评估，在它的生产订单上收货时，分批收货，能够第一批记入 A 评估类型，第二批记入 B 评估类型吗？

不能。这是 SAP 的标准功能。如果要分批收货，只能进入第一批收货所使用的评估类型，也就是说，针对该生产订单，第一批收货后，它的评估类型就已经“锁定”了。后续的收货都只能使用同一评估类型。

为什么呢？可以想象，如果多个批次的收货进入了不同的评估类型，那么，月末对订单生产的差异进行结算时，它究竟应该记入哪个评估类型呢？系统无法识别，因而就“断了这条路”。

而对于采购订单，情况略有不同。如果采购订单的行项目没有预先指定将来收货的评估类型，而且是“基于收货的发票校验”，那么，可以在分批收货时进入不同的评估类型；反之，如果不是“基于收货的发票校验”，就不能用不同的评估类型收货，因为系统在将来发票校验时，如果有差异，也无法判断差异该记入哪个评估类型；如果在采购订单行项目预先指定了将来收货的评估类型，就相当于未来收货时“锁定”了这个评估类型。

如果企业希望生产订单收货，第一批进良品，第二批进不良品；或者第一批进一等品，第二批进二等品；或者第一批收出 48 度白酒，第二批收出 53 度白酒等，应将它们设为联产品，并在将来结算时按联产品的方式进行结算（需在结算前设定主产品和联产品的结算比例）。

分割评估下，产品的标准成本滚算能到哪一层？

一般人会认为，在分割评估下，标准成本滚算只能影响到总层次的物料（评估类型 = 空）。支撑这一观点的理由是：分层次是没有成本视图的，只有总层次才有成本视图。因此，如果滚算了标准成本，它只能自动发布到总层次上。基于这一结论，如果想让分层次也适用这个滚算的标准成本，只能用事务代码 MR21 去手工修改分层次的标准价格。

事实果真如此吗？

下面以 1000 工厂下的物料 100-302 为例，来做一下说明。

STEP 1 以事务代码 CK11N 滚算物料成本，输入滚算的参数，如图 11-117 所示。

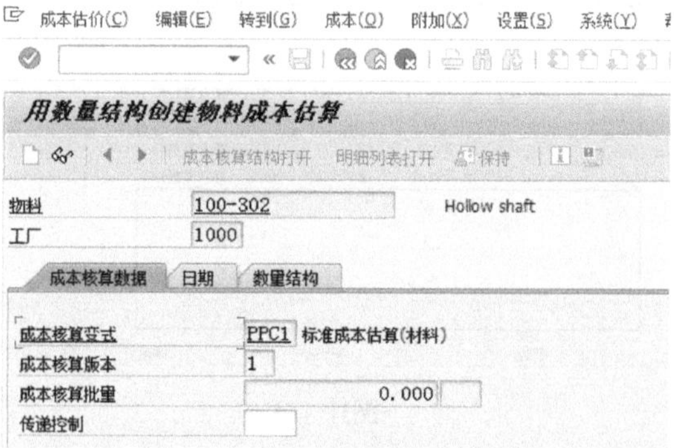

图11-117

从这里可以看到，滚算时没有机会输入评估类型。

STEP 2 按回车键，让系统滚算出结果，如图11-118所示。

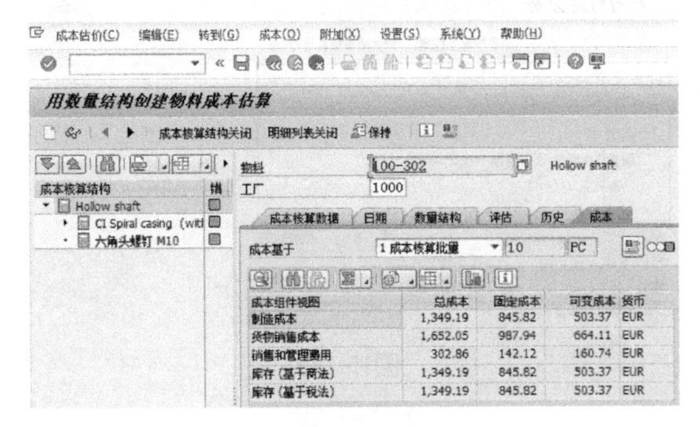

图11-118

STEP 3 单击“保存”按钮，保存成本滚算的结果。

STEP 4 以事务代码CK24进入“价格更新：标记标准价格”界面，输入标记参数，如图11-119所示。

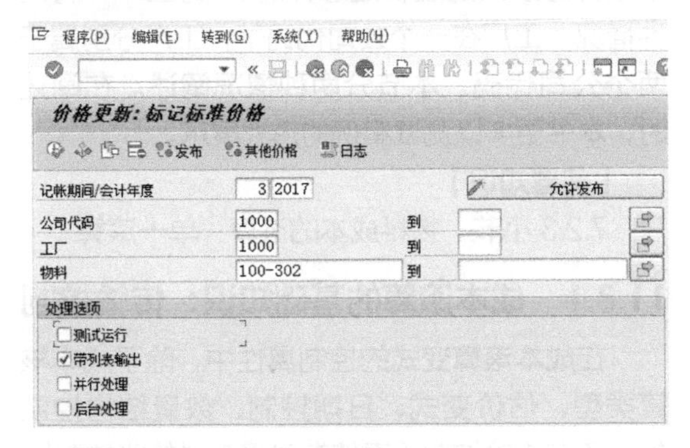

图11-119

这里也没有机会输入评估类型。

STEP 5 执行后，系统提供的清单显示，标记标准价格有两条数据，一条为总层次，一条为分层次（评估类型为默认的EIGEN_HALB“自制”），如图11-120所示。

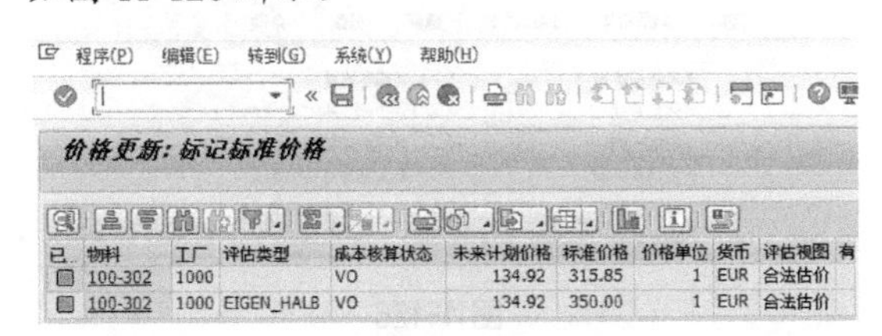

图11-120

> **提示**
> 为什么系统会自动默认到EIGEN_HALB的评估类型呢？因为针对该物料使用的评估类别H，定义了在内部生产时强制默认的评估类型为EIGEN_HALB。

STEP 6 以事务代码MM03查看物料主数据上的会计1视图，基于评估类型EIGEN_HALB查看，单击下方的[标准成本估计]按钮，可以看到成本被标记在将来的期间了，如图11-121所示。

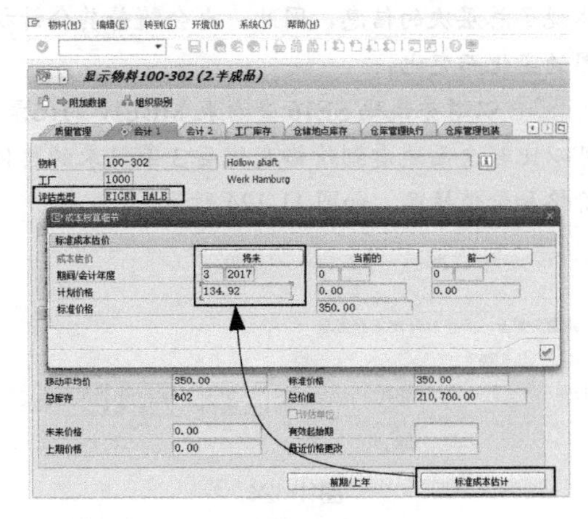

图11-121

STEP 7 以事务代码CK24发布标准价格，同标记一样，可以发现系统对两条记录做了发布，如图11-122所示。

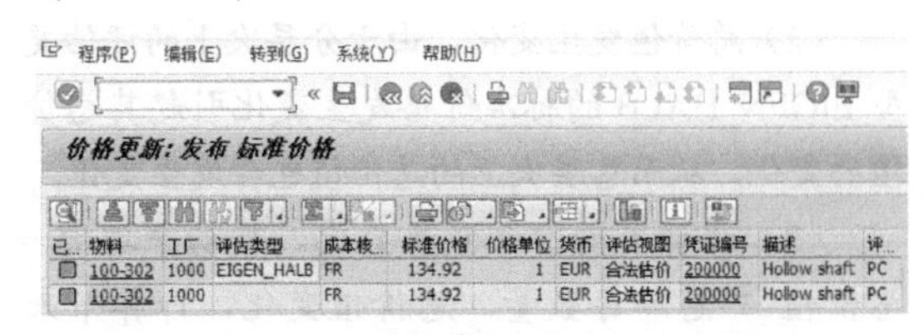

图11-122

STEP 8 以事务代码MM03查看物料主数据上的会计1视图，基于评估类型EIGEN_HALB查看，可以发现标准价格已经更新为134.92了。而且单击下方的[标准成本估计]按钮，也可以看到成本被发布在当前的期间了，如图11-123所示。

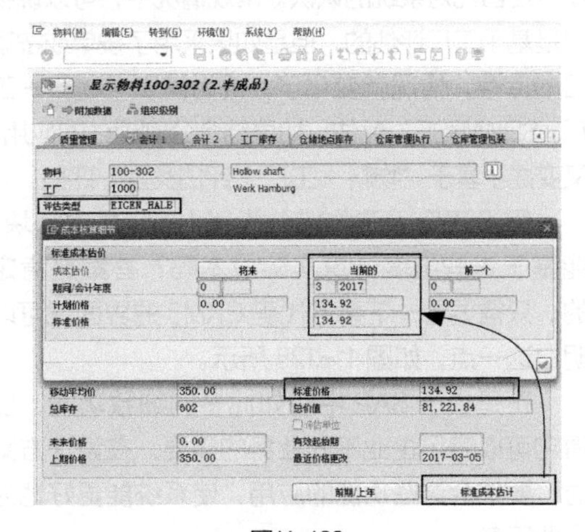

图11-123

如果查询总层次的会计 1 视图，可以发现其标准价格也被更新为 134.92。（图略）

成本视图此时是否有变化呢？成本视图由于体现了总层次的信息，因此，也会随着其会计视图的变化而变化。

STEP 9 以事务代码 SE16 查看表 MBEW 的记录，可以比较全面地看到价格变化后 3 条记录的总体价格和价值情况，如图 11-124 所示。

类	物料	ValA	评估类型	VTy	总库存	总价值	Pr.	移动平均价	标准价格	每	ValCl
800	100-302	1000			1,222.000	186,785.48	V	152.85	134.92	1	7900
800	100-302	1000	EIGEN_HALB		602.000	81,221.84	S	350.00	134.92	1	7900
800	100-302	1000	FREMD_HALB		620.000	105,563.64	V	170.26	400.00	1	7900

图11-124

请结合图 11-108 对比查看数据的变化。

除了分层次上的评估类型 EIGEN_HALB 发生了变化外，总层次上也有 3 点变化。

（1）标准价格因为滚算而发生变化。

（2）总价值发生变化。由于分层次上的评估类型 EIGEN_HALB 的标准价格发生变化引起其总价值的变化，从而总层次上的总价值也会发生变化。

（3）移动平均价也发生变化。移动平均价 = 总价值 ÷ 总库存数量，总价值变化，计算下来的移动平均价也会发生变化。

至此可以认为，对于物料在内部生产时默认的评估类型，系统会自动滚算并更新其标准成本。

11.7.3 小结

在 SAP 中，随着系统应用的深入，我们会不断修正自己对系统的认识。常规情况下，可以说物料是基于工厂评估的，但是如果采用了按单或按项目的库存，情况就变化了，成为基于"物料 + 工厂 +SD/WBSE"评估；如果结合分割评估的应用，又变成了基于"物料 + 工厂 + 评估类型"评估。

假设还启用了物料分类账 / 实际成本模块，能基于这些维度计算实际成本吗？答案是肯定的。只需要看一下事务代码 CKM3 的界面就可以明白这一点，如图 11-125 所示。

正是由于 SAP 中有如此多的细致功能，使得它可以满足企业不同业务的需要。在设计方案时，要结合这些功能的应用，使系统能更好地为企业服务。

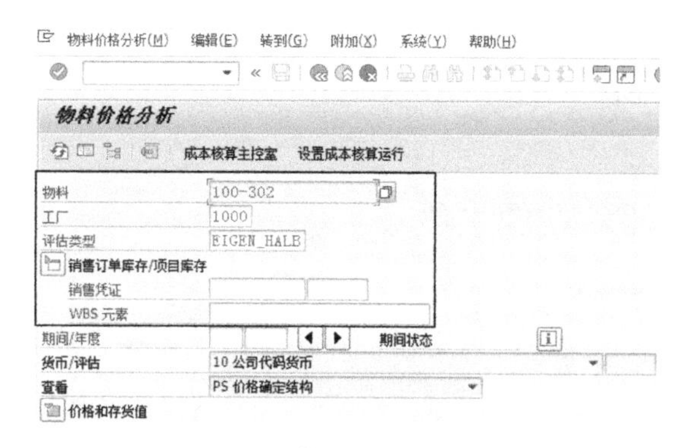

图11-125

11.8 跨工厂的成本滚算

本节介绍在 BOM 结构跨工厂的情况下，成本滚算时系统的逻辑是怎样的。"跨工厂"有两种情况：工厂在一个公司代码下；工厂分别属于两个公司代码。本节分两种情况阐述。在阐述时，本书更多以测试案例的形式展示。

【前置知识】

7.2.3 小节 物料成本的滚算：单一滚算

11.8.1 成本滚算的基础知识：传输控制

在成本滚算变式的控制属性中，除了成本核算类型、估价变式、日期控制、数量结构控制外，还有传输控制（系统有时译为"转账控制"，transfer control），如图 11-126 所示。

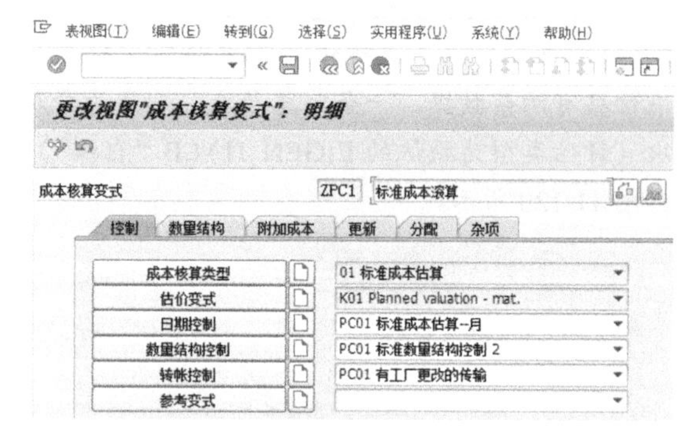

图11-126

路径：IMG> 控制 > 产品成本控制 > 产品成本计划 > 物料成本核算的基本设置 > 带数量结构的成本估算 > 定义成本核算变式

事务代码：OKKN

传输控制定义的是针对上层物料做成本滚算时，下层物料以什么成本向上层物料传递。

这里成本核算变式 ZPC1 使用的传输控制是系统预定义的 PC01。

PC01：有工厂更改的传输（transfer with plant change）。对于跨工厂消耗物料的情况，通常使用这种策略。这样可以在滚算上层物料成本时，避免将跨工厂的下层物料的数量结构再展开、再滚算。

传输控制有专门的路径定义。

路径：IMG> 控制 > 产品成本控制 > 产品成本计划 > 物料成本核算的基本设置 > 带数量结构的成本估算 > 成本核算变式：组件 > 定义传输控制

事务代码：OKKM

它包括“单个工厂”和“跨工厂”两个选项卡的定义。图 11-127 显示了传输控制 PC01 的单工厂传输策略，即在同一工厂内，下层物料成本传送到上层物料时取什么成本。

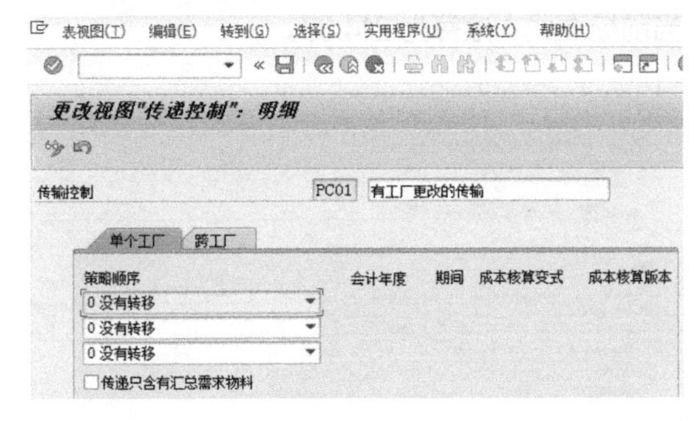

图11-127

这里 3 个策略选择的都是“没有转移”，表明不取现存的成本滚算，而是直接取当前的主数据上的成本或者当场滚算。

图 11-128 显示了传输控制 PC01“跨工厂”的传输策略，即下层物料来自另一个工厂时成本如何获取。

这里定义的策略顺序是：按“未来—当前—先前”的优先级顺序取标准成本滚算。其中，勾选了“会计年度”，表明在滚算某年度的上层物料成本时，要取下层跨工厂物料同一会计年度的标准成本滚算。

本书重点介绍跨工厂的策略如何影响上层物料的成本滚算。根据 SAP Library 中有关“跨工厂”传输（cross-plant transfer）的成本滚算内容来看，有三种特殊的采购类型用于物料成本滚算：

- 从其他工厂转移（即公司间采购，特殊采购类型代码为 40）；
- 从其他工厂领料（特殊采购类型代码为 70）；
- 在其他工厂生产（即其他工厂生产后，不“落地”，不入库，一旦收货即转移到本工厂，特殊采购类型代码为 80）。

如果在物料成本视图中维护了这些特殊的采购类型，则系统将按照如下的规则来滚算成本：

（1）在组件物料被领出的工厂，系统寻找它已有的成本数据，并传到（上层物料的）成本滚算中。

（2）如果在（上层物料）成本滚算的工厂，该组件物料也有成本滚算存在，系统不会去管它（即不调用）。也就是说，既然是特殊采购类型，它就一定要去找源头工厂的成本。

（3）如果物料所属的工厂是另一家公司代码的，要在 activate cross-company costing 中进行配置。如果激活了跨公司代码的成本核算，系统就会将别的工厂的成本数据传过来。如果没激活跨公司代码的成本核算，系统就取自己工厂物料主数据上的价格。

（4）如果成本视图没有定义特殊采购类型，那就用 MRP 视图中的特殊采购类型。

（5）如果不想用其他工厂的成本数据，就选择 no transfer（“没有转移”）。

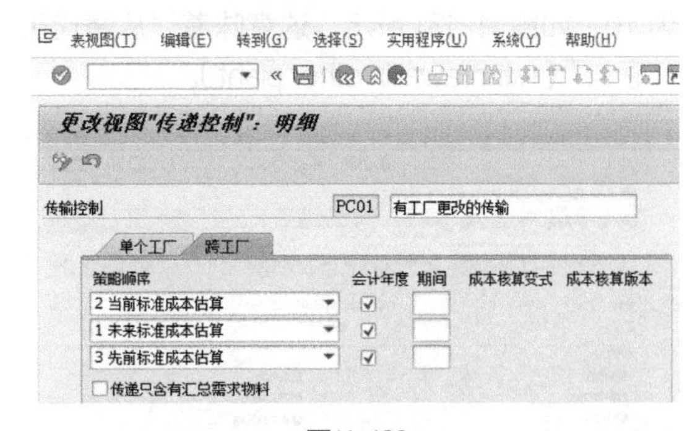

图11-128

11.8.2 同一公司代码下的跨工厂成本滚算

测试案例如图 11-129 所示。假设公司代码 1010 下有两家工厂，即 1010 和 1019。其中，1010 的产品 Z2382412212X161 需要用到 1019 工厂的物料 BC000773。

其中，物料 BC000773 在 1010 工厂的成本 1 视图中，“特殊采购成本核算”没有设置，如图 11-130 所示。

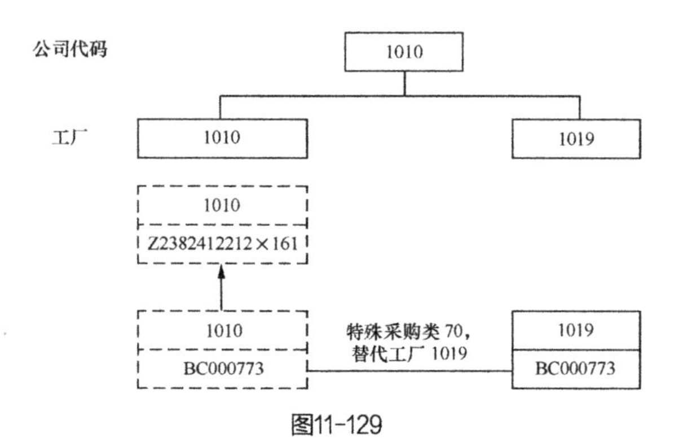

图11-129

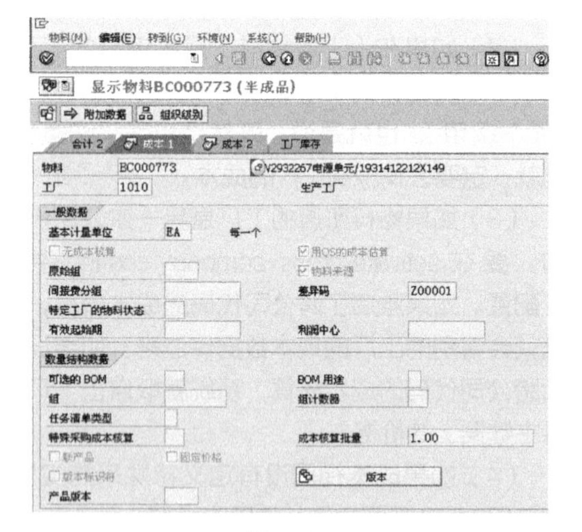

图11-130

该物料的 MRP2 视图中，将特殊采购类定义为 70，如图 11-131 所示。这意味着“从替代工厂领料”（withdrawal in other plant）。

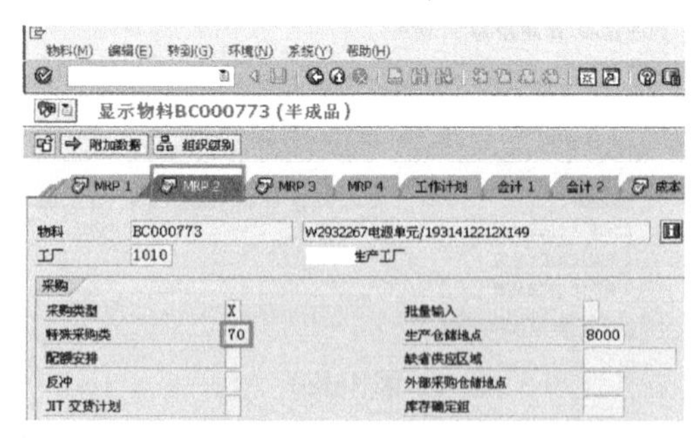

图11-131

根据上一节引用的 SAP Library 中的说明：如果成本视图没有定义特殊采购类型，那就用 MRP 视图中的特殊采购类型。针对工厂 1010 下的物料 BC000773，将使用 MRP 视图中的“特殊采购类”70 来寻找替代工厂的成本。

在后台，特殊采购类 70 的定义如图 11-132 所示。它明确了 1010 工厂所需的特定物料来自替代工厂 1019。

路径：IMG> 生产 > 物料需求计划 > 主数据 > 定义特殊采购类型

事务代码：OMD9

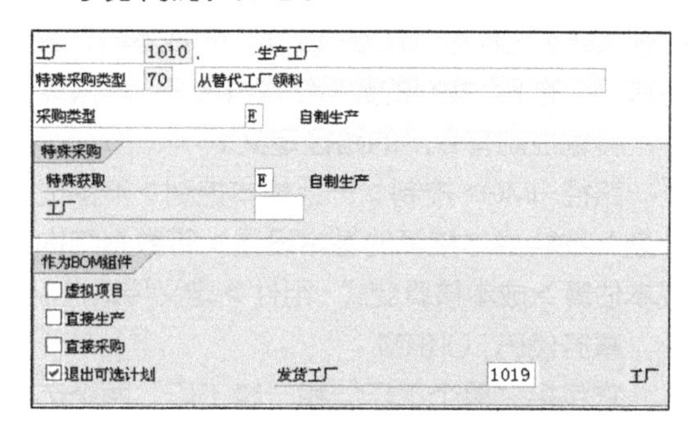

图11-132

现在来看 1019 工厂下物料 BC000773 的成本。图 11-133 显示，替代工厂 2008 年 11 月的当前标准成本滚算为 214.33。

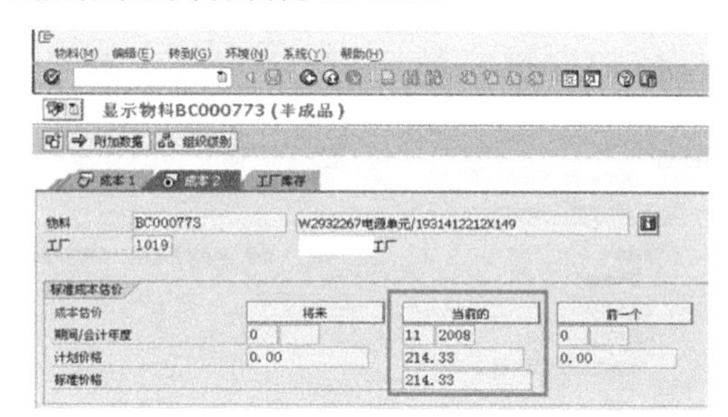

图11-133

如果单独去滚算 1019 工厂的该半成品，滚算出的结果是 195.83 元，如图 11-134 所示。

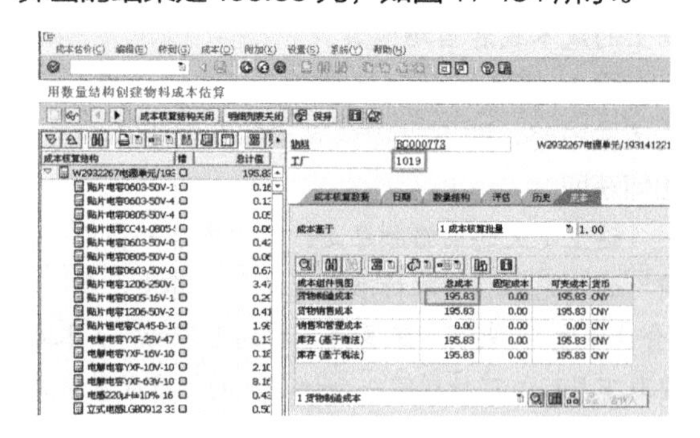

图11-134

对该滚算结果既不标记也不发布，只是为了看它能不能影响到上一层物料（1010 工厂下的 Z2382412212X161）的成本滚算。

在 2008 年 11 月，对上层的 1010 工厂物料 Z2382412212X161 进行成本滚算，结果如图 11-135 所示。

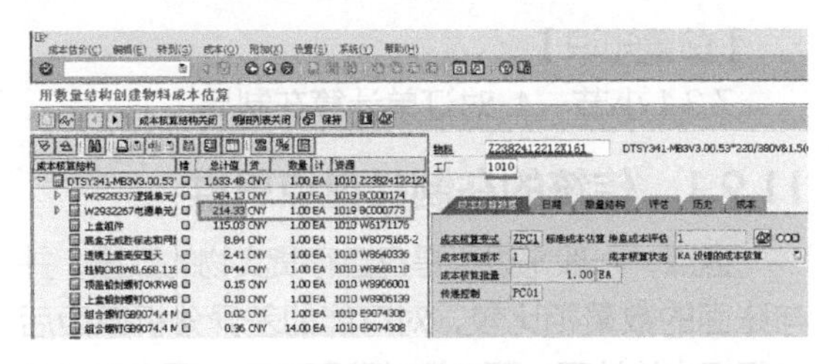

图11-135

从图11-135中可以看出，上层工厂物料在成本滚算时，对调用的半成品BC000773并没有采用“现滚”的结果，而是直接调用替代工厂1019下的“当前标准成本滚算”结果214.33元。这表明，PC01的配置起作用了——取到了第一优先级的“当前标准成本滚算”。

11.8.3 不同公司代码下的跨工厂成本滚算

测试案例如图11-136所示。假设公司代码1020下的工厂为了生产产品Z36818183T44279，需要用到1019工厂的物料BC002126。

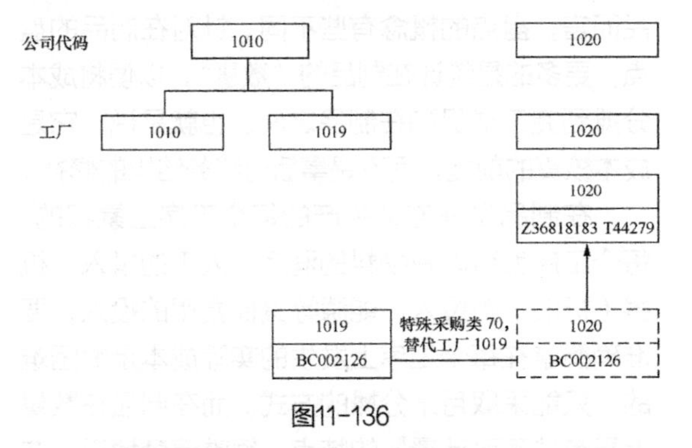

图11-136

其中，物料BC002126在1020工厂的MRP2视图中，特殊采购类同样定义为70（Withdrawal in other plant），同样是从替代工厂1019领料。

假设当前为2008年11月。系统中，与工厂1019的物料BC002126有关的成本数据如表11-22所示。

表11-22 跨工厂下的成本滚算测试时预先准备的值

工厂	成本性质	成本值
1019	当前标准成本（手工直接赋予，非滚算而得）	48.00
1019	将来标准成本（滚算而得，已标记在2008年12月，尚未发布）	49.92
1019	现场滚算时查看得到的结果（不标记，不发布）	35.54
1020	当前标准成本（手工直接赋予，非滚算而得）	46.00

那么，在1020工厂滚算上层物料Z36818183T44279时，对下层物料（工厂1019的物料BC002126）会采用哪一个成本呢？

这要取决于后台的跨公司代码成本核算是否激活，如图11-137所示。

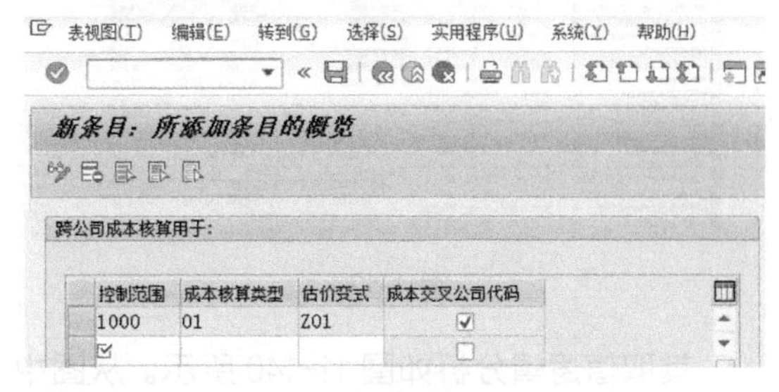

图11-137

路径：IMG>控制>产品成本控制>产品成本计划>物料成本核算中的特殊处理过程>激活交互公司成本核算（应译为：激活跨公司代码成本核算）

事务代码：OKYV

在图11-137所示的条目尚未配置或者虽然配置了条目，但是未勾选“成本交叉公司代码”时，滚算的结果如图11-138所示。

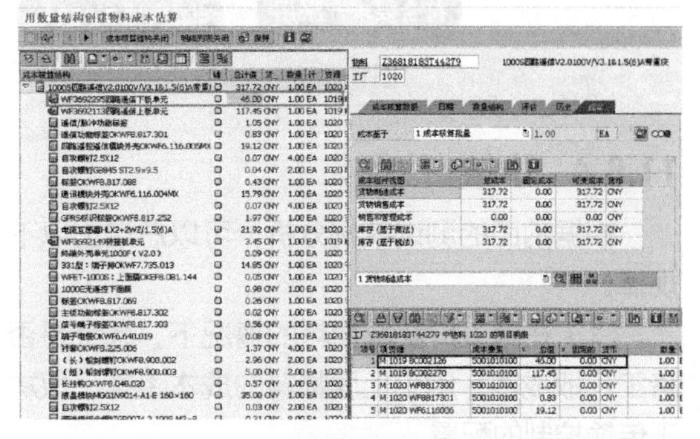

图11-138

从图11-138中可看到，在未激活跨公司代码成本核算时，对于下层的跨公司物料，系统使用的是本工厂（1020）下手工设置的标准成本46.00元。这个结果符合SAP Library中的以下说法：If you have not activated cross-company costing, the system uses a price from the material master record.（如果没激活跨公司代码的成本滚算，系统就取自己工厂物料主数据上的价格）

当图11-137中的条目配置完成且激活后，再次滚算上层物料成本，得到的结果如图11-139所示。

从图11-139中可看到，在未激活跨公司代码成本核算时，对于下层的跨公司物料，系统使用的是替代工厂（1019）的未来标准成本滚算49.92元。

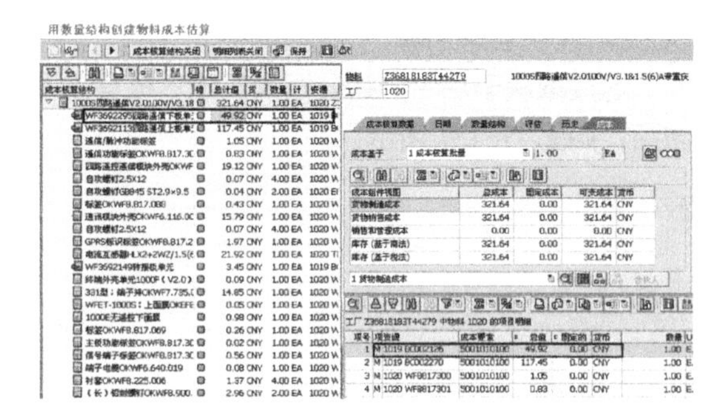

图11-139

其取值逻辑分析如图 11-140 所示。从图中可以看出，如果下层物料的成本不是滚算出的成本，系统不会采用。

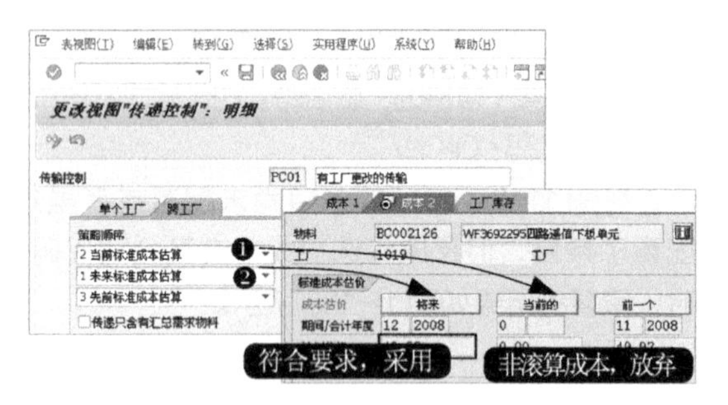

图11-140

11.8.4 小结

根据前面的测试案例分析，可以总结出以下规律。

（1）在跨工厂获取物料的情况下，系统是否跨工厂取成本，用于上层物料的成本滚算，取决于传输控制的配置。

（2）在传输控制中，配置的如果是当前、未来或先前的“标准成本滚算”，那么只有滚算出的成本才能起作用，手工给定的成本是不起作用的。

（3）如果涉及跨公司代码的物料获取，还需要激活跨公司代码成本核算。如果不激活，则仅取本工厂的标准成本（不管是不是滚算出来的）；如果激活了，才能取到另一公司代码下工厂的成本滚算结果。

11.9 为什么说 SAP 中没有在制品的盘点

传统的财务核算中，月结前可能需要进行在制品的盘点。在 SAP 中，是否还有盘点在制品的必要？本节就此问题展开探讨。

【前置知识】

7.3.1 小节　4. 对订单计算在制品

11.9.1 传统的在制品盘点思维

盘点，一般来讲，是盘查存货实物的数量，并与账面的数量相比较，对可能的差异分析原因后进行相应的处理：要么调整账面数量，要么对“遗失”或“增添”的实物予以收回或消耗，以保证账实一致，真实地反映企业的存货状况。对单种实物而言，实物数量大于账面数量，称为盘盈；实物数量小于账面数量，称为盘亏。在实际业务中，企业往往给每种实物配上价格，以金额汇总后的结果来比较账实的差异，从而判断盘盈还是盘亏。也就是说，盘点的主要目的是为了对账实差异进行处理，使账实一致，可以理解为对账务结果的“修补”。

在制品是指连续的生产过程中，处在生产线上还没有完工形成半成品或产成品、无法入库的中间过程品。在传统的企业财务实践中，对在制品而言，盘点的概念有些不同。针对在制品的盘点，更多的是统计在制品的“数量”，以便将成本分摊到完工成品和在制品之间。也就是说，它是成本核算的前提，而不是事后对账务结果的修补。

在制品是在连续生产的每个工序上累积的，每个工序都可能有物料的消耗、人工的投入、机器（折旧）的投入、能源等其他费用的投入，要准确衡量在每个工序上发生的实际成本是很困难的，只能采取月末分摊的方式。而在制品在数量上具有“不可计量”的特点，很难清楚地说，在 10 工序有“几个”在制品，在 20 工序有“几个”在制品。有人可能会说，我知道在 10 工序有 5 个毛坯，但事实上，从成本价值的角度看，这个毛坯已经经过了一定的加工，它已经不是先前的毛坯了，应加上 10 工序的成本消耗。工序越往后走，附加的加工费越多，到了最后一个工序，其形态和价值都已经基本接近要入库的半成品或产成品了。所以，理论上讲，说在制品有“几个”，都是不太严密的说法。但为了成本的核算，又必须对在制品找一个分摊的因子，于是牵强地出现“在制品的数量”一词。而这个数量，只有在月末结算前，到车间现场实地去“盘点”一下，统计在每个工序的加工件个数和完成状态。

为了核算的方便，传统财务往往借助“约当产量法”的概念来匡算在制品的数量。表11-23显示了企业如何统计“产量”总值，借以分摊成本的过程。

表11-23 基于约当产量法的在制品和成品的成本分摊

工序	在制品				完工产品		产量合计	成本总计
	完工程度	数量	约当量	分摊成本	数量	分摊成本		
	①	②	③=①×②	⑦=⑥×(③÷⑤)	④	⑧=⑥×(④÷⑤)	⑤=③+④	⑥
10	15%	4	0.6					
20	25%	4	1.0					
30	70%	12	8.4					
合计			10		40		50	
总成本								1000
分摊成本				200		800		

表11-23中，数量字段均以个为单位，金额字段均以元为单位。

表中，成本总计=上期期末遗留成本+本期发生成本。从构成上看，它包括生产过程中发生的所有料、工、费。

从表11-23中可以看到，约当产量法是以最终完工成品为比较基准，结合每个工序的完工程度，计算出约当量。例如，第10工序的完成程度为15%，表明相当于生产出0.15个完工产品，如果盘点后发现有4个在加工的实物，表明在10工序约当为0.6个完工产品。

经过这样的转换计算，所有在制品和完工产品被体现为可以同等计量的数量，于是就可以将总的成本按各自数量所占的份额分摊到在制品和完工产品上。

应该说，传统的在制品核算是在缺少信息化系统支撑的情况下为了核算产品成本不得不采取的一种方法。

它有以下两个弊端。

（1）它只能做到“大致准确”，尤其是对完工程度的衡量方面。

（2）它依赖于对生产线实物的盘点。而在连续化不间断生产的企业，在某一个时点，生产线的实物是很难准确统计的（正因为如此，有些企业提出“停线盘点”）。

11.9.2 SAP中为何不能实现在制品的盘点

在SAP中，生产订单的在制品计算是较为简单、直接的。它的计算公式为

在制品=实际成本借方+实际成本贷方

借方代表生产订单上的投入，贷方表示生产订单上的成本转出（以负数表示），一般是由于生产产品的入库导致成本转出。月结过程中，先计算出在制品金额，后通过“订单结算”的步骤使其产生会计凭证，借记“在制品”，贷记“生产成本-转出-在制品”。

在这种情况下，在制品的计算再也不依赖于车间统计的各工序完工状态和完工数量了，于是，约当成本法成为历史，不再使用。

这是由于信息化系统的应用，在一个生产订单上到底投入多少材料、多少工时（分工序、分作业类型），产出多少产品，都被有序地记账。因此，到月底时，能够很自然地计算出订单上还挂着的在制品金额。

如果订单一直没有入库，那么，订单上的所有投入就全部算作在制品；如果订单有入库，但没有达到完全交货（DLV）或技术完成（TECO）的状态，则用订单的投入减去入库产品的成本，记入在制品。

这时可能读者会问：这里计算的在制品是账面的数据，那么实际的在制品是否可以盘点一下，作账实对比，用来验证账面数据是否准确呢？

这就回到了盘点的本来面貌——盘点本身的目的是为了保证账实一致的。

能否实现在制品的盘点，要结合订单上的成本构成进行拆解、分析，看看用怎样的思路来做盘点。表11-24中对一个订单的成本进行了分析。假设该订单要生产10个产品，截至月末，投入了8个产品的料、工、费（其中，组件A1、A2的标准定额都是1个，但组件A1多投入了1个，为9个），入库的产成品为5个。从系统计算的逻辑看，在制品金额为32元。

表11-24 订单的成本分析

成本类	成本构成	成本细分	数量	单价	金额	单价来源
投入	原材料	A1	9	2	18	物料A1的价格控制下的价格
		A2	8	3	24	物料A2的价格控制下的价格

续表

成本类	成本构成	成本细分	数量	单价	金额	单价来源
	人工	Labor-10	16	1	16	Labor 工时的实际费率
		Labor-20	4	1	4	同上
	折旧费	Mach-10	16	1	16	Mach 工时的实际费率
		Mach-20	4	1	4	同上
投入小计					82	
转出	产成品	A	-5	10	-50	产品物料的标准成本
在制品					32	

表 11-24 中，人工费和折旧费的成本细分中，10、20 分别表示 10 工序和 20 工序，分别在两个成本中心中完成。

可以想象，假如月末的某个静止时点到车间去盘点在制品，所看到的是每个工序上遗留的未做完的产品（已经做完的部分，作为产成品入库了）。针对它们的盘点，应该要分析在这些“未做完的产品”实物上附加的料、工、费分别是多少，然后与账面价值进行对照。为了详细分析差异，还要将账面价值也要按成本明细项进行细分，而账面总价值 32 元的细分，需要将转出的产成品金额也按照标准成本滚算时的成本明细项进行细分。于是，又做出一张表格，如表 11-25 所示。

表 11-25 中的“在制品内含……”即为账面上推算出的在制品应该包含的料、工、费分别是多少。接下来再将实物盘点的料、工、费与账面的料、工、费进行对比，计算出差异，似乎就可以得到盘点的差异了。

表 11-25 将产出金额拆解为明细项后的在制品分析

成本构成	成本细分	投入			产出拆解			在制品内含……	
		数量	单价	金额	数量	单价	金额	数量	金额
原材料	A1	9	2	18	5	2	10	4	8
	A2	8	3	24	5	3	15	3	9
人工	Labor-10	16	1	16	10	1	10	6	6
	Labor-20	4	1	4	2.5	1	2.5	1.5	1.5
折旧费	Mach-10	16	1	16	10	1	10	6	6
	Mach-20	4	1	4	2.5	1	2.5	1.5	1.5
小计				82			50		32

情况没有这么乐观，还有以下几个问题。

（1）表 11-25 中各成本明细项的价格无论是投入还是拆解，都使用的是相同的价格，实际情况可能没有这么简单。针对产品成本的拆解，用的是标准成本滚算时的价格，而在订单上计算投入时，使用的是当前价格控制下的价格。二者可能不同，不能基于此差异来衡量“账实差异”。严格地讲，这不应视作账实盘点的差异。

（2）对于工和费，在未做完的产品实物上如何盘点?

（3）如果实际盘点出的料和账面显示的料有差异，如何认定是什么原因所致? 例如，表 11-25 中的在制品内含的 A1，账面上推算数量为 4 个，如果实际盘点出来是 3 个，看似有 1 个的盘亏，但怎么能断定是盘亏而不是已经入库的 5 个产品中多消耗（浪费）了 1 个 A1 呢? 如果草率地认为这 1 个是盘亏并作账实差异的调整，极有可能是错误的。

正因为如此，SAP 只在 MM 模块提供了库存的盘点功能，而没有提供在制品的盘点功能。所以，在 SAP 的应用中，不建议对在制品作盘点。当生产订单生产完成，达到 DLV 或 TECO 的状态时，自然可以计算差异，这个时候再对订单作最后的结算。

11.10 财务月结和年结步骤总结

财务月结和年结的步骤散落在 FI 和 CO 下的各个模块中，而这些步骤间其实存在着一定的先后顺序或相关性，因此这里综合地对这些步骤予以总结，以引导用户正确操作。

【前置知识】

2.6 节 （总账模块）定期处理
3.10 节 （应收模块）定期处理
4.10 节 （应付模块）定期处理
5.6 节 （资产模块）资产的折旧
5.9 节 （资产模块）资产的年度处理
6.9 节 （成本中心会计模块）月末操作
7.3 节 （产品成本控制模块）成本对象控制
7.4 节 （产品成本控制模块）实际成本核算 / 物料分类账
7.5 节 （产品成本控制模块）CO 模块月结总结

8.5节　获利分析数据的传送（月末）

11.10.1　财务的月结步骤

财务的月结总体过程可以使用图11-141来介绍。从图中可以看到，FI的步骤和CO的步骤是交错进行的。同时，后勤的业务也必须确保在财务操作步骤之前完成。

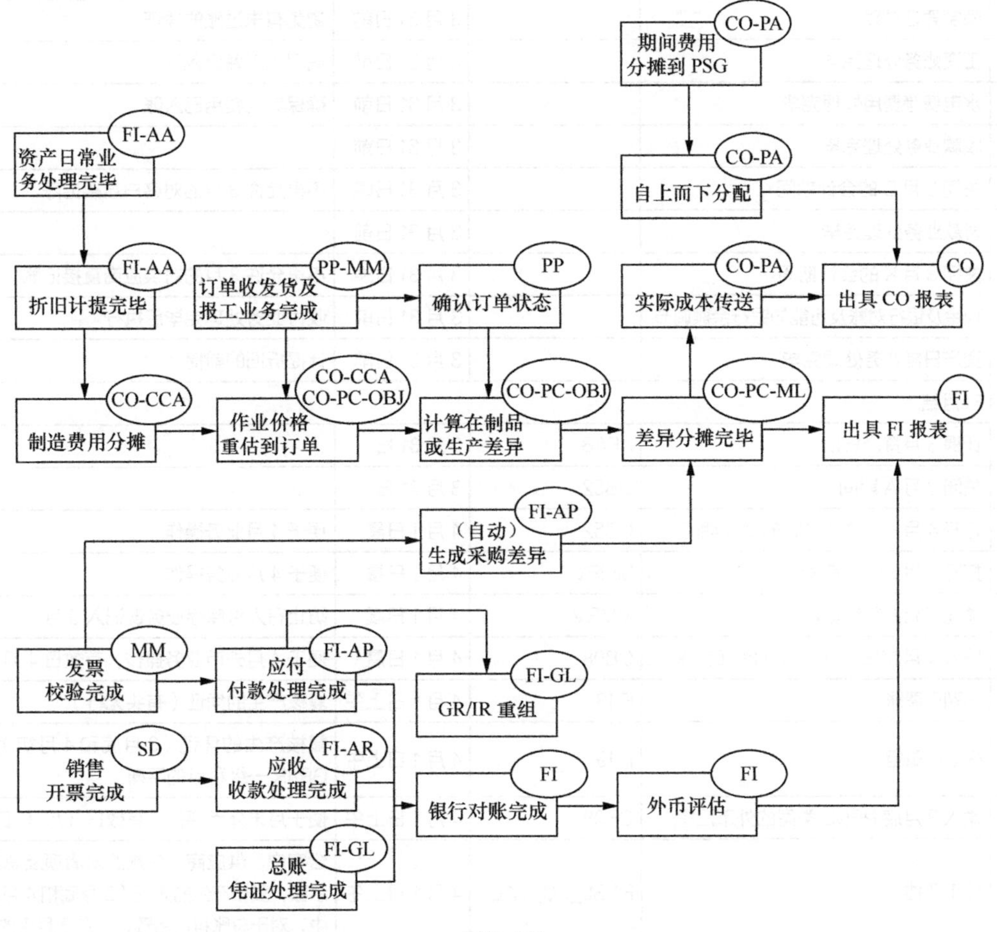

图11-141

这些操作步骤中间，还有一些具体的操作细节，如在恰当的时点打开或关闭会计期间时某些步骤还有若干细分动作等。

结合过去项目的经验，针对一个标准化的生产型企业，给出月结的步骤清单，如表11-26所示，供用户参考。

假设前提如下。

（1）当前时间为某年3月底4月初，准备处理3月的月结。

（2）该企业会计期间为自然月，即3月1日至3月31日的业务属于3月会计期。

表11-26　财务月结步骤范例

序号	步骤	事务代码	操作时点	说明
1	后勤业务完成			
1-1	生产订单业务处理完毕			报工、状态变为TECO
1-2	库存事务处理完毕			发料、收货、发货、转移
1-3	采购事务处理完毕			含发票校验

续表

序号	步骤	事务代码	操作时点	说明
1-4	销售事务处理完毕			含对客户开票
2	财务基础事务完成			
2-1	预制凭证过账		3 月 31 日前	避免有未过账的凭证
2-2	工资账务处理完毕		3 月 31 日前	确保人工费已入账
2-3	水电费等费用处理完毕		3 月 31 日前	确保其他费用已入账
2-4	收款业务处理完毕		3 月 31 日前	
2-5	关闭 3 月 D 的会计期间		3 月 31 日晚	不再允许 3 月的对客户直接记账
2-6	付款业务处理完毕		3 月 31 日前	
2-7	关闭 3 月 K 的会计期间		3 月 31 日晚	不再允许 3 月的对供应商直接记账
2-8	现金及银行对账及可能的银行余额调节		3 月 31 日前	收付业务处理完毕后执行
2-9	资产日常业务处理完毕		3 月 31 日前	计提折旧的前提
3	FI 月结			
3-1	计提 3 月资产折旧	AFAB	3 月 31 日	
3-2	关闭 3 月 A 期间	OB52	3 月 31 日	
3-3	打开 4 月 +/A/D/K/M/S 的会计期间	OB52	4 月 1 日晨	便于 4 月业务操作
3-4	打开 4 月份物料期间	MMPV	4 月 1 日晨	便于 4 月业务操作
3-5	关闭“允许前期记账”	MMRV	4 月 1 日晨	防止有人将库存业务误记入 3 月
3-6	输入 4 月 M/EURX 类型的外币汇率	OB08	4 月 1 日晨	便于 4 月外币业务操作，有效日 4 月 1 日
3-7	GR/IR 清账	F.13	4 月 1 日上午	复核产生的凭证（有头无行）
3-8	GR/IR 重组	F.19	4 月 1 日上午	复核产生的凭证（3 月底和 4 月初）；复核 GR/IR 一级科目的平衡
3-9	输入 3 月底 PEND 类型的外币汇率	OB08	4 月 1 日上午	便于月末外币评估，有效日 3 月 31 日
3-10	外币评估	FAGL_FC_VAL	4 月 1 日上午	含客户、供应商、总账的未清项及总账科目余额；复核产生的凭证（3 月底和 4 月初。其中，对于总账科目余额，只有 3 月底的凭证）
3-11	将销售费用、管理费用结转到 6 字头			
4	CO-CCA：将辅助生产成本中心的费用转入基本生产成本中心			
4-1	计算间接费用	CO43	4 月 1 日下午	属于 CO-PC-OBJ，但由于该步骤执行后成本中心可能还会有余额需要分摊，因此提到此处操作；也有少数企业通过调整间接费用率使余额趋近于 0
4-2	确认所有费用输入完毕	S_ALR_87013611	4 月 1 日下午	确保分配和分摊循环的发送方的值已归集完毕
4-3	对统计指标记账	KB31N	4 月 1 日下午	用于分配或分摊，确保分配或分摊有依据（如果使用统计指标）
4-4	执行分配循环	KSV5	4 月 1 日下午	执行后复核结果（成本中心报表、CO 凭证、可能的 FI 凭证）
4-5	执行分摊循环	KSU5	4 月 1 日下午	执行后复核结果（成本中心报表、CO 凭证、可能的 FI 凭证）

续表

序号	步骤	事务代码	操作时点	说明
4-6	第一里程碑：辅助生产 CTR 余额为 0	S_ALR_87013611	4月1日下午	
5	CO-CCA&CO-PC-OBJ：将基本生产成本中心的费用转入订单			
5-1	锁定3月的报工和报工反冲作业	OKP1	4月1日下午	确保基本生产成本中心3月的作业量不会再有变化
5-2	成本分割	KSS2	4月1日下午	将费用分割到各个作业类型
5-3	作业价格计算	KSII	4月1日下午	计算作业类型的实际价格
5-4	作业价格重估到订单	CON2	4月1日下午	将实际价格与计划价格的差异输送到订单上，在 CO-PC 下操作
5-5	对基本生产成本中心尾差作处理	S_ALR_87013611	4月1日下午	应该只有小额尾差。将尾差转入“销售成本－成本中心尾差转入”
5-6	第二里程碑：基本生产 CTR 余额为 0	S_ALR_87013611	4月1日下午	
6	CO-PC-OBJ：围绕生产订单的月结			
6-1	确认在制品的结账期间	KKG0	4月2日上午	结账期间应该为2月，表明2月已经计算完毕，可以计算3月 WIP
6-2	计算3月在制品	KKAO	4月2日上午	分析清单数据，确保无误；将清单保存备档
6-3	计算3月差异	KKS1	4月2日上午	分析清单数据，确保无误；将清单保存备档
6-4	修改“允许前期记账”，使其允许	MMRV	4月2日上午	因为下一步“结算”要求：允许对3月份物料记账
6-5	结算	CO88	4月2日上午	复核产生的会计凭证
6-6	复核生产成本、制造费用的平衡	FAGLB03	4月2日上午	如不平衡，需要查明原因（可结合“订单选择”报表），并调整处理
6-7	修改“允许前期记账”，使其不允许	MMRV	4月2日上午	“结算”既已完成并复核无误，继续关闭对3月物料记账的许可
6-8	第三里程碑：5+8字头科目余额为 0	FAGLB03	4月2日上午	表明所有生产的投入和转出经过结算，已经平衡
7	CO-PC-ACT/ML：计算产品的实际成本，分摊差异			
7-1	确认各种差异科目的发生额归集齐全	FAGLB03	4月2日下午	如有异常差异出现，要先分析原因、排除问题
7-2	建立实际成本核算运行	CKMLCP	4月2日下午	建立成本核算运行的条目，分配工厂
7-3-1	实际成本核算运行－选择	CKMLCP	4月2日下午	
7-3-2	实际成本核算运行－确定顺序	CKMLCP	4月2日下午	
7-3-3	实际成本核算运行－单级处理确定	CKMLCP	4月2日下午	
7-3-4	实际成本核算运行－多级处理确定	CKMLCP	4月2日下午	
7-3-5	实际成本核算运行－消耗的重新评估	CKMLCP	4月2日下午	
7-3-6	实际成本核算运行－计算在制品	CKMLCP	4月2日下午	
7-3-7	修改“允许前期记账”，使其允许	MMRV	4月2日下午	因为下一步“过账清算”要求：允许对3月份物料记账
7-3-8	实际成本核算运行－过账清算	CKMLCP	4月2日下午	复核产生的会计凭证
7-3-9	修改“允许前期记账”，使其不允许	MMRV	4月2日下午	“过账清算”已完成并复核无误，继续关闭对3月物料记账的许可

续表

序号	步骤	事务代码	操作时点	说明
7-4	查看值流监视器，分析未分配未分摊差异	CKMVFM	4 月 2 日下午	查看是否有应分配分摊但未分配分摊的差异；查看是否有异常的巨额差异。如有，应排除问题
7-5	手工调整未分配未分摊差异	F-02	4 月 2 日下午	将其转入“销售成本 - 未分配未分摊差异”科目
7-6	第四里程碑：差异科目余额为 0	FAGLB03	4 月 2 日下午	所有差异都已经转入存货或损益
7-7	出具资产负债表、损益表	F.01	4 月 2 日下午	或者使用中国本地化报表程序出具
7-8	关闭 3 月份 +/M/S 的会计期间	OB52	4 月 2 日下午	避免再次对 3 月记账
8	CO-PA：获利能力分析			
8-1	初步复核获利能力分析报表	KE30	4 月 3 日上午	确认报表数据正确。如有异常，排除问题
8-2	传送实际成本到获利能力分析	KE27	4 月 3 日上午	将物料分类账计算出的实际成本传送到“销售成本（实际）”值字段
8-3	运行分摊（成本中心费用传送至获利段）	KEU5	4 月 3 日上午	将销售费用、管理费用传送到获利分析的相应维度和值字段
8-4	自上而下分配	KE28	4 月 3 日上午	将未分配的金额自上而下细分到明细特征（按需分配）
8-5	复核获利能力分析报表	KE30	4 月 3 日上午	
8-6	冻结 CO 期间 3 月的所有事务	OKP1	4 月 3 日上午	避免再有人操作 3 月的成本业务

（3）该企业使用的会计科目中，所有费用集中在 8 字头科目中核算，月末再根据功能范围提取销售费用、管理费用，转入 6601 和 6602 科目。

（4）该企业使用了间接费用表，将某些辅助部门（如仓库管理部门）的费用以间接费用的形式吸收到订单上。

（5）该企业启用了物料分类账、获利能力分析，月末要将实际成本传递到获利分析中。

根据表 11-26 的计划，企业可以在 4 月 2 日下午完成 3 月资产负债表和损益表的出具，并在 3 日中午最终完成 3 月的月结操作。

各企业的实际情况可能各有不同，可以在表 11-26 的基础上略加修改，形成符合企业核算要求的财务月结步骤。

企业在每月月结时，应打印出一份月结步骤清单，作为检查核对的参考。在每一项任务完成后，打钩表示完成，这样可以确保月结工作按部就班地得以执行，避免出现混乱。甚至可以在每一步后面标注完成时间或花费时长，以便统计分析每一步骤的耗时，将来可以优化那些耗时较长步骤的操作。例如，每月 CO88 和 CKMLCP 操作耗时较长，可以分析其耗时的增长趋势，然后有针对性地给生产订单打删除标志或者让长期不用的核算对象处于变更状态，以便加快月结进程。

11.10.2 财务的年结步骤

财务的年结步骤往往在最后一个期间的月结期间完成。它既包含系统本身要求的操作，也包含企业业务所要求的操作。主要工作如下。

（1）各类按年度编号的凭证如会计凭证、物料凭证的编号范围的扩充。

（2）控制范围的年度扩充及成本计划。

（3）余额结转。

（4）资产年末年初的操作。

（5）年末的利润结转与分配（纯业务操作）。

结合过去项目的经验，针对一个标准化的生产型企业，给出年结的步骤清单，如表 11-27 所示，供用户参考。

假设前提如下。

（1）当前时间为 2016 年末 2017 年初，准备处理 2016 年末的年结。

表 11-27 财务年结步骤范例

序号	步骤	事务代码	操作时点	说明
1	编号范围扩充			
1-1	扩充 2017 年度会计凭证编号范围	OBH2	2016 年 12 月 31 日前	从 2016 年度复制到 2017 年度
1-2	扩充 2017 年度物料凭证编号范围	OMBT	2016 年 12 月 31 日前	逐项设置 2017 年度的编号范围
2	控制范围的年度扩充及成本计划			
2-1	维护各版本（0/1/2……）在 2017 年度的设置	OKEQ	2016 年 12 月 31 日前	将设置从 2016 年复制到 2017 年
2-2	维护 2017 年度各月的成本中心输入计划	KP06	2016 年 12 月 31 日前	成本中心费用投入计划
2-3	维护 2017 年度各月的成本中心输出计划	KP26	2016 年 12 月 31 日前	成本中心作业类型的作业量和价格计划
3	余额结转			
3-1	总账科目余额结转	FAGL GVTR	2017 年 1 月 1 日	只要在 1 月初操作即可，只操作 1 次
3-2	客户余额结转	F.07	2017 年 1 月 1 日	只要在 1 月初操作即可，只操作 1 次
3-3	供应商余额结转	F.07	2017 年 1 月 1 日	只要在 1 月初操作即可，只操作 1 次
4	资产年初年末的操作			
4-1	计提 12 月份资产折旧	AFAB	2016 年 12 月 31 日	（月结步骤）
4-2	关闭 12 月份 A 期间	OB52	2016 年 12 月 31 日	（月结步骤）确保不会再有人操作 2016 年 12 月的业务
4-3	2016 年资产年终结算	AJAB	2016 年 12 月 31 日	关闭 2016 年，一定要成功；否则会有后续的麻烦
4-4	会计年度更改到 2017 年	AJRW	2017 年 1 月 1 日	打开 2017 年并使资产的 2016 年末数转为 2017 年初数
5	年末的利润结转与分配			
5-1	出具2016年12月的损益表（含年累计数）	F.01	2017 年 1 月 2 日下午	（月结步骤）
5-2	复核留存收益科目的年初数是否等于累计利润	FAGLB03	2017 年 1 月 2 日下午	此时应等于上年度的累计净利润
5-3	手工将各类损益结转到本年利润	F-02	2017 年 1 月 2 日下午	可以记账到 2016 年 13 期间，使用“损益结转”科目
5-4	将本年利润结转到未分配利润	F-02	2017 年 1 月 2 日下午	可以记账到 2016 年 13 期间
5-5	复核留存收益科目的年初数是否为 0			此时应等于 0，因为所有的损益最终都转入未分配利润
5-6	分配利润	F-02	2017年1月至审计结束	可以记账到 2016 年 13 期间

（2）企业业务上存在要求：每年末要手工将损益类科目结转到本年利润，即年末使用账结法结出本年利润。

（3）企业设置的留存收益科目为“本年利润-留存收益过渡”，而不是“本年利润”，也不是“未分配利润”。

从表 11-27 中可看出，企业的年结更多的是技术性的操作或纯财务的手工操作，业务风险不大。主要是在资产方面，年终结算一定要保证成功。年终结算成功的前提是 2016 年度所有月份的资产折旧都计提完毕。在业务实践中，经常有企业在试图将会计年度更改到下一年（操作步骤 4-4）时发现还有上两个年度的资产折旧没有计提完毕，于是导致新的会计年度不能正确打开，因此，每年度的资产年终结算（操作步骤 4-3）时，系统如果提示有错误，一定不能放任不管，而要分析错误原因，及时解决问题。

企业每年年结时，要将年结步骤清单打印出

来，作为检查核对的参考，完成一项，勾选一项。如有异常，也要标记下来，并予以解决。

年结过程中，利润结转与分配由于牵涉对全年数据的处理，为了不影响上年度 12 月的账务，一般记入上年度的 13 期间（记账日期从 SAP 功能上看，可以写为上年度 12 月 1 日至 12 月 31 日的任意日期，但在业务实践上，一般只写 12 月 31 日）。

对于净利润的计算，往往需要经过外部审计机构的审计；对于利润的分配，经董事会提出分配方案后，还需要经过股东大会的审议，因此，这两项在记账后可能还会进行修改，最终，年结的完成可能迟至股东大会审议结束。

11.11 如何提高月结事务的性能

某些企业在使用 SAP 多年后，会发现系统性能比较差，主要体现在月结的某些步骤越来越慢了，如订单结算（事务代码 CO88）、实际成本核算（事务代码 CKMLCP）中的部分步骤等。

除了服务器本身的硬件设备调整（本节不介绍此项）外，还可以通过后台处理及相应的参数选择来提升性能。另外，对于订单结算，主要依靠对订单打删除标志（也称“删除标记”）来减少订单处理量；对于实际成本核算，主要依靠更改长期不用的核算对象的状态。

本节分别介绍这 3 种方法。

11.11.1 后台运行的参数选择

在运行某些程序时，如果处理的数据量较多，建议采用后台运行。每一个大批量的作业，系统一般都会有后台处理的选择。如果有后台处理选择的，建议选择后台处理（无论对于 CO 的月结事务还是 FI 的月结事务都适用）。

某些事务的运行参数中，就有“后台处理”这一选项。这种情况多见于 CO 的月结事务，如订单的差异计算，如图 11-142 所示。

路径：SAP 菜单 > 会计核算 > 控制 > 产品成本控制 > 成本对象控制 > 按订单划分的产品成本 > 期末结算 > 单一功能 > 差异 > 集中处理

事务代码：KKS1

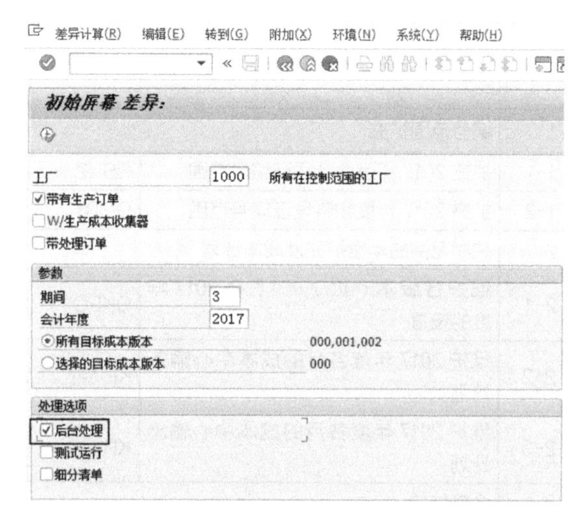

图11-142

CO 月结的多数事务都是在运行的选择参数中有“后台处理”选项。

某些事务的后台处理选项不是出现在运行参数中，而是被安排在菜单命令中，这种情况多见于 FI 的月结事务，如 GR/IR 重组的操作，在菜单的“程序”中有“后台执行”命令，如图 11-143 所示。

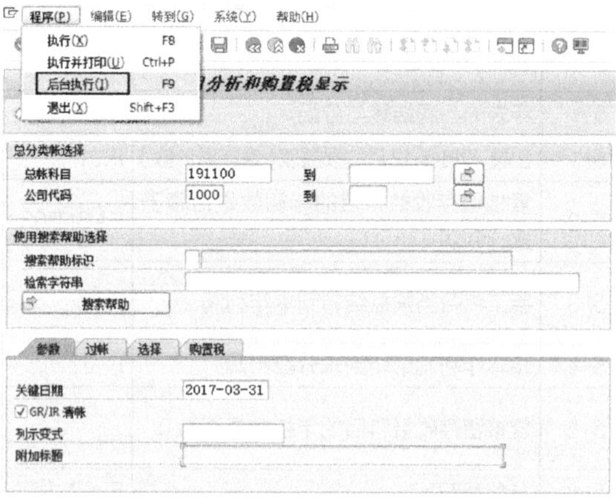

图11-143

路径：SAP 菜单 > 会计核算 > 财务会计 > 总分类账 > 期间处理 > 清算 > 重新分类 >GR/IR 清算

事务代码：F.19

在后台执行前，系统如果要求确认作业参数，可以在“服务器组”字段选择 parallel_generators（并行处理器），表示由服务器并行处理，如图 11-144 所示。这样可以提高程序运行速度。

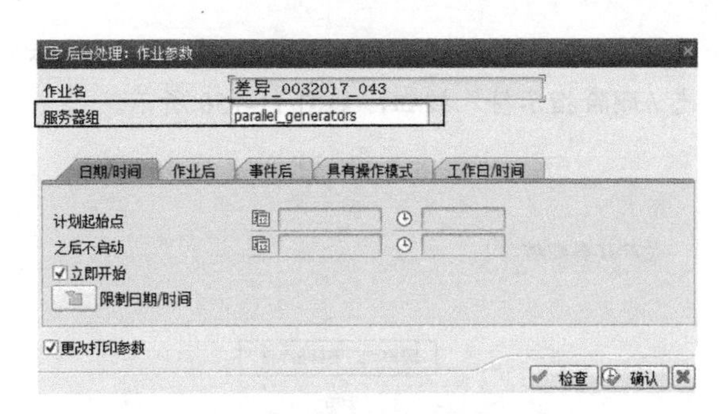

图11-144

并行处理意味着系统同时使用多个进程而不是一个进程处理数据，这样总的运行时间会缩短。

11.11.2 减少订单月结操作中的订单数量

CO-PC-OBJ 模块的月结过程中，由于订单要求“完全结算”，因此每次在运行时，系统会“遍历”所有订单，以防止遗漏。即使是历史上曾经处理过的订单，系统仍然会访问它们，将它们纳入处理范围。这样，随着时间的推移，系统的数据处理量会越来越多，从而效率越来越低。因此，有必要寻找一种方法，对那些已经完成所有结算业务的订单不再处理，将它们排除在外。

如果订单同时具备以下 3 个条件，就可以打上删除标志（deletion flag），使其具有 DLFL 状态（删除标志状态），这样就会显著提高系统性能。

（1）DLV 或 TECO 状态。

（2）已经计算了差异（准确地讲，还要已经结算）。

（3）订单不会有后续成本发生。

> **提示**
> 在SAP中，中英文环境下的删除标志状态代码不一致。在中文环境下，状态代码为DLID，而在英文环境下，状态代码为DLFL。

同时，在 SAP Note 308513: Variances on completed orders 中提到，要求完全结算（full settlement）的订单，即使其状态是 DLV 或 TECO，仍会被纳入计算差异的范围之内，除非打上删除标志。

给特定的订单打上删除标志，是在更改的模式下修改其状态来实现的。以生产订单为例，操作如图 11-145 所示。

路径：SAP 菜单 > 后勤 > 生产 > 车间现场控制 > 订单 > 更改

事务处理：CO02

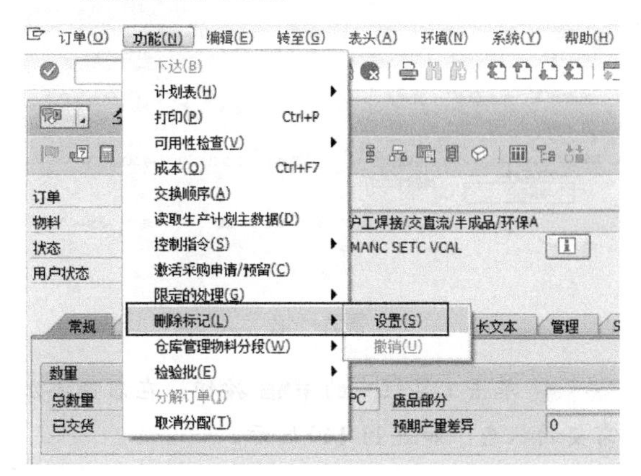

图11-145

如果要批量对订单打上删除标志，则必须先建立状态选择参数文件（status selection profile），接下来建立一个打上删除标志的变式，然后执行该变式。

【业务操作 1】如何建立状态参数文件?

路径：IMG> 控制 > 产品成本控制 > 信息系统 > 成本对象控制 > 总结分析 / 订单选择的设置 > 定义状态选择参数文件

事务代码：BS42

STEP 1 在“更改视图‘状态选择计划’：概览”界面可以看到左侧树状结构及工具栏中的 新条目 按钮，如图 11-146 所示。

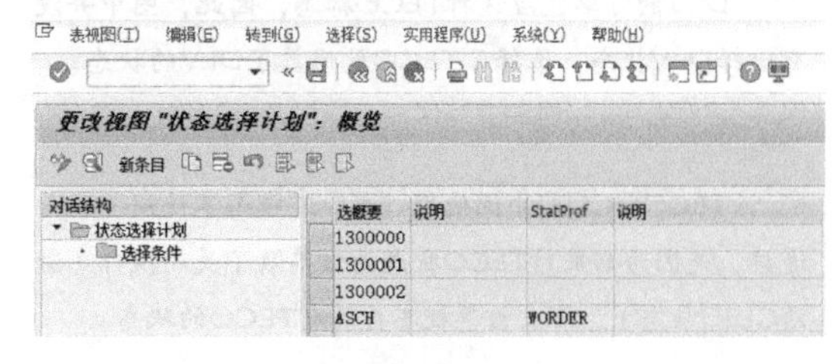

图11-146

“**选概要**”：选择参数文件。

STEP 2 单击 新条目 按钮，在右侧出现的条目中输入新的选择参数文件的代码和描述，如图 11-147 所示。

图11-147

STEP 3 双击左侧的“选择条件”项，系统在右侧出现明细条目项，同时工具栏中出现 新条目 按钮，如图 11-148 所示。

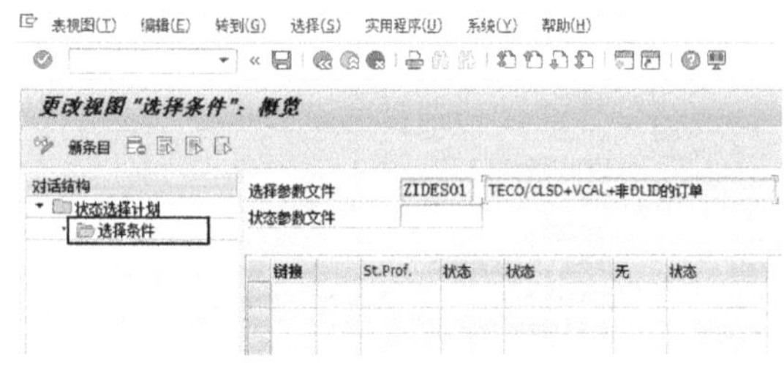

图11-148

STEP 4 单击工具栏中的 新条目 按钮，在右侧添加需要的状态，如图 11-149 所示。

图11-149

图 11-149 中的输入信息表示，选择的订单必须同时具备 3 种条件就会被纳入选择参数文件 ZIDES01 的范围：TECO 或 CLSD 状态、VCAL 状态、没有 DLID 状态。

> 提示
> DLV的订单也应该打TECO标志，因此，图中并没有选择DLV状态，选择了TECO就涵盖了DLV的状态。

> 提示
> TECO和CLSD中间使用“或”连接而不使用“和”连接，是因为如果对TECO状态的订单做了关闭操作（激活CLSD状态），那么订单就不再具有TECO的状态。

> 提示
> 排除掉DLID状态，是避免对已经具有DLID状态的订单再做处理，从而减少处理量。

STEP 5 单击“保存”按钮，保存所做的操作。至此，选择参数文件 ZIDES01 创建完成。

【业务操作 2】接下来介绍如何建立变式。

路径：SAP 菜单 > 后勤 > 生产 > 车间现场控制 > 工具 > 归档 > 订单

事务代码：CO78

STEP 1 在“生产订单归档”界面单击“删除标志 / 删除指示符”按钮，如图 11-150 所示。

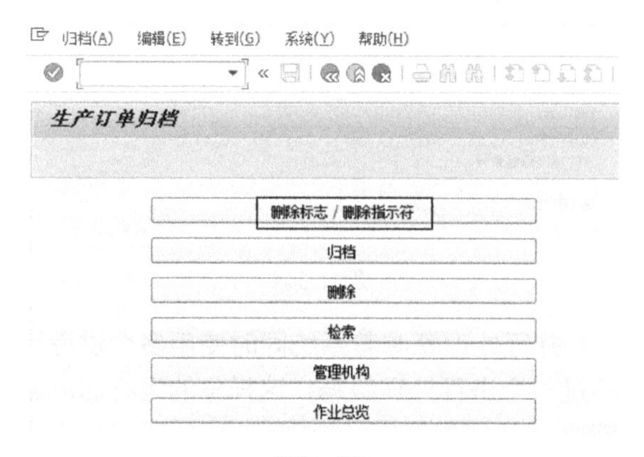

图11-150

生产订单归档的各项操作都集中在此界面。在此，只是打上删除标志。

STEP 2 单击“删除标志 / 删除指示符”按钮后进入“归档管理：准备”界面，输入要创建的变式名称，如图 11-151 所示。

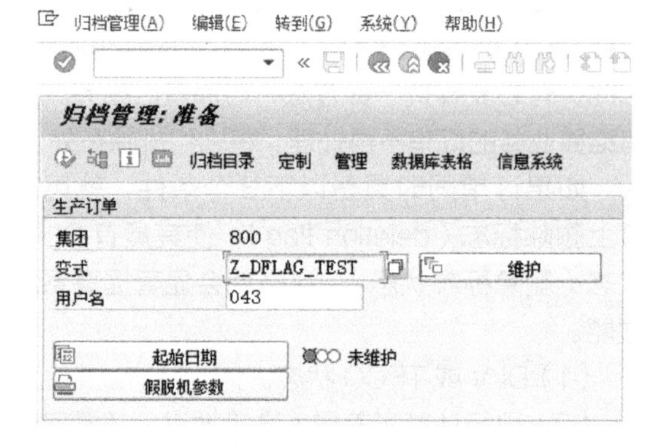

图11-151

STEP 3 单击 维护 按钮后，系统弹出“变式：更改屏幕分配”对话框，选中“对于单个选择屏幕”单选钮，并在 1000 左侧勾选“已创建的”复选框，如图 11-152 所示。

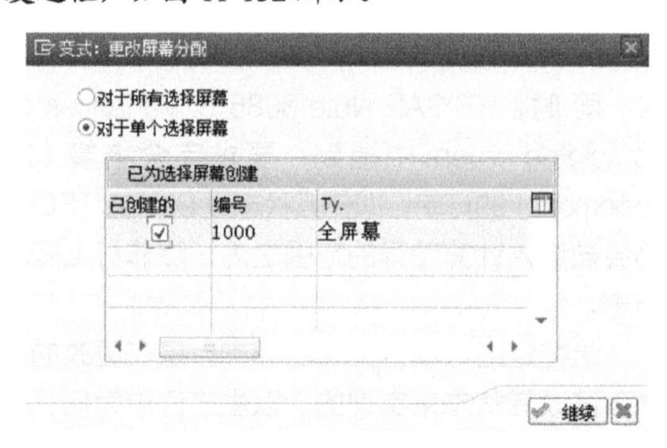

图11-152

STEP 4 单击 继续 按钮，进入“维护变式：报表PPARCHP1，变式××××”界面，输入该变式的运行参数，如图11-153所示。

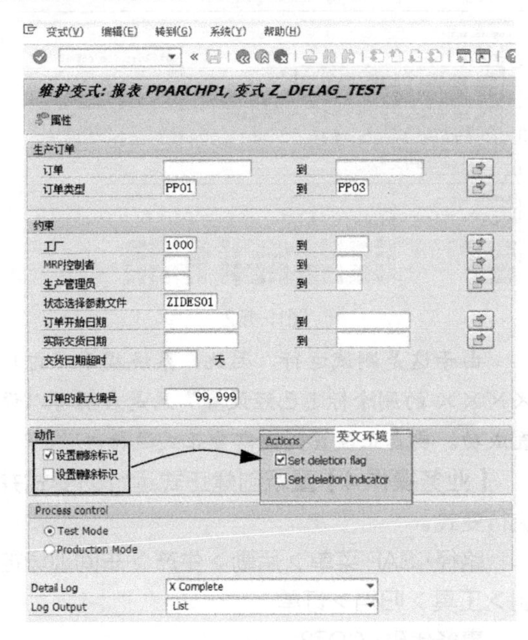

图11-153

状态选择参数文件：选择前面创建的状态选择参数文件ZIDES01。

设置删除标记：给订单打上删除标志。

设置删除标识：给订单打上删除指示符。这是真正归档前的指令。此处不勾选。

STEP 5 单击“返回”按钮，系统出现对话框，询问是否保存，单击“是”按钮，如图11-154所示。

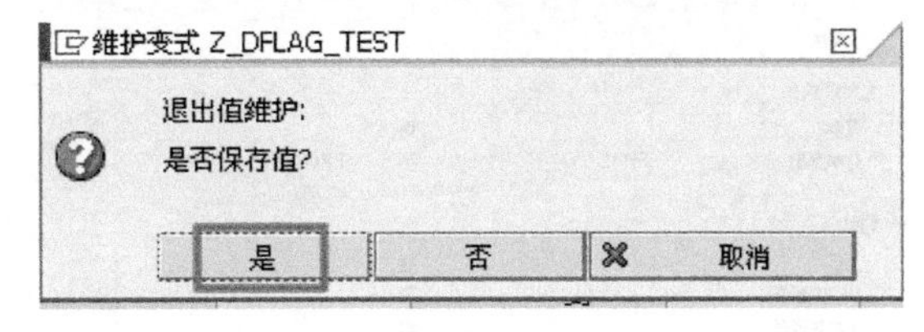

图11-154

STEP 6 系统进入“变式属性”界面，输入变式的含义并保存，如图11-155所示。

至此，变式创建完毕。

【业务操作3】接下来执行变式。

路径：SAP菜单 > 后勤 > 生产 > 车间现场控制 > 工具 > 归档 > 订单

事务代码：CO78

STEP 1 在“生产订单归档”界面单击“删除标志/删除指示符”按钮进入“归档管理：准备”界面，输入前面创建的变式，如图11-156所示。

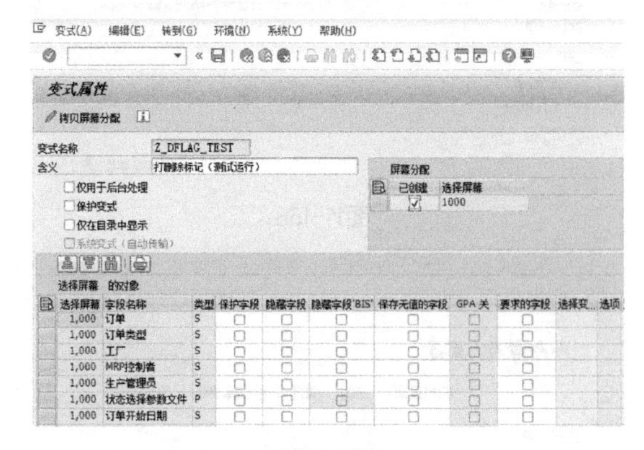

图11-155

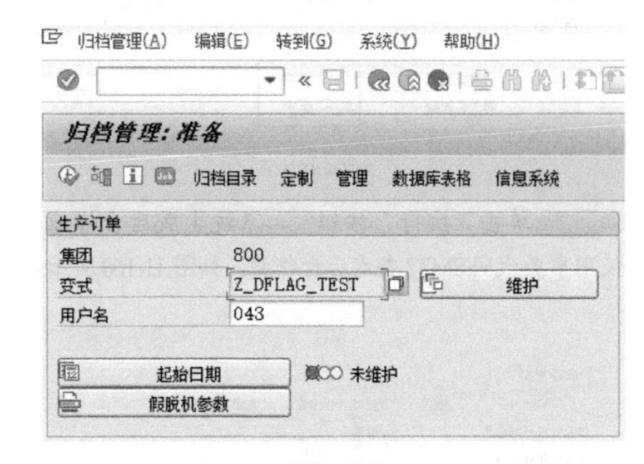

图11-156

STEP 2 单击 起始日期 按钮，设置其参数，单击 立刻 按钮，系统会自动显示并勾选“立即开始”复选框，如图11-157所示。

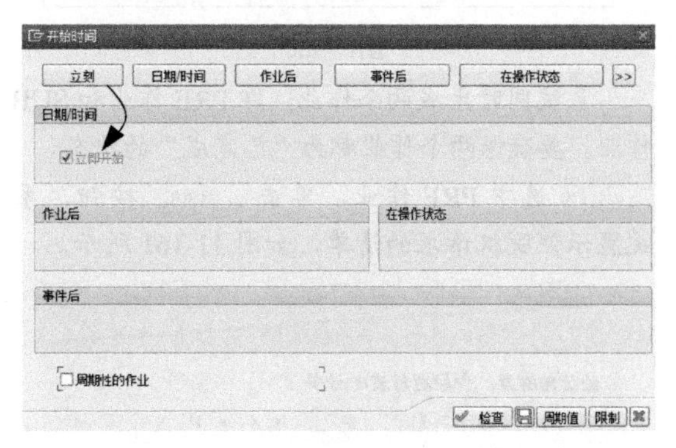

图11-157

STEP 3 单击 假脱机参数 按钮，设置打印参数，如图11-158所示。

STEP 4 确认参数后，返回“归档管理：准备”界面，系统显示两个参数的状态都是“维护”，如图11-159所示。

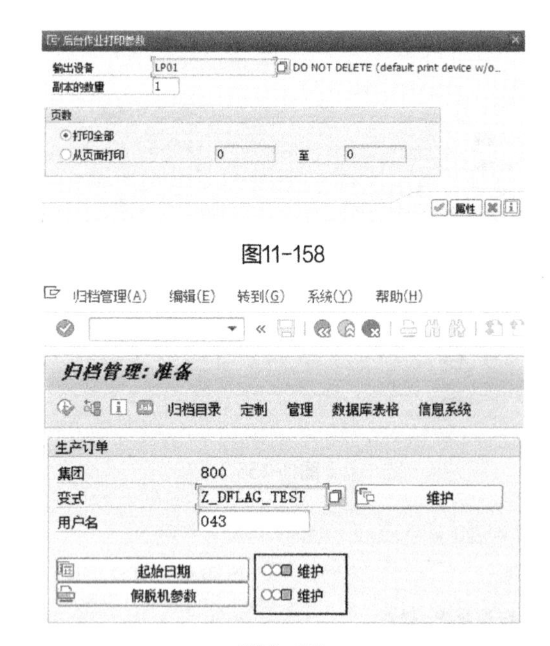

图11-158

图11-159

STEP 5 单击“执行”按钮，系统生成后台作业。使用事务代码SM37查看后台作业，如图 11-160 所示。

图11-160

系统同时生成两个作业，即 PRE 作业和 SUB 作业。要确保两个作业都为“已完成”的状态。

STEP 6 选中 PRE 作业，单击“假脱机”按钮，系统显示假脱机请求的清单，如图 11-161 所示。

图11-161

STEP 7 单击“假脱机”清单中“类型”栏下的“ABAP 清单”按钮，显示作业产生的详细清单文件，如图 11-162 所示。

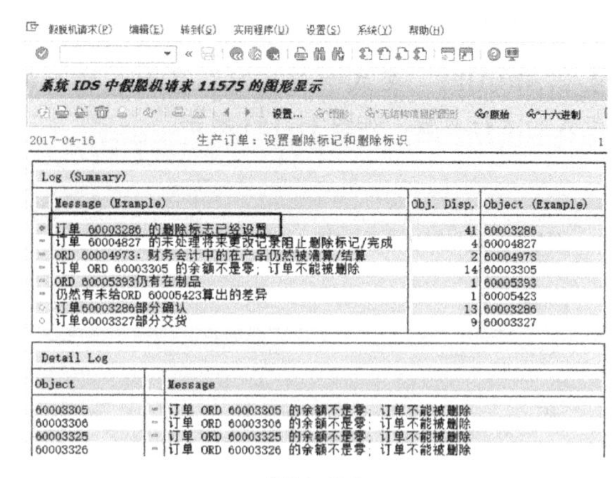

图11-162

由于这是测试运行，因此，系统提示“订单××××的删除标志已经设置”只是表明可以设置成功。要真正设置，还需要正式运行。

【业务操作 4】重新创建正式运行的变式并执行变式。

路径：SAP 菜单 > 后勤 > 生产 > 车间现场控制 > 工具 > 归档 > 订单

事务代码：CO78

本操作的步骤和【业务操作 2】【业务操作 3】的步骤基本相同，因此此处不再详细叙述，请结合前两项操作学习。

STEP 1 创建正式运行的变式 Z_DFLAG_PROD，如图 11-163 所示。

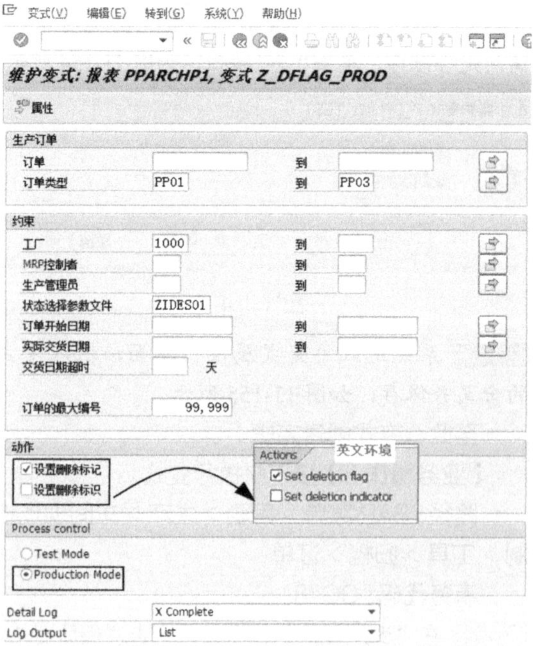

维护变式：报表 PPARCHP1，变式 Z_DFLAG_PROD

生产订单			
订单		到	
订单类型	PP01	到	PP03
约束			
工厂	1000	到	
MRP控制者		到	
生产管理员		到	
状态选择参数文件	ZIDES01		
订单开始日期		到	
实际交货日期		到	
交货日期超时	天		
订单的最大编号	99,999		

动作：☑设置删除标记 ☐设置删除标识（英文环境 Actions：☑Set deletion flag ☐Set deletion indicator）

Process control：○Test Mode ⦿Production Mode

Detail Log：X Complete

Log Output：List

图11-163

STEP 2 以变式 Z_DFLAG_PROD 执行程序，图略。

STEP 3 （可选）挑选执行成功的订单，以事务代码 CO03 复核订单的状态。如图 11-164 所示，订单 60003286 已经被打上删除标志。

图11-164

订单被打上删除标志后，下次再运行 CO 月结的步骤，如差异计算、结算时，系统就不会将该订单包含在内，从而提高系统运行性能。

> **提示**
> 如果错误地给订单打上删除标志，还是可以撤回的。但一旦后续继续给订单打上删除标识符后，就不能撤回了。打删除标识符是执行归档的准备工作。打上删除标识符后，接下来就可以进行归档，即将订单真正从数据库中删除了。

11.11.3 减少实际成本核算的处理对象数量

企业启用物料分类账后，在实际成本核算的单级差异处理、多级差异处理、记账清算等步骤上，会运行较长时间。一般可能在 2 小时以上，多的甚至达到 8 小时。这是由于物料核算的对象在不断增长。

以 L 公司为例，L 公司的多数产品使用按单生产模式。因此，实际成本核算时处理的对象是：物料 + 工厂 + 销售订单 + 行项目。由于销售订单每月都在增长，因此，物料核算的对象每个月都会增长。该公司从 2009 年 1 月开始，到 9 月为止，每个月处理的对象量如表 11-28 所示。

表 11-28 L 公司实际成本核算的对象量增长记录

期间	记录数	增长量	增长百分比 /%
200901	68 220		
200902	79 293	11 073	16
200903	97 663	18 370	23
200904	116 458	18 795	19
200905	139 081	22 623	19
200906	160 927	21 846	16
200907	181 594	20 667	13
200908	204 264	22 670	12
200909	220 304	16 040	8

因此，实际成本核算运行所需要的时间也在逐月拉长。

对实际成本核算运行的对象进行分析，可以发现在每个月运行时，某些核算对象已经没有初始库存，当期也没有任何入库和出库的交易，但仍然被纳入核算中，走完了实际成本核算的每一个步骤，如图 11-165 所示。

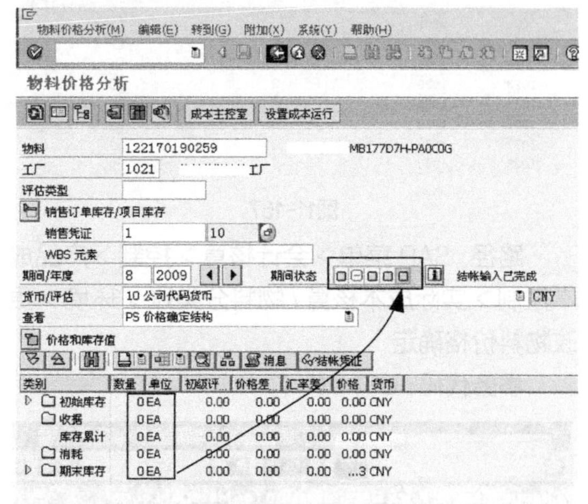

图11-165

针对这个问题，SAP Note 8719 给出提示，要求将核算对象的价格确定控制（price determination control）由 3 改 2。

改变核算对象的价格确定控制，有以下两个前提。

（1）该核算对象（物料 + 工厂 + 销售订单 + 行项目）的操作已经全部完成，如图 11-166 所示。

（2）评估范围（工厂）的 Price Det. Binding in Val Area 属性没有被勾选，即价格确定控制 3 没有在该工厂绑定，换句话说，针对某个物料或核算对象是可以修改的，如图 11-167 所示。

在这两个前提下，针对已经完成的核算对象，将价格确定的控制由 3 改为 2，如图 11-168 所示。

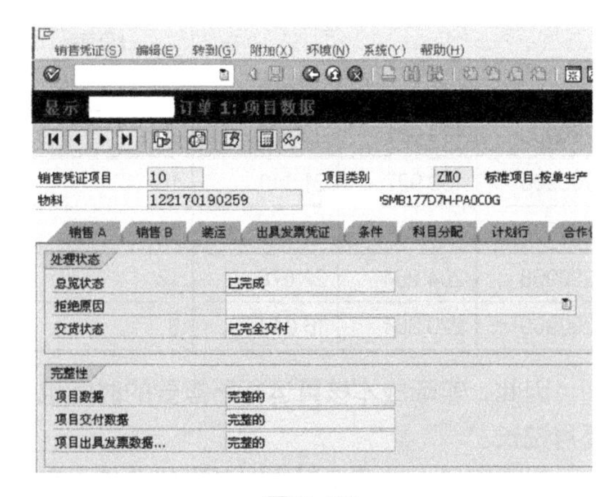

图11-166

Table View Edit Goto Selection Utilities(M) System Help

Change View "Activation of Material Ledger": Overview

Valuation Area	Company Code	ML Act.	Price Deter.	Price Det. Binding in Val Area
0001	0001	☐		☐
1021	1020	☑	3	☐
1022	1020	☑	3	☑
1023	1020	☑	3	☑
1024	1020	☐		☐
1031	1030	☑	3	☑
1032	1030	☑	3	☑
1033	1030	☑	3	☑

图11-167

路径：SAP 菜单 > 会计核算 > 控制 > 产品成本控制 > 实际成本核算 / 物料分类账 > 环境 > 更改物料价格确定

事务代码：CKMM

Program Edit Goto System Help

Change Material Price Determination for Material Legder

Material	122170190259	to	
Plant	1021	to	
Valuation Type		to	
Sales Document	1	to	
Item (SD)	10	to	
WBS Element		to	
Material Type		to	
Material Group		to	
Valuation Class		to	
Valuation Category		to	
Price control		to	

Restrict Material Stock

- ○ Stock Material
- ◉ Special Stock

Program Definitions

Old Price Determination	3
New Price Determination	2
New Price Control	

Processing Options

- ☑ Test run
- ☐ Only Display Unchanged Mats
- ☐ Background Processing
- ☑ Save log

图11-168

这样修改后，的确可以将“物料 + 工厂 + 销售订单 + 行项目”的核算对象从下次实际成本核算运行中排除掉。但是，由于一个月可能有很多类似的核算对象需要排除，一个个组合运行会耗时耗力，有没有更好的方法呢？

在 SAP Note 980475：Period-end closing processes too many materials 中说到，必须给这些没有库存或者没有过账的物料赋予特定的期间状态“05”（Period opened without inventory，无库存的期间打开）。这样，这些物料下次就不会包含在实际成本核算的范围内。

这个 note 中提到要用一个客户化的程序来修改状态，而该程序在 SAP Note 918903：Do not select new materials 中。

综合以上两个 notes 的介绍，为了最终更改物料的期间状态，应按照以下步骤进行。

（1）按照 Note 918903 的指引，打上补丁，使系统中包含客户化的程序。

（2）按照 Note 918903 的指引，使用事务代码 SE37 对功能模块 CKML_F_GET_NEW_STATUS 做相应的改变。

（3）按照 Note 980475 的指引，打上补丁，使系统中包含客户化的程序。

（4）按照 Note 980475 的指引，使用事务代码 SE16 在表 CKMLMVADMIN 中添加新记录（KKEY = PERIOD_STATUS_05）。

（5）使用事务代码 SE38 执行步骤（3）中安装的新程序，改变物料（或核算对象）的期间状态。

（6）使用事务代码 CKM3 复核物料（或核算对象）的期间状态。

由于 SAP 产品是不断更新的，因此，在使用以上 note 时，要结合企业当前的应用版本分析，然后决定采用合适的解决方案。在未来的更新中，也许 SAP 推出了升级版的解决方案，用户和读者也应随时关注更新的解决方案。

11.12 SAP 上线时的初始化

SAP 上线时的初始化，是指在 SAP 上线时将旧系统（Legacy System）的数据迁移到新的系统。本节介绍初始化过程中各类数据的切换策略和注意事项。

【前置知识】

2.4.2小节 会计凭证输入的基本操作

5.10节 资产模块的初始化

11.12.1 初始化的总策略

企业使用的旧系统，如果涵盖了业务主体的各方面，应该包括各种静态数据和动态数据，如图11-169所示。

切换到新系统时，静态数据应该在项目实施过程中较早的阶段（系统实现阶段或更早）已经进入新的系统，因此，初始化主要是针对动态数据而言的。

系统初始化的对象，首先要明确：初始化的是动态数据中上线前一个月的旧系统的资产负债表余额数据和未清单据。例如，SAP于2017年10月1日上线，初始化的应该是旧系统2017年9月底的资产负债表余额和未清单据，如图11-170所示。

对于期初的未清单据，如尚未发货的销售订单、尚未收货的采购订单、尚未生产的生产订单，如果有则在系统中分别建立期初的销售订单、采购订单和生产订单。

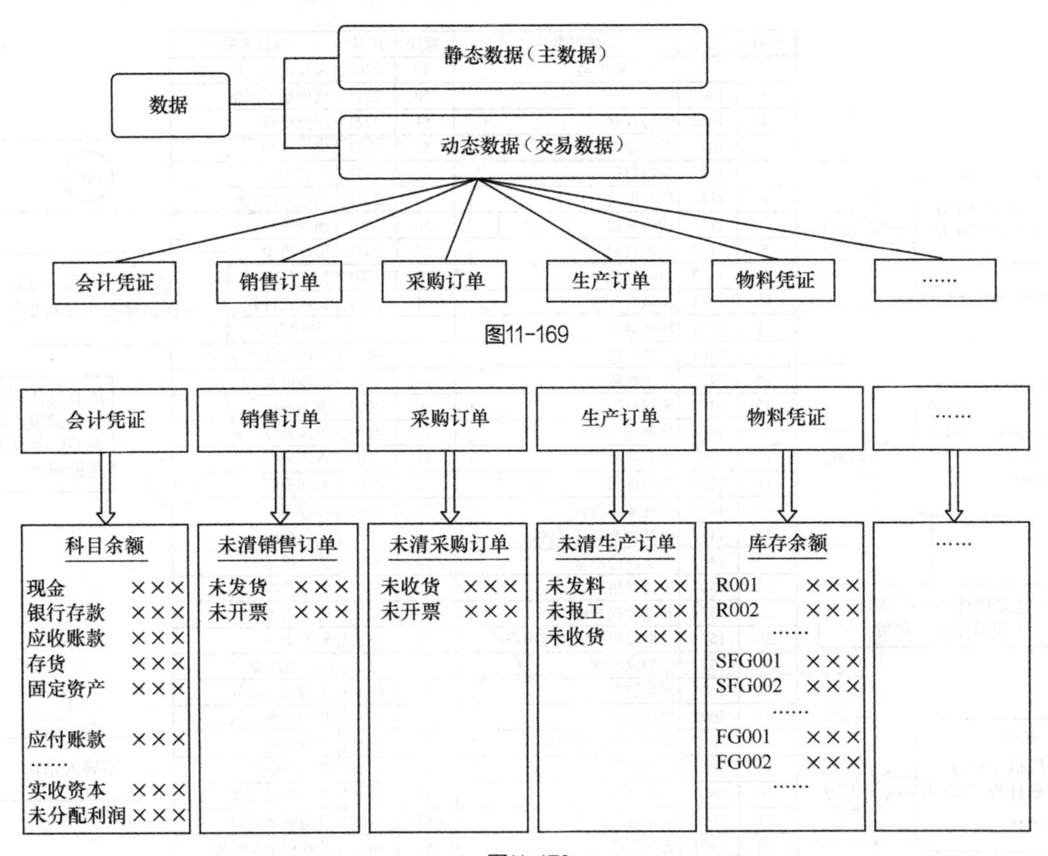

图11-169

图11-170

而对于财务的初始化，有两个细节：①只针对资产负债表余额初始化，不包括损益科目余额；②导入的只是余额而不是发生额。

为什么不能以2016年12月底的数据做初始化，然后导入2017年1～9月的发生额呢？有些企业出于对“完整核算年度”的追求，就会提出这样的期望。但是，这会有以下几个方面的问题。

（1）上线初期“贵在效率”，尽可能地缩短初始化的时间，快速步入新系统的应用非常重要，不能花太多的时间在无意义的工作上。

（2）1～9月的业务记录要输入在系统中，很难保证和旧系统的完全一致，如库存流转的金额。

（3）SAP对于科目有严格的规范化要求，如某些科目不能手工记账（存货、生产成本、差异等），为了导入旧系统的凭证，不得不放开这个规则，这会破坏SAP的集成规则，在后续引发各种问题。

（4）在 SAP 中，某些科目要求带成本对象（费用、收入等）；某些科目要求带明细统驭对象（应收、应付、资产）。这些要求在旧系统的历史凭证记录上可能无法完全满足，或者满足起来极度困难，如历史凭证的成本中心和 SAP 中新的成本中心划分不一致。

总之，仅仅为了“完整核算年度”的口号而要求当年前几个月全部输入一遍系统，是初始化的“下下策”。

既然导入的是余额，那么在年中切换上线的情况下，怎样在 SAP 上线后出具全年的报表呢？例如，资产负债表上的年初数一列要反映年初的值；损益表上的累计数要加上 9 月的累计数。其实这是很简单的，只需要在 SAP 的报表出具后，将其导入 Excel 中，将资产负债表上的年初数替换为旧系统的年初数；在损益表的累计数上加上旧系统 9 月的累计数即可。或者事先在 Excel 中建立好公式，准备好初始数据，待 SAP 的报表下载到 Excel 中后，自动计算即可。从上线后的第 2 个年度起，就不会有这样的问题了。

对于资产负债表的余额，应该怎样导入呢？下面用图 11-171 加以说明。

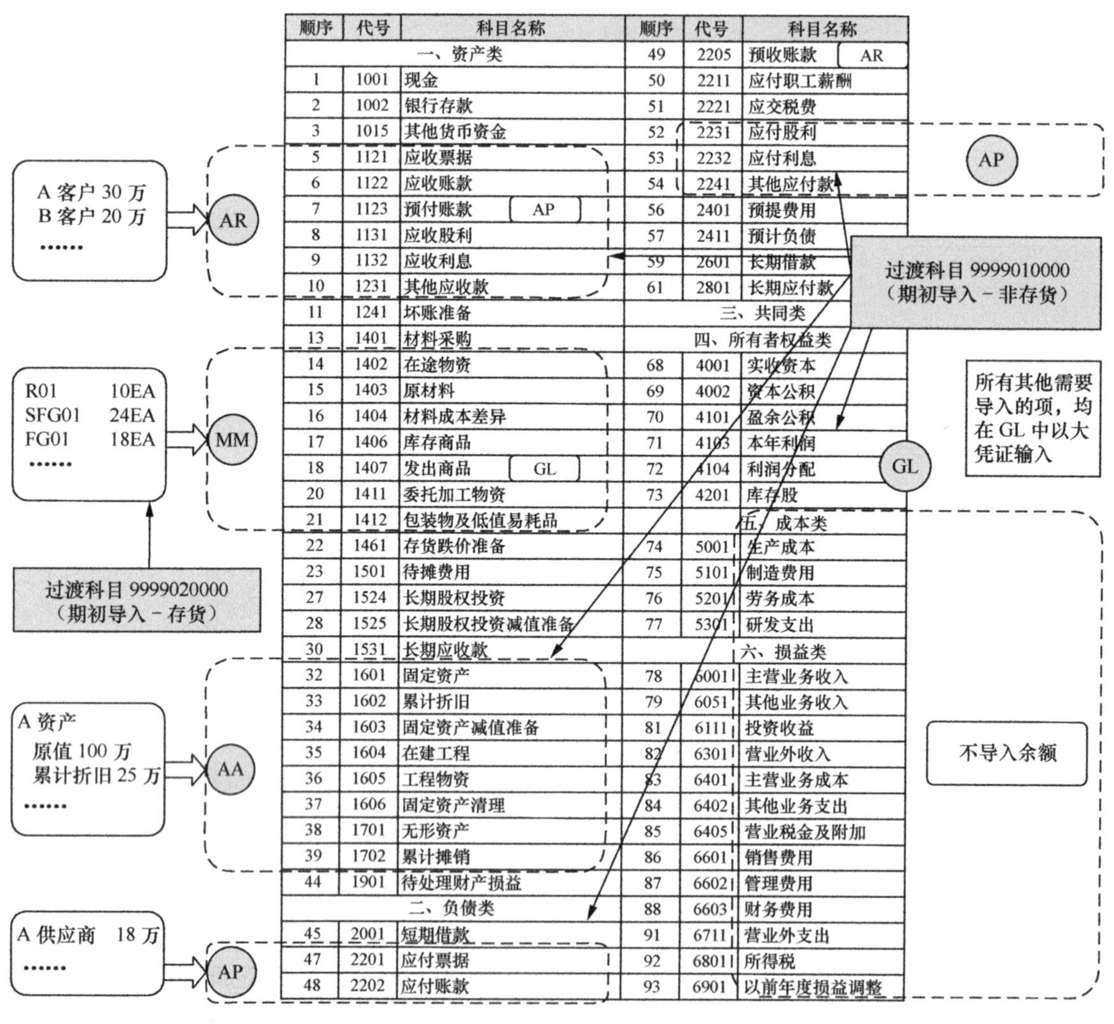

图11-171

总的来说，就是将资产负债表拆分成客户相关余额、供应商相关余额、库存相关余额、资产相关余额和纯总账余额几个部分，然后分别在应收、应付、库存、资产、总账模块作初始化，最终形成上线初期财务科目的余额，确保 SAP 生成的资产负债表与旧系统的资产负债

表一致。

在各模块初始化时，手工输入或由系统自动形成会计凭证，凭证的过账日期为上线前一个月的最后一天。例如，2017年10月1日上线，凭证的过账日期为2017年9月30日。

由于各部分在不同模块分别初始化，因此，凭证需要使用两个9999开头的科目（期初导入）作为对方科目过渡。凭证分别如下。

① Dr：资产类科目（除库存外）
　Cr：9999010000　期初导入－非存货

② Dr：存货类科目
　Cr：9999020000　期初导入－存货

③ Dr：9999010000 期初导入－非存货
　Cr：负债类科目
　Cr：所有者权益类科目

之所以将存货的期初导入科目单独使用一个，是因为期初库存往往是最先导入的部分（如初始月份的1日就完成导入，以便后勤业务能及时操作），导入完毕后可以立即冻结该科目的使用，避免用户错误地使用到该科目。单独设置一个科目，就可以单独进行控制。

当所有资产负债表科目的余额都切换到SAP系统后，两个期初导入科目的总额应该借贷平衡，余额为0。

延伸思考1　过渡科目9999010000和9999020000应该设为资产负债表科目还是损益表科目?

这两个科目设置为资产负债表科目和损益表科目都可以，只要确保这两个科目的总余额为0即可。

设置为资产负债表，虽然每个科目的余额在跨年运行余额结转后仍会保留在自身，但由于总余额为0，因此不会影响资产负债表的平衡。

设置为损益表科目，在跨年运行余额结转时，系统会将其余额转入留存收益。由于两个科目的总余额为0，因此对留存收益的影响也为0。

延伸思考2　对过渡科目的用法有什么特殊要求?

过渡科目9999010000（期初导入－非存货）作为多数科目余额初始化时的对方抵销科目，没有特别要求。

但过渡科目9999020000（期初导入－存货）作为存货导入的对方抵销科目，是要在MM模块中导入库存时用到的，因此有两个要求：①要设置为只允许自动记账；②在科目自动过账配置（事务代码OBYC）中，要将其定义为事务BSA的科目（参见11.3.1小节）。

两个科目在各自负责的部分初始化完成后，应将其在相应公司代码层冻结。如果所有公司都初始化完毕，还应该在科目表层冻结。

11.12.2　财务余额的切换策略

财务的余额包括客户余额、存货余额、资产余额、供应商余额、应付暂估余额和纯总账类的科目余额。为了使说明简便，本节假设某企业2017年10月1日上线。

切换策略包括数据如何准备、数据如何导入、后续业务如何接续。在每一部分余额的切换上，都要从这3个方面考虑策略。

1. 客户余额

客户余额是指在系统中以“客户”为统驭对象进行核算的科目的余额，包括应收账款、其他应收款、预收账款、应收票据等。

针对这些科目，依据旧系统2017年9月30日账面余额，导出客户明细，财务部门与销售部门进行核对，确保一致，并整理为符合ERP上线格式的客户明细余额清单。该清单既要确保客户的总余额、分科目余额和旧系统一致，也要保证旧系统的账龄不会受到影响。

具体要点如下。

（1）分别按不同科目来整理，属于备选统驭科目的要按特别总账标识分别来整理（因为字段要求不一样，所以表格要分开整理）。

（2）对于同一客户的同一科目余额，因为将来要反映不同的账龄，必须按账龄时段分开来准备，明确“基准日期”和“付款条件”。

（3）对于同一客户的同一科目余额，如果要区分发票，必须按每张发票分开来准备，将发票号将来存放在凭证行项目的分配字段，将发票日期作为会计凭证抬头的“凭证日期”。

（4）如果是应收票据，需要按每张票据准备明细，在准备时收集其签发日期和到期日。

每个企业由于业务方案的不同，在准备客户余额的细节上可能有些区别。

准备好客户余额后，导入到系统时，常规应收款的凭证样式如下。

Dr：（记账码）01 -（账户）客户编号 -（基准日期）2012-06-30 -（付款条件）0001-（分配）发票号

Cr：（记账码）50 -（账户）9999010000

如果是票据，凭证样式如下。

Dr：（记账码）09-（账户）客户编号 -（特别总账标识）W-（签发日期）2017-04-30 -（到期日）2017-10-30 -（分配）票据号

Cr：（记账码）50 -（账户）9999010000

如果是预收账款，凭证样式如下。

Dr：（记账码）40 -（账户）9999010000

Cr：（记账码）19-（账户）客户编号 -（特别总账标识）A -（到期日）2017-06-30 -（分配）单据号

如果是其他特别总账事务（如其他应收款），凭证样式如下。

Dr：（记账码）09-（账户）客户编号 -（特别总账标识）XX 标识 -（基准日期）2017-7-20-（付款条件）0001 -（分配）单据号

Cr：（记账码）50 -（账户）9999010000

上线后，对客户余额做后续处理，与正常操作无异。

2. 存货余额

存货包括原材料、包装材料、低值易耗品、备品备件、半成品、产成品、在制品、发出商品等。

（1）在库存货。

在库存货即留存在库存中的原材料、包装材料、低值易耗品、备品备件、半成品、产成品。对这些存货，由财务部门和仓库部门一起，根据 2017 年 9 月 30 日旧系统账面金额整理库存数据的明细，明细到各公司下每个工厂、每个库存地点、每种物料（按新编码）、每个批次（如有）。可使用表 11-29 的样式准备。

表 11-29　在库存货初始化数据准备表

会计科目	工厂	库存地点	物料	批次	数量	计量单位	单位成本	金额
原材料								
半成品								
……								

物料的单位成本采用旧系统月结后计算出的实际成本。数量 × 单位成本 = 金额。一个公司下所有物料的金额按会计科目分类汇总，必须和旧系统中试算平衡表中的科目余额一致。

在 2017 年 10 月初准备导入到 SAP 时，由于物料主数据、工艺主数据等在此前（如 2017 年 9 月 15 日以前）已经导入到系统中，已导入或已滚算的标准成本很可能和旧系统此时计算出的实际成本不一致，因此如果按照表 11-29 准备的实际成本导入，会产生差异（记入“材料成本差异 - 价格更改差异”）。后续对该差异要运行物料分类账，使其重估到库存价值上。

具体来说，导入的步骤如下。

① 先按表 11-29 整理物料的库存数据，注意表中分科目的总金额要与试算平衡表的科目余额一致。

② 导入物料的初始库存，使用移动类型 561（如有错误需冲回时使用 562），同时导入数量和库存金额（不要让系统自动根据标准成本计算价值），产生凭证，借记存货科目（系统自动以标准成本计算的库存值），贷记 99990200“期初导入 - 存货”科目（输入的金额），借记或贷记“材料成本差异 - 价格更改差异”科目（标准成本计算的库存值与输入的金额之差）。

③ 核对存货科目 + 差异科目之和，确保与表中的总金额一致。

④ 运行物料分类账月结（事务代码 CKMLCP），使差异重估到存货价值上。

确认库存价值准确后，即可以开始操作 10 月份的库存事务。

（2）在线存货。

在线存货即在制品。可以结合车间 9 月的生产计划安排，尽可能在月底将产品做到完工状态，以减少甚至“消灭”月末的在制品。如果实在无法“消灭”在制品，可以采取“假退料”的方式，将在制品上投放的材料盘点到原材料仓库，作为“在库存货”的一部分。等上线初期再建立生产订单，将盘点出的原材料投入到生产订单上。也就是说，对于上期末的在制品只考虑料的成本，工费的成本忽略不计。实际已经投入的工费由上期已入库产品来承担。

具体来说，准备和导入方式如下。

① 对上期末的在制品盘点出对应的投入的原材料，并按照“在库存货初始化数据准备表”填写，可以放在一个单独的库存地点——生产部门执行。

② 导入期初库存，将在制品对应的原材料导入单独的库存地点——仓库部门或顾问执行。

退回的原材料存货形成借记“原材料”，贷记999902000“期初导入－存货”科目的凭证。这部分原材料金额与旧系统中“在制品”金额相等（因此最终核对导入结果时，仅核对总的“存货”金额，而不完全计较内部各个细分科目）。

上线初期，建立生产订单，并将单独库存地点的原材料投入到期初生产订单上，形成订单的生产成本。

怎样在导入库存时同时输入数量和金额？

一般情况下，库存的交易是只需要输入数量的，金额会根据标准成本自动计算出。但是，对于初始的库存，为了保证金额和旧系统的一致，必须手工输入金额。这就要对移动类型和科目的字段状态进行特别的设计：允许手工输入金额。

移动类型的字段状态需要在后台配置。

路径：IMG> 物料管理 > 库存管理和实际库存 > 移动类型 > 复制，更改移动类型

事务代码：OMJJ

在“对话结构”区域选择“字段选择（从201开始）”，双击移动类型，即可进入“维护字段状态组：物料管理”界面。将“物料管理”字段组中的字段“Ext. GA本币计的金额”设置为“可选输入项”，如图11-172所示。

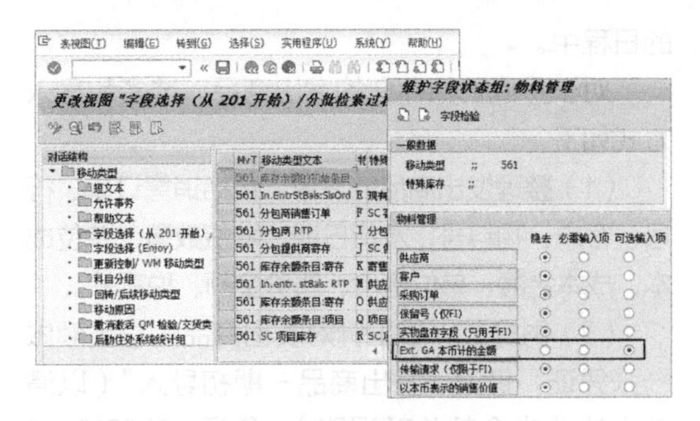

图11-172

同样，对科目9999020000（期初导入－存货）的字段状态，也必须将“Ext. GA本币计的金额”字段设置为“可选输入项”，如图11-173所示。

路径：IMG> 财务会计（新）> 财务会计全局设置（新）> 分类账 > 字段 > 定义字段状态变式

事务代码：OBC4

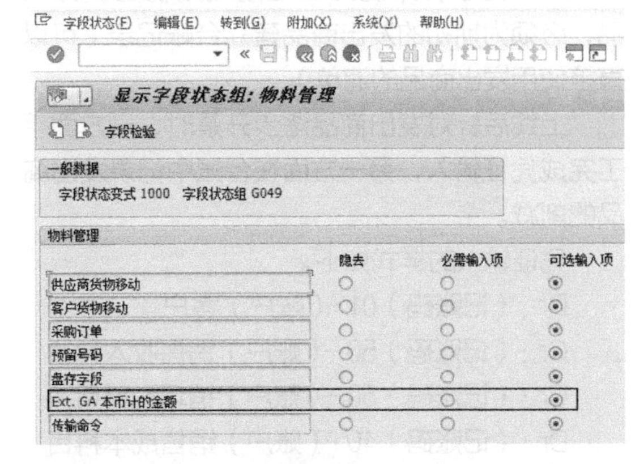

图11-173

这两项的字段状态必须相互协调，不能一个隐藏，一个必输；否则系统会报错。

3. 发出商品余额

发出商品是指期末已经发出给客户但尚未开票的商品。如果企业核算时采用“发出商品”科目过渡，那么，这一部分作为存货盘点；如果不作为“发出商品”科目过渡，则意味着发货就要开票，那就尽早开票。

即便采用“发出商品”科目过渡，也强烈建议企业在上线初期减少发出商品的记录数，尽可能地对已经发出的部分开出发票。为了实现这一点，在9月15日左右，企业的销售部门就必须和客户进行沟通，争取能在当月开票。此项工作作为必需的沟通事项，应列入上线初期切换计划

的日程中。

对于月底仍然存在的发出商品，准备和导入方式如下。

（1）整理发出商品的清单，包括销售订单、行号、客户、物料号、发货日期、发货数量、单位成本、成本金额、单位售价、售价金额、税额等。

（2）财务上，手工针对发出商品的总金额做一张凭证，借记“发出商品 - 期初导入”（以清单中的成本金额总额记账），贷记 9999010000（期初导入 - 非存货）科目。发出商品虽然名义上属于存货，但因为不是通过 561 移动类型导入的库存，因此，为了与 561 导入的库存相区别，采用 9999010000（期初导入 - 非存货）科目。另外，特地创建了“发出商品 - 期初导入”科目，用于处理期初发出商品的形成和未来的逐步削减。

（3）为了将来能对应地削减期初的发出商品，必须为期初的发出商品建立台账记录（可以直接使用发出商品的清单）。

上线后针对发出商品逐步开票时，一方面手工完成凭证输入，另一方面在台账中记录发出商品的削减。

凭证输入的样式如下。

Dr：（记账码）01 -（账户）客户

Cr：（记账码）50 -（账户）销售收入科目

Cr：（记账码）50 -（账户）销项税科目

Dr：（记账码）40 -（账户）销售成本科目

Cr：（记账码）50 -（账户）发出商品 - 期初导入

凭证的金额要参考发出商品的台账，例如，结转的销售成本应和台账中的成本金额一致。

发出商品台账随着时间的推移逐步削减，直至最后完全开票，即完成其历史使命。

为了避免发出商品后续的“销账”出现混乱，销售部门应针对上线前的发货和上线后的发货分别开票，而不应该混在一起开票。因为财务部门的账务处理和系统操作是不一样的。前者是手工操作，而后者是系统开票自动形成凭证。

发出商品的导入能不能模拟在系统中建立销售订单、发货？

理论上是可行的，但实践上会很费力而且风险大，强烈建议摒弃这种做法。虽然看上去保证了业务的完整性，并且似乎减轻了用户后续的工作量，但有以下几个问题。

（1）要考虑在期初库存中将这一部分已经发货的物资“盘点”进库存中，然后通过销售订单交货，这会造成仓库的困惑。

（2）发出商品是历史多年形成的，很有可能导入的库存在发出后和旧系统的发出商品金额不一致。例如，旧系统的某物料在 5 月有一笔发出，6 月有一笔发出，都没有开票，两笔发出商品单位成本可能不同（因为每月成本不同），而在初始化时，对于该物料不得不采用统一的成本做初始化。这就造成了发出商品新旧系统的不一致。

因此，对于这种历史延续时间较长的业务积累，建议只在 Excel 表格中予以管理，逐步销账。

4. 资产余额

这里的“资产”是指在 SAP 资产模块管理的资产，具体包括固定资产、在建工程、无形资产等。

对于这些资产，以旧系统中的数据为依据，整理明细。具体要求如下。

（1）固定资产要明细到每项资产，列出其资产类别、启用日期、折旧年限、原值、累计折旧、残值，同时，还要给出其成本中心，以便日后折旧费用的记入。

（2）在建工程要明细到每项工程明细列表，列出其累计的成本。

（3）无形资产要明细到每项无形资产，列出其原值、累计摊销金额、对应的成本中心。

资产导入时，采用系统标准的功能导入资产主数据，并设置其原值、累计折旧（如有），然后通过系统后台的凭证输入功能输入以下凭证。

Dr: 固定资产 -XX 类 / 在建工程 / 无形资产

Cr: 累计折旧 / 累计摊销

Cr: 9999010000 期初导入 - 非存货

详细内容，参见 5.10 节资产模块的初始化。

资产导入完毕后，可以使用折旧计提的功能对 10 月份测试运行一遍折旧，检查折旧总额是否与过去有很大偏差。如果有很大偏差，极有可能是某个或某些资产数据有问题。针对这种情况，就要细查是哪个或哪些资产的数据有问题，并予以解决。

资产导入的后续工作与常规操作无异。

5. 供应商余额

供应商余额是指在系统中以“供应商”进行核算的科目的余额，包括应付账款、其他应付款、预付账款、应付票据等。

针对这些余额，按照供应商明细来整理。具体要点如下。

（1）分别按不同科目来整理，属于备选统驭科目的要按特别总账标识分别整理（因为字段要求不一样，所以表格要分开整理）。

（2）对于同一供应商的同一科目余额，如果将来要反映不同的账龄，必须按账龄时段分开来准备，明确“基准日期”和“付款条件”。

（3）对于同一供应商的同一科目余额，如果要区分发票，必须按每张发票分开来准备，将发票号存放在凭证行项目的分配字段，将发票日期作为会计凭证抬头的“凭证日期”。

（4）如果是应付票据，需要按每张票据准备明细，在准备时收集其签发日期和到期日。

准备好数据后，供应商余额导入到系统，常规应付款的凭证样式如下。

Dr：（记账码）40 -（账户）9999010000

Cr:（记账码）31 -（账户）供应商编号 -（基准日期）2012-06-30 -（付款条件）0001-（分配）发票号

如果是应付票据，凭证样式如下。

Dr：（记账码）40 -（账户）9999010000

Cr:（记账码）39-（账户）供应商编号 -（特别总账标识）W-（签发日期）2017-04-30（5）（到期日）2017-10-30 -（分配）票据号。

如果是预付账款，凭证样式如下。

Dr:（记账码）29-（账户）供应商编号 -（特别总账标识）A -（到期日）2017-06-30 -（分配）单据号

Cr :（记账码）50 -（账户）9999010000

如果是其他特别总账事务（如其他应付款），凭证样式如下。

Dr :（记账码）40 -（账户）9999010000

Cr:（记账码）39-（账户）供应商编号 -（特别总账标识）XX 标识 -（到期日）2017-07-20 -（付款条件）0001 -（分配）单据号

上线后，对客户余额做后续处理，与正常操作无异。

6. 应付暂估余额

应付暂估余额是指收到供应商的货物，但供应商尚未开票形成的余额。

强烈建议企业在上线初期减少应付暂估的记录数，尽可能地要求供应商对我方已经收到的货物开出发票。为了实现这一点，在 9 月 15 日左右，企业的采购部门就必须和供应商进行沟通，争取能在当月开票。此项工作作为必需的沟通事项，应列入上线初期切换计划的日程中。

对于月底仍然无法开票的部分，必须按照供应商、采购订单、物料、收货日期、数量、单价、金额、运费、运费供应商、运费金额来准备，如表 11-30 所示。

表 11-30 应付暂估余额初始化准备表

供应商	采购订单	物料	收货日期	数量	货物单价	货物金额	运费单价	运费供应商	运费金额	总金额

之所以还要准备运费的相关信息，是因为某些企业将运费也计提在应付暂估中。

货物金额和运费金额相加之和，必须与旧系统账面上的应付暂估余额一致。

对于月底仍然存在的应付暂估余额，准备和导入方式如下。

（1）按表 11-30 的格式整理应付暂估的清单。

（2）财务上，手工针对应付暂估的总金额做一张凭证，借记 9999010000（期初导入 - 非存货）科目，贷记“应付暂估 - 期初导入”（以清单中的总金额记账）科目“应付暂估 - 期初导入”科目为特地创建的科目，专用于处理期初应付暂估的形成和未来的逐步削减。

（3）为了将来能对应地削减期初的应付暂估，必须为期初的应付暂估建立台账记录（可以直接使用应付暂估余额初始化的准备表）。

上线后针对应付暂估的业务收到发票时，一方面手工完成凭证输入，另一方面在台账中记录应付暂估的削减。

凭证输入的样式如下。

Dr：（记账码）40 -（账户）应付暂估 - 期初导入

Dr：（记账码）40 -（账户）进项税科目

Dr/Cr：（记账码）40/50 - 材料成本差异*

Cr：（记账码）01 -（账户）供应商

*：如果应付暂估金额和发票上的不含税金额不一致，则手工记入材料成本差异。

凭证的金额要参考应付暂估的台账，如削减的“应付暂估 - 期初导入”应和台账中的总金额一致。如果是对某一行的部分削减，应注明此次削减的数量和金额。

应付暂估台账随着时间的推移逐步削减，直至最后完全收到供应商的发票，即完成其历史使命。

为了避免应付暂估后续的“销账”出现混乱，采购部门应通知供应商针对上线前的收货和上线后的收货分别开票，而不应该混在一起开票。因为财务部门的账务处理和系统操作是不一样的。前者是手工操作，而后者是在系统中发票校验形成凭证。

应付暂估的导入能不能模拟在系统中建立采购订单、收货？

同发出商品一样，理论上是可行的，但实践上会很费力而且风险大，强烈建议摒弃这种做法。虽然看上去保证了业务的完整性，并且似乎减轻了用户后续的工作量，但有以下几个问题。

（1）要考虑在期初库存中将这一部分已经收到的物资从盘点表中“扣除”，不通过 561 的移动类型导入，而通过采购订单收货的方式收进来，这会造成仓库的困惑，尤其是某项物资已经生产消耗完毕，那本来的盘点表中也就没有了，就无法“扣除”了。

（2）应付暂估是历史多年形成的，很有可能某一项物料多次收货的金额不一致，在初始化时要分开建立采购订单，或者在采购订单中要分开建立行项目，这会带来巨大的工作量。

因此，对于这种历史延续时间较长的业务积累，建议只在 Excel 表格中予以管理，逐步销账。

7. “纯总账”科目余额

对于不在子模块核算的科目余额，如现金、银行存款、短期借款、长期借款、所有者权益类科目等，以旧系统 2017 年 9 月底的账面余额为依据，直接在 SAP 总账模块中输入一张大的会计凭证，借记所有资产类的“纯总账”科目，贷记所有负债类和所有者权益类的“纯总账”科目，轧差部分使用 9999010000“期初导入 - 非存货”科目抵销。

当所有的科目余额（包括不是“纯总账”科目的余额）分别在子模块和总账模块导入完毕后，核对 9999 科目是否余额为 0。如果为 0，则运行 SAP 中的资产负债表，逐项与旧系统的资产负债表进行核对，确保两张报表一致。

以上所有涉及科目余额的上线初始化的工作完成后，必须将 2017 年 9 月的会计期间、物料期间、控制期间、资产期间全部关闭。

提示

如果上线时点是某年的1月1日，在上年12月31日导入期初各项余额后，还需要针对总账科目、客户、供应商余额运行一次余额结转，以确保它们的余额顺利结转到下年初（即1月初）。

11.12.3 未清单据的切换策略

未清单据是指后勤方面未清的销售订单、采购订单和生产订单。企业应在上线前尽可能地减少未清单据的记录数，以减轻上线切换的压力。

1. 未清销售订单

未清销售订单是指已建立的销售订单中，尚未发货和已发货未开票的部分。

针对尚未发货的销售订单，或者一张销售订单中尚未发货的部分，整理其销售订单内容（客户、物料、数量、价格等），作为未清销售订单，在上线之初建立到 SAP 中。

对于已经发货未开票的部分，作为发出商品余额处理。参见 11.12.2 小节中的 3。

2. 未清采购订单

未清采购订单是指已建立的采购订单中，尚未收货和已收货未收到发票的部分。

针对尚未收货的采购订单，或者一张采购订单中尚未收货的部分，必须整理其采购订单内容（供应商、物料、数量、价格等），作为未清采购订单，在上线之初建立到 SAP 中。

对于已经收货未收到发票的部分，作为应付

暂估余额处理。参见11.12.2小节中的6。

3. 未清生产订单

未清生产订单指在上线前已经建立的生产订单（或生产任务）中，尚未开始生产的部分和已经开始生产但尚未入库的部分。

针对尚未开始生产的订单（或生产任务），整理订单的生产物料、未完成数量、计划的日期等信息，在上线之初建立到SAP中，留待后续操作。

对于已经开始生产但尚未入库的部分，将工费转由其他已经完工的订单来承担，将订单上投入的材料作为在制品余额处理。参见11.12.2小节的2“在线存货”部分。

11.12.4 期初切换上线的时间计划

对于期初数据的切换上线，企业应在时间上做好周密安排，制订详细的上线计划，以确保平稳切换，不对正常业务的操作造成太大冲击。

图11-174显示了某家2014年1月1日上线的企业在上线切换方面的时间节点要求，主要包括静态数据和动态数据（分业务和财务）的处理时间。

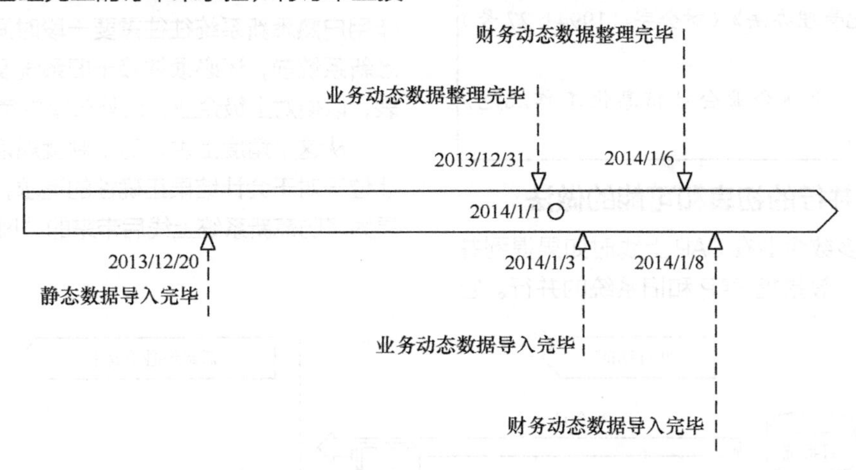

图11-174

11.13 SAP上线后是否要并行

本节探讨企业实施SAP上线后，是否要采取并行。如果不并行，怎样保证财务业务运行顺利。

11.13.1 国家有关规定的解读

很多企业提出系统并行，是考虑到政策方面的原因。1996年，财政部曾颁布《会计电算化工作规范》，其中有关的规定。

> 具备条件的单位应尽快采用计算机替代手工记账。替代手工记账之前，地方单位应根据当地省、自治区、直辖市、计划单列市财政厅（局）的规定，中央直属单位应根据国务院业务主管部门的规定，计算机与手工并行3个月以上（一般不超过6个月），且计算机与手工核算的数据相一致，并应接受有关部门的监督。
>
> ——财政部《会计电算化工作规范》（1996.06.10）第三章“替代手工记账”第三条

这一制度只是提到了由“手工记账”转向“计算机记账”的过程中需要并行。也就是说，一家企业在采取纯手工记账的情况下，如果要采用计算机记账，在计算机系统上线后，手工记账仍然持续一段时间。而在目前，绝大多数国内企业实施SAP前，都已经有一定的计算机系统（信息系统）应用基础，那么，在SAP上线后，是否还应该采取原信息系统和新的SAP的并行呢？制度上并没有明确。

而且，对于并行的范围，制度也没有明确。如今信息化的应用非常广泛，企业实施信息化系统，并不仅仅是停留在“会计电算化”阶段，而是会计（或称为“财务”）和业务（包括采购、销售、生产、库存等）一体化运行。业务层面的操作会自动产生会计分录。如果要求会计分录手工记账，那么业务层面是否也要手工操作一次？这也是制度所没有明确的。

随着企业信息化的进程向纵深发展，这个规范已经显得不合时宜了。因此，2013年，财政部颁布《企业会计信息化工作规范》，明确废止了《会计电算化工作规范》。

> 第四十八条　自本规范施行之日起，《会计核算软件基本功能规范》(财会字〔1994〕27号)、《会计电算化工作规范》(财会字〔1996〕17号)不适用于企业及其会计软件。
>
> 第四十九条　本规范自2014年1月6日起施行，1994年6月30日财政部发布的《商品化会计核算软件评审规则》(财会字〔1994〕27号)、《会计电算化管理办法》(财会字〔1994〕27号)同时废止。
>
> ——财政部《企业会计信息化工作规范》(2013.12.06)

11.13.2　并行的初衷和可能的做法

国内的多数企业在 SAP 上线时如果提到并行的期望，一般是指 SAP 和旧系统的并行。它包含几个希望，如图 11-175 所示。

（1）希望能够在 SAP 上线后，在一段时间内仍然平行地使用旧系统处理会计分录，出具财务报表，并在月结时将旧系统的报表和新系统的报表进行对比，以检查新系统的结果是否存在问题。

（2）希望将旧系统作为备选预案，一旦新系统出现问题，可以不用新系统，而仍旧使用旧系统出具报表。

（3）给操作用户一个缓冲的时间，因为操作用户熟悉新系统往往需要一段时间，在真正熟悉新系统前，还必须依赖于旧系统及时地出具报表，以便对上级企业、对外部单位负责。

从这个角度上讲，对于制度规范的遵从已经让位于对于会计结果正确性的追求，最终的目的是为了防范新系统上线后带来的“风险”。

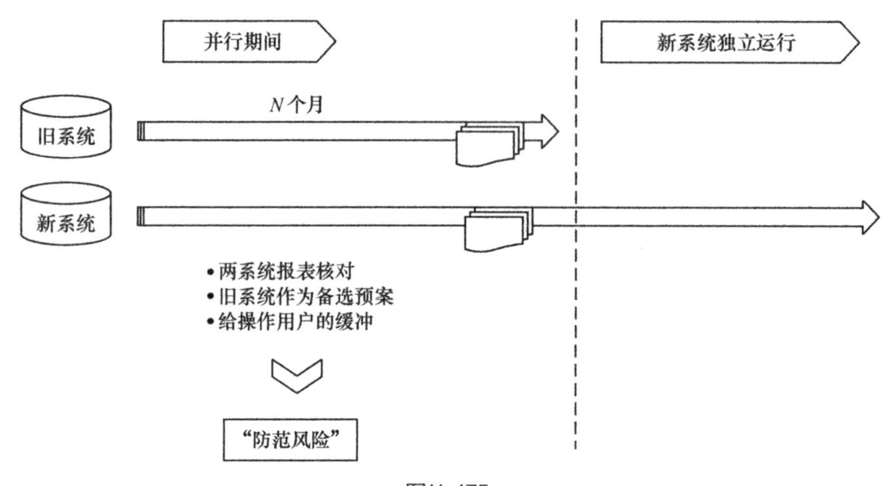

图11-175

但是，正如前面所言，企业实施的 SAP 作为一个先进的信息系统，往往集成应用在销售、采购、库存、生产等各个方面，如果要拿旧系统与新的 SAP 并行，那么，旧系统是否也要在销售、采购、库存、生产等各个方面作并行操作，并集成到旧系统的财务中呢?

某些企业出于对业务重复操作的顾虑，决定在业务方面不并行，而只是财务方面并行，即：财务方面在 SAP 中输入手工凭证，同时手工输入在旧的财务系统（一对一并行）；业务方面在 SAP 中集成产生的凭证，手工汇总输入在旧的财务系统中（集中后汇总“并行”），如图 11-176 所示。

看上去，这纯粹是为了并行而并行，可以说是一个“假的”并行。因为，这样的并行不会改变凭证分录编制的逻辑，只是部分凭证金额上有汇总，因此，无论如何结果都会一致，从而失去了并行的意义。

还有一种并行的方法，就是在业务上和财务上都并行。用户因为对旧系统的操作更熟悉，往往先输入旧系统的业务，然后再参照旧系统的数据在 SAP 中输入业务数据，并分别由新旧两个业务系统各自集成到各自的财务系统，最后在两个系统的末端复核财务结果，如图 11-177 所示。

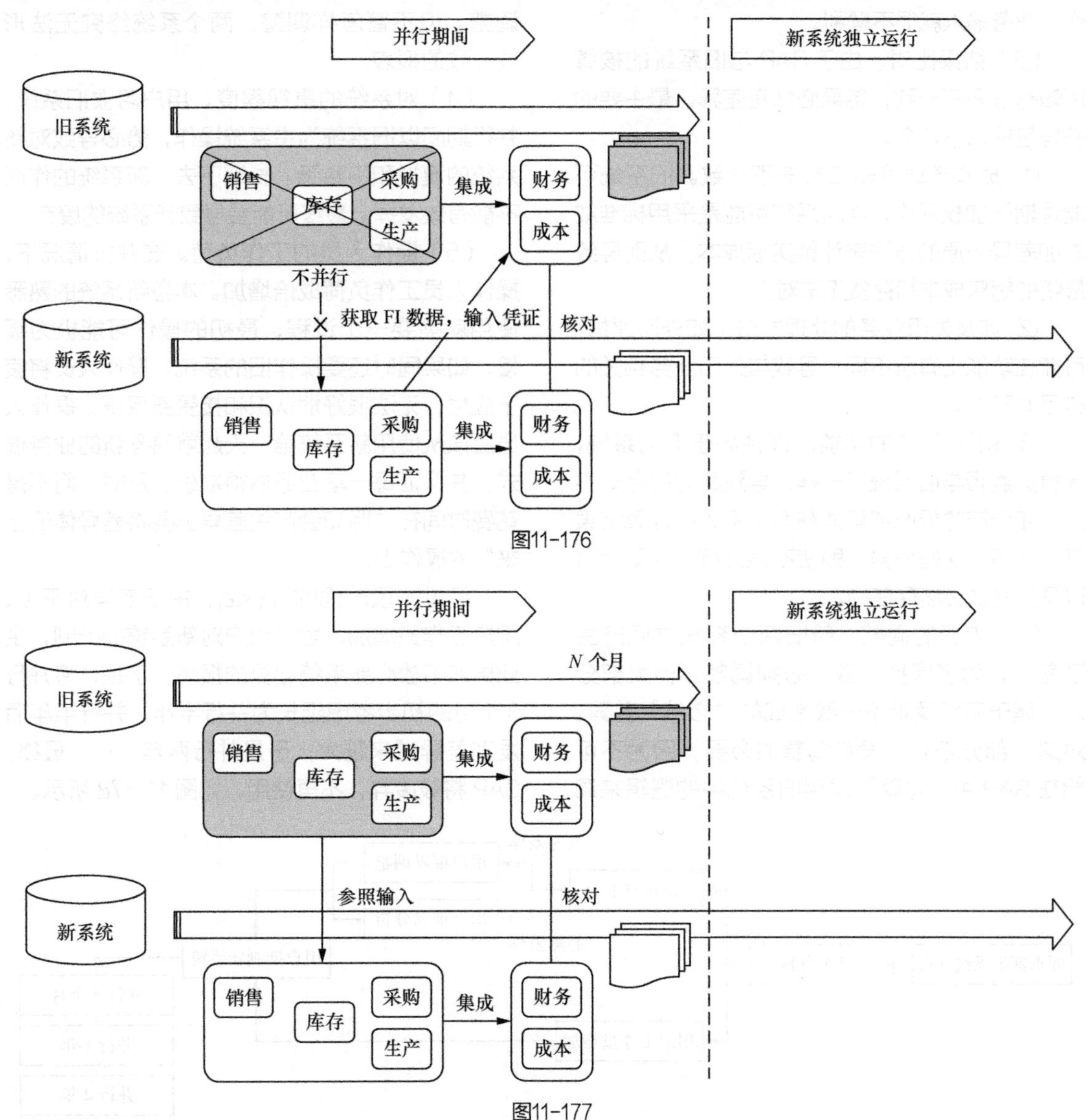

图11-176

图11-177

在并行的过程中，可以视旧系统中业务模块的启用情况决定并行的范围。例如，旧系统可能没有启用生产模块、没有启用销售模块，只有采购和库存模块，那就只并行采购和库存部分。

多数企业认为，这样的并行才是有意义的。究竟怎样看待这种并行？下一小节将详细分析。

11.13.3 关于并行的分析及结论

要分析并行到底是否合适，首先做以下假设。

（1）用户先做旧系统的操作，再做新系统的操作。

（2）用户以旧系统产生财务报表，报送外部单位，新系统的报表只是用来内部核对。

基于这样的假设，从业务操作顺序、结果比对、差异的调整、对系统的重视程度、操作人员的工作负荷几个角度分别进行分析。

（1）业务输入的顺利程度。用户在旧系统的业务是按照既有的集成规则有序输入的，例如，先输入采购的收料，然后投入到生产订单，再从生产订单上收下产品，然后将产品发给客户，但在输入新的 SAP 时，各部门为赶进度，将会根据手头单据各自为战，缺乏统一协调、先后次序。一旦前道业务未输入，后道业务就无法操作，业务输入就很不顺利。

（2）结果比对。由于 SAP 与旧系统的核算逻辑有很多不一致，结果必然有差异。最主要的差异包括以下几个。

① 成本核算逻辑和方法不一致。旧系统可能是期间加权平均，而新系统可能是采用标准成本加差异还原的方法来计算实际成本，从而导致最终的销售成本和存货无法对上。

② 涉及外币业务的处理方法（如外币评估）可能在功能上有所不同，导致与外币业务相关的科目对不上。

③ 由于 SAP 的功能严谨性高于旧的系统，计算的逻辑与旧系统不一样，导致某些科目对不上，如资产的折旧费可能在两个系统中计算结果不一样等。这些差异，即使不靠并行，也早就可以预见到是必然存在的。

（3）差异的调整。新旧两个系统之间产生了差异，为了保持一致，必须调整。但大部分差异属于系统逻辑不一致造成的“必然”差异。对这一部分差异，没有调整的必要，因为不可能在 SAP 中“将就”采用旧系统中的逻辑来调整账务。只有对人为输入错误造成的差异进行调整。但不管怎样调整，两个系统终究无法形成一致的报表。

（4）对系统的重视程度。用户习惯旧系统，并行期间以旧系统为主系统操作，势必导致对新系统的漠视和不熟悉。长期下去，新系统的作用不能有效发挥。最终可能会导致新系统的废弃。

（5）操作人员的工作负荷。在并行情况下，操作人员工作负荷成倍增加。本身新系统的熟悉使用就需要一个过程，最初的操作可能极为缓慢，如果同时还要操作旧的系统，操作人员将疲于应付，无法很好地认识和接受新系统。操作人员应该从使用新系统第一天起就熟悉新的业务模式，并保证每一笔业务做得准确、及时，而不是花费时间在“明知会产生差异仍要将差异体现出来”的操作上。

经过一段时间的并行后，由于差异对不上、用户工作量增加，导致用户对新系统的抵制，企业更加不放心新系统出具的报表，于是，将并行 3 个月的初步考虑延长为并行半年，并行半年后发现差异越来越大，于是并行两年……，最终，SAP 将被废弃，不再使用，如图 11-178 所示。

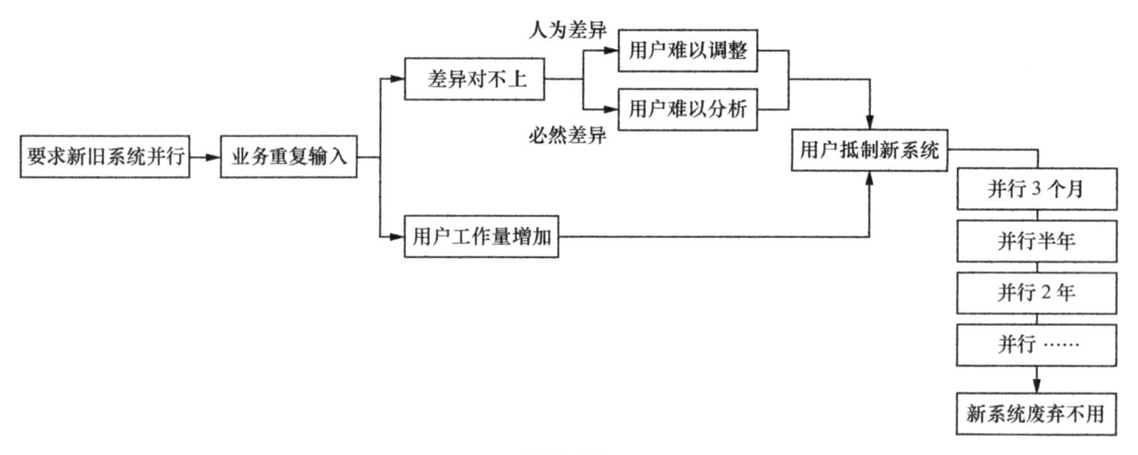

图11-178

因此，并行的初衷虽然是“防范风险”，但结果恰恰相反，实质上增加了项目和系统应用的风险。本来，新的 SAP 意味着完整有效的无缝集成、意味着新的操作模式、意味着“信得过”的数据，应尽早发挥系统的价值，使投资得到回报。但在并行的影响下，这些价值都无法体现。

因此，强烈建议 SAP 上线后不并行，而要使出“壮士断腕”的勇气与决断，推动 SAP 的应用。

11.13.4 风险应对

如果 SAP 上线后新旧系统不并行，那么怎样避免上线后出现报表不能及时出具或报表数据错误之类的风险呢?

我们的观点是“风险控制工作应放在平时,而不是在事后补救”,也就是说,在SAP项目实施期间,应该努力使项目各个阶段的工作做到实处,确保业务流程及方案合理、系统配置正确、基础数据准确、用户操作熟练而准确,最终报表能够及时、准确地出具。

SAP的实施往往要经过:项目准备→蓝图设计→系统实现→最终准备→上线及支持5个阶段。在这5个阶段,每个阶段都要保证工作的质量。

(1)项目准备阶段。项目团队的建设中,财务部门要抽调懂业务、善于学习的人员加入到关键用户团队;初期的功能培训要真正让关键用户学会系统的操作、掌握系统的功能,而不是浮光掠影、浅尝辄止。

(2)蓝图设计阶段。调研要细致,蓝图讨论要彻底,业务流程(“面”)和各项细节的业务方案(“点”)都要讨论到,防止遗漏。要避免上线后才发现有些业务没有讨论到而仓促应对的情况(这种情况极有可能影响到报表出具的时间)。

(3)系统实现阶段。系统测试要有效,即尽可能以真实的业务和数据进行测试,“面”和“点”都要测试到,同时测试文档要记录齐全。在此阶段,要减少无意义的开发,而将工作重心放在引导关键用户对系统的熟悉上——通过一次次的测试让关键用户熟悉系统、发现潜在的问题。

(4)最终准备阶段。对于用户的培训要到位,要有考试和考核机制,操作手册要达到“拿来就能用”的地步,并且防止遗漏了关键的控制环节和检查点。用户除掌握操作技能还要理解原理和逻辑,以接受新系统的操作习惯,同时要理解新旧系统的区别。在系统切换策略的制订上,结合系统功能和企业实际情况制订合理的切换策略,做到一次成功。

(5)上线及支持阶段。财务要尽早提供旧系统的初始数据(一般以不超过上线当月的6日为宜),以缩短财务上线的“等待期”,这样可以为新系统的操作留出宝贵的熟悉和优化时间。在系统应用期间,要建立高效的问题处理机制,确保问题能够在最短时间内得到解决。

总之,“罗马不是一天建成的”,系统的上线是项目过程中顾问和用户一步步走出来的,为了上线能够及时、准确地出具报表,双方都要投入大量的心血,以确保项目一次成功。